KB267613

대한민국 항공우주산업사

대한민국 항공우주산업사

© 한국우주항공산업협회, 2026

초판 1쇄 2026년 2월 12일 찍음
초판 1쇄 2026년 2월 27일 펴냄

지은이 | 한국우주항공산업협회
펴낸이 | 강준우
인쇄·제본 | 지경사문화

펴낸곳 | 인물과사상사
출판등록 | 제17-204호 1998년 3월 11일

주소 | (04031) 서울시 마포구 동교로 22길 29, 성지빌딩 301호
전화 | 02-471-4439
팩스 | 02-474-1413

ISBN 978-89-5906-826-5 03900
값 98,000원

A History of Korean Aerospace Industries

대한민국 항공우주 산업사

한국우주항공산업협회 지음

항공우주산업의 미래와 과제

인물과 사상사

선진국 대한민국의 마지막 퍼즐,
항공우주산업의 거대한 비상을 꿈꾸며

『대한민국 항공우주산업사』를 준비하고 있다는 얘기를 전해 들었지만 이렇게 방대한 내용의 책이 이렇게 빠르게 완성될 줄은 몰랐습니다. 선진국으로 발돋움하는 대한민국의 마지막 퍼즐, 항공우주산업의 발전 역사를 기록으로 남겨야겠다는 한국우주항공산업협회의 의지에 찬사를 보냅니다. 이를 적극 지원하고 독려한 김민석 부회장님, 전국의 전문가들로부터 자료를 모아 연결하고 살을 붙여 이 대작을 만든 협회 임직원 여러분께 경의를 표하면서 크게 축하드립니다.

이 책의 원고를 먼저 접하고 가장 먼저 든 생각은 '경이로움'이었습니다. 식민지의 설움 속에서 하늘을 동경했던 조선의 청년들부터, 전쟁의 폐허 위에서 부서진 기체를 닦고 조이며 밤을 지새운 정비사들, 마침내 우리 손으로 만든 초음속 전투기를 띄워 올린 엔지니어들의 피와 땀, 눈물이 이 방대한 기록 속에 고스란히 살아 숨 쉬고 있었기 때문입니다. 이는 단순한 산업 발전사가 아니라 불가능을 가능으로 만들어온 대한민국 현대사의 축소판이자 위대한 증언이라 할 만합니다.

우리의 항공 역사는 그 시작부터 남달랐습니다. 일제 강점기, 우리 선조들은 비행기를 단순히 문명의 이기로 바라보는 것에 그치지 않고 독립을 위한 최적의 수단으로 여겼습니다. 안창남 비행사를 비롯하여 중국으로 건너간 젊은 조종사들의 꿈은 오직 하나, 조국의 하늘을 되찾는 것이었습니다. 1924년 부산과 신의주에서 항공기 제작사 설립이 계획되었다는 사실이나, 1945년 2월 부산에서 조선 최초의 항공기가 생산되었다는 기록은 우리가 막연히 알고 있던 것보다 훨씬 더 치열하게 하늘을 갈망해왔음을 보여줍니다. 비록 식민지의 한계로 그 꿈은 미완에 그쳤으나, 그 열정만큼은 광복 이후 오늘날까지 면면히 이어졌습니다.

해방 이후의 역사는 그야말로 '맨주먹의 투혼'이었습니다. 변변한 산업기반 하나 없이 맞이한 6·25전쟁 속에서도 우리 공군은 국민 성금으로 건국기를 구매하고, 파괴된 항공기를 부품 하나하나 모아 다시 살려내며 조국을 수호했습니다. 1950년대, 전쟁의 폐허 속에서 '부활호'를 설계하고 제작했던 젊은 장교들의 열정은 오늘날 우리 항공산업의 유전인자(DNA)가 되었습니다. '항공금지령'과 경제적 빈곤이라는 거대한 벽 앞에서도 우리 항공인들은 결코 좌절하지 않았습니다. 오히려 그 시절의 헝그리 정신은 훗날 대한민국 항공산업이 비약적으로 성장하는 밑거름이 되었습니다.

1970년대 이후 본격화된 '도약과 시행착오'의 역사는 더욱 드라마틱합니다. 1978년, 자주국방을 향한 일념으로 시작된 '백곰 미사일' 개발 비화는 읽는 이의 가슴을 뜨겁게 합니다. 미국의 견제와 기술적 난관 속에서도 4전 5기의 정신으로 성공시킨 '백곰'의 신화는 이후 K-미사일로 진화하는 강력한 유전자가 되었습니다. 또한 500MD 헬기 생산을 시작으로, 제공호(F-5) 면허 생산을 거쳐 항공산업의 기반을 닦아온 과정은 중화학공업 육성과 맞물려 오늘날의 영광을 있게 한 튼튼한 뿌리가 되었습니다.

특히 1990년대와 2000년대, 웅비(KT-1)부터 시작해 T-50 골든이글, 수리온에 이르기까지 우리가 걸어온 길은 그야말로 기적의 연속이었습니다. IMF 외환위기의 파고 속에서 구조조정의 아픔을 겪으면서도, 밤샘을 밥 먹듯 하며 카티아(CATIA) 설계도면과 씨름했던 엔지니어들의 헌신이 있었기에 우리는 세계 여섯 번째 초음속기 수출국이라는 금자탑을 쌓을 수 있었습니다. 수많은 시행착오와 실패, 그리고 재도전의 과정이 이 책의 페이지마다 생생하게 기록되어 있어, 후배 연구자들과 기업인들에게 더없이 귀중한 교과서가 될 것입니다.

각고의 노력 끝에 마침내 우리는 KF-21 보라매를 우리 손으로 띄워 올리는 쾌거를 이루었습니다. 한때 "남은 비행기로 공중에 오르는데 우리는 구루마를 끌며 헐떡거린다"며 한탄했던 민족이, 이제는 4.5세대 첨단 전투기를 독자 개발하고, 누리호를 성공적으로 개발하고 다누리호를 통해 우주로 나아가는 우주 강국의 대열에 당당히 합류하게 된 것입니다. 이 책은 그 험난했던 여정을 집대성함으로써, 국민에게 "우리도 할 수 있다"는 가장 강력한 증거와 자신감을 제시하고 있습니다.

하지만 우리는 과거의 영광에만 머물러 있을 수 없습니다. 지금이야말로 더욱 냉철하게 우리의 현실을 직시하고 미래를 준비해야 할 때입니다. 아시다시피, 우리나라는 1945년 일제 강점으로부터 해방되었지만 변변한 산업기반 하나도 갖추지 못한 채 동족상잔의 6·25전쟁으로 전 국토는 초토화되고, 온 국민은 끼니를 이어가기에 급급했던 상황이었습니다. 그 와중에도 우리 국민은 미래의 번영을 위해 이를 악물고 생존하면서 선진기술을 익히고 따라잡아 이젠 제법 세계적인 산업체들도 여럿 가진 자랑스러운 대한민국을 이루었습니다. 해외에서도 낯익은 우리의 대표주자들, 삼성, 현대, LG 등의 상품들을 보면서 느끼는 자부심도 컸습니다.

　그러나 우리 기업의 최근 위세는 예전 같지 않다는 인상을 주고 있습니다. 미래지향적인 혁신성이 미국 테크(tech) 기업들에 눌리는 것은 아닌지 고민하고 대한민국의 모든 구성원이 함께 돌파구를 찾아야 할 때입니다. 항공우주산업에 바로 그 돌파구가 있습니다. 항공우주산업의 성공을 위해서는 관련 전후방 산업의 뒷받침이 필수입니다. 다행히 대한민국은 전기·전자·정밀기계·재료·화학 등의 우주항공 주변 기반산업의 수준이 세계 정상급입니다. 이러한 좋은 여건 속에서 우리가 적절한 선택과 집중이라는 전략으로 노력을 기울인다면 어렵지 않게 세계적인 항공우주산업국이 될 수 있을 거라고 봅니다.

　항공우주산업은 정밀 공학기술의 정수일 뿐만 아니라, AI, 통신, 신소재 등 4차 산업혁명의 모든 기술이 융합되는 총체입니다. 우리가 가진 세계 최고 수준의 반도체 기술, 배터리 기술, 제조 능력이 항공우주라는 거대한 플랫폼 위에서 결합될 때, 대한민국은 추격자가 아닌 선도자로서 새로운 100년을 맞이할 수 있을 것입니다.

　오늘 출간되는 『대한민국 항공우주산업사』가 우리가 걸어온 길을 비추는 거울이자, 앞으로 나아갈 길을 가리키는 나침반이 되기를 간절히 기원합니다. 이 책이 우리 항공우주산업의 지난 발자취를 회고하는 데 그치지 않고, 미래 세대에게 원대한 꿈을 심어주는 계기가 되기를 바랍니다. 척박한 환경 속에서도 묵묵히 하늘길과 우주 길을 열어온 모든 항공우주인의 노고에 다시 한번 깊은 감사를 드리며, 이 책의 출간을 진심으로 축하합니다.

　　　　　　　　　　　　　　　　　　　　　　　　　　김승조(서울대학교 명예교수)

항공우주산업은 국가의 기반이자 날개입니다. 든든한 안보 자산인 동시에 전후방 파급 효과가 큰 고부가가치 첨단산업이라는 뜻입니다. 성장 속도 역시 어떤 산업보다 빠릅니다. 세계 각국이 항공우주산업에 대한 투자와 정책적 지원을 아끼지 않는 이유도 바로 여기에 있습니다. 항공산업을 소홀히 여기고 선진국으로 진입한 사례는 도시국가를 제외하고는 찾아보기 어렵습니다. 더욱이 새롭게 열리는 우주와 미래 첨단 모빌리티(AAM)까지 포함하면 항공우주산업에 국운이 걸렸다고 해도 과언이 아닙니다.

한국우주항공산업협회는 대한민국이 밝은 미래로 나아가는 데 미력이나마 거들기 위해 이 책자를 발간합니다.『대한민국 항공우주산업사』는 두 가지 특징을 갖고 있습니다.

첫째, 공군의 기여를 비중 있게 다뤘습니다. 항공산업의 태동과 유도무기 사업이 공군에서 시작됐고, 기존 항공기의 개량과 신형기 개발에서도 공군의 역할이 절대적이기 때문입니다. 두 번째는 제조업의 관점에서 기술했다는 점입니다. 항공우주산업의 역사를 살펴본 책이 없지 않지만 1960년대 중반 이후 여객과 화물 운항산업에 초점이 맞춰져 있었습니다. 우주항공협회는 항공우주 제조업이 다른 주력 업종처럼 성장해 국민경제에 이바지해야 한다는 사명감으로 개화기부터 오늘날까지의 역사를 살펴봤습니다. 오롯이 항공우주 제조업만 조망한 최초의 시도인 이 책의 논제들이 더 큰 관심과 연구로 이어지고 종국에는 항공우주산업 발전과 안보 기반 강화로 귀결되기를 소망합니다.

대한민국 항공우주산업은 최근 30여 년간 눈부신 성장을 이룩했습니다. 지난해 11월 말 4차 발사에 성공한 누리호와 같이 1t 이상의 적재물을 우주로 쏘아 올릴 수 있는 나라는 지구상에 7개국뿐입니다. 우리나라가 본격적으로 우주에 관심을 기울이기 시작한 시기가 1990년대 초반이라는 점을 감안하면 오늘날의 위상은 경이적이라고 평가할 수 있습니다. 한국과학기술원이 영국 서레이대학교와 기술 협력으로 인공위성을 처음 제작한 게 1992년, 항공우주연구소(항공우주연구원의 옛 명칭)가 프랑스와 협력으로 최소한의 기술을 습득해 중형 과학 관측 로켓 KSR-I을 발사한 시기가 1993년입니다. 불과 삼십몇 년 전까지만 해도 외국의 기술을 빌려 우주에 빌을 내디뎠던 한국은 거대한 추력의 발사체를 쏘고 온갖 종류의 인공위성을 제작해 수출하고 있습니다. 자랑스러운 성과가 아닐 수 없습니다.

항공 부문의 성장 속도 역시 빠릅니다. 프로펠러로 구동되는 기본훈련기 KT-1 웅비의 양산 기체가 처음 나온 시기가 2000년 8월입니다. 단군 이래 처음으로 독자 설계하고 제작한 KT-1 웅비 양산으로부터 4반세기가 흐른 지금, 우리는 또다시 독자적으로 설계하고 만든 고정익 항공기의 양산을 앞두고 있습니다. KF-21 보라매 전투기가 바로 그 주인공입니다. 바로 이 대목에서 KT-1 웅비와 KF-21 보라매 전투기 사이의 시간 간격을 눈여겨봐야 할 필요가 있습니다. 불과 25년 만에 프로펠러 훈련기에서 4.5세대급 이상의 최첨단 전투기까지 도달한 사례는 지구상 어느 나라의 전투기 개발사에서도 유례를 찾기 힘듭니다.

다른 국가와 비교하면 성과를 더욱 분명하게 확인할 수 있습니다. 제2차 세계대전 이후 독립한 나라 중에서 초음속 항공기를 수출한 국가는 한국과 이스라엘 단 두 나라뿐입니다. 세계 곳곳에 퍼져 수많은 노벨상 수상자를 배출한 유대인 네트워크의 지원을 받는 이스라엘은 크피르 전투기, 한국은 T-50 골든이글 초음속 훈련기 겸 경전투기로 이런 기록을 가능하게 만들었습니다. 한국의 독보적인 기록이 하나 더 있습니다. KF-21 보라매 전투기는 개량과 진화를 통해 스텔스 전투기로 거듭날 수 있도록 설계됐습니다. 스텔스 형상 전투기를 생산하는 나라는 미국과 중국, 러시아뿐입니다. 우리의 KF-21 보라매 전투기가 바로 다음이라는 사실은 한국 항공산업의 위상을 상징적으로 보여주는 대목입니다. 모든 게 항공우주산업체들의 노력과 엔지니어들의 열정, 정부의 지원 그리고 국민의 지지와 성원이 합쳐진 결과물입니다.

그럼에도 불구하고 한국의 항공우주산업이 넘어야 할 산은 높고 험합니다. 그동안 땀 흘려 노력한 결과 대부분의 기술을 확보했으나 아직 접근조차 하지 못한 핵심기술도 여전히 남아 있습니다. 최근까지 우호적으로 기술을 이전하던 선진기술국가들은 한국을 잠재적 경쟁상대로 여기고 기술을 꽁꽁 감추는 상황입니다. KF-21 보라매 전투기의 4대 핵심기술 개발에서 그랬던 것처럼, 해외 기술도입이나 제휴 없이 우리의 독자적인 역량으로 핵심기술을 습득하고 발전시켜야 하는 국면을 맞이했습니다. 과거보다 배전의 노력이 필요함은 물론입니다. 수입에 의존하던 엔진이나 항공 무장, 로켓 및 인공위성의 제작 및 제어 기술도 스스로 찾아내야만 생존할 수 있습니다.

경제 운용 측면에서도 풀어야 할 해묵은 과제가 있습니다. 우리의 항공우주산업이 거둔 자랑스러운 성과의 이면을 조금만 살펴봐도 구조적인 취약점이 곳곳에 깔렸습니다. 산업통상부와 한국무역협회의 통계에 따르면 항공기는 단일 공산품으로는 우리나라 최대의 무역수지 적자 품목입니다. 관련 통계를 내기 시작한 1977년부터 2025년 10월까지 항공기와 부품의 무역수지는 642억 달러 적자를 기록했습니다.

같은 기간 중 누적 흑자 1조 3,573억 달러를 거둔 자동차산업(부품 포함)과 대조적입니다. 바꿔말하면 항공우주산업이 주력 업종의 하나로 발돋움할 때 우리 경제는 새로운 성장동력을 확보할 수 있다는 얘기가 됩니다. 세계적인 예측기관들은 오는 2040년께 거대한 AAM 시장이 새로 형성되고 종국에는 자동차 시장 규모에 버금가는 수준으로 성장하리라 전망합니다. 시장 형성 초기부터 지분을 확보할 수 있도록 준비를 서둘러야 할 때입니다.

한국우주항공산업협회는 이 책에서 몇몇 역사적 사실들을 새로 발굴하거나 다른 각도로 조명했습니다. 식민지 상태였지만 한반도에서 비행기를 처음 제작하려던 시도가 1924년 부산과 신의주에서 진행됐으며 1944년 10월 10일 평양의 비행기 제작소에서 한반도 최초의 항공기가 생산됐다는 사실을 신문 자료를 통해 구체적으로 밝혀냈습니다. 1953년 제81항공정비창에 의해 한국 최초의 항공산업 생태계가 조성되고 군이 구축한 미사일 개조 및 생산능력, 항공기 정비 능력을 민간에 이양하는 등, 공군이 항공산업을 일구기 위해 보이지 않는 노력을 기울여왔다는 점을 사료에 근거해 재조명한 점도 이 책의 특징 중 하나입니다.

대한민국의 항공우주산업사를 조망하면서 가장 아쉽게 느꼈던 대목은 '단절의 연속'이 특징의 하나로 자리 잡았었다는 점입니다. 공군이 1953년 독자 설계하고 제작한 부활호와 비슷한 시기에 해군이 개발한 해취호와 서해호, 제해호 등의 기술자료는 후대에 전해진 것이 전혀 없는 실정입니다. 본격적으로 항공산업 육성을 천명한 1970년대 이후에도 기술적 단절과 생산 공백, 기술 축적 기회 축소라는 악순환이 이어졌음을 부인하기 어렵습니다.

시장경제 원칙을 준수하면서도 항공우주산업 부문만큼은 독과점업체를 인정하던 유럽 각국과 정반대로 유독 한국은 1980년대 중반 이후 새로 설립된 여러 업체가 난립해 과당경쟁을 펼치는 난맥상을 드러냈습니다. 방위산업체에 엄격하게 적용되던 전문화·계열화 원칙이 항공 부문에서는 사실상 무너지며 4개 업체가 체계종합업체로서 출혈 수주 경쟁을 빌인 결과가 1999년 10월의 항공기 통합법인 출범입니다. 우리나라 항공산업이 단기간에 이룬 성과는 통합법인 출범 이후와 시기적으로 정확하게 겹칩니다.

세계는 지금 라이트 형제의 동력 비행 이후 최대의 변화를 맞이하고 있습니다. 먼저 뉴스페이스의 열풍이 강하게 불고 있습니다. 서구 문물이 인류를 대표하는 문명으로 자리를 잡게 한 15세기 대항해시대에 빗대자면 인류 전체에게 새로운 기회를 제공할 '대우주항해시대'에 들어선 셈입니다. 항공우주산업은 인근 산업과 융복합을 통해 지금까지와는 다른 발전 모델을 모색 중입니다. 우주개발에도 로켓 분야뿐 아니라 건설, 각종 수송기기 제조, 채광, 의약, 농업, 핵발전에 이르기까지 광범위한 분야가 연구와 도전의 대상으로 떠오르고 있습니다.

지금은 미래를 위해 에너지를 모으고 도전할 때입니다. 푸른 하늘은 2차원 공간에 머물던 인간에게 새로운 사고와 창의력, 도전정신을 배양시켜줍니다. 일찍이 제1차 세계대전 패전으로 베르사유조약에 의해 항공기 개발과 운송이 금지된 독일에서 활공기 보급에 앞장섰던 우르시우스는 "설령 독일이 전쟁에서 아무리 많이 패한다고 해도 활공이 존속하는 한 독일 민족은 영원할 것이다"라고 말했습니다. 김정렬 초대 공군 참모총장은 "제대로 나라를 발전시키기 위해 한국인은 항공인이 되어야 한다"고 설파했습니다. 창공과 우주 비행은 창조적 도전입니다. 도전하지 않으면 앞으로 나아갈 수 없습니다. 대한민국 항공우주산업의 역사가 제시하는 방향도 같습니다. 차곡차곡 기술을 축적해가며 온 국민이 서로를 격려하고 앞으로 나아갈 때입니다. 이제 얼마 남지 않은 정상과 정상 너머의 새로운 목표를 향한 전진이 우리를 기다리고 있습니다.

끝으로 『대한민국 항공우주산업사』 발간을 위해 2년 동안 밤낮 가리지 않고 집필에 애써준 권홍우 고문의 노고를 치하합니다. 또 묻힌 채 지나간 항공우주산업의 역사를 가감 없이 들려주시고 방향을 제시해준 안동만 전 국방과학연구소장님께 감사드립니다. 우주 분야의 자료 수집과 집필에 힘써주신 이대성 항공대학교 교수님(전 항공기술안전원장)을 비롯한 김지홍 한국항공우주산업 미래융합기술원장님, 항공우주연구원의 김성훈·이융교·한영민 박사님께도 많은 도움을 받았습니다. 감사 말씀을 드립니다. 『최초의 국산 경비행기, 부활호』의 저자로 귀중한 자료를 아낌없이 제공해주신 이동건 에어로솔루션코리아 연구원님과 이윤식 작가님께 깊이 감사드립니다.

김민석(한국우주항공산업협회 상근부회장)

축사   4
발간사   7

제1부
비거飛車에서
'다누리호'까지

제1장

항공산업의 여명과 한국적 특성

1. 들어가기-항공우주산업의 한국적 특성과 당위성

항공우주산업은 장점과 단점, 당위성이 분명한 산업이다. 다양한 첨단기술이 융복합되어 산업적으로 전후방 파급 효과가 크고, 양질의 고용 창출 또한 가능하다. 항공기와 인공위성 최적 설계 기술과 경량 고강도 신소재 기술은 자동차와 선박, 반도체, 풍력 발전에 영향을 미쳤다. 항공우주 통신과 항법 장치 같은 항공전자 기술도 데이터 통신과 센서 기술을 선도한다. 반면 대규모 장치산업으로 막대한 자금이 필요하다. 회수 기간도 길다. 연구 개발R&D에 투입되는 자금의 비율도 어느 산업보다 높으면서도 기술개발 성공 가능성은 쉽게 장담할 수 없는 산업이다.[1]

설령 기술개발과 제작에 성공해도 상용화나 납품까지는 갈 길이 멀다. 일본이 10조 원을 들여 개발한 제트여객기 MRJ가 선주문 417대를 받아놓고도 끝내 개발을 포기했을 만큼[2] 항공기 개발은 어렵다. 항공보다 더 큰 투자와 더 정교한 첨단기술을 요구하는 우주산업은 말할 나위도 없다. 항공우주산업이 선진국의 전유물인 이유가 바로 여기에 있다.

막대한 선투자와 개발 비용이 필요함에도 항공우주산업을 외면할 수 없는 두 가지 당위성이 있다. 무엇보다 국가 안보에 직결된 산업이다. 수준 높은 항공 기술과 건강한 항공산업 생태계는 자주국방 능력을 위해서는 필수 불가결한 선결 요건이다. 두 번째 당위성은 경제적 이유에 연유한다. 새로운 성장 동력

❖ 항공산업과 타 산업 간 주요 특성 비교

구분	항공기	조선	자동차
양산 기간	30년	주문 생산	5년
사용 기간	30년	25년	10년
개발-생산빙식	개발-주문생산-개량개발	주문-개발생산-인도	개발-생산-핀매
분업 구조	전문화	수직계열화	수직계열화
매출액 대비 연구개발비	10%	1%	3.5%
개발비	전투기 5~10조 원	-	중형차 4500억 원
생산량	다품종 소량생산	주문생산	다품종 대량생산
시험인증	생산과전/제품에 대한 인증	생산품에 대한 인증	생산품에 대한 인증

❖ 항공우주산업은 미래 전략산업인 동시에 국가 안보를 위한 핵심 기반산업/고부가치 산업

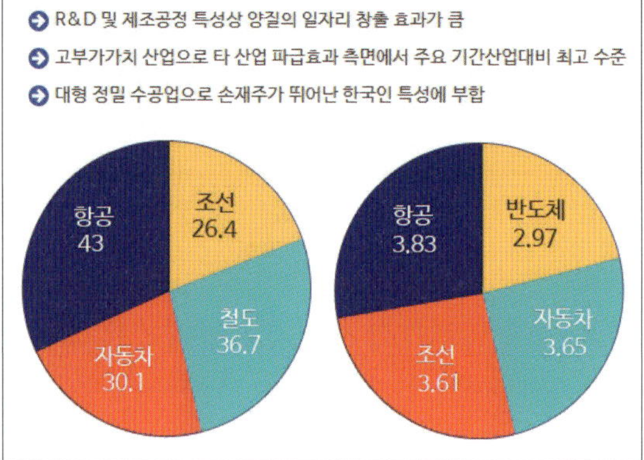

항공산업은 양질의 군용기와 유도무기를 생산해 국가 안보에 이바지하는 동시에 우주로 향하는 기술의 기반이다. 다품종 소량생산이라는 산업 특성상 기계화보다 정밀 수공업에 유리해 고임금 고용유발 효과와 부가가치가 크다. 선진국일수록 항공우주산업에 보조금을 지급하거나 독과점을 예외적으로 인정해 판로와 최소한의 이윤을 보장하는 것도 이런 맥락에서다./이미지=한국우주항공산업협회

을 찾고 국제 경쟁에서 살아남기 위해서다. 기존의 항공우주산업에서 한국의 위상은 세계 10위권 바깥이다.[3]

조선이나 자동차, 반도체, 휴대폰, 철강, 섬유 등 주력업종만큼 위상이 높지 않다. 예를 들어 미국 보잉사의 B-787 여객기 1대 제작에 필요한 일본 제품의 비중은 32~35%에 이른다. 한국은 2% 미만이다.[4]

❖ 항공기 주요 부품별 관련 산업

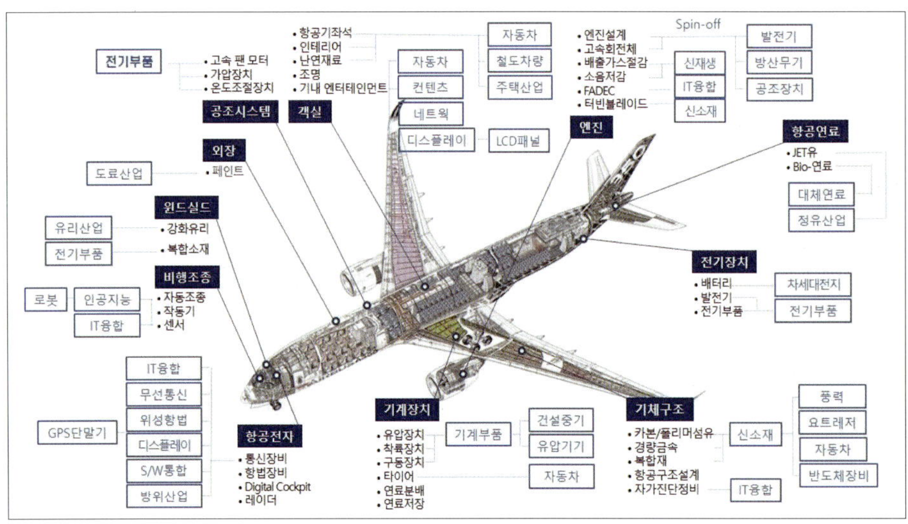

일본과 한국의 격차는 16대 1에 달한다. 항공 부문에서 한국과 일본의 격차는 전체 경제력(GDP) 차이 1대 2.4보다 훨씬 크다. 그만큼 따라잡아야 할 여지가 크다는 이야기다.

격차를 줄일 수 있을 때 우리나라 전체 산업 측면에서도 항공우주산업이 주력산업의 하나로 편입되고 국민경제 역시 보다 높은 수준에 도달할 수 있다. 경제력이 커지면 항공산업에 대한 투자가 늘어나 보다 양질의 경쟁력 있는 제품을 만들어 수출하고 군에도 납품할 수 있다. 안보와 경제가 선순환하는 구조의 정착이 가능하다. 항공산업의 진입이 힘들고 위험 요소가 많아도 꼭 해야 하는 이유가 바로 여기에 있다.

2. 한국 항공우주산업사의 세 가지 특징

대한민국 항공우주산업의 역사는 세 가지 관점에서 바라볼 수 있다. 첫째, 다른 후발 국가들과 비슷하게 일정한 경로를 밟아왔다. 두 번째는 어떤 기준을 정하느냐에 따라 항공산업의 역사가 크게 다르게 서술될 수 있다는 점이다. 한국 항공산업의 시발점은 1944년이 될 수도 있고 1954년이 될 수도 있다. 1924년이나 1973년이 시발점이라는 시각도 존재한다. 세 번째 특징은 유달리 다른 국가와의 비교를 의식했다는 데 있다.

첫 번째부터 살펴보자. 어떤 나라든 항공산업은 일정한 경로를 밟으며 성장한다. 미국과 유럽 등 선진국을 제외한 후발 국가는 5단계를 거치는 게 일반적이다. ①정비와 수리부터 시작해 ②단순 조립생산 ③면허생산 및 부품 국산화 ④국제 공동개발(분업)을 지나 ⑤자체 설계에 의한 고유모델 생산으로 이어지기 마련이다.[5]

한국의 현재 수준은 3, 4, 5단계가 섞여 있는 상황이다. 아직도 개발하지 못한 부품류가 있는가 하면 스텔스 형상의 KF-21 보라매 전투기의 양산을 앞두고 있다. 후발주자로서 이만큼의 성과를 거둔 사례는

초계 비행 중인 폴란드 공군 FA-50 경전투기 겸 경공격기(왼쪽)와 에콰도르 공군이 운용하던 이스라엘 IAI 크피르 전투기(오른쪽). 제2차 세계대전 이후 독립한 나라 중에서 자국산 초음속 전투기를 수출한 나라는 한국과 이스라엘뿐이다./사진=폴스카 즈브라이나·위키피디아

거의 없다. 뒤늦게 항공산업에 뛰어든 나라 중에서 초음속기 전투기 수출 단계까지 이른 나라는 한국과 이스라엘, 둘 뿐이다.[6]

　두 번째와 세 번째 특징은 묶어서 설명될 수 있다. 한국인은 자신의 위치를 타인을 통해 규명하려는 성향이 유달리 강하다.[7] 국가도 마찬가지다. 다른 나라와 비교하며 한국이라는 정체성을 찾아왔다.[8] 일제강점기에 한국의 신문과 잡지들은 전승에 머물던 비거飛車를 소환해 "라이트 형제보다 300여 년 이상 앞선 최초의 비행기"라고 소개했다.[9] 여기에는 한국인이 애초부터 뒤처진 민족이 아니라는 자존심이 깔려 있다. 조선이 비록 일본보다 서구식 근대화에 뒤졌지만, 물질문명의 총아 격인 비행기를 세계에서 처음 만들었을 만큼 우리도 마음먹고 노력하면 항공기를 제작할 수 있다는 희망이 비거까지 거슬러 간 배경이다.

　다른 나라와 비교하려는 성향은 곳곳에서 발견된다. 교량, 원자력발전소 등의 준공식에서는 '세계 몇 번째'나 '아시아 최장' 등의 수식어가 흔히 따라붙는다. 방산 물자의 경우 이런 경향이 더욱 두드러지게 나타났다. 1982년 9월 9일 치러진 F-5E 전투기(제공호) 공개 시범 비행에서도 정부는 아시아 세 번째라는 의미를 강조했지만 실제로는 다섯 번째였으며 생산량도 다른 나라들보다 훨씬 적었다.[10] 뒤에 이야기하겠지만 그나마 어렵게 획득한 생산 기술 역시 다음 단계로 발전하지 못하고 소멸하고 말았다.

　타인에게 투영된 모습으로 자아를 인식하려는 습성, 즉 남과의 비교는 '선진국 따라잡기(catch up) 전략'으로 이어져 적지 않은 순기능을 발휘해왔다. '제공호' 사례에서 보듯이 간혹 정확하지 않은 정보로 스스로 과대 포장하려는 측면도 없지 않았지만 항공 선진국의 기술을 배우려는 각고의 노력이 오늘날의 성과를 만든 동력이 됐다는 점은 분명한 사실이다. 대한민국 항공우주산업사는 이런 맥락에서 다른 국가와 비교를 마다하지 않았다. 우리의 정확한 위치를 파악하기 위해, 다른 나라, 특히 주변국과 비교가 필요하다고 판단했기 때문이다.

　한국우주항공산업협회가 위에서 말한 세 가지 시간과 기준에서 발간하는 대한민국 항공우주산업사의

공군이 제작, 1953년 10월 11일 시험비행한 '부활호'의 복원기가 비행하는 모습(왼쪽)과 해군이 자체 제작한 세 번째 항공기인 '제해호'. 쌍발엔진에 무장까지 장착한 비행정인 '제해호'는 4대 양산 계획까지 세웠으나 미국의 군수지원이 어렵다는 이유로 해경에 이관되고 1964년 남해상에서 최후를 마쳤다. 두 항공기는 어려운 여건에 제작되고 좋은 평가를 받았음에도 기술이 전해지지 않고 사장됐다는 공통점을 갖고 있다./사진=공군·해군

가장 큰 특징은 '지속적인 발전 여부'에 큰 비중을 두고 있다는 점이다. 항공산업의 역사가 출발한 시점을 다르게 기술할 수 있는 이유도 바로 여기에 있다. 한반도에서 항공기 제작이 처음 논의된 시기를 기준 삼으면 항공제조업의 시점은 102년 전인 1924년으로 거슬러 올라간다. 항공기가 실제로 제작된 시기를 기준으로 하면 그 시점은 82년 전인 1944년 10월 10일이다. 우리 손으로 설계하고 제작한 '부활호'를 시발점으로 잡는다면 항공산업의 나이는 72세를 지났다.

아쉬운 점은 항공산업사의 시발점을 어떤 시점으로 잡아도 아픈 공통점이 있다는 점이다. 바로 출발만 있었을 뿐 더 이상 지속되지 않았다는 아쉬움이다. 공군의 고 이원복 선생이 개발을 주도한 '부활호'와 해군의 고 조경연 선생이 연달아 개발했던 '해취호海鷲號'와 '제해호制海號'·'통해호統海號'의 설계와 제작, 정비 기술이 유지, 계승됐다면 우리의 항공산업은 1950년대 초중반부터 지속적인 발전을 기대할 수도 있었을 것이라는 미련을 떨치기 어렵다.[11]

대한민국의 항공제조업이 걸어온 역사의 변곡점은 이뿐 아니다. 1960년대 초반 학생 특수체육 활성화라는 목표 아래 의욕적으로 진행되던 활공기Glider 교육과 제작, 보급이 지속됐다면 최소한 항공에 대한 인식과 저변은 지금보다 넓고 깊어질 수도 있었다. 국방과학연구소가 기술을 담당하고 공군 항공창이 제작한 '새매호'(PL-2)가 한국 최초의 양산형 금속제 항공기라는 사실을 기억하는 사람도 많지 않다. 비슷한 시기에 특수부대의 침투용으로 개발했던 M-73 글라이더의 존재도 잊혔다.[12] 두 기체를 개발하던 인력이 보전되고 기술이 쌓였다면 우리의 항공산업 수준은 지금과 달랐을 수도 있다.

미국에서 기술을 도입해 대한항공이 면허생산한 500MD 헬리콥터와 '제공호' 전투기의 생산 기반도 제대로 활용될 기회를 잃었다. '우리도 할 수 있다'는 자신감은 보이지 않는 큰 소득이었으나 가능성을 확

❖ **한국 항공산업 발전 경로 및 전망**

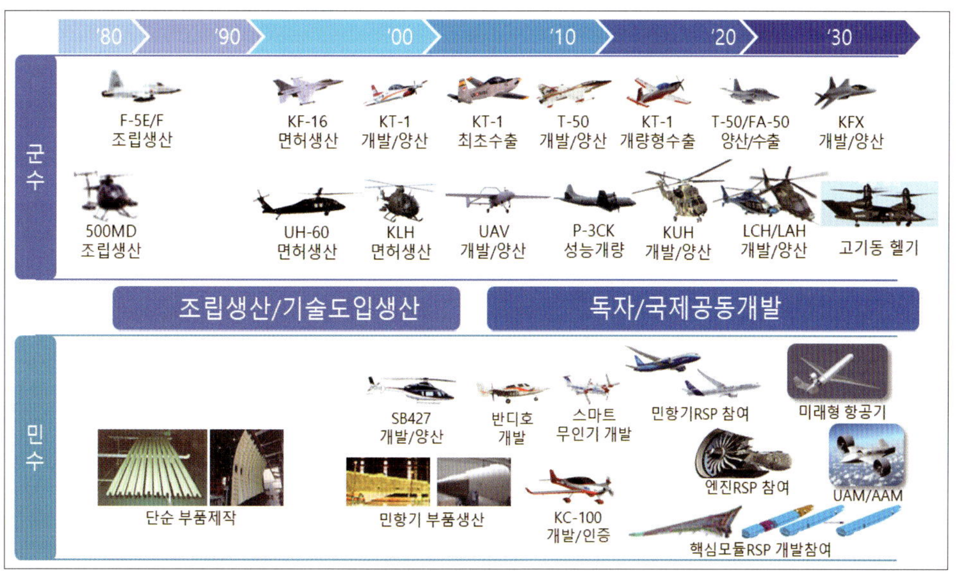

인하는 수준에 그쳤다. 후속 기종에 대한 정부의 결정이 미뤄지고 전문화·계열화라는 방위산업의 원칙이 유독 항공산업에는 적용되지 않아 업체 간 과당경쟁이 발생한 탓이다. 한국 최초의 무인기 '솔개'가 개발에 성공하고도 인력 부족과 예산 지원 미흡으로 계속 이어지지 못한 점도 아쉬운 대목이다. 한국의 항공산업은 무수한 아쉬움 속에서 7전8기로 이 자리까지 왔다고 정리할 수 있다.

'지속 가능한 발전', '차기 사업으로의 순차적 발전'이라는 관점으로 봤을 때, 기술 축적의 시발점은 두 가지 시점으로 나뉜다. 먼저 1978년 9월 26일을 기억할 필요가 있다. 대한민국은 이날 독자개발한 중거리 유도탄('백곰' 미사일)의 공개시험 사격을 성공하며 각종 유도무기(미사일)와 우주발사체 개발에 첫발을 디뎠다. 비록 5공 정권에 의해 미사일 개발이 일시 중단되고 우주기술로 발전하기까지 많은 시간이 소요됐어도 1978년은 한국의 발사체 개발, 즉 우주산업의 초석을 마련한 원년이다.

두 번째, 항공산업은 KT-1 초등훈련기 '웅비'의 등장 이후부터 비로소 지속적으로 발전할 수 있었다. KT-1 '웅비'의 첫 비행(1991년 12월 12일)은 항공산업이 제자리를 찾아가는 시발점으로 볼 수 있다. 첫 비행보다 훨씬 전에 국방과학연구소(ADD)가 차기 훈련기 탐색 개발을 시작한 1984년을 기준으로 삼는다면 오늘날 항공산업이 이룬 성과는 약 42년 만에 이뤄진 셈이다. 1970년대 초중반까지 대만은 물론 인도네시아나 베트남, 스리랑카 수준과 크게 다르지 않던[13] 항공산업이 성장할 수 있었던 비결은 크게 다섯 가지로 요약될 수 있다.

첫째, 열망이 강했다. 항공을 처음 접하던 20세기 초반부터 언젠가는 우리 손으로 항공기를 제작하겠다는 생각을 한 번도 놓지 않았다. 둘째, 경제가 60~70년대 초고속성장기를 지나서도 꾸준하게 지속적으로 성장해 투자 여력이 커졌다. 셋째, 투자가 늘고 인력에 대한 국내외 교육이 활발해지면서 항공산업 자체가 꾸준한 성장세에 올랐다. 넷째, 사실상 전문화·계열화 효과가 나타났다. 업체 간 중복투자와 과당경쟁으로 인한 후유증이 가시권에 들어올 무렵 발생한 외환위기(IMF 사태)로 항공업체가 단일 법인으로 통합되며 산업 전체의 효율이 높아졌다.

마지막으로 공군의 존재가 받침돌과 디딤돌 역할을 해냈다. 제대로 조명받고 평가받지 못했지만, 공군이 항공산업에 미친 영향은 지대하다. 항공제조업 중심으로 기술하는 이 책에서는 운항 부문을 제

KAI 고정익동에서 최종조립중인 KT-1 웅비 기본훈련기. 한국이 독자 개발한 최초의 군용기이자 최초로 수출한 항공기다./사진=KAI

외했으나 항공산업의 일부인 운항 분야도 군이 배출하는 양질의 조종과 정비 인력에 힘입어 세계 수준의 경쟁력을 갖추기에 이르렀다. 항공 제조업에서도 공군의 발자취를 여러 곳에서 찾을 수 있다. 기체 정비로 가장 먼저 외화를 획득하고 1960년대 말부터 공대공 미사일 생산을 추진[14]했다는 점은 널리 알려져 있지 않다.

월남(남베트남) 공군이 1971년 면허생산한 미국 파즈마니사의 경비행기 PL-2. 한국은 이 항공기를 1973년에야 제작(4대)했을 정도로 항공제조업은 엄두를 못내고 있었다. 전쟁 중이던 남베트남이 면허생산할 때도 한국은 자체 항공기 제작을 전혀 추진하지 않았다. 이는 역으로 뒤늦게 출발한 한국의 항공산업이 급성장했다는 반증이기도 하다./사진=파즈마니사 홈페이지

항공산업을 구성하는 요소인 정부와 기업, 연구소, 대학, 엔지니어 등과 달리 공군은 유일하게 지속적으로 발전해 온 조직이다. 세계적으로도 항공산업이 발전한 선진국은 물론 빠르게 성장하는 이스라엘과 중국, 인도, 튀르키예, 대만 같은 후발 항공산업 국가들도 하나같이 강력한 공군력을 보유했다는 공통점이 있다.

각국의 사례를 종합하면 안보를 위한 공중 전력에 대한 투자는 단순한 소모성 비용이 아니라 고부가가치 산업으로 손꼽히는 항공산업을 일궈 국민경제에 되돌려주는 선순환의 촉매제 구실을 한다. 대한민국 공군은 이런 경향이 더욱 강하다. 공군은 영공 방위에 힘쓰는 한편으로 군용기 수요를 유발하고 양질의 인력을 안정적으로 공급해 항공산업이 발전할 수 있는 토양을 제공해 왔다.[15]

3. 항공을 처음 대하는 조선의 인식

한반도에서 간행된 신문과 잡지에서 항공 관련 기사의 첫 등장은 1886년으로 거슬러 올라간다. 최초의 근대적 신문으로 통리아문 박문국에서 발행하던 『한성순보』가 갑신정변(1884)의 와중에 불타 없어지고 그 후속 신문으로 발행된 신문 『한성주보漢城周報』가 1886년 8월 8일 자 15면에 '飛舟奇製(비주기제·신기한 비행 문물)'라는 제목 아래 다음과 같은 기사를 실었다.

"8월 8일 滬報(호보)에 의하면 이러하다. 서양에서는 얼마 전에 氣球(기구)를 제조하여 공중을 비행하였다. 제조는 매우 정밀하였지만, 운행을 마음대로 할 수가 없어서 이를 본 사람들이 모두 불편하게 여겼다. 美國(미국) 芝加敖(지가오: 시카고)지방의 박사 摩錫(마석: 맥심)이 飛舟(비주)를 만드는 기법을 고안해 내어 수년간 연구했는데, 지금에 와서 비로소 날아갈 수 있게 되었다. 이 飛舟(비주)는 공중에서 내왕할 때 바람과 충돌하며 역으로 갈 수 있으며 아울러 비행 방향을 정할 수도 있다. 처음 만든 한 대는 공기를 채우는 기구의 길이가 2백70英尺(피트)이고 너비는 약 75피트이

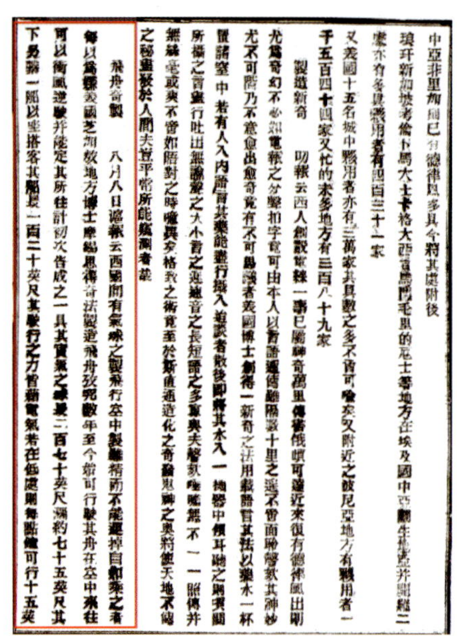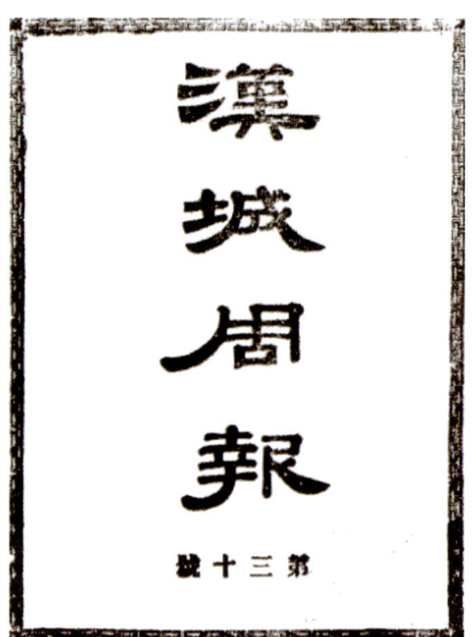

동력으로 움직이는 서구 비행
기물에 대한 첫 소개 기사를
게재한 『한성주보』 13호.
/대한민국 신문 아카이브

며, 그 밑에 따로 1船(선)을 연결하여 탈 사람을 앉힌다. 船의 길이는 1백20피트이고, 나는 힘은 모두 전기의 힘을 빌고 있다. 만일 낮은 곳일 때는 매 시간에 15英里(마일)에서 20마일까지 갈 수 있고, 지상에서 8천尺(척)의 높이에 있는 경우는 매시간에 45마일에서 60마일까지 갈 수 있다. 이 船의 빠르고 신기한 점은 매우 불가사의한 것이다."[16]

20세기 들어서는 항공 관련 기사가 좀 더 늘어났다. 『황성신문』은 '인간이 기계를 타고 하늘을 날 수 있다'는 사실을 강조했다. 『황성신문』 1900년 11월 9일 자는 '空中飛行船成功(공중 비행선 성공)'이라는 제목의 기사에서 이렇게 전한다.

'西報에 曰 젯프린 氏의 空中飛行船은 微風

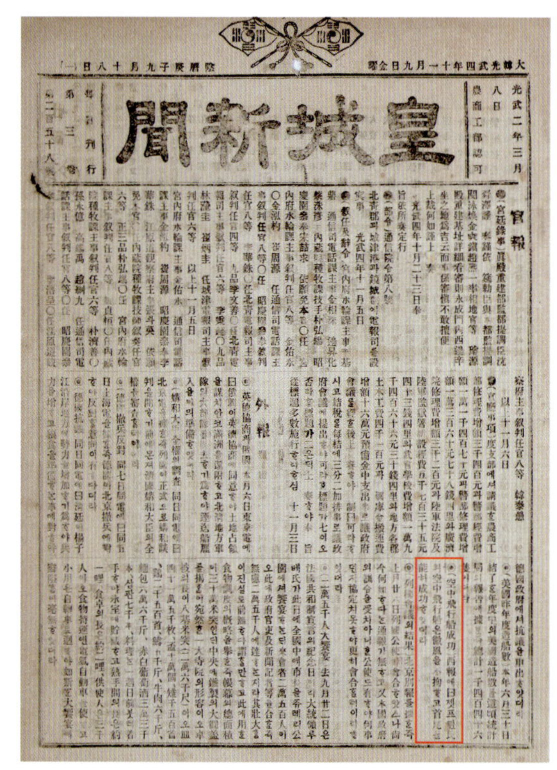

『황성신문』의 공중비행선 성공 기사. 하단 빨간 선 안의 41자가 한국에 근대 항공을 알린 최초 기사다.
/대한민국 신문 아카이브

을 不拘ᄒ고 首尾를 能히 成功ᄒ엿더라.'

현대 어법으로 옮기면 "서구의 신문 보도에 따르면 제펠린씨의 공중비행선이 미풍에도 불구하고 전체 선체의 비행에 성공했다"로 읽힌다. 요즘 일간신문의 절반보다 약간 작은 크기의 신문 구석에 총 분량 41자인 기사가 세로쓰기로 3줄밖에 실리지 않았지만 디지털 자료로 확인되는 한국 언론 출판 최초의 항공 관련 기사다.

> 독일의 제펠린 백작(Ferdinand Graf von Zeppelin, 1838~1917)은 남부 독일의 콘스탄츠 호수 부근에서 14.2마력짜리 엔진 2기를 장착한 길이 127미터 경식硬式 비행선 LZ(Luftschiff Zeppelin: 제펠린 비행선) 1호로 연식軟式 비행선의 기록(시속 6킬로미터)보다 훨씬 빠른 시속 28킬로미터를 내며 관중의 탄성을 자아냈다. 한번 날았다 내려앉은 후 다시 이륙하는 데는 실패했지만 조종도 가능했다. 항공 역사의 신기원이 열린 셈이다.[17] 이때가 1900년 7월 2일. 조선에는 4개월 늦게서야 소식이 전해졌다.[18] 근대적 항공이 아니라 서구의 무동력 비행기구에 대한 소식이 전해진 시기는 이보다 약간 빠르다.[19]

국운이 시들어가는 대한제국에서 항공에 대한 언론 보도는 비중이 크지 않았다. 국립중앙도서관이 구한말의 신문 매체를 디지털 기록으로 재정리한 '대한민국 신문아카이브'에서 '비행飛行', '비양飛揚(20세기 초반까지 동양권에서는 비행과 비양을 혼재해 사용했다)', '항공'으로 검색해도 결과는 마찬가지다. 『황성신문』1907년 5월 30일 자 1면에 '공중항행술의 발달'이라는 제목으로 게재된 기사의 분량이 200자 원고지 한 매에도 못 미치는 157자(띄어쓰기 포함)라도 긴 편에 속한다.[20] 심지어 1903년 12월 17일 최초의 동력비행에 성공한 라이트 형제에 대한 언급도 보이지 않는다. 비행선과 비행기에 대한 구분 없이 혼용한

1900년 7월 2일 초저녁 독일의 콘스탄츠 호수 부근에서 시험 운항하는 최초의 경식 비행선 LZ 1호. 제펠린 비행선의 등장으로 20세기 항공의 시대가 개막됐다. 대한제국에도 4개월이 지나 이 소식이 전해졌다./사진=위키피디아

대목도 있다.[21]

비행선과 비행기의 구분도 모호하던 시기에 눈길을 끄는 기사가 두 신문에서 동시에 나왔다. 『황성신문』은 1908년 5월 31일 자 1면에 '淸國의 飛行船購入(청국의 비행선 구입)'이라는 제목 아래 "紐育電을 據ᄒ즉 淸國에서 駐美淸公使伍廷芳氏를 經ᄒ야라이도 兄弟空中飛行船을 購入ᄒᆯ 次로 方今交涉中이라더라"는 기사를 실었다. "뉴욕발 외신에 따르면 청나라 주미공사 오정방伍廷芳(우팅팡) 씨가[22] 공중비행선을 구입하기 위해 라이트 형제와 최근 교섭하고 있다"는 의미다. 같은 날 『대한매일신보』 3면에는 '공즁선 매입'이라는 제하로 "늬우욕 뎐보를 거ᄒ즉 청국에서 미국에서 주하ᄒ 공ᄉ 오정방 씨에게 부탁ᄒ야 미국 라이트 형데가 발명ᄒ 공즁선을 사라ᄒ야 방금 교셥ᄒᆫ다는 풍셜이 잇다ᄒ엿더라라"는 기사가 게재됐다. 『황성신문』과 같은 내용이다.

항공 관련 보도가 드물던 시절에 대한제국의 대표적인 두 신문이 같은 날 같은 내용의 외신발 기사를 게재하기는 흔한 일이 아니다. 두 신문은 이 기사를 보도한 이후 항공과 관련한 기사를 더 많이 내보내기 시작했다. 실제 사건 발생과 대한제국에서 보도되는 시점과 시차도 크게 줄어들었다. 독일 제펠린 백작의 1908년 비행선 제조와 실험 계획은 현지 보도 닷새 만에 지면에 실렸다. 100일 넘은 소식을 전하던 예전과는 비교할 수 없을 만큼 빨라졌다. 분량도 늘어났다.

『황성신문』 1909년 6월 24일 자 2면에 실린 '세계 장래와 공중생활과 공중전쟁'이라는 논설의 글자 수는 1000자가 넘는다. 비행선과 비행기의 발달은 인간의 생활을 편리하게 이끄는 한편으로 남의 나라의 재화를 빼앗는 분쟁이 많아지는 상황에서 각국 간의 기술개발 경쟁이 심해지고 종국에는 공중도 전쟁의 주 무대가 될 것이라는 내용이 담겼다.

기사 내용도 다양해졌다. '공중 국방'에 대비하는 각국의 대응책과 독일 등 유럽 국가들의 정기 상업항로 개설,[23] 일본인에 의한 비행기 제작,[24] 프랑스의 비행대학 개설[25], 신형기 개발 동향에 이어 열강의 공중 전력을 비교 분석하는 기사를 집중적으로[26] 선보였다. 시간이 갈수록 항공 관련 기사가 늘어나고 다양해진 이유는 기술 발전이 빨라지면서 관심이 높아졌기 때문으로 풀이된다.

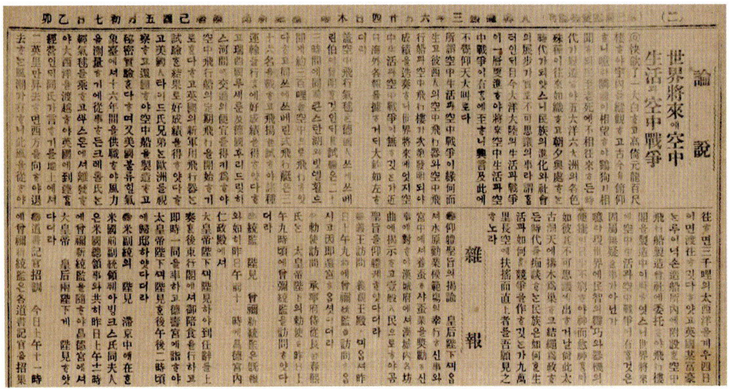

비행선과 비행기의 발달이 생활의 편의를 높이는 반면, 무역으로 타국의 재산을 탈취하려는 분쟁도 잦아질 것이라고 예상한 『황성신문』 1909년 6월 24일자 논설./대한민국 신문 아카이브

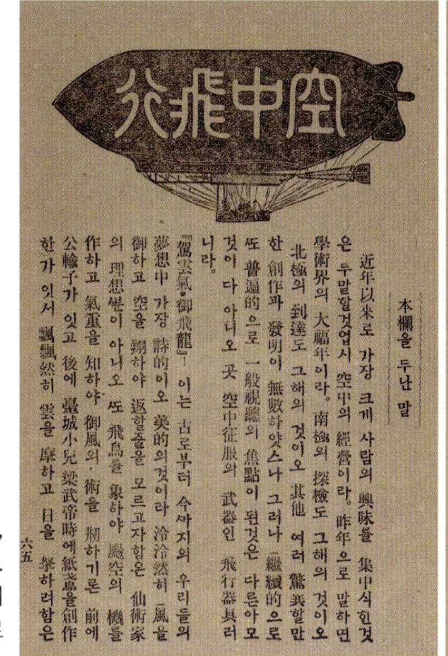

『소년』지에 실린 '공중비행'(왼쪽),
'태서 열국의 비행기 발달사' 기사.
조선의 대중 간행물 중에서 서양의
비행기를 본격적으로 알린 효시로
꼽힌다./대한민국 신문 아카이브

　다만 한 가지 조심스럽지만 다른 이유는 없었는지 알아볼 필요가 있다. 청나라의 비행기 구매 소식이 전해진 다음부터 이런 현상이 일어났음은 우연의 일치일 수도 있겠지만 분명한 사실이다. 앞선 나라들의 신기한 신문물을 소개하는 수준에 그치던 항공 뉴스가 눈앞의 관심사로 들어온 이유는 주변의 움직임에 민감하게 반응하는 한국인 특유의 성향이 발동된 것은 아닌지 전문적인 연구가 필요한 대목이다.

　쇠잔해진 대한제국이 끝내 제국주의 일본에 병탄(1910. 8. 29)되던 1910년에는 항공과 관련한 지식인들의 관심이 높아지고 청년단체의 움직임도 활발해졌다. 먼저 육당 최남선이 1908년 창간한 최초의 근대 잡지 『소년』 1910년 2월호에는 가장 많은 기사가 실렸다. '空中飛行(공중비행)'과 '태서(서양) 열국의 비행기 발달사'라는 기사 두 건의 분량은 26장으로 잡지 본문 전체 분량의 27%를 차지했다.

　특히 '공중비행' 편에서는 다양한 비행선과 기구, 비행기의 그림과 사진 20점이 소개돼 독자의 관심을 끌었다. '공중비행'이라는 제목의 바탕인 비행선 형상의 시각물은 독일 제펠린 백작의 비행선을 형상화한 것으로 보인다(최남선은 『소년』의 폐간 뒤에 새로 발행한 잡지 『청춘』 제4호(1914)에서 이 시각물을 그대로 활용했다). 『소년』지는 이어 발행된 3월호에서도 '발동기의 힘으로 비행하는 군용기 특집'을 실었다. 일본 리츠메이칸대학 산업사회학부 권학준 교수는 잡지 『소년』의 이런 글들이 비행기를 근대 과학 기술의 정점이자 근대의 표상이라는 인식을 대중에게 심었다고 봤다.[27]

　출판매체들의 연이은 항공 관련 보도는 청년들의 관심으로 이어졌다. 1910년 4월 28일 자 『황성신문』 1면에는 '飛行機에 對호 演說(비행기에 대한 연설)'이란 제하로 "今日下吾七時三十分에 鍾路靑年會館

1908년 12월 3일 개관한 직후인 1909년 촬영된 황성기독교청년회관. 고종 황제는 1907년 11월 정초식에 하사금 1만 원을 은으로 만든 삽 두 자루와 함께 황세자 영친왕을 보냈다. 당시 11살이던 영친왕은 머릿돌(定礎)에 '一千九百七年(1907년)'이라고 썼다. 공사를 진행할 때부터 세인의 이목을 끌었던 YMCA 회관은 준공되자마자 명물로 자리 잡았다. 제임스 게일 황성YMCA 초대 회장은 연 면적 600여 평, 3층 벽돌 건물로 세워진 YMCA회관을 두고 "진고개의 천주교단(명동 성당)과 덕수궁을 빼놓으면 한성에서 가장 훌륭하고 출중한 건물"이라고 자랑했다. YMCA회관을 둘러싼 일본군의 행렬이 인상적이다.

에서 演說會를 開호고 該會共同総務巴樂萬氏가 近來新發明훈 空中飛行機로 演說훈다ᄂ더 入場券를 使用훈다더라(황성기독교청년회는 오늘 오후 7시 30분 종로 YMCA회관에서 공동총무 프랭크 브로크만 씨가 주관하는 최근 비행기 동향에 대한 강연회를 개최한다. 참가 희망자는 입장권을 소지하여야 한다)"라는 기사가 실렸다. 『대한매일신보』에도 같은 날, 같은 내용의 예고 기사가 났다. 기사에 소개된 '巴樂萬(파락만)'은[28] 미국인 선교사 프랭크 M. 브로크만(Frank M. Brokeman, 1873~1929)의 가차假借[29] 이름이다. 이날 강연은 대중을 대상으로 한 최초의 항공 관련 교육으로 보인다.

　자주 성향이 강한 황성기독교청년회에서 항공 강연을 들은 젊은이들은 넉 달 후 국권을 상실하는 경술국치를 맞게 된다. 일제강점기 들어 비행기에 대한 두 가진 인식, 즉 항공기를 근대문물의 표상으로 받아들이고 주변국들의 항공 발달과 우리의 처지를 비교하는 경향은 더욱 두드러지게 나타났다.

1) 안동만, 『한국과학기술 50년사(1956~2016)』 제3장 항공우주산업, 223쪽, 과학기술정보통신부, 2017년 8월.

2) 일본 미쓰비시사가 개발하려던 MRJ의 추진과 중단에 대해서는 이 책 649~651쪽에서 다뤘다.

3) 산업통상자원부가 2021년 마련한 '제3차 항공산업발전 기본계획('21~'30)' 74쪽에 따르면 한국 항공산업의 규모는 세계 14위권이다. 매출 규모가 항공산업의 10분의 1 수준인 우주산업의 위상은 더욱 떨어지는 실정이다.

4) 「여객기 국제공동개발RSP 사업 현황」, 한국우주항공산업협회 내부 자료, 6쪽.

5) 공사언, 「우리나라 항공기공업의 현황과 전망」, 『항공우주학회지』 제10권 1호, 항공우주학회, 1982년 6월, 2쪽.

6) 미국과 유럽, 러시아, 중국, 일본을 제외한 나라들을 후발 항공산업 국가로 간주했다. 일본은 여객기 수출 실적은 있어도 초음속 군용기는 수출해본 적이 없다.

7) 항공우주 분야와 방산 부문에서는 타국과 비교하려는 경향이 더욱 강하다. 타자와 비교를 통해 한국이 처한 현재 위치를 알아보려는 게 출간 의도의 하나인 이 책에서는 한국의 항공우주산업이 세계무대에서 차지하는 실제 위상에 대해 확인하려 시도했다.

8) 사회 심리학자 레온 페스팅거(Leon Festinger)가 1954년 제시한 사회비교이론(Social comparison theory)에서는 자신의 위치나 능력을 다른 사람과 비교해 파악한다. 사회비교이론은 종종 국가의 발전을 이끈다. 이웃 효과(Neighborhood effect)는 종종 국가 사이에서도 발견된다. 어느 국가나 다른 나라와 비교를 통해 자신의 위치를 알아보려는 성향을 갖고 있다. 문화인류학자 루스 베네딕트(Ruth Benedict)는 일본 사회를 해부한 『국화와 칼』(1947)에서 "일본인들은 '세계가 우리를 보고 있다'는 생각에서 세계인에게 부끄럽지 않은 일본이 되기 위해서 끊임없이 노력해야 한다는 사고에 젖어 있다"라고 설파했다.

9) 일제강점기에 비거를 다룬 언론 보도는 십수 건에 이른다. 아래가 대표적인 보도다
최남선, '비행기 창작자는 조선인이라', 『청춘』 4호 권두 기사, 1914.
'세계에 자랑할 보배 열 가지', 『동아일보』 1935년 1월 1일 '신년 특집'.

10) '제공호' 면허생산에 대해서는 202~208쪽에서 집중적으로 다뤘다.

11) '부활호'의 기술이 끊기고 기체가 사라졌어도 '첫 국산기의 역사'를 복원하려는 끈질긴 노력 끝에 2003년 12월 대구 경상공고 창고에서 원형기가 발견되고 복원기(복원 개량기 포함) 3대가 만들어졌다. '부활호' 복원기는 주요 행사에 등장하고 각종 책자에도 국산 항공기의 시초로 소개되고 있다. '부활호'를 자세하게 다룬 책자까지 나왔다. 비슷한 시기에 공군보다 더 많은 정찰기, 수상기를 제작했던 해군도 복원과 역사적 의미를 찾으려 노력하고 있다.

12) 두 기체의 제작과 생산에 대해서는 186~189쪽과 560~563쪽에서 살폈다.

13) 한국이 제작한 최초의 전 금속제 항공기이며 최초의 양산기(4대)인 '새매호' 1호기가 완성되고 박정희 대통령에게 보고된 시점이 1972년 8월(대통령 기록물: 경항공기 시제품 명명). 1973년 5월까지 추가로 3대를 더 제작했다. 미국 파즈마니(Pazmany)사의 PL-2 항공기 설계도면과 핵심 부품을 수입해 제작했는데 베트남은 이 기체를 1971년 7월 면허생산했다. 인도네시아도 1974~1976년간 4대를 LT-200이라는 제식명으로 만들었다(인도네시아의 생산분이 30대라는 자료도 있다: Yoshinori Nishizaki, A Brief Survey of Arms Production in Asean, p. 273·287, 1988, Institute of Southest Asian Stdies, Singapore University). 스리랑카와 파키스탄도 구매국 목록에 있다. 대만은 거의 같은 기종인 PL-1을 1968년부터 58대 면허생산해 초등훈련기로 활용했다. 동남아국가들과 비슷한 시기에 외국산 키트로 제

작한 항공기가 최초의 금속제 양산기였다는 점은 방위산업을 본격 시작할 무렵, 항공 기술 수준을 상징적으로 말해준다. 특이한 대목도 눈에 띈다. 호주와 뉴질랜드 기반의 온라인 항공전문사이트(aeropedia.com.au)에는 PL-2의 변형인 PL-10을 스리랑카와 북한 공군에서 사용했다는 내용이 나온다.

14) 1960년대 말부터 구형 AIM-9 사이드와인더 공대공 미사일 개량 사업에 나선 공군의 대구 항공창이 미사일 개량생산 설비를 넘겨받은 민간기업체가 인근 구미에 자리 잡은 금성정밀이었다. 막 방위산업이 본격화하던 시기에 공대공 미사일 개량생산 기술과 시설을 전수한 금성정밀은 LIG넥스원으로 발전했다. 세계시장에서 각광 받는 K-방산과 첨단 유도무기 의 뿌리 일부가 공군에서 갈라져 나온 셈이다.

15) 허희영 항공대학교 총장의 저서 『항공우주산업』(제4판, 도서출판 북넷, 2023, 29~30쪽)에 따르면 항공우주산업은 고도 의 과학기술이 융합되어 형성되는 대표적인 지식기반산업으로 높은 인건비와 대규모 자금 조달이 필요하다. 그러나 (기 술 고도화가 수반될 경우) 기술 격차 이용에 따르는 초과 이윤, 연관 기술의 융합에 따른 시너지 효과 등으로 인해 부가가 치가 높다. 항공우주 분야에서 개발돼 사업화에 성공한 기술들은 대부분 첨단기술이기 때문에 다른 산업의 제품 개발과 생산에 파급되는 효과가 크고 산업 전반의 발전을 이끈다.

16) 『한성주보』 1886년 9월 27일 자, 15면, 국립중앙박물관 대한민국 신문아카이브.

17) 당시 제펠린의 성공은 라이트 형제가 1903년 말 동력 비행기를 날리기 전까지 항공사 최대 업적으로 손꼽힌다. 제펠린 은 군인으로도 유명하다. 사관학교 졸업 후 미국 남북전쟁에 북군의 참관단으로 참전, 비행 풍선을 활용한 정찰 전술을 익혔다. 프로이센·프랑스전쟁에서는 적진의 배후를 정찰하다 포위망을 뚫고 귀환해 용명을 날렸다. 1890년 육군 중장 으로 전역한 이후 비행선 개발에 몰두해 가벼운 연식 비행선 대신 금속 뼈대로 구성된 경식 비행선이 효과적이라는 사실 을 입증해냈다. 제펠린의 비행선은 수많은 항공 기술자들의 개발 의욕을 북돋는 효과를 내며 20세기 항공의 시대를 활짝 열었다.(권홍우, '오늘의 경제소사', 『서울경제신문』 2005년 3월 8일 자, 2면).

18) 『황성신문』의 최초 보도가 나갔던 시점은 제펠린의 LZ 1호의 두 차례 시험비행이 모두 실패한 이후다. 무려 10년 가까 이 실패를 거듭하던 제펠린은 LZ-4의 안정성이 확인된 1910년, 최초의 상업 항공회사인 도이치비행선㈜을 설립했다. 제1차 대전에 따른 운항 중단 직전까지 4년 동안 3만 4000여 명의 승객을 실어 날라 상업적으로도 성공을 거뒀다. 제펠 린은 비행선 개발로 떠안았던 부채를 상환하고 재산도 모았다. 단순 유람에 50달러, 다른 도시로 가려면 150달러라는 적 지 않은 운임이었지만 하늘을 만끽한 승객들의 만족도는 높았다고 한다.

19) 조선의 첫 근대적 신문인 『한성순보』는 1884년 2월 8일 자 6면과 7면에 '비거측천飛車測天'이라는 제목으로 몽골피 에 형제의 발명 이래 기구의 발달과 개발 성과, 전망까지 2개 면을 할애해 보도했다.

20) 그 내용과 현대식 신문 기사 표현으로 바꾸면 아래와 같다. "空中航行術의 發達電話發明者로 有名흔 英國博士 베루 氏가 近者에 倫敦에서 一新聞記者에게 談話ᄒ야 曰 空中航行의 術이 發達ᄒ야 一時間에 百七十五哩 乃至 二百哩를 航行흘 飛行機가 今後不出二三年에 製造될 것이오 空中飛行軍艦도 亦未久에 製造될 것이나 就中美國에서 此等軍 艦은 最先製造ᄒ리라더라"(원문)
"전화 발명가로 유명한 영국인 알렉산더 벨 박사는 최근 런던에서 한 신문기자와의 인터뷰에서 "항공기술의 발달로 한 시간에 175리에서 200리를 나는 비행기가 2~3년 안에 출현할 것"이라고 말했다. 그는 "공중비행군함(폭격기)이 머지않 아 등장할 것"이라며 "특히 미국에서 그런 폭격기가 제조될 가능성이 크다"고 내다봤다.

21) 『황성신문』 1909년 1월 7일 자 1면 '空中飛行船(공중비행선) 發明(발명)'이라는 제하의 기사는 "同電을據ᄒ즉라이도 氏가佛國에셔新空中飛行船을乘ᄒ고一時五十四分間에六十三哩을飛揚ᄒ엿다더라"는 소식을 전한다. 여기서 同電(동 전)이라는 앞선 기사에서 발신지로 표시한 '봉천발 기사'를 뜻한다. 요즘 기사 형식으로 바꾸면 "봉천에서 들어온 전신 에 따르면 라이트 씨가 프랑스에서 신형 비행기를 타고 1시간 54분 동안 63리를 비행했다"가 된다. 라이트 형제의 형인 윌버 라이트는 1908년과 1909년 프랑스와 이탈리아를 방문해 신형 비행기를 선보였다는 점에서 당시에는 비행선과 비 행기에 대한 명확한 구분이 없었거나 혼용했던 것으로 보인다.

22) 우탕팡과 라이트 형제와의 교섭이 비행기 도입으로는 이어졌는지는 확인되지 않는다. 온라인 百度百科(바이두백과사 전) 중국어판에 따르면 1842년 싱가포르에서 태어난 우탕팡은 홍콩을 거쳐 영국에 유학, 법학을 공부해 중국 최초의 서

양 법학박사 학위를 받은 후 청나라와 중화민국의 외교관과 법관으로 활동했다. 청의 관리를 지냈지만 만주족의 전제 왕
정에 반대해 쑨원(孫文)과 함께 광동 정부 성립을 주도했다. 대법원장을 지낸 후 1922년 사망한 그는 중국과 대만에서
현대 중국의 기초를 닦은 인물로 추앙받는다. 쑨원은 일찌감치 '항공구국'을 강조해 중국의 항공산업 형성에 큰 영향을
미쳤다. 이에 대해서는 525~531쪽에서 다룬다.

23) 『황성신문』, 1909년 5월 9일 자, 1면; 6월 29일 자, 1면.

24) 같은 신문, 1909년 7월 7일 자; 9월 12일 자, 1면.

25) 같은 신문, 1909년 9월 24일 자, 1면.

26) 같은 신문, 1909년 1월 14일~6월 15일.

27) 權學俊, 「植民地朝鮮における飛行機表象と朝鮮総督府の航空政策(식민지 조선에서의 비행기의 표상과 조선총독부
의 항공정책)」上, 『立命館産業社会論集』第57巻 第4号, 2022. 3, 39~41쪽.

28) 프랭크 M. 브로크만은 미국 조지아주 더글러스에서 태어나 조지아주립대학을 졸업하고 YMCA 활동을 펼치다가 1905
년 대한제국에 들어와 활발한 계몽 활동을 펼쳤다. 병을 얻어 미국으로 돌아가 1929년 임종 시에 "어머니와 딸의 무덤이
있는 조선에 묻어달라"는 유언을 남겨 양화진 외국인 묘지에 묻혔다. 브로크만 선교사에 대해서는 459~461쪽에서 따로
설명을 남겼다.

29) 어떤 말을 한자(漢字)로 표기할 때 마땅한 글자가 없을 경우에 한자의 음만 빌려서 적는 것. 주로 외래어를 표기할 때 쓴
다. 프랑스를 불란서(佛蘭西), 포르투갈을 포도아(葡萄牙), 노르웨이를 낙위(諾威), 스위스를 서서(瑞西)라는 부르는 게
가차식 표기다.

제2장

일제가 개막한 항공 시대를 맞이한 조선인의 대응

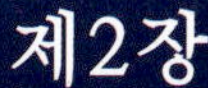

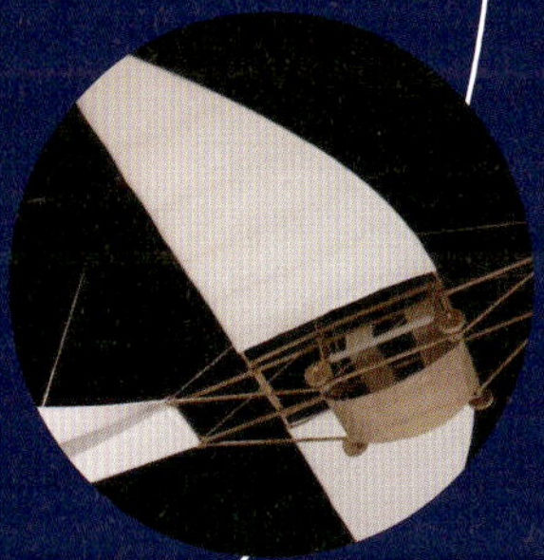

1. 일장기 걸린 경복궁 상공의 일본 비행기

조선에 비행기 실물이 처음 소개된 시기는 1913년 4월 3일. 용산연병장(지금의 남영동 일대)에서 일본 최초의 민간 비행사 시라토 에이노스케白戸栄之介(1885~1938)가 오오토리鳳戸호를 타고 오전 11시 30분 이륙해 20미터 높이로 50여 미터 비행하며 한반도 최초 비행기록을 세우고 비행기의 실물 존재도 알렸다.[1] 오오토리호는 일본 해군 군속 기사로 일했던 나라하라 산지奈良原 三次(1877~1944)[2]가 네 번째 제작한 비행기였다.

나라하라식 비행기 비양대회飛揚大會라는 이름으로 치러진 이 날 행사는 대대적인 사전 홍보와 신문물에 대한 호기심이 맞물려 비싼 관람료에도 4만 명 관중이 몰려 인산인해를 이뤘다.[3] 이튿날인 4일은 순종황제와 순정효황후도 비행을 지켜봤다.[4] 12, 13일에는 평양에서도 비행대회가 열렸다. 당시에는 비행기의 항속거리가 짧아 이착륙 장소가 있는 도시에서 도시로 이동할 때도 비행기 분해와 조립을 되풀이했다. 초기 비행기의 성능 한계가 있던 데다 일본이 모방 생산한 항공기의 수준은 더 떨어졌기 때문이다.

나라하라의 비행대회가 성공하면서 더 많은 일본 비행기가 조선에 나타났다. 1914년 8월 18, 19일에는 오키나와 출생 일본인 비행사 다카소오 다카유키高左右隆之(당시 25세)가 『매일신보』 초청으로 한강 변 노량진 백사장에서 이륙해 남산을 지나 시내를 비행하며 시민들의 시선을 끌었다.[5] 『매일신보』가 게재한 다카소오의 비행 사진을 자세히 보면 숨겨진 의도가 엿보인다. 총독부 기관지인 『매일신보』의 사옥[6] 신축 공사장 중에서도 가장 높게 설계된 첨탑 위를 비행하고 있다. 사진만 보면 구미의 어느 건축물과 비

오오토리호의 용산연병장 이륙 직전. 동체에 '오또리'라는 한글 표기가 보인다. 『매일신보』 1913년 4월 5일 자 2면./대한민국 신문 아카이브

1913년 하와이 한인교포의 자작 비행기, 항공산업사의 숨은 자산 찾아내야

한반도에서 일본인이 최초의 비행기록을 세웠던 1913년, 하와이에 거주하던 한인 교포가 비행기를 제작했다는 기록이 있다. "미국 하와이 마우이(Maui) 섬의 와일루쿠(Wailuku)에 사는 김광명이라는 사람이 작은 비행기를 만들어 날렸으며, 자금을 모아 좀 더 큰 시험을 하고자 한다"는 내용이다. 자료 출처는 미국에서 발행되던 교포 신문 두 곳이다(『국민보』, '비행기를 연구', 1913년 9월 27일 자 4면, 『신한민보』 '비힝긔의됴흔셩적', 1913년 10월 17일 자 3면).

지극히 제한적인 정보를 담고 있지만 두 매체의 기사를 종합해 풀이하면 이렇다. "미국 교포 한 분이 비행기를 자체 설계해 제작에 나섰으나 자금이 부족해 소형 축적비율을 적용해 소형으로 만들었다. 앞으로 자금이 모이면 제대로 항공기를 제작할 계획이다." 그러나 더 이상의 보도는 이어지지 않았다. 자금 마련이 여의치 않았거나 실물기 제작에는 실패했기 때문이라는 추론이 가능하다. 실물의 흔적은 물론 더 이상의 기록도 없으니 관련 연구도 전무하다.

비록 희미한 점으로만 남았을 뿐이지만 항공산업사의 관점에서는 가볍게 지나쳐서는 안 될 기록이다. 한국인 최초의 항공기 제작 시도였다는 점이 맞는지부터 확인할 필요가 있다. 기체의 조각 일부나 설계도의 부분조차 구하기 어렵다면 설계 제작을 꿈꿨던 '김광명'이라는 재하와이 교포에 대해서 알아보고 생애를 조명하는 노력이 필요해 보인다. 항공산업사의 숨은 자산을 알려보려는 시도가 바로 이 책의 간행 목적 중 하나다.

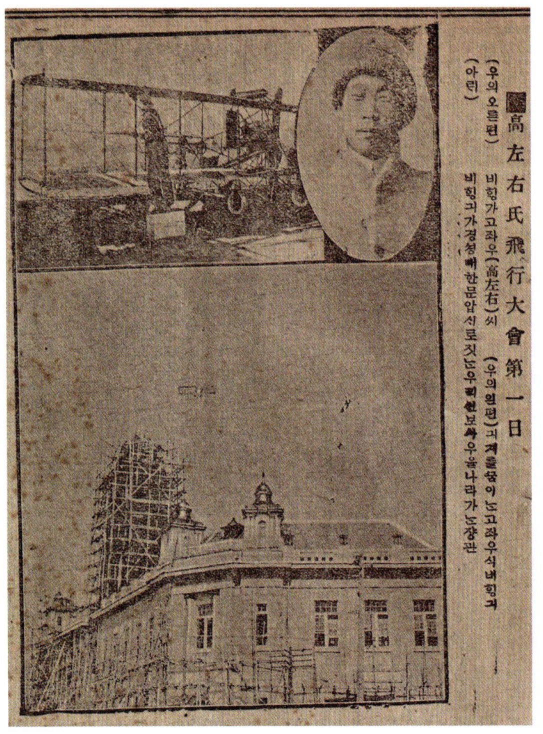

교해도 빠지지 않는 형상으로 건설되는 석조건물 위를 첨단 문명기기인 비행기가 날아가고 있다.[7]

조선인들이 과학기술과 선진 문물의 표상으로 받아들인 비행기를 일제도 선전의 도구로 활용하기 시작한 것이다. 『매일신보』가 주관한 비행대회로부터 약 1년 2개월 뒤에는 보다 거대한 행사가 경성(서울)에서 열리고 비행기 역시 어김없이 등장했다. 비행기로 앞선 문물을 과시하고 조선에 대한 우월성을 강조하려는 의도 역

다카소오 다카유키가 신축 중인 매일신보 사옥의 첨탑 위를 비행하는 모습을 큼지막하게 게재한 매일신보 1914년 8월 19일자 3면 기사./대한민국 신문 아카이브

조선왕조의 법궁(法宮) 경복궁에서도 정전(正殿)인 근정전에 걸린 대형 일장기를 서양식 옷과 모자를 쓴 여인이 바라보는 사진. 근정전 바로 위를 일본 비행기가 날고 있다.[10]/우리역사넷

시 보다 명확하게 드러났다.

일제가 경복궁을 대거 훼손[8]해가며 개최한 산업박람회(정식 명칭은 '시정(한일병합) 5개년 기념 조선물산공진회')에서는 일본의 인기 비행사가 눈길을 끌었다. 현역 사법대신(법무부 장관) 오자키 유키오尾岐 行雄(1858~1954)[9]의 아들인 오자키 유키테루尾岐 行輝(1888~1964·당시 27세)는 일본제국 비행협회가 제작한 미에三重호를 타고 10월 1일부터 17일 동안 용산연병장에서 이륙해 경복궁 상공을 날아다녔다.

비행 후에는 용산연병장에 임시 설치한 격납고에서 설명회를 개최하고 상공에서 물산공진회 무료입장권 500장을 뿌리는 깜짝 행사도 가졌다.[11] 일본 비행기는 이후에도 박람회에 어김없이 등장했다. 1923년 경복궁에서 열린 조선부업품공진회에는 평양에 주둔한 일본육군 항공대가 총동원됐다.[12] 일본의 우월성을 각인시키는 박람회의 절정은 언제나 비행기였다.

2. 지식인들의 민족 정체성 찾기와 비거飛車 소환

조선의 지식인들은 일본인에 의한 실물 비행기의 등장에 놀라면서도 '자기 정체성 찾기'에 들어갔다. 비록 일본에 나라를 빼앗기고 산업과 근대문물에서도 뒤처졌지만 처음부터 그런 것은 아니라는 논조가 여기저기서 나왔다. 세계 최초의 철갑선은 서북선이라는 주장도 당시에 나왔다. 일본인과 함께 봇물 터지듯 밀려오는 신문명에 일종의 '방어 기제(defence mechanism)'[13]가 작동한 셈이다.

육당 최남선은 15쪽에 이르는 기사에서 문명 발달과 비행의 역사를 자세하게 풀었다. 핵심은 비거변증설飛車辨證說 소개였다. 20세기 문명과학기술의 총아인 비행기가 라이트 형제보다 300여 년 앞서 17세기 조선에서 제작됐다는 것이다. 최남선은 비거를 금속활자, 선장갑船裝甲[15]과 함께 조선 고유의 발명품으

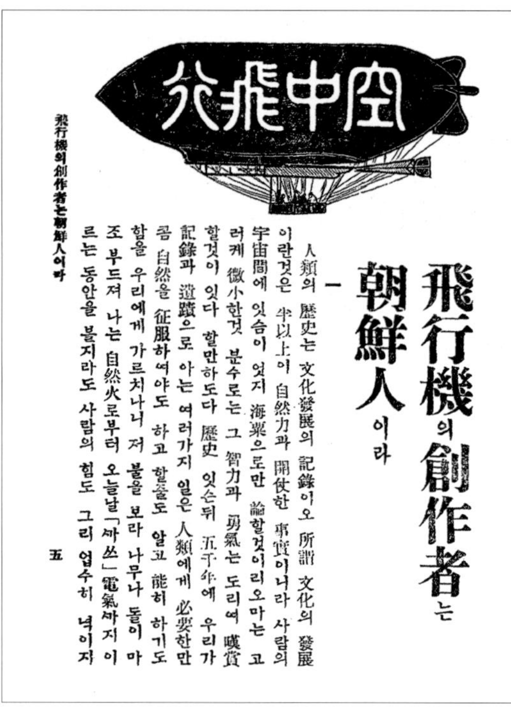

1915년 1월 발간된 『청춘』 4호의 책머리에 실린 '비행기의 창작자는 조선인이라' 기사. 잡지 『소년』에 이어 종합 잡지 『청춘』을 창간한 육당 최남선은 '비거가 세계 최초의 비행기'라고 강조하며 민족 자부심을 고취하려 애썼다.[14]

로 꼽았다. 동서양의 신화나 중국의 고문헌에 스치듯 나타나는 비행에 관한 전승과 달리 문헌상으로 상세한 기록이 있다는 점을 육당은 비거 실존의 근거로 들었다. 조선 후기 실학자 신경준(1712~1781)의 문집을 정리한 『여암유고旅菴遺稿』와 이규경(1788~1856)의 방대한 분량의 백과사전 격인 『오주연문장전산고伍洲衍文長箋散稿』에[16] 비거에 관한 기록이 나온다. 다만 비거에 대한 저술과 언급은 시간이 흐를수록 각색되는 과정을 되풀이했다는 지적도 있다.[17] 이렇다 할 고증도 없이 확산되는 과정을 거쳤다는 시각과는 반대로 몇몇 연구소와 대학, 개인 연구자들이 복원과 실제 비행 능력 검증 작업도 진행 중이다.[18] 복원된 비거의 형태는 제각각이다.

비거의 형태나 크기보다 주목할 대목은 따로 있다. 최남선이 종합문예 계몽지인 '청춘'지에 적지 않은 분량을 할애하며 비거를 소개한 이유가 무엇일까. 시점에 주목할 필요가 있다. 앞서 살펴본 대로 비행기 실물이 한반도 상공을 비행(겨우 수십 미터 고도를 날았지만)한 시기는 1913년이다. 육당이 『청춘』 4호를 발간한 시기는 나라하라의 비행대회 이후인 1915년 1월. 문예잡지의 첫머리에 '비행기의 창작자는 조선인이라'는 기사를 게재한 이유는 일본의 선진기술에 위축되거나 자기혐오, 비하에 빠질 우려가 있는 조선인들에게 민족적 자부심을 심어주려는 의도로 풀이된다.

육당뿐 아니다. 당대의 지식인들은 조선이 과학기술을 비롯한 여러 분야에서 뒤처져 있지만, 과거에는 그러지 않았다는 주장을 펼쳤다.[19](제2부 457~458쪽 「1. "남은 비행기, 우리는 '구루마'…" 조선 지식인들의 한탄」 참조) 잡지 『개벽』의 1920년 6월 창간호에 실린 '자아를 개벽하라'는 이렇게 시작한다. "조선인은 두 가지로 볼 수 있으니, 곧 역사의 조선인과 현대의 조선인 두 종류가 있다 하겠다. 역사 속의 조선인은 어떠하였는가. 스스로 천제자天帝子(하늘의 아들)라 하고 남들은 천족天族(하늘이 내린 민족)이라 하였다.……"

과거의 조선은 식민 지배하의 조선과 달랐다는 인식과 연구는 군사 과학기술 분야에서 두드러졌다. 조선 시대에는 주목받지 못했던 거북선은 개항 이후 '철갑선의 시조'로 평가되기 시작했다. 임진왜란 중 전

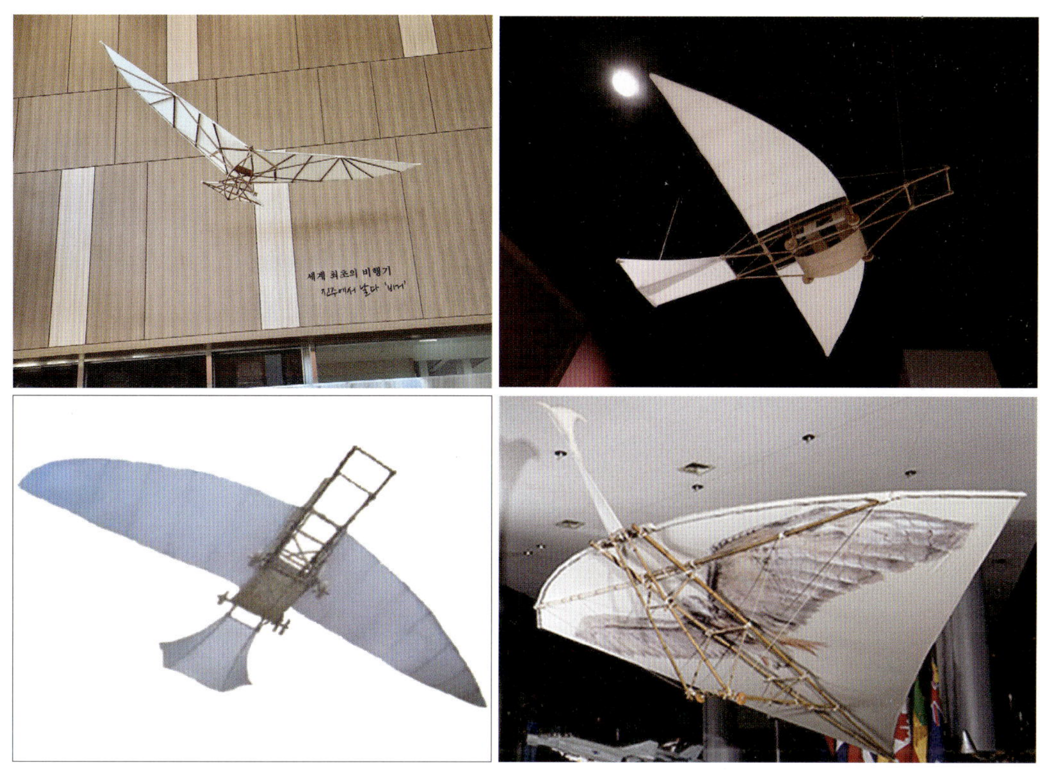

모형으로 복원된 비거들. 형태와 크기가 서로 많이 다르다. 좌로부터 시계 방향으로 진주시 한국산업기술시험원과 국립항공박물관,
공군사관학교 박물관의 전시물과 최초의 항공소설 『잊혀진 우리 나래, 비거』를 지은 고원태 작가 겸 연구가가 복원한 비거 기체.

라도 초모사(모병관) 변이중邊以中이 만들었다는 '화차火車'가 탱크의 조상으로 여겨지기도 했다. 항공 분야에서 비거 역시 거북선, 화차 등과 더불어 조선이 과거 역사에서 성취한 군사 과학기술의 업적으로 주목받았다고 할 수 있다.[20]

3. 비행기를 독립의 최적 수단으로 여겼던 선구자들

일제강점기 초기, 과학기술에 주목했던 선각자들은 전승의 해석을 넘어 실천에 나섰다. 우리가 비행기의 창작자라는 일종의 방어기제가 아니라 항공을 통해 일본을 넘어서겠다는 열망이 어느 분야보다 강했다. 대한민국 임시정부의 공군 육성 계획과 미주 농포들의 녹립 의지가 합쳐져 한인 비행 장교를 양성하기 위한 목적으로 윌로스 비행학교가 설립된 게 1920년 2월. 자본과 청년을 모아 미국 캘리포니아주 서부 윌로스 교외에 비행학교를 세운 주역인 노백린 장군은 침략의 본거지인 일본 본토 폭격을 목표로 삼았다.21) 일본의 성장 속도가 빠르고 육군과 해군의 군비가 충실하다지만 상대적으로 공군력은 약하기에 항공력 확충만이 조국 독립의 가장 빠른 길이라고 믿었다.[22]

1920년 2월 미국 윌로스 비행학교에서 노백린 임시정부 군무 총장(가운데)과 한인 조종사 훈련생들./국립항공박물관

최초의 조선인 비행사가 누구냐는 논쟁에서 1, 2위로 거론되는 주인공으로, 안창남보다 4년 빠르게 조종간을 잡았던 서왈보(1886~1926) 비행사는 중국군 대령으로 복무하며 신형기 테스트 비행에서 순직할 때까지 공중에서 일본과 싸워 조국을 되찾는 꿈을 잊지 않았다. 1924년 말 베이징 항공학교에서 교관으로 재직 당시 그는 이런 말을 남겼다. "조선인 비행사 5명이 모이면 4~5개월 안에 후배 비행사 60명을 교육할 수 있다. 60대의 비행기라면 독립을 위해 일본과 확실하게 싸울 수 있다."[23]

서왈보 자신은 대한민국 공군 2대 참모총장을 지낸 최용덕 장군, 공군의 어머니로 불렸던 권기옥 비행사[24]를 키워냈다. 상해임시정부도 비행기를 미국에서 구입해 선전용으로 활용하겠다는 계획을 세우고 '대한민국 임시정부 시정방침' 속에 포함시켰다. 그 요지는 간단하다. "비행기로 국내 각지를 윤회하며 정부의 명령을 널리 보급하고 인민의 사상을 격발케 한다"는 것이다.[25]

독립운동가들이 비행기로 도쿄를 공습하거나 서왈보 비행사의 기대처럼 조선 내 일본군 시설을 폭격하는 상황은 전혀 발생하지 않았다. 대한민국 임시정부의 열망대로 비행기로 도쿄에 폭탄을 한 발이라도 떨궜다면 일본 본토에 대한 최초 공습은 미국이 아닐 수도 있었다.[26] 갈망과 달리 일본 폭격 목표는 점점 멀어졌다. 재정 탓이다. 윌로스 비행학교는 교육생인 한인청년들이 졸업하자 임시정부와 연계해 공군 조

국립항공박물관 블로그의 서왈보 비행사 코너. 중국에서 항일 독립운동을 꿈꾸던 그는 비행사를 양성해 조선의 일본군을 폭격할 수 있다고 장담했다. 중국에서 비행학교를 졸업한 그는 한국인 최초의 전투기 조종사로 꼽힌다.

종사 임명장까지 수여하면서 의욕을 불태웠다. 그러나 최대 후원자인 김종림의 쌀농사가 1920년 추수기의 대홍수로 재앙적인 타격을 받으며 경제적 지원이 크게 줄면서 한인비행학교는 1921년 중순 개교 1년 2개월 만에 문을 닫고 말았다.[27]

반대로 일본의 항공력은 급속하게 커졌다. 지난해와 올해가 다르게 발전했기 때문이다. 일본의 항공산업은 1910년 항공기 국산화 방침을 수립한 이래 외국산 모방 단계를 지나 가장 어려운 엔진까지 국산화(1919년 가와사키중공업)하고 1930년에는 연간 400대를 생산할 수 있는 수준에 올랐다. 연간 항공기 생산능력은 태평양전쟁 직전인 1940년 4800대로 늘었다. 생산능력이 최고점을 찍었던 1944년에는 본토와 만주 생산분을 합쳐 28180대를 찍어냈다.[28]

4. 독립군 소탕을 위한 일제의 항공전력 한반도 전개

임시정부의 항공력 건설 계획은 추진력을 잃어 갔지만 만주 일대의 독립운동은 거세게 일어났다. 일제는 더욱 신경을 곤두세웠다. 일제가 독립운동 감시와 대륙 침략의 발판으로 항공전력을 식민지 조선에 배치하려는 시도는 1916년부터 감지된다.[29] 다만 실행 시기는 1920년으로 늦어졌다. 일제는 조선총독부 기관지 『매일신보』(1920년 9월 16일 자 3면)를 통해 일본 육군이 조선에 처음으로 항공전력을 상시 배치하는 목적을 분명하게 밝혔다. 아래는 기사 발췌.

**조선에 항공대를 설치하면
비행기로 시위운동, 철두철미로 쳐서
독립운동자들을 근본적으로 소탕할 계획**

평양 보병 제39여단장 이와사키 카츠타로(岩崎勝太郎) 씨는 조선 독립운동단들이 각처에서 자꾸 일어나는 원인에 대해 말하기를 "독립운동단의 여러 가지 운동이 날로 점점 세력을 더하여 창궐하는 것은 진실로 근심하지 않을 수 없으며 총독부에서도 만반의 대책을 강구하고 있다.……독립운동을 하는 조선인에 대해서는 철두철미로 추상(秋霜)의 열일(烈日)과 같이(형벌이니 징계를 엄격하게 적용한다는 뜻) 단 한 점도 용서치 않을 것이다. 그리고 또 항공 제6대대를 조선에 설치한다는 계획이 많이 진행되었다. (항공대 설치가) 실현되는 날 조선 전역의 공중에 용맹스러운 비행기가 날마다 비행해 독립운동을 구경하려는 조선인들에게 대하여는 일대 (무력) 시위가 될 것이다. 또 북쪽 지방의 조선인들은 아직도 대포 소리를 들어보지 못하였으므로 대대적으로 기동연습을 시험 삼아 하여서 일본의 위대한 전술을 보여주면 독립운동 활동은 계속할 여지가 없어질 것이다"라고 말하더라.(당시 기사 표현을 최대한 살리되 일부는 현대 어법과 표기에 따라 수정)

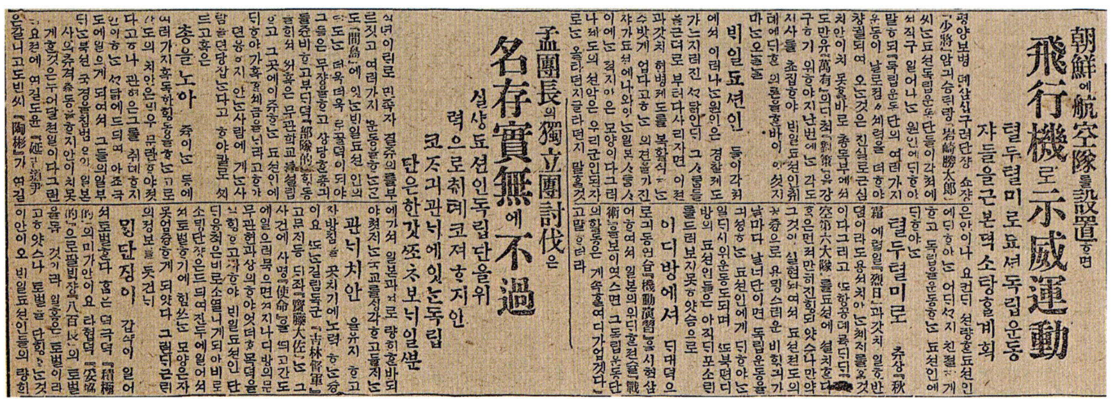

조선에 항공대를 설치해 독립운동 세력을 철두철미하게 소탕할 계획을 알린 『매일신보』 기사. 바로 왼쪽의 '중국 측이 조선독립단을 소탕한 다면서도 시늉만 내고 있다' 는 기사가 눈에 띈다./대한민국 신문 아카이브

비행기로 독립운동을 철저하게 소탕하겠다는 총독부의 으름장 옆에는 '중국이 말만 앞세울 뿐 실행하지 않는다(名存實無·명존실무)'라는 기사가 붙었다. 일제와 손잡고 독립군을 '토벌'하기로 약속한 중국 지방 군벌이 무성의하다는 것이다. 독립운동을 철두철미하게 소탕하겠다고 공언한 일제는 바로 실행에 들어갔다. 김연옥 육군사관학교 군사사학과 교수가 조선군사령부의 비밀보고서를 분석한『간도 출병사』에 따르면 1920년 6월 봉오동전투의 패전에 충격을 받은 일제는 8월 '간도 지방 불령선인 초토계획'을 중심으로 하는 간도 출병 전략을 짰다. 주목적은 간도 일대의 독립군을 소탕하자는 것이다. 일본은 10월 7일 내각회의를 열고 보병 3개 사단 규모의 간도 출병을 공식 결정했다.[30] 일제는 이런 계획 아래 1920년 10월부터 11월 사이 함경북도 회령에 항공기지를 건설했다.[31]

일제가 비행장을 건설할 무렵, '독립운동가들에 의한 공습' 풍문이 돌았다. 『매일신보』는 1920년 10월 3일자 3면에 '미국에서 비행기를 구입해 상해를 거쳐 국내에 잠입한 다음 독립선언서를 배포하고 폭탄을 투하할 것'이라는 기사를 실었다. "미국 유학 중인 조선 학생들이 구입한 미국제 비행기를 간도와 조선으로 보내 소요를 일으키려는 계획"이라는 뉴스를 "동경의 확실한 정보통으로부터 입수한 소식"을 인용해 보도했다. 풍문은 실현되지 않고 풍문으로 끝났다. 한인 비행학교가 재정 악화로 문 닫으며 조직적인 항공전력 건설 계획은 더 이상의 진전 없이 끝났다. 대신 젊은이들의 각개약진 시대가 열렸다.

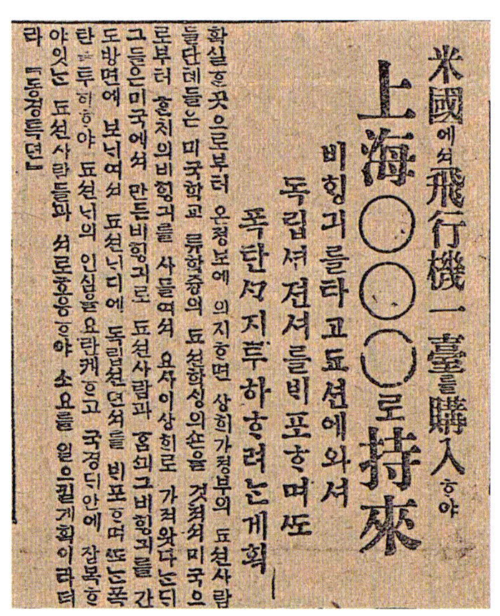

독립운동가들의 비행기 구입설 보도./대한민국 신문 아카이브

5. 안창남과 젊은 비행사들의 꿈

조선물산공진회(1915. 10. 1~17)에서 경복궁 상공을 날았던 오자키 유키테루의 미에호 이후 비행기술을 보여주기 위해 조선을 방문하는 일본인 비행사는 종적이 끊겼다. "서양 문명의 극치"(비행기)에 대한 호기심이 엷어졌기 때문으로 풀이된다. 일본에서도 유료 비행대회의 인기는 갈수록 식어갔다. 미국이나 유럽제 비행기에 비해 성능이 떨어지는 일본제 사용을 고집해 단순한 이착륙에 그치거나 비행이 취소되는 경우도 많았던 탓이다.[32] 조선을 찾아오는 일본인 비행사가 사라진 가운데 청소년들의 비행기에 대한 관심이 최고조로 높아지는 이벤트가 일어났다. 1917년 9월 15일 아트 스미스(Art Smith, 1890~1926)의 곡예비행에는 10만 관중이 몰렸다.

언론은 '접신接神한 공중묘기'[33]라는 기사를 내보냈다. 여의도 비행장—정식 개장은 1929년이지만 이때부터 간이 비행장으로 쓰였다[34]—을 이륙한 비행기는 초저공으로 날거나 글씨 쓰기 등 현란한 기동으로 10만 관객을 매료시켰다. 안창남과 장덕창(3대 공군참모총장 역임), 최초의 여류 비행사인 권기옥이 스미스의 비행을 보고 비행사를 꿈꿨다. 1920년 5월 이탈리아 비행단[35]이 스쳐갈 때는 조선 전체가 들썩거렸다. 아트 스미스나 이탈리아 조종사처럼 언젠가 하늘을 날겠다는 희망을 품은 청소년들은 중국과 일본에서 속속 비행 교육을 받았다. 『동아일보』 주최로 1922년 12월 10일 여의도에서 열린 안창남의 고국 방문비행은 기폭제였다.

젊은이들은 안창남의 뒤를 따르려고 조종술을 배웠다.[36] 주목할 대목은 비행사 자격증을 따낸 젊은이들의 활동 지역이다. 1927년 초 조선인 비행사는 모두 12명. 6월 1일 경북 상주에서 비행술 시연대회 중 이기연(1887~1927) 비행사가 추락사하는 통에 11명으로 줄었다.[37] 『동아일보』에 따르면 이들 중 10명이 중국의 각급 항공학교나 전장에서 싸웠다. 국내에 체류 중인 유일한 비행사로 알려졌던 권태용 비행사마저 중국 무창의 혁명군에 가담하기 위해 조선을 떠나며 조선에는 단 한 명의 비행사도 남지 않았던 시기도 있다.[38]

미국인 비행사 아트 스미스는 야간비행에서 날개 끝에 마그네슘 연막통을 달고 회전하거나 글씨를 쓰는 등 차원이 다른 곡예비행을 선보여 관중들의 환호를 받았다. 사진은 1915년 샌프란시스코에서 열린 파나마 태평양 축제에서 야간 묘기 비행 모습. 스미스는 서울과 평양에서도 비슷한 공연을 펼치며 조선 젊은이들에게 항공을 향한 꿈을 일깨웠다.

안창남의 고국 방문 비행을 주최한 『동아일보』 1922년 12월 11일 자 3면 화보. 행사장에 늘어선 축하 화환과 서울역 부근의 학생들, 여의도로 몰려가는 행렬과 비행 사진 등이 소개됐다.

　요즘의 연예인처럼 대중의 인기를 끌던 비행사들이 시범 비행에 따른 흥행 수입을 마다한 채 전장인 중국으로 발길을 돌린 이유는 간단하다. 전투 경험을 쌓거나 후대를 양성하는 교관으로 활동하기 위해서다. 1940년대에 이르면 식민지 조선 출신의 비행사는 1등 비행사 5명을 포함해 85명으로 증가했다.[39]

　정비사를 희망하는 청년들도 크게 늘었다. 일제가 민간 비행사를 양성하는 교육과정인 항공 승원 모집 응시자 가운데 80%가 조선인이었다.[40] 항공 승원 모집의 주요 대상인 공립중학교의 일본 학생 비율이 높던 상황에서 조선 학생의 지원이 이처럼 역으로 많았던 이유는 두 가지로 풀이된다. 항일 독립운동에 투신하기 위해, 또는 첨단문물을 통해 입신양명하기 위해 항공에 대한 관심이 날로 높아졌다. 일제는 항공에 대한 청소년들의 관심 고조를 예비 항공인력 확보의 기회로 여기고 글라이더의 보급에서도 중학교 이상 공립학교를 우선 대상으로 삼았다.

6. 계획에 그친 부산 항공기 제작사와 글라이더 붐

　한반도에서 처음으로 비행기 제작이 시도된다는 소식은 부산의 일본계 언론에 의해 알려졌다. 최초 보도는 부산지역의 일본어판 신문 『조선시보』 1924년 5월 18일 자 3면 머리기사. '목지도의 선거공업회사, 일약 국가적 회사로 부상, 새로운 중역으로 유명인사 영입, 군용 자동차와 비행기 제작'이라는 소식이었다.

　내용은 대장성 주계국장(오늘날 한국의 예산실장에 해당) 출신의 귀족원 의원과 예비역 해군 중장, 예비역 육군 소장을 중역으로 영입하고 자본금을 640만 엔(이전 40만 엔)으로 늘려, 즉각적인 군용 자동차 공장 건설과 토지 확보 후 비행기공장 건립에 나선다는 것이었다. 내용은 이상할 게 전혀 없었다. 선거공업船渠工業이란 조선造船의 근대 초기식 표현. 조선소의 자동차나 항공기 제작 겸업은 구미에서도 흔한 일이었다.

조선시보사가 기사 말미에 기업으로 서도 영광이지만 조선 전체로도 처음이라는 의미를 갖다 붙였기 때문인지 이후 비슷한 기사가 줄이었다.

'목지도 조선소에서 제작한 비행기, 미국 비행 계획'(『조선시보』 5월 27일 자, 2면), '조선선거 증자 완료'(『매일신보』 5월 29일 자, 2면), '부산에서 비행기를 제작하고 경성에는 비행사 양성소 설립, 당국은 항공위원회 조직'(『경성신문』 7월 4일 자, 2면), 『동아일보』(7월 4일 자, 『경성신문』과 거의 같은 내용, 조선선거공업을

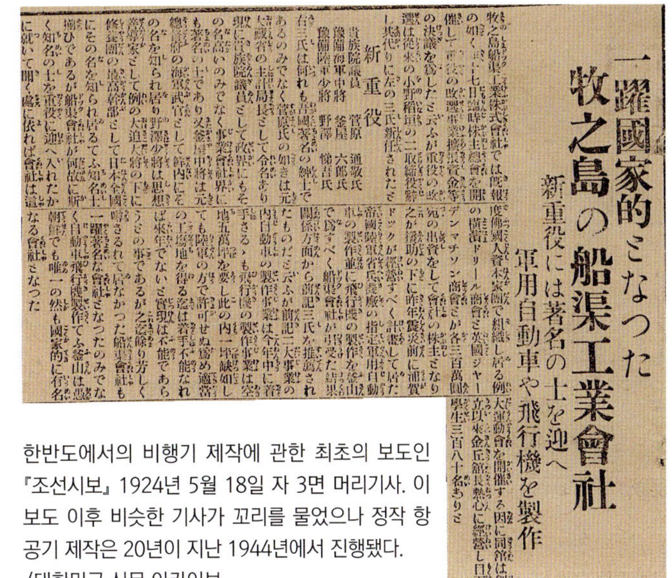

한반도에서의 비행기 제작에 관한 최초의 보도인 『조선시보』 1924년 5월 18일 자 3면 머리기사. 이 보도 이후 비슷한 기사가 꼬리를 물었으나 정작 항공기 제작은 20년이 지난 1944년에서 진행됐다. /대한민국 신문 아카이브

부산선거공업이라고 표기한 점만 차이)에 이어 『매일신보』도 7월 5일 자에 『경성신문』과 같은 내용의 기사를 보도했다. 민족지와 일본계 신문들이 연이어 보도한 계획은 실현되지 않았지만 지역사회에는 분명한 영향을 미쳤다. 부산항 제3기 매립(1926~1932)과도 관련 있다.[41]

항공의 역사에서 일제강점기 후기의 특징은 적극적인 항공정책이 추진됐다는 점이다. 법률을 정비해 조선에도 항공법을 적용하고 비행장과 관측소, 통신시설 등 인프라를 깔았다. 일제가 이런 시책을 펼친 배경에는 두 가지 의도가 담겨 있다. 첫째, 대륙 진출의 징검다리로써 항공교통의 요지인 조선을 활용할 필요가 높아졌다. 두 번째, 태평양전쟁이 격화할수록 미국에 밀리며 일본 본토가 폭격당하자 상대적으로 안전한 조선에서 항공기 생산을 추진했다.

일제가 가장 먼저 추진한 사업은 활공기(글라이더, glider)의 보급과 생산. 중일전쟁 발발(1937년 7월 7일) 이후 일제는 모든 행정을 전시 동원체제로 전환하며 1938년 2월부터 중등학교의 활공기 연습을 활성화하고 초등학교에서는 예능과 공작 수업에서 모형비행기 제작을 의무화했다.[42] 간단한 모형항공기에서 시작한 소년을 상급학교에 진학해 초급 글라이더를 거쳐 중급 이상의 글라이더까지 제작할 수 있는 숙련공으로 성장시키겠다는 의도가 담겼다. 비행술을 익힌 학생은 전시 조종사로 활용할 요량이었다.

일본은 전시 항공 관련 교육의 원형을 독일에서 찾았다. 제1차 세계대전에서 패하며 베르사유 소약에 따라 항공기 엔진의 연구와 개발, 제조를 금지당한 독일은 국민 체육 확산과 예비 조종사 확보라는 두 가지 목표를 동시에 달성하기 위해 강력한 스포츠 항공 진흥 정책을 펼쳤다. 평원이 많은 유럽 지형에서 글라이더는 바로 패전국 독일인들의 심신을 달래는 국민적 항공 스포츠로 자리 잡았다. 활공기 탑승이 어려운 아동에게는 예비교육으로 모형비행기 공작 교육을 시켰다.

패전 독일의 활공기 활성화 정책은 군사적으로 대성공을 거뒀다. 비용을 최대한 아끼면서도 미래의 인적 자원을 확보하겠다는 바이마르 공화국의 정책과 칼 오스카 우르시누스(Carl Oskar Ursinus, 1877~1952) 등 민간 활공인이 1920년부터 개최한 활공대회의 활성화로 활공 인구가 크게 늘어났다. 1937년 독일 전역에 4만여 명이 1만 2000여 글라이더를 타고 유럽 상공을 날았다. 대조적으로 같은 기간에 미국은 활공 인구 413명, 글라이더 140대에 그쳤다.[43]

활공기 교육을 받은 독일 청소년들은 재군비에 나선 독일공군의 조종사로 거듭났다.

나치 독일의 침략과 인종 학살은 인류사의 범죄로 기억되지만 제2차 대전 초기 독일군의 전격전이나 크레타 공수작전 등은 이후 주요국의 군사 전술에 큰 영향을 끼쳤다. 독일이 어떤 마음으로 활공을 육성했는지 '독일 활공의 아버지'라는 우르시누스의 저술 『활공의 이론』에 나오는 한 문장에서 답을 찾을 수 있다. "설혹 독일이 멸망한다 해도 활공이 존속하는 한 독일의 이름은 영원히 남을 것이다."[44]

일본이 독일을 모범 사례로 손꼽고 시행한 게 국민학교의 모형항공기 제작 교육과 중등학교 이상의 활공 교육이다. 일제는 각급 학교에 활공반을 의무화하기 이전부터 글라이더 보급에 힘썼다. 글라이더는 1934년 11월 조선에서는 처음으로 부산에 전시된 이래 범위를 넓혀나갔다.[45] 가장 먼저 활공클럽을 결성한 조선총독부 직원들은 1936년 7월 12일 경성(여의도) 비행장 잔디밭에서 연습용 활공기를 띄웠다. 총독부 활공클럽 회원 약 20명이 약 35마력의 인장력을 가진 고무줄을 당겼다 놓아주는 방식으로 이륙한 글라이더는 10미터까지 올라가 4초가량 비행했다.[46]

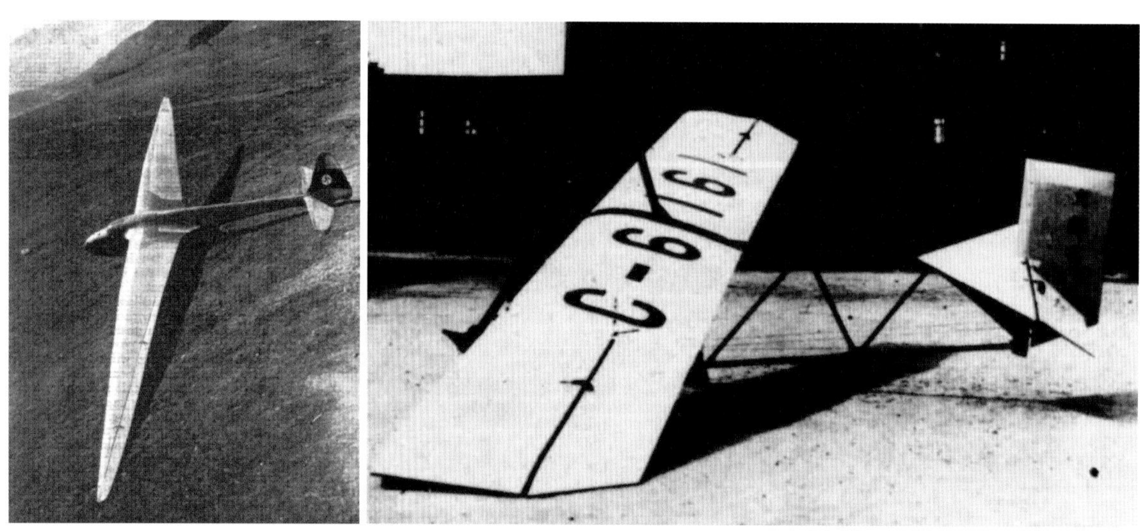

독일의 고성능 대형 글라이더 RRG Fafnir 2(왼쪽). 꼬리 날개에 나치 문양이 보인다. 1934년에 새로운 세계 거리 기록을 세웠고 1937년 국제 대회에서 우승한 기체다. 평지가 많은 독일은 지형을 십분 활용해 승전국들의 '항공기 개발 금지령'을 피해 항공 기술과 비행술을 유지 발전할 수 있었다. 활공비행의 선구자인 오토 릴리엔탈도 독일인이다. 오른쪽 사진은 일제가 1941년부터 각급 학교에 보급한 문부성 1식 초급 활공기. 독일제 대형 RRG Fafnir 2 글라이더의 절반 크기였다. 독일의 기본 글라이더인 DFS SG 38 Schulgleiter(1938년부터 약 1만대 생산)를 참고해 문부성 1식을 개발한 일제는 3000기를 생산, 보급할 계획이었으나 1500대 생산에 그쳤다. 인장력이 강한 고무줄을 여럿이 끌어당겼다 놓는 방식으로 이륙했다./사진=위키피디아

1937년 11월 3일에는 경성비행장에서 조선 최초의 글라이더 경기가 열렸다. 흥미로운 대목은 단체전 결과. 1등은 경성치의전, 2등은 조선총독부, 3등은 경성고등공업, 4등은 경성고등상업이 각각 차지했다.[47] 요즘으로 치면 서울대 치대와 정부 부처 연합팀, 서울공대와 상대가 1, 2, 3, 4위를 싹쓸이한 셈이다. 첫 경기에서 최고 학부생들이 상위권을 휩쓸었다는 점은 총독부가 일본인 학생의 비중이 높은 명문 학교부터 활공을 권유했다는 방증이기도 하다.

공립학교와 총독부에 보급을 시작할 만큼 활공기는 쉽게 접하기 어려운 대상이었다. 무엇보다 가격이 비쌌다. 식민지 조선에는 생산 공장도 없었다. 가격이 초급이라도 1대에 1,200원에 달했다.[48] 당시 급여 수준이 높았다는 은행원 봉납이 60원(초임 교사는 42원),[49] 백미 14킬로그램 가격이 4월 20~50전[50]이던 시절인 데다 조선에는 글라이더를 생산할 시설도, 엔지니어도 전무했다. 역으로 이 두 가지 요인이 업자들을 끌어들였다. 조선에 없는 신문물이지만 생산 공정이 상대적으로 복잡하지 않고 총독부의 적극적인 독려와 판로 보증에, 가격까지 높아 만들 수만 있다면 큰돈이 될 수 있다는 판단 아래 여러 사업자가 붙었다.

7. 1942년 조선제 글라이더 등장

활공기 수요가 급증하면서 조선 곳곳에 공장이 생겼다. 일본 쇼와昭和 비행기제작소는 평양 미림美林 부근 23만 평의 광대한 기지를 사들여 1937년 가을부터 자동차와 비행기, 글라이더 제작 라인 구축에 들어갔다.[51] 조업 개시 예정 시기는 1939년 봄. 1942년 5월 5일에는 경성 서빙고에 교육재료 모형항공기와 글라이더 제조판매 목적의 유한회사 조선글라이더공업도 설립됐다.[52] 대구의 팔곡비행기공업, 청진의 영동항공연구소, 평양의 제국경비행기제작소 등도 글라이더 제작에 뛰어들었다.[53]

사료상으로 뚜렷하게 글라이더 제작 실적을 남긴 회사는 조선활공기제작소와 도미나가富永경비행기제작소 등 2개사. 전자부터 살펴보자. 1등 비행사 출신으로 여객 사업과 총독부의 어군 탐지 사업을 펼치던 신용욱愼鏞項(1901~1961)은 1941년 4월 잡지 『삼천리』와의 인터뷰에서 글라이더 양산 의욕을 밝혔다. "우리 항공사업사 내에도 그라이타 공장을 신설하고 연간 120대의 그라이타를 제조하기로 되었으나 학생 그라이타 훈련을 위해서는 120대가 부족하기 때문에 80대를 더 추가해서 매년 200대 제조를 목표로 하고 제조 중입니다."[54] 의욕적으로 사업을 펼치던 신용욱의 활동을 총독부 기관지 『매일신보』는 1941년 3월 14일 자 2면에 이렇게 소개했다.[55]

활공기 자작자급
"진항공(眞航空)"서 '그라이더 I' 공장 설립

오는 사월부터 조선에서 '그라이더 I'을 제조하기 시작한다. 세계를 정복할 자는 우선 창공을 정복해야 한다는 취지로 진항공사업사에서도 그 동안 광주비행장 대표를 지낸 산내풍신山內豊信 씨를 총무부장 겸 활공기 제작부장에 임명하고 경성에 공장을 설치, '그라이더 I'을 제작하고자 여러 가지 준비를 하는 한편 직공들을 내지(일본)에 보내 두 달 동안 '그라이더 I' 제작에 대한 강습을 시켜서 저간에 돌아와서 드디어 오는 사월부터 조선에서 처음으로 '그라이더 I'을 제작하게 됐었다는데 장래는 조선에서 사용할 '그라이더 I'은 자급자족이 되리만치 공장의 규모와 제작 능력을 발휘하도록 모든 설비를 하는 중이어서 각 방면의 기대가 자못 크다고 한다.

항공열에 박차
진원(眞原) 사장 담(談)

이에 대하여 진항공사업사 사장 진원眞原=愼鏞項 씨는 다음과 같이 말했다. '그라이더 I' 제작에 뜻을 두기는 조선에 항공지식을 보급시키기 위하여 현재로서는 채산이 안 되는 것을 영리를 떠나서 시작하기로 하였습니다. 독일이 오늘과 같은 항공력을 가진 것은 '그라이더' 보급이 주요 원인이라고 짐작합니다. '그라이더'는 개솔린을 사용하지 않고 비행술을 연구할 수 있으니까 시국 관계로 보아서 매우 의의가 있을 것으로 짐작하고 제작에 착수하기로 결심한 것입니다(기사의 원래 표기를 최대한 살리되, 요즘 어법에 맞게 수정).

신바라 가츠헤이眞原勝平로 창씨개명한 신용욱의 호언장담과 달리 글라이더 생산은 순조롭지 않았다. 『매일신보』는 위 기사가 보도된 지 7개월이 지난 시점인 10월 11일 자 2면에 조선제 글라이더 시제기 8대가 월말쯤 등장할 것이라는 기사를 실었다. 신용욱은 "기자재 반입이 어려워 생산이 늦어졌어도 일본에 가서 필요한 모든 재료를 확보했다"며 "올해 생산 목표인 120대는 내년 3월

도미나가식 기모메(갈매기)형 고급 활공기. 한반도에서 조선인이 설계한 최초 항공기로 손꼽는다. 설계자 겸 제작자 이용삼 활공사는 해방 후 일본에 귀화, 국적을 바꿨다.

말까지 모두 납품할 수 있다"고 말했다. 그는 자신의 공장이 조선국방항공단의 지정공장이라는 점을 내세우며 이제는 조선의 활공기 수요를 모두 감당할 수 있다는 자신감을 내비쳤다.[56]

신용욱의 장담은 이번에도 빗나갔다. 120대를 완납하겠다는 시한인 3월 말을 며칠 앞둔 1942년 3월 29일 『매일신보』에는 '半島의 蒼空 征服할 그라이더의 自作自給-朝鮮滑空機製作所 製作 開始(반도의 창공 정복할 글라이더의 자작자급-조선활공기제작소 제작 개시)'라는 제목의 기사가 실렸다. 기자재 반입 지연으로 제작이 늦어졌지만 12대를 완성했으며 4월부터는 매월 30대씩 제작한다는 게 골자였다. 신용욱은 1호기를 조선항공 발전에 이바지한 『매일신보』에 기증하겠다는 뜻을 밝혔다. 우여곡절 끝에 글라이더 양산에 들어간 신용욱은 1942년 5월 22일에야 글라이더 9대를 경성부 내 9개 공립중학교에 보내는 '글라이더 진공식進空式'을 가졌다.[57]

신용욱과 비슷한 시기인 1941년 9월 경성 장충단 공원 부근에 설립된 도미나가경비행기제작소富永輕飛行機製作所는 이름이 일본식이었지만 실제 운영과 개발은 조선인 1급 활공사 겸 2등 비행사 이용삼李龍三(朝川龍三)이 맡았다. 도미나가富永라는 이름은 일본인 장인에게서 따온 것이었다.[58] 조선인 최초이자 유일한 1급 활공사였던 그는 1927년 평양 승호리 출생으로 17살에 일본으로 건너가 비행술과 수업을 마치고 1940년 3월 조선항공연맹 교관으로 놀아왔다.[59] 특히 같은 해 8월 23일부터 9월 1일까지 진행된 3회 만주활공대회에서 체공 시간 만주 신기록(4시간 42분 30초)과 지정코스 동양 신기록(96킬로미터)을 세우는 기염을 토했다.[60]

최고의 활공사라는 명성을 바탕으로 고급 활공기 제작에 나선 이용삼은 1942년 9월 중순 '도미나가식 가모메형鷗型'을 개발해냈다. 우리말로 '갈매기형'이라고 불린 그의 고급 활공기는 다른 회사 제품들과

뚜렷한 차이가 있었다. 조선에서 만드는 활공기라야 일본 도면대로 제작하거나 일본인이 설계한 데 반해 이용삼의 글라이더는 독자 설계로 제작됐다. 1944년 조선 내 6개 글라이더 메이커의 총 생산 목표는 660대였으나 이용삼의 제작소만 중급 활공기 20대, 고급 활공기 2대를 생산했을 뿐이다. 나머지 메이커들은 모두 초급 활공기를 만들었다.[61] 갈매기형 고급 활공기는 작지만 일본에서도 성능이 좋은 것으로 평가했다.[62] 이 글라이더는 조선 땅에서 조선인의 손으로 설계되고 제작된 최초의 근대적 항공기[63]에 해당된다고 볼 수 있다.

1941년 1월 16일, 11시간 40분의 야간 활공으로 글라이더 체공 시간 동양 신기록을 수립한 직후의 김광한 활공사.

한편 김광한 활공사도 이 시기에 활공에서 동양 신기록을 세웠다. 보름 뒤 일본인 활공사에 의해 새로운 기록이 나와 김광한의 신기록은 바로 깨졌지만 고급 활공기가 아니라 중급 활공기로 대기록을 세웠다는 점에서 의미가 있다. 1급 비행사와 특급 활공사 면장(자격증)을 갖고 1941년 5월 조선총독부의 활공기 교관으로 귀국한 그는 해방 후 조선항공협회에서 활동하다 한국전쟁에서 육군 연락기 조종사로 참전, 1년간 318회 출격이라는 대기록을 세웠다.

8. 1944년 10월 미쓰이 평양제작소, 한반도 첫 항공기 생산

중일전쟁과 태평양전쟁의 전황이 다급하게 돌아가자 일제는 조선에서의 비행기 생산 결심을 굳혔다. 먼저 제도 정비를 서둘렀다. 제1차 세계대전 당시 마련한 「군수공업동원법」을 중일전쟁 직후부터 실행하고 「국가총동원법」까지 마련했다.[64] 조선총독부는 민간의 돈과 기술을 끌어당겼다. 먼저 일본의 대형 재벌인 미쓰이에 평양에서의 항공사업을 맡겼다. 쇼와비행기공업 평양제작소를 미쓰이 재벌 산하 미쓰이광산주식회사에 넘기라고 종용했고 미쓰이는 결국 조선비행기제작소를 세웠다. 당면 목표는 연습기 100대 제작.[65] 독일제 Bücker Bü 131 Jungmann 복엽기를 모방한 육해군 공용 연습기 Ki-86 융구만기를 조선에서 제작한다는 계획이었다.[66]

두 차례 확장공사로 설비를 증설한 조선비행기제작소에서 결과를 내놓은 시기가 1944년 10월 10일.

일제는 이를 선전 수단으로 삼았다. 『매일
신보』는 1944년 10월 12일 자 1면 지면을
할애해 '반도 최초의 제작기製作機'라 보도
했다. 미쓰이는 다치아라이항공회사太刀洗
航空會社와 기술제휴로 이 연습기를 생산했
다. 『매일신보』는 시범 비행기가 굉음을 내
며 비행했다고 보도했지만 복수의 항공기
에 의한 편조 또는 편대 비행에 대한 기사
는 전혀 없어 한 대가 시범 비행한 것으로
보인다.[67]

미쓰이 재벌이 평양 소재 조선비행기제작소에서 생산한 육군용 4식 기본
훈련기. 독일제 연습기의 면허생산형으로 한반도에서 생산된 최초의 동
력기다.

　평양에서의 항공기 생산은 더 이상 진전
되지 않았다. 발동기(엔진)를 구할 수 없어 어렵게 제작한 대부분의 동체가 하늘을 날지 못했다. 오직 시범
비행용 한 대를 제작했다는 기록만 남았다. 태평양전쟁의 전황이 어려워져 제공권을 상실한 이후 일본 내
주요 공장이 폭격받아 생산능력 자체가 감소했으며 미군에 의한 수송선 격침이 늘어나 엔진 등 핵심 부품
을 조선으로 운송할 수단이 거의 사라졌기 때문이다. 결국 미쓰이 평양제작소는 일제가 만주에 설립한 만
주비행기제조주식회사의 지원에 매달리는 형편으로 전락한 채 이렇다 할 성과를 내지 못했다.[68] 다만 평
양에서 생산된 Ki-86 연습기가 '한반도에서 제작된 최초의 동력 추진 비행기'라는 점만큼은 분명하다.

9. 신용욱, 1945년 2월 부산서 조선인 최초 항공기 생산

　조선총독부는 조선인 자본가들에게도 자금과 기술 지원을 약속하며 비행기 생산을 적극 독려했다. 평
양에서 연습기가 처음 생산되던 1944년 10월 총독부는 「군수회사법」을 제정하고 이어 12월과 1945년
4월 두 차례에 걸쳐 100개 기업을 '조선군수회사'로 지정했다. 신용욱 비행사가 부산에 설립한 조선항
공공업주식회사는 제1차 조선군수회사에 지정돼 총독부 주도로 자본을 모았다.[69] 발행주식 20만 주 가
운데 전시금융금고가 10만 주를 인수해 지분 절반을 가진 가운데 조선식산은행 17.0%, 동양척식회사
9.5% 등 법인수수 비율이 76.5%에 이르는 사실상의 국책회사였다. 그래도 명복상 경영권은 개인으로서
는 가장 많은 17.0% 지분을 보유한 신용욱이 행사했다.

　경영진으로는 사장 신용욱 외에 방응모 조선일보 사장과 동양척식회사 이사(일본인)가 감사를 맡았다.
공장장과 경리부장, 동경사무소장(부품 수급을 위해 동경사무소의 기능이 중요했다) 등 주요 보직을 일본인이
차지했다. 취체역(주주총회를 통해 선임된 이사) 명단에는 일본 해군 중장 출신 예비역 제독 2명도 이름을 올

신용욱이 일본 해군의 지원 아래 부산의 조선항공기공업에서 생산한 항공기와 동형인 해군용 93식 육상연습기. 조선인이 대표인 법인에서 생산한 최초의 항공기다./사진=위키피디아

렸다. 설립 당시부터 신용욱의 조선항공기공업사는 일본 해군 항공본부의 방침에 따라 제51 해군항공창(진해항공창)이 지정한 조선지역 최초의 '양성養成 공장'이자 감독공장으로 출범했기에 경영에도 일본 해군의 입김이 강했다.

조선항공기공업 부산 공장에서 항공기가 처음 나온 시기는 1945년 2월. 부산 공장에서 2월 22일 1, 2호기 진공식이 열렸다.[70] 1급 비행사 자격증을 갖고 있던 신용욱은 해군 2호기를 조종하며 묘기 비행까지 선보였다(1호기 조종은 일본 해군 중위가 맡았다). 신용욱의 공장에서 생산된 1, 2호기는 한반도에서 조선인이 주도한 회사에서 생산된 최초의 항공기라는 의미를 갖고 있다.

신용욱이 회사 설립 후 불과 4개월여 만[71]에 항공기를 생산할 수 있었던 이유는 부산의 일본 해군 항공기 수리공장과 경성에서 글라이더를 생산하던 조선경비행기를 기반으로 완성 항공기 제작회사로 변신했기 때문이다. 조선항공공업사에서 제작한 비행기는 93식 육상중간연습기. 일본 해군 항공기술창이 1934년 개발, 종전까지 5,770대를 생산한 복엽기다.[72] 연습기를 붉은색이 섞인 자주색으로 도색해 '빨간 고추잠자리赤とんぼ'라고 불린 이 비행기는 전쟁 말기부터 일본 해군의 카미카제 돌격에 활용되기도 했다. 북한에 남겨진 이들 연습기는 남한처럼 파괴되지 않고 북한 공군의 모태인 신의주항공대의 연습용으로도 쓰였다. 조선항공기공업은 바로 3호기까지 완성할 계획이었다.[73] 3호기는 1945년 경성에서 초도 비행에 성공했으며[74] 완성 기체가 모두 6대였다는 증언도 있다.[75] 신용욱의 성과에 고무된 일본 해군은 1945년 말부터는 본격적인 전투기 생산에 들어가라는 명령을 내렸다.

조선항공공업은 생산에 전력을 기울였으나 목표에는 크게 못미쳤다. 1945년부터 비행기 수리작업과 함께 증설을 병행해 1946년까지 항공기 650대, 95식 수상 정찰기 날개 575개 정비, 94식 및 95식 수상 정찰기 부주浮舟 452개 수리 및 정비, 각종 날개와 수리 부품 1150개를 생산한다는 거창한 목표를 세웠으나 간단한 부품 생산과 연습기 조립에 그친 채 종전을 맞아 문을 닫았다.[76]

10. 조선 기업 중 최대, 재벌 박흥식의 안양 비행기공장

화신백화점을 운영하던 조선 제1의 재벌인 박흥식의 조선비행기공업주식회사(공장 소재 안양·이하 '조비')[77]도 총독부의 지원 아래 1944년 10월 출범했다. 자본금 5000만 원에 납입 자본금 2500만 원의 지분율은 전시금고와 조선식산은행이 각각 15.7%, 동양척식회사 14.8%, 화신백화점 12.9% 등 법인지분이 64.4%에 달했다. 개인은 박흥식, 백낙승[78](각 1.8%) 등이 발기인주주(지분 합계 13.2%)로 참여했다. 주식 공모(15만 주)에는 조선주식취인소조합 등과 일반투자자 1500명이 넘게 몰렸다.[79]

조비는 자본금 규모가 컸다. 납입 자본금 5000만 원(불입 자본금 2500만 원)이라는 금액은 신용욱의 조선항공기공업(1000만 원)의 5배였으며 일제가 군함 건조에 박차를 가하기 위해 네 차례 증자(1937년 300만 원 → 1945년 3100만 원)로 몸집을 키운 조선중공업보다도 많았다.[80] 심지어 5000대가 넘는 각종 항공기를 생산한 만주비행기제조(2000만 원)의 두 배가 넘었다. 조비의 자본금은 가와사키항공과 도요타자동차사가 나고야에 새로 세울 합작회사인 동해항공기회사와 규모가 같았다.[81] 도요타가 지분 60%를 투자할 이 회사는 매월 전투기 300대 생산을 목표로 삼았을 정도로 규모가 컸다.[82]

박흥식은 설립 당시부터 항공기 주요 부품 제작에서 완성까지 완전한 공정을 구축할 계획이었다. 한반도에서 유

박흥식의 항공기 생산 '포부'를 전한 1944년 8월 19일 자 『매일신보』.

1932년 조선직물 안양공장 조감도. 박흥식이 안양에 세운 조선비행기공업이 바로 이 공장 위에 들어섰다. 안양 중앙로의 안양우체국과 안양여고 사거리의 도로 폭이 넓은 이유 역시 일제기 조비를 위해 비행기 활주로를 건설하려 용지를 확보한 데 연유한다. 일제는 또 조비 공장 건설에 맞춰 인근 철도망을 정비하고 공고에 항공기과를 개설을 추진하는 동시에 군포에서 비행장을 건설하다 패망을 맞았다. 조비 공장 자리에는 해방 후 금성방직(쌍용그룹 계열)과 대농방직을 거쳐 아파트 단지와 주택 부지로 바뀌었다. 출처: 안양지역도시기록연구소.

박흥식이 안양공장에서 광복 직전에 만주비행기제조의 도움으로 제작한 2식 고등연습기 겸 전투기. 만주비행기제조의 주력 생산품이었다. 비록 만주에서 주요부품을 받아 조립됐으나 조선에서 생산된 항공기 중에서는 가장 고성능이어서 기대를 모았다. 조선에서는 최대 설비를 갖춘 박흥식의 조선비행기공업 안양공장은 2기 완성과 시험비행, 1기 제작 중에 광복을 맞아 공장 가동을 중단했다.

일한 일관 공정 항공기 제작업체인 조선비행기공업 출범을 총독부는 물론 일본군 조선사령부, 전쟁 중이던 중국 주둔 일본군까지 도왔다. 해군기 생산에 주력했던 신용욱과 대조적으로 화신의 박흥식은 육군기 생산을 목표 삼았기에 일본 육군의 도움을 많이 받았다. 공장에 들여놓은 생산 설비가 부족하자 박흥식은 상하이의 일본 육군과 접촉해 인근의 설비를 긁어왔다. 조선군 사령관의 위임장으로 조선 전역의 물자 징발권까지 가졌다.

직원들을 '선진 공장'인 의 만주비행기제조로 수개월씩 파견 보내 기술을 익히고 정신 교육을 위해 군부대에 1달간 입소 군사훈련까지 시켰다. 총독부의 협조 아래 조선비행기공업은 경성 본사와 안양 공장을 합쳐 직원 수가 2800명에 달하는 조선 최대급 기업으로 커졌다.[83] 보급선도 상대적으로 안정적이었다. 미군기의 폭격과 잠수함의 공격에 노출된 수송선으로 부품을 들여와야 하는 다른 업체와 달리 부품을 만주에서 조달했기 때문이다.[84]

조선의 다른 비행기 제작소에 비해 기업 여건이 좋았기에 조선비행기공업은 목표도 컸다. 1차 사업연도 준비(공장 건설 및 부품 가공, 확보) 단계를 지나 2차년도인 1945년부터 기체와 엔진 제조, 조립까지 일관작업으로 월 60대 이상, 3차년도(1946년)에는 월 120대 이상 생산한다는 계획이었다. 최종적으로는 폭격기까지 생산할 계획이었다.[85] 그렇지만 뚜렷한 성과를 못냈다. 1945년 5월 Ki-97병 2식 고등연습기 1호기 제작과 8월 시험비행을 마치고 제2, 제3호기가 제작되던 중에 광복을 맞았다.[86]

11. 부품회사도 있었다…송도·금강·팔곡항공기회사

일제강점기 말 식민지 조선의 3개 항공기 제작사는 부품을 어디서 조달했을까. 앞서 살펴본 대로 핵심 부품은 일본과 만주에서 들여왔다. 일부 부품은 자체적으로 생산했다. 규모가 큰 조비는 발동기(엔진)까지 생산할 계획이었다. 일제는 조선에서 항공기 생산을 독려하면서 부품 공급업체 설립에도 눈을 돌렸다. 부품업체로는 송도항공기㈜와 금강항공기㈜, 두 회사가 눈에 띈다. 국사편찬위원회의 한국사 데이터베이스에 따르면 반민족행위 특별조사위원회의 '일본 침략전쟁 협력한 비행기회사 대표자 명부'[87]에 오른

기업인은 모두 4명. 반민특위로부터 "소위 대동아전쟁에 적극 협력하며 사채를 들여서라도 일본의 승리를 위해 헌신적으로 비행기를 생산하고 충성을 다한 친일 거두들"이라는 혐의를 받았다. 4명 중에 2명은 바로 앞에서 살펴 본 조선항공기공업의 신용욱과 조선비행기공업의 박흥식이다.

나머지 두 명은 고한승高漢承과 이영개李英介. 부품업체인 송도항공기공업과 금강항공기공업의 대표다. 고한승은 1923년 소파 방정환과 함께 색동회를 조직한 아동문학가이자 연극인 출신이다. 보성전문과 니혼대학을 졸업한 그는 친일로 돌아서 총독부 기관지인 『경성일보』 기자로 일했다. 1944년 12월 총독부로부터 송도항공기주식회사 설립을 인가받았다. 『매일신보』는 "이미 공장은 유휴시설을 활용해 공사를 진행 중이며 필요한 기계도 태반 입수했다"며 "공원(생산직 직원)들을 이미 만주비행기제조에 보내 실습 중"이라고 보도했다. 1945년 3월 중순부터 조업할 예정이며 제품은 주로 조비에 공급하고 만주에도 일부 납품할 예정이라는 기사도 덧붙였다. 송도항공기회사는 1945년 1월 15일 창립총회를 열고 사업을 시작했다.[88]

『매일신보』 1944년 12월 14일 자 1면에 보도된 송도항공기회사 인가 소식. 3개 완성기 제작 업체에 대한 연구는 없지 않지만 당시 항공산업의 생태계를 구성하던 부품 공급업체에 대한 연구는 전무한 실정이다./대한민국 신문 아카이브

송도항공기회사보다 약 2개월 앞서 금강항공기공업도 나타났다. 사장은 나중에 송도항공기회사의 취체역(임원)에도 등재된 이영개가 맡았다. 이영개는 10대 중반에 일본에 건너가 말단 공무원으로 일하다 사업가로 변신했는데 미술상으로도 유명했으며 일본으로의 문화재 유출에도 관련 있다는 혐의를 받았던 인물이다. 조선에도 하루바삐 징병제를 적용해야 한다는 주장도 펼쳤다. 이영개는 1944년 10월 총독부의 내인가를 받고 "경기도 모처에 공장부지와 시설을 확보했다"며 "늦어도 12월 중순까지는 공장 건설을 마쳐 1945년 봄부터는 제작에 착수하겠다"고 밝혔다. 이영개는 내지(일본)에서 조선인이 운영하는 정비공장 설비를 이전해 공장을 세울 계획으로 본 공장 이외에 2~3곳에 분공장을 세울 계획이었다.[89] 이를 보도한 『매일신보』는 금강항공기회사가 부품 공장으로는 조선에서 처음이라고 소개했다.

두 부품회사는 공통점이 많다. 자본금이 100만 원으로 같고 박흥식의 조선비행기공업의 협력 공장이었다. 공장 위치도 각각 '송도'와 '경기도 모처'였다. 안양에 소재한 조비의 협력사로 거리를 염두에 두고 공장 소재지를 정한 것으로 보인다. 계획과 일정은 나왔지만 실제 성과가 확인되지 않는다는 점도 동일하다. 당시의 관제 언론에 나온 기사 외에 관련 자료가 남아 있지 않다는 점까지 닮은 꼴이다. 다만 똑같이

친일 혐의를 받았어도 대표자의 말년은 서로 달랐다.[90]

일제강점기 항공기 부품회사로는 대구에 위치한 '팔곡항공기공업'도 눈에 들어온다. 전쟁기에 급조된 항공기 제작사와 부품회사들과 달리 이 회사는 업력業歷의 시작이 1910년대로 올라간다. 일본인이 세웠지만 1976년까지 존속했다. 사료라야 옛 신문에 실린 기사와 기록이 거의 전부라는 한계가 있지만 이 회사는 간단한 기구나 기계류 제작소의 대리점에서 출발해 기계 제작 및 판매회사를 거쳐 항공기 부품회사로 변신한 뒤 해방 후 다시 철공소로 되돌아간 것으로 보인다. 처음 언론 지상에 나온 시기는 1915년 정초. 총독부 기관지인 『경성일보』 광고란에 '팔곡八谷'이라는 이름이 등장한다.[91]

팔곡은 1925년 2월 13일부터 『동아일보』에 제품 광고를 내기 시작해 1930년대 초반까지 꾸준히 실었다.[92] 광고 내용을 보면 팔곡철공소의 제품군은 나날이 발전했다. 처음에는 수동식 제면기와 조면기繰綿機(면화에서 씨를 분리하는 기계)에서 전기 펌프와 양수기, 소형 발전기 등으로 제품군을 광업과 토목용 기계, 농기계와 공작기계 및 그 부속품 등 급속도로 늘려나갔다. 1940년대에는 주식회사로 변경하고[93] 대전에 분공장을 냈다. 총독부로부터 군수품 공급회사 지정을 받아 군수용 부품 제작에도 들어갔다.[94] 조선은행이 펴낸 『회사조합 요록』에도 사업목적의 첫 번째로 '군수품의 가공 청부'라고 명시되어 있다. 팔곡항공기공업은 해방 직후 '야츠야八谷' 일가가 떠난 자리를 종업원들이 물려받아 제품 생산에 들어갔다.[95] 팔곡항공기공업은 해방 후 일본인들이 남긴 기업을 다시 일으킨 모범으로도 주목받았다.[96] 이앙기 같은 농기계류와 방직기계, 양수기, 조면기 등을 생산하며 명목을 유지하다 1976년 사라졌다.[97]

항공기부품업체였던 팔곡비행기공업이 해방 보름여 만에 공장을 재가동한다는 소식을 전한 『대구일일신문』 1945년 9월 6일 자 2면 기사. 일본인 자본가들이 떠난 공장을 돌리는 게 급선무였던 시대적 상황에서 팔곡항공기공업은 공장을 빠르게 정상화했다는 점에서 주목받았으나 항공기 부품 생산이 어떤 방식을 거쳐 없어졌는지, 인력은 어떻게 흩어졌는지에 대해서는 알려진 바가 전혀 없다./대한민국 신문 아카이브

일제강점기에 시작한 항공기 부품회사 중에는 지금도 활동 중인 회사도 있다. 대한이연공업과 한국이연공업 두 회사가 해방 직전에 창립된 '조선이연항공기재朝鮮理研航空機材주식회사'라는 역사를 공유한다. 다만 1940년대 말부터 시작된 것으로 보이는 항공기 부품 관련 사업은 이어지지 않았다. 조선이연항공기재㈜의 출범 시기는 1943년 말. "알미늄과 막네슘 제련"을 목적으로 1938년 9월 23일 설립된 조선이연금속주식회사가 모태다.[98] 조선이연금속의 대전 공장을 기초로 12월 21일 독립했다. 분리 이유는 "전력 증강을 위한 경금속 생산에 전념하고, 항공기 부품생산에 전문성과 효율성을 기하자"는 것이었다.[99]

일본은 이 회사에 기대를 걸고 정식 군수회사로 지정하고 지원을 아끼지 않았다.[100] 일제의 의도와 달리 조선이연항공기재㈜는 항공기용 부품을 제대로 생산하지 못한 것으로 보인다. 대전시 삼성동에서 운영 중이던 공장에서 군용 자동차 피스톤링뿐 아니라 항공기 엔진에 쓰이는 피스톤링도 생산할 제2공장

을 건설하는 도중에 중단됐다. 『조선일보』에 따르면 제2공장 건설에 참여한 일본 건설업자 중 하나가 당시 26세인 다나카 가쿠에이田中角榮였다. 27년 뒤 일본 총리에 오르게 되는 그는 일본의 패전으로 완공을 못 본 채 귀국했다.[101]

팔곡항공기공업처럼 이연항공기재 역시 식민지에서 벗어난 조선인들이 인수했다. 그러나 불하와 양도 과정에서 잡음이 일었다. 종업원들이 힘을 합쳐 자동차 피스톤링 생산시설을 살려놓은 상태에서 두 번째로 경영권을 갖게 된 인수자가 공장 기자재의 일부가 사유재산이라며 임의대로 처분하며 고소 고발로 이어졌다.[102]

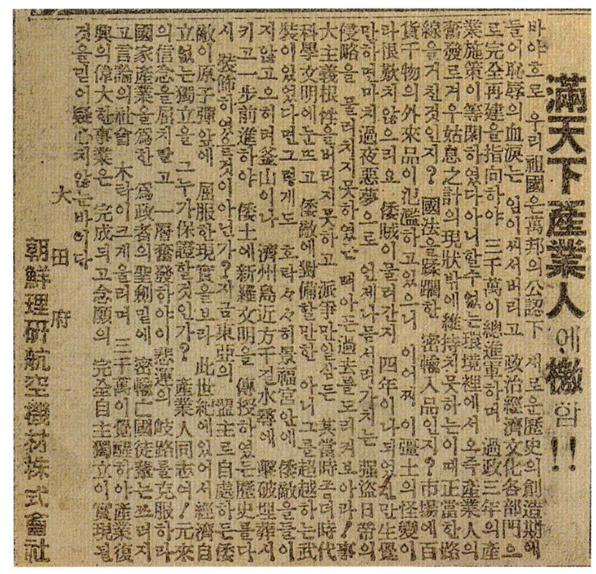

조선이연항공기재의 국산품 애용 호소 광고. 1949년 4월 16일./대한민국 신문 아카이브

조선이연항공기재㈜는 안팎의 어려움을 겪었다. 1953년까지 회사 이름을 그대로 사용하며 시설을 복구했지만 판로가 없었다. 국산품을 외면했기 때문이다. 정부도 다각도로 지원책을 찾았다.[103] 그래도 시장의 벽에 막혔다. 밀수품을 감당하기 힘들었다고 판단했는지 회사는 '만천하 산업인에게 격함(호소함)'이라는 의견 광고를 통해 "또다시 준비하지 않고 국산품을 외면한 채 밀수품을 쓴다면 망국에 이르게 될 것"이라고 호소했다.[104] 각종 소송과 구설수에 휘말리면서도 한국이연공업(사명 변경)은 주한미군에도 자동차 부품을 공급하기 시작했다. 1956년 말 『경향신문』에 게재한 광고에서는 미군도 피스톤링을 구매해 외화 획득에 성공했다는 사실을 밝혔다.[105]

경영 사정은 1060년대 이후에야 나아진 것으로 보인다. 박정희 국가재건최고회의 의장은 민정 시찰을 위해 대전에 머물면서 한국이연공업의 공장을 방문한 자리에서 "피스톤링과 실린더 등 자동차 부품을 연간 100만 개 이상 생산한다"는 보고를 받고 "자유당이 가혹한 정책으로 파산했다가 5·16혁명으로 재조업을 하게 된 공장 내력을 자세하게 들었다."[106] 공장책임자는 이 자리에서 "앞으로 있을 종합자동차 조립공장을 위해 8500만 원을 융자해달라"고 요청했다. 당시에 보고를 맡았던 공장책임자는 얼마 뒤 자동차회사를 차렸다. 한국이연공업은 1977년 충남방직 그룹에 인수되고 오늘날에는 내한이연공업이라는 이름으로 자동차 부품 등을 생산하고 있다. 또 한국이연공업이라는 회사도 운영 중이다. 공통점은 일제강점기에 항공기 부품 제작회사로 구상됐지만 과거는 물론 현재에도 항공과는 거리가 있다는 정도다.

실제로 가동됐거나 설립이 추진된 항공기 부품회사는 지금까지 살펴본 회사들보다 훨씬 많았을 것으로 추정된다. 수많은 부품이 들어가는 항공기를 몇몇 기업만으로는 제작하기 어렵기에 그렇다. 일제강점

기에 설립된 항공기 부품회사들은 주주구성과 설립 배경, 존속 기간이 제각각이지만 항공기 완성업체들과 마찬가지로 하나같이 단절됐다. 기업도 많지 않고 제대로 생산하지 못한 부품회사들을 살펴본 이유는 현재에도 던지는 함의가 분명하기 때문이다. 한국의 완성기 제작 수준은 스텔스 형상의 초음속 전투기 KF-21 '보라매'의 양산단계에 이를 정도로 발전했지만 그 밑바탕인 부품업체들이 견고하게 자리 잡고 있는지는 의문이다. '국내 항공산업은 대기업이 생산의 80%를 차지하는 과점 형태의 기형적인 구조'에서 좀처럼 벗어나지 못하고 있다.[107] 무엇보다 심각한 것은 정부가 지난 1978년부터 항공부품산업 육성책을 시행했지만 개선 기미가 없다는 점이다. 건강한 생태계의 구축이 없는 한 항공산업의 미래는 장담하기 어렵다. 사업구조 자체가 대기업 중심인 우주 부문은 말할 것도 없다. 새롭게 거대 시장이 형성될 AAM(Advanced Air Mobility · 미래 항공 모빌리티) 관련 산업의 건강한 생태계 조성을 위해서도 우주항공 분야 전반에 걸친 부품업체 활성화 방안이 필요하다. 항공부품산업 육성은 해묵은 과제다. 일제강점기 말, 해방 직후부터 소급하면 80년 이상, 항공기 완성품은 물론 부품과 시설에 대해서도 관세의 일부나 전부를 감면해주고 기술자 훈련비는 손비損費로 처리하도록 규정한 「항공공업진흥법」이 마련된 1978년을 기점으로 삼으면[108] 47년 동안 부품산업 육성이라는 과제를 풀지 못하고 있는 셈이다.

12. 소년 · 소녀공까지 투입해 증산 다그친 진해 해군항공창

일제강점기 말기의 3개 완성기 업체 외에 짚어봐야 할 곳이 하나 더 있다. 진해에 위치한 일본 해군항공창이 확인 대상이다. 진해 항공창과 관련한 언론 기사는 적지 않지만[109] 신규 생산이 이뤄졌는지 아니면 수리 또는 재생 공장이었는지는 불명확하다. '제51 해군항공창'으로 불리던 진해 항공창의 개창[110] 시기는 1942년 4월 1일. 나카사키 소재 제21 항공창의 지창支廠이었다가 독립해 나왔다.

원산에도 지창을 두고 있던 진해 항공창은 민간 항공기 제작 3사보다 정비 물량이 많았어도 신규 기체 생산 수준에는 도달하지 못한 것으로 보인다.[111] 만약 신규기 생산이 있었다면 진해 항공창 부근은 제21 항공창처럼 집중 폭격을 받고 기능을 상실했을 가능성이 크다. 일제는 진해 항공창의 조선인 직공들의 생산 의욕을 소개하는 데 총독부 기관지들을 동원했다. 『매일신보』는 '○○해군항공창 작업장 방문기'를 1944년 2월 21일과 26일까지 특집으로 소개하면서 '결전장에서 통하는 소년 · 소녀공 투혼'을 내용으로 담았다.[112]

일제는 항공기 증산을 위해 남녀노소를 가리지 않고 동원했다. 조선총독부는 10대 소년들을 군사훈련을 거쳐 작업에 투입하는 한편 소녀들도 대거 끌어들였다. 부산과 광주, 인천에서는 국민학교(요즘 초등학교)를 졸업하는 소녀들에게 "중학교 진학 기회를 주겠다"고 유인해 '여성 근로정신대'라는 이름으로 미쓰비시 중공업의 나고야제작소 등으로 보냈다. 조선총독부의 여학생 총동원에서 눈에 들어오는 대목이 있다. 명문 여고 졸업생들의 비행기공장 생산직 근무를 대대적으로 홍보한 것이다. 전시노동력 동원 극대

진해 항공창에서 날개에 리벳 작업 중인 여공들. 일제는 '붕익(鵬翼)[113]과 열투의 처녀들', '성스러운 땀 속의 승리의 아름다움', '환희와 감격, 지성과 순정의 증산 일념' 등 미사여구를 동원하며 생산 극대화를 독려했다. 『매일신보』 1944년 2월 21일 자, 3면./대한민국 신문 아카이브

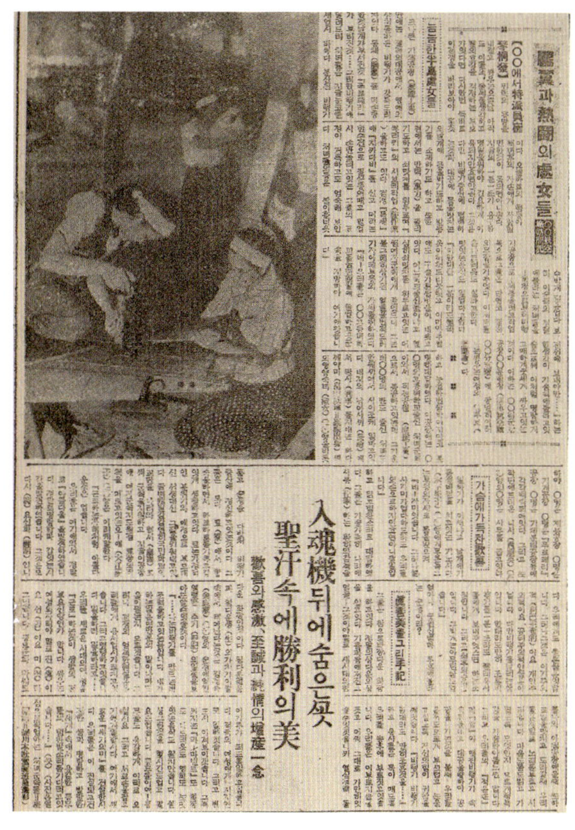

화 정책의 일환이다.

명문 여학교 졸업생일 뿐 아니라 식민지 조선을 대표하는 명문가의 딸들이 '자발적'이라는 형식 아래 생산 현장에 동원됐다.[114] 일제의 진해 해군항공창과 관련해서는 기억해야 할 두 가지 얘기가 더 있다. 하나는 소년공들에게 군사훈련까지 실시하며 일본에 대한 충성을 강요했으며 조직적 저항운동이 일어났다는 점이다. 1943년 제51 해군항공창에 근무하던 김병길, 박준기, 김차형 등은 동지 11명과 함께 항일결사 '일심회'를 조직하고 항공창 항공기와 변전소 폭파 계획을 추진하던 중, 1944년 1월께 조직이 노출되면서 모두 붙잡혀 모진 옥고를 치렀다. 아무리 일제가 억압해도 항일정신은 사그라지지 않았다는 방증의 하나다.

두 번째는 대한민국 해군이 제작한 국산 1호기가 탄생한 장소가 대한민국 해군 공창(옛 진해 항공창 터)이다.[115] 정리하면 항공기의 실체가 식민지 조선에 알려진 1913년 이래 한반도에서는 29년이라는 세월이 흐른 1942년에 이르러서야 글라이더가 제작됐다. 동력으로 비행하는 항공기는 1944년 모습을 드러냈다. 일제강점기 중 백 대 가량의 글라이더와 많이 잡아야 열 대 남짓한 항공기가 조선에서 제작됐다고 요약할 수 있다.

1945년 9월 미군이 한반도 진주를 앞두고 항공촬영한 진해항 전경. 항만의 대형 건물들이 일본 해군 시설과 제51 항공창 자리로 추정된다. /미 정부 문서 기록 보관소

제작 시기	제작사	기종	용도	의미
1942.5.22	조선활공기제작소	문부성1식	초급활공기	최초 항공기
1942.9	도미나가제작소	갈매기형	고급 활공기	최초 고유모델
1944.10.10	평양비행기제작소	Ki-86	육군용 복엽기	최초 동력기
1945.2.22	조선항공㈜ 부산	93식	해군용 복엽기	조선인자본 투자 동력기
1945.5	조선비행기㈜ 안양	Ki-79	전투기겸 연습기	조선인 대규모 투자

※ 진해의 일본 해군 제51 항공창에서도 1942년부터 일부 부품 생산, 파손 기체 수리 및 재생.

일제는 만주와 조선을 전쟁 수행을 위한 거대한 병참기지로 육성하는 동시에 연합국의 본토 폭격에 대비한 대응책으로 조선에서 항공산업을 포함한 군수공업을 시작했다. 대중에 대한 선전과 선동 성격이 강하지만 일제와 그 협력자들은 틈나는 대로 항공산업을 일으키기에 조선의 입지가 좋다고 강조했다.

조선 최대규모이자 일관생산 공장인 조선비행기공업주식회사 창립을 앞두고 박흥식 화신 사장은 "풍부한 수력과 인력 등에서 항공산업을 영위하기에 조선의 입지가 최적"이라고 말했다.[117] 조선총독부의 항공정책 실무총책인 시모조오 사부로下城義三郎는 '항공기 증산을 위한 긴급 좌담회'에서 "조선의 항공공업 발달이 미진하지만 비행기를 만들려면 경금속이 필요하고 경금속 제련을 위해서는 전기가 필요한데, 조선은 천연자원과 목재뿐 아니라 수력 발전이 풍부하고 경금속 생산도 대폭 늘어나 도약할 수 있는 기회"라며 항공기 생산을 독려했다.[118] 일제는 조선과 만주의 분업 체계를 구상했다. 기술 수준이 높고 경험이 쌓인 만주(만주비행기제조)는 신예 전투기 생산에 치중하고 경험이 일천한 조선은 연습기 겸 전투기 생산에 주력한다는 것이었다.[119]

일제는 '항공기 증산' 목표 아래 식민지 관리와 그 하수인들로 하여금 "경금속 생산이 급증하고 수력 발전량이 큰 조선이야말로 항공기 생산의 최적지"라고 강변했지만 성과는 기대 이하였다. 조선 내부의 공급망이 확보되지 않아 일본이나 만주에서 들여오는 부품 조달이 여의치 않았다.[120] 가장 먼저 생산을 시작(1944년 10월 10일 초도 생산기 시범 비행)한 평양의 미쓰이 비행기제작소는 부품 공급처인 만주와 가까웠지만 100여 대 가까운 기체가 발동기(엔진)를 조달하지 못해 최종 조립에 들어가지 못했다. 1944년 10월부터 1945년 8월까지 식민지 조선에서 생산된 동력 항공기는 많이 잡아도 한 자리였던 것으로 추산된다.

항공기 제작산업이 제대로 가동되지 않았어도 해방을 맞은 항공인들은 희망을 품었다. 조선에서 생산한 항공기 수보다 훨씬 많은 항공기가 남아 있었기 때문이다. 일제의 강압에서 풀려난 한국인들은 패전한 일본군이 한국 땅에 남긴 항공기를 '물고 뜯고 맛보며' 역설계를 통해 스스로의 힘으로 항공기를 제작할 수 있다고 믿었다.

맥아더 원수가 이끄는 연합국 점령군이 일본의 항공기 개발, 제조, 비행을 전면 금지한 마당에 독자적

❖ 일제강점기 한반도에서 제작된 동력 항공기 비교

제작사	평양비행기제작소 미쓰이광산주식회사	조선항공공업주식회사 부산공장	조선비행기공업주식회사 안양제작소
최대주주	미쓰이 재벌	신용욱 비행사	박흥식 화신 사장
위치	평남 평양부 미림정 637	경남 부산부 부임정 52	경기도 시흥군 안양리 872
초도비행	1944. 10. 10	1945. 2	1945. 5
원제작사	니폰국제항공공업	닛폰비행기	만주비행기제조㈜
기종	4식 기본연습기 Ki-86	93식 육상중간연습기 K5Y1	97식 육상연습기 Ki-79
사진			
형식	복엽	복엽	단엽
승무원	2명	2명	2명
길이	6.616m	8.78m	7.85m
날개폭	7.34m	11m	11.31m
중량	642kg	1130kg	1110kg
엔진	HA-47(100㏋ × 1)	HA-1(340㏋ × 1)	HA-1(710㏋ × 1)
최대속도	183km/h	200km/h	470km/h
상승시간	5000m까지 10분 24초	3000m까지 13분 32초	5000m까지 5분 22초
생산기간	1934~1945	1934~1945	1937~1945
양산 대수	1230대	5770대	3368대 [116]
항속거리	650km	1019km	1710km
무장	비무장(훈련기)	7.7㎜ 기관총 1정	7.7㎜ 기관총 2정
비고	독일 Bücker Bü 131 Jungmann 면허생산형	일본제국 해군용 중급 훈련기	나카지마 Ki-27 전투기 만주 생산형

으로 항공산업을 일으키면 일본은 물론 어느 누구의 침략에도 맞설 수 있을 것으로 기대하고 조종사들과 항공기술자들은 힘을 모았다. 전투기를 만들려고 준비했던 부산과 안양의 공장 설비를 이용해 비행기를 제작하고 항공산업을 일으킬 수 있다는 희망에 부풀었다. 그러나 그 꿈은 오래가지 못했다.

1) 각종 출판물은 물론 심지어 일부 학술논문에서도 한반도에서 최초 비행한 인물로 나라하라 산지라고 소개하지만 조종간을 잡은 인물은 시라토 에이노스케다. 나라하라 산지의 조수로 일하며 실제 비행은 그가 주로 맡았다.

2) 나라하라 산지는 일부 언론에 의해 '일본 해군 기술 중위'나 '남작'으로 소개되지만 그렇지 않다. 도쿄제국대학 공학부 조병과를 졸업하고 일본 해군과 계약을 맺은 군속 신분이었다. 조선 최초의 비행을 기획할 때는 해군 소속도 아니었다. 중위 대우 기사(技士)로 근무하다 1910년 대위 대우 기사 호칭을 받으며 해군과 계약을 끝낸 이후에는 민간인 신분으로 일했다.

조선 방문 비행 당시에는 남작 작위에 오르지도 않았다. 오키나와현 지사를 지냈던 부친의 남작 작위를 사망한 형 대신 습작한 시기는 1918년이다. 해군에서 나온 이래 그는 항공기 개발과 함께 민간 최초의 비행장을 건설하고 비행학교를 세워 일본 민간항공의 아버지로 불린다.

3) 비행대회 입장료는 2원, 1원 50전, 30전으로 구분해 당일 현장에서 받았고 군인과 학생에게는 할인 혜택을 줬다.(신수진, '우리 항공 역사 속의 용산', 국립항공박물관 블로그, '알려줘요, 항공')

4) '李王 殿下, 航空 御覽(이왕 전하, 항공 몸소 관람)', 『매일신보』 1913년 4월 3일 자, 2면 예고 기사.

5) '京城 天空에 怪鵞가 出沒(경성 하늘에 괴독수리 출몰)–본사 후원의 비행대회', 『매일신보』 1914년 8월 19일 자, 3면. 『매일신보』는 안내 기사에서 18일 비행에는 경성 다동과 광교 기생조합원 200명이 단체 관람했다는 기사도 실었다.

6) 조선총독부의 기관지였던 태평로의 『매일신보』 신축 사옥 자리는 조선의 핵심 군사시설이었다. 『매일신보』에 이어 1926년 경성부 청사가 들어서 21세기 초반까지 서울시청 본관으로 활용됐을 만큼 태평로 『매일신보』 사옥의 역사에는 한국 근현대사의 명암이 스며 있다. 최초의 순 한글 신문으로 양기탁과 영국인 어니스트 토머스 베델(Ernest Thomas Bethell, 한국 이름 배설) 등이 주도한 『대한매일신보』가 한일병탄 후 총독부 기관지로 바뀌며 제호에서 '대한'이 떨어져 나갔다. 다카소오 비행대회 당시 완공 직전이던 『매일신보』 사옥 자리는 원래 조선왕조의 '국방과학연구소(ADD)'격인 군기시(軍器寺) 터였다. 1392년 조선 건국과 함께 자리 잡았던 군기시는 1884년 기기국으로 명칭을 바꿨어도 여전히 군사시설이었다.

7) 1914년 들어선 『매일신보』, 『경성일보』 사옥이 1923년 화재로 소실되자 일제는 신사옥을 옆으로 옮겼다. 서울신문사가 이용하던 이 사옥을 허물고 1985년 새로 건립된 건물이 태평로 '프레스센터'다. 화재로 소실된 『경성일보』와 『매일신보』 사옥 터에 일제는 경성부 청사를 지었다. 해방 이후에도 이 건물은 서울시청 본청 청사로 쓰였다. 일제가 의도적으로 조선총독부 청사를 '일(日)', 경성부 청사를 본(本) 자 형상으로 지었다는 지적에 따라 옛 경성부 청사도 철거해야 한다는 여론도 고개 들었지만 2012년 서울시 신청사 완공 이후 도서관으로 활용되고 있다. 서울시는 신청사 건립 공사 당시 대량 출토된 화포 등 군사 유물을 모아 서울시민청 내 '군기시 유적 전시실'을 개설하는 한편 문화재청과 함께 증강현실(AR)로 군기시를 복원한 온라인 군기시를 운영 중이다.

8) 한일병탄 이전 경복궁의 건물 수는 509동 6806칸이었으나 해방 때 남은 건물은 40동 857칸에 불과할 만큼 일제는 경복궁을 축소 훼손했다(김창준, 『일제강점기 경복궁 훼손과 복원사업』, 1997, 80쪽). 경복궁의 계획적 대규모 훼손의 시작이 '조선물산 공진회'였다. 일제강점기 경복궁에서는 모두 6차례 대규모 박람회가 열렸고 그때마다 경복궁의 훼손이 거듭됐다(이왕무, 「경복궁 자경전 '瑞獸(서수:상서로움을 상징하는 동물)'의 고찰」, 『역사민속학』 48호, 한국역사민속학회, 2015. 7, 139쪽).

9) 신문기자 출신인 오자키 유키오(尾岐行雄)는 62년 8개월 동안 25선, 최고령 중의원이라는 일본 최고기록을 남겼다.

10) 이 사진은 자연스러운 순간 포착이 아니라 의도가 담긴 기획으로 보인다. 조선왕조의 상징인 근정전의 일장기는 식민지로 전락한 현실을 의미하고 서양식 복색의 여인은 서구 문물의 우아함과 우월성을 상징한다는 해석이 가능하다. 경복궁 상공의 비행기는 식민지 조선이 도달할 수 없는 일본의 기술 수준의 상징이라는 인식을 유도한다. 더욱이 일제가 총독부의 두 기관지 『경성일보』와 『매일신보』를 통해 대대적인 홍보 활동을 펼쳤음에도 행사 기간 중 이 사진이 신문 지상에 소개되지 않고, 행사 1년 뒤인 1916년 '경성협찬회 잔무취급소'가 펴낸 보고서(총 230쪽, 한국학중앙연구원 한국학도서관 소장)에 수록(24쪽)됐다는 점에서 '사진기자에 의한 현장 기록은 아니라는 추론'을 낳고 있다. 심지어 사진 하단 가운데 서양식 복색 여성의 실루엣은 사진의 구도를 위해 훗날 추가된 것이라는 견해도 있다.
   내포된 이미지가 강한 탓인지 이 사진은 경술국치를 상징하는 사진으로 소개되는 경우도 적지 않다. 주요 언론사는 물론 각급 학교의 국사 교과서, 각 박물관에도 '한일 강제병탄'의 상징으로 쓰인다.(석지훈, "이 사진은 '경술국치' 경복궁 사진이 아닙니다", NEWSTOP 2019년 7월 2일). 한반도에서 항공기가 처음 비행한 시기는 경술국치 이후인 1913년이다.

11) 『매일신보』 1923년 10월 13일 자, 5면; 10월 16일 자, 3면.

12) '항공대 총출동', 『매일신보』 1923년 10월 10일 자, 3면.

13) 『두산백과사전』에 따르면 방어기제란 자아가 위협받는 상황에서, 무의식적으로 상황을 달리 해석하여, 감정적 상처로부터 자신을 보호하는 심리 의식이나 행위를 가리키는 정신분석 용어다. 1894년 지그문트 프로이트의 논문 「방어의 신경정신학」에서 처음 사용됐다.

14) '공중비행'이라는 제목을 감싼 배경이 『소년』 1910년 2월호와 모양이 똑같다. 『소년』이 경영난과 일제의 감시로 문을 닫은 후 『청춘』을 창간한 육당은 항공에 대한 열의도 이어갔다. 연이어 잡지를 창간하며 계몽에 힘쓰던 그는 1927년 총독부의 조선사편찬위원회에 가담하면서부터 글은 물론 대중강연에서 일본군 지원을 독려하는 친일 행각을 보였다.

15) 선장갑(船裝甲)이란 철갑선을 의미하는 것으로 풀이된다. 최남선은 이 기사에서 거북선을 귀선(龜船)이라고 따로 표현한다. 철갑을 두른 판옥선과 거북선이 세계 최초의 철갑선이라는 인식이 깔린 것으로 보인다.

16) 둘 다 방대한 분량인 '여암유고'와 '오주연문장전산고'의 비거에 대한 기술은 서로 다른 부분이 있지만 육당 최남선은 후자, 즉 '오주연문장전산고'에 준거해 '청춘'지를 통해 비거가 세계 최초의 비행기라는 주장을 펼쳤다.

17) '비거', '비차'의 실체가 모호하고 전승이 확대되는 과정을 거쳤다는 비판론 가운데 김기둥 공군사관학교 역사철학과 교수의 학술논문 「개항~일제시기 '飛車' 전승의 형성과 확산」(『서강인문논총』 65집, 2022년 12월)이 시대별로 치밀한 자료를 제시한 논문으로 손꼽힌다.

18) 건국대학교와 'KBS 역사스페셜'이 공동 제작한 비거 복원기는 지난 2000년 3월 네 차례 실증 비행에서 고도 20미터까지 올라 비행거리 70미터를 기록했었다. 당시 실험은 2000년 4월 8일 방영된 'KBS 역사스페셜 – 조선 시대, 우리는 하늘을 날았다'를 통해 전파를 탔다. 항공기 복원업체인 에어로솔루션코리아는 비거 복원과 검증 및 화약 추진제를 탑재했을 가능성에 대한 실험 비행까지 진행하고 있다.

19) 이지원, 『한국근대문화사상사연구』, 혜안, 2007, 196~202쪽.

20) 김기둥, 「개항~일제시기 飛車 전승의 형성과 확산」, 『서강 인문논총』 65집, 2022. 12, 176~178쪽에서 재인용

21) 한철호, 『노백린의 생애와 독립운동』, 독립기념관 한국독립운동사연구소, 2003, 264쪽.

22) 『신한민보』 1920년 6월 4일 자, '한국 독립과 비행술'.

23) '조선일보를 통해 본 민족의 파노라마, 현대사의 순간', 『조선일보』 1972년 3월 22일 자, 3면.

24) 2005년 개봉된 영화 「청연」의 영향으로 박경원이 최초의 여성 비행사로 알려졌으나 면허취득 기준으로는 권기옥이 처음(1925)이다. 박경원(1928)은 이정희(1927)에 이어 세 번째 여성 비행사다. 이윤식, 『항공독립운동과 임도현 비행사』, 한국학술정보, 2012, 31쪽.

25) 국회도서관 발간 『한국민족운동사료(중국편)』, 1979, 108쪽.

26) 중국과 미국의 일본 본토 폭격에 대해서는 이 책 473~478쪽에서 다뤘다.

27) 운영자금 부족으로 사실상 1920년 12월 문닫았다는 분석도 있다.(김도형, 「윌로스 한인비행가 양성소의 설립과 운영」,

『대한민국 항공역사의 효시』, 국립항공박물관, 2021, 39쪽.

함경도 출신인 김종림(1886~1973)은 1909년 샌프란시스코에 이주한 이래 벼농사로 크게 성공한 입지전적 인물이다. 연속된 풍작과 제1차 세계대전에 따른 곡물가 급등으로 백만장자 반열에 올랐다. '라이스 킹(Rice King)'으로도 불렸던 그는 임시정부의 비행대 설립 계획을 듣고 자신의 농장에 비행장훈련장과 비행학교를 짓고 교관을 모았다. 홍수 피해를 당하기 전까지 5만 달러(2023년 가치로는 285만 달러·비숙련 노동자의 임금 상승률 기준)에 달했던 그의 후원금이 끊기며 한인 비행학교도 문을 닫을 수밖에 없었다. 대한민국 정부는 2005년 그의 공로를 인정, 건국훈장 애족장을 추서했다.(국립항공박물관 홈페이지 https://blog.naver.com/aviationmuseum/222109514658)

28) 「일본의 항공산업·기술정책」, 한국항공우주연구원 정책협력센터 정책개발팀, 2013. 10. World War II aircraft production, Wikipedia free encyclopedia, '만주의 항공기 생산'을 의아하게 여기는 경우가 많지만 일본 전체 생산량의 10분 1 가까운 물량이 만주비행기제조㈜에서 나왔다.

29) 일제는 조선 주둔군 증원과 항공대 설치를 추진했다. 『매일신보』는 1916년 4월 3일 자 2면에 실린 '朝鮮航空隊'라는 제하의 기사에서 평양 부근에 비행장과 격납고를 건설할 계획이라고 보도했다.

30) 한성민, 「일본 간도 출병의 배경 검토」, 『한일관계사연구』 8집, 2023. 5, 341쪽. 일본의 간도 출병 배경은 크게 세 가지로 △간도에서 만주 지역으로 확산하던 현실적인 위협으로써의 독립운동 세력과 그 기반이던 간도 한인사회 탄압 필요성 △3·1독립운동의 여진으로 여전히 불안정했던 식민지 조선 통치의 안정성을 확보하기 위한 대외 불안 요소 제거 △만주 경제권을 확장해 제1차 세계대전 이후 경제 침체의 돌파구를 마련하자는 것이었다. 일제는 1920년 10월 중국 마적단을 사주해 혼춘현琿春縣 일본 영사관을 습격하게 하고 이를 빌미로 3개 사단 규모의 병력을 간도와 만주에 출병시켰다.

31) 김연옥 옮김. 『조선군사령부 비밀보고서, 간도 출병사』, 경인문화사, 2019, 72~73쪽.

32) 조태형, '한국항공 60년'(5), 『신아일보』 1973년 4월 26일 자, 6면,

33) 『매일신보』 9월 15일 자, 3면 머리기사 제목.

34) 여의도 비행장의 개설과 운영, 폐지에 대해서는 565~567쪽 참고.

35) 이탈리아 육군 비행대는 '로마-동경'을 비행기로 주파하는 모험을 실현해 세계의 주목을 받으며 '대비행 시대'를 열었다는 평가를 받았다. 이 책 462~466쪽 참고.

36) '한국항공 60년'(1), 『신아일보』 1973년 4월 4일 자, 6면.

37) 이기연은 안창남에 이어 두 번째 고국 방문 비행의 주인공. 전국을 순회하며 수많은 시범 비행을 선보여 대중의 인기를 끌고 다녔다. 여느 비행사처럼 중국으로 떠나지 않은 이유는 부양해야 할 일가 친족이 많았기 때문이다. 관람료를 받을 수 있는 시범 비행 행사에 몰두하던 그는 한반도에서 추락사한 최초의 조선인 비행사다.

38) '조선비행사 권태용 씨 소식-무창에 가서 혁명군 가담', 『동아일보』 1927년 3월 25일 자, 2면.

39) '航空熱과 朝鮮靑年(항공열과 조선청년)', 『삼천리』 제13권 제3호, 1941년 3월.

40) '大空에의 熱意爆發 航空乘員 養成志願者 八割이 半島人(대공에의 열의 폭발, 항공승무원 양성지원자 팔 할이 반도인)', 『매일신보』 1943년 10월 19일 자, 2면. 기사 본문 중의 '00명'은 항공승무원 모집 정원과 응시 인원을 보안으로 삼았기 때문이다.

41) 항공기와 군용차량 제작 계획이 부산항 매립 공사로 바뀌는 과정에서 대해서는 467~471쪽에서 따로 다뤘다.

42) 권희주, 「아시아-태평양전쟁기 일본의 모형비행기 교육 연구-예능과 공작을 중심으로」, 『일본학보』 114집, 2018. 2, 154쪽.

43) JONATHAN C. NOETZEL, PRE-WAR DEVELOPMENT: The Early Years in Germany, German development of military glider technology and tactics, Air University Press, 1992.

44) 김석환, '과학하는 항공스포츠 진흥방안', 『월간 공군』 1972년 2월호, 150쪽에서 재인용.

45) '朝鮮 最初の グライダ-展(조선 최초의 글라이더 전시)', 『釜山日報』 1934년 11월 27일 자, 2면.

46) '조선에서는 최초로 글라이더식 비행', 『조선일보』 1936년 7월 14일 자, 2면.

47) '朝鮮 最初의 글라이다 競技', 『매일신보』 1937년 11월 5일 자, 2면.

48) ‘文部省式 第一型 朝日式駒鳥 初級滑空機 價格 1200圓’, 조선총독부 『관보』 1943년 8월 19일 4965호 최고가격 고시.

49) ‘은행 출납계, 고추장 딱지 매달려, 울고 싶은 오백만 원금’, 『조선일보』 1937년 7월 29일 자 6면.

50) ‘米飢饉は 解消するが 白米 一升 五十錢也’, 『부산일보』 1939년 11월 7일 자, 3면.

51) ‘昭和飛行機製作所 1期 工事 不遠 着工’, 『매일신보』 1938년 4월 11일 자, 4면. 당시 공장부지는 오늘날 북한이 대규모 열병식을 연습하는 광장으로 활용하고 있다.

52) 『朝鮮銀行 會社組合 要錄』(1942年版).

53) 송석우, 『노고지리의 증언』, 항공대학교 출판부, 1999, 98~99쪽.

54) ‘航空熱(항공열)과 朝鮮靑年(조선청년)’, 『삼천리』 제13권 제3호, 1941년 3월.

55) 이 시점부터 신용욱은 사명을 ‘진항공공업사’ 대신 ‘조선항공공업회사’로 쓰고 있지만 조선항공공업회사가 대규모 주식회사로 확대 발족한 시기는 1944년 10월이다.

56) ‘朝鮮製(조선제) 그라이더, 今月末頃(금월말경) 試作(시작) 八臺(8대) 登場(등장)’(조선에서 만든 글라이더 시험제작기 8대 월말께 선보일 예정), 『매일신보』 1941년 10월 11일자 2면.

57) ‘글라이더 進空式-府內 九個 公立中學生들 參加’, 『매일신보』 1942년 5월 19일 자, 3면 예고 기사.
연속해서 총독부 기관지인 『매일신보』의 기사만 인용되는 이유는 민족지인 『동아일보』와 『조선일보』 등이 1940년 8월 무기 정간돼 해방될 때까지 신문을 발행할 수 없었기 때문이다.

58) 김광한, 『蒼空萬里-어느 비행사의 꿈』, 일조각, 1986, 328쪽. ‘두뇌가 명석했던 이용삼 비행사’.

59) ‘朝鮮人으론 最初의 一級滑空士(조선인으로 최초의 일급활공사)’, 『조선일보』 1940년 4월 23일 자, 2면.

60) ‘閑題目’, 『朝鮮新聞』(日本語版), 1940년 9월 3일 자, 1면.

61) 송석우, 『노고지리의 증언』, 항공대학교 출판부, 1999, 98~99쪽.

62) 이동건, 『최초 국산 경비행기 부활호』, 공군역사기록관리단, 2021, 22쪽.

63) 글라이더가 항공기냐고 의문을 제기하는 경우가 종종 있지만 분명히 항공기aircraft로 분류된다. 항공안전법 2조1항은 ‘항공기란 공기의 반작용으로 뜰 수 있는 기기’라고 규정한다. 예시로 비행기와 헬리콥터, 비행선, 활공기라고 적시하고 있다. 우리나라는 활공기의 보급과 개발에 관심이 적은 국가로 꼽힌다.

64) 야마모토 요시타카山本 義隆, 서의동 옮김, 『일본 과학기술 총력전』, AK커뮤니케이션즈, 2019, 212~213쪽.

65) 항공우주협회, 『항공연감 2002』, 53쪽.

66) 대한민국항공회, 『대한민국항공사』, 2015, 128쪽.

67) ‘반도 최초의 제작기’, 『매일신보』 1944년 10월 12일 자 1면; ‘半島最初의 製作機 三井의 初號機 進空’(반도 최초의 제작기, 미쓰이가 만든 1호기가 하늘로 올랐다는 뜻), 『매일신보』 1944년 10월 12일 자 1면.

68) 대한민국항공회, 『대한민국항공사』, 2015, 127쪽.

69) 공장은 부산에 있었지만 창립 총회는 1944년 10월 26일 경성부 하세가와쵸(長谷川町:지금의 소공동) 은행집회소에서 열렸다(‘朝鮮航空工業 發足 社長에 眞原勝平氏 選任’, 『매일신보』 1944년 10월 28일 자 2면).

70) ‘우리 손으로 된 비행기, 조선항공의 처녀작 해군기 진공식’, 『매일신보』 1945년 2월 24일 자, 2면.

71) 회사 설립 불과 50일 만에 항공기를 선보였다는 자료도 있다(東洋拓殖株式會社, 『朝鮮航空工業株式會社 試作機 完成ノ件』, 1945년 1월 11일).

72) ‘九三式中間練習機’, 일본어 위키피디아 백과사전.

73) ‘우리 손으로 된 비행기, 조선항공의 처녀작 해군기 진공식’, 『매일신보』 1945년 2월 24일 자 2면.

74) 정안기, 「식민지 군수동원과 군수회사 체제의 연구」, 『한일경상논집』 제63권 71쪽, 2014.

75) 반민족행위특별조사위원회, 「신용욱의 부일과 반민행위 죄상」, 『반민특위 조사기록』, 1949년 3월 31일. 활공기와 비행기 제작에 적극 매달렸던 신용욱은 일본 해군은 물론 총독부와 좋은 관계를 유지했다. 조선항공공업회사에는 신용욱 사장 아래 일본 해군 소장 출신 2명이 중역으로 재직했다. 육군과 달리 조선인 지원병을 받지 않고 해군사관학교인 해군병

학교에서도 조선인의 입교를 불허했을 만큼 성골 의식이 강했던 일본 해군의 예비역 제독들이 조선인이 설립한 회사에서 일할 만큼 조선항공공업에 대한 일본의 기대는 컸다. 일본군 예비역 제독을 중역으로 앉히면서 일제는 신용욱 사장에 대한 예우를 좌관급(영관급)으로 한정했다.

76) 정안기, 앞의 논문, 68~70쪽.

77) 정안기, 앞의 논문, 50~57쪽.

78) 백낙승(白樂承, 창씨개명한 일본식 이름은 시라카와 라쿠쇼(白川樂承)·1886~1956)은 일제강점기와 해방 후 자유당 정권 시절 대표적인 기업인이다. 섬유 사업과 중일전쟁 특수를 탄 무역업으로 막대한 부를 모은 그는 거액의 국방헌금 등 일제에 적극 협력한 혐의로 반민족행위 처벌 특별위원회에 체포됐다가 보석으로 풀려났다. 자유당 정권과 유착 혐의도 받았다. 비디오 아티스트 백남준(1932~2006) 부친이다. 백남준의 형 백남일은 5·16 직후인 1962년 일본으로 귀화했다.

79) '조비 공모주, 인기', 『매일신보』 1944년 8월 30일 자, 2면; '조비 응모 초과', 『경성일보』 1944년 9월 1일 자 2면.

80) 정안기, '1930년대 조선형 특수회사, 조선중공업㈜의 연구', 『사회와 역사』 102집, 한국사회사학회, 2014, 261~270쪽,

81) '東海航空機會社 設立', 『경성일보』 1942년 10월 21일 자 1면.

82) 그러나 동해비행기회사는 이런 목표를 달성하지 못했다. 1944년 3월 공장이 준공됐으나 설비가 제대로 깔리지 않아 엔진 부품 일부 생산에 그쳤다(『トヨタ自動車 75年史』, 「東海飛行機株式会社の設立」 https://www.toyota.co.jp/jpn/company/history/75years/text/taking_on_the_automotive_business/chapter2/section5/item9_a.html). 2025년 3월 21일 확인. 일본 굴지의 기업들이 1942년부터 기획하고 착공한 비행기 공장도 제대로 가동되지 않았다는 점은 1944년 10월 출범한 조선비행기공업이 성과를 거두기란 기대난이었다는 사실을 대신 말해주는 대목이다.

83) 정안기, 「1940년대 박흥식의 기업가 활동과 조선비행기공업㈜」, 『경영사학』 제30집 4호, 한국경영사학회, 2015, 213쪽; 『재계 회고 2, 원로 기업인 편 Ⅱ, 박흥식 편』, 한국일보사, 228~233쪽.

84) 만주비행기제조주식회사는 중국의 항공산업에도 영향을 끼쳤다. 이에 대해서는 525~528쪽에서 다뤘다.

85) 정안기, 앞의 논문, 63쪽

86) 대한민국항공사편찬위원회, 『대한민국 항공사』, 2015, 128~130쪽.

87) 국사편찬위원회〉 한국사 데이터베이스〉 친일파 관련 문헌〉 민족정기의 심판〉 '일본 침략전 협력한 비행기회사 대표자 명부(https://db.history.go.kr/contemp/level.do)

88) 경성일보, '松都航空 創立總會', 1945년 1월16일자 1면

89) '금강항공기회사 설립, 부품 제작 사장에 이영개 씨', 『매일신보』 1944년 10월 7일 자, 1면.

90) 송도항공기공업의 고한승은 1949년 6월 18일 재판에서 친일 혐의가 인정돼 공민권 정지 5년 형을 받았다. 고한승은 친일이 아니라 상업적인 판단이었다고 항변했으나 형을 선고받은 후 5개월 만에 지병으로 사망(47세)했다. 고한승보다 2살 아래였던 이영개는 미술상으로 일하다 1961년 5·16 군사정변 직후 일본으로 탈출, 고미술을 연구하며 나머지 삶을 살았다. 1965년 한일회담의 막후에서 움직인 것으로 알려졌으며 출생연도를 감안하면 사망한 것으로 추정된다.

91) 『조선시보』 1915년 1월 1일 자 24면에 貝岐鐵工場의 대리점으로 새해를 축하하는 1단 광고를 냈다. 취급상품이 동일하고 전화번호가 비슷하다는 점에서 1915년 『조선시보』 광고와 이후 팔곡철공소는 동일 회사로 보인다.

92) 광고가 일본계 신문보다 『동아일보』에 집중됐으나 소유주는 일본인이었다. 주식회사로 전환한 이후에도 대표 八谷勝平, 전무 八谷辰次, 이사 八谷次六, 감사 八谷作一, 八谷七郎 등 임원진의 성씨가 八谷 씨 일색이다. 철저한 가족회사로 운영된 것으로 보인다(朝鮮銀行, 『會社組合要錄』 1942년판).

93) '八谷鐵工株式會社 創立', 『朝鮮新聞』 1940년 7월 19일 자, 5면.

94) '興亞の慶北; 旭日昇天の大發展 八谷八谷鐵工株式會社', 『釜山日報』 1941년 5월 21일 자, 4면. 그러나 '조선군수회사'로 지정되지는 않았다. 이는 송도항공기공업이나 금강항공기공업도 마찬가지다. 일제는 대기업을 조선군수회사로

지정해 각종 특혜를 주고 부품회사들은 따로 관리했다.

95) '오는 15일부터 八谷공장 재조업', 『대구일일신문』 1945년 9월 6일 자, 2면.

96) '움직이는 17개 공장, 우리 경제 재건에 자신만만', 『동아일보』 1946년 3월 17일 자.

97) 한국자산관리공사(성업공사), 『1976년 종결법인 결산서』, 22쪽.

98) 조선이연금속공업주식회사는 만주와 조선을 거대한 병참기지로 건설한다는 목표 아래 항공기에 필요한 경금속을 제련하기 위해 진남포와 인천에 주 공장을 둔 군수회사였다. 이봉근, 「일제강점기 중공업에 대한 연구」, 단국대학교 정책경영대학원 석사학위 논문, 2006, 47·63·67쪽. 자본금도 컸다. 조선인 기업 중에 최대규모이자 국제적 기업이던 경성방직의 자본금이 1,000만 원이던 시절에 조선이연금속(전쟁 말기에 조선경금속으로 사명 변경)은 자본금 1500만 원으로 시작했다.

99) 『경성일보』 1943년 12월 31일 자, 3면 광고(회사 분리 방침 공고).

100) '軍需會社 第二次 指定 四十四社, けふ令書 交付式 擧行', 『경성일보』 1945년 4월 1일 자, 1면.

101) '다나카 새 일본 수상의 한국 체재 10개월', 『조선일보』 1972년 7월 6일 자, 7면. 조선일보는 다나카가 일본 64대 총리대신에 취임하기 직전 이 기사를 내보냈다.

102) '敵產機械를 解體 拂下, 골탕먹는 것은 從業員들', 『평화일보』 1948년 9월 7일 자, 2면. 김 모 사장은 도피했으나 결국 시간이 흐른 1954년 4월 체포돼('金 朝鮮理硏 社長, 서울地檢서 拘束', 『평화신문』 1954년 4월 12일 자 3면) 그해 8월 징역 1년 형을 언도받았다. 1960년에도 조세포탈 혐의를 받았던 김 사장은 회사를 넘긴 이후 자동차회사를 설립하고 신문사 사장과 국회의원을 역임했다.

103) "자동차 선박 등의 중요 부품인 '피스통링그'를 생산하는 이연항공기재회사, 교통부 公路課長 구본준씨 지원 고려", 『연합신문』 1949년 6월 1일 자, 2면.

104) 『연합신문』 1949년 4월 16일 자, 1면 광고.

105) 『경향신문』 1949년 12월 3일 자, 3면 광고.

106) '이연공업 시찰 후 박 의장 부여 향발', 『경향신문』 1962년 2월 15일 자, 1면.

107) 최석·오경륜, 「국내 항공부품산업 동향」, 『항공우주산업 기술동향』 12권 1호, 2014. 12, 100쪽.

108) '항공기업체 지정, 중점 지원-항공공업진흥법안 마련', 『동아일보』 1978년 9월 4일 자. 1면.

109) 관련 논문이나 연구가 전무한 실정이다. 다만 신문 사료는 많다. 조선총독부는 『매일신보』와 『경성일보』(일본어) 등 기관지를 통해 해군항공창의 증산 노력을 소개하고 조선인 소년공·소녀공들의 작업 의욕을 홍보 수단으로 삼았다. 총독부 기관지들은 '치열한 생산 현장'의 대표 격으로 진해 해군항공창을 보도하고 있다. 그러나 쏟아지는 보도에서도 생산 대수나 기종은 전혀 언급하지 않았다. 심지어 항공창의 위치마저 '진해'가 아니라 '○○'으로 표기하는 등 보안에 신경 쓴 흔적이 뚜렷하다.

110) 제1·2 항공창과 제11·21·31·41 항공창에 이어 7번째로 설립된 제51 항공창은 일본 해군이 운용한 7개 상설 항공창 중 하나다. 일본 해군은 점령지역이 넓어진 태평양전쟁 초중기 남방전선에서도 특별창을 운용했다. 출처: https://www.war-memoire-db.org/20_ijn_naa_index.html. 戦争体験記データベース(전쟁 체험기 테이터베이스)

111) 근로자 5만 명, 부지 210만 평방미터 규모에 달하던 동양 최대 비행기 제작 공장이던 제21 해군항공창은 수리는 물론 엔진 같은 부품, 완성기까지 만들었으나 1944년 10월 대공습으로 기능이 마비됐다(https://www.nagasaki-tabinet.com/guide/970). 주요 공장이 피폭되면 될수록 조선총독부는 '항공기 증산'을 최우선 과제로 밀어붙였다.

112) 이 기사의 제목은 "超特急增產에 全廠一心(초특급 증산에 전창 일심), 만들자 '勝利(승리)의 날개'".

113) 붕익은 전설상의 초대형 새인 붕새의 날개라는 뜻이나 현대에 이르러 항공기라는 의미로도 쓰였다.

114) 관련 논문이나 연구는 전무한 실정이지만 남아 있는 신문 사료는 많다. 조선의 최고 학부라고 할 수 있는 경기고녀에서도 재벌, 신문사 중역의 딸들이 진해의 해군항공창에 생산직 여공으로 사실상 차출되는 경우도 있었다. 이에 대해서는 488~491쪽에서 다뤘다.

115) '비행기 제작에 개가, 해군 공창서 국산 제1호', 『마산일보』 1954년 6월 3일 자, 3면. 해군은 이미 1951년에 추락한

미군 연습기(T-6)에 부유주를 장착한 수상비행기 '해취호'를 제작한 적이 있으나 국산은 아니었다. 해군이 1954년 개발한 '국산 1호기'는 후에 '서해鼇海호'로 명명됐다. 해군과 『마산일보』는 서해호를 '국산 1호기'라고 의미를 부여했지만 공군이 개발한 '부활호'가 이보다 앞선다.

116) 원형인 나카지마 Ki-27 계열 포함, 만주비행기제조㈜의 생산량은 1,379대.

117) '豊富한 人的, 物著 資源 航空機 工業에 最適, 朴創立委員長의 抱負, 朝鮮서도 滅敵機가 生產된다', 『매일신보』 1944년 8월 19일 자, 3면.

118) '電力이 곧 飛行機- 항공기 증산을 위한 긴급 좌담회③', 『매일신보』 1945년 1월 6일 자, 1면.

119) 정안기, 앞의 논문, 64~67쪽.

120) '航空機工業の隘路, 關係部分品の不足, 大量增產方策を答申', 『경성일보』 1945년 2월 8일 자, 1면.

제3장

해방의 부푼
꿈과 좌절,
새로운 도전

(1945~1960)

1. 해방 직후의 경제·사회 혼란과 항공계

1945년 8월 15일, 갑자기 찾아온 해방의 감격과 달리 현실의 벽은 높았다. 자주권을 갖는 독립의 꿈도 3년이 지나서야 이뤄졌다. 경제 상황은 더 나빴다. 물가가 1년도 못 돼 4배 이상 치솟고 일본인 주주가 떠난 기업이 도산하며 실업자가 속출했다.[1] 북한에서 남한으로 넘어오는 인구도 급증해 살기가 점점 힘들어졌다. 경제와 사회 상황이 악화한 이유는 근본적으로 세 가지 이유 때문이다. 일본 제국주의 경제권의 일부로 편입됐던 조선 경제가 갑자기 독자적으로 성립하기 어려웠고 남북이 갈라져 경제적·사상적으로 혼란이 가중됐다.

마지막 요인은 다분히 의도적이다. 패배가 확실해지면서 일제는 통화 관리를 사실상 포기하고 돈을 마구잡이로 찍어냈다. 일제강점기 내내 조선은행권은 대장성 조폐국에서 인쇄했으나 물자 부족에 시달리며 경성에서도 인쇄하기 시작했는데 화폐 용지난에 봉착하자 지물포에서 구입한 모조지로 돈을 만들었다.[2]

이런 일이 벌어지는 상황에서도 조선은행권은 신용도가 높았다. 일본의 괴뢰국인 만주국 지폐나 군벌마다 화폐를 찍어대던 중국의 돈과 달리 엄격하게 관리된다는 신뢰가 있었다.[3] 조선뿐 아니라 통용이 금지된 만주 일대에서도 신뢰도 높은 결제 수단이던 조선은행권은 해방 후에는 모조지 발행보다 더한 나락으로 떨어졌다. 조선총독부와 조선은행은 의도적으로 화폐발행고를 늘렸다. 오사카에 있던 미발행 조선은행권(인쇄는 마쳤으나 통용하지 않고 중앙은행이 보관하는 화폐) 3억 엔을 한꺼번

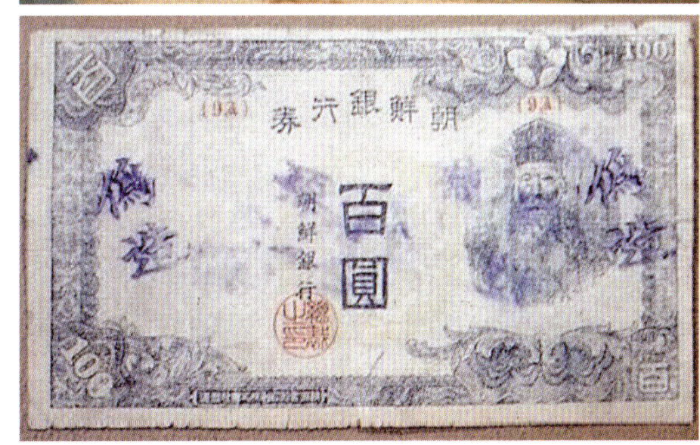

해방 직후 김포비행장에 방치된 일본 군용기와 조선은행권 100엔 권 위조지폐. 총독부와 조선은행의 화폐 남발로 극심한 물가고와 사회 혼란이 일어났다. 조선은행의 일본인 간부들은 귀국 자금을 마련하려고 위조지폐를 찍었다. 경제난과 사회 분열 속에 미 군정은 항공산업을 일으키고 공군력을 배양하려는 항공인들의 희망을 꺾었다.

에 시중에 풀기도 했다. 해방 직전 화폐발행고의 15%를 웃도는 물량(3억 엔)을 하루에 쏟아내니 물가가 뛸 수밖에 없었다.

조선은행의 일본인 간부들은 고액권인 100엔짜리 동판銅版을 빼돌려 몰래 찍었다. 불과 며칠 만에 100엔권 발행액은 두 배로 늘었다. 조선은행의 일본인 간부들은 절차상 위조지폐를 가지고 일본으로 달아났다. 마침 군표만 사용하겠다던 미 군정이 조선은행권을 그대로 통용한다고 발표한 상황, 인쇄소의 공산당 직원들은 일본인들처럼 몰래 지폐를 찍어내 공작금으로 쓰는 것도 모자라 다른 사람에게 팔려고 시도하다 걸렸다. 공산당원들이 위조지폐를 발행한 '조선정판사 사건' 이후 화폐에 대한 신뢰는 더욱 떨어졌다. 몇 년 뒤 전쟁으로 인한 화폐 남발까지 겪으며 한국 경제는 만성적이고 구조적인 인플레이션(물가고)에 시달렸다.[4]

해방과 함께 모두가 새로운 조국 건설의 꿈을 꿨지만 당장 사람이 없었다. 특히 전문 인력이 희귀했다. 수백 명의 유학생을 해외로 보내 선진문물을 습득하려던 대한제국과 달리 일제는 인력 양성을 막았다. 이공계 고학력자는 더더욱 귀했다. 딱 하나뿐이던 대학인 경성제국대학(1924년 설립)에 이공학부가 개설된 시기가 1941년, 관립 이공계 전문대학(3년제)인 경성광산전문학교도 1938년에야 개교했다. 경성공전(1916)은 학교 형태가 전문학교와 고등학교를 오갔다. 사립을 합쳐도 연희전문 이과(1917)와 평양 대동공업전문(1939년 설립·1946년 김일성대학에 흡수)이 전부였다. 연희전문 이과는 수물학과(수학·물리학)만 있었다.

전문학교 졸업생(경성공전 412명, 경성광전 137명, 대동공전 100여 명, 연희전문 이과 273명)을 더해도 세 자릿수에 머물렀다. 개별적으로 유학(주로 일본)을 통해 고등과학기술을 습득한 인력은 남북한을 합쳐 2000명 수준이었다. 일선에서 실제로 활동했던 인력은 700명 정도에 그쳤다. 물리와 화학 분야의 경우

사진 위에 표기된 대로 단기 4279 (1946)년 7월 3일 경성대학(서울대학교 옛 이름) 이공학부 1회 졸업 기념사진. 이들을 합쳐도 정규대학 이공계 졸업자가 77명에 불과했다는 사실은 일제가 이공계 고급인력 양성을 얼마나 등한시했는지를 말해준다.

박사학위 소지자가 단 9명에 불과했다. 당시 일본의 과학기술이 점차 세계적 수준에 접근해가던 상황을 감안하면 조선의 과학기술에 대한 일본인들의 관심은 식민지 경영의 효율성 제고에만 있었다는 것을 알 수 있다.[5]

물론 사회 각 분야에서 새롭게 도전하자는 열의는 넘쳤다. 각 분야에서 성과도 가끔 나왔다.『동아일보』1945년 12월 5일 자 2면 머리기사에는 모처럼 국민의 자긍심을 끌어 올릴 만한 기사가 '기관차도 우리 손으로 – 공업 조선의 기염 만장萬丈'[6]이라는 제목으로 소개됐다. 핵심 내용은 두 가지. 용산 공작소가 2,000마력짜리 기관차를 자체 제작하는 데 성공했으며 곧 경부선 운행에 투입된다는 것이다. 기사의 서두는 이렇게 시작한다. "우리 손으로 제작한 기관차와 전차가 달린다. 조선에서는 일본의 힘을 빌리지 않고 새것을 만들어 각 방면에서 자급자족하려는 의기에 불타고 있는데……용산 공작소에서는 기관차 30대, 전차[7] 40대를 생산할 계획으로 제작 촉진에 만전을 기하고 있다."[8]

힘찬 기적을 울리며 출발하는 기관차처럼 신생 독립국가의 산업이 크게 일어나기를 기대했던 기사와 현실은 달랐다. 무엇을 제작했다고 해도 일회성 시범 수제작에 그치는 경우가 많았다. 1946년에는 미국산 기관차를 들여오고도 모자라 일본산 기관차를 급하게 수입하기도 했다. 국산 기관차는 1979년에야 나왔다.[9] 시설은 물론 기술과 인력이 없었던 탓이다.[10] 당시 상황이 얼마나 열악했는지 단적으로 보여주는 기사 하나를 소개한다.

1945년 말 제작된 국산 기관차 '해방 1호'와 객차를 결합한 '조국 해방자호' 열차가 경부선 철로를 달리는 장면. 기술 자립의 상징이었으나 지속 발전으로 이어지지 않았다.

『동아일보』가 1946년 2월 6일 자 2면 '휴지통' 지면을 통해 한탄한 '없소이다' 기사에서 '항공기가 없다'는 대목은 약간의 보충 설명이 필요하다. 기사가 작성된 1946년 초의 시점에서도 항공기가 전혀 없지는 않았다. 아주 극소수는 남았다. 그러나 해방 직후의 상황은 달랐다. 일제 패망 당시 한반도에는 일본 육해군의 각종 항공기 739대가 남아 있었다.[11]

2. 신생 한국의 항공산업 도약을 확신했던 사람들

항공인들은 바로 이 대목에서 자신감을 가졌다. 일제가 남긴 항공기 중에서 온전한 기체는 많지 않았다고 쳐도 '뜯고 뜯고 씹고 맛보면' 항공 기술을 끌어올릴 수 있다고 믿었다. 먼저 서울에 거주하던 항공인들부터 기민하게 움직였다. 일제 치하에서 시련과 고난을 극복해가며 비행사의 꿈을 이뤘던 항공인 장덕창과 김광한, 서웅성, 윤창현, 김석환, 이정희 등은 광복 이튿날인 8월 16일 '조선항공대'를 발족했다.[12] 나중에는 일본군 출신 비행사들과 독립 조직을 만들려던 활공사 30여 명도 일단 조선항공대 아래로 모였다.

항공인들이 활발하게 움직인 동력은 희망이었고 희망의 근간은 앞서 말한 일본이 남긴 물적 자원(비행기)과 인적 자원이었다. 일제가 조선인에 대한 고등교육을 제한했지만 전쟁 막바지에 몰리며 인력난을 겪자 정비와 조종, 활공에는 이전과 달리 조선인의 참여를 독려했기에 각 방면에 최소한의 전문가 집단이 있었다. 총독부의 항공 관계기관과 조선국방항공단,[13] 조선항공사업사의 신용욱, 대구 조선항공연구소의 김영수, 송효경, 전명섭 등 민간 자격으로 활동하던 30여 명의 비행사 이외도 글라이더 제작자, 활공사 등 다양한 인적 자원이 있었다.

항공시설도 적지 않았다. 평양에는 1920년대부터 일본 육군 제6 비행전대와 항공수리창, 진해에는 보다 대규모의 일본 해군 항공창이 가동됐다. 김포와 대구, 군산, 함흥 등지의 비행장에도 소년 비행병과 신참 조종사를 훈련시키던 육군비행학교 분교가, 신용욱의 항공사와 항공연구소 등이 있었다. 항공산업에서는 조종사 이상으로 필수 존재인 정비 및 생산 인력이 3개 완성기 공장(부산과 평양, 안양)과 군사시설에서 근무하며 기술을 익혔다. 남한에만 항공 통신과 시설 운영, 숙련 정비 인력이 400여 명, 비행사와 예비 비행사 100여 명 등 500여 명의 항공인력이 존재했다.

출신별로는 크게 6가지로 분류됐다. 가장 당당하게 목소리를 낼 수 있었던 광복군이나 중국군 출신을 비롯해 일본 육사 항공특기, 육군 소년비행병학교, 일반 대학이나 전문학교를 나온 일본군 항공 장교 출신, 일본군 지원병 출신, 그리고 일본항공 등 민항 출신 등이 해방 직후 항공인력을 구성했다.[14] 일본 육사 출신 항공장교로 공군 초대 총참모장[15]과 국방부 장관, 국무총리를 역임한 김정렬은 회고록에서 이런 구분에 세 분류를 더했다. 공업학교나 중학교를 졸업하고 일본군 군속으로 배속된 특수차량·통신·무장 기술자와 해방 전 신용욱이 운영한 조선항공사와 대구에서 김영수가 설립한 조선항공연구소 출신의 조종사와 정비 인력, 일본에서 비행학교를 나와 취미로 비행기나 활공기를 타던 인력을 더해 9가지로 분류했다.[16] 김정렬은 조종사 90여 명, 3년 이상 경력의 정비사 300명, 무장·통신·기상 등을 포함해 500여 명의 항공 경력자가 있었다고 추정했다.

자신감과 희망에 부풀었던 항공인들은 일본군 시설과 기자재의 확보를 우선 과제로 삼았지만 여전히 치안권을 움켜잡고 있던 일본군에 막혔다. 조선총독부는 본국으로의 안전한 귀국을 위해 치안 확보에 나섰지만 경찰력이 부족했다. 패전 당시 한반도의 경찰 1만 4000명 중에 1만여 명의 한국인 경찰은 숨어야 할 처지였

1950년에 촬영된 진해 덕산비행장. 구 일본해군 제51 진해 항공창 시설의 일부였다. 진해 항공창에서 항공기 정비를 담당했던 인력들도 조선항공협회로 모여들었으나 국군 창설 이후에야 익힌 기술을 활용할 수 있었다.

다. 총독부는 한국인 경찰의 빈자리를 군으로 메꿨다. 조선군 사령부는 급하게 일반 병력을 헌병 병과로 전과시켜 패망 당시 2585명이던 헌병이 1만 6000명으로 늘어났다.[17] 이들은 미군이 진주한 직후까지도 일본군 군사시설을 꽁꽁 지켰다. 조선항공대는 미군 진주에 희망을 품었다. 그러나 한반도에 들어온 미 극동사령부 예하 제24군단은 미군기를 제외한 모든 항공기의 운항을 금지했다.

항공금지령에도 불구하고 처음에는 길이 보이는 것 같았다. 조선항공대는 속속 귀국하는 일본군 출신 비행사·정비사를 모아 9월 16일 조선항공협회라는 새로운 간판을 걸었다. '조선항공대'라는 단체 이름이 군대 조직처럼 인식돼 사설 군사단체를 인정하지 않던 미 군정을 자극할 수 있다고 우려해서다. 조선항공협회로 다시 모인 항공인들은 바로 미 군정과 교섭에 나서 호의적인 반응을 얻어냈다. 비행학교 설립과 일본군이 보유하던 시설과 기자재 인수 건에 긍정적인 답변을 얻어낸 것이다.[18]

미 군정의 호의에 조선항공협회는 희망에 부풀었다. 군정청으로부터 조선항공학교 인가 신청서, 일본군 보유 기자재 사용 허가서, 일본항공 경성지사의 격납고 등 시설 인수계획서 등을 제출하라는 통고를 받자 희망은 더욱 커졌다. 여의도비행장의 일본 군용기 사용 가능 여부를 점검하고 무상 불하증까지 내줬다는 증언도 있다.[19] 활공 분야에서 일본 최고기록을 세운 1급 비행사이자 특급 활공사인 김광한에 따르면 협회는 미 군정청의 양해 아래 여의도 비행장의 기체를 하나하나 점검하고 쓰지 못할 비행기의 연료는 쓸 만한 비행기로 옮기는 작업까지 맡았다. 영등포에 있던 글라이더 공장 자리를 항공전시관 겸 유원지로 꾸며 항공에 대한 저변 인식을 넓히려는

일본 항복 이후 김포비행장에 주기 중인 일본 군용기. 항공인들은 이들 기체를 바로 인수받을 수 있다는 희망을 가졌지만 미군에 의해 모조리 파괴되며 한국인들이 활용할 수 있는 기회도 사라졌다.

계획까지 세웠다.

3. 물거품처럼 사라진 항공 입국의 꿈, 「항공금지령」

그러나 기대는 순식간에 물거품으로 바뀌었다. 맥아더 사령부가 조선을 전범 국가인 일본제국의 일부로 여기고 「항공금지령」을 일괄 적용했기 때문이다.[20] 유사 군사단체로 지목된 항공단체에도 해산 명령이 내려졌다. 미군은 일본이 남긴 항공기도 없앴다. 1945년 12월에만 138대의 항공기가 파괴, 처리됐다. 항공기 파괴는 이듬해인 1946년 6월 중순까지 이어졌다.[21] 특히 여의도비행장에 있던 70여 대의 항공기가 파괴된 뒤, 특정인에게 불하되고 다시 영등포 번대방동(현 대방동) 소재 화승주물공업사라는 주물회사에 무게로 팔렸다는 의심을 받았다.[22]

물론 항공인들도 미 군정에 군용기 불용화(파기)의 빌미를 제공한 점도 부인할 수 없는 사실이다. 서울 여의도와 대구에서 미군의 인가를 받지 않은 '무단 비행'이 두 차례 발생했다. 특히 대구에서는 현지 주둔 미군과 대화를 통해 일본군이 보유하던 수송기 1대와 포장도 뜯지 않은 연습기 20대 및 그 부품을 확보한 김영수의 조선비행학교 교관들이 "한국인이 조국의 하늘을 비행하는 첫 기록을 세우겠다"며 대구 상공을 수송기로 날았다. 미 군정은 「비행 금지 포고령」을 어겼다며 조선항공협회에 싸늘한 시선을 보냈다.

설상가상으로 더글라스 맥아더 연합국최고사령관의 「항공금지령」과 시기가 맞물렸다. 5개 조항으로 이뤄진 「항공금지령(SCAPAN 301: Supreme Commander of Allied Power Instruction Note 301)」의 골자는 항공기 개발과 운항까지 모든 항공 행위의 금지와 항공 관련 기관 폐지. 항공금지령은 조선에서 유독 엄격하게 시행됐다. 하지 중장이 이끄는 미 군정은 "일본군이 남긴 모든 항공기를 파괴하라"는 명령을 내렸다.[23] 여의도비행장에만 정찰기와 훈련기 40여 대와 몇 대의 DC-3 여객기도 있었으나 모두 파괴되고 분해돼 고철로 처분됐다. 산산조각 난 항공기의 알루미늄 구성품은 민간업자들에게 불하돼 녹여져 냄비 등 식기류로 팔렸다. 이 과정에서 항공인 간 반목과 적대적 대립 구도가 깊이 자리 잡았다.[24]

미 군정은 한발 더 나아가 12월 31일 남한 내에서 비행뿐 아니라 항공과 관련된 일체의 활동을 금지한 데 이어 1946년 2월 19일 조선항공협회 해산 명령까지 내렸다. 사무실과 연구실 운영도 막았다. 협회 구성원 가운데 중국군·일본군 복무 경험자가 많아 유사 군사단체로 간주한 것이다.

미 군정의 압박이 심해지는 상황에서도 조선항공협회는 갖은 노력을 기울였다. 항공 관련 활동 금지 발표 하루 전에 서둘러 협회지인 『항공조선』을 펴냈다. 『항공조선』 창간호에서 서웅성 회장은 아래와 같은 권두언으로 항공인의 단합을 촉구했다.

금번 세계 제2차 대전 중 우리 조선 국내 도시는 평시 외관과 별로 대변화가 없었다. 일본 각 도시에 대한 미 공군 공습의 피해 참상과 제2차 구주(유럽)대전에 의한 여러 국가 각 도시의 공습 피해 참상을 우리가 직접 간접으로 듣고 본 것을 생각할 때 그 항공기에 대한 위력을 재론할 여지가 없다. 고로 전쟁과 평화를 좌우할 수 있는 과학의 위대한 위력을 전 세계 인류가 재확인케 된 것이다. 다시 말해 항공기는 평시나 전시나 절대적으로 필요하다.

요컨대 우리 조선 건국 초에 항공시설을 생각해볼 때에는 적수공권지격赤手空拳之格이며 현재 한 대의 항공기도 없다. 그런즉 항공에 대한 제반 준비가 급선무로 생각을 아니 할 수 없는 동시에 우리 조선도 세계적 항공 수준에 도달하려면 뼈를 깎는 연구와 노력이 필요하다. 또 조국의 국토를 완전히 방비 옹호하자면 하루라도 급속히 항공시설과 공군 양성이 무엇보다도 필요함을 느끼는 바이다. 만약 이 순간에 우리가 등한시하거나 묵과한다면 우리 조선은 완전한 독립국이 되어도 사상누각이 되고 말 것이다.

이런 의미에서 우리 조선항공협회가 솔선하여 『항공조선』을 편집하여 항공 관계자 및 일반 민중에 대한 항공 사상 보급에 최선을 다하여 만분지일이라도 공헌이 된다면 영광으로 생각하는 바이다. 나는 장래 『항공조선』이 권위 있는 잡지가 되기를 바라며 창간호를 축하하는 일념 외에 아무 생각할 바도 없이 감히 붓을 들어 권두에 일언으로 간단히 소회를 술하여 서문으로 하는 바이다.

4. 단일 항공협회 출범, 전문잡지 『항공조선』도 창간

　『항공조선』 창간호에는 이외에도 장덕창의 발간사, '원자탄元子彈'이란 필명을 내세운 이상목의 '조선항공협회 설립까지', 김광한의 '항공의 보급과 긴급사', 신익현의 '국가와 항공', 활공사 이상의 '조선항공사' 등의 기사가 담겼다. 시리즈로 이어지는 연속강좌로 비행사 김양욱(필명 김영길)의 '조종술 입문', 정비사 최홍기의 '항공 발동기 입문' 등이 실렸다. 이정호의 '학교 운동과목의 하나인 활공 훈련'과 서철권 활공사의 '공기의 특색' 등이 함께 수록됐다. 『항공조선』의 지면 배치와 편집은 조종사뿐 아니라 정비사, 활공인 등 다양한 직종의 항공인들이 잡지 발행에 적극 참여했다는 점을 말해 준다.[25]

1946년 10월부터 창경원(창경궁)에서 열린 '건국공업박람회'에서 설치된 항공회관 전시장. 도포를 입고 갓을 쓴 노인이 지팡이를 짚은 채 거대한 로켓이 우주를 비행하는 전시물을 바라보고 있다. 전통과 미래가 공존하는 모습이 인상적이다. 항공인들은 협회 해산이라는 직격탄을 맞고도 항공을 대중에게 널리 전파하려는 노력을 펼쳤다.

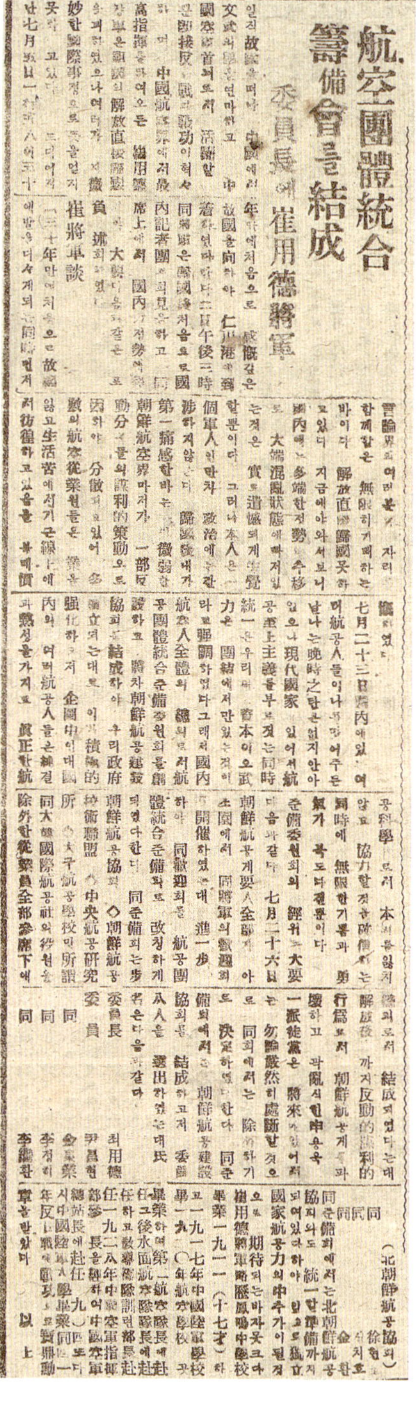

해산 명령 직전에 『항공조선』을 발행한 뒤에도 신용욱과
의 대립이 이어지며 조선항공협회 구성원들은 점점 힘을
잃고, 크고 작은 항공단체가 서울은 물론 지방에서도 우후
죽순 격으로 생겼다. 1946년 3월 5일 김광한, 황엽 등 활
공인들은 중앙활공연구소를 세웠다. 글라이더로 항공산업
과 공군 전력의 기반을 조성한다는 취지를 앞세웠다. 같은
달 20일에는 함병선, 신치호 등 일본군 출신들이 조선항공
기술동맹을 결성했다. 4월에는 김영수 비행사가 일제강점
기부터 운영하던 조선항공연구소를 조선비행학교로 개칭
하며 후배 항공인 양성에 나섰다.[26] 단체의 난립으로 항공
계의 분열이 눈앞에 다가온 것처럼 보였다.

상황이 변한 것은 광복군과 중국군에서 활동하던 최용
덕, 이영무, 권기옥 등이 고국으로 돌아온 1946년 7월 초
부터. 중국 비행학교를 1920년 졸업한 이래 25년간 군벌
전쟁, 항일 전쟁을 치르며 국민당군 공군 소장까지 오른 최
용덕 장군을 여러 항공단체가 환영하는 자리(7월 27일)에
서 자연스레 통합 논의가 나왔다.

계급과 경력은 물론 2, 30대가 주류였던 당시 항공계에
서 나이(당시 48세)도 많았던 최용덕 장군은 항공계의 기대
에 걸맞게 구심적 역할을 다해냈다. 최 장군은 1946년 8월
10일 서울 YMCA회관에서 5개 항공단체를 통합한 조선
항공건설협회의 위원장을 맡으면서 "우리의 자본은 통일
이고 무력은 단결"[27]이라며 사분오열된 항공단체를 하나로 모았다.

조선항공건설협회는 자금 부족과 미 군정청의 비협조 분위기 속에서도 전신인 조선항공협회의 사업을
이어나갔다. 1946년 10월 25일에는 창경원에서 열린 최초의 박람회인 건국박람회장에 '항공관'을 개설

해 항공에 대한 국민의 관심 제고에 힘을 쏟았다. 같은 해 12월에는『항공조선』제2호[28]를 펴냈다. 『항공조선』은 2호가 마지막 발행이었으나 우리 항공사에 거대한 흔적을 남겼다. 김석환 간사[29]의 주도 아래 일본식 항공용어를 한국어로 바꾼 '항공용어제정시안航空用語制定試案'이라는 씨앗은 계속 이어지다 한국전쟁 발발로 일시 중단됐으나 이후 문교부와 공군이 참여하는 국가사업으로 넘어가 오늘날의 항공용어를 낳았다. 그러나 일부 성공에도 불구하고 조선항공건설협회는 갈수록 힘을 잃었다. 재정이 일찍부터 바닥난 탓이었다.[30]

5. 조선학생항공연맹의 눈부신 활동

조선항공건설협회가 위축되는 분위기에서도 조선학생항공연맹(이하 '학항')은 어떤 항공단체보다도 활발한 활동을 펼쳤다. 경성공업전문(서울대학교 공과대학 전신) 학생들이 주축인 학항은 1945년 가을부터 조직적으로 움직이며 일제가 시행했던 활공 훈련과 모형비행기 보급의 장점을 해방된 조국에서 되살려내겠다는 목표를 세웠다.[31] 학생들은 경성공업전문학교 교장 겸 중앙시험소장 안동혁[32]을 회장으로 추대하고 1946년 3월 30일 조선학생항공연맹을 출범시켰다.

이사장을 맡은 윤창현은 학생 신분으로는 처음으로 비행사 자격을 취득한 인물이다. 신의주 태생으로 일본 호세이法政대학 재학 시절 2등 비행사 면허를 취득하고 1932년 5월 16일 고국 방문비행에서 자기 소유의 '천리호'를 타고 여의도비행장에 도착, 열렬한 환영을 받았다.[33] 1930년 결성된 일본학생항공연맹[34]의 창설 멤버인 그는 귀국 후 광산업을 운영하며 여러 항공단체를 도왔다. 학항은 물심양면으로 최대 후원자였던 윤창현이 고국 방문비행을 완료한 5월 18일을 '학생 항공의 날'로 삼고 해마다 성대한 행사를 치렀다.[35]

창립 초기에는 경성공전, 이후부터는 서울대 조선항공학과 재학생이 주도(1946년 8월 경성공전,

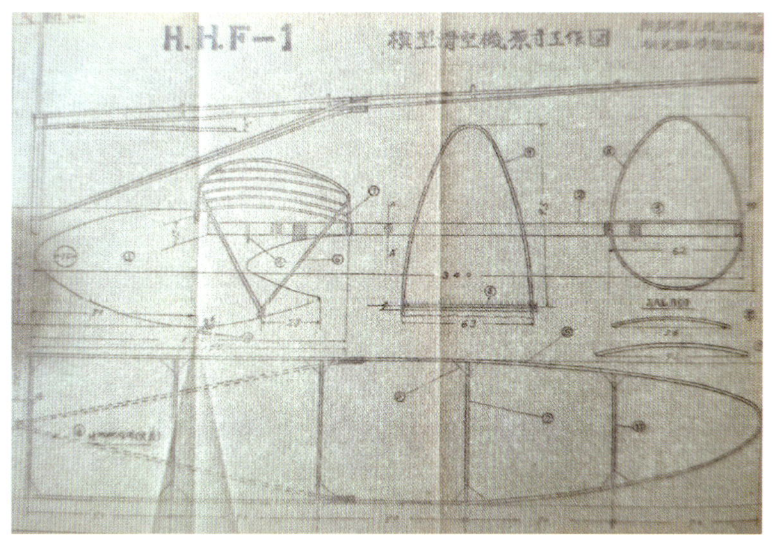

학항이 보급한 모형항공기 표준설계도면 중의 하나인 모형글라이더 H.H.F-1의 공작도면. 잡지『과학시대』5호에 실렸다./자료=최초 국산 경비행기 부활호, 원 소장 고려대학교 도서관

❖ 항공산업과 타 산업 간 주요 특성 비교

일자		내용	장소
1946	03/30	조선학생항공연맹 설립	서울대 공전 (구 경성공전)
	05/18	제1회 학생 항공의 날 제정 및 기념행사 ① 대한모형항공기경기대회, 특기검정시험 규정, 　수기 신호법 제정·발표 ② 모형항공기 기록대회 개최 ③ 항공지식 강연회 　- 항공과 학생(윤창현) 　- 조선 항공계의 과거와 장래(김동업) 　- 항공과 여성 ④ 경기중학교 학생의 모형 실연 ⑤ 제1회 음악과 영화회 개최 　- 경음악 연주회(각 중학교 음악부) 　- 과학영화 상영 : 「우주의 경이」, 「생존의 투쟁」 외	중앙중학교 경기중학교 경기중학교 경기중학교
	07/20 ~08/10	제1회 종합항공훈련(1946년도 하기) ① 활공기 훈련	경기도 화양군 훈련장
	12/25 ~01/15	제2회 종합항공훈련(1946년도 동기) ① 항공계기 ② 항공교재 조사연구	
1947	05/13 ~05/21	제2회 학생 항공의 날 기념행사 ① 제1회 학생 항공과학전람회 개최 　- 참가자격: 중등학교 이상 학생 및 일반 청소년 　- 작품 종목: 항공기, 전기기구, 기관·선박 및 기타에 관한 　　발명·고안과 학술논문 　- 전시: 항공기 역사, 항공의 중요성, 해외 최신 기종 모형, 　　미래 항공기 도안 　- 후원: 문교부 교화국, 운수부 항공국, 경향신문사	화신백화점
	07/21 ~08/10	제3회 종합항공훈련(1947년도 하기) ① 활공기 훈련(활공반, 7/21~6/10 합숙) ② 통신 훈련(통신반, 7/21~6/3) 　- 후원: 문교부 교화국	한강 백사장 서울공대 분교
	09/15	연구부, 신형 항공발동기 '아리랑 터빈' 연구 개발 및 발표	
	12/25 ~01/15	제4회 종합항공훈련(1947년도 동기) ① 실체모형 항공기	서울공대 분교
1948	05/18	제3회 '학생 항공의 날' 기념행사 ① 제2회 음악과 영화회	서울 시공관
	05/23	② 제1회 모형항공기경기대회(후원: 문교부, 서울시 학무국) 　- 참가 기종: BC, DF, GH 급	한강 백사장 (인도교 동쪽)
	10/09	제2회 모형항공기 경기대회 개최 (후원: 교육부 교화국, 서울시 학무국, 경기도, 서울신문사 문화부)	여의도비행장
	11/20	정부로부터 활공 훈련장(건물 포함) 사용 허가 취득	경기도 회양군
	12/08	연맹본부 이전	경기도 회양군
	12/21 ~01/07	제5회 종합항공훈련(1948년도 동기) ① 활공기 훈련 ② 통신 훈련	경기도 회양군 경기도 회양군

1949	04/11
	~04/22
		창립 3주년 기념행사
		① 제2회 학생 항공과학전람회 개최
		  – 전시: 융구망 연습기, 세계 각국 항공기 모형 100여 점 및
		      그 도해와 설명문
			동화백화점

	04/18
	~04/19
		② 제3회 음악과 영화회 개최
		  (후원: 문교부, 교통부, 육군항공대, 공과대학, 대한항공협회,
		  서울시 학무국, 경기도 학무국, 서울신문사)
			서울 시공관

	05/22	제4회 '학생 항공의 날' 기념행사 ① 제3회 모형항공기경기대회 개최 (후원: 문교부, 육군항공대)	여의도비행장
기타		① 연맹원에 대한 과학강좌와 실습 실시 ② 각종 특기 검정시험 실시 1) 모형 2) 자동차 3)통신 4) 활공	
1947	11/21 ~11/30	③ 문교부 주최 신교육건설전람회 과학관 항공계 담당 한국최초의 무선조종기 모형(1/5) 출품	서울중학교
1949	10/20 ~11/03	④ 문교부 주최 대한민국 수립 1주년 기념 과학전람회 항공항해관 담당 ※심사: 김정렬	중앙청 미술관
	11/06	⑤ 교통부 주최 모형항공기경기대회 주관	여의도비행장
1950	06/25	6·25전쟁 발발로 인해 활동 중지. 연맹원 다수 공군에 입대	

출처: 『최초의 국산 경비행기 부활호』 54~56쪽.

서울대학교로 통합[36]한 학항은 차츰 활동 영역을 넓혀 나갔다. 해산된 조선항공협회의 바통을 이어받은 조선항공건설협회의 활동이 미 군정 당국의 제약을 받고 사회 혼란과 좌우익 대립이 극성인 여건에서도 항공단체 중 거의 유일하게 활동을 이어나갔다. 학항의 활동은 1956년 발간한 『창립 10주년 기념 학항 안내』에서 살펴볼 수 있다.[37]

학항이 학생 항공기념일이나 하계 훈련에서 글라이더 강습을 할 수 있었던 것은 전국의 학교에 남겨진 글라이더를 긁어모았기 때문이다. 미 군정의 「항공금지령」으로 일본이 한반도에 남기고 간 항공기가 파괴되어 양은냄비를 만드는 파철로 처리됐으나 글라이더만큼은 이런 수난을 피할 수 있었다고 한다.[38] 미 군정은 기성 항공인들이 결성한 항공단체에는 전범국에 내렸던 「항공금지령」을 엄격히 적용하면서도 학생들의 활동만큼은 허용한 것으로 보인다. 일본에서는 학생들의 활공 활동도 패전부터 1952년까지 7년간 금지됐었다.[39]

학항은 항공에 대한 후배들의 관심을 끌어올리기 위해 등급별 모형항공기의 표준 설계도면과 제작 키트를 제작, 보급하기도 했다.[40] 1947년 12월 발간된 과학잡지 5호에는 모형글라이더인 'H.H. F-1'의 제작방법과 도면을 실었다.[41] 수복할 만한 연구 업석도 있다. 연맹 산하 연구부에서는 1947년 9월 15일 신형 항공 엔진인 '아리랑 터어빈'에 대한 연구발표회를 가졌다.[42] 아리랑 터빈은 '진공 펌프 원리를 이용한 항공용 로터리 엔진'이라고 전해질 뿐[43], 구체적인 사료는 남아 있지 않지만 학생들이 해방 직후에 엔진을 연구했다는 점은 높이 평가할 대목이다.

6. 마카오 양복과 바꾼 생산 설비와 전략 물자

학항의 활동에도 전체적으로 항공인들의 활동은 갈수록 난관에 봉착했다. 더욱이 산업을 일으키기에 치명적인 일들이 소리소문없이 일어났다. 그나마 남아 있던 한 줌의 생산시설마저 점차 사라진 것이다. 일본 미쓰이 재벌이 건설한 평양의 비행기제작소는 이북에 있어 접근이 어려워도 이남(해방 직후에는 남북을 이남과 이북으로 지칭했다)의 부산과 안양의 완성기 제조시설은 해방 직전까지 목표를 달성하지 못한 채 유지되고 있었다. 특히 화신백화점을 운영하는 박흥식이 설립한 조선비행기공업(이하 '조비')은 다른 업체들보다 자본과 규모가 크고 설비도 남달랐다. 박흥식은 그의 회고[44]대로 조선총독부의 강권에 못 이겨 군수공장을 시작했다지만 설비 확충에 전력을 기울였다. 징발권까지 동원해 조선 각지는 물론 중국 상하이에서만 설비와 기계류 1,400여 점을 들여왔기에 조비의 시설만큼은 한반도 최고를 뽐냈다.[45]

박흥식의 회고에 따르면 해방 직후 안양의 조비 공장은 좌익의 조종을 받는 일부 노동조합원들의 태업과 인근 주민들의 설비 파괴에 시달렸다. "일본의 강권으로 시작한 비행기공장을 해방된 조국의 산업을 일굴 기계제조업체로 키우겠다"던 그의 꿈도 무산됐다.[46] 그나마 한 줌의 설비도 '마카오 무역'을 통해 대

작은 이익에 취해 큰 걸 놓친 '마카오 무역'

해방 직후, 나라가 없는 미 군정 치하에서도 무역은 활발하게 굴러갔다. 중국 군부와 기업인들은 한반도에 일제가 남긴 설비와 전략 물자를 반출하기 위해 정크선을 활용한 밀무역에 나섰다. 마오저뚱의 홍군紅軍(공산당 군대)에 국민당군이 밀리며 텐진과 다렌, 칭따오와 상하이가 차례로 점령당해 서해 정크선 밀무역은 크게 위축되면서 사정이 급해진 국민당 세력권의 기업은 이남의 물자를 찾아 대형선박까지 보냈다. 1947년 초부터 인천항에는 양복지와 펄프 등 고급 소비재를 잔뜩 실은 중국 또는 제3국 화물선이 들어왔다. 이른바 마카오 무역의 전성시대가 열린 것이다. 금이나 달러화 같은 결제수단도 거의 없었지만 중국인들은 현금 결제가 아니라 물물교환을 원했다.

중국 무역상들이 원한 품목은 군수물자와 원자재, 그리고 설비. 조병창에 남은 화약과 중석은 물론 주요 공장의 '먼지까지 싹쓸이' 해갔다. 전쟁 중이던 중국의 무역업자들은 중국 군부와 가깝거나 아니면 기업인으로 위장한 중국 군인들이었다. 박흥식도 이 같은 마카오 무역에 이름을 올려 짭짤한 수익을 거뒀다. 해방됐지만 아무 쓸모도 없었던 조비의 생산 설비도 마카오 무역 열풍을 타고 중국으로 건너갔다. 마카오 무역선이 부산과 인천항에 내린 고급 소비재는 사회상을 크게 바꿨다. 옷감이 없어 미군의 군복을 염색하고 양복처럼 만들어 입고 다니던 '신사'들은 영국산 고급 직물로 뽑은 양복을 뽐내고 다녔다. 일반 회사원 월급 3개월분에 달하는 마카오 양복은 재력가들은 물론 멋쟁이, 심지어 주먹패들까지 퍼졌다. '마카오 신사'의 이면에는 전략 물자와 원자재, 생산 설비의 가치를 알아보지 못한 근시안이 자리 잡고 있던 셈이다.[47]

거 중국으로 빠져나갔다.

7. 여전히 미완인 해방 직후 항공인들의 꿈과 이상

「항공금지령」이라는 법령과 원칙을 내세운 미 군정의 제재로 일제가 남긴 군용기 자산을 획득할 기회를 잃고 그나마 애써 구축한 생산시설도 흩어지고 말았지만 항공인들은 불씨를 살리려 끝까지 애썼다. 당시 항공인들이 어떤 희망을 가졌는지 두 가지 기록이 있다. 하나는『한성일보』가 1946년 7월 21일부터 24일까지 3차례에 걸쳐 게재한 윤창현의 특별기고, '항공 조선의 신구상'이다. 다른 하나는 잡지『항공조선』2호에서 제시된 '항공건설계획'이다. 항공협회 부회장이던 윤창현의 기고부터 보자.

항공조선의 신구상

국가적 자주성과 항공의 관계
조선항공협회 윤창현

국가의 항공력은 현대국가에 있어 그 국가 역량의 척도가 되고 국방력의 주축이 되는 것이라 항공력의 미약은 국가 목적의 안전한 수행을 불가능하게 하고 민족의 발전과 국가의 자주성과 존립까지 위태하게 하는 것이니만큼 실로 항공은 현대국가에 있어 일시도 등한시할 수 없는 중대한 과제다.

제2차 대전 초기의 항공정책에 보수적 태도를 취하고 있던 영국과, 공군이 연약한 프랑스가 재군비 선언 후 '대공大空은 독일의 생명선'이란 슬로건 아래 공군 건설의 거국일치하여 모든 국력을 쏟아부은 독일에게 일거에 소멸하여 덩케르크의 비극을 전사에 올렸으며 이번 연합국 승리가 오로지 미국의 강력한 공군에게 의지했다는 사실을 볼 때 국방력은 공군에 있고 항공 없으면 국방도 없고 국방 없는 곳에 국가도 없는 것은 금일의 상식이다.

그러므로, 항공을 경시하고는 장래의 정치도 외교도 경제도 문화도 논하지 못할 것이며 따라서 조선 건국에 있어 항공 시책의 유감없이 만전을 기하여 국가와 민족의 반석 위에 올려놓아야 할 것은 당연한 소치다. 그러므로 이제 항공에 관한 중요 문제에 대하여 각론各論하여 미약하나마 건국 도정道程에 도움이 된다면 본망本望으로 생각하고 이하 집필하는 바이다.

항공행정기구= 현금現今 건국 도정에 있는 우리 조국은 열국列國 수준에 비하여 각 방면에 있어 미약한 삼이 있으나 더욱이 항공 방면은 빈약이 시나치어 공허 상태인 것을 한탄하는 바이나.

조선은 일제 시대 총독부 체신국 내에 항공과를 두고 민간항공 특히 항공운송을 주로 관할하였으며, 전시하에 군 수송을 주로 하여 교통국이 설치됨에 따라 항공과가 체신국에서 이관되었으나 식민지적 가치밖에 인정되지 않는 조선에 대하여 항공 시책의 열의도 없고 대규모의 침략전쟁을 결행 중이니만큼 만주와 북지의 왕래 연락하는 통과 기항지로 취급하여 열거할 만큼 시책을 하여주지 아니한 것은 주지의 사실이다. 이러한 불구적不具的 항공행정기구는 독립국가로서는 있을 수 없다는 것은 두말할 필요가 없는 것이다.

이런 취지로 열강이 취해 온 항공행정기구를 보건대 각국은 항공성을 설치하여 항공 행정을 단일 장관하에 두려고 노력하는 것은 현재 추세이며 이리하여 ① 각 대신하에 분열된 기구를 통일된 기구로 ② 육해 군부의 대립과 반목에서 협동과 강화로 ③ 항공공업 규격의 육·해군과 민간의 불일치로 인한 제작 현장의 혼란을 질서와 능률 있는 생산 기구로 바꾸고 있다.

이와 같이 새로운 조류에 적응하려는 선진 열강의 항공 시책을 참고로 보면 신조선 항공행정기구 건설을 여하히 할 것이라는 결론에 이를 것이라고 믿는다. 즉 신조선 항공행정기구는 세계 열강의 항공 행정제도를 참작하고 조선적인 진리에 의해서 섭취하여 비약적이고 획기적인 신기구를 창설하여야 할 것이다.

앞으로 신조선에 항공성航空省을 둔다면 이상과 같은 관점에서 단일 장관의 명령계통하에 통일적 행정기관으로 하고 횡적으로는 관련 장관들로 조직된 항공심의위원회를 최고기관으로 두어 종합 행정의 최고 기능을 발휘케 하는 것이 이상적이라 말할 수 있다. 더욱 횡적으로는 항공성 내에 군 항공은 육·해군부과 긴밀한 연락을 취하고, 민간항공과 수송 및 공업은 상공부 또는 교통부와 연락을 취하며, 항공과학 기술 연구는 각계 연구기관과 밀접한 연락을 가지고 항공을 주축으로 한 유기적 항공 국가 체제를 정비하여야 할 것이다.

윤창현은 연이은 기고에서 항공정책과 교육, 운항, 시설, 항공제조업 육성에 이르기까지 항공 전 분야에 대한 목표를 제시했다. 해방 직후 항공인들이 당면과제로 여겼던 목표 중에 아직도 접근하지 못한 과제도 없지 않다. 조선항공건설협회가 힘을 잃어가면서도 마지막으로 발행한 항공잡지『항공조선』2호(1946. 12)'에 실린 '신조선 항공 건설대책'에서 설정한 목표의 일부도 여전히 이뤄지지 않았다. 80여 년 전의 꿈과 희망이 아직도 제대로 달성하지 못했다는 점은 당시 항공인들의 꿈이 크고 높았다는 반증이기도 하다.[48]

해방 직후 항공인들이 꿈꿨던 방향과 목

조선항공건설협회의 제1차 항공건설계획

① 외국 특히 미국의 항공 기술 조사 연구 및 도입
② 국내 항공 기존 시설의 정비 확충
③ 항공과 관련되는 제반 기초적 공업 광업권 확립
④ 국내 기존 공업을 정비 전환 확충하여 항공기 제작소 설치
⑤ 중앙항공과학연구시설 창설
⑥ 국민의무교육으로 항공 교육 실시
⑦ 각 중학교 활공 훈련 실시
⑧ 각 대학 이공학부, 공업 전문, 공업학교에 항공과 설치
⑨ 공군 창설
⑩ 국민 항공 및 생활항공화운동을 민간항공협회를 통해 전개
⑪ 항공을 중심으로 하는 신과학문화 체계 수립

표는 현재 어느 정도까지 달성됐는지 파악해볼 필요가 있다. 절반 이상은 분명한 성과를 냈다. 하지만 나머지 부분은 아직도 과제로 남아 있다. 먼저 '⑩국민 항공 및 생활항공화운동을 민간항공협회를 통해 전개'는 노력하고 있으나 성과가 미진하다. '⑪항공을 중심으로 하는 신과학문화 체계 수립' 역시 국가적인 방향 재설정이 없는 한 지난한 과제다. 특히 '⑥국민의무교육으로 항공 교육 실시'와 '⑦각 중학교 활공 훈련 실시'는 전반적인 사회적 합의가 이뤄지지 않는 한 이뤄지기 어렵다. 오랜 시일 끝에 성과가 나오는 분야도 있다. ⑤번 과제가 대표적이다. '⑤중앙항공과학연구시설 창설'은 1989년에야 이뤄졌다(한국기계연구소 부설 한국항공우주연구소 설치). 우주를 향해 '누리호'와 각종 위성을 개발하고 있는 한국항공우주연구원에도 해방 직후 항공인들의 소망이 담겨 있는 셈이다.

8. 소망을 하나로 모은 용광로, '공군 창설' 의지

항공인들이 가장 먼저 목표에 도달한 과제는 '⑨번 공군 창설'이다. 대한민국 공군의 해방 후 시발점을 1948년 5월 5일 항공부대 창설로 본다면 『항공조선』 2호에서 제시한 공군 창설이라는 과제는 1년 5개월여 만에 성과를 냈다고 할 수 있다. 다만 과정이 쉽지는 않았다. 미 군정의 남한에는 소수의 국방경비대(육군)와 해양경비대(해군)가 필요할 뿐, 항공 전력은 필요 없다는 인식 탓에 독립된 군으로서 공군의 출범은 육군과 해군보다 늦었다. 공군의 깃발은 올리지 못했어도 1948년 5월 통위부(군정 시절 군정기관, 국방부의 전신) 직할 항공부대로 출발했다. 공군 창설은 정부 수립 1년 1개월 보름 뒤인 1949년 10월 1일에야 이뤄졌다.

항공부대로나마 출발할 수 있었던 이유에는 협회의 활동이 기대에 못 미친 측면도 있다. 역설적으로 협회의 부진이 항공 관련 인재들이 더욱 화합하고 "주어진 여건에서 가급적 빨리 군에 합류하자"는 방향을 정하는 요인으로 작용한 셈이다. 출신과 경력을 떠나 화합한 항공인들은 주로 돈암동 소재 김정렬의 자택에서 모임을 가졌다.[49][50] 가끔 광화문의 장덕창 또는 부근의 이근석의 자택에서 모이기도 했으나 주로 돈암동에서 머리를 맞댔다.[51] 항공인들은 먼저 명부를 작성하고 서열을 매겼다. 군인 출신이면 계급을 바탕으로, 민간항공 종사자라면 나이와 경력을 참고해 남한에 남은 500여 명 항공 경력자들의 명부를 만들었다.

사람을 규합하고 서열을 정리한 결과 예상대로 최용덕 장군이 가장 높았다. 나이(만 50세)로나 중국군에서의 위상(소장·공군기지 사령관)으로나 누구도 불만을 달지 않았다. 이어서 이영무, 장덕창, 박범집, 김정렬, 이근석의 순으로 서열이 정리됐다. 마지막으로 김정렬의 4살 아래 동생인 김영환[52]을 넣었다. 공군 창설 주역 7인이 이렇게 탄생했다. 미 군정 통위부의 조건부 항공부대 창설 승인이 나면서 명부에 오른 사람 105명이 군에 입대했다. 공군 창설 7인은 서열대로 순차적으로 항공 경력자 500여 명을 대부분 군

적에 올렸다.[53]

항공인들이 출신을 떠나 단합을 이룬 조선항공협회와 그 후신인 조선항공건설협회는 설립 목적을 바로 달성하지 못하고 시련을 겪었다. 그러나 항공인들의 방향성은 분명했다. 염원이 모이고 발현된 곳이 바로 군대다. 항공 경험자들이 군대(조선경비대)로 집결하는 과정을 살펴보면, 조선항공건설협회를 그 출발점으로 꼽을 수 있다.[54] 조선항공건설협회가 대전에 항공학교 설립을 추진할 때 신문에 보도된 교수진 명단에는 최용덕과 이영무, 장덕창, 박범집, 김성태, 이근석, 김신, 김정렬, 김창규 등 9명의 이름이 나온다.[55] 김성태와 김창규를 제외한 7명은 공군 창설기인 육군 산하 항공기지사령부 시절, 군문에 들어왔다(김성태와 김창규도 공군 창설 후에 합류했다). 협회가 세우려던 항공학교의 교수진 9명 중 7명이 거의 같은 시기에 입대했고 2명도 나중에 합류했다는 점은 협회와 공군 창설 주축의 인적 구성이 동일하다는 점을 말해주는 대목이 아닐 수 없다.

학항 회원들의 군 입대도 뒤따랐다. 활발하게 활동하던 대한학생항공연맹(1948년 8월 15일 정부 수립 후 '조선학생항공연맹' 명칭에서 '조선'을 '대한'으로 변경)의 회원 대다수는 동족상잔의 전란이 발생하자 공군에 입대했다. 학항 회원들은 기술장교 공개 모집, 공군의 항공기술원양성소 문관(민간인 교관) 재직 후 임관, 경력을 고려한 특별 현지임관 등의 다양한 경로로 공군으로 들어왔다.[56] 학항 출신의 공군 장교들은 조종 주특기를 받은 극히 일부를 제외하고 대다수가 정비, 통신 등 기술장교로 보직되며 훗날 '부활호' 연구 개발, 제작과 M-73 특수임무용 글라이더, 한국 최초의 전 금속제 항공기인 '새매호'(PL-2) 양산에 핵심 역할을 맡았다.

해방 직후 꿈과 열정으로 항공 재건에 나서다 부침을 경험했던 기성 항공인과 학생들이 '공군'이라는 용광로에서 새로운 신화를 창출해 나갔다. 한국전쟁에서 적의 침략을 막아내는 한편으로 항공산업 전체의 발전을 도모하게 된 것이다. 공군 창설과 전쟁, 공군력 확충기를 항공산업사의 관점에서 바라보면 한계에 직면하면서도 도약의 토대를 마련한 시기라고 정리할 수 있다.

9. "한국인은 모두 항공인이 되자"

해방 이후부터 군 창설과 정부 수립까지 항공인들이 소리 높여 '항공 조선', '항공 입국'을 부르짖은 이유는 나라의 생존과 발전을 위해 '항공이 필수'라는 생각에서다. 아래에 소개할 글은 한국전쟁이 한창이던 1951년 4월 김정렬 공군 총참모장이 『국방』지 제2호에 기고한 글이다. 당시 항공인들이 품었던 생각을 가장 정확하게 반영하는 것으로 보여 전문을 그대로 실었다.

김 총참모장은 한국이 앞으로 생존하기 위해서는 모두가 항공인이 되고 나라는 항공국이 되어야 한다는 주장을 펼쳤다. 여기에는 국가의 힘을 가늠하는 척도인 항공을 통해서만 세계 열강과 어깨를 견줄 수 있는 나라로 성장할 수 있다는 신념이 깔려 있다. 다음 장에서 보게 될 '최초의 국산 경비행기, 부활호'를 개발한 이원복 소령(당시 계급)의 소망도 비슷하다. "항공에서 일본을 따라 잡자"는 열망이 강했다.

한국인은 모두 항공인이 되자

1) 서언: 과학 수준을 고도화하자

이것은 18세기, 19세기를 통하여 선진 각국의 뜻있는 지사들의 웅변이었다. 이것은 어느 개인의 생활을 기준으로 해서 시작된 사조(思潮)의 경향은 아니었다. 먼저 각자 자기 나라의 수준을 토대로 국민들의 생활을 향상시켜야 된다는 생활의 혁신을 목적한 것과 전 인류의 생활을 원시적인 데서 탈각시키는 데 공헌하는 정신의 발로였다.

그러한 숭고한 이념의 모태에서 제종(諸種, 여러 갈래)의 과학은 천문학적 숫자로 다종다양의 발전을 해 나왔으며, 과학 내지 문화의 발달은 인류 생활에 윤택을 가해 왔으며, 우리가 오늘날 같은 참화를 겪고 나온 전쟁에 있어서도 전격화(電擊化)할 것을 볼 수 있는 것이다. 말하자면 과학을 갖지 못한 나라 또는 타국에 견주어 퇴보된 과학을 가진 나라를 지칭해서 2등국이니 3등국이니 심지어는 미개국이라고 하는 이유는 설명할 것도 없이 이것에 기인한 것이다.

1950년대 오늘날 매일 읽을 수 있는 신문에서 과학면의 무궁한 발달을 엿볼 수 있는 것은 이러한 세대에 올 상상권(想像圈) 외의 과학화 한 세계를 전제로 한 예언들인 것이다. 우리 한국도 이러한 시대성에 호흡을 맞추어야 한다. 이 진전하는 세계에 보조를 맞추어야 한다. 어느 때까지나 유·불(儒佛) 등에 속한 고전문화와 전통에 치중하여 필요 이상의 자부심을 가지고 새로운 문화를 등한시해서는 안 될 것이다.

왜인이 총포를 수입할 무렵 우리 한국은 무엇을 했던 것인가? 호언장담이나 농하는 정도로 왜적의 침략을 격퇴시킬 수 없다는 것은 지나온 역사가 역력히 말해 주는 것이다. 이러한 전철은 또다시 밟을 수 없는 것이다. 탁월한 두뇌의 소유자를 소유만으로 만족해서는 안 될 것이다. 탁월하지 못한 두뇌에서 염출(捻出)하여, 정지 상태에 있는 탁월을 초월할 수 있다는 것은 이미 세속적인 진리가 되어 있는 것이다.

이러한 의미에 있어서 한국 국민은 우수한 두뇌와 역량을 가지고 있으나 소극적인 영역을 벗어나지 못하고 있는 것이다. 그러나 이제 이번 동란을 겪음으로써 우리의 시야는 확대된 것이다. 우리는 모두 결속해서 아무리 험준한 형로(荊路)에 봉착하여도 이것을 능히 극복하고 나갈 수 있는 정신의 무장이 강인하게 맺어져 있는 것이다.

총력전이나 총궐기란 모두 전선에 나가라는 뜻은 아니다. 각자가 고수하고 노력할 수 있는 범주 내에서 기민하고 과감하게, 진지하게 국가를 위하여 일로매진하는 것이다. 그것이 바로 총궐기이며, 또한 총력전인 것이다. 이제 한국은 전쟁의 동란 속에 있다. 세계에 항구적인 평화가 건설되기 전까지 우리는 전쟁의 위협을 벗어날 수 없는 것이다.

그러다면 우리에게 요구되는 것이 현대전의 지침인 항공력이라는 것을 잊어서는 안 된다. 한국은 항공력을 배양하기에 충분한 요소를 가지고 있다. 이 요소를 활용하는 것은 전체 국민의 애국하는 정성으로 될 수 있는 일이며, 이러한 활용은 내일의 항공국 대한민국을 육성할 수 있는 것이다.

2) 한국은 항공국이 될 수 있다

우리는 왜정 36년간을 통하여 우리나라에 대한 자신을 많이 잃어버렸다. 과소평가하는 폐습이 생긴 것이다. 그러나 우리는 모두가 자처하는 바와 같이 절대로 타 국민에 열등할 만큼 저열한 두뇌를 갖지는 않았다. 그것은 각계를 회고하여 보건대 허다한 저명인사가 국외에서 국제적으로 알려져 있으며 그들 선현의 업적은 사소한 것이 아니어서 세인의 칭찬의 적이 되었다는 것이 증명하는 바이다.

특히 항공계에 있어서도 안창남 씨, 장덕창 씨, 최용덕 씨 같은 분의 공훈을 들어 말할 수 있는 것이며, 과거 일군 또는 중국군에 있어서도 우리 동포를 대표할 만한 우수한 기술자가 외인(外人)을 괄목케 했다는 사실 등은 물론, 현재에도 우리는 우수한 항공기술자를 많이 가지고 있으니, 이는 즉 우리가 많은 인적 자원을 확보하고 있다는 자신을 가질 수 있는 것이다.

항공력이란 첫째가 인적 자원에 치중되는 것이며, 둘째로 제작의욕과 자료에 있으니, 이것이 병합되어 그 발달을 볼 수 있게 되는 것이다. 그러한 중요한 요소를 우리는 모두 가지고 있는 것이다. 항공기를 제작할 수 있는 기술자의 면밀한 설계도는 외국 어느 나라의 항공기보다 뒤떨어지지 않는 항공기를 구상하였고, 재료에 있어서도 천연의 생산물을 다분히 소유하고 혜택을 받았으니, 이것에 가공과 노력 여하에 있어서 소기의 목적을 달성할 수 있는 것이다.

요는 중공업, 경공업을 기업하는 모든 동포가 애국적인 견지에서 일체의 사욕을 떠나 국가발전 제일주의에 궐기하여 준다면 될 수 있는 것이다. 영국에 있어서 20세기 문화가 현저하게 발달한 것은 실로 국가의 중(重)·경(輕)공업체가 국가발전 제일주의에 궐기했던 까닭이라는 것은 부언(附言)을 요하지 않는 이론인 것이다.

한국이 항공기를 제작할 수 있고 활용할 수 있고 발전시킬 수 있느냐의 문제는 국민이 취하는 방침과 태세 여하에 있어서 가능하다고 확언할 수 있는 문제인 것이다. 우리가 일상생활에서 시계를 많이 사용하고 있는데, 이 시계에 대한 상식은 삼척동자라도 스위스 제품이 좋다는 것을 알고 있다. 스위스는 국토에 있어서 또는 국가 재정이나 제반 형태를 고찰하건대 결코 한국보다 유리한 조건을 가지지는 못했다. 그러나 그 국민들은 가장 권위 있고 정확하고 타국의 제품을 능가할 수 있는 시계를 제작하고자 하는 불굴의 신념과 의욕을 가지고 있다.

우리는 이 산 교훈에서 무엇을 배워야 할 것인가? 반문을 요하지 않을 문제라 하겠다. 얼마 전 미국 모 장교는 최소의 기간으로 한국을 동양에서 제일가는 항공국으로 만들 수 있다고 말하였다. 그것은 반드시 원조만을 말하는 것은 아니다. 우리가 소득하고 있는 천연의 자료와 인적 자원과 우리의 열의에 바탕을 둔 정확한 관찰과 예언이라고 할 수 있는 것이다.

우리는 궐기해야 한다. 그래서 한국을 항공국으로 건설해야 한다. 그것은 우리 몸소 겪은 이번 전란을 통해서의 절규인 것이다. 가능한 영역을 개척하는 선구자가 되기를 원한다면 즉시 될 수 있는 거대한 구상 앞에 우리는 시험되고 있는 시기인 것이다.

3) 인내와 창조

로마는 하루에 이루어지지 않았다. 한 가지 사물의 성장에는 과정이 있다. 이 과정을 무시하고 성장할 수 있는 일이 있다면 그것은 기적 이외에는 아무것도 없을 것이다. 과학이, 문화가, 또는 모든 제도와 인류의 생활이 보다 더 고도화하기까지에는 지루하고 장구한 시간이 소요되었다. 그 시간은 절대로 낭비의 시간은 아니었다. 적어도 초조하면서 부단히 노력하고 연구하고 있는 구명(究明)의 시간이었다.

이제 한국이 항공국이 될 수 있다고 해서 1, 2년에 비약적으로 발전할 수 있다는 것을 단언하는 것은 아니다. 그것은 반드시 밟아야 할 과정을 밟아야 되는 것이다. 다만 그 과정에 전심(傳心)을 경주하느냐 불연(不然)이면 서서히 할 것이냐에 성사(成事)의 조만早晚이 결정되는 것이다.

에디슨이 한 가지의 신기로운 발명을 하기 전까지는 묵묵히 침묵하며 연구하였다. 불만과 불평보다 시설의 양부良否보다 그의 연구의 모색은 중요한 것이고, 끈기 있는 꾸준한 태도는 가치가 있었던 것이다. 또한 세계사를 볼 때 로마가 찬란한 전통과 문화를 창조하고 구성하고 조직하기까지에는 짧은 시간으로 되었던 것은 아니다.

곤핍을 극복했고 난관을 돌파했다. 일치단결이 주장되었고 신성한 지고(至高)의 이념 앞에 모두 머리를 숙여 꿇어앉았었다. 무사(無私)의 일념은 선(善)을 염출했고 개량과 진보와 발달과 오늘날 우리가 본받아 살 수 있는 모든 제도를 전체 인류에게 공헌했다. 이 진실과 내핍 앞에 그들의 영광은 찾아간 것이다. 그 영광은 길이 세계에 남아 있고 또 진화하였던 것이다. 우리도 이러한 개척자가 되어야 한다. 우리도 그들이 겪어나온 지루한 세월과 곤욕을 겪어야 한다.

대가 없는 것에 진리는 있을 수 없는 것이다. 이것이 진리이며 이 진리는 영구불변의 고귀한 것이다. 우리는 이 진리에 추종해야 된다. 그렇다. 개척자가 되기까지의 모든 구비조건을 갖추어야 한다. 흔히 항간에는 천재는 광증을 가졌다든가 또는 한 가지 목표를 향하여 심신을 잃고 매진하는 선구자의 열광적인 열의를 표현하여 '광인'이라 했다.

그러나 거기서 우러나오는 모든 것은 존중했던 것이다. 그러므로 우리는 선진 국가가 쌓아나간 경위를 따라 그들을 좇아가기까지 광적인 개척자가 되어야 할 것이다. 어둠에서 빛을 구하기까지의 길은 평탄한 것은 아니다. 마치 우리는 지금 빛을 구하는 것과 같이 항공을 개척하고 창공을 제패하려는 강한 의욕을 가져야 되는 것이다. 거기까지 도달하기에는 견인불발(堅忍不拔)의 강인한 정신과 지구력이 필요하다.

4) 가공할 항공력의 발달을 보라

제2차 세계대전 이래 미국의 항공력 발달은 가공할 만한 범위로 확대되었다. 왜군이 그렇게 두려워하던 B-29보다 성능을 달리한 제종(諸種)의 폭격기가 허다하게 출현하였다. 즉 B-50, B-47, YB-49 등의 신예 폭격기가 주력이 되어 있는 것이다. 이제는 '프로펠러'를 달은 모든 구식에 속하는 전투기, 폭격기 등은 그 자취를 감추고 최신의 형태가 등장하게 되는 것은 시간문제이며, 이미 그 성과는 우리가 매일같이 우리의 상공에서 볼 수 있는 Z기(제트機)의 비상(飛翔)으로 알 수 있는 것이다.

기상과 모든 조건을 극복한 항공력은 나날이 발달하였고 완성된 것이다. 구름을 뚫고 지상을 볼 수 있으며 어둠을 무시하고 폭풍우를 무시하는 거대한 항공력이 완성된 것이다. 또한 4발 Z기가 완전 장비를 하고 뜰 수 있는 65,000톤급의 대형 항공모함을 건조할 것이며, 기동력이 풍부한 45,000톤 급의 항공모함 건조가 빈번히 진행되고 있는 것이니, 원·근거리도 무시한 가동(可動)의 기지가 설치되는 것이다. 이제 탑재기가 모두 Z기로 대치될 날도 멀지는 않았다.

다음에 오는 것이 무언인가에 대하여서는 누구도 짐작하거나 추상 또는 추정할 수 없는 것으로 신세기적인 거물이 나올 것을 알 수 있는 것이다. 이러한 발달이나 진보는 우연에서 오는 것이 아니고 노력의 결정에서오는 것이다.

5) 한국인은 모두 항공인이 되자

제1차 세계대전에 패배한 독일은 처참한 것이었다. 파괴와 기아에서 방황하던 독일국민은 다시 부흥하기 위해 전력을 다하였다. 그것은 생활면의 부흥만이 아니었다. 굴복을 싫어하는 국민성은 그 당시 항공력을 숭상했고 배양하기에 애썼던 것이다. '독일국민은 모두가 비행사가 되자(Die Deutche Nation muss alle und jede Flieger werden)'라는 슬로건은 절대적인 것이었다. 그들의 전체적인 욕구는 결코 각자 개인을 위한 것은 아니다.

그들은 불의의 침략행위로 제2차 세계대전에 참패는 하였으나, 제1차 세계대전 이후 독일의 항공력 부흥이란 놀랄 만한 것이 한두 가지가 아니었다. 그들의 행위는 의롭지 못했으나 그들의 굳건한 창의와 인내의 결과는 큰 것이었다. 그들의 침략을 표본으로 해서는 안 되지만 그들의 정신력은 우리에게도 절실히 요구되는 면이 있는 것이다. 우리도 현대화한 정신을 가져야 될 것이다.

'창공을 정복하자.' 그것은 결코 항공에 국한된 문제는 아니다. 여기서 새로운 문화의 맹아를 볼수 있으며 우리가 열강과 어깨를 같이 할 수 있는 중대한 것이 부수(附隨)되어 있는 것이다. 각계에서 이를 인식해야 될 것이며 공업, 학술 기타 모든 면에 궐기와 더불어 우리는 모두가 항공인이 되어야 한다. 제작가가, 정비사가, 비행사가 되어야 한다. 우리는 1950년도에 영국이 150만 명이나 공중수송하였다는 발달 면을 알아야 된다.

우리가 설계한, 우리가 제작한, 우리가 조종하는 전투기가, 폭격기가 우리나라의 방패로서 창공을 정복할 때 우리의 모든 신구(新舊)의 문화는 세계만방에 빛날 것이다. 이 영광은 결코 어느 개인이나 특수한 집단이 할 것이 아니다. 국민 모두가, 아니 한국인 모두가 궐기해야만 그 총의와 역량으로 될 수 있는 일인 것이다.

'한국인은 모두 항공인이 되자.'

이것은 우리의 당면과업인 것이며 반드시 가야만 될 개척로라고 할 것이다.

1) 김광석, 『한국 인플레이션의 원인과 그 영향』, 한국경제연구원(KDI) 연구 총서 1, 1973, 22쪽.

2) 차현진, ‘중앙은행 오디세이 2화’, 『중앙선데이』 2014년 10월 12일.

3) 김현민, ‘해방 후~미 군정기 혼란 속 하이퍼인플레이션’, 『아틀라스뉴스』 2021년 1월 16일.

4) 차현진, ‘중앙은행 오디세이 26화’, 『중앙선데이』 2016년 2월 28일.

5) 『한국과학기술 50년의 발자취 1945~1995』, 과학기술정책관리연구소 편, 1997, 2~3쪽.

6) ‘기염(氣焰) 만장(萬丈)’이란 말 그대로 ‘기세와 염원이 하늘에 닿을 만큼 드높다’라는 의미다.
   용산공작소가 제작한 첫 국산 기관차는 ‘해방 1호’로 명명됐으며, 객차와 연결해 경부선에 투입된 열차는 ‘조국 해방자호’라는 이름이 붙었다.

7) 서울 도심과 돈암동, 효자동, 마포와 영등포, 왕십리, 청량리 등 부도심을 운행하던 노면 전동차량.

8) 최초의 국산 기관차 개발을 주도한 유재성 용산공작소 이사장은 1939년 독일 베를린대학교에서 기계공학을 전공해 박사학위를 받은 한국인 최초의 공학박사로 알려진 인물이다. 항공과 인연도 있다. 국립서울대학교 이사로 지내던 중 한국전쟁이 발발하자 공군 기술장교(소령)로 입대, 제40 보급창과 제81 항공수리창장(대령)을 맡아 정비 인력을 양성했다. 전역 후 한국중공업 회사 이사장과 대구의 한국항공대학 학장을 역임했다.

9) ‘첫 국산 디젤기관차 등장’, 『경향신문』 1979년 8월 19일 자, 2면.

10) 기관차보다 구조가 간단한 노면전차는 국산품이 1954년 뚝섬-노량진 노선에 등장했으나 신뢰도 부족으로 양산되지 않고 1968년 서울 전차 운항 중단까지 수입품에 의존했다.

11) 이동건, 『최초의 경비행기, 부활호』, 공군역사기록관리단, 2015, 32~33쪽.
   해방 직후 한국에 비행기가 얼마나 있었는지에 대해서는 제2부의 493~496쪽에서 다뤘다.

12) 김진원, 「항공발달사」, 『한국항공우주학회지』 제20권 3호, 1992. 9, 132쪽.

13) 국방항공단은 민간단체지만 조선총독부의 강력한 지원 아래 항공에 대한 인식 제고(항공 사상 양양)와 조종사 예비 자원 확충을 위한 글라이더 보급 및 교육, 항공기 증산 독려 등을 위해 일제가 1941년 3월 16일 조직한 단체. ‘輝やく靑空の團體, 國防航空團十六日に結成式, 南總督も親しく臨席(푸른 하늘에 빛날 국방항공단 16일 결성식, 미나미 총독도 참석)’, 『京城日報』 1941년 3월 14일 자, 2면,

14) 『대한민국항공사 1913~1969』, 대한민국항공회, 2015년 12월, 282 · 283쪽. 항공인력이 500명에 달했다는 추정은 김정렬 전 공군 참모총장의 추산과도 맞아 떨어진다.

15) 1954년 5월 이전까지 각 군 참모총장의 명칭은 총참모장이었다. 정부는 1954년 5월 3일 「연합참모본부령(대통령령 895호)」을 공포하며 육해공군 총참모장의 명칭을 참모총장으로 바꿨다(‘聯合參謀本部令 三日字로 正式公布’, 『동아일보』 1954년 5월 5일 자, 1면). 이에 따르면 당시 직함은 ‘총참모장’이 정확하지만 정부에서 발간한 책자 등에도 혼동을 피하기 위해 ‘참모총장’으로 표현하는 경우가 많다. 이 책에서는 최대한 당시 명칭에 따르되, 정부 발간 문서 등에서 표기는 그대로 살렸다.

16) 김정렬, 『항공의 경종』(사후 출간 회고록), 도서출판 대희, 2010, 77~81쪽.

17) 조건, 「해방 직후 일본군의 한반도 점령 실태와 귀환」, 『한국학논총』 47집, 2017, 348쪽.

18) 『대한항공 10년사』, ‘제12장 항공공업의 기반 구축’, 1979, 633~634쪽.

19) 김광한, 『창공만리』, 일조각, 1986, 209쪽.

20) 「일본군 장비와 시설 처분」, 『주한미군사 1』, 국사편찬위원회, 2014.

21) 김기동, 「1945~1948년 항공력 건설 노력과 그 의의」, 『軍史』 제99호, 국방부 군사편찬연구소, 2016, 203~206쪽.

22) 반민족행위특별조사위원회, 「신용욱의 부일과 반민행위 죄상」, 『반민특위 조사기록』, 1949년 3월 31일.

23) 이동건, 앞의 책, 30~31쪽.

24) 『조선일보』 1946년 4월 6일 자 2면 '항공협회, 해산에 진정서 제출'에 각자의 입장이 자세하게 나온다. 진정서 제출의 사정과 전후 관계는 이 책의 제2부 497~511쪽에서 자세하게 다뤘다.

25) 『대한민국항공사 1913~1969』, 대한민국항공회, 2015년 12월, 286·287쪽.

26) 『대한민국 항공사 1913~1969』, 대한민국항공회, 2015, 289쪽.

27) '우리의 자본은 통일!', 『수산경제신문』 1946년 8월 6일 자, 2면.

28) 조선항공협회의 협회지인 『항공조선』 창간호에서 서웅성 회장은 권두언을 통해 "『항공조선』이 권위 있는 잡지가 되기 바란다"고 축사했지만 기대와 달리 『항공조선』지는 2권 발간을 끝으로 더 이상 이어지지 않았다.

29) 김석환(1913~1998)은 한국 항공산업사에 커다란 업적을 남긴 인물이다. 서울 종로에서 태어나 일본 동경물리학교(당시 3년제, 현재 도쿄이과대학의 전신) 응용이학과를 졸업한 그는 조선항공협회 창간부터 간사로서 실무를 도맡았으며 조선학생항공연맹 창설도 도왔다. 『항공조선』지를 통해 시작한 항공용어 국어화 작업은 공군 재직(대령 예편) 시까지 이어졌다. 항공대 학장(5, 6대) 시절에는 끊임없이 순수 국산 경향공기와 글라이더 제작 방안을 연구하고 정부에 건의했다. 항공우주학회장(2대)을 맡았던 그는 은퇴 후에도 글라이더 보급과 확산에 힘을 쏟았다. 1973년 4월부터 12월까지 『신아일보』에 30회 연재한 '한국항공 60년'은 자료가 많지 않은 대한민국 항공의 초기 역사를 정리하는 사료로 꼽힌다.

30) 김기동, 「해방 후 한국어 항공용어의 제정 노력」, 『석남논총』 81집, 2021, 127·128쪽.

31) 서울대학교 공과대학사 편찬위원회, 『서울大學校工科大學史: 學科史中心』, 서울대 공대, 1987, 564쪽.

32) 안동혁(1906~2004)은 경성공전과 일본 규슈제국대학 응용화학과를 졸업하고 장기간 경성공전 교수로 재직했다. 1933년 잡지 『과학조선』을 창간하고 1934년에는 '과학지식 보급회'를 설립하는 등 일찌감치 과학 보급에 앞장섰다. 1953년 상공부 장관을 맡으며 원조자금을 도로와 항만 등 국가 기간시설에 투입하려고 노력했다. 1955년부터 서울대를 비롯해 주요 대학의 강사로 활동을 시작, 1958년 한양대학교 화공과 교수로 부임해 2004년 작고할 때까지 평생을 교육자로 지냈다. 북한을 포함한 한반도 전 지역의 수질과 수원에 대한 연구로도 유명하다.

33) 『대한민국 항공사 1913~1969』, 대한민국항공회, 2015년 12월, 187쪽.

34) 아사히신문사 후원으로 8개 대학의 학생들이 결성한 일본학생항공연맹은 패전 직후 해산되는 휴지기를 지나서 부활해 현재 자산 2억 1852만 엔(한화 약 20억 원), 회원 2만 명의 스포츠 단체로 성장했다. 일본 4개 지역에서의 연간 비행횟수는 2023년 기준 3만 회가 넘는다(출처: 日本學生航空聯盟 홈페이지 http://www.jsal.or.jp).

35) 언론은 조선학생항공연맹의 행사를 비중 있게 다뤘다. 특히 매년 '학생 항공의 날'마다 활공과 통신 교육 등을 매체마다 다뤘다. 언론 보도로만 본다면 학항은 해방 후 항공단체 중에 언론의 주목을 가장 많이 받은 단체다. 그만큼 왕성한 활동을 펼쳤다.

36) 『한국민족문화대백과사전』, '경성공업전문학교' 편, 한국학중앙연구원.

37) 이동건, 『최초의 경비행기, 부활호』, 공군역사기록관리단, 2015, 53쪽. 여기에 수록된 연표는 저자의 양해 아래 '최초의 경비행기, 부활호'에 실린 표를 그대로 옮긴 것이다.

38) 이동건, 앞의 책, 59쪽.

39) 日本學生航空聯盟 홈페이지 http://www.jsal.or.jp

40) 임달연, 『한국항공우주사』, 항공대학교 출판부, 2001, 73쪽.

41) 1947년 창간된 과학잡지 『과학시대』는 조선학생항공연맹의 회장을 맡은 안동혁 서울대 교수가 과학 대중화를 위해 창간한 잡지로, 1950년까지 9호가 발행됐다.

42) 김진원, 「항공발달사」, 『한국항공우주학회지』 제20권 3호, 1992. 9, 134쪽.

43) 이원복, 「한국 항공기산업 발달사 (I)」, 『한국우주항공산업협회 항공우주지』 통권 35호, 1996년 1월, 44쪽.

44) 박흥식은 『서울경제신문』('재계 회고' 시리즈, 1969)과 『매일경제신문』('재계 산맥' 시리즈, 1983) 등을 통해 비행기사업을 총독부 강권으로 시작했으나 청년들을 취직시켜 징병과 징용에서 구하는 한편 해방 후 기계공업 산업을 일으킬 요량으로 설비 확보에 온 힘을 썼다고 술회했다. 사업가로서 그는 전력을 다한 것 같다. 한국일보사가 자매지인 『서울경제신문』의 기획시리즈를 모아 1981년 발간한 『재계 회고 II 원로 기업인 편』, 219~223쪽에도 자세한 설명이 나온다. 각종 설비와 기계류를 구하려 방문한 중국 상하이에서 그냥 돌아가라고 협박하는 일본 주둔군 사령관과 대담하게 설전을 펼쳐가며 설비 1,400점을 들여오는 과정은 드라마를 보는 것 같은 착각을 안겨줄 정도다.

45) '기계류 획득 성공, 박흥식 조선비행기 사장 귀임 회견', 『매일신보』 1944년 12월 13일 자, 1면.

46) '재계 산맥' 766화, 『매일경제신문』 1984년 1월 6일 자, 8면.

47) 박상하, '한국 기업성장사 28-마카오 무역선 조선화약 창고의 먼지까지 싹쓸이', 『아시아경제신문』 2012년 8월 22일 자.

48) 동시에 한국의 항공산업 발전이 기대에 못 미쳤다는 의미도 내포하고 있다.

49) 항공인들의 회합 장소가 자연스레 김정렬의 돈암동 자택으로 정해진 이유는 가장 여유 있었기 때문이다. 서울에서 대대로 무장을 배출한 유복한 집안에서 태어난 데다 김정렬 · 김영환 장군의 모친이 1923년부터 경영한 '만화당萬花堂'이라는 예식장도 번창했다(『항공의 경종』, 35쪽).
한국 최초의 서양식 예식장인 '만화당 예식부'는 1960년대, 1990년대 언론에서도 '서양 문물 유입기에 한국을 대표하는 예식장'으로 소개하고 있다('개화백경 17화 결혼', 『조선일보』 1968년 5월 26일 자, 5면; '定都 600년 서울 58회-결혼 풍속도', 『동아일보』 1994년 3월 21일 자, 29면).

50) 김두만 전 공군 참모총장이 회상한 일화도 김정렬 자택으로 사람이 모이는 분위기를 대신 말해준다. "개전 초기 항공 전력의 철수가 시급했다. 김정렬 장군은 L-4와 L-5 정찰기, T-6 항공기와 유류(500드럼)의 철수를 위해 혼신의 힘을 다했지만 막상 가족은 돌보지 않았다. 그는 아내에게 '공군 철수 차량에는 내 가족을 실을 공간이 없다. 공군 차량에는 항공기 부속품과 기름통을 하나라도 더 적재해야 한다. 그러니 당신은 식구들을 데리고 알아서 피신하라'며 떠났다. 얼마 뒤 김 장군의 식구 15명은 좌익의 밀고로 잡혔다. 인민재판을 받은 후 꼼짝없이 죽음만을 기다리던 그들에게 은인이 나타났다. 좌익 중에 책임자급에 해당하는 자가 슬며시 와서는 '나는 당신 집에서 밥을 많이 얻어먹은 사람이오. 이제 밥값을 하고 싶소. 빨리 이곳을 빠져 나가시오'라며 도망칠 기회를 줬다. 김 장군 집안의 '밥 인심'이 가족들을 살린 것이다."(김덕수, 앞의 책, 268쪽)

51) 김정렬, 『창공의 경종』(사후 회고록), 도서출판 대희, 2010, 82쪽.

52) 김정렬의 동생 김영환은 일본 간사이 대학을 다니던 중 사실상 징집돼 예비사관학교에서 교육받고 일본 육군 항공소위로 임관한 직후 해방을 맞았다. 1946년 미 군정이 설립한 군사영어학교에 입교해 공군에서는 가장 먼저 임관했다. 군정청 산하 통위부 정보국에서 근무해 공군을 창설하려는 핵심 멤버들의 의사를 미군에 전달하는 데 적임자였다. 호를 '蒼空(창공)'으로 지을 만큼 비행을 좋아했던 그는 한강 다리 통과 같은 묘기 비행을 즐겨 형인 김정렬 참모총장의 명령으로 1주일간 영창에서 지내기도 했다(김덕수, 앞의 책, 21세기 북스, 2017, 276쪽).

53) 공군 창설 7인은 힘들게 작성한 항공인 명부에 의거해 엄격하게 입대 순서를 지켰기에 공군에서는 계급이나 서열이 뒤바뀌는 일이 발생하지 않았다(김정렬, 앞의 책, 82쪽).

54) 이지원, 「조선경비대 항공기지사령부 장교단의 항공력 인식과 독립 공군 창설 노력」, 『군사과학논집』 72권 2호, 공군사관학교, 2022. 2, 12쪽,

55) '한국 방위 위하여 대전에 항공학교 설립', 『현대일보』 1947년 10월 23일 자, 2면.

56) 이동건, 『최초의 경비행기, 부활호』, 공군역사기록관리단, 2015, 64 · 65쪽.

제4장

공군 창설과 한국전쟁, 국산 항공기 개발 노력

1. 역경을 이겨낸 치밀한 준비, 공군 창설의 특징

대한민국 국군의 창설은 1948년 8월 15일, 정부 수립과 동시에 이뤄졌으나 실제 창군 활동은 이전부터 진행됐다. 군사영어학교 개교(1945. 12. 5)[1]를 시작으로 조선국방경비대 제1연대 창설(경기도 태릉, 1946. 1. 15)에 이어 1946년 말까지는 도별로 9개 연대가 조직됐다.[2] 앞장에서 살펴봤듯이 출신과 경력의 구분을 넘어 단합을 중시했던 항공인들은 조선항공건설협회를 창구로 미 군정과 협의하며 군정이 조직한 조선국방사령부(통위부) 참여를 미루고 항공 경험자의 소재를 파악하는 데 주력했다.[3]

조선항공건설협회는 민간단체로는 국방과 항공 진작이라는 목표에 접근하기 어렵다는 판단 아래 미 군정과 통위부에 항공부대 창설을 건의하고 1948년 3월 미 군정으로부터 조선경비대 휘하의 경항공기 부대 창설을 승낙받았다.[4] 그러나 미 군정은 조건을 내걸었다. "항공 분야의 지도급 인사들이라고 해도 중국군과 일본군에 종사한 경험밖에 없으니 미국식 훈련을 받기 위해 수색의 조선경비대 보병학교에 입교하라"는 조건이었다.

미국 보병의 최하 계급인 이등병이 되기 위한 훈련부터 받으라는 요구에 모두가 분개할 때 연장자이자 서열 1위인 최용덕이 나섰다. "동지들, 참으로 불쾌하기 그지없는 것은 나도 마찬가지요. 하지만 이제 새로운 나라가 만들어지려 하고 우리는 그 나라의 하늘을 지킬 공군을 창설하려 하오. 공군이 창설되어 우리가 우리 군대에서 우리의 영공을 지킬 수만 있다면 이까짓 모욕이 뭐 그리 대수겠소! 옛날 이순신 장군도 조국을 위하여 백의종군하지 않았소! 대의를 위해 우리가 참읍시다!"[5] 당시 상황은 2007년 2월 발행된 『월간 공군』지에 잘 정리되어 있다.

1948년 1월, 태릉에서 열린 국방경비대의 창설 2주년 기념식 분열 장면. 공군 창설 7인의 입대 시기(1948년 4월)와 가장 비슷한 시기의 국방경비대 사진이다.

해방 후 3년 동안 항공부대 창설을 위한 항공계 인사들의 노력은 타 군과는 근본적으로 달랐다. 그들의 노력에는 미 군정의 냉담 속에서 이뤄낸 무에서 유의 창조, 즉 도전이라는 표현이 가장 적합했다. 국내외에서 활동했던 850여 명의 항공인들은 항공협회를 중심으로 전국 순회강연을 통하여 항공사상을 계몽하는 한편, 항공부대 창설에 정성을 쏟았다. 그러나 항공부대의 창설을 원치 않던 미 군정청은 일본이 남겨두고 간 500여 대의 비행기를 고철로 민간인에게 불하함으로써 단 몇 대의 항공기라도 보유하고 싶어 했던 항공계 인사들의 소망을 무산시켰고, 실망한 그들은 흩어지고 말았다.

하지만 남아 있던 소수정예 항공계 인사들은 정·관계에 항공부대 창설의 당위성을 역설했으며, 특히 경비대 내에서는 정보국장 대리 직책을 맡고 있던 김영환 부위(중위 계급 해당)가 항공부대 창설을 위하여 노력했다. 그는 계급과 직책을 걸고 미 군정청에 항공부대의 창설을 촉구하였으나 미 군정청으로부터 아무런 응답이 없자 옷을 벗고 (새로) 도전하는 백의종군의 길을 택하기도 했다.[6]

김영환은 '공군 창설 7인' 중 가장 후임자였지만 누구보다 먼저 군사영어학교를 졸업(1946)하고 조선경비대에 입대했기에 군적을 유지했다면 한국군에서는 육해공군을 통틀어 최선임 장교가 될 수 있었다. 그러나 항공부대 창설을 차일피일 미루는 군정 당국의 행태에 항의하며 경비대를 떠났다. 김영환의 항의와 시위는 군정 당국을 움직일 수 있었다. 1948년 3월까지 경비대 안에 항공부대를 창설하겠다고 약속하며 내건 조건이 누구든 이전 경력과 계급에 관계 없이 경비대 보병학교에 입교해 미국식으로 이등병 훈련부터 받으라는 것이었다.[7] 군사영어학교의 군번을 포기한 김영환은 이등병 입대와 조선경비대 사관학교의 장교 교육과정을 다시 겪었다. 공군의 상징인 '빨간 마후라'의 원조이며, 공비 토벌을 위해 해인사를 폭격하라는 명령을 거부한 장본인이기도 한 김영환은 1951년 전투비행단장으로 단독 비행하며 임무를 수행하다 악천후로 추락, 33세 나이에 순직했다.

최용덕의 설득으로 1948년 4월 1일 공군 창설 7인은 전원 조선경비대 보병학교에 입교, 미국식 훈련을 1개월 동안 받고, 다시 태릉의 조선경비대 사관학교(육군사관학교 전신)에서 2주간 장교후보생 훈련까지 마쳤다. 이런 과정을 거쳐 1948년 5월 5일에 경기도 수색에 있던 조선경비대 제1여단 사령부 내에 '통위부 직할 항공부대'가 편성됐다. 요즘 기준으로는 국방부 직할 항공부대였던 셈이다. 정부 수립과 국군 창설 이후에도 육군에 예속되어 있었지만 통위부 직할 항공부대는 대한민국 공군의 실질적인 출발점이다.

해방에서 창군에 이르는 과정까지 공군이 걸어온 길은 4가지 측면에서 독특하다. 무엇보다 시련을 많이 겪었다. 해방 직후부터 일본군이 남긴 항공기를 활용해 스스로 조종하고 정비하는 항공전력을 갖추겠다는 목표가 좌절되고 공

1948년 5월 5일 경기도 고양군 조선경비대 제1 여단 사령부에서 열린 항공기지부대 창설 신고식. 대한민국 공군의 전신인 육군 항공부대가 출발하는 순간이다./사진=공군

군의 전 단계인 협회도 인정받지 못했다. 신의주항공대가 군으로 순조롭게 변신한 북한과 정반대였다. 둘째, 오랜 준비를 거쳤다. 초기의 기대가 무산됐어도 좌절하지 않고 최용덕, 김정렬 등을 중심으로 남한 내 항공 경력자를 빠르게 조직화할 수 있는 준비과정을 밟았다. 셋째, 모든 기득권을 내려놓고 원점에서 출발했다. 장성급, 영관급 군 경력자가 이등병 계급부터 시작했다는 점이 그 상징이다. 넷째, 출신과 지역, 성향에 따라 사분오열된 당시 사회 분위기와 달리 구성원들끼리 존중하고 인정하는 단결력을 보여줬다. 뒤늦은 창설과 예산, 장비의 태부족에도 공군이 빠르게 성장할 수 있는 배경에는 이런 특장점이 깔려 있었다. 공군 창설 7인의 역할이 특히 컸다.

❖ 공군 창설 주역 7인[8]

성명	사진	주요 약력
최용덕		1898년 서울 출생, 중국 육군 군관학교 졸업(1916). 중국 보정(保定)비행학교 졸업(1920). 중국공군 기지사령관(1923), 광복군 총사령부 총무처장(1940), 한국항공건설협회장(1946). 조선경비대 보병학교 졸업(1948. 5). 항공기지부대장(1948. 7), 국방차관(1948. 8), 공군사관학교장(1950. 5), 공군본부 작전참모부장(1951. 7), 제2대 공군 참모총장(1952. 12), 체신부 장관(1960), 중화민국(대만) 대사(1961) 역임. *공군 재임 기간(1948. 5. 14~1956. 12. 1)
장덕창		1903년 평북 의주 출생. 일본 이등(伊)비행학교 졸업. 일본 민간항공사 재직. 조선경비대 보병학교 졸업(1948. 5). 항공기지부대장(1948. 9), 공군 항공기지사령관(1949. 10), 공군비행단장(1950. 8), 제1전투비행단장(1951. 8), 제4대 공군 참모총장(1956. 12) 역임. *공군 재임 기간(1948. 5. 14.~1959. 2. 23)
이영무		1904년 함경북도 출생, 중국 운남(雲南)항공학교 졸업. 조선경비대 보병학교 졸업(1948. 5). 항공기지부대장(1948. 7) 항공기지사령관(1948. 9), 공군비행단장(1949. 10) 역임. 한국전쟁 발발 후 행방불명(1950. 6) *공군 재임 기간(1948. 5. 14.~1950. 6. 25)
박범집		1917년 함경남도 출생, 일본육군사관학교 졸업(1938). 조선경비대 보병학교 졸업(1948. 5). 육군 항공사령부 참모장(1948. 12), 국방부 항공국장(1949. 6), 공군참모부장(1949. 10) 역임. 함흥지역 지휘비행 중 전사(1950. 11. 12) *공군 재임 기간(1948. 5. 14.~1950. 11. 12)
김정렬		1917년 서울 출생, 일본 육군사관학교 졸업(1940). 조선경비대 보병학교 졸업(1948. 5). 육군 항공기지부대 비행부대장(1948. 9), 육군 항공사관학교장(1949. 2), 제1대 공군 참모총장(1949. 10), 공군사관학교장(1952. 12), 제3대 공군 참모총장(1954. 12), 국방부 장관 특별보좌관(1954. 5), 제7대 국방부 장관(1957. 7), 민주공화당 초대의장(1963. 2), 주미대사(1963. 4), 제19대 국무총리(1987. 7) 역임. *공군 재임 기간(1948. 5. 14~1957. 7. 6)
이근석		1917년 평남 평원 출생, 일본 웅곡(熊谷)비행학교 졸업(1934). 조선경비대 보병학교 졸업(1948. 5). 공군사관학교장(1949. 10), 공군비행단장(1950. 4) 역임. F-51D 수령 후 1950년 7월 4일 출격, 적 기갑부대를 저지하다 경기도 시흥군 상공에서 적의 대공포에 피격돼 전사. *공군 재임 기간(1948. 5. 14~1950. 7. 4)
김영환		1921년 서울 출생, 일본 관서대학 항공과 수학(1943. 3). 군사영어학교 졸업(1946). 조선경비대 보병학교 졸업(1948. 5). 공군.비행전대장(1951. 8) 역임. 1954년 3월 5일 직접 조종 중 악천후로 동해시 인근 상공에서 추락, 순직. *공군 재임 기간(1948. 5. 14~1954. 3. 15)

백인엽 소령, 최용덕을 비롯한 7명의 신임 항공소위, 미 군사고문 앨러먼(William R. Allerman) 소위로 부대가 편성됐으나 운영은 매끄럽지 않았다. 초대 사령관 백인엽 소령이 군 경력과 나이에서 7인 간부들의 후배였음에도 뒤바뀐 서열을 내세웠기 때문이다. 결국 백 소령이 3주 만에 자진 사퇴 형식으로 전출 가고 최용덕 중위가 사령관을 맡으며 부대가 빠르게 안정됐다. 항공기지 요원은 52명으로 출발해 곧 105명으로 늘어났다. 초기의 난제를 슬기롭게 풀어나간 이들은 통상 '공군 창설 105인'으로 불린다.[9]

공군 창군 전야인 항공기지부대와 항공기지사령부 시절의 장교단은 특히 주목할 만하다. 부대 자료가 남아 있지 않아 정확하게 파악하기는 어렵지만 공군 일지와 장교 임관 기록, 공군장교 자력부(경력 표시 문서) 등을 보면 1948년 7월 27일부터 12월 9일까지 항공기지 사령부에 근무했던 장교는 50명 정도였다. 이들은 공군 창설의 근간이었으며 20여 년간 공군 수뇌부를 구성했다. 이들 중 16명이 장성급 장교로 진급했고 7명이 공군 총참모장(참모총장) 자리까지 올랐다.[10]

이들 참모총장 7명의 재임 기간은 1949년부터 1968년까지 약 20년에 이른다. 5대 참모총장 김창규 장군의 재임 기간을 제외하고는 창군 이래 1968년까지 항공기지사령부에 근무했던 장교들이 공군 참모총장으로 재임했다. 김창규 총장도 조선항공건설협회가 대전에 설립하려던 항공학교의 교수진이었다는 점에서 조선항공건설협회의 핵심이 그대로 공군으로 옮겼다고 볼 수도 있다. 해방 직후 독립된 신생 조국의 항공산업을 일으키려고 노력했던 항공인들이 공군의 깃발 아래 다시 모인 셈이다. 아래는 항공기지사령부의 장교단 현황[11]이다.

❖ 항공기지 사령부 장교단 현황

임관 구분		인원	성명
조선경비 사관학교	특별	7명	최용덕(2대 총장), 장덕창(4대 총장), 이명무, 박범집, 김정렬(1·3대 총장), 이근석, 김영환
	5기	2명	박원석(8대 총장), 장지량(9대 총장)
	7기	6명	이재류, 김상학, 김형택, 윤응렬, 류의렬, 박제형
기타		3명	김신(6대 총장), 장덕승, 권정식
항공병 1기 특별임관		14명	김동업, 장성환(7대 총장), 서한호, 김영재, 한용현, 신유협, 홍윤범, 노중신, 서무갑, 박두선, 김연기, 최휘, 김전택, 홍승화
		18명	김동흘, 허영걸, 오점석, 박희동, 홍제범, 서현규, 전명섭, 이규석, 이갑록, 김규철, 김동철, 강화일, 강호륜, 김용배, 이복현, 박만성, 이영찬, 이경춘

2. 감격의 정부 수립 기념 서울 상공 시범 비행

1948년 8월 15일 대한민국 정부가 수립됐지만 육군의 항공기지부대는 여전히 항공기 없는 항공대에

1950년 초반까지 한국 공군의 최상위 기종이었던 L-5 정찰기 겸 연락기(왼쪽). 김포기지에서 미군으로부터 L-4 연락기 겸 정찰기를 인수받는 한국군. 미군의 마크인 원 안의 별 표지를 지우고 가운데 태극 문양으로 바꾸고 비행한 이래, 한국 공군의 동체와 날개 마크로 굳어졌다. L-5 항공기는 저속에 항속거리도 짧았지만 조종과 정비가 쉬워 2만여 대가 생산되며, '하늘의 T-Model'(포드사가 대량생산해 자동차 대중화를 연 T형 차. 'T-Model'이 그만큼 많이 생산됐다는 의미)로도 불렸다./사진=공군

머물렀다. 미군이 "한국에 공군은 필요 없다"는 의견을 견지한 탓이다. 1948년 항공기지부대 창설 즈음 로버츠 미 군사고문단장은 경무대에서 열린 회의에서 "전투기가 필요하다"는 이승만 대통령의 군사원조 요청에 이렇게 답했다. "각하, 육군도 초창기이며 비둘기통신대 역할을 할 소규모 항공대가 필요할 뿐입니다."[12] 미국 공군도 1947년 육군에서 독립했을 뿐이라는 말도 덧붙였으나 한국의 거듭된 요구에 '비둘기'를 보냈다. 항공기지부대는 9월 13일 미 보병 7사단[13]으로부터 L-4 연락기 4대를 받고 부대 이름을 항공기지사령부로 바꿨다.

미군은 항공기를 주고도 못 미더웠는지 정비사와 조종사를 딸려 보냈다. 항공기지사령부는 미군의 도움을 전혀 받지 않고 순식간에 조립을 완료, 시험비행에 나섰다.[14] 김정렬 항공기지사령관은 직접 조종간을 잡고 서울 상공을 몇 차례 비행하다 진동도 하나 없이 사뿐히 착륙해 격납고 앞에 정확하게 멈췄다. 김 사령관과 동승했던 미 7사단 비행단장은 감탄하며 한국군에 대한 비행교육을 그 자리에서 취소했다.[15]

L-4 정찰기를 인수한 지 불과 사흘째인 1948년 9월 15일 단군 이래 처음으로 태극 표지를 단 L-4 10대가 편대를 갖춰 광화문 상공을 시위하며 날았다.[16] 육군 소속의 일개 비행부대였지만 국민과 군이 느끼는 감격은 남달랐다. 정부는 이 행사를 기념해 9월 15일을 '항공기념일'로 정했다. 국방부 초대

대한민국 정부 수립 한 달 뒤인 1948년 9월 15일, 북한산과 인왕산을 넘어 서울 경복궁과 중앙청 상공을 시범 비행하는 L-4 정찰기 편대. 동체와 날개에 태극 표지를 단 항공기가 이 날 국민들에게 처음으로 공개됐다./사진=공군

차관으로 재임하던 최용덕 장군은 첫 시범 비행의 감격을 이렇게 말했다.

> "내가 어려서 망명하여 남의 나라 군내軍內에서 몽매에도 잊지 못할 소원이 있었다. 그것은 내 나라의 군복을 입고, 내 나라의 상관에게 경례하며, 내 나라 부하의 경례를 받아보는 것이며, 내 나라 강토 안에서 태극기를 그린 비행기로 조국의 하늘을 마음껏 날았으면 하는 염원이 오늘 성취하고 보니 이제 죽어도 여한이 없다."[17]

3. 어렵고 가난해도 인력 확보에 최우선

태극 마크의 우리 비행기에 모두가 감격의 눈물을 흘렸지만, 공군의 사정은 참으로 어려웠다. L-4 정찰기의 최초 시범 비행 당시 항공기지 부대의 457명은 제대로 먹지도 입지도 못했다. 김포기지에 주둔하던 항공기지 부대는 군량미를 전혀 보유하지 못해 급식 문제를 해결하는 게 그날그날의 최대 문제였다. 항공 부대 보급관은 하루 전에 용산의 국방부 경리과에 가서 식수 인원이 적힌 일보日報를 제출해야 했다. 국방부 경리과에서 쌀과 보리, 된장, 소금 등이 기록된 지급 전표를 받아도 절차가 또 남았다. 남대문 부근의 민간 급식 물품 보관소(현재 서울 중앙우제국 자리에 위치)에 전표를 제시해 필요한 물품을 받아 부대로 돌아와서 장병들의 끼니를 해결했다.[18]

피복 문제도 항상 난제였다. 국방부에 항공부대나 공군 창설에 대비해 확보한 예산이 아예 없었다. 다른 재원도 부족한 마당에 500여 명에 이르는 장병들의 피복을 제작하는 게 문제 중의 문제였다. 궁여지책으로 항공부대 군수처장 이근석 중위[19]는 암시장에서 옥수수를 담았던 미국산 포대 자루를 구입한 다음 녹색과 청색 염색약으로 물들인 항공병 피복을 제작, 장병들을 입혔다. 군모도 부족해 중학생들의 교모를 염색해 썼다.

창군 초기 어려웠던 살림살이 속에서도 미래를 준비했던 일화가 하나 더 있다. 비록 공군으로 독립하지 못했지만 육군 항공사령부는 탄탄하게 인재를 양성하는 게 시급하다는 판단 아래 1949년 1월 14일 김포에 육군 항공사관학교(공군사관학교 전신)를 개설하고 김정렬 중령을 초대 교장으로 임명했다. 명색이 사관학교였으나 살림이 얼마나 궁색했는지 외부의 대학 교수를 모셨어도 강사료를 지급할 형편이 못됐다. 궁여지책으로 교장을 비롯한 사관학교 교직원 전원이 군대 급식을 먹으며 강사들에게는 주변 식당에서 특별히 양식을 주문해 날라다 대접하는 성의로 대신 보답할 수밖에 없었다.[20]

L-4 연락기 인수와 서울 상공 시범 비행 이후 얼마 안 지나 항공기지사령부에 출동명령이 떨어졌다. 1948년 10월 19일 터진 여수 제14연대 반란(여순반란) 진압 작전에 투입된 것이다. 김정렬 사령관을 비행대장으로 편대를 구성, 출동했지만 L-4는 무장이 전무한 연락기여서 투항 권고 전단지만 뿌렸다. 한국

군 항공전력의 첫 실전이 전단지 살포로 시작된 셈이다.[21]

진압 작전에 투입된 L-4 정찰기는 정찰 이외에도 지휘관 수송, 긴급 연락 등의 임무를 맡았다. 육군 작전부대 간 통신기기가 없어 L-4 정찰기에서 통신통을 지상으로 떨어뜨리고 심지어 정비병이 후방석에서 수류탄을 손으로 던지는 등 위험천만한 일까지 불사하며 작전을 수행했다.[22]

육군 항공기지사령부는 여순반란 작전 참여로 보다 많은 정찰기를 인수할 수 있었다. 항속거리가 짧은 L-4를 운용하며 남원 인근의 국도를 비행

미군에게 추가로 인도받은 L-5 항공기. 기존에 보유한 L-4보다 속도가 빠르고 항속거리가 길어 국민들의 성금을 모았던 '건국기' 도입 이전까지는 한국군이 보유한 가장 상위 기종이었다. /사진=공군

장으로 사용할 수밖에 없는 형편을 옆에서 지켜본 미군은 한국군의 정찰기 운영 능력을 살려야 한다며 두 차례에 거쳐 L-5 정찰기 10대를 추가로 지원했다. 속도와 항속거리가 L-4보다 빠르고 긴 L-5를 인수한 항공기지사령부는 제주 4·3사건 진압과 지리산 공비 토벌작전 지원에서 전단지 살포을 통한 선무 활동을 펼쳤다. L-5 정찰기의 양 날개에 육군의 2.36인치 로켓포(바주카포)를 장착, 사용하였는데 심리적 위협을 주는 효과를 거뒀다.[23] 선무 비행이나 토벌작전 비행은 대공對空 화망의 공격이 없었지만 위험하기는 마찬가지였다.[24]

빈약한 항공기로 항공지원에 여념이 없는 가운데서도 공군 독립을 위한 작업은 끊임없이 진행됐다. 1949년 1월 14일 육군 항공사관학교가 문을 열고 2월 15일에는 여자 항공교육대[25]가 생겼다. 여자 항공교육대는 27개 여학교에서 응모한 50명이 이화여자중학교에서 합숙하며 이론과 체력 검정을 통해 15명을 선발, 입교식을 가졌다.[26] 1949년 10월 1일 공군으로 독립한 것이다. 그러나 외형은 육군과 해군에 이어 독립된 군이 됐어도 내용은 이전과 다르지 않았다. 연락기 겸 정찰기 십수대가 전력의 전부였다.(우리 공군력이 왜 그리 미약했는지는 이 책 2부의 '11. 무스탕 전투기 20대만 있었더라면……' 516~524쪽에서 자세히 다뤘다.)

1949년 2월 15일 여자 항공교육대 창설식 및 제1기생 입교식./사진=공군

4. 1949년의 항공기 제작 의지와 불발된 목제항공기 제조

공군 창설 직후 김정렬 초대 총참모장은 취임 기자회견에서 기자들의 질문 세례를 받으며 두 가지를 강조했다. 먼저 항공기 및 부품 제조 가능성을 언급했다. "항공기 부분품 제조와 관련해서는 아직 이렇다 할 시설도 갖고 있지 않아 제작 문제 역시 당분간 생각할 여지도 없다. 그러나 기대가 큰 것만은 사실이다. 중국도 항공기 제작은 항주에서 수년을 두고 연구하여 제작한 사실도 있고 일본 같은 곳에도 항공기 부분품과 기타 여러 가지 물품을 만들어내고 있다. 우리 한국에서도 서울공과대학에서 연구를 거듭하고 좋은 성적을 보이고 있는데, 앞으로의 기대가 크다."

두 번째는 구입을 통한 항공전력 보강 문제였다. "항공기 증강에 대해서는 이때까지 공군이 독립되지 못한 점으로 미군에 말조차 꺼내기 어려웠다. 그렇다고 항공기 원조가 어느 정도 실현될지는 알 수 없으나 전투에 사용할 수 있는 고급 항공기 수 대가 정부 기금으로 주문 중이며 늦어도 오는 12월경은 들어올 것이라고 본다. 기술자의 보강책 등 인적 문제에 있어서는 우리가 기도하는 공군 구상에 필요한 인재가 다수 있으며 더구나 재훈련을 필요로 하지 않는 인력이 있다. 미국 일본 중국 등지에서 충분한 교육을 받은 조종사 또는 정비원·통신사들이 있어 다행으로 생각하고 있다."[27]

김 총참모장의 기자회견에서 발췌한 두 부분, 즉 항공기 부분품 제조와 항공전력 보강은 특별하게 주목할 가치가 있다. 정부가 체계적으로 방위산업과 항공산업 육성에 나선 이래 지금까지 위의 두 가지는 변하지 않는 정책 목표다.[28] 김 총참모장은 항공제조 부문에서는 "이렇다 할 시설도 없어 당분간 생각할 여지도 없다"면서도 "서울공과대학에서 연구를 거듭하고 좋은 성적을 보이고 있는데, 앞으로 기대가 크다"고 여운을 남겼다. 인터뷰와 비슷한 시기에 항공기 제작과 관련된 기사가 하나 있다.[29-1]

김 총참모장이 언급한 1949년 11월의 목제 비행기 제작 프로젝트는 성공하지 못한 것 같다. 성공 소식은 물론 프로젝트가 어떻게 진행됐는지 알려주는 기사나 책자가 전혀 없다. 그래도 김 총참모장의 두 번째 언급, 즉 항공기 증강은 다소나마 성과를 거뒀다. 공군 독립을 앞두고 정부와 공군은 '제1회 항공일 기념식'이라는 큰 행사를 치렀다. 미군에게 넘겨받은 정찰기(L-4) 10대를 사흘간 손보고 연습비행까지 거친 후 태극마크를 급하게 그려놓고는 한꺼번에 비행에 나섰던 날이 바로 1948년 9월 15일(105쪽 참고). 항공일로 지정된 이 날을 기념하는 사상 최초의 '공중관병식空中觀兵式'을 눈에 담으려는 관람객으로 넘쳐났다. '제1회 항공일' 기념식은 볼거리가 풍성했다. '공중관병식'에 이어 낙하산 강하 시연이 펼쳐졌다. 예비역 공군 대위 신분으로 여자 항공교육대에 입대 후 여성 신병 교육에 전념하던 공군 유일의 여성 조종사 이정희 대위는 낮은 고도로 비행하는 묘기를 선보였다.[30]

과학진의 개가, 목제(木製) 비행기 제품도 가능[29-2]

과학의 급진적인 발전에 따라 항공력 보유의 다소는 그 나라의 국력을 좌우할 정도에까지 이르렀다. 그런데 지금껏 국토가 남북으로 양단되고 있는 우리나라 현상에서 우리는 지금 통일의 숙원을 이루기 위해서라도 보다 더 큰 항공력이 필요한 것이고, 민간항공 역시 앞으로 그 발전 여하에 따라 우리 산업문화 건설에 막대한 역량이 있을 것인데도 우리는 아직껏 이 중요한 비행기를 수입에 의존할 수밖에 없었던 것이며 그에 따라 막대한 금액이 필요함에 현재 각지에서 애국기 헌납운동이 전개되고 있는 것이다.

이때를 맞이하여 비행기의 국내 생산 여부는 이 급선무를 완수하는 데 가장 주목되는 바인데 대한항공협회 측 권위자의 말에 따르면 비행기 국내 생산에 일대 서광이 비추었다고 하는데 만약 비행기 국내 생산이 성공하는 날이면 비행기 확보에 경제적인 큰 도움이 될 것이라는 바 그 내용을 살펴보면 다음과 같다.

현재 미국에서 수입하려는 비행기의 가격은 1대에 약 350만 원가량이나 된다는데 이를 국내에서 생산한다면, 미국서 엔진만 수입(약 70만 원)하면 생산비 등 도합해서 150만 원이란 수입가액의 반액 이하로서 이뤄진다 하며 특히 기체의 자재로서 주로 이용되는 것은 히노끼(檜) 홍송(紅松)이라는 바, 현재 약 20대가량을 제조할 수 있는 일본산 히노끼가 왜인들이 꿈꾸는 소위 부여 신궁 건축 자재로서 운반해 둔 것이 있다고 한다.

그리고 동 제작에는 공과대학 박성룡 교수 같은 유능한 기술자를 비롯한 대한항공협회 측에서도 다수의 기술자가 있다는 바 앞으로 항공력의 증강과 민간항공의 발전에 비행기 국내 생산이 이루어진다면 기대되는 바 큰 것이 있고 더욱이 엔진의 수입이나 또한 건축 공장 등에도 별로 막대한 예산이 필요 없고 이로써 완성된 비행기 역시 선진국이 실험한 결과 가장 우수하다는 목제 비행기가 제작된다는데 우리 항공기의 일대 쾌거가 아닐 수 없을 것이라 한다.(『자유신문』 1949년 11월 22일 2면)

5. 국민 성금으로 구매한 훈련기 겸 공격기, '건국호'

국민의 관심과 성원 속에 행사가 성대하게 치러진 뒤, 공군 독립을 앞에 두고 고성능 전투기 확보가 시급하다는 공론이 일자 정부는 모금에 나섰다. 최초 계획은 공무원들이 자발적으로 항공기 구입용 헌금을 내서 2억 원을 모집한다는 것이었다. 여기에 언론이 "애국에 국민과 공무원이 다를 수 없다"며 일반 국민의 참여를 호소하며 애국기 헌납운동이 일었다.[31] 마침 공군 독립과 시기가 비슷해 애국기 헌납운동의 목소리는 너욱 거졌나.

공군 창설(10월 1일)을 앞두고 성대하게 진행된 제1회 항공일 행사로 항공력에 대한 관심이 높아진 분위기 속에서 애국기 헌납운동은 각계각층으로 번졌다. 언론은 헌납운동을 자세하게 보도하며 모금 확산에 불을 지폈다. "우리의 비행기는 우리의 힘으로 구입하자"는 구호 아래 학생들이 저금통을 깨고 주부들은 반찬값을 아껴 항공기를 사는 데 돈을 보탰다. 심지어 제소자들까지 헌납운동에 돈을 보냈다.[32] 결국 목표액을 초과한 3억 5000만 원이 모였다.

정부는 이 돈으로 일본 주재 미국 에어 캐리어(Air Carrier) 항공사의 극동대리점에서 중개한 캐나다제 AT-6 고등훈련기 10대를 구매하기로 결정했다. 정부는 T-6 10대를 27만 불, 0.5인치 기관총 20정, 실탄 5000발, 1년분의 부속품 3만 점 등 총 30만 불에 상당하는 무기를 들여왔다.[33] 미국이 아니라 캐나다와 협상한 이유는 두 가지 이유에서다. 중고가 아닌 신규 물량을 생산하는 공장이 캐나다에 있었고 미국 정부가 한국에 대한 항공기 판매정책이 없다는 이유로 직접 판매를 거절했기 때문이다.[34] 우여곡절 끝에 캐나다제 신품 T-6 항공기는 선박 편으로 태평양을 건너 한국에 들어왔다.

구매를 마친 후 한국으로의 이송도 쉽지 않았다. 크게 네 가지 난제를 넘어야 했다.[35]

① 해운 수송에 앞서 동체와 날개, 엔진 등 주 부품을 항공기 1대당 대형상자에 담아 모두 10개 상자가 부산에 도착한 뒤에는 열차 편으로 영등포역에 도착

② 영등포에 도착한 항공기 상자를 여의도로 옮기려다 당시에는 여의도와 영등포를 잇는 다리가 없어 포기하고 김포기지로 이동 후 조립

③ 도량형의 혼선 우려. 당시 한국에서는 미터법에 의거해 *mm* 단위의 공구를 사용했으나 항공기 조립을 도와주던 미군은 영미식 도량형인 인치로 표시된 공구를 사용해 혼선 발생, 특히 미군이 철수한 뒤에는 서울 시내의 공구상가를 뒤져 인치 단위로 표시된 공구를 확보한 뒤 작업 진행

④ 항공기 조립을 위한 거치대가 없어 영등포 일대의 목수들을 불러 거치대를 따로 제작한 뒤에 조립

이런 우여곡절 끝에 정부는 1950년 5월 14일 여의도에서 새 비행기의 명명식(사진)을 대통령 행사로 치렀다. 신생 대한민국이 군사원조가 아니라 국민 성금으로 도입한 새로운 비행기는 당시에도 세계 각국에서 고등훈련기로 운용하던 기체였지만 한국 공군에서는 최상위 기종이어서 국민의 관심도 높았다. 이승만 대통령은 행사에서 '건국호'라는 이름을 명명하고 모금 기여도를 반영해 기체 번호와 기체별 이름을 부여했다.[36] 행사의 하이라이트는 발진이었다. 식장 정면 잔디밭에 정렬된 10대에 대한 이 대통령의 사열이 끝난 다음 조종사들이 탑승해 폭음과 함께 이륙할 때마다 환호성이 터졌다. 헌납기의 성능을 과시하기 위한 3분간의 고등비행에 관중들의 손에 힘을 주었다. 거액 헌납자에 대한 시승비행도 뒤따랐다.[37]

비행 중인 '건국호'.

건국호 1차 명명식을 보도한 『연합신문』 1950년 5월 14일 자 2면 기사. '제1차 항공기 명명식'이라는 제목에서 보듯이 당시 정부는 2차, 3차 항공기 증강을 추진하던 중 6·25 전쟁을 맞았다(사진 맨 위). 비행 훈련 중인 건국호. 꼬리날개 기체번호 107번 '국민 1호기'다. 기체명과 부호의 표기, 전후방석 조종사들이 헬멧 없이 비행하는 점에 미뤄 명명식 직후 6·25 발발 직전 사이의 사진으로 보인다(중간). 건국호 명명식을 다룬 한성일보 1950년 5월 14일 자 2면 기사. 각 기체의 번호와 이름은 헌납액에 따라 정해졌다(사진 맨 아래).

❖ T-6 건국호 제원 및 성능

구분	항공기	조선	자동차
승무원	2명	최대속도	335km/h
길이	8.84m	순항속도	233km/h
날개폭	12.81m	상승고도	7400m
전고	3.57m	항속시간	2시간 10분
날개면적	23.6m^2	항속거리	1,117km
적재중량	2,548kg	행동반경	km
최대이륙중량	2,620kg	익하중	108kg/h
엔진	1 × 프랫&휘트니사 R-1340-AN-1와스프, 600㎐	무장	3 × 브라우닝 12.7㎜ 기관총

건국호 명명식의 분위기는 열광적이었지만 나라 전체의 기상은 그리 쾌청하지 않았다. 정치권은 시끄럽고 책임 행정도 없었다. 사임한 이범석 국무총리 후임으로 국회가 조병옥을 추천(1949년 4월 11일)하자 이승만 대통령은 신성모 국방부 장관을 국무총리 서리 겸임 발령으로 맞섰다. 신 국방부 장관은 이 대통령이 총애하는 장관이었다. 누가 그에 관한 좋지 않은 정보를 보고하면 "캡틴 신은 하늘이 내게 프레젠트해 준 사람"이라는 답이 돌아왔다. 무소속이 절대다수를 차지한 2대 국회에서 신 국무총리 서리 겸 국방부 장관은 이렇게 답했다. "전쟁이 나면 아침은 해주에서 먹고, 점심은 평양에서, 저녁은 신의주에서 먹게 될 것이오." "순양함 한 척만 있으면 남북통일도 문제없다"라는 발언도 바로 이 시기에 나왔다.[38] 얼마 후 진짜로 전쟁이 터졌다.

6. 한국전쟁 발발과 공군의 성장

한국군은 초전에 크게 밀렸다. 공군 역시 침략군인 북측 공군과 비교할 수 없을 만큼 약했다. 국민적 성원을 한몸에 받았던 건국호도 소련제 전투기의 상대가 못 됐다. 더욱이 당초 성능을 제대로 발휘할 수 있는 형편도 아니었다. 건국호로 연습을 진행했을 뿐 본격 운용을 위한 준비조차 끝나지 않은 상태였다. 전쟁 발발 시 건국기에 장착될 예정이던 30구경 장기관총 2정은 태평양을 건너오고 있었다.[39] 결국 전쟁으로 분단은 그대로 남고 국토는 폐허로 변했으나 사람들은 제자리를 찾아 나갔다. 해방 직후 외롭게 활동하던 학항(대한항공학생연맹)의 대학생들도 전쟁을 맞아 대거 공군에 들어왔다. 공군이라는 울타리에서 다시 모이게 된 그들은 전란의 와중에서도 꿈을 잃지 않았다.

한국 공군은 개전 초기 장비와 인원의 열세, 크게 밀리는 전황 속에서 눈물 나는 분투를 펼쳤다. 전쟁이 격화하며 UN(국제연합)의 기치 아래 한반도에 모인 각국 공군은 최신예 제트전투기로 작전을 펼치는 동안에도 구식 비행기를 목숨보다 소중하게 아끼며 전투를 치렀다. 미국의 군사원조가 늘어났다고 해도 항공전력의 증강 속도는 상대적으로 늦었다. 전쟁 발발 직후 미 극동공군으로부터 급하게 F-51D 무스탕

다만 전쟁 중후반기 들어 한국 공군의 실력이 인정받으며 미국은 항공기 공급을 늘렸다. 전쟁 발발부터 1954년 6월까지 미국에서 도입된 F-51 전투기는 모두 210대에 이르는 것으로 추정된다. 여기서 피격된 기체가 6대, 사고로 손실된 기체가 40여 대, 파손이나 수명 경과로 동류 전환(cannibalization)용[41] 기체로 전용된 게 약 50대에 이른다. 잔존 기체는 22대가량으로 미국에 반환했다. F-51 무스탕 전투기는 제트시대에 구식 비행기로 취급받았지만 한국전쟁은 물론 1957년 퇴역하기까지 영공을 굳게 지켰다.[42]

전투기를 공여받았지만 전쟁 발발 1년이 훌쩍 지난 1951년 7월 30일 현재 전투기는 F-51D 17대에 불과했다. 인가받은 20대 가운데 실제 보유는 17대였으며 여기서도 7대만 즉각 출동이 가능했다.[40]

전쟁이 터지기 직전 한국 공군의 최상위 기종이었던 T-6 훈련기도 6대를 보유했지만 대구와 사천기지에 분산 배치돼 작은 규모의 작전조차 펼칠 여건이 못됐다. 상황이 이러니 자연스

김포기지 상공을 비행 중인 한국 공군 F-51D 무스탕기 편대. 구형 전투기지만 무스탕기는 한반도 작전 환경에서 대지공격 임무 등에서는 제트기를 능가하는 성과를 올렸다./사진=공군

레 비행기를 천금같이 아끼는 풍토가 자리 잡았다. 1950년 6월 29일 이강화 중위는 한강 다리의 폭파 상황을 확인하라는 임무를 부여받고 T-6 후방석에 육군정보국 차장 이종국 중령을 태우고 수원기지에서 이륙했다. 임무 수행 후 복귀하는데 북한 전투기에게 공격받아 기체가 화염에 싸이고 바퀴도 제대로 안 펴져 수원기지에 가까스로 동체 착륙할 수 있었다. 요즘이라면 기적적 생환의 영웅으로 표창받겠지만 이강화 중위에게는 상관의 불호령과 주먹세례가 돌아왔다. 부주의해서 귀중한 항공기를 손상시켰다는 것이다.[43]

구식 항공기를 천금같이 여겨야 할 만큼 항공기 부족을 겪으면서도 공군은 제 역할을 다해냈다. 1950년 9월 적의 영천 방면 포위 공격으로 국군 제2군단이 위협받는 상황에 처하자 전구서 이등상사는 L-5를 타고 1시간 동안 대공포화 속에서 정찰 임무를 수행, 적의 기동방향을 알려줌으로써 영천 전투 승리에 기여했다.[44]

7. 기체 아끼기와 '죽은 항공기' 살려내기

비행 도중 기체 이상이 발생하면 탈출하라고 교육받은 미군과 달리 한국 공군에서는 어지간한 손상은 위험을 무릅쓰고 착륙시키려 시도하는 사례가 잇따랐다. 한국 공군에게 작전과 정비, 보급까지 교육하면서도 전투기 출격 임무도 함께 수행했던 미 공군 제6416 군사고문단은 항공기를 신주단지처럼 모시는 분위기를 이해하지 못하고 "한국 공군은 조종사와 교육생들이 낙하산을 지극히 불신한다"는 보고서를 올리기도 했다.[45]

미군이 이해 못 할 한국군의 특색은 정비 분야에서도 있었다. 사고로 파괴되거나 결함 누적으로 못쓰게 된 항공기를 재생하는 경우가 종종 일어난 것이다. 1951년 초 제2 정찰비행전대의 배덕찬 중위[46]를 비롯한 수리반원들은 대전비행장에 추락한 항공기의 부품을 모아서 정찰기 2대로 만들어 대구로 옮겼

다. 배 중위는 이 공로를 인정받아 을지무공훈장, 수리반원들은 충무무공훈장을 받았다. 배 중위는 육군에서도 표창장을 받았다.[47] 공군은 1951년 10월 6일에도 제2 정찰비행전대에서 그동안의 활약으로 거의 못쓰게 된 L-5 정찰기 122호를 재생 작업으로 살려냈다.[48] 1953년 7월 30일에도 폐기된 L-5 120호기를 처음부터 재조립, 127호기로 재탄생시켰다.[49]

고장 나거나 폐기 직전의 항공기에 새 생명을 불어넣은 데에는 일제강점기부터 경험을 쌓아온 정비 인력뿐 아니라 대학에서 항공공학을 공부한 기술장교들의 역할도 컸다. 공군의 인사업무는 전쟁과 군 확충 과정을 통해 미군에게 배워서 자리 잡았지만 이전부터 공군 발전에 대한 최소한의 대비책은 갖고 있었다. 여기서 한국전쟁 직전 남북한의 공군 전력을 비교할 필요가 있다.

아래 표를 보면 개전 당시 남북의 항공기 보유 대수는 무려 10배 이상 차이가 난다. 그러나 인원을 기준으로 보면 얘기가 달라진다. 북한의 공군 병력이 남한보다 2배를 약간 넘는 규모다. 더욱이 북한 공군이 전쟁 발발 직전 선발했다는 신입대원 1,200명을 제외하면 격차는 더 줄어든다. 물론 절대 인원에서도 대한민국이 북한보다 열세지만 병력 격차는 상대적으로 크지 않은 이유를 김정렬 당시 총참모장은 이렇게 설명한다. "건국기 10대와 L-5 4대, L-4 5대를 가지고 작전을 하는 데는 350명 내지 400명이면 충분했다. 그러나 공군의 목표였던 전투기 40대, 폭격기 10대, 수송기 5대, 고등연습기 20대, 연락기 20대를 운용하려면 인원이 많이 필요했다. 공군은 당장이 아니라 앞으로 해나갈 과제가 많아 당장 필요한 인원보다 많은 수를 유지하려고 노력했다."[50] 결과적으로 미래를 내다본 사전 인력 확보는 전쟁 수행은 물론 이후의 공군 발전에 크게 기여했다. 만약 전쟁 전에 인원을 최소 필요 인원으로 유지했다면 공군력 확충에 더욱 큰 어려움을 겪을 뻔했다.

❖ 한국전쟁 개전 시 남북한 공군 전력 비교

구분	대한민국		북한		격차
항공기(대)	T-6 훈련기	10	추격기	84	
	L-5 연락기	4	습격기	113	
	L-4 연락기	8	다목적기/폭격기	12	
			연습기 기타	17	
	소계	22	소계	226	10.27배
병력(명)	장교	242	군관	597	
	하사관/병	1570	하사관 전사	798 1540	
	후보생	85	신입대원	1200	
	소계	1897	소계	4135	2.17배

8. 항공산업 발전의 기반 제공한 항공창·보급창·공군기술학교 설립

공군이 미래에 대비해 미리 확보한 최소한의 인적 자원은 미군의 군수지원 확대와 맞물려 군수·보급 체제의 안정화로 이어졌다. 공군의 독자적인 군수 시스템은 1951년부터야 비롯됐다. 1949년 10월 육군 항공대에서 독립했다지만 다음 해인 1950년은 예산 수립부터 육군의 영향이 컸고 전쟁 발발로 모든 게 뒤엉켰다. 실질적인 독자적 군수업무는 그다음 해로 미뤄질 수밖에 없었다.[51]

공군은 독자적인 군수체계를 갖춰나가며 미 공군의 시스템을 배울 수 있었다. 한국전쟁 발발 직후 F-51D 무스탕 전투기 10대가 긴급 지원되며 단순히 전투기만 들어온 게 아니라 조종사와 정비사 훈련 과 조직 및 장비 유지·보수 등 미 공군의 상세 운영 방식과 노하우가 함께 들어온 것이다. 공군은 정비 능력 확보에 심혈을 기울여 이런 성과를 얻어냈다.

여기에서도 미 극동공군 소속 딘 헤스(Dean Elmer Hess, 1917~2015) 대령(당시 계급은 중령) 의 역할이 컸다. 그를 지휘관으로 급히 편성된 '바우트 원(Bout 1)부대'는 초기 한국 공군 조종 사 교육과 동반 출격에서 점점 임무가 넓어졌다. 한국에 전개한 직후 바우트 원 부대는 미 공군 제 6146기지 부대라는 명칭으로 임시편제가 아니 라 극동공군(제5공군) 예하의 정식 부대로 바뀌 었다.[52] 전선이 확대되고 전쟁이 장기화하면서

미 극동공군 소속 딘 헤스 대령./사진=공군

도 미 제5공군은 한국 공군에 대한 군수지원 효율화에 나섰다. 공군은 미 공군과 원활한 군수업무를 위해 1951년 6월 사천기지에 제1 보급분창을 설치했다. 공군은 이때부터 항공기를 비롯한 모든 군수물자에 대한 신청과 수령, 단위 부대에 대한 불출, 저장과 같은 업무를 익혔다.

9. 항공산업 생태계의 뿌리, 진해 주둔 제81항공창

하지만 복잡한 정비는 여전히 불가능했다. 예방정비나 야전 정비는 일선 부대에서도 할 수 있었지만 엔진 분해나 기체 대수리를 위해서는 일본 주둔 미 공군의 시설을 사용할 수밖에 없었다. 공군은 제1 보 급분창 창설 이후에야 F-51D 전투기 정비를 위한 설비와 기술자료를 미 제5공군에게 지원받기 시작했 다. 각종 부속품과 공구도 지원받았다. 보다 효율적인 군수지원을 위해 공군은 1951년 11월 15일, 제80 항공창을 창설, 항공기의 수리와 정비 업무를 맡겼다. 한국 공군이 그해 가을 강릉기지로 전개하며 단독

출격 작전을 시작하는 데에도 이 같은 군수지원 능력의 발전이 크게 작용했다.[53]

공군의 정리와 수리 업무는 제80항공본창으로 확대돼 사천에 주둔하는 제1전투비행단의 지원부대로서 항공기 부분품과 장비의 일부를 수리하고 야전 정비 교육을 실시하는 한편 인근 진주 시내에서 징발된 여러 민간 공장을 인수·관리하고 사천기지 안에 군 공장까지 세웠다.[54] 1953년 2월에는 제80항공본창이 제81항공수리창으로 개편돼 항공기 수리 및 부분품 제작 임무를 전담하게 되었다. 제81항공수리창은 예하에 창 본부와 연구조사실, 기지대, 공장부대를 거느렸다. 제81항공수리창은 사천을 중심으로 모두 7,648점의 각종 항공기 부속품을 제작하거나 수리하는 성과를 거뒀다.

마산 이전 후인 1953년 말 제81항공수리창에는 제1, 2공장(기계), 제3공장(주물), 제5공장(단조), 제6공장(열처리), 제7공장(목공), 제8공장(전정기電精器·침금針金), 제9공장(차륜 정비)이 있었다.[55] 군 내부의 수요였기 때문에 잘 알려지지 않았지만 1950년대 초반부터 항공산업의 씨앗이 뿌려지고 있던 셈이다. 또한 항공산업 중심지역으로서 경남의 역사도 이때부터 시작됐다고 볼 수 있다.[56] 항공창과 수리창은 공군의 군수지원 업무는 물론 운항산업을 포함한 우리나라 전체의 항공산업이 기반을 다지는 데도 힘을 보탰다. 항공창과 수리창이 배출하는 양질의 정비 인력이 민영 항공사의 도약에도 기여한 것이다.

공군은 전쟁 발발 직전, 항공기술원 양성소를 세웠지만 한국전쟁 발발로 졸업생은 60명을 못 채웠다. 이후 공군의 정비 교육은 비행단과 정찰비행전대에서 도제식 실무교육 방식으로 진행되는 수준에 머물렀다. 1951년 10월 1기 정비하사관 교육도 체계적으로 수행되지 못했다. 정해진 학습 공간에서 정해진 교과과정에 따르는 체계적이고 지속적인 교육은 1952년 6월에서야 시작됐다. 사천기지 정비교육대가 제80항공본창 예하로 창설되고, 12월부터는 조종과 정보, 수사, 의무, 군악, 시설을 제외한 공군의 모든 주특기에 대한 교육을 담당하는 '공군기술학교'가 창설됐다.[57] 우수한 교관 인력과 기술하사관들이 집결한 공군기술학교는 공군이 창정비를 고도화하고 독자적인 항공기 개발까지 넘보는 바탕 역할을 해냈다.[58] 공군기술학교의 이원복 소령, 이해경 대위, 임달연 중위 등 현지임관과 기술장교 모집을 통해 임관한 서울대 조선항공과 출신 교관들은 정비 인력 양성과 독자적 항공기 개발을 모색했다.

10. 공군의 발전을 앞당긴 기술장교 모집

공군은 전쟁과 동시에 장비 확충과 같은 비중으로 인재 확보에 나섰다. 중공의 개입이라는 새로운 변수가 고개를 들던 1950년 말부터 공군은 장비와 물자뿐 아니라 양질의 인력 확보에 눈을 돌렸다.[59] 전쟁이 터지는 통에 공군 인력 수급 자체에도 문제가 보이기 시작했다. 의욕적으로 양성하던 사관생도 1기생 83명은 당초 1951년 여름 졸업 예정이었다. 이들이 초급장교로 자리 잡으려면 최소한의 시간이 필요했으나 전쟁 탓에 기다릴 여유가 없었다.

난제를 해결하기 위해 찾은 답이 외부 충원. 단기적으로 군 외부에서 기성 우수 인력, 특히 이공계 대학 졸업자 등 고급 인력을 영입하려 애썼다. 공군의 기술장교 제도는 이런 배경으로 태어났다. 공군은 1950년 12월 학사·석사·박사급의 고학력자, 대학교수, 산업체 간부와 의사 등 학계와 재계, 산업계 전문 인력 423명을 뽑았다. 훈련은 3개 기수로 나눠 1월 초부터 제주도 모슬포기지[60]에서 시작해 7월까지 교육을 모두 마치고 임관했다.[61]

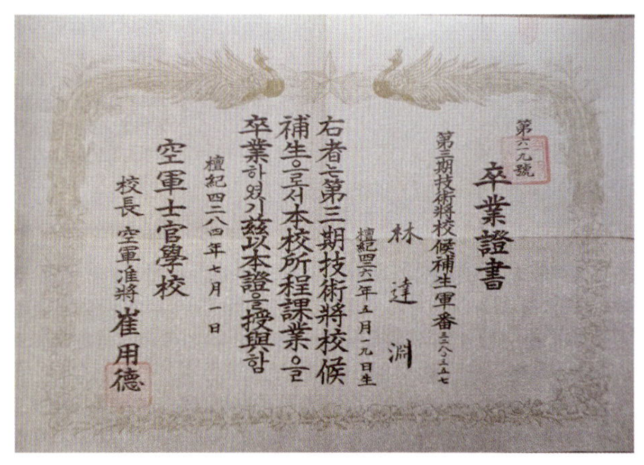

공군 기술장교 3기로 임관한 임달연 소위의 졸업장./사진=이동건, 1차 제공 한만섭

전쟁통에 군대 외에는 딱히 기댈 곳도 마땅치 않아 공군에는 양질의 인력이 몰렸다. 특히 전문지식과 어학 능력은 공군 발전에 크게 기여했다. 미 공군의 규정과 절차, 기술도서를 이때 모집한 기술장교들의 능력으로 흡수할 수 있었다. 기술장교들의 외국어 능력은 군사외교에서 중요한 역할을 맡았다. 당시 공군 기술장교로 복무했던 인사들 가운데 박충훈 전 국무총리, 법학자인 현승종 전 국무총리, 과학행정가 최형섭 전 과학기술처 장관, 윤천주 전 문교부 장관, 이만갑 전 서울대 대학원장, 박원순 전 서울대 교수, 오원철 전 청와대 제2 경제수석, 한글학자 한갑수 박사, 함인영 전 펜실베니아대 교수 등이 정계와 학계, 재계, 과학기술계에서 이름을 남겼다.[62]

공군 기술장교로 임관한 사람들 가운데 주목할 그룹이 있다. 서울대학교 조선항공학과 출신의 항공공학 전공자들이 바로 그들이다. 조선항공학과 학생으로 학생항공연맹 총무부장을 맡았던 임달연은 한국전쟁 발발 당시 4학년생으로 미졸업자였지만 1950년 말 기술장교 3기 후보생으로 입대해 6개월 교육과정을 마친 뒤 1951년 7월 진해기지에서 공군 소위로 임관했다. 임관 후에는 제1 전투비행단 제10 전투비행전대 제14 전투비행대대에 배속되어 건국호 8호기의 정비기장을 맡았다.

한만섭 전 삼성항공연구소장도 당시 서울대 조선항공학과 동기생들과 같이 기술

1951년 9월 공군기술학교에서 교관이 조종사 및 정비장교 후보생들에게 L 계열 모형항공기를 손으로 움직이며 비행 원리를 교육하고 있다. 공군은 전쟁이 한창인데도 정예 인력 양성과 교육에 온힘을 쏟았다./고 이원복 선생 미발간 개인자료집.

장교로 지원했다. 피난 생활을 접고 공군 기술장교 2기생으로 지원, 선발됐다. 학생뿐 아니라 교수도 기술장교로 공군에 들어왔다. 서울대 조선항공학과 박성룡 강사 역시 공군에 입대하여 항공본창 초대 물동부장 등을 역임하다 대령으로 예편했다.[63]

항공공학 초기 전공자들이 기술장교로 공군에 입대했다는 사실은 항공산업사 측면에서 두 가지 의미를 내포한다. 첫째는 지속성이다. 대부분 대한학생항공연맹에 소속돼 항공 입국을 꿈꾸며 활발하게 활동하던 젊은 학도들의 열정이 마음껏 발현되지는 못했지만 공군이라는 새로운 활동무대를 얻었다는 사실이다. 두 번째로 그들은 공군사는 물론 항공산업사에 커다란 흔적을 남겼다. 한국인의 손으로 한국인의 의지와 기술로 제작한 최초의 국산 항공기 '부활호'의 주역이 바로 이들이다.

11. 최초의 국산 항공기 부활호 개발

전쟁이 막바지에 접어들면서 보급과 군수체계가 자리 잡고 폐기 직전의 항공기를 재생시키던 기술인력도 일정한 교육이라는 관리 체제로 들어왔다. 기술학교의 교수진 보강과 시설 확충에 따라 '이제 우리 손으로 비행기를 만들어 보자'는 분위기가 무르익었다. 대통령이나 정부, 정치권의 공식적인 언급은 없었지만 공군 지휘부에서는 '국산기 개발'이라는 화두를 던졌다. 초대 국방부 차관이자 공군 창설 7인의 최고 선임이자 제2대 공군 총참모장을 지낸 최용덕은 기회가 닿을 때마다 국산기 얘기를 꺼냈다. 일제강점기 중국에서 독립운동가로 활동할 때 세웠던 목표 가운데 하나가 바로 국산 항공기의 개발이었다.

최용덕 장군을 권두 기사로 게재한 월간 공군지 2006년 6월호 표지. 광복 이전 중화민국 공군 소장을 역임한 최 장군은 공군 창설 7인 중 최고 연장자로 초대 국방차관과 2대 공군 총참모장을 지냈다. 운명할 때까지 국산 항공기 개발을 평생의 소망으로 삼았다.

> 한국 청년도 군복을 입도록 해야겠다.
> 우리 손으로 설계 제작한 비행기가 우리 공역에서 날아야겠다.
> 인류의 행복과 세계의 평화를 위하여 다른 나라 공역에서도 날아야겠다. 인류문화의 발전을 따라 모두가 항공생활을 해야겠다.[64]

작전참모부장으로 재임 중이던 1951년에는 일제강점기 항공독립운동에 투신했던 한국 항공인들에 대해 밝히면서 그 말미에 다음과 같은 당부를 남겼다. "(전략)… 앞으로 우리 공군의 사명은 조국 통일, 국토방위의 군사상으로나 세계 민주 선진 우방 국가와 비견할 수 있는 공군 건설에 있다. 따라서 우리 공군은 이 중대한 사명과 목적을 명심하야 전승의 시간 단축을 기하는 동시에 우리들의 손에서 제조된 비행기로서 우리에게 부여된 사명을 달성하도록 적극 노력하여 주기를 기하여 마지 않는다."[65]

공군사관학교 교장, 작전참모부장으로 재임 중이던 1952년 3월에는 공군 기관지『공군순보』에 게재된 '월요훈화'를 통해 다음과 같은 훈시를 남겼다.

비행기 자제(自製)의 수립

올해는 기어코 우리들의 손으로 우리들의 뇌로써 만들어져 나올 비행기 자제 체제自製體制를 만들고 싶다. 소위 반만년의 역사와 전통 있는 문화생활을 유지한다는 민족으로서 현 20세기에 특히 금일과 같은 비상적 국란에 당면하여 우리들의 하늘을 우리들의 비행기로써 지키지 못한다는 것이 얼마나 비통하고 부끄러운 일인가. 금년에는 우리 공군 안에 항공창을 설치하였다.

우리 항공창에서 우리들의 비행기가 나오게 되는 날을 비단 우리 공군 장병뿐 아니라 우리 국민 전체가 학수고대하고 있다. 장군 제군, 우리의 현실은 전폐戰廢(전란으로 인한 폐허)와 궁핍뿐이다. 우리에게는 만족할 만한 자력도 지력도 없다. 그렇다면 우리 민족이 이 현실에서 낙오되어야만 하고 패망되어야만 할 것인가. 언제나 위대한 창조는 처참과 궁핍에서 교출絞出되었다는 것은 금일의 역사가 엄연히 증명하고 있으며 우리 민족은 창조도 모방도 할 줄 모르는 미개민족은 결코 아니다……[66]

최용덕은 1969년 8월 15일 임종에서도 "우리가 제작한 비행기를 타는 것이 소원이었다"는 유언을 남기고 눈을 감았다.[67] 국산 항공기에 대한 꿈은 비단 최용덕뿐 아니었다. '부활호' 개발에 참여했던 고 임달연 교수(전 한국항공우주학회 회장)는 당시 분위기를 "6·25전쟁 당시 우리 공군에서는 미국의 군사원조에 의한 정찰용 경비행기 L-4와 훈련/공격기 T-6, 전투기는 F-51 무스탕, 그리고 민간항공에서는 DC-3 쌍발기 2대와 DC-4 4발기 1대뿐이었다. 이들 항공기는 모두 피스톤 엔진을 단 프로펠러식의 미국 제품들이었다. 그래서 뜻있는 사람들은 국산 항공기 개발에 대한 창공의 꿈을 나름대로 가지고 있었다.……"라고 전했다.[68] '부활호' 개발 당시 기술학교에서 근무했던 고 이해경도 한국항공우주학회 회장으로 재임 중 학회지에 실은 권두사에서 6·25선생 노중 가셨던 소방에 관해 이렇게 썼다. "본인이 6·25전쟁 당시 군에 복무하고 있던 시절에 항상 염원한 바는 우리 손으로 비행기를 설계 제작하는 것이었습니다. 그 꿈은 물론 현재까지도 이루어지지 못한 채 있습니다…"[69]

1) 국산 비행기 개발에 나선 젊은 장교들

항공인들의 소망에 따라 공군은 1953
년 6월 말부터 국산 항공기 제작에 들어
갔다. 설계는 이원복 소령이 기술 조교 10
명과 함께 맡았다.[70] 다만 처음부터 정교
하게 설계한 게 아니라 '개략 설계를 하
고 제작도면을 완성하면서 현장 맞춤식으
로 작업을 진행'한 것으로 보인다.[71] 누가
이를 주도적으로 결정하고 추진했는지는
분명치 않다. 다만 이에 대한 방대한 연구
를 통해 『최초 국산 경비행기, 부활호』를
저술한 이동건 연구원에 따르면 국방부나
정부, 공군본부 차원의 결정이 아니라 공

이원복 소령(가장 왼쪽)이 '국산 신형 비행기'의 제작안과 요구조건을 김
용배 중령(왼쪽 두 번째부터), 김성태 대령, 김석환 중령에게 설명하는 장
면. 가장 하급자가 상위 계급에게 설명하는 점으로 미뤄 '국산 비행기 제
작' 결정은 최소한 사진 속 최상급자인 김성태 대령, 또는 그 이상 상위계
급자가 내린 것으로 보인다./고 이원복 선생 미공개 개인 자료집

군기술학교 교장 김성태 대령의 지대한 관심으로 출발한 것으로 추정된다.

위 사진을 보면 국산 신형기 요구조건으로 '국산 제작이 용이하고 관측 및 연락용으로 활용되며 수상
기로도 전환이 가능할 것과 착륙속도 시속 $70 \sim 75\,km$, 항속거리는 약 $300\,km$, 승무원 2명에 화물 $30\,kg$'이
제시되고 있다. 이런 정도의 성능이라면 미군이 한국에게 제공한 최초의 군용기인 L-4와 비슷한 기체다.
당시 이원복 소령은 "항공공학 강의를 할 수 있다면 비행기 개발도 가능하냐"는 김성태 대령의 물음에

국산 신형 항공기의 날개 부분 제작 장면. 가운데에서 미군이 정면을 응시하고 있다. 미군은 이 프로젝트를 진행하는 한국 공군의 요구대로
물품을 지원하며 지대한 관심을 보였다./『사진으로 보는 6·25전쟁과 이승만 대통령 Ⅱ』(왼쪽).
1953년 10월 11일 국산 항공기 시험비행. 조종사와 설계·제작자가 나란히 앉아 온갖 비행성능 시험을 마쳤다. 시험비행 이후 공군기술학
교 교장 등 관계자들도 시승했다. 비행 안정성이 있었다는 점을 말해주는 대목이다(오른쪽)./고 이원복 선생 미공개 개인 자료집

"명령만 하면 L형 항공기 정도는 충분히 만들 수 있다"고 대답했다.[72]

국산 항공기 개발에는 공군기술학교 장병들의 각고의 노력이 들어갔지만 미국의 지원도 주효했다. 미 제6146 군사고문단 부대사에 따르면 개발 기간 중인 1953년 7월부터 12월까지 대한민국 공군의 보급 물자를 위해 8436개 품목이, 그리고 장비 목록에 의해 7006개 품목이 미 군사고문단의 보급 고문을 통해 청구됐다. 이때 요청된 품목의 가격이 1350만 달러였다. 이게 전부 국산기 개발에 투입된 것은 아니지만 당시에는 "신청만 하면 무엇이든 주던 시절"이어서 그만큼 많은 물자를 지원받았다.[73]

난산 끝에 완성된 국산 항공기의 첫 시험비행은 제1 훈련비행단 공중수송반장 이원복 소령의 친구이자 전우, 학항 동지인 민영락 소령이 맡았다.[74] 1953년 10월 11일, 오전 10시 사천기지를 이륙한 국산 항공기는 2시간을 비행하고 무사히 내려앉았다. 조종사나 설계 제작자 모두 성능에 만족했다.[75]

1954년 4월 3일 김해기지에서 열린 명명식에 전시된 '부활호'(위). '부활호' 명명식에 모인 외국군 사절과 최용덕 공군 총참모장. 미군은 특히 '부활호'의 운동 성능에 관심을 보였다. '부활호'가 사라졌을 때 미국이 연구를 위해 가져갔다는 근거없는 소문이 퍼졌을 만큼 미군들은 부활호를 흥미로운 눈으로 바라봤다(아래)./고 이원복 선생 미공개 개인 자료집

새로 제작된 국산 항공기에는 기체 호수로 '1007'번을 붙였다. 1950년 9월 1일, L-4 정찰기를 타고 다부동 전선을 정찰하다 격추되어 순직한 천봉식 중위를 기리기 위해서다. '1007'이라는 번호가 붙은 국산 항공기 개발 소식은 공군 지휘부로 보고됐다. 공군본부는 완성된 비행기를 가져오라는 지시를 내렸다.[76]

사천에서 대구의 공군본부까지 편도 약 $100km$는 공군기술학교 교장 김성태 대령이 직접 조종하고 이원복 소령이 동승했다. 공군은 국산 비행기 개발 소식을 상부에 보고하고 이듬해인 1954년 4월 3일 오후 2시 김해기지에서 함태영 부통령이 참석한 가운데 명명식을 가졌다. 이승만 대통령을 대신해 참석한 함 부통령은 이 대통령이 정해준 대로 국산 항공기에 '부활'이라는 이름을 붙였다.[77]

공군이 '부활호' 개발을 서둘러 결정하고 작업을 빠르게 진행한 이유가 하나 더 있다. 해군에서도 국산

항공기를 개발한다는 소식을 민감하게 받아들였기 때문이다.[78] '최초의 국산 항공기' 제작을 위해 해군의 움직임을 의식하지 않을 수 없었다는 것이다. 해군은 이미 1951년 말 폐기 직전의 미 공군 T-6 훈련기에 플로트(float, 부주浮舟)를 장착해 강이나 호수, 파고가 낮은 바다에서 이착륙이 가능한 수상비행정으로 개조한 실적도 있었다. 타군과 선의의 경쟁 의식은 '부활호' 개발의 자극제로 작용했다. 부활호 개발 성공 소식은 언론의 큰 관심을 끌었다.[79]

2) '부활호'의 짧은 성공과 반백 년 동안의 '실종'

부활호가 '최초의 국산 항공기'로 조명받았던 초기와 달리 시간이 갈수록 관심권에서 멀어졌다. 부활호를 설계하고 제작을 지휘한 이원복 소령[80](당시 계급)은 전역과 은퇴 후인 지난 1996년 2월,『항공우주』지에 실린 '한국 항공기산업 발달사(2)-6·25에서 5·16까지(항공 정비기술 축적기)'라는 기고에서 아래와 같이 아쉬움을 토했다.

> ……행사장에 세워진 '세우자 대한의 항공기술'이란 표어를 당시 사진에서 보면서 그때 좀 더 적극적으로 정부와 군 수뇌부가 자주국방과 장기적인 항공공업 육성발전계획을 세우고 초등훈련기의 설계 제작만이라도 시작했던들 지금쯤 우리나라의 항공공업의 위상이 크게 달라졌지 않았을까 심히 안타까운 심정을 금할 수가 없다. 군사원조로 받은 경항공기, 훈련연습기, 전투기로 인해서 자주적인 군 장비 생산 노력이 전무하였고 그 육성계획조차 결여되었다는 것은 독립국가로서 또한 6·25 남침을 경험한 국가로서 매우 부끄러운 일이 아닐 수 없다.
>
> 필자가 부활호 명명식 행사 후 미국의 일리노이주에 있는 미 공군기술학교에서 11개월간 군사교육을 마치고 돌아와 보니 부활호가 행방불명되었는데 35년이 지난 1990년에 이르러서야 대한항공협회 윤일균 회장으로부터 미 공군 고문단에서 부활호를 시험 평가 분석하기 위해 미국 본토로 가져갔다는 소식을 한때 접한 바가 있다고 들었다. 그후 부활호가 미국 Cessna(세스나) 항공기제작회사로 가서 스카이 마스터(O-2)기의 설계에 참고가 되었다는 풍문을 듣고 세스나사에 조회하여 보았으나 알 만한 사람이 아무도 없고 기록도 남아 있는 것이 없어서 확인할 수 없었다……

3) 부활호의 '실종'과 '부활' 움직임

고 이원복 예비역 대령의 회고대로 부활호 기체는 사라지고 그 존재조차도 잊었다. 기체가 어디로 갔는지는 오리무중이었다. 민간은 물론 군의 관심도 멀어졌다. 공군이 발행하는『공군사』2집에서 짧게 언급되는 정도였다.[81] '부활호'라는 항공기를 공군이 개발했었다는 사실조차 1985년에 발간된 장극 교수의 자서전에서 짧게 언급됐을 뿐이다. "한국에서도 1954년에 군에서 경비행기를 제작한 적이 있었으나 계속되지 못했고 충분한 기술이 보급되지 못해서 유감이다."[82]

2년 뒤인 1987년 한국항공우주학회에서 창립 20주년 기념으로 펴낸『한국 항공우주과학기술사』에서는 두 번째로 부활호가 언급됐다. "1953년 8월에는 사천기지에서 공군기술학교가 실습 목적으로 우리나라 최초로 복좌 경항공기를 설계, 제작하여 시험비행에 성공하였고 1954년 4월 3일 함태영 부통령을 모시고 김해 공군기지에서 이승만 대통령의 휘호로 된 '부활' 명명식을 성대히 거행한 바가 있었다."[83] 이 내용이 실린 것도 제6장 '항공우주산업' 부분을 학회 회원이자 과거 부활호를 설계하고 제작했던 이원복 예비역 대령이 집필을 맡았기 때문이다.

이때부터 부활호에 대한 언급이 많아지기 시작했다. 1989년 출간된『국방과학연구약사』에는 "1952년 11월에는 공군기술학교 주관하에 경비행기의 설계 및 제작에 착수, 시험비행에 성공함으로써 1954년 4월 부활호로 명명하였고, 그 후 2대를 추가 제작한 바 있다."[84] 당시 편집책임을 맡았던 국방과학연구소 기획관리실 소속 김기석은 1990년『국방과 기술』에 기고한 '우리나라 조병기술 발전사(1)'에서 보다 자세한 부활호 얘기를 실었다.

"'1952년 1월 공군기술학교 교관 이원복 소령은 몇 명의 항공기 정비기술 교관과 서울공대 항공과 4학년 실습생들을 동원하여 선무공작용 전단 살포와 긴급연락용으로 사용할 수 있는 경항공기의 설계에 착수하였다. 제작기술자들은 대부분이 일본군에서 항공기 정비기술을 익혀 실무기술에 뛰어난 사람들로서, 개략 설계를 하고 제작도면을 작성하면서 현장 맞춤식으로 작업을 추진해 나갔다. 자재는 군사원조로 들어온 알미늄 합금 골격재와 판재를 사용했으며, 조종석의 일부는 목재 합판으로 만들고 경량화를 위해 날개는 익포로 제작하였다. 엔진과 계기류는 군원품을 쓸 수밖에 없었으나, 대략 90% 이상이 이들에

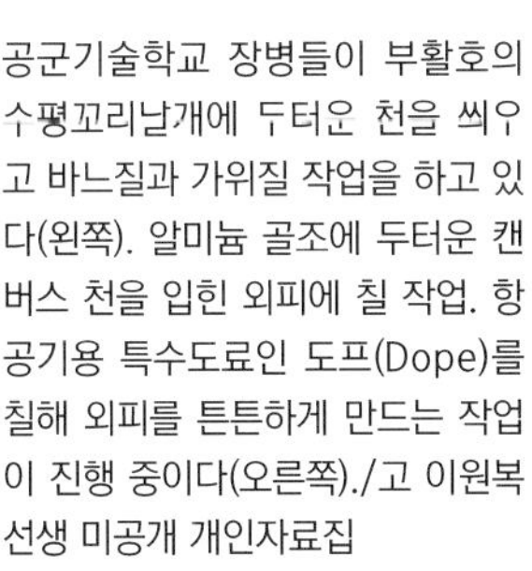

공군기술학교 장병들이 부활호의 수평꼬리날개에 두터운 천을 씌우고 바느질과 가위질 작업을 하고 있다(왼쪽). 알미늄 골조에 두터운 캔버스 천을 입힌 외피에 칠 작업. 항공기용 특수도료인 도프(Dope)를 칠해 외피를 튼튼하게 만드는 작업이 진행 중이다(오른쪽)./고 이원복 선생 미공개 개인자료집

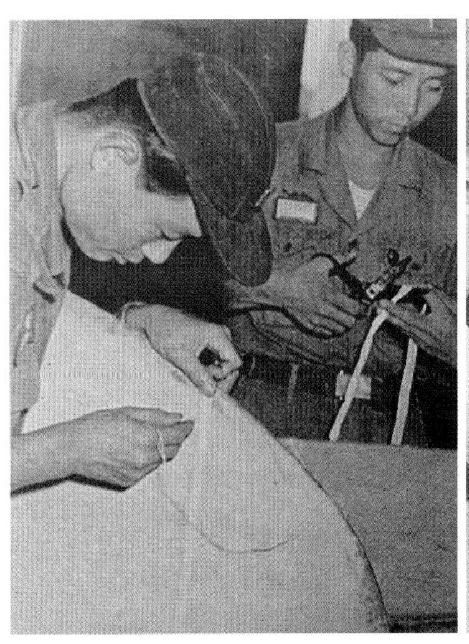

의해 만들어졌다. 완성된 경항공기는 휴전 후인 1953년 10월 첫 시험비행을 한 후 계속 보완하여 1954년 4월 3일 김해 공군기술학교에서 함태영 부통령 참관하에 이승만 대통령이 친필로 내려보낸 부활호로 명명식을 가졌다.”[85]

1990년대 초 이후에는 부활호 개발의 상세 경위와 제원까지 알려지기 시작했다. 조선대학교 우주항공공학과 김진원 교수가 『한국항공우주학회지』에 게재한 논문 「항공 발달사」(1992)는 부활호의 상세 제원을 밝혔다. 현재까지 발견된 학술논문 가운데서는 가장 오래된 자료다.[86] 설계자인 이원복도 이 무렵부터 항공우주 분야 관련 전문지에 부활호에 관한 기고와 인터뷰를 하기 시작했다. 한국항공우주산업진흥협회가 펴내는 『항공우주』지 1994년 2월호 기고문 ‘항공기산업이 갈 길’을 통해 부활호의 개발 경위를 소상하게 소개했다.[87]

국산 1호 비행기 「부활호」는 46년 전 휴전협정이 막바지로 접어들때 당시 필자가 출강하던 서울공대 항공공학과 학생들의 참여로 탄생했다. 그러나 이 「부활호」는 필자가 11개월의 미국 유학을 마치고 돌아와보니 행방불명이 되었는데 나중에 알아보니 미 공군 군사고문단에서 시험평가를 하기 위해 미국 본토로 가져갔다는 것이다. 우리 손으로 만든 국산1호 비행기가 그 실체는 없어졌지만 다행히 최근에 공군에서 실물대로 복원, 공군사관학교 박물관에 전시하고 있다.

李元馥
(전 한국항공우주학회 감사)

한국 최초로 설계 제작된 비행기 「부활호」의 탄생은 지금으로부터 46년 전으로 거슬러 올라간다. 경비행기 제작의 계획은 휴전협정이 막바지로 들어간 1953년 6월 공군기술학교 교장으로 부임한 김성태 공군대령이 당시 정비교육대에서 정비과장의 직책으로 정비사 교육을 담당하는 한편 1년에 한번씩 12월 초에 1주일간의 특별휴가를 받아 부산에 있는 전시연합대학의 서울공대 항공공학과 학생들에게 항공기 설계와 구조를 출강하던 필자에게 경비행기의 설계 제작을 요청함으로써 시작되었다.

그 목적은 우선 정비교육대의 교관과 조교들에 대한 비행기 설계와 제작 실습을 겸해서 장차 공군이 필요로 하는 경비행기(정찰, 연락 및 초등훈련기용 다목적기)의 국산 가능성을 검토하고 공군의 항공기 정비기술 수준을 제고하는데 있었다.

또 한편으로는 조종사 출신인 교장 자신의 비행기 조종에 대한 열망도 함축되어 있었다. 필자로서는 그 당시 공군 참모총장이었던 중국 공군출신의 최용덕장군이 평소에 광복된 조국에 와서 국산 비행기를 조종하는 것이 자기의 꿈이라는 이야기를 전해들은 바가 있었고 한편으로 서울공대 항공공학과 학생들에게 실습을 겸해서 여름방학을 이용한 설계참여로 학습효과도 올릴 수 있는 좋은 기회로 생각되었다.

서울 공대생들 제작 참여

따라서 설계 제작 지시가 나오자 마자 즉각 설계에 착수하였다. 우선 기본설계만으로 제작기간 단축을 위해서 기존 기자재를 최대한 활용하도록 방침을 세우고 비행기의 사용목적에 부합하는 그 당시로서는 동급 경항공기에 사용가능한 최신기술을 전부 동원하였다. (예 Slotted Flap 사용)

설계요구사항은 아래와 같이 정했다.

〈사용목적〉
① 국산화 및 제작이 용이할 것, ② 관측 및 연락용, ③ 초등훈련기로 사용 가능할 것, ④ 육상기로서 수상기로 전환 가능할 것

〈성능〉
① 착륙속도 70~75km/h, ② 항속거리 300km

〈탑재능력〉
① 승무원 2명, ② 화물 30kg

〈기타 선전용 전단 살포 및 사진정찰 능력〉

1953년 6월 하순부터 설계와 기체부품(날개 Rib, Spar 동체 Frame용접 등) 제작을 병행함으로써 동년 10월10일에 제작을 완료하고 10월11일 사천 공군기지에서 비행교육대장으로 있던 민영락소령과 필자가 동승하여 시험비행을 성공적으로 마쳤다.

이어서 공군 본부의 지시에 따라 대구 동명비행장으로 김성태대령이 조종하고 필자가 동승하여 공수하였다. 최용덕참모총장과 참모들에게 보고를 드린 후 당시 작전국장이던 김신장군이 평가 시승을 하였다. 공군 본부에서는 이승만대통령에게 한국 최초로 설계제

이원복 예비역 대령은 부활호를 찾으려 수소문했으나 찾을 수 없었다. 『국방과 기술』 1999년 1월호에 실린 기고문 ‘행방불명된 국산 1호 비행기’. 이원복은 부활호의 행방을 끈질기게 찾았다.

이처럼 부활호는 개발 이후 약 30여 년 동안 잊혔다가 1980년대 중반 이후부터의 저술을 통해 조금씩 나타났다. 부활호의 존재가 조금씩 알려지면서 극적인 계기가 생겼다. 1997년 11월 14일 이광학 공군 참모총장(24대)이 구두로 부활호 복원 제작을 지시한 것이다. 제작 이후 공군사관학교 박물관에 전시될 예정이었다. 참모총장의 지시로 부활호에 대한 공군 내부의 관심은 크게 높아졌다. 원형기가 없다는 문제에 대해 공군 군수사령부가 내놓은 해답은 역설계였다. 공군사관학교가 보유 중인 L-4와 남아 있는 사진, 그리고 이원복의 증언을 참고하여 도면을 역설계할 생각이었다.[88]

하지만 여기서도 우여곡절이 있었다. 실물모형 복원이 추진되던 1997년 말 당시 외환위기로 경제에 심각한 타격을 입은 상황에서 보류되고 말았다. 부활호 실물모형 복원이 다시 추진된 것은 이듬해였다. 1998년 5월 26일 박춘택 공군 참모총장(25대)에게 제작 계획이 보고된 후 바로 다음 날 제작 지시가 떨어졌다. 제작을 맡은 제81 항공정비수리창은 1999년 3월 실물모형을 완성, 공군사관학교 박물관에 전시했다.[89]

4) 50년 만의 원형기 발굴과 복원

공군이 실물모형을 제작하고 몇 년이 흐른 2003년 말, 기적과 같은 일이 일어났다. 라이트 형제의 비행 100주년을 맞아 국내 언론의 기획보도 경쟁 속에 『중앙일보』가 '한국에서도 라이트형제와 비견될 만한 발명이 없는가'를 찾다가 이원복과 부활호를 기획의 소재로 삼았다. 라이트 형제의 비행 꼭 100년 만인 2003년 12월 17일 자 『중앙일보』에 "국산 1호 비행기 '부활' 찾습니다"라는 제목의 기사가 나갔다. 간략한 개발 경위와 개발자인 이원복 예비역 대령이 부활호를 애타게 찾는다는 내용이었다.[90]

『중앙일보』 보도 얼마 뒤, 대구 경상공업고등학교에서 근무하다 1980년에 퇴직한 이방치 전 서무과장이 학교에 항공기가 보존되어 있다고 제보해왔다. 확인해보니 사실이었다. 부활호는 경상공고 제도실 건물의 어두컴컴한 지하창고에서 개발 50여 년 만에 발견됐다. 발견 당시의 몰골은 처참한 상태였다. 주날개, 엔진, 외피는 물론 내부 부속품까지 제거된 상태로 '앙상한 뼈대만 남은 비행기 유골'이 먼지를 뒤집어쓴 채로 창고 속에 놓여 있었다.

확인차 현장을 방문한 이원복과 문용호(부활호 개발진, 당시 중위) 두 사람이 동체 주변을 살펴보다가 무언가를 발견하고 "맞다"라고 소리쳤다. 기수 측면에 그려진 휘호, 이승만 대통령의 서체로 쓰여진 '復活'

"국산 1호 비행기 '부활' 찾습니다"

이원복씨, 40여년 수소문

지금으로부터 꼭 1백년 전인 1903년 12월 17일 오전 10시35분. 미국 노스캐롤라이나주 키티호크 해안에서는 라이트 형제가 세계 첫 동력비행에 성공했다. 미국에선 지난 12일부터 라이트 형제의 야외실험장에 20여만명이 모인 가운데 1백주년을 기념하는 대대적인 축제를 벌이고 있다. 라이트 형제의 첫 비행 이후 50년이 지난 53년 10월 10일. 한국 사천기지에서 국산 1호 비행기가 완성돼 시험비행을 성공리에 마쳤다. 정찰·연락 및 초등훈련용 2인승 경비행기였다. 이승만 대통령이 '부활'이라는 휘호를 내렸다. 이를 동체 양면에 표시한 뒤 54년 4월 3일 성대한 명명식을 치렀다. 그러나 '부활'은 한국인의 기억 속에서 사라진 지 오래다.

당시 공군 소령으로 '부활'의 제작을 주도했던 이원복(李元馥·77·사진)씨가 이 비행기를 애타게 찾고 있다. "명명식을 치르고 1년간 미국 연수를 다녀와보니 '부활'이 행방불명됐어요. 당시에는 아무도 모르고 있다가 35년이 지나서야 미 공군 군사고문단에서 '부활'을 시험평가하기 위해 미국 본토로 가져갔다는 소식을 듣게 됐죠."

李씨는 그후 '부활'이 미국 세스나 항공기 제작회사로 갔다는 풍문을 듣고 여러 방면으로 세스나사에 조회했으나 알 만한 사람도 없고 기록도 남아 있지 않았다. 99년 공군이 사진과 제원을 토대로 '부활'을 거의 실물대로 복원, 공군사관학교 박물관에 전시했다는 소식을 듣고 반가웠지만 아쉬움은 여전했다.

"휴전협정이 막바지로 접어들던 53년 6월 공군기술학교 김성태 교장이 서울대 공대를 졸업하고 장교로 임용된 나에게 비행기 설계 제작을 요청했어요. 서울대 항공공학과 학생들을 데리고 설계도를 만든 뒤 여름방학 동안 미 공군에서 부품을 받아 4개월 만에 완성했죠. 첫 시험비행에 성공할 때의 감격이 지금도 생생합니다."

李씨는 64년 대령으로 예편한 뒤에도 '부활'을 그리워하며 비행기와 평생을 함께 했다. 대한항공 전무 등을 지내다 은퇴한 뒤에도 그의 열정은 식을 줄 몰랐다. 89년부터 올해까지 미국실험항공기협회(EAA) 한국지회장을 맡아 매년 미 위스콘신주 아시코시시에서 열리는 '에어 벤처(실험기 경진대회)'에 한국 대표로 참석해왔다. 92년에는 미 시애라 비행학교를 수료하고 자가용 비행기 조정면허를 따내 현지 지역신문에 크게 실리기도 했다.

심재우 기자 jwshim@joongang.co.kr

1954년 4월 3일 김해 공군기지에서 열린 국산 1호기 '부활' 호 명명식 모습.

50년 전 사라진 국산 1호 비행기 '부활'

1954년 4월 3일 김해 공군기지에서 열린 국산 1호기 '부활' 호의 명명식 모습. [중앙포토]

이원복씨㊧와 문용호씨가 '부활(復活)'이라는 휘호를 만져보고 있다. 대구=조문규 기자

지하창고에 뼈대만 덩그러니

대구 경상공고서 발견… 공군 "인수·복원 계획"

본지 취재팀 확인

높이 1.5m도 안되는 대구 대명동 경상공고 내 3층짜리 제도실 건물 지하. 사방이 컴컴해 조그만 손전등에 의지해야 했다. 뼈대만 앙상한 비행기 동체가 수십년 된 먼지를 몸에 얹은 채 누워 있었다.

1953년 공군소령으로 국산 1호 비행기 '부활'의 제작을 주도한 이원복(78)씨가 당시 일등중사였던 문용호(78)씨와 동체의 주변을 왔다갔다하길 수십분. 李씨가 동체 앞부분에서 뭔가를 찾고는 "맞다"라고 외쳤다. 먼지를 닦아보니 '부활(復活)'이란 한자어가 선명했다.

53년 10월 세상에 태어난 국산 1호 비행기 '부활'이 틀림없었다. 수십년간 빛을 보지 못한 부활이 다시 '부활'하는 순간이었다.

李씨와 文씨가 지난 13일 '부활'을 다시 만난 것은 54년 명명식 이후 50년 만이다.

李씨는 "부활은 명명식 때 이승만 대통령이 직접 써준 휘호"라면서 "55년 미국 연수를 마치고 돌아와보니 부활이 행방불명됐다기에 어찌나 속이 쓰리던지"라며 말을 잇지 못했다.

팔순을 앞둔 노인의 눈가에 눈물이 글썽거렸다.

동체 주변을 샅샅이 뒤졌다. 혹시 다른 부품이 남아 있을지 몰라서다. 아쉽게도 날개나 엔진 등은 찾지 못했다. 2층 창고에서 프로펠러를 찾아냈을 뿐이다.

◆부활을 찾기까지=60년대 말 김해 공군기지에서 폐기 처분하려는 것을 경상공고의 전신인 한국항공대학이 인수했다는 것만 그간 알려졌을 뿐이다.

지난해 12월 17일자 27면 '부활을 찾습니다'라는 본지 기사가 기폭제가 됐다.

결정적인 제보는 경상공고에서 서무과장을 지내고 정년퇴임한 이방치씨였다. "부활이 학교 창고에 보존돼 있다"는 내용이었다.

반신반의하며 李씨와 文씨, 그리고 본사 취재팀이 함께 현장을 뒤진 결과 지하실에서 극적으로 발견할 수 있었다.

李씨는 "미국에선 지난해 말 라이트 형제의 첫 비행 1백주년 기념행사에 1주일 동안 20만여명이 몰려 축제를 벌였다"면서 "우리의 값진 자산을 소중히 여기는 풍토가 아쉽다"고 말했다.

◆부활의 앞날은=공군본부 측은 부활이 국산 1호기로 고교 교과서에 실린 문화재급인 만큼 경상공고 측과 협의해 부활을 인수하겠다는 계획이다.

공군 관계자는 "우리항공사의 커다란 이정표를 더는 방치할 수 없다"며 "공군의 명예를 걸고 완벽하게 복원할 계획"이라고 말했다.

공군은 동체를 빼내 같은 종의 85마력급 엔진을 탑재해 원상태로 복구한 뒤 첫 시험비행이 있었던 10월 10일, 또는 명명식이 있었던 4월 3일 가운데 하나를 골라 대대적인 기념식을 열 계획이다.

◆부활=53년 공군기술학교가 만들었다. 李소령이 설계를 맡았고, 미군 부속품으로 4개월 만에 완성했다.

날개폭 12.7m에 동체길이는 6.6m. 2인승으로 화물을 30kg까지 탑재할 수 있다. 관측·연락 및 초등훈련용으로 사용됐다. 최고 시속은 1백80km였다.

대구=심재우 기자 jwshim@joongang.co.kr

『중앙일보』 2003년 12월 17일 자 27면에 실린 〈"국산 1호 비행기 '부활' 찾습니다"〉라는 제하의 기사(왼쪽). 라이트형제의 동력 비행 성공 100주년을 기념하는 기획으로 보도된 이 기사를 본 이방치 전 경상공고 서무과장이 "학교에 항공기가 보관돼 있다"고 제보했다. 옛 항공대학이었던 경상공고 지하창고에 방치되던 부활호는 보도에 이은 제보 덕분에 오랜 잠에서 깨어났다. 『중앙일보』는 2014년 1월 15일자 9면에 발견 소식을 보도했다. 실종된 부활호와 발견에 대한 『중앙일보』의 연속 보도는 언론의 사회적 순기능 사례로 기억되고 있다.

이라는 글자가 분명하게 보였다.[91] 김익원 전
경상공고 교장은 발견 당시 상황을 다음과 같
이 술회했다.

> ……이 사람(이원복)이 보더니 막 대성
> 통곡하길래……비행기 잔해 보고 울
> 고불고 하길래 저 사람 와 저카나 싶
> 지. 그런데 자기가 직접 만든 그 비행
> 기를……이 사람이 뭘 보고 부활호를
> 알았냐 하니께……요 글자 있잖아요?
> 여기 이승만 대통령이 썼다 카대? 그
> 래 이 사람이 꼭 고고학 유물 찾듯이
> 붓 가 와서 살살살살 하더니마 글자 형

직접 설계하고 제작한 부활호를 십수년 동안 찾아 헤맸던 이원복 선생이 2004년 1월 경상공고 지하창고에서 조심스레 부활호의 흔적을 확인하고 있다. 기체는 심하게 손상됐어도 이승만 대통령이 하사한 '復活(부활)'이라는 휘호가 상대적으로 선명하게 남아 확인이 가능했다.

태 나오더니 그걸 붙들고 막 울고 대성통곡하대. 요 글자 보고 알았어요. 글자가 희미하게 남아 있
었거든.

부활호를 찾아냈다는 소식은 2004년 1월 15일 자 『중앙일보』에 "50년 전 사라진 국산 1호 비행기
'부활'"이라는 제목으로 기사화됐다. 바로 복원이 추진됐다. 복원은 이미 1999년의 실물모형 복원과
1997년의 축소모형을 제작했던 군수사령부 제81 항공정비창이 맡았다. 이윽고 2004년 10월 22일 대
구기지의 제81 항공정비창에서 부활호 복원 기념식이 열렸다. 원형 복원기는 2008년 등록문화재로 지
정됐다. 2011년 7월 14일에는 경상남도가 주관한 부활호 개량복원 기념식이 열리고 실제 비행 행사까
지 치러졌다. 부활호에 대한 관심이 높아지며 공군 주관하에 원래 형식에 최대한 가깝게 복원한 부활호
가 1대, 개량 복제한 부활호가 2대, 외형만 갖추고 비행이 불가능한 부활호가 4대 만들어졌다. 부활호가
하나의 현상으로 부활한 셈이다.

12. 해군의 서해호·제해호와 자체 개발·제작 항공기들

국산 항공기 제작을 꿈꾼 곳은 공군뿐 아니다. 대한민국 해군도 내부 역량으로 항공기 개발을 추진했
다. 부활호와 거의 비슷한 시기에 자체적으로 항공기를 개발하기 시작했다. 해군이 항공기 제작에 관심을
갖게 되는 과정도 공군과 닮았다. 또한 해군과 공군 간의 인적 네트워크를 통한 교류도 있었다. 미군이 못

쓴다고 폐기하려는 고물을 가져와 재생시켰던 공군처럼 해군도 처음 시작은 망가진 미군 비행기였다.

1951년 초 불시착을 시도하다 대파돼 폐기만을 기다리던 T-6[92] 한 대가 출발점이었다. 미 공군이 버리려는 T-6 항공기에 해군 중위 한 사람이 깊은 관심을 가졌다. 육상기인 T-6에 플로트를 달아 수상비행기로 개조할 생각을 품은 사람은 압록함(PF-62)[93]의 전기관이었던 조경연趙敬衍 중위. 진해 고등해원양성소 기관과 출신으로 해방 이후 해군 특교대 9차로 입대해 1950년 4월 20일 임관한 그는, 학창 시절부터 라디오를 만들고 차량용 엔진을 장착한 항공기를 직접 설계할 만큼 손재주가 좋았다(압록함에 대해서는 제2부 '20. 압록함의 화려한 10년 함생과 한국 해군' 참고).

조선공학뿐만 아니라 항공공학에도 관심이 많았던 조 중위는 마침 조수기造水器(일종의 정수기)가 고장난 압록함이 식수 보급차 입항한 목포항의 부두에서 방치된 T-6를 발견하고 함장 박옥규 중령[94]에게 이를 개조해 활용하자고 건의했다. 조 중위의 실력을 익히 알고 있던 함장은 해군본부에 이를 보고했고 손원일 해군 총참모장의 허가가 떨어졌다. 해군은 미 공군과 교섭해 해당 항공기를 인수했다. 교육용으로 사용한다는 조건이 붙었다.

해군의 항공기 활용과 개발은 보다 체계적으로 진행됐다. 1951년 4월 1일 진해 조함창(해군공창 전신)에 항공반을 설치하고 기술인력을 모았다. 해방 전 진해의 구 일본 해군의 항공창 근무 경력자 중에서 기술문관 14명을 모집, 조 중위와 함께 개조작업을 시작했다.[95] 공군의 자문을 받았으나 비행할 수 없다는 답신이 돌아왔다. 그러나 교통부 항공과에 근무하던 김광한 비행사의 도움을 받아 8월 15일 수리 및 개조를 완료하고 시험비행에도 성공했다.[96] '해취海鷲(바다수리)'라는 이름도 얻었다. 대한민국 해군의 첫 항공기인 해취호는 교육뿐 아니라 해상경비, 작전 지원, 업무 연락, 인원 이송 등 다양한 임무를 수행했다.[97]

'해취호'에 대해 이승만 대통령은 아래와 같은 훈시를 남겼다. "……한국은 삼면이 바다인데 동東으로 일인日人들 넘겨다 본다는 것을 잊어서는 안 됩니다. 따라서 배를 자꾸 만들고 배로 삼면을 덮도록 해야 됩니다. 또한 한인들이 부서진 육상기를 주워서 수상기 만든다고 외국 사람들이 칭찬하는데 비행기 역시 돈이 없더라도 자꾸 만들어서 우리의 힘으로 우리를 튼튼히 해야 됩니다."[20]

그러나 제1 해취호는 1951년 11월 22일 진해-포항 간 해상정찰 임무를 마치고 진해항에 착수하던 중 장애물을 피하려다 실속으로 추락, 조종사 박기수 대위와 정비장교 조

1951년 8월 진해에서 공개된 '해취호'의 이수 직전 모습. 미 공군이 방기한 T-6 훈련기에 부주를 달았다. 한국이 보유한 첫 수상비행기였지만 100일 뒤 실속(失速)으로 추락했다. 해군은 이런 사고에도 국산 항공기 개발을 끈질기게 이어나갔다./사진=해군

용익 소령이 순직하는 사고와 함께 사라졌다.[99] 해취호 추락 사고 이후 해군의 항공기 연구는 중단되고 해군공창의 항공반도 해체돼 뿔뿔이 흩어졌다. 단순한 개조가 아니라 국산 항공기를 제작하겠다는 꿈을 품었던 조 중위는 상심했지만 반전이 일어났다. 해취호 개발을 적극 지원했던 박옥규 제독이 제2대 해군 총참모장으로 부임한 뒤부터 상황이 다시 바뀐 것이다.[100]

조경연 대위는 1953년 휴전 직후 해군 지휘부에 신형 수상정찰기(SX-1) 개발계획안을 제출했다. 해군은 이를 수용해 항공반을 재조직하고 조 대위를 반장으로 임명, 개발 책임을 맡겼다. 1953년 10월부터 조 대위는 항공산업에 종사했던 기술자 23명을 모아 진해 해군공창의 70평 창고를 개조한 공장에서 연구개발에 들어갔다.[101] 경험이 풍부한 기술문관 중에서도 특히 정학윤 문관의 실력이 뛰어났다. 일본 야마나시山梨 항공기술학교와 오카야마岡山 지방항공기승원양성소 출신으로 1954년 초 해군공창에 들어온 정 문관은 친분이 있던 배덕찬 공군 소령에게 L-5의 O-435 엔진을 공급받고, 일부 재료는 일본에서 직접 사 왔다.[102]

조 대위는 1954년 2월부터 SX-1의 설계에 들어가 목재로 모형을 짜고 항공반의 진용이 짜여진 9월 중순부터 본격적인 제작에 들어갔다. 1954년 5월 25일 마침내 SX-1이 완성됐다. 기체 기골을 비롯한 주날개, 동체, 조종계통, 엔진 장착부 등이 조 대위와 항공반에 의해 자체적으로 개발됐다.[103] SX-1은 부주를 장착한 수상기였던 해취호와 달리 동체 전체가 물에 뜰 수 있도록 만들어진 소형 단발 비행정으로 동체 상부에 주날개와 엔진을 장착한 고유모델이었다.

해군은 1954년 5월 3일 SX-1의 수상 활주를 시도하였으나 부양장치와 무게중심, 중량 문제로 인해 이수離水에는 실패했다.[104] 문제는 바로 풀렸다. 5월 28일과 29일 두 차례의 활주 시험이 무사히 끝나고 6월 3일 진해와 부산 사이를 왕복하는 두 시간의 시험비행에서도 좋은 결과를 얻었다.[105] 시험비행은 해취호 때와 같이 진해에 주둔하던 미 공군 제18 전폭비행대대의 듀피(Duffee) 대위가 맡았다. 시험비행이 끝난 후 듀피 대위는 '성능이 훌륭하다'고 평했다.

해군이 두 번째로 개발한 '서해호'. 방치된 미군기를 수상기로 개조했던 '해취호'와 달리 설계부터 제작까지 국내 기술진이 맡았다./사진=해군

해군은 소속 장병과 문관을 대상으로 새로 개발된 비행정의 이름을 공모했다. 공모 결과 우리 바다를 충성으로 지키겠다는 뜻의 '충해忠海'가 뽑혔다. 그런데 명명식에 참석하기 전 이승만 대통령에게 박옥규 참모총장이 항공기 명칭을 충해와 '서해誓海' 중의 어느 것이 좋겠냐는 의견을 구했고, 이 대통령이 선택한 '서해호'로 명칭이 확정됐다.[106] 개발을 주도한 조경연은 충무무공훈장을 받았다. 서해호 명명식은 1954년 6월 14일 진해 군항에서 열렸다. 불과 두 달 전에 있었던 부활호 명명식과는 달리 이 행사에는 이승만 대통령이 직접 참석했다.

해군은 개발 직후 서해호를 함대사령부로 이관했다. 관련 인력과 보급품, 시설 등을 확보해 본격적인 실전 임무에 투입하기 위해서다. 일선에 투입된 서해호는 일본 어선의 평화선 침범을 감시하는 임무를 주로 맡았다. 그러나 방염처리가 제대로 안 돼 기체 곳곳에 부식이 일어났다. 결국 SX-1 서해호는 개발 1년 만인 1955년 5월 해체 처리되고 말았다.[107]

서해호 개발 이후에도 해군에서 항공기 연구개발이 여러 차례 이어졌다. 1954년 6월 15일에는 함대 사령부 휘하에 건공반이 창설돼 조경연 대위가 초대 반장을 맡았다. 그는 1955년 일본 항공잡지에 실린 기사에서 영감을 얻어 SX-2라는 탠덤 윙(tandem wing) 형상의 육상기를 개발했으나 정학윤 소위가 초도비행을 수행하다 파손되어 폐기 처분되고 말았다. 연이은 실패에도 해군은 항공기 제작을 포기하지 않았다. 1956년 1월 26일에는 항공기 제작 및 보유를 공식적으로 수행하기 위해 해군 과학연구소 제1 연구부 항공과가 설치되고 조경연 소령이 항공과장 임명장을 받았다.[108] 해군 과학연구소 항공과는 다시금 SX-3라는 이름의 신형 수상정찰기 개발에 나섰다.

SX-3는 여러 측면에서 의미가 깊은 항공기로 평가된다. 우선 쌍발 비행정으로 단발인 SX-1보다 컸다. 이 시기에 개발된 다른 국산 항공기와 달리 기관총과 로켓 등 무장장착 능력도 갖췄다. SX-1 서해호의 실패 요인이었던 방염처리 문제도 해군 스스로의 기술력으로 해결해냈다.[109] 초도비행도 1957년 3월 30일 조경연 중령과 정학윤 중위에 의해 성공적으로 이뤄졌다. 초도비행 성공 뒤 바다를 다스린다는 의미의 '제해制海'라는 이름을 얻었다. 제해호 명명식은 1957년 4월 10일 해군사관학교 11기 졸업식과 동시에 거행됐으며 이승만 대통령은 이번에도 명명식에 참석했다. 제해호 명명식과 비행은 「대한뉴스」를 통해 보도됐다.[110]

제해호 완성 직후인 1957년 7월 15일 해군은 함대 항공대를 창설하고 조경연 중령을 초대 항공대장

해군이 직접 운용하던 시절의 SX-3 제해호와 제원./사진=해군

형식	고익 단엽 쌍발 비행정
승무원	6명
길이	11.6m
높이	2.8m
날개폭	13.8m
엔진	컨티넨탈 O-4702 (213hp × 2)
최대속도	217.2km/h
순항속도	185.1km/h
항속거리	1111.2km
최대고도	3500m
무장	기총: 2정
	로켓: 6발

으로 임명했다. 1958년 12월에는 해군공창에서 L-19을 기반으로 제작한 수상기인 통해호統海號가 만들어졌다.[111] 해군은 비슷한 시기에 거의 못 쓰게 된 다른 L-19의 부품을 모아 4대를 추가로 제작했다. 함대 항공대는 이로써 조종사 10명, 정비사 22명, 항공기 5대의 전력을 보유하게 됐다. 제해호는 감시와 함정 엄호, 대공훈련 지원, 포격 관측, 수송 임무에 활용됐다.[112]

그러나 해군 항공대 앞에 거대한 암초가 나타났다. 부활호를 미 공군 군사고문단과의 협력 아래 개발한 공군기술학교와 달리 제해호를 비롯한 해군 함대 항공대 보유기, 개발기들은 군사고문단과 교감 없이 제작된 항공기였다. 국방비와 군대 운영을 군사원조에 의존하던 상황에서 미군에게 정식 경로로 연료나 부품을 구하지 못하고 비공식적 경로를 통할 수밖에 없어 가동과 운영, 유지 보수의 난점이 금방 드러났다.[113] 결정적으로 미 군사고문단은 한국 해군이 만든 항공기에 대해 군수지원을 제공할 수 없다는 입장을 분명히 밝혔다.[114]

결국 해군은 1961년 2월 23일 함대항공대의 항공기 5대-제해호, 통해호, L-19 3대-를 모두 내무부 치안국(지금의 경찰청) 경찰항공대로 이관시켰다. 일부 운용 요원도 이때 전역해 치안국으로 소속 변경했다. 조경연 중령 역시 1962년 8월 31일 전역했으며 함대항공대도 1963년 3월부로 해체됐다. 예비역이 된 조경연 중령은 고향 전남 강진으로 돌아가 비행기를 제작하며 여생을 보냈던 것으로 알려졌다.[115] 그는 1991년에 세상을 떠났다.

경찰청으로 이관된 직후 '제해호'. 동체에 그려진 해경 마크가 뚜렷하게 보인다./사진=해군

경찰항공대로 옮겨진 제해호는 H-6라는 제식 명칭을 부여받고 평화선을 넘어 침입하는 일본과 중국 어선을 감시하는 역할을 맡았다. 해군의 포격 훈련 때에는 관측 임무를 도와주기도 했다. 그러나 해군의 염원이 담긴 채 해경에 이관된 제해호의 수명도 길지 않았다. 1964년 2월 26일 오후 3시 20분 제해호는 조종사 정학윤 경감, 부조종사 홍근덕 경위, 경비과장 주사원 총경, 사진반원 손호남 순경을 태우고 제주도 서귀포항 바다에서 떠올랐다. 흑산도 인근 해역에 나타난 중공 어선을 정찰하기 위해서였다. 그러나 제주도 서남단에서 짙은 안개를 만난 제해호는 항로를 완전히 잃고 헤매다 연료가 떨어져 해상에 불시착하고 말았다.

해경은 수색을 시작했으나 기관총으로 중무장한 중공 어선 사이에서 파고도 높아 위치 파악조차 쉽지 않았다. 이때 어민들로부터 비행기를 목격했다는 신고가 접수되고 진도와 제주 사이 해역에서 표류 중인 것으로 확인됐다. 불시착한 제해호는 사흘 동안 해상을 표류하다 3월 1일 오후 2시 30분경 일본 국적 냉동운반선 제16 고요마루에 의해 제주도 남쪽으로 140마일 떨어진 해역에서 발견됐다. 다행히 승무원 4명은 모두 무사히 구조됐다. 제해호도 고요마루에 의해 예인되다가 이튿날 새벽, 기내에 물이 스며들기 시작, 오른쪽 보조 플로트가 파손되면서 뒤집어졌다. 제해호 승무원들과 고요마루 선원들이 기체를 구하려 했으나 구조용 기구가 없어 결국 바닷속으로 빨려 들어가고 말았다. 제해호는 3월 2일 아침 6시 30분 승무원들의 경례를 받으며 최후를 맞았다.

해군의 항공기 개발은 잠깐 빛을 보고 역사 속으로 사라졌지만 항공산업사에서 차지하는 의미는 결코 작지 않다. 무엇보다 단 하나의 기종 개발, 단발성 연구에서 벗어나 7년 넘도록 개발 의욕을 불태웠다. 해군 지휘부가 항공기 개발의 중요성을 인식하고 전폭적으로 지원했기에 연이은 실패에도 후속 연구가 뒤따랐다. 자연스레 기술이 축적돼 항공기의 성능도 실전에 투입할 정도로 개선됐다. 아쉬운 점은 '부활호'보다 체계적으로 국산 항공기 개발에 나섰음에도 일반의 기억에서 존재감이 크지 않다는 사실이다. '부활호'는 알아도 '제해호' 같은 해군 개발 항공기는 모르는 경우가 대부분이다. 해경에서 4년 동안 실제 임무에 활용했던 '제해호'를 복원하거나 침몰 장소를 수색해 인양해야 한다는 의견도 있다.[116]

13. 풍요와 빈곤 사이에서…항공기 제작을 위한 몸부림

기간 공업시설은 물론 원자재가 전무한 상황에서 공군과 해군이 전란의 와중에도 독자적으로 항공기를 개발해냈다는 점은 무에서 유를 창출한 것과 다름없다. 물론 이 책의 2부에서 다룬 것처럼, 당시 미군이 남아도는 물자를 아끼지 않고 원조 대상인 한국군에게 제공했으며 조금만 고장 나도 방기하거나 폐기하는 경우가 많았음은 주지의 사실이다. 항공기를 제작할 기본 생태계, 즉 원자재 생산부터 비철금속 1차 가공업이 전혀 없는 가운데 미군이 방기하거나 원조하는 부품을 사용할 수 있었기에 자체적으로 항공기를 제작할 수 있었다. 미군의 절대적인 풍요와, 절대 빈곤에 시달리는 한국이 만성적인 군 항공기 부족을 어떻게든 극복하려는 의지가 맞물렸다고 볼 수 있다.

다만 이런 측면이 없지 않았다 하더라도 창군 초기, 공군과 해군 장병들의 항공기를 제작하려는 열정과 노고는 부인할 수 없는 사실이다. 보유 전력의 전부였던 정찰기를 운용한 정찰비행전대원들의 다음 기고를 보면 한국 공군이 항공기 확보에 얼마나 매진했는지 공감할 수 있다.

> ……전대는 수 대의 비행기를 보유하고 있었으나 그것은 유한有限 수이므로 필여적으로 소실됨이 정해진 길이었다. 그럼에도 불구하고 보충의 대책이 막연한 일선에서 비행기 부속품을 외부에서 주워 오고, 또한 얻어 오는 등 모든 재료와 정신과 노동력을 종합하여 자율적으로 비행기를 제작하여 일선에 출전시켰다. 이러한 노고와 창조력이란 당시 우리 전대 소속 장병이 아니고서는 이해할 수 없는 사실이었으며 이를 유일한 행복으로 여겼다.[117]

····· 전쟁 이후 모든 시설이 전무한 상태에서 우리 전대는·····극소수의 경비행기만 보유하였을 뿐이다. 이에 따르는 기재, 기구 일체가 전무한 처지에서도 유능한 기술 전투원인 우리 전대 장병 일동은 눈물을 머금고 자기의 능력과 기술로 재료를 외부에서 구입하여 자기의 손으로 직접 비행기를 가공, 조립, 제작하여 당시의 전쟁을 유효하게 완수하여왔다는 데 인적 요소의 우수성을 여실히 입증하고 있는 것이다.[118]

정찰전대의 전통을 계승해 부활호를 제작한 공군기술학교의 사정도 크게 다르지 않았다. 공군이 발행하는 『월간 공군』지의 시효인 『코메트』(1950~1961)지 제7호에는 공군기술학교도 절박하게 부품을 구하고 자급자족하는 상황들이 나온다.

·····그 설명을 듣고 놀랐다. 부서진 F-51 비행기의 부분을 뜯어다가 선반도 쓰지 않고 함마와 끌을 가지고 손으로 만들었다는 것이다.·····어떤 교관은 필자에게 술회했다. "기술학교의 교관들은 어쩌다가 비행기 사고가 나면 사고처리반보다 먼저 현장으로 달려갑니다." 그 이유를 물을 필요는 없을 것이다·····[119]

공군기술학교가 부서진 F-51 비행기의 부품을 뜯어서 선반도 없이 함마와 끌로 수제작한 대표적인 부품은 프로펠러. 실제 비행에 활용하는 용도가 아니라 목업(Mock-up)이었지만 정밀도는 높았다. 기술학교는 유압계통과 엔진, 시동계통, 전기계통, 기총 조준경, 계기 등도 이런 식으로 제작했는데 내외빈 귀빈이 방문할 때면 미 군사고문단에 자랑스레 보여줄 정도로 완성도가 높았다. 미 고문관이 개인적으로 갖고 있는 책자가 있으면 '굶주린 짐승'처럼 달려들어 빌려서 닳도록 읽었다.[120]

공군기술학교의 부활호 개발 실무책임자인 이원복 소령은 만성적으로 부족한 항공기를 직접 만들자는 목적 이외에도 다른 두 가지 생각이 더 있었다. 첫째, 제작을 통해 교관과 조교를 교육하고[121] 두 번째, 일본과도 견줄 수 있는 항공산업 진흥의 기초를 만들고 싶었다.

"부활호를 만든 목적이라고 할까, 이건·····그때 교관, 조교 교육 목적이죠. 첫째가. 두 번째가 항공공업 진흥의 기초가 될 수 있게. 왜 때문이냐면, 이때 일본은 맥아더 사령부에서 비행기 제작을 못 하게 만들었거든. 패전국이니까. 우리가 경비행기라도 먼저 설계하고 만들면 우리가 일본은 못 하고 있으니깐, 발전해. 우리가 일본하고 산업이 뒤떨어졌으니까 빨리 일으키려면 항공공업을 해야 한다. 경비행기 정도는 우리가 만들 수 있다 이거를 증명하고 싶었다는 거야. 정부에서 눈을 뜨게 하려고."[122]

이원복 소령의 지휘 아래 국산 항공기를 제작하는 요원들은 자재와 공구 부족뿐 아니라 열악한 생활 여건에 시달렸다. 정비 하사관으로 공군기술학교 교육생이던 어한우 예비역 공군 준위가 들려주는 사천 공군기술학교의 생활 환경은 아래와 같았다.

이원복 소령의 증언에는 해방 직후 항공인들이 꿈꿨던 강력한 공군 창건과 항공산업 육성의 꿈이 그대로 담겨 있다. 항공인들의 소망과 달리 대한민국의 항공산업은 1970년대 중반까지 의미 있는 성과를 거두지 못했다. 공군과 해군이 각고의 노력으로 개발한 부활호와 서해호 등은 지속성을 갖지 못한 채 거품처럼 사라졌다. 이원복 소령이 희망했던, 일본을 능가하는 꿈도 이뤄지기는커녕 오히려 격차가 더 벌어져 갔다.

부활호 프로젝트에 참여했던 임달연은 2001년 저술한 『한국항공우주사』에서 기회를 살리지 못한 점을 아쉬워했다. "당시 정부 당국과 군 수뇌부가 자주국방 차원에서 좀 더 적극적으로 항공공업 육성방안을 세우고 초등훈련기의 설계 제작만이라도 시작했더라면 지금의 우리나라 항공공업의 위상은 세계적인 수준으로 크게 달라졌을 것으로 본다. 오로지 군사원조로 받은 경비행기와 전투기만을 사용하고 자주적인 개발, 생산 노력이 전혀 없었다는 것은 독립국가로서 매우 부끄러운 일이었다고 아니할 수 없다."[124]

임달연의 지적대로 항공산업을 일으킬 기회는 놓쳤지만 전쟁과 군사원조, 그리고 1960년대 이후 경제개발을 거치며 공군은 강력한 억제력을 지니는 군대로 성장했다. 대한민국 공군은 항공산업을 구성하는 요소인 인력(기술)과 기업(자본)과 군대(수요 및 기술개발) 중에서 유일하게 지속적으로 발전을 거듭한 조직이다. 전쟁 후부터 1970년대 중반까지 항공제조업은 전혀 전진하지 못했으나 성과가 전혀 없지는 않았다. 공군이 항공산업의 씨앗을 보존하고 발아할 때까지 감싸왔다고 할 수 있다. 공군에서 진행된 항공기 제소 기술의 습득은 주로 항공창을 중심으로 신행됐다. 다음 상에서는 이를 중섬적으로 살펴볼 것이다.

공군의 창설과 한국전쟁기, 50년대 후반까지 다룬 이 장에서 마지막으로 소개할 기사가 하나 있다. 『조선일보』 1955년 10월 2일 자 1면에 실린 '7회 항공일과 우리의 소망'[125]이라는 제목의 사설은 그 시대 한국인이 항공에 대해 관심을 가져야 하는 역사적 당위성과 공군력의 증강, 항공제조업 진흥의 필요성을 오늘날의 시각으로 봐도 공감할 수 있을 만큼 조목조목 짚었다.

7회 항공일과 우리 소망

1. 10월 1일은 제7회 항공의 날이다. 즉 우리 공군 창설을 기념하는 날로서 이제 일곱 번째의 돌을 맞이한 것이다. 항공기가 인류 사회에 나타난 역사는 반세기 여에 불과하고 또 이것이 군사적으로 혹은 교통수단으로 이용할 수 있게 된 지는 40년밖에 더 되지 않는다. 교통상·군사상 큰 변화를 일으키게 한 항공기의 발명 그 자체가 중요한 일임은 두말할 것도 없는 것이지만 그 후 급속한 개선과 발전을 보이며 금일에는 거의 완전한 실용물이 되었다는 사실을 우리는 驚異視(경이시) 않을 수 없다.

육상교통이 牛馬(우마:소와 말) 象(상:코끼리) 등 동물의 힘을 빌고 각종의 小車(소차:수레)에 만족하고 있다가 금일의 기차·전차등이 나타나기까지의 4, 5천 년이란 시일이 걸렸고 해상교통이 獨木舟(독목주:뗏목) 소목선 범선으로부터 금일의 기선이 되기까지에 역시 3, 4천 년의 세월을 경과하였다는 데 대하여 공중교통은 어제와 대비할 수 없을 만큼 단시일에 완성되었다는 사실에 착안치 않을 수 없다.

여기서 왜 이 말을 하느냐 하면 이것은 항공사업에 관한 한 우리가 선진 국가에 비하여 시간상으로 그리 많이 뒤떨어진 것이 아니라는 것과 남들이 이미 그만치 개선되고 발전되었으면 개선되고 발전된 것을 따라가야 할 것이지. 지금에 와서 항공사업의 가나다를 시작해서 안 된다는 것 또는 급속한 창설이 가능하다는 것을 지적코자 하는 데 그 의의가 있는 것이다.

2. 항공의 날이 우리 공군의 창설을 기념하는 날이므로 이날에 생각해야 할 것이 어떻게 해야 우리 공군을 더 증강할 수 있을까 하는 문제임은 두말할 것도 없는 것이다. 그러하므로 막연하게 증강을 말하기보다는 그 방법에 대해서 더 깊이 생각해야 할 듯하다. 현하 우리의 공군 증강이 미국의 군사원조에 의존하고 있으며 금후도 상당 기간 그렇게 될밖에 별도리가 없는 것이 사실이지만 그렇다고 해서 육해공 3군의 유지나 증강을 언제까지나 우방에 의뢰해서는 될 수 없을 것이다. 여기서 생각할 수 있는 일은 우리의 자력으로 항공기를 생산할 수 없을까 하는 것이다.

이것이 용이치 않은 일이고 또 그만한 기술이 필요하다는 것도 모르는 바는 아니지만, 군용 함정을 건조하거나 중화기 등을 제조하기보다는 다소 용이치 않을까 할 수도 있다. 또한 그러하기 위하여는 민간 항공사업도 될 수 있는 대로 발전시켜야 할 것이다. 공공과 민간항공 간은 긴밀한 관련이 있는 것으로 조종사의 양성, 항공기 개량 발전에 상호 補益(보익)되는 바 있을 것이다.

현하 우리 민간 항공사업은 너무도 미약하다. 선진국에서는 항공기를 농업 기타 사업에서도 이용한다고 하는데 우리는 교통에 이용하기에도 태부족한 상태에 있다. 그러하므로 그리 크지 않은 규모라도 항공기 제작 공장을 설치하여 군용과 민간 간 비행기를 제조하며 여기서 기체의 개량과 발전도 체크해야 할 것이다. 현재 외국산 비행기가 군용이나 민간용을 막론하고 다 우수한 성능을 가지고 있다는 것은 잘 알고 있는 것이지만 이와 동등 또는 그 이상의 것을 우리는 도저히 제조할 수 없으리라고 단념해서는 될 수 없다. 이제부터라도 이 방면의 기술자를 양성하여 수년 후에는 우리 자신이 항공기 제조 공장을 가지도록 노력해야 할 줄 안다.

3. 그리고 당면한 공군 확장으로 말하면 괴뢰군의 공군 증강과 대조해 볼 때 실로 화급한 문제라고 아니할 수 없다. 육해군에 있어서도 더 증강되어야 할 것이지만 공군은 더욱이 시급하다. 괴뢰군이 휴전협정을 무시하고 또 다수의 제트기를 반입한 사실은 천하가 공지하는 바로 이제 와서 이것을 폐기하게 할 도리가 없다고 한다면, 우리 공군을 그와 동등 또는 그 이상으로 증강시키는 방법밖에 다른 수는 없을 것이다.

현재 괴뢰군이 가지고 있는 제트기를 300대 또는 그 이상으로 보고 있는데, 우리는 현재 그와 대등한 제트기를 가지고 있는지 의문이 아닐 수 없다. 현대전에 있어 육해공 3군 중 어느 하나만이 균형을 잃더라도 군 전체의 분리를 초래케 될 것은 틀림없다. 6·25사변이 군사력의 불균형에 기인되었다는 사실을 명시하는 우리로서는 공군력의 차가 적의 재침을 유발할지 모른다는 의구심을 가지지 않을 수 없다.

물론 이 점에 대해서는 미 공군이 극동에 주둔해 있는 이상 적의 공군력이 아무리 우세하다고 하더라도 문제
될 것이 없다고 할 듯도 하나 우리는 어디까지든지 최소한 육해공 3군이 다 괴뢰군보다 열세여서는 안 된다
는 것을 주장치 않을 수 없다. 이것이 국방의 원칙이고 또 가장 안전한 방법이기 때문이다. 또한 미군의 극동
주둔이 어느 시기까지라는 것을 예정할 수 없는 만치 우리는 가능한 최대한 기간 내에 군사상 독립이 되도록
노력해야 할 것이다. 우리 3군 중 가장 뒤떨어진 것이 공군인 동시에 가장 빨리 증강할 수 있는 것이 공군임
을 우리는 잘 알고 있다. 군 당국에서는 최선을 다하여 미국의 군원을 좀 더 많이 군사력 증강에 충당토록 해
야 할 것이다.

전쟁 직후인 1955년의 신문 사설이지만 항공에 대한 인식에서 자주국방이나 3군 간 균형발전, 북한의
침공 위협에 대응하려는 자세까지 오늘날 그대로 실어도 무방할 만큼 시대를 초월하는 가치를 담고 있다.
특히 항공제조업의 필요성을 강조한 게 눈에 들어온다. 규모가 작더라도 시작하라는 것이다. 빨리 항공기
제조에 나서라고 촉구한 사설과 달리 한국에서 민간 항공기 제작사가 등장하기까지는 20년의 세월이 더
필요했다. 다만 군은 경우가 약간 다르다. 비록 속도가 느렸을지언정 제조 기술의 발전이 진행됐다. 정비
창과 항공창의 규모가 커지며 자체 공장을 가졌다. 적어도 만들지는 못해도 정비하는 수준까지는 오른 것
이다. 정비기술로 외화外貨도 벌었다. 무엇보다 중요한 점은 그 기술이 축적되고 지속적으로 발전하는 밑
거름이 됐다는 사실이다.

1) 1946년 4월 30일 폐교할 때까지 200명이 입교해 110명의 장교를 배출했다. 이 중에 사후 추서자 5명을 포함, 78명(89%)이 별을 달았다. 8명이 대장까지 오르고 참모총장도 13명을 배출한 군영 졸업생이 광복군 계열은 단 두 명이었다. 미 군정은 당초 광복군, 일본군, 만주군 출신 중에서 20명씩 선발해 60명을 입교시킬 계획이었으나 광복군은 임시정부의 정통성을 주장하여 응시를 거부하고 좌익계인 국군준비대와 학병동맹은 아예 참여를 거부해 일본군과 만주군 출신이 대부분이었다.(이강수, 「해방 직후 대한민국 國軍의 창군과 그 역사성」, 『軍史』 第88號, 2013. 9, 49쪽.
   광복군 계열의 국군 합류는 1946년 9월 임시정부 출신인 유동열이 통위부장에 취임하고 정부 수립 후 철기 이범석 장군이 국방부 장관에 임명된 후 본격적으로 이뤄졌다(이강수, 같은 논문, 50·51쪽).

2) 노영기, 「1945~50년 한국군의 형성과 성격」, 성균관대 박사학위 논문, 2008, 64쪽.

3) 항공 경력자들은 단결을 중시해 개별 입교자가 없었지만 일본의 일반대학을 다니다 비행 훈련을 받고 임관 직후 해방을 맞이한 구 일본군 신참 소위 김영환만 입교했다. 김영환은 통위부 정보국 소속으로 근무하며 항공인들의 미 군정 교섭창구 역할을 맡았다.

4) 『공군사 1집』, 공군본부, 2011. 2, 24쪽.

5) 김정렬, 『항공의 경종』(사후 개정판), 도서출판 대희, 2015, 84쪽.

6) 최병윤, '공군 핵심가치의 창군사적 고찰', 『월간 공군』 통권 344호, 34쪽.

7) '비화 반세기 66화, 창군 전야-공군의 태동', 『경향신문』 1977년 2월 4일 자, 5면.

8) 『공군사 1집』 개정판 24, 25쪽을 바탕으로 정리.

9) 『대한민국 항공사 1913~1969』, 대한민국항공회, 2015, 311쪽.

10) 이지원, 「조선경비대 항공기지사령부 장교단의 항공력 인식과 독립 공군 창설 노력」, 『군사과학논집』 73권 2호, 2022. 2, 11쪽.

11) 이지원, 앞의 논문, 12쪽.

12) '軍 어제와 오늘 〈75〉 創軍 비화(9)-美 전투기 지원 외면 '날개 없는 空軍' 창설', 『동아일보』 1994년 3월 31일 자, 5면.

13) 당시 남한 주둔 미군의 주력이던 보병 7사단은 1971년 3월 철수할 때까지 한국 안보에 기여했다. 1968년 1·21 사태(북한군 특수부대 124군 부대 청와대 기습 미수 사건), 푸에블로호 납치 사건에 대한 미국의 미온적인 대응과 1970년 "아시아의 방위는 아시아가 책임져야 한다"는 닉슨 독트린에 의거한 미 제7사단의 한국 철수는 박정희 대통령의 자주국방 의지 재확인과 방위산업 육성정책 본격화의 요인으로 작용했다. 제7사단 철수로 한국에는 제2보병사단만 남게 됐다.

14) 미군은 잘 몰랐지만 '입대' 하기 전부터 조종은 물론 정비, 통신 및 기상 분야에서 이들의 전문성은 탁월했다. 항공사령부 시절의 105인은 L-4를 순전히 우리의 손으로 3일 만에 완벽하게 조립하였고, 조종 기술을 전수하기 위하여 왔던 미군 조종사는 우리 조종사와 동승 비행 이후 모든 비행 훈련을 일임했다.

15) 김정렬, 『항공의 경종』(사후 개정판), 도서출판 대희, 2010. 10, 85쪽.

16) 당시 시범 비행에 참가한 조종사는 편대장 대위 김정렬, 조종사 대위 이근석, 소위 김신·장성환·신유협, 특무상사(요즘의 원사 계급에 해당) 오점석, 일등상사(요즘 계급으로 상사) 전명섭·박희동·강호륜·최 휘 등이었다.

17) 『공군사 1집』 개정판, 공군본부, 2010, 29쪽.

18) 공군역사기록관리단, 「공군사 자문위원회 2010년 5월 6일 회의록」, 39쪽.

19) 일본 육군 조종사 출신으로 공군 창설 7인의 한 명, 비행술이 뛰어나 태평양전쟁 초기 에이스로 손꼽혔던 그는 1950년 7월 무스탕 전투기를 몰고 경기도 시흥군 상공에서 적의 기갑부대를 저지하다 대공포에 맞아 전사했다. 사후 공군 준장에 추서됐다.

20) 김정렬, 앞의 책, 87쪽.

21) '국방부 삐라, 비행기로 살포', 『조선일보』 1946년 11월 6일 자, 2면.

22) 김정렬, 앞의 책, 86쪽.

23) 『공군사 1집』 개정판 41쪽, 공군본부, 2010. 다만 장지량 전 공군 참모총장의 기억에 따르면 L-5 정찰기의 날개에 달린 바주카포를 사용한 적은 없다('제3화 빨간 마후라-항공기지사령부 창설', 『국방일보』 2013년 1월 5일 자).

24) 4·3 진압작전에서는 제주지구 전투사령관인 유재흥 대령을 태운 L-5기가 난기류에 휩쓸려 추락, 사람만 살고 기체는 파손됐다. 지리산 공비 토벌작전에서도 무전기 불통으로 조종사 김두만 소위와 탑승자인 제5여단장 김백일 대령이 위험에 빠진 적도 있다(『공군사』 1집 개정판).

25) 1기생 15명, 2기생 43명이 입교한 여성 항공교육대 교육 이수자는 간부가 아니라 병사 계급을 받았다. 공군이 확대되고 교육 기회가 많아지면서 특별임관 형식으로 임관했으나 입대 직후에는 병사로 출발했다. 여성 항공교육대는 여성항공대로 개칭했다가 마지막까지 남아 있던 1기생 김경오 대위가 1957년 예편하면서 해체됐다.

26) 이정희 공군 대위, '공군과 여자 항공병', 『공군』 창간호, 공군본부, 1950, 69쪽.

27) '항공군의 전도양양 김 총참모장대리 회견', 『동아일보』 1949년 10월 13일 자, 2면.

28) 김정렬 공군 총참모장이 강조한 대목과 1970년대 중반 이후 정부 정책 방향의 지향점이 동일하다는 점은 해방 전후부터 항공인들이 항공산업 발전을 꿈꿔왔다는 얘기와 맞닿는다.

29-1) 제대로 교차 검증하려면 당사자들에게 확인해야 하지만 이미 유명을 달리한 데다 기관마다 기록이나 관련 자료가 남아 있지 않아 신문자료 비교에 의존한 게 이 책의 한계이기도 하다. 당시 누가 목제 비행기를 어느 수준까지 연구했는지도 파악하기 어렵다. 보도 내용이 확인되는 당시 언론 중에 이 기사를 보도한 언론은 『자유신문』이 유일하다. 언론 내에서도 교차 검증이 불가능하지만 해방 이후 처음으로 발견되는 항공기 자체 제작이라는 의미는 갖고 있다.

29-2) 목제 비행기에 대해서는 2부 537~543쪽에서 다뤘다.

30) '하늘의 젊은 용사들, 수도 상공에 묘기 백출', 『조선일보』 1949년 9월 16일 자, 2면.

31) '항공기 구입 기금의 헌납', 『경향신문』 1949년 9월 29일 자, 1면 사설.

32) 당시 어떤 신생국가에서도 국민이 공군기를 사 달라고 돈을 모은 나라는 없다. 외환위기(IMF 사태)의 직격탄을 맞은 1998년 초 온 국민이 나섰던 '금 모으기 운동'도 비슷한 맥락이다.

33) 국가기록원, 국방/병무, 군사력 건설>전력 증강>건국기 헌납운동.

34) 『공군사 1집』 개정판, 공군본부, 2010, 45쪽.

35) T-6 항공기 도입 및 조립, 「공군 역사자료발굴위원회 2차 회의록」, 공군역사기록관리단, 81~85쪽. 『공군사 1집』에서 재수록.

36) 기명을 정할 때는 헌납 금액 순서대로 기번과 이름을 부여했다. 서울 상공을 편대비행하는 AT-6기를 본 이승만 대통령은 "이 비행기 10대는 전국의 동포가 자기 주머니를 털어서 산 것이므로, 각 도를 대표해서 이름을 지어 비행기를 사는 데 희생적인 공헌을 한 사람들의 정신과 애국심을 표시하게 할 것입니다"라고 말했다. 이에 따라 각각의 이름을 갖게 됐다. 1호기 교통호, 2호기 전북 학도호, 3호기 전남 학도호, 4호기 전매호, 5호기 충남호, 6호기 체신호, 7호기 국민호, 8호기 농민호, 9호기 전남호, 10호기 경북호 등이다.

37) '창공의 수호신, 건국호 명명식', 『동아일보』 1950년 5월 15일 자, 2면.

38) '역대 총리 장관론 총리 편② 신성모 총리서리', 『조선일보』 1968년 1월 7일 자, 3면.

39) 김정렬, 앞의 책, 327쪽.

40) 『공군사』 1집 개정판, 공군본부, 2010, 226·227쪽.

41) 노후화나 보급 지연으로 부품이 부족할 경우, 다른 전투기의 부품을 떼어내 활용하는 정비 방식.

42) 조문곤, 'RETURN OF MUSTANG…F-51 퇴역 후 반세기 우리가 잊지 말아야 할 것들', 『월간 항공』 2014년 5월호, 104쪽, 와스코.

43) 이강화, 『대한민국 공군의 이름으로』, 플래닛미디어, 2014, 117~123쪽.

44) 『공군사』 1집 증보판, 공군본부, 1991, 135~136쪽.

45) 공군역사기록관리단, 『미 공군 6146부대사 1집(1950.8~1953.6)』, 대한민국 공군, 2010, 127쪽.

46) 훗날 중령으로 예편하는 배덕찬 중위는 기억할 필요가 있다. 해군에서 독자적으로 항공기를 개발할 때 가장 구하기 어려운 엔진을 조달해준 장본인이 배덕찬이다. 그는 전역 후에 고향에서 목장을 운영하면서도 항공기에 대한 꿈을 못 버렸는지 손수 제작한 비행기를 날리다 1960년 전깃줄에 걸려 조선대학교 운동장에 불시착, 지면에 이름이 오르기도 했다. 한국일보사와 서울경제신문의 항공기 5대를 관리 운영하는 항공부장으로 근무한 이력도 있다.

47) 이동건, 앞의 책, 228쪽.

48) 공군본부, 『공군일지(48년 4월~51년 11월)』, 공군역사기록관리단, 246쪽.

49) 공군본부, 『공군일지(1948~1953)』 No. 67, 공군역사기록관리단.

50) 김정렬, 앞의 책, 325쪽.

51) 공군본부, 『공군사 1집』 증보판, 공군본부, 1991, 327·328쪽.

52) 장성규, 「6·25 전쟁기 한국 공군의 성장과 미 공군 제6146부대의 지원」, 『軍史』 제75호, 국방부 군사편찬연구소, 2010. 6, 124~128쪽.

53) 김기둥, '이달의 공군史, 공군 최초의 항공창, 제80항공창 창설', 『월간 공군』 557호, 2024. 11, 24쪽. 공군사관학교 역사·철학과 김기둥 교수는 항공창을 '정비의 종합병원'에 비유하며, 항공창 창설로 인해 비로소 '독립 공군'의 면모를 갖추게 됐다고 의미를 부여했다.

54) 공군본부, 『공군사 제2집』, 1964, 296쪽.

55) 공군본부, 『공군사 제2집』, 1964, 296·449쪽.

56) 항공우주산업 복합도시를 지향하는 사천시와 항공산업과의 인연은 삼성항공이 부지를 선정한 1992년이라는 게 통설이다. 이를 1950년대 초반으로 거슬러 올리려면 사천에 주둔하던 당시 공군 항공창의 직영 공장들에게 대한 보다 많은 연구가 필요하다.

57) 공군본부, 『공군사 제1집』 증보판, 1991, 299·300·538쪽.

58) 이서림, '학교특집② 루포-또 하나의 建設者 空軍技術學校', 『코메트』 7호, 공군본부 정훈감실, 1954, 39·40쪽.

59) 『6·25전쟁 증언록』, 공군본부, 2002, 521쪽.

60) 제주도 서남단 대정읍 부근에 일제가 건설한 알뜨르 비행장을 공군은 기지로 사용했다.

61) 『6·25전쟁 증언록』, 공군본부, 2002, 522쪽.

62) 오원철, 『한국형 경제건설⑤: 엔지니어링 어프로치』, 기아경제연구소, 1996, 471쪽. 박정희 대통령의 중화학공업과 방위산업 육성 의지를 구체화한 오원철 제2 경제수석도 서울공대 4학년 때 공군 기술장교 시험에 응모, 정비장교로 6년을 복무했다.

63) 『공군사 제3집』, 공군본부, 1968, 645쪽.

64) 「나의 운동 목표(지난날 중국 망명시대에서)」, 『공군 시집 1 '하늘에 산다'』, 전재수 편, 공군본부, 1980. 12.

65) 최용덕, '中國에서 활약하는 우리 鳥人들', 1951.

66) 최용덕, '月曜訓話', 『공군순보』 제16호, 1952년 3월, 241쪽.

67) 이윤식, 『창석 최용덕의 생애와 사상』, 공군본부, 2007, 217쪽.

68) 임달연, 『이름 날린 항공기 125+a: 항공기의 역사 102년』, 한국항공대학교출판부, 2006, 282쪽.

69) 이해경, '권두사', 『한국항공우주학회』 제5권 1호, 한국항공우주학회, 1977, 1쪽.
권두사에서 이해경이 "우리 손으로 비행기를 설계 제작하는 꿈이 현재까지도 이루어지지 못했다"고 말한 이유는 분명치 않다. 세계와 견줄 수 있는 항공기를 염두에 둔 발언으로 풀이된다.

70) '특집-한국의 항공산업, 통합법인에 이르기까지(1)', 『월간 항공』 1999년 5월호, 32쪽.

71) 김기석, 「우리나라 조병 기술 발달사 (1), 조선 시대~창군 초기」, 『국방과 기술』 1990년 1월호, 방위산업진흥회, 75쪽.

72) 이동건, 앞의 책, 185쪽.

73) 이동건, 앞의 책, 195쪽.

74) 민영락 소령과 이원복 소령은 낙하산도 없이 첫 비행에 나섰다. 이동건 연구원과 인터뷰에서 이원복 선생은 "낙하산 메고 내려올 바에야 죽어버려야지"라고 말했다. 시험비행은 젊은 항공인들의 패기와 도전으로 이뤄졌다.

75) 이동건, 앞의 책, 254쪽.

76) 이원복, '한국 항공기산업 발달사(2)-6·25에서 5·16까지(항공기 정비기술 축적기)', 『항공우주』 제 36호, 한국우주항공산업협회, 1996, 44쪽, 1996.

77) '復活號(부활호)로 命名(명명), 咸副統領(함 부통령) 國産飛行機(국산비행기)에', 『동아일보』 1954년 4월 5일 자, 2면.

78) 이동건, 앞의 책, 153쪽.

79) 당시 신문 중에서 온라인으로 확인되는 『경향신문』과 『동아일보』, 『조선일보』(가나다 순)는 1954년 4월 2일부터 8일까지 모두 8건의 보도를 내보냈다. 신문이 2개 면으로 발행돼 웬만한 사건은 신문 지상에 실리기 어려웠던 당시 상황에서는 이례적으로 많은 보도 건수다.

80) 고 이원복은 제81항공수리창 창장을 마지막으로 군에서 예편한 이후 신진자동차, 한진상사, 한국공항, 한국산업안전, 서울국제컨설팅 등에서 근무했다. 특히 1969년부터 1980년까지 민영화 이후 대한항공에서 근무하면서 500MD 헬리콥터와 F-5E/F 제공호 생산에 관여했다. 1989년부터 초경량항공기협회 회장, 미 실험항공기협회(EAA) 한국 지회장을 맡으면서 초경량항공기 및 자작항공기에 대한 기술자문을 수행하여 항공 저변의 확산에도 기여했다. 일반인도 따라할 수 있는 자작항공기 제작법에 관한 기사를 '월간항공'에 연재한 적도 있다.

81) 『공군사 2집』, 공군본부, 1964, 323·482쪽.

82) 장극, 『세계 과학기행: 한 이공학도의 발자취』, 범양사 출판부, 1986. 294쪽.

83) 한국항공우주학회, 『韓國航空宇宙科學技術史: 創立 20周年記念』, 1987, 142쪽.

84) 국방과학연구소, 『國防科學硏究所略史』, 1989, 50쪽.

85) 김기석, 「우리나라 기술 發展史(1) 朝鮮時代~創軍初期」, 『국방과 기술』 1990년 1월호, 1990, 75쪽.

86) 김진원, 「항공 발달사」, 『한국항공우주학회지』 제20권 3호, 1992, 148쪽.

87) 이원복, '항공기산업이 나아갈 길: 지나온 역사에서 배울 교훈들', 『항공우주』 17호, 1994. 6, 6쪽.

88) 「부활호 제작」, 『부활호 관련철』, 군사연구실, 2004, 공군역사기록관리단 자료번호 26104, 1398쪽; 공군군수사령부, 「부활호 모형항공기 창 제작 능력 검토」, 1997년 12월 12일, 『부활호 관련철, 군사연구실, 2004, 공군역사기록관리단 자료번호 26104, 1410~1417쪽.

89) 공군군수사령부, 「부활호 모형항공기 이동전시 계획」, 『부활호 관련철, 군사연구실, 2004, 공군역사기록관리단 자료번호 26104, 1401~1404쪽; 공군군수사령부, 「부활호 제작 계획」, 『부활호 관련철』, 군사연구실, 2004, 공군역사기록관리단 자료번호 26104, 1405~1406쪽.

90) 심재우, '[사람 사람] "국산 1호 비행기 '부활' 찾습니다"', 『중앙일보』 2003년 12월 17일 자 27면.

91) 심재우·조문규, '50년 전 사라진 국산 1호 비행기 '부활'', 『중앙일보』 2004년 1월 15일 자 7면.

92) 국민들의 애국 헌금으로 공군이 마련한 건국기와 같은 기종. 미 공군은 00년까지 T-6를 훈련기로 사용했다.

93) 당시 한국 해군 최대 함정이던 압록함은 1951년 4월 적 해안 근처에서 추락한 미그15 전투기 확보 임무를 수행하던 중 북한 공군 Yak 전투기와 교전, 한국 해군 최초의 공대함 전투와 격추 기록을 세운 함정이다.

94) 1953년 대한민국 해군 제2대 총참모장에 오르는 박옥규(1901~1971) 제독은 전라남도 여수시 거문도 덕촌마을에서 태어나 일본 간사이대학 예과를 졸업한 뒤 인천 상선학교에서 항해사 교육을 받았다. 일제강점기에 상선의 항해사관으로 근무하던 중 해방을 맞아 부산하역주식회사의 사장을 역임하다 1949년 3월에는 특교대 5차로 입대, 해군 중령으로 임관했다. 해군본부 작전국장을 거쳐 미국에서 함정을 받는 인수단장으로 근무했다. PF-62 압록함 함장 재직 후 1952년

1월에는 준장으로 진급하고 해군본부 인사국장과 작전참모부장을 거쳐 소장으로 진급한 후 1953년 6월 손원일 제독에 이어 제2대 해군 총참모장에 올랐다. 총참모장 재임 중에 중장으로 진급, 1957년에 퇴역했다. 대한민국 해군 건설자의 한사람으로 꼽힌다.

95) 오진근·임성채, 『해군 창설의 주역 손원일 제독(하)』, 한국해양전략연구소, 2006, 481쪽.

96) ‘파손된 육상기, 수상기 개조 성공’, 『동아일보』 1951년 8월 23일 자, 2면. 김광한 비행사가 일본에서 활공과 조종사 자격을 따기 전에 다니던 비행기회사에 수상기 제작 공장도 있어 자문을 구했다. 김광한은 해군의 자문 직후, 육군에 입대해 육군항공대에서 주로 L-19 정찰기 조종사로 근무하며 1년간 318회 출격이라는 대기록을 세웠다(김광한, 『창공만리』, 일조각, 1986, 269쪽).

97) 김수민, ‘역사 속에 묻혀진 해군 수상항공기’, 『월간 항공』 2004년 5월호, 22·23쪽.

98) ‘三一五艇 及 第一號海鷲’, 『대통령 이승만 박사 담화집』, 1951, 공보처, 대통령기록관 홈페이지.

99) 오진근·임성채, 앞의 책, 483·484쪽.

100) 장학근·방수일, 『해양개척의 선구자 박옥규』, 해군역사기록관리단, 2017, 181쪽.

101) 김수민, ‘역사 속에 묻혀진 해군 수상항공기’, 『월간 항공』 2004년 5월호, 23쪽.

102) 오진근·임성채, 앞의 책, 484쪽.

103) 김병륜, ‘무기의 일생 〈15〉 서해호’, 『국방일보』 2004년 9월 14일 자.

104) 김수민, 앞의 잡지, 23쪽.

105) 장학근·방수일, 앞의 책, 175쪽.

106) 장학근·방수일, 앞의 책, 185쪽. ‘서해’는 이순신 장군의 한시 가운데 한 구절인 ‘서해어룡동 맹산초목지(誓海漁龍動 盟山草木知, 바다에 다짐하니 어룡이 움직이고 산에 맹세하니 초목이 아는구나)’에서 따왔다.

107) 김병륜, ‘무기의 일생 〈15〉 서해호’, 『국방일보』 2004년 9월 14일 자.

108) 『대한민국 항공사 1915~1969』, 대한민국항공회, 382·383쪽.

109) 장학근·방수일, 앞의 책, 188쪽.

110) 공보처, ‘제11기 해군사관학교 졸업식’, 『대한뉴스』 제109보, 1957년 4월 14일.

111) 통해호를 제작하게 된 경위가 극적이다. 조경연 소령은 설악산에 추락한 항공기 잔해가 많다는 소문을 듣고 부대원들과 함께 산을 샅샅이 뒤졌으나 소득이 없었다. 복귀 도중 육군항공대에 추락한 미군기의 잔해가 쌓여 있다는 사실을 알게 된 조 소령은 교육용으로 쓰겠다며 엔진 4대를 무상으로 얻을 수 있었다. 통해호 제작이 시작된 것이다(『해군 항공 70년』, 해군 항공사령부, 2022. 11, 27쪽).

112) 김병륜, ‘무기의 일생 〈16〉 제해호’, 『국방일보』 2004년 9월 16일 자.

113) 김수민, ‘역사 속에 묻혀진 해군 수상항공기’, 『월간 항공』 2004년 5월호, 23쪽.

114) 장학근·방수일, 앞의 책, 198쪽.

115) 정인재, ‘우리나라 항공 역사 고찰(우리나라 항공기 개발의 개척자, 조경연 선생님의 업적을 중심으로)’, 『항공우주』 제10권 1호, 2016, 49쪽.

116) 이동건, 『최초의 국산 경비행기 부활호』, 공군역사기록관리단, 2021. 11, 569쪽.

117) 송상남(당시 대위, 제2 정찰비행전대원), ‘만난(萬難)을 뚫고 자라온 정찰전대’, 『공군순보』 4호, 1951년 12월 31일, 277쪽.

118) 오점석(당시 중령, 제2 정찰비행전대장·1919~1979:공군 참모차장, 한국광업공사 사장, 구미공단 이사장 역임), ‘정찰전대가 지향하는 목표는 무엇인가’, 『공군순보』 17호, 1952년 6월 21일, 126쪽.

119) 이서림, 「‘루포’ 또 하나의 건설자 공군기술학교」, 『코메트』 제7호, 공군본부 정훈감실, 1954, 41쪽.

120) 이동건, 앞의 책, 114쪽.

121) 공군은 전쟁 중에도 기술인력 양성을 우선 과제로 삼았다. 급속한 확충과 전력 증강에 필수 조건이라는 판단에서다. 공군이 양성한 숙련 인력은 공군력 증강은 물론 전역 후 재취업을 통한 항공운항산업 발전과 항공제조업 기반을 닦는 밑

거름으로 작용했다. 공군이 당시 어떻게 기술인력을 공부시키고 숙달시켰는지 다음 장에서 다룬다.

122) 이동건, 앞의 책, 229쪽(이동건 저자의 2019년 이원복 예비역 대령 여의도 자택서 인터뷰 재수록).

123) 이동건, 앞의 책, 121쪽(이동건 저자의 2017년 어한우 예비역 준위 경기도 수원 자택서 인터뷰 재수록).

124) 임달연, 『한국항공우주사』, 한국항공대학교 출판부, 2001, 294쪽.

125) 신문사가 2면이나 뒷부분에 배치하는 사설을 1면에 게재한다는 것은 그만큼 중요하다고 판단하는 경우다. 당시나 지금
이나 거의 같다.

제5장

정중동靜中動 시대

(한국전쟁 후반~1970)

1. 전쟁의 폐허와 되돌이표를 반복한 항공산업

한국전쟁 후반기부터 1970년대까지는 항공제조업의 역사에서 정중동의 시기에 해당한다. 겉으로는 안 보여도 움직임이 전혀 없지 않았다. 작은 불빛도 있었다. 국방부 과학연구소와 인하공과대학의 로켓 개발과 발사 시험이 그것이다. 그러나 이 역시 지속성을 결여해 이후의 연구로 이어지지 못했다. 그래도 항공기 제조산업의 지속적 성장이라는 관점에서 볼 때 성과가 하나 있었다. 구식 프로펠러 항공기 시대를 지나 제트전투기를 보유하게 된 공군이 관련 정비 기술을 속속 익혔다. 항공산업의 첫 번째 단계인 창정비廠整備(overhaul)의 고도화가 진행된 것이다.

하지만 사회 전반적으로는 전쟁의 피해에서 벗어나지 못한 상태였다. 1950년 6월 25일 북한의 기습으로 시작돼 1953년 7월 27일 정전협정으로 휴전상태로 들어간 한국전쟁은 무수한 인명 피해와 막대한 재산 피해만 남기고 분단 상태를 극복하지 못한 채 봉합됐다. 일제가 남긴 한 줌의 산업시설도 파괴되고 '신생 독립국가' 대한민국이 시도하려던 경제개발도 물거품으로 날아갔다. 산업시설의 파괴는 전쟁 전에 비해 건물은 44%, 설비는 42%에 달했다. 전쟁이 장기화하면서 1953년 휴전 때까지는 거의 완전 파괴에 가까웠다.[1]

개개인의 삶은 더욱 궁핍해졌다. 국민 대다수가 굶주리고 국민경제는 대외원조에 의존하던 여건이었기에 개인의 창발력이 발휘되기는 어려웠다. 공공부문의 항공제조업 육성책도 없다시피 했지만 민간 부문 항공산업도 아예 존재하지 않는 것이나 마찬가지였다. 어려운 여건 속에서 단체나 개인이 항공기 제작에 나선 사례가 있었지만 하나같이 지속되지 못 한 채 단발성으로 끝났다.

개별 제작과 연구는 해방 이전보다 오히려 더 위축된 것으로 보인다. 몇몇 개인과 단체

한국전쟁은 그나마의 산업시설과 도시 기반을 무너뜨려 한국은 맨주먹으로 모든 걸 다시 시작하는 수밖에 없었다. 사진은 전쟁 초기 공방전으로 폐허로 변한 대전 시가지.

에서 항공기나 로켓의 가내 수제작으로 접근하고 일부 성과를 올렸지만 하나같이 더 이상 이어지지 못했다. 개인이 호기심이나 연구 의욕에 불타 자작自作한 항공기는 일제강점기에도 없지 않았다. 먼저 해군에서 항공기를 제작해 해군항공대에서 사용할 비행기와 수상정 7대 제작을 도맡은 조경연 중령이 어린 시절 비행기를 만들었다는 마을 주민들의 증언이 있다.[2] 조경연이 고향 영풍리의 하천 인근에서 자작한 비행기를 시험비행했다는 것이다. 시험비행을 시도한 게 맞다면 시기는 진해 고등해원양성소[3] 기관과에 재학 중이던 1933~1937년 무렵으로 추정된다.[4]

2. 흔적마저 사라진 대한소년항공단과 자체 제작 글라이더

언론지상에 수차례씩 보도되며 알려졌지만 실체는커녕 기억에서 사라진 기체도 적지 않다. 『동아일보』 1954년 2월 24일 자 2면에는 '발전하는 소년 항공! 구라이다 제조에도 성공'이라는 제하의 기사(〈사진 5-2〉)가 실렸는데 "3년 전 발족한 대한항공소년단에서 악조건을 무릅쓰고 소년들에게 항공교육을 시키고 있던 중 구라이다(글라이더)를 만들어 소년항공단원들로 하여금 창공에 날리게 한다"는 내용이 담겼다.

"회원 2만에 달한다"는 이 단체는 1956년 4월 12일과 동년 4월 13일 자 『조선일보』에 또 항공기 기사로 등장한다. '비기飛機 제작 착수, 대한소년항공단서'(『동아일보』), '경비행기를 제작, 대한항공소년단에서 착수'(『조선일보』)라는 기사가 두 신문에 거의 동시에 실렸지만 어떤 기체인지, 경비행기인지 글라이더인지에 대한 후속 정보가 없다.

정황상 초급자용 글라이더를 제작한 것 같지만 그 후 어떻게 됐는지는 알 길이 없다. K2, K5로 명명된 글라이더의 행방도 묘연하고 대한소년항공단[5] 자체의 흔적이 없어졌다. 당시의 민간 항공 제조 분야가 갖고 있던 극히 작은 자산마저 유지, 계승되지 못한 대표적인 사례다.

『동아일보』 1959년 3월 19일 자 3면에도 '우리 손으로 만든 구라이다, 첫 시범 비행에 성공'이란 제목 아래 대구의 '대한활공기제작연구소'의 한용문韓龍文과 최상식崔相植 두 사람이 "7~8개월 동안 40만 환 가량을 들여 초급 글라이더를 제작, 월배의 한국항공학교[6]에서 시험비행에 성공했다"고 보도했는데, 결과는 같았다. 글라이더의 행방도 알 길이 없고, 대한활공기제작연구소가 어떤 연구와 활동을 이어나갔는지에 대한 자료가 전혀 없다.

해방 전 조선항공사업사에서 글라이더 생산에 관여한 경험[8]이 있으며 공군의 정비장교로 "다 죽은 항공기"를 살려내던 공군의 배덕찬 중령은 예편 후 광주 부근에서 무등목장을 경영하며 1960년 6월 23일에 비행기 1대를 만들었다. 이틀 뒤인 6월 25일 조종사 김국환과 함께 자작 비행기를 타고 시험비행 중 고압선에 걸려 떨어졌다. 다행히 조종사와 배덕찬은 경상에 그쳤지만 비행기는 크게 망가졌다. 배덕찬은 이후에도 한국일보·서울경제신문의 항공부장을 맡는 등 항공에 종사했지만 더 이상 정비나 항공기 자작에 이름을 올리지는 못했다.

3. 국립항공대 인가 지연, 민간 '유사항공대' 난립

전란의 와중에서 교통부는 1953년 1월 항공학교 설립 의사를 밝혔다. 교통부 산하 교통학교에 속한 항공과를 독립시켜 항공학교로 만드는 작업을 진행 중이라는 것이다. 교통학교의 한 개 학과로 설치된 항공과를 항공학교로 독립시키는 데 예산 15억 원을 배정했다.[9] 정부가 항공학교 설립을 추진한 이유는 수요가 있다고 판단한 데다 1952년 7월 설치한 항공과에 학생들이 큰 관심을 보인 데 따른 것이다. 비행 교육에 필요한 교육용 항공기도 마련된 상태였다.[10]

교통부는 대구의 김영수 비행사가 미국의 「항공금지령」을 피해 감춰놓았던 일제 항공기(95식 1형)를 1951년 7월 200만 원을 주고 구입했다. 교통부는 이 비행기의 조종사로 일제강점기에 동양 활공 신기록을 세웠던 김광한 비행사를 임명해 공용기(K-1)[11]로 활용하고 있었다. 마침 항공학교 설립 수요가 생기자 학교로 보냈다.[12]

피난 수도 부산에서 개교한 국립항공학교는 서울 용산을 거쳐 수색으로 이동해 민영화를 거쳐 오늘날 한국항공대학교로 이어지고 있다. 요즘은 거의 사용하지 않지만 수색의 간이 비행장도 국립대학 시절 항공대학용으로 건설된 것이다.[13] 공군은 항공대학에 노후기 2대를 기증하며 인력 양성을 지원했다.[14]

교통부가 항공학교 설립 의사를 밝힌 지 9개월여 지나 이번에는 교통부에 일본제 항공기를 판매했던 대구의 김영수 비행사[15]가 항공학교 설립을 추진하고 나섰다. 김영수는 『대구일보』의 지원과 정부의 대출로 비행학교의 문을 다시 열었다.[16]

대구의 항공학교는 여러 이름을 가졌다. 한국항공대학, 한국항공학교, 한국비행학교 등 학교명이 수

대구시 대명동에 1958년 신축한 한국항공학교 교사. 부활호가 발견된 경상공업고등학교의 모태다./경상공고 제공

교통부가 한국전쟁 중 업무용 공용기로 활용하던 일본제 95식 1
형 연습기. 날개에는 태극 표시가, 동체에는 미군기 마크를 붙이
고 비행했다. 적기로 오인 받는 경우를 피하기 위해 한국 공군과
미 공군의 식별 마크를 붙인 이 비행기가 '태극마크를 단 의문의
일본기'의 정체다.

시로 바뀌면서도 교육생을 배출해냈다. 육군항공
대에 학생 전원이 자원입대한 적도 있다. '항공'
이라는 교명을 내건 학교 가운데 큰 문제를 일으
키지 않은 학교는 바로 이 두 대학 뿐이다. 나머
지 항공학교들은 실체마저 불분명했다.

문교부는 항공학교와 관련된 두 가지 문제로
골머리를 앓았다. 먼저 '대학 아닌 국립대학' 문
제가 불거졌다. 교통부가 항공대학, 체신부가 체
신대학, 해무청이 해양대학을 직속 국립대학으로
운영해도 문교부는 인가를 쉽게 내주지 않았다.
시설과 인원 등 대학 설립 요건을 갖추지 못했다

는 이유에서다. '대학 인가조차 못 받은 국립항공대학 문제'는 최소한의 시설이 확보되고 소관 부처가 문
교부로 일원화한 1962년에서야 풀렸다.

진짜 문제는 인가도 받지 않은 채 대학 간판을 달고 학생을 모집하는 유사 항공대학의 존재였다. 전국
곳곳에서 사이비 항공대학이 나타났다 사라졌다. 서울시는 1955년 12월 문교부와 협의해 서울 동대문
구 답십리에 위치한 한성항공기술학교에 폐쇄 명령을 내렸다.[17] 1958년 6월 24일에는 부산의 4개 유사
대학을 폐쇄하라는 명령을 경상남도에 하달했는데 여기에 '한국항공대학'이라는 교명을 내건 사이비 대
학도 포함돼 있었다. '국민대학교 부산 분교'나 '한국항공대학'이라는 이름을 내걸고 학생을 모집해 등록
금을 받았지만 대학과는 아무런 상관이 없으니 조기 폐쇄하라는 명령이었다.[18]

『마산일보』 1959년 1월 3일 자 2면에는 '항공대학 재발족'이라는 기사가 실렸다. "부산시 거제동에
항공대학이 재발족할 예정이며 마산문화교육원이 운영을 맡을 예정"이라는 기사였다. 정작 이 지역에는
'이전에 없어져 재발족할 항공대학'이라는 것 자체가 존재하지 않았다. 문교부는 1959년 5월 25일에도
경상남도 동래에 소재한 '한국항공사학교' 폐쇄령을 내렸다. 이유는 서울의 국립항공대학교와 혼동을 유
발하면서 졸업생에게 자격증과 군 장교 입대라는 특전을 부여한다는 허위 광고로 학생을 모집했다는 것
이었다.[19]

국립항공대도 순탄하게 발전하지 못했다. 1956년 46명에게 항공사 자격증을 내주며 1회 졸업식[20]을
치렀지만 졸업생들은 항공과 무관한 일을 할 수밖에 없었다. 서울대 조선항공학과의 항공 전공 졸업생조
차 항공 분야의 일자리가 없어 전공과 관련 없는 회사에 취직하는 게 다반사였다. 취직 여건은 오히려 이
전보다도 나빠졌다.[21][22]

4. 공군의 성장과 항공 정비의 발전

민간 부문과 달리 공군의 정비 능력은 지속적으로 발전했다. 한국 공군은 6·25전쟁을 치르면서 질적으로나 양적으로 크게 성장했다. 육군으로부터 독립할 당시인 1949년 10월 1일, 대한민국 공군이 보유한 전력은 병력 1100여 명, 경항공기 20여 대가 전부였다. 창군 이래 인원을 증강하고 항공기를 늘렸어도 이듬해 한국전쟁이 터졌을 때, 공군은 병력 1897명과 경항공기 22대(훈련기 10대, 연락기 12대)라는 보잘것없는 전력으로 북한의 침공에 맞서야 했다.

1952년 1월 15일, 대한민국 공군이 평양 인근 군수품 수송의 요충인 승호리 철교를 폭파하는 전쟁 기록화. 미국과 영국, 호주 공군이 제트전투기로도 번번이 실패한 폭파 작전에서 한국 공군은 구식 F-51D 전투기로 두차례 작전에 성공하는 전과를 거뒀다. 초저고도 비행으로 이뤄낸 성과로 한국공군에 대한 평가가 달라지기 시작했다. 한국 공군이 자체적으로 교육 훈련의 내실화를 다진 이후의 성과다./그림=공군

사실상 맨주먹에 불과했던 공군[23]은 전쟁을 거치면서 비로소 독립 공군으로서 최소한의 모습을 갖춰나갔다. 휴전 당시에는 병력 1만 1461명(장교 1382명), 항공기 110대(F-51D 무스탕 전투기 79대 포함)를 보유했으며[24] 전쟁 중 총 1만 4163회(F-51D는 8457회) 출격하는 기록을 세웠다.[25] 제트전투기로 무장하고 교육 시간도 훨씬 많은 미국 등 UN 참전국의 공군들이 해내지 못한 승호리 철교 폭파 작전 등 무훈을 세우며 위명도 떨쳤다.

그러나 과정은 결코 순탄하지 않았다. 미군이 급하게 F-51D 무스탕 전투기를 지원했다고 하지만 이렇다 할 후속 지원은 이뤄지지 않아 1950년 12월 당시 공군의 항공기는 19대(L형 4대, T-6 연습기 6대, F-51 8대, 수송기 1대)로 숫자는 개전 초보다 오히려 줄었다.[26] 1951년 전반기에도 전력 증강은 미미했다. 51년 3월 L-5 1대, 4월 L-4 5대와 L-19 1대, 5월 F-51 4대와 L-4 4대, L-2 1대, L-19 1대 도입에 그쳤다.[27]

전쟁 초중반까지 한국 공군은 악순환을 겪었다. 항공기 부족은 비행훈련 부족으로 이어지고, 훈련이 모자란 조종사가 선투에 투입돼 결국은 항공기가 더욱 부속해지는 악순환에 빠진 것이다. 개전 후 발생한 항공기 사고는 최소한 46건에 이른다.[28] 공군은 이런 사태에 우선 단편적이고 임기응변적으로 대응했다.[29] 앞장에서 살펴본 대로 추락한 비행기에서 쓸 만한 부품을 긁어모아 재활용해서 다시금 항공기를 조립하는 등 극한 수단까지 동원한 것이다.[30]

항공기 부족을 타개하고자 공군은 1949년의 '애국기 헌납운동'을 되살리기로 하고 종군문인단, 항공

3군의 종군문인단 가운데 가장 먼저 창설된 공군의 종군문인단 '창공부락부'는 문필의 힘으로 장병들의 사기를 끌어올리는 데 크게 기여했다. 청록파 시인 3인(왼쪽부터 조지훈, 박목월, 박두진)도 '창공구락부'에서 함께 활동했다./사진=공군

협회 등과 협력해 대대적인 캠페인을 펼쳤다.[31] 국민모금으로 훈련기 보통형과 고급형을 50대씩 구입한다는 게 목표였다.[32] 각계각층이 호응하고 '창공구락부'로 유명한 공군 종군문인단이 본격적으로 활동을 시작한 시기가 바로 이즈음이다. 국무회의와 국회에서 논의될 즈음 『동아일보』는 '대공大空은 방위 제일선, 항공기를 한 대라도 더 구입, 헌납운동에 자진 참가하자'라는 제하題下로 아래와 같이 보도했다.

"보라! "개미 떼"와 가치 쏘다저 나려오던 중공 오랑캐들이 숨도 돌릴 새 업시 격퇴당한 것도 항공기의 의依한 작전의 주효奏效이라고 하겠으니 이제 우리는 정전停戰의 가부可否를 고사하고 새로운 규모의 차기 전쟁을 상정하고 만반의 대비가 잇서야 할 위치에 노혀 잇다. 백절불굴의 훈련과 강철과 가튼 정신의 무장도 필요하다. 그러나 이보다도 장비를 가춘다는 것이 무엇보다도 필요하다. 이리하여 정부에서는 동란 전부터 국민운동화하여 온 항공기 헌납운동을 또 다시 전개하리고 되어 8월 1일부터 10월 말까지 3개월간에 걸쳐 전국적으로 운동을 전개하게 되엇는데 이 헌납운동을 통하여 고급연습기 ○○○대를 구입할 예정이라 하며 이 기회를 이용하여 일반 국민에게 항공사상을 보급하는 동시에 우수한 한국의 공군을 건설할 계획이라는 바, 우리 국민은 자주방위의 간성인 대공 수호의 용사 공군을 위하여 거족적으로 갹출 헌납운동에 자진 참가하자!"[33]

북한에서 남하한 피난민을 비롯해 헌금이 답지하고 있으며, 점차 헌납에 대한 열의가 고도화하고 지방에서도 상당액이 모금되고 있다는 후속 보도가 나왔으나 성과는 신통치 않았다. 이듬해 4월까지 진행된 모금운동은 모두가 궁핍했던 전시 상황 탓에 목표했던 금액에 미달했지만 의미가 없지 않았다. 공군력 증강에 대한 범국민적 지지를 확인한 공군은 더욱 체계적이고 야심찬 계획[34]을 세워 미국과 협상에 나섰다. 한국인들의 결의를 지켜본 미국은 한국 공군이 마련한 '공군력 증강 3개년 계획안'을 이전처럼 무시할 수 없었다. 이는 시간이 흐른 뒤 제트전투기 도입으로 이어졌다.

5. 공군력 증강의 숨은 힘, 독특한 기술교육

미군의 군사원조 규모가 기대에 못 미치고 직접 구매를 위한 모금운동도 성과를 못봤지만 앞서 살펴본 대로 전쟁 말기의 한국 공군은 이전과 다른 모습으로 성장했다. 두 가지 요인이 성장의 자양분으로 꼽힌다. 첫째, 공군 지휘부가 조종사 훈련과 관련해 과감한 결단을 내렸다. 전쟁 초기에 '항공기 부족 → 훈련 부족 → 미숙련 상태 출격 → 조종사 및 항공기 손실 증가 → 항공기 부족'으로 반복되는 악순환을 겪던 공군은 일대 결단을 내렸다. 무엇보다 심각한 문제는 조종사 손실이 컸다는 점이다.

태평양전쟁 초기 말레이시아 전선에서 영국군 전투기 20여 대를 격추한 일본 육군 항공대 에이스 출신인 이근석 대령[35]이 임무 이틀 만에 전사하는 순간부터 공군은 훈련 부족을 뼈저리게 느꼈다. 일본제 전투기에 익숙했던 이 대령은 미국제 전투기의 기체 특성을 제대로 숙지하지 못한 상태에서 출격했고 김정렬 총참모장은 F-51D 무스탕 전투기로는 단 한 번도 사격조차 못해본 조종사들에게 지상의 대전차 공격을 명령한 자신을 책망했다.

급박한 전황 하에서 조종사들이 왕성한 전투 의지로 임무에 나섰지만 기종의 차이로 인한 조종기술은 정신력만으로 넘기 어려웠다. 미 공군이 한때나마 한국 공군 조종사들의 기량을 의심하고 빌려준 무스탕 전투기를 회수하는 일도 벌어졌다.[36] 종국에는 전투기를 돌려받고 9·28 서울 수복과 38선 돌파에서 한국 공군이 가장 앞장섰지만 활약이 많을수록 손실이 커지는 악순환이 재연됐다.

결국 공군은 전투부대를 대전과 여의도 기지에 전개하고 훈련부대는 제주도 모슬포비행장으로 분리하는 단안을 내렸다. 이런 결단에도 피해가 누적되자 김정렬 총참모장은 1951년 5월 15일 미군에게 "한국 공군은 미군과 획일적인 합동 출격을 중지하겠다"고 통고한 후 전투부대와 지원부대에 "사천으로 집결하라"는 명령을 내렸다.[37][38] 사천기지(K-4)에서 4개월간 지리산 무장공비 소탕 작전과 체계적인 훈련을 병행한 공군은 9월 28일 강릉기지로 전진 배치를 마쳤다. 제대로 된 훈련 일정을 소화한 이후부터야 공군은 악순환에서 벗어났다. 군수 정비 지원 업무도 체계화를 도모했다. 강릉으로 전개한 직후인 1951년 11월 15일 공군은 대구에 제80항공창을 창설했다.[39]

공군이 한국전쟁 초기의 악순환에서 벗어나 성장을 거듭한 두 번째 요인은 기술인력의 급속한 확충에 있다. 앞장에서 살펴봤듯이 개전 직전의 공군은 인력에서 다소 여유가 있는 편이었다. 항공기는 북한에게 10대 1 이상의 열세였지만 병력 비교에서는 2대 1 수준이었다. 김정렬 총참모장의 말대로 정찰기와 훈련기 22대라면 500명으로 감당할 수 있는 데도 상대적으로 인력에 여유를 뒀던 이유는 미래의 공군력 확장을 염두에 뒀기 때문이다.

더욱이 공군은 일찌감치 우수인력을 기술 교관으로 뽑았다. 1950년 1월 김포 공군사관학교 안에 항공기술원 양성소를 설치하면서 졸업 직전의 서울대 조선항공학과 1기 중에서 항공전공자 4명 전원을 학술교관(문관)으로 위촉, 교육을 맡겼다.[40] 항공기술원 양성소 시절부터 공군과 인연을 맺은 이들은 전쟁이 터지자 공군에 입대, 기술장교로 근무하며 정비사와 통신사 등의 교육을 떠안았다. 특히 공군기술학교에서 중추적인 역할을 수행했다.

공군이 집결했던 사천기지 내에 1952년 12월 설치된 공군기술학교는 공군이 성장하는 데 핵심적인 기술인력을 양성해냈다. 공군기술학교는 독특한 교육방식을 갖고 있었다. '100일 교육' 혹은 '브랜치 branch 교육'은 역피라미드식으로 학생이 조교가 되는 시스템이었다. 6·25전쟁 종반 한국 공군 전투기 세력의 급격한 증강에 따라 늘어난 정비 수요를 감당하기 위해 고안됐다.[41] 기술 교관들이 미 공군과 같은 수준 도달을 목표로 고안한 기술 브랜치 교육의 방식은 아래 방식과 같다.

1. 먼저 공학을 전공한 기술장교들이 공식·비공식 통로로 입수한 미 공군의 정비교범이나 기술서적을 번역한다.[42]
2. 번역한 교재를 바탕으로 1일당 8시간(실습 포함)짜리 100개 과목으로 세분화한다.
3. 교실을 특별하게 꾸몄다. 군용 야전천막 50동을 칸막이로 절반 나누어 간이 책걸상이 20개가 들어가는 100개 교실을 만들었다.
4. 예비시험을 치른 수백 명의 교육생들을 성적순으로 앞쪽에서부터 16명씩 나눈다.
5. 가장 성적이 좋은 조가 첫 번째 교실에 들어가 교관(기술장교)들에게 첫 번째 과목을 8시간 동안 교육받는다.
6. 여기서 시험을 치러 가장 성적이 좋은 교육생 1명을 가려낸다.
7. 이 교육생은 자신이 배웠던 교실에 남아 조교 역할을 맡아, 자신이 배웠던 과목을 두 번째로 성적이 좋았던 다음 조에게 매일 8시간씩 가르친다.
8. 맨 처음 조에서 조교로 뽑힌 우수교육생 1명을 제외한 나머지 인원은 다음 교실로 넘어가 다음 과목을 배우면서 한 과목마다 1명의 조교를 남기고 다음으로 넘어가는 식으로 반복한다.
9. 낙제자는 그 교실에 남아 다음에 들어오는 조와 같이 해당 과목을 다시 배운다.
10. 이런 과정 속에서 조교로 해당 교실에 남게 된 우수교육생은 최소 1달 이상, 몇 달 정도 근무한 이후에는 후임자를 만든 다음 조교를 면하고 다음 교실로 넘어가 다음 과목부터 수강을 계속하게 된다.
11. 교관도 1주일마다 다른 과목을 담당함으로써 10명의 교관 장교들이 100개의 과목에 대한 100명의 조교를 양성할 수 있도록 했다.

끊임없는 학습을 강요하는 이런 교육 시스템을 반복하면 최종적으로는 하루에 16명씩 교육을 이수하게 된다.[43] 1953년 말부터는 정비과 교육과정이 일반 과정과 특별 과정으로 나눠졌다. 피교육자는 제네럴 코스에서 정비과의 12개 브랜치별로 세분된 교육과정을 데일리 시스템(매일 공부한 내용을 쪽지시험 치르는 사관학교식 교육 방법)을 통해 거친 뒤 각 후보생의 주특기에 관한 특별과정을 이수하는 식으로 이뤄졌다.[44]

공군의 이 같은 교육 시스템은 확실한 장점이 하나 있다. 특출난 교육생을 더욱 부각시키는 효과가 발생하는 것이다. '부활호'의 설계 제작을 주도한 이원복은 "공군의 항공기술병력 양성 교육이 이러한 방식으로 이루어질 수 있었던 이유는 교관과 교육생의 질이 우수했기 때문"이라고 설명했다. 공학을 전공한 기술장교 출신 교관들이 교본 번역과 목업(mock-up) 제작, 교안 작성에 힘을 쏟고, 우수한 고교 출신의 정비 하사관 후보생(교육생)을 공군기술학교에 입교시킬 수 있었기 때문에 효과를 거뒀다는 것이다.[45]

대구기지에서 출격 대기 중인 무스탕 편대군. 한국 공군은 기술학교 등에서 적용한 특유의 인력 양성 시스템에 힘입어 급속하게 늘어난 무스탕 전투기를 효율적으로 운용할 수 있었다./사진=공군

혹독한 과정을 통해 양성된 인력은 공군력 확충에 버팀목으로 작용했다. 1955년 F-86F 세이버 전투기 30대가 도입되기 전까지 한국 공군의 주력 전투기로 활약했던 F-51D 무스탕 전투기의 도입 시기를 연도별로 보면 1953년 상반기에 전체 도입량의 35.6%에 해당하는 47대가 들어왔다.[46] 빠르게 확장된 공군 전투기 세력을 온전히 유지할 수 있었던 바탕에 바로 우수한 인력 양성 시스템이 자리 잡고 있었던 것이다.

늘어나는 전투기 정비를 감당하고 '부활호' 제작에도 공헌한 이들 정비 인력은 항공창의 성장에도 기여했다. 항공창은 사천에서 시작해 대구로 이전한 이후 동양 최대규모로 성장하며 공군은 물론 항공산업 발전에도 깊은 영향을 끼쳤다. 항공창을 살펴보기 앞서 한국전쟁 기간 중에 사천기지에서 열린 중요한 행사가 하나 있다. 그것은 에어쇼(Airshow)다.

6. 한국 최초의 에어쇼, 1951년 사천기지에서 개최

1951년 10월 1일, 대한민국 최초의 에어쇼가 공군 창건 3주년 기념식의 일환으로 사천기지에서 진행됐다. 공군은 이승만 대통령 내외와 3부 요인이 참석한 가운데 편대 비행과 묘기 비행, 적 지상 목표물 폭파 시범을 보였다. 한국 최초의 에어쇼를 통해 선보인 편대 기동과 가상 적 지상 목표물 폭격 시범은 1950년대와 1960년대 초중반까지 '국군의 날' 단골 행사로 자리 잡았다.

에어쇼가 열리기까지는 우여곡절이 있었다. 먼저 공군 중견 간부들이 미국에서 에어쇼의 중요성을 배워왔다. 전쟁의 틈바구니에서도 미국에 교육받은 지휘관급 장교들이 가장 인상 깊었던 게 미 플로리다 야

사천 공군기지 인근에서 거행된 공군 창건 3주년 행사와 에어쇼 주요 장면 [47]

전훈련장에서 펼쳐진 화력 시범이었다. 장지량 전 참모총장은 회고록에 이렇게 썼다. "눈이 휘둥그레졌다. 해방 전에 복무했던 일본의 항공력은 아무것도 아니었다. 상상을 초월하는 장면을 머리에 그대로 베껴 왔다."[48] 공군은 미국에서 본 화력 시범을 10월 1일 공군 창설기념일에 '에어쇼'라는 이름으로 재현한다는 계획을 세웠다. 화력 전시계획도 추진하며 미 제5공군과 교섭해 F-51·F-80·F-84·F-86기와 B-25기(B-29는 대형이어서 제외) 등 40여 대가 참가하기로 합의했다.

장 총장의 이어지는 회고.

"우리 공군은 F-51과 T-6기 20여 대를 동원했다. 사천비행장 활주로 너머 산에 폭격 목표물을 설치하고 폭탄 투하, 로켓포 발사, 기총 소사 등을 퍼부었다. 활주로 안쪽 본부 언덕에 설치한 관람대에서 이승만 대통령과 함태영 부통령, 각 부 장관, 3군 참모총장, 유엔군 사령관, 미8군 사령관, 외교사절 등 150여 명의 내빈과 많은 민간인 관람객이 화력 시범의 장관을 바라보며 탄성을 질렀다.

이 대통령은 비행기의 묘기와 폭탄 투하를 보면서 파안대소하며 박수를 보냈다. 이 대통령은 화력 전시를 성공리에 마친 김영환 부단장, 장성환·김신 조종사와 작전참모인 나(장지량)를 세워 놓고 '이제는 안심하고 잘 수 있네' 하며 행사 지휘부를 격려했다. 사실 대통령조차 우리 공군에 대한 가치를 잘 모르고 있었다. 미 고문단에 의해 폭격이 이루어지고 우리 공군은 없는 것으로 알았을 정도였다. 그러나 화력 전시를 참관하면서 공군의 실력이 미군과 다를 바 없고 실제로 전쟁에 참여하고 있으며, 어떤 비행기라도 주면 성공적으로 작전을 수행할 수 있다는 점을 인식시킨 것이다.”

1959년부터 에어쇼는 더욱 화려하게 진행됐다. 미국 파견 교육 당시 미 공군의 에어쇼를 직관했던 장교들은 지휘관 자리에 오르자 에어쇼를 더욱 확대했다. 1959년 제4회 국군의 날 기념식[49]에서는 처음으로 동부이촌동 옆 한강 백사장에 적의 공군기지를 모사한 시설물을 가설하고 공군이 로켓탄과 기총 소사, 네이팜탄을 퍼붓는 행사를 치렀다. 공군의 화력 시범과 화려한 공중기동을 선보이는 에어쇼는 이때부터 매년 국군의 날마다 시민들의 최대 관심거리로 떠올랐다.[50]

시민들의 열띤 호응에 힘입어 정부는 1960년부터는 ‘국군의 날 기념 공군 화력 시범과 에어쇼’를 본행사(1일) 다음 날인 2일 치렀다. 가장 성대한 행사는 1969년 10월 2일 열렸다. 지금의 노들역 1번 출구 부근에 임시 가설된 임시 사열대 겸 전망대 상공을 오후 2시께 공군기 수백 대가 통과했다. 백미는 불과 한 달여 전인 8월 29일 대구기지에 도착한 F-4D 팬텀 전폭기의 정밀 폭격. 9월 23일 부대 창설식을 마친[51] 팬텀기 편대는 사열대 건너편 동부이촌동 부근 한강 백사장에 꾸려진 김일성 별장과 북한 공군기지의 레이다 돔과 미그21 전투기 모형을 정확하게 폭격, 시민들의 열띤 박수를 받았다. “신예 팬텀기의 정밀 폭격과 발칸포의 파상 화력은 강변 전체를 뒤흔들었다.”[52]

오늘날의 에어쇼는 항공산업의 일부로 중요도가 날로 커지고 있다. 군수용은 물론 민수용 항공기와 부품의 수출입 상담은 대부분 에어쇼에서 시작되거나 구체화한다. 우리나라는 지난 1996년부터 서울에어쇼로 시작해 서울 ADEX로 자리 잡은 국제적인 에어쇼 행사를 홀수년마다 격년제로 개최하고 있다. 서울 ADEX의 백미도 공군 곡예비행 팀 ‘블랙이글스’의 화려하고 웅장한 시험비행이다. 전쟁이 한창이던 1951년 가을 공군 사천기지에서 처음 시작한 에어쇼는 세계 3위의 에어쇼로 도약한 서울 ADEX의 뿌리인 셈이다.

7. 항공산업 발전의 밑거름, 공군 항공창

항공본창을 설명하려면 시간을 거슬러 한국전쟁 초기 공군의 정비 역량을 살펴볼 필요가 있다. 전쟁 이전에 한국 공군이 운용하던 L계열 항공기, 즉 L-4와 L-5 정찰기는 정비 수요가 많지 않았다. 단순한 구조에 목제 뼈대도 있었으며 캔버스(두터운 천)가 날개를 감쌌다. 국민의 성금으로 들여온 T-6기는 전 금속제 항공기라도 경무장에 그쳤다.(그나마 기관총이 장착되지 않은 채 6·25를 맞았다.)

제2차 세계대전에서 가장 우수한 전투기의 하나로 꼽히는 F-51D 무스탕기[53]가 도입되면서 정비 수요도 크게 늘어났다. 구조가 이전의 항공기보다 훨씬 복잡해 야전부대에서는 예방 정비와 비행 전후에 시행하는 운항 정비 정도밖에 수행할 수 없었다. 엔진 점검 및 전면 수리나 기체 수리 작업은 우리 공군에서 소화하지 못해 일본에 주둔한 미 공군의 창정비 시설에 의존했다. 여기에도 돈이 들었다. 공군 예산의 대

공군사관학교 박물관에 매달린 채 전시 중인 L-19 항공기. 간편하고 조작이 편해 공군은 물론 한국 육군과 해군에서도 오랫동안 사용했다. 한국은 1950년대 초중반에야 이 항공기의 창정비 능력을 확보했다.

부분을 미군 원조에 의존했어도 해외 창정비는 군사원조에 포함되기에 주로 일본에서 수행하던 창정비가 많으면 공군은 다른 부문의 예산을 줄일 수밖에 없었다.

공군이 예산 절감, 즉 군사원조를 해외정비가 아니라 항공기 구매와 항공 폭탄과 로켓, 기관총탄 등 무장 확보에 사용하기 위해서도 정비기술 고도화밖에 답이 없었다. 이런 연유로 1951년 11월 15일 대구기지에 설립된 게 제80항공창이다. 다음 해 2월에는 사천으로 옮기며 항공본창으로 확대 개편했다. 그해 12월에는 앞서 기술한 '공군기술학교'까지 생겼다. 사천의 항공본창은 지역 경제에도 도움을 줬다. 진주 지역[54]의 공장들에게 주문하면서 짧은 기간이었으나 항공본창이 주도하는 민군 협동 시스템이 작동한 셈이다. 다만 기간이 길지 않아 지역의 항공산업 생태계로까지 발전하지는 못했다.

1953년 2월 1일에는 제80 항공본창이 제81 항공수리창으로 개편되고 1955년 4월 28일 진해 공군기지로 이동했다. 진해에는 옛 일본 해군 시절부터 설비가 많고 지역 경제도 상대적으로 발전해 항공기 기체와 엔진 및 보기류의 정비 업무가 본격적으로 진행됐다. 주로 L-19 기체에 대한 검사수리 IRAN(Inspection and Repair As Necessary)작업과 엔진 오버홀 작업을 실시했다. 1955년부터는 프로펠러 항공기의 엔진 재생까지 성공했다. 이 시기에 눈여겨 볼만한 대목이 하나 있다. 공군은 비공식적으로 항공기를 자체 제작했다. L-19 정찰기를 자체 조립한 것이다.

부품 아껴 정찰기 제작 – 잊혀져 버린 '최초의 전 금속제 항공기'

항공수리창은 미군이 보급하는 부품을 최대한 아껴 썼다. 진해 시절에는 더욱 그랬다. 미군이 육군을 통해 공급하는 부품을 모아 아예 신품 L-19 정찰기를 만들어보자는 의도에서다. 정비 경험 덕분에 '신품 L-19 제작'은 무난히 성공했다. 그런데 천장에 매달아보니 왼쪽으로 기울었다. 왼쪽 날개가 무거웠던 탓이다. 정비대장 배덕찬 중령의 권고대로 오른쪽 날개 끝에 철판을 덧대니 비로소 무게중심이 잡혔다. 시험비행의 모든 평가항목 중에서 미군 기준을 통과했다. 비록 정찰기였어도 대한민국이 처음으로 완성한 전 금속제 항공기는 미군이 공여한 부품으로 제작한 'L-19' 항공기였던 셈이다.

그러나 누구도 '국산 1호 전 금속제 항공기'를 자랑하거나 드러낼 수 없었다. 자칫 미군의 부품 공급 축소를 유발할 수 있었기 때문이다. 때마침 육군항공대의 한 조종 장교가 항공수리창에 찾아와

"실수로 L-19 정찰기를 크게 파손해 작전에 차질이 생겼으니 빨리 수리해달라"고 통사정하며 보냈다. 수리창의 권유로 '국산 1호 L-19기'의 조종간을 잡아본 조종사는 "미군이 공급하는 신품과 같다"며 그대로 타고 떠났다. 현지 부대에서도 대만족했다는 반응이 들려왔다. 그런데도 누구도 국산품이라는 말을 꺼내지 못한 채 국산 L-19는 미군 항공기 일련번호를 달고 하늘을 날았다.[55]

공군 항공수리창은 추락하거나 고장난 미군의 정찰기에서 부품을 모아 미 고문단의 눈을 피해 L-19를 몇 대 더 제작했지만 미군의 간섭을 의식해 내놓고 말하지 못했다. 국내 제작 신품 L-19도 공군의 정비 능력을 말해주는 사례로만 인식되다 기억의 뇌리 속에서 사라져갔다.

업무가 늘어났어도 필요한 기자재는 모두 군사원조에 의존하는 점은 이전과 같았다. 국산 자재의 개발이나 사용 실적은 전무한 상태였다. 극히 일부 분야 이를테면 항공기 지상 정비에 소요되는 부품의 일부와 수리 및 공작작업에 필요한 작업대, 지그(Jig) 등을 자체 능력으로 제작하거나 주변 공장에서 조달해 썼다. 1958년 3월에는 수리창에 '공군기술연구소'를 세웠다. 부품 국산화와 특수목적을 위한 장비나 장치를 새로 개발하기 위해서다.[56]

1) 동양 최대 항공창 건설과 잇단 '전파(全破) 판정' 제트기의 '부활'

공군은 1957년 대구기지에 항공본창을 설치하고 항공수리창과 보급창 등 기능을 끌어모았다. 동시에 항공창 통합건설 3개년 계획도 세웠다. 정비와 관련된 모든 조직을 한데 모은 항공본창은 3개년 계획이 종료되며 1962년 5월 29일 대구기지에서 동양 최대규모의 시설을 갖춘 항공창 준공식(사진)이 열렸다. 준공식에 참석한 박정희 대통령 권한대행 겸 국가재건최고회의 의장은 치사에서 "항공본창의 준공은 국토방위와 전력 증강에 있어서 획기적인 전진을 이룩한 것"이라고 말했다.[57]

1962년 5월 29일 공군 항공창 준공식. 동양 최대규모인 항공창에는 기체와 엔진 수리공장, 통신 전자 공장, 무장 전자 공장, 보기補機 제작 공장이 완비돼 우리 공군의 제트전투기 창정비는 물론, 미 극동공군의 정비 물량까지 수행하며 외화를 획득하는 길까지 열렸다. 『월간 미사일』(공군 발행 월간지) 14호, 1962년 6월, 화보편.

항공본창과 제81항공수리창의 창정비 능력이 향상되면서 일선 비행단의 정비 능력도 같이 올라갔다. 사진의 T-33 639호가 1958년 말 회복이 불가능할 정도로 파손돼 현역에서 제적된 뒤 부품 꺼내쓰기 용도로 보관 중인 상태에서 1960년 6월 다시 살아난 고등훈련기다./사진=공군

항공본창이 완공되고 각종 공장이 완비되면서 창정비 능력도 크게 향상됐다. 지금껏 경비행기인 L-4, L-5, L-19를 제외한 T-28, T-33 및 F-86 등 제트 엔진을 장착한 모든 훈련기와 전투기는 일본에 있는 미 공군 창정비 계약업체인 미쓰비시 기후공장에서 실시했고 C-46 수송기는 홍콩의 항공기정비회사나 대만 캬오샹高雄 소재 '에어 아시아 Air Asia'에서 실시해왔으나 항공본창 예하 제81 항공수리창에 도입된 새로운 설비로 창정비 능력을 갖췄다. 제81 수리창은 각종 항공기 보기류와 전기전자 통신장비, 무장계통 장비와 지상 지원 장비 등의 창정비 작업도 수행할 수 있는 능력도 갖춰, 우리 공군뿐 아니라 육군과 해군을 넘어 주한 미군의 L-19와 L-20 등의 창정비까지 업무 영역을 넓혔다.

항공본창의 대대적 확충을 전후해 일선 전투비행단의 정비 능력도 크게 올랐다. 1960년 6월 9일 수도권의 ○○전투비행단에서는 대파된 T-33 고등훈련기(639호기)의 대대적 수리에 성공하고 시험비행까지 완료했다. T-33 639호기는 1958년 12월 5일 불의의 사고로 대파된 상태로 보관하던 기체였다. ○○전투비행단의 ○○정비보급전대 예하 야전정비대대에서 수리에 착수해 장병들의 피나는 노력으로 5개월 만에 시험비행[58] 절차까지 성공적으로 마쳤다. 프로펠러기인 L계열 항공기에 대한 정비에 국한되던 한국 공군에게 제트기의 대대적 수리는 자신감을 갖는 계기로 작용했다. ○○전투비행단은 T-33 고등훈련기를 되살리자마자 새로운 작업에 착수했다. 한국 공군 정비사상 최초로 F-86F 창정비에 도전한 것이다. 최초의 제트전투기 창정비를 위해 ○○전투비행단의 야전정비대대 정비요원 뿐 아니라 제81 항공수리창에서 올라온 정비요원 등 60명으로 특별정비대를 편성해 2개월 불철주야 작업으로 시험비행까지 성공해 국내 창정비의 새로운 시대를 열었다.[59]

2) 미 공군기 창정비 시작……항공제조 부문 최초 외화 회득

한국 공군의 창정비 능력에 주목한 미8군은 보유한 경항공기에 대한 창정비를 맡기는 방안을 검토하기 시작했다. 미8군은 한국에 주둔하며 경항공기를 운용하면서도 창정비는 일본에 맡겨왔었다. 미8군이 한국 공군에 창정비를 의뢰해 온 이유는 비용 때문이었다. 한국과 일본을 오가는 수송비를 절감할 수 있는 데다, 한국의 창정비 수준이 예전과 비교할 수 없을 만큼 올라간 가운데 인건비가 한국보다 훨씬 비싼 일본의 민간 정비기업이 인건비 추가 인상을 요구하자 미 공군은 외부 정비선을 한국으로 바꿨다.

한국 공군은 미8군의 선택을 반겼다. 창정비 능력을 보다 발전시킬 수 있고 국내 실업자를 다소나마 구

공군의 대규모 정비시설에서 창정비를 받고 있는 F-86F 전투기와 야간용 F-84D 전천후 전투기. 1950년대 중후반부터 1960년대는 민간 항공제조업 측면에서 이렇다 할 진전이 없던 시기에 해당되지만 공군의 정비 능력만큼은 비약적으로 향상됐다. 1955년부터 제트전투기 시대를 개막한 공군은 1962년 대구에 동양 최대규모의 항공창을 준공한 이후 창정비 능력을 크게 끌어올렸다. 항공기 제조 후발국이 밟는 첫 번째 단계인 창정비 능력의 확보와 고도화를 진행하며 한국은 눈에 보이지 않는 기술적 진전을 이뤘다. 이는 70년대 이후 항공산업의 도약으로 이어졌다. /사진=공군

제할 수 있을 뿐더러 귀했던 외화를 획득할 수 있었다. 공군은 1961년 1월 미8군과 계약을 맺고 임금 수준과 최종 감독권을 미군이 행사한다는 데 합의했다. 일체의 수리용 자재를 미군이 제공한다는 호조건이었다. 제81 항공수리창은 이런 계약 아래 3년 동안 미군기 63대를 창정비하며 7만 787달러를 벌어들여 국고에 넣었다. 운항사업을 제외한 항공산업 분야에서 최초의 외화 획득이 공군의 정비 능력으로 이뤄진 것이다. 한국 공군의 실력을 인정하게 된 미8군은 나중에는 한국군은 보유하지도 못한 헬리콥터의 창정비까지 맡겼다.

3) 1962년 F-104 정비 선행 연습, 1963년 F-5A로 선회

공군 항공본창은 1962년 여름부터 F-104G 전투기에 대한 연구에 들어갔다. 공군본부 작전참모부도 1963년 8월부터 초도 도입될 F-104G 전투기를 운용할 새로운 전투비행대대를 1963년 2월까지 창설한다는 결정을 내렸다. 한국에 와 있던 미 군사고문단도 1963년 회계연도 군사원조 계획에 F-104G 18대를 포함시켰다.[60] 그러던 중 변수가 생겨 F-104G 도입은 취소되고 대신 F-5A 전투기가 들어왔다.[61] 인수식은 1965년 4월 30일 수도 서울 바로 아래 쪽에 위치한 ○○전투비행단에서 열렸다. 박정희 대통령을 비롯해 3부 요인, 주한 외교사절이 대거 참석했을 만큼 한국의 입장에서는 중요한 행사였다.

한국 공군이 처음으로 보유하는 초음속 전투기 F-5A가 도입되면서 항공본창의 일이 더욱 많아지고 복잡해졌다. 당연히 고급 정비인력의 수요도 점점 늘어났다. 이런 문제에 봉착한 공군은 F-5A를 도입하면서 새로운 업무 체계를 정착시켰다. 최초 단계는 자료 수집. 도입 이전부터 제작사와 미 공군에서 기술 자료를 구해 번역해 미국 현지에 파견될 정비 요원을 사전 교육했다.

미국에 파견된 정비 요원들은 교육생인 동시에 예비 교관이었다. 귀국해 미국에서 배운 교육 프로그램

대로 국내 정비사들을 교육한 것이다. 한국전쟁 당시 전투기 증가에 따라 급속히 늘어난 정비 수요를 충당하기 위해 설립한 공군기술학교에서 우수교육생이 선발돼 다른 교육생을 교육하던 이른바 '속성 브랜치' 교육과 비슷했다.

한국 공군은 이 같은 교육 시스템 덕분에 빠르게 인원을 충원하고 가동률을 극대화할 수 있었다. 도입 당해연도인 1965년 F-5A/B 전투기의 기체 수리와 엔진 야전정비 등을 익힌 정비사만 260명이 준비되어 있었다. 이들이 효과적인 사전 예방 정비, 사후 운영 정비는 F-5A/B 전투기의 목표 가동률 55%보다 훨씬 높은 72.3%의 실제 가동률이라는 성과로 이어졌다.[62] 고성능 제트기 조종사에게 산소를 공급하기 위한 액체산소 장비도 이때 처음 들어왔다.

F-5A 프리덤 파이터 전투기를 도입한 1965년 공군은 군수사령부를 창설하고 제81 수리창과 제40 보급창, 물동부를 예하에 소속시켰다. 항공기의 유지를 위한 후속 군수지원과 부품 제작 능력(제81 수리창)과 보급의 효율화를 기하기 위해서다. 고도로 전문화한 공군 정비인력의 증가는 항공산업 발전에 직간접적으로 긍정적인 효과를 낳았다. 항공제조업과 더불어 항공산업의 일부인 항공운항산업이 1960년대 중후반부터 급성장하는 데도 공군에서 배출한 양질의 정비인력의 힘이 컸다. 국내 민항기 조종사 수급도 같은 맥락이다.

4) F-4 팬텀 시대, 정비 수준 고도화

공군은 1969년 숙원을 하나 풀었다. F-4D 팬텀 전투기가 도입된 것이다. 공군은 이로써 1965년 F-5A 실전배치로 초음속 시대를 개막한 지 불과 4년 만에 '마하 2+' 공군으로 도약하게 됐다. 당대 최고의 대형전투기인 F-4D에 대한 정비 소요는 이전 항공기와는 규모부터 달랐다.

F-4 팬텀기 정비 지원에 필요한 부품과 장비 수는 1만 개에 가까웠다. 공군이 보유 중인 장비를 제외해도 8500여 개에 이르는 부속품과 장비가 필요했다. 팬텀기 정비를 위한 시설 설치 비용도 2100만 달러가 넘었다. 나라 전체의 수출 규모가 1964년 1억 달러, 급속한 경제성장 가도를 달리던 1970년 10억 달러 고지를 밟는 시절이었으니 큰 금액이었다. 전투기 한 기종의 정비에 이만한 돈이 들어간다는 사실은 운용유지비가 그만큼 올라가고 기술도 따라서 발전할 소지가 크다는 점을 의미하는 것이다.

김해 대한항공 공장에서 창정비를 받는 팬텀기. 민간기업에 창정비가 이양되기 전에는 공군 제81항공창이 직접 맡았다. 초정밀 첨단 부품을 수리하거나 직접 제작해 사용하면서 한국 전체의 비행기 정비 능력이 덩달아 높아져 본격적인 항공산업 진흥의 씨앗이 뿌려졌다./사진=대한항공

주변국 누구도 F-4 팬텀급의 항공기를 보유하지 못한 상황에서 한국 공군은 최상위기종만 본다면 '동북아시아 최강'에 올랐지만 정작 정비는 미군에 전적으로 의존할 수밖에 없었다. 두 가지 이유 때문이다. 첫째, F-4D 팬텀 전투기는 수많은 정밀 기기의 종합체여서 정비 수요가 복잡하고 부문별로 교육 시간의 차이가 컸다. 둘째, F-4D 도입이 예상보다 빠르게 진행돼 여느 때와 다르게 사전에 준비할 시간이 없었다. 신형 전투기를 도입할 때마다 사전에 조종사와 정비인력을 미국에 파견했던 이전과 달리 급작스러운 도입으로 정비과 조종을 미리 배우지 못했다. 결국 1970년에서야 모든 부문의 정비 교육이 끝나고 자체 역량으로 최신예 항공기인 F-4D 팬텀 전투기에 대한 정비 지원이 가능해졌다.

공군의 정비 능력은 1972년의 위기 속에 빛을 발했다. 크게 파손된 F-4D 팬텀 전투기를 살려낸 것이다. 1972년 5월 26일 성환 비상활주로 훈련[64]에서 F-4D 팬텀 전투기가 착륙 중 대파되는 사고가 일어났다.[65][66] 미 공군은 물론 급히 한국에 파견된 제작사(맥도널 더글러스) 전문가는 "되살리기 어렵다"는 판정을 내렸지만 한국 공군의 판단은 달랐다. 결국 공군 제81 항공수리창을 중심으로 113일 동안 연인원 1744명이 6만 987시간(M/H)을 작업해 되살려서 일선 전투비행단에 복귀시키며 한국 공군의 최신예기 정비 능력을 널리 알렸다.[67]

5) 국내 기술 활용, 비전술 항공기의 전술화

공군이 F-5A 전투기에 이어 F-4D 팬텀 전투기 확보에 주력한 결과 하이엔드(최상위) 전력은 강해졌지만 부족한 전투기 숫자는 빠르게 증강할 방법이 없었다. 공군은 북한과의 수적 열세를 만회하는 데 온갖 방법을 짜냈다. 특히 1·21사태 이후 안보에 대한 경각심이 고조되면서 북한과 격차를 조금이라도 줄이기 위해 보유 중인 비전술기를 전술기[68]로 개조하는 방안을 모색했다.

가장 먼저 논의된 방안이 훈련기인 T-33에 가능한 무장을 장착하자는 제안이었다. 1969년 3월 27일 참모총장 김성룡 대장은 군수참모부 무장처에 가능성을 검토하라는 지시를 내렸다.[69] 무장처는 1차 자체 연구 검토를 거쳐 제81 수리창과 협의해 가능하다고 보고를 올렸다. 무장처는 제81 수리창과 협업으로 T-33 훈련기에 M-3 기관총 2정과 N-9-1 조준기를 장착하는 데 성공했다.

공군본부는 1970년 1월 20일 모든 T-33 훈련기를 무장해 근접지원 작전에 활용할 수 있는 전술기로 개조한다는 기본 방침을 정했다. T-33 훈련기 개조를 맡게 된 제81 수리창은 1970년 3월 전방과 후방의 2개 전투비행단이 보유한 T-33 훈련기 7대에 M-3 기관총과 조준기 장착을 완료하고 2차에 걸쳐 사격실험을 해본 결과 만족할 만한 결과를 얻었다.

군수사령부는 여기서 그치지 않았다. T-33 훈련기에 로켓 발사기와 조명탄 발사기를 장착한다는 방침 아래 1970년 10월까지 T-33 훈련기 35대에 이들 발사기를 2개씩 달았다. 1972년에는 T-33 훈련기에 폭탄을 매달아 전기신호로 투하할 수 있는 폭탄 장착대를 추가 설치하고 MK-82 훈련용 폭탄을 달고 시험까지 성공적으로 마쳤다.

한국 공군의 T-33기 35대는 이제 단순한 훈련기가 아니라 기관총과 로켓, 조명탄을 발사하고 폭탄을 매달 수 있는 공격기로 바뀌었다. 제81 수리창은 미국제 조명기를 모방 제작해 T-33 훈련기에 장착했다. 비전술기의 전술화 작업이 1969년부터 1972년까지 완성을 보게 됨으로써 훈련용에 국한됐던 T-33기는 MK-82 폭탄 2발, 2.75 로켓 38발과 기관총탄 600발로 무장해 경공격기를 겸할 수 있게 됐다.

일단 유사시 정규전 또는 비정규전에서 실전용 전술기로 활용이 가능해진 T-33 훈련기는 공격기(Attacker) 기능도 수행한다는 의미를 담아 명칭도 AT-33 전술기로 바뀌었다. 비전술기인 훈련기를 실전에 투입 가능한 전술기로 탈바꿈시킨 공군 무장처는 1973년에도 T-37 훈련기를 무장화하는 사업을

맨 앞의 T-33 훈련기는 1955년 도입해 40년을 운용하다 1995년 퇴역한 기종이다. T-33과 외형이 같지만 위장 도색을 칠한 AT-33기가 뒤를 따르고 있다. 바로 이 기종이 비전술기를 무장해 전술기로 전력화한 기종이다. 가장 멀리 보이는 항공기는 영국제 호크기 20대를 1992년 도입해 제식화한 T-59 고등훈련기(2013년 퇴역)다. 1994년 촬영된 이 사진은 한국 공군의 구형 훈련기와 이를 무장한 전술기, 신형 훈련기를 한눈에 보여주는 진귀한 사진이다./사진=공군

진행했다.[70] 공군은 이 과정에서 모든 기술을 국산화하려 애썼다. 이 같은 무장화 개조 사업을 진행하며 쌓아온 기술자료들은 훗날 최초의 국산 훈련기 KT-1을 경공격기인 AT-1으로 개조하는 데 도움이 됐다.

8. 청소년들과 국방부, 인하공대, 공군사관학교의 로켓 시험발사

미국과 소련의 우주 경쟁이 막 시작하려던 시기에 한국에서도 국방부와 인하공과대학[71]이 창공을 향해 로켓을 쏘아 올렸다. 긴 시각으로 보자면 대한민국 우주개발의 역사가 이 시기에 시작됐다고 볼 수 있다. 다만 이 분야도 민간의 항공 제작기술과 마찬가지로 후대로 계승, 발전되지는 못했다. 그러나 국방부 과학연구소가 최초로 로켓을 발사한 시기가 1958년 10월이라는 사실에 주목할 필요가 있다. 기반 기술이 거의 없었어도 세계적인 추세인 로켓 연구에 주목하고, 시대의 흐름을 따르려고 노력했다는 점에서 의미가 크다.[72]

한국이 로켓에 관심을 갖게 된 계기는 미국과 소련의 우주개발 경쟁에서 비롯됐다. 그렇지 않아도 미

미국과 소련의 경쟁이 치열해지고 '비탄(飛彈: 대륙간탄도탄과 인공위성 발사체)의 성능이 우열을 결정할 것'이라고 전망한 『조선일보』 1958년 1월 3일 자 3면 신년특집. 『동아일보』도 1958년 6월 10일 자 4면 과학면에서 세계 각국의 우주개발을 소개하며 한국의 관심과 분발을 촉구했으나 우리나라의 우주개발은 1990년대부터야 본격적으로 시작됐다.

래는 우주에서 결정될 것이라는 인식 아래 각국이 거대한 로켓 개발에 전력하던 시절, 구소련이 1957년 10월 초 스푸트니크 1호를 발사하며 선수를 쳤다. 한발 뒤졌다고 인식한 미국은 이듬해인 1958년 1월 말 익스플로러 1호를 발사, 대기권 밖으로 보내며 치열한 우주 경쟁을 예고했다. 미국과 소련뿐 아니라 세계 각국은 우주에 지대한 관심을 보내며 연구와 투자를 서둘렀다.

주요 신문사들은 달과 화성까지 정복이 가능하다는 외신 기사를 소개하며 국내 과학자들과 청소년들의 관심을 촉구하고 나섰다. 이런 분위기 속에서 한국 로켓 개발의 시작은 정부가 아닌 청소년들에게서 시작됐다. 주로 일본 잡지를 참고해 로켓의 원리를 파악하고 집에서 손으로 로켓을 만들어 화제에 오르는 청소년들이 나타나기 시작했다.

1) 용산고 V2 로켓 사건과 산골 청년의 실험

한국에서도 로켓 시험발사가 이뤄지고 있다는 사실은 1958년에 처음 알려졌다. 용산고등학교 원자물리반 학생들이 1958년 8월 9일 경기도 소사(현 부천)에서 시도한 것이다. 그러나 시험발사를 시작한 후 얼마 뒤 인명 피해까지 동반한 처참한 실패를 맛봤다. 용산고등학교가 2016년 개교 70주년을 맞아 발간한 『용산 70년사』에 따르면 경과는 아래처럼 진행됐다.

용산고 원자물리반은 반장 공선택 학생(3학년)을 중심으로 과학전시회에 출품할 로켓을 준비했다. 청계천 헌책방에서 독일 출신 브라운 박사가 집필한 V2 로켓 관련 특집이 실린 『사이언스(Science)』 잡지를 구해 철공소 공장장 이진(당시 20세·한양공대 중퇴) 씨에게 제작 협조를 부탁, 50cm 크기의 실험용 V2 로켓 2기와 1.5m 높이의 과학전시회 출품용 V2 로켓 1기를 만들었다.

제작 이후 새로운 문제가 생겼다. 운반이 어렵다고 생각한 학생들은 『한국일보』에 연락했고, 뉴스가 되겠다고 판단한 『한국일보』는 기자와 함께 취재 차량을 보내왔다. 결과는 실패였다. 『한국일보』는 1958년 8월 11일 자에 "서울 용산고교 과학반은 9일 하오 9시 반 소사에서 로켓 실험을 하였으나 발사에 실패했다⋯⋯"이라는 기사를 내보냈다.[73]

진짜 문제가 이후 발생했다. 고체연료 점화 불량을 실패 원인으로 파악한 이들은 미군 미사일에 사용하는 액체 연료를 어려운 경로를 통해 확보했다. 그러나 시험발사를 하기도 전에, 이진 공장장의 착오로 15일 폭발사고가 발생, 초등학교 6학년 어린이가 즉사했다. 공장장은 두 다리를 잃고 주변 집들이 불탔다. 당시 사고를 『조선일보』는 이렇게 보도했다. "한양공대 2학년 중퇴 이진 군(20)이 'V2'라는 로켓을 발명하고 수일 전 소사에서 발사에 실패하고 이번에는 한강에서 실험해 보겠다고 로켓을 분해하여 운반 준비 중에 폭발이 되어 근처에서 구경하던 홍광춘군(12)이 즉사하고 이 군도 양다리가 절단돼 인천 도립 병원에 옮겼으나 생명이 위독하다고 한다."[74]

사건 조사에 경찰은 물론 육군 기술연구소까지 붙었다. 조사 결과 액체연료를 비합법적인 경로로 구입

1958년 V2 로켓을 제작 중인 용산고 학생들(왼쪽). 용산고 원자물리반 전성영 선생님과 학생들(오른쪽)./용산고 제공.

했다는 사실이 밝혀졌으나 경찰은 10대 과학도의 열정을 참작해 실험을 주도한 공선택은 퇴학을 면했다. 실험정신을 높이 산 서울중앙방송(KBS)은 그해 가을 용산고 원자물리반을 출연시켰다.[75]

당시 청소년들의 로켓 개발과 발사는 비단 서울의 명문 고교 학생뿐 아니라 전국 곳곳에서 동시다발적으로 일어났다. 『한국일보』의 보도가 나간 뒤 이틀 뒤인 1958년 8월 13일, 『경향신문』은 2면에 '높아지는 로켓 연구열'이라는 제하로 충북 증평의 소형 제철소에서 근무하는 25세 청년 조중석이 1958년 7월 20일 하오 2시께 증평 내성도 뒷산에서 4단계 로켓 발사에 성공했다는 기사를 뒤늦게 보도했다.[76] 그가 개발한 총 길이 15인치, 1단 4인치 반, 2단 3인치 반, 3단 3인치 2부, 4단 3인치인 4단계 로켓은 1단 분리까지는 육안으로 관측됐으나 그 이후부터는 육안으로 확인하기 어려울 정도로 높이 날아갔다.

『동아일보』도 1958년 8월 27일 자 3면에 '세 번 발사한 국산 로케트'. '1차 때엔 20km 상승', '소년과학자 이름 따서 기룡호로 명명', '인공위성 올려 보겠다고' 등의 제목이 붙은 기사를 큼직하게 실었다. 충북 영동에 사는 19세 김기룡이라는 청년이 스스로 제작한 로켓을 3회 발사해 2, 3차 발사는 실패했지만 처음 발사는 성공했으며 앞으로도 계속 도전한다는 게 핵심 내용이다. 김기룡 씨는 가까운 장래에 우리나라에서도 인공위성을 날려 보겠다는 포부를 거리낌없이 밝혔다.

그가 제작한 제1호 로켓 '기룡起龍'은 제1차 시사에서는 상공 2km 지점까지 솟구쳐 올랐다. 작은 성공에 고무된 그는 제2호를 제작 발사했으나 실패하고 말았다. 연이어 발사한 제3호 역시 불과 5m 상공에서 폭발, 실패했지만 언론은 침식보다 연구에 매달리는 그의 현재 상황과 포부, 애로점을 소상하게 지면에 다뤘다.

『동아일보』는 이 보도에서 "얼마 선 당시 경찰서에 의하여 경부대 서면 보고까지 된 바 있었으며 국방부 관계자도 이곳에까지 와서 실정을 조사한 바 있었는데, 지난 6월 12일에는 이 대통령이 특별히 불러 약 10분간 면담도 하였다고 한다"라는 내용도 덧붙였다.

젊은이들의 도전을 촉구하려는 언론의 의도적인 보도 경쟁으로 비슷한 시기에 한꺼번에 나온 청소년들의 로켓 발사 순서는 충북 영동의 김기룡[77], 충북 증평의 조중석, 용산고등학교 원자물리반 순으로 정리할 수 있다. 그러나 당시에도 전문가들은 이런 류의 실험에 부정적인 평가를 내렸다. "용산고등학교 과학반(원자물리반이라는 이름 대신 이렇게 표현)과 영동의 김기룡 군이 로켓을 발사해 관심을 끌었으나 이론적 배경 없는 극히 초보적인 수준이며 실험 자체도 위험하다."[78] 이런 지적 때문인지 청소년들이 개별 자격으로 후속 연구를 계속했는지에 대한 추후 보도는 더 이상 나오지 않았다. 대신 언론의 관심은 국방부 과학연구소로 옮겨갔다. 학생들의 로켓 발사로 관심이 갑자기 높아진 가운데 국방부 과학연구소가 정식 시험발사에 성공하는 성과를 거둔 것이다.

2) 국방부 과학연구소 로켓 7개 발사, 6개 성공

군은 바깥으로는 전혀 알리지 않고 일찌감치 관련 연구에 들어갔다. 한국전쟁의 상흔이 남아 있던 1954년 설립된 국방부 과학연구소는 1956년부터 전담과를 신설, 1958년 10월 인천 고잔동에서 김정렬 국방장관 등 군 수뇌부가 참석한 가운데 자체 개발한 로켓 7발을 쐈다. 길이 $170cm$, 무게 $48kg$, 사거리 $8km$인 초보적인 로켓이었지만, 의욕만큼은 넘쳤다. 아래는 이를 보도한 동아일보의 소개 기사다.

> **국산 로켓 성공 군에서 7개를 발사 1개는 실패**
>
> 최초로 국산 로켓이 발사 실험에 성공, 상당한 성과를 거뒀다 한다. 국방부 과학연구소의 제작품인 동 로켓의 실험은 10일 오후 2시 인천 근교 해변에서 극비리에 실시되었으며 김 국방장관과 최 차관 및 소수의 군 수뇌들만이 동 실험에 초청되었는데 대소 도합 7개의 로켓은 그중 1발이 발사에 실패하였을 뿐 나머지 육 발은 성공하였다고 한다.
>
> 그런데 동 로켓은 큰 것이 길이 1.68m, 직경 $15cm$, 중량 $48kg$, 사정거리 약 50마일(약 100里)짜리가 4개, 그 밖에는 극히 소형인데 전기한 불발탄은 소형이라고 한다. 한 실험 목격자가 말한 바에 의하면 동 로켓들은 목표 유도와 고도, 거리, 온도를 전파로서 타전해 오는 데 성공하였다 하며(로켓에 장치된 무전기가 발신) 발사 광경은 마치 '어네스트' 존 발사와 흡사하였다고 한다.

발사 장면을 다루지 않았던 『조선일보』는 1958년 10월 12일 자 1면 하단의 '만물상'란을 할애해 국방부 과학연구소의 로켓 발사 성공 소식을 다뤘다(이하는 그 전문).

> 국군이 국산 로켓 대소용 7종을 발사해서 한 개만 실패하고 나머지는 발사에 성공했다고 한다. 이 로켓들이 발사된 뒤 무선으로 유도되었고 로켓에서 보내는 송신이 지상에서 캐치 되었다는 정도의 소식이 있을 뿐 내용은 비밀이라니, 자세한 것은 알 수가 없다.
>
> ▲또 설령 내용이 발표되었다 해도 전문가가 아닌 우리네 일반 사람에게는 검은 것이 글씨고 흰 것

이 종이라는 것과 별다름이 없을 듯하지만 아무튼 이제 국군에서도 이 신무기의 기초연구가 착착 진행되고 있다는 사실만은 반가운 일이 아닐 수 없고 어서 세계적인 수준에 도달해 주기를 바랄 따름이다.

▲로켓이라고 해서 나름이겠지만, 초보적인 것을 만들어서 발사하는 것은 미국에서 고등학생들도 가끔 하는 모양이고 우리나라에서도 최근 추풍령 근처의 어느 청년이 또 증평의 어느 청년이 자작 발사했다는 등 이런 얘기가 몇 번인가 보도되었었다. ▲하기는 로켓의 원리를 이용한 무게가 처음 나타나기는 서기전 세기에 중국에서 시작되고 있다고 한다. 13, 14세기경에는 동양에서도 서양에서도 로켓 무기가 많이 쓰였으나 화포가 발달하면서 로켓은 신호나 폭죽 같은 데 쓰일 뿐 퇴보하다가 18세기 말에 들어와서 다시 무기로써 주목되기 시작됐다.

▲그러나 최근에 로켓이라면 우리가 생각하게 되는 것은 장거리 유도탄에 쓰는 것이나 인공위성을 쏘아 올리고 달나라에 쏘아 보내는 종류일 것이겠는데 이런 장거리 로켓으로 획기적인 것이라는 2차 대전 중에 독일의 V2가 길이 46피트(약 14미터)에 1톤의 폭약을 싣고 200리를 날았다니 우리 거리로 천 리 가까이 날은 셈이다. ▲그러고 나서 십여 년이 지난 지금 인류는 달나라를 가겠다고 떠들고 있는 것이다. 달나라로 가는 이야기만이라면 꿈처럼 아름답게도 보이지만 이쪽 대륙에 앉아서 쏘면 저쪽 대륙에 가서 떨어지는 장거리 탄도 벌써 되어 있는 판국이라 무서운 세월이 되었다고도 하겠다.

▲어떤 성능의 것인지는 모르나 로켓 발사의 시험도 했고 실험용 원자재도 쉬 들어오게 된다는 이야기라 우리는 느즈막하게 남아 현대과학의 뒤를 쫓아가기 시작하고 있다는 실감이 없을 수 없다. 다만 다른 분야도 그렇듯이 과학의 분야에서도 연구자들이 잡념없이 연구에 헌신할 수 있도록 해 줄 것이 전제의 하나가 될 듯도 하다.

3) 2만 관중 운집, 대통령 임석하 국방부 2차 발사도 성료

1차 발사 성공에 고무된 국방부 과학연구소는 이듬해인 1959년 7월 이승만 대통령과 모든 국무위원, 유엔군 사령관 매크로드 대장을 위시한 미군 장성까지 참관한 가운데 인천 고잔동에서 오후 2시 45분 공개 시험발사를 실시했다. 하지만 발사장 부근의 언덕과 들판에는 아침부터 2만여 명의 주민들이

이승만 대통령 국산 로켓 시사 참관./e영상역사관

몰려들어 새카맣게 진을 쳤다. 당시 인천 인구가 30만 명을 조금 넘던 시절에 10명에 한 명은 구경한 셈이다. 2단 로켓과 3단 로켓까지 선보인 시사회를 구경하기 위해 이른 새벽부터 운집한 시민 2만 명은 발사 순간마다 환호성을 질렀다.

한국 최초의 공개 시연장에서 발사된 5개 로켓은 모두 성공적으로 날았다. 특히 기대를 모았던 3단 로켓은 79초간 솟구쳐 8500m 상공에서 성공적으로 분리되며 일대 장관을 이뤘다. 가장 먼저 발사한 005호는 현장 지휘반장의 신호가 떨어지자 폭음과 함께 발사돼 고도 2000m까지 30초라는 짧은 시간에 솟아오르며 관객들의 경탄과 환호성, 박수갈채를 받았다.

언론은 이 같은 성공에 관련 보도를 쏟아냈다. 아래는 1959년 7월 28일 자 『조선일보』 기사의 요약이다.

국산 로켓 발사에 성공

이 대통령 참관리 인천에서

27일 오후 2시 30분부터 인천시 고잔동 바닷가에서 이 대통령을 비롯하여 UN군 사령관 매크로드 대장, 김정렬 국방부 장관을 비롯해 전 국무위원, 각 군참모총장 등 내외 빈객과 인천시민 다수가 참석한 가운데 제2차 로켓 시험발사가 성공리에 거행되었다. 이날 발사한 로켓은 5종류인데 그 성능은 다음과 같다

1. 005호 로켓= 길이 0.76m, 폭 5.6*cm*, 사정거리 47*km*, 고도 2m

2. 006호 로켓= 길이 1.75m, 폭 16.7*cm*, 사정거리 7.55*km*, 고도 3.3m 신호송신기 장비

3. 007호 로켓= 길이 3.01m, 폭 16.7*cm*, 사정거리 8.2*km*, 고도 3.6m 신호송신기 장비

4. 0067호 로켓= 2단계로 발사, 길이 4.65m, 폭 2.9*cm*, 사정거리 26*km*, 고도 9.5m, 장비한 기재는 고도계, 가속계, 수신기, 테레메터링

5. 566호 로켓= 3단계로 발사, 길이 3.17m, 폭 16.7*cm*, 사정거리 81*km*, 고도 42m, 장비로는 신호송신기

4) 1964년, 군 대신 로켓 연구 나선 인하공대 병기공학부

그러나 의욕적으로 연구하던 국방부 과학연구소가 예산상의 이유로 1961년 문을 닫으면서 정부 차원의 로켓 연구는 맥이 끊겼다. 일본의 우주개발이 1955년 길이 23*cm*, 지름 1.3*cm*에 불과한 초소형 '로켓펜슬'에서 시작됐다는 점에서 국내 연구개발의 중단은 아쉬운 대목이 아닐 수 없다. 중단된 연구는 인하공과대학 병기공학부 로켓반이 명맥을 이었다.

15명으로 구성된 로켓반은 육군과 학교에서 50만 환을 지원받아 실험용 로켓을 제작해 1960년 11월 19일 3시 50분 송도 아암도 해안에서 ITTO-1A와 ITTO-2A 등 로켓을 시험발사했다. 원래 계획대로라

면 이 로켓은 최고 도달점에서 낙하산이 자동으로 펴져 동체를 회수할 수 있도록 설계됐지만 약 300m 상공에서 낙하산 부분이 터져 불에 타버리는 통에 동체 회수에 실패했다. 『동아일보』는 발사를 20여 일 앞둔 시점부터 예고 기사를 내보낸 데 이어 발사 당일의 성공도 자세하게 보도하며 지대한 관심을 보였다.

　학생들의 로켓 발사가 목표에 미달했어도 세간의 평가는 좋았다. 젊은 학생들이 그것도 동아리 수준에서 원격제어가 가능한 로켓을 발사했다는 점에 대해서는 칭찬을 아끼지 않았다. 인하공대 로켓반은 1964년 12월 오후 2시 4년 전과 같은 장소에서 한국 최초로 카메라와 실험용 몰모트(기니피그)를 태운 관측용 로켓을 발사하며 관심을 끌었다. 그러나 이마저 1960년대 중반 이후에는 연구 기능이 다른 곳으로 옮겨지거나 예산 지원이 대폭 줄어들면서 결국은 더 이상 발전하지 못했다(다음은 『동아일보』 1960년 11월 20일 자 5면 관련 기사의 전문).

국산 로켓트 발사에 성공
어제 인천서 실험용 2개
인하공대에서 만든 120봉도짜리

1964년 인하대 로켓반이 인천 앞바다에서 발사한 한국 최초 3단 로켓 IITA-7CR호./사진=인하대

오랜만에 우리나라 하늘에 로켓이 솟아올랐다. 인화공대 병기공학부에서 제작한 IITO-2A와 1A의 발사가 19일 하오 성공한 것이다. 이날 서민호 민의원 부의장, 이홍종 국방부 과학연구소장을 비롯하여 관계자, 여러 학교와 학생 대표 및 수천 관중이 모인 가운데 인천 근교 송도발사장에서 거행된 동 시사회에서 3시 50분 2A호가 폭음도 요란히 하늘 높이 솟아올라 초조하게 결과를 기다리던 관중의 박수갈채를 받았다.

이 로켓은 대한우주항행협회에서 주최하는 전국 공과대학 로켓 발사대회에 출품하려고 동 대학에서 제작에 착수한 것인데 다른 대학은 제작이 불가능하여 단독 발사한 것으로 2A호는 길이 5.5피트, 직경 5인치, 무게 80파운드이며 JPN 고체 추진제 22파운드를 써서 3900 파운드의 추진력을 내는 것이었다.

이 같은 '플라이트 테스트(통신이나 회수 장치 없이 비행만 하는 것)'에 이어 등장한 1A호는 길이 7.5피트 무게 120파운드(기타는 A2와 같다)로 통신 장치를 갖고 두부頭部의 동체를 회수하기 위한 파라슈트 장치까지 있는 것이어서 그 성공이 크게 기대되었으나 발사 직후 천여 피트 상공에서 파라슈트 부분이 터져 아깝게도 회수에는 실패하고 말았다.

두 로켓은 그동안 15명의 동 대학 로켓반이 대한우주항행협회, 국방부과학연구소 등의 기술적인 협조로 제작에 성공한 것으로 학생들과 여러 연구단체 또 학교 당국의 제작비 제공이라는 이상적인 케이스로 제작이 순조로워 크게 일반의 주목을 끌어온 것이다. 만일 1A호의 회수가 가능했더라면 그것으로부터 여러 자료를 얻어 우리나라 로켓 발전에 크게 기여했을 것인데 아직껏 우리나라에서 회수 장치를 갖춘 로켓을 발사한 일은 없었던 것이다.

한편 1A호 회수에 실패한 원인으로 이번 로켓 제작을 감독한 인하공대 병기공학부의 손명환 교수와 또 서울공대 항공과의 한만섭 교수는 이 로켓 핀(꼬리에 달린 날개)이 약하여 음속 이상의 고속도로 생기는 열로 구부러져서 로켓의 속도가 늦어지고 따라서 동체 위에 실어놓은 탄두부가 최고점에 도달하기 전에 분리됐기 때문이라고 지적하고 있으며 손 교수는 핀 제작을 위한 여러 기계가 갖춰져 있지 못한 점도 지적하였다.

동 대학 학장대리 한만춘 교수는 비록 일부는 실패였으나 앞으로는 그 점을 참고삼아 계속해서 학생들이 제작하도록 학교 당국이 적극 협조할 뜻을 밝혔는데 이들 로켓을 제작한 곳이 병기공학부라는 데서 이날 발사의 성공과 또 앞으로의 동향이 기대되고 있다. 이날 발사에 참가했던 관계자는 다음과 같이 소감을 말하고 있다.

▲이홍종 준장(국방부 국방과학연구소장)= 회수에 실패한 것은 퍽이나 유감스럽다. 앞으로는 학생들이 기술적인 면에서 더욱 공부하여 관계자는 물론 국민의 기대에 보답해야 할 것으로 알며 국과연에서는 학생들의 로켓 제작에 대하여 기술적인 원조를 아끼지 않을 것이다.

▲정약은 씨(대한우주항행협회 회장)= 처음이라는 점으로 대성공으로 생각한다. 원래 우리 협회에서 주최하기로 했던 것이나 인하공대만이 참가해서 다소 섭섭한데 내년에는 많은 학교가 참가해주길 바라며 학교 당국은 재정적으로 원조를 아끼지 않아야 할 것으로 보인다.

▲김희철 씨(서울공대 교수)= 학생들이 로켓을 만든다는 것은 발사의 성공 여부를 따지지 않고 다시없이 좋은 일이다. 이런 일은 과학에 대해 친밀감과 더불어 열의를 돋울 수 있는 방도인데 내년에는 서울공대에서도 이 모임에 참가할 수 있게 노력해 보겠다. 학교 당국과 사회의 협조가 필요한 것으로 생각한다.

5) 공군사관학교 1968~1971년 소형로켓 연구, 인력 배양

국방부와 인하대가 선보인 로켓 개발의 명맥이 완전히 끊어진 것 같았지만 새로운 움직임이 나타났다. 공군사관학교 교수부 박귀용·조옥찬 중령은 1968년 과학기술처로부터 소형로켓 연구과제를 위탁받아 '소형로켓의 개발에 관한 연구'를 진행하며 추진제 등의 개발에 나섰다.[80] 공군사관학교는 아스팔트형 추진제(propellant)와 원격측정(telemetry)을 자체 개발하고 1971년부터 1973년까지 3년 동안 소형로켓을 시험발사했다.

대지상용 로켓 크기와 같은 2.75인치 로켓의 국내 개발 가능성에 관한 연구를 과학기술처 국책 과제로 위탁받아 초보적인 연구를 수행했다. 공사 교수진은 주로 추진체 연료를 연구해 1970년대 초에는 2.75인치 여러 발을 묶은 중형 로켓 '성무호'를 개발, 시험발사까지 성공했다. 다만 이들의 연구는 더 이상 이어지지 않았다. 공군의 로켓에 대한 관심과 연구는 전력화로 직결되지 않았음에도 일과성에 그친 다른 기관이나 개인들과 달리 보이지 않는 성과를 낳았다. 당시 공사에서 연구했던 교수진과 고학년 생도들은 훗날 ADD의 로켓 연구에서 중요한 역할을 해냈다.

9. 누구도 몰랐던 항공대학의 XL-70 프로젝트와 최초의 무인기

1970년 6월 한국항공대학 항공문제연구소는 육상 2인용 단발 경비행기 개발 계획을 관계 당국에 보냈다. 포병 관측용 단발 경비행기를 만들려는 계획으로 그 제식 명칭은 XL-70이었다. '부활호' 개발에 참여했고 공군지원단장(대령)으로 학생 특수체육에 참여했던 한국항공대학교 김석환 학장의 책임 아래 인하공과대학 임달연 교수, 공군 자체의 로켓 발사체계 개발에 참여했던 조옥찬 교수 등이 함께했던 이 프로젝트는 수입 정찰기보다 성능이 나은 관측기를 낮은 가격으로 제조한다는 게 목표였다.[81]

국내에서 정찰기 개발 시도는 1954년 공군이 '부활호', 해군이 '서해호' 개발 제작에서 나선 이래 1958년 해군의 '통해호' 제작을 마지막으로 끊어졌으나 다시금 맥을 잇겠다는 의도였다. 그러나 당시 김 학장의 이런 계획과 달리 공군은 독자적으로 항공기를 생산할 생각을 갖고 있었다. 다음 장에서 언급할 'P1-2 새매호'가 이런 배경을 안고 등장한 비행기다.

김석환은 관측용 항공기 외에도 학장 재임(1969. 3. 1~1973. 8. 23) 동안 여러 종류의 항공기 개발을 시도하며 1973년에는 무인기(RPV)[83] 개발을 정부에 제안한 적도 있다.[84] 아쉽지만 항공대학 차원에서 개발하려던 비행기와 무인기의 개발 기술이 전수되고 발전된 흔적은 찾을 수 없다. 지속성의 유무라는 관점에서 보면 물거품처럼 사라진 개개인의 연구와 다를 게 없다. 이나마 기록이 남아 있는 이유도 생전의 김석환이 아끼던 자료들을 모아 항공대학교에 기증한 덕분이다.

지금까지 살펴본 대로 이 시기에 항공산업을 발전시키려는 의지는 대부분 지속되지 못한 채 약해지거나 흩어졌다. 우주개발을 향한 아주 작은 씨앗도 온전하게 피어나지 못했다. 다만 공군은 꾸준히 내부 역량을 갖춰왔다. 다음 장에서 살펴볼 70년대 이후는 60년대와는 전혀 다른 상황이 전개된다. 한국의 항공산업은 비로소 양산을 생각하고 다른 국가와 협력을 모색하며 조금씩 결실을 거둬나갔다. 경제 성장으

❖ 항공대 XL-70 개발안과 당시 군용 정찰기와 비교[82]

구분	단위	L-19	PA-18	XL-70
최대속도	마일/h	115	130	130
순항속도	마일/h	104	115	115
항속거리	마일	530	460	620
상승고도	피트	18500	19000	19000
이륙중량	파운드	2400	1750	1850
유효탑재량	파운드	786	820	720
출력	마력	230	150	200
상승률	피트/1분	1150	960	1100
구조(외피)	-	금속	우포	우포

로 여건도 조금씩 나아지는 것 같았지만 고비 때마다 국제 유가 파동에 흔들렸다. 안보 환경은 여전히 어렵거나 더욱 엄중해졌다. 미국 중공 간의 화해와 국교 정상화, 월남의 공산화 환경 속에 북한의 도발 수위는 갈수록 높아졌다. 1979년에는 국가원수 시해라는 초유의 사태를 겪으며 극심한 정치적·사회적 혼란에 봉착했다. 다음 장에서는 대한민국이 이런 여건에서 어떻게 항공산업의 기초 체력을 기르고 어떤 목표에 도전했는지를 짚어볼 것이다.

연구원 명단

전문분야	성 명	직장 및 직위	경 력	비 고
총 책임자	김석환	한국항공대학 학장	1.일본동경 항공 공업주식회사 기수 2.중급 그라이더 제작 3.L-4 개조 제작 4.Motor glider 연구	1급 활공사 (일본) 2급 활공교사 (〃)
기체부문	임달연	인하공과대학교수	1.중급 그라이더 제작 2.L-4 개조 제작	
	이봉준	한국항공대학교수	1.J-85 ENg. 능력개발 책임관 2.수라창 기체공장 정비장교	1등 항공정비사
발동기 부문	정홍철	〃	1.C-46 C-54 가판 중대장 2.품질 관리 책임관	〃
	조옥찬	공군사관학교조교수	1.L형 항공기 설계 2.Rocket 제작 개발	미국 Western UNIV 항공학 석사
장비 부문	이경준	한국항공대학정비공학 과장	1.Piper 기체 OVHL 2.Piper ENg OVHL 책임자	1등 항공 정비사 항공 중항 정비사
	도범회	〃 전임강사	1.철도 공작창 기술원	기계공학 석사
	우석관	〃 조 교	1.C-45 ENg.OVHL	1등 항공 정비사
통신 전자 부문	진연강	한국항공대학 전자공학과정 무선전기국장	1.영국 NAVi-aid 교육과정이구 2.Radioplane 연구 책임자	1급 무선 기술사
	김원후	〃 조 교수	1.Radioplane 연구원	〃
시험비행	김재환	〃 조종 학과장 〃 정비 공장장	1.육군 항공대 조종교관	1.ATR 조종사 2.조종 교관

한국항공대학(당시 교명)이 1972년경 무인기 개발을 위해 편성한 연구진 명단. 김석환(항공대학 학장), 임달연(인하공대 교수), 조옥찬(공사 조교수) 등 항공기 개발 경험이 있는 교수들이 포진한 연구진이었으나 연구비 지원이 미미해 결국 성공하지 못했다./한국항공대학교 도서관

1) 전철환, ‘한국전쟁과 남한 경제의 재편성’, 계간 『광장』 통권 202호, 1991년 여름호, 105쪽.

2) 김병륜, ‘해군 항공의 선각자 조경연 중령’, 2004년 9월 21일 (장경민, ‘초대 해군항공대장 고 조경연 중령님을 기리며…’, 2007년 10월 9일, http://blog.daum.net/kmchang/288166에서 재인용)

3) 진해 고등해원양선소는 1945년 진해 고등상선학교를 거쳐 1947년 인천으로 이전하며 개명한 국립해양대학교의 전신이다(한국향토문화전자대전, 한국학중앙연구원).

4) 이동건, 앞의 책 573쪽. 이동건은 해군본부가 발간한 『해양개척의 선구자 박옥규』(장학근·방수일, 2017)의 내용을 참고해 조경연이 자작 비행기를 시험비행한 시기를 추정했다.

5) 2005년 설립된 한국항공우주소년단과 1951년 부산에서 설립돼 회원 2만 명에 이르렀다는 대한소년항공단은 전혀 무관한 단체다.

6) 지금의 한국항공대학교와는 다른 학교. 대구에 위치하며 ‘한국항공학교’ 또는 ‘한국항공대학’ 으로 불린 이 학교는 ‘부활호’ 가 50여 년 만에 발견된 경상공업고등학교의 전신이기도 하다.

7) ‘배 씨가 만든 경비행기, 전남서 시험 중에 고압선에 걸려 대파’, 『조선일보』 1960년 6월 26일 자, 3면.

8) 『6·25전쟁 증언록』, 공군본부, 2002. 72쪽.

9) ‘항공학교 설립’, 『경향신문』 1953년 1월 18일 자, 2면.

10) ‘민간항공사상 고취, 교통부서 연습기 확보’, 『동아일보』 1951년 7월 5일 자, 2면.

11) 이 비행기가 바로 ‘태극마크를 단 일본제 비행기’ 다. 전쟁 중, 적기로 오인을 피하기 위해 동체에 미군기 마크를 붙이기도 했다.

12) 김광한, 『창공만리』, 일조각, 1986, 246~254쪽.

13) ‘민간비행장, 최초로 개설’, 『조선일보』 1955년 9월 9일 자, 3면.

14) ‘연습기 2대를 기증, 공군에서 교통부에’, 『동아일보』 1954년 4월 5일 자, 2면.

15) 김영수 비행사는 항공기에서 크고 작은 추락 사고를 7번이나 당하고 살아남아 위기 대응 비행술이 뛰어난 비행사로 널리 알려졌다. 해방 이전부터 대구에서 조선비행학교를 운영했던 그는 항공학교를 운영하면서 국회의원에도 당선됐으나 5·16 이후 힘을 잃으면서 대구의 항공학교도 쇠퇴의 길을 걸었다.

16) ‘한국비행학교 근일 개교 예정’, 『자유신보』 1953년 10월 6일 자, 2면.

17) ‘한성항공기술학교, 서울시서 폐쇄 명령’, 『조선일보』 1955년 12월 6일 자, 3면.

18) ‘국민대 분교 등, 조속 폐쇄 촉구’, 『조선일보』 1958년 6월 26일 자, 3면.

19) ‘항공사학교 폐쇄? 당국 행정조치 할 듯’, 『조선일보』 1959년 5월 25일 자, 3면.

20) ‘46명에 항공사 자격, 31일 항공대학서 최초의 졸업식’, 『조선일보』 1956년 4월 1일 자, 2면.

21) 교통부 산하 국립항공학교(한국항공대학교 전신) 1회(1956)~9회(1964)까지 졸업생 449명 가운데 조종 종사자는 민항 1명, 신문사 항공부 5명, 외국 항공사 2명 등 7명이 전부다. 항공대 졸업생들은 전공을 살려 갈 곳이 없어 군이나 정부 기관, 방송국 등으로 진출했다.(『한국항공대학교 50년지: 1952~2002』, 한국항공대학교, 2004, 147쪽.

22) ‘날개 없는 졸업생들, 항공대학 있으나마나’, 『조선일보』 1960년 9월 25일 자, 3면.

23) 공군본부, 『역대 참모총장 연설문집(제1대-5대)』, 공군역사기록관리단, 1982, 48쪽.

24) 『공군사』 제2집, 공군본부, 1964, 76쪽.

25) 『공군사』 제1집(개정판), 공군본부, 2010, 564쪽, 2010. 한국 공군의 이 같은 출격 횟수는 UN(국제연합)군에서 미군과 호주군 다음으로 많은 것이다. 미국과 호주군과 달리 한국 공군이 구형 프로펠러기를 운용했다는 점에서 전체 항공전력에서 기여한 바가 적지 않다.

26) 『항공전사: 한국전쟁』, 공군본부, 1989, 232쪽.

27) 강창부·이지원·임혁, 「6·25전쟁기 한국의 공군력 확충 노력-1951년 '항공기 헌납기금 모집운동'을 중심으로-」, 『동북아연구』 제33권 2호, 조선대학교 사회과학연구원, 2018, 106쪽.

28) 강창부·이지원·임혁, 앞의 논문, 107쪽.

29) 강창부·이지원·임혁, 앞의 논문, 109쪽.

30) 정찰비행전대 수리반장 배덕찬 대위는 폐기된 부품을 모아 항공기를 되살린 공로를 인정받아 1951년 2월 공군 총참모장과 육해공군 총사령관의 표창을 받았다. 한 달 뒤인 3월에는 국방부 장관 표창을 받고 9월에는 을지무공훈장까지 수훈했다.

31) 강창부·이지원·임혁, 앞의 논문, 110쪽.

32) 강창부·이지원·임혁, 앞의 논문, 114쪽.

33) 『동아일보』 1951년 7월 30일 자, 2면 머리기사.

34) 1952년 3월 확정한 '공군력 증강 3개년 계획안'을 뜻한다. 1955년까지 F-84 제트전투기 300대를 갖춘 공군력을 건설한다는 목표를 제시했다.

35) '공군 창설 7인'의 한 사람인 이근석 대령(사후 준장 추서)이 전사한 상황에 대해서는 증언이 엇갈린다. 피탄되어 회복이 불가능한 상태에 빠지자 적 전차부대를 향해 기체와 함께 돌격했다는 증언과 함께 익숙지 않은 F-51 전투기로 초저공 공격을 강행하다 상승 기회를 놓쳤다는 증언이 상존한다.

36) 장성규, 「6·25전쟁기 한국 공군의 성장과 미 공군 제6146부대의 지원」, 『軍史』 제75호, 군사편찬연구소, 2010. 6, 127쪽.

37) 장성규, 앞의 논문, '공군작명 제31호 '군은 일부 병력을 후방기지에 이동하여 차기 작전 준비에 만전을 기하려 함', 134쪽. 1951년 6월 12일, '공군본부 작전명령 제31호'에서 재인용.

38) 김정렬 장군이 이런 결단을 내렸다는 대목에서는 반론이 존재한다. 권영근 국방개혁연구소장(공사 26기)의 '초대 및 3대 공군 참모총장 김정렬의 공과를 구분해야!!!'(국방개혁연구소 홈페이지)에 따르면 김정렬은 한국 공군 총참모장이라는 지위에 있었지만 지휘권이 없었다. 권 소장은 "6·25전쟁 당시 정비장교였던 고 최원문 예비역 대령의 증언과 미 공군의 공식 기록에 근거해, 6·25전쟁 당시 한국군에 대한 작전통제권을 미군이 행사했고 한국 공군 조종사들도 미 공군 딘 헤스 중령을 팀장으로 편성된 Bout One팀의 일원으로 행동했다"고 지적한다. 한국 공군의 '독자적인 결단'에 대한 추가 연구가 필요해 보인다.

39) 항공산업사에서 항공창의 의미는 매우 중요하다. 항공제조업 기술이 전무한 상태에서 한국에서 가장 먼저 정비부터 시작해 제조 기술을 익힌 곳이 공군의 항공창이기 때문이다. 제80 항공창은 1952년 초 사천으로 이동하고 항공본창으로 개편했다. 항공본창은 이후 공군의 주요 정비 업무를 도맡았다.

40) 이동건, 『최초 국산 경비행기 부활호』, 공군역사기록관리단, 2021, 65쪽.

41) 이원복, 「한국항공기산업 발달사(2)-6·25에서 5·16까지(항공기정비기술 축적기)」, 『航空宇宙』 제36호, 한국우주항공산업협회, 1996, 42쪽.

42) 기술학교의 교관들은 미군이 사용하다 버린 서류를 모아 교재로 만들어 쓰고 미군 고문관의 개인 기술서적을 보면 "마치 굶주린 짐승"처럼 덤벼들어 번역해서 교재로 활용했다.

43) 이원복, 「한국항공기산업 발달사(2)-6·25에서 5·16까지(항공기정비기술 축적기)」, 『航空宇宙』 제36호, 한국우주항공산업협회, 1996, 43쪽.

44) 이서림, '學校 特集 2 루포-또 하나의 建設者 空軍技術學校', 『코메트』 제7호, 공군본부 정훈감실, 1954, 41쪽.

45) 이동건, 『최초 국산 경비행기 부활호』, 공군역사기록관리단, 2021, 117쪽.

46) 조문곤, 'RETURN OF MUSTANG-F-51 퇴역 후 반세기, 우리가 잊지 말아야 할 것들', 『월간 항공』 2014년 5월호, 와스코, 102·103쪽.

47) 대한민국 공군 역사 화보집, 『공군 창군 70년의 위대한 여정』, 33쪽에서 발췌.

48) '그때 그 이야기 〈296〉 제3話 빨간 마후라-46-공군 위상 새로이 한 에어쇼, 『국방일보』 2013년 1월 5일 자, 5면.

49) 1948년 정부 수립과 함께 창건된 우리 국군이 1959년에 '제4회 국군의 날'을 맞이한 이유는 통합 국군의 날이 10월 1일로 지정된 게 1956년이기 때문이다. 이전까지 각 군의 창설기념일은 제각각이었다. 이승만 대통령은 38선을 돌파해 북진을 시작한 10월 1일을 '국군의 날'로 정했는데, 공군의 원래 창설기념일이 10월 1일이어서 군별 창설기념일 폐지에 따른 변화가 없었다('국군의 날 제정, 매년 10월 1일', 『동아일보』 1956년 9월 16일 자, 3면).

50) 모의 북한 공군기지에 대한 공습은 동부이촌동에 대규모 고급아파트가 들어서기 시작한 1970년부터 중단됐다('한강 변에 고층건물 많아 국군의 날 에어쇼 않기로', 『동아일보』 1970년 9월 5일 자, 8면).

51) '팬텀 비행부대 창설', 『조선일보』 1969년 9월 24일 자, 1면.

52) 박종권(예비역 공군 소장), '한강 에어쇼', 『공사 총동창회보』 제14호, 1999년 6월 8일, 8면. 공사 9기 출신인 필자는 이 기고문에서 1963년 에어쇼의 특수곡예비행을 앞두고 2개월 동안 합숙훈련을 했다고 회고했다.

53) 당시의 정식 명칭은 P-51과 F-51이 혼용됐다. 미국 육군항공대가 1947년 공군으로 독립되면서 이전까지 P(Pursuit: 추격기) 부호를 F(Fighter: 전투기) 부호로 교체하며 P-51의 명칭도 F-51로 변경됐지만, 한국전쟁까지는 P-51이라는 명칭이 더 많이 쓰였다.

54) 사천기지의 공군 항공창이 진주에 소재한 공장을 활용한 이유는 당시 사천에는 논과 밭 이외에 생산시설이 전무했던 탓이다. 소규모 공장도 진주에 있었고 당시에는 요즘과 같은 구분도 없었다.

55) 오원철, '미제로 둔갑한 최초의 국산 금속제 항공기', 『신동아』 1996년 4월호, 동아일보사, 372쪽.

56) 임달연, 앞의 책, 288쪽.

57) 『공군사 2집(1953~1957)』, 공군본부 정훈감실, 323쪽.

58) 완벽하게 정비됐는지를 평가하는 시험비행에는 항상 위험이 따르기에 당시에도 선진 각국의 공군에서는 별도의 훈련을 받은 시험비행대를 운영했으나 한국 공군이 정식으로 시험비행 업무를 수행한 시기는 1999년 ○○시험평가전대(2023년 공군 시험평가단으로 확대 발전)가 창설된 이후부터다. 이날 시험비행에는 ○○전투비행단에서 자원한 조종사가 수행했다.

59) 『공군사 3집(1958~1962)』, 공군본부 정훈감실, 168쪽.

60) 『공군사 4집(1963~1967)』, 공군본부 작전참모부, 1977, 50·51쪽.

61) 왜 기종이 변경됐는지는 553~557쪽에서 다뤘다.

62) 『공군사 4집(1963~1967)』, 공군본부 작전참모부, 1977, 330·331쪽.

63) 『월간 항공』 기획출판팀, 『KT-1 프로젝트』, 와스코, 2003, 61쪽.

64) 정부는 고속도로를 건설하며 유사시 활주로와 공군기지로 활용할 수 있도록 주요 거점에 비상활주로를 마련하고 한미 연합훈련 등에서 비상 이착륙 훈련을 실시해왔다. 비상활주로에는 연료저장소와 급유 시설, 간단한 수리 장비와 전지 충전기, 탄약고, 장병 임시 거주 시설 등이 함께 건설됐다. 하지만 통행 불편과 주변 지역 주민의 재산권 행사가 제한된다는 민원에 따라 2005년 비상활주로 지정을 해제했다. 다만 유사시에는 다시금 활용할 수 있도록 최소한 시설을 남겨 뒀다('고속도로 비상활주로 5곳 해제', 『경향신문』 2005년 3월 29일).

65) 경부고속도로 개통(1970. 7. 7) 2주년에 앞서 완공된 성환 비상활주로의 시설을 점검하는 이 훈련은 박정희 대통령 임석하에 진행됐다('[굿바이 팬텀①] 영공 수호 55년에 현대사 고스란히…명예 전역장 받는다', 『뉴스 1』 2024년 5월 25일).

66) 비상활주로 부근에 단기간에 많은 비가 내려 착륙 중 미끄러지면서 사고가 났다. 대파된 항공기의 날개를 떼어내 운반하려 했으나 톨게이트를 통과할 수 없었다. 톨게이트의 우회도로가 이때 생기고 비상활주로 역할을 제대로 할 수 있게 됐다(이원익, 『영원의 날개, 대한민국 공군 F-4 팬텀』, 와스코, 2024년 10월 28일, 77쪽).

67) 한국우주항공산업협회의 확인 요청에 대한 공군의 회신, 'F-4D 팬텀 항공기 관련 자료 요청 회신', 2025. 1. 21

68) 전술기란 실제 임무에서 전투에 임하는 항공기를 뜻한다. 전투기와 공격기. 전폭기가 해당된다.

69) 『공군사 제5집(1968~1972)』, 공군본부, 1984, 129쪽.

70) 『공군사 제6집(1973~1977)』, 공군본부 작전참모부, 1984, 256쪽.

71) 하와이 교포들의 성금과 정부 출연금, 민간 기부금, 인천시 부지 제공으로 1954년 설립된 특수교육재단이었던 인하공과대학은 1968년 한진그룹이 인수, 사립대학으로 바뀐 뒤 1971년 종합대학교로 승격했다.

72) 역사적으로 한국인에게는 로켓과 화약 무기의 유전인자가 내재돼 있다. 『고려사』와 『조선왕조실록 태종실록』에 따르면 최무선은 고려 우왕 3년(1377년) 10월 화통도감(火筒都監)을 설치해 화약과 각종 화포를 만들어냈다. 화약을 원료로 삼는 로켓 무기는 여말선초 해안 지역을 노략질하는 왜구 격퇴에 크게 이바지했다. 『조선왕조실록』에 35번이나 등장하는 신기전(神機箭)은 세계 최초의 다연장 로켓 무기로 인정받는다.

73) '로케트 발사 실패, 어제 용산고교 과학반에서', 『한국일보』 1958년 8월 11일 자, 3면.

74) '인천서 과학실험 참사, 로케트탄 발사준비 중 2명 사상', 『조선일보』 1958년 8월 17일 자, 3면.

75) 『용산 70년』, 용산고등학교, 2016, 15 · 16쪽.

76) '높아지는 로케트 연구열, 충북 증평 제재소 직공이 4단계식 발사에 성공', 『경향신문』 1958년 8월13일 자, 2면.

77) 6월 12일 이승만 대통령이 불러서 치하했다면 실제 발사시험은 그 이전이고 이는 한국 최초에 해당된다고 볼 수 있다.

78) 동아일보, '새로운 세대의 관심을 집중케하는 航宙學(항주학)의 諸問題(제문제)', 1958년 11월 7일자 4면 기획기사,

79) 『동아일보』 1960년 10월 29일 자, 4면.

80) 한국한림공학원, 『한국산업기술발전사' (운송장비 편)』, 2019년 4월, 307쪽.

81) '항공기 국내제작 계획', 1970, 한국항공대학교 소장자료집(김석환 선생 기증 자료집)

82) '항공기 국내제작 계획', 1970, 한국항공대학교 소장자료집(김석환 선생 기증 자료집), 미 세스나사가 1949년 선보인 L-19 정찰/연락기는 3431대가 생산돼 1960년대까지 서방 진영의 대표적인 연락기로 쓰였다. 항공대가 개발하려던 XP-70과 제원이 비슷한 PA-18은 미 파이퍼사가 1949년 처음 제작한 연락기로 10326대가 생산돼 주로 민수용으로 팔렸다. 날개가 금속이 아니라 소가죽이어서 경량이었다.

83) 김석환 항공대학장이 개발하려던 무인 항공기는 원격제어와 자체 임무 수행이 가능한 무인기로서는 한국 최초의 무인기로 보인다. 이에 대해서는 보다 많은 연구가 필요하다. 이 책 596~597쪽 참고.

84) '무인기 개발 필요성', 연대 미상, 한국항공대학교 소장자료집(김석환 선생 기증 자료집). 김석환의 후배 교수들에 따르면 김석환은 생전에 "이때부터 무인기 개발 기술을 축적했으면 좋았을 것"이라는 말을 자주했다고 한다.

제6장

도약과 시행착오
(1970~1980년대 초중반)

민간 부문의 항공제조업이 이 시기를 맞아 비로소 나타나기 시작했다. 정부의 강력한 자주국방 의지와 방위산업 육성정책에 따라 대기업들이 방산 영역에 뛰어들며 항공제조업도 유사 이래 처음으로 제대로 된 투자와 정책 속에 발전의 기회를 맞았다. 공군도 정부 시책을 적극 따랐다. 1970년대 초반 최초의 전 금속제 항공기인 PL-2 '새매호' 4대의 직접 양산을 마지막으로 주요 생산 기술을 민간에 넘겨주며 방위 산업 육성정책을 거들었다. LIG넥스원이 이런 과정, 즉 공군이 보유한 기술과 장비의 민간 이전을 통해 뿌리를 내리고 성장한 대표적인 방위산업체라고 할 수 있다.

반면 시행착오도 겪었다. 항공제조업이 채 성장하기도 전에 정부는 복수의 회사들이 경쟁하는 체계를 용인하며 각종 부작용을 야기했다. 국내업체들의 중복투자와 작은 시장을 둘러싼 과당경쟁, 해외 메이커 에 대한 저가 수주 등이 악습으로 굳어지고 종국에는 외환위기 직후 항공업체 통폐합으로 이어졌다. 다만 이 시기의 중후반부와 달리 초반부에는 정부가 주도하는 중화학공업 육성책으로 항공산업뿐 아니라 방 위산업 전반의 수준이 크게 올랐다. 정부 시책에 기업들이 적극 동참했던 이유는 강력한 정치 권력의 존 재와 엄중한 안보 환경에 기인한다.

1. 엄중한 안보 환경, 자주국방 의지와 항공산업 기지개

대한민국의 1970년대는 길고도 질긴 1960년대 후반의 그림자에서 벗어나는 길을 모색하며 출발했 다. 앞장의 말미에서 잠깐 언급했던 1968년 1·21사태로 시작한 북한의 도발은 푸에블로호 납치 사건과 삼척·울진 지역 무장공비 침투사건 등으로 꼬리를 물고 일어났다. 이듬해인 1969년 4월 15일에는 미군 의 EC-121 정찰기가 북한군 전투기에 격추되는 사건까지 터졌다.

한국 정부는 이들 사건과 미국의 처리를 지켜보면서 자주국방에 대한 결심을 굳혔다. 미국의 태도가 미온적이라고 판단했기 때문이다. 1960년대 말 집중적으로 발생한 일련의 사건들은 개별 사안 하나만으 로도 위중한 것이었으나 '대한민국 안보의 후견인'을 자처하는 미국은 소극적이고 제3자적인 태도를 보 였다. 한국은 스스로 강해지는 선택을 할 수밖에 없었다. 엄중한 안보환경에서 나온 것이 바로 자주국방 을 위한 방위산업과 중화학공업 육성정책이다.

미국 『워싱턴 포스트』지가 1969년 4월 16일 자 1면 헤드라인으로 보도한 EC-121기 격추 사건. 미국 조야는 이를 충격으로 받아들이고 미 해군 항모전단을 동해에 긴급 전개했으나 그 이상의 조치는 없었다. 미국은 미온적 반응에 '한반도 방어 의지'를 확신할 수 없게 된 한국은 자주국방을 서둘렀다. 항공산업도 이런 기운 속에 처음으로 체계적인 생산 설비를 갖추기 시작했다.

당시 벌어진 사건들을 하나하나 들여다보면 대한민국이 느꼈던 상실과 위기감을 엿볼 수 있다. 먼저 북한의 특수부대인 124군 부대 소속 부대원(31명)의 청와대 폭파와 박정희 대통령 암살을 위한 기습 시도를 무산시킨 한국 정부는 "북한이 추가 도발할 경우 미국 지원 없이도 독자적으로 북진한다"는 작전까지 만지작거렸다.[1]

한국 정부의 강경 방침을 감지한 미국은 양면 정책을 구사했다. 존슨 대통령이 사이러스 밴스 특사를 서울로 급히 보내 추가 군사지원을 약속하는 한편, 주한미군은 한국군에 유류를 지원하는 송유관의 밸브를 잠갔다.[2] 미국의 추가 원조 약속으로 1·21사태에 대한 보복 공격 계획은 일단 가라앉았지만 국내에서는 미국 불신론이 고개 들었다.

특히 1968년 1월 23일에 승무원 83명을 태운 미 해군 정보함 푸에블로호가 납북됐음에도 구출 작전은커녕 11개월 뒤 북한에 사과할

청와대 습격과 박정희 대통령 암살을 위해 휴전선을 넘어 효자동까지 침투했던 북한군 특수부대원들을 사살한 군경이 생포 공비 김신조(사진 가운데 손이 뒤로 묶인 사람)를 앞세워 공비들의 신원을 확인하고 있다. 북한이 민족보위성 정찰국 소속 공작원 31명(사살 29명, 생포 1명. 미확인 1명)을 남파한 1.21 사태는 한국 사회를 뒤흔들었다. 병사들의 복무기간이 3~6개월 늘어나고 유격훈련이 본격 도입됐으며 육군 3사관학교가 신설됐다. 향토예비군이 창설되고 고교생들과 대학생들의 군사교육(교련)이 의무로 굳어졌다. 주민등록증도 이때 생겼다. 1.21사태 직후 푸에블로호 납치 사건 등 멈추지 않는 북한의 도발에도 미국이 미온적으로 대응한다고 판단한 정부는 자주국방에 온 힘을 쏟기 시작했다./대한뉴스 659호 화면 캡처

때 불신은 극에 달했다. 한국군은 삼척과 울진에서 북한이 내려보낸 무장공비들과 전투를 벌이고 있는 판에 미국의 북한에 대한 사과로 불만과 불신이 깊어졌다. 이듬해인 1969년 4월 15일에는 북한 길주군 근해에서 전파 정보를 수집하던 미 해군 EC-121 정찰기 1대가 북한공군의 미그-17 전투기 2대에 의해 격추된 사건이 일어났지만 대규모 무력시위만 벌이다 돌아갔다.

북한의 끝없는 도발과 미국을 완전히 믿을 수 없다는 위기의식은 자주국방 강화라는 결론으로 이어졌다. 더욱이 새롭게 출범한 닉슨 행정부의 외교정책은 한국과 결이 많이 달랐다. 미-중 수교의 데탕트 분위기와 "아시아는 아시아인이 방어해야 한다"는 닉슨 독트린(1969.7)은 주한미군 철수를 예고하는 것이

『중앙일보』 1968년 1월 24일 자 지면. 1면의 절반을 푸에블로호 납북 사실 보도에 할애했다. 왼쪽 위 기사의 '이익주 대령(15사단 15연대장) 전사, 북한 게릴라(북 124군 부대원) 또 6명 사살'이라는 제목의 기사는 1·21사태 후속기사다. 신문 1면 전체가 안보 이슈로 채워졌다.

었다. 미국은 더 이상 세계의 경찰이 되지 않겠다며 1973년 베트남에서 완전히 발을 뺐다. 대신 1972년 중국을 전격 방문, 미중 국교 정상화의 길을 텄다. 소련과는 전략무기제한협정SALT을 맺었다.

데탕트와 긴장 완화, 닉슨 독트린은 한국에도 적용됐다. 북한 무장특공대 3명이 서울 동작동 국립묘지 현충문 지붕에 폭탄을 설치하려다 미수로 끝난 지 보름 만인 1970년 7월 5일, 미국은 주한미군 2개 보병 사단 중 1개 사단을 철수시키겠다고 통보했다.[3] 한국으로서는 예상도 못 한 일방적 통고였다. 한국군이 베트남에 육군 2개 사단, 해병 1개 여단이라는 전투부대에 지원부대(비둘기부대)까지 파병하고 있는 이상 한국 정부의 견해가 배제된 미군 철수는 없을 것이라고 믿고 있었기 때문이다.[4]

한국의 기대와 달리 닉슨 행정부는 주한미군을 그냥 철수하겠다는 입장이었다. 정일권 국무총리는 "미군이 대안없이 철수하면 내각 총사퇴도 불사하겠다"며 배수진을 쳤지만[5] 미국은 아랑곳하지 않았다. 미 2사단과 더불어 주한미군 지상군의 양대 축이던 미 7사단이 1971년 3월 한국을 완전히 떠났다. 서부전 선의 휴전선 방어를 담당하던 미 2사단도 동두천으로 내려갔다. 미군이 경비하던 서부전선 최전방은 우리 군이 맡았다. 미군 철수를 단행하는 대안으로 한국군의 전차 전력 증강, 미사일 양도, 전투기 교체와 함께 개인화기인 M-16 자동소총 생산공장의 한국 설치 등이 실행됐으나 박정희 대통령은 근본적인 대책으로 자주국방을 위한 중화학공업 육성정책을 펼쳤다. 한국군 무기 개발의 본산인 국방과학연구소(ADD)도 이 시기(1970년 8월 6일)에 설립됐다.

박정희 대통령의 방위산업 육성을 통한 자주국방 의지는 이 과정에서 굳어졌다. 특히 1970년 애그뉴 부통령과 회담 이후 미국이 보여준 태도에 결심을 굳혔다. 박 대통령은 미군 철수를 통고받은 후 한 달 보름 만에 서울에서 열린 애그뉴 미국 부통령과 회담에 정성을 기울였다. 약 2주 동안 대부분의 일정을 취소하고 회담 준비에 몰두했다. 1970년 8월 25일 아침부터 시작된 1차 회담은 당초 2시간 예정이었으나 점심을 커피와 케이크로 때워가며 6시간 넘게 걸렸다. 다음 날 아침에도 1시간 30분가량의 2차 회담이 이어졌다. 박 대통령은 한국군 장비 현대화와 함께 주한미군을 2만 명 이상은 감군하지 않겠다는 확약을 받아냈다.

그러나 애그뉴 부통령은 서울을 떠나 대만으로 향하는 비행기 기내에서 미국 기자들에게 "한국군 현대화가 완전히 이뤄지는 5년 이내에 주한미군은 완전히 철수할 것"이라고 말했다. 박 대통령은 애그뉴의 기내 기자회견과 외신을 보고하는 김정렴 비서실장에게 "자주국방만이 우리의 살길"이라며 "미국 방침에 일희일비하는 처지에서 벗어나기 위해 무기를 하루바삐 국산화해야 한다"고 말했다.[6]

긴박한 안보환경은 1970년대를 일관했다. 1974년 11월부터 연이어 북한의 남침용 땅굴이 발견되고 1975년에는 한국군과 미군이 완전철수(1973)한 베트남이 붉게 물들었다. 인도차이나 반도의 완전 공산화로 한국은 방위산업 육성정책의 페달을 더욱 힘주어 밟았다. 박 대통령은 방위산업 육성에 관한 비서실이나 관계부처의 보고를 존중하면서도 불만이 하나 있었다. 부문별 방산 전문 공장들을 건설하는 데 4~5년이 걸린다는 보고에 1~2년으로 단축하라며 두 가지 명령을 내렸다. 하나는 인사명령이었다. 상공부의

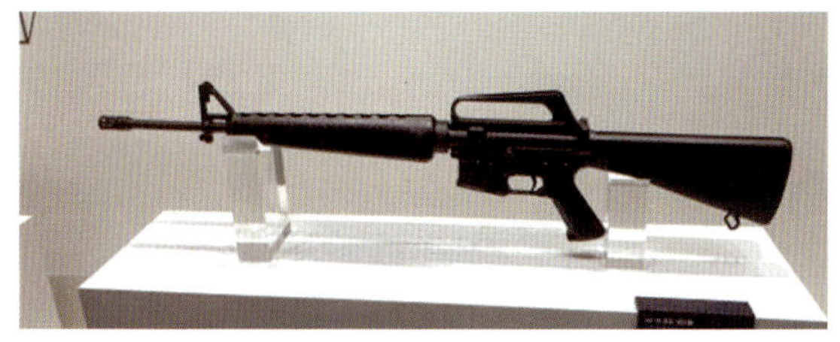

전쟁기념관에 전시 중인 국산 1호 M-16 소총. 부산 육군 제1 조병창에서 면허생산된 M-16 소총은 한국군의 전력 강화에 크게 기여했다. 그러나 논의가 시작되고 7년이 지난 이후에야 생산에 들어갈 수 있었다. 국내 면허생산조차 시간이 많이 걸린다는 불편한 경험은 순수 국내 설계 총기인 K-시리즈를 개발하는 요인으로도 작용했다.

오원철 광공전鑛工電 차관보를 1971년 11월 10일 대통령 비서실 경제 2수석에 임명했다.[7] 일주일 후 두 번째 지시가 떨어졌다. 연말까지 소총과 기관총, 박격포와 로켓 발사기, 수류탄과 지뢰 시제품을 만들라는 것이었다.[8] '번개사업'이 이렇게 시작했다.

한국군은 진작에 M-16 소총의 위력과 유용성을 알고 있었다. 월남 파병 초기, 한국군은 M-1 소총이 기본화기인 유일한 참전국이었다. 미국과 호주, 뉴질랜드, 태국, 필리핀 등 자유우방국은 물론 월맹 정규군과 비정규군인 베트콩도 자동소총으로 무장한 채 격돌한 월남전에서 한국군은 1937년에 개발된 M-1 반자동소총을 가지고 전장에 나타났다.[12] 이후부터 한국의 M-16 소총에 대한 관심은 지극히 높아졌다.

7년 걸린 M-16 소총 국내 생산, '방위산업은 속전속결'

절박한 위기 아래 자주국방을 위한 방위산업 육성을 결정한 박 대통령의 초기 관심사는 '속도'에 있었다. 박 대통령은 방산 육성에 시간이 걸린다는 점을 두 가지 통로를 통해 알았다. 첫째는 공무원들의 보고서. 경제정책을 총괄하는 경제기획원은 방산 육성을 위해 주물선鑄物銑·특수강·중기계·조선 등 4대 핵공장核工場이 필요하다면서도 5년여의 시일이 소요될 것이라는 보고서를 올렸다. 경제기획원의 방산 육성정책 보고에 배석했던 오원철 상공부 광공전(광업과 산업, 전력 담당) 차관보는 시간 단축과 민간기업 활용에 대한 구체적인 아이디어를 올렸고 박 대통령의 눈에 들어 1971년 11월, 청와대에 제2 경제비서관실이 신설되며 전격 발탁됐다.[9]

방산 공장 설립에 많은 시간이 걸린다는 사실을 인식시켜준 또 다른 요인은 'M-16 자동소총'에 있었다. 한국이 M-16 생산에 관심을 갖고 공식적으로 움직이기 시작한 시기는 1968년 2월로 거슬러 올라간다. 미국이 먼저 제안했다. 북한 특수부대(124군 부대)가 청와대 근처까지 침투했던 1·21사태 직후 한국군 단독으로라도 북한을 응징하겠다는 강경한 대응에 놀란 미국은 사이러스 밴스 특사를 대통령 전용기에 태워 한국에 급히 보냈다. 밴스 특사의 임무는 '한국 달래기'였다. 박 대통령을 만난 밴스 특사는 1억 달러 추가 군사원조와 한국에 M-16 소총 공장을 지어주겠다고 약속했다.[10] 정부 각 부처는 1968년 3월부터 소화기 공장 건설을 위한 한미 합동연구위원회를 구성하고 7월부터 대미 교섭에 들어갔다.[11]

1968년 주한 미8군 사령관이 "한국에서는 M-16 소총이 필요없다"는 취지로 말했다가 국회에서 "파월 한국군을 철수시켜야 되는 것 아니냐"는 질의까지 나왔다.[13]

정작 국내 생산을 위한 협상은 겉돌았다. 한국과 미국은 1968년 5월 27일과 28일 워싱턴에서 열린 제 1차 한미국방장관회의를 통해 소구경 화기(M-16)의 한국 내 생산에 원칙적으로 합의했지만 이렇다 할 진척이 없었다. 매년 국방장관과 외무장관 회담에서 재확인을 거듭했을 뿐이다. 1971년 3월 국방부와 미 콜트사의 계약이 체결되고 1972년 부산시 기장군 철마면에 공장이 준공돼[14] 1973년부터야 양산체 계를 갖췄다. 본격적인 생산은 1974년부터 이뤄졌다.[15]

M-16 자동소총의 생산 논의에서 양산까지 7년이 걸린 셈이다. 박 대통령이 방위산업 본격 육성 의지 를 다지던 시기인 1971년을 기준으로 잡아도 협상만 4년째 지속되는 상황이었다. 정부는 한미 간 길고 긴 교섭을 진행하면서 무기 생산에 얼마나 많은 돈이 들고 해외협상 자체가 대단히 힘들다는 사실을 절실 하게 깨달았다.[16]

2. 항공기 자체 생산 신호탄, 1972년 PL-2 '새매호' 제작

자주국방이 지고선至高善이던 분위기 속에서 자체적으로 항공기를 개발해야 한다는 공감대도 확산됐 다. 공군 무기체계가 '번개사업'에 포함된 적은 없지만 하루바삐 국산 방산품을 개발해야 한다는 요구에 서 나온 첫째 결과물이 PL-2 '새매호'다. 1972년 제작된 'PL-2 새매호'는 두 가지 측면에서 상징적인 항공기다. 무엇보다 끊어져 가던 명맥을 이었다. 한국전쟁의 와중에서도 공군이 '부활호', 해군이 '서해 호', '제해호', '통해호'를 스스로 설계하고 제작한 이후 정부 또는 군 차원에서 더 이상 국산 항공기를 개 발하지 않았다. 가늘게나마 이어져 왔던 독자 제작의 명맥이 끊긴 것이다. '통해호' 제작(1958) 이후 14 년 만에 나온 엔진 장착 국산 항공기가 바로 '새매호'다. 다만 독자 설계가 아니었다.

헝가리에서 태어나 아르헨티나와 미국에 이 주했던 엔지니어 라디슬라오 파즈마니(Ladislao Pazmany, 1923~2006)가 설립한 파즈마니 항 공기회사의 2인승 경비행기 PL-2 도면을 구매 해 제작했다. 처음 이 항공기에 주목한 곳은 공 군. 11대 공군 참모총장 김두만 대장(재임 기간: 1970. 8. 1~1971. 8. 25)이 동남아시아 각국과 군 사 외교를 펼치던 중 대만과 인도네시아에서 널 리 쓰이는 경항공기 PL-2 항공기에 관심을 가진

초도기 시험비행 직후 새매호 조종석에 탑승한 오원철 경제 2 수 석. 설계와 기술 부문을 담당한 국방과학연구소의 마크가 꼬리날 개에 보인다./사진=국방과학연구소

구분	단위	PL-2 새매	O-1A
자체 무게	kg	405	675
탑승 인원	인	2(153kg)	2(153kg)
순항속도	km/h	208	160
상승률	분당	480m	300m
순항시간	시간	3시간50분	4시간
연료 소모량	시간당	22ℓ	37ℓ

게 시발점이다. 마침 북한의 공군력은 날로 강해지는 반면 미국의 군사원조 격감으로 훈련 장비의 부족 현상이 심각해진 공군이 초급 훈련기 확보 방안을 찾던 상황이었다. 개발에 성공하면 운용 중이던 O-1A 관측/정찰기보다 우월하다는 보고도 나왔다.

김두만 참모총장의 지시에 따라 공군은 1971년 8월 항공기 제작 가능성을 알아보기 위한 실무자를 동남아에 파견, 기초 자료를 모았다. 인도네시아가 설계도를 구매해 시제기를 만들고 대만은 면허생산 계약을 맺어 대량생산, 자국 공군의 수요를 충당하고 있다고 파악한 공군의 자체 제작 결정에 국방부가 손을 들어줬다.

개발과 제작을 앞두고 실수요자인 공군과 국방부, 국방과학연구소(ADD)가 청와대 회의를 통해 업무를 나눴다. 예산은 국방부가 지원하고 설계와 기술 지원은 ADD가, 제작 책임은 공군이 지기로 분담한 것이다. 얼마 안 되는 항공기 개발 경험마저 거의 사라진 마당에 그래도 항공을 전공한 엔지니어가 가장 많은 곳이 ADD였기에 업무를 이렇게 분장했다. 생산을 공군이 직접 맡은 이유도 비슷하다. 당시에는 항공기를 제작할 수 있는 민간기업이 아예 없었다. 정비와 부족한 부품을 직접 제작해 사용한 경험이 풍부한 공군 군수사령부 예하 제81 수리창 만이 국내에서 유일하게 비행체 제작이 가능했다.

1) 최초의 전 금속제 양산기지만 작고 희미한 점으로만 기억

국방부는 ADD 공작실장이던 공군 대령 이병태 책임기술원을 항공기 개발담당관으로 임명하고 설계 분과 3명, 제작 분과 4명, 시험검사 분과 3명 등 총 9명으로 구성된 국과연-공군 합동 개발 조직을 구성해 전체 사업을 맡겼다. 국빙부는 각종 원자새와 엔진(150마력 Avco Lycoming O-320), 프로펠러, 기본 부속, 각종 보기류 등을 구매해 공군에 넘겨줬다.

제81 수리창은 ADD의 기본설계 및 역학 해석을 바탕으로 전투기, 수송기 창급 정비를 통해 습득한 항공기 제작기술을 활용하여 전 금속제 항공기를 만들어냈다.[17] 금속재 외에 날개-동체 접합부 및 기수 부분, 연료탱크 등 유리섬유Fiber Glass로 제작되는 부품 성형을 위해 필요한 치구, 몰드(성형 틀의 일종)

등도 스스로 만들며 비행체를 일정대로 1972년 7월 말 완성했다.[18]

청와대에 최초 보고된 시제기 제작비는 자재비 9800달러, 운임 2700달러, 도면료 250달러의 외화비용을 포함해 760만 원이었다.[19] 이미 확정된 공군용 3대 추가 주문 외에도 민수용 발주가 예상된다며 10대를 양산할 경우 대당 가격 1만 2000달러로 예상된다는 내용도 보고서에 담겼다.[20] 그나마 공군은 대당 760만 원인 제작비가 부족해 국방부를 통해 ADD의 연구비까지 끌어썼다.[21]

2) 국산 경비행기 명칭 안[22]

국산 경비행기 제작에 성공했다는 보고를 오원철 수석에게 보고받은 박정희 대통령은 1972년 8월말 '새매'라는 이름을 붙여줬다. 공군과 청와대 비서진이 올린 6개 명칭 중에서 새매를 골랐다.

PL-2 새매호의 시험비행도 공군 내부에서는 화제를 낳았다. 새매호 완성 후 검증 안 된 국산 항공기의 탑승을 꺼리는 조종사들을 대신해 당시 군수사령관 이희근 대령이 첫 조종간을 잡았다. 1981년 제15대 공군 참모총장에 오르게 될 이 사령관은 비교 기종인 "O-1A 관측/정찰기보다 낫다"는 평가를 내렸다.[23]

새매호는 이미 해외에서 안전도가 검증된 기체여서 시험비행에서 별다른 문제가 없을 것으로 예상했으나 결과는 그렇지 않았다. 국산 시제 1호기의 39차례에 걸친 시험비행에서는 경미하지만 27건의 결함이 발견됐다. 뒤에 양산된 기체에서도 이런 현상이 있었으나 모두 수정됐다.[24]

✢ 국산 경비행기 명칭 후보

명칭	상징
蒼空(창공)	希望(희망)에 찬 前進(전진)
보라매	敏捷(민첩)과 勇氣(용기)에 찬 하늘의 支配(지배)
여명	前進(전진)을 爲(위)한 出發(출발)
새매	작고 날쌘 存在(존재)
新風(신풍)	새 出發(출발)
새별(뉴스타)	새로운 君臨(군림)

3) PL-2 새매호 시험비행 결과

한국이 만들었던 '부활호'가 알루미늄과 목제, 캔버스(두터운 천)로 구성된 것과 달리 처음 생산한 전금속제 항공기이며 최초의 양산기(4대 생산)인 PL-2는 무형의 정신적 자산으로도 평가된다. "1950년대 아무것도 없는 상태에서 선배들은 부품을 주워서 비행기를 만들고 띄워 날렸다"는 전설이 PL-2 새매호 개발과 정책 결정에 참여했던 엔지니어와 국방부, 공군에게 '현재를 살아가는 우리가 이룬 눈앞의 현실'로 나타나고 '우리도 할 수 있다'는 자신감이 항공계 전체의 무형자산으로 자리 잡았다.

새매호는 예상과 달리 민간에 팔릴 만큼 대량 생산되지 못했으나 훗날 ADD의 KT-1 개발에 영향을

구분	비행횟수	제작 후 결함 사항	비고
1호기	39회	27건	
2호기	11회	21건	경미한 사안으로 모두 수정 완료
3호기	11회	24건	
4호기	5회	22건	

❖ 새매호 제작 기간 및 대당 소요 시간

구분	1호기(시제기)	2·3·4호기 (추가생산)
제작 기간	7개월	평균 5개월
대당 소요액	9,937,000원	7,008,000원

끼쳤다. 우리 공군은 새매호를 1973년 4월부터 1995년 3월 퇴역까지 총 1355시간 운용하며 정보수집과 초등비행 훈련용으로 활용했다. 당초 예상보다 제작비가 올라갔지만 새매호는 한국 항공제조업의 보이지 않는 이정표였던 셈이다.

새매호는 자주국방 의지의 상징이기도 했다. 1973년 6월 25일 경기도 전곡 인근 포병 사격장에서 실시된 국방부 화포 시사회에서 내외 귀빈, 특히 주한 외교사절단이 지켜보는 가운데 한국에서 처음 만들어낸 106㎜ 무반동총과 4.2인치 박격포, 105㎜ 곡사포와 미국제 군사원조품을 비교 사격한 다음 순서가 PL-2 새매호의 편대비행이었다. 400여 명 귀빈이 하늘을 올려 보는 가운데 PL-2 새매호 4대가 편대 대형을 유지하며 관객들의 환호를 자아냈다. 대중에게도 이렇게 공개됐으나 새매호는 항공제조업의 역사에서는 작은 점으로만 기억된다. 지속성이 없었기 때문이다. 민수용으로 10대는 판매할 수 있다던 오원철 경제 2수석의 예상과 달리 한국 공군용 4대 제작에 그쳤다.

3. '새매호' 이후 3가지 변화: 대기업과 해외 메이저의 관심 시작

PL 2 새매호는 4대민 제직했어도 최초의 양산기로 분류된다. 하시만 최초의 양산체제는 '제공호'로 간주하는 게 일반적이다. 새매호는 주요 부품을 국내에서 생산하며 국산화율을 67%까지 높였어도 외국 회사의 설계도면을 구매해 제작한 프로펠러 항공기라는 한계를 안고 있기 때문이다. 항공산업이 새로운 고정익 항공기 양산품을 내놓기까지는 또다시 9년이라는 세월이 걸렸다. 한국이 공군에서 시험 양산한 PL-2 새매호에 이어 두 번째로 양산한 고정익기는 1982년 9월 9일 선보인 F-5E/F 전투기다.[25]

PL-2 새매호 개발이 의미를 갖는 또 다른 이유는 분명한 변화가 수반됐다는 점이다. 예전 같으면 항공기 국내 개발의 동력을 상실하거나 흐지부지되는 경우가 많았지만 이 시기부터는 상황이 달라졌다. PL-2 새매호 제작을 전후해 세 가지 측면에서 변화가 일어나기 시작했다. 첫째 공군의 창정비 능력과 부품 자체 생산능력이 더욱 높아졌다. 특히 공군은 엔진 재생을 포함해 전 보유 기종에 대한 창정비 능력을 확보하고 무장처를 신설해 공대공 미사일 개조에 나섰다.

편대비행중인 PL-2 새매호. 사진에는 3대가 보이지만 1973년 6월 국방부 화포시사회의 끝 순서로 4대가 비행(1대는 촬영)하며 주한 외국사절단의 뇌리에 한국산 항공기의 존재를 각인시켰다. 미국과 유럽의 거대 항공기 제작사들이 한국을 주목하기 시작한 것도 새매호 이후부터다./사진=공군

둘째, 해외에서 합작과 공동개발 요청이 들어오기 시작했다. 한국 정부의 자주국방 의지를 확인한 미국과 유럽의 주요 항공기 제작사들은 여러 경로를 통해 한국 시장의 문을 두드렸다. 1960년대와 1970년대 빠른 속도의 경제 성장으로 한국이 미국의 일방적인 대외 군사원조에서 벗어나 스스로 자금을 조달해 전투기를 구매할 수 있을 것이라는 판단도 이들이 한국을 주목하게 된 요인으로 작용했다.[26]

셋째, 대기업이 들어오기 시작했다. 방위산업 육성책을 모색하던 정부는 형태를 국영 또는 각 군에 소속된 군 공창工廠, 민영 등 세 가지 방안 중에서 마지막 방안, 즉 민간 군수공장으로 정했다. 태평양전쟁에서의 일본뿐 아니라 우리와 상황이 비슷한 대만이 군 공창을 운영하고 있는 것처럼 통제하기 쉽도록 군대가 직영하자는 의견도 나왔지만 이미 건설에 착수한 M-16 자동소총을 제작하는 공창 이외에는 모두 민간기업이 무기를 생산하도록 구조를 짰다.[27]

정부가 주요 방위산업에 민간을 맡기도록 결정한 이유는 병기를 생산하는 민간기업도 군의 수요가 적으면 민수용 생산에 치중해 양질의 인력을 상시 보유할 수 있어야 한다는 생각에서다. 박정희 대통령이 방위산업 육성책을 고민하던 1971년 중반 이런 주장을 펼치던 오원철 상공부 차관보는 중화학공업과 방위산업 육성을 이끄는 제2 경제수석 임명장을 받았다.[28]

대한항공은 이때 정부로부터 항공 분야의 방위

정부는 주요 대기업에게 분야별로 방위산업을 맡겼다. 함정 건조와 전차 개량사업을 맡은 현대 정주영 회장의 안내로 첫째 영애 박근혜 씨와 함께 현대정공(현 현대로템)의 전차 생산라인을 둘러보는 박정희 대통령./사진=박정희도서관

산업을 맡아달라는 권유를 받았다. 당시 조중훈 회장은 이를 수용하면서도 내심 막대한 시설투자와 군의 발주가 끝난 이후 공장 운영 및 현상 유지가 어려울 수 있다는 고민에 빠졌다. 그러나 '국가적 소명 사업에 물질적인 손실을 개의치 않겠다'는 결심 아래 방산에 뛰어들었다.[29] 대한항공의 방산 참여는 육군용 500MD 경헬리콥터 생산과 F-5E/F 제공호 생산으로 이어졌다. 먼저 공군의 변화부터 살펴보자.

4. 항공산업 발전 지원을 위한 공군의 3가지 사전 사업

공군이 이 시기 중 크게 세 가지 측면에서 항공산업 발전에 직간접적으로 도움을 줬다. 첫째, 창정비 수준을 고도화하며 민영화를 동시에 추진했다. 이는 군이 보유한 기술과 장비, 숙련 인력을 민간기업에 넘김으로써 방위산업의 수준을 일거에 끌어올린다는 정부 시책에 따른 것이다.

공군의 기체와 엔진에 대한 창정비는 F-86F와 T-33 등 일부 구형 항공기에 머물렀으나 1971년부터 전 기종의 자체 창정비를 목표 삼아 1976년 모두 달성했다. 이에 따라 일본과 대만에 지출됐던 창정비를 위한 외화를 아낄 수 있었다. 한국 공군의 창정비 실력을 인정한 주한 미 육군은 보유한 OV-10 정찰기 겸 전술통제기 등의 창정비를 맡겼고 이는 외화획득으로 이어졌다. 보유 기종 창정비뿐 아니라 예방 정비에 나선 공군은 비행시간 4000시간이 지난 F-5B(F-5A전투기의 복좌형)에 대한 상태분석검사 능력을 개발해, 2대를 점검한 후 세계 최초로 기체 수명을 연장, 임무에 재투입하는 기록을 세웠다.

특히 1977년부터는 창정비 물량의 외주화, 즉 민간에 맡기기 시작했다. 공군은 작전에 지장을 주지 않는 범위 내에서 경제적으로 미리 수요와 손익을 예측할 수 있는 계획 물량은 민간에 넘기고 예방 정비의 일종인 상태분석검사는 공군이 담당하는 분업 구조를 만들었다. 대한항공은 김해 사업장에서 군 창정비 물량의 약 60%를 맡았다.[30] 나머지 40%만 담당하며 인력 운용의 숨통이 트인 공군은 지금까지 도전하지 못한 고도 기술개발에 나섰다.[31] 공군의 자랑인 한국형 전파 방해 저지 시스템 등의 개발도 이 시기에 이뤄졌다.

공군의 비전술기 전술화사업 일환으로 훈련기에서 경공격기로 변신한 AT-37. 대형 전폭기인 F-4 팬텀이 옆에 있어 더욱 작게 보이지만 탁월한 지상 공격 능력을 발휘했던 기종이다. 북한의 지속 침투용 항공기 AN-2 요격 임무도 맡았다.
/사진=공군

둘째, 창정비 기술의 고도화로 훈련기를 무장해 지상군을 근접지원할 수 있는 전력으로 업그레이드시키는 '비전술기의 전술화사업'에 더욱 박차를 가했다. '남강사업'이라는 프로젝트명 아래 브라질에서 들여온 42대의 T-37 훈련기에 무장장착대를 설치하고 국산 조준기를 개발해 1982년까지 A-37 공격기로 전환한 게 대표적이다.[32] 공군의 고질적인 항공기 부족 현상도 이 사업으로 다소나마 해결하는 효과를 낳았다.

셋째, 공군은 1971년 무장처를 신설, 1975년 제85 무장전자정비창으로 확대 발전시키며 점차 전자부품의 비중이 높아지는 전투기의 운용과 후속 군수지원의 효율성을 끌어올렸다. 특히 무장 지원 능력을 발전시켜 노후화한 AIM-9B 공대공 미사일을 AIM-9E형을 거쳐 AIM-9J형으로 개조하는 공대공 미사일 전력 고도화 사업을 실시했다.[33] 공군이 보유한 구형 공대공 미사일 전량 ○○○○발을 1983년까지 개조 완료했다.

1978년 9월 금성정밀(현 LIG넥스원) 구미공장을 방문, '(방산) 현황 및 능력 발전 계획'을 보고받는 박정희 대통령. 탁자 앞에 개량 작업을 진행 중인 공대공 사이드와인더 미사일과 호크 지대공 미사일 모형이 보인다./사진=LIG넥스원

공군은 여기서 그치지 않고 이 사업의 민영화를 진행, AIM-9B 공대공 미사일의 개조를 위해 도입한 각종 장비와 기술을 금성정밀공업에 이관시켰다. 이는 정부의 방위산업 육성정책을 지원하기 위한 것으로 관련 기술과 장비를 인수한 금성정밀공업에는 개조 물량뿐 아니라 신규물량 생산권까지 넘겨줬다.[34] 공군이 공대공 미사일 개조에 나선 시기는 1973년부터다. 잘 알려지지 않았지만 고도 정밀무기에 대한 개조생산 노력을 소총 등 기본적인 무기의 국산화가 처음 시도되던 시기부터 소리소문없이 수행해온 것이다.

5. 한국을 찾기 시작한 해외 방산기업

지금까지 살펴본 다른 어떤 시대와 달리 이 시기는 뚜렷한 차별점이 있다. 해외 방산업체들이 경쟁적으로 한국을 찾아왔다. 지속적인 고도성장으로 구매력이 높아진 한국의 자주국방 의지를 확인했기 때문이다. 미국의 무상 군사원조가 줄어들면 한국의 무기 구매가 많아질 것이라는 판단도 한국행의 요인으로 풀이된다. 미국 정부는 1970년대 초부터 한국에 무상 군사원조를 없애나갈 것이라고 공언해왔다. 1950~1970년 동안 34억 5200만 달러, 1971년 1976년까지 연평균 2억 6007만 달러 수준이던 무상원조는 1977년 이후 1980년까지 연평균 2300만 달러로 줄어들었다.[35] 해외 방산기업들은 미국 정부가 무상 군사원조 폐지의 대안으로 한국 정부에 제안한 군사차관을 자사 무기 구매에 유도하려는 목적도 있었다.

해외 방산업체들은 한국의 안보 상황을 판매 증진 기회로 여겼다. 한반도를 둘러싼 안보 여건 변화와 위기의식 고조, 한국군의 무기 획득 방법 변화, 한국 정부가 강조한 방위산업 육성 의지를 시장 확대의 기회로 판단한 것이다. 특히 두 차례에 걸친 '번개사업'으로 한국의 방산 잠재력이 있다고 생각한 해외업체들은 단순 판매는 물론 기술이전이라는 당근을 내세운 공동사업까지 제의해왔다. 정부 수립 이래 경험하지 못했던 해외업체들의 러브콜이 이 시기의 특징이다. 해외 방산업체들은 다양한 품목의 판매와 협력을 추진했지만 여기서는 지상과 해상 부문을 제외한 항공과 유도무기 분야만 다룬다.

1973년 8월 22일 자로 작성된 청와대 보고서에 따르면 3개 해외업체가 공동 무기 생산을 제의하며 합작 의사를 밝혔다. 청와대 비서실 제2 경제수석실은 "외국회사의 합작 제의는 고무적인 일로써 국내 항공기 제작 검토를 일원화하여 민간회사와 비서실, 방위산업 국장회의에서 실시하는 방안이 필요하다"는 보고서를 올렸다. 미국과 서독의 세계적 항공기 제작회사들이 한국에 제의한 항공기 공동 제작의 개요는 아래 표와 같다.[36]

얼마 안 지나 항공기 합작 제작을 희망하며 한국에 조사단을 파견하겠다는 해외업체는 더욱 늘어나고

❖ 1973년 해외 항공기 제작사의 합작 제의 요지

구분	회사명	내용
1	Douglas Aircraft(미국)	미국 본사의 간부진이 내한, 한진그룹 측과 접촉하며 국내 항공기 정비 수준과 발전 가능성을 조사 중
2	Hughes Aircraft(미국)	미국제 다목적 헬리콥터의 한국 내 생산에 대하여 EPB(경제기획원)에 외국인 투자 가능성 여부를 조회
3	Air Metal(서독)	군용 및 민간항공기 제작을 위해 한국 회사와의 합작을 전제로 외교 경로를 통해 의사를 타진

❖ 외국 항공기 제작회사의 제의

구분	회사명	제의 내용	조사단 파견(예정)
1	Hughes Aircraft 미국, 캘리포니아	다목적 헬리콥터를 제작, 한국군에 일부 납품하고 동남아에 수출을 모색	1974년 1~2월
2	LTV 에어로스페이스 컨퍼레이션, 텍사스	민간 및 군용 비행기 제작에 흥미	1974년 1월 25일
3	록히드, 캘리포니아	1 민간 및 군용 비행기 제작의 흥미 2 전자 조선 및 유도 장비에도 관심	1974년 1월 중
4	맥도널 더글러스 세인트루이스, 미주리	민간 및 군용 비행기 제작	미정
5	Air Metal(독일)	민간 및 군용 항공기 제작	미정

구체적인 한국 방문 일정을 협의하기 시작했다. 청와대 제2 경제수석실은 1974년 1월 9일 자 '항공기 제작사업'이라는 제목 아래 '최근 외국의 일류 항공기 제작회사가 보내온 항공기제작 합작사업 추진을 위한 조사단 파견 제안'이라는 내용의 보고서를 올렸다.

해외 메이저 항공기 제작사들의 줄이은 방문을 맞아 한국은 정부 관련 부처와 연구소, 민간기업이 참여하는 실무반을 구성, 구체적인 협상 준비에 들어갔다. 실무반은 제2 경제수석실 비서관 외에도 경제기획원과 국방부, 상공부, 과학기술처에서 국장급~실장급 실무자, 공군(연구개발관·대령)과 KIST(한국과학기술연구원), ADD(국방과학연구소)의 부소장과 실장급 연구원, 대한항공의 공군 정비장교 출신 임원, 해외 항공기 제작사와 교섭 경험이 많은 공군 예비역 소장 출신 민간 자문위원 등 9명으로 구성됐다.

정부 부처와 연구기관, 민간기업을 대표하는 이들은 각각 정책 조정과 외자 및 기술 도입. 군 소요와의 적합성, 국내 관련 연구소와 기업들이 전수받을 수 있는 기술의 수준 판단, 군과 민간기업이 보유하고 있는 정비 역량과 도입 기술 간 괴리도, 전수 방법 등의 업무를 분장해 해외 메이저급 방산회사들과 접촉을 준비했다.[37]

해외 항공기제작업체들의 분주한 발걸음과 달리 이렇다 할 성과가 당장 나타나지는 않았다. 방산정책을 주도하는 청와대는 관심을 항공기와 미사일 등 고도정밀무기 분야로 넓혔으나 이들 분야는 '번개사업'에서의 소총 복제 시도와는 한참 달랐다. 막대한 자본과 고도의 기술이 필요하고 시간도 많이 걸렸다. 한국이 단기간에 이룬 성과에 동원한 요소들, 즉 사명감과 애국심, 정신력만으로 접근할 수 있는 영역이 아니었다. 미국계 항공기 제작업체만 5개사가 1973년 초부터 아래 표와 같이 한국 정부에 은밀하게 공동생산 계획을 제의[40]했지만 우리 정부로서도 면밀한 검토가 필요했다.

공동생산에 들어가더라도 과연 선진 항공기 제작사들이 제공하겠다는 기술을 한국이 습득할 수 있을지 여부와 재정 여건을 고려하지 않을 수 없었다. 특히 월남전 종전 분위기에 따라 일감이 줄어든 미국 항공기 제작업체들의 적극적인 마케팅과 달리 미국 정부, 특히 의회의 승인 여부도 따져볼 필요가 있었다.[41]

정부는 주요 항공기 제작사와 한국 내 공동생산과 생산 규모, 총사업비에 대해 기초적인 수준이지만

❖ **미국계 항공기 제작사들의 한국에 대한 공동생산 제의 비교**

제작사	기종	생산량	공동생산 및 배치 일정							
			'75	'76	'77	'78	'79	'80	'81	'82
맥도널 더글러스	F-4E	38대	준비		생산			배치		
노스롭	F-5E	60대	준비		생산				배치	
LTV	A-7D	100대	준비		생산				배치	
록히드	F-104S	100대	준비		생산					배치
벨	UH-1	60대	준비	생산		배치				

록히드사의 53년 전 선견지명

1973년 "개발도상국 중에는 한국만 방위산업을 영위할 수 있을 것."

한국과 항공기 합작생산을 제의한 외국회사 중에서 록히드사가 제일 먼저 찾아왔고 가장 적극적으로 움직였다. 록히드사의 재빠른 행보에는 미국 정부의 힘이 작용했다. 1973년 9월 한국을 방문한 미 국방부 고위 관계자가 박정희 대통령의 방산 육성방안에 지지하며 적극 협력하겠다고 약속한 뒤 연결해준 업체가 록히드였다.

"양국 간 민간 차원의 협력을 증진하겠다"는 고위관계자의 확약은 한 달 뒤인 1973년 10월 록히드사 사장의 한국 방문으로 현실화했다. 그는 국방부 장관을 예방하고 ADD를 찾아 두 가지를 약속하는 발빠른 행보를 걸었다.

1973년 한국을 방위산업 제휴선으로 물색하던 외국계 기업 중에서 가장 적극적인 움직임을 보인 록히드 코퍼레이션의 로고. 1995년 마틴 마리에타사와 합병한 록히드마틴사의 전신이다.

두 가지 약속이란 한국의 방위산업 육성정책에 자사가 보유한 기술로 협력하겠으며 한국 엔지니어의 교육을 위해 ADD와 협력하겠다는 것이었다.

록히드사는 자사 사장이 한국 방문에서 밝힌 계획을 구체화하기 위해 아시아 총괄책임자를 보냈다. 그는 청와대 비서실과 국방부를 찾아 "한국 엔지니어에게 록히드가 보유한 설계 능력을 제공하겠다"고 약속했다. 그는 1973년 말과 1974년 초 한국을 두 차례 방문, 약속을 재확인하며 "개발도상국 중에는 한국만 방위산업을 영위할 수 있을 것"이라고 말했다. 록히드는 "한국과 공동생산한 방산 제품을 아시아 국가들에게 판매할 수 있기를 희망한다"고 제의했다.[38]

록히드사의 제의는 5가지로 ▲합작 투자 또는 기술 제휴의 방법으로 한국에 투자하겠으며 ▲투자 업종은 한국 내 수요가 있고 동남아에 수출할 수 있는 것으로 선택하고 ▲투자 업종으로 고려될 수 있는 것은 항공기 제작·통신 및 전자·미사일·추진체 제조·중장비 생산 분야 등이며 ▲사업 수행을 위해 대상 품목별로 전문가를 한국에 파견, 일정 기간(약 3개월) 기업성 조사를 실시한 후 ▲기업성이 있다고 판단될 때는 한국 정부가 추천하는 업체와 합작 또는 제휴를 협의한다는 것이었다.

록히드사는 소형 미사일과 장갑차, 군용 전자 등 다양한 분야에서 협력하겠다는 뜻을 밝히며 한국 정부가 추천하는 품목별 적격업체와 협의해 합작회사를 설립하는 방안을 추진했다. 록히드는 이를 구체화하기 위해 사장이 직접 단장을 맡아 재무와 법무, 기술 전문가들을 이끌고 1974년 4월 말부터 5월 초까지 닷새간 한국을 방문, 고위층과 협력 방향을 논의했다. 정부는 위에서 언급한 실무반을 가동, 투자 의향의 진의와 목적을 살피는 한편 지속적인 대화 채널을 개설했다.[39] 록히드사는 얼마 뒤 ADD의 '백곰' 미사일 개발 프로젝트에서 간접적으로 고체추진체 기술 지원을 맡았다.

의견을 나눴다. 청와대 제2 경제수석실이 교섭해 확보한 자료를 바탕으로 공군이 분석해 정책 판단의 자료로 활용하기도 했다. 아래 표는 공군이 분석한 주요 기종의 국내 공동생산과 직도입 사업비에 대한 비교다.[42]

❖ 국내 공동생산/직도입 사업비 비교

가격	F-4E	F-5E/F	F-104S	UH-1
국내 공동생산(A)	542	380	401	49
해외 직도입(B)	486	285	385	37
사업비 격차비율(A/B)	111.5%	133.3%	104.2%	132.4%

결국 정부는 "미국 정부와 의회의 해외 판매 승인을 상대적으로 쉽게 확보할 수 있으며 가격이 낮은 기종"으로 선택의 폭을 좁혔다. F-5E/F가 낙점된 전투기 부문에서 이런 경향이 두드러졌다. 위의 표에서 국내 공동생산이 해외 직구매보다 예산이 많이 들어간다는 점을 확인할 수 있다. 국산화의 부담이 가장 높은 기종은 직구매보다 예산이 133.3% 들어가는 F-5E/F 전투기였다. F-4E 팬텀 전투기(111.5%)나 F-104S 스타파이터 전투기(104.2%)보다 국산화로 인한 가격 상승요인이 훨씬 컸다. 그럼에도 선정된 이유는 절대가격이 가장 낮았기 때문이다.

헬기도 마찬가지다. 육군은 활발하게 판촉 활동을 펼쳐온 벨사의 UH-1H를 원했지만 갑작스레 경쟁 기종으로 떠오른 휴즈사의 500MD보다 가격이 두 배 가까이 비쌌다. 이런 과정을 거쳐 항공산업 분야에서의 방위산업육성책, 율곡사업의 가시적인 첫 성과물은 1975년에서야 윤곽을 나타내기 시작했다. 항공산업에서 첫 번째 성과물은 500MD 헬기였다.

6. 항공산업 본격 진입, 경량 다목적 헬기 500MD 생산

1974년 겨울, 정부는 앞서 언급한 미국의 항공기 제작사들에 용역을 주고 과연 한국이 항공산업에 뛰어들 수 있는지, 한다면 어느 수준까지 도달할 수 있는지에 대한 평가를 맡겼다. 노스롭과 맥도널 더글러스, 록히드, LTV 등 미국의 대형 메이커들이 개별적으로 참여한 용역 사업은 "가능성이 있다"는 원론만 확인했을 뿐 구체적인 결실을 못 보고 말았다.

그런데 헬기 생산은 다른 곳으로부터 매듭이 풀렸다. 적 지상군, 특히 기갑부대에 대한 방어대책을 강구하면서 자연스레 전차를 공격할 수 있는 헬기 생산으로 이어졌다. 한국전쟁 초기에 북한군의 T-34 전차에 전열이 무너졌던 경험에서 박정희 대통령은 여러 겹의 방어대책을 강구했다. 토치카 건설과 토우 미사일과 지프 탑재형 106㎜ 무반동총, 대전차 지뢰, 최종적으로 보병의 화기분대가 운용하는 대전차 로켓으로 다층 방어망을 구성하는 것이었다.

'번개사업' 이후 이 가운데 토우 대전차 미사일만 빼고 모든 무기체계를 국산화하고 군은 시설 공사까지 서둘렀다. 이런 방어대책도 부족하게 생각한 정부는 두 가지를 추가하는 방안을 강구하기 시작했다. 두 가지란 대전차 방어벽 건설과 전차를 잡는 공격 헬리콥터의 도입[43]이었다. 헬기 도입을 검토하는 동안 다급한 이유가 더 생겼다. 북한이 낡았지만 목재와 두터운 천(캔버스)으로 제작돼 레이다에도 포착되

미국과 헬기 공동생산(면허생산) 계획이 추진될 무렵, 육군이 선호했던 UH-1H. 사진의 무장형같이 다양한 파생형이 있으며 베트남전쟁에서 사용한 경험도 많아 육군은 UH-1H 도입을 희망했으나 비싸고 느리며 단종이 예상된다는 이유로 경쟁에서 밀렸다./사진=위키피디아

지 않는 AN-2기를 운용한다는 첩보에 대응책을 강구하던 중 "구식 항공기는 헬기로도 잡을 수 있다"는 주장이 나왔다.

헬기 공동생산이 추진되자 육군은 UH-1H를 선호했다. 베트남전쟁에서 사용한 경험이 있는 데다 검토 기종인 500MD와는 급이 달라 모든 게 컸다. 주한미군은 물론 공산 진영을 제외한 거의 전 세계에 보급돼 부품의 수급과 유지 보수 운용도 용이했다. 속도를 빼고는 제원상 모든 면에서 UH-1H가 앞섰다. 하지만 정부는 500MD를 골랐다. 항공기 제조업체로 지정받은 1975년 1월부터 항공기 국내 생산에 대한 검토에 들어간 대한항공의 엔지니어들은 항공제조업 경험이 전혀 없어도 500MD는 조립생산이 가능하다고 봤다. 당시 정부가 육군의 희망과 달리 500MD를 선정한 이유는 크게 세 가지다.

1) 속도 빨라 북 특수부대 침투용 AN-2 격추 가능

첫째, 대량보급돼 부품 수급이 용이하다고 봤지만 한국에서는 경우가 달랐다. 주한미군이 신형 UH-60을 준비하고 있어 한국에서의 부품 공급에 문제가 생길 수 있다. 둘째, 가격이 어느 기종보다 쌌다. 셋째, 최고속도에서 500MD(244㎞/h)가 UH-1H(220㎞/h)보다 빨랐다. 속도는 중요한 배점 요인이었다. 유사시 AN-2를 활용한 북한 특수부대의 침투에 대응하려면 속도가 빨라야 했다. 군은 과연 헬기로 AN-2기를 잡을 수 있을지 확인하기 위해 몇 다리 건너 폴란드제 AN-2 두 대를 들여왔다.[44]

폴란드제 AN-2와 500MD와의 모의 공중전[45] 결과는 후자의 압승이었다. 발견만 되면 격추는 문제없다는 보고가 올라왔다. 최고시속이 244㎞인 500MD로 한 시간에 185㎞를 비행하는 AN-2기보다 훨씬 빨랐다. 더욱이 500MD는 헬기 특성상 상하좌우 기동이 가능하고 제자리에서 360도 회전할 수 있어 최적 사격 위치를 잡는 데 용이했다. AN-2에 탑승한 적 강습부대가 낙하산을 타고 뛰어내린다고 해도

육군의 500MD 디펜더 공격헬기(오른쪽)와 북한이 운용하는 AN-2기. 500MD는 우리 정부가 폴란드에서 연구용으로 구매한 AN-2기와의 모의공중전에서 압승을 거뒀다./사진=육군

500MD에 장착된 미니 개틀링건으로 대응할 수 있었다.

정부가 헬기 기종을 고를 때 휴즈사의 500MD에는 대전차미사일이 없었다. 육군 일각에서 대전차 공격 기능이 없는 500MD 대신 비싸더라도 코브라 헬기를 도입해야 한다는 주장도 이런 이유에서 나왔다. 휴즈사는 처음부터 대전차 공격 기능이 필수적으로 필요하다는 한국의 요구에 토우 대전차미사일(BGM-71) 장착이 문제없다고 회신했다.[46] 토우 미사일을 개발하고 생산하는 회사가 바로 휴즈사였다.[47] 군 일각에서 코브라는 토우 미사일을 8발 장착할 수 있는 반면 500MD는 좌우에 2발씩 4발이 전부여서 작전에 불리하다는 주장이 바로 나왔다.

500MD 생산을 주도하던 대한항공 김해 공장장 이원복 전무[48]는 반대 논리를 펼쳤다. "코브라 헬기가 8발을 적재한다고 해서 소총처럼 한 자리에서 발사하는 게 아니다. 공격 헬기는 한 번 토우 미사일을 발사하면 다시 공격 위치를 잡아야 한다. 8발을 다 쏘려면 8번 이상 기동해 장소를 옮기고 사격 위치를 골라야 한다. 설령 같은 자리에서 위치만 조금씩 바꾼다면 대공포를 맞기 십상이다. 코브라도 8발을 장착하고 출격해 전부 쏘고 귀환하는 경우는 많지 않다. 전장 상황에 따라 사격 위치를 선정하고 수정하는 작업을 수없이 반복해야 하기 때문이다. 500MD도 마찬가지다. 토우가 모자라면 지상으로 잠시 돌아와 보충

한국 육군이 운용했던 500MD 디펜더의 토우 미사일 발사 장면. 휴즈사의 민수용 헬기 OH-6를 군용으로 변환한 500MD 헬기에는 당초 대전차미사일 발사 기능이 없었으나 한국의 요구로 휴즈사는 토우 미사일 발사대 4대를 장착한 개량형을 개발하고 한국군에 납품하는 한편 500MD 디펜더(Defender)라는 이름을 붙였다. 휴즈사도 한국과 제휴로 짭짤한 수익을 거뒀다. 한국의 제안으로 개발한 500MD 디펜더와 그 개량형인 530MD 디펜더 헬기를 13개국에 471대 팔았다./사진=육군

용 토우를 장탄하고 다시 출격하면 된다. 방어하는 입장이기에 지상의 500MD 지원 시설은 얼마든지 구축할 수 있다."[49]

500MD가 UH-1 헬기에 비해 수송 인원이 적다는 점도 문제로 떠올랐다. UH-1H는 최대 12명을 태울 수 있는 반면 500MD는 4명에 불과했다. 휴즈사는 외부 좌석을 간단하게 설치하면 정원을 6명으로 늘릴 수 있다고 설명했다. 정부가 가격과 운용 성능 등을 종합해 500MD로 기울 즈음, 적재량이 적고 추가 무장도 불가능하다는 지적이 나왔다.

"자전거에 드럼통을 싣고 다니는 격"이라는 반대론이 일자 휴즈사는 적재 시범을 자처했다. 1976년 1월 실험에서 500MD는 중량 약 1t인 자동차를 거뜬히 들어 올렸다. 실험 한 달여 뒤인 1976년 2월 25일 정부는 500MD를 공동생산한다는 결정을 내렸다.[50] 대한항공 김해공장에서 생산이 시작될 무렵 휴즈사의 토우 미사일 장착 개발도 완료됐다. 대한항공은 1976년 4월 휴즈사와 기술 도입 및 500MD 100대 공동생산 계약을 맺고 5월부터 생산에 착수 9월까지 4개월 만에 4대를 분해 조립 제작, 육군에 납품했다.[51] 1977년 6월 23일 정부는 방위산업의 성과를 알리기 위한 창군 이래 최대규모의 화력 시범행사를 실시하며 500MD를 처음으로 국민에게 선보였다.

이어 그해 10월에는 500MD의 비공개 화력평가시험이 있었다. 시험 항목은 9개로 구성됐다. ① 편대 비행으로 시작해 ② 사격시험: AN-2와의 모의 공중전 ③ 40㎜ 유탄발사기 거치 및 사격시험, 공중에서 분당 150발 속도로 발사된 40㎜ 유탄 세례는 주변을 쑥대밭으로 만들었다. ④ 의무 후송: 외부 들것 좌우로 1개씩 2개, 내부 들것 4개 등 총 6명 환자 수송 가능 ⑤ 기관포 사격(경장갑차 차량 공격) ⑥ 화물(포니 자동차) 인양 ⑦ 인원 구조 ⑧ 대전차미사일 사격: 새로 개발한 토우 사격 통제장치 평가(실탄 세 발 모두 명중) ⑨ 토우 편대 동시 사격

시험비행 이전부터 대한항공에서 생산된 초도생산분 4대를 미리 조종했던 육군 헬기 조종사들의 소견은 따로 보고서가 올라갔다.[52] "△기동성이 우수하다. 특히 초저공 비행에서의 운동성이 좋다 △조종 계통이 이전보다 단순하다 △적 AN-2기를 발견만 하면 제압할 수 있다 △초저공 비행과 소음이 적어서 적의 후방 기습이 가능하다고 본다"는 게 보고서의 요지였다.

대한항공 김해공항에서 조립중인 500MD 다목적 헬기. 1977년 6월 화력 시범행사에서 처음 공개됐다. 이날 행사에서는 모두 23점의 국산무기가 공개되면서 한국의 자주국방 의지를 대내외에 알렸다./사진=대한항공

상대적으로 낮은 조달 가격과 적 기갑부대 방어 능력이 인정됨에 따라 군은 초기 계약(1976년 4월 계약)분 100대를 도입한 이후에도 추가 주문을 넣었다. 이에 따라 군의 헬기 전력이 급상승했다.[53] 대한항공은 500MD 부품 수출 실적도 올렸다. 헬기 제작에는 수많은 리벳 작업이 필요한데[54] 노동집약적이라 우리나라에 적합했다. 국산 동체는 품질이 우수해 휴즈사도 수입을 원해 헬기 부품(동체) 수출의 물꼬가 터졌다. 휴즈사가 아예 동체 생산을 중단한 가운데 모두 516대의 500MD 동체가 수출됐다. 국내에서도 육군과 공공기관, 민간기업용으로 390대가 제작됐다.[55] 엔진도 삼성정밀에서 국산화해서 품목 수 기준 500MD의 42%가 국산 부품으로 채워졌다.[56]

대한항공은 1976년부터 생산을 시작, 1982년 1차 납품을 완료하기까지 4단계의 과정을 밟으며 생산능력을 끌어올렸다. 조립부터 시작해 국산화까지 단계를 하나씩 올라온 것이다. 국산화 과정은 아래와 같다.

1단계: 미국산 완제품의 분해 조립. 휴즈사가 미국에서 생산해 시험비행까지 끝내고 미국 FAA의 인가를 받은 헬기가 분해된 상태에 대한항공에 수입된다. 대한항공은 수송 편의를 위해 분해했던 부품을 재조립한 뒤 시험비행을 통해 이상 유무를 파악한다. 1976년 육군에 납품한 4대가 이렇게 생산됐다.

제2단계: 휴즈사에서 동체 조립이 끝난 헬기를 그 밖의 부품과 함께 인도받는다. 대한항공은 내부 페인트, 제어 장치, 전기 장치, 조종 장치, 엔진, 연료와 윤활 계통, 계기판, 조종석, 방풍창, 꼬리날개 부분, 출입문 등의 조립작업을 수행하고 검사를 받은 후 시험비행을 거쳐 인가를 받는다.

제3단계: 휴즈사에서 중간 정도 조립이 끝난 헬기를 대한항공이 인도받아 최종 조립을 끝낸다. 1977년 생산분 28대가 2단계나 3단계 수준에서 육군에 납품됐다.

제4단계: 제3단계 작업에서 휴즈사에서 조립을 맡았던 부품이나 부품 더미를 대한항공에서 조립한다. 대부분의 중요한 조립작업이 여기에 해당되는데 대한항공은 꼬리날개 등 39개 품목을 조립했다. 1978년 생산분 이후부터는 4단계 작업을 통해 출고됐다.[57]

대한항공의 500MD 생산은 단군 이래 최초의 본격적인 항공기 양산이었다. 정부의 종용과 지원을 받았어도 사상 처음으로 민간기업이 외국계 방산회사와 대규모 계약을 통해 공동생산을 진행했다. 물론 사업의 방향과 해외 합작선까지 정한 이후에 국내에서 최적이라고 판단되는 기업을 골라 사업을 위임하는 방식이었다. 그러나 항공산업이 뿌리를

수출용 500 MD 헬기 동체를 조립 중인 대한항공 김해공장 생산 현장. 대한항공은 516대 분량의 500 계열 헬기의 동체를 미국 휴즈사에 역수출했다./사진=대한항공

내리고 안보와 산업발전에 기여해왔다는 의의를 갖고 있다. 우리의 힘으로 고도정밀무기와 항공기를 제작할 수 있다는 자신감도 생겼다.

특히 초기 단계에서는 단순 조립이나 부품 국산화율이 극히 낮았지만 초정밀도를 요구하는 항공산업에 본격 진입하는 시발점이라는 점에서도 산업사적 의미가 크다고 할 수 있다. 한국의 항공산업은 이때부터야 비로소 출발점에 서서 미래를 계획적으로 설계하기 시작했다. 이후에 시행착오를 겪기도 했지만 출발점에서의 기세만큼은 크고 강했다. 국민들도 항공산업에 자부심을 갖고 기대감을 품었다. 정부의 자신감도 더욱 단단해졌다.

2) 불규칙한 조달 일정, 생산단가 상승, 기술 축적 저해 부작용도

그러나 아쉬운 점이 적지 않다. 500MD 헬기 조립·면허생산으로 기술 축적이 얼마나 이뤄졌는지는 확답하기 어렵다. 국내 기반 기술이 거의 없었기에 외국기업으로부터 기술을 배울 만한 여건이 충분하지 않았지만 최초의 국산 헬기 양산 사업의 가장 큰 문제는 수요를 가늠할 수 없는 안개 속에 머물렀다는 사실이다. 정부의 발주가 들쑥날쑥했던 탓이다.

대한항공이 정부의 종용에 따라 500MD 헬기 조립생산을 위한 시설과 인력 확보에 착수한 시기가 1975년 1월. 그런데 계약 시점은 1976년 4월이었다. 대한항공이 구두 약속만 믿고 투자할 만큼 정부의 입김과 영향력은 절대적이었다. 물론 외형상으로 실적은 나쁘지 않다. 1989년까지 국내기관용 22대를 포함해 390대를 납품했다. 해외 방산업체는 이 정도 수량이면 손익분기점을 넘은 것으로 간주한다. 본격 생산에 들어간 1977년부터 1989년까지 12년 동안 이만한 수량을 생산해 납품했다면 기술개발과 축적이 당연한 결과물로 나와야 하지만 그렇지 못했다. 정부의 조달계획 자체가 불규칙해 대한항공은 생산과 인력 배치 계획조차 수립하지 못한 채 그때그때 임시변통으로 500MD 헬기를 생산했다.

대한항공은 처음 3년을 생산하고 2년 쉬었다가 2년 동안 공장을 가동한 뒤 다시금 3년을 쉬고 2년을 생산하는 과정을 거쳤다. 이런 사정은 생산이 종료된 지 5년이 지난 1994년 국회 국정감사에서야 일부나마 드러났다. 당시 대한항공에 대한 국회 국방위원회의 국정감사에서 민주당 임복진 의원은 "막대한 국방비를 투입해도 기술 축적도, 전력 증강도 안 되는 상황이라면 싼값으로 우수한 해외 무기를 직도입하는 게 낫지 않냐"고 질의했다. 답변에 나선 대한항공 심이택 부사장은 애로사항을 토로하며 이렇게 말했다. "방산 계약이 20여 년 동안 꾸준하게 진행되는 게 아니라 어느 때는 불량이 생기고 어느 때는 단절됐다. 2, 3년 했다가 2, 3년씩 쉬고 다시 하면 원점까지는 아니어도 수준이 떨어지기 마련이다. 꾸준히 물량을 받아야 학습효과가 생기는데 여건이 전혀 그렇지 않다. 가장 고생했던 게 500MD사업이었다."[58]

7. 초음속 전투기 '제공호'(F-FE/F) 68대 면허생산

　박정희 대통령은 1978년 1월 18일 연두 기자회견에서 "헬리콥터를 이미 생산하고 있으며 1980년대 중반까지는 항공기와 전자병기를 생산할 수 있도록 개발 능력을 키워 나가겠다"고 말했다.[59] '80년대 중반'이라는 항공기 생산 목표연도는 바로 수정됐다. 같은 해 8월 26일 열린 제3차 방위산업진흥확대회의에서 박 대통령은 "종래 계획을 앞당겨 연내에 항공기 제작사업에 착수하라"고 지시했다.[60] 건군 30주년을 맞은 1978년 '국군의 날'에는 최신 국산 무기가 대거 등장, 방위산업 육성의 성과를 국민에게 알렸다.[61]

　대통령의 '항공기 생산' 지시가 내려지자 정부는 소관 부처를 교통부에서 상공부로 이관시켰다. 정부의 이 같은 방침은 항공산업사에서 중요한 의미를 갖는다. 운항산업 위주였던 항공산업의 무게 중심이 제조업으로 이동하는 것을 의미하는 것이기 때문이다. 상공부는 전담부서를 설치하고 「항공공업진흥법」 제정안을 1978년 9월 국회에 올렸다.[62] 국회는 같은 해 11월 14일 이 법을 통과시켜 항공산업 육성을 위한 최소한의 제도적 장치를 만들었다. 같은 해 12월 5일 법률 3124호로 공포된 「항공공업진흥법」은 1961년에 제정된 「항공기제조사업법」을 흡수 통합, 항공산업의 획기적 발전을 도모할 수 있도록 뒷받침했다. 골자는 정부가 중요 사업마다 민간업체를 지정해 일감을 몰아주고 공장 건설과 운영 자금까지 지원하는 획기적인 제도였다.

　1979년 10월 26일 박정희 대통령이 비극적인 최후를 맞이하며 최고지도자의 항공산업 육성 의지와 관심은 전보다 못해졌지만 「항공공업진흥법」은 취지대로 작동했다. 「항공공업진흥법」의 테두리 안에서 우리 정부는 1980년 10월 24일 미국 정부와 한미 합의각서(MOU)를 교환했다. 이어 같은 해 11월 14일 우리 국방부는 미국 노스롭사와 판매 및 면허 계약을 맺었다. 공동생산할 기종은 '타이거 Ⅱ'라고도 불리는 F-5E/F 전투기였다. 대한항공은 연말인 12월 27일 국내 유일의 항공기 생산업체로 국방부 조달본부와 항공기 납품 계약을 맺고 본격적인 생산에 들어갔다.

1) 대한항공, 전투기 공동생산을 위해 조직 인력 시설 확충

　대한항공은 500MD를 한창 생산하고 있었지만 초음속 전투기는 헬기와는 차원이 달랐다. 금액도 컸고 고도의 기술과 현장 경험이 필요했다. 총 사업기간 7년 동안 68대를 면허생산하는 데 치공구 4000품목이 들어갔다. 생산 중반 이후부터 국산화할 부품은 2875개로 잡았다. 대한항공은 정부로부터 국산 전투기 제조업체로 지정되기 전부터 제반 준비를 서둘렀다. 먼저 헬리콥터를 생산하는 단일임무 조직이던 항공우주사업본부를 세 개로 나눴다. 500MD 사업과 전투기 제작사업, 미국기 창정비 사업이라는 핵심 3대 사업을 위한 각각의 공장을 지었다. 또 이를 기술적으로 지원하는 전용공장을 중심으로 계약과 생산

대한항공 미 공군 F-4 팬텀 전투기
창정비 입고식.

관리, 품질, 기술, 보급 등 사업별로 기구를 정비했다.

특히 이 시기부터 창정비 물량이 크게 늘어났다. 정부의 방위산업육성정책에 따라 공군이 내부 인력으로 수행하던 창정비 물량 절반 이상을 대한항공에 넘긴 데 따른 것이다. 더욱이 대한항공의 창정비 능력을 인정한 미군은 주한미군뿐 아니라 주일 미 공군 물량까지도 맡겼다.

대한항공은 이에 따라 공장을 늘리고 조직을 확대해 각각의 임무를 줬다. 확대된 조직과 인력을 효율적으로 관리하고 시장여건 변화에 대처하기 위해 사업기획실도 신설했다. 대한항공의 이 시기 조직 개편을 정리하면 아래와 같다.

1977년 1월, 헬기 제작을 중심으로 하는 항공기 생산을 전담할 항공기사업본부를 별도의 조직 및 공장으로 설립했다.

1978년 4월에는 군용기 창정비 사업을 수행하기 위해 헬기 생산공장 외에 정비공장을 증축하고 이를 지원할 기술, 자재, 품질 관리 분야 등의 7개 부서를 신설, 항공 제조사업의 조직 기반을 구축했다.

1979년 7월에는 미군의 각종 전폭기 정비 사업이 확대되고 가시권에 들어온 국산 전투기사업의 체계적 착수를 위해 사업별 특성에 맞는 업무 세분화 및 전문화공장 제도로 조직 개편을 실시했다. 앞서 언급한 대로 헬기 제작을 전담하는 제1공장, 국내 정비를 전담하는 제2공장, 미군기 정비를 전담하는 제3공장으로 확대한 것이다.

1980년 6월, 국산 전투기 생산 준비에 속도가 붙으며 이를 전담할 제5공장이 신설되고 이듬해 11월에는 부품 가공을 주업무로 하는 지원공장도 새로 지었다.

1982년 8월에는 500MD 헬기 수출과 국산 전투기 출고 임박 등 항공기 제작사업이 크게 확대됨에 따라 첨단기술개발을 적극적으로 추진하기 위해 기존의 생산기술부와는 별도로 기술개발부를 신설했다. 기술개발부는 항공기술연구소와 공동으로 연구 개발 기능을 수행했다.

1984년 6월에는 항공기 생산공장은 생산 공정의 전문화와 품질 향상을 위해 전담 전문 공장을 육성하는 데에 역점을 두고 기존 공장 이외에 특수 도장塗裝 및 방부 처리 공장 등을 특화시키며 사업 특성에 맞게 재구성했다.

500MD 생산이 본격화한 1977년 이후 1984년까지 조직 개편과 확대로 항공우주사업본부는 2개 공장, 5개 부서에서 6개 공장, 6개 부서로 늘어났다. 1977년 말 240명 수준이던 인력 규모도 1983년 말 1330명으로 급증했다. 1977년 말 사무실을 포함해 총 2380평에 불과하던 공장 규모도 1983년 말 1만

3640평으로 573%나 넓어졌다. 1980년부터 1983년 사이에 집중 도입된 주요 장비를 위해 투자된 금액은 총 320억 원에 이르렀다. 시설까지 합산하면 모두 600억 원 규모의 투자가 이뤄졌다.

1978년 5월 1일 국내 유일의 민간 항공연구소로 발족해 설립 이후 각종 항공기의 설계, 연구 및 항공기 전자 시스템의 개발 연구를 꾸준히 수행해 온 한국항공기술연구소도 업무가 크게 늘었다. 항공산업에 대한 정부와 학계의 관심이 고조됨에 따라 항공산업 육성책의 올바른 방향 제시와 한국적 여건을 감안한 신기술 접근 방안 등에 대해 상공부, 과학기술처, 정부 연구기관 및 학계와 연계해 수많은 국책 연구과제를 수행하며 성장했다. 항공기술연구소는 인재 양성을 위해 미국 노스롭사 및 노스롭대학에 연구인력을 장기 파견하고 프랑스 우주항공협회와도 기술교육 협정을 맺어 연구원의 학위 취득을 독려했다. 이 같은 인력에 대한 투자는 기술 기반 확충이라는 과실로 돌아왔다.

2) 전투기 생산 5개년 계획, 카운트다운

대한항공은 정부의 기종 결정 이전 단계부터 항공기술연구소의 태스크 포스 팀을 중심으로 산업적·기술적 분석 평가에 들어갔다. 1979년 7월 20일 정부가 차기 전투기의 기종을 노스롭 F-5E/F기로 결정한 뒤에는 기존의 TF를 사업추진팀으로 확대했다. 항공우주사업본부 안에 설치된 사업추진팀은 1979년 9월부터 1981년 10월까지 2년간 생산 준비를 위한 제반 업무를 하나하나 챙겼다. 이 기간 중 사업추진팀의 중점 업무는 다음과 같다.

1) 1978년 10월~1979년 8월: 약 10개월간 후보 대상기를 중심으로 성능, 운용 및 산업 기술상의 장단점을 검토, 항공기술연구소장 및 부소장 직할 5명으로 구성된 TF를 운영했다.

2) 1979년 9월~1980년 11월: 기종 확정에 따라 기존 연구소 TF를 보강, FX 계획반으로 재구성했다. 각 부서에서 파견된 12명으로 업무를 개시한 계획반은 팀 구성 1주일 만에 노스롭과 미국 현지 협상을 하는 등 활발한 활동을 펼쳤다. 계획반은 사업체계 구상, 사업계획 수립 및 노스롭사와 협상 등 대한 업무를 도맡았다.

3) 1980년 12월~1981년 4월: 1980년 12월 17일, 오랜 협상 끝에 계약을 맺었다. 이때부터 해외 기술교육 대상자를 선발, 교육을 실시하고 미리 마련한 생산계획에 따라 1980년 12월 15일부터 항공기용 치공구治工具 제작을 시작했다. 작업 준비를 위해 교육자 및 생산 요원의 수가 대폭 증가한 시기다.

4) 1981년 5월~1981년 10월: 사업 수행을 위한 조직 설치 방안이 확정되기까지의 과도기에 해당된다. 계획반을 둘로 나눴다. 생산을 담당하는 공장 계획반과 계약 및 각종 계획을 수립하는 기존 계획반으로 분리 운영했다. 두 계획반은 이후 조직 개편을 통해 제5공장 및 계약 부서인 업무부 내의 담당과로 자리 잡았다.

5) 1981년 11월~1982년 9월: 1호기 국내 생산을 앞두고 생산 설비를 늘리고 소요 공장의 건설에 매진했던 시기다. 기술도입선인 미국 노스롭사의 현장 기술 지원에 힘입어 김해공장의 생산능력이 급속히 늘어났다. 생산에 투입된 기술인력은 600여 명에 이르렀다. 생산은 물론 각종 시스템, 성능 평가 능력을 갖춤으로써 양산체제를 갖췄다.

3) 국산 전투기 1호기 출고와 공개 시험비행… '제공호' 명명

1982년 9월 9일 오전 11시. 대한항공에 의해 생산된 초음속 제트 전투기(F-5F 타이거II)가 공식적으로 처음 하늘로 치솟아 올랐다. 김해 공군기지에서 전두환 대통령을 비롯한 내외 귀빈들이 참석한 가운데 출고식과 첫 시험비행이 성공적으로 이루어졌다. 유도 차량에 의해 활주로로 나온 제공호는 활주로 끝에 대기하다가 관제탑의 지시가 떨어지자 금속음을 내며 이륙, 북쪽으로 솟구쳤다가 다시 행사장 상공에 나타나 한 차례 멋진 곡예 비행을 실시해 참석자들의 뜨거운 박수를 받았다. 대한민국 항공사에 길이 남을 첫 국산 전투기가 출현한 순간이었다.

1981년 11월 26일부터 삼성정밀이 엔진 조립을 담당하고 대한항공이 기체 생산에 착수한 이래 10개월 만에 F-5F기를 생산함으로써 우리나라는 초음속 항공기 생산국 반열에 올라섰다. 출고식에서 전 대통령은 첫 국산 전투기에 '제공호'라는 이름을 붙여줬다.[65] 제공호는 자주국방 실현이라는 꿈을 구체화했으며 후진국 수준에 머물던 한국의 항공산업을 끌어올리는 교두보였다. 항공기 생산체계를 정착시키고 우리가 만든 부품으로 (후기 생산분 국산화율 22%) 초음속 전투기를 충분히 날릴 수 있다는 자신감을 심어줬다.

1982년 9월 9일 오전 김해 공군기지 활주로를 박차고 솟아오르는 제공호(F-5F) 전투기. 초도 생산분은 미국제 완제기를 수입해 국내에서 분해한 뒤 재조립한 기체였으나 대한민국에서 생산된 최초의 초음속 전투기였다.

4) 공군, 인수 즉시 전력화 1986년 배치 완료

공군은 국산 첫 전투기 공개 이후 일주일이 지난 1982년 9월 16일 F-5F(복좌형) 1호기를 인수, 수도권의 ○○기지에 배치했으며 1984년 8월 22일 F-5E 1호기(제공 16호기·단좌형)를 인수했다. 1986년 10월28일에는 최종적으로 제공 68호기를 인수, 실전 배치함으로써 사업을 마쳤다. 한국 공군은 이전부터 미국 노스롭사가 제작한 동종 기종을 운용해왔기에 어느 전투기보다 빠르게 전력화를 마쳤다. 5년에 걸친 사업추진 경위는 아래의 표와 같다. 특히 공동생산을 진행하며 효율적으로 사업을 관리, 전체 예산을 크게 절약한 것도 모범사례로 손꼽힌다.

공군은 국내에서 생산된 F-5E/F 전투기를 ○○기지에 배치하는 한편 기종에 적합한 생산 및 훈련 계획을 세웠다. 단좌형인 F-5E를 장비하는 전투비행대대를 창설해 노후 전투기와 교체해 방공, 근접지원,

❖ 국산 전투기 개발사업 추진 경위[66]

년도	날짜	진행 내용
1979	5. 15 ~ 7. 19	미국 항공회사와 기종 선정을 위한 사전협상
	7. 20	F-5E/F전투기 기종 선정 및 국내 조립생산 대통령 재가
	8. 2	F-5E/F전투기 공동 조립생산 미 정부 승인 및 오퍼 요청
	12. 14	미 의회 승인
1980	6. 4	한·미 정부간 양해각서 교환
	11. 10	1차 사업집행계획서 대통령 재가
	11. 14	노스롭 및 G.E와 사업 계약
	12. 30	국방부 조달본부, 대한항공(기체) 및 삼성정밀(엔진)과 구매계약
1981	6. 5	E형과 F기종 생산량 최종 확정(F-5F 20대 우선 생산, 교육용 활용)
	11. 23	대한항공, F-5F 전투기 1호기 생산 착수
	11. 26	삼성정밀, 제1호기 엔진 생산 착수
	12. 12	대한항공과 삼성항공 항공기 생산협정 체결
1982	9. 9	1호기(F-5F) 출고 기념행사 거행(김해기지), '제공호'로 명명
	9. 16	제공 1호기 공군인수(○○기지 배치)
1983	7. 22	항공기 엔진부품 국산화 확대계획 승인
	8. 18	F-5E/F 공동생산 절충교역 계획 수립
	11. 16	3차 사업집행계획서 대통령 재가
	8. 22	제공 16호기(F-5E 1호기) 공군 인수
	11. 21	4차 사업집행계획서 대통령 승인
	9. 1 ~ 10. 31	특검단/감사원 합동감사 실시
	10. 14	5차 사업집행계획서 대통령 승인
1986	10. 28	제공 68호기 공군 인수로 사업 종료

❖ '제공호' 연도별/기종별(단좌형·복좌형) 생산 실적

구분		계	82	83	84	85	86
항공기	F-5E(단좌)	48			4	24	20
	F-5F(복좌)	20	3	6	11		
	계	68	3	6	15	24	20
엔진		170	12	22	56	60	20

'제공호' 생산비 절감

제공호 공동생산을 위해 사업비는 1980년 사업계획을 세울 때는 미화 7억 6575만 달러로 책정됐었으나 사업 착수 후 군은 물론 대한항공과 삼성정밀의 부단한 노력으로 9017만 달러(전체 예산의 12%)를 절감했다. 이는 부품 수급이 적시에 차질 없이 진행됐으며 생산 현장의 끊임없는 원가 절감 노력에 기인한 것이다. 다만 여기에는 대한항공과 삼성정밀의 선 투자비는 포함되지 않은 것이어서 제공호 생산 종료 이후 추가 물량이 이어지지 않아 항공업체들은 심각한 경영 압박을 겪었다.

후방차단 등의 작전 임무를 부여했다. 동시에 복좌형인 F-5F 전투기를 단좌형 F-5E 전투기로 구성되는 대대에 배속시켜 계기비행과 고등훈련기 역할을 맡겼다. 복좌형은 야간 계기비행에 적합한 기체로 선호됐다.

최초 생산분이 F-5F에 집중되고 생산 개시 2년이 가까워서야 실질적인 주력이라고 할 수 있는 F-5E형을 생산, 배치한 이유도 바로 교육과 전투 임무를 동시에 수행하자는 뜻이 담겼다. 기체는 작지만 쌍발 엔진인 F-5 전투기의 특성에 따라 엔진은 여유 있게 170대를 생산했다. 삼성정밀에서 면허생산한 엔진은 미국에서 직도입한 F-5E/F 전투기에도 장착할 수 있어 후속 군수지원의 효율성이 높아졌다.

5) 제공호 생산을 둘러싼 공과(功過) 논란

항공산업의 기반이 거의 없다시피 한 상황에서, 초음속 전투기를 처음 생산하면서 일정에 차질없이, 성능의 하자도 없이 성공적으로 사업을 종료했다는 점은 평가받을 만하다. 더욱이 한국 경제가 1960년대와 1970년대 고도성장을 구가했다고 하더라도 항공산업의 전후방 산업인 중화학공업과 정밀 소재산업이 막 기지개 켜는 여건 아래에 제공호 공동생산은 항공산업을 넘어서 경제 전반에 "정밀 항공기까지 우리 손으로 만들 수 있다"는 자신감을 불러일으켰다.

그러나 비판도 적지 않았다. 생산 착수부터 1호기 출고와 시험비행까지 시간이 촉박하다는 점부터 지

적받았다. 1981년 11월 23일 생산에 착수한 1호기가 출고되고 공개 시험비행(1982년 9월 9일)까지 마치는 데 소요된 기간이 9개월에도 못 미쳤다.[67] 이는 1호기부터 30호기까지는 국내에서 생산되는 부품을 사용하지 못하고 100% 미국산을 활용했기 때문이다.[68] 미국산 부품으로 미국 기술진이 알려주는 대로 제작했기에 시일이 많이 걸리지 않았다는 것이다. 하지만 부품산업이 전무하고 치공구가 뭔지도 모르는 상태에서 이만한 성과를 내기가 쉽지 않았다는 반론이 상존한다.

어떤 관점이 맞든 제공호 생산에는 부인할 수 없는 사실이 두 가지 있다. 첫째는 최초로 초음속 전투기를 생산했으며 둘째, 추후 사업으로 바로 연계되지 못했다. 제공호 생산을 종료할 즈음의 시각에서 보자면 첫째는 과거완료이고 둘째는 미래다. 불확실한 미래는 우리나라 항공기산업이 발전할 수 있는 기회를 앗아갔다. 대한항공이나 삼성정밀이 애써 구축한 생산시설과 치공구, 그리고 무엇보다 소중한 인력은 제공호 사업 뒤 사실상 '휴지기休止期'에 들어갔다. 1986년 F-5E/F 제공호 사업이 끝나고 1994년 KFP 사업이 시작될 때까지 8년의 생산 공백 동안 항공기산업은 앞으로 나아가지 못했다.[69] 오히려 혼란을 겪었다. 압축성장해도 모자랄 판에 항공산업은 과당경쟁으로 인한 비효율 속으로 빨려 들어갔다. 어떤 부작용이 일어나고 어떻게 극복했는지는 다음 장에서 다룬다.

8. 미완으로 끝난 KAIST의 민수용기 7종 제작, 그리고 단절

500MD 헬기가 1978년부터 하늘을 날고 국산 전투기 출고가 임박해지면서 두 가지 방향에서 항공기를 개발하거나 부품을 제작하려는 움직임이 일어났다. 대학과 연구소에서 경비행기 제작을 시도하고 국내기업들도 항공산업 진출을 적극적으로 모색하기 시작했다. 먼저 민수용 항공기 개발을 살펴보자. 1980년대 초반부터 시작된 이 같은 움직임은 이전과는 확연하게 달랐다. 동시에 공통점도 분명히 갖고 있었다.

먼저 체계적이었다. 학문적 배경도 있었다. 개인의 경험이나 호기심에 주로 의존했던 1950년대나 1960년대, 정부가 개발('새매호')을 주도한 1970년대와 달리 1980년대에는 대학과 교수들이 학문적 기초 위에 경항공기 개발을 시도했다. 정부의 자금 지원이 없거나 모자랐어도 민간 대기업을 통해 최소한의 투자가 이뤄졌다. 정부는 개발 비용을 전액 지원하지는 않았지만 개념 연구나 학술지 발표를 위한 연구비 정도는 예산을 배정했다.

요즘도 그렇지만 1980년대에는 당대 최고의 엘리트 학자들이 모였던 한국과학기술원(KAIST)이 가장 먼저 항공기 개발의 깃발을 들었다. 그 중심에 장극 교수(당시 68세)가 있었다. 고 장면 전 국무총리의 동생인 장극 교수는 일제강점기에 독일에서 항공공학으로 박사학위를 받은 우리나라 최초의 항공공학자이면서 세계 항공공학계에서 권위를 인정받는 학자였다. 저술한 3권의 항공공학 교재, 60편의 연구 논문으로 학명을 날려 국내에서는 누구보다 중량감 있는 노교수였다. 그가 저술한 항공학 교재는 소련 등 공산권 대학에서도 교과서로 쓰였다.

1) 세계적 석학 장극 박사의 탄식, "이토록 무관심하다니!"

미국 가톨릭대학의 명예교수직을 내려놓고 KAIST 초빙교수로 재직 중이던 장극 박사가 항공기 개발을 결심한 이유는 "한국의 산업 수준으로 항공기를 충분히 개발할 수 있는 데도 관심조차 없는 데 놀랐기 때문"이다. 한국에서 젊은 교수와 학생들을 항공공학자로 키우기 위해 항공기 개발을 작정한 그는 KAIST 기계공학과 정명균 교수와 뜻이 맞았다. 정 교수는 "우리나라도 이제 항공기를 개발할 시기가 왔고 대학 수준에서는 경비행기부터 제작하는 게 적합하다"는 지론을 갖고 있었다. 마침 통일산업(현 SNT다이내믹스)에서 연구비 3억 원을 댔다.[70]

장극 박사팀은 마스터플랜부터 짰다. '민간항공기 제작 기술개발 6개년(82~87)계획'을 세우고 1984년부터 설계에서 부품에 이르기까지 우리 손으로 만든 경비행기를 선보이기로 한 것이다. 장극 박사는 이를 위해 미국 내 인맥을 동원했다. 세계 실험비행기협회 폴 어포레즈니 회장을 불러와 지도받고 FAA(미 항공청) 전문가를 초빙해 제작된 항공기의 안정성과 검사 기술에 대한 지도를 받을 요량이었다. 장극 박사가 구상한 단계별 발전 전략은 아래와 같다.

> 1단계(1982~1983년): 항공기 제작에 착수하되 경비행기 제작 경험이 많은 외국인 기사 5명을 초청해 경비행기 제작 키트를 수입, 2인승 경비행기를 2대 제작한다.
> 2단계(1984~1985년): 독자적으로 설계를 시작해 부품을 만들고 국산 시제기 제작에 돌입한다.
> 3단계(1985~1986년 이후): 부품 개발과 대량생산, 비행체 크기를 점차적 확대(2인승→4인승→16인승)해가며 중형기 생산이 가능한 정도의 기술을 축적한다.

장극 교수는 한국에서 경항공기 개발에 성공하면 수출 가능성도 크다고 봤다. 당시 미국에는 스포츠용과 농어업 등 상업용 경비행기가 약 20만 대 있었다. 갑자기 일어난 자가용 항공기 구매 붐으로 9년 후면 9만 대가 더 늘어날 것으로 전망되던 시기였다. 당시 전 세계의 정기항로에 취항한 여객기 등 각종 대형비행기 2500대에 비하면 미국의 경비행기 시장은 매력적인 수출시장이었다. 장 교수는 특히 크게 성장하는 일본의 항공산업을 바로 추격하지 않으면 격차가 갈수록 벌어질 수 있다는 점을 우려해 무리하게 보일 수 있는 단계별 발전 전략을 세웠다. 당시 세계의 가전과 조선, 자동차 시장을 석권한 일본은 차기 주력 상품으로 경비행기를 타깃으로 삼아 미쓰비시사 등에서 중소형기 개발에 전력하고 있었다. 반면 한국 기업들이 항공산업에 대해 무지하고 경비행기에는 아예 관심조차 없다고 판단한 장 교수는 더 이상 기다

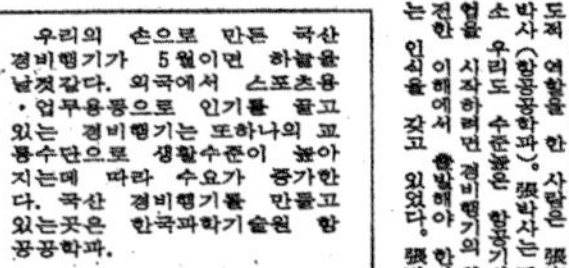

장극 박사의 국산 경비행기 제작 계획을 자세하게 보도한 『중앙일보』 1983년 2월 1일 자 8면(과학면) 기사. 제작 일정과 의미, 개발진을 소개하면서도 기사 말미에서 성공적으로 개발과 제작이 완료되더라도 형식승인 시스템이 아예 없어 비행 허가가 쉽지 않을 수도 있다는 문제점을 지적했다. 당시 보도대로 비행 허가 문제는 끝내 국산 경비행기 제작의 발목을 잡았다.

릴 수 없다는 생각에 인생의 마지막을 고국에 바친다는 사명감으로 경비행기 개발에 뛰어들었다.

장 박사는 성공을 자신했다. 청춘을 해외에서 보내고 돌아온 고국의 학생들이 우수하다는 이유에서다. "비행체는 크든 작든 공중에서 3차원 운동을 하기에 구조상 무리가 없고 재질이 가벼워야 하는 등 고도의 계산과 기술이 필요한데 한국 학생들의 학습 속도가 예상보다 훨씬 빨라 고성능 비행기 개발에 성공하고 부가가치가 높은 세계 민간항공기 시장에서 어깨를 겨룰 수 있다"고 생각했다. 장 박사는 1987년까지 6년간 모두 6억 9000만 원을 들여 연간 2대의 경비행기를 제작한다는 일정을 세웠다.

장 교수의 핵심 파트너이자 공동연구 책임자 정명균 교수[71] 역시 경비행기 개발에 특별한 의미를 두고

있었다. 장극 교수와 정명균 교수팀이 국산 경비행기 개발에 나서자 "구식 기술을 개발해 무슨 소용이 있
냐"는 비판이 따라붙었다. 미국 휴즈사의 500MD 헬기를 이미 조립 생산해왔고 초음속기 F-5F 전투기
도 생산했으며 최신예기인 F-16의 동체까지 국내 생산이 논의되는 시점에서 애써 돈 들여 소형 프로펠
러 비행기를 개발하는 건 역주행이라는 주장이었다.

장 교수는 이에 대해 확고한 생각을 갖고 있었다. "항공기를 독자적으로 개발할 수 있는 단계까지 이르
려면 고급 항공기에 앞서 경항공기 개발 단계를 먼저 거쳐야 한다"며 경비행기 개발 무용론에 맞섰다. 비
행기의 내부 구조는 정비 및 라이센스 생산을 거치면서 파악할 수 있지만 비행기 운동에 직접적으로 영향
을 주는 외형이나 엔진의 영향, 안전성 등 제어 문제 등은 계속적인 비행기 설계와 생산 및 운용을 거쳐야
만 정확한 예측이 가능하다는 논리를 펼쳤다. 2인승부터 30인승의 설계 경험이 전혀 없는 나라가 개발비
가 10억 달러 이상이 드는 고급 전투기를 독자적으로 생산하려면 데이터 부족으로 설계를 할 수 없을뿐
더러, 설령 설계해도 성공률이 낮아 커다란 위험부담이 된다는 것이다.

정명균 교수는 장극 교수가 마련한 개발 계획을 수정했다. 대부분의 나라에서 소형 정찰기, 소형 훈련
기, 20인승 이하의 경수송기 등을 설계 제작하면서 고급 비행기 설계에 필요한 기술 바탕을 축적하듯이
KAIST는 1983년 시험비행을 넘어 바로 2단계로 들어가되 외국 유명업체의 기술협력을 받아 7~8인승
항공기를 개발하고 3단계에 들어서는 20~30인승의 소형 여객기를 개발한다는 목표를 새로 세웠다. 특
히 이 과정에서 개발된 경비행기에 삼성정밀에서 개발할 터보프롭 엔진을 장착해 '고속 비행이 가능한
고급형 경비행기'라는 차별점으로 수출을 모색하겠다는 계획도 마련했다.

장극 교수는 기본기 숙달 훈련이기도 했던 경비행
기 개발의 구체적 그림도 그렸다. 정명균 교수와 맥락
이 같았다. 장 교수 역시 "민간 비행기는 12인승 이하
까지는 경비행기, 그 이상은 중형, 대형으로 구분되는
데 6인승 비행체 설계 제작기술만 터득하면 중형을
만드는 기술은 그리 어렵지 않다"고 여겼다. 장 박사
는 특히 제자들에게 지침을 주고 설계를 맡겼다. 대학
원생들이 설계한 비행기를 직접 시험 조종해가며 성
능을 개선할 생각이었다. 목재와 강화 플라스틱, 금속
등 3~4종인 경비행기의 모든 재질로, 모든 형태의 비

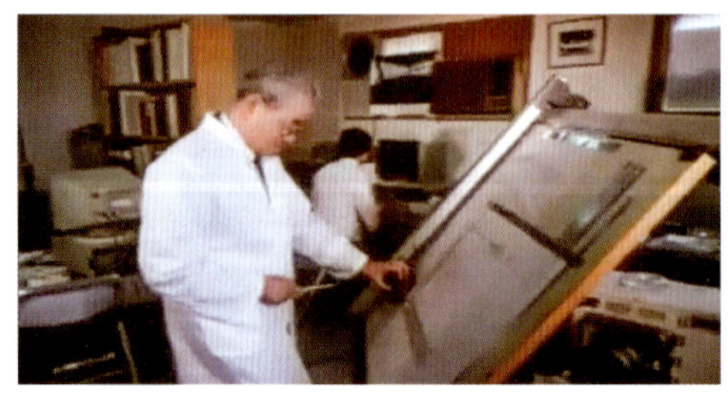

고령의 나이를 잊고 항공기 설계에 열중하는 장극 박사. 장
박사가 이끄는 연구팀은 열악한 연구 환경에도 단시일에 무
려 7종의 경량 항공기를 개발했지만 실용 단계까지 연결되
지 못했다./대한뉴스 1745호 화면 캡처

행체를 제작한 이유도 교육을 중시했기 때문이다. 모든 종류의 재료를 써서 모든 종류의 항공기를 만들어
보겠다는 장극 교수의 생각대로 KAIST 팀은 1984년까지 무려 7종의 항공기를 개발해냈다. 일정까지 앞
당겼다.

과정은 쉽지 않았다. 당초 계획했던 외국인 엔지니어 2명 초빙 계획도 무산됐다. 한국에 체류할 예산이

모자라 가끔 입국해 초단기 지도하는 수준에 그쳤다. 그런데도 1983년 초 3인승 경비행기 1대, 초경량 비행기, 자이로콥터 등 3대가 제작 막바지 단계에 들어섰다. KAIST 팀은 경비행기들이 5월이면 비행할 수 있도록 연구부의 허름한 창고에서 한겨울에도 구슬땀을 흘렸다. 예산도, 외국 전문 인력도 없이 이런 중간 결과가 나온 비결은 '드림 팀'에 있었다.

'경비행기 제작팀'은 책임자 장극 박사와 핵심인 정명균 교수, 홍창선 교수를 포함해 KAIST의 박사급 연구원 5명과 항공기에 해박하고 경험이 많은 위촉연구원 5명으로 구성됐다. 대학원생들도 작업을 도왔다. 주도적 역할은 당연히 장극 박사가 맡았다. 해외 인력 수급이 막히자 찾은 대안이 위촉연구원 영입이었다. 기간 안에 일을 끝내려면 교수와 학생만으로는 불가능해 군과 학교에서 비행기에 관련된 5명의 경험자를 위촉연구원으로 삼았다.

개발팀에서 장극 박사를 제외하고 연장자인 이원복 전 대한항공 전무(56세)는 항공산업계의 살아있는 역사였다. 해방 직후부터 우리 손으로 항공산업을 일으키려고 학생 신분으로 조선항공건설협회에 참여하고 조선학생항공연맹의 주역으로 활발하게 활동한 전력이 있다. 공군에 입대해서도 오직 한 길을 걸었다. 한국 땅에서 한국 국적을 가진 사람이 최초로 만든 항공기인 '부활호'를 1953년 설계하고 제작 책임을 맡았던 바로 그 사람이다.

공군 제85 정비청장 재임 시에 제작한 국산 글라이더는 1960년대 초중반 학생 특수체육의 교보재로 쓰였다. 1970년대 초반 박정희 대통령이 자주국방을 위한 방위산업 육성책(율곡사업)을 펼칠 때 해외 항공기 제작사의 국내 진출을 검토하는 실무대책반에 포함됐던 유일한 민간인이었다. 대한항공 재임 시 항공산업 진출을 망설이는 오너를 설득해 500MD 헬기와 제공호(F-5E/F 전투기) 생산을 이끈 장본인이기도 하다. 국산 항공기 제작의 꿈을 평생 간직해온 그는 '고도로 정밀한 기술과 고품질의 노동이 요구되는 항공산업이야말로 한국인에게 가장 적합한 산업'이라는 지론을 갖고 있었다.

위촉연구원 박승(40세) 씨는 혼자서 호버크래프트(공기 쿠션을 이용하는 배와 비행기의 중간 정도 운송 수단)를 만들어 실험할 정도로 비행기 제작에 관심과 열정을 갖고 있었다. 박 씨는 국산 항공기 제작이 너무 좋아 밤늦도록 볼트를 죄며 즐거워했다. 막내 위촉연구원 박만식(29세) 씨는 다양한 재질의 재료로 다양한 비행기를 제작하는 데 보람을 느꼈다. 서울대 항공학과를 졸업하고 대기업에 근무하던 중 국산 경비행기 제작에 참여하고 싶어 회사를 그만두고 개발팀의 문을 두드렸다. 그는 설계와 제작에 참여한 초경량 비행기로 세계 아마추어 비행기대회에 나가겠다는 꿈을 품고 땀을 흘렸다.

개발팀이 제작한 비행기는 캐나다 제니어Zenair사의 CH 300 CH300형 3인승 경비행기와 미 벤센(Bensen)사의 B-8 오토자이로콥터, 맥새어 스포츠사의 초경량 비행기다. 외국제 키트를 들여와 최소한의 수정을 거쳐 조립하는 수준이지만 우리나라 고유모델의 경비행기를 설계·제작하는 일정의 전 단계였다. 개발팀은 자재를 하나하나 깎고 다듬었다.

기술 지도를 맡은 항공공학과 홍창선 교수는 학생들에게 "제트전투기가 날아다니는 시대라도 외국산 키트 조립부터 시작해 생산 경험을 쌓아야 기자재 수급과 우리의 장단점을 파악할 수 있고, 다음 단계를 반복해 넘어가야 전투기 설계까지 도달할 수 있다"며 동기를 불어넣었다. 업무용·구급용·스포츠용 등으로 쓰이는 경비행기 대당 가격은 3만 달러 정도로 북미 지역에서 키트 상태로 수백 대가 팔렸다. 개발팀이 제작한 경비행기는 최대속력이 256㎞/h, 항속거리는 850㎞에 달했다. 최대출력은 160마력으로 총중량은 832㎏이었다. 초경량 비행기는 무게 81㎏으로 프로펠러가 뒤에 달렸다. 순항속도는 시속 48㎞에 불과하지만, 가격이 6000달러로 국산 승용차 가격과 비슷했다. 스포츠용으로 주로 쓰인 초경량 비행기의 길이는 6m, 높이는 약 2.5m. 이륙거리 100~130m, 착륙거리는 20~50m로 웬만한 공간이면 이·착륙이 가능했다.

자이로콥터는 1인용 헬리콥터와 비슷했다. 자체 중량이 110㎏이며 순항속도는 시속 72㎞, 이륙거리는 15m에 착륙거리는 불과 7m에 지나지 않았다. 말 그대로 하늘의 오토바이 격인 자이로콥터의 가격은 약 1만 달러로 초경량 비행기보다는 조금 비쌌다. 이들 경량 비행기는 자동차용 고급휘발유를 연료로 쓸 수 있는 점도 장점으로 꼽혔다.

계절도 잊은 채 열정과 성의로 제작한 결과 개발팀이 예상했던 대로 5월 무렵, 경비행기들이 완성됐다. 그러나 문제가 생겼다. 예상은 했지만 어렵지 않게 넘을 수 있다고 여겼던 문제, 비행 허가에 개발팀의 발목이 잡혔다. 항공기 운항을 감독한 교통부는 비행 허가를 내주지 않았다. 국

1980년대 초중반, 경량·초경량 항공기 7종을 제작했던 한국과학기술원 연구진의 노력과 열정은 결실을 맺지 못했지만 실물 기체 4종은 남아 있다. 당시로서는 거액인 3억원을 연구비로 쾌척한 통일산업을 계승한 SNT다이내믹스 창원 본사에 실외 전시 중인 4종의 기체. 보관 상태가 양호한 편이다./사진=SNT다이내믹스

산 비행기 시험비행이라는 명분을 내세워도 한국에는 실험용 비행기에 대한 규정이 없다는 답만 되돌아왔다.『매일경제신문』은 1983년 9월 15일 자 9면에 이런 상황을 아래와 같이 보도했다.

국내 첫 개발한 경비행기, 허용 안 돼 시험비행 못해

막대한 연구비를 들여 국내 처음 개발한 경비행기가 관계 당국의 비협조로 시험비행을 못하고 있

어 연구원들의 연구욕을 크게 상실시키고 있다.

한국과학기술원 기계공학과 정명균 박사팀은 지난해 6월 통일산업과 2년간의 계약으로 경비행기 제작에 착수, 1년 만인 지난 5월 자체기술로 3대를 조립 완제품을 만들었으나 교통부의 관계 법조문이 없다는 이유로 3개월이 지난 지금까지 장소를 제공 받지 못해 시험비행을 못하고 있는 안타까운 실정에 있다.

과기원이 개발한 경비행기는 제니어 CH-300 경비행기, 초경량 비행기, 자이로콥터 등 3종으로 모두 업무용이나 스포츠 및 정찰 훈련용으로 이미 미국 캐나다 등 선진국에서는 널리 보급되고 있다.

따라서 이 연구팀은 지난해부터 경비행기 국산화를 위해 10여 명의 연구원을 캐나다에 보내 조립 기술을 배웠으며 아직 경비행기에 소요되는 전 부품이 수입에 의존하고 있기 때문에 이들 부품 국산화를 비롯, 설계 기술 구조 해석 등 연구에 열을 올리고 있으나 마지막 단계인 시험비행에 이 같은 차질이 발생함에 따라 최근에는 거의 연구를 중단하고 있는 실정이다.

한 연구원에 따르면 "지난해 6월부터 교통부와 시험비행을 추진해 왔으나 교통부는 항공업진흥법에 연구용 시험비행에 관한 법조문이 없다는 이유로 장소 제공을 기피하고 있다"고 말하고 "2주 전부터는 국방부와 협의하고 있는데, 빠른 시일 내에 그동안의 연구 결과를 국민에게 자랑하고 싶다"고 말했다. 현재 우리나라에는 몇 개소의 비행장이 있으나 모두 군 소속으로 돼 있어 민간인이 사용하기는 힘들며 특히 국가기관의 항공법 미비로 국내에서 개발한 비행기도 시험비행할 수 없다는 것은 이해할 수 없다고 과학계에 종사하는 연구원들은 입을 모으고 있다.

개발팀의 국산 경비행기 제작 성공 사실은 언론의 집중적인 조명을 받았다. 『동아일보』는 1983년 10월 25일 자 7면을 통해 소식을 전했다. 이때는 완성된 비행기도 5대로 늘었다.

경비행기 국산화 시대 막 오르다
과학기술원 3인승 5대 시험비행 준비

한국도 경비행기 시대의 문이 열렸다.

한국과학기술원 기계공학과 정명균 교수 등 9명의 국산 경비행기 제작팀은 지난해 6월부터 경비행기 제작에 착수, 현재 3인승 경비행기 1대, 1인승 조경비행기 2대, 자이로콥터 1대, 2인승 경비행기 1대 등 모두 5대의 경비행기 제작을 완료했다.

이번에 이 연구팀이 국산 경비행기 제작에 손댄 것은 국내의 항공기 제작 기술과 설계 기술을 토착화시키고 항공공학 분야의 고급 인력을 양성하기 위한 것. 특히 이번 경비행기 제작팀에는 장극, 홍창선 교수 등과 공군수리창, 육군항공대, 대한항공 등에서 오랜 실무 경험을 쌓은 고급 기술자들이 제작에 참여, 선진국에서 제작한 것과 성능에 차이가 없을 것으로 믿고 있다.

엔진 등 주요 제품은 경비행기 전문회사에서 수입했으며 약 30% 정도는 국산 부품을 사용했다. 제니어 CH-300 경항공기는 3인승으로 최고속도가 165마일이며 항속거리는 510마일로 스포츠용뿐만 아니라 자가용으로도 적합하다. 자이로콥터는 무게가 500파운드고 항속거리는 100마일이며 30m 이륙거리를 필요로 하나 착륙할 때는 헬리콥터와 같다. 스포츠는 물론 농약 살포에도 쓸 수 있다.

로버트슨 BL-RD 초경비행기는 무게 500파운드에 순항속도 $45 \sim 75km$, 이륙거리는 $500 \sim 200$피트, 값은 500만원 정도다. 레저 및 스포츠용으로 외국에서 크게 인기를 얻고 있는 기종이다. 퀵키 Ⅱ 2인승 경비행기는 플라스틱 등 복합재료로 만들어져 가벼워 무게는 $100kg$ 정도. 항속거리는 570마일, 체공시간은 4시간 정도로 보고 있다.

언론의 관심에도 비행 허가는 도통 나오지 않았다. 개발팀은 해를 넘기고 계절이 두 번 바뀐 1984년 여름까지 시험비행을 하지 못했다. 언론은 예고 기사를 경쟁적으로 내보냈다. 『매일경제신문』은 1984년 8월 11일 자 1면 머리기사에 이 소식을 올렸다. 당국의 비행 허가를 기다리는 동안 개발팀은 비행기를 한 대 더 만들었다. 시험할 비행체는 모두 6대로 늘어났다. 다행히 이번에는 비행 허가를 받을 수 있을 것 같았다.

미국 LA올림픽이 열리던 당시 승전보가 울리고 정치·사회면은 육군 중장 출신으로 상공부 장관, 국방부 장관을 거쳐 3선 국회의원, 국회의장까지 지낸 정래혁 민정당 대표가 부정축재자로 몰린 끝에 재산을 헌납한다는 뉴스도 내려 앉히고 경비행기 개발 성공 소식을 '톱 뉴스' 자리에 앉혔을 만큼 언론의 관심은 지대했다.

불과 11일 뒤 다른 언론의 보도에서는 시험 대상 비행체가 한 대 더 늘었다. 모두 7대가 한날한시에 시험비행을 실시하게 된 것이다. 과학기술의 국책과제로 진행된 무인기 2종도 시험비행에 포함됐다. 개발팀은 교통부의 허가를 기다리면서도 장극 박사의 언급처럼 온갖 종류의 비행체를 제작했기에 시험비행을 할 때마다 대상 기종이 늘어났다.

2) 전무후무한 항공기 7대 동시 시험비행 계획

비행기 7대의 동시 시험비행은 전무후무한 일이었다. 한 대 시험비행하는 데 약 20분을 잡아도 최소한 2시간 이상 걸리는 상황을 맞았다. 『조선일보』는 1984년 8월 22일 자 12면을 큼지막하게 할애, '한국도 경비행기 시대 돌입'이라는 제목 아래 이 소식을 자세하게 다뤘다.[72]

한국도 경비행기 시대 돌입

유인-무인 항공기 7대 24일 시험비행

값싸고 조정 쉬워 업무용으로 적합…군사 목적 활용도

항공기 제작기술 및 설계기술을 국내 산업체에 토착화시킬 수 있는 국산 경비행기가 제작되어 오는 24일 여수공항에서 시험비행을 가진다.

이번 시험비행에는 한국과학기술원 기계공학부 항공우주연구실의 정명균 박사팀이 지난 82년부터 수행해온 경비행기 설계 및 제작 기술개발 연구에 따라 제작된 5종의 유인 경비행기 5대와 작년 8월부터 과학기술처의 국책과제 다목적 무인 비행기와 자이로콥터의 개발 연구로 선정되어 제작된 2종의 무인항공기 2대 등 모두 7대의 경비행기가 선을 보이게 된다.

일반적으로 경비행기는 4인승 이하의 엔진 출력이 500마력 미만인 비행기를 지칭하는데 이번에 선보일 비행기는 4인승 경비행기 CH-300 2인승 복합재료 항공기, 퀵키II 1인승 초경량 비행기, BL-RD 드리쿼터, 1인승 자이로콥터, 벤젠 무인 저속 미니 RPV, 수직 이착륙 자이로 RPV 등이다.
……

이번 국산 경비행기 제작의 연구책임자인 정명균 박사는 "이번 시험비행을 통해 우리나라도 곧 경비행기 시대에 돌입할 것이라는 점과 상업적인 자체 생산은 물론 일부 부품 생산의 국산화로 경비행기의 수출 가능성이 높다는 점을 아울러 제시하겠다"고 했다.

항공산업이 발달하기 위해서는 운용 및 정비 단계, 라이센스 조립생산을 통한 부품의 국산화단계, 독자적인 개발단계 등 3단계를 거쳐야 한다. 우리나라는 현재 두 번째 단계까지 와 있다고 볼 수 있다.

3) 미흡한 준비와 불신, 불운까지 겹쳐

시험비행 일정은 8월 24일도, 9월 초도 아닌 8월 29일로 잡혔다. 한 신문은 '국산 시험비행 성공 계기로 본 개발 전망'이란 제하의 기사에서 '경비행기 자가용 시대 온다', '4인승 1600만 원 정도', '부가가치도 높아 수출산업으로 각광', '민간 이용 위한 법규 마련 뒤따라야'라는 내용을 그날 자에 바로 보도했다.

그런데 이후 후속보도가 이어지지 않았다. 개발팀이 보여줬던 의지와 열정에 미뤄 후속작이 나올 만했지만 국산 경비행기에 대한 보도는 거의 끊어졌다. 무려 7종의 항공기가 같은 장소에서 시험비행에 성공했다면 그 자체로 대단한 의미를 갖는 행사이며 더욱이 성공했다면 으레 따라붙는 인터뷰나 기획취재가 전혀 없었다. 1984년 8월 29일 여수비행장에서 진행된 시험비행에는 정부도 비상한 관심을 가졌다. 과학기술처 장관이 참석한 것이다.

그러나 어찌 된 일인지 행사장에 경비행기는 등장하지 않았다. 초경량 비행기 2대만 시험비행에 성공하는 촌극이 벌어진 것이다. 연이은 비행 취소의 이유는 경항공기의 보관에 문제가 있었던 것으로 알려졌다. 실망한 정부는 '행사 성공' 보도까지 나오자 "키트로 조립하는 항공기도 제대로 못 날리면서 언론 플레이에는 능하다"며 개발팀을 의심했다.

개발팀은 다시 비행 가능 비행장을 겨우 찾아 1984년 12월 24일, 여수비행장에서 경비행기 시험비행을 마쳤다. 시험비행을 맡을 베테랑 조종사도 모셔왔다. 공군 조종사로 6·25 참전용사이자 대한항공의 수석조종사를 지낸 장기수 조종사가 시험비행을 맡은 CH-300기는 막판 위험한 순간도 있었지만 비행을 무사히 마쳤다. 당시 KAIST의 석사과정 학생으로 개발팀에 참여해 시험비행에 테스트 엔지니어 자격으로 옆자리에 동승했던 안이기 박사(전 항공우주연구원 항공 엔진팀장)는 개발팀 분위기와 시험비행 순간을 생생하게 회고했다.

"연구실에는 늘 열정이 가득했지만 비행기 설계와 제작 경험은 없었다. 실수도 많았고 거꾸로 조립하는 경우도 있었다. 크리스마스 전일 시험비행에서 활주로 길이가 1200m[73]인 여수비행장을 이륙해 상공에 이르니 지난 몇 년간 비행기들을 뜯고 조립하기를 반복했던 순간들이 떠올랐다. 막 준공된 돌산대교를 돌아 착륙하려는데 비행기가 땅에 처박히듯 급하게 떨어졌다. 고장이 아니라 조종간이 일반적인 세스나 경비행기와 반대였던 점에 익숙하지 않아 발생한 돌발 사태였다. 이제 죽었구나 싶었는데 다행히 노련한 조종사의 응급대처로 착륙했으나 프로펠러가 먼저 활주로에 닿고 기체가 좌우로 기우뚱거리다가 멈췄다. 나무 프로펠러가 부러져있었다."[74]

4) KAIST의 실험은 민간 차원 항공기 개발의 시발점

시험비행은 우여곡절 끝에 마쳤지만 KAIST 연구팀의 항공기 개발은 더 이상 이어지지 않았다. 그래도 최소한의 성과는 있었다. 대한항공은 KAIST 개발팀의 자료 일부를 물려받아 연구를 지속했다. 그 결과물이 '창공 1', '창공 2', '창공 3' 경량비행기다. 대한항공은 이들 창공 시리즈 개발 경험을 토대로 '창공 91' 5인승 경비행기를 개발했다. 창공 91은 시제기 3대를 제작하고 교통부의 감항 인증까지 받았으나 "상업적으로 성공할 가능성은 높지 않다"는 판단에 따라 양산 결정과 실용화에는 이르지 못했다.

대한항공은 1987년 4월 사업용 경비행기의 국내 독자개발 생산을 위해 삼선공업, 한국화이바와 함께 한국항공우주조합을 발족, 1991년까지 개발생산을 목표로 1988년 6월부터 연구개발에 들어갔다. 국내 최초로 민간기업이 개발한 사업용 경비행기의 명칭은 '창공 91'로 명명됐다. 동 조합은 계획했던 대로 1991년 10월 제작을 완료하고 시험비행까지 성공적으로 마쳤다.

5인승 전 금속 단엽기인 '창공 91'은 수백 대 단위로 생산해 수출까지 성사시키겠다는 목표 아래 개발됐으나 시제기 3대 제작에 그치고 말았다. 하지만 창공 91은 두 가지 의미를 항공사에 남겼다. 첫째, 모방이나 단순 조립생산이 아니라 순수 국내 개발이었으며 둘째, 현장 기술에 의존하거나 주먹구구식으로 진행했던 이전과 달리 학문적인 검토와 공학 이론에 근거한 연구개발 과정을 기술자료로 남겼다. 기술자료가 보존될 경우, 기업이나 연구소의 조직과 인력이 존속하는 한 언제든지 추후의 연구개발에 활용할 수 있다.

국방과학연구소가 1970년대 말 1980년대 초에 개발했으나 정부의 정책 의지 부족으로 후속 개발과 양산이 무산된 최초의 국산 무인기 '솔개'의 개발 과정에서 남겨진 기술자료와 장비가 훗날 휴대용 지대공 미사일 '신궁' 개발에 활용됐다는 사실을 사례로 꼽을 수 있다. 정리하면 1981년 의욕적으로 시작한 KAIST의 경항공기 개발사업은 정부의 예산 지원 지연과 감항 인증 체계 미비로 인한 적기 시험비행이 연이어 불발된 끝에[75] 기대했던 목표에 이르지 못한 채 기술과 경험마저도 대한항공을 통해 부분 승계되는 데 그쳤다.

1991년 11월 25일 김해공항에서 시험비행을 앞둔 5인승 전금속제 '창공 91'. 대한항공이 과학기술처의 지원 아래 삼선공업, 한국화이바 등과 함께 개발에 성공, 시제기 3대를 제작했으나 양산과 상업화에 이르지는 못한 불운의 기종이다./사진=대한항공

그러나 KSAIST 개발팀의 연구가 갖는 의의는 적지 않다. '동일한 작업 주체에 의한 반복 행동'에 뒤따르는 기술 축적과 전수 효과는 이번에도 없었지만 최소한 징검다리 역할을 해냈다. 무엇보다 지금까지의 연구개발과는 형태와 추진 주체가 전혀 달랐다. 일제강점기에 식민지 조선에서 항공기가 제작됐다고 하지만 일본인 주도 아래 일본의 기술에 의존하는 한계가 분명했다. 해방 직후 공군과 해군에서 항공기 독자개발을 추진해 성과를 냈어도 정부 차원이 아닌 일선 부대나 특정 부서가 주도한 탓에 제작과정에 습득한 기술이 제대로 전수되지도 않았거니와 처음부터 한계가 있었다. 정부가 예산을 들여 착수한 PL-2 새매호 사업도 극히 소량 생산이어서 파급 효과가 크지 않았다.

반면 KAIST 개발팀의 연구는 민간 차원의 항공기 개발의 문을 여는 시발점이었다. 정부 출연 연구소에서도 한국 최고의 두뇌들이 모이는 KAIST의 항공기에 대한 관심과 연구 아래 1980년대 중후반부터 한국항공대학교를 비롯한 대학과 중소기업, 심지어 고등학생들이 자체적으로 비행체를 설계, 제작하는 현상이 나타났다. 이는 항공 선진국에서는 지극히 자연스러운 현상이자 건강한 항공 생태계를 생성하는 기반으로 작용하고 있다. 스스로 설계 제작하거나 항공기 제작사가 판매하는 반조립 키트를 활용해 완성기를 날리는 경험을 쌓은 개인이나 동호인들은 항공우주공학 또는 관련 학과를 전공해 이론적·학문적

❖ 민간 개발/제작 항공기 현황[77]

연도	명칭	유인 동력 항공기 개발/생산	비고
1984	KAIST비행체	한국과학기술연구원 항공기개발팀	연구기관 최초 개발 항공기 7종
1985	창공-2	대한항공	복합재 1인승 초경량기
1988	창공-3		2인승 쌍동형 경항공기
1991	창공-91	대한항공, 삼선공업, 한국화이바	대한민국 최초 형식증명 및 감항증명 취득
1991	현대-10	현대고등학교 자동차·항공기 연구반	초경량 비행기
1996	불명		초경량 헬리콥터
1989 (추정)	2인승 초경량 항공기	동양노즐, 한국과학기술연구원, 국방과학연구소	체중 이동형 초경량 비행기
1986	X-1	한국항공대학교 항공기제작연구회	초경량 비행기
1991	X-2		카나드형 항공기
불명	X-3		
1998	X-4		
불명	X-5		
1988	할렐루야 X-2	인하공업전문대학 항공기계과	
1996	구름위의 비행	신구전문대학 서동화 교수	
1997	나래	건국대학교 항공우주공학과, 동인항공	
2002	월드콥터	한성ILS	저가형 다목적 헬리콥터
2003	담비	동해기계항공	초경량 자이로콥터
1993	까치 1호	한국항공우주연구원, 동인산업	
1994	까치 3호 (위자드)		한국 최초 수출 초경량 비행기
불명	코멧	한국경비행기	경량항공기
1997	트윈비		복합재 쌍발기
2001	반디	한국항공우주연구원	카나드형 항공기
2004	보라		카나드 전진익 쌍동형 항공기
2011	부활호 개량 복원기	경상남도, 사천시, 경남테크노파크, 경상대학교, 수성기체산업	부활호의 개량형
2019	KLA-100	베셀, 건국대학교 플라이트디자인(독일)	한국 최초 민간 개발 양산형 경량 항공기

지식을 쌓고 항공기회사에 입사하는 경우가 흔하다.

항공 선진국일수록 개인 또는 대학 동아리, 동호인 모임을 대상으로 각종 경연대회를 개최하는 데에는 항공우주 생태계의 저변을 확대하는 기회로 활용하려는 의도가 담겨 있다.[76] 장극 박사를 비롯해 정명균 교수, 카이스트의 젊은 공학도들이 제작했던 초소형 항공기들을 기억하는 사람은 거의 없다. 그러나 실물 기체는 남아 있다. 시제품 3대는 SNT다이내믹스 창원공장 앞에 전시되어 있다. 당시로서는 거금인 3억 원을 연구비로 쾌척한 통일산업의 후신인 SNT다이내믹스는 군용 항공기용 화포류(기관포, 기관총)를 생산, 납품하고 있다.

1) 한국 외무부는 1968년 5월초 해외공관장들에게 "한국은 무력으로 통일할 의사가 없다"는 사실을 주재국에 널리 알리라는 공문을 보냈다(''무력 統韓할 생각 없다' 외무부 해외공관에 지시', 『동아일보』 1968년 5월 9일 자, 1면 머리기사). 외교부가 해외공관에 이런 지시를 내린 이유는 '한국이 북한의 도발에 대응하기 위해 전쟁도 불사할 수도 있다'라는 우려가 서방 주요국에 퍼져 있었기 때문이다.

2) '미국의 원조 시기는 북괴 재남침할 때', 『경향신문』 2월 12일 3면. 경향신문은 『워싱턴 포스트』지의 보도를 인용해 "미국이 한국에 본격 원조하는 시기는 북한의 재남침"이라고 전했다. 한국군의 선제공격은 돕지 않겠다는 의미가 깔려 있다. 『워싱턴 포스트』는 이 기사에서 "밴스 특사가 눈에 띄게 냉담한 접대를 받고 있다"며 "한국이 작전권 반환을 요구할 수도 있다"는 보도까지 덧붙였다. 한국의 불만이 그만큼 컸던 것으로 보인다.

3) 오원철, 『한국형 경제건설(5): 엔지니어링 어프로치』, 기아경제연구소, 1996, 19쪽.

4) 김정렴 회고록, 『한국 경제정책 30년사』, 중앙일보사, 1991, 316쪽.

5) '미군 줄이면 내각 총사퇴, 정 총리 AP와 기자회견', 동아일보, 1970년 7월 14일 자 1면.

6) 김정렴, 앞의 책, 387쪽.

7) '제2 경제수석'이란 자리는 당초 없는 직제였으나 이때 만들었다. 오원철(1928~2019)은 황해도 송화군 태생으로 해주고보와 서울대 화공과를 거쳐 공군 기술장교로 임관, 소령으로 전역했다. 우리나라 최초의 자동차인 시발자동차 생산공장의 공장장을 지내다 5·16 이후 공무원으로 발탁, 상공부(현 산업통상자원부)에서 근무하던 중 박정희 대통령의 부름에 따라 청와대 경제 2수석으로 옮긴 후 방위산업과 중화학공업 육성의 기초를 닦았다.

8) 김정렴, 앞의 책, 322~324쪽.

9) '산업군단 전략사 197회', 『한국경제신문』 1994년 3월 2일 자, 23면.

10) 이윤섭, 『박정희 정권의 핵무기 개발 비사-자주국방을 위한 노력』, 출판시대, 2019. 12, 104쪽.

11) '자주국방의 새 이정표…M16 소총 백% 국산화', 『경향신문』 1971년 3월 17일 자, 3면.

12) '한국군, M-16 소총 첫 사용', 『조선일보』 1967년 1월 10일 자, 2면.

13) '주월군(駐越軍) 돌릴 용의는? 이만섭 의원 질문', 『조선일보』 1968년 2월 3일 자, 1면.

14) 공장 뒷면의 경사각이 40도 이상이어서 폭격기의 공격에서 보호받을 수 있다는 배후 조건이 공장 입지로 선정됐다(한국방위산업학회, 『방위산업 40년 끝없는 도전의 역사』, 플래닛미디어, 2015. 3, 52쪽). 기장군 철마면 일대는 국방과학연구소가 이전할 부지로도 검토됐었다.

15) '[오래전 이날]. '북괴군의 AK-47을 훨씬 능가하는 무기', 『경향신문』 2021년 3월 17일 자 22면.

16) 김정렴, 앞의 책, 391쪽.

17) PL-2기는 국내에서 제작된 최초의 전全 금속제 항공기이자 수량은 적어도 최초의 양산기(4대)라는 기록을 갖고 있다.

18) 『공군사 5집(1968~1972)』, 공군본부, 1984, 127쪽.

19) 당시 환율이 달러당 430원대여서 원화 예산 규모가 크지 않아도 구매력은 높았다.

20) 대통령 보고서, 「경항공기 시제품 명명」, 1972. 8. 31, 청와대 비서실, 박정희도서관 보관 관리.

21) 오원철, 앞의 책, 476쪽.

22) 대통령 보고서, 「경항공기 시제품 명명」, 1972. 8. 31, 청와대 비서실, 박정희도서관 보관 관리. 표는 당시 보고서를 그대

로 옮긴 것이다. 한자의 빈도가 높은 국한문 혼용이 일반적이었다.

23) 직접 조종한 이 사령관은 항공기의 균형과 조종간의 작용력 등에 대한 의견을 피력했고 ADD는 이를 반영해 조종간을 개선했다. 제10 전투비행단장으로 복무 중이던 1967년에는 '국군의 날' 행사에서 F-5A 전투기로 '블랙이글스'를 조직해, 한국 공군 곡예비행팀의 창시자로도 기억된다. 군수사령관 재임 시에는 공대공 유도탄 개선 사업도 추진했다.

24) 대통령 보고서, 「PL-2 경항공기 추가 제작」, 1973. 5. 22, 청와대 비서실, 박정희도서관 보관 관리.

25) 다만 공개 시험비행 당일 '제공호'로 명명된 전투기는 복좌형인 F-5F 전투기다. 기종 전환용 훈련기 용도인 복좌형을 먼저 생산하고 나중에 단좌형을 제작했다.

26) 미국의 한국에 대한 무상 군사원조가 줄어 한국도 국제 무기시장에서 구매할 수밖에 없을 것이라는 전망('對韓軍援에 큰 影響-美上院서 外援法案 폐기로', 「매일경제」 1971년 11월 1일 자, 1면)도 해외메이저들이 한국을 주목한 요인으로 손꼽힌다. 미국은 1976년 무상 군원을 중단했다.

27) M-16 자동소총을 면허생산하던 육군 조병창도 1982년 대우정밀로 인수되면서 방위산업은 완전히 민간화했다.

28) 김정렴, 앞의 책, 323쪽.

29) 조중훈, 「내가 걸어온 길」. 나남출판, 1996, 193쪽.

30) 공군이 단순 반복작업으로 돈이 되는 물량을 대한항공에 넘기며 창정비 전체 물량의 60%를 민영화한 이유는 항공산업 육성을 지원한다는 명분이었다. 또한 항공기 제조사업 진출로 그룹 전체의 수익성 악화를 우려하는 대한항공의 항공산업 투자를 유도하기 위해 이전부터 검토해왔던 창정비의 민영화를 단행하게 됐다.

31) 「공군사 제 6집(1973~1977)」, 공군본부 작전참모부, 1984, 597·598쪽.

32) 「공군사 제 7집(1978~1982)」, 공군본부 작전참모부, 1991, 690쪽.

33) 「AIM-9 개조창 정비 시설비」, 1973년 5월 16일 자 대통령 비서실 보고서, 박정희도서관. 공대공 유도탄 AIM-9B를 AIM-9E로 개조하는 작업을 담당할 개조창 설립 비용은 일반회계 향토방위 지원예비비에서 8693만 원이 지출됐다. 정부는 사업의 조기 착수를 위해 예산을 예비비에서 우선 충당했다.

34) 금성전기의 전자사업부를 기반으로 1976년 설립된 '금성정밀공업'은 공군의 시설과 장비를 인수받아 1977년 금오 공장을 세우며 공대공 미사일 개조사업을 시작으로 사업을 확대, 레이다와 지대공 미사일까지 창정비를 도맡았다. '전투 및 함정용 레이다 개발업체 지정'(1990) 이후 1991년 저고도 탐지 레이다, 1996년 최첨단 중어뢰를 개발한 동사는 2000년 'LG이노텍 시스템사업부'와 2004년 '넥스원퓨처'를 거쳐 2007년부터 'LIG넥스원'으로 사명을 변경해 오늘에 이르고 있다. 천궁 대공 방어시스템 등을 생산하며 'K-방산'을 대표하는 방산업체로 성장한 시발점이 공군의 공대공 미사일 개조사업 인수였다.

35) 전호헌, 「미군의 대한 군원정책 연구」, 「軍史」 제66권, 국방부 군사편찬연구소, 2008. 4, 240~241쪽. 미국이 무상 군원 대신 본격적으로 제공하기 시작한 낮은 이자의 군사차관도 10년 뒤인 1986년부터 사실상 사라졌다('미국 군사차관 종말', 「조선일보」 1986년 12월 18일 자, 2면).

36) '항공기 제작을 위한 외국사의 합작 제의', 1973년 8월 22일, 청와대 제2 경제비서실, 기록물 관리번호 AR01170027.

37) '항공기 제작사업', 1974년 1월 9일, 청와대 제2 경제비서실, 기록물 관리번호 AR00870002.

38) '미국 록키드회사의 합작 투자 제의', 1974년 1월 23일, 청와대 제2경제비서실, 기록물 관리번호 AR00870004.

39) '미국 록키드사의 합작 투자 제의와 최고 간부진 내한', 1974년 3월 21일, 청와대 제2 경제비서실, 기록물 관리번호 AR 00870009.

40) 공군본부 연구분석실, 「항공산업 육성방안 연구」, 공군본부, 1984. 8, 47~48쪽.

41) 미국 의회는 1961년 제정된 해외원조법과 해외군사판매법에 따라 행정부가 외국에 대해 공여 또는 판매를 결정한 미국제 무기의 반출을 금지할 권한을 갖고 있다. 1976년 새롭게 제정된 무기수출통제법에서는 관련 규정이 더욱 까다로워졌다. 최근에는 미 대통령이 의회 결의안에 대한 거부권을 행사하는 경우가 많아졌으나 의회의 심의 및 거부권은 미국의 군사기술을 보호하는 법적 장치로 여전히 기능하고 있다. 대표적인 사례가 한국이 KF-21 보라매 전투기 개발에 꼭 필요한 AESA 레이다 등 4대 핵심기술 이전 거부 건이다. 미국제 무기를 수출할 때는 확약했던 기술 이전 약속이 미 의회를 핑

계로 무산되는 경우는 더욱 많아지고 있다.

42) 공군본부, 앞의 연구보고서, 48쪽.

43) 전국 각지에 산재한 간이 헬기 착륙장이 대부분 이때 만들어졌다. 적의 기갑부대 공격을 위한 재보급기지로 활용하고 여순 반란사건이나 빨치산, 울진·삼척 무장공비처럼 산악지대로 침투하는 적 특수부대를 위에서부터 아래로 토끼몰이식으로 소탕하려면 필요하다는 판단에서다. 산마루의 간이 헬기장은 군의 정찰, 공격, 물자 및 환자 수송을 위해 반세기 전에 건설됐으나 요즘에도 조난자 구조 등 긴급 상황 발생 시 요긴하게 사용되고 있다.

44) AN-2기의 총생산량은 1만 8000여 대로 폴란드에서만 1만 3000여 대가 생산됐다. 소련이 설계했지만 면허생산권을 가진 폴란드 생산량이 훨씬 많다. 한국은 대당 10만 달러씩 주고 신품을 들여왔다.

45) 500MD와 AN-2기와의 모의 공중전은 대한항공의 김해공장 인근 상공에서 실시되고 서울에서도 1978년 방공 연습 시에 벌어진 적이 있다(오원철, '다목적 공격용 헬기, 이렇게 개발됐다', 『자유공론』 1995년 5월호, 162쪽.

46) 다만 토우 미사일 발사장치를 500 MD헬기에 장착하는 개량사업 연구에 소요되는 비용 300만 달러는 한국 측 부담이라는 조건이 붙었다. 한국은 이를 수용하는 대신 조건을 걸었다. 휴즈사가 생산하는 토우 미사일 장착 500MD 헬기를 판매할 때마다 대당 2만 달러씩 기술료를 한국에 납부한다는 계약이었다. 이에 따라 이스라엘에서 500MD를 판매한 휴즈사는 한국에 기술료 60만 달러를 납부했다.

47) 휴즈사는 1969년 미 육군이 추진한 대전차미사일 도입 사업에서 토우 미사일을 제안해 맥도널 더글러스, 마틴 등 경쟁사를 따돌리고 미 육군의 우선협상 대상자로 선정된 이래, 개발과 생산을 주도해왔다.

48) 부활호 개발의 주역으로 대령 전역 후 대한항공에 입사, 정비와 항공산업 진출을 담당했다. 그는 500MD 공동생산을 위해 시장조사를 실시하고 정부의 부탁을 받아 미국 주요 항공기 제작사와 면담해 한국에 대한 투자 의향을 확인, 관련 보고서를 올리기도 했다. 그는 500MD 면허생산을 주도해 "최초의 국산기를 개발하고, 최초의 헬리콥터 양산을 주도했다"는 이력을 갖게 됐다. 제공호 공동생산에 깊게 관여했다.

49) 오원철 전 청와대 경제 2수석은 위의 저서에서 "500MD의 유용성은 이스라엘에 의해 입증됐다. 덩치가 큰 코브라는 적 대공포에 의한 손실이 많았지만 500MD는 한 대의 손실도 없이 적 전차를 격파했다"고 소개했다(329·330쪽).

50) 대한항공은 물량의 대부분을 미국 내에서 생산하려는 휴즈사와 협상 과정에서 "헬기 국산화 계획은 이미 대통령 결재가 나왔으니 변동될 수 없다"고 밀어붙여 '한국 내 동체 생산'에 동의를 받아냈다.(오원철, '헬기 동체 국산화에 성공', 『신동아』 1996년 4월호, 375쪽.

51) 『대한항공 20년사』, 대한항공, 1991, 199쪽. 첫 생산이면서도 4개월 만에 4대를 조립할 수 있었던 이유는 1976년 생산분은 계약에 따라 휴즈사 완제품을 들여온 후 대한항공이 분해해 재조립한 후 육군에 납품했기 때문이다. 면허생산 계약에 의한 항공기 공동생산은 대부분 이런 과정을 거친다. 제공호와 KF-16도 '초기 국내생산분'은 완제기 도입 후 국내 분해, 재조립 과정을 밟았다.

52) 청와대 제2 경제비서실 대통령 보고 문건, '경헬기 500MD 보고', 1977년 10월 18일, 기록물관리번호 AR10870040.

53) 이후 UH-60 124대 면허생산과 AH-64 아파치 도입으로 한국군의 헬기 전력은 더욱 강력해졌다. 한국은 군용헬기 보유 대수가 미국, 유럽연합(EU), 중국, 러시아, 인도에 이어 세계 6위다. 유럽연합을 국가별로 세분하면 한국은 세계 5위의 군용헬기 운용국가다.

54) 고정익기 제작도 리벳 작업으로 진행된다. 작업 속도가 빠른 용접이 아니라 리벳 작업에 의존하는 이유는 용접 과정에서 금속이 녹고 굳으면서 수축하거나 팽창하는 과정에서 금속의 기하학적 구조에 손상을 줄 수 있기 때문이다. 금속의 미세 구조가 변하면 고공의 저온 환경에서 운행해야 하는 항공기의 안전성에 손상을 줄 수 있다. 최근에는 항공기 제작 시 리벳 작업을 고가의 기계로 대신하는 추세다. 다만 일런 머스크가 스페이스십을 제작하면서 마찰 교반 용접을 대거 활용해 항공기 제작에도 변화를 가져올지 주목된다.

55) '대한항공, 보잉에 AH-6 헬기 사업 초도 생산품 납품 완료', 『조선비즈』 2023년 6월 26일.

56) 오원철, 앞의 책, 380쪽. 500MD의 금액 기준 국산화율은 27% 수준이다(1996년 국회 국방위 국정감사 자료)

57) 4단계를 거쳐 생산된 500MD는 주 회전익 등 690개의 국산 품목이 들어가 국산화율이 22%에 달했다(공사언, 「우리나

라 항공기공업의 현황과 전망」, 『한국항공우주학회지』 제10권 1호 1쪽, 한국항공우주학회, 1982. 6). 그런데 국방부가 1996년 신한국당 박세환 의원에게 제출한 국정감사 자료에서는 500MD의 국산화율이 27%로 적시되어 있다. 대한항공 항공기술연구소에 근무했던 공사언의 논문이 더 신빙성 있어 보인다.

58) 1994년 10월 12일, 국회 국방위원회 국정감사 속기록 9편, 15·16쪽.

59) '중무기 양산·항공기산업 착수, 함정·미사일·레이다도 생산…특유전차 개발', 『동아일보』 1978년 1월 18일 자, 1면.

60) '3차 방위산업진흥회의 항공기 제작 올부터 착수', 『경향신문』 1978년 8월 28일 자, 1면.

61) 1978년 국군의 날 행사에는 나흘 전 시험발사에 성공한 국산 중-장거리 미사일과 대전차 로켓 등 국산 신예병기가 대거 첫선을 보였다. "특히 양산체제에 들어간 국산 전차(M48A5)와 무장 헬리콥터(500MD)가 나타나 시민들의 환호를 받았다.", '국산 신예 병기 첫선, 막강의 정예 과시', 『조선일보』 1978년 10월 3일 자, 7면.

62) '항공기업체 지정, 중점 지원. 정부, 진흥법안 마련 제작·판매 허가제로', 『동아일보』 1978년 9월 4일 자, 1면.

63) 이원복, '한국 항공기산업 발달사(3)', 『항공우주』 통권 37권, 한국우주항공산업협회, 1996년 3월, 28쪽.

64) 『공군사 6집』, 공군본부 작전참모부, 1985. 12, 598쪽.

65) 『공군사 제8집』, 공군본부 작전참모부, 1994. 6, 68쪽.

66) 박정희 정권은 자주국방과 첨단기술 확보를 위해 F-16 전투기 국내 생산을 추진했으나, '미국의 비위를 맞추기에 급급했던 전두환 정권이 F-5E/F 전투기로 기종을 바꿨다'는 인식이 광범위하게 퍼졌지만, 실제는 그렇지 않다는 게 추진 일정에서도 확인된다. 박정희 대통령 시절인 1979년 7월 중순 F-5E/F 전투기 생산에 대한 대통령 재가가 났다.

67) 임달연, 『한국항공우주사』, 한국항공대학교 출판부, 2001, 560쪽.

68) 대신 31호기부터 68호기까지는 국산 부품을 사용하기 시작했다. 제공호 후기 생산분의 국산화율은 23%에 이른다.

69) 황동준, 'F-16/UH-60 면허생산, F-5/500MD 생산의 전철을 밟을 것인가?', 『항공우주』 통권 51권, 한국항공우주산업진흥협회, 1997년 5월, 12쪽.

70) 통일산업의 기부금 3억 원은 당시로서는 큰 규모였다. 1981년 본예산이 7조 8511억 원('7조 8천5백억 새해 예산안 확정', 『경향신문』 1980년 11월 29일 자, 1면)으로, 2024년 12월 10일 '사상 초유의 감액 편성' 논란 속에 국회 본회의에서 의결된 2025년도 예산 규모 673조 3000억 원의 1.17%에 불과했고, 연초 대비 62.4% 상승했다는 증시 활황을 탄 시가총액이 3조 360억 원이던 시절이었다.

71) 정명균 교수는 기계공학과 교수이면서도 항공공학과 교수들이 연구개발 사업에 미온적인 태도를 보일 때 적극적으로 동참해 실무 책임 역할을 수행하던 중 장극 박사가 다른 국책사업을 맡게 되자 총책임자로 연구개발을 이끌었다.

72) 『경향신문』도 1984년 8월 21일 자 7면에 '우리 기술진이 만든 경비행기 시험비행, 유·무인승 모두 7대'라는 제목의 기사를 실었지만 보다 크고 자세하게 소개한 『조선일보』 지면을 골랐다. 두 신문의 기사는 대동소이하지만 『경향신문』은 무인기 2대에 특별한 의미를 부여했다. "특히 무인승 비행기 2대는 설계에서부터 제작은 물론 원격제어 회로까지 모두 과기원의 연구진이 맡아 만들어낸 순 국산품이다." 『조선일보』는 시험비행 일자를 24일로 예고했지만 『경향신문』은 9월 초라고 예고한 점도 두 신문 보도의 차이점이다.

73) 1969년에 착공, 1972년 개장한 여수공항 활주로는 1200m였다. 두 차례 연장 공사로 2100m로 늘어났으나 울산공항(2000m·1928년 개장)과 함께 활주로가 짧은 공항에 속한다.

74) 2024년 12월 24일 전화 인터뷰. 한국항공우주연구원 정년퇴임을 앞둔 안 박사는 정확하게 40년 전의 KAIST 연구진의 시험비행 순간들을 사진처럼 기억했다.

75) 항공기 개발에서는 시험비행에서 수집된 데이터가 성공을 좌우하는 과정인데도 불구하고 KAIST 연구개발팀은 선행 시험비행 절차를 어쩔 수 없이 생략한 채, 1, 2차 시험비행에서 정책 담당자들 앞에서 항공기의 성능을 보여줘야 한다는 부담을 고스란히 떠안고 평가 비행을 진행할 수밖에 없었다.

76) 한국에서는 정반대 현상이 나타나고 있다. 기존의 경연대회마저 축소되거나 없어지는 추세다. 청소년들이 창의력을 겨뤘던 '신비차(新飛車) 경연대회'와 '민간동력항공기대회'가 없어졌고 한국의 간판 항공우주 경연대회 격이던 '스페이스 챌린지'도 2025년부터 단순 체험행사로 대회 성격이 바뀌었다.

77) 박영환 외, 「자연과학 편 제3집 항공공학」, 『한국의 학술연구』, 대한민국학술원, 2002, 103~173쪽; '부활에서 반디까지(중) 국산 3호 경비행기 까치…6대 해외 수출도', 『The Science Times』 2004년 2월 9일; 『월간 항공』 창간호~2000년 7월호; '아무나 탈 수 있는 항공기를 꿈꾼 Mr. Piper와 Piper J-3 Cub 비행기', 『항공우주 매거진』 제10권 제2호, 한국항공우주학회, 2016, 21쪽 등. 이동건 『한국최초의 경비행기 부활호』에서 재인용.

제 7 장

'기적의 해' 1978년과 '백곰' 미사일

대한민국 최초의 본격적인 양산 항공기인 500MD 면허생산 초도분[1]이 창공을 날던 무렵인 1978년, 한국은 주변국을 놀라게 만든 무기를 선보였다. 보안을 위해 '항공공업 발전계획'이라는 위장 사업명 아래 개발된 국산 중거리 유도무기 '백곰 미사일'의 공개 시험발사에 성공한 것이다.

1978년은 한국의 방위산업사에서는 '기적의 해'[2]라고 불릴 정도로 성과가 두드러졌던 시기다. 박정희 대통령은 1월 18일 연두 기자회견에서 "군의 기본적인 무기를 충족한 데 이어 이미 헬리콥터를 생산하고 있으며 1980년대 중반에는 고도정밀 무기와 항공기를 생산할 수 있는 기반을 갖출 것"이라고 자신 있게 밝혔다.

박 대통령의 자신감에서 주목할 대목은 시기를 앞당겼다는 점이다. 박 대통령은 1977년 6월 17일 처음 소집된 방위산업진흥 확대회의를 주재한 자리에서 "미 지상군 철수 문제가 제기되어 우리는

1978년 9월 26일 오후 2시 13분 34초, 충남의 안흥 발사장에서 불기둥을 뿜으며 하늘로 솟아오르는 '백곰' 미사일. 단군 이래 가장 성공적인 무기 개발 사례로 꼽힌다./사진=국방과학연구소

예정보다 조금 앞당겨 방위산업을 촉진하여 80년대 말까지는 항공기나 고도 전자무기의 일부를 제외하고는 완전히 자급을 실현하자는 것이 과제"라고 말했다.[3] 제1회 방위산업진흥 확대회의와 1978년 연두 기자회견의 시차는 불과 6개월인데 '고도 정밀무기와 항공기를 생산할 수 있는 기반을 갖추는 시기'가 80년대 후반에서 80년대 중반으로 앞당겨진 것이다. 할 수 있다는 확신이 없나면 공언하기 어려운 일정 단축이다. 자신감에는 배경이 있었다. '고도 정밀무기'의 상징 격인 국산 중거리 유도탄(백곰)의 시험발사가 1978년 4월에 시작된다는 국방과학연구소ADD 보고서가 이 무렵 올라왔다.[4]

'백곰' 연구진은 "개발에 성공한 뒤, 잘못된 정책[7]으로 인해 효과가 반감됐지만, 개발 비용 대비 수십 배, 수백 배의 경제적 파급 효과를 낳았다"며 "숫자로 정확한 통계가 나온 것은 아니지만 오늘날 우리나

라의 방위산업을 이끄는 핵심회사들이 모두 '백곰' 개발 과정에서 생겨난 것은 결코 우연이 아니다"라고 자신한다.[8]

첨단기술은 고사하고 공작기계의 기본인 선반旋盤 제작과 가공 기술마저 부족하던 1970년대 말 미사일 국산화 성공은 무에서 유를 창조한 '신화'다. 왜 신화인가. 미사일은 '비행하는 종합 과학'이고, 모든 분야의 수준이 동시에 올라가야만 개발할 수 있기 때문이다. 총기나 대포류와 달리 유도조정·구조해석·풍동風洞 시설과 운영 기술·추진제 등 각 분야의 고도기술이 모이고 개개의 첨단 과학이 상호간섭이나 충돌 없이 성능을 발휘하는 고도의 종합 과학이 바로 미사일이다.[9] 국내총생산이 108억 달러를 간신히 웃돌며 세계 32위권에 머물던 처지에서[10] 중거리 탄도탄 개발에 전력투구해 세계 7번째 개발국에 올랐으니 어떤 나라도 이런 기적을 이루지 못했다.[11] 한편으로 고도성장을 구가하며 안보에 과감히 투자해 거둔 성과였다. 한쪽을 중시하면 다른 쪽에 투자할 여력이 반감된다는 경제와 안보 양쪽에서 모두 성공한 사례이기에 더욱 값지다.

1. 리더 의지+예산 뒷받침+연구원 노력의 결실

국민들이 환호하기까지 정부와 ADD는 국산 무기 개발의 강행군을 걸어왔다. 1971년 말부터 1972년 초까지 불과 4개월 만에 기본 병기의 국산화가 가능하다는 확신이 들자 박 대통령은 의중에 담았던 대형 개발사업들을 쏟아냈다. 대구경 화포 국산화와 함정과 전차·항공기 개발, 이를 뒷받침할 중화학 육성과 원자력발전소 건설이 이 시기에 이뤄졌다. 국산 중거리 지대지 미사일 개발 성공은 1978년 발표된 방위산업 성과 중에서도 백미로 손꼽힌다.

마치 번개처럼 빠르게 국산 무기를 개발해내던 당시로서는 드물게 6년이라는 개발 과정을 거쳤다. 예산도 약 2000만 달러로 잡았다. 전년보다 27.7%나 증가했다는 1971년도 국방예산 총액이 1278억 원[13]이던 시절이었으니 정부가 국산 중거리 유도무기 개발을 얼마나 중시했는지를 가늠할 수 있다. 물론 해외 사례에 비하면 이마저도 턱없이 작았지만 당시 한국의 경제 상황과 비교하면 좀처럼 힘든 거액의 투자였다.[14]

연구진들은 6년이라는 개발 기간 내내 수없이 많은 난관을 극복해냈다. 대통령을 위시한 정부의 일관된 정책 의지와 재정적 뒷받침, 젊은 과학자들이 영혼까지 갈아 넣은 노력 3박자가 어우러져 백곰 미사일이 탄생한 것이다. 백곰 미사일을 개발하는 과정에서 체감한 실패와 한계마저 한국의 방위산업에 보약이 됐다. 두 차례 '번개사업'에서 소총과 기관총, 박격포 등의 개발에 성공했다지만 그 성능은 장담할 수준이 아니었다.[15] 원조물자를 역설계하고 급하면 청계천의 공구상가를 뒤지던 '번개사업'과 달리 백곰 미사일은 국내에 쓸만한 소재와 부품이 전혀 없었다. 소총은 숙달된 기술자의 망치질로 흉내낼 수 있었지만 미사일 개발은 전혀 다른 차원의 과제였다.

백곰 유도탄 개발에서는 세계 초일류급 연구소와 메이저 회사의 기술진과 상대해야 성과를 기대할 수 있었다. 백곰 미사일 개발을 통해 한국은 소총류를 뚝딱 만들어내고 우쭐대던 우물 안 개구리에서 세계의 벽을 넘으려는 도전자로 거듭난 셈이다. 한국이 개발한 무기에 대해 당시까지 국제사회가 민감한 반응을 보인 사례도 백곰 미사일이 유일하다. 『조선일보』는 1978년 9월 28

1978년 9월 27일 충남 안흥시험장에서 박정희 대통령이 임석한 가운데 시험발사를 앞두고 있는 국산 중거리 유도탄 '백곰'. 자주국방을 위한 방위산업 육성책을 서둘렀던 박 대통령이 가장 공들였던 무기로 손꼽히지만, 5공 정권 들어 가짜 논란에 시달렸다. 한국군 원거리 타격 능력의 핵심인 현무 미사일 시리즈의 원조다. 백곰 미사일을 개발하면서 확보한 기술은 현무 시리즈뿐 아니라 지대공, 함대함, 대전차미사일과 항공기 개발에도 영향을 미쳤다. 오늘날 K-방산을 이끄는 핵심 방산업체들도 백곰 개발 과정에서 생성되고 성장했다.[12]/사진=국방과학연구소

일 자 3면에서 한국의 중거리 유도탄 개발로 "군사 능력서 북한을 앞지를 것이며 대량생산 시 동북아 군사 정세에도 큰 영향을 줄 것"이라는 일본 언론을 인용 보도했다. 『경향신문』도 같은 날 2면 사설에 "한반도 정세는 물론 아시아 정세의 유동화에 큰 영향을 미칠 것"이라는 일본 언론의 보도를 담았다. 국제사회에 파장을 낳았던 국산 중거리 유도탄 백곰 미사일 개발은 박정희 대통령 서거 후 신군부에 의해 개발 중단 사태를 맞기도 했으나 다시 부활한 후 꾸준히 이어져 왔다. 오늘날 한국이 탄두 중량이 2t~8t에 이르는 중장거리 미사일을 비롯해 ○○○○발에 이르는 다양한 지대지 미사일을 보유하게 된 시발점도 바로 백곰 미사일이다.[16]

2. 박 대통령의 비밀 지시…위장 명 '항공산업 육성 계획'

박정희 대통령은 국방과학연구소를 아꼈다. 1970년 연두 기자회견에서 밝힌 국산 무기 개발을 위한 방위산업 육성 의지가 구체적으로 현실화한 게 ADD 설립이다. 처음부터 연구소의 소장을 장관급으로 못박았다. 부소장은 차관급으로 하되 저명한 과학자나 현역 중장을 포함시킬 수 있도록 지침을 내렸다.[17] 힘을 실어주자는 의도로 보인다.

백곰 미사일 개발은 1971년 12월 24일로 거슬러 올라간다. 이날은 7개 기본무기의 실제 사격이 있었던 날이다. 실사격이 이뤄진 과정은 강행군의 연속이었다. 시작은 김정렴 청와대 비서실장을 통한 박정희 대통령의 구두 지시 전달. 김 비서실장은 신응균 ADD 소장에게 7개 무기 목록을 건넸다. 목록에는 이렇게 적혀 있었다. ① M2 카빈 10정 ② M1 소총과 자동화 MX 각각 2정 ③ M1919A4 및 M1919A6 기관총 각각 5정 ④ 60㎜ 박격포 M19 4문, 81㎜ 박격포 M29 6문, 경량 60㎜ 박격포 2문 ⑤ 3.5인치 로켓 포 M20A1 및 M20B1 각 2문 ⑥ Mk.2 수류탄 300발 ⑦ M18A1 20발, M15 대전차지뢰 20발.[18]

육군 보병 중대와 대대의 기본 병기를 제작하라는 주문이었다. 제작 시한은 12월 30일. 이 목록을 전달한 날이 11월 9일이었다. 한 번도 시도한 적이 없는 무기의 시제품을 40일 만에 제작하라는 지시에 ADD에는 비상이 걸렸다. 천신만고 끝에 12월 16일 시제품을 청와대에 전시했더니 새로운 지시가 떨어졌다. "1주일 안에 시험 사격을 실시하라". 또다시 불철주야 실사격에 쓸 화기를 제작해 크리스마스 전날인 12월 24일 부산의 육군 ○○사격장에서 실사격을 무사히 마쳤다.[19] 가장 위험하다던 3.5인치 로켓 시험 사격도 성공했다.[20]

'실사격 성공'을 보고받은 자리에서 박 대통령은 오원철 제2 경제수석에게 친필 메모를 건넸다. 빨간 잉크로 '極祕(극비)'라는 한자가 적힌 메모에는 엄청난 내용이 담겨 있었다. 미국도 사거리 700㎞급의 퍼싱 미사일을 개발하는 데 10년이 걸리던 시절, 바주카포조차 역설계를 통해 겨우 만들어본 처지에 맨주먹으로 200㎞급 유도탄을 4년 만에 만들라는 지시를 받은 ADD는 대경실색했다.

ADD는 유도탄 같은 정밀유도 병기는 1980년 초까지 기술 기반을 확보하는 것으로 알고 있었다. 대통령이 연초 국방부 연두 순시에서 그렇게 지시했기 때문이다. 국방부를 거쳐 정식으로 4월 14일 자로 ADD에 접수된 공문에는 보안을 의식해 사업명이 '항공공업 육성계획'[21]으로 적혀 있었다. 대통령 지시에 ADD 심문택 소장은 한국과학기술연구소(KIAST)의 이경서 박사를 실무 책임을 맡을 적임자로 꼽았다. KIST 유체기체 역학실장이던 이 박사는 당시 대전차 미사일을 개발하고 있었다. 단장을 자신이 직접 맡고 간사로 이경서 박사를 선임한 심 소장은 최고 인재들로 팀을 꾸렸다.

ADD의 구상회, 박귀용 연구원, 각 군 사관학교의 교수 요원으로 박사학위를 소지한 육군 김정덕 소령, 해군 최호현 중령, 공군 홍재학 소령이 팀원으로 뽑혔다. 선발된 연구원들은 "4개월 이상 집에 갈 수도 연락할 수도 없으니 합숙 준비

유도탄 개발 지시

極秘

△ 방침

⑴ 독자적 개발체제를 확립함.

⑵ 지대지 유도탄을 개발하되, 1단계는 75년 내 국산화를 목표.

⑶ 기술개발을 위하여 국내외의 기술진을 총동원하고 외국 전문가도 초청하여, 외국과 기술 제휴를 함.

△ 추진계획

⑴ 비교적 용이한 것부터 추진한다.

- 유도탄 사거리: 200㎞ 내외의 근거리(비행거리가 멀면 투자비가 고가, 기술의 고도화를 요하게 됨)

- 탄두: 전략 표적 파괴 목적으로 파괴 효과가 큰 것을 개발하되 탄두의 교환성을 유지함.

⑵ 유도탄 기술연구반을 ADD(국과연)에 부설하고 공군에 유도탄 전술반을 설치함.

이상

박정희 대통령의 '유도탄 개발 지시'

를 철저히 꾸려서 모이라"는 지시를 받았다. 궁금하고 불안해하는 연구원들의 부인들을 초청한 심 소장은 "국가의 중요하고 비밀스러운 연구를 위해 외국으로 출장 가는 것이니 연락이 불가능하다. 앞으로 남편이 하는 일에 대해서는 묻지도 말고 일체 알려고도 하지 말아 달라"면서도 "그러나 걱정하실 일은 아니다. 안전 귀가를 보장한다"며[22] 안심시켰다.

3. 한여름 안가 합숙, 땀띠와 전쟁 속에 탄생한 항공공업 추진 계획서

연구팀은 동부이촌동의 국군 보안사령부 안가에서 5월 5일부터 4개월간 창문은 물론 커튼까지 치고 땀띠에 시달리며 작업한 결과 어렵지만 가능하다는 결론을 얻었다. 그런데 연구가 시작될 무렵 미국에서 구상회 박사에게 초청장을 보냈다. 미 국방부에서 ADD의 연구개발 체제 및 관리제도를 교육시켜야겠다며 초청한 것이다. 두 달여 동안 그가 미국 육해공군 유도탄 연구소를 돌며 애써 얻은 연구 장비, 시설, 인력, 조직 등에 관한 자료는 계획 작성에 큰 도움이 됐다. 항공공업개발계획단은 마침내 항공공업 추진계

획서 작성 작업을 9월 초 마쳤다. 계획서의 골자는 개발 첫 단계는 모방 개발로 시작하되 2단계에서 성능을 개량하고 최종 3단계에서 독자적으로 체계를 개발한다는 것이었다.[23] 「항공공업 계획」이라는 제목으로 673쪽에 이르는 보고서는 우리나라 '항공공업(유도탄) 육성'에 관한 최초의 공식 보고서다.[24] ADD가 국방부에 보고한 세부 사항은 아래와 같다.

계획은 세웠지만 실제 개발은 난관의 연속이었다. 계획 자체를 수정하고 관계기관의 견해를 조정하

항공공업 계획(1972년 9월 1일)

◆ 관련 근거: 국방부 지시공문(1972년 4월 14일 시달)
◆ 연구자
– 연구책임자: 심문택(ADD소장)
– 부책임자: 김재관(부소장)
– 연구위원 겸 간사: 이경서(ADD 4부 2실장)
– 연구위원: 구상회(4부 1실장), 서정욱(5부 1실장), 박귀용(4부 2실장)
– 위촉연구원: 홍재학(공군사관학교), 최호현(해군본부), 김정덕(육군사관학교), 손성재(KIST), 윤덕용(과학원), 김길창
　　　　　　(과학원)
– 연구조원: 이필호, 김병교(4부 2실)
◆ 차례
서론
제1장 로케트 현황
　　1-1. 세계의 유도탄 현황
　　　　(가) 대전차
　　　　(나) 함대함
　　　　(다) 지대지 유도탄
　　　　(라) 공대공
　　　　(마) 공대지
　　1-2. 한국과 북한의 로케트 현황 분석
　　1-3. 미, 일, 우리나라 로케트의 개발 현황
제2장 로케트 무기의 중요성
　　2-1. 육해공에서 요구되는 유도탄
　　2-2. 보유 유도탄 정비유지 문제
제3장 로케트 개발의 기술적 검토
제4장 개발 방안
제5장 결론 및 건의
　　　　결론: 무유도 로케트 개발(40㎞)
　　　　전략유도탄 개발-1단계 NH(나이키 허큘리스) 활용, 250㎞
　　　　건의: 1. 연간 15억 원 예산 지원
　　　　　　　2. 미국 호크 및 NH 견본품 대여
　　　　　　　3. 약 500만 달러 차관 및 필요 외화 사용 특별 조치
　　　　　　　4. 현역 파견, 전문가 초빙, 요원 해외공관 상주
　　　　　　　5. 철마지구 시험장 신설 승인[25]
　　부록

는 데 시일이 많이 걸렸다. 1973년 초 청와대에는 두 가지 계획안이 올라갔다.[26] 첫째, 1981년까지 사정 거리 500*km*인 지대지 유도탄을 개발하고 둘째, 1974년까지 무유도 중거리 로켓을 우선 개발하고 1976 년까지는 함대함 유도탄을 개발하며, 사정거리 250*km*의 지대지 유도탄 설계를 완료한다는 것이었다. 여 기에는 내자 66억 2901만 원과 차관 500만 달러라는 자금 소요와 경남 철마지구에 부지 100만 평, 건 평 4000평 규모의 시험장을 건설하는 내용도 포함돼 있었다. 이 보고서에 대한 대통령의 최종 결재는 18개월이 지난 1973년 5월 14일에서야 이뤄졌다. 항공사업부는 1974년 지대지 유도탄 시제기 사업인 XGM(X Guided Missile) 사업에 착수했다. 백곰과 현무 미사일 개발의 전 단계가 시작된 것이다.[27]

'항공산업 육성 계획'의 실무 책임을 맡았던 이경서 박사에 따르면 청와대 제2 경제수석실이 ADD와 는 별도로 외국 방산업체와 접촉하고 기술 수준을 점검하는 데 시일이 소요된 것으로 보인다. 박 대통령 이 정리한 유도탄 개발 방침은 명료했다. ADD가 항공공업사업에 총력을 집중하고 사거리 500*km*급 개 발에 치중하며 개발 기간을 1978년 말까지 단축하면서 '무유도 로켓'도 실용화한다는 게 목표로 잡혔다. 이때부터 산발적으로 추진되던 유도탄 개발 프로젝트가 본궤도에 올랐다. 인력이 모이고 대전 기계창과 안흥 측후소 등 기반시설 구축 작업이 본격적으로 진행됐다.

1973년 로켓의 기본 속성을 실험하기 위해 안동만 연구원이 무유도 로켓 '홍릉 1호'를 설계[28]했어도 정밀하게 제작할 곳이 없었다. 로켓 구성품의 수치 제어 개념조차 이해하는 업체도 없었거니와 강판을 밀 어 균일하게 펴고, 필요한 규격대로 주물을 제작할 수 있는 국내업체가 한 곳도 없었기 때문이다. 궁여지 책으로 동체를 청계천에서 구해 가공을 거쳐 모형을 만들었다. ADD의 로켓 모형 제작 소식에 고무된 국 방부가 대통령 연두 순시에 맞춰 청사 안에 전시하겠다고 요청했으나 운반에 걸맞은 기중기(크레인)가 없 어 연구원 수십 명이 함께 들고 계단을 오르내린 적도 있다. 홍릉 1호는 추력이 약하고 비유도인 데다 추 진제의 신뢰도를 확신할 수 없어 실전용으로 채 택되지는 못했지만 연구원들에게 '할 수 있다' 는 자신감을 불어넣었다.

ADD는 기술 측면에서도 홍릉 1호 개발 과정 에서 두 가지 소득을 얻었다. 고체 추진제와 원 격측정(telemetry) 기술을 확보한 것이다. 무유 도 로켓의 연료인 고체 추진제 기술이 초보적이 고 수량도 적었지만 기본 기술을 갖춤으로써 백 곰 미사일에 들어갈 고품질 대용량의 고체 추진 제 기술을 확보하기 위한 대외 협상을 능동적으 로 펼칠 수 있게 됐다. 일종의 데이터 통신으로 발사된 로켓이 어느 정도의 속도로 어디를 날고

1974년 12월 홍릉 1호 시험발사를 앞두고 임시발사대에 앞에 모 인 개발진. 일반에게도 공개되는 미사일 관련 서적에 나온 대로 설 계도를 그리고 제작한 무유도 로켓이었지만 연구원들은 시험발사 성공을 통해 '할 수 있다' 는 자신감을 가졌다. 연구진들이 군 전투 복을 착용한 게 인상적이다./사진=국방과학연구소

있는가를 측정하고 지상관제소에 보내주는 원격측정 기술을 이때 확보한 덕분에 ADD는 백곰 미사일을 시험발사하면서 실패와 성공을 실시간으로 파악하고 보다 빠르게 개선책을 마련할 수 있었다.

진짜 문제는 인력에 있었다. 선행연구를 진행하고 국내외 우수 인재 유치에 전력을 다했지만 한국 태생의 유도탄 전문가를 찾을 수 없었다. ADD의 대책은 해외 선진기술 도입과 국내 인력의 중장기 양성, 두 가지로 좁혀졌다. 먼저 선진기술을 보유한 미국이나 유럽 회사들과 협력을 모색했으나 예상대로 그들은 많은 금액을 불렀다. 그래도 작은 틈이 보였다. 한국이 유도탄 개발을 본격 시작한 직후인 1973년 10월 제4차 중동전쟁이 터지고 그 후유증으로 세계는 제1차 석유파동의 늪으로 빨려 들어갔다. 미국 역시 불황에 허덕였다.[29] 군수업체도 일감이 없어 곤경에 처해 있었다. 나이키 허큘리스 지대공 유도탄의 원제작사인 맥도널 더글러스사도 사정이 좋지 않았다.

ADD는 약간의 기대를 갖고 교섭을 벌였으나 MD사의 반응은 예상과 같았다. "기술 판매는 불가능하다. 정히 원한다면 미 국방부의 허가를 받아오라"며 손사래를 쳤다. 미 국방부에 타진하니 "안 된다"는 단호한 답변이 돌아왔다. 다만 MD사와의 교섭 중에 작은 틈이 보였다. 지대공이지만 급한 경우 지대지로도 활용할 수 있도록 나이키 허큘리스 유도탄을 개발한 MD사가 지대지 전용탄으로 개조하는 연구를 진행했었다는 정보를 이경서 부소장이 들은 것이다.

MD사에 나이키 허큘리스 유도탄의 사거리를 $180km$에서 $240km$로 연장할 의사가 있는지 물었더니 "조건부로 동의한다"는 답이 돌아왔다. 개조 개발에 필요한 연구비 2000만 달러 전액을 한국이 부담하라는 조건이었다. 이후 MD는 적극적인 자세로 나왔다. 그러나 ADD는 그만한 금액을 감당할 여건이 못 됐다. 전체 국방예산이라야 2944억 원(1974년 기준)이고 100만 달러 이상의 외화 결제는 한국은행 총재의 확인을 거치던 시절, 2000만 달러는 재정 여건상 통치 차원의 결정이 필요할 만큼 큰 금액이었다. ADD의 예산으로는 지출이 불가능했다.

하지만 나이키 허큘리스 미사일을 가장 잘 알고 있는 MD사에게 기술을 배우지 못하면 유도탄 개발이 절벽에 봉착할 수밖에 없는 상황에서 ADD는 수정 제안을 냈다. MD사의 제안을 수용하되 단계별 이행안을 낸 것이다. 첫 단계에서 예비 가능성을 검토해 통과하면 두

백곰 미사일과 외형이 같은 미국 맥도널 더글러스의 나이키 허큘리스 지대공 미사일. 고고도 폭격기 요격은 물론 핵탄두를 장착하고 대륙간탄도탄 ICBM까지 방어할 수 있도록 설계된 게 특징이다. ADD 개발진은 나이키 허큘리스의 외형을 채택하면서 기체역학과 공기저항 등에 대한 실험을 최소화할 시간을 벌었다./사진=ADD

번째 단계로 넘어가 실제 설계를 실시하고, 마지막 단계에서 개발과 생산에 들어가기로 합의했다. 1단계인 예비 가능성 검토에는 180만 달러를 부담하기로 하고 계약을 맺었다. MD 입장에서도 나쁠 게 없었다. 3단계까지 가지 않더라도 1단계에서 한국의 연구원 몇 사람과 공동연구를 진행하며 쉽게 180만 달러를 챙길 수 있었다.

1975년 여름 체결된 MD와의 계약에 따라 6개월간 미국 LA의 MD사 연구소에서 공동연구에 참여한 ADD 연구원 9명은 막대한 분량의 기술자료는 물론[30] 미국 기술진의 개인 경험까지 듣고 볼 수 있었다. 당시의 단기 연수 경험은 '백곰'뿐 아니라 ADD의 유도탄 개발에서 중요하게 쓰였다. LA에서 이들은 한국음식점 2층에서 합숙했다. 낮에는 MD사 요원과 공동연구를 하면서 구하기 어려운 기술자료를

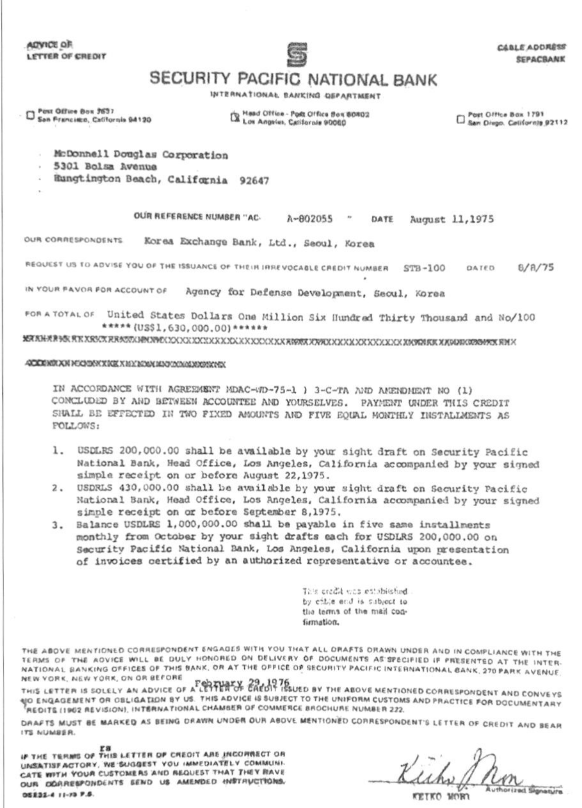

1975년 8월 11일 자로 작성된 MD사에 대한 계약금 지급 확인서. 3단계 계약조건이 문구에 명시돼 있다. 개발팀은 각고의 노력으로 1단계에서 원하던 기술의 대부분을 확보 2000만 달러 이상의 외화를 아꼈다.

모으고 밤이면 습득한 자료들을 서로 평가하면서 ADD만의 기술자료를 만들었다. 계획을 짜고 업무를 분장하다 보면 날이 새기 일쑤였다. 유도탄 개발본부가 LA로 옮겨온 것 같았던 6개월이 지난 뒤 모든 기초 설계자료를 확보하고 설계 방법까지 익혔다. 무엇보다 유도탄을 스스로 설계할 자신감이 생겼다.

개발팀은 나이키 허큘리스 공대지 유도탄의 유도장치를 육군에서 빌려와 MD사에서 습득한 유도장치의 작동원리와 메카니즘을 대조해가며 유도장치의 세부 특성까지 파악할 수 있었다. 연구원들의 밤낮을 가리지 않는 노력, 새롭게 배운 것을 기존에 보유한 장비와 대조해가며 검증하고 복습한 덕분에 2180만 달러가 들어갈 프로젝트에서 2000만 달러 이상(사후 정산에서는 163만 달러만 지출)을 아끼면서도 최소한의 기술에 접근할 수 있었다.

두 번째 방안, 자체 인력 양성은 세 가지로 접근했다. 금오공고 재학생에 대한 지원을 늘려 단순 기능인력이 아니라 고급 인력으로 성장할 수 있도록 제도를 마련하고 과학기술장교 제도를 도입, 우수 이공계 인재를 ADD로 모았다.[31] 공개 전형으로 모집된 과학기술장교들은 6개월 동안 각 군에서 복무한 뒤 파견 형식으로 ADD에서 일했다.[32] 세 번째로 현역으로 복무 중인 이공계 전공자 중에서 우수자원을 뽑아 파

견 형식으로 ADD에서 일하도록 각 군에서 인사 조치했다.

4. 산 넘어 산, 추진제 제조 장비 확보난-첫번째 행운으로 극복

해외 제휴선을 찾고 인력 양성에 나섰지만 개발팀에는 난제들이 산적해 있었다. 상세 설계와 핵심부품 수급부터 막혔다. 연료로 고체 추진제를 쓴다는 결론에는 쉽게 도달했다. 액체 연료는 효율이 좋고 강력하지만 주입 시간이 필요해 언제라도 발사해야 하는 전술 미사일에는 적합하지 않았다. 다른 나라에서도 우주탐사선이나 대륙간탄도탄(ICBM)을 제외하고는 중·단거리 미사일은 고체 추진제를 썼다. 백곰의 원형으로 삼았던 나이키 허큘리스 미사일도 마찬가지다.

문제는 고체 추진제 제조가 고난도 기술이라는 데 있었다. 산화제와 연료를 미세한 분말 반죽으로 만든 후 굳히는 일종의 화약인 고체 추진제를 만들려면 극도로 정교한

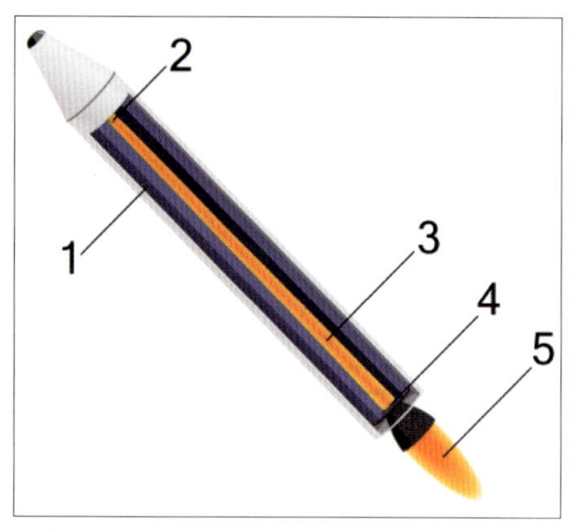

고체추진제를 사용하는 로켓의 구조도. 1. 고체 연료+산화제 혼합 추진제 2. 점화기 3. 원통형 연소실 4. 추진 노즐 5. 분사 가스/이미지=위키피디아

분쇄기가 필요했다. 추진제의 입자 크기가 100만분의 6*mm*이지만 이처럼 곱게 갈아낼 분쇄기도, 측정 도구도 없었다. 눈을 바깥으로 돌렸으나 한국의 미사일 개발을 대놓고 반대하던 미국에서는 조달은커녕 상담조차 어려웠다. 개발팀은 미국 독립 이전인 루이 16세 시절에 설립(1775년)된 프랑스 최대 화약회사이자 유도탄 제작사 SNPE사에 제조 기술 전수와 원료, 장비의 판매 의향을 물었다. 오원철 제2 경제수석의 사전 방문에서는 기술 지원 의사를 밝혔던 이 회사는 막상 실무 협의가 시작되자 까다로운 조건을 내세웠다. "기술 전수는 가능하다. 설비도 원칙적으로 판매가 불가능하지만 정히 원한다면 용량 50갤런 분쇄기는 설치해줄 수 있다"는 것이다. 가격은 2000만 달러를 불렀다.

금액도 금액이었지만 용량이 한참 작았다. 개발팀이 구상했던 백곰 미사일에 들어갈 고체 추진제는 1000갤런이었다. 50갤런 분쇄기를 사용하면 20번을 갈아야 하는데 품질이 일정하지 않으면 미사일의 성능을 보장할 수 없었다. 폭발 위험도 없지 않았다. ADD가 계약을 고민하던 시기에 미국에서 뜻밖의 소식이 날아왔다. 록히드의 자회사인 LPC사가 경영난으로 추진제 제조설비 일체를 매각한다는 것이었다. 캘리포니아의 LPC사 레드랜드 공장에는 300갤런 용량의 분쇄기 2대와 각종 추진제 제조설비에 대용량 X-ray 촬영기 등 검사장비들이 완벽하게 갖춰져 있었다. 300갤런급 분쇄기를 보유한 나라도 미국밖에 없었다. 다만 LPC사도 분명한 선을 그었다. "설비는 팔아도 기술이전은 불가능하다"는 것이었다.

ADD는 프랑스 SNPE사에서 기술을 배우고 설비는 LPC사에 들여오는 방안을 짰다. SNPE사와 계약에서는 MD와의 선례를 다시 써먹었다. "1단계로 기술이전을 받고 100만 달러를 지불한다. 효과가 있으면 2단계로 이행, 2000만 달러를 내고 분쇄기를 수입하겠다"는 계약을 맺었다. 이번에도 통했다. 이전처럼 1단계에서 기술이전만 받으면서도 획득할 수 있는 모든 기술을 받아왔다. 함대함 엑소세 미사일 제작 공정까지 엿볼 수 있었다.[33]

다행히 미국에서도 일이 잘 풀렸다. ADD 인수팀은 대형 분쇄기의 운용 방법에서 비파괴 시험, 추진제 충진과 추진기관 개발을 위한 핵심기술까지 전수받았다. 주요 장비와 자료도 같이 들어왔다. 생각하지도 못했던 선물도 있었다. 도서관에 비치된 자료를 파운드당 25센트라는 고물 가격으로 사들인 것이다. 미국에서 발행된 수많은 로켓 관련 간행물과 서적이 ADD 수중에 들어와 '백곰' 개발은 물론 다른 무기체계 연구에 큰 도움을 줬다. 개발팀이 천신만고 끝에 건설한 추진제 공장은 1988년 1월 한국화약 그룹에 매각된 이래 국내 방산업체의 기술력을 끌어올리는 데도 기여했다.

5. 위장 명 '대전 기계창'…국제 수준의 연구소 건립

'백곰' 개발에는 미사일뿐 아니라 시설과 공장 수준의 연구소도 필요했다. 당장 연구소 확보가 현안으로 떠올랐다. 김종필 총리는 과천 지역을 추천했다. 김 총리의 제안이 실현됐다면 지금의 서울대공원은 미사일 연구단지가 되었을지도 모른다. 하지만 이 방안은 일찌감치 탈락했다. 박 대통령의 의중에는 이미 수도 서울이 휴전선과 너무 가깝다는 생각이 들어 있었다. 개발팀장 이경서 박사는 경남 기장군을 염두에 두기도 했지만 물색 끝에 조치원과 유성 사이의 마을을 점찍었다. 마침 북한의 공격에서 멀리 떨어진 천안 이남이라는 조건에도 맞았다.

최종적으로 충남 연기군 수남리 일대 100만여 평을 연구소부지로 수용했다. 연구소를 건설할 때도 보안을 위해 '대전 기계창'이라는 위장 명을 붙였다.[34] 공사가 진행 중일 때는 '신성 농장'이라는 가명도 썼다. 보안에 얼마나 신경을 썼는지 공사를 미심쩍게 여긴 충남 도경국장이 현장에 출동했다가 군에 저지

국방과학연구소 정문에 있는 박정희 대통령의 휘호 '國防의 楚石(국방의 초석)'. ADD가 지닌 상징의 하나인 이 휘호는 1976년 12월 3일 대전 기계창 준공 기념으로 박 대통령이 하사한 것이다. 한국의 연구기관들이 몰려 있는 대덕연구단지도 대전 기계창으로부터 비롯됐다.

당하기도 했다. 유도탄 개발에 지대한 관심을 갖고 있던 박 대통령은 건설 현장을 찾아 식당(함바집)에서 연구원, 인부들과 함께 식사를 나누기도 했다.

6. 유도탄 개발에 대한 미국의 노골적 반대

대전 기계창 건설은 그 자체가 비밀이었다. 그러나 대통령의 방문이 잦고 충남 도경국장이 출입을 통제당한다는 사실에 미국은 미사일 개발을 위한 연구소 건설이라고 눈치챘다. ADD가 발주했던 기계설비에서 미사일 개발을 확인한 미국은 바로 견제에 들어갔다. 미사일은 언제든지 핵무기 운반 수단으로 사용 가능하다고 판단했기 때문이다. 주한미군 철수와 "아시아의 방위는 아시아인이 맡는다"는 닉슨 독트린 이후 한국이 자주국방을 위한 중화학공업과 방위산업 육성에 몰두하던 초기에는 도움까지 줬던 미국은 한국의 무기 개발이 핵무기까지 이어질 가능성에 촉각을 곤두세웠다.

특히 박정희 대통령이 외신과 인터뷰에서 "한국은 핵무기를 개발하고 있지 않으며 핵 확산 방지조약을

박정희 대통령의 외신 회견을 다룬 『중앙일보』 1975년 6월 13일 자 1면 머리 기사.

준수하고 있다"면서도 "그러나 만약 미국이 한국에 대한 핵우산을 걷어가면 한국도 핵무기 개발을 준비할 것"[35]이라고 말한 이후 미국은 노골적으로 핵무장 여부를 추궁했다.

대전 기계창이 준공(1976년 12월)된 뒤 의심은 더욱 커졌다. 준공식에 참석한 한 미군 장성은 유도탄 추진제의 시험광경을 보고는 충격을 받았다고 한다. 구형인 나이키 허큘리스 유도탄에서 사용하던 추진제는 검은 연기를 내는 반면 ADD의 추진제에서는 연기가 거의 없어 최신형 고성능 추진제라는 점을 바로 알아차렸다. 미국은 록히드 계열사 LPC의 추진제 공장을 판매할 때도 한국이 기술을 얻기 위해 또다시 매달릴 것이라고 여겼지만 미국 모르게 고성능 추진제를 생산하게 됐다는 점에 놀랐다는 후문이다.

준공식 직후 미 국방부 안보담당 차관보 아브라모위치가 예정에 없이 한국을 찾아 심문택 ADD 소장에게 질문을 퍼부었다. "한국에서 유도탄을 개발하고 있다는 것은 알고 있다. 탄두는 무엇인가. 다음 단계는 핵무기 개발 아닌가"라며 다그쳤다. 심 소장은 "핵 개발을 할 계획이 전혀 없다. 주한미군이 보유하고 있는 나이키 허큘리스 유도탄은 구식이라 미국에서는 곧 폐기 처분하고 한국군에 넘어오게 되어 있지 않느냐? 유지 보수를 위해 우리도 기술이 필요하다. 더욱이 나이키의 추진제는 수년마다 교체해야 하는데 미국에서 단종되면 우리가 생산할 수밖에 없다"고 답했으나 미국은 의심을 걷지 않았다. "한국은 고양이를 그린다고 하는데 호랑이가 될까 걱정"이라는 말도 남겼다.[36] 비행 금지 구역인 대전 기계창 상공을 미군 정찰기가 무시로 날아다니며 사진을 찍었다.

7. 4전5기의 백곰 미사일 시험발사

대전 기계창 준공 뒤, 개발팀은 1, 2단계 방식을 거치기로 의견을 모았다. K-1과 K-2 모델로 구분해 K-1 모델에서는 진공관을 트랜지스터로 바꾸고 추진제를 국산 고성능제품으로 쓰기로 했다. K-2형에서는 K-1형을 대폭 개량해나가기로 했다. K-1 유도탄의 당초 개발 완성 목표연도는 1980년 말로 잡혀 있었다. 그런데 갑자기 1978년 국군의 날로 단축하라는 지시가 내려왔다. 주한미군 철수의 구체화로 동요할 수도 있는 국민들에게 안심하라는 메시지를, 적에게는 경고를 보내려는 의도였다.

ADD와 방산업체들은 이에 따라 주야를 가리지 않는 강행군 속에서도 안전을 최우선 과제로 잡았다. 시험발사할 때 탄두에 폭발물을 장입하지 않아도 추진제 자체가 일종의 화약이라 폭발 위험이 있었다. 민가나 선박에 떨어지면 엄청난 피해가 발생할 수도 있다. 바다 한가운데 있는 무인도를 목표지점으로 설정하고도 이중 삼중의 안전대책을 더하고 시험발사까지 아래와 같은 3단계로 구분한 것이다.[37]

국산과 미국제 구성품을 섞어서 시험발사한 데는 안전 확보 외에 다른 두 가지 이유가 더 있었다. 첫째, 실패할 경우 어떤 구성품에 문제가 있는지를 보다 수월하게 파악하기 위해서다. 두 번째, 돈이 덜 들었다. ADD의 엔지니어들이 유도탄 본체의 설계도를 작성하고 직접 제작하는 데에는 막대한 비용이 투입됐다.

특히 본체 제작 비용이 비쌌다. 양산 제품과 소재를 구해서 하나하나 직접 손으로 깎고 다듬었으니 제작 단가가 높을 수밖에 없었다. 반면 양산 제품인 나이키 허큘리스 유도탄 본체는 무상 군사원조 형식으로 주한미군에게서 양도받은 무기여서 단가 개념이 아예 없었다. 재고가 상대적으로 많은 나이키 허큘리스 유도탄 본체를 최대한 많이 활용할수록 예산을 아낄 수 있었다.[38]

1978년 4월에 실시한 첫째 시험발사에서는 유도조정장치만 국산화한 유도탄을 발사했다. 기체는 계획대로 육군 방공포병에서 양도받은 나이키 허큘리스를 그대로 썼다. 하지만 첫 번 시험부터 이상이 생겼다. 처음에는 순조롭게 비행했으나 $100km$가량 비행 후 갑자기 좌우로 심하게 흔들리더니 송신이 끊어지고 말았다. 행방불명된 것이다. ADD는 사고 발생을 우려했으나 다행히도 사고 신고가 없었다. 행방불명된 유도탄이 바다에 떨어진 것으로 추정하며 가슴을 쓸어내렸지만 실패 원인을 제대로 규명하지 못한 상황에서 다음 달 실시된 2차 시험발사에서도 같은 현상이 나타났다. 전파를 통해 관제센터에 전송된 모든 자료를 분석했으나 아무리 연구해도 원인을 알 수 없었다.

원인 규명 과정에서 "유도탄의 비행경로를 너무 혹독하게 설정한 것 같다"는 의문이 제기됐다. 유도탄의 비행 항로를 상하좌우로 급격하게 바꿔 관성과 침로 변경이 상충해서 조정 불능상태에 빠졌다는 의견이었다. 유도탄의 실제 비행코스를 자유롭게 하고 목표지점에만 정확하게 명중하도록 수정한 뒤에야 문제가 풀렸다. 바로 다음 달인 6월에 발사한 제3호 유도탄은 목표를 정확하게 맞췄다. 똑같은 방식으로 발사한 제4호 유도탄도 성공했다.

개발진은 환호했으나 제2단계로 국산 로켓과 미국산 유도장치를 장착한 제5호 시험발사에는 처참하게 실패했다. 발사 직후 1단 부스터가 여러 조각으로 흩어져 안흥시험장 앞바다에 떨어졌다. 2단도 시야에서 사라졌다. 잠수부들이 하나하나 끌어올려 실패 원인을 분석한 결과 내열재와 노즐, 4개의 1단 엔진을 묶어주는 부스터 피팅의 보완이 필요하다는 결론을 내렸다. 보완된 부스터 모터의 지상 연소시험 중에 점화기 연결이 잘못돼 산불로 번지기도 했다. 마침 안흥연구소를 방문한 정일권 국회의장 일행은 연구소 직원들이 산불을 잡으러 뛰어다니는 모습도 지켜봤다. 모든 문제점을 보완했다고 자신한 뒤 발사한 제6호 백곰 미사일 시험발사는 완벽한 성공을 거뒀다. 국군의 날 이전으로 잠정 결정했던 공개 시험발사 행사를 무난히 치를 수 있다는 자신감도 생겼다.

하지만 9월 초에 실시된 완전 국산(3단계) 제7호 백곰 미사일 시험발사에서 또 문제가 생겼다. 발사된 미사일이 1단 분리 후 2단이 점화되지 않고 $10km$가량 날아가다 토도 앞바다에 추락하고 말았다. 연구진

회차	일시	구성	성패	실패/성공 요인 및 조치
1	4.29	미국제 나이키 허큘리스 미사일 본체 + 국산 유도장치	실패	100㎞ 비행후 통신 두절
2	5.6		실패	18㎞ 비행후 항적 소실
3	6.3		성공	비행경로 단순화
4	6.4		성공	소프트웨어 수정
5	7.22	국내 제작 본체 + 미제 유도장치	실패	발사 직후 비산
6	8.26		성공	구조 재설계
7	9.6	국내 제작 본체 + 국산 유도장치	실패	1단 분리후 2단 점화 실패
8	9.16		성공	추진체 표면 사포질

은 추진제 표면에 얇게 도포된 실리콘 막이 정상적인 점화를 방해했을 것으로 보고 기다란 장대에 사포를 부착해 1, 2단 추진기관 표면의 실리콘 오일을 조심스럽게 갈아내고 닦았다.[39]

문제를 해결한 뒤 9월 16일 실시된 제8호 미사일 시험발사에서는 대통령 행사 직전이어서 국방장관과 합참의장도 참관한 가운데 완벽한 성공을 거뒀다. 막판 시험발사한 3단계 유도탄에 사용된 외국산 부품은 유압장치뿐이었다. 이마저 어렵지 않게 국산화가 가능했지만 수량이 적어 비경제적이라는 판단에 따라 수입품을 사용한 것이다. 공개 시험발사에 앞서 치러진 8차례 시험발사는 성공 4건, 실패 4건이라는 성적을 거뒀다. 위의 표에서 보듯이 절반의 성공과 절반의 실패가 반복되면서 개발진은 애를 먹었다. 원인 규명이 어려웠기 때문이다. 국산과 미국산의 다양한 조합에 따라 원인을 찾기도 힘들었다. 그렇지만 머리를 맞대고 실패 원인을 찾아나가는 과정에서 유도탄의 특성을 '열 배 이상' 더 자세하게 파악할 수 있었다.[40] 실패가 앞으로 나아가기 위한 필요악을 거쳐 자산으로 바뀐 것이다.

1) 동북아를 긴장시킨 국산 유도병기

실패의 원인을 찾아 수정하고 오류를 개선하는 동안 공개시험발사일이 찾아왔다. 성공하면 4전5기가 되는 셈이지만, 실패한다면 항공공업 계획, 즉 미사일 개발 자체가 흔들릴 수 있다는 우려 속에 안흥시험장에 행사장이 꾸려지고 공개시험발사의 날이 밝았다. 1978년 9월 26일, 안흥 종합시험기지에는 박정희 대통령을 비롯한 3부 요인, 군 수뇌부, 내외빈과 보도진 100여 명이

1978년 9월 26일, 안흥종합시험장에서 시험발사 직전의 황룡 중거리 로켓. 미국제 어네스트 존 미사일을 대체하려는 용도로 개발해 2발 모두 시험발사에 성공했으나 5공 들어 개발이 취소되고 어네스트 존이 추가로 들어왔다.

한국 최초의 독자 개발 유도탄 공개 시험사격 행사에서는 로켓으로 추진되는 3가지 무기체계도 함께 선보였다. 한국산 정밀유도무기의 고고성(呱呱聲)이 울렸던 이날의 행사를 당시 개발진들의 기억을 토대 삼아 사진 6장으로 재구성했다.

① 관람석 왼편 산 중턱에 중거리 무유도로켓 '황룡' 너머 멀리 기립 전의 백곰 중장거리 유도탄이 보인다. 발사할 때 화염과 굉음으로 백곰 미사일 발사장소는 관람석에서 가장 먼 곳으로 잡았다. 백곰과 황룡의 발사지점에도 충분한 간격을 뒀다.

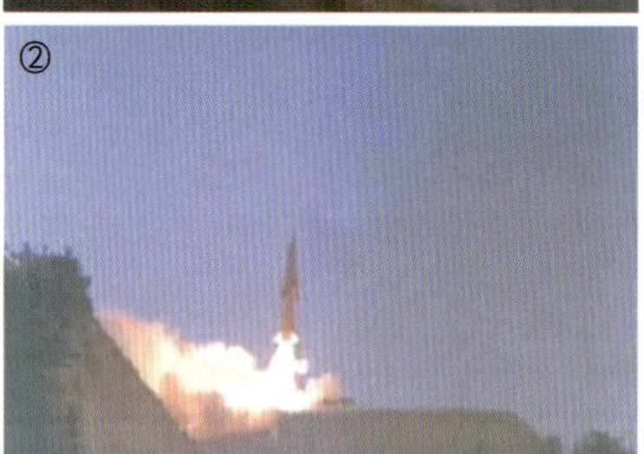

② 첫 순서는 백곰 미사일 발사. 2분 전부터 카운트 다운이 시작돼 분위기가 더욱 고조된 가운데 오후 2시 13분 34초에 거대한 화염을 내뿜으며 솟아올랐다.

③ 관람객들의 시야에 백곰 미사일이 멀어질 즈음 1단 추진체가 분리됐다. 카메라의 망원 렌즈에 담긴 1단 분리 순간.

④ 고개 들고 가슴 졸이며 백곰 미사일을 지켜봤던 관람객들의 시선은 행사장에서 가장 낮은 발사장으로 옮겨졌다. 뒤에 계곡이 있어 사격 후 은폐가 용이한 장소인 대전차로켓 'K-LAW' 발사장에서 통제관의 깃발이 내려가자마자 K-LAW 6발이 연속 표적에 명중하며 강철판을 뚫었다. 표적의 얇은 부분에 맞은 K-LAW의 탄두는 뒤의 바위까지 부쉈다.

⑤ 한국군에서는 생소한 무기인 다연장 로켓 '구룡'의 차례. 먼저 두 대의 발사차량이 한 발씩 표적을 향해 쏘았다. 다음부터는 0.5초 간격으로 나머지 54발(개발단계 구룡의 발사관은 28개, 개량형은 36개로 증가)이 순식간에 발사돼 10㎞ 떨어진 무인도에 강철의 비를 쏟아부었다. 특유의 발사음과 발사속도, 비행궤적, 타격지점의 연기와 불꽃으로 일반관람객들의 박수를 가장 많이 받았다.

⑥ 피날레는 중거리 무유도로켓 '황룡'이 장식했다. 산 중턱에서 발사각을 세운 채 대기하던 황룡 로켓 4발이 차례대로 불꽃을 달고 발사대를 떠나며 대미를 찍었다.

'성공'의 감격은 온전하게 이어지지 못했다. K-LAW와 황룡은 1980년 개발이 중단됐다. 공개 시험사격 행사의 하이라이트였던 '백곰'도 우여곡절을 겪었다. 박정희 대통령은 '백곰 미사일 100발 생산과 전담부대 창설, 실전배치를 서두르라'고 지시했으나 실제 생산량은 10발에 그치고 안흥시험장 부근에 '1001포대'라는 이름의 시험포대를 설치했을 뿐이다. 신군부와 5공의 억압에 눌린 탓이다. 그럼에도 백곰 개발이 의미 있는 것은 꺼진 불씨가 '현무' 미사일로 되살아나 '현무 시리즈'로 도약하는 기술적, 정신적 원천이었기 때문이다. 구룡 체제는 유일하게 순탄한 발전과정을 걸었다. 구룡 개량형을 거쳐 천무 시스템으로 발전해 세계 각국의 러브콜을 받고 있다..

참관한 가운데 시험발사가 이뤄졌다.

한국형 지대지 중장거리 유도탄과 중거리 로켓, 다연장 로켓, 대전차 로켓도 같이 시연 행사를 가졌다. 당초 순서는 백곰 중장거리 유도탄 발사가 맨 나중이었으나 가장 먼저 쏘는 것으로 바뀌었다. 혹시 다른 무기를 시험하면서 레이다에 문제가 생길 수도 있다는 우려에서였다.[41] 시험발사의 결과는 대만족. 하나같이 성공했다. 하이라이트인 중장거리 지대지 유도탄은 발사 명령과 함께 불기둥을 뿜으며 수직으로 솟아올랐다. 1단계 로켓이 떨어져 나간 다음 2단계 로켓이 점화되고, 포물선으로 궤도를 잡아 순식간에 시계를 벗어났다. 몇 분 후 명중 신호가 전해졌다. 관람대와 통제소에선 환호성이 터졌다. 기술진들은 얼싸안고 감격의 눈물을 흘렸다. 한국은 이로써 유도탄을 자체 개발, 보유한 나라가 되면서 최소한의 보복 능력을 갖췄다. 박정희 대통령은 백곰 미사일을 100발가량 생산해 평양을 타격하기 좋은 지역을 찾아 부대 배치하되, 1980년까지 1개 시험포대를 설치할 수 있도록 양산을 위한 실용 개발을 서둘러 끝내라는 지시를 내렸다.[42]

'백곰' 시험발사가 성공한 뒤, 다른 3종의 무기들이 시험대에 올랐다. 먼저 대전차무기(K-LAW) 6발 사격이 있었다.[43] 표적에 명중할 때마다 폭염과 함께 굉음이 울리고 장갑판이 뚫렸다. 바로 관람대에서 500여m 떨어진 언덕에 포진한 다연장로켓('구룡') 2대의 연속 발사가 이어졌다. 다연장로켓은 북한이 소련제 BM-21 다연장과 그 모방품을 대거 확충하고 있다는 정보에 따라 급하게 개발한 화기였다.[44] 두

'백곰' 시험발사 성공 관련 박정희 대통령 일기

'9월 26일(화) 晴(맑음)

금일 오후 충남 서산군 안흥에서는 우리나라에서 처음으로 유도탄 시험발사가 있었다. 1974년 5월에 유도무기 개발에 관한 방침이 수립되어 불과 4년 동안에 로켓유도무기 개발을 성공적으로 완성하여 금일 관계관들 참관하에 역사적인 시험발사가 있었다.

① 대전차 로켓(3.5촌 로켓을 더 발전시킨것) ② 다연장 로켓(28연발, 사거리 20km) ③ 중거리 로켓:가칭 황룡(사거리 50km:어네스트 존과 유사) ④ 장거리 유도탄:가칭 백곰(사거리150km, 유효 반경 350m, 나이키와 유사함). 4종목 다 성공적이었다. 그동안 우리 과학자들과 기술진의 노고를 높이 치하하다. 귀로 삽교천 방조제 공사현장에 잠깐 내려서 공사현장을 시찰하고 현장에서 수고하는 농진공사 직원들을 격려하다. 진도 74%, 79년 말 완공 예정[48]이라고 한다.

대 차량에 실린 구룡 발사대에서 0.5초 간격으로 발사된 로켓탄 56발[45]은 1km 거리의 무인도를 타격했다. 행사의 마지막 순서는 황룡 중거리 로켓으로 4발이 해상을 향해 발사되며 대미를 장식했다.

'황룡'은 미국이 한국의 반대를 무시하고 주한미군 7사단을 1971년 일방적으로 철수시키면서 한국군에 이양한 어네스트 존 로켓[46]을 대체하기 위한 용도로 개발됐다. 황룡 미사일은 백곰 미사일의 1단 추진체에 들어가는 4개 로켓 모터에서 1개를 추진체로 사용해 단기간(2년)에 개발할 수 있었다. 중거리 유도탄을 비롯한 4개 무기체계의 시험발사는 한국의 기술과 무기 제작 수준을 대내외에 과시하는 것이었다. 현장에서 백곰의 성공을 지켜본 박 대통령은 그 감흥을 일기〈**앞쪽 사진**〉에 남겼다.[47]

한국의 유도탄 개발 성공은 세계 각국의 관심을 불러일으켰다. 일본이 가장 민감하게 반응했다. 다음 날 일본의 조간신문들은 하나같이 장차 아시아 정세에 큰 영향을 끼칠 것이라고 내다봤다.『아사히 신문』은 "한국이 국방력을 급속하게 강화하고 있는 것은, 주한미군 철수와 일-중 평화우호조약 체결 등 한반도를 둘러싼 아시아 정세의 유동화에 큰 영향을 받은 것으로 보인다"며 "한국의 유도탄은 포물선을 그리는 탄도 비행을 하는 형식인데 일반적으로 명중률이 낮다. 정밀도의 부족을 핵탄두로 보강하기 전에는 당장은 군사 균형을 변경시킬 정도는 아니다"라고 보도하며 핵 개발과 연관시켰다.

『요미우리 신문』은 "북한보다 10년 늦게 70년대 초부터 방위산업 개발에 착수한 한국은 이번의 유도탄 발사 실험 성공으로 북한을 앞지른 것으로 평가되며, 특히 북한이 보유하지 않은 것으로 알려진 핵무기 운반체를 보유했다는 것은 안보상 커다란 의미가 있다"고 논평했다.

소련 국방부 기관지인『크라스나야스베스다』도 이례적으로 한국에 대한 보도를 7월 29일 자에 실었다. '한국의 유도탄 생산은 핵무기 생산의 예고'라는 제목 아래 "한국의 장거리 지대지 미사일 발사 성공은 곧 핵무기 자체 생산을 예고하는 것이다. 한국은 오래전부터 탱크, 군함, 대구경 포 등을 자체 생산하고 있었으며, 총예산의 35.9%를 국방비에 사용해 급격한 국방력 강화작업을 서두르고 있다"고 보도했다.

미국의 항공 우주전문지인『에비에이션 위크』지는 "한국이 최근 개발해 실험 발사에 성공한 한국형 지대지 장거리 미사일의 사정거리는 60~100마일(100~160km)로 보이며, 휴전선 부근에서 발사할 경우, 평양까지 도달할 가능성이 있다"고 보도했다. 종합하면 동서 양 진영이 똑같이 한국의 독자적 유도탄 개발에 놀랐으며 핵무기 운반체제를 갖추게 됐다는 점을 강조하며 동북아 지역의 정세에 커다란 변화가 올 수도 있다는 것이다.

미국 국방부 대변인은 "주한미군 사령관의 보고를 받을 때까지 한국의 미사일 발사에 대해 논평할 수 없다. 그러나 그러한 계획은 알고 있었다"고 말했다. 한국 정부의 미사일 개발 계획은 알고 있었다고 언급한 데에는 카터 행정부가 한국의 유도탄 개발 계획을 알고는 있었지만 도와준 적은 없고 한국이 독자적으로 추진했다는 뜻이 담겨 있다.

발사 성공 후 미 국방부에서 시험평가부장이 전문가 7명을 대동하고 1주일간 ADD에 머물면서 조사 활동을 펼쳤다. 보고서에서 그들은 "미국에서 설계해도 이 이상 시험설비는 할 수 없다"는 결론을 내렸다. 여기에는 두 가지 의미가 있다. 잘 만들었다는 것과 앞으로는 한국이 어떤 폭발물에 대해서도 시험평가를 할 수 있는 능력을 갖췄다는 뜻이다. 미국 조사단은 "시험장 기술을 어느 회사에서 도입했는가는 말하지 않아도 좋다. 다만 영국인지, 프랑스인지만 가르쳐 달라"고 졸랐다. 독자적으로 개발했다고 설명했으나 믿지 않았다.

ADD로서는 의외의 소득도 있었다. ADD의 시험장 시설이 미군의 시험장 수준과 동일하다는 판정이 나왔고, 극동에 저장하고 있는 전시 비축 탄약류-탄환, 포탄, 폭약, 로켓탄, 폭탄 등-에 대한 시험평가 의뢰가 왔다. 미군으로서는 지극히 합리적인 선택이었다. 극동 주둔 미군이 탄약류를 미국 본토까지 운반해 시험 평가하는 것보다 비용과 시간을 대폭 절약할 수 있었기 때문이다. 이로써 ADD는 크지는 않지만 달러도 벌기 시작했다. 그러나 일각에서는 미군이 일감을 조금 떼어주고 대놓고 편안하게 ADD를 감시하는 구조를 만들었다는 해석도 나왔다.

8. 미국의 감시에도 NHK-2 유도탄 개발 착수

유도탄 개발이 성공한 후 카터 행정부와의 긴장은 더욱 높아지는 가운데 ADD는 NHK-1형 다음 단계인 NHK-2형 개발에 총력을 기울였다. 나이키 허큘리스나 NHK-1 유도탄은 지대지 미사일로는 한 가지 큰 결점이 있었다. 미사일이 목표물에 도착하기까지 전파로 계속 유도해야 하는데 유도를 잘못하거나 적의 전파 방해를 받으면 엉뚱한 곳에 떨어질 수 있었다. 반면 NHK-2형은 사전에 데이터를 입력하면 전파 방해를 뚫고 목표물에 명중하도록 되어 있었다. 미사일마다 사전에 목표물을 지정해 놓고 발사 버튼만 누르면 일시에 여러 개의 미사일이 독립된 목표물로 날아가는 것이다.

쉽게 말해 NHK-1형은 자기 위치를 노출해 가며 비행하는 반면 NHK-2는 적의 레이다가 포착하기 전에는 발견되지 않고 목표물 공격이 가능하다. 발사 버튼 하나로 여러 개 미사일을 조작할 수도 있었다. 기술적으로 여러 가지 방법 중에서 관성유도장치(INS)에 의한 유노방법을 택했다. 개량이 시급한 과제도 있었다. NHK-1에서는 1단 로켓에 4개를 묶는 방식으로 높은 추력을 냈지만 불안 요소가 상존했다. ADD는 고성능 추진제를 1단 로켓 단일 본체에 넣는 방식으로 개량했다. 남은 문제는 관성 유도기술을 어떻게 획득하느냐 그 하나뿐이었다.

9. 영국 관성유도 기술 획득과 미국의 불만

먼저 미국과 접촉했다. 관성유도장치를 제작하는 미국 회사에 문의하니 "국무부 허가를 받아오라"는 답변이 돌아왔다. 국무부는 "안 된다"고 잘랐다. 프랑스는 의향은 있으나 가격을 비싸게 불렀다. 궁한 가운데 영국의 페란티(Ferranti)사가 일본의 F-1 전투기에 들어가는 관성유도장치 기술을 제공했다는 사실을 알아냈다. 기술이전에 난색을 표하는 영국 국방부와 페란티사에 개발진은 "일본은 되고 한국은 안 되는 이유"를 항의한 끝에 끝내 계약을 맺었다.[49]

페란티사의 항공기용 관성유도장치를 유도탄용으로 개조하는 기술 계약의 주 내용은 네 가지였다. △관성 유도장치는 한국에서 조립하고 △영국은 중요 부품의 생산 기술을 전수하며 △조립용 특수 시설 및 장비를 한국에 제공하고 △한국 기술자에 대한 훈련까지 맡는다는 것이다.

당시 ADD 협상팀은 주요한 부대조건을 하나 걸었다. "계약 체결 사실을 만 1년간 미국에 통보하지 말라"는 것이었다. 영국은 이를 받아들였다. 1년 뒤 영국에서 이를 통보받은 미국은 한국이 유도탄 개발에 나섰다는 점을 재차 확인하고는 저지하려 애썼다. 미국은 영국에도 한국에 대한 기술 제공 중단을 요구했다. 영국은 이에 대해 "한국을 일본과 차별대우할 수 없으며 이미 기술을 제공했기에 중단해도 실효가 없다. 영국은 계속 지원할 것"이라고 맞섰다. 미국은 이후 다양한 경로를 통해 압력을 넣었다. 글라이스틴 주한 미국대사가 정부 각 부처의 장관에게 항의하고 존 위컴 주한미군 사령관은 ADD 대전 기계창을 방문해 설명을 듣고는 불만을 품고 돌아갔다.[50] 한국의 독자적인 유도탄 개발에 대한 미국의 불만은 결국 ADD에 위기로 되돌아왔다.

10. 미국의 압박과 전두환 신군부 등장, 유도탄 개발 중단

ADD는 박정희 대통령 암살과 신군부의 등장이라는 소용돌이에서도 백곰 미사일의 실전 배치형(NHK-1) 양산과 개량형(NHK-2) 개발에 몰두했으나, 1980년 여름 이후 '백곰' 개발진에 시련이 닥쳤다. 권력을 잡은 신군부는 박 대통령이 심혈을 기울여 추진했던 중화학공업에 대해 과잉투자론을 끌고 나왔다. 박 대통령 격하 운동도 펼쳤다.[51] 백곰 미사일 개발을 뒷받침하던 ADD에서는 소장이 갈린 뒤 두 차례에 걸쳐 가짜 소동이 일어났다. 전두환 대통령은 보안사령관에 취임(1979년 3월)하자마자 ADD를 방문해 하루종일 둘러보고 극찬을 아끼지 않았지만 대통령 취임 이후에는 백곰 미사일에 "미국제 미사일에 페인트칠만 칠한 가짜"라는 프레임을 씌웠다. 새로 취임한 ADD소장은 "백곰 개발팀이 작당해서 박 대통령을 속여 국가에 수천억 원대 손해를 끼쳤다"고 몰아붙였다. 결국 1980년 8월 이경서·강인구·고철훈·한홍섭·김웅 박사 등 수십 명의 연구원들이 사표를 냈다.[52]

온갖 어려움에도 남은 연구진들은 NHK-2 개발과 시험발사에 성공(1982년 10월 30일)했다. 현장에서 이를 지켜본 합참의장은 시험발사 성공에 고무된 나머지 연구원들에게 훈장을 상신하겠다며 귀경했으나 돌아온 것은 훈장이 아니라 징계였다. NHK-2도 가짜라는 2차 가짜소동이 일었다. 합참의장은 안흥종합시험장을 방문해 시험발사를 참관한 사실조차 부인했다. 결국 신군부 등장 이후 ADD 정원 2598명이 1759명으로 줄어들었다. 백곰 미사일 개발의 실무 총책임자였던 이경서 박사(현 단암시스템즈 회장)는 강제퇴직 후 43년이 흐른 2023년 출간한 저서를 통해 의문을 제기했다. "내가 지금도 뼈아프게 여기는 대목은 우리가 어렵게 갈고 닦은 자주국방의 터전을 전두환 대통령과 그의 친구(육사 11기 출신 ADD 소장)가 완전히 파괴했다는 것이다. 지식과 기술을 지닌 연구원들은 연구소에서 쫓겨났고, 조만간 빛을 볼 것이 확실한 사업들이 갑자기 중단되었으며, 당연히 추진해야 할 새로운 사업들은 일거에 계획 자체가 폐기되었다. 군 출신 대통령과 국방과학 연구책임자가 왜 이런 매국적 결정을 내리고 실행했는지, 지금도 도무지 이해하기 어렵다."[53]

11. 모든 지원을 아끼지 않았던 3공과 중단한 5공

박정희 대통령은 백곰 유도탄 개발에 물심양면의 지원을 아끼지 않았다. 직접적인 예산 지원 외에도 간접적으로 돕는 방안도 최대한 동원했다. 도로와 사택, 편의 시설, 차량 구입에 이르기까지 세심한 배려를 아끼지 않았다. 연구원과 가족들의 교통 편의를 위해 건설부는 7억 4000만 원을 들여 1975년 안흥-혜미 간 도로 43.5km를 개설하고 1976년에는 11억 9000만 원 예산을 투입, 포장까지 마쳤다. 한국도로공사가 용지매수비 7500만 원, 공사비 2억 2200만 원을 들여 1975년 말 완성한 호남고속도로의 유성 인터체인지도[54] ADD 지원을 위해 공사가 앞당겨졌다. 충청남도 역시 진입도로를 1975년 깔았다. 재무부와 내무부, 서울시는 차량을 구입하는 ADD 연구원들을 위해 물품세와 자동차세, 면허세, 취득세 면제를 위해 관련 규정을 고쳤다. 재무부는 시중은행들과 협의해 연구원들의 차량을 구입하는 경우, 군 장성급과 동일한 우대 금리를 적용했다.[55] 처음 입사하는 연구원들도 파격적인 대우를 받았다. 대기업보다 훨씬 높은 보수를 받고 해외여행은커녕 여권 발급조차 어려웠던 시절에 해외 기술연수 기회도 많아 ADD 연구원은 1등 신랑감으로 통했다.[56] 대전 기계창의 직원용 아파트에는 전용 수영장까지 딸려 있어 부러움을 샀다.

반면 5공 정권을 세운 신군부는 ADD의 연구원들을 해고하고, 민간 출신 연구원들에 대한 파격적 대우를 군 출신 연구원들과 같은 수준으로 점차 내렸다. 대거 반강제 퇴직과 함께 본부(본소) 조직도 지상병기사업단, 해상병기 사업단, 유도무기 사업단, 통신전자 사업단, 화공기재 사업단 등 5개 사업단 체제에서 1983년 1월 체계 개발단과 기술사업단 2개로 줄였다. 박정희 대통령이 삽을 뜨며 1971년 4월 착공해 1972년 11월 준공한 서울 홍릉 소재 청사를 1983년 1월 대전으로 이전했다. 인원 감축과 조직 축소, 본소 이전이 겹치며 미사일 개발이 중단되고 사기도 꺾였다. 우수 인재 확보에도 어려움이 뒤따랐다. 우수 인력들의 지방 기피 사례도 이어졌다.[57] 국방과학연구소가 창립 40주년을 맞아 2010년 편찬한『국방의 초석 40년, 1970~2010』에서는 이 시기를 연구소의 '시련/고난기'로 규정한다. 이경서 박사의 질문대로 신군부가 왜 자주국방의 견인차인 ADD를 압박하고 핵심 인력들에게 퇴사 압력을 넣었는지는 누구도 규명하지 않았다. 분명한 사실은 하나 있다. 미국의 감시와 사찰은 더 이상 없었다는 것이다.[58]

12. 사라지지 않는 백곰 … K-미사일로 진화하는 '백곰'의 유전자

신군부에 의해 핍박을 받았어도 백곰 미사일은 죽지 않았다. 두 차례 가짜 파동과 고위장성의 거짓 증언으로 무산될 것 같았던 한국산 중거리 유도탄을 비롯한 ADD의 신무기 개발프로젝트는 국가적 불행을 만나며 극적으로 되살아났다. 1983년 10월 9일 미얀마 아웅산 묘역에서 북한 공작원에 의한 폭탄 테러로 서석준 부총리를 포함한 한국 고위관리 17명이 사망하고 이기백 합참의장 등이 부상당하는 참변이 일어났다. 아웅산 테러사건은 86 아시안게임과 88 서울올림픽에 대비하고 북한의 도발에 즉시 응전하기 위해서는 장거리 정밀타격 수단이 필요하다는 사실을 다시금 일깨우는 계기로 작용했다. 그토록 '백곰'을 짓밟았던 5공으로

'현무' 미사일 발사 장면./사진=국방과학연구소

서는 국가적 위기라는 대가를 치르고 나서야 국산 타격무기의 필요를 절감한 셈이다.

부관 전인범 중위(육사 37·특전사령관 역임, 예비역 육군 중장)가 사고 현장에 달려가 업고 병원으로 뛴 덕분에 구사일생으로 목숨을 건진 이기백 합참의장은 병상에서 ADD 관계자를 불러 88 올림픽 이전에 장거리 타격 수단을 개발하라는 지시를 내렸다. 인력은 떠났어도 개발은 크게 어렵지 않았다. 설비가 있고 이미 개발해 시험발사까지 성공한 NHK-2의 설계도와 기술자료, 핵심부품들이 온전하게 남아 있었기에 1984년 9월 첫 시험발사에 성공할 수 있었다. 두 차례 비공개 시사를 거쳐 첫 공식 시험발사(1985년 9월 21일)[59]를 눈으로 지켜본 전두환 대통령은 "백곰 미사일은 미국제 미사일에 페인트만 칠한 것이었는데 이번 것은 진짜 국산 미사일"이라고 말했다.[60] 새롭게 개발된 미사일은 '현무'라는 제식 명칭을 받았다.

전 대통령은 백곰 미사일의 이란성 쌍둥이 동생 격인 '현무-1 미사일은 진짜 국산이고 백곰은 미국제 미사일에 페인트만 칠한 것'이라는 편견을 전혀 고치려 하지 않았다. 그러나 만약 그의 말대로 가짜였다

면 현무 미사일도 단기간에 개발될 수 없었다. 백곰과 백곰 2(NHK-2)의 개발 경험이 쌓였기에 현무 개발이 가능했던 것이다.

현무 개발에서도 우여곡절은 있었다. 1986년 말 8번째 시험비행으로 시험평가를 마칠 계획이었으나 발사된 미사일은 $10km$ 지점까지만 정상비행하고 서서히 왼쪽으로 선회하며 계획된 궤도에서 이탈하고 말았다. 부안반도의 논바닥

1987년 건군 39주년 국군의 날 시가행진에서 시청 앞을 통과하는 현무-1 미사일과 운반 차량.

에 추락한 현무 잔해를 면밀히 분석한 결과 미국에서 수입한 작은 부품 하나의 접촉 불량이 원인으로 밝혀졌다. 미국의 정밀검사 시스템을 통과한 것으로 믿었던 조그마한 커넥터 핀 하나의 불량이 전체 실패의 원인이었다는 점은 오히려 신뢰도 향상의 계기로 작용했다.[61] 모든 부품에 대한 도면과 절차서, 규격서와 제작 절차를 전면 재검토한 뒤에 두 차례 더 시험발사를 거쳐 현무는 1987년 말 1개 포대를 창설하며 재빠르게 전력화에 들어갔다.

현무-1 미사일 등장 이후 한국은 탄두 중량이 무려 8톤에 이르는 것으로 알려진 현무-5를 넘어 현무-6의 개발도 추진하고 있다. 백곰 미사일을 개발하면서 습득한 기술은 한국의 모든 미사일에 살아있다. '백곰'의 유전자뿐 아니다. 해외시장에서 각광받는 다연장 시스템인 '천무'에도 1970년대 초중반 개발한 구룡 로켓의 유전인자가 살아있다. 한국은 미답지였던 항공무장도 2030년대 중반까지 장거리 공대지 미사일, 단거리/장거리 공대공 미사일, 공대함 미사일까지 완전 국산화할 계획이다. 모든 미사일은 방산업체에서 양산을 맡지만 개발과 연구에는 ADD가 늘 포함되어 있다. 모든 미사일을 개발할 수 있는 ADD의 역량과 자신감은 백곰으로부터 비롯된 것이다.

1978년 국군의 날에 처음 선보인 '구룡' 다연장 로켓(왼쪽). 초기 시제품이어서 발사관이 28개였으나 양산단계에서는 36개로 늘어났다. '구룡'을 계승한 '천무' 다연장 로켓. 가성비가 뛰어나 각국의 러브콜을 받고 있다(오른쪽).

1) 500MD 헬기의 조립생산 1호기가 나온 1976년의 한국은 가장 역동적인 시기를 지나고 있었다. 방위산업에서는 헬기와 전차 양산이 시작되고 국산 유도탄 개발도 착착 진행됐다. 무엇보다 경기가 좋았다. 1973년 제1차 석유위기의 여파로 1975년 9.5%, 1975년 7.8% 성장에 머물렀던 국가 경제도 1976년에는 13.3%라는 고속성장 가도에 다시 올라탔다. 1970년대 중후반 한국의 방위산업은 지도자의 의지도 강했지만 고성장 기조 덕분에 빠르게 자리 잡을 수 있었다.

2) 라틴어로 'Annus mirabilis'로 불리는 '기적의 해'는 흑사병을 피해 고향에 머물던 23세의 아이작 뉴턴이 수학과 철학의 의미를 사색 중 미분과 적분, 만유인력과 천체의 움직임의 기본원리를 규명했던 1665~1666년을 일컫는다(David Berlinski, A Tour of the Calculus, 5쪽).

3) '방위산업진흥회 구성-고도 전자무기 제외 80년대 말까지 자급자족', 『조선일보』 1977년 6월 18일 자, 1면.

4) ADD는 당초 '사거리 250㎞급의 지대지 미사일의 8년 내 개발'을 목표로 삼고 있었다.(이경서, 『박정희 대통령의 자주국방』, 도서출판 이른 아침, 2023, 235쪽). 박 대통령은 1971년 말 오원철 제2 경제수석의 보고에 따라 1차 완성 시기를 1975년으로 제시했지만 1972년 2월에는 개발 기간을 1979년으로 수정했다(안동만·김병교·조태환, 『백곰, 도전과 승리의 기록』, 플래닛미디어, 2016, 124쪽). 오원철 제2 경제수석은 『한국형 경제건설』 569쪽에서 "백곰 유도탄의 개발 완성 목표는 1980년 말"이라고 회고했다. 가장 어렵다던 미사일 개발 일정 단축으로 정부의 자신감은 더욱 높아졌다.

5) 창설 30주년 기념 국군의 날에서는 현대정공에서 생산한 M-48A5K 전차 1개 대대가 선보였다. 이 전차는 미국산 M-48A1·A2전차의 엔진과 주포를 교체하고 사격통제장치를 개선한 개조형으로 당시 미국의 1선 전차이던 M-60 전차와 대등한 성능으로 평가됐다. 당시 정부는 한국형 M-48A5K 전차 개조생산 발표 한 달 뒤인 1978년 5월 미국 크라이슬러 지상 부문과 한국형 전차(ROKIT:Repulic Of Korea Indigenous Tank) 개발에 관한 양해각서를 체결하고 신형 전차 개발에 착수했다. 이 결과물이 K-1전차(일명 88전차)다(https://milmag.pl/en/development-of-south-korean-tank-k1). 47년 전 미국산 M-48 전차 개조 키트를 수입해 전차를 개조 생산하던 나라가 37년 만인 2014년 순수 국내 설계로 개발한 K-2 흑표전차를 양산, 실전배치하고 튀르키예(기술 수출)와 폴란드 등에 수출 실적까지 올리고 있다는 사실은 세계 전차개발사에서 유례를 찾기 어려운 성과다. K-2 전차 완제품을 수입한 폴란드는 전차를 생산하던 1930년대만 해도 세계 4대 기갑강국의 하나였다.

6) 건군 30주년을 맞는 1978년의 국군의 날은 동원된 병력 규모가 사상 최대였으며 국산 신무기가 대거 공개됐음에도 신문 지상에서는 크게 다뤄지지 않았다. 행사 당일이 일요일이어서 속보성이 떨어졌기 때문이다. 조간신문들의 경우 3일 자 아침 배달판에 이 소식을 실었다. 종이신문의 위상이 높았던 시절에 상대적으로 낮은 비중으로 보도되는 통에 "10년 더 노력하면 강대국 반열" 발언도 크게 주목받지 못했다.

7) 전두환 정부의 두 차례에 걸친 ADD 숙청을 의미한다.

8) 이경서, 『박정희 대통령의 자주국방;박 대통령의 마지막 10년, 그리고 4대 핵공장과 백곰 미사일』, 도서출판 이른 아침, 2023, 12쪽.

9) 심융택, 『백곰, 하늘로 솟아오르다』, 도서출판 기파랑, 2013, 248쪽.

10) 세계은행 통계자료집, https://data.worldbank.org/indicator/NY.GDP.MKTP.CD?locations=KR 세계은행에 따르면 2024년 말 기준 한국의 GDP는 1조 8514억 달러를 웃돈다. 지난 2021년에는 사상 처음으로 1인당 GDP가 일본을 추월했다.

11) 엄밀하게 따지면 '세계 7번째 유도탄 생산국'으로 보기에는 무리가 있다. 미국과 소련, 영국, 프랑스, 중국 외에도 제2 차 세계대전에서 독일이 탄도미사일을 활용했고, 이집트는 유럽 엔지니어들을 유치해 1960년대 초반 사거리 370㎞인 알 자피르(Al-Zafir) 미사일을 개발했다. 이스라엘은 이에 자극받아 사거리 500㎞가 넘는 예리코 탄도미사일을 1971년 실 전 배치했다. 비밀리에 탄도미사일을 개발하던 인도와 파키스탄을 제외해도 백곰 미사일은 세계 9번째에 해당된다.

12) 이경서, 앞의 책, 9~12쪽.

13) '국방비 1278억 원'을 요즘 환율(달러당 1471원)을 기준 삼아 미 달러화로 바꾸면 9000만 달러에도 못 미치는 규모 로 보이지만 당시에는 3억 2354만 달러로 바꿀 수 있었다. 미 달러화에 대한 매매 기준율('외환시장 동향', 『매일경제』 1971년 12월 24일 자, 2면: 박정희 대통령이 국산 중장거리 유도탄 개발을 처음 지시한 날)이 달러당 374원 아래였기 때문이다. 당시 환율로 계산하면 6년간 백곰 미사일 프로젝트 예산(2000만 달러)은 원화 75억 원에 못 미친다.

14) 이전까지 전투기와 함정 도입을 포함해 어떤 무기 구매사업(단품 기준)도 이런 금액에 도달하지 못했다. 대여 형식으로 들어왔지만 한국 공군이 1969년 확보한 팬텀 전투기의 가격은 원화 기준으로 7억 원이었다(당시에는 지금보다 원화의 가치가 5배가량 높았다. 1969년 8월 29일 현재 미 1달러에 대한 원화 매매기준율 달러당 287원 70전).

15) 초기의 총기류와 화포제작은 성공으로 평가받았으나 군사원조로 도입된 무기를 분해해 역설계했기에 동종의 병기와 호 환성이 전혀 없었다. 약실 가공 불량과 탄약 걸림, 강선 제작기술 부족으로 인한 명중률 저하 등의 현상이 잇따랐다(이경 서, 앞의 책, 부록 Ⅳ 'ADD 초기의 화포 개발 약사', 342~343쪽. 부록 Ⅳ편의 집필은 1972년 ADD에 입소해 초기 화포 에서 K-9 자주포까지 개발에 참여한 이원백 전 화포개발실장이 맡았다).

16) 백곰 미사일이 한국의 무기체계와 방위산업에 어떤 영향을 미쳤는지는 250~251쪽에서 다뤘다.

17) 『국방사(國防史)』 4권, 국방부 군사편찬연구소, 2002. 4, 428쪽.

18) 오원철, 『한국형 경제건설 ⑤, 엔지니어링 어프로치』, 기아경제연구소, 1996. 9, 47쪽.

19) 지시를 받은 지 불과 35일 만의 시사회 결과에 모두가 만족했고 지금도 대성공으로 알려져 있다. 그러나 당시 개발에 참 여했던 연구원들의 소회를 종합하면 "사고 없이 끝났기에 다행으로 여긴 것이지 성능에 만족한 것은 아니었다." 오히려 소총 같은 기본화기도 제대로 가공하지 못하는 한계를 절실히 깨닫는 계기로 작용했다.

20) 도면 등 기술자료가 없어 실물을 보고 설계도를 그리는 리버스 엔지니어링 방식으로 제작한 3.5인치 대전차 로켓(바주카 포) 발사 시험에 겁먹은 병사들이 주저하자, 개발책임자인 구상회 박사(훗날 ADD 부소장 역임)가 직접 사격해 성공했다.

21) 미사일 개발에 '항공공업 육성 계획'이라는 위장 명을 사용했지만 전혀 관계없는 용어는 아니다. 허희영 한국항공대학교 총장의 저서 『항공우주산업』(북넷, 2016)에 따르면 미사일은 특성에 따라 항공산업과 우주산업 중 어떤 분류에도 포함 될 수 있다.

22) 구상회, '무기체계 연구개발과 더불어 30년…(4)', 『국방과 기술』 1998년 2월호, 한국방위산업진흥회, 79쪽.

23) 구상회, 앞 기고(6), 『국방과 기술』 1998년 4월호, 한국방위산업진흥회, 59쪽.

24) 이경서, 앞의 책, 139쪽.

25) 철마지구 시험장은 지금의 부산시 기장군 철마면과 그 일대 해안에 시험장을 건설한다는 것으로 계획이 실제 진행되지 는 않았다. ADD의 유도탄 개발 실무진은 경남 양산의 철마지구를 제1 후보지, 대덕단지가 제2 후보지, 김종필 총리가 추 천한 과천 서울대공원 부지를 제3 후보지로 올렸고 박 대통령은 대덕단지 부근(현재 ADD 소재지)을 최종 낙점했다.

26) 이경서, 앞의 책, 146쪽.

27) 박준복, 『한국 미사일 40년의 신화』, 27~28쪽.

28) 안동만 연구원은 미국 엔지니어 S. S. Chin이 1961년 발간한 서적 'Missile Configuration Design(미사일 구성 설 계)'을 교재 삼아 홍릉 1호 로켓을 설계했다. 당시 26세였던 안동만 연구원은 ADD 출신으로는 최초로 2005년 소장직 까지 올랐다.

29) 한국의 경제성장률은 1973년 역대 최고인 15.0%를 기록한 후 1974년 9.6%, 1975년 7.6%로 떨어졌다가 1976년에 서야 13.3%로 회복됐다. 미국의 경제성장률은 1973년 5.65%에서 1974년 - 0.54%, 1975년 - 0.21%로 2년 연속 마 이너스 성장을 기록한 후 1975년에 5.39%로 반등했다.

30) ADD 기술진은 수십만 장의 기술자료 중에 내주지 않는 중요 자료는 머리에 담았다. 낮에 연구하고 토론한 내용을 밤이면 숙소로 돌아와 정리했다. 한국에 M-16 자동소총 생산공장을 건설하면서 미 콜트사가 내준 기술자료가 16만 장이었다. 고도 정밀무기의 기술자료는 이보다 양도 많고 내용도 어려웠다.

31) 대통령 비서실, 「과학기술장교 확보제도 수립 보고」, 1972년 12월 8일, 박정희 도서관.

32) 모두 50여 명이 모집된 1기 과학 장교 후보생 1차 합격자는 출신학교별로 서울대가 33명, 한양대 5명, 경북대 3명, 부산대 2명, 연세대 2명, 성균관대·숭전대·인하대·전남대·항공대 각각 1명이었다. 김승조 전 항공우주연구원장 등을 비롯한 최종합격자 30명은 육군과 해군(해병대), 공군에서 3개월간 장교훈련을 받은 뒤 소위로 임관 후 6개월간 복무를 거쳐 1974년 1월 ADD로 파견돼 연구원으로 근무했다. 과학장교제도는 특례보충역제도 시행으로 2기를 배출하고 역사 속으로 사라졌으나 한국의 항공우주학계와 산업계에 쟁쟁한 인재들을 배출해냈다.

33) 프랑스와 협력은 단순히 ADD가 협상을 제대로 진행한 성과이기도 하지만 당시 한국-프랑스 관계는 어느 때보다 우호적이었다. 박정희 대통령은 자주국방 정책은 물론 에너지 자립을 위한 원자력발전소 건설에서도 미국의 간섭이 심해지자 프랑스를 새로운 파트너로 여겼다. 프랑스제 무기(헬기와 대함 미사일)를 들여오고 프랑스 알스톰사와 원전 건설 논의가 시작됐다(알스톰사는 우리나라 원전 24기 가운데 경북 울진 한울 1·2호기를 건설했다). 대한항공이 에어버스사의 유럽 이외 지역 첫 번째 고객이 된 것도 이 시기다.

34) 진해분소의 위장명칭도 진해 기계창이었다. ADD 창설 초기에는 대외 위장명칭이 '홍릉기계'였다. ADD의 위장명칭에 하나같이 '기계'가 들어간 것은 당시까지 무기 개발에서 기계공학이 차지하는 비중이 컸기 때문이다.

35) '美서 核雨傘 거두면 韓國도 核武器 개발(미국이 핵우산 거두면 한국도 핵무기 개발)', 『중앙일보』 1975년 6월 13일 자 1면 머리기사, 외신 인용 보도. 1면 거의 전체가 안보 관련 기사로 채워진 게 눈에 띈다.

36) 오원철, 앞의 책, 568·569쪽.

37) 오원철, 『한국형 경제건설 ⑤, 엔지니어링 어프로치』, 기아경제연구소, 1996년 9월, 570쪽.

38) 안동만·김병교·조태환, 『백곰, 도전과 승리의 기록』, 플래닛미디어, 2016, 263쪽.

39) 사포로 실리콘 오일을 조심스레 갉아내는 작업은 확실한 연소를 위한 것이었다. 추진제 설비를 판매한 미국 LPC사 엔지니어들은 ADD 개발진에게 자신들도 로켓 개발 초기에 같은 경험을 했으며 사포로 실리콘 오일을 갉아내는 비공인 작업을 '낙태 수술'이라고 부른다는 설명을 곁들였다(안동만·김병교·조태환, 앞의 책, 273·274쪽').

40) 이경서, 앞의 책, 243~244쪽.

41) 구상회, '무기체계 연구개발과 더불어 30년…(9)', 『국방과 기술』 1998년 7월호, 방위산업진흥회, 75쪽.

42) 이경서, 앞의 책, 249쪽. 당시 연구원으로 백곰 프로젝트에 참여했던 안동만 한서대 명예교수(전 ADD 소장)는 백곰 미사일로 1001포대, 개량형으로 1002포대를 편성해 배치할 계획이었다고 회고한다.

43) 대전차 로켓 개발은 최초의 무기 국산화 프로젝트인 '번개 사업'에서부터 숙원 과제였다. 한국전쟁 초기 북한의 소련제 T-34 전차에 당한 경험과 열세인 전차 전력(한국 881대 보유, 북한은 1400여대. '6.25 28주년 남과 북의 군사력 비교', 『조선일보』 1978년 6월 25일 자 3면)을 극복하기 위해 대전차 로켓이 필요했다.

44) 안동만 전 ADD소장 전화인터뷰, 2025년 2월 21일.

45) '구룡' 시제품과 초기 양산분의 발사관은 28연장이었지만 개량형에서는 발사관이 36연장으로 늘었다.

46) 미국이 1953년부터 실전 배치한 어네스트 존 로켓은 사정거리 50㎞로, 히로시마 원폭보다 4배 강력한 핵탄두를 장착할 수 있었다.

47) 『감사해요, 박정희』 2호, 박정희기념재단, 2016, 23쪽.

48) 백곰 미사일 공개 시험발사 당일 박 대통령의 일기 뒷부분에 언급된 삽교천 방조제는 1979년 10월 26일 완공됐다. 이날 오전 방조제 준공식은 박 대통령의 마지막 공식 행사였다('박 대통령 치사, 국토효용 극대화, 자급체제 확립, 충남의 젖줄 삽교호 준공', 『경향신문』 1979년 10월 26일 자, 1면).

49) 백곰 미사일을 개발하려는 한국이 추진제와 관성항법장치 기술을 확보하는 과정에서 미국의 집요한 반대에도 포기하지 않고 미국과 프랑스, 영국 방위산업체들과 기술이전 계약을 맺을 수 있었던 이유는 두 가지 배경 덕분이다. 첫째, 1973년

10월 4차 중동전쟁 이후 1차 석유 위기로 각국의 방산업체가 도산 직전까지 몰렸었다. 미국 굴지의 방산업체의 고체 추진제 제조설비를 그대로 옮겨 올 수 있었던 게 대표적인 사례다. 둘째, 미국의 한국에 대한 정치적 압력이 통할 상황이 아니었다. 주한미군 철수와 한국 내 인권 문제로 한미 간 갈등이 최고조에 달해 서로 불편한 관계였기에 미국이 한국에 시시콜콜 간섭할 수 있는 여지가 크지 않았다.

50) 오원철, 앞의 책, 576~579쪽.

51) 오원철, 앞의 책, 581쪽.

52) 이경서, 앞의 책, 251쪽.

53) 이경서, 앞의 책, 253~254쪽. 저자는 책에서 "이들의 결정과 실행으로 국가안보가 치명적 타격을 입고, 엄청난 국고의 손실이 발생한 것만은 분명하다. 그런데도 아무도 책임을 묻지 않고 아무도 책임을 지려 하지 않으니 이 또한 불가사의다. 이것이 얼마나 중차대한 매국적 행위였는지에 대해서도 우리 사회에서는 아직 충분한 검토가 이뤄지지 못해 아쉬울 따름이다"라고 강조했다.

54) '유성 인터체인지 완공', 『경향신문』 1975년 12월 29일 자, 2면.

55) 대통령 비서실, 「국방과학연구소 지원대책 보고」, 1975년 2월 5일, 박정희 도서관.

56) '방산 인재에 삼성 2배 파격 대우… 첫 K-미사일로 보답; [K-방산 신화를 만든 사람들] [6] '백곰' 개발 주역 안동만 前 소장', 『조선일보』 2024년 11월 26일 자.

57) 『국방의 초석 40년(국방과학연구소 40년사)』, 국방과학연구소, 2010. 3, 172·173쪽.

58) ADD 축소는 민주적 절차에 의해 선출되지 않아 정권의 정통성이 부족했던 5공의 신군부가 미국의 신경을 거슬리게 했던 문제를 자발적으로 정리했다는 게 정설이다.

59) 대통령과 국방장관, 합참의장과 각 군 참모총장이 참관하는 공식행사인데도 이날 시험발사는 결과가 공개되지 않았다. 자신들이 부인한 탄도미사일 개발을 부활시킨 게 부담이었는지, 미국을 자극하지 않으려는 의도 때문인지는 불분명하지만 확실한 것은 '현무'는 한동안 베일 속에 있었다는 사실이다. 현무 미사일은 1987년 10월 1일 국군의 날에서야 국민들에게 그 존재를 알렸다.

60) 오원철, 앞의 책, 549~550쪽.

61) 안동만·김병교·조태환, 앞의 책, 356~359쪽.

제8장

개별 약진과 무한경쟁 시대

(1980년대 초중반~1999)

1. 대기업의 항공산업 참여 러시

사업 기획 단계부터 언론의 시선을 끌며 추진된 KAIST의 국산 항공기 개발 계획과 달리 대기업들은 물밑에서 작업이나 협상을 진행했다. 선발주자인 대한항공은 크게 신경 쓰지 않았다. 이를 오히려 기회로 여겼다. 새롭게 항공산업 진입을 원하는 업체들이 항공기 부품 제작, 수출에 치중할 것으로 내다봤기 때문이다. 500MD와 제공호를 생산하는 과정에서 부품산업의 뒷받침이 없는 한 단순 조립의 한계를 벗어날 수 없다는 사실을 절감했기 때문이다. 정부의 전문화·계열화 방침 아래 대기업들의 참여가 많을수록 항공산업의 생태계가 빠르게 자리 잡을 수 있다고 믿었다.

마침 세계 최대의 항공기 제작회사인 보잉사가 1980년 9월부터 한국에서 조달할 수 있는 항공기 부품이 얼마나 있는지를 조사하는 실무단을 수차례 파견한다는 사실이 알려지며 국내 기업들의 항공산업 진출에 대한 관심도 높아지고 있었다. 보잉사가 한국에 실무조사단을 보내 부품 공급이 가능한지 알아본 것은 두 가지 이유에서다. 첫째, 아시아의 주 공급선인 일본의 인건비 급등으로 보잉이 일본에서 수입하는 부품 조달가격이 올라가 대체 공급선이 필요했다. 둘째, 대한항공의 B-747 점보제트기 대량 구매에[1] 답례할 필요가 있었다.

보잉사의 한국산 항공기 부품 수입 검토에 국내에서는 한국기계공업진흥회를 중심으로 KAIST, 한국기계연구소 등 연구기관과 정밀기계공업을 영위하는 금성정밀, 동양기계, 한국중공업, 쌍용중공업, 금성통신 등의 대기업 대표들이 모여 방향을 모색했다. 당시까지 정부나 연구기관, 국내 대기업들은 항공기에 어떤 부품이 필요한지도 제대로 모르고 있었다. 기계공업진흥회는 먼저 항공기의 부품과 종류, 제작 난이도를 알아보기 위해 대한항공의 협조부터 구했다. 대한항공은 기꺼이 이에 협력했으며, 기계 및 중공업을 영위하는 대기업들은 기계공업진흥회와 함께 공동조사단을 꾸려 직접 미국 시장 조사에 나섰다.[2]

더욱이 1981년 4월 미국이 유인우주왕복선 프로그램을 시작하며 콜럼비아호가 우주를 30시간 21분가량 비행하고 돌아오면서 우주에 대한 국민적 관심도 높아졌다. 기업들은 당장 우주산업에 참여할 수준도 아닌 데다, 정보도 없어 상대적으로 쉬운 항공기 부품 제작에 눈을 돌렸다. 국내 대기업들은 항공산업에 처음 발을 들이면서도 자신감을 보였다. 방위산업과 중화학공업 육성 정책 결과 국내 대기업들의 기술 수준은 이전보다 훨씬 높아졌기 때문이다. 민수용과 군용의 외형이 같더라도 초정밀도를 요구하는 방산 제품을 생산하면서 방산업체의 수준이 이전보다는 한껏 올라간 상태였다. 미군의 중장비와 장갑차를 정비, 개량하고 국산 장갑차를 개발 중인 대우중공업은 머리카락의 800분의 1(오차율 1만분의 1mm)인 정밀도를 달성하는 등 기술 수준을 높이고 생산 능력까지 키웠다.[3]

보잉사가 한국을 오가며 항공기 부품 제작 가능성을 검토한 직후인 1981년 10월, 거꾸로 미국의 메이저 항공제작사들이 원하는 게 무엇인지를 살펴보기 위한 한국 기업들의 공동조사단도 현지를 찾았다. 기계공업진흥회 주관으로 대한항공과 한국중공업, 대우중공업, 대한조선공사 등 13개 업체 대표와 기술책임자로 구성된 '항공기 부품 판매 공동조사단'은 보잉사는 물론 노스롭, 휴즈 헬리콥터 등 부품을 생산하는 15개 미국 회사를 방문해 한국 내 부품 생산 의지와 가능성을 타진했다.[4]

한국과 미국을 서로 오가는 탐색전 끝에 미국 노스롭사가 한국 기업들을 주목했다. 대한항공과 '제공호'를 공동생산하며 호흡을 맞췄던 노스롭은 9개 종류의 기골재 부품을 한국 기업들이 가공할 수 있다는 판단 아래 한국중공업, 대우중공업, 대한중기, 삼성정밀 등 4개사를 기술 전수 및 항공기 부품 납품업체로 추렸다. 노스롭은 또 대한항공과 헬기 부분품 구매계약을 체결하고 대영전자와 동양정밀, 금성전기, 대한전선 등과도 통신과 항법장치 등 항공기 탑재 장치 생산을 위한 협상을 벌였다.[5] 1982년 기준 재계 순위 1위였던 현대그룹도 항공산업 진출 의사를 밝혔다. 정주영 현대그룹 회장은 1982년 4월 미국 방문 중에 항공산업에 뛰어들 것이라고 말했다.[6]

대기업들이 항공기 부품 사업에 경쟁적으로 뛰어든 이유를 찾으려면 당시 상황을 조금 더 알아볼 필요가 있다. 먼저 1970년대 중반까지만 해도 누구도 항공산업 투자를 꺼렸다. 그런데 1980년대 초반에 이르러 상황이 바뀌었다. 대한항공은 당시 기업들에게 부러움을 사고 있었다.

먼저 1982년 5월 21일, 조중훈 한진그룹 회장이 프랑스 최고 권위인 레지옹 도뇌르 훈장을 받았다.[10] 프랑스는 수여 이유가 1973년 이후 한불경제협력위원장을 맡아 양국 교류 증진에 기여한 공이라고 설명했다. 조 회장은 1975년, 유럽 이외에 판로를 찾지 못해 고심하던 에어버스사의 A-300 여객기를 해외 항공사로서는 처음으로 주문해 '수출의 물꼬를 터준 은인'으로 불렸다.[11][12]

1982년의 대한항공은 안팎에서 주목받았다. 이해 9월 9일 제공호(F-5F) 전투기가 김해비행장 상공을 처음 공개비행하며 국민들에게 자긍심을 안겨줬다. 하지만 처음에는 대한항공도 망설였다. 항공기 제조와 방위산업 참여를 결정한 1975년은 정부가 대기업마다 방위산업 주요업종을 분담시키고 항공산업만 남은 시기였다. 막대한 초기 투자 비용이 필요한 반면 이윤 회수를 장담할 수 없고, 설령 회수된다고 하더라도 오랜 시간이 걸리는 항공산업에 대한 투자를 어느 대기업도 나서지 않던 시절이었으니 주저할 수밖에 없었다.

박정희 대통령의 지시로 방위산업과 중화학공업 육성을 강력하게 밀어붙이던 오원철 경제 2수석은 이런 상황에서 김정렴 비서실장과 상의해 기체는 정비 능력을 보유한 대한항공에, 엔진은 당시(1976)까지 대기업 중에서는 방위산업에 진출하지 않은 삼성그룹에 맡겼다. 박정희 대통령이 방위산업의 성과를 강

1982년 한국의 '부품' 공부 시작, 중국은 중형여객기 생산

흥미로운 대목은 미국 대형항공기 제작사들의 '한국산 부품을 구매할 방법을 찾고 있다'는 소식에 한국의 유명 대기업들이 '항공기 부품이란 게 무엇'인지 공부하고 견학할 무렵, 중국의 움직임이다. 중국은 1982년 4월 17일 최초의 자국산 쌍발 52인승 '시안 Y-7 중형여객기'(사진)를 날렸다. 신화사통신은 이날 41명을 태운 Y-7 여객기가 최고 시속 410㎞, 최고 고도 3,000m로 22분간 비행한 뒤 착륙했다고 보도했다. 또 지금까지 Y-7기를 7대 시범 생산했으며 곧 정규 생산을 시작한다고 전했다.[7]

'최초의 중국산 여객기'는 오랜 실패의 누적물이었다. 구소련이 1959년 10월 공개한 안토노프 An-24의 면허생산형으로 1966년 프로젝트를 시작해 1970년 12월 25일 첫 비행한 뒤 일반 대중에게 공개된 게 1982년이다. 103대가 생산돼 저개발국가를 중심으로 5개국에 수출됐다. 중국은 2000년 Y-7을 혁신적으로 개선하고 '시안 MA60'이라는 새로운 이름을 붙였다. 이름만 바뀐 게 아니라 외양만 비슷할 뿐 전혀 다른 항공기로 220대 이상이 팔렸다.

1984년 한국과 중국의 상황은 크게 3가지 함의를 품고 있다. 먼저 당시 한국과 중국의 차이가 컸다는 사실을 극명하게 말해준다. 한국이 단순 조립생산 단계일 때[8] 중국은 이미 여객기를 생산 단계에 들어갔다. 두 번째, 개발 기간이 오래 늘어져도 끝까지 개발하는 경우가 많다는 중국의 특성을 말해주는 대표적인 사례의 하나다. 세 번째, 엉터리에 '짝퉁'이라는 평가를 내릴 수도 있지만 오늘날 중국은 승객을 320명까지 태울 수 있는 C929 여객기의 실용화를 앞두고 있다. 400석 이상인 C939도 개발할 예정이다. 당시 한국과 중국의 차이가 분명했다면 40년이라는 세월이 흐른 지금은 어떨까. 간극이 좁혀졌는지 혹은 더 벌어졌는지, 그 이유는 무엇이고 또 앞으로는 어떻게 전개될지 깊이 생각해 볼 문제다.[9]

조하며 "항공기와 고도 정밀무기를 제외하고 대부분의 병기는 국산화를 마쳤다"고 언급하는데서 삼성은 항공산업 육성의 의지를 확인하고 일을 진행해 사후 재가도 받았다. 이 과정에서 금성정밀이 1977년 설립돼 공군에서 개조 생산하던 공내공 미사일 분야를 가져갔다.[13]

2. 대한항공 대규모 헬기 수출 계약…'항공이 미래 먹거리' 인식 확산

1970년대 말까지는 항공산업 진출을 꺼리던 재계가 적극적인 자세로 항공기 부품사업에 뛰어들었지만 기반은 취약했다. 시설도 인력도 자본도 모자랐다.『매일경제신문』1983년 1월 13일 자 9면에 실린 기획시리즈 '기술산업혁명' 항공산업 편에 따르면 세계시장의 90%를 미국과 영국 등의 거대 항공기업이 장악한 가운데 한국의 입지는 동남아의 대만과 인도네시아[14]보다 아래였다. 대만은 38인승 수송기 개발에 이어 1980년대 말까지는 자체 설계한 전투기를 양산할 계획을 세우고 있었다. 인도네시아도 스페인과 합작으로 수송기 생산을 위한 시설투자와 인력 훈련에 매진하며 원대한 목표를 제시했다. 이미 54대 주문을 확보하고 1984년부터 10년간 민수용 1800대, 군 수송기 600대 생산을 목표로 삼았다는 것이다.

한국은 제공호 전투기와 500MD 헬기를 생산했으나 이제 시작 단계여서 갈 길이 멀고, 정부가 보조하고 있지만 외국에 비해 지원금액이 극히 빈약하며 무엇보다 항공전문 기술자와 석박사 학위를 지닌 고급 인력이 태부족이라는 게 취약점으로 꼽혔다. 한국항공우주학회에 등록된 회원 수는 300명 안팎이며 활동 중인 박사학위 소지자는 고작 20여 명에 불과한 정도였다. 정부 산하 항공기술에 대한 전문연구소도 없고, 상설 심의기구도 없어 항공 정책 수립 자체가 힘들었다.[15]

모든 게 부족한 여건에서도 기업들은 수출 시장 확보에 힘을 쏟았다. 수출 소식도 연일 들려왔다. 삼성정밀은 1984년 1월 27일 세계 굴지의 제트 엔진 제작사인 미국 프랫 & 휘트니(P&W, Pratt & Whitney)사에 점보제트기 엔진 부품을, 노스롭 항공사에는 초음속 항공기 기체 부품을 각각 수출하는 계약을 맺었다. 규모는 알려지지 않았지만 한국이 첨단 항공산업 분야에서 메이저 항공회사들에 수출하는 전기가 마련된 것이다.[16]

삼성정밀이 수출할 제트엔진부품은 점보여객기(B-747)와 B-727 여객기에 장착되는 제트 엔진의 핵심부품으로 제작 납품을 위해 각종 검사과정을 거쳤다. 삼성정밀은 P&W사에 대한 엔진 부품제작 수출뿐 아니라 GE사와도 수출 상담을 펼쳤다. 1983년 10월에는 대우중공업이 항공사업본부를 창설하고 1985년 4월6일 미 제너럴 다이내믹스사와 F-16 동체 부분의 생산계약을 맺었다.[17]

국내 기업들의 대미 수출이 연속 성사되는 가운데 대한항공은 대형 계약을 터트렸다. 대한항공과 미 휴즈사는 1984년 11월 1일, KAL 빌딩에서 한국에서 제작한 500E형과 530P형 두 종류 헬기의 동체와 주단조 기계 가공, 판재 가공 및 복합소재 가공품 등 중요부품류 부품 720대분을 1989년까지 미국에 수출한다는 계약을 맺었다. 가격도 1억 2000만 달러로 초대형이었다. 500E형은 대한항공이 면허생산한 500계열 헬기의 기수를 개량했고 530P형은 500E형의 엔진을 강화한 고성능 기종이었다.

당시 언론은 대한항공의 대형 수출계약에 커다란 의미를 부여했다.『매일경제신문』은 계약 체결 당일 7면의 해설 기사를 통해 "이번의 헬리콥터 장기 수출계약 체결은 대한항공 측면에서 보면 자체 생산한 초정밀 제품의 제작기술을 국제적으로 인정받아 대량 수출과 함께 수익증대를 기할 수 있게 됐다는 의미

를 지니고 있으나 항공기산업 전체
의 시각에서 본다면 더 큰 의미를 갖
고 있다"고 풀이했다. 아직 초기 단
계를 크게 벗어나지 못하는 우리나
라 항공기산업으로서는 선발 경쟁국
인 일본이나 대만을 1차적으로 따라
잡아야 한다는 현실적 요청이 절실
하기 때문이라는 의미를 달았다.

언론의 분석대로 대한항공의 대
규모 계약 성사는 1976년부터 시작
된 500MD 헬기 면허생산을 통해
품질 인정은 물론 양사의 신뢰 관계
가 형성됐다는 점을 의미했다. 대부
분 주요 언론이 항공학자들의 분석
과 전망을 인용하며 계약 자체를 높
게 평가한 이유는 다른 업체들의 상
대적 부진에도 원인이 있었다. 1981
년부터 기계공업을 중심으로 대미

대한항공이 미국 휴즈사에 5년간 500계열 헬기 720대분을 공급하는 계약을 체결했다는 내용의 『매일경제신문』 1984년 11월 1일자 1면 머리기사. 금액은 1억 7000만 달러에 이르렀다. 한국의 연간 수출총액이 281억 달러 남짓했던 당시에는 초대형 수출이었다. 수출액이 6838억 달러(2024년 기준) 수준인 오늘날의 기준으로 환산하면 41억 달러가 넘는 계약에 충격받은 재벌그룹들은 항공산업 진출을 더욱 적극적으로 모색하기 시작했다.

수출을 모색하고 미국의 대형 항공기 제작사들이 특별히 한국산 부품의 수입 가능성을 타진했지만 이렇다 할 결실을 거두지 못했기 때문이다.

그래도 대한항공의 대규모 계약으로 항공산업계는 새로운 희망을 갖고 목표도 높여서 잡았다. 마침 정부가 F-5E/F(제공호)급보다 훨씬 고성능의 최신 전투기를 도입하는 차기 전투기(F-X: 추후 KFP으로 변경) 사업을 진행할 예정이어서 한국을 찾는 해외업체들도 늘어났다. 미국은 물론 유럽 국가들도 한국의 차기 전투기 사업에 눈독을 들였다.

3. 절충교역 시작, 한국과 협력 강화를 추진한 해외 메이저

한미 경제교류 확대의 물결을 타고 미국의 주 정부들도 서울에 사무소를 개설하는 붐이 일었다. 미국에서도 항공업체가 많은 미주리주 정부는 1985년 9월 사절단을 보내 한국 정부는 물론 항공산업 진출을 희망하는 한국 기업과 구체적인 협력 방안을 모색하는 등 사전 정지 작업을 실시하고[18] 이듬해 9월 22일

서울 종로의 교보빌딩에 서울사무소를 열었다.[19]

　그러나 대한항공의 대규모 장기 수출계약이 한국 항공산업 전체가 한 단계 성장하는 계기가 될 것이라는 언론의 희망 섞인 전망과 달리 의도하지 않았던 부작용도 가져왔다. 대한항공의 성공을 보면서 주요 기업들이 항공산업을 미래 전략산업으로 간주하고 뛰어들었기 때문이다. 국내 수요는 한계가 분명하고 수출에 나서기에는 기술과 자본이 부족한 데도 "항공산업은 미래성장산업"이라는 기대심리가 광범위하게 퍼진 것이다.

　경쟁이 예고되는 상황에서도 대한항공은 휴즈사와 초대형 계약으로 국내 항공산업계의 대표주자라는 점을 재확인했다. 하지만 항공기 부품 제작에 머물 것이라고 예상했던 국내 항공업체들은 대형 계약을 바라보며 하나같이 체계종합업체를 꿈꿨다. 경쟁 구도가 형성될 수 있는 분위기 속에서도 대한항공은 선두주자라는 자신감을 잃지 않았다. 심지어 기계공업진흥회의 주선에 따라 국내 기업들에게 항공산업을 소개해주는 역할도 맡았다. 하지만 변화가 곧 찾아왔다. 과열 경쟁이 구조적으로 자리 잡은 것이다.

4. 5년간 3개 사업에 3개 업체 선정…정부가 야기한 과열 경쟁

　무엇보다 정부 정책이 장기적이고 일관적이지 않아 항공산업의 자립기반 조성이 지연됐다.[20] 1983년 F-16 전투기 절충교역과 관련해 정부가 업계의 보조금 지원 요청을 거부한 게 대표적인 사례로 손꼽힌다. 1983년 3월 정부는 미국제 F-16 전투기 직도입 사업에 착수하면서 초기 절충교역 물량(800만 달러 규모 F-16 동체 생산)을 확보했으나 기존 사업자인 대한항공은 참여를 꺼렸다. 절충교역 물량을 생산하기 위한 초기 시설투자비 2000만 달러를 항공산업 육성 차원에서 지원해달라고 정부에 요청했지만 이전 관행과 다른 답이 돌아왔다.

　물가 상승 억제를 위한 긴축 재정과 경제 안정화, 국방예산의 상대적 감소 정책을 펼치던 5공 정부가[21] 방위산업 전반에 대한 보조금 삭감 원칙에 위배된다며 정부 지원을 불허했던 것이다.[22] 이에 따라 제공호 조립에 참여하던 대한항공과 한국중공업, 대동중공업 등 3개 업체는 절충교역 참여를 포기했다. 대신 항공산업에 신규로 뛰어든 대우중공업만 협상 기업으로 남았다. 국가의 정책 방향 변화는 태동기를 지나던 한국의 항공산업의 발전을 둔화시키는 계기로 작용했다. 당시의 정책결정권자들이 항공산업의 특성을 제대로 인식하지 못하고 일반 제조업과 동일하게 인식했던 탓이다.[23]

　항공산업 발전과 역행한 정책 사례가 더 있다. 항공산업에는 독과점을 인정하고 막대한 보조금을 지원하는 주요 항공 선진국과 달리 한국은 국가적으로 항공기산업의 수준을 한 단계 발전시킬 수 있는 전투기 획득사업마다 주계약업체를 변경해 동일작업의 반복에 의한 기술 습득 기회를 놓쳤다. 1981년 한국 최초의 전투기 조립생산 사업에서는 대한항공이 주계약업체로 선정됐으나 1983년 F-16 동체 생산(절충교역)은 대우중공업이 맡았다. 1986년 한국형 차기 전투기KFP 사업에서는 제3의 업체인 삼성정밀이 주계약업체로 선정됐다. 항공산업의 기술력이 거의 없다시피 하던 1980년 초중반 불과 5년 사이에 3개 회사가 주계약업체로 선정되며 기업 간 과열 결쟁과 중복 투자를 낳고 이는 항공산업의 성패를 결정하는 기술 확보와 규모의 경제에 멀어지는 결과를 초래하고 말았다.[24]

5. 뒤바뀐 KFP 주계약자 평가 방식, 예상 밖 결과와 특혜 논란

특혜 논란도 일었다. 제공호(F-5E/F) 생산이 종료되던 1986년 3월 경제기획원은 후속 전투기 결정을 위해 항공산업육성위원회 산하에 '항공공업 육성 타당성 조사연구위원회'를 설치했다. 직도입과 국내업체와 해외업체 간 기술도입 공동생산 방식 중 어떤 방식이 타당한가를 따지는 게 조사연구위원회의 임무였다. 위원회는 국책연구기관의 중진급 연구자들로 구성됐다. 국방연구원(KIDA·황동준, 도중에 전경만으로 교체), 국방과학연구소(ADD·안동만), 산업연구원(KIET·민경휘), 기계연구원(KIMM·최동환), 과학기술연구원(KAIST·정명균) 등 국책 연구기관의 전문 연구자들로 구성된 위원회는 타당성 분석 및 사업추진 방식을 검토했다. 공동생산의 타당성 분석에서 생산과 계약 방식, 기술을 보유한 해외 원제작사가 제시한 한국 기업과의 공동생산 제시안 비교, 국내 협력 시 생산체제 구축방안까지 4개 분야 10여 개 항목의 검증과 분석에 들어갔다.

대상 기종에는 유럽 업체의 전투기가 있었지만 사실상 두 개 기종이었다. 1980년대 초중반인 당시로서는 최첨단 기종인 제너럴 다이내믹스(General Dynamics·현 Lockheed Martine)사의 단발 엔진 장착 F-16 전투기와 맥도널 더글러스(McDonnell Douglas. 현 Boeing)의 쌍발 엔진 F/A-18 전투기가 비교 대상이었다. 위원회는 특히 국내업체를 먼저 선정했다. 국내업체가 먼저 정해지면 대외 협상에서 우위를 차지할 수 있다는 판단에 따른 것이다. 위원회는 F-X사업(KFP사업으로 명칭 변경)에 참여 계획서를 제출한 대한항공, 대우중공업, 삼성정밀 등 3개 업체에 대한 평가에 들어갔다.

그런데 도중에 바뀐 평가 방식이 예전과 달랐다. 분야별로 점수를 매겨 총점을 합산해 평균값을 제시하는 일반적인 방식과 달리 위원들에게 점수를 매기지 않고 장점과 단점만 비교한 보고서를 제출하라는 지침이 막판에 내려왔다. 실무위원회의 전문가 견해가 반영될 수 없는 지침이라는 반발이 없지 않았지만 결국 참여 계획서를 제출한 3개 기입의 분야별 평가 점수가 아니라 장난섬만 분석된 보고서가 올라갔다. 정부의 항공산업육성위원회는 실무조사위원회가 분석한 자료를 근거로 삼은 정부 차원의 최종 평가라며 1986년 10월 31일 삼성정밀을 최종 조립업체이자 주계약업체로 선정했다.

항공업계는 삼성정밀의 선정을 충격으로 받아들였다. 부동의 1위 업체와 차이가 크다고 여겨왔기 때문이다. 하지만 소송까지 준비하면서도 제대로 대외적으로 항변조차 못했다. 임기가 1년 4개월 남았어도

5공 정권의 서슬은 여전했기 때문이다. 선정 결과를 놓고 "수긍하기 어려운 반발을 보이면 응당한 대응책을 내릴 것"이라는 엄포에 꼬리를 내렸다. 정부는 탈락 업체들에게도 주계약자나 다름없는 물량을 줄 것이라며 회유했다. 실제로 생산 과정에서 탈락 업체들에게 많은 물량이 돌아갔다.[25]

하지만 항공업계는 삼성정밀의 주계약자 선정을 정부의 전문화·계열화 원칙이 무너진 것으로 여겼다. 박정희 대통령이 율곡사업을 시작하면서 세운 '기체는 대한항공, 엔진은 삼성정밀'이라는 분업 구도가 와해되고 누구나 항공산업을 영위할 수 있다는 판단 아래 항공산업에 뛰어드는 업체는 더욱 늘어났다.

6. 과열 경고에도 아랑곳없이 너도나도 항공에 투자

과열 경쟁을 경고하는 목소리가 이 무렵부터 나왔다. 세종대 부설 한국항공산업연구소장 이경헌 교수는 1985년 5월 25일 세종호텔에서 열린 '한국 항공산업의 육성 방향'이란 주제의 세미나를 통해 강한 어조로 "적어도 표준적인 항공기종의 생산 능력을 보유할 때까지 만이라도 공유형태의 산업조직으로 출발하는 것이 바람직하다"고 말했다. 소기의 경제 목적 달성을 위해 산업활동에 정부가 개입하라는 것이다.

이경헌 교수는 "시장경제의 자유경쟁 원칙도 중요하지만 미국을 제외한 항공산업 분야의 중·선진국에서는 경쟁 조직에서 통합형태로 또는 공公경제적인 의미에서 독과점 형태로 산업조직정책이 전환추세를 보이고 있다"며 "한국도 항공산업을 육성하려면 정부 기술의 푸시(push)나 풀(pu11)이 필요하기 때문에 공유 형태의 산업조직으로 출발하는 게 바람직하다"고 강조했다. 한마디로 공적 성격이 강한 항공산업을 정부가 나서서 서구 선진국처럼 독과점 형태로 육성하라는 권고였다.[26]

통계와 현실의 괴리 역시 "항공이 돈이 된다"는 인식의 확산을 거들었다. 지표상으로 항공산업은 급성장하는 것으로 보였다. 1982년 1300만 달러에 불과하던 항공기 부품 수출이 1989년에는 1억 2000만 달러로 늘어났다. 생산도 1980년대 들어 매년 28%씩 성장하며 2억 1400만 달러로 증가했다.[27] 1998년 항공산업 매출은 1조 2939억 원. 1988년 이래 매년 23.5%씩 늘어나며 시장 규모도 10년 전보다 8.3배나 커졌다. 이는 항공산업의 성장보다 공군력 강화에 따른 정부 발주가 크게 늘어난 데 따른 것으로 그나마 몇몇 대기업의 외형만 키웠지 애초에 기대했던 산업 파급 효과는 낮은 것으로 나타났다. 항공산업의 부가가치율은 개선 속도가 산업 평균을 밑돌고 생산유발계수, 국산화율, 영향력계수 등은 이전과 비슷하거나 오히려 떨어졌다.[28] 항공 선진국처럼 고도의 기술이 필요한 부품을 전문적으로 생산하는 중소기업이 최종 조립업체를 떠받치는 산업 생태계가 전혀 구축되지 않는 상황에서 늘어난 매출이 생산성 향상이나 기술 축적과 관계가 크지 않았지만 당시에는 제대로 인식하지 못했다. 착시 현상을 동반한 탓이다.

항공업체의 기술개발이나 시장개척 노력보다는 경제 성장과 외국산 전투기 수입 증가에 따른 반사이익이었으나 늘어나는 매출이 먼저 눈에 들어왔다. 경제 성장과 해외여행 자유화 조치로 여객 수요 증가에 따라 한국의 민간운항사에 여객기를 수출한 미국 보잉사와 에어버스의 항공기 부품에 대한 사은성 대응 구매도 많아졌다. 군용기 부문에서도 군사원조나 '우호가격'(friend price: 저개발 우방국에 대한 군용기 저가 판매)이 아니라 정상판매가 이뤄지며 절충교역(offset trade)이 시작됐다.[29] 당연히 항공기 부품의 수출도 늘어날 수밖에 없었다.

재계 차원에서도 과열 방지에 나서야 한다는 목소리도 없지 않았다. 국내 대기업의 대미 항공기 부품 수출을 주선했던 기계공업진흥회는 대기업들의 항공기 제작산업 참여를 반기면서도 "대한항공과 대우중공업, 삼성정밀 3사가 다 같이 항공기 조립생산에 나설 경우, 시설 과잉이 예상되기 때문에 3사의 생산 여건을 충분히 검토한 후 조립·엔진 공급·아프터서비스 등의 분야별 전문업체 육성이 바람직하다"는 의견을 밝혔다.[30] 기계공업진흥회는 회원사들의 항공산업 참여가 더욱 늘어나자 1986년 상반기 안에 '항공기산업협의회'를 구성, 과잉투자를 사전 조정하고 긴밀한 정보 교환 기구를 갖출 계획을 추진하기도 했다.[31]

학계와 관련 협회뿐 아니라 업계 내부에서도 과당경쟁 조짐에 대한 경계가 필요하다는 공감대가 있었다. 업계 내부에서 항공업계가 공동으로 머리를 맞대야 한다는 논의가 처음으로 공론화한 것은 『매일경제신문』의 연간 기획물인 토론회 자리였다. 1986년 8월 28일 한국산업기술협회 회의실에서 '항공기 제조기술의 개발 현황과 과제'라는 주제의 토론에 참가한 삼성정밀과 대우중공업, 대한항공, 금성정밀의 임원급 인사들은 "거시적인 안목에서 정부의 마스터플랜이 절실하다"며 "항공업체끼리는 최소한 연구개발 조정기구만이라도 시급히 설치해야 한다"는 데 동의했다.[32]

항공우주산업의 부가가치가 컴퓨터보다 높다며 국제 수준과의 격차와 기업별 발전 전략을 소상하게 보도한 『중앙일보』 1984년 7월 4일 자 기획기사. 별도의 상자기사로 김환욱 한국항공대학원장의 '중복 연구를 막을 정부 개입이 필요하다'는 전문가 의견을 소개했다. 『매일경제신문』도 1986년 9월 11일 자 7면 기획기사에서 '과당 경쟁을 방지할 정부의 중장기 마스터플랜이 절실하며 업체 간에도 최소한 연구 기능을 조정하는 기구가 필요하다는 공감대가 있다'는 기사를 실었다. 자율 조정기구 설립을 논의한 주요 기업들은 1988년 2월 가칭 '한국항공우주협회'를 연내에 창립해 공동 이익을 도모하기로 합의했다. 그러나 주도권을 누가 갖느냐를 놓고 대형 회사 간 신경전으로 협회 설립은 1992년에야 이뤄졌다.

7. 과당경쟁 자제 위해 '한국항공우주협회' 발족에 합의했으나…

경쟁이 격화할 조짐이 분명한 가운데 주요업체들은 한국항공우주산업협회(가칭)를 발족, 업계 공동의 이익을 도모한다는 데 의견을 모았다. 협회 결성이 처음 가시화한 시기는 1988년 2월. 대한항공과 대우중공업, 삼성항공 등 항공 3사 외에도 국내 항공 관련 10개사가 전경련 회관에서 회의를 갖고 협회 창설에 합의했다. 여기에는 항공 3사뿐 아니라 대우 시코르스키, 현대정공, 한국 리튼, 금성전기, 금성정밀, 삼성유나이티드 항공, 대영전자, 한국화이바, 에프코아 등이 의견을 함께했다.[33]

항공 관련 13개사는 2월 말 발기인총회와 창립총회를 거쳐 한국항공우주협회를 창설, 국내업체들의 중복 투자를 바로 잡고 수출 수주의 과당경쟁을 방지하는 한편 공동기술개발 연구를 수행하고 민-관 협력체제를 마련한다는 목표를 잡았다. 협회 창립 논의는 더욱 활발해졌다. 『경향신문』은 1988년 3월 3일 자 7면에 '항공우주산업이 미래 민간산업의 꽃으로 각광, 한국항공우주산업협회 창립 준비'라는 제하의 기사에서 협회 창립 소식을 자세히 전했다. 대한항공, 삼성항공, 대우중공업 등 이 분야의 13개 전문업체가 1988년 2월 28일 전경련회관에서 '한국항공우주산업협회 창립 준비 모임'을 가진 데 이어 3월 30일에는 30여 업체가 참여한 가운데 정식으로 협회를 구성키로 합의했다는 것이다. 관련 기업들은 이 자리에서 민간항공우주인 스스로 힘을 모아 2000년대 기술선도 및 수출산업화를 위해 기술의 공동개발과 생산의 전문화, 항공우주산업 관련기기의 국산화에 박차를 가하자는 데에도 뜻을 모았다. 창립 첫해에는 △항공우주개발사업 방향 정립 △항공산업의 국제 공동개발 △각종 에어쇼 참가 △항공기 부품 규격화 △소재·엔진·제어장치 기술의 공동 연구 등을 추진키로 했다.

창립 회원사가 되기로 다짐한 이들은 1989년 이후에는 순수 국산 항공기 설계 제작기술 확보 및 첨단 기술개발을 위한 정부·민간 합동의 국립항공연구소를 설립하고 품질관리 기술 향상과 전문 고급 인력 양성에도 주력키로 했다.

특히 90년대 중반부터는 세계 민항시장에서 대폭적인 수요 증가가 예상되고 국내서도 효율성이 높은 고성능 중·소형 단거리 이착륙기를 자체 설계 생산, 국내 수요 및 수출에 힘쓴다는 데에도 의견을 모았다.

협회 창립에 합의한 30개사는 '과당경쟁 자제'라는 문구를 직접적으로 사용하지 않았으나 합의된 내용들은 하나같이 회원사들의 상호 신뢰와 단합 분위기 속에서만 가능한 목표였다. 창립을 준비하던 기업들은 협회 창설을 계기로 조선이나 자동차에 버금가는 '항공업계'가 형성될 것으로 기대했으나 협회 창설은 제대로 진행되지 않았다. 대신 과열 경쟁에 의한 난맥상이 차츰 모습을 드러냈다. 헬기 산업을 둘러싼 경쟁이 특히 심했다. 『매일경제신문』 1989년 12월 14일 자 13면에 게재된 '국내 항공산업 난기류 직면'이라는 제하의 기사에 따르면 국내 시장이 협소한 가운데 한정된 군 수요만 바라보고 너나없이 항공산업에 뛰어든 결과 한 기종마다 최소한 2~5개 기업이 경쟁하는 구도가 자리 잡았다. 정부의 항공산업 육성대책은 세부 규정도 마련하지 못할 정도로 겉돌고 유관 부처 간 협조도 전혀 이뤄지지 않았다. 업계

역시 업체 간 이해대립으로 이미 합의했던 항공우주산업협회도 결성하지 못할 만큼 대립했다. 항공산업
은 난기류 속으로 빨려 들어갔다.

항공산업이 고부가가치의 미래산업으로 부각됨에 따라 관련 업계가 일시에 완제기 조립생산에 뛰어들면서
혼란 상태를 보이고 있다. 국내 실정에서 항공산업이 누구나 손쉽게 참여할 수 있는 산업이냐는 의문과 함께
최근 업계의 동향에서 과잉중복 투자에 대한 우려가 지적되고 있다. 항공산업을 육성한다는 정부의 정책도
관련 부처인 상공부 과기처 국방부 등이 실질적인 육성책을 제시하지 못함에 따라 혼란을 가중시킨다는 지적
도 나오고 있다.

현재 국내의 완제기 생산 분야는 KFP(일명 FX) 사업에 따른 전투기 생산과 HX사업을 근간으로 하는 헬리콥
터 생산, 경비행기 생산으로 대별된다. KFP사업은 삼성항공을 주계약자로 대우중공업과 대한항공 및 부품업
체들이 참여하는 형태로 수행될 예정이지만 4년 넘게 기종 선정이 지연되면서 업계가 곤혹을 겪고 있다. 가
장 혼란 상태를 보이고 있는 분야는 HX사업에 따른 헬리콥터 생산이다. 대형 헬기에서 대한항공이 UH-60,

삼성항공이 벨 214ST의 생산을 서두르고 중형 헬기는 삼
성항공의 벨 412SP와 대우시코르스키가 H16 기종을 생
산하는 한편 최근 현대정공이 일본 가와사키중공업과 서독
MBB가 공동개발한 BK117의 생산에 뛰어들었다.

경헬기에서는 삼성항공이 프랑스 에어로스파샬과 A355를,
대우중공업은 서독 MBB와 Bo105를, 현대정공은 벨사의
B406 생산을 추진 중이다. 삼미아구스타도 이탈리아 아구
스타사와 합작으로 A-109를 생산할 계획이며 대한항공도
맥도널 더글러스와 함께 개발한 MK520 생산을 모색, 5개
업체가 뛰어들었다.

한편 경비행기는 대우중공업이 서독 도니어사와 도니
어-328기를 공동개발키로 했고 삼미아구스타는 SF-600
을 생산할 예정이며 대한항공은 창공 91호를 개발 중이다.
동양노즐공업도 프랑스 코스모사로부터 기술을 도입, 2인
승 초경량 비행기 생산을 본격 추진하는 한편 한국화이바
도 미국 ASI와 제트크루저 생산을 검토 중이다.

결국 한 종류의 비행기마다 2~5개의 업체가 뛰어들고 있는

『매일경제신문』 1989년 12월 14일 자.

셈이다. 이 같은 상황에서 과잉중복 투자가 우려되고 있는 것은 이등 업체의 대부분이 HX사업, 훈련기 구매 사업 등 군 수요를 염두에 두고 생산을 추진하고 있기 때문이다.

사실 국내 항공기 수요는 거의 전부가 군 수요에 의존하고 있는 실정으로 민간 수요가 과연 시장을 형성할 만큼 성장할 것인지에 강력한 의문이 제기된다. 따라서 정부의 기종 선정에서 탈락된 업체의 기준을 민간에 더 흡수할 수 있을 것인지, 또 안전성과 신뢰성을 중요시하는 해외 항공기 시장에서 짧은 역사의 국산 항공기가 해외시장을 개척할 수 있을 것인지도 의문시된다는 지적이다.

결국 전문화와 계열화를 떠나 완제기 생산을 놓고 업계의 과잉 경쟁으로 인한 중복 투자 현상이 가시화되고 있는 것이다. 이 같은 상황이 전개된 데에는 항공산업을 육성한다는 정부의 정책이 효율적으로 제시되지 못한 데에도 책임이 있다는 게 관계전문가들의 의견이다. 가장 큰 수요처인 국방부와 생산 관련 부처인 상공부, 개발을 주도해야 할 과기처가 유기적으로 협조, 발전 방향을 제시하지 못했고 운항을 맡는 교통부도 국산 항공기 운항에 대한 기준을 마련하지 않고 있다는 것이다.

특히 항공산업 육성을 맡은 상공부는 1988년 「항공우주산업 개발촉진법」을 만든 후 아직 시행령이나 시행규칙을 제정치 못하고 있는 상태며 정부의 기종 선정 지연도 업계의 혼란을 가속화시키고 있다. 이와 함께 업계에서도 1988년 설립키로 했던 항공우주산업협회를 업체 간 이해관계 대립으로 발족시키지 못해 과당경쟁을 유발한 것으로 지적된다.

따라서 항공산업이 미래산업으로 자리 잡기 위해서는 현시점에서 업체 간 교통정리와 함께 전문화와 계열화를 통한 협력체제를 마련하고 상공부 과기처 국방부 등이 범부처적으로 협력, 항공산업육성방안을 다시 검토해야 할것이다(『매일경제신문』 1989. 12. 14, 13면).

결국 누가 초대 회장을 맡느냐를 놓고 업체 간 신경전이 펼쳐진 끝에 한국항공우주산업진흥협회는 1992년 9월 18일에야 대치동에 마련한 사옥에서 현판식을 가졌다. 초대 회장은 삼성항공 이대원 사장이 겸임했으며 상근부회장은 통상산업부 관료 출신인 곽병구가 맡았다. 설립 이후 한국항공우주산업진흥협회(2025년 한국우주항공산업협회로 개칭)는 기초 통계자료 조사에서부터 외신 주요 기사 번역, 법과 제도 개선을 위한 정부의 연구용역 수행, 위성 및 우주개발 기초 조사, 각종 공청회 및 심포지엄 개최, 항공우주 인력 양성 사업 등 다양한 분야에서 항공우주산업의 발전을 위해 기여해왔다.

특히 1996년 개최한 서울에어쇼는 격년제로 개최되며 발전을 거듭한 끝에 아시아권 최대, 세계 3위 규모의 에어쇼 겸 국제 종합방산 전시회로 자리잡았다. 우주항공협회는 F-16 전투기와 UH-60 헬리콥터의 면허생산 종료를 앞둔 1998년 생산시설과 인력의 유휴화를 방지하기 위해 후속사업이 신속하게 추진돼야 한다는 점을 강력 주장하며 소기의 성과를 이끌어냈다. 2023년 3월 제14대 상근부회장으로 취임한 김민석(전 국방부 대변인·중앙일보 군사전문기자) 부회장은 건강한 항공산업 생태계 조성에 애썼다. 협회가 주관하는 월례 조찬포럼을 개설해 새로 등장할 미래 첨단모빌리티AAM 산업과 뉴 스페이스 시대에 한국 우주산업이 나갈 길에 대한 연구도 집중적으로 이뤄졌다.

8. 7대 군용기사업 한꺼번에 추진, 경쟁 부추겨

정부가 신규업체의 시장 진입을 부추긴 측면도 있다. 정부가 차기 공군 주력 전투기사업을 진행하기 위해 해외 대형항공기 제작사에 자료를 요청하는 공문을 정식 발송한 시기는 1983년 9월. 이후 국내 기업들은 사업 규모가 최소 50억 달러에 이른다는 사실을 감지하고 경쟁적으로 항공업에 뛰어들었다. 항공산업에 이미 진출한 대한항공, 대우중공업, 삼성정밀이 이때부터 치열한 주계약업체 선정 경쟁을 펼치고 현대정공과 삼미특수강도 항공 부문을 신설하고 시장에 뛰어들었다. 더욱이 1980년대 말과 1990년대 초 정부가 연이어 발표한 군용기사업이 "항공산업은 돈이 된다"는 인식을 확산시켰다.

국방부와 공군은 KTX-Ⅰ(한국형 훈련기) 개발과 KFP(한국형 전투기) 공동개발, KTX-Ⅱ(한국형 고등훈련기) 개발 이외에도 F-5, F-4 전투기 개량, UH-60 헬기 면허생산에 더해 경헬기KLH 기술도입 생산과 UH-1H 헬기 성능 개량을 실시한다는 계획을 비슷한 시기에 발표했다. 항공업계는 '7대 군용기사업' 또는 '8대 군용기사업'[34]으로 불린 이들 사업을 따내려고 복잡한 양상의 수주 경쟁을 벌였다.[35] 1980년대 중반 항공산업에 뛰어들었지만 막상 일거리가 없어 사업 계속 여부를 고민하던 기업들에게 "군의 수요는 끊임없이 나오고 해외업체와 제휴만 잘하면 사업을 따낼 수 있다"는 기대감이 형성됐다.

경제부처인 상공부는 과당경쟁 조짐을 일찌감치 파악하고 수주 조정을 통해 자연스럽게 항공 전문 3사 체제를 유도했다. 상공부는 관계부처와 협의 과정을 거쳐 1990년 7월까지 군 항공기 사업과 배정 기업 결정을 마무리했다.[36] 최종적으로는 KFP(한국형 전투기 기술도입 생산)와 KTX-2(고등훈련기 개발), F-4 팬텀 전투기 성능 개량이 삼성항공에 배정됐다. 대형헬기 면허생산(UH-60 블랙호크)과 F-5 전투기 성능 개량사업은 대한항공이 맡도록 했다. KLH(경전투 헬기), KTX-1(초등훈련기 개발) 사업은 대우중공업의 몫으로 돌아갔다.[37]

상공부가 주도한 항공 전문 3사 지정과 사업 배분은 과당경쟁을 억제하고 새로운 업체의 신규 진입을 막겠다는 취지에서 나온 정책이었다. 그러나 당초 취지와 다른 결과를 낳았다. 오히려 중복 투자와 과당경쟁을 구조적으로 유발한 것이다. 정부는 3사 체제를 전제로 7개 군용기사업을 고정익 분야는 삼성항공(KFP, KTX-2)과 대우중공업(KTX-1), 회전익(헬기)은 대한항공(UH-60 블랙호크) 대우중공업(KLH), 성능개량사업은 삼성항공(팬텀 성능 개량)과 대한항공(F-5 성능 개량)이 맡게 했다.

겉으로는 배분이었지만 내용은 동일한 분야에 2개 업체씩 참여하는 구조였으니 해당 2개사는 수주를 따내기 위해 경쟁을 펼쳤다. 사실상 업체 간 나눠먹기 식이었다. KFP사업이 삼성항공으로 돌아간 이후 6개 사업을 2개씩 3사에 무원칙하게 나눠줬다는 것이다. 배분된 사업마저 나중에는 지켜지지 않았다.[38]

정부가 항공산업 육성정책이라고 누누이 강조하며 발표했던 7대 군용기사업 가운데 F-4 전폭기 성능 개량사업과 F-5 전투기 성능 개량사업, UH-1H 헬기 성능 개량사업이 아예 취소됐다. 경헬기 면허생산 역시 당초 예상했던 도입 규모 120대에서 15대로 대폭 줄었다.

항공산업은 끝없는 수요가 발생하는 곳이라는 인식이 퍼지는 데 일조한 군용기사업의 기체들. 왼쪽 위로부터 오른쪽으로 KT-1 웅비 개발 사업, KPF(한국형 차기 전투기) 면허생산 사업, T-50 고등훈련기 개발사업(이상 진행사업), 중간 왼쪽부터 UH-60 업그레이드 사업과 경전투 헬기 도입사업(사업 연기 또는 규모 대폭 축소), UH-1H 헬기 업그레이드, 맨 아래 왼쪽부터 F-5E/F 전투기 성능 개량, F-4E 전투기 성능 개량 사업(사업 취소).

다른 모든 업종은 전문화·계열화 체계를 유지하면서도 유독 항공업종만큼은 사실상 제한이 없어지며 과당경쟁이 일어나고 급기야 해외 저가 수주까지 당연하게 받아들이면서 항공산업의 속이 멍들어갔다. 항공기 제작사들은 겉으로는 출혈경쟁을 펼치면서도 속으로는 '정부가 나서 통폐합이라도 시켜달라'고 비명을 질렀다.

9. 임기 초반 YS의 인기몰이와 항공산업 '교통정리' 지시

1993년 2월 25일, 민주 선거와 국민적 합의로 탄생한 '문민정부'를 강조하며 출범한 김영삼 대통령은 취임 초기 국민의 절대적인 지지를 바탕으로 국정을 수행해나갔다. 취임 직후 전광석화 같은 군내 사조직

(하나회) 척결을 시작으로 국정 수행 지지도가 87%까지 달했다. 세계 각국 정치지도자의 지지율을 조사, 비교한 AP통신은 "한국의 김영삼 대통령이 부패 척결 등 개혁작업으로 국민들로부터 가장 높은 지지를 받고 있다"고 보도했다.[39]

김 대통령은 1993년 3월 12일 항공산업 발전 비전을 밝혔다. "항공산업을 2000년대 10위권으로 육성하겠다. 또 98년까지 중형 항공기를 개발하고 2000년 이후에는 차세대 장거리용 대형 여객기 국제 공동개발에 참여하겠다." 임기 초반 높은 지지율을 기록하며 인기가 치솟던 대통령의 발표에 항공업계는 기대에 부

경남 창원의 삼성항공 제2공장을 방문해 엔진 제조설비를 둘러보는 김영삼 대통령. 취임 직후 군내 사조직 척결 등으로 국정 수행에 대한 지지율이 90%에 육박하던 YS는 생산 현장을 전격 방문한 자리에서 항공산업 육성에 대한 강한 관심을 보였다. 상공부는 현장에서 '항공우주산업 발전을 위한 육성전략'을 보고하며 국민들에게 청사진을 제시했으나 아무것도 이뤄지지 않고 물거품으로 끝났다.

풀었다. 더욱이 발표한 장소가 경남 창원의 삼성항공 제2공장이었다.[40] 취임 후 첫 번째로 방문한 기업이 항공산업체라는 점에서도 대통령의 항공산업 육성 의지가 역대 어느 대통령보다 강하다며 기대를 품었다. 김 대통령은 청와대 비서실 관계자와 경제부처 장관들에게도 항공기산업 육성방안을 '신경제 5개년 계획'에 포함시키라는 지시를 내렸다.

브라질과 대만은 물론 인도네시아에도 뒤지는 항공우주산업을 획기적으로 육성하겠다는 정책 목표 아래 2002년까지 모두 1조 9000억 원의 연구비와 설비투자 1조 4000억 원 등, 모두 3조 3000억 원을 투자해 중형 항공기와 다목적 실용위성을 개발하겠다는 청사진에 국민들은 희망을 품었다. 취임 초기 거침없는 행보를 보였던 김 대통령은 한발 더 나갔다. 공급 과잉에 대해 언급한 것이다. 역대 대통령 누구보다 강도 높게 항공산업의 구조조정 필요성을 강조했다.

김 대통령은 4월 26일 국방부를 방문해 '북한 동향 및 전력 증강 현황 보고'를 받은 자리에서 군의 항공전력 증강에 대해 물어 보고는 지시를 내렸다. "유럽의 항공업체들은 국적이 달라도 서로 통합해가고 있는데 좁은 우리나라에서 군용 항공기 최종 생산업체가 3개나 된다는 것은 상식 밖의 이야기"라며 "어떤 것이 나라에 이익이 되는가 잘 연구해서 확실하게 처리해 나가라"고 지시했다. 국방부는 이미 1992년 여름부터 상공자원부에 항공기회사가 너무 많아 혼선을 빚는 경우가 많다며 항공 3사를 고정익과 회전익 부문에 각각 1개 업체씩 조정해달라고 요청해왔었다.

청와대는 김 대통령의 이 같은 구두 지시사항을 문서로 만들어 국방부에 전달했다. 국방부는 다시 상공자원부에 대통령실 문서를 보냈다. 상공자원부는 6월부터 업계 의견수렴 및 학계와 산업연구원KIET 등의 관계 전문가 의견 청취 등을 바탕으로 국내 실정에 적합한 구조 재편 방안 마련에 나섰다. 1993년 가을께 취합된 연구용역의 결과는 대동소이했다. 단일 법인으로의 통합과 공기업화 여부에 대한 신중한

검토가 항공산업 발전을 위한 대안으로 나왔다.

그러나 정부는 이런 내용을 실행하지 않았다. 경청과 실행은커녕 발표조차 없이 덮었다. 문민정부의 개혁 기조와 다르다는 이유였다. 청와대는 공기업을 민영화하고 작고 효율적인 정부를 지향하는 문민정부가 민간기업을 하나로 묶고 공기업으로 전환할 수 없다는 입장을 보였다. "취지는 이해하지만 산업 특성에 따라 유럽과 비슷한 1사 체계가 필요하다"는 연구 결과는 발표조차 금지당했다. 실천 과제로 국방부와 상공자원부, 체신부, 교통부, 과기처 등 항공 관련 부처들의 항공 관련 사업을 종합 조정할 수 있는 통합기구(가칭 '항공우주산업기획단')를 청와대 직속 기구로 설치하는 계획도 무산됐다.

관련 부처들이 어렵게 이뤄낸 합의도 수용되지 않았다. 청와대 조직 축소 원칙에 반한다는 이유로 항공우주산업기획단은 국무총리 산하 기구로 오히려 격이 낮아졌다. 이나마도 총리실 산하는 안 된다는 일부 부처의 반대로 없던 일이 됐다. 국방과학연구소의 항공 분야와 항공우주연구소를 통합, 상공자원부 산하 연구기관으로 만든다는 방안도 부처 간 견해가 엇갈렸다. 항공 관련 연구소 통합은 군용기와 민항기로 분산됐던 전문 인력을 집중시켜 연구 역량 극대화로 직결될 것이라는 평가를 받았던 사안이었다.

항공산업 육성에 필요한 자금을 조달하기 위해 '항공우주기술개발기금'을 조성하겠다는 계획도 물거품이 됐다. 상공자원부는 공기업의 자금출자와 공항 사용료 부과 등을 재원으로 1조 6000억 원의 개발기금을 마련할 계획을 세웠다. 국내 항공산업을 단기간에 육성하기 위해서는 다소 무리가 있더라도 초기에 많은 개발기금을 조성해야 한다는 명분을 내세웠으나 관계부처의 반발로 개발기금 조성계획은 재론하지 않기로 방향을 정했다.

결국 대통령의 지시만 있었을 뿐 바뀐 것은 아무것도 없었다. 2000년 10대 항공산업국 진입의 기대도 무너졌다. 중복 투자와 과당경쟁을 막고 효과적인 정부 지원을 위해 전문·계열화를 추진하겠다는 방안 역시 한발도 못 나갔다. 98년까지 중형 항공기를 개발하겠다는 계획 역시 국내 참여 기업 간 이견은 물론 합작 대상이던 중국과 견해차가 커 무산되고 말았다. 김 대통령은 1994년 중국 방문과 APEC 정상회담을 통해 중국과 중형기 공동개발 의지를 거듭 밝혔지만 꺼져가는 촛불은 다시 살아나지 못했다.

모처럼의 기회였던 항공산업 경쟁력 확보 방안 역시 점점 추진동력을 상실하는 와중에 기업들은 이전보다 더한 경쟁구조로 들어섰다. 희망의 불빛이 약해짐과 거의 동시에 군용기사업의 규모가 줄었다. 작아진 파이를 차지하려는 경쟁 속에 적자가 발생해도 사업에 뛰어드는 저가 수주도 많아졌다. 특히 국내 군 수요뿐 아니라 수출 물량을 대량 확보하면서 저가로 수주하는 기업도 나타났다. 한국 경제가 외환위기로 빨려 들어가듯 항공업에 뛰어들었던 기업들이 흔들리기 시작했다. 군의 수요는 바라볼 수 없었던 후발주자들의 적자구조가 심화하고 '항공 전문 3사'는 모든 방면에서 수주 전쟁을 치렀다.

10. 오히려 줄어든 군용기사업, 더욱 치열해진 경쟁

7대 군용기사업에서 계획대로 진행된 사업은 KTX-Ⅰ(대우중공업), KFP(삼성항공), KTX-Ⅱ(삼성항공) 사업[41]과 UH-60 헬기 면허생산(대한항공)사업뿐이다. 일정이 지연되는 경우는 있었지만 당초 계획의 틀 안에서 사업이 이어졌다. 경헬기(대우중공업) 사업은 147대 예정이던 면허생산 물량이 12대로 축소됐다. 대우중공업은 경헬기(Bo-105) 사업 자체가 취소될 상황에 몰리자 12대라도 살리기 위해 대당 단가를 당초 147대 면허생산을 전제로 제시했던 금액대로 납품하겠다고 자처하고 나선 적도 있다. 도입 수량이 예상의 10%도 못 미쳐 이익은커녕 적자가 불가피했지만 설비와 인력을 놀리느니 저가로 수주해서라도 라인을 유지하는 게 낫다고 판단한 것이다.

나머지 3개(F-4, F-5 전투기와 UH-1 헬기)의 성능 개량은 없는 일로 돼버렸다. 사업이 취소되는 과정도 순탄하지 않았다. 취소된 사업을 수주 목표로 삼고 사업계획을 세웠던 기업들은 사전 투자로 인한 손해는 물론 해외업체에 위약금을 물어줘야 할 처지에 놓이기도 했다. F-4 팬텀 전투기 성능 개량사업이 대표적인 사례다. 공군이 팬텀 전투기 성능 개량을 추진한 이유는 두 가지다. 하나는 미국과 서독, 이스라엘 등에서 진행된 팬텀 전투기 개량에 자극받았다는 점이다. 개량된 팬텀 전투기는 뛰어난 성능을 발휘했다.[42]

다른 하나는 KFP사업이 지연되거나 차질을 빚을 경우에 대비한 카드였다. 일종의 보험이었다는 것이다. 한주석 공군 참모총장은 1990년 11월 29일 국회 국방위에서 "차세대 전투기 도입 지연[43]으로 전력 확충에 차질이 우려된다"는 의원들의 질의에 이렇게 답했다. "국방부의 차세대 전투기사업의 전면 재검토에 따라 새로운 각도의 연구를 진행하고 있으며, 과도기의 전력 향상을 위한 현행 F-4 팬텀기의 성능 개량도 추진하고 있다."[44]

국정감사 현장 답변을 통해 공개됐지만 실제 사업은 1988년부터 진행되고 있었다. 절차도 제대로 밟았다. 정부는 1990년 9월 KPU(팬텀 성능개량)사업의 우선협상 대상자로 삼성항공을 선정했으며 1992년 12월 31일 국방부와 삼성전자는 계약을 맺었다.[45] F-4E 전투기 40대를 2,500억 원을 들여 F-16 전

한국이 12대를 대우중공업의 면허생산으로 도입한 Bo-105 헬기. 코브라 공격헬기는 부대에 목표 정보를 수집, 제공하는 정찰용으로 활용했으나 도입 수량이 적은 데다 한국군 특화 장비인 목표 획득장비의 부품 수급이 어려워 현저하게 낮은 수준의 가동률에 머물고 있다. LAH의 양산과 배치가 진행되면서 코브라 공격헬기와 함께 퇴역절차를 밟을 예정이다./사진=육군

투기에 들어가는 최신 항전 장비를 탑재하고 무
장 체계를 일신한다는 내용이었다. 계약에 따르
면 개량 시제기 2대가 1995년 제작되고 1998년
까지는 40대 전 기체에 대한 개량을 마친다는 일
정이었다.

하지만 반대가 많았다. 1992년 공군본부에 대
한 국정감사에서는 "팬텀기 3대를 개량하는 돈
이면 F-16 한 대를 들여올 수 있다", "성능 개량
단가가 도입 단가보다 높다" 등의 질의가 이어졌
다. 삼성항공은 속도를 냈다. 미국의 항공전자 전
문업체인 로크웰 인터내셔널과 1993년 기술도
입 계약을 맺었다. 로크웰 인터내셔널은 가장 영
향력 있는 방산회사의 하나였다. 당시 기준으로
는 최신예 전략폭격기인 B-1폭격기의 제조사가
로크웰 인터내셔널사였다. 삼성항공은 팬텀 전투
기 성능 개량사업을 전력 증강 효과와 함께 항전
장비 기술을 습득할 기회[46]로 여기고 정성을 쏟
았다.

그래도 반대론은 더욱 불거졌다. 국회는 물론
정부 공무원들도 KPU의 문제점을 말하기 시작
했다. 삼성항공이 KFP사업, KTX-Ⅱ사업에 이
어 팬텀기 성능 개량까지 가져가는 데 대해 경
쟁사들은 극도로 반발했다. 결정적으로 '율곡사

IAI 슈퍼 팬텀(위). 브라질 F-5M(중간). 튀르키예 공군이 약 19
대를 운용 중인 F-4E 터미네이터 2020. 이스라엘 IAI사가 개량
(2000년)한 기종으로 최후이자 최고 성능의 팬텀으로 평가
된다./사진=이스라엘·브라질·튀르키예 공군 홈페이지

업'에 대한 감사원의 감사와 국방부 특별감사가 진행되며 KPU사업이 도마 위에 올랐다. 해외에서도 법
적 공방전이 있었다. 팬텀기 제작사인 맥도널 더글러스사가 삼성항공의 해외 기술제휴선인 로크웰 인터
내셔널사의 팬텀기 소프트웨어 사용 금지 가처분 신청 소송을 미 법원에 제출한 것이다. 국방부는 로크웰
인터내셔널사의 전자장비 성능개량 능력에 의심을 품고 미국 정부로부터 성능 보장이 없는 한 사업 지속
이 어렵다는 입장을 밝혔다.[47]

결국 국방부는 1994년 3월 9일 감사원의 율곡사업 감사와 자체 특별감사 결과를 근거로 KPU사업을
백지화한다고 밝혔다.[48] 사유는 해외 기술제휴사가 기술을 보유하고 있는지 의심스럽다는 점을 들었다.
실제 이유는 여유가 생겼기 때문이다. KFP 프로그램에 의한 국산 조립 1호기 출고가 임박(1994년 11월 4

일)해 군이 F-4 전투기를 도입하지 않아도 전력 유지에 문제가 없다는 판단에 따른 것이다.

삼성항공은 이에 반발했다. 율곡사업의 비리 사업들과 함께 발표했지만 비리가 있었던 것도 아니며[49] 기술도입이 지연되고 있다지만 계약 파기에 이를 만한 사유가 아니라는 것이다. 더욱이 삼성항공의 선투자 40억 원은 물론 공군도 KPU사업이 진행된다는 가정 아래 무장(미사일)과 전자교란 장비를 미리 구입하는 데 투입된 2000억 원의 국고 낭비를 가져온다며 소송 의사까지 밝혔다.[50] 팬텀 성능 개량사업이 취소되면서 발생한 예산 여유분을 국방부는 주한미군이 권고했던 대포병 레이다 등을 1~2년 앞당겨 구매하는 데 전용했다.[51] KPU사업은 무산되는 과정에서 정부 정책의 일관성에 대한 불신을 증폭시켰다. 그나마 F-4 전투기 성능 개량사업은 덜 복잡한 편이다. F-5전투기 성능 개량사업은 정부와 업계 간 이견뿐아니라 업계 간 경쟁에 더해 정치권 개입 논란까지 일며 복잡하게 전개됐다.

극한경쟁에 외압설까지 F-5 성능 개량사업

F-5 전투기 성능 개량사업은 1989년부터 시작됐다. 대한항공은 전자장비를 교체한 F-5 개량기를 선보여 공군의 호평을 받은 게 출발점이다.[52] 정부는 1990년 7대 군용기사업 생산업체 선정에서 이 사업을 대한항공에게 맡겼다. 국내 주계약업체로 선정된 대한항공은 영국 GEC사와 공동으로 전자장비를 개량한 F-5 시제기를 개발하기도 했다. 대한항공의 주계약자 선정에 대해서는 누구도 이의를 달지 않았다. 당시에 국내에서 대한항공만큼 F-5 전투기를 아는 기업도 없었다. 1980년대 초반부터 제공호(F-5E/F)를 조립, 면허생산한 경험이 있는 데다 군용기 창정비 실적도 많았기 때문이다. 개량 포인트는 가격에 따라 달라졌지만 정밀 공격시스템 장착이 기본이었다.[53] 그런데 계획만 세워지고 업체만 정한 채 사업은 예산 부족으로 유보됐다.

사업이 지지부진한 가운데 대우중공업 항공사업본부는 1993년 1월 21일 이스라엘 국영 항공기회사 IAI와 F-5 전투기 국제 공동 개조사업에 대한 합의각서를 교환하고 국제시장에 공동진출하기로 했다. 항공기뿐 아니라 종합 방산업체인 IAI는 미국의 정비 전문회사인 리어 시글러사, 기체 개조 전문회사인 아이텍틱스 등과 연합팀을 구성해 미국과 캐나다, 싱가포르, 칠레 등의 F-5 전투기 수명 연장 사업을 펼쳐왔다. F-5 전투기는 노스롭사가 개발, 생산해 미 공군은 훈련기로만 사용하고 정식 채용하지 않았지만 미국의 2급 동맹국이나 경제력이 약한 국가의 주력기로 세계 28개국에 2603대가[54] 팔렸다. 더욱이 구 소련 붕괴로 인한 세계적인 군비축소 분위기 아래 경제력이 약한 나라일수록 전투기 신규 구매보나 보유기 개량에 나설 가능성도 컸다.

삼성항공도 1993년 4월 8일 미국 노스롭 그루만사와 F-5 전투기 성능 개량과 수명 연장을 위한 국제 공동개조사업 참여 합의각서를 교환했다.[55] 1994년부터 본격 시작될 사업의 무대는 전 세계였다. 삼성과 노스롭은 "한국과 대만이 보유한 F-5를 제외한 모든 나라의 F-5"를 영업대상으로 삼고 삼성항공의 몫

브리스톨사가 1987년 4월 완성한 CF-5(캐나다 제식명칭은 CF-116) 1호기. 항공전자 장비와 헤드업 디스플레이(HUD), 신형 조종간 제어시스템, 미션컴퓨터 등을 CF-18(캐나다 공군형 F-18 전투기)와 비슷하게 개량한 브리스톨사는 대한항공과 손잡고 대당 150만 달러 가량의 개조비로 노르웨이와 싱가포르, 스페인이 보유한 F-5 전투기 개량사업에 도전할 계획이었으나 결국 무산됐다./사진=위키피디아

은 25%로 잡았다. 삼성항공이 물량의 25%를 맡는다는 조건이었다. 삼성항공은 F-5 개량에 대한 국제 수요가 모두 6조 5000억 원에 이른다고 내다봤다.

F-5 전투기 성능 개량 프로그램은 수요자의 요구와 가격에 따라 노후 부품 단순교체는 물론 기골 보강부터 시작해 각종 전자장비, 항법장치와 엔진까지 교체하거나 수리 정비해 최신예 전투기에 버금가는 수준으로 성능 개량과 수명 연장이 포함돼 있었다. 삼성항공은 F-4 팬텀 전투기의 성능 개량사업이 무산되는 분위기에서 노스롭과 국제 공동개조사업을 통해 정비 수리뿐만 아니라 개조 설계에도 참여, 항공기 설계 기술을 확보할 수 있을 것이라고 기대했다.[56]

대한항공도 비슷한 시기에 F-5 전투기 개량 국제시장에 뛰어들었다. 대한항공은 1993년 5월 13일 영국 롤스로이스 그룹 자회사인 브리스톨사와 F-5 전투기 개조사업 국제 공동프로젝트 참여를 위한 합의서에 서명했다. 브리스톨사는 지난 1987년부터 캐나다 공군 F-5 전투기 50여 대를 개조한 경험이 있었다. F-5 전투기 개량사업의 주계약업체인 대한항공은 국방부의 사업 진행 보류 조치와 관계없이 사업을 진행하겠다고 밝혔다. 국방부가 한국 공군의 F-5 전투기 개량사업을 미루더라도 다른 나라 공군기 개량 프로젝트를 맡아 사업을 진행하기로 방향을 굳혔다. 대한항공은 제휴선인 브리스톨사가 F-5 전투기 개조사업을 성공적으로 수행한 실적이 있어 각국 공군으로부터 개량사업 물량을 확보하는 데 큰 보탬이 될 것으로 기대했다.

비슷한 시기(1993년 상반기)에 동시에 시작한 대우중공업과 삼성항공, 대한항공의 F-5 국제 개조사업 계획은 두 가지 함의를 갖고 있었다. 먼저 정부가 정해준 기준이나 지침, 가이드라인이 전혀 통하지 않았다. 대우중공업은 F-5 전투기 성능 개량사업의 주계약자로 선정돼 있는 상황에서도 "해외 영업만 하겠다"는 명분으로 정부가 정한 가이드라인을 피했다. 국내사업 주계약자인 대한항공 역시 국제시장에 도전하기 위해 출사표를 던졌다. '해외시장 전용'이라는 조건을 달았지만 정부의 지침이 전혀 먹히지 않고, 동종업계 안에서 "다른 회사가 하면 나도 한다"는 식의 무한경쟁이 일어난 셈이다.

두 번째로 해외시장을 놓고도 3사가 경쟁하려 들었다는 점이다. 각개 계약을 액면대로만 본다면 한국의 항공 3사가 국제시장에 개별적으로 도전하는 모양새였다. 전투기 개량의 실적과 기술 없이도 세계시장에서 경쟁하겠다고 나선 것이다. 국제 공동 개조사업을 강조했던 항공 3사는 정작 F-5 기골 보강을 둘러싸고 해외시장이 아니라 국내에서 더 치열하게 싸웠다.

공군은 1990년 대한항공을 주계약업체로 지정한 F-5 성능 개량사업이 예산 부족으로 보류되자 급한 대로 F-5 B형의 기체수명 연장사업을 우선 추진키로 했다. 공군은 3월 말 합참과 국방부로터 F-5 B SLEP(System Life Extension Program · 기체 수명 연장)사업을 인가받았다. 공군은 우선 27대의 F-5B 기체 수명 연장을 위한 기골 보강사업을 벌이기로 했다.[57] 350억 원에 이르는 예산도 잡아놓았다.

결코 금액이 크다고 할 수 없는 사업에 항공 3사가 경쟁적으로 참여한 데는 계산이 깔려 있다. 애초의 계획과는 성격부터 다르고 예산도 충분하지 못한 F-5B SLEP 사업에서 경쟁을 펼친 이유는 후속 물량 수주까지 염두에 뒀기 때문이다. 대만에 이어 세계에서 두 번째로 많은 F-5 전투기를 운용하는 한국 공군의 SLEP 사업에 발을 들이면 F-5B에 이어 F-5A와 F-5E/F 기골 보강으로 이어질 수 있다고 본 것이다.

보다 절실한 이유로 해외 제휴선 유지를 위해서도 한국에서의 실적이 필요했다. 사업 수주에 실패하면 해외 제휴선과 관계에서 발언권이 약해지거나 제휴가 끊어질 가능성도 컸다.[58] 항공 3사는 F-5 전면 개량보다 규모가 작고 예산도 낮은 F-5B 수명 연장사업에서 각축전을 벌이는 이유에 대해 '해외사업 물량 참여를 위한 기술 제휴'라고 강조했지만 사실상 한국 공군의 성능 개량사업 참여를 염두에 두고 있다.[59]

정부가 정해 준 'F-5 성능 개량사업의 주계약자는 대한항공'이라는 룰을 무력화하면서 항공 3사가 펼친 경쟁은 허망하게 끝났다. F-5B의 수명 연장도, F-5 전투기의 성능 개량사업도 실행되지 않았기 때문이다. 공군은 고등훈련기 용도로 사용하던 F-5B의 수명 연장사업을 진지하게 검토했으나 1992년 9월부터 경공격기로도 활용 가능한 영국제 호크 고등훈련기가 들어와 급한 불을 끌 수 있었다. 2013년 7월부터는 국산 T-50 초음속 고등훈련기가 양산돼 훈련 용도로 사용하던 F-5B의 성능 개량이나 기골 보강 수요 자체가 없어졌다. T-50이 양산되기 전까지 훈련기가 모자라자 공군은 미국이 보관 중인 T-38 탈론 훈련기 중에서 상태가 좋은 기체 30대를 골라 1999년 3월 임대해 2009년 말까지 사용함으로써

국산 초음속 훈련기 T50(앞쪽 2대)가 임무 종료 직전의 T-38(뒤쪽 2대) 임대 훈련기와 나란히 비행하고 있다. 한국공군 훈련기의 세대 교체와 첨단화를 상징하는 사진이다.
/사진=공군

훈련 공백을 메웠다.

F-5 전투기 성능 개량사업도 계획 자체가 없어졌다. KFP 사업이 순조롭게 진행되고 2005년부터 F-15K 전투기가 도입되며 구형인 F-5 전투기 개량에서 얻을 이익이, 투입될 예산만큼 크지 않을 것이라는 판단에 따라 계획을 백지화했다. 한정된 예산을 최대한 효율적으로 운영해야 하는 정부로서는 당연한 판단이었지만 정부에 대한 항공업계의 신뢰도는 더욱 떨어졌다. F-5 전투기 성능 개량사업뿐 아니라 다른 사업에서도 정책의 일관성 결여로 기업의 피해가 누적된 탓이다. 1994년 3월 21일 발행된 『국민일보』의 "항공정책 율곡 감사 후 표류, 방산업계 '유탄 피해'"라는 제하의 기사는 항공 3사가 잦은 정책 변경으로 입은 피해를 전했다. 손실을 입고도 "아무 말도 하고 싶지 않다"는 반응을 보였다.

'항공정책' 율곡 감사 후 표류…방산업계 '유탄 피해'

팬텀기 개량 등 잇단 백지화
거액 투자비 날리고 "냉가슴"
대외합작…기술이전 무산, 신뢰 먹칠

정부의 일관성 없는 항공방산정책으로 관련 업계의 피해는 물론 항공기술개발이 차질을 빚고 있다. 특히 율곡 감사 이후 일부 군 전력 증강사업이 백지화되거나 불투명해져 막대한 예산을 들여 해당 사업을 추진해온 삼성항공 대한항공 대우중공업 등이 큰 피해를 보고 있는 실정이다. 관련 업계는 그러나 정부와 관계가 불편해질 경우 향후 다른 사업에 불이익을 당할 것을 우려, 항의조차 제대로 못하고 벙어리 냉가슴만 앓고 있다.
21일 관련 업계에 따르면 정부는 팬텀기 개량사업(KPU)을 전면 백지화한 데 이어 경전투 헬기사업(KLH), 초등훈련기사업(KTX-1), 고등훈련기사업(KTX-2) 등도 재검토키로 했다. 팬텀기 개량사업의 경우 총사업비 2400억 원 규모로 국방부가 지난 1992년 말 삼성항공을 주계약업체로 선정, 삼성 측이 지금까지 약 40억 원을 들여 개발을 추진해 왔으나 이달 초 돌연 백지화됐다. 이 때문에 삼성 측과 미국의 항공전자 전문업체인 로크웰사가 추진해온 기술이전 논의 자체가 무산됐고 삼성의 사업팀도 해체됐다. 삼성항공 측은 이에 대해 "전투기 개량사업의 특성상 개발 시간과 비용이 많이 들고 그동안 기술이전 문제를 논의해온 외국업체에 신뢰를 잃게 돼 피해 규모는 산술적으로 계산하지 못할 만큼 막대하다"고 말했다.
국방부는 또 사업비 820억 원 규모의 초등훈련기 사업을 수년간 끌고 오다 율곡 감사 결과를 내세워 사실상 이 사업을 보류, 주계약자인 대우중공업이 큰 타격을 입게 됐다. 대우중공업은 80년도 중반부터 육군전력 증강사업의 하나로 추진돼온 중형 헬기 사업을 겨냥, 미국의 시콜스키사와 합작으로 대우시콜스키라는 합작법인을 설립하고 대규모 투자까지 했으나 지난 90년 국방부가 이를 갑자기 취소하는 바람에 막대한 자본금만 날리고 지난해 법인을 해체했다. 또 대우 측이 주계약사인 경전투 헬기사업도 당초 92년 6월에 사업이 시작될 예정이었으나 지금까지 아무런 진척이 없다.
대우 측은 이에 대해 "아무 말을 하고 싶지 않다. 다만 사업의 중요성을 감안해 정부가 좀더 계획적이고 체계

『한국경제신문』 1994년 2월 25일 자에 실린 '군용기 수급 계획 잦은 변경·지연' 제하의 기사는 특히 항공사적 맥락에서 기술도입과 국산화 노력의 실패 요인을 짚었다. 7대 군용기사업의 일관성 없는 정책 집행으로 인한 전력화 지연과 항공 3사의 현실적인 피해뿐 아니라 대외신뢰도 실추 등 당시 현상을 엿볼 수 있다. 이 신문은 장기수급 계획을 수립해 계획적인 국산화 노력이 필요하다고 역설했다.

군용기 수급 계획 잦은 변경·지연

제작 3社 사업 차질 등 어려움
거액 손실·물량 확정 안 돼 불안
장기계획 없이 즉흥적…開發능력 확보 힘들어

전투기 수급계획의 잦은 변경과 사업 지연 등으로 삼성항공 대한항공 대우중공업 등 군용기 제작업체들이 사업에 차질을 빚는 등 어려움을 겪고 있다. 지난 90년 국내항공 방산업체들에 배정된 군용기 7개 사업 중 수급계획이 불투명하거나 지연된 사업은 KLH(경전투헬기) KTX-1(초등훈련기) KTX-2(고등훈련기) KPU(팬럼 개량사업) F-5전투기 개량사업 등 5개 사업.
KLH사업의 경우 주계약업체인 대우중공업이 94년부터 국방부에 경전투 헬기를 공급키로 했으나 아직까지 기종 선정도 못 한 상태다. 국방부는 당초 91년에 기종 선정 및 대우중공업과의 계약을 끝낼 예정이었다. 그러나 지난 91년 유럽콥터 도이치사의 Bo-105와 이탈리아 아구스타사 A109 두 기종 중 1개 기종을 선정, 면허생산한다는 방침만을 정했을 뿐 아직까지 전혀 진전을 보지 못하고 있다. 대우중공업은 이 같은 사업 지연에 따라 이미 100억 원 이상의 손실을 보고 있으며 유럽콥터 도이치사 아구스타사 등도 상당한 손실을 입고 있는 것으로 알려졌다.
KTX-1 및 KTX-2사업도 사정은 마찬가지. KTX-1 개발사업을 맡고 있는 대우중공업은 국방과학연구소와 공동으로 사업을 추진하고 있으나 개발 이후 군의 조달계획이 확정되지 않고 있다. KTX-2사업을 추진 중인 삼성항공 역시 국방과학연구원과 공동으로 개발사업을 진행하고 있으나 생산물량이 확정되지 않은 상태이다.
삼성항공은 KFP(한국전투기사업)계약 당시 절충교역(Off-Set)으로 기체 설계기술 등을 확보해 개발키로 했으나 2000년 이후에야 양산이 가능한 데다 공급물량이 확정되지 않아 불안해하고 있다.
지난 92년 국방부와 삼성항공이 사업 계약까지 체결한 KPU사업도 무산 위기를 맞고 있다. 국방부는 ▲미국 정부의 기술이전 제한 ▲레이다 운영 장비 소프트웨어 성능 보장 ▲기체 수명 연장 가능성 등을 이유로 사업 취소를 신중히 검토 중인 것으로 알려졌다. 삼성항공은 이미 계약을 체결한 사업을 취소할 수 없다고 강력히 반발하고 있으나 사업 전망은 불투명한 상태.
대한항공이 주계약업체로 선정됐던 F-5 전투기 성능 개량사업은 아예 취소됐다. 대한항공은 지난 88년 영국 GEC사와 공동으로 항공전자 장비를 개선한 F-5 전투기 성능개량 시제기를 만들었으나 사업 취소로 난감해하고 있다. 지난 90년 선정된 7대 군용기사업 중 제대로 추진되고 있는 사업은 삼성항공이 맡고 있는 KFP와 대한항공의 UH-60 블랙호크사업 등에 불과하다.
업계는 국방부가 항공방산업체들을 육성하기 위해서는 우선 장기 수급계획을 수립, 업계에 방향을 제시해야 한다고 주장하고 있다. 항공업계는 국방부 항공방산정책의 대표적인 실패 사례로 500MD 헬기를 들고 있다. 500MD 헬기는 대한항공이 지난 70년대 말부터 80년대 말까지 200여 대를 면허생산한 국내 최초의 군용기 생산사업. 그러나 전체 수급계획이 사전에 제시되지 못한 데다 인도 기간도 촉박해 국산화율을 높이지 못했고 이후 독자개발할 능력을 확보하는 데도 실패했다.
500MD사업은 76~78년(100여 대) 80~81년(50여 대) 84~85년(30여 대) 88년(20여 대) 등 4, 5차례에 나누어 진행됐다. 사업 주체인 대한항공은 사업 물량이 많았음에도 불구, 국방부가 장기계획 없이 그때그때 생산지시를 내린 데다 사업 기간도 촉박해 개발 능력을 확보하는 데 실패했다고 주장하고 있다. 80년대 초 진행된 60여 대의 F-5 전투기(제공호) 면허생산사업의 경우 대한항공은 미국에서 단종이 결정된 항공기를 전 세계 국가에서 마지막으로 생산, 기존 생산라인이 쓸모가 없어졌다고 말하고 있다.
항공업체들은 생산 및 개발 기간이 오래 걸리는 군용기사업에 대해서는 5년 단위로 결정되는 수급계획을 보다 늘려 잡아야 한다고 주장하고 있다. 업계는 공격헬기 코브라(AH-1H)의 경우 수요량이 100여 대를 넘어 기술도입 생산의 경제성이 있었으나 장기계획 부재로 20여 대씩 4, 5차례 나누어 직구매함으로써 결국 국내업체의 생산 기회가 무산됐다고 지적하고 있다.
항공방산업체들은 해외 직구매 대신 국내 연구개발 및 기술도입 생산으로 국내생산 기반을 늘리고 장기계획을 수립해야 한다고 목소리를 높이고 있다. 이미 확정된 사업도 차질없이 예정기간 내에 끝날 수 있도록 해야 한다고 업계는 주장하고 있다./현승윤기자(『한국경제신문』 1994년 2월 25일 자)

F-5 전투기 성능 개량사업은 특히 방산정책이 권력의 입김에 의해 좌지우지되는 것 아니냐는 의문을 남겼다. 미국 노스롭사와 F-5 전투기 국제 공동 성능개량 계약을 맺은 삼성항공은 정부에 기술도입 신고서를 제출했으나 정부로부터 어떤 답도 듣지 못했다. 삼성항공은 기술도입신고서에 "국내 F-5 전투기 개량사업에는 참여하지 않고 해외시장 개척에만 새로 도입할 기술을 활용하겠다"는 의사를 밝혔고, 국내

개량사업의 주계약자인 대한항공도 이를 양해했음에도 정부는 묵묵부답으로 일관했다.[60] 해외 신기술 도입을 장려하면서 국내 피해가 없는 한 빠르게 승인 절차를 밟는 게 보통이던 '기술도입신고서'가 묶인 이유는 이건희 삼성그룹 회장의 '베이징 발언'[61]에 김영삼 대통령이 진노했기 때문이라는 해석이 나돌고 항공업체들은 더욱 숨을 죽였다.

앞서 살펴본 대로 항공산업은 집권 초기 김영삼 대통령의 각별한 관심 속에 성장 기회를 맞이하는 것 같았지만 그런 일은 발생하지 않았다. 더욱이 중복 투자와 과당경쟁을 억제하기 위해 각종 장치가 필요하다는 논의도 현실로 이어지지 못했다. '작고 효율적'이라는 상반된 가치를 담은 목표 아래 정부가 지닌 최소한의 조정 능력마저 시장경제, 민간자율, 복수 전문화 지정 등에 밀려 제대로 가동되지 못했다.

5개 군용기사업이 지연, 취소되는 사태 속에서 수요는 자동적으로 줄어들었다. 이는 필연적인 공급 과잉을 낳았고 기업들은 이를 극복하기 위해 더욱 과당경쟁 속으로 빠져들어갔다. 중복 투자, 과당경쟁이 만연해도 "항공산업을 시장경제와 민간자율에 맡겨야 한다"는 대세에 밀려 이러한 문제점들을 제도적으로 방지할 수 없게 됐다. 결국 모처럼 일으킨 우리나라 항공산업이 체계적으로 발전되지 못하고 국제 경쟁력을 점차 잃게 되는 결과를 초래하게 됐다.[62]

군용기 개발 또는 도입과 관련된 대형사업의 절반이 없어지거나 축소되는 상황에서도 기업들은 자체적인 물량 조절이나 보수적 대응보다는 확장 일변도로 나갔다. 정부가 개설한 과열 경쟁의 장터에서 쓴맛을 봤지만 좌절과 손해를 단박에 만회할 수 있는 초대형 사업이 옆에 왔기 때문이다. 중형기사업이 시작된 것이다. 초대형 사업을 앞두고 기업들은 또다시 과열 경쟁을 펼쳤다. 정부는 이번에도 투자를 부추겼다. 김영삼 대통령의 공약이자 관심 사업이었던 중형기사업은 지금까지의 경쟁 양상과 또 달랐다. 이번에는 국내 갈등뿐 아니라 해외, 즉 중국과 협력을 위해 풀어야 할 과제가 많았다. 하지만 너나없이 달려들었다. 시장성과 장래를 밝은 쪽으로만 본 것이다.

11. 거산巨山같이 왔다 신기루처럼 사라진 중형항공기 개발

우리나라의 중형여객기 개발사업은 김영삼 대통령의 '깜짝 발언'으로 시작했다. 집권 3주 차 월요일인 8일 육군 참모총장과 보안사령관을 경질하며 군내 사조직인 '하나회'를 내쳤던 김영삼 대통령은 주말을 앞둔 12일 삼성항공의 창원 제2공장을 방문, 업계 현황을 듣고 바로 정사진을 띄웠다. "항공산업은 그동안 선진국의 전유물이었으나 우리도 기술개발에 역점을 두고 정부에서 효과적으로 육성 시책을 병행하면 핵심 산업으로 성장할 수 있을 것"이라며 "항공산업은 기계 통신 신소재 등 다른 산업의 발전뿐 아니라 국가방위에도 중요한 기간산업으로 반드시 전략산업으로 육성돼야 한다"고 강조한 것이다.[63]

대통령의 지시와 함께 상공자원부는 미리 준비한 '항공우주산업 발전을 위한 육성전략'을 보고했다.

발표 내용은 희망을 낳았다. 오는 1998년까지 모두 2500억 원을 투자해 50인승 중형항공기를 개발하고 99년까지는 대형항공기의 국제 공동생산에 참여하며 2000년 이후부터는 차세대 장거리용 대형여객기의 국제 공동개발에 각각 참여한다는 계획이었다.[64] 상공자원부는 국산 중형항공기의 이름(피닉스호)까지 제시하며 분위기를 띄웠다. 상공자원부가 제시한 국산 중형항공기는 항속거리가 $1600km$에 달하며 대형여객기와 같은 안정성을 갖추고 있으면서도 잔디밭이나 임시 활주로 500m만 있으면 이착륙이 가능했다. 거창한 계획을 현실화하기에는 투입될 예산이 적다는 비평도 있었지만 항공인들은 기대에 부풀었다.

김영삼 대통령의 삼성항공 창원공장 방문에 맞춰 상공자원부가 보고한 '항공우주산업 발전을 위한 육성전략'의 핵심 내용인 국산 50인승 중형여객기의 예상도. 상공자원부는 2500억원을 투입해 5년 안에 국산 중형여객기를 개발하고 1999년부터는 대형항공기 국제공동생산에 참여하며 2000년 이후 차세대 장거리용 대형여객기를 개발한다는 계획을 내놓았다. '피닉스(불사조)'이라는 국산 중형여객기의 이름까지 미리 작명하며 애드벌룬을 띄운 정부의 거창한 계획은 33년이 경과하는 오늘날까지 하나도 이뤄지지 않았다.

김 대통령의 산업체 방문은 취임 후 처음이었다. 역대 대통령들이 취임 후 첫 산업현장 방문을 중소기업이나 탄광 등 어려운 곳을 찾았던 통례와 달리 재벌기업의 항공기 공장을 찾은 그 자체가 파격이었다. 격식보다 충격요법을 즐기는 대통령의 습성대로 통 큰 지원대책이 나오길 기대하며 항공 관련사들은 어떻게 투자할지 구체적인 계획 수립에 들어갔다. 주무 부처인 상공자원부도 바빠졌다. 상공부는 항공우주산업기획단 설치, 항공우주기술개발기금 조성(1조 6000억 원) 등의 지원체제를 갖춘 후 1998년까지 중형항공기를 개발하고 97년까지 다목적 실용위성을 궤도에 올린다는 원대한 계획을 세웠다.[65]

김 대통령의 언급으로 중형항공기 개발사업이 시작됐으나 논의가 시작되고 방향이 모색된 것은 좀 더 이른 시기였다. 1980년대 중반부터 군과 정부의 수송기 형태의 항공기 수요가 존재하며 우리나라 환경과 경제여건을 감안할 때 50~100인승급의 수송기 개발이 타당하다는 데에 항공계 의견이 모였다. 1989년 출범한 항공우주연구소에서 과학기술처의 국책과제로 '항공기 설계기반기술 연구'를 수행했다. 이 과제는 1991년 '중급항공기 개발사업'으로 이름이 바뀌었다. 다만 이름만 개발사업이었을 뿐 기초연구와 개념설계 차원에 머물렀다.[66]

연구는 단순히 책상에 머물지 않고 정책과 만났다. 한국항공우주연구원의 전신인 항공우주연구소의 연구 과정에서 군 수송기의 예상 수요가 줄었다. 대신 국제적 민항 수요가 급증함에 따라 상용 항공기 개발로 방향을 전환하는 게 좋겠다는 연구 결과가 나왔다.[67] 마침 통상산업부의 항공산업육성 방안과 방향이 맞았다. 통상산업부는 연구보고서를 가다듬어 '21세기에 대비한 항공우주산업의 육성방안' 중의 하나로 대통령에게 보고했고 김영삼 대통령은 중형항공기 사업을 '신경제 5개년 계획'에 포함하라는 지시를 내렸다.

국가 중점 정책으로 선정됐지만 당시 한국의 항공산업은 외화내빈에서 벗어나지 못했다. 생산액이 연

19%씩 늘어나도 무역 적자가 눈덩이처럼 쌓였다. 군 전투기사업 등으로 항공산업이 본격적인 도약기를 맞이하고 있지만 아직 선진국은 물론 대만·인도네시아 등에 비해서도 생산 기반이 취약하고 기술 수준도 낙후됐다는 평가를 받았다. 국내 생산 능력과 기술 수준은 1991년 피스톤식 항공기인 '창공 91'을 제작하고 초등훈련기 KTX-1의 개념설계에 의한 시제기를 제작하는 정도였다.

1986년 미국 보잉사의 대형여객기 일부 부품을 국제 하청 형식으로 납품하는 단계에서 출발해 부품 수출이 늘고 있어도 완제기 생산 능력은 전무했다. 주요 핵심기술인 설계 및 소재 기술도 전혀 확보하지 못한 상태였다. 기체 및 엔진 부분의 가공 조립기술 같은 낮은 수준의 기술만 익히고 있었다. 반면 미국, 유럽, 일본 등 선진국은 물론 인도네시아와 대만 등도 상당한 기술력을 확보해 놓고 있었다. 섬이 많은 인도네시아는 50인승급 중형여객기를 독자개발, 완성 단계에 이르렀다. 대만도 초음속 전투기 개발에 성공하고 초대형 여객기 국제 공동개발 계획에 참여하는 등 항공 중진국 대열에 진입했지만 전체적인 공업력이 인도네시아와 대만보다 앞선 한국의 항공기술은 뒤처져 있었다.[68]

IPTN사(현재 인도네시안 에어로스페이스)가 1986년부터 개발에 착수, 1995년 초도비행에 성공했던 64~68석 규모의 N250 중형 터보프롭 여객기(사진 위). 시제기 2대가 제작된 상태에서 국제 인증의 어려움과 외환위기를 맞아 개발 사업이 멈췄다. 아래 사진은 IPTN사가 1995년 11월 개발 계획을 발표한 N2130 중형 제트여객기의 예상 모형. 80석, 100석, 130석 3종류로 인도네시아는 보잉 737과 에어버스 318 이상의 성능을 발휘할 것이라고 기대했으나 금융위기로 프로젝트 자체가 무산됐다. 비록 계획에 그쳤지만 1990년대까지 인도네시아의 항공기술은 아시아 정상권이었다./사진=위키피디아

다만 매력적인 기술 협력선으로 인식되고 있었다. 외국의 항공기 제작사들이 차세대 항공기의 공동개발이나 국제 분업생산의 기지로 한국을 주목하기 시작한 것이다. 스페인의 항공기 제작업체인 CASA는 1993년 2월 15일 한국항공우주산업진흥협회를 방문, 삼성항공, 대우중공업, 대한항공 등 20여 개 회원사 관계자들을 대상으로 70인승 중형 여객기(커뮤터기)의 공동사업안을 제시했다.

프랑스의 아에로스파시알도 국내업체와 중형기 공동 제작 가능성을 타진하기 위해 자회사인 ATR사를 한국에 보냈다. 러시아공화국의 3대 항공기 제작사 중 하나인 미야시 슈체프는 우리 정부와 업계에 항공기 6개 기종의 공동 설계·생산을 제의해왔다. 미야시 슈체프사가 제의한 기종은 9, 20, 35, 65, 74인승의 중소형 5개 기종에 B-747기에 버금가는 300~400인승 대형 항공기까지 망라했다.

미국의 보잉사도 한국과 B-737 개량형의 공동 생산 계획을 타진했다. 보잉사는 차세대 대형항공기인 B-787의 국제 분업생산에 한국업체의 참여 방안까지 제안하고 돌아갔다. 독일 DASA사와 영국 BAe사 등도 국내업체들과의 협력방안을 모색했다. 외국 유력 항공기 제작업체들이 한국과 공동 개발 및 국제 분업생산 등 협력을 추진한 이유는 중국을 중심으로 아시아 국가들의 중형기 수요가 크게 늘어날 것으로 전망하고 한국의 임금 수준이 일본보다 훨씬 낮은 반면 기술 수준은 상대적으로 높아 최적의 파트너로 여겼기 때문이다.[69]

정부의 정책 방향이 정해지고 외국 항공기 제작사들의 합작 제의가 잇따르자 항공 3사는 발빠른 대응에 나섰다. 해외 전문 인력 유치에 나서는 한편 해양항공 전문 컨설팅업체에 중형항공기 개발 계획 수립 용역을 의뢰했다. 목표는 단 하나, 중형항공기 최종 조립업체로 선정되기 위한 사전준비였다. 최종 조립업체로 선정되면 항공기 디자인과 설계 등 체계 종합능력(SI)을 갖춘 항공업체로 성장하지만, 부품생산에 참여하는 업체들은 단순 가공기술만을 얻는 하청업체로 전락할 수 있다는 판단에서다.

대우중공업이 1989년 4월 공동 개발 및 생산을 계약을 맺었던 독일 도르니어사가 1991년 독자적으로 선보인 Dornier 328 여객기. 터보프롭형 32인승 중소형 여객기(위)로 소음이 적고 실내가 넓으며 이착륙거리가 짧다는 장점에도 판매는 누적 107대로 기대했던 400여대에 못미쳤다. 대우중공업은 일부 부분품의 수출에 성공했으나 물량이 적고 국내 수요가 발생하지 않아 국내 생산계획을 접었다. 도르니어사는 추진기관을 제트엔진으로 교체한 Dornier 328 JET(아래 사진·첫 비행 1998년)도 개발했다. 누적 판매 110대로 손익분기점을 밑돌았지만 이 기체를 근간으로 연료절약형 국제공동개발이 추진되고 있다./사진=위키피디아

특히 항공기 생산 부가가치의 50%가 최종 조립업체에서 발생하는 데다 중형항공기의 경우 1999년에 종료되는 KFP(한국형 전투기사업) 등 군용기 사업 이후 최대 물량이 될 것이라는 확실한 상황에서 항공 3사는 중형기사업에서 최종 조립업체로 지정된 업체가 결국 국내 유일의 항공기제작업체가 된다는 판단 아래 총력전을 펼쳤다.

삼성항공은 미국 항공전문 컨설팅업체 아비오Avio컨설팅에 중형항공기 개발 계획 수립 용역을 의뢰하는 한편 보잉사와 맥도널 더글러스사 등의 퇴직 엔지니어를 포함해 수백 명 채용을 추진했다.[70] 대우중공업은 독일 도니어사와 32인승 중형항공기 328기 공동개발을 바탕으로 도전하며 구소련 붕괴 이후 직업을 잃은 러시아 항공기술자 100명 유치 작업도 진행했다.[71]

정부도 자료 분석과 해외 동향 파악을 위해 20일 일정의 단기 해외조사단을 1993년 5월 말 파견했다.

항공산업의 주도권을 둘러싼 국내 주요 재벌그룹들의 치열한 경쟁을 보도한 『경향신문』 1995년 1월 30일자 9면 기사. 미국과 유럽에서는 거대 항공기 제작사조차 구조조정과 인수합병으로 항공기 제작사 수가 급격하게 줄어들던 시기에 한국에서는 정반대 현상이 나타났다. 난립과 과열 경쟁은 출혈 수주와 적자 누적으로 이어져 종국에는 통합법인(KAI) 출범으로 귀결됐다.

중형항공기 개발의 타당성 조사를 진행 중인 한국항공우주연구소와 업계 및 유관 기관관계자 8명으로 구성된 조사단은 미국의 페어차일드, 캐나다의 디하빌랜드, 영국 브리티시 에어로스페이스사의 자회사인 제트스트림, 프랑스 컨소시엄 기업 ATR, 독일의 도니어, 스페인 CASA, 스웨덴 사브, 이스라엘 IAI 등 8개 회사를 돌고 국산 중형여객기 개발이 가능하지만 선진업체와 제휴는 어떤 형식이든 필요하다는 보고서를 올렸다.[72]

김철수 상공부 장관은 해외협력과 관련해 11월 17일 "중형항공기는 한국과 미국, 중국 3국이 합작하는 형태로 진행될 것"이라고 원칙을 밝혔다. 중국이 한국과 협력을 희망하지만 아직 중국의 기술력이 미국과 유럽 수준에 도달하지 못해 미국 업체의 참여를 이끌어내야 기술적 완성도를 높일 수 있다는 구상을 밝힌 것이다.[73] 하지만 과열 경쟁 양상이 또 나타났다. 업체마다 각자도생하면서 해외 파트너와 제휴를 추진하고 나섰다. 대우중공업과 대한항공은 '아시안에어버스' 사업을 추진하고 현대정공은 러시아와 독자석으로 협력관계를 구축했으며 삼성항공과 한라중공업도 중국과 개별 합삭을 모색했다. 모두 총 조립업체를 따내려는 사전 포석이었으나 같은 회사를 두고 한국 회사들이 별도 계약을 맺는 경우까지 생겼다.

삼성항공은 1993년 11월 29일 중국 항공공업총공사AVIC 측과 1998년 생산을 목표로 50~1백인승 터보프롭 중형항공기를 공동개발키로 합의했다. 대우중공업과 대한항공은 또 항공총공사 측과 100~130인승 제트여객기를 면허생산한다는 계획 아래 합작회사 '아시안 에어 익스프레스(중국명 亞洲

항공산업에 가장 늦게 참여한 현대정공이 러시아 야코블레프사와 공동개발을 추진하던 5~6인승 경항공기와 가장 유사한 YAK-58 경비행기. 소련 해체 후 국가의 지원이 중단된 야코블레프 설계국이 내놓은 위기 타개책의 하나다. 현대정공은 경비행기로 시작해 중형여객기 개발까지 추진한다는 장기 목표를 잡았지만 기술과 자금 부족, 외환위기가 겹쳐 종국에는 항공산업을 포기했다./사진=YAK ALACON사 홈페이지.

空中快車公司)' 출범을 위한 준비위원회를 설치했다. 대우중공업과 대한항공은 중국 외에도 싱가포르와 인도의 항공기 제작사를 참여시켜 4개국이 공동생산하는 방안을 모색했다.

새로 참여한 한라중공업은 러시아의 민수 항공사업체인 비즈니스 에이비에이션사와 50~60인승 터보프롭 여객기를 공동개발하는 내용의 '유라시아 프로젝트'에 합의하고 중국항공총공사 소속 북경항공국도 포함시켜 3국 합작형태로 발전시켰다. 현대정공도 중형항공기 개발을 최종 목표로 우선 러시아의 야크사와 5~6인승 경항공기 공동개발에 나서 사업경쟁에 가세했다. 사업 내용이 비슷한 데다 똑같은 중국 국영회사를 상대로 경쟁적으로 합작을 추진한다는 비판에도 아랑곳없이 계속된 업체의 과열 경쟁은 후에 중국과 협상에서 한국의 발언권을 약화시키는 결과를 초래했다.

12. 정부 부처마다 항공우주산업 정책 발표, 혼선 가중

이런 상황에서도 규제책이 나오기보다 장밋빛 전망이 쏟아졌다. 상공부와 과학기술처는 100인승 국산 항공기를 1998년 개발하고 KFP 사업이 완결되는 1999년 이후에는 선진국과 400인승 대형여객기를 공동생산한다는 계획을 내놨다. 항공우주산업을 2000년대의 국가전략산업으로 육성하기 위해 1994년을 항공산업 육성 원년으로 삼고 소형기·중형기·헬리콥터·인공위성 몸체·위성체 우주발사체 개발 계획까지 알렸다. 항공우주연구소가 광복 50주년을 맞는 1995년 8월 15일까지 8인승에 항속거리 1500km에 달하는 쌍발 여객기를 개발 완료하고 1998년 8월 15일까지는 100인승 이상의 항속거리 2000km급 중형항공기 개발을 완료하며 2000년부터는 미국·프랑스·중국 등 선진기술국과 대형기의 공동개발에 착수할 방침도 밝혔다.[74]

해가 바뀐 1997년의 2월 7일 상공부는 하반기부터 중형항공기 개발사업에 본격 착수, 1998년에 개발을 완료, 시험비행에 들어갈 계획이라고 밝혔다. 방식은 민간업체가 참여하는 컨소시엄을 구성하고 정부와 업계가 2790억 원을 공동 투자해 50~100인승 중형항공기를 개발하겠다는 구상이었다. 상공자원부가 지휘 감독을 맡고 총괄 관리, 설계 검증, 인증 등은 전문연구기관이 담당하며 시제품 개발은 주관회사 중심의 민간 컨소시엄에게 맡겼다. 우선 항공산업 선진국을 포함한 국제 공동개발 방식으로 추진하되 여의치 않을 경우 기술도입을 통한 국내 주도 개발 방식이라는 여지도 남겼다.[75]

그러나 정부의 방침은 또 다른 논란으로 이어졌다. 1998년까지 총 소요예산인 2540억 원의 절반과 250억 원의 시험설비 투자를 정부가 부담한다는 내용에 삼성항공만 찬동하고 나머지 회사들은 주관회사제에 반대 의사를 보였다. 최대한 많은 업체를 참여시키기 위해 동등 지분의 컨소시엄 구상을 강력히 주장해온 대우중공업과 대한항공 등은 주관회사 제도 등은 정부가 인위적으로 지정할 게 아니라 항공회사들의 합의에 의해 도출돼야 한다며 반발했다.

사업 시작 전에 1개 회사를 주관회사로 정하면 나머지 업체들의 참여 의욕이 떨어지고 결국 컨소시엄이라는 형식 아래 주관회사가 전체 사업을 독점하는 결과를 낳게 된다는 것이었다. 특히 정부지원금 1250억 원을 주관회사에 몰아주게 된다는 특혜시비 논란도 일었다. 한라중공업과 현대정공 등 신규참여 업체들도 비슷한 의견을 보였다. 상공부가 제시한 주관회사 선정의 주요 평가 기준에 시장확보 능력이나 사업수행 능력 재무구조 등의 일반적인 사항 외에 '신규투자 최소화'라는 항목이 달려있다는 것도 기존의 대형업체나 정부 사업 수행업체를 주관사로 선정하겠다는 뜻을 드러낸 것이라는 지적도 일었다. 다만 컨소시엄이 아닌 1개사 주도방식을 주장해온 삼성항공은 정부안을 지지해 항공업계의 견해가 완전히 엇갈리는 양상을 보였다.[76]

13. 일장춘몽으로 끝난 중형여객기 개발 꿈

항공업계는 삼성항공과 나머지 업체들이 연합해 대항하는 구도를 펼치면서도 물밑 협상을 이어나간 끝에 삼성항공이 한국중형기사업조합(KCDC)의 주관회사를 맡는다는 데 1994년 8월 17일 원칙적으로 합의했다. 부품을 공동생산한다는 조건이 붙었다. 다만 물량 배분에 대해서는 의견이 엇갈렸다. 삼성항공은 물량을 3사가 동등 배분하자고 주장한 데 반해 대우중공업 등은 삼성이 30%, 나머지 2개사가 35%씩

중형항공기사업조합이 구상했던 100인승급 국산 중형여객기. 1996년 서울에어쇼에서 조합이 배포한 자료에서 발췌

나누자고 맞서 최종합의를 보지 못했다. 항공 3사는 연말에야 3사 물량을 동등한 비율로 배분하기로 합의했다.

그러나 항공 3사의 합의는 업계 전체의 합의 없이 서둘러 마련된 봉합책이었다. 항공 3사의 합의 자체에 정부의 입김이 강하게 작용했다. 정부 고위층으로부터 '왜 사업의 진행이 미진하냐'는 추궁을 받은 상공자원부는 항공 3사의 합의를 억지로 이끌어냈다. 삼성항공과 대우중공업·대한항공은 두고두고 이 문제를 둘러싼 대립을 이어나갔다. 심지어 중국과 협상 테이블에서도 업체 간 분열상이 드러나 "도대체 한국 측 민간협상단의 대표는 누구냐?"는 중국 협상단의 비아냥을 듣기도 했다.[77] 다른 업체들도 불만이 많았다. 항공 3사 이외의 참여 업체들에게서도 편법과 담합이라는 불만까지 샀다. 특히 후에 참여한 현대정공과 한라중공업을 배제한 것이어서 분란의 불씨를 남겨 놓았다.[78]

항공 3사 간 주관회사를 둘러싼 합의가 외형적이나마 이뤄지면서 중형항공기 사업의 속도가 빨라지고 판도 커졌다. 상공자원부는 1994년 8월 12일 열린 경제장관회의에서 중형항공기 개발 계획이 확정되고 삼성항공이 컨소시엄의 주관사를 맡으면서 세부 시행안을 발표했다. 기본은 원하는 모든 회사에 참여의 문호를 개방한다는 것이었다. 상공자원부는 20만 개 이상의 부품이 들어가는 중형항공기 개발사업에서 컨소시엄 참여를 희망하는 업체는 모두 받아들인다는 원칙을 세웠다.

이런 원칙에 따라 컨소시엄 참여 의사를 밝힌 현대기술개발, 만도기계, 한라중공업, 세일중공업, 기아기공, 금성정밀, 한국화이바등 42개 업체가 일단 컨소시엄에 들어왔다. 상공자원부는 추가로 참여를 희망하는 업체들도 모두 수용하겠다는 방침을 밝혔다. 상공자원부는 항공기의 설계, 조립과 부품 중 수입에 의존할 엔진을 제외한 동체, 날개, 전장품, 보조기기 등의 제작은 중형항공기사업을 주도할 항공 3사에서 금액 기준으로 동등하게 배분하되 각 부문의 제작에 필요한 부품은 나머지 컨소시엄 참여업체에 우선적으로 할당한다는 방침을 정했다.

항공기부품 제작에 전문성을 갖춘 업체로는 금성정밀(전장품), 기아기공(랜딩 기어), 한국화이바(탄소 소재), 한국로스트왁스(단조품), 동양노즐(노즐 부품), ㈜금호(타이어) 등이 꼽혔다. 정부는 전문 부품업체를 위한 안전판도 둘렀다. 부품 개발의 전문성을 살리면서도 중복 투자를 막고 20만 개 부품을 차질 없이 확보하기 위해 전문업체들이 생산하는 부품에 대한 삼성항공, 대우중공업, 대한항공 등의 참여를 막았다.[79] 김영삼 대통령이 중형항공기 생산을 언급한 지 1년 5개월 만에 국내 절차와 구조를 정했지만 진짜 난관이 남았다. 중국과 협상이 목전에 다가온 것이다.[80]

1) 중국과의 끝없는 평행선

한국과 중국 두 나라는 1994년 10월 31일 100인승급 중형항공기 공동개발에 공식 합의했다. 김철수 상공부 장관은 이날 김영삼 대통령과 리펑李鵬 중국 총리가 지켜보는 가운데 시완핑 중국 국가경제무역위

김영삼 대통령과 리펑 중국 총리가 임석한 가운데 1994년 10월 31일 서울 청와대에서 한중 외무부장관은 양국간 항공협정을 맺었다. 100인승 중형여객기를 공동으로 개발해 수출한다는 내용을 담았다. 김 대통령과 리펑 총리는 1996년까지 두 번 더 만나 공동개발 원칙을 거듭 확인했으나 중국과 실무협상은 결국 틀어지고 말았다./e-영상역사관 국가기록사진

원회 부주임과 한중 중형항공기 공동개발 협정에 서명했다. 쌍발 제트엔진을 장착한 100인승급 중형항공기를 양국의 주도로 개발, 수출한다는 내용을 담았다.[81]

중형항공기 개발의 양국 주도회사인 삼성항공과 중국 항공공업총공사(AVIC)는 정부 간 협정 체결 직후인 1994년 11월 2일 삼성항공 창원공장에서 민간 차원의 양해각서를 체결하고 1995년 5월까지 별도의 한중 합작회사를 설립해 본격적인 중형항공기 개발에 착수하기로 합의했다. 삼성항공과 중국 항공공업총공사는 이에 따라 11월 중 중형항공기 최종 조립과 설계 물량의 배분, 한중 합작회사의 위치 등 쟁점을 마무리하고 1995년 2월까지 타당성 검토 및 보완 사항을 점검해 상세 사업계획을 작성하는 한편, 제3 협력선을 선정하기로 했다.

1995년 3월 한국과 중국이 제3 협력선과 기본계약을 체결하고 5월 중에 합작회사를 발족한다는 일정도 잡았다. 두 나라는 각각 3억 5000만 달러씩 투자해 1998년까지 중형항공기 개발을 끝내는 한편, 중형항공기 판매권은 한국과 중국이 공동으로 설립한 합작회사가 갖기로 잠정 합의했다. 예상 판매량에 대해서도 쉽게 의견 일치를 이뤘다. 한중 합작사가 오는 2010년까지 세계의 중형항공기 총수요 2180대 가운데 350대를 팔 수 있을 것으로 전망했다. 판매 가능 지역은 중국 175대, 한국 35대, 아시아·태평양 지역 65대, 북미와 유럽 등 기타지역은 75대로 잡았다. 기종은 기본형을 100석급 터보팬 항공기로 순항속도는 음속의 0.76배, 최대 순항고도 1만 2000m, 항속거리 2200km, 이륙거리 1500m, 착륙거리 1279m이며 최대 이륙중량은 4만 1500kg, 최대 착륙중량 3만 9400kg으로 정했다.

개발 일정은 1995년 2월 타당성 검토에 들어가 1996년 초 형상을 확정 짓고 1997년 말부터 상세 설계를 완료, 1998년 초도비행에 들어간 후 2000년부터 고객에게 인도하기로 했다. 양해각서 체결 당시 미국 보잉사와 프랑스 에어로스파셜, 영국 BAE, 독일 DASA가 지분 참여에 의한 동참 의사를 전해왔고 한중 양국은 이들 중 1개사를 제3 협력선으로 선정하기로 견해를 모았다. 이스라엘 IAI사와 미국의 록히드사는 지분 참여 없는 기술지원을 제의하고 있었다. 항공기 생산 분담은 한국 측이 기수(NOSE), 전방·

중앙·후방과 주익 조정면을 담당하고 중국 측이 양 날개와 꼬리 부분 날개를 맡기로 잠정 합의했다.

한중 양국 간 이해가 첨예하게 엇갈리는 부분이 있다는 점도 재확인했다. 두 나라 중 어느 나라가 최종 조립을 담당하느냐의 문제와 설계 물량의 배분 그리고 1995년 5월 설립될 합작사를 한국과 중국 중 어느 나라에 두느냐를 놓고 합의가 이뤄지지 않았다. 삼성항공 관계자는 전체적으로 약 70% 이뤄졌다고 밝혔지만 미합의된 30%가 끝내 발목을 잡았다.

두 회사는 1998년까지 100인승 기본형 중형항공기를 개발한 후 2006년까지 130인승 확장형과 70인승 축소형은 물론 화물·승객 전환형, 화물형 등 파생 기종을 개발키로 했다. 2014년까지는 확장형과 축소형 항공기를 바탕으로 차기 기종을 개발한다는 계획도 세웠다.[82]

2) 계속되는 안팎의 돌출 변수

한중 양국이 정부와 민간 차원에서 협정을 맺고 중형항공기 사업을 공식 출범시킨 이후에도 안팎에서 예상하지 못한 변수가 생겼다. 먼저 대한항공과 한라중공업이 미국 맥도널 더글러스사와 국제 공동제작 형태로 개발 중인 100인승 중형기 MD-95의 전방 구조물인 노즈 섹션을 100% 자체 설계로 생산해 독점 공급한다는 계약이 논란거리로 떠올랐다. 정부가 대한항공과 한라중공업이 각각 참여키로 했던 MD-95 중형기 국제공동제작 사업에 제동을 건 것이다.

국산 중형항공기 사업의 주관회사인 삼성항공은 국책사업으로 진행 중인 한중 중형항공기의 경쟁 기종이 될 수 있는 미국 맥도널 더글러스사의 MD-95 개발에 대한항공과 한라중공업의 참여를 반대한다는 의사를 밝혔다. 상공자원부는 두 회사가 MD-95 사업에 계속 참여할 경우 국산 중형항공기 사업 참여를 배제한다는 원칙을 분명히 했다. 이는 100인승으로 개발되는 MD-95의 개발연도가 1998년으로 경쟁 기종이 될 국산 중형항공기보다 먼저 나오는 데다 기존 모델을 개량한 저가 모델 개발 판매가 목표여

대한항공과 한라중공업이 국제공동개발에 참여하려던 맥도널 더글러스사의 MD-95 여객기. 한중 합작을 추진하던 정부의 포기하라는 종용에도 굴하지 않고 버틴 한라중공업은 새로 개발되는 MD-95의 날개 부문 제작을 맡았다. 그러나 1998년 8월 초도비행한 MD-95의 판매는 기대에 한참 못미쳤다. 맥도널 더글러스사가 보잉사에 흡수된 1997년 8월 이전 예약 판매 실적은 42대에 그쳤다. 보잉사와 합병 이후 기종 명칭이 B-717로 바뀐 뒤에도 114대를 추가 판매하는데 머물렀다. MD-95와 B-717을 합쳐도 156대가 전부였다. 맥도널 더글러스나 보잉에게 적자 사업이던 이 여객기는 한국의 한라중공업에도 피해를 강요했다. 한라중공업의 우주항공부문을 인수한 현대항공우주㈜ 역시 MD-95 날개 제작과 수출에서 발생한 적자로 시달린 끝에 한국항공우주산업㈜(KAI)로 통합되는 운명을 맞았다./ 사진=위키피디아

서 향후 국산 중형기의 시장을 크게 잠식할 수 있다는 우려에서 나온 것이었다.

대한항공은 정부의 압력에 따라 MD사와 계약을 포기할 의사를 밝혔으나 한라중공업은 완강한 입장을 보였다. 영국의 BAe사와 경합 끝에 따낸 MD 측과 동체 부분의 핵심인 양 날개 10억 달러 공급 계약을 포기할 수 없다고 버텼다. 이는 국내 항공업체가 지금까지 해외에서 따낸 사업 중 최대규모였다. 한라중공업은 도중에 정부의 방안을 받아들이는 제스처를 보이면서도 MD와 계약을 유지했다.[83]

항공 3사는 한 배에 올랐으면서도 사안마다 부딪혔다. 삼성항공과 대우중공업은 항공운항업에 진출하겠다고 주장해 그렇지 않아도 제2 민항(아시아나 항공, 처음에는 서울항공) 출범으로 편치 않은 대한항공의 심기를 건드렸다. 대한항공과 대우중공업은 삼성항공이 주관회사이지 하청업체를 부리는 원청사가 아니라며 삼성항공의 독주를 견제했다. 항공업계는 청와대에 설치될 '항공산업육성기획단'이 교통정리를 해줄 것으로 기대했으나 '작은 정부를 지향한다'는 문민정부의 명분 아래 설립이 무산되고 말았다. 민간 컨소시엄 내에서도 주관회사를 둘러싼 신경전이 지루하게 펼쳐진 가운데 또 하나의 변수가 생겼다. 현대그룹이 본격적인 항공산업 진출을 선언하며 대규모 투자에 나선 것이다. 중복 투자, 과당경쟁 문제도 더 심각해질 수밖에 없었다. 바깥으로는 한중 중형항공기 사업의 진척이 없고 안으로는 경쟁 격화 문제가 심각하게 다가왔다.

3) 현대그룹의 본격 참여, 경쟁 격화

항공산업에 1조 2000억 원을 투자하겠다며 항공산업에 뛰어든 현대그룹의 행보는 세 가지 측면에서 주목받았다. 첫째는 맥도널 더글러스사와 협력이라는, 실체가 뚜렷한 사업을 제시했다는 점이고 둘째는 삼성항공의 독주가 흔들릴 수도 있다는 점에 항공업뿐 아니라 재계 전체의 이목이 집중됐다. 세 번째는 경쟁이 더욱 격화하고 중복 투자 문제가 어떤 방향으로 흘러갈지에 관심이 모였다.

현대는 나름대로 명분과 자신이 있었다. 현대 측이 자력으로 따낸 미국 MD사의 100인승 중형여객기 공동개발사업인 'MD-95 프로젝트'는 중국에 끌려다니는 듯한 한중 공동사업과는 다르다며 항공산업에 뛰어들었다. 1999년이면 비행하게 될 MD-95 프로젝트에 항공산업 수주액 사상 가장 많은 11억 달러어치의 주날개를 공급하면 중형기 문제도 자연스럽게 해결될 수 있다는 자신감도 공공연하게 내비쳤다.

현대는 기본적으로 내수일 수밖에 없는 군수용에 의존하며 성장한 기존 회사들과 달리 전통적으로 "수출로 번 돈으로 안을 키운다"는 현대그룹답게 수출형인 민수용으로 미래 항공시장을 키운다는 차별점을 부각시켰다. 정부 일각에서도 한중 중형항공기 사업이 무산될 경우 'MD-95 프로젝트'가 대안이 될 수 있다는 움직임도 나왔다.

삼성항공보다 먼저 항공산업에 진출했으나 거대 자본에 밀렸다고 생각하는 대한항공과 대우중공업은 현대가 자본력을 앞세워 삼성항공에 버금가는 항공기 제작사로 성장해 시장에서의 입지가 더욱 좁아질 수 있다며 우려했다. 중국과 협상이 지지부진한 가운데 국내 시장에서는 현대의 시장 참여로 항공산업의 구도는 더욱 복잡하게 꼬여갔다. 대한항공과 대우중공업은 전문화·계열화를 내세워온 정부의 항공산업 정책이 일관성은 물론 방향까지 상실했다는 주장을 폈다.[84]

4) 꼬이는 한중협력, 포커사 인수 대안 부상

한중 양국이 최종조립장을 자국에 유치하겠다며 평행선을 달리고 있는 가운데 박재윤 통상산업부장 관은 1996년 2월 14일 항공기 제작업체 대표들과 긴급회의를 갖고 "네덜란드 중·소형 항공기 전문제 작업체인 포커사를, 국내기업들이 컨소시엄을 이뤄 인수하는 방안을 검토하자"는 내용의 의견서를 배포 했다. 참석자들은 이날 모임을 한국과 중국의 중형항공기 공동개발사업 무산의 예고편으로 받아들였다. 50~100인승 중형항공기 전문기업인 포커를 인수할 경우 중국과 공동개발에 나설 기술적 이유가 없어 지기 때문이었다.[85]

네덜란드 포커사가 제작한 FOKKER 100 여객기. 1986년 11월 초도 비행 이래 1997년까지 283대가 생산되며 좋은 평가를 받았다. 그러 나 포커사는 적자 누적으로 1996년부터 매물로 나왔다. 막바지 단계 에서 뒤틀린 삼성항공의 인수가 성사됐다면 한국형 중형여객기의 기 종의 선택이 유력했을 기종이다./사진=위키피디아

포커사는 도산 직전이었다. 1919년 설립 된 네덜란드 항공제작업체로 1993년 독일 DASA사가 지분 51.4%를 사들여 경영권을 인수했으나 40억 달러의 누적적자를 기록하 는 등 어려움을 겪자 각국 기업들에 인수를 요청하고 있었다. 삼성과 현대가 그룹 차원에 서 인수를 검토했지만 막대한 재원 때문에 고 심하고 있었다. 중국에서는 포커사 인수 검토 를 자신들을 향한 '협상용'으로 받아들이고 더욱더 고압적인 태도로 나왔다.

항공업계에서는 "포커사 인수가 대중 협상 용이었다면 중국의 태도가 조금도 변하지 않 았기 때문에 이 역시 실패한 카드"라고 평가하면서 통상산업부의 협상력을 비판의 도마 위에 올렸다. 실 제로 통산부는 1994년 첫 협상에서 '한국 내 조립장 설치'를 강하게 주장했으나 중국이 반대하자 "양국 에 하나씩 설치하자"로 물러섰다. 중국이 이를 거부하자 회의 일정조차 못 잡았다. 이미 합작회사 설립 계 획은 시기를 넘겼다. 현대와 미국 맥도널 더글러스(MD)의 계약 건에서도 처음에는 국산 중형항공기 개발 에 저해요인이 될 것이라고 압박했으나 시간이 흐를수록 강도는 약해졌다.[86]

5) 중국 측 횡포에 결국 한중 협력 없었던 일로

한국과 중국 두 나라는 1996년 6월 17, 18일 이틀 동안 베이징에서 한·중 항공기분과위원회 제3차 회의를 열어 중형항공기 공동개발 방안을 논의했으나 중국 쪽이 단독개발 방침을 고수해 협상이 끝내 결렬됐다. 중국은 중형항공기 최종조립장을 상하이에 설치하고 한국에 12%까지 지분을 허용하는 방안을 최종안으로 제시했다. 한국은 최종조립장을 양보해 중국에서 조립하되 도장과 내부 작업 등은 한국에서 실시하는 에어버스 방식의 작업분담 방안을 제시하고, 지분은 동등하게 참여하는 방안을 제시했으나 중국은 끝내 거부했다.[87]

한중 중형항공기 공동개발 무산에 따라 국내 항공산업에는 비상이 걸렸다. 국책사업으로 2년여 동안 공을 들였던 중형항공기 개발 계획의 원점 회귀는 모든 계획의 재검토를 요구했기 때문이다. 한중 100인승 중형기 개발 성공을 전제로 '2005년 세계 10대 항공기 생산국'으로 진입하겠다는 비전도 흔들렸다. 항공기 국내생산이 105억 달러, 수출 65억 달러에 달할 것이라는 전망도 날아갔다. 당장 항공 3사를 비롯한 항공업계는 일감 부족에 직면했다. 한국이 어떤 나라와 다시 컨소시엄을 구성해 개발 체계를 정비한다고 해도 아시아 최대 항공기 시장인 중국을 빼고 성공할 수 있을지도 고민거리로 다가왔다.[88]

한중 양국 정상이 세 차례나 공동개발을 천명한 사업이 실무진 협상에서 "할 수 없다"고 결론난 점은 김영삼 대통령에게도 부담이 됐다. 취임 직후 항공산업 육성방안을 내걸었고 그 핵심 수단이 한중 중형항공기 공동개발이었다. 흔들릴 때마다 중국 정상과 소통했던 김 대통령은 정치적 부담까지 떠안게 됐다. 정부는 판을 깨지 않기 위해 끝까지 참았지만 원칙을 저버리고 약속을 깨는 중국과 더 이상 사업을 진행할 수 없었다고 설명했다. 양국이 동등한 공동개발 원칙에서 출발한 사업을 중국이 자국 주도하의 한국 부분 참여로 변질시켰다는 것이다.

양국의 협력이 백지화하며 중국이 보였던 무책임하고 무례한 협상 내용도 밝혀졌다. 중국의 태도 변화는 이미 6개월 전부터 나타났다. 1995년 12월 개최된 한중 산업협력실무위원회에서 중국은 △중국이 사업을 주도하며 △다수 지분을 보유하고 △최종조립장을 중국 내에 설치하며 △합작회사를 중국에 둔다는 '신新 4원칙'을 제시했다는 것이다. 이는 첫 만남인 1994년 11월에 약속한 △호혜 평등 △공동 투자 △공동 위험부담 △공동 시장개발 등 4원칙에 정면으로 배치되는 것이다. 중국은 이미 합의했던 사안도 되돌렸다. 합작회사를 홍콩이나 싱가포르에 설치한다는 합의를 뒤집고 중국 내 설치를 고집한 것이다.

중국이 합의를 일방적으로 깬 이유는 제3의 합작선을 물색하면서 싱가포르나 유럽 등 선신업체와의 직접 합작이 유리하다고 판단했다는 분석이 제시됐다. 이웃에 위치한 한국과 달리 이들과 협력할 경우 최종조립장과 합작회사의 위치에서도 쉽게 헤게모니를 갖고 사업을 추진할 수 있다는 계산이 앞섰다는 것이다.

청와대 구본영 경제수석은 1996년 6월 19일 청와대 기자실에 찾아와 이례적으로 한중 중형항공기 사업에 대해 설명했다. 중형항공기 사업은 김 대통령의 핵심 정책이었다. '세계 10대 항공산업 진입'을 처음 언급한 장본인도 취임 초 김 대통령이었다. 구 수석은 중국이 새로운 4원칙을 제기했다는 사실을 김 대통령에게 보고했고 김 대통령은 "그런 조건이라면 같이 할 생각이 없다"라고 답했다는 사실을 전했다. 항공산업의 전망을 묻는 질문에는 "항공산업은 일본도 손대기 어려울 정도로 어려운 산업"이라며 "부품 위주로 가느냐 완성품으로 가느냐의 선택과 전략은 좀 더 검토해봐야 할 것"이라고 즉답을 피했다.[89]

처음에는 동등한 자격으로 공동투자를 추진하다 나중에는 10% 이상의 지분을 내줄 수 없다고 태도를 바꾼 중국을 향한 성토가 쏟아졌다. "한국은 들러리로 이용만 당했다", "협상 초기에 국익은 생각하지 않고 회사의 이익만 생각해 개별적으로 중국과 접촉한 기관이나 기업도 반성이 필요하다"는 지적도 나왔다. 『한국경제신문』은 중국과 중형항공기 개발이 무산되고 그 이유가 알려진 뒤인 1996년 6월 22일, '미 美도 속았었다/ MD사 대중 중형기 합작 생산 실패담'이라는 기사를 실었다. 기사를 전제한다.

'미(美)도 속았었다/ MD사 대중 중형기 합작생산 실패담'
기술 받고 비행기구매 안해/ 15년간 막대한 투자 물거품

한중 중형항공기 개발사업이 중국의 '약속 위반'으로 최근 무산된 이후 업계엔 대중 비즈니스에서 보다 조심해야 한다는 말들이 많다. 특히 항공업계선 지난 15년간 중국과의 합작사업에 막대한 투자와 기술이전을 하고도 결국 손해를 본 미국 맥도널 더글러스(MD)사의 사례가 새삼 화제로 떠올라 관심을 모으고 있다.

MD의 실패담은 중국의 △계약이행 지연 △합의사항의 자의적 해석 △실리 챙긴 후 다른 파트너와 합작 등 전형적인 비즈니스 행태를 총망라한 '완결판'이라는 게 전문가들의 평. 이 회사가 중국에 휘말리기 시작한 건 지난 1972년 닉슨 대통령의 방중 때로 거슬러 올라간다.

당시 닉슨이 타고 간 보잉 707기에 매료된 중국 정부가 보잉기 10대를 주문하자 자극을 받은 MD가 중국에 접근하기 시작한다. MD는 이때부터 대중 협력에 총력을 기울여 1979년

중국민항 소속 MD-82 여객기. 중국과 미국 맥도널 더글러스사와 제휴로 상하이항공기업집단(SAIC)의 중국내 면허생산 1번 기체다. 1983년부터 면허생산한 중국은 약속된 물량을 지키지도 않은 채, 계약 이상의 기술자 파견과 치공구 제공을 요구하는 등 사사건건 MD사는 골머리를 앓았다. MD사는 기대 이하의 성과 속에 단물만 빨린 채 사업이 종료된 이후에도 빌려준 치공구 등을 돌려받지 못했다. 회사 자체의 경영도 나빠져 보잉사에 팔리고 말았다. 중국 SAIC의 회사 이름도 바뀌었다. 2008년부터 사명이 중국상용항공기공사(COMAC)로 변경해 C919 등의 중대형여객기를 생산하고 있다./사진=위키피디아

말 민항기 합작 추진을 성사시켰다.

중국에서 MD 항공기를 조립하고 중국 항공사가 이를 사주기로 약속한 것. 물론 MD가 중국 기술자들을 훈련시키고 각종 치공구 장비를 지원한다는 합의가 포함됐다. 이 사업은 투자 규모가 10억 달러를 넘는 미·중 간 전례 없이 큰 프로젝트였다. 그러나 실제 MD-82기를 상해공장에서 제조하기 시작한 건 계약 후 5년이 지나서였다.

또 구매조건을 아전인수식으로 해석해 중국은 상해공장의 비행기만 사고 미국제 항공기는 구매를 끊었다. 문제는 여기서 끝나지 않았다. MD는 중국에서 조립된 항공기가 미 연방항공청FAA인증을 받지 못하자 미국 내 핵심시설을 상해공장으로 이전하고 대규모의 엔지니어들을 파견하기에 이른다.

이 사업을 빌미로 중국은 성도, 심양, 서안 등의 항공기 공장에도 MD 기술자를 파견해 기술을 전수해 줄 것과 핵심 치공구를 보다 많이 지원해달라고 요구했다. 중국은 이렇게 훈련된 인력을 나중에 군용기 개발에 투입했고 치공구들도 전투기 미사일 제작 등에 이용했다. MD의 '단물'을 쏙 빼먹은 것이다.

중국에 흘러 들어간 MD의 기술은 올 초 대만사태를 일으키는 데 일조한 것으로 평가될 정도다. 하지만 MD는 전폭적인 지원에도 불구하고 중국으로부터 얻은 건 아무것도 없었다.

상해공장에서 만든 MD-82는 제작 첫해인 1983년 이후 5년간 35대가 나오는 데 그쳤다. 또 중국은 합작 이후 보잉에 250대의 항공기를 주문했지만 MD에 주문한 비행기는 87대가 고작이었다. 게다가 중국은 지난 1994년 한국과 100인승 중형기 개발을 발표해 MD의 중형기 프로젝트에 치명타를 가하기도 했다.

항공업계 관계자는 "중국은 실리를 위해 국가 간 합의도 무시하는 나라"라며 "중형기 합작 무산을 계기로 중국과의 합작사업에 보다 신중해야 한다는 교훈을 얻었다"고 말했다.

한중 중형항공기 사업이 끝내 무산된 후 정부는 △삼성 혹은 국내사 공동의 포커 항공사 인수 △미국 혹은 유럽 항공기 제작사와 제휴 △개발 목표를 100인승에서 경쟁이 덜한 70~80인승으로 하향 조정 등을 추진했다. 그러나 포커사를 인수해도 경영 정상화에는 20억 달러 이상이 소요될 것이라는 유럽 에어버스사의 전망과 국내 항공기 제작사들의 반대로 추진력을 잃었다. 포커사를 공동 인수하는 방안도 논의됐으나 "또다시 정부와 삼성항공에 끌려다닐 수 있다"는 빈발에 막혔다.[90] 네덜란드 정부는 1996년 11월 28일 "(삼성과) 포커의 중형항공기 제작부문 인수 협상은 결렬됐으며 포커는 청산절차에 들어가게 됐다"고 전격 발표했다.[91]

네덜란드 포커사 중형항공기 제작부문 인수 작업까지 불투명해지면서 항공업계는 1999년을 고비로 심각한 일감 부족에 시달릴 것이라는 위기론이 나왔다. 삼성항공이 주관하는 한국형 전투기KFP 사업은

1999년 완료를 앞두고 있었다. 대한항공의 중형헬기 블랙호크(UH-60) 조립사업도 1996년 10월 100
기가 출고된 데 이어 1999년 나머지 40여 대를 납품 완료하도록 일정이 잡혀 있었다.

당초에는 양대 국책사업이 종료되는 1999년과 2000년 초부터 중형여객기의 시제기를 생산한다는 계
획이었으나 한중 협력사업이 결렬된 데다 포커사 인수도 무산돼 기댈 곳이 없어졌다. KFP사업의 후속인
KTX-2(공군 고등훈련기)사업도 일정이 지연되고 있었다. 대우중공업이 사업자인 경전투헬기(KLH) 사업
도 전 국방장관 뇌물사건으로 표류하고 500MD 300여 대의 대체사업으로 거론됐던 다목적 헬기사업도
혼선을 거듭했다. 중형여객기라는 거대 프로젝트가 사라지며 우려했던 생산 공백이 목전에 다가온 것이
다.[92]

6) 정부의 마지막 카드, 한국 단일 법인으로 유럽 AI(R)사와 합작

정부는 잇단 협력사업 실패와 생산 공백에 따른 항공산업 공멸 위기에 대처하기 위해 비장의 카드 두
장을 꺼냈다. 하나는 새로운 합작선 모색이었다. 유럽의 신생 AI(R)사와 70인승 규모의 중형기 공동개발
을 추진한 것이다. 두 번째는 공기업 형태로 자본금 1000억 원 규모의 단일 항공기 제작법인을 출범시켜
중형기 개발을 전담시킨다는 구상이었다. 제한적이지만 단일 법인을 통해 과당경쟁을 억제하는 동시에
중형항공기 개발 프로젝트도 살리겠다는 정책 목표가 담겨 있었다.

정부는 먼저 한국항공우주산업진흥협회, 중형기사업조합(KCDC)과 한중 협력, 포커사 인수 무산에 따
른 대책회의를 열고, 유럽의 합작선을 찾기로 방향을 돌렸다. 유럽 항공기 제작사들은 미 보잉사와 유럽
의 에어버스가 양분하는 대형여객기 시장 대신 중소형 여객기에 주력하는 경우가 많았다. 스웨덴 사브사
와 70인승 중형여객기를 공동개발하는 방안을 포함해 러시아 투톨레프, 일류신, 우크라이나의 안토노프 등 구소련 지역의 항공기 제작사들과 제휴하는 방안까지 모든 가능성을 검토한 결과 유럽의 AI(R)사[93]가 최적의 파트너로 정해졌다.[94] 마침 AI(R)사는 58~68인승

중형항공기 「유럽에어」와 공동개발

정부 20~25% 출자·항공4社 참여…11일 계약

김종현 기자

우리나라와 유럽에어(AIR)사가 75인승 중형항공기를 공동 개발키로 하고 11일 계약을 체결한다.

이 사업에는 삼성항공 대한항공 대우중공업 현대우주항공 등이 컨소시엄으로 참여하고 정부도 20~25% 지분을 출자할 계획이다.

통상산업부 관계자는 8일 『AIR사의 가방(Gavin)사장이 한국을 방문, 11일 중형항공기 개발 사업 조합(KCDC) 유무성 단장(삼성항공 대표)과 중형항공기 개발사업을 공동으로 추진한다는 사업의향서를 체결하기로 돼 있다』고 밝혔다.

이번 사업의향에서 한국측이 유럽에어가 개발중인 75인승 중형항공기 사업에 전체 공정 중 30~40% 워크 셰어(Work Share)로 참여하기로 합의했다.

워크 셰어란 설계에서 제작 조립에 이르기까지 전 공정에 있어 지분 만큼 참여하는 것을 뜻하기 때문에 사실상 중형항공기 공동개발을 의미한다고 밝혔다.

중형항공기 개발사업의 총 투자비가 10억~12억달러로 추정되고 있어 우리측 투자비는 3억~6억달러 정도가 될 것으로 예상된다.

개발된 중형항공기 아시아 판매권은 한국측이 갖되 다만 최종 조립장은 일단 프랑스 툴루즈에 두고 향후 후속 모델을 개발할 경우 한국측에 조립장을 둘 수 있다는 내용을 담고 있는 것으로 알려지고 있다.

통상부 관계자는 『사업의향이 체결되는 만큼 사업참여에 큰 변수가 없으나 향후 워크세어 참여 범위를 놓고 유럽에어사와 집중적으로 논의하게 될 것으로 알고 있다』고 밝혔다.

한편 항공 4사가 추진하고 있는 공동생산회사 설립과 관련, 중형항공기 개발사업이 국책사업인 만큼 정부측의 일정한 지분 참여는 불가피한 실정이며 정부가 20~25%정도 출자한다는 계획아래 재정경제원 등 관계부처와 협의를 벌이고 있다고 통상부 관계자는 설명했다.

유럽에어는 이탈리아의 알레니아, 프랑스의 아에로 스페시알, 영국의 브리티시 에어 등 유럽 3개국 합작회사로 프랑스 툴루즈에 본사를 두고 있는 세계적인 항공기 제작업체다.

『매일경제신문』 1997년 4월 9일 자 1면.

중형기 개발에 참여할 파트너를 찾기 위해 세계 각국의 항공기 제작사를 대상으로 하는 설명회를 개최하고 있었다.

정부와 한국우주항공산업협회, 한국중형기사업조합(KCDC) 대표단의 AI(R)사와의 협상은 순조롭게 진행됐다. AI(R)사의 출자회사들은 풍부한 경험을 갖고 있었기에 정부와 항공제작사들도 늦춰진 일정을 맞출 수 있다고 기대했다. 1997년 4월 11일, KCDC와 AI(R)사는 70인승급 제트여객기를 공동개발한다는 양해각서에 서명했다. 전체 사업비 약 12억 달러에 한국의 지분은 30~40%로 책정하고 최종 조립지는 AI(R)사 소재지인 프랑스 툴루즈로 정하되 300기 이상이 팔릴 경우 한국에도 조립장을 건설한다는 조건이었다.

양측은 70인승 제트여객기를 기본으로 개발을 추진하고 58인승과 84인승을 파생형으로 개발하는 '에어제트 프로젝트'를 공동 추진하며 1997년 하반기부터 공식 사업에 착수해 오는 2000년 중반에 시험비행을 거쳐 2001년에는 납품을 시작한다는 일정도 잡았다. 공동개발한 에어제트의 성능은 순항속도 음속의 0.75배에 항속거리 2500km로 설정했다. KCDC는 준중형 항공기 '에어제트'가 향후 20년간 최대 1000대가량 팔릴 수 있다고 내다봤다.[95]

정부는 합작선 변경과 더불어 업계 공동회사 설립을 추진했다. 중형항공기 개발과 제작, 판매를 단일 법인의 깃발 아래 진행한다는 것이었다. 항공 3사에 항공산업에 대한 대규모 투자를 단행하고 MD사와 대규모 계약을 맺은 현대우주항공까지 포함해 4개사가 공동출자하는 단일 회사 설립을 종용했던 것이다. 이때부터 '항공 3사' 대신 '항공 4사'라는 용어가 더 많이 쓰이기 시작했다. 한국중형항공기조합이 유럽 AI(R)사와 양해각서를 체결한 4월 11일, 정부는 항공 4사 대표들을 불러 단일 회사 설립에 관한 합의를 이끌어냈다. 항공 4사는 각사의 중역으로 가칭 '한국항공우주산업[96] 출범 준비위원회'를 구성하고 전체 자본금 규모와 출자 지분, 사업 영역 등을 정하는 실무 작업에 착수하기로 합의했다. 그러나 항공 4사는 정부 지침에 따라 중형기개발사업을 수행하기 위한 공동회사 설립에는 합의했으나 제4의 항공기 제작사인 현대우주항공이 제기한 지분에 대해 이견은 좁혀지지 않았다.[97]

지지부진한 진행에도 정부와 업계가 중형항공기 개발에 매달릴 수밖에 없는 상황이 생겼다. 삼성항공과 대한항공 등이 개별적으로 추진해 온 초대형 항공기 개발 참여가 무산된 것이다. 외부 요인이 아니라 국내업체들의 자금 사정 때문이었다. 1997년 들어 한국의 경제 상황이 급격하게 악화하면서 기업들의 자금 여건이 어려워지자 보잉사와 에어버스사는 한국 기업과의 협상을 중단했다. 한국 기업들이 2~3% 가량의 지분 참여에 10억 달러 이상의 자금을 감당할 힘이 없어진 낫이다. 미국과 유럽의 초대형 항공기 개발사업에 대한 참여계획은 중형기사업이 부진할 경우에 대비한 보험 성격을 갖고 있었다. 일말의 기대를 품고 있던 초대형 항공기 개발사업 참여가 물 건너가고 난 뒤 선택은 중형항공기 개발, 단 하나밖에 남지 않았다.[98]

7) 중형기 개발 꿈의 좌절과 유산

지분에 대해서는 업계도, 정부도 갈 지之자 행보를 보였다. 현대우주항공은 차등지분을 주장하는 기존 항공 3사의 요구에 "지분은 양보할 수 있으나 물량 차등 배분은 받아들일 수 없다"는 조건부 양보안을 번복하고 동일 지분을 계속 요구하고, 정부는 당초 제시했던 지분 참여 의사를 접었다.[99] 유럽과의 합작도 흔들거렸다. 부진하던 협상이 미국과 캐나다의 중형기 개발 컨소시엄이 출범해 한국과 공동 개발을 모색한다는 소식이 전해지며, AI(R)사가 태도를 바꿔 지분과 출자 규모가 정해질 것 같은 순간도 있었다. 지분 30%에 출자금 4억 2000만 달러, 별도의 기술료(로열티) 지급으로 견해가 모아진 것이다.[100] 하지만 협상은 더 이상 진행되지 않았다. 외환보유액 고갈로 대기업 연쇄 부도 등 경제 위기로 치닫던 한국은 1997년 11월 21일 국제통화기금IMF에 구제금융을 신청했다. AI(R)사의 3개 출자사(프랑스 에어로스파샬·이탈리아 알레니아·영국 BAe)는 12월 20일 사장단 회의를 열어 한국과 중형기 개발계획을 백지화하는 결정을 내렸다.

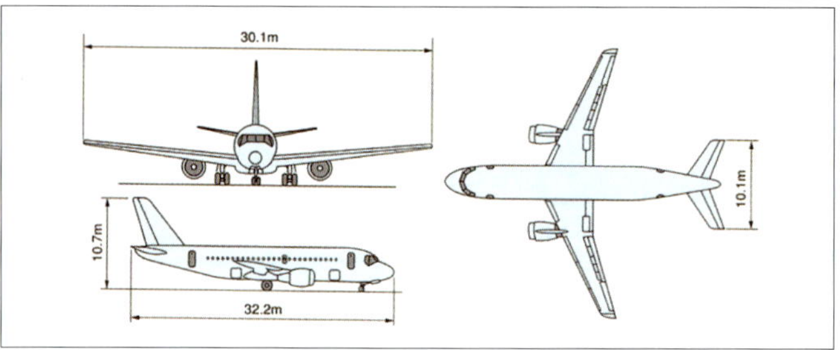

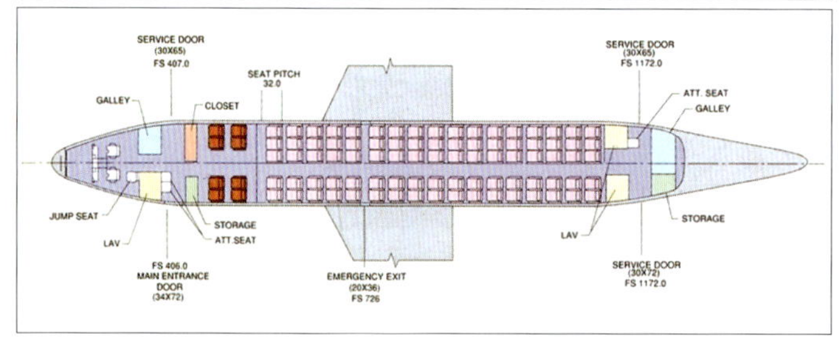

항공기 모델	K100 (기본형)	K100-ER (장거리형)	K130 (확장형)
혼합 클래스	93석	93석	123석
단일 클래스	100석	100석	130석
항속 거리 (nm)	1,600	2,500	1,600
항속 거리 (km)	2,963	4,630	2,963

한국중형항공기사업조합(KCDC)이 제시한 한국형 중형여객기 K-100의 측면도(맨 위부터)와 삼면도, 좌석배치도 및 기체 종류 및 성능. 참여업체 간 이해 다툼을 조정해 조합을 결성하고 지분 배분까지 마친 뒤 K-100의 청사진을 그렸다. 그러나 국내에는 관련기술이 거의 없어 해외 공동개발을 모색할 수밖에 없었다. 김영삼 대통령과 정부는 중국과 협력을 기대했지만 중국측의 무리한 요구로 끝내 무산되고 말았다./이미지=한국우주항공산업협회

정부는 해가 바뀐 뒤 미국·독일 합작회사인 페어차일드 도니어사, 러시아 듀플레트사와 협상을 가졌지만 불발됐다. 결국 산업자원부(1998년 김대중 정부 출범과 함께 통상산업부에서 산업자원부로 부처명 변경)는

1998년 4월 28일 중형항공기 개발 운영위원회를 열고 사업을 종료한다고 밝혔다. 1993년 김영삼 대통령의 지시로 시작돼 기대를 모았던 사업은 6년 만에 막을 내렸다. 중형항공기 개발사업의 끝은 또 다른 끝을 예고하는 것이었다.

14. 악재 속에서 형성된 선순환 고리

중형항공기 사업 종료 이후 항공 4사의 존립 자체가 의문으로 다가오는 데는 시간이 오래 걸리지도 않았다. 외환위기의 어려움과 무더위에 빠져들던 1998년 7월 말, 8월 초 항공제작사 통합 논의가 여기저기서 나왔다. 위기 극복을 위한 기업 간 통폐합 대상에 항공 제조 분야가 올랐다. 무한경쟁과 저가 수주의 종말이 찾아온 것이다. 한국의 항공산업은 교훈을 얻는 데까지 비싼 대가를 치렀지만 통합법인 한국항공우주산업 출범 4반 세기 동안 항공산업은 눈부신 성장을 거듭했다.[101]

중형항공기 합작사업이 잇따라 무산되는 환경과 경쟁 심화, 경제 위기로 항공산업의 속이 멍들어가는 시기를 겪으면서도 성장을 이룬 배경에는 개발 측면의 성과가 깔려 있다. 무엇보다 개발사업이 이전처럼 일회성으로 끝나 사장되지 않고 축적돼 다음 단계의 개발에 활용할 수 있는 선순환 구도가 정착될 수 있다는 가능성이 보였다. 특히 주요 국책사업 물량이 이전과 달리 생산 공백없이 이어졌다. 물론 각 사업의 도중 혹은 끝에 통합법인이 출범하면서 연구와 제작 능력이 하나로 결집된 영향도 적지 않다.

KTX-1(웅비), KFP(KF-16) 기술도입 생산, KTX-2(T-50) 개발, 수리온 헬기와 LAH/LCH 헬기 개발, KF-21 보라매 전투기 사업이 순차적으로 이어지는 과정은 이전과는 다르게 진행됐다. 프로펠러 항공기 개발에도 진땀을 흘리던 한국은 4.5세대급 이상의 전투기를 자체 개발하는 수준에 도달했다. 어떤 나라의 항공기 개발사와 비교해도 유례를 찾을 수 없을 만큼 빠르게 달려왔다. 찬란한 개발 역사의 첫 테이프는 KTX-1 사업이 끊었다.

1) 대한항공은 1978년 10월에도 보잉사의 B-747 점보 화물기 10대를 도입하는 계약을 맺고 1980년 7월부터 순차적으로 인도받았다. 대한항공은 여객기와 화물기를 합쳐 B-747만 해도 17대를 보유해 보잉사의 대형 고객이었다.

2) '기계업계, 항공기산업 본격 참여', 『동아일보』 1981년 7월 28일 자, 5면.

3) '선진대열에 선 우리 기계공업, 오차 1만분의 1㎜ 시대', 『동아일보』 1981년 11월 24일 자, 11면.

4) '대우·현대 등 참여 항공기 부품 수출 내년 본격 추진', 『경향신문』 1981년 11월 27일 자, 5면.

5) '항공기 부품 생산 추진 활발, 4개 업체 가공 가능', 『경향신문』 1982년 3월 4일 자, 5면.

6) '항공부품 진출 추진' 현대 정 회장 방미 중 반도체 합작도 타진 ', 『매일경제신문』 1982년 4월 26일 자, 7면.

7) '중공 제작 여객기 처녀 비행', 『조선일보』 1982년 4월 18일 자, 4면.

8) 한국은 그해(1982) 9월 9일 초음속 전투기 제공호의 시험비행에 성공하며 존재를 알렸지만 초도 생산분은 국산 부품이 전혀 없는 미국 노스롭사가 생산한 완제기를 분해 후 재조립했다.

9) 바로 이 질문에 이 책을 발간하는 이유가 담겨 있다. 지나온 길을 반추해 앞날을 모색하는 데 도움이 될 수 있는 기초 정보를 이 책에 모았다.

10) '인터뷰, 佛 레종 도뇌르 훈장 받은 조중훈 회장', 『동아일보』 1982년 5월 24일 자, 11면.

11) A-300은 프랑스가 심혈을 기울여 제작한 대형여객기였다. '위대한 프랑스'를 주창했던 샤를 드골 대통령이 민간 항공계에서 미국의 독주를 막기 위해 제시한 2가지 항공기 중 하나는 대륙 간 비행에 쓸 초음속 여객기인 콩코드, 남은 하나가 A-300이었는데 초반의 부진을 씻고 561대가 팔렸다. 유럽권 바깥의 첫 고객이 대한항공 조중훈 회장이었다. 에어버스사는 A300기의 후속작 A320 여객기가 공전의 판매고를 기록하며 2019년부터는 보잉을 제치고 세계 1위 여객기 제조사로 떠올랐다.(Reuters, 'Exclusive: Airbus beats goal with 863 jet deliveries in 2019, ousts Boeing from top spot', January 2, 2020)

12) 1970년대 중후반 한국과 프랑스는 그 어떤 시기보다 긴밀하게 협력했다. 대내외 안보환경 악화로 자주국방력 강화에 몰두하던 한국은 미국에 최신대함미사일 하푼 판매를 요청했으나 거부 당하자, 프랑스제 엑소세 대함미사일을 1974년 구매, 기러기급 경비정 2척과 동해급 초계함 4척에 장착했다. 대한항공의 에어버스 여객기 구매와 프랑스 알스톰사의 한국 원전 9·10호기(현 한울 1·2호기) 건설공사 수주가 꼬리를 물고 연쇄적으로 일어났다. 박정희 대통령 시해 이후 무기도입선 다변화 정책은 곧 사라지고 미국산 중심으로 무기 도입으로 되돌아갔다.

13) 오원철, 위의 책 479~498쪽

14) 제3세계를 이끄는 지도국의 하나였던 인도네시아는 방위산업에서 한국보다 훨씬 앞선 국가인 동시에 1980년대 이후에는 한국산 방산물자를 가장 먼저 구매한 나라다. 한국이 1972년에야 M-1 소총을 시범제작한 반면 인도네시아는 이탈리아 베레타의 BM-59(M-1 소총의 자동소총형)을 면허생산, 1967년부터 'SP-1 자동소총'이라는 제식형으로 보급했다. 한국의 방산물자 수출도 인도네시아에 곡사포와 운반트럭, 초계정을 수출하면서 본격적으로 시작됐다. 21세기 들어 KT-1, T-50 훈련기를 가장 먼저 구매한 나라도 인도네시아다.(조선일보, '한국외교, 제2의 기둥, 아세안에 뿌리 내렸다', 1981년 7월 9일. [권홍우칼럼], 'M-1 소총과 KF-21' 한국항공우주산업㈜ 사외보 Fly Together 2021년 6월호 32~35쪽)

15) '기술산업혁명, 항공산업 편', 『매일경제신문』 1983년 1월 13일 자, 9면.

16) ‘점보기 엔진 부품 첫 수출’, 『매일경제신문』 1984년 1월 28일 자, 7면.

17) ‘대우중공업 F-16 동체 국내 생산‘, 『매일경제신문』 1984년 4월 7일 자, 7면.

18) ‘미, 주정부 서울사무소 설치 붐’, 『매일경제신문』 1985년 10월 23일 자, 3면. 한국을 찾는 미국의 주 정부 사절단이 많아진 이유에는 한국 기업들이 3저 호황(환율, 물가, 유가)을 타고 수출이 늘어난 데 따른 영향이 컸다. 미국 내에서는 대일 무역적자가 깊어지면서 수입선을 일본에서 제3국으로 돌리려는 수요도 많았다. 중국과 밀월 관계였던 당시의 미국은 수입선 다변화의 일환으로 한국을 찾았다. 항공산업은 한미 교류 확대의 일부분이었다.

19) ‘미 미주리주 한국사무소 22일 서울 교보빌딩서 개관’, 『동아일보』 1986년 9월 23일 자, 2면.

20) 강경철, 「항공산업 발전과 국가의 역할;한국의 군용 항공기 생산사례를 중심으로」, 연세대학교 대학원 정치학과 석사학위 논문, 2002, 51쪽.

21) 이주익·서정민, 「항공기산업 발전 요인에 대한 발전국가론적 접근-한국 일본의 항공기산업 발전 비교 연구」, 『국제학논총』 제32집, 계명대학교 국제학 연구소, 2020년 12월, 60쪽.

22) 김종하, 『무기 획득 의사 결정』, 책이 된 나무, 2000, 179~180쪽.

23) 강경철, 앞의 논문, 52쪽.

24) 이주익·서정민, 앞의 논문, 62쪽.

25) 하지만 생산 초기 단계에서는 사업 진행 저해 요인으로도 작용했다. 협력업체들의 납기 지연 문제가 불거졌다. KTX-2(T-50) 사업에 이르러서야 협력사 간 협조 체계가 제대로 진행됐다는 평가를 받았다.

26) ‘항공산업 육성정책 방향, 출발 단계선 공유형태 바람직’, ‘선진국도 독과점 형태로 전환 추세’, 『매일경제신문』 1985년 5월 25일 자, 6면.

27) ‘국내 항공산업 짧은 역사 딛고 이륙, 날갯짓’, 『경향신문』 1990년 8월 22일 자, 17면.

28) ‘군용기사업, 산업연관 효과 극대화 필요’, 『산업경제정보』 제132호, 2002년 12월, 산업연구원.

29) 한국 정부가 무기 도입에서 절충교역을 본격적으로 요구하기 시작한 것은 1983년 KFP사업을 시작하면서부터다. 어느 나라든 절충교역 비중은 해외 무기 도입의 주요 변수지만 무기 도입을 군사원조에 의존하던 한국은 뒤늦게 절충교역에 눈떴다.

30) ‘항공기 제작사업 진출 활발’, 『매일경제신문』 1985년 7월 20일 자, 7면.

31) ‘재계, 항공기 부품사업 참여 활발’, 『매일경제신문』 1986년 2월 20일 자, 7면.

32) ‘연구개발 조정기구 설치 시급’, 『매일경제신문』 1986년 9월 11일 자, 7면.

33) ‘항공우주산업협회, 관련 13개사 창립키로’, 『매일경제신문』 1988년 2월 12일 자, 7면.

34) ‘7대군용기 사업’과 ‘8대 군용기사업’의 차이는 ‘UH-1H 성능개량 사업’의 포함 여부에 따라 갈린다. 이 사업은 노후된 UH-1H 헬기 약 140대의 엔진과 주요 부품의 개량, 성능을 개선한다는 것으로 2000년부터 시작해 2005년까지 완료할 계획이었다. 대우중공업이 원 제작사인 미국 벨 헬리콥터사와 제휴하면서 수주 노력을 펼쳤으나 시기가 맞지 않아 바로 취소됐다. 대한항공이 면허생산한 UH-60이 이미 배치된 데다 수리온 헬기 사업도 2000년 확정돼 사업 자체가 필요 없다는 판단에 따라 취소됐다. 한국군이 1968년 첫 도입한 UH-1H 헬기는 육군이 2020년 7월 퇴역시켰다. 한국군의 마지막 UH-1H 헬기를 운용하던 해군도 2024년 9월 6일 퇴역시켰다.

35) 당시 공군의 전력 증강을 담당했던 한 예비역 장성은 “1980년대 초에 진행된 항공기 국산화사업의 성공을 위해 군은 정비창의 일부를 넘겨주며 측면 지원을 다했는데, 국산화율이 의외로 낮은 데 놀랐으며 독점이 아니라 복수 경쟁이면 국산화율이 올라갈 것이라고 판단했다”고 말했다. 2024년 12월 26일 전화 인터뷰.

36) 상공부는 대규모 사업이 이미 결정된 상태에서 나머지 사업을 가지고 삼성항공과 대한항공, 대우중공업 간 균형을 맞추는 데 중점을 뒀다.

37) ‘재편 방향 촉각, 6월부터 적합 방안 의견 수렴’, 『한국경제신문』 1993년 5월 31일 자.

38) 사업 자체가 무산되고 말았지만 삼성항공과 대우중공업은 해외업체와 정식 계약을 맺고 “한국군 수요는 참여하지 않는다”는 조건 아래 F-5 성능 개량사업에 도전했다. 진행됐다면 결과적으로 3사의 중복 투자로 이어질 사업이었다.

39) 'AP, 각국 지지도 분석, 세계지도자중 YS 인기 으뜸', 『경향신문』 1993년 6월 11일 자, 5면.

40) '김 대통령, 삼성항공 방문', 『동아일보』 1993년 3월 13일 자, 7면 사진기사.

41) 이들 3개 사업은 대우중공업과 삼성항공에서 시작됐으나 1999년 항공 3사 통합으로 출범한 한국항공우주산업(KAI)이 넘겨받아 마무리했다.

42) 미국 보잉사는 1983년 미 해군의 F-4C 팬텀 전투기를 창정비 하면서 엔진을 이스라엘이 개발 중인 라비 전투기용 신형으로 교체한 '슈퍼 팬텀'을 제시, 각국의 비상한 관심을 끌었으나 수퍼 팬텀의 성능이 뛰어나 신형기인 F/A-18의 판매에 영향받을 것으로 우려한 제작사 맥도널 더글러스(1997년 보잉에 흡수)의 반대로 진행되지 않았다.

이스라엘의 라비 전투기 엔진을 장착한 개량형 팬텀은 애프터버너(재연소)를 사용하지 않고도 초음속으로 비행하는 슈퍼 크루징까지 가능했다. 이스라엘은 이 기체를 1987년 파리 에어쇼에서 선보였다. 이스라엘 공군이 예산 문제로 도입을 포기하자 IAI사는 엔진은 나누고 항전 장비와 무장을 일신한 개량형을 개발해냈다. 튀르키에 공군은 2개 대대분 54대를 이스라엘 기술로 개량했다.

서독은 1988년부터 1990년까지 F/A-18의 레이다와 장거리 미사일을 장착하는 개량 작업을 펼쳤다. 독일 통일 후 개량된 팬텀 ICE 40대가 그리스에 매각돼 에게해의 앙숙인 그리스와 튀르키예 두 나라는 독일과 이스라엘이 개량한 팬텀기로 영공에서 대치했다. 그리스는 한국 공군이 보유했던 팬텀기보다 월등한 성능의 팬텀 ICE를 곧 퇴역시킨다고 2024년 4월 발표했다. 튀르키예는 소수의 팬텀을 장거리 타격용으로 2030년까지 운용할 계획이다. 한국 공군은 2024년까지 팬텀을 별다른 개량 없이 장거리 타격 수단으로 활용했다.

43) 정부가 F/A-18 가격이 터무니없이 비싸다며 사업 재검토를 밝힌 1990년 10월 26일 직후에 열린 국정감사에서 의원들의 관련 질의가 많았다.

44) '페만(灣)에 이동병원 파견 검토, 새 차세대 사업 구체화', 『조선일보』 1990년 11월 30일 자, 1면.

45) '국방부 KPU 주계약업체 삼성항공', 『한국경제신문』 1993년 1월 11일 자.

46) 삼성항공을 거쳐 KAI에서 근무했던 퇴임 엔지니어들은 "삼성항공은 KFP를 제작기술 확보 기회, KPU를 항전 장비 설계 기술 내재화의 기회로 여기고 있었다"며 "KPU 사업이 제대로 진행됐다면 한국의 항전 장비 개발 능력은 세계 수준에 이르렀을 것"이라고 아쉬움을 토로했다.

47) '팬텀 개량 사업 사실상 무산', 『한국경제신문』 1994년 3월 4일 자.

48) '팬텀기 개량 백지화', 『조선일보』 1994년 3월 10일 자, 1면.

49) 삼성항공의 말대로 비리는 전혀 없었지만 비리 사업과 한데 묶여서 발표됐다. 국방부는 사업 백지화로 업계가 피해를 봤다면 배상해줄 수 있다는 입장도 밝혔다.

50) '삼성항공, 40여억 원 비용 손실…소송도 불사', 『헤럴드경제』 1994년 3월 5일 자.

51) '미제 무기 조기 구입, 페리 방한 직전 확정, 국방부', 『조선일보』 1994년 4월 27일 자, 2면.

52) '군 전력 증강계획, 잦은 변경·再考(재고)', 『한국경제신문』 1993년 5월 1일 자.

53) 'F-5B SLEP(기체수명연장) 사업 수주 3파전, 삼성·대한항공 이어 대우도 참여 준비', 『한국경제신문』 1993년 5월 19일 자.

54) 1959년부터 생산이 시작돼 1987년 대한항공에서 출고된 마지막 기체까지 F-5A/B/C, E/F시리즈의 총합계. T-38(미 공군 고등훈련기)는 따로 1100여 대가 생산됐다.

55) 'F-5 항공기 개조, 삼성항공 사업 참여', 『중앙일보』 19993년 4월 8일 자.

56) '삼성항공, F5기 공동개조 참여', 『한국경제신문』 1993년 4월 9일 자.

57) 공군이 보유, 운용 중인 F-5 전투기 시리즈에는 60년대 도입된 A(단좌), B(복좌)모델과 70년대에 들여온 개량형 E(단좌), F(복좌)모델 등이 있었다. 공군은 비행시간이 8000시간에 달하고 도입 20년이 넘는 F-5B의 주익 등 기골을 보강해 수명을 늘리기로 결정했다. F-5 B는 복좌기로 전투 임무뿐 아니라 조종사 훈련에도 사용돼 날개에 균열이 생기는 등 마모가 심했다.

58) 한국경제신문, 'F-5B기 SLEP(기체수명연장) 사업 수주 3색전- 삼성·대한항공 이어 대우도 참여 준비, 1993년 5월

19일

59) 매일경제신문, 'F-5 전투기 성능개량사업 참여/항공 3사 물밑 경쟁', 1995년 9월18일

60) '삼성항공 F-5 전투기 국제공동개량사업, 정부 승인 보류로 무산 위기', 『조선일보』 1995년 8월 1일 자, 15면.

61) 중국을 방문 중이던 이건희 삼성그룹 회장은 베이징 주재 한국 특파원들과 만난 자리에서 "한국의 기업은 2류, 관료와 행정은 3류, 정치는 4류"라고 발언해 파장을 낳았다.

62) 최동환, '우리나라 항공산업 육성을 위한 제언, 20년의 경험을 통한 반성과 교훈', 『항공산업연구』 통권 54권, 세종대 항공연구소, 2000, 27쪽.

63) '김 대통령 삼성 방문. 항공, 전략산업 육성', 『경향신문』 1993년 3월 13일 자, 6면.

64) '항공우주산업 3조 투자, 2002년까지 세계 10위권 진입 목표', 『매일경제신문』 1993년 3월 12일 자, 1면.

65) '2천년대 세계10위 항공국 야심', 『서울경제신문』 1993년 3월 13일 자.
그러나 상공자원부가 당시에 마련한 발전방안은 작은 정부를 지향하겠다는 문민정부의 국정운영 기조와 관련 부처들의 반대로 제대로 진행되지 못했다.

66) 황진영, '중형항공기 개발사업의 현황과 전망', 『항공산업연구』 통권 34권, 세종대 항공산업연구소, 1995, 60쪽.

67) 본격적인 검토에 들어간 항공우주연구소는 중형항공기 국내 개발의 타당성 조사에 착수, 1993년 11월 주관회사 중심의 민간 컨소시엄 중심의 개발 방식과 서방 선진국과의 공동개발에 의한 50인승급 터보프롭기의 개발을 제시했다. 그러나 1994년 3월 대통령의 중국 방문 시 예상치 못했던 한·중 산업협력 추진이 논의돼 자동차, 항공기, TDX, HDTV 등 4개 분야가 중점 협력 분야로 떠올랐다. 이에 따라 중국의 막대한 내수 기반을 갖고 있는 100인승급 민간여객기 개발로 개발 기종이 급선회했다.

68) '항공기 산업 아직 그림의 떡', 『경향신문』 1992년 10월 26일 자, 11면.

69) '외국서 항공기 공동개발 잇단 제의', 『한국경제신문』 1993년 2월 20일 자.

70) 삼성항공과 대우중공업은 해외 전문 인력을 수백 명씩 채용한다는 목표를 채우지 못했다. 미국과 유럽의 전문 인력은 퇴직자라도 국가가 관리해 접근조차 힘들었으며 러시아 전문 인력도 우수 인력은 이미 다 빠져나가 구할 인력이 없었다.

71) '중형항공기 조립업체 경쟁 격화', 『한국경제신문』 1993년 5월 9일 자.

72) '중형항공기 개발 해외조사단 파견', 『헤럴드경제』 1993년 5월 21일 자.

73) '중형항공기 생산, 한미중 합작 추진', 『조선일보』 1993년 11월 17일 자, 1면.

74) '94년은 항공산업 육성 원년… 중형기·위성 로켓 개발계획 확정', 『서울신문』.

75) '중형기 개발 하반기 착수/민관 합동…98년 시험비행 계획', 『헤럴드경제』 1994년 2월 8일 자.

76) '가닥 잡힌 중형기 개발 계획', 『헤럴드경제』 1994년 2월 9일 자.

77) 협상단의 팀워크 부재는 대중 협상력 약화로 이어졌다. 공동개발의 실무 절차와 세부 사안을 정하는 한중 민간협상에서 한국 대표단 안에서 다른 의견이 나와 협상이 정회되고 지연되는 상황까지 일어났다.

78) '삼성항공이 중형기 개발 주관', 『한겨레신문』 1994년 8월 18일 자.

79) 이는 부품 전문업체들의 경쟁력을 살리기 위한 방편이었지만 일부 부품업체가 품질 개선 노력을 게을리하거나 외국산 부품을 국산 개발로 속여서 납품하는 부작용도 일어났다.

80) '항공기 관련업체 행보 빨라졌다/중형기 개발 계획 확정', 『세계일보』 1994년 8월 26일 자.

81) '중형항공기 공동개발 한중 공식 합의', 『조선일보』 1994년 11월 1일 자 11면.

82) '韓·中 공동개발 항공기 2010년까지 350대 판매', 『매일경제신문』 1994년 11월 2일 자, 13면.

83) 한라중공업의 MD 납품 계약은 훗날 막대한 출혈을 요구하는 저가 수주라는 점이 밝혀지며 한라중공업의 지분을 인수한 현대우주항공의 재무구조가 급속히 악화하는 요인으로 작용했다.

84) '對(대) 삼성 공중전 본격 발진', 『헤럴드경제』 1996년 2월 14일 자.

85) 중국과 공동개발이 무산되면 거대한 잠재력을 지닌 시장을 잃는다는 부담은 남아 있었다.

86) '통산부 항공산업정책 오락가락', 『서울경제신문』 1996년 2월 21일 자.

87) '한중 항공기합작 백지화', 『한겨레신문』 1996년 6월 19일 자.

88) '항공산업 항로수정 불가피/한·중 중형기개발 무산 파장', 『한국경제신문』 1996년 6월 19일 자.

89) '구 수석 경제현안 정부 입장 직접 설명', 『한국경제신문』 1996년 6월 20일 자.

90) '통산부 뒤늦게 공동인수 말썽', 『한겨레신문』 1996년 11월 19일 자.

91) '삼성항공, 포커사 인수 물 건너가-和정부, 협상 결렬 선언', 『중앙일보』 1996년 11월 30일 자.

92) '항공업계 일감부족 '비상'', 『헤럴드경제』 1996년 11월 30일 자.

93) 대부분 언론이 유럽의 'AIR사'라고 보도했지만 정확한 명칭은 'AI(R)'사였다. 'Aero International (Regional)'은 프랑스 에어로스파샬(Aerospatiale)과 이탈리아 알레니아(Alenia)가 1981년 설립한 ATR(French-Italian Avions de Transport Regional)에 영국 BAe가 참여해 1996년 출범한 신설법인이었다. 영국 BAe사는 아시아 시장 진출을 위해 대만에 공장 건설을 추진했으나 무산되자 AI(R)에 참여했다. 일부 언론은 "유럽 최대 중형기 메이커"라고 소개했지만 신생 회사였다(출자회사의 실적을 합쳐도 최대는 아니었다). AI(R)사는 한국과 협력이 무산된 후 1998년 7월 해산을 결의했다.

94) '유럽3국 중형기프로젝트 참여 모색', 『매일경제신문』 1997년 1월 7일 자, 14면.

95) '중형기 유럽 에어사와 합작, 오늘 양해각서…6월 정식 계약', 『서울경제신문』 1997년 4월 11일 자.

96) 1999년 10월 1일 통합법인으로 출범한 '한국항공우주산업'과 이름이 같았다. 심지어 영문 사명도 KAI(Korea Aerospace Industries)였다. 하지만 이 회사는 구상에 머물렀을 뿐 출범하지는 못했다.

97) '중형항공기 개발 공기업 형태 새 법인 설립 이견 심화', 『헤럴드경제』 1997년 4월 8일 자.

98) '초대형 항공기 개발사업 무산될 듯…참여기업들 자금난', 『전자신문』 1997년 4월 28일 자.

99) '민간 항공법인 설립도 무산 위기', 『매일경제신문』 1997년 6월 25일 자, 13면.

100) '중형 민간항공기 협상 급진전, 항공업계 AIR사와 막바지 절충, 연말 단일 법인 발진', 『매일경제신문』 1997년 10월 31일 자, 13면.

101) 간과되고 있지만 중국과 중형항공기 사업을 추진하는 동안 국내 항공기 제작사들의 기술 수준이 크게 올랐다는 점은 추가 연구가 필요해 보인다. 삼성항공 이사, 한국항공우주산업(KAI) 전무를 지낸 박재점 에스아이티 테크놀로지 회장은 "합작선인 중국에 뒤질 수 없다는 생각에 각 회사들이 기술개발에 힘쓴 결과 삼성항공을 비롯한 한국 기업들의 기술력 수준이 25%에서 50% 수준까지 올랐다고 확신한다"고 말했다.

제9장

웅비부터 KF-21까지…
도전과 성공의 4반세기

1. ‘웅비(KT-1)’의 웅비

　KT-1 웅비 훈련기는 독보적이다. 유사 이래 한반도에서 제작된 군용 항공기를 통틀어 국산화율이 가장 높다.[1] 구상과 설계 단계부터 제작까지 모든 과정을 외국에 의존하지 않고 국내 기술로 진행했기에 국산화율이 가장 높을 수밖에 없다. KT-1 웅비의 의미는 한 마디로 압축할 수 있다. “대한민국의 항공기 독자개발의 역사는 KT-1 웅비로부터 시작했다”고 해도 과언이 아니다.[2]

　물론 1982년 9월 국민에게 모습을 드러낸 ‘제공호’가 있지만 “항공기를 우리 힘으로 생산하겠다”는 의지의 산물이지 독자개발은 아니었다. 1953년 시험비행에 성공한 ‘부활호’ 역시 리벳 같은 기초 부품부터 엔진까지 부품을 못 쓰게 된 미국제 항공기에서 가져왔다.

　항공산업사의 시각에서 보면 KT-1의 의미는 더욱 크다. 최초이자 시발점이기 때문이다. 한반도에서 제작된 모든 항공기는 개발 과정에서 습득된 기술이 후대에 전달되지 못했으나 KT-1은 이후 기술 발전의 밑거름이 됐다. KT-1이 우리나라 항공산업 발전의 토대로 자리 잡은 데에는 두 가지 이유가 깔려 있다.

　하나는 KT-1 개발 도중에 항공 3사 통합법인이 출범했기 때문이다. 역량이 하나로 모이고 ‘동일한 업체의 반복적인 업무 수행’에 따른 기술 축적이 비로소 가능해졌다. 다른 하나는 엔지니어들과 정책 담당자들의 의지와 헌신이 남달랐던 덕분이다. 사업 구상에서 시제기 제작까지 8년, 시제 1호기 시험비행에서 양산까지 7년, 모두 15년 동안 각고의 노력 끝에 KT-1은 성공을 거둘 수 있었다. 납품이 완료된 2005년까지 23년이라는 기간은 의욕적으로 시작한 항공산업이 과당경쟁 속에 기술 축적도 미미하던 시기를 벗어나 도약기에 접어든 시기다. 그 한복판에 ‘웅비’가

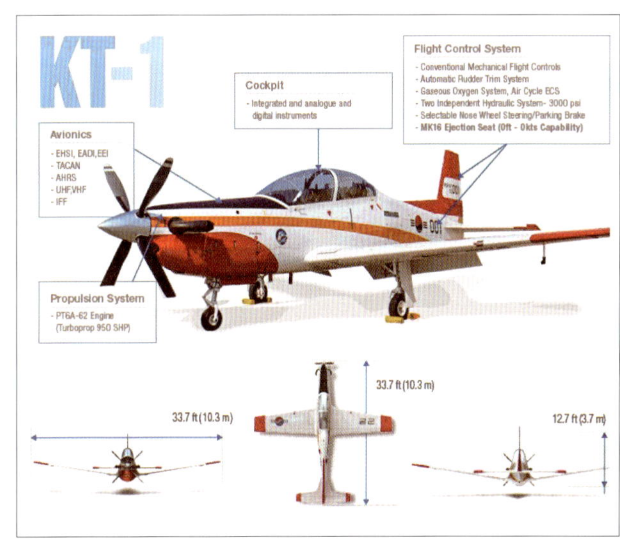

KT-1 웅비 삼면도./이미지=KAI

있다. 그러나 그 시작은 미미했다.

1) 15년 개발 일정의 미미한 시작

KT-1 웅비의 밑그림이 그려진 시기는 1983년 초. 국방과학연구소ADD가 주도했다. 이 무렵 ADD는 신군부에 의한 숙청 작업의 후유증을 벗어나고 있었다. 공군 사업시스템 종합실장을 막 맡은 강위훈 박사는 보고서 하나를 제출했다. 제목이 '국산 훈련기 개발의 타당성 연구'였다. 1983년 경항공기 설계기술은 기초연구 과제로 잡혀 예산 7000만 원이 책정되어 있었지만 납득하고 동조하는 전문가는 드물었다. "우리가 항공기를 직접 만들 수 있냐"는 회의적인 반문이 돌아오기 일쑤였다. '최신예 전투기'로 소개된 '제공호'가 생산에 들어갔어도 독자적인 항공기 개발은 불가능하다는 게 중론이었다. 항공을 안다는 사람조차 "선진국들이 제2차 세계대전 때 만들었던 비행기를 지금 개발해 언제 따라가냐. 정히 국산이 필요하면 기술도입 면허생산이 낫다"라는 반응을 보였다.

강 박사를 비롯한 4명의 연구원들은 현황 파악과 수요 분석에 나섰다. 먼저 일감이 이어지지 않을 것으로 우려됐다. 어렵게 항공산업의 주춧돌을 놓은 '제공호'의 면허생산 사업이 1986년을 끝으로 완료되면 많은 돈이 들어간 생산시설의 활용 문제가 눈앞에 다가왔다. 독자개발론자들이 등장해 공군이 운용할 정찰통제기와 육군 특전사의 특수 작전을 위한 약 30인승급 경수송기의 국내 개발 가능성이 제기됐지만 검토 단계에서 무산되고 말았다.

그런데 수요는 있었다. 마침 공군에서 운용하는 훈련기와 지원기의 수명 한계로 1990년 초반부터 구조 강도가 약해지고 부품 공급에도 문제가 발생할 것이라는 연구결과가 나왔다.[3-1] 공감대가 확산된 상황에서 1984년 초부터 연구팀은 탐색 개발(exploratory development, 실제 생산 전에 사업의 가능성 여부를 판단하기 위한 초기 연구개발)을 시작하기 위한 구체적인 자료 수집과 개념 설계(Conceptual Design)에 들어갔다.

탐색 개발 결과, 최대속도 250노트(시속 약 450km)의 550마력급 항공기로 목표가 잡혔다. 항공기의 외형도 공기역학적인 특성이 좋은 테이퍼(Taper) 날개 형상으로 변하고 동체도 보다 날씬한 유선형으로 바뀌었

프랑스 공군이 운용하던 EMB 312 투카노 연습기. 브라질 엠브라에르사가 개발해 영국과 프랑스를 비롯한 세계 19개국에 수출된 베스트셀러 훈련기다. 1983년부터 1996년까지 637대가 팔렸다. 엔진추력이 740마력으로 1993년에 완성된 KTX-1 시제 1호기의 550마력보다 높았다. 엠브라에르사는 1997년부터 엔진추력을 1600마력으로 높이고 항전장비를 일신한 슈퍼 투카노를 생산하고 있다./사진=위키피디아

편대 비행 중인 크로아티아 공군의 곡예비행팀 '폭풍의 날개'(Wings of Storm) 소속 PC-9기. 기체의 운동성능이 좋고 신뢰도까지 높은 훈련기로 세계 14개 국가에 판매됐다. 한국도 자체 개발과 스위스 필라투스사와의 공동개발을 놓고 저울질한 적이 있다./사진=위키피디아

다. 1987년 공군과 협의에서 훈련 및 공중 통제를 주 임무로 하는 2인승 탠덤 방식으로 형상이 확정됐다. 1988년 2월 국방부와 공군은 기본훈련기 개발 계획을 승인했다.

ADD는 국내 항공산업 육성전략에 부응하고 군용 항공기 개발 가능성 연구를 위해 3년간 기술개발비 100억 원으로 훈련기 및 지원기 개발에 착수했다. 먼저 항공기 개발본부를 차렸다. 항공기에 관심 있는 연구원들이 모여들고 백곰 유도탄 개발사업에 참여했던 안동만 박사도 구조실을 맡았다. 항공기 개발 대상 기종으로는 다양한 기종을 분석한 후 PC-7/9과 Short-Tucano를 잡았다.

훈련 지원기 개발이 성공하면, 다음 단계로는 고등훈련기를 개발하는 장기계획을 수립했다. 100억 원이란 개발비로 3대의 항공기를 만든다는 것은 턱없이 부족했고, 연구인력도 부족한 상황이었으나 항공기 개발팀을 구성했다. 부족한 사업비와 개발 인력은 항공산업에 진출하고자 하는 대우중공업, 대한항공, 삼성항공, 엘지정밀 등 국내 항공산업체의 공동 참여 형식으로 도움을 받았다. 학계와 '솔개' 개발 시 도움을 받았던 영국 Cranfield 대학의 Howe 교수팀의 기술 협력을 받으며 2년 만에 기본설계를 끝냈다.

1986년으로 들어서면서 훈련기 개발사업은 국과연의 10대 중점과제로 선정돼 기초연구를 진행할 수 있었다. 이때는 이미 대한항공 외에도 대우중공업과 삼성항공이 항공부문 3사 체제를 갖추고 사업을 찾고 있었다. 개념 설계를 시작한 ADD 연구팀이 마침내 1987년에 도출한 훈련기 개발사업의 예산은 110억 원에 달했다. 국방부는 국과연이 기본훈련기를 개발하고 공군이 고등훈련기를 개발하는 것으로 항공기 개발정책을 결정했다. 기본훈련기의 개발명도 공군의 건의로 KTX(Korean Trainer Experimental)-1으로 정했다.

2) 탐색 개발 시작에 몰리는 외국업체

1988년, 개발 기간 4년, 시제기 2대 생산을 목표로 KTX-1 탐색 개발이 시작되고 공군은 1988년 8월 ROC(Required Operational Capability · 성능 요구 조건)를 1차 제시했다. 1989년 말에는 부분적으로 성능이 향상되어 확정된 군 요구조건이 제시됐다. 1996년까지 전체 개발 과정을 마치고 2001년 훈련기 85대와 2003년 무장형인 공중 통제기 20대를 인도받는 조건이었다.

한국이 훈련기를 개발한다는 소문이 퍼지자 세계 유수의 항공기 제작업체에서 공동개발 의사를 타진해왔다. T-34C 터보 멘터(Turbo Mentor)를 개발한 미국의 비치크래프트(Beechcraft)사, EMB-312 투카노(Tucano)를 개발, 생산 중인 브라질 엠브레어(Embraer)사 등이 그들이었다. 가장 열성적인 업체는 스위스 필라투스(Pilatus)사였다. 이미 PC-7 · PC-9 시리즈로 당시 터보 프롭 훈련기 세계시장에서 선두였던 필라투스는 아시아 시장에서 활발한 마케팅 활동을 벌이고 있었다. 필라투스는 본사 부사장이 ADD를 찾아오는 등 성의를 보인 끝에 1988년 자문 계약을 따냈다. 계약에 의해 3년간, 연간 10일씩, 한국인이 스위스 필라투스 공장을 방문하거나 필라투스의 기술자가 한국을 방문하는 방식으로 기술자문을 받을 수 있게 됐다.

1988년 겨울, 기술 자문 계약에 의한 첫 번째 한국 방문단은 스위스 로잔의 필라투스 공장을 방문한 자리에서 왜 필라투스가 한국과 계약을 맺었는지 의도를 간파했다. 거대한 생산라인과 정교한 치구置具(jig) 위에서 조립을 기다리고 있는 매끄러운 기체와 날개의 모습에 감탄하며 열심히 그리고 적을 때마다 필라투스 측은 불편해하더니 며칠 후엔 필기도구 지참을 아예 금지시켰다. 연구원은 담배로 볼트의 크기를 재고 구멍의 둘레를 재서 화장실에 들어가 몰래 감춰온 메모지에 급히 옮겨 적기를 수없이 반복해 견학 내용을 담았다.

필라투스 기술 출장은 많은 성과를 낳았다. 책자나 도면을 통해서만 설계를 익힐 수밖에 없었던 국내

스위스 서부 레만호 인근의 로잔시에 위치한 필라투스사 공장 전경. 국방과학연구소의 KTX-1 설계팀은 1988년부터 3년간 로잔 공장의 시설 견학을 통해 개발 방향을 가다듬을 수 있었다./사진=팔라투스사 홈페이지

연구진은 실물과 공장을 눈으로 보며 설계안을 가다듬을 수 있었다. 스위스 엔지니어들과 대화를 통해 궁금했던 점도 몇 개 풀렸다. 몇몇 항목에서는 오히려 우리가 더 잘할 수 있다는 자신감도 생겼다. 하지만 필라투스와의 관계는 곧 깨졌다. 공동개발을 하자며 자신들이 개발한 날개 형상(wing configuration)을 사용하라는 조건을 내세웠기 때문이었다. 받아들이기 어려운 조건이었다. 항공기의 조종성과 안정성을 결정 짓고 기체 크기까지 좌우하는 날개를 필라투스의 기존 제품으로 쓴다면 항공기 설계 전체가 종속될 가능성이 컸다. 사업단은 제의를 거부했다.

3) 주 조립업체 대우중공업 선정

탐색 개발의 개시와 함께 설계가 한참 진행되는 동안 한쪽에서는 실제 기체의 제작을 맡을 제작업체의 선정이 시작됐다. 그러나 KTX-1 개발사업을 대하는 항공업계의 자세는 미온적이었다. ADD는 항공기술 저변 확대를 위해 가능한 한 많은 업체를 KTX-1 사업에 참여시키고 싶었으나 손쉬운 대형 조립생산 사업이나 부품 하청에 관심이 더 컸던 일부 항공업체는 KTX-1 개발에 대해 시큰둥한 반응을 보였다. 하지만 국방부의 끈질긴 설득으로 업체들의 생각은 조금씩 바뀌고 참여업체 선정 작업에는 수주 경쟁까지 일어났다.

공군과 ADD, 학계의 전문가를 망라해 구성한 조사평가단은 항공 3사를 평가한 결과, 1988년 3월 대한항공이 중후방 동체를 제작하고, 대우가 주날개를 맡으며 삼성이 엔진과 전방 동체를 담당한다는 결정을 내렸다.[3-2] 하지만 주 생산업체 선정(1990년 7월)과 총 조립업체 최종 선정(1991년 7월)에서는 대우중공업이 1점 차로 사업권을 따냈다. 대우중공업은 KTX-1의 성공 가능성을 확신하고 시설 선투자에 나섰던 적극성이 크게 평가받았다.

4) 초스피드로 진행된 시제기 생산

개발팀은 목업(mockup, 항공기의 구조와 기능적인 특징을 살펴볼 수 있는 실물 크기 모형) 제작 단계부터 어려움에 봉착했다. 당시에는 디지털 복업이 일반화되어 있지 않아서 실물 목업을 만들어야 했다. 그러나 당시(1988)에는 사업예산의 정식 집행 전이어서 거의 맨손으로 목업을 만

KTX-1 목업./사진=국방과학연구소

들었다.

　제작업체들도 처음 겪는 업무에 시달렸다. 도면 배포 작업부터 어려웠다. 설계자가 A4 용지의 16배 크기인 A0 사이즈의 도면을 제작하면 대형복사기로 유관 기관 수만큼 복사하고 다시 A4 사이즈로 접어서 나눠줬다. 수만 장의 도면을 복사하고 배포하는 데도 적지 않은 시간과 노력이 들어갔다. 설계 엔지니어들은 A0 용지가 부족해 재사용할 때는 특수 지우개로 지우고 다시 일반 지우개로 지우느라 팔이 떨려 제대로 도면을 그릴 수 없을 지경까지 겪었다. 단위도 미터법과 미국식 파운드 단위가 혼용되는 혼선이 발생해 양산 즈음에서야 겨우 잡혔다.

　연구진은 본격적인 시제 1호기인 01호기의 제작에 들어갔다. 1991년 7월, 동체가 납품되면서 조립과 지상시험 일정이 바쁘게 돌아가기 시작했다. 부품과 탑재 장비들의 완성이 원래 계획보다 늦어졌기 때문에 작업자들은 10월까지 조립 완료를 위한 '100일 작전'에 들어갔다. 작업 막바지, 현장의 작업자들은 자신이 맡은 부품의 안쪽에 이름을 써놓기 시작했다. "내가 제작한 부품만큼은 책임지겠다"는 의지의 발로였다.

　ADD는 시제 1호기 출고에 맞춰 설계·제작 현장만큼 큰 비중을 두고 시험비행 조종사 수급에 온 힘을 기울였다. 당시 선발된 인원이 우리나라의 시험비행 조종사(test pilot) 1호인 이진호 소령과 조기만 소령, 그리고 시험비행 기술사(flight test engineer) 1호인 염동선 소령과 성덕용 소령이었다. 이들을 비롯한 시험비행 조종사와 기술사들은 가장 특별하고 위험한 온갖 시험 임무를 수행하면서 몇 번씩 보이지 않는 사선死線

1991년 12월 12일 사천비행장에서 실시된 KTX-1 시제 1호기 초도비행에서 지상 참관단이 하늘을 올려보고 있다.(사진 맨 위) 당시에는 특별한 시설이 없어 공군의 막사 앞에 탁자와 의자를 빌려 참관했다. 두 번째 사진은 초도비행을 무사히 마친 이진호 소령(당시)의 KTX-1 시제 1호기가 사뿐히 착륙하는 장면. 이어 초도비행 직후 개발진과 시험조종사 이 소령(왼쪽 다섯 번째)이 시제 1호기 앞에서 안철호 국방과학연구소장 등의 축하인사를 받고 있다./사진=이진호 예비역 공군대령(KTX-1 시제 1호기 초도비행 시험조종사) 제공

첫 비행 비상대기와 헛소문

KTX-1 시제 1호기의 첫 비행에서는 만약의 사태에 대비한 '조난 조종사 탐색구조팀'이 헬기와 함께 김해공항에서 대기하고 있었다. 사천 현장에도 소방대를 비롯한 응급 차량과 정비 차량, 장비 차량이 비상상태로 대기했다. 초도비행이나 축하 비행의 화려함 뒤에는 언제나 뒤에서 지원하는 정비와 군수의 역할이 크다.

시제기 첫 비행은 이륙한 후에도 착륙장치를 올리지 않고 비행하자 "KTX-1은 착륙장치를 올리지 못하는 비행기"라는 소문이 돌아 개발팀의 실소를 자아냈다. 어떤 비행기든 초도 비행에서는 랜딩 기어를 접지 않는 게 상례다. 만일의 경우 안전에 대비해서다. 웃지 못할 일은 2022년 8월 KF-21 보라매 전투기의 초도비행에서도 같은 일이 반복해서 일어났다는 점이다.

시험비행 조종사 이진호 소령의 '위대한 비행'

"나라를 위해, 후배들을 위해 뜻깊은 일을 했다."

첫 비행에 성공한 시험비행 조종사 이진호 소령은 이런 소감을 밝혔다.

"우리 손으로 만든 비행기를 처음으로 탔다는 사실에 남자로서 역사 앞에 자랑스러웠다. 정말 안중근 의사가 부럽지 않았다. 대위 때부터 '나는 누구인가. 내가 할 수 있는 일은 무엇일까'를 고민해 왔는데 드디어 그 물음에 답하게 된 것 같았다. '나는 나라를 위해, 후배들을 위해 뜻깊은 일을 했다'고."

이진호 소령은 5년 뒤 '나라를 위해, 후배들을 위해' 다시금 뜻깊은 비행 기록을 남겼다. 1996년 10월 22일, 이진호 소령의 비행을 공군의 역사와 항공산업사는 '위대한 비행'으로 기억한다. (제2부 610~621쪽 참조.)

을 넘나들었다.

최초의 시험비행 조종사 공개모집에는 공군에서 내로라하는 에이스 파일럿 70여 명이 모여들었다. 선발 결과 이진호 소령과 조기만 소령이 영어시험 최고 성적과 함께 뛰어난 비행 기량과 열의를 인정받아 뽑혔다. 시험비행 조종사 한 명을 양성하기 위해 1년간 투입되는 비용은 1인당 약 5억 원으로 2명을 양성하는 데 10억 원이 들었다. 그러나 막상 첫 비행이 예정된 1991년 겨울이 다가오자, 경험이 풍부한 외국인 시험비행 조

KTX-1 시제 1호기 초도비행 이륙 순간./사진=국방TV 화면 캡처

종사를 초빙하자는 얘기가 나왔다. 그래도 최초의 순수 국산 항공기를 초도비행하는 순간만큼은 외국인에게 맡길 수 없다는 여론에 따라 이진호 소령이 조종간을 잡기로 결정됐다.

1991년 12월 12일 오전 10시 10분, 사천비행장에서 KTX-1은 활주로를 박차고 하늘로 날아올랐다. 모두의 환호가 들리는 것 같았지만 통제실과 시제 1호기의 이 소령은 긴장을 유지한 채 장착된 각 부품의 이상 유무를 확인하며 계획된 시험을 수행했다. 원격계측 장비(telemetry)를 통해서도 항공기의 속도와 자세에 대한 비행 자료가 통제실에 실시간으로 들어왔다. 시제 1호기는 30분간 초도비행을 마치고 사뿐히 내려앉았다. 초도비행 성공에 모두가 고무됐지만 시작에 불과했다. 새로운 난관이 기다리고 있었다.

5) 직도입 논란과 성능 상향 조정

첫 비행에 성공했어도 KTX-1은 아직 날개도 펴지 못한 것이나 다름없었다. 탐색 개발 다음에 이어져야 하는 체계 개발 단계로의 전환과 예산확보 문제가 남았다. 무엇보다 당시 조금씩 수면 위로 떠오르고 있었던 훈련기 해외 직도입 계획을 넘어야 진전이 가능했다. KTX-1은 체계 개발 단계에서 550마력인 엔진을 750마력으로 상향 조정하기로 결정된 상황이었다. 그러나 훈련기 소요가 긴급해진 공군 일각에서 1000마력대 완제기를 수입하자는 의견이 나왔다.

KTX-1이 첫 비행을 성공적으로 마치고 탐색 개발에서 체계 개발로 단계전환 작업을 펼치던 1992년 봄, 공군은 이미 훈련기 직도입 사업을 공식화했다. 'TX-Low'라고도 불리는 구매사업의 시작이었다. 세계 기본훈련기 시장을 석권하던 스위스 필라투스사의 PC-9 혹은 영국 쇼츠(Shorts Brothers)사의 투카노 같은 1,000마력급 터보프롭 항공기 20대를 1994년까지 훈련 및 지원기로 들여온다는 것이다. 해외 제작사들은 예비역 장성들을 내세워 한국지사를 설립하고 본격적으로 로비를 벌이기 시작했다. 일부 국회의원들도 "국산 개발은 돈만 많이 든다"며 직도입을 찬성하고 나섰다.

공군이 다급하게 해외 직도입을 추진한 데는 이유가 있었다. 제2 민항인 아시아나항공사(처음에는 서울항공)가 설립되며 공군 조종사들을 대거 스카우트하는 바람에 예기치 않은 인력 부족에 직면한 공군은 신규 조종사의 신속한 양성에 매달릴 수밖에 없었다. 학생 조종사를 많이 훈련시켜 일선에 배치해야 하는데 사용 중인 T-37은 1996년 퇴역을 앞두고 있었다. KTX-1은 개발 일정에 차질이 없어도 양산기는 1998년에나 인도받을 수 있었다.

하지만 여기에도 문제가 있었다. 이미 80여 대의 KTX-1에 대한 소요 제기를 해놓은

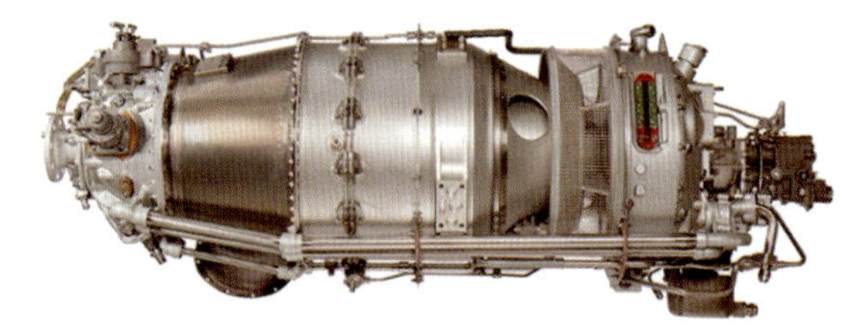

시제 3호기 엔진으로 결정된 P&W사의 PT6A-62 엔진(950마력). 130개가 넘는 PT6 엔진시리즈 중에서도 신뢰도가 높은 엔진이나, 당초 550마력 엔진 탑재를 전제로 설계된 KT-1은 시제3호기부터 대대적인 설계 변경이 불가피했다./사진=한화에어로스페이스

공군이 다른 기종 20대를 들여오면 두 기종을 함께 운용해야 했다. 교육이나 정비 어느 면에서도 비효율적인 상황을 외국사들은 파고들었다. 처음에는 20대로 시작하지만 교육과 정비, 기종 통일의 당위성을 들어 80대 추가 판매를 노린 것이다. 이 경우 KTX-1 사업은 시제 1호기만 제작한 상태에서 물 건너가게 될 상황이었다.

탐색개발 단계에서 2대가 완성된 KTX-1 시제기가 전술통제기로 사용하기에는 출력(550마력)이 약하다는 지적에 따라 950마력 엔진을 장착한 시제 3호기 출고식. 그러나 엔진 출력을 950마력으로 크게 높인 시제 3호기는 외국인 시험비행사에 의해 '대대적인 검토가 필요하다'는 평가를 받았다. 군 일각에서 '아예 검증된 외국제품을 수입해 훈련기로 사용하자'는 의견이 나오는 가운데 개발진은 문제를 해결하기 위한 100일 작전에 들어갔다./국방TV 화면 캡쳐

개발팀이 위기를 맞고 있는 가운데 공군의 절박한 호소가 먹혀들었다. 국방부는 긴급소요 물량 20대는 직도입하되 기종이 결정된 후 KTX-1도 직도입 물량과 같은 엔진을 장착한다고 정리했다. 결국 완제기 구매사업은 급물살을 탔다. 개발사업단은 KTX-1의 성능을 1000마력급으로 높여야 하는 과제를 새로 떠안았다.

KTX-1은 탐색 개발 단계에 제작한 시제 1. 2호기까지는 550마력급 엔진을 장착하고 체계 개발 단계에 제작예정인 시제 3호기부터 750마력급으로 제작, 실용화한다는 계획도 틀어졌다. 1000마력급으로의 교체는 전혀 새로운 비행기를 개발하는 것이나 다름없었다. KTX-1 사업의 책임자들은 국방부와 국회에 750마력급 개발의 타당성을 주장했지만 냉소적인 반응만 돌아왔다.

KTX-1 개발팀은 선택의 여지가 없었다. 우리 공군이 필요로 하는 시점까지, 군이 원하는 항공기를 개발 완료하자고 마음을 먹었다. 다만 시간은 늦췄다. 원래 KTX-1 사업은 1996년까지 완료할 계획이었으나 1000마력급 개발은 보다 많은 시간과 예산을 필요로 했다. 결국 계획보다 2년을 늘려 체계 개발의 두 단계로 선행 개발을 1996년까지, 실용 개발을 1998년까지 마치는 것으로 개발 계획이 수정됐다.

개발팀의 인적 요소에도 변화가 생겼다. 제작업체의 연구원들이 KTX-1 개발팀을 떠나거나 퇴사 인원이 많아 업무를 제대로 진행할 수 없을 지경이었다. 위기 순간에 창원에 거주하는 대우중공업의 직원들이 대전으로 이주하며 협력의 질이 올라갔다. 대전으로 이동한 창원연구소에서 연구인력 수십 명이 어려운 시기에 ADD 연구원들과 함께 개발 초기의 어려움을 헤쳐나갔다. 1992년 처음 제기된 후 3년이 지나도록 방향을 잡지 못한 TX-Low 사업도 1994년 말 취소로 결말났다. KTX-1 01. 02호기가 무사히 시험비행을 계속하고 있으며 1000마력급 개발이 성공할 경우 완제기 운용과 유지가 힘들어질 수 있다는 판단에 따른 것이다. 공군 조종사들의 대량 예편 사태가 이때쯤 진정국면에 접어든 것도 훈련기 해외 직도입의 긴급성을 다소나마 약화시켰다. 가까운 시일 내에 퇴역시켜야 할 것 같았던 T-37 항공기를 잘만 운용하면 2000년 이후까지 사용 가능하다는 연구결과가 공군 내부에서 나왔다.[4]

TX-Low 사업은 선행 개발 단계에 난기류를 형성하고 개발 기간을 늘려놓았지만 결과적으로 KTX-1의 성능을 높이고 경쟁력을 키웠다. 다만 해외 직도입 방안인 TX-Low 사업은 완전히 소멸되지 않고 선행 개발 기간 내내 KTX-1 개발사업을 괴롭혔다. 특히 KTX-1 사업이 완료된 이후에도 해외 경쟁업체들이 KTX-1에 대해 좋지 않은 인식을 퍼뜨리며 훗날 수출 애로 요인으로도 작용했다.

TX-Low 사업 취소로 KTX-1은 독자적인 행보를 걷게 되었지만 곳곳에 난관이 도사리고 있었다. 무엇보다 550마력인 엔진 성능을 거의 두 배로 향상시키는 일은 완전히 새로운 항공기를 설계해야 한다는 것을 의미했다. 그러나 새로운 엔진으로 제시된 캐나다 프랫 앤 휘트니(Pratt & Whitney)사의 950마력 PT6A-62 엔진을 장착하는 KTX-1 시제 3호기의 첫 비행(1995년 여름)까지는 1년여밖에 안 남았다. 더욱이 절충교역으로 해외업체의 기술지원도 받지 못할 상황이었다.

1995년 8월 10일, 3호기의 첫 비행에서 조종간을 잡은 기예호 중령은 안정성이 문제가 될 것이라는 점을 직감할 수 있었다. 3호기는 950마력으로 전환된 첫 기체여서 부족한 점이 많았다. 특히 심각한 비행 안정성의 문제는 첫 비행에서부터 여실히 드러났다. 여기에 3호기의 4번째 비행에서 미국의 시험비행 조종사 숀 로버트(Sean Robert)가 "웃기는 비행기"라고 평가해 파장을 일으켰다. 숀 로버트는 미국뿐만 아니라 세계적으로도 알아주는 시험비행 조종사였다. 당시 나이 63세인 그는 "3호기는 대대적인 검토가 필요하다"고 직언했다. 그는 "수술을 해야 나을 수 있는 병에 반창고를 붙여서는 안 된다. 대대적인 개조작업을 통해 KTX-1의 문제를 고칠 수 있을 것이다. 미국 록히드 마틴사의 스컹크 웍스팀을 본받아 3호기의 문제를 해결할 태스크포스 팀을 만들기를 권고한다"는 말을 남기고 떠났다.

KTX-1 프로그램은 최대 위기를 만났다. 해외업체들이 고대하던 상황이 발생한 것이다. 공군에도 비상이 걸렸다. 해외 직구매론이 다시 고개를 들었다. 장시간 검토 결과 공군은 KTX-1 개발팀에게 3개월의 말미를 준다는 결정을 내렸다. 과연 고칠 수 있을지 반신반의하면서도 국산기 개발의 당위성을 공감하던 장성들이 개발팀에게 마지막 기회를 준 것이었다. 해외업체의 로비스트들은 군의 빠른 전력화를 내세우며 개발팀을 압박했다.

6) 주 날개 잘라서 상반각 변경

급박한 상황에서 프랑스 GECI사의 기술고문 귀도 페소티(Guido F. Pessotti)가 조언을 내놨다. 이탈리아계 브라질인으로 항공기 설계 경험이 많은 그는 "주날개를 높게 변경하는 게 어떻겠냐"는[5] 의견을 조심스레 개진했다. 주날개를 개조하자는 얘기인데 전체 성능에 문제를 줄 수도 있었다. 리스크가 컸지만 개발팀은 조언을 참고로 주날개의 상반각 상향 조정에 매달렸다. 개조가 구체화하자 ADD 개발팀이 이

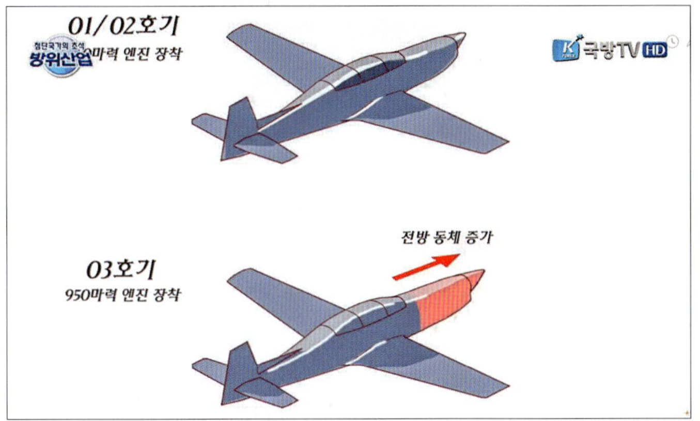

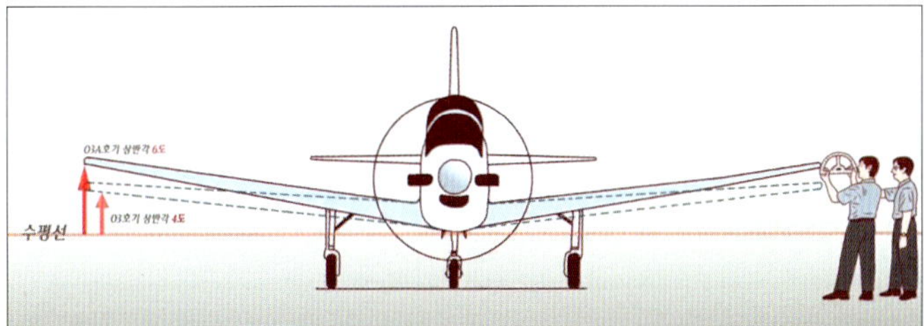

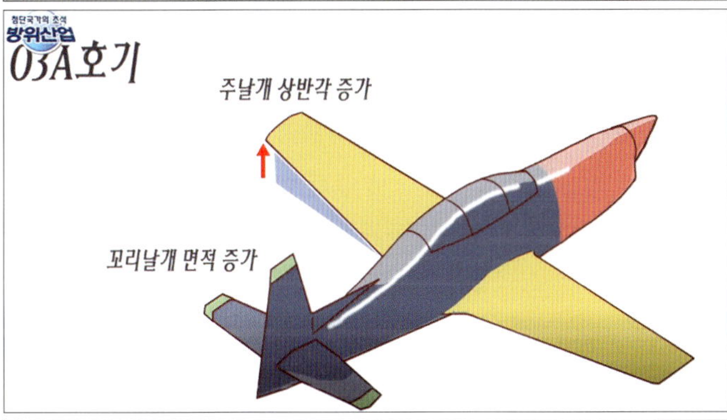

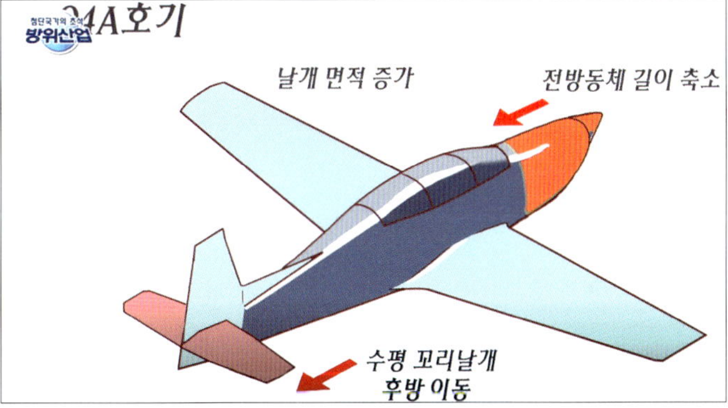

집념의 '뜯고 고치기' 무한 반복
…시제기를 누더기로 만들며 이룩한 성공
시제 01호기부터 05호기까지 변천 과정

KTX-1 기초훈련기 설계의 변천 과정을 나타낸 그림. 개발 초기 550마력 엔진으로 설정하고 시제 1호기와 2호기를 제작해 시험비행을 통해 결점을 보완하던 중 출력 부족 문제가 불거졌다. 750마력으로 상향하는 방안을 뛰어넘어 시제 3호기부터는 950마력 엔진을 장착했다. 엔진 크기도 커져 3호기부터는 전방 동체의 길이가 늘어났지만 외현상 큰 차이는 없었다(맨 위 그림). 하지만 시제 3호기는 초도비행부터 '비행 불안정'이라는 심각한 문제를 드러냈다. 경험 많은 유명 외국인 시험비행조종사는 3호기를 시험비행한 뒤 냉혹한 평가를 내렸다. '훈련기로 부적절한 항공기다.'

개발진은 고심 끝에 3호기 주날개의 상반각을 4도에서 6도로 상향 조정한다는 극단적 결단을 내렸다(두번째 그림). 상반각을 조정한 시제 3A호의 비행 성능은 현저하게 개선됐어도 크고 작은 문제가 뒤따랐다. 수직과 수평 꼬리날개의 면적을 늘리자, 비행 안전성이 신뢰할 수 있는 수준으로 올라섰다(세번째 그림). 개발진은 시제 4호기부터는 시험비행조종사들의 조언과 데이터를 기반으로 다시금 큰 수술에 들어갔다. 시제 3호기부터 늘어났던 전방 동체의 길이를 줄이고 날개 면적을 늘리며 수평 꼬리날개를 뒤로 약간 이동시킨 뒤부터는 대부분 문제가 풀렸다(맨 아래 그림).

특히 배면 비행에서 다시 돌아오는 스핀 성능은 어떤 항공기보다 뛰어나다는 평가를 받았다. 마침내 불모지에서 최고의 훈련기를 개발해낸 것이다. 개발팀이 성과를 확인하기 위해 제작한 시제 5호기는 후방 동체의 두께가 미세하게 늘어나고 조종면의 크기가 확대되면서도 전체 중량은 줄어들었다. 시제 5호기 역시 발군의 비행 성능을 보였다. 개발팀은 기어코 시제기 제작 착수 10년 만에 세계 최고 수준의 안정성과 비행성을 지닌 항공기를 개발해냈다. 시제기를 뜯고 고치고 또 고쳐서 누더기로 만들어가며 이룩한 성과다./이미지=국방TV [첨단국가의 초석, 방위산업] 189회, KT-1 시제 3호기 개조 100일 작전(2부) 고영일 작가 제공번에는 창원으로 대거 이사했다. 1995년 9월 개발팀은 공군에 약속한 대로 3개월간에 걸친 개조에 들어 갔다. 대우중공업은 여기에 투입된 연구진과 제작진에 '번개'팀이라는 이름을 붙였다. ADD는 '스컹크 웍스'라고 불렀다.

몸에서 지독한 냄새가 나도록 열심히 일해 '스컹크'라는 별명[6]을 가진 ADD 직원 한 명이 이때 기발한 아이디어를 내놓았다. 제작이 완료된 3호기의 주날개와 동체의 조립접점은 그대로 유지하되 주날개의 가 운데를 절단하고 기존 조립 포인트에 맞춘 브라켓(bracket)을 제작하여 변경된 상반각의 날개를 고정시 키자는 것이었다. 고심 끝에 설계팀은 '주날개 절단' 결정을 내렸다. 항공기 개발 역사에 없던 일이었다.

다행히 결과가 좋았다. 3호기의 비행성능에서 가장 문제였던 스핀 성능이 개선된 것이다. 수평 꼬리 날 개를 동체의 가장 끝으로 옮긴 결과 비행 특성이 몰라보게 좋아졌다. 검증은 두 가지 방법을 거쳤다. 하나 는 무선조종 항공기를 이용한 비행시험이었다. 무선조종 항공기 전문 제작업체인 성우엔지니어링이 제 작한 KTX-1의 축소모형으로 청주의 청원 비행장에서 스핀 시험을 실행했다.

시험비행 결과로 나온 데이터는 인하대학교에서 받음각, 속도를 바탕으로 각속도를 측정하고 각 조종 면(control surface)을 보정하는 방법으로 스핀 특성의 개선방안을 연구했다. 또 한 가지 방법은 스핀 연 구가 막바지에 이른 1996년 초 연구팀이 수정된 3호기의 1/5 축소 모델을 러시아 국영 항공우주연구소 로 가져가서 직접 수직 풍동시험을 실행했다. 연구팀은 이후에도 3호기의 스핀 성능 개선을 위해 항공기 의 도살 핀(dorsal fin, 수직꼬리날개와 동체 연결 부위의 부품), 스트레이크(strake, 수평 날개와 동체 연결 부분 의 부품) 등을 개선하고 러더와 에일러론(aileron)의 모양을 개조하는 등 지속적인 개선을 가했다.

7) 누더기가 되는 게 오히려 좋다

그렇지 않아도 주날개까지 잘랐던 3호기는 점점 더 누더기가 되어갔다. 하지만 "누더기로 보일망정 고 치기를 두려워 말자"는 명제처럼 개발팀은 이상이 발생하면 손을 댔다. 시제가 끝날 때에서야 개발팀은 시제 항공기는 이곳저곳을 고치고 붙여서 누더기가 되는 것이 오히려 자랑스러운 일이라는 사실을 깨달 았다. 해외에서도 그랬다. 고난의 과정이었지만 KTX-1 제작 과정의 숨겨진 소득은 제작업체들에 기술 파급 효과가 컸다는 점이다. ADD가 갖고 있는 기술과 노하우가 전달된 것이다. 제작업체 소속 연구원들 은 바쁘게 돌아가는 설계변경의 일정 속에서도 최대한 많은 내용을 습득하려 애썼다. 필요한 자료는 업체 의 몫으로 하나씩 따로 복사해뒀다. 스스로 책임감을 가지고 자기 분야에 대해 완전히 파악하기 위해 열 심히 연구해 나갔다. 이 같은 노력은 훗날 양산단계에 들어가면서 개발을 마친 ADD가 사업에서 손 떼고 업체가 전적인 제작책임을 맡게 되었을 때 큰 도움이 됐다.

특히 업체 연구원들은 현장 제작에 대한 책임도 지고 있었기에 설계한 부품이 제작공정에서 아무런 문 제 없이 잘 만들어지고 있는지, 예상치 못한 일이 발생하여 다음 작업 일정에 차질을 주고 있지는 않은지를 늘상 파악했다. 당시 개발팀의 업체 연구원들은 하루에도 몇 번씩 1*km* 거리의 설계작업실과 현장을 뛰어다니며 업무를 처리했다.

8) 한국판 스컹크 웍스 '번개' 팀의 성공

100일 작전의 대상인 KTX 시제 3호기의 주날개와 동체에 들어가는 구조 관련 부품 수는 계통 관련 부품을 제외하고도 4200여 개. 그런데 개조 100일 작전 동안 재설계와 재제작에 들어간 부품 수가 1500개 품목이었다. 100일 동안 전체의 36%가 다시 설계되고 제작된 것이다. 설계자와 작업자, ADD 와 협력업체가 모두 한마음으로 똘똘 뭉친 100일 작전을 마친 1995년 11월, 주날개 상반각을 6도로 꺾은 시제 3호기가 첫 비행에 나섰다. 비행은 대성공이었다. 모두가 눈물 바람이 되어 서로를 부둥켜안고 울었다. 100일 작전의 결과 이루어진 설계변경은 조립 중인 시제 4호기에도 반영됐다. 주 날개 면적이 증가하고 수직꼬리날개와 수평 꼬리날개가 커졌으며 위치도 뒤쪽으로 옮겼다. 첫 비행으로 개조작업의 안전성을 확인한 3호기는 이후 스핀 특성이 향상되었는지 확인하는 시험비행에 들어갔다.

'시험비행의 정수'로 꼽히는 스핀 기동은 모든 시험의 마지막 코스이기도 했다. 스핀 기동을 보면 조종성과 안정성을 한 번에 파악할 수 있기 때문이다. 동시에 가장 위험한 시험비행 과정이었고 3호기의 문제점도 스핀이었기에 개발팀은 초긴장 속에 개조된 3호기의 스핀 시험에 들어갔다. 다행히 개조된 3호기는 확실히 개선된 성능을 나타냈다. KTX-1 사업은 거의 죽다가 되살아났다. 시제 4호기의 스핀 특성은 더 좋았다. 시험비행 조종사가 시제 4호기를 타고 스핀에 들어가도 조종간에서 아예 손을 떼면 반 바퀴 만에 수직 낙하에서 바로 수평 자세를 회복했다.

이제 KTX-1은 동급의 세계 어떤 훈련기보다도 스핀 성능이 우수한 항공기로 탈바꿈했다. 특히 배면 상태에서의 자세 회복 성능이 탁월했다. 항공기가 거꾸로 막 돌아갈 때도 조종사가 조종간에서 손을 놓아 버리면 항공기는 자동으로 정상 자세로 되돌아왔다. 하지만 얻은 것만큼 잃은 것도 있었다. 1995년 겨울, KTX-1의 '웅비'[7] 명명식을 앞두고 성남 서울공항에서 시제 1호기가 추락한 것이다.

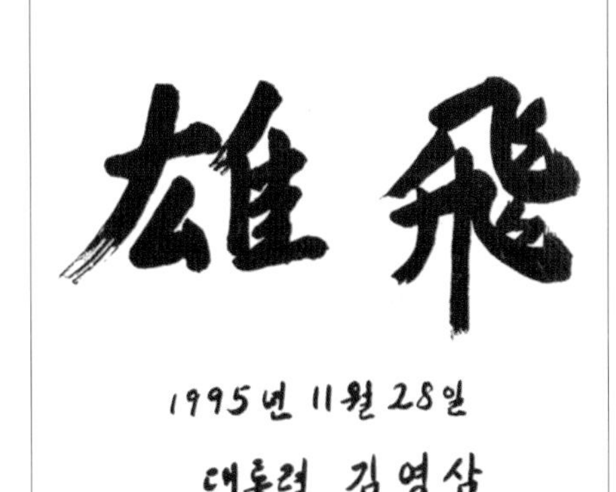

1995년 11월 28일 서울공항에서 치러진 KTX-1 훈련기에 대한 명명식. 김영삼 대통령이 하사한 친필 휘호 '웅비(雄飛)'라는 이름이 새겨진 시제 2호기의 베일이 벗겨지며 최초의 순국산 양산형 훈련기가 국민들에게 첫선 보였다. 불과 사흘 전 서울공항 상공에서 축하비행을 연습하던 시제 1호기가 사출좌석의 비정상 사출로 추락했지만 명명식은 대통령 행사에서 공군참모총장 주관으로 축소됐을 뿐 정상적으로 열렸다. 작은 사진은 김영삼 대통령의 친필 휘호.

9) 1호기 추락과 책임 규명, 감춰진 성과

1995년 11월 25일 '웅비' 명명식을 사흘 앞둔 토요일 오후 2시, 서울공항 상공에는 세 대의 KTX-1이 차례대로 모습을 드러냈다. 마지막 시범 비행 훈련을 하기로 계획된 시제 1, 2, 3호기였다. 진주에서 대전, 청주를 거쳐 오산과 수원 상공을 지날 때까지 푸르던 하늘이 갑자기 2마일 앞도 보이지 않을 만큼 흐려졌다. 공해였다.

시험비행 조종사와 기술사들은 서울공항 상공에서 한 번으로 예정된 시범 비행을 위한 훈련을 두 번 실시하기로 했다. 오후 2시 20분. 계획대로 3호기가 비행장 외곽 상공으로 나가서 대기하는 동안 1, 2호기가 서울공항 상공으로 들어오며 본격적인 훈련을 시작했다. 1, 2호기가 고난도 훈련을 마치고 3호기 역시 배면 상태로 동그라미 하나를 그린 후 활주로에 내렸다. 평소 같으면 1, 2호기도 연이어 착륙했으나 한 번 더 훈련 비행을 실시했다.

속도 198노트, 고도 400피트에서 커다란 반원을 그리며 상승했다. 정점에 이른 고도는 1000피트였다. 이어 배면 상태에서 강하에 들어갔다. 그 순간 갑자기 크게 진동하더니 '펑' 소리와 함께 전방석에서는 불꽃이 튀었다. 짙은 연기가 내부에서 뿜어지면서 후방석의 백헌영 대위는 전혀 앞을 볼 수 없었다. 사출좌석 고리를 손으로 더듬었으나 뒤집혀진 상태(배면 비행)여서 그랬는지 잡히지 않았다. 백 대위는 배면 상태에서 추락한다고 느꼈다. 그때 항공기가 진동하며 배면 상태인 채로 한 쪽으로 기울었고 백 대위의 검지와 중지가 사출 손잡이의 고리 부분에 걸렸다. 반사적으로 사출 레버를 당기니 '펑' 소리와 함께 백 대위가 좌석과 함께 21G가 넘는 중력가속도를 받으며 튕겨져 나왔다. 사출 순간 충격으로 백 대위는 정신을 잃었다. 정리하면 높이 올라간 상태에서 배면 상태가 되어 내려오다가 전방석이 먼저 사출되고 후방석은 가까스로 사출한 것이다.

전방석 시험비행 조종사 정영식 소령은 사출하고 낙하산이 펴질 때 자동으로 분리되는 좌석이 떨어져 나가지 않았다. 사출 시 정신을 잃은 후방석 백 대위는 바로 정신을 차리고 모든 상황을 지켜봤다. 시제 1호기는 서울공항 활주로 잔디밭에 내리꽂혔다. 지상에서 이를 바라보던 개발팀은 경악했다. 명명식을 앞둔 추락사고라니! KTX-1 사업은 끝났다는 생각이 먼저 떠올랐다.

사고 소식을 듣고 달려온 국과연의 관계자들은 모두 넋이 나갔다. 자료에서만 봤던 시제기의 추락사고가 현실로 다가온 것이다. 그나마 다행은 민가에 떨어지지 않았다는 점이다. 주변의 아파트 밀접 지역이나 비행장에 있던 다른 비행기에 피해를 입혔다면, 조종사 인명 피해까지 있었다면 더욱 크게 번질 사안이었다. 사고기의 조종사인 정영식 소령과 기술사 백헌영 대위는 큰 외상은 없었다. 그러나 활동에 문제가 없는 백 대위에 비해 정 소령은 제대로 몸을 가누지 못했다. 사출 시 충격과 낙하산에서 좌석이 분리되지 않아 고속으로 낙하하는 바람에 척추를 심하게 다쳤다. 비행 가능 여부도 불확실했다.

두 조종사는 사고 원인을 알 수 없었다. 누군가 입을 맞추라고 조언했지만 제대로 된 개발을 위해 있는 그대로 진술했다. 이제 사고의 원인을 밝혀낼 책임은 개발팀에 있었다. 추락사고의 진상을 밝혀내기 위한 사고조사위원회에는 ADD 연구팀과 KTX-1 시험비행에 참여하던 공군 시험비행 조종사들, 공군본부 감찰관실 비행안전 담당관 등이 참여했다. 조사는 초미의 관심사였다. 만일 기체 결함이라면 사업 자체가 흔들릴 수 있었다. 조사위원회는 먼저 사출된 정 소령의 사출 상황이 비정상이라고 판단했다.

조사 결과, 영국 마틴 베이커사의 사출 좌석 이상으로 밝혀졌다. 배면 비행으로

서울공항에서 명명식을 앞두고 축하비행 연습 도중 추락한 KTX-1 시제 1호기 잔해. 조종사들은 탈출을 시도한 적이 전혀 없는데 사출좌석이 갑자기 튀어나가 사고로 이어졌다. 한국 공군과 국방과학연구소는 정교한 조사로 책임을 규명한 뒤, 끈질긴 교섭으로 영국의 사출좌석 제작사로부터 손해배상을 받아냈다.

비행기가 거꾸로 뒤집혀진 상태에서 사출 손잡이의 핀이 저절로 빠진 것이다. 시험비행 조종사들은 각종 실험을 통해 이를 규명해냈다. 제작사인 영국 마틴 베이커(MB)사와의 보상 협상은 쉽지 않았다. 과실을 수긍한 뒤에도 시간을 미루고 전문변호사를 동원해 방어막을 쳤다. 개발팀은 제작사가 소속된 재벌그룹사 소속 유명 변호사의 도움을 기대했지만 전문 지식이 없었다.

MB사의 변호사는 엔지니어 출신 전문변호사였다. 개발팀은 낙심했지만 공군은 비장의 무기를 갖고 있었다. 공군사관학교에서 법학을 강의하는 신성환 중령은 법학과 의학이 유명한 캐나다 맥길(McGill)대학교에서 법학을 전공한 데다 항공기 제작사의 책임 한도를 연구하고 있었다. 신 중령이 협상 테이블에 앉으며 MB사의 대응이 달라지기 시작했다. 처음에는 같은 종류의 사출좌석 2개(개당 6만 달러)를 보상하겠다던 MB사는 협상이 계속될수록 보상 가격을 올릴 수밖에 없었다.

"100만 달러 이상은 절대 불가"라는 MB사에 신 중령은 "앞으로 이 비행기를 해외에 수출할 때마다 이 사고의 원인이 MB사에 있었고 당신들의 보상 수준을 얘기하겠다"고 압박했다. 결국 최종적으로 보상 200만 달러와 한국 공군 정비사 1명에 대한 사출좌석 정비 교육(교육비 150만 달러 상당)을 조건으로 보상 협상이 마무리됐다. 탈출한 백헌영 대위는 사고 1개월 뒤부터 비행을 재개했다. 사고 6개월간 보조기 신세를 져야 했던 정영식 소령은 전문 의료진으로부터 더 이상 비행할 수 없다는 진단을 받았다. 그러나 정 소령은 각고의 재활 훈련 끝에 사고 1년 뒤 '비행 적합' 판정을 받았다.

추락사고의 원인이 된 명명식은 사고 3일 후 무사히 치러졌다.[8] 공군은 시험비행을 제외하고 행사를 진행할 것을 지시했지만 기예호 중령을 비롯한 시험비행 조종사들의 간청으로 비행을 허가했다. 사고 원인이 명확하게 밝혀지지 않은 상황에서도 시험비행 조종사들은 자신의 목숨처럼 여긴 항공기의 성능과 안전을 믿었다. KTX-1 시험비행 조종사들의 신뢰와 용기로 KTX-1은 명명식 행사에서 하늘을 수놓았

다. 시제 1호기 추락이라는 대형사고는 원인이 결함이나 조종사 과실이 아닌 사출좌석의 문제로 밝혀지며 KTX-1은 또 한 번의 고비를 넘겼다.

10) KT-1 개발 성공의 숨은 주역, 시험 평가 조종사

1998년 11월 5일, 합참은 기술시험평가와 운용시험평가, 총 1500시간의 시험비행을 거쳐 KTX-1이 공군이 사용할 무기체계로 적합하다는 '전투용 사용 가' 판정을 내렸다. 공군의 승인이 떨어지고 개발의 궁극적인 목표였던 KT-1의 양산이 확정된 것이다. 제작업체에서는 곧바로 부품 가공에 들어갔다. 그해 12월 18일, 국방규격 제정의 승인을 위해 열린 표준화심의위원회도 통과했다.

시험평가전대 창설

개발 초기 체계적인 준비가 마련되지 못한 채 열악한 여건에서 시작된 공군의 시험평가 임무는 날이 갈수록 뚜렷한 성과를 냈다. 그러나 KTX-1 개발 과정에서 시험비행 조종사들의 노력과 연구로 점차 그 체계를 확립해 나갔지만, 가장 큰 과제인 시험평가 전담 부대의 창설은 계속 미뤄지고 있었다. 처음 시험평가 전담 부대의 창설을 위해 가장 열심히 노력한 사람은 초대 시험평가처장이었던 신보현 대령이다. 그는 개발이 막 선행단계에 들어서던 1993년, 시평(시험평가)전대 창설의 필요성을 주장하며 수립 중이던 「'95-'99년 국방 중기계획」에 이 안건을 상정했다.

그러나 반응은 냉랭했다. 중기계획안 회의는 신 대령에게 미처 발언할 기회도 주지 않은 채 마무리에 들어갔다. 답답해진 신 대령이 책임자급들을 찾

KT-1 웅비 기본훈련기를 개발하면서 한국의 항공산업은 잘 보이지 않지만 크나큰 자산을 얻었다. 공군 시험평가전대가 창설된 것이다. 시험평가 조종사는 개발 중인 항공기의 장단점을 분석해 개발 방향에 결정적인 영향을 끼치기에 선진 항공산업국가일수록 양성에 온힘을 기울이고 있다. 고가의 계측 장비 이상으로 중요한 항공산업 인프라로 인식하기 때문이다. KT-1도 시험평가전대의 목숨을 건 사투와 헌신이 아니었다면 개발이 무산될 위기를 겪기도 했다. 사진은 2017년 공군 52시험평가전대의 수료직 장면. KF-21 보라매 전투기 개발에도 시험평가 조종사들이 기여하고 있다./사진=공군

아 다니며 될 때까지 안건을 계속 올리겠다고 버틴 끝에 '시험평가전대 창설안'은 살아남았다. 공군은 결국 1999년, 시험평가를 전담하는 제52 시험평가전대를 창설했다. 막 제작된 시제기에 오르며 안전도 테스트는 물론 각종 시험을 수행하는 시험비행 조종사는 엔지니어 입장에서도 항공기를 파악해야 하기에 공군에서도 에이스 파일럿을 시평대대에 보냈다. KTX-1 개발과 비슷한 시기에 시작된 우리나라 시험비행의 역사는 제52 시험평가전대에 의해 새롭게 쓰여지기 시작했다. KF-21 보라매 전투기의 성능을 테스트하고 전력화를 앞당기는 조종사들이 바로 제 52 시평전대 소속이다.

시험평가단으로 확대 발전

공군은 2023년 제52 시평전대를 공군 항공우주전투발전단, 시험인증처와 통합해 공군 시험평가단으로 승격 창설했다. 이름과 조직에서 보듯이 새로운 항공기의 시험평가를 담당하는 동시에 인증 업무와 우주전투발전 교리까지 마련하는 막중한 임무를 띠고 있다. 공군 시험평가단 본부는 공군이 확보하는 항공기뿐 아니라 무기체계를 시험하고 평가하며 업무를 맡았다. KF-21 보라매 전투기를 예로 들면, 현재와 같은 시제기의 평가와 공대공 무장 실험을 계속하면서 앞으로는 공대지 전투 시에 KF-21의 항전 장비가 제대로 작동하는지, 공대공 모드와 상호 충돌이나 간섭은 없는지와 장착될 국산 장거리 순항미사일과 초음속 대함미사일의 사격시험을 모두 담당한다. 국내에서 개발 중인 단거리 및 중장거리 공대공 미사일과 한국 공군이 보유한 전투기와 통합운용 가능성 여부도 시험평가단의 테스트를 거친 이후에 결정된다.

막중한 임무를 수행하기에 예하 대대인 제281 시험비행대대와 항공기정비계측대대에는 공군의 에이스급 조종사들과 정비 요원들이 몰리고 있다. 시평단은 자체 프로그램을 통해 개발시험비행 조종사를 양성하고 있다. 시평단의 개발시험비행 교육과정에 선발되면 50주 동안 380여 시간의 이론교육과 100여 소티sortie의 비행 실습, 미 공군 시험비행학교USAFTPS 단기 연수를 통과해야 수료할 수 있다. 교육을 수료한 개발시험비행 조종사는 다양한 비행기술을 활용해 직접적인 시험비행을, 개발시험비행기술사는 시험비행 계획 수립과 자료 획득 및 분석 등 시험통제관의 임무를 후방석에서 수행하게 된다.

KTX-1 개발사업은 이것으로 종료됐다. KTX-1은 이제 시험을 뜻하는 'X'자를 떼어내고 'KT-1'이라는 제식 명칭의 항공무기로 태어난 것이다. 위험을 무릅쓰고 KTX-1 시제기에 올랐던 시험비행 조종사들과 시험비행 기술사들의 각종 시험과 조언 덕분에 양산형 KT-1은 시제기와 비교가 어려울 정도로 수많은 개선이 이뤄졌다.

KTX-1의 개발에 참여했던 시험비행 조종사들은 양산된 KT-1을 타 본 후 그 소감을 이렇게 말했다. "엔진 출력기 레버를 밀었을 때의 부드러움이 시제기와는 완전히 달랐다", "조종간을 움직이면 움직이는 대로, 몸에 쫙 달라붙는 느낌이 외국 항공기에서도 맛보지 못한 것이어서 놀랐다", "외형이 너무나 깨끗해졌고 엔진 소음도 달라졌다."며 극찬을 보냈다. KT-1은 이들의 헌신으로 태어난 국산 훈련기다.

11) 서울 에어쇼 '98과 KT-1/ 1000시간 시험비행의 금자탑

1998년 10월 26일부터 1주일에 걸쳐 성남 서울공항에서 열린 서울에어쇼 '98에서 KT-1은 국민들에게 모습이 공개되며 10년간에 걸친 개발의 성과를 대내외에 과시했다. 에어쇼 개막 첫날부터 시범 비행에 나선 시제 5호기는 단거리 이륙으로 행사장 상공으로 떠오르며 초기 상승능력을 보여준 데 이어, 급선회 기동을 보여줌으로써 강한 첫 인상을 남겼다.

이어 임멜만 턴(Immelman Turn, 수직 급상승 후 180도 방향 전환하는 것. 독일의 에이스 임멜만이 개발한 데서 비롯)을 보여준 후 스플릿 S(Split S) 기동에 이어 동급 항공기 중 최고 수준인 3초 이내의 360도 롤(roll)을 선보였다. 루프 기동과 배면 비행 후 관람석 상공을 통과한 항공기는 역시 짧은 거리에서 착륙에 성공해 성능을 과시했다. 5호기가 한창 제작 중이던 1997년 6월 3일, KTX-1 개발과 함께 시작된 시험비행이 이날로 1000시간 비행에 다가섰다. 시제기 1000시간 비행은 선진국에서도 드문 일인데다 우리나라에서는 시험비행의 역사가 시작된 이래 처음 있는 일이었다.

12) 항공 3사 통합, KAI로 새 출발

대우중공업 창원공장에서 KT-1 양산 1호기가 한창 조립 중이던 1999년 10월 1일, 대우중공업, 삼성항공, 현대우주항공 등 항공 3사는 통합법인 한국항공우주산업㈜로 거듭났다. 양산 1호기 출고를 앞두고 통합법인이 출범했다는 사실은 KT-1의 생명에도 큰 영향을 끼쳤다. ADD가 설계하고 대우중공업이 생산을 주도하면서 숱한 고난을 겪으며 결실을 맺었고 ADD가 개발 과정에서 참여 업체에게 기술이 전파되도록 노력한 것도 사실이지만 통합법인이 KT-1을 맡게 되며 기술의 온전한 보전과 발전이 가능해졌다. KT-1을 지속 가능한 개발, 훗날을 위해 전수되는 기술 축적의 시발점으로 간주하는 이유도 바로 여기에 있다. 한국의 항공산업은 통합법인이라는 깃발 아래 비로소 '시장의 실패'를 최소화하며 기술의 계승 발전이 가능한 구조로 접어들었다.

통합법인으로 합쳐지면서 해외업체들의 자세도 달라졌다. 납기 지연을 반복하거나 마음대로 부품의 규격을 바꾼 뒤 통보하는 해외의 독과점업체들도 한국에서 유일한 체계종합업체를 대할 때는 이전의 고자세를 버리고 타협하려는 태도를 보였다. 법인통합의 효과는 바깥에서부터 서서히 나타났다. 콧대 높던 해외업체도 통합법인과 제대로 거래하지 못하면 한국 항공기시장 진출이 어렵다는 사실을 간파하고 보다 전향적인 자세로 나왔다.

13) KAI 이름으로 출시된 17년의 결실 양산 1호기

새로운 밀레니엄을 맞은 2000년 통합법인 KAI도 힘찬 새 출발을 다짐했지만 KT-1은 양산단계에서도 개발팀을 괴롭혔다. 집중 강우시험에서 물이 새고 해외 도입 부품의 납기가 늦어지며 양산 1호기 출고는 두 달 지연된 8월 30일로 결정됐다. 일부 해외업체의 납기와 품질 문제와 달리 국내 협력업체들이 납기 준수를 위해 주계약업체 못지않은 노력을 펼쳤다. 엔진을 생산하는 삼성테크윈(현 한화에어로스페이스)은 정밀성이 요구되는 엔진의 특성상 수시로 지원을 나오는 한편, 기체의 작은 고장이라도 생겼을 때는 생산 담당 직원이 직접 파견을 나와 혹 엔진에 이상은 없는지 확인하느라 1인당 2년 동안 파견 횟수가

100여 회를 넘길 정도로 정성을 다했다.

공군에서 파견나온 생산관리 요원과 품질관리소 요원까지 업체와 동고동락을 하면서 4개월간 하루도 쉬지 않고 달려오며 8월 30일 납기 준수가 가시권에 들어온 어느 날 사건이 또 터졌다. 엔진 부위의 복합재 부품이 고열로 타버린 흔적이 발견된 것이었다. 개발 때 탄소섬유 복합재를 사용했으나 양산 생산비의 절감을 위해 유리섬유 복합재로 바꾼 게 원인이었다. 모두가 납기는 물 건너갔다고 절망할

KT-1 양산 1호기 출고식

때 헬기로 부품을 운송하자는 아이디어가 나왔다. 출고일 당일 11시 30분부터 시작된 부품 헬기 공수작전은 8단계를 거치며 출고 한 시간 전에야 마쳤다. 간신히 조립이 끝난 양산 1호기는 KAI 사천공장과 공군 O비행단을 연결하는 다리를 건넜다.

양산 1호기의 공식적인 출하 기념식은 2000년 11월 3일 오후 2시 KAI 사천 1공장에서 김대중 대통령이 참석한 가운데 열렸다. 기념식 행사에 이어 KT-1의 시범 비행이 이루어져 참석자들은 다시 한번 개발과 양산의 성공적 수행을 축하하고 찬사를 아끼지 않았다. 김 대통령은 치사에서 "KT-1 1호기의 탄생이 뜻깊은 것은 연구와 개발, 설계와 제작의 모든 과정을 순수한 자체 기술로 해냈기 때문이며, 이로써 과학기술 선진국으로의 도약 가능성이 우리에게 있음을 확인하게 된 것"이라고 KT-1 양산을 치하했다. 양산 1호기의 납기는 두 달이 늦어졌지만 양산 체제가 안정된 이후 출고가 빨라져 예정보다 이른 2006년 한국 공군에 대한 납품을 마쳤다.

KT-1의 양산 종료에 앞서 2005년 10월 4일 전술 통제기인 KO-1이 나왔다. 공군은 KO-1은 공격 임무를 강조하기 위하해 2007년 10월 1일 제식명을 KA-1으로 바꿨다. 공군은 처음부터 KT-1을 전술 통제기로 활용하려는 계획을 갖고 있었다. 공군이 스위스 필라투스사의 P-9을 구매하려던 TX-Low 프로젝트를 취소한 이유의 하나가 영세중립국인 스위스가 수출하는 항공기에 대한 무장 장착이 까다로울 수 있다는 우려 때문이었다. 군은 처음부터 무장형을 원했던 것이다.

KA-1 선술 통제기는 KT-1의 날개 밑에 외부 무장장착내pylon을 설치하고 무장을 장착했다. 무장장착대에는 2.75인치 로켓 7발을 발사할 수 있는 LAU-131 발사대를 장착하고 50갤런 용량의 외부 연료 탱크(External Fuel Tank·EFT)를 갖췄다. 무장제어 시스템과 항전 장비를 개량해 KT-1의 성능을 한 단계 업그레이드시켰다. KAI는 2008년 KA-1 20대 납품을 마치고 수출에 더욱 역량을 집중했다.

세계 최고의 훈련기를 지향해 설계된 KT-1은 세계 어느 시장에 내놓아도 손색이 없도록 초기 개발단계부터 지속적으로 성능을 높여왔다. 초보 조종사도 조종하기 쉽도록 비행 안정성을 높인 설계, 분리형 조향장치 등 조종을 편하고 안전하게 해주는 신개발 시스템에 최신 디지털 계기까지 갖춘 KT-1은 최초의 군용기 수출 기록을 세웠다. KT-1은 훈련기 시장에서 전통의 강자로 군림해온 스위스 필라투스사의 PC-9과 브라질 엠브레어사의 투카노의 철벽을 뚫고 인도네시아(17대), 튀르키예(40대), 페루(20대), 세네갈(4대) 등 4개국에 71대가 수출됐다.

KAI는 세계 훈련기 시장의 흐름인 엔진 출력 강화(1600마력) 추세에 맞춰 새로운 훈련기를 개발해 내수와 수출에 나설 계획이다. 다만 엔진을 전기동력으로 삼을 계획이나 배터리 성능이 아직 미흡해 아음속 제트 훈련기와 1600마력급 신형 훈련기, 전기 추진식 훈련기 중에서 선택하는 방안을 강구하고 있다.

KT-1 전술통제기(왼쪽). 2021년 서울 ADEX 실내전시장에서 공개된 차기 기본훈련기 켄셉(오른쪽)./사진=KAI

2. 한국형 차기 전투기KFP 사업을 둘러싼 국내외 경쟁

'제공호' 생산 직후인 1982년 말 공군은 새로운 전투기 물색에 나섰다. 이듬해 8월 2일 국방과학연구소)를 방문한 자리에서 전두환 대통령은 공군력 강화 방안을 마련하라는 지시를 내렸다. 군 전력을 강화하되 항공산업 발전과 연계하라는 전제가 있었다. 이듬해 5월 공군은 차기 전투기FX(neXt generation Fighter) 도입 계획에 대한 보고서를 올렸다. 계획 수립 당시 'FX'로 불렸던 사업명은 곧 KFP(Korean Fighter Program) 사업으로 바뀌었다. 일본이 추진하던 차기 지원기사업(FSX)과 이름이 비슷하다는 미국 측 의견이 반영됐다.[9] 초도기 출하까지 11년, 최종 생산분 납품까지는 21년이 걸린 KFP사업이 이렇게 시작됐다.[10]

공군은 높은 성능의 전투기를 원했다. 고성능 전투기 도입의 명분으로 공군은 당시의 하이 엔드급(high end) 주력전투기 F-4 D/E의 1990년대 퇴역[11]에 대비하는 동시에 북한이 운용 중이던 미그21, 미그23과 도입이 예상되던 미그29에 대항하기 위해서라는 명분이었다. 하지만 이 같은 작전 요구는 막 생산을 시작한 F-5E/F 제공호(68대 생산)의 성능이 북한의 공군기를 대적하기에 미흡하다는 점을 스스로 자인한 셈이었다.

시험비행중인 미라쥬 2000 1호기. 1978년 3월 초도비행한 이래 601대가 생산돼 절반 가량이 인도와 대만, UAE 등 8개 국가에 수출됐다. 러시아와 전쟁 중인 우크라이나도 프랑스에서 원조받아 1선 전투기로 운용하고 있다./사진=다쏘사 홈페이지

1985년 4월 발표된 1단계 계획은 사상 최대규모였다. 한국 공군이 120대에 이르는 대규모 단일 프로젝트를 구상한 것은 처음이었다. 정부는 전력 증강뿐 아니라 국내 항공우주산업의 발전 기회로 삼기 위해 획득 방식을 완제품 도입, 국내 조립, 국내 공동생산으로 점차 변화시키겠다는 의지도 분명히 밝혔다. 미국의 레이건 행정부가 해외 군수판매에 상대적으로 적극적이라는 점을 감안한 전략적이고 공격적인 발상이었다.

그러나 공군의 계획은 바로 실현되지 못한 채 서류에 머물렀다. 제공호(F-5E/F) 기술도입 생산 사업이 종료된 시점에서야 정부 차원의 논의가 시작됐다. 경제기획원은 1986년 3월 후속 전투기를 직접 도입할 것인지 '제공호'와 같이 국내 생산할 것인지 검토를 위해 항공산업육성위원회 산하에 '항공공업육성 타당성 조사연구위원회'를 설치했다. 국책 연구기관의 전문가들로 구성된 위원회는 타당성을 분석하고 사업추진 방식을 검토했다.

항공산업육성 타당성 조사연구위원회는 공동생산의 타당성, 생산과 계약 방식, 국외 원제작사의 공동생산 제시안 비교, 국내 협력 생산체제 등 4개 분야의 10여 개 항목을 평가 대상으로 삼았다. 대상 기종은 1980년대 초 당시의 최첨단 기종을 망라했다. 처음에는 프랑스 다쏘사의 미라주 2000과 영국·독일·이탈리아 3개국이 공동 설립한 파나비아사의 토네이도 전폭기가 포함됐으나 초기에 빠졌다. 미국 제너럴 다이내믹스(General Dynamics, 현 Lockheed Martine)사의 F-16과 맥도널 더글러스(현 Boeing)사가 제안한 F/A-18(Hornet) 두 기종이 비교검토 대상이었다.

위원회는 대외 협상을 고려해 국내업체를 먼저 정하기로 하고, 대한항공, 대우중공업, 삼성정밀 등 3개 업체에 대한 장·단점을 분석했다. 정부의 항공산업육성위원회는 실무조사위원회가 분석한 3개사의 장·단점과 정부 차원의 평가를 근거로 1986년 11월 삼성정밀을 최종조립업체이자 주계약업체로 정했다.

정부는 주계약업체뿐 아니라 협력업체도 사업을 분담시켰다. 항공기술의 파급 효과를 최대한 넓히려는 의도였다. 실무조사위원회는 주계약업체 선정 후 협력업체와 국산화 품목에 대한 평가를 진행, 수주 경쟁에서 탈락한 대한항공과 대우중공업 등을 기체 분야의 협력업체로 지정하며 일감을 나눠줬다. 국산화 대상 품목을 유공압 장치, 항공전자, 캐노피, 통신 장비 등으로 정하고 금성정밀, 대영전자, 한화기계, 한국화이버 등 협력업체도 지정했다.

1980년대 중반 한국 공군이 추진하던 차기전투기 사업에 관심을 보였던 파나비아사의 토네이도 전투기의 1974년 8월 초도비행 장면. 공대공은 물론 공대지 능력까지 탁월한데다 속도가 빠른 다목적 전투기였지만 미군과 부품 공유 등 합동 운용성을 중시한 한국은 일찌감치 유럽산 전투기를 대상에서 제외했다. 유럽산 전투기는 대미협상력을 높이려는 일종의 압박 카드였다./사진=파나비아사 홈페이지

KFP 사업의 목표는 1992년부터 1998년까지 120기의 전투기 구매와 국내 생산으로 국산화율 제고, 기업의 기술력 향상, 후속 군수지원 능력을 확보하자는 것이었다. 특히 우리나라의 항공기 설계능력 제고가 큰 과제였다. ADD는 협상 과정에서 중요한 조건을 달았다. 개발이 진행 중인 기본훈련기(KTX-1·웅비)의 후속으로 개발될 예정인 고등훈련기(KTX-2) 설계기술 이전을 절충교역 조건으로 달았다. 공군도 항공전자 소프트웨어 운영 유지에 필수적인 SMF(Sofrware Maintennanece Facility) 기술이전을 원했다.

미국과 협상에서 우리 정부가 구상하던 3:20:97 비율(완제품 도입, 국내 조립, 공동생산 비율)이 12:36:72의 비율로 바뀌었어도 국내 조립과 공동생산분은 어떤 때보다 많았다. 1986년에는 삼성정밀이 국내 주계약자로 선정됐다. 1986년 4월에 열린 항공산업 실무추진위원회는 주계약업체 주도, 협력업체 협력이라는 사업추진 형태를 정했다. 계약 주도업체가 미국업체를 실사해 분야별로 협력업체를 선정하는 방식이었다.

KPF 사업에 출사표를 던진 대한항공과 대우중공업, 삼성정밀은 기존 검토대상 기종인 F-16과 F-20

삼성정밀의 주계약자 선정 비결… 이병철 회장의 인재 '포석'

KFP 사업의 주계약자가 삼성정밀로 결정된 1986년 10월 31일, 대한항공과 대우중공업(항공사업본부)은 결과를 쉽게 받아들이지 못했다. 최종 발표 직전까지 두 회사 다 '최소한 2등은 할 수 있다'고 여겼다. 삼성정밀이 약하다고 본 것이다. 경험과 실적으로 보자면 그렇게 어긋난 생각도 아니었다. 대한항공은 500MD 생산 실적을 갖고 있는 데다 1982년 9월 9일 대대적인 공개행사로 '제공호' 제작업체라는 인식을 일반의 뇌리에 각인시켰다. 대우중공업은 1983년 F-16 전투기의 중앙동체 100대 계약을 맺은 업체였다. GD사와 계약 당시 대우중공업은 "세계 6번째 F-16 생산공장이 됐다"며 홍보전을 펼쳤다.
반면 삼성정밀은 크게 내세울 게 없었다. 미사일 추진체를 개발하고 '제공호'에 장착되는 엔진을 면허생산 중이었으나 민수용 카메라와 군용 야간투시경 등 광학장비 생산으로 더 알려져 있었다. 지명도로만 볼 때는 대한항공, 대우중공업, 삼성정밀 순이라는 예상과 정반대의 선정 결과가 나왔으니 경쟁사들이 쉽게 받아들이기 어려웠다. 탈락업체들이 반발했으나 큰 영향은 없었다. 불만을 외부에 발설하지 않았기 때문이다. 언론에도 전혀 알려지지 않았다. 보안을 극도로 의식했기 때문으로 보인다.[12]

당시 삼성정밀이 주계약자로 선정된 비결은 사전 대비에 있다. 주계약자 선정을 앞두고 고 이병철 회장은 승부수를 던졌다. 오래전부터 별개 수주사업에 신경 쓰지 않아왔지만 말년의 호암湖巖(이 회장의 호)은 항공에 깊은 관심을 쏟았다. 관계요로에 "항공산업을 키우는 데 온 힘을 쏟겠다"는 뜻도 밝히는 한편 그룹 전체에 특명을 내렸다. "A급 인재를 삼성정밀로 보내라." 그룹에서 최고로 쳐줬다는 삼성물산의 해외마케팅 부서까지 예외 없이 최고 인재를 보냈다. 그룹 비서실은 삼성정밀에 한꺼번에 몰린 차장·부장, 임원급 인재 40여 명에게 적재적소의 임무를 줬다.

삼성정밀에 모인 인력들이 독자 생존의 의지를 다지고 있을 때, 호암의 특별 지시가 또 내려왔다. "최고 인재라고 하지만 항공기를 뭘 아나. 미국 가서 하나부터 열까지 몽땅 배워와라. 설계뿐 아니라 관리, 전산, 인사까지 싹 배워라." 모두 168명이 미국에 연수차 다녀왔다. 전산화와 생산관리 시스템을 동시에 갖췄다. 설계와 생산, 부품, 조달, 인력 수급, 심지어 인시人時 관리기법까지 돈을 주면서 배웠다. 미국 연수에는 모두 4년이 걸렸다. 교육 결과 엔지니어뿐 아니라 회사 전체의 인프라가 미국식으로 바뀌어 갔다.

미국식 경영관리와 많을 때는 월 100건 이상인 기술변경(engineering change), 록히드사와 기술 교류, 화상회의에서 얻어지는 신기술과 경영정보관리 전산시스템을 연결하는 새미스(SAMIS, 삼성항공 생산정보시스템)도 이런 노력의 결과로 탄생한 것이다. SAMIS의 효율성으로 그룹 내에서는 "삼항(삼성항공)이 네트워크에서는 삼전(삼성전자)보다도 낫다"는 평가까지 나왔다. 1987년 2월 14일 사명 변경(삼성정밀→삼성항공) 3개월 후 단행된 기업공개(5월 18일)로 상장회사가 된 삼성항공의 주가가 삼성전자보다 높았던 때도 있었다.

삼성그룹→삼성정밀·삼성항공을 거쳐 통합법인 한국항공우주산업KAI에 근무하며 KFP(KF-16), T-50, KF-21 보라매 전투기 개발에 참여했던 60대 이상 퇴직 항공인들은 "선진 항공제작사의 시스템을 모두 배워오라는 창업 회장의 선견지명이 연이은 성공의 밑바탕이었다"며 "항공산업은 호암의 마지막 유업이자 유훈"이라고 입을 모았다.

호암은 공장을 어떻게 지을 것인지에 대해서도 진작부터 지침을 줬다. 미래 사업을 고려하되 항공산업을 잘 아는 미국의 컨설팅 회사를 찾아 자문을 구하라는 것이었다. 삼성정밀 시절 공장 후보지는 수원과 청주, 대구, 군산 등 비행장이 있는 전국 각지를 모두 고려 대상에 넣었으나 35만 달러를 들여 LA의 전문기업에 의뢰했더니 사천 인근 부지가 적합지라는 보고서가 나왔다.

삼성정밀은 사천 인근의 부지 75만 평을 믿을 만한 직원 7명 명의로 사들였다. 23만 평은 바로 활용할 부지, 나머지는 미래를 위해 남겼다. 궁극적으로 엔진공장 단지와 모든 기종이 제작되는 생산 단지, 기숙사와 연구소, 연수원, 복지후생 시설을 한군데 모으려는 의도였다. 하지만 유지하지 못했다. 단일 법인으로 통합할 때 채권단의 평가에 따라 그냥 넘길 수밖에 없었다. 비업무용 부동산에 대한 사회적 반감이 남아 있던 시절인 데다 통합법인 출범 초기에 채무상환 부담도 컸기에 그냥 넘기고 말았다. KAI는 사업 확장에 따라 인력이 늘어나고 공장이 증설되면서 용지 부족난을 겪고 있다.

에 F/A-18이 추가된 3개 기종을 대상으로 사업 계획서를 제출했다. 1986년 10월과 11월 상공부는 삼성정밀을 엔진 부문 협상업체와 전체 사업 주계약업체로 선정했다. 다만 기체 분야에 대해서는 대한항공과 대우중공업과의 협력 생산방안을 별도 수립하라는 단서를 달았다. 하지만 수주 탈락업체들의 반발이 뒤따랐다. 항공산업의 후발주자인 삼성정밀이 다 가져갈 합당한 명분이 없다는 것이었다. 결국 추후 업무 조율을 통해 기체 물량에 대해서는 삼성정밀 외에 대한항공

미국 맥도널 더글러스사가 개발한 F-18 호넷의 1978년 11월 18일 초도비행 장면. 한국공군이 1980년대 중반부터 추진한 차기주력전투기 사업의 가장 유력한 후보 기종이었다.

과 대우중공업 3사가 균등 배분하는 '부품업체 협력원칙'이 세워졌다.

1989년 11월 말에는 국방부와 공군, 삼성정밀이 공동 협상팀을 구성, 미국의 항공기 제작업체인 제너럴 다이내믹스, 맥도널 더글러스, 노스롭 등을 차례로 방문, 공동생산 물량 및 기술 전수 내용 등에 대해 의견을 나눴다. 제작사들은 환대했지만 미국 정부와 협상은 초반부터 난항을 겪었다. 상업면허생산을 원하는 우리 측과 FMS(대외군사판매) 방식을 고수하려는 미국 정부의 견해가 평행선을 달렸다. FMS 방식은 직도입에 가까운 방식으로, 미국 의회와 국방성은 기술이전 및 물량 감소라는 부작용을 막기 위해 이 방식을 고집했다.

가격정보조차 제대로 몰랐던 우리 협상단이 상업면허 방식을 굽히지 않았던 데에는 크게 두 가지 이유가 있었다. 첫째, 사업을 주도함으로써 자재와 품질, 생산 측면의 사업관리 노하우를 확보하고 둘째, 도입한 기술과 자료를 개조 또는 수출에 활용할 수 있는 권한을 확보하기 위한 것이었다. FMS 계약에는 미 정부의 행정관리비용이 추가(3~5%)되고 가격과 납기, 지불 조건 등에 대한 획일적 통제도 부담으로 여겼다. 결국 양국은 1987년 9월, 초기에는 FMS 방식으로 완제기를 구매하고 단계적으로 상업면허생산으로 변환하는 방안에 합의를 이뤘다.

1) 기종 선택 '7년 전쟁', F-16인가 F/A-18인가[13]

미국과 도입방식을 합의한 정부는 1988년부터 본격적인 기종선정 작업에 들어갔다. 노스롭사의 F-20은 일찌감치 탈락한 상태였다. 1984년 10월(한국 수원), 1985년 5월(캐나다 레브라도)의 추락 사고로 경쟁 무대에서 사라졌다. 한국 공군은 1988년 4월, 성능 평가팀을 구성하여 F-16과 F/A-18에 대해 국내외 기지 실사, 미국 출장 및 평가 비행를 거쳐 기종 결정 및 협상자료를 준비하기 시작했다. 이 무렵 미국에서 한미 협력을 우려하는 목소리가 나왔다. 상원의원 존 헤인즈(공화) 등이 "한국에 대한 항공기 생

산기술 이전이 향후 한국을 미국의 경쟁자로 성장시키고 제2의 일본으로 만들어 미국의 무역적자를 가중시킬 것"이라는 주장은 억지로 보이지만 미국 협상팀에게 힘을 실어주는 발언이었다.

일본의 차기 전투기(FSX) 사업에 대한 미국의 협조로 대일 기술유출을 우려해오던 미국에서 한미 공동생산을 우려하는 분위기가 감지되자 국방부는 1991년 9월 4일 사업 명칭을 바꿨다. 일본의 FSX와 영어 이름이 비슷한 FX(차기전투기) 사업에서 KFP(Korean Fighter Program)로 변경하는 와중에서도 기종 선정작업은 계속 진행돼 12월 20일 정부는 MD사 F/A-18기로 결정했다고 밝혔다.

한국 정부의 기종 결정 이후 미국에서 기술이전에 관한 우려는 더욱 커졌다. 여야와 상하원을 가리지 않고 미국 의회는 우려를 표했다. 1990년 4월 19일에 열린 미 상원 군사위원회 청문회에서 민주당 칼 레빈 의원은 "FX 사업이 FSX 사업의 재판이 될 것"이라고 말했다. 미국 언론도 같은 배를 탔는지 "FX 협상이 물 건너갔다"는 보도를 쏟아냈다. 그러나 7월 말 이상훈 국방장관은 기자간담회에서 "한미 간 협상이 마무리되고 있다"고 말했다. 미국 정부도 9월 초 "양국 간 협상이 계약 성사 단계에 이르렀다"는 요지의 보고서를 의회에 보냈다.

길고 긴 협상의 끝이 보이는 것 같았지만 상황은 다시 뒤집혔다. 이종구 국방부 장관은 11월 1일 사업을 원점에서 재검토하겠다는 입장을 공식 발표했다. 맥도널 더글러스사의 가격 인상 요구가 심하다고 판단했기 때문이다. 기종선정 당시 총사업비 50억 달러를 제시했던 MD는 불과 1년 만에 25% 인상을 요구했다. 국내 언론은 들끓었다. 지금까지 미국 의회와 언론들이 부정적인 모습을 보인 것도 결국은 가격을 많이 받아내기 위한 협상용 카드였다는 분석도 나왔다.

2) 번복 거쳐 F-16 선정

정부는 수사에 그치지 않고 강경한 태도로 일관했다. MD는 1990년 12월 한국이 추진하는 중형항공기 사업과 관련 기술을 대거 전수하겠다고 유화책을 보였지만 정부는 정말로 재검토에 들어갔다. 국방부는 합참, 공군, 국방연구원과 국방과학연구소를 망라한 재검토추진위원회를 구성, 두 기종의 성능 및 작전 운용성, 항공산업 기여도, 가용 재원 등을 백지상태에서 하나씩 재점검했다.

연말 연초에 GD와 MD 양사는 치열

AIM-120 암람미사일을 장착한 채 플레어를 터트리며 회피기동하는 KF-16 편조. 암람 미사일 운용 능력이 기종 번복의 이유중 하나였다.
/사진=공군

튀르키에 앙카라에 위치한 TAI사 F-16 생산라인. TAI사는 1987년부터 모두 232대를 면허생산해 자국 공군에 납품하고 46대를 이집트에 수출했다. 삼성항공은 초기에 이 공장에서 생산기술 연수를 받았다. /TAI 홈페이지

한 막판 싸움을 펼쳤다. 결과는 F-16의 역전승이었다. 국방부는 종합적인 성능은 F/A-18이 약간 우세했지만 F-16이 이전에는 갖추지 못했던 중거리 공대공 유도탄AMRAAM 장착 능력을 개발하고 공대지, 공대함 정밀 유도무기 발사능력까지 추가해 우리 군의 작전 요구도를 충족한다고 발표했다. 가격 차이도 컸다. 120대 기준으로 14억 달러나 차이가 났다. 30년간 운영유지비도 약 20억 달러가 절약되는 것으로 추정됐다. 이후 사업은 속도를 냈다. 1991년 3월 기종 변경 확정 발표에 이어 양해각서 체결, 미 의회 승인 등이 숨 가쁘게 이어졌다. 1991년 11월, 삼성항공과 GD는 기술도입계약을 맺었다. 마침내 사업이 가시권에 들어온 것이다.

3) 삼성항공의 치밀한 사전 준비

계약이 마냥 늘어지는 상황에서도 삼성항공은 준비를 서둘렀다. 1987년 주계약자 선정과 동시에 공장 부지 매입을 시작했지만 계약이 지연되며 공장건설도 늦어졌다. 착공이 지연되자 땅 투기용이라는 비난까지 받았다. 재벌의 비업무용 부동산 소유가 사회문제로 부각되던 시기여서 근거 없는 의구심이 퍼지고 경운기로 공사장을 막는 등 반발도 있었지만 삼성항공은 1993년 말 공장 1차 건설을 마쳤다.

삼성항공이 공장 건설보다 더 치중했던 분야는 기술 확보와 인력 교육에 있었다. 당시 삼성항공이 보유한 기술은 부품의 가공이나 단순 조립기술을 다소 상회하는 정도였다. KFP 사업의 주계약업체, 체계완성업체로서 최종 조립과 비행시험 관련 시설이나 기술인력은 없는 것이나 마찬가지였다. 때문에 기술인력의 확보(경력직 모집)와 사내 양성계획을 최우선 과제로 삼았다. 기종이 확정된 후에는 F-16의 원제작사인 GD로부터의 기술연수를 가장 먼저 실시했다.

기술연수는 삼성항공뿐 아니라 협력업체도 대상으로 삼았다. 대한항공과 대우중공업, 현대정공 기술인력을 포함한 기업 연합 연수팀를 구성해 생산 현장 참여 방식인 OJO(On the Job Observation)를 추진했는데 복병이 나타났다. GD 노조가 자신들의 일거리를 빼앗아 갈 한국인들에게 OJO를 실시할 수 없다며 버텼기 때문이다. 결국 OJO는 F-16을 면허생산하던 튀르키예의 TAI사에서 실시할 수밖에 없었다. 다만, OJO를 제외한 다른 연수는 GD의 텍사스주 포트워스에서 실시됐다.

인력 양성에서도 가장 중시한 게 두 가지 있다. 기술을 익히는 데서 끝나는 게 아니라 연수받은 인력들이 어떤 기술을 익혔고 어떻게 활용할 수 있는지, 다른 기술과의 연계성과 확장성 또는 충돌요인은 없는지 알아보고 저장하는 장치를 만들었다. 기술자료실이 그 역할을 맡았다. 인력 교육을 위해서는 기술교육센터를 설립했다. 기술교육센터에서 중점을 둔 사안은 강사 양성이었다. 한국에 돌아가 수많은 인력을 교육시키려면 미국에 파견돼 교육받는 인력이 강사 수준의 실력을 갖출 필요가 있었다. 파견 직원들은 이 역할을 십분 수행해냈다. 거슬러 올라가면 '부활호'를 제작하던 공군기술학교에서 기술장교들이 미군 교범이나 책자를 번역하고 기술학교에서 우수 후보생을 교관 요원으로 양성하던 '브랜치 시스템'이 20세기 후반에 재연된 셈이라고 할 수 있다.

1992년 2월에는 기술자료실의 담당직원들이 Engineering Document Specialist 교육과정을 위해 록히드마틴(1991년 GD 인수) 텍사스 공장으로 파견됐다. 항공기 생산에 필요한 주요 기술자료가 어떤 것들이 있으며 각 기술자료의 구성과 최신성 유지는 어떻게 하고 있는지를 중점적으로 교육받았다. 주요 기술자료의 보관과 유통·배포체계에 대한 교육을 통해 기술자료의 입수, 유지, 배포, 보관 사이클에 대한 이해를 높여 실질적으로 KFP 사업에 즉시 적용할 수 있도록 했다. 연수를 수료한 요원들은 1993년 7월 삼성항공 사천공장에 마련된 KFP 종합 기술자료실의 운영을 맡았다.

LM 측은 나름 성의를 다 보였다. LM의 기술자문요원(TAT, Technical Assistance Team)들은 삼성항공과 대우중공업, 대한항공, 현대우주항공(현대정공 항공우주산업본부에 독립)에 파견돼 기술을 전해줬다.

KFP 사업 회사별
업무 분장

최대 128명(1995년)까지 국내 체류한 적도 있다. 이들은 생산부문뿐 아니라 지원 및 간접 부분까지 노하우를 전달했다. KFP 사업을 위한 기술자문의 규모는 1992년부터 2000년 4월까지 모두 3476Man-months였다. 연평균 36명이 8년 동안 내내 상주한 것과 같은 규모이다. 기술자문들은 계약서에 하루 8시간 주 5일 근무로 되어 있었지만 한국 파트너와 인간적으로 친해진 기술자문 요원들이 같이 남아 근무하고 토요일에 출근하는 경우도 많았다.

4) MIS의 구축과 국산화 노력

기술이전, 인력 교육과 함께 새로운 생산정보시스템MIS의 구축도 진행됐다. 삼성항공이 1989년부터 1991년에 걸쳐 사용하던 MIS가 있었지만 항공기 제작을 위해서는 새로운 시스템의 도입이 불가피했다. 삼성항공은 시스템구축에 있어 LM이 사용 중인 시스템과의 호환 가능성을 중시해 LM 시스템에 기반한 SAMIS(Samsung Aerospace Manufacturing Information System) 시스템을 새로 깔았다. 새로운 시스템 구축작업에는 예산 161억 원과 막대한 인력이 들어갔다. 새 시스템의 구축으로 LM과 데이터베이스 공유가 원활해지고 업무효율이 높아져 KFP 사업은 물론 후에 T-50 사업, KF-21 개발까지 활용할 수 있었다.

국산화 작업도 박차를 가했다. F-16과 F/A-18의 치열한 경쟁으로 인해 국산화 대상 품목이 늘어났지만 원제작사와 미국 정부는 약속했던 기술조차 실제 이전을 피하려 애썼다. 한국의 FX는 제2의 FSX(일본의 차기 전투기)[14]가 될 것이라는 우려가 널리 퍼져 기술유출 경계에 신경을 곤두세웠다. 이 같은 경계를 넘어 삼성항공은 물론 대한항공, 대우중공업, 기아기공(현 위아), 한국종합기계(현 한화), 현대정공(현 현대모비스), 금성정밀(현 LIG 넥스원), 삼성전자, 대영전자(현 휴니드) 등 참여업체들도 부품 국산화에 힘을 기울였다.

삼성항공도 주계약사로서 이들 협력사들을 최대한 지원했다. GD사에서 입수해 대우중공업, 대한항공, 현대정공 3사에 공급한 각종 생산준비용 도면, 치공구, 장비들로서 TDP(Technical Data Package) 27843종, 기준 치공구(Master Tool) 1508종, 전용 장비 1978종을 전달했다. 이를 토대로 대한항공과, 대우중공업, 현대정공은 부품 5269종 및 조립품 4320종을 국산화할 수 있었다. KFP 사업을 통해 협력업체들이 확보한 생산자원은 TDP 3만 6628종, 생산치공구 1만 4961종, 전용장비 2139종, 기준치공구 2386종, 제조문서 1만 109종이며 이를 통해 조립품 4320종, 부품 5269종을 국내에서 생산할 수 있었다.

5) 가장 성공한 F-16 해외생산 프로그램

갖은 난관을 극복해가며 KFP 사업은 마무리 시점을 맞았다. 그런데 깔끔한 마무리가 어려웠다. 해외에서 직구매한 부품의 결함이 발견되는 경우 제작사로 보내 수리하는 데 3~4개월이 걸렸다. 생산이 한참 진행 중일 때는 미리 확보한 부품을 당겨 쓸 수 있었으나 종산終産이 임박해 부품 여유가 없었다. 직구매 품목의 결함은 결품으로 되고, 결품은 생산 중단이 되니, 마무리 작업이 어려울 수밖에 없었다. 보통의 경우 사업계획 수립단계에서 이런 상황까지 고려해 필요부품을 미리 확보하지만 KFP 사업에서는 그런 비용을 포함하지 않았다. 몰라서가 아니라 비용을 줄이기 위함이었다.

LM과 미 공군은 한국의 사정을 알고 KFP 사업의 막판 차질을 막는 데 도움을 줬다. LM의 부탁을 받은 미 공군은 자재 창고에서 부족한 부품을 한국 공장에 대줬다. 평소 같으면 위원회를 열어 승인하는 과정을 거쳐야 했지만 KFP 사업 종반전의 긴박함을 잘 아는 LM이 미 공군과 협조해 바로 창고 문을 열어 필요부품을 한국에 빌려줬다. 한국 정부와 공군, 삼성항공 등 관련 기업뿐 아니라 미국의 원제작사와 미 공군까지 팀워크를 발휘한 셈이다. 이런 이유로 KFP는 미국의 해외 F-16 판매에서도 가장 성공한 사례로 꼽힌다.

가장 성공적인 한미 공동사업이라는 KFP 사업은 처음부터 또 다른 대형사업을 잉태하고 있었다. 한국은 KF-16 전투기를 구매하고 기술도입 생산하는 조건으로 미 록히드 마틴사로부터 KTX-2 개발에 필요한 기술을 제공 받았다. 처음에는 KFP 사업의 부대 사업으로 여겨졌던 KTX-2 사업에는 예상보다 훨씬 많은 시간이 소요되고 갈등도 많았다. 그럼에도 성공사례로 손꼽힌다. T-50 골든 이글은 해외 수출까지 성사시킨 그 자체로도 성공작이지만, KF-21 보라매 전투기의 개발로 이어지는 기반으로 작용했다.

3. 최초의 국내개발 초음속기 T-50 골든 이글

1) 상반된 정책목표를 동시에 만족시킨 최초 사례

T-50 고등훈련기는 독보적인 존재다. 먼저 성능이 뛰어나다. 고등훈련기급에서는 세계 최고 성능을 자랑한다. 항공우주산업을 통틀어 T-50만 한 수출 실적을 올린 제품은 없다. 수출(기존 6개국)은 더 늘어날 전망이다. 그러나 실적을 이루기까지는 어떤 기종, 어떤 무기체계보다 복잡한 과정을 거쳤다. 시작도 미미했다. 1989년도에 배정된 530만 원이 출발점이다. 사업 형태도 초기에는 수시로 바뀌었다.

독자개발과 기술도입 생산을 검토하다 국제 공동개발도 거쳤다. 국제 공동개발 하나만 놓고 봐도 참여 국가가 2개국 → 3개국 → 2개국 → 4개국 → 3개국 → 6개국→2개국으로 정리되는 복잡다단한 수순을 밟았다. 정부 내 의사결정도 쉽지 않았다. 관계부처 회의가 수없이 반복되고 타당성 검토에서는 거시경제와 국방과 관련된 모든 국책 연구기관이 달라붙었다. 방향이 결정된 후에도 삼성항공은 사업 포기 여부를 심각하게 고민했었다.

요구 성능은 더욱 말이 많았다. 초음속이냐 아음속이냐를 놓고 논란이 벌어졌다. 엔지니어들은 모든 형상을 놓고 장단점을 따졌다. 일반적인 주익과 미익, 수직꼬리날개 형상으로 정해졌지만 초기에는 텔타익은 물론 전진익까지 검토대상에 올랐다. 결정적으로 새로운 개발 방식으로 출발했다. ADD가 주도하고 방산업체가 제작을 맡는 방식에서 공군이 관리하되 방산업체가 체계 개발을 주도하는 방식이 처음 적용되면서 무수한 논란을 낳았다. 그럼에도 성공했다. 그만큼 T-50 개발사에는 극적인 요소가 가득하다.

항공산업사의 관점에서 봐도 독보적이다. 투자와 생산, 수요 충족 후 생산 중단과 휴지기 돌입이라는 악순환을 끊은 항공기가 T-50이다. 1980년대 초반 500MD와 '제공호'를 생산한 후 일감이 없어 최종 조립사인 대한항공과 엔진 제작사인 삼성항공의 시설과 인력이 휴지休止 상태를 맞으면서 항공산업의 발전 동력이 약해진 전철을 피할 수 있는 힘이 T-50 개발에서 나왔다.

KTX-2 사업의 성공과 T-50의 양산과 수출 성공은 정부 정책과 적시 지원의 힘을 크게 받았다. KTX-2의 개발이 완료되기 전에 이미 완료된 KFP 사업의 불씨를 살려 20대 물량을 추가해주며 T-50 양산과 연결한 정부의 결정은 세 가지 효과를 낳았다. 공군 전력의 충실화와 항공산업 발전, 수출 증대라는 세 마리 토끼를 한 번에 잡은 것이다. 본격적으로 방위산업 육성에 나선 박정희 대통령이 항공산업에도 눈을 돌린 1970년대 말 이후 정부는 항공기를 도입할 때마다 전력 증강과 항공산업 육성을 동시에 도모해왔다.

그러나 성공한 적이 없다. 전력 증강을 위해서는 품질이 이미 입증된 외국산 항공기를 직도입하는 게 가장 빠르다. 공동개발, 기술도입 생산보다 예산도 적게 먹힌다.[15] 대한민국이 공군 전력도 증강하면서 항공산업까지 육성한다는 상반된 목표에 제대로 성공한 것은 KTX-2 사업이 최초다. 그러나 성공에 이르기까지는 앞서 말한 대로 무수한 난관을 넘어야만 했다.

2) 예산 580만 원으로 시작한 연구

국방과학연구소는 1989년 4월, 고등훈련기 사업을 공식적으로 건의했다. 정부가 1987년 10월 1일 「항공산업개발촉진법」을 제정, 항공우주산업을 미래지향적 산업으로 육성하겠다며 1995년부터 고등훈련기를 개발하겠다고 발표[16]한 지 1년 6개월 만이다. 물론 이전에도 당위성이 논의된 적은 있다. 1983년 전두환 대통령은 "군 전력 증강을 통해 항공산업 발전방안을 모색하라"는 지시를 내렸다. 구체적이지 않았지만 주요 군사 장비를 해외에서 직도입하되 기술을 받아서 항공산업을 발전시키라는 원론적 지시였다. 하지만 상공부는 1987년 10월 「항공산업개발촉진법」을 발표하면서 2000년까지 전투기를 독자적으로 설계하겠다는 거창한 목표를 내세웠다.

상공부 계획으로는 1995년까지 고등훈련기 등을 개발하는 것으로 목표가 잡혔다. ADD의 사업 건의는 이런 배경에서 진행됐다. 그러나 청와대와 경제기획원, 국방부, 상공부, 공군과 ADD의 정책담당자들은 결정을 쉽게 못 내렸다. 더욱이 공군은 해외 직도입으로 방향을 정한 상황이었다. 노후 고등훈련기인 T-37의 교체 시기가 1996년이었기 때문이다. 무엇보다 국내 연구개발로 하기에는 시일이 촉박했다. 경험도 없는 마당에 성공한다는 장담도 어려운 상황이었다.

공군 전력 강화라는 단기적 과제와 국가 방위산업 및 항공산업의 육성이라는 장기적 전략 사이에서 절충안을 찾았다. 공군은 당장 시급한 중기 소요를 충족하기 위해 20여 대

의 고등훈련기는 영국 BAe사의 Hawk기를 구매하되, 이후 소요는 국내에서 연구개발 되는 항공기로 충당하겠다는 방안을 1989년 말 국방부에 요청했다. KTX-2(T-50 Golden Eagle) 사업의 시작 순간이다. 하지만 시작은 아주 미약했다. 그해 ADD의 관련 예산은 530만 원이 전부였다.[17] 이마저도 통사정해 받아냈다.

예산은 적었어도 군과 ADD는 활용 가능한 모든 자원을 연구개발에 쏟았다. 주요 기술 제휴선은 KFP 사업의 해외 파트너(맥도널 더글러스사와 제너럴 다이내믹스사 중 하나)였지만 선정과 계약까지 기다리는 시간이 아까웠다. 영국제 호크(Hawk)기 20대를 구매하면서 오프셋(Offset, 절충교역)을 최대한 활용했다.

영국제 호크기는 스페인 CASA-101, 이탈리아 MB-339와 경합을 벌였던 기종이었다. 차기 훈련기로 선정 여부가 확실하지 않았을 때 조바심 내던 BAe사에게 ADD는 △고등훈련기급을 개발할 수 있는 설계기술 이전 △고등훈련기급 시뮬레이터 개발 기술 전수 △시험비행 조종사 3개 팀(조종사, 조작사) 양성 △항공 인력 교육과 양성 등의 4가지를 요구해 대부분 관철시켰다.

뿐만 아니다. 가장 규모가 큰 KFP 사업은 물론 해군의 해상초계기 사업, 공군의 경수송기 (CN-235) 사업 등 크고 작은 항공기 도입 사업마다 절

한국공군이 1993년 20대를 도입해 T-59라는 제식명으로 2012년까지 운용하다 높은 유지비 때문에 조기퇴역시킨 영국 BAe사 호크 고등훈련기./사진=공군

'황매' 이름을 달기까지

우리 공군의 기본훈련기는 영어 약자로 KTX(Korea Trainer eXperimental)라고 부른다. 처음 도입된 KTX-1
의 연장선에서 자연스럽게 KTX-2 사업으로 불렸지만 엄밀하게 보면 적당치 않은 작명이라고 할 수 있다. 성
능과 속도 등은 나중에 정해졌지만 초음속이라는 점부터 훈련 전용기의 범주를 뛰어넘는다. ADD가 애초에
정한 이름은 KATX(Korea Attacker and Trainer Experimental)였다. 하지만 자칫 공격무기라고 매도당하거나
기술이전에 문제가 생길 수 있어 Attacker를 빼고 KTX-2로 호칭했다. 개발 엔지니어들이 처음부터 T-50
을 다용도로 활용할 의지를 갖고 있었음을 엿볼 수 있다.

KTX-2의 별칭인 '황매(Golden Eagle)'는 영국에서 태어났다. 1990년대 ADD와 항공업체 연구진은 영국
BAe에서 기술연수를 받을 때 한 교사의 조언대로 Golden Eagle로 불렀다. 개발이 끝나 실전배치를 앞두고
명칭 공모에서 별칭 '골든 이글'은 그대로 남았다. 제식명은 T-50으로 정했다. 공군 창설 50주년을 기념한
다는 뜻이 담겼다

충교역으로 기술을 받으려 혼신의 힘을 기울였다. 규모가 크지 않았던 호크기 구매 대가의 일부로 14개
월간 25명이 설계 관련 기술을 이전받은 일화는 기술습득에 전력을 다한 사례로 손꼽힌다. 1992년 7월
ADD와 GD(이후 록히드마틴에 피합병) 사이에 체결된 KTX-2 기술지원 협정으로 절충교역을 활용한 인
력 교육이 크게 늘어났다. 무엇보다 앞서 진행된 초기의 인력 교육이 고등훈련기 독자개발의 밑바탕으로
작용했다.

3) 아음속과 초음속의 갈림길

첫해인 1993년에는 개념설계 작업이 수행됐다. 연구진은 크게 세 가지 기본형상을 고려했다. 가장 일
반적인 형태인 주익-미익 형상과 델타형 날개, 카나드(Canard) 주익 형상들을 놓고 고심한 것이다. 하지
만 정작 문제는 다른 곳에 있었다. 개념설계가 시작될 때까지 초음속인지 아음속인지가 결정되지 않았다.

훈련기에 불과한 항공기를 초음속으로 할 필요가 있겠느냐는 의견과 경공격기로의 활용이라는 목표를
달성하기 위해 초음속으로 설계해야 한다는 의견이 팽팽하게 맞섰다. 속도 논쟁에 대해 공군은 1994년
초, 원칙을 제시했다. 고등훈련기 성능(A형), 경공격기 성능(B형) 및 단좌형 전투기 성능(C형) 등 세 가지
성능을 모두 충족시키도록 했다. 기본형인 경공격기(B형)에서 무장 기능을 제거하면 고등훈련기(A형)가
되는 개념을 도입한 것이다. 개발진의 생각은 공격기를 겸할 수 있는 초음속 고등훈련기에 있었지만 합의
과정은 쉽지 않았다.

그래도 원론적인 문제는 남았다. 과연 A형(고등훈련기)의 기준을 어디에 둘 것인지에 따라 속도가 좌우

될 수 있었기 때문이다. 엔진 숫자에 대한 생각도 엇갈렸다. 공군은 전통적으로 안정성을 중시해 쌍발 엔진을 선호했다. ADD와 항공업계는 단발 엔진을 밀었다. 국내 수요를 넘어 수출까지 넘봐야 하는 항공산업 진작 차원에서는 엔진이 두 개면 당연히 원가상승으로 직결된다고 우려했다.

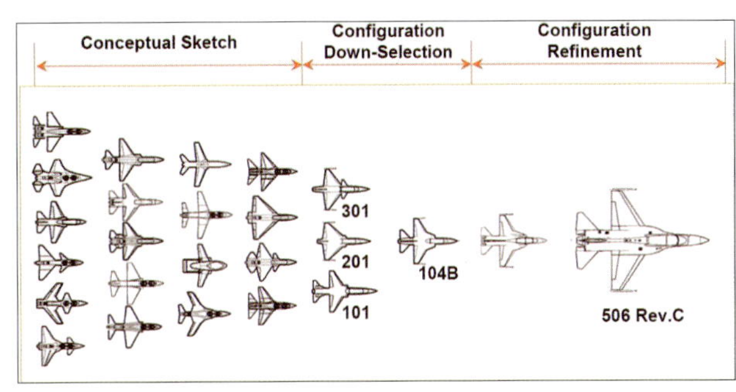

〈KTX-2의 형상 수렴도. 최종적으로는 일반적인 형태가 채택됐으나 초기에는 텔타익과 카나드형, 전진익까지 검토 대상에 올랐다. 설계팀은 초기에는 모든 대안을 놓고 하나씩 제거하는 과정을 거쳤다.

ADD와 항공업체들의 수출을 염두에 둬야 한다는 논리는 잘 통하지 않았다. 이제 겨우 KT-1 시제품을 날리던 상황에서 전투기로도 활용 가능한 초음속 고등훈련기 개발이 가능하겠냐는 의문이 당연시되던 시기였다. 하지만 ADD는 사전 시장조사를 통해 세계시장에서 경공격기로도 활용이 가능한 초음속 훈련기 수요가 적지 않다는 점을 간파했다. 제대로 만들면 국산 항공기의 세계시장 도약이라는 목표가 꿈이 아니라는 희망을 품었다. 아직 확정되지는 않았지만 유력한 제휴선이던 록히드사도 같은 견해를 보였다.

실마리는 공군 내부에서 풀렸다. 다각적으로 의견을 조사한 공군 수뇌부는 하나하나 재점검하라는 지시를 내렸다. 과제를 받은 공군 전투발전단은 새로운 내용의 보고서를 올렸다. 한국 공군의 신참 조종사가 새로운 F-16 전투기를 숙달하려면 아음속 훈련기보다는 초음속 훈련기의 훈련 효과가 더 높다는 점을 정교하게 증명해냈다. 공군은 1994년 7월 초음속이 낫다는 잠정 결론을 내렸다.

결국 공군과 개발진은 합의를 이뤘다. 형상과 성능은 주익-미익 형상의 일반적인 형태에, 최대 추력 16000파운드(lbs)급의 단일 터보팬 엔진을 사용하는 초음속 항공기로 개발한다는 것이다. 날개는 동체와의 결합 위치상 중익(Mid Wing)이며, 하나의 수직꼬리날개와 하방 경사각 10도를 갖는 두 개의 수평꼬리가 역 Y자 형태를 이뤘다. 기체 내부에는 기총 장착이 가능하도록 여유 공간을 뒀다. 학생 조종사와 교관 조종사가 직렬로 앉는 복좌 조종실도 단좌로 쉽게 개조해 전투기로 활용될 가능성을 열어놓았다.

4) 끈질긴 해외 메이커, 6개국 공동개발까지 논의

T-50 탐색 개발(1989~1991) 단계에서 산출된 사업 규모는 약 10억 달러에 날했다. 국방예산이 1994년에서야 10조 원대를 막 넘었다는 점을 감안하면 단일사업으로 10억 달러는 큰 규모였다. 부담을 느낀 국방부와 공군은 국제 공동개발에 눈을 돌렸다. 국제 공동개발로 진행되면 예산을 절감하고 수출시장 진출이 보다 용이할 것이라고 내다봤다. 결과적으로 국제 공동개발 방안은 여러 가지 구도로 진행됐으나 시일이 흘러도 성사되지 않았다. 그러나 한국은 지루하고 복잡하게 진행된 협상 과정에서 예기치 않은 소득

을 올렸다. 선진 항공회사들의 업무 분담과 예산 산출 방식을 일부나마 몸으로 체득한 것이다.

국방부는 스페인 공군을 우선 접촉할 파트너로 점찍었다. 차기 공격기(ATX) 프로그램 소요가 있었지만 예산 부족으로 사업 지연을 겪고 있었다. 1992년 국방부 차관의 스페인 방문 논의는 한국과 스페인뿐 아니라 미국의 록히드사까지 협력하는 3개국 공동개발 논의로 이어졌다. 단좌형 경공격기(AX) 개발 계획을 구상 중이던 스페인의 CASA가 공동개발을 제의하고 진작부터 이 계획에 관심을 갖고 있던 록히드사는 1994년 3월 미국 워싱턴에서 공동개발 검토에 합의했다.

1994년 7월까지 일곱 차례에 걸쳐 3국을 오가며 협상한 결과 기본 방안이 나왔다. 투자비를 한국이 50%, CASA 40%, 록히드가 10%씩 분담하고 업무 분담은 한국이 전방/후방 동체·세부 계통·정하중 시험·최종 조립 50%와 비행시험 50%를 수행하기로 했다. CASA에서는 주익·항공전자·피로시험·최종 조립 50% 및 비행시험 50%를, 록히드는 중앙동체와 비행 제어를 맡았다.

그러나 1994년 말, CASA가 공동개발 참여를 포기하며 3국 공동개발은 무산됐다. 이로 인해 록히드마틴 지분과 업무 분담률이 올라갔다. 1995년 ADD는 CASA의 빈자리를 채울 새 파트너로 독일의 DASA와 접촉하기 시작했다. 그러자 CASA가 다시 참여 의사를 밝혀왔다. 영국의 BAe 측도 Hawk기를 초음속기로 개량할 수 있다며 관심을 보였다. 막 국제사회에 복귀한 남아프리카공화국의 Atlas사 역시 관심을 보였다. 1995년 하반기에는 'CASA+DASA+Atlas'가 한 팀으로 참여한다는 소식도 전해졌다. 하지만 주도권 다툼으로 연합은 반년 만에 깨졌다.

탐색 개발이 끝나는 시점까지 공동개발의 파트너를 확정하지 못하고 1997년까지 공동개발에 대한 어떤 합의도 이뤄지지 않았다. 그래도 유럽업체들과의 공동개발을 논의하면서 우리 개발진은 지금까지 전혀 몰랐던 다양한 정보와 만났다. 유럽업체들이 떠나고 미국 록히드와의 협상에서 한국은 항공기 사업의 비용·손익분석부터 비용 산출 시 수많은 가정과 가중치 등을 추정해 협상에 나설 수 있는 실력을 갖추게 됐다.

더욱이 KTX-2 사업은 탐색 개발을 마친 상태여서 상세한 기술자료와 논리로 무장한 채 협상에 나설 수 있었다. KTX-2 사업이 성공할 수 있다는 자신감도 더욱 강해졌다. 여러 업체와 협의를 진행하며 차세대 초음속 고등훈련기 및 경공격기를 개발하려는 나라가 오직 한국밖에 없다는 사실을 재확인했기 때문이다. 해외 제휴선들과 협력은 진전이 없는 가운데 국내에서도 의견 충돌이 발생했다. ADD가 주도하던 기존의 개발 방식을 군 관리, 업체 주도로 바꾸며 갈등이 생긴 것이다.

5) 업체 주도 개발 방식으로 변경

국방부는 1994년 11월 삼성항공에 KTX-2 체계 개발 사업계획서 작성 지침 공문을 보냈다. 주계약 업체로서 해외업체와 공동개발 계획을 수립해 보고하라는 내용이었다. 비슷한 공문이 ADD에도 발송됐다. 1992년 10월부터 1995년 말로 예정된 탐색 개발을 주도해온 ADD에게 보낸 공문에는 "국내 독자 개발 계획을 1995년 2월 말까지 제출하라"는 내용이 담겼다. 한마디로 두 계획서를 검토해 1996년 1월부터 시작될 체계 개발 사업을 업체 주도로 할지, 이전과 같이 ADD 주도로 할 것인지 정하겠다는 것이었다.

ADD는 발칵 뒤집혔다. 당시의 방산개발 사업은 ADD 주도 아래 업체는 시제 업체로 참여해왔기 때문이다. 업체의 개발 능력도 충분하지 않던 시절, 관례를 뛰어넘는 파격적인 조치가 나온 배경에는 두 가지가 깔려 있었다. ADD에 근무한 경험이 있던 공군의 담당자는 항상 일정이 늦어지고 비용이 많이 든다는 생각을 갖고 있었다.

특히 제휴선으로 거론되던 록히드사는 공동생산의 조건으로 업체 주도 방식을 내걸었다. 관료화하고 경직된 사고와 해외업체에도 상전처럼 군림하려는 태도를 이유로 들었지만 한국에서 사업의 내용과 진행 절차를 가장 잘 아는 ADD와 같이 일하기를 껄끄럽게 생각하기 때문이라는 해석도 나왔다.

관리 방식 변경을 놓고 삼성항공 내부에서도 반론이 일었다. 방산사업 경험이 많은 임직원들은 ADD 주도의 개발이 타당하다고 주장했다. 개발 경험이 많은 ADD도 비용과 일정을 초과하는 게 다반사인 대형 개발사업을 감당하기 어렵다는 이유에서다. ADD가 시키는 대로 일해 적당한 이윤을 챙기면 그만이지 위험을 감수할 필요가 없다는 것이다. 결국 삼성항공이 제출한 사업계획서는 ADD 주도를 전제로 작성되어 있었다.

국방부 KTX-2 사업기획단은 애초 지침대로 업체 주도 개발계획서를 다시 제출하라는 수정제출 지시를 내렸다. 삼성항공은 다시 제출하고 국방부는 1995년 6월 2일 업체 주도 개발이라는 결정을 내렸다. 삼성항공은 대형사업을 따내고도 기쁜 표정을 짓지 못했고 국방부는 이 방식이 세계적인 추세이며 효율적이라고 설명했다. 사업 형태는 국방부 뜻대로 진행됐다.

6) 외부의 흔들기와 이중 삼중의 검증 과정

사업이 체계 개발 단계로 접어들며 새로운 변수들이 튀어나왔다. 탐색 개발은 KFP 사업의 절충교역 형태로 진행돼 정부나 군에 큰 부담이 되지는 않았지만 약 13억 달러가 들어갈 것으로 추정되는 체계 개발 사업의 재원 마련이 쉽지 않다는 문제가 있었다. 사업 타당성 전면 재검토까지 논의되기 시작했다. 유럽 경쟁업체들은 이대로라면 사업이 실패할 가능성이 크다며 처음부터 다시 하자고 공세를 펼쳤나.

영국의 BAe사는 아음속 고등훈련기(Hawk기)를 한국에 2차 판매하기 위해 초음속 고등훈련기는 불필요하며 초음속이 필요하더라도 새로 고등훈련기를 개발하는 것보다 Hawk를 초음속으로 개조하는 것이 경제적이라는 주장을 펼쳤다. 독일 DASA사는 개발을 추진하려는 초음속 고등훈련기/경전투기(AT-2000, MAKO로 개명)의 투자자로 한국을 참여시키기 위해 가장 최신의 설계를 반영한 AT-2000이 성능도 좋고 개발비도 저렴하다는 논리를 내세웠다.

유럽 업체들의 이 같은 논리에 정책결정자들은 연이어 각급 회의를 열고 대책 마련에 나섰다. 주요 부처 차관들의 비공식 모임인 '서별관 회의'부터 경제부처와 국방부가 모여 머리를 맞대는 각급 회의가 1996년 봄부터 여름까지 이어졌다. 4월 관련부처 국장급 회의, 5월 차관보급 간담회, 6월 항공우주산업육성 실무위원회 (장-차관급), 7월 국장급 회의와 차관보급 2차 간담회가 속속 열렸다.

DASA AT-2000의 진화형인 MAKO. 스텔스 성능을 고려한 설계에 초음속 성능까지 제시했으나 시제기조차 제작된 적이 없는 개념상의 전투기로 남았다.

부처마다 입장이 달랐다. 항공산업의 육성을 추진하는 통상산업부는 적극적이었고, 국방부는 정부의 예산 지원을 요청하는 입장이었다. 반면 나라 살림살이를 맡은 재정경제원은 T-50 사업이 국가 예산에 부담이라는 입장을 고수했다. 8월부터는 청와대 경제수석이 주관한 두 차례 토의가 이어졌고, 8월 16일 부총리가 주재한 장관급 간담회에서 사업추진의 타당성에 대해 외부 연구기관에 재검토를 의뢰한다는 결정을 내렸다.

타당성 분석 작업은 한국개발연구원(KDI)이 주체가 되고 산업연구원(KIET), 국방연구원(KIDA), ADD와 항공우주연구원(KARI) 등이 협조기관으로 참여하는 형태였다. 거시경제와 재정을 주로 연구하는 KDI를 필두로 국방과 관련된 국책연구기관이 총망라된 타당성 분석팀이 6개월 반만인 1997년 3월 제출한 중간보고서는 현 계획 대폭 개선(제1안), 현 계획의 소폭 개선(제2안). 직구매(제3안)라는 세 가지 대안을 제시했다. 세 가지 대안 중에 추천한 방안은 제1안이었다. 연구기관들의 검토가 진행되는 동안 정부실사단은 유럽·미국·이스라엘 등을 방문하며 여러 변수를 검토하고 대안을 찾았다.

이중 삼중의 검토에 재검토 과정을 밟은 데에는 다른 이유도 있었다. 먼저 '방산 비리 의혹'에 대한 언론의 부정적 보도가 들끓었다. 경전투 헬기 도입 과정에서 현직 국방부 장관이 1억 5000만 원의 뇌물을 받았다는 의혹이 보도되며 대형 국책사업에 신중을 기할 수밖에 없었다. 마침 대선도 앞두고 있었다. 실사 과정은 길고 지루하고 혹독했으나 소득도 없지 않았다. 정부실사단은 유럽 방문을 통해 유럽업체들의 주장이 허구라는 사실을 알아냈다. T-50 사업에 대한 비판적 시각의 발원지 격이었던 BAe사의 주장부터 틀린 것이었다. Hawk기의 초음속 개조 기술 수준이 낮아 우리 정부가 의도했던 전투기급 신기술 확보 목표에 미달했으며 개발비도 신규 개발보다 나을 게 없고 까다로운 수출 승인(E/L) 문제도 있었다.

DASA가 독일 기술력의 결정체라고 홍보해 온 AT-2000도 사실은 기초설계도 없는 개념상의 계획이라는 사실도 간파했다. 기술적 불확실성이 높고, 독일 무기의 특성처럼 개발비가 T-50의 개발비를 훨씬 웃도는 것으로 확인됐다. 실사단은 방문대상국의 항공기 개발 사례들을 통해 군용기 개발은 업체 주도 방식이 정부나 정부 출연연구기관 주도보다 일정이나 비용 측면에서 더 타당하다는 확신을 얻었다. KDI 등 국책연구기관들의 보고와 정부실사단의 조사를 종합한 정부는 1997년 7월 3일 국무총리 주재로 열린 제1회 항공우주산업 개발 정책심의회에서 업체 주도 방식의 체계 개발 방침을 결정했다. 하지만 마지막 순간까지 변수가 있었다. 재원 조달 방식에 삼성항공 측이 반발했다. 삼성항공 측도 투자하라는 조건이 붙었기 때문이다. 지금까지 정부 사업에 민간기업이 사업비 일부를 부담하는 것은 전례가 없었다. 삼성항공뿐 아니라 그룹 비서실까지 사업 재검토에 나섰다.

7) 삼성항공의 고민, 국책사업에 방산기업이 투자한 첫 사례

당시 삼성항공이 T-50 사업에 참여하게 된 것은 다소 무모해 보일 만큼 과감하고 도전적인 것이었다. 1997년 10월 체결된 체계 개발사업 계약에서 삼성항공은 전체 사업비의 약 17%에 해당하는 3000억 원의 투자를 약정한 바 있었다. 문제는 3000억 원이라는 금액을 투자하는 일이 수많은 불확실성과 금융 비용을 고려할 때 수익 발생은커녕 오히려 엄청난 손실을 야기할 가능성이 큰, 매우 위험성이 높은 결정 이었다는 점이다. 당시 삼성항공은 왜 이런 위험한 길을 마다하지 않았던 것일까? 삼성항공을 거쳐 한국 항공우주산업에서 근무했던 한 원로 항공인의 회고. "모든 어려움은 돈에서 왔다. 정부도 그랬다. KTX-2 사업의 당위성을 떠나 최대 22조 원이라는 사업 규모가 부담이었다. 그렇다고 없는 형편에 따라 예산을 줄여 개발하자니 성능 저하가 불 보듯 했다. 결국 생각해 낸 방편이 업체 투자였다. 국방부 KFP 사업단장 은 록히드사와의 절충교역과는 별도로 KTX-2 개발에 투자할 것을 요구했다. 록히드사는 1995년 2월 KTX-2 사업에 투자할 수 있다는 내용을 제안서에 추가로 넣었다."

록히드사 입장에서는 KFP 사업을 따내기 위해 KTX-2 사업에 대한 투자를 약속했지만 유례가 없던 일이었다. KTX-2 경우 한국 공군의 양산 착수 물량(Launching Market)만 있는 상태에서 록히드사에서 개발 기술을 대거 제공하는 형태였다. 록히드사가 KTX-2 개발 비용을 분담하겠다는 사실이 알려질 무 렵, 마침 KTX-2 사업의 체계 개발사업 타당성에 대한 검토 용역을 수행하던 KDI는 최종보고서를 국방 부에 제출하면서 업체의 개발비 일정 부분 분담 방안을 강력하게 권고했다.

국내업체도 KTX-2 체계 개발 사업에 투자해야 한다는 주장이 여기저기서 이어지는 분위기 속에서 국 방부는 1996년 삼성항공에 투자를 공식 요구하기에 이르렀다. 삼성항공은 안팎으로 시달렸다. 국방부와 공군은 KDI 보고서를 토대로 투자를 압박하고 그룹 내부에서는 KTX-2 사업 참여를 전면 재검토하자는 의견이 고개를 들었다. 사실 국내외 업체가 정부의 대규모 무기 개발사업에 투자한 전례가 없었다. 초법 적인 요구이기도 했다. 방위산업의 기본 틀인 방위산업 특별조치법에 규정이 없기 때문이다.

기술과 자본을 갖춘 거대 방산업체가 즐비한 미국에서도 국책사업을 방산업체가 부담하는 경우는 드 물었다. 선투자 금액도 나중에 돌려받았다.[18] 회사 자체 판단으로 개발하는 경우는 개발 비용이 급등한

1970년대 이후에는 딱 한 번 밖에 없었다.[19] 삼성항공은 그룹 내부에서 더 호되게 질책받았다. 그룹사 사장단 회의에서는 온갖 얘기가 나왔다. "사업이 제대로 진행되지 않으면 고 이병철 회장이 1938년 창업 이래 반세기 가까이 쌓아온 그룹 이미지가 실추할 수 있다", "미래를 향한 꿈이라던 항공부문이 그룹의 미래 꿈을 갉아먹는다."

그룹 비서실에서는 "사업 포기까지 포함한 모든 방안을 원점에서 재검토하고 있다"고 알려왔다. 상황이 위중하니 삼성항공에서 전력을 다해 정부를 설득하라는 얘기였다. 삼성항공은 업체의 국책사업 투자가 가져올 경영 여건 악화에 대비, 투자에 따른 금융비용 보상을 요구했다. 그러나 금융비용 보상이 고려되지 않았다. 현행법상 불가능하다는 이유였다. 그룹 내부에서 공박의 대상이 되어버린 삼성항공의 사정에 아랑곳없이 정부의 요구는 계속됐다. 단군 이래 최대 사업이니 개발비의 절반을 부담하라는 재정경제원의 요구에 투자분담 협상은 석 달을 더 끌었다.

결국 정부와 마라톤 협의 끝에 분담률을 30%로 정한 삼성은 록히드마틴사를 협상 테이블로 불러 총 지분의 13% 투자 약속을 받아냈다. 김영삼 대통령은 1997년 9월 26일 총사업비 1조 6996억 원(개발비 1조 6864억 원, 정부 사업관리비 132억 원)과 개발 분담 방안(정부 70%, 삼성항공, 17%, 록히드마틴 13%)이 담긴 고등훈련기 체계 개발 계획에 서명했다. 공군과 삼성항공은 1997년 12월 30일 세부 계약을 맺었다. 삼성항공의 사장은 협상과 계약을 마친 담당 임원에게 저녁을 사며 "수고했다, 푹 쉬라"고 말했다. 그리고 덧붙였다. "1월 2일에 3개 팀을 데리고 사천에 내려가 사업을 구체화하라"고. 협상팀은 이틀 쉬고 지방을 돌며 다시 강행군에 들어갔다. 한국항공우주산업 사천 공장 터의 활용 방안이 이때 구체화했다.

8) 외환위기 한복판에서 본격 개발 착수

체계 개발 계약 무렵, 우리나라의 경제는 외환위기(IMF 사태)를 맞아 나락으로 떨어지고 있었다. 국가부도 공포 속에 기업 도산이 줄 잇고 실업자가 양산되는 위기 속에서 T-50 사업도 큰 영향을 받았다. 당장 예산이 절반으로 깎인 반면 지급해야 할 돈은 두 배가 됐다. 사업 초기에 대규모 투자가 발생하는 항공산업의 특성상 고액의 선급금을 내야 하는데 환율이 급등했기 때문이다. 환율은 1998년 중반 이후 안정세로 들어갔다지만 1997년을 기준(달러당 770원)으로 볼 때는 40% 정도 올랐다. 환율 외의 금융 변수도 생겼다. 록히드마틴은 삼성항공에게 공신력 높은 영미계 은행에 투자비 환수 보장용 신용장LC 개설을 요구했다. 불가능했다.

외환위기를 맞으며 국제금융시장에서 한국의 신용도는 A등급에서 2~3개월 만에 B+ 수준으로 떨어진 상태였다. 한국 정부가 발행한 국공채를 정크 본드로 취급한다는 의미다. 이전 같으면 오히려 은행에서 먼저 달려왔을 신용장 개설조차 어려운 상황은 뛰면 뛸수록 절감할 수 있었다. 여러 영미계 은행과 접촉해봐도 뾰족한 수가 없었다. 어딜 가나 록히드마틴 투자비의 환수 보장용 LC 개설은 한국 신용도가 원상회복되지 않는 이상 불가능하다는 말을 들었다.

계약이 파기될 수도 있는 사안이었기에 관련 실무자들은 은행보다는 조건이 덜 까다로운 보험회사에서 잠정적이나마 LC를 대체하는 방안을 떠올렸다. 적당한 보험회사를 수소문하던 중에 삼성중공업에서 선박 수주 시 선주가 지급하는 선급금의 환급보증용으로 거래해 온 미국 AIG사와 선이 닿았다. 다행히 AIG의 아태지역 책임자가 우리나라와 삼성의 신용도에 대해 믿음을 가지고 있었다. 결국 AIG의 보증으로 난국을 풀어나갈 수 있었다. 수수료는 좀 더 지불됐어도 보증이 급했다.

당시 위기는 예산과 환율 문제에 기인했다. 예산 50% 삭감에 환율 급등에 따른 원화 가치의 50% 하락으로 초기에 계획했던 자금의 25%로 사업을 시작할 수밖에 없었다. 삼성항공은 그룹의 따가운 눈초리에 사업 지속의 당위성을 역설하면서도 한편에서는 관리부서가 사업 재검토까지 진지하게 검토했다. "삼성이 그럴 수 없다"는 반론은 "IMF 상황에서는 어쩔 수 없다"는 답이 돌아왔다.

재검토 사유는 △사업비의 17%를 선 부담했는데, 양산기 납품(2005년)부터 생산종료 시기인 2009년(2011년으로 연장)까지 돌려받아도 원금을 상회하는 3000억 원 이상의 금융비용이 발생하고 △경험과 기술도 없는 상태에서 개발 일정을 못 지킬 겨우 하루당 0.15%의 지체상금을 물어야 할 위험이 있으며 △IMF 사태가 장기화할 경우 극복할 방도가 없다는 것이었다. 회사의 파산 가능성을 우려한 사업 철수 검토안은 2개월 뒤 자취를 감췄다. 사업이 중단될지도 모른다는 낌새를 알아챈 사천공장의 담당 임원은 매주 두어 차례 본사에 올라와 설득했다. "T-50 사업을 접으면 삼성 전체가 흔들릴 수 있다"는 협박성 읍소도 병행했다. 마침 "공군에서 98년 소요예산을 무리를 써서라도 확보하고 주 업체의 추가 선 분담은 없다고 확약했다"는 소문이 돌았다. 결국 계속 지켜보되, 사업은 진행하는 것으로 결론이 났다.

그러나 안개 속에서 산을 하나 넘고 나니 새로운 산이 눈앞에 나타났다. 록히드사의 개별 계약을 미국 정부가 승인하는 문제가 현안으로 떠오른 것이다. 록히드는 시간을 줄이려 체계 개발 착수 이전인 96년 11월 15일 미 국무부에 기술지원 협정서(Technical Assistance Agreement)를 제출하여, 수출승인을 기다렸다. 주요 내용은 이렇다. 록히드마틴이 체계 개발 기간 중 한국이 초음속 항공기를 개발할 수 있는 기술 조언을 하면서 F-16 기술자료를 제공하고, 한국 엔지니어들이 록히드마틴의 항공전자·비행 제어·주익 개발에 참여하여 기술을 전수받는다는 것이었다. 미국 정부의 검토는 시간이 걸렸다. 초음속 항공기 개발 기술이전은 전례가 없었던 데다 삼성항공과 록히드마틴 간 실행계약 금액도 6억 달러가 넘었다. 5000만 달러 이상 방산 물자·기술수출 계약은 미 의회의 승인이 필요했다. 마침내 신청 후 1년간의 장기 검토 끝에 11월 12일 수출 승인이 떨어졌다.

9) 어렵게 시작한 본격 체계 개발(1999~2000)

우여곡절 끝에 체계 개발이 시작되면서, 공군과 삼성항공은 촉박한 일정과 부족한 비용이라는 제약 아래 만족할 성능을 도출해내야 한다는 난제에 직면했다. 최초로 시도되는 초음속 항공기의 개발이 사전 조사를 통해 파악했던 선진 각국의 개발 사례보다 더 적은 비용과 촉박한 일정으로 진행될 수밖에 없다는 여건은 모두에게 심리적 부담이었다. 어렵게 끌고 온 사업이 극도로 열악한 환경에서 일정까지 빠듯하게 시작되자 한국 엔지니어들은 전가의 보도를 다시 꺼냈다. 퇴근도 못 하고 현장에서 밤을 지새던 개발인력들이 과로로 쓰러져 병원에 실려 갔다. 개인적인 삶을 희생해서 산업을 비약적으로 발전시키는 한국적 특징이, 외국인들의 시각으로는 쉽게 이해하기 어려운 헌신이, 1960년대 수출현장과 1970년대 중동의 건설현장이 아니라 21세기를 맞이하는 사천에서 일어났다. 도면 제작에 열정과 뼈를 갈아 넣은 엔지니어들의 이야기는 차고 넘친다.

막상 체계 개발은 어려움의 연속이었다. 우선 외형 형상(OML, Outer Mold Line) 단계부터 삐그덕거렸다. 외형 확정과 기본설계, 실제 생산을 위한 상세 설계와 도면 작성 작업, 시제작으로 이어지는 체계 개발의 첫 단계에서부터 난관에 부딪친 것이다. 앞서 살펴본 대로 1993년부터 ADD 주도로 진행된 탐색 개발에서 주날개-꼬리날개 형상을 기본으로 삼았다. 1996년 단계전환 사업에서는 기본형상 심화 작업도 진행했다. 그러나 실제 제작에 들어가려니 고칠 게 한두 가지가 아니었다. 기총과 엔진 장착이 대표적인 사례다.

처음 설계에서는 기총을 너무 작은 공간에 배치했었다. 도면상으로 보기에는 좋았는데 기총 부품들을 조합해보니 항공기의 형상 바깥으로 거의 10*cm*나 튀어나왔다. 바로 항공기 외형을 수정하니까 비행성능이 나빠졌다. 결국 기총은 오른쪽에서 왼쪽으로 옮겨졌고, 기총 배치를 위해 흡입구 덕트의 형상을 납작

비용 절감을 위한 몸부림 교수목(Hanging Tree) 해프닝

삼성항공은 절체절명의 과제인 비용 절감에도 목을 맸다. 사업관리를 맡은 공군이 성능 충족을 지켜보는 가운데에서도 줄일 수 있는 비용은 모두 줄였다. T-50 착륙장치(Landing Gear)의 가장 유력한 후보는 미국의 메나스코(Menasco)사였다. F-16 착륙장치의 제조사라는 점에서도 메나스코사의 납품은 확실시 됐으나 해외구매 담당자들은 전 세계의 모든 업체를 뒤졌다. 일정은 촉박했다. 요구조건의 윤곽이 나온 시기가 1999년 8월, 착륙장치 장착 시점은 2001년 4월이어서 개발 기간이 너무 짧다는 반응이 대부분이었다.

메나스코사는 이를 간파하고 삼성항공의 구매를 기정사실로 여겼다. 당연히 금액도 높게 불렀다. 모두가 대안이 없다고 판단할 무렵, 지구촌 곳곳을 돌던 구매팀이 프랑스에 기반을 둔 메시에르-다우티(Messier-Dowty)라는 회사를 찾아냈다. 메나스코사는 뒤늦게 금액 절충안을 제시했으나 그마저도 1000만 달러 이상 차이가 났다. 해외구매팀은 메시에르-다우티사에게 일정 준수를 다그치며 악명도 얻었다. 가격협상을 위해 방문한 해외 기업의 직원이 시차를 극복할 수 없도록 휴일 없이 일주일 내내 밤늦게까지 나무 의자에서 협상해 양보를 얻어낸 적도 있다. 모든 게 비용 절감과 일정 준수 목표 아래 진행됐다.

하게 눌렀다. 그러고도 수차례의 도면 수정을 거쳤다. 경험이 일천한 삼성항공 엔지니어들은 공동개발 파트너인 록히드마틴의 도움을 받을 수 있었다. 한국에 파견된 기술인력과 1대 1로 짝을 이뤄 설계를 진행하며 외형 형상의 확정에 속도가 붙을 즈음 엔진 무게중심 문제가 터졌다.

엔진업체와의 자료교환 과정에서 오류가 발생, 잘못 계산된 무게중심이 설계에 반영된 것이다. 항공기 전체 성능의 악화를 초래할 수 있는 심각한 문제여서 전반적인 재배치가 불가피하다는 결론이 나왔다. 수없이 계산하고 검증한 결과 주날개를 뒤로 $10cm$가량 이동하기로 결정했으나 이는 전반적인 설계변경을 의미하는 것이었다. 엔지니어들은 재설계에 들어가 새로운 형상안을 도출했고 풍동시험을 비롯한 다양한 시험 과정을 거쳤다. 과정마다 소요군이자 사업관리 주체인 공군과 하나하나 토의와 합의도 진행했다. T-50의 외형 형상은 이런 시행착오와 수정을 반복하며 1999년 8월에 이르러서야 확정된 것이다.

10) 쥐어짜기와 과로로 쓰러지는 엔지니어들

삼성항공은 1999년 7월 12일부터 16일까지 기본설계 검토회의(PDR, Preliminary Design Review)로 외형 형상이 확정되자마자 상세 설계 단계에 돌입했다. 모든 도면이 완성돼야 할 때까지 1년도 남지 않은 상태에서 필요 도면의 수는 10000장이 넘는다는 계산이 나왔다. 록히드마틴은 설계인력 두 배 증원을 권고했다. 하지만 있는 인력을 가지고 해냈다. 록히드마틴은 항공기 개발 역사상 가장 짧고, 또 가장 효율적인 상세 설계였다는 찬사를 보냈다. 두 가지 요인이 이를 가능하게 만들었다. 첫째는 개발 엔지니어들의 헌신이고 두 번째는 삼성항공이 세계에서 가장 먼저 체화한 최신 설계 프로그램 카티아(CATIA)를 활용한 설계에 있었다. 카티아에 대해서는 뒤에 다시 살펴볼 것이다.

엔지니어들은 항공기 최종 조립(MTD, Mate Through Delivery) 일정을 맞추기 위해 월 20장 이상씩 생산 도면을 그려야 했다. 항상 시간에 쫓겼다. 더욱이 경영진이 예측 불가능한 상황 발생에 대비해 생산 일정 3개월 단축을 결정한 상태였다. KF-16 면허생산을 통해 생산부문의 경험이 축적됐으니 상세 설계 도면만 적시에 나오면 가능하다는 계산에서다. 엔지니어들은 더욱더 도면 독촉에 시달렸다. 항공기 개발 회사에서 책임지고 도면을 제작, 배포하는 미국 유럽과 달리 모든 도면은 공군의 확인을 받았다. 항공기의 하중을 담당하는 피로 파괴 치명부품(Fatigue and Fracture Critical Parts)은 ADD와 공군의 이중 확인을 거쳤다.

매일 오전 8시가 되면 공장장 주재로 도면 배포 현황을 관리하는 회의가 열려 진도를 확인하는 시스템 아래 월 2000장이 넘는 도면을 배포하는 진기록도 나왔다. 설계 엔지니어들은 도면 배포 목표 달성을 위해 과로와 스트레스, 그리고 운동 부족으로 건강을 잃어 갔고 주말에도 출근해 가족에게 소홀한 가장이 될 수밖에 없었다.

삼성항공은 인력 충원에 노력했으나 당장 설계를 할 수 있는 인력은 수요에 비해 현저하게 모자랐다.

미국이나 유럽과 달리 항공기 설계 인력이 없는 한국에서 경험자를 찾기란 불가능의 영역이었다. 할 수 없이 KF-16 생산기술 경험자, 카메라 및 자동차 등 설계 경력사원, 생산 인력들을 전배하거나 입사시켜 교육한 후 업무에 투입했다. 인사부서는 경력사원, 계약직 사원을 채용하느라고 바빴고 설계팀장은 각지를 돌며 엔지니어들을 데려왔다. 그래도 인력이 부족했다. 출근 후 회의실에서 설계회의를 시작하면 누군가 놀라서 늦게 참석하는 게 다반사였다. 일이 늦어 집에 못 간 채 철야한 뒤 잠에 빠졌던 엔지니어가 회의 소리에 놀라 뛰어나온 것이다. 격무에 몸이 아파도 월차나 반차가 거의 없었다. 한 명이 빠지면 더 힘들 동료를 생각해서다.

11) 세계 최초로 카티아를 활용한 전투기 제작

삼성항공은 세계적으로 후발 업체지만 가장 앞선 부분이 있었다. 첨단 설계 시스템 카티아가 바로 그것이다. 전통적인 항공기 제작은 설계 후 모형을 제작해서 설계 적합성을 검토하고, 다시 설계를 반복해 시제품을 제작하고, 또다시 설계를 변경해 최종제품을 만드는 과정을 반복한다. 시간이 많이 걸릴 수밖에 없다. 설계 과정에서 발생된 문제점이 모형이나 시제품을 제작하는 과정에서 발견되고 검증되기 때문이다. 삼성항공은 다른 경로를 택했다. 컴퓨터를 활용한 설계 프로그램을 활용한 것이다. T-50 항공기는 100% CATIA로 설계되고 동시 공학이 완벽하게 적용된 세계 최초의 전투기다.

동시 공학(Concurrent Engineering)이란 제조는 물론 인력과 자재 투입 등 여러 과정을 동시에 병행

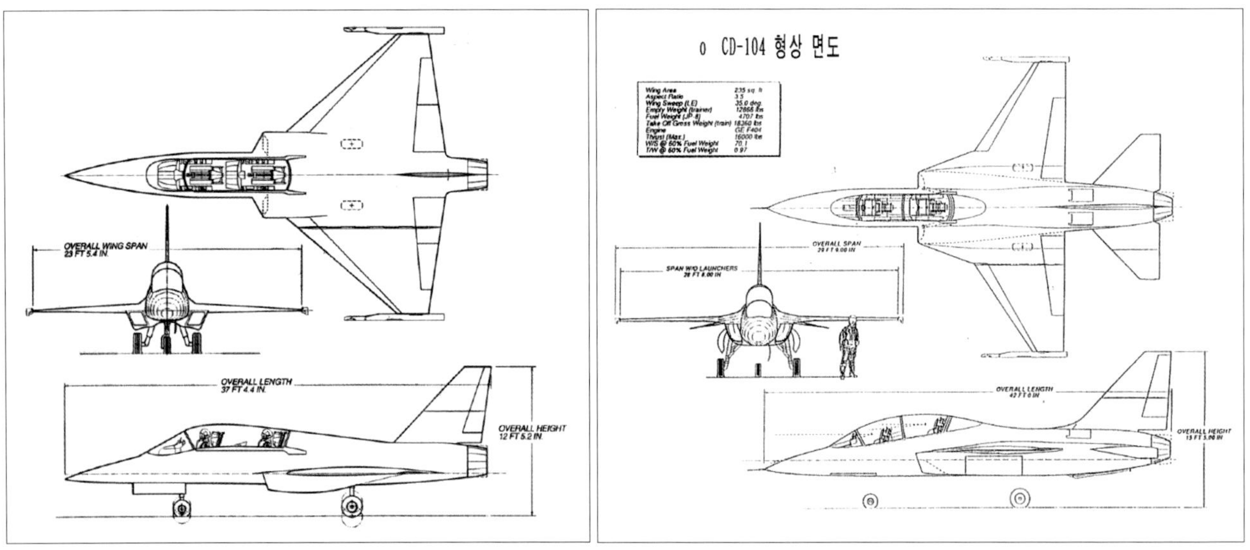

한국공군 차기고등훈련기(KTX-Ⅱ) 사업의 형상 결정 과정에서 세가지 최종 방안의 하나였던 201안의 3면도(왼쪽). 삼각형(델타익) 주날개가 특징이다. 델타익에 카나드(작은 앞날개)가 붙은 301안과 함께 탈락하고 최종안으로 결정된 101안을 가다듬은 CD-104 형상(오른쪽)이 T-50 설계로 이어졌다.

"카티아를 처음 접목한 결과물은 보잉 787 여객기였다. 전투기 설계에 처음 도입한 회사는 프랑스 다쏘사다. 잘 안 알려져 있지만 다쏘사는 항공기뿐 아니라 소프트웨어까지 만드는 그룹이다. 다쏘사의 카티아 영업팀을 삼성항공은 1997년에 만났다. 일반 제조업에 적용이 안 되던 무렵이다. 삼성항공은 다쏘사로부터 한국에서 처음으로 몇 백 세트를 구입했다.

한국에서 완성품 제작에 처음 도입한 것도 삼성항공이다. 자동차회사보다 앞서 설계에 적용했다. T-50 설계는 삼성항공이 단일 법인으로 통합된 한국항공우주산업(KAI)에서 2000년 5월부터 적용했던 기억이 난다. 당시는 외환위기의 여파가 남은 시절이어서 많은 제조업체가 공정 자체의 변혁을 시도하던 시기였다. 당시에 카티아를 써 본 인력들은 이제 한국 최고의 탑 클래스로 꼽힌다. 연봉을 몇 배씩 받으며 퇴사한 동료도 적지 않다. 물론 주력은 KAI에 남아 있다. 아직도 카티아를 제대로 활용하는 엔지니어는 세계적으로도 귀한 대접을 받는다.

T-50 설계에 카티아 적용이 성공하자 대형 자동차회사에서 배우러 왔다. 삼성항공과 KAI가 단 한 번에 카티아 접목에 성공한 사례는 전 세계적으로도 주목받았다. 당시에는 록히드마틴도 이런 시스템이 없었다. 청사진 도면을 마이크로필름으로 찍어서 업무에 적용한 시스템이었다. 삼성항공에서 록히드마틴(구 제너럴 다이내믹스)에게 KF-16을 면허생산할 때도 청사진으로 전수받았다. 그랬던 우리가 전투기 제작사로서는 첫 번째로, 그것도 설계와 생산라인에 이르기까지 전 분야에서 디지털화에 성공했다. 록히드마틴도 우리에게 영감을 받고 카티아를 적용한 것으로 안다. 우리에게 조언도 구했다. 원래 시스템을 만든 프랑스 다쏘사마저도 "카티아만큼은 직접 만든 우리보다 KAI가 훨씬 잘 쓴다"며 자료를 요청하기도 했다.

보잉 기술진은 "KAI의 설계 해석 능력이 전반적으로 항공기 독자설계가 가능한 수준에 도달했으며, 특히 설계 인프라는 오히려 보잉을 앞서가는 것 같다. 여러 항공사를 돌아다니며 평가를 했었지만 이렇게 훌륭한 시스템이 갖춰진 것을 보기는 처음"이라는 평가를 남겼다. 보잉의 격찬은 말로 끝나지 않았다. 보잉은 KAI의 설계 능력을 'Level 4'라고 인정했다. 보잉사 주도의 프로그램에 참여해 독자적으로 설계할 수 있음을 인정한 것이다."

프랑스 다쏘사가 개발한 CATIA 프로그램을 활용한 T-50 설계안. 카티아는 단순히 설계 전산화를 넘어서 자재 입고에서 가공, 조립에 이르기까지 생산 공정 선과성이 동시에 처리되는 시스템으로 빠르고 정확하다는 장점이 있다. 한국에서 카티아를 처음 도입한 삼성항공은 T-50 개발에 카티아를 적극 활용, 처음으로 군용기 개발에 적용했다는 평가를 받았다.
/이미지=KAI

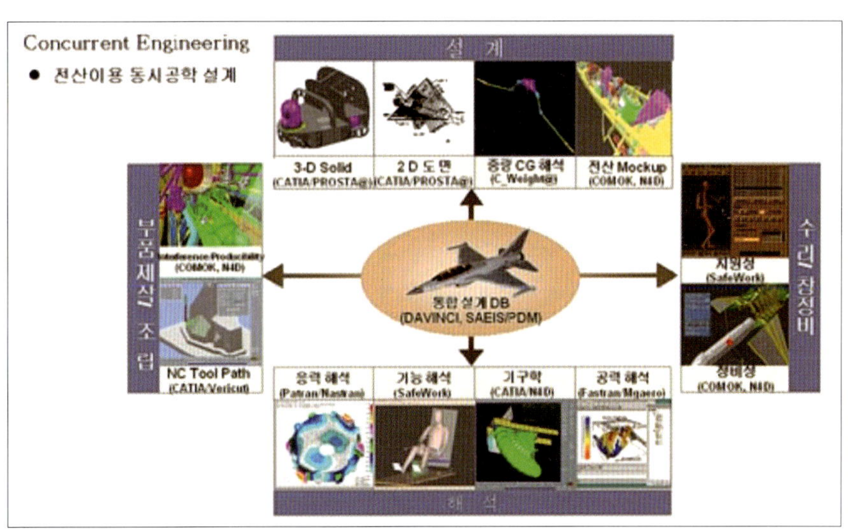

2002년 10월 30일 사천비행장을 이륙하는 T-50 골든 이글의 초도비행 장면(왼쪽). T-50 옆에 KF-16 전투기가 체이서(Chase)를 맡아 비행하고 있다. 체이서란 새로 개발하거나 시험비행 중인 항공기를 근접 비행하며 관찰하고 지원하는 항공기를 말한다./사진=KAI

하여 설계하기 위한 시스템이다. T-50의 개념 설정에서부터 폐기에 이르기까지 전체 수명주기에 포함된 품질, 비용, 계획 및 고객의 요구조건 등이 시작 단계부터 반영된 설계다. 빠른 데다 설계 단계부터 사소한 문제가 전체 비용을 크게 증가시키는 위험을 미연에 방지하는 장점이 있다.

　T-50의 설계에는 이러한 동시 공학을 적용하기 위하여 부품 하나하나에 대한 상세 설계 시점부터 그 부품을 제작할 생산기술 부서·품질 부서·치공구 부서 등 관련 부서가 머리를 맞댔다. 도면 작성 이전에 미리 제작성·조립성 및 품질 요구조건 등을 사전 검증해

2001년 9월 14일 한국항공우주산업 사천공장에서 김대중 대통령이 임석한 가운데 개최된 T-50 롤아웃 행사. 화려하게 도색된 T-50이 고정익동에서 행사장으로 이동하고 있다. 한국은 이로써 세계에서 12번째로 초음속기를 독자 개발한 나라에 합류했다.

도면이 제대로 도출될 수 있도록 협력했다. 부품 형상이 설계되기 이전부터 생산 부서가 실제 형상을 가늠해 봄으로써 생산 시의 문제점을 미리 설계에 반영시킬 수 있었다. 재료나 소재 같은 생산자원 소요를 사전에 예측·준비할 수 있었다는 의미다. T-50 개발과정에서 부품 제작과 조립상의 문제가 획기적으로 줄어들어 설계 변경이나 생산에 드는 중복적 시간 소요가 극적으로 단축될 수 있었다. 한 치의 오차도 없는 제작 공정이라는 신화도 이런 시스템에서 나왔다. 삼성항공에서 T-50 설계팀의 일원이던 이상석 한국항공우주산업 고정익 기체실장은 카티아를 아래와 같이 설명했다.

　동시 공학이 적용됐다는 뜻은 설계에서 생산까지 무엇이 필요한지, 다음 공정은 어떻게 진행되는지 실시간으로 공유했다는 뜻이다. 생산라인에는 흔한 작업지시조차 없었다. 모든 조립작업이 정확하게 맞아떨어져 한 치의 오차도 없이 진행되며 생산라인의 기술인력들은 신기하게 여겼다. 작업이 진행되며 이전의 타 사업 경험과는 달리 너무 잘 맞다는 감탄은 자신감으로 바뀌었다. 스스로의 설계 능력과 생산기술

에 자신감을 갖게 된 KAI는 동체 자동체결 시스템(FASS)을 개발, T-50 조립 라인에서 활용했다. 미국 보잉사에 이어 세계 두 번째 적용사례였다.

FASS는 전방·중앙·후방의 3개 동체로 분리 제작된 동체를 1개의 전 기체로 정렬하는 공정을 자동화한 장비다. 컴퓨터를 사용해 정밀하게 동체의 위치를 제어해 준다. FASS 시스템은 KF-21 보라매 전투기 제작에도 활용되고 있다. 동시 공학을 적용한 T-50 항공기 개발은 삼성항공 시절부터 KAI에 이르기까지 20년이 넘는 세월 동안 축적된 노하우가 빛을 발한 것이다.

세계 최고의 설계와 생산 시스템으로 KAI는 T-50 항공기를 전례 없이 빠른 시간과 적은 비용으로 설계하고 제작해냈다. 2000년 6월, 월 2000장의 도면을 생산 배포하는, 세계 항공기 개발사에서 유례를 찾아볼 수 없는 신기록을 수립하게 된 것도 바로 이런 배경이 있기 때문이다. 특히, 동시 공학을 적용해 수립한 기록이기에 더욱 값진 결과라 할 수 있다. 2001년 1월, 예정보다 3개월 앞당겨 최종 조립에 착수한 것도 설계에서 생산에 이르기까지 동시 공학을 적용한 결과였다.

12) 출고식과 두 번의 초도비행

계획보다 빨리 최종 조립 공정이 진행됨에 따라 1호기 출고 시 9월 말이면 가능하다는 전망이 나왔다. 이마저 일정을 단축해 2001년 9월 14일 출고 준비를 끝내고 10월 31일 오후 3시, 김대중 대통령 참석하에 출고 행사가 열렸다. 출고 행사의 하이라이트인 T-50 1호기 공개 방식은 공군사관학교 생도들의 에스코트를 받으며 개발자들이 대통령 앞으로 항공기를 견인하는 방식으로 진행됐다. 조종석에는 실제로 초도비행을 수행할 공군 조종사와 국내 최초의 여성 조종 후보생이 함께 탑승했다.

김대중 대통령은 치사에서 "2015년에는 우리 손으로 국산 전투기를 개발하게 될 것"이라 밝혔다. 2001년 1월 공군사관학교 졸업식에서 대통령이 한번 언급한 내용이었으나 다시금 강조했다. 김 대통령이 이날 밝힌 국산 전투기 개발 의지는 2021년 4월 9일, KF-21 보라매 전투기 출고로 이어졌다. 김대중 대통령이 참석한 출고식에는 국내보다 오히려 해외에서 더 큰 관심을 보였다.

T-50은 출고식 이후 각종 시험과 미세 조정을 거치며 우기 속에서도 24회의 지상 활주 시험을 마치고 2002년 8월 20일로 초도비행 일자가 잡혔다. 하지만 애초에 초도비행 계획은 이보다 훨씬 전인 2002년 6월 17일로 예정되어 있었다. 더욱이 초도비행을 해도 좋다는 공군의 승인이 난 시점은 2002년 4월 17일이었다. 그러나 비행이 불가능했다. T-50 1호기를 날 시험비행 소종사가 없었기 때문이나. KAI는 공군에 초도비행을 요청했으나 공군 수뇌부의 생각은 달랐다. 항공기 제작사 소속의 시험비행 조종사가 초도비행을 맡는 해외 사례와 달리 공군이 초도비행을 수행하는 게 맞냐는 견해가 나왔기 때문이다.

KAI는 심각한 고민에 빠졌다. 일정 지연은 곧 비용의 상승을 초래하는 것이었기 때문이다. 또 록히드마틴과 계약에는 2003년 말까지 한국 공군의 양산 승인을 받지 못할 경우 위약금을 부담한다는 내용이

T-50 고등훈련기의 발전 계통도. 처음부터 고성능으로 설계돼 경전투기와 경공격기로 활용이 가능하다. 후방좌석을 연료통으로 활용해 항속거리를 크게 늘릴 수 있는 단좌형이 개발될 경우 수출경쟁력이 한층 높아질 것으로 보인다. 단좌기에 소형 AESA 레이다를 장착하고 중장거리 AIM-120 미사일 운용 능력까지 더하면 운용 범위도 확대돼 수출경쟁력이 높아질 것으로 기대된다./이미지=KAI

담겨 있었다. 그러나 공군의 판단이 원론적으로 옳았다. 항공기 제작사의 역할은 군용기 개발과 제작에서 끝나는 게 아니라 자기 책임하에 시험비행까지 실시해 완벽한 상태를 확인한 이후에 공군에 넘겨주는 게 원칙이고 모든 나라가 그렇게 해왔다. 시험비행 조종사를 양성하지 않은 KAI의 귀책 사유가 분명하지만 자꾸 시간이 흘렀다. 그렇다고 대한민국이 처음으로 스스로 책임을 지고 개발한 초음속 고등훈련기의 첫 비행을 외국인 시험비행 조종사에게 맡길 수는 없는 노릇이었다.

시간이 2개월여 흘렀을 때 공군에서 사업관리를 맡고 있는 이진학 장군이 모든 책임을 지고 초도비행을 수행하겠다고 나섰다. 공군은 만일의 경우에 대비해 초도비행을 비밀에 부쳤다. 2002년 8월 20일 T-50의 역사적인 초도비행은 몇몇 관계자와 KAI 직원들만 참석한 가운데 소리소문없이 치러졌다. 널리 주목받지 못했지만 곳곳의 옥상에 올라 T-50의 이륙과 비행, 착륙을 지켜본 KAI 임직원들은 얼싸안고 눈물을 흘렸다. 초도비행 이후 14번의 비행이 무리 없이 진행되고 난 이후 공식적인 초도비행 행사 날짜가 따로 잡혔다. 2002년 10월 31일 공식 초도비행 이후 KAI는 공군 출신의 시험비행 전문 조종사를 양성하기 시작했다.

계속된 시험비행은 성공을 거뒀다. 2003년 2월 18일에는 T-50 시제 1호기는 초음속을 돌파했다. 시제 2호기도 2002년 11월 8일 첫 비행, 2003년 2월 18일 초음속 돌파 기록을 세우는 등 시험비행을 이어나가며 2005년 9월 30일에는 T-50 고등훈련기 개발을 마쳤다. 경공격기형인 A-50도 2003년 9월 4일 초도비행한 이래 기총 발사, 무장 투하, 공대공 미사일과 공대지 미사일 발사시험에서 목표를 정확히 맞췄다. 모두 42개월에 걸친 1411회의 시험비행을 소화한 T-50은 모든 테스트를 큰 이상 없이 완료했다. 초음속 영역에서 급작스런 비행 제어 고장 현상이 있었지만 각 기술부서의 엔지니어와 록히드마틴의 기술지원으로 문제를 해결했다.

2005년 8월 30일 T-50 양산 1호기는 노무현 대통령이 참석한 가운데 출고 기념식을 갖고 공군에 인도됐다. 1988년 8월 2일 ADD를 방문한 노태우 대통령에게 국산 고등훈련기 개발 계획을 보고한 이후

17년 만에 공군에 인도된 것이다. 탐색 개발부터 관리방식 변경, 해외 공동개발 파트너 교체와 체계 개발, 재원 조달과 원형 형상 확보, 상세 설계, 시험비행까지 숱한 난관이 있었지만 T-50은 우리 공군의 조종사 양성은 물론 FA-50으로 진화하며 영공 방어의 일익을 담당하고 있다.

우리 공군에 납품되고 해외 수출된 T-50 계열 항공기는 300대(계약분 포함)를 이미 넘어섰다. 동일한 체급의 항공기로는 독보적이다. 미 공군의 차기 훈련기 사업을 비롯한 수출이 성사되면 단일 한국산 제품으로 최대 수출액을 기록할 수 있을 것으로도 기대된다. 최첨단 에이사(AESA) 레이다와 최신 공대공 미사일 AIM-9X를 장착한 개량형 FA-50과 단좌형으로의 개발도 진행 중이다.

항공산업사의 관점에서 보면 T-50이 지니는 의미는 더욱 각별하다. 무엇보다 고도의 항공기술 계승 발전의 첫 사례이다. 비록 미국 록히드마틴과의 기술 제휴로 개발됐지만 T-50 시리즈의 성공에는 KFP 사업을 진행하며 습득한 전투기(KF-16) 생산 기술이 깔려 있다. 사상 처음으로 이전의 기술을 자산으로 활용해 개발한 성공한 사례다. 더욱이 T-50 개발과 생산을 통해 확보한 설계 기술과 현장 생산 노하우, 후속 군수지원 체계 확립 능력이 없었다면 KF-21 보라매 전투기 개발은 착수 자체가 불가능했다.

항공기 자체 제작이라는 시각에서 T-50의 존재는 더욱 빛난다. T-50 이전까지 국내 독자 개술로 개발에 성공한 항공기는 하나같이 세계 수준과는 거리가 멀었다. 독자개발 항공기의 최고봉이라 할 수 있는 'KT-1 웅비'도 터보프롭 엔진으로 기동하는 항공기다. T-50 개발로 대한민국은 자체 기술로 프로펠러 항공기를 설계, 제작하는 수준에서 단숨에 고성능 고등훈련기 겸 전투기를 설계하고 양산할 수 있는 국가 반열에 올라섰다. 더욱이 T-50 개발 경험으로 도전한 KF-21 보라매 전투기는 세계 최고 수준을 자랑한다. T-50의 성공사는 초도비행 4년을 맞이하는 2026년 시점에서도 여전히 현재진행형이다. 성능과 발전 가능성, 후속 사업과의 연계성 차원에서 T-50은 참여 기관 모두가 합심해 만들어낸 땀과 노력의 결정체다.

4. 한국항공우주산업의 출범과 쾌속 성장의 시작(1999~2024)

1) 항공 통합법인 설립 논의의 시작

1982년부터 1986년까지 진행된 '제공호' 소립 및 년허생산 이후 정부는 기회 있을 때마다 항공산업 육성을 강조했으나 이렇다 할 성과는 없었다. 그럼에도 기업들은 전망을 밝게 봤다. 무엇보다 물량이 많았다. 국책사업으로 기본훈련기와 고등훈련기 제작이 가시권에 들어왔다. 여기에 경헬기와 UH-1H 개량, UH-60급 중헬기사업, F-5·F-4 전투기 성능 개량에 KFP(차기전투기) 사업까지 7대 군용기 사업이 거의 비슷한 시기에 나왔다. 장밋빛 전망과 쏟아지는 물량에 대기업은 물론 중견기업들도 항공산업에 뛰어들었다.

항공산업에 대한 관심이 높아지고 참여가 늘어난다는 사실 자체는 건강한 산업생태계가 구축될 수 있는 기회였으나 현실은 반대로 흘렀다. 신규 진입한 항공기업들이 수요를 창출하거나 구매자의 관심을 끌 만한 기술력도 미미한 상태에서 한정된 군수 시장을 둘러싼 과당경쟁 양상이 펼쳐졌다. 무엇보다 정부 정책이 일관성을 유지하지 못했다. 기체와 엔진의 조립을 각각 대한항공과 삼성정밀에게 맡긴 상황에서 대우중공업이 1984년 제너럴 다이내믹스사의 F-16 중앙동체 등을 수주하며 정부의 전문화·계열화 원칙이 흔들렸다.[20]

결정적으로 삼성정밀이 실적에서 앞서 나가던 대한항공과 대우중공업을 제치고 KFP 사업의 주계약자로 선정되면서 정부의 항공산업 전문화·계열화 원칙은 사실상 깨졌다. F-16 전투기 120대를 직구입과 조립생산, 기술협력 생산 형식으로 전력화하는 KFP(Peace Bridge Ⅱ)사업은 규모가 50억 달러로 유사 이래 최대 무기 도입사업이었다. 규모가 커서 항공업체들은 열띤 수주전을 펼쳤다.[21] 예상과 달리 삼성정밀이 사업을 따낸 후 항공산업 신규 진출을 노리는 기업도 덩달아 늘었다.

박정희 대통령 이래 지켜왔던 정부가 주도하되 일감을 한 업체에 몰아줘 기술개발과 축적을 유도한다는 항공산업 육성계획이 작동을 멈춘 것이다. 전문화·계열화의 중간 목표이자 강력한 수단이었던 '동일 업체 수행에 의한 누적 경험 효과', 즉 한 업체가 업무를 계속 맡으면서 발생하는 기술 축적을 기대하기도 구조적으로 어려워졌다. 경제가 성장했어도 한국 항공산업의 고질적 병폐인 지속성 결여가 다시금 재연된 셈이다.

더욱이 내수 시장 물량이 예상보다 훨씬 더 적어졌다. 7대 군용기사업 중에 3개 사업(F-4 전폭기, F-5 전투기, UH-1H 헬기 성능개량)이 취소되고 1개 사업(경헬기 면허생산)은 규모가 대폭 축소됐다. 복잡한 율곡 사업 추진체계와 군이 획득하려는 장비, 항공기의 요구 성능을 수시로 변경하는 행태도 원인으로 작용했지만 더 큰 장애 요인이 있었다. 시장경제 논리와 민간기업 자율에 맡긴다는 경제정책이 계획경제 개념인 항공산업 육성정책보다 우선시 되는 상황에서 필연적인 공급과잉을 낳았다. 공급과잉에서 유발된 기업 간 과당경쟁은 개별 기업의 수주 비용 증가와 채산성 악화를 낳고 전체 항공산업의 기반 약화로 이어졌다.

결국 이러한 문제점들이 군 획득수요에 직간접적으로 차질을 빚게 하였을 뿐 아니라 그나마 국내 항공산업 육성을 위해 제한적으로 마련된 국내 수요를 포기하는 결과로 나타났다. 이후로도 중복투자와 과당경쟁이 만연했지만 정부는 항공산업도 시장경제와 민간자율 원칙의 예외가 될 수 없다는 원론만 되풀이했다. 결국 어렵게 시작된 우리나라 항공산업은 정부의 실패와 시장의 실패가 맞물려 체계적으로 발전되지 못하고 국제 경쟁력 확보도 요원한 상황으로 빠져들었다.

1990년대 초중반 항공산업은 '불안 속의 경쟁 구도' 속으로 들어갔다. 겉으로는 대형사업이 진행되고 있지만 민간회사들의 속은 타들어 갔다. 물론 국방과학연구소가 주도하고 대우중공업이 시제 업체로 참여하는 KTX-1 기본훈련기 사업이 진행되고 해외 항공기 제작사와 국제협력 개발 방식으로 진행될 KTX-2 고등훈련기 사업이 추진되고 있었다. 중형항공기 개발사업도 가시권에 들어왔다. 1992년에 치러진 14대 대통령 선거에서 민자당의 김영삼 후보는 선거 공약의 하나로 2000년 중형항공기 개발을 내걸었다. 1993년 대통령 취임 후에도 중형항공기 개발 의지를 거듭 밝혔다.

하지만 속으로는 과당경쟁에 따른 저가 수주와 무분별한 확장으로 사업성은 갈수록 떨어졌다. 모든 업체가 공동참여하는 중형항공기 개발사업이 추진됐으나 이마저 무산된 이후 과당경쟁으로 인한 폐해가 논의되기 시작했다. 신문 지상에서는 이미 1986년부터 과당경쟁 방지가 시급하다는 주장이 고개를 들었다.[22] 『매일경제신문』이 1986년 한 해 동안 산업 각 분야의 현안과 발전 방향을 모색하기 위해 연중기획으로 마련한 '86 산업기술의 현주소 월례간담회에서 나온 "연구개발 조정기구의 설치가 시급하다"는 제안에 항공업체와 학자들은 반드시 필요하다는 입장을 보였다.

그러나 "장기적인 마스터 플랜의 마련과 연구개발 분야만이라도 조정이 필요하다"는 의견은 구두선에 그치고 말았다. 항공산업계는 '항공우주가 미래의 먹거리'라는 생각에 항공산업에 뛰어들었다. 미래의 수요 공급을 예측 가능하도록 제시하고, 필요 시 조절에 나서 산업 전체의 안정적 발전을 이끌어야 할 정부는 마구잡이로 주요 항공사업이나 비전을 발표하며 과당경쟁을 야기하거나 아무런 대책도 없이 이미 발표했던 사업을 접는 행태를 반복하며 혼란을 부추겼다. 급기야 1996년 봄에는 항공업계 내부에서 정부의 적극적인 개입과

"정부가 나서 통폐합 시켜서라도…"

항공기업계 불황탈출 몸부림

국책사업 부진·경쟁가열 '이중고'…개입 요청나서

신현만 기자

"정부가 나서서 국내 항공기회사를 통폐합해 주었으면 좋겠다." 규제완화와 기업자율경영이 강조되는 요즈음 국내 항공기산업계에서는 시대에 역행하는 얘기가 나오고 있다. 심화되는 경영난을 감당하기가 어려워 기업들이 정부 개입을 요청하고 나선 것이다.

국내 항공기회사의 통폐합은 한때 항공기업계와 정부의 실무자들 사이에서 타당성 검토가 이뤄지기도 했다. 그러나 자산을 어떻게 재평가하고, 누가 지배주주가 되느냐 등의 문제를 쉽게 풀 수 없어 논의가 중단된 상태다.

업계에서는 극심한 불황이 오지 않는 한 항공기회사의 통폐합은 기대하기 어려울 것으로 보고 있다.

항공기업계가 어려움을 호소하는 것은 국책사업이 부진한 데다 경쟁이 갈수록 치열해지고 있기 때문이다. 지난해 국내 항공기산업 매출액은 전년보다 8% 정도 늘어난 9억여달러. UH-60 전투용 헬기의 생산으로 늘어난 매출액은 삼성항공이 F-16 전투기를 생산하면서 급증하기 시작했다.

그러나 전투기사업이 끝나는 98년 이후부터는 증가세가 급격하게 꺾일 가능성이 크다. 국내수요의 핵심이 될 것으로 예상되던 한·중 중형항공기 개발사업이 진전을 보지 못하고 있는 데다, 고등훈련기 개발사업도 추진이 불투명해지고 있기 때문이다. 물론 대우중공업이 기본훈련기(KTX-1) 개발사업을 진행중이고 경전투 헬기(KLH)와 군·민겸용 소형 다목적 헬기 개발 등도 검토되고 있지만, 아직 구상 단계에 그치고 있다.

현대의 의욕적인 사업구상도 항공기업계의 걱정을 가중시키고 있다. 현대는 최근 한라의 사업을 인수해 한라가 추진해왔던 1백인승급 제트여객기 MD-95의 날개제작에 뛰어들었다. 고정익 분야는 삼성이 주도하는 것으로 정리됐고, 회전익(헬기)은 대우나 대한항공이 주사업자가 될 가능성이 큰 상태에서 현대가 틈을 비집고 들어오려면 대규모 설비투자가 필요하다.

이밖에 세계적 업체들끼리 인수합병을 통해 규모의 경제를 추구하고 있는 것도 국내업체를 부담스럽게 하고 있다. 국제 항공기 시장에는 탈냉전에 따른 군수요 감소에 항공여객 수요정체에 따른 여객기의 공급과잉까지 겹쳐 있다.

항공기업계는 일감부족이 예상되자 해외일감 확보에 나섰다. 삼성항공은 "헬기사업까지 독식하려 한다"는 비난을 무릅쓰고 벨사와 기술제휴로 민수용 B-407LT을 개량한 NLT헬기 생산에 뛰어들었다. 삼성 관계자는 "정부만 쳐다보고 있다가는 3천여억원을 투입한 사천공장이 가동중단 상태에 빠질 가능성이 커 군용헬기 주사업자로 참여하지 않겠다는 각서를 쓰고 기술도입 허가를 받았다"고 밝혔다. 삼성이 포커사 인수를 추진한 것도 일감확보와 무관하지 않다.

대우는 폴란드의 헬기회사 인수를 추진하는 한편, 이탈리아 아그스타, 프랑스·독일 연합의 유로콥터사와 기술제휴로 헬기 개발을 검토하고 있다. 현대와 대한항공은 미국의 MD헬기, 시코스키 등과의 기술제휴를 통해 일감확보에 고심하고 있다.

그러나 해외일감 확보 노력이 경영난을 근본적으로 해결하기는 어려울 것으로 보인다. 우리나라의 항공기산업 연간 수출액은 1억6천여만달러로 몇년째 제자리 걸음을 하고 있다.

외국업체의 부품발주에 의존하고 있는 상태에서 세계항공산업의 침체가 계속되고 있기 때문이다.

항공기산업은 미래의 유망산업으로 꼽히고 있다. 부가가치가 높고 기술파급효과가 커 기업들은 위험을 무릅쓰고 뛰어들고 있다. 그러나 화려한 장기전망과 달리 기업들의 속앓이는 깊다.

정부가 시장에 개입해서라도 불황을 극복할 통폐합이 필요하다는 업체들의 호소를 실은 『한겨레』 1996년 4월 23일자 9면 기사. 막상 통폐합은 업체 간 이해 대립으로 조금도 진전되지 않은 채 외환위기를 겪은 뒤에야 가시권에 들어왔다.

대책을 촉구하는 목소리까지 나왔다. 『한겨레신문』1996년 4월 23일 자 9면에 소개된 항공업체들의 요청은 원색적이다. "정부가 나서 통폐합을 시켜서라도" 난립과 과열경쟁을 진정시키라는 것이다.

겉으로는 경쟁하지만 속으로는 통폐합까지 바라던 당시의 산업 여건은 말 그대로 매우 위험했다. 경쟁을 당연시하는 자유주의 경제에 익숙한 미국과 유럽의 항공산업은 오히려 정부 주도의 인수 합병을 거쳐 대형화·복합화하는 과정을 되풀이했다.

반대로 대한항공과 대우중공업, 삼성항공, 현대우주항공 등 국내 항공 4사는 소규모 내수시장을 둘러싼 과당경쟁에 몰입했다. 항공산업은 불투명한 미래와 출혈경쟁으로 공멸의 위기에 처해 있었다. 해외 부문도 상황은 마찬가지였다. 정부와 항공업체들이 모처럼 한 팀을 이뤄 진행하려던 한국과 중국 간 중형항공기 개발 협상도 최종 조립공장 위치 등의 문제로 인해 사실상 결렬됐다. 이를 타개하기 위해 추진한 삼성항공의 네덜란드 포커Fokker사 인수 협상도 물 건너갔다. 정부는 결국 중형항공기 사업을 포기하겠다고 선언했다.

가뜩이나 비좁은 내수시장이라는 한계에서 희망이었던 중형항공기 개발사업이 취소되자 항공산업의 구조조정을 통해 공멸을 막자는 논의가 봇물 터지듯 나왔다. 마침내 1996년 말 항공산업 최초로 국내 항공 4사(대한항공, 삼성항공, 대우중공업, 현대우주항공) 사장단 회의가 열렸다.[23] 외국과 중형항공기 공동생산에 국한되지만 통합법인 설립을 통한 항공산업의 구조조정이라는 목표를 이루기 위한 첫걸음을 뗀 것이다.

1996년 말을 기점으로 1997년 5월 22일에 이뤄진 논의에서는 대한항공, 삼성항공, 대우중공업이 각각 22%, 소재 업체가 10% 그리고 정부가 24%의 지분을 갖는 항공 통합법인을 출범시키자는 구체적인 협의가 진행됐다. 항공산업이 통합되어야 한다는 대명제에는 어렵지 않게 뜻을 모았다.

임기 막바지에 이른 김영삼 정부는 1997년 11월 27일 공청회 형태로 항공산업 통합 내용을 담은 '항공우주산업개발 기본계획(안)'을 발표하기에 이르렀다. 당시 이 계획안에는 2016년까지 매출 100억 달러, 수출 50억 달러를 달성해 세계 10대 항공산업국에 진입한다는 원대한 목표가 담겨 있었다. 그럼에도 불구하고 구조조정 과정에서 서로의 이해관계가 얽혀 있다 보니 실질적인 성과로 이어지기에는 많은 난관이 있었다. 그리고 이 시점에서 항공산업 통합의 기폭제가 되는 대한민국 초유의 사건이 터졌다.

항공우주산업개발 기본계획안

〈주요 내용〉

2002년까지 중형항공기 개발능력 확보

2005년까지 중소형 항공기 생산 수출국 도약

유럽 AI(R)사와 50~100인승 중형항공기 2002년까지 공동개발, 핵심기술 확보

2003년까지 독자적 실용위성 설계 능력 확보

2010년까지 저궤도위성과 발사체 독자 개발

2015년까지 저궤도용 다목적 실용위성 7기 개발

위성통신사업 핵심기술 축적, 우주산업 제품화 추진

2015년 매출 100억 달러, 수출 50억 달러 도달

세계 10대 항공기 산업국 진입

2) IMF 사태와 항공산업의 현실

한국 경제는 연쇄적 외환위기 속에 외환 관리정책의 실패와 기업들의 과도한 부채 등으로 'IMF 환란'을 맞았다. 기업의 연쇄 도산으로 한때 외환 보유액이 39억 달러까지 떨어졌다. 결국 정부는 1997년 11월 21일 국제통화기금IMF에 구제금융을 신청하기에 이르렀다. IMF는 1997년 12월 3일 195억 달러의 구제금융을 건넸다. 한국은 국가 부도 위기에서 간신히 벗어났다.

외환위기로 촉발된 IMF 사태는 경천동지할 변화를 불렀다. 수많은 기업이 문을 닫고 경쟁력이 취약했던 산업들은 그 기반이 무너졌다. 아무도 경험해 본 적 없는 그야말로 건국 이래 초유의 국가적 사태였다. IMF가 빌려준 돈은 가혹한 대가를 요구했다. 온실 속 화초 같던 한국기업들은 거친 황야에 노출된 격이었다. 글로벌 경쟁력을 갖추지 못한 채 정부의 보호 육성에 길들여진 한국 기업들에게 IMF가 요구하는 시장개방은 세계적인 기업들과의 경쟁이라는 위기를 불러왔다. 기업들은 해외 자본의 인수 합병 공세에 맞서 운명을 건 경영권 사수에 돌입했다. 환율이 급등하고 주가는 주저앉았다. 외국인 주식투자 한도마저 폐지된 상황에서 대한민국의 경제는 코카콜라 주식의 10% 정도면 상장기업 주식 전체를 내줘야 하는 지경까지 내몰렸다.

경제위기로 어수선한 가운데 1997년 12월 18일 제15대 대통령 선거가 치러졌다. 김대중 대통령당선자는 숨 돌릴 틈도 없이 IMF 경제위기를 해결하기 위해 발 빠르게 움직였다. 위기 상황 속에서 김대중 대통령당선자는 공식 취임 전부터 재벌 개혁을 기치로 경제 회생 정책 추진에 나섰다. 특히 1998년 1월 13일 4대 재벌그룹 총수들을 초청, '빅딜'이라고 불리는 산업구조조정을 포함한 5개 항의 구조조정 원칙을 발표했다. 5개 원칙은 다음과 같았다. △기업 경영 투명성 제고 △지배 주주 및 경영진의 책임 강화 △상호지급보증제 해소 △재무구조의 획기적 개선 △핵심부문 설정과 중소기업과의 협력 강화.

김대중 대통령당선자의 강력한 경제 회생 정책으로 산업 전반에 걸친 대규모 구조조정은 더 이상 피할 수 없는 최우선 순위의 과제가 됐다. 이런 사회적 흐름 속에서 외환위기 이전부터 통합 논의가 있던 항공산업은 통합을 향한 빠른 물살을 탔다.

재벌 총수들은 김 대통령당선자와 회동 직후인 1998년 1월 15일 전국경제인연합회(전경련) 회장단 모임에서 다시 만났다. 구조조정 및 빅딜에 대한 구체적인 협의와 함께 대통령당선자의 경제정책에 어떻게 대처할지, 경제위기와 IMF 체제 아래 어떻게 생존할 수 있을지에 대해 구체적인 대책을 논의하기 시작한 것이다. 바로 다음 날인 1월 16일, 전경련 회장단은 김대중 대통령당선자와 4대 그룹 회장이 합의한 사항에 대한 적극적 수용을 결의했다. 결의 내용은 아래와 같다.

1. 국제통화기금(IMF) 협약을 충실히 이행한다. 상호지급보증 축소, 국제규범에 맞는 재무제표 조기 도입, 사

외이사제 도입 확대 등 기업 투명성과 신뢰도 제고를 위해 노력한다.

2. 한계 사업의 정리, 자산매각, 합병·분할 등 핵심역량을 극대화할 수 있는 방향으로 자발적이고도 강도 높은 구조조정을 추진하고, 재무구조의 건전화를 통해 기업의 경쟁력을 강화함과 동시에 중소기업과 수평적 협력관계를 더욱 공고히 한다.

3. 신규 고용 창출 기회의 증대와 실업을 최소화할 수 있는 방안을 강구함으로써 고용안정을 위해 최대한 노력하며, 정리해고는 기업회생의 최후수단으로 사용한다.

4. 수출 확대에 모든 노력을 경주하고 무역흑자를 실현하여 IMF 체제의 조기 극복에 경제계의 역량을 결집한다.

5. 시장경제의 창달을 위해 정부의 정책적 노력에 적극 동참하고 구조조정 시 지배주주의 재산출자와 경영부실에 대한 책임경영체제를 강화한다. 앞으로 이러한 결의가 보다 효과적으로 추진될 수 있도록 정부와 정치권의 국제기준에 걸맞은 법적·제도적 뒷받침이 있기를 희망한다.

1998년 2월 새 정부가 들어섰다. 김대중 대통령은 IMF의 개입을 전면적으로 받아들이고 경제개혁에 착수했다. 기업들의 부도가 속출하며 빚어진 대량 해고와 침체된 경기로 온 국민이 어려움을 겪은 가운데 정부는 구조조정과 사업간 통폐합을 통한 경제 재건에 나섰다. 1998년 12월 IMF에 대한 18억 달러 상환을 시작으로 한국은 금융 위기로부터 서서히 빠져나왔다. 2000년 12월 4일, 김대중 대통령은 "IMF의 모든 차관을 상환했고, 우리나라는 외환위기에서 완전히 벗어났다"고 공식 발표했다. 2001년 8월에는 IMF 구제금융 195억 달러를 전액 조기 상환하며 IMF 관리체제로부터 벗어났다. 세계적으로도 유례가 없는 최단기 경제위기 극복 사례였다. 기업들의 뼈를 깎는 자구 노력과 함께 금 모으기 운동으로 전 세계에 깊은 인상을 남긴 우리 국민의 강한 의지가 만들어 낸 기적이었다.

이에 앞서 1998년 1월 23일 김대중 대통령당선자는 일본 『아사히신문』과의 회견에서 그룹별로 주력 기업을 3~5개만 남기고 정리하는 방안을 밝혔다. 미국 고어 부통령은 한국의 재벌 개혁이 지지부진하다는 의견을 피력했고, 클린턴 대통령까지 나서서 한국의 경제 회생을 위해 추가적인 고강도 구조조정이 필요하다는 취지의 발언을 하며 압박해 들어왔다. 한국을 기업구조 조정으로 몰고 가는 IMF 상황에서 항공 4사는 살아남기 위해서라도 통합을 추진할 수밖에 없었다. 정부의 구조조정 사업 분야 중 하나로 떠오른 항공산업의 현실은 급박하게 돌아갔다.

3) 국가 주도형 항공산업 빅딜

항공산업의 빅딜은 김대중 정부 출범(1998년 2월 25일)과 동시에 시작됐다. 제15대 대통령 취임식에서 김대중 대통령은 강력한 재벌 개혁정책을 발표했다. 우선 여러 업체가 난립해 있던 7대 산업(석유화학, 항

빅딜 '첫작품' 유력

3~4그룹 참여 공동회사 설립 선호

다음달 10일께 발표되는 5대그룹의 1차 빅딜(대규모 사업맞교환) 대상이 항공기, 철도차량, 발전설비 등으로 좁혀지고 있다. 또 우선 3, 4개 그룹만 참여하는 공동회사설립 방식의 빅딜이 유력하게 거론되고 있다.

재계 고위관계자는 19일 "해법이 간단한 것부터 먼저 한다는 원칙에 그룹들이 공감했다"며 "결국 항공과 철도차량을 포함한 3개 정도의 업종통합밖에 나올 수 없다"고 말했다.

철도차량(393%)과 발전설비(447%) 등 상대적으로 업계 평균부채비율이 낮은 업종을 대상으로 먼저 빅딜을 추진한다는 것이다. 또 항공쪽은 부채비율은 낮지 않지만 이미 오래 전부터 공동회사 설립방안이 추진돼 포함시키기로 한 것으로 알려졌다. 3개 업종은 모두 과잉·중복투자가 심하고 수익성이 크게 떨어진다는 공통점도 있다.

재계는 또 이러한 원칙과 함께 2개 정도 회사만 합의되면 빅딜로 발표한다는 원칙에도 합의한 것으로 알려졌다. 3자간이나 4자간 빅딜은 우선빅딜 대상이 아니라는 얘기다. 이에 따라 통신과 석유화학 정도를 내놓을 수 있는 에스케이를 뺀 현대 삼성 엘지 대우 등 4개 그룹만 1차 빅딜에 참여할 것으로 예상된다.

빅딜의 방식에 대해서 재계는 기본적으로 맞교환보다는 별도회사 설립방안을 선호한다. 종업원이나 주주문제, 회사가치평가 등 여러가지 면에서 이견이 많은 사업교환보다는 공동출자를 통해 별도법인을 설립한 뒤 공동경영하거나 컨소시엄 형태로 운영한다는 것이다.

전경련 관계자는 "업체들간 이해관계가 얽혀 있어 맞교환보다는 성과를 분배하기 쉬운 별도의 단일법인을 만드는 방안을 기업들이 거론하고 있다"고 말했다.

이에 따라 현대 대우 한진 등 3개사가 참여하고 있는 철도차량 부분은 한 회사로 몰아주는 방안이 유력하게 논의되고 있다. 업계는 대체로 철도차량 사업비중이 20%로 가장 높은 현대정공에 다른 회사 사업부문을 넘겨주는 방식에 동의하고 있다. 이미 2, 3년 전부터 민관 컨소시엄 구성을 통한 공동회사 설립방안을 추진해왔던 항공기제작사업은 삼성 대우 현대 대한항공 등 4개사 제작사가 현물을 출자하고, 정부 은행 등이 일정지분을 출자해 단일컨소시엄을 구성하는 안이 거의 확실한 상태다.

다만 대한항공이 최근 현물출자 방식에 이의를 제기하고 있어 삼성항공과 대우중공업 2사나, 삼성항공 대우중공업 현대우주항공 등 3사간 통합만 이뤄질 가능성도 없지는 않다.

발전설비부문은 대우중공업과 한국중공업으로 이원화돼 있어 국제입찰로 매각예정인 한국중공업을 현대가 인수하면 현대와 대우간의 합의로 간단하게 결론이 날 수 있다.

이밖에 중복투자에 따른 비용부담이 큰 반도체 박막액정화면사업을 한쪽으로 몰아주거나, 충남 대산에 있는 현대석유화학과 삼성종합화학을 통합하는 방안도 막판에 합의될 가능성이 있는 것으로 재계는 내다보고 있다.

박창섭 기자

대한항공을 제외한 항공 3사간 통합방안을 보도한 『한겨레』 1998년 8월 20일자 7면 기사. 그러나 실제 통합을 위한 완벽한 합의에 이르기까지는 이로부터 1년이 더 걸렸다.

공기, 철도차량, 발전설비, 선박용 엔진, 반도체, 자동차)의 재편 논의가 치열하게 이어졌다.

산업 전반에 걸쳐 큰 파급효과를 몰고 올 대형사업의 빅딜은 신정부 출범과 함께 재계의 혁신 바람과 맞물려 빠르게 진행됐다. 1998년 3월 23일 항공산업체 중 가장 규모가 컸던 삼성항공이 '한국 방위산업 육성정책'이라는 보고서를 정부에 올렸다. 기동, 함정, 통신 등 성숙 산업은 자율경쟁체제를 유지하되 항공기, 미사일, 유도무기 등 첨단산업은 일원화가 바람직하다는 의견이 담겼다.

국방부는 1998년 7월 7일, 47개 방산업체 대표 초청 간담회를 열고 '방위산업체 개선안'을 발표했다. 개선안의 주요 내용은 재정경제부, 산업자원부와 함께 평가팀을 구성해 81개 방산업체의 생산물량, 설비투자 규모, 민수 호환성 등을 평가한 후 일부를 퇴출시킨다는 것이었다. 상황이 급박하게 돌아가는 가운데 항공산업은 산업자원부 산하 범국가적 컨소시엄 형태로 설립된 업체에 공동출자하는 방식으로 추진하는 게 바람직하다는 의견이 나왔다. 1998년 7월 26일 정부-재계 간담회에서도 박태영 산업자원부 장관과 삼성그룹 이건희 회장을 비롯한 재계 총수(대우, 삼성, 현대, 한진)들이 항공 분야에 대한 과잉투자를 막기 위한 빅딜이 필요하다는 데 의견을 모았다.

1998년 8월 10일에는 전경련 손병두 부회장이 간사를 맡고 5개 그룹 사장급 임원을 위원으로 하는 정부 주도의 기업 구조조정 추진 전담 태스크포스가 출범했다. 항공산업 빅딜도 본격적으로 추진됐지만 대한항공은 10대 그룹에 속하지 않아 빅딜의 대상이 아닐 뿐 아니라 현물출자 방식에도 문제가 있다며 1998년 8월 20일 군의 수요를 위한 발주에는 입찰하지 않는다는 조건으로 빅딜에 참여하지 않겠다는 의사를 밝혔다. 결국 1998년 8월 24일 대우중공업, 삼성항공, 현대우주항공 3사가 참여하는 공동출자 개념으로 가칭 '한국항공우주산업' 설립에 합의했다.

통합에 합의할 당시 항공 3사는 하나같이 물량 부족과 수익 모델 부재라는 동일한 문제점에 봉착해 있었다. 대우중공업은 KTX-1 기본훈련기 개발에 박차를 가하고 있었지만 수익을 낼 만한 뚜렷한 사업이 없었다. 모회사인 대우그룹 역시 심각한 자금난에 허덕이고 있었다. 삼성항공도 KFP(KF-16 기술 도입생산) 사업이 막바지에 이른 가운데 KTX-2 개발에 착수했으나 예산 삭감과 환율 급등에 따른 이중고에 허덕였다. 개발비 분담과 함께 새로운 수익모델 확보가 절실한 상황이었다. 현대우주항공도 B717 날개 사업이 대규모 적자를 기록하는 등 난항을 거듭했다. 중첩된 위기 상황에서 업계는 항공산업의 돌파구를 마련하기 위해 협상의 속도를 올렸다.

4) 업체마다 이견, 항공 통합법인 설립을 위한 진통.

1998년 8월 24일 항공 3사 대표단은 공동출자 개념으로 통합법인을 출범시키는 방안에 대한 세부 논의를 시작, 1998년 9월 1일 항공 3사 대표들이 양해각서에 서명했다. 항공 3사가 동일 지분으로 출자해 통합법인을 설립하는 데 합의한 것이다. 그러나 이는 논의의 종점이 아니라 새로운 출발점이었다. 통합에 합의는 했지만 각 사의 이해가 얽혀 1년여에 걸친 논의가 새로 시작된 것이다. 합의는 쉽지 않았다.

1998년 9월 18일 양해각서 체결의 후속 조치로 여의도 전경련 사무실의 일부를 임대해 공식적인 통합사무국이 차려졌다. 얼마 뒤 서소문 해동화재빌딩으로 이전한 통합사무국의 인력은 3사가 선발대로 파견한 1명씩 3명으로 구성됐다. 대우중공업에서는 영업기획팀 문창모 차장(후에 박창열 과장으로 교체), 삼성항공에서는 기획조사팀 김준명 과장, 현대우주항공에서는 위성영업팀 신수봉 차장이 파견돼 회사 설립을 준비했다. 이후 각 사의 인사과장 3명이 후속 발령되고 이사급 4명이 파견되는 등 점진적으로 보강되며 늘어났다.

초기 사무국의 최우선 업무는 새로운 회사의 초대 사장을 선임하는 데 있었다. 통합법인 설립을 효율적으로 추진하기 위해 통합의 구심점 역할을 맡을 사장 선임이 가장 시급했다. 사무국은 이에 따라 정부 유관 기관과 공동으로 각계각층의 명망 있는 인사들을 찾아 신중한 검증 과정을 거쳐 임인택 전 교통부 장관을 초대 사장으로 내정했다.

사무국은 초대 사장 선임과 동시에 사업계획서를 마련했다. 통합법인 최초의 사업계획서가 1998년 10월 16일, 예정보다 빠르게 작성된 이유는 산업계 전반에 걸친 빅딜을 위해 정부가 사업구조조정위원회를 구성하고, 빅딜 대상 업종에 대한 향후 사업계획서를 요청했기 때문이다. 사업계획서를 제출한 날짜는 다른 의미도 갖고 있다. '한국항공우주산업주식회사(Korea Aerospace Industries, LTD.)'라는 사명이 공식적으로 처음 사용된 날이기도 하다. 사업계획서를 기점으로 '한국항공우주산업주식회사'라는 회사의 명칭이 자리잡았다.

통합사무국의 규모도 각 사로부터 추가 인력이 파견되어 64명에 이르렀다. 사장 선임추천위원회의 추천을 거쳐 내정된 임인택 내정자에 대한 항공 3사 사장단의 심의를 거쳐 1998년 11월 23일 임인택 후보 내정자가 초대 사장으로 공식 임명됐다. KAI는 통합 업무를 진두지휘할 수장을 확보하고 단일 법인 출범에 박차를 가할 수 있게 됐다.

5) 통합법인 구조조정 방안 수립

KAI 사장 선임 나흘 뒤인 1998년 11월 27일, 정부 구조조정위원회의 1차 사업계획서 심의회가 열렸다. 빅딜의 구체화를 위해서다. 심의회 의결을 통해 신설 항공 통합법인은 합리적인 사업계획 및 재무구조 수립에 대한 권고를 받고 구체적인 통합업무에 들어갔다. 같은 해 12월 7일에는 정부와 금융기관, 빅딜의 대상인 재계가 모여 항공 통합법인에 대한 '정재계 간담회'를 가졌다. 이 자리에서 5대 그룹 사업구조조정을 추진할 때 채권단과 기업 간 철저한 손실 부담 원칙을 적용하기로 합의했다.

채권단과 항공 3사는 손실 부담 원칙에 입각해 출자전환분을 경영정상화까지 유지시킬 책임이 있음을 의결했다. 통합과정에서 항공 3사가 안고 있던 부실을 떠넘기고 실질적인 투자를 이행하지 않아 통합법인이 부실해지는 경우를 방지하기 위한 조치였다. 간담회 합의를 토대로 금융감독위원회는 보고서를 내고 5대 계열채권단이 재계와 협의를 거쳐 손실 부담 원칙을 반영한 추진계획을 1998년 12월 중순까지 재무구조 개선 약정에 반영하라고 요구했다.

금융감독위원회는 단일 법인이 설립될 석유화학, 항공기, 철도차량 부문에 대해 자기자본비율 합계 50% 이내에서 순자산 규모로 배분하고 외국 투자자에게 개방할 것을 권고했다. 여기에 더해 1999년 말까지 부채비율을 200% 이하로 개선하기 위한 외국인 투자유치 및 채권단의 출자전환을 동시에 추진할 것을 추가 요청했다.

통합사무국은 이에 따라 1998년 12월 9일 금융감독위원회의 권고를 반영한 구조조정 방안을 수립했다. 골자는 3사 동일 지분 출자, 전문경영인의 책임경영, 사외이사제도를 통한 공정한 경영권 및 투명성 확보였다. 이 같은 경영시스템을 통해 완제기(KTX-1, KTX-2, 중소형항공기, 헬기 등) 개발사업, 보잉 및 에어버스의 부품사업, 다목적 위성, 미사일 및 군용기 획득 대행 등 항공우주 관련 사업을 통합법인의 주요 사업으로 추진한다는 내용을 담았다.

6) 1999년 7월 28일, 11개월 만에 최종 합의

항공 3사는 현금 추가 출사 등을 내용으로 하는 1999년 7월 28일 항공 통합법인 실립을 위한 합작 계약서에 최종 서명했다. 1998년 9월 1일 항공 3사 간 양해각서 체결 이후 11개월 만에 법적 효력을 갖는 최종계약서에 서명날인한 것이다. 통합법인의 법적인 출범일이 바로 1999년 7월 28일이다. 체결식에는 손병두 전경련 부회장을 비롯해 통합법인 임인택 초대 사장 내정자와 항공 3사 사장단이 참석해 서명했다.

합작 계약을 토대로 각 사의 항공 부문은 모기업에서 분리되어 9월 이사회와 임시주주총회를 거쳐 통합을 확정지었다. 통합법인 사무국은 외자 유치를 위해 8월 투자 제안서 접수, 9월 말 우선협상대상 업체(2곳) 선정, 10월 말에는 투자업체 선정, 그리고 11월에는 투자계약 체결로 통합법인의 설립 일정을 정했다. 합작 계약서에서는 통합법인의 영업 전망을 자산 1조 1000억 원, 자본 3000억 원, 부채 8000억 원 규모로 출범하고 부채비율은 차후 채권단 출자전환분 1500억 원을 감안하여 150% 정도로 예상했다. 출범 1년 후인 2000년에는 매출 1조원, 영업이익 123억 원, 2011년에는 매출 1조 4000억 원, 영업이익 1300억 원으로 잡았다.

최종합의서에는 통합법인의 안정적 사업진행을 위한 부수 합의가 담겨있었다. 첫째 2001년까지 3사 균등 분할 조건으로 현금 1000억 원 을 출자할 것, 둘째 경영안정을 위해 그 중 일부인 510억 원은 조기 출자할 것 등이었다. 하지만 현대우주항공이 추진하던 B717 사업이 마지막까지 통합의 걸림돌로 남아 있었다. 막판에 현대우주항공이 당시 보잉의 하청으로 생산하던 B717 날개 조립체에 대하여 50호기까지의 생산손실과 사업 종결에 따른 손실액 340억 원을 부담하는 것으로 최종 결론을 내리면서 항공 통합법인 설립의 최종 걸림돌이 해소될 수 있었다.

7) 통합법인 출범, 임인택 초대 사장 취임

임인택 사장 내정자는 1999년 8월 10일 전경련회관에서 10월 1일부로 한국항공우주산업주식회사가 항공 통합법인으로 출범한다고 밝혔다. 정부가 추진했던 7개 사업 분야 빅딜 중 철도차량 사업에 이은 두 번째 결실이었다. 임인택 사장 내정자는 기자회견에서 경헬기, 훈련기 사업의 독점적 수행으로 매년 14%씩 성장해 세계 10위 항공업체로 성장하겠다는 포부를 밝혔다.

항공 3사는 사별로 이사회를 개최, 통합항공법인 출범에 따른 후속 사항을 의결하고 9월 임시주주총회를 개최해 단일 법인으로의 통합을 승인했다. 9월 7일에는 막바지 사업 조율을 위하여 항공 3사 사장단 회의가 개최됐다. 증자에 합의한 510억 원을 10월 1일 설립 시 주주 차입금으로 선지급하고 향후 현금 출자 시 출자금으로의 전환에 합의했다. 통합사무국에서는 항공 3사에 통합법인으로 넘길 인력을 3533명에서 3332명으로 조정해 달라는 요청서를 보냈다.

설립준비팀은 9월 21일 한국항공우주산업주식회사의 정관을 만들고 현물출자일을 기준으로 10월 1일을 창립일로 정했다. 현물출자 자산이 확정되는 시점인 11월 초로 하자는 의견도 있었으나 최종적으로는 출자일을 기준으로 1999년 10월 1일을 역사적인 창립기념일로 하자는 안이 확정됐다. 이 시점에 항공 3사의 항공기 사업 영업 양도 역시 모두 승인됐다. 1999년 9월 29일에는 사업구조조정위원회가 개최돼 항공업종 실무추진위원회에서 제출한 항공업종 신설법인 앞 채권 이관안(1999년 6월 30일 실시된 잠정 실사 기준)을 원안대로 심의 의결했다. 설립을 위한 최종 결정이 이로써 완료됐다.

8) 항공산업 유지 및 발전의 연결고리, KF-16 전투기 20대 추가 생산

KFP 사업이 마무리되어가던 무렵, 생산 현장은 큰 변혁을 치렀다. 먼저 소속이 바뀌었다. 모두가 한국항공우주산업주식회사KAI의 간판 아래 모인 것이다. 외환위기 속에서 정부는 난국 타개를 위해 업체 간 결합(빅딜) 대상으로 항공산업을 지목했고 삼성항공, 대우중공업, 현대우주항공 3사의 통합법인이 1999년 10월 1일 출범했다. 성장배경과 규모, 기업문화가 서로 다른 3사의 통합으로 사내 분위기

2004년 8월 한국항공우주산업(KAI) 사천공장 고정익동에서 열린 KFP-Ⅱ 국산전투기 최종호기(128호기) 출하식. KF-16 전투기 20대 추가 생산은 정부가 생산 공백을 방지하기 위해 예산을 투입한 최초 사례로 항공산업 통합법인이 자리잡고 순항하는 발판을 제공했다./사진=KAI

는 다소 어수선했지만 KFP 사업 담당자들은 달랐다. 이전부터 함께 움직였기 때문이다. 소속사는 달라도 미국 연수 시절부터 'KFP 연합군'으로 한 팀이었다.

문제는 한국항공우주산업㈜로 새롭게 출발하면서도 근원적인 불안감을 갖고 있었다는 점이다. 모두가 '제공호 생산 이후 생산 공백'과 그로 인한 항공산업의 정체 내지 후퇴가 재연될 수 있다고 우려했다. KFP 사업이 일정대로 2000년 4월 종료된다면, 다음 사업인 T-50 생산 개시까지 3~4년 동안 KAI의 3000여 명에 이르는 인력과 1조 원에 이르는 설비 유지가 힘들어질 상황이었다.

항공산업 태동 이래 수없이 반복된 단절과 사장死藏의 우려에서 항공산업의 주무 부처인 산업자원부와 항공업계는 KF-16을 추가 생산해 후속 물량을 확보하는 방안을 추진했다.[24] KAI 한 회사만의 문제가 아니라 항공산업 생태계 전체가 타격받을 수 있다는 공감대가 퍼진 것이다. 통합법인 출범 이전인 1999년 1월 20일 산업자원부는 항공산업의 육성을 위한 KF-16 추가생산 방안을 처음으로 공식 제기했다. 국방부, 합참, 공군 간에 추가생산과 관련해 전력 운용, 사업 규모, 추진 시기 예산 확보 방안 등에 대한 내부적인 검토가 진행됐다.

3개월 뒤인 4월 22일, 국무총리 주재 제2차 항공우주산업 개발정책심의회는 KF-16 추가 생산인이 타당하다는 결론을 내렸다. 관계부처 차관회의(5월 9일)는 생산 대수를 확정했으나 난제가 여전히 남았다.[25] 예산 조달 방법을 놓고 부처 간 의견이 엇갈렸다. 국방부는 항공산업 육성 차원에서 20대 정도는 추가 생산할 계획이지만, 군의 소요 제기가 없는 사업이기에 정부 차원의 별도 예산이 없으면 불가능하다고 주장했다. 기획예산처는 범정부 차원의 별도 예산지원은 전례가 없다며 손을 저었다.

결국 김종필 국무총리가 기자회견에서 정부의 별도 예산지원을 통해 KFP-II 사업을 추진하겠다는 방침을 공표함으로써 문제 해결의 실마리가 풀렸다. 1999년 5월 18일 국방부 정책회의에서 KFP-II의 생산 대수를 단좌 15대, 복좌 5대를 포함한 총 20대 규모로 추진하되 정부의 별도 증액 예산으로 사업을 진행한다는 내용의 최종 사업추진계획이 확정됐다.

하지만 20대로 조정된 물량은 기대와 차이가 있었다. 당초 산업자원부와 항공업계는 최소 60대 이상이 되어야 한다고 여겼다. 그래도 20대의 추가 생산은 단비와 같았다. 미국과 가격협상에서 록히드마틴은 예고한 대로 강경한 자세를 보였다. 1차 사업에서 손실을 입었다고 판단한 부분에 대해 강력한 이의를 제기하며 시간을 끌었다. 여기에 협상 시한을 불과 2개월 남겨놓은 2000년 5월, 국방연구원은 KAI와 록히드마틴이 겨우 잠정 합의한 가격조차 과다하다는 의견을 냈다. 사업 결렬 위기 속에 협상단은 배수진을 쳤다. 2주 동안 록히드에서 실시된 협상에 한국 공군과 업체가 합동으로 협상을 펼쳐 최종 계약을 맺었다. 서명 직전에 1000만 달러를 깎기도 했다. 이런 노력에도 KFP 1차 사업 종료 이후 약 1년간의 공백이 발생했다.

KFP-II 사업 착수를 위해서는 기준형상부터 다시 정해야 했다. 1차 사업 납품 종료 뒤 약 1년간 F-16에 일어난 기술 변화를 적용할 것인지부터 검토에 들어갔다. 약 7개월에 걸친 협의 결과 1차 사업의 기준형상에서 총 2881건의 기술적 변경이 더해진 기준형상이 확정됐다. 난관은 이게 끝이 아니었다. 자재 선적 지연과 신형 장비의 빈번한 이상을 겪었지만 하나하나 문제를 해결하며 사업을 진행했다. 해외 구매 시 납기 지연에 의한 일정 지연을 최소화하는 매뉴얼을 마련한 점도 추가생산 과정을 통해 습득했다.

KFP-II 사업은 2004년 8월 20일 최종 생산분을 납품하며 막을 내렸다. 국산화 부품을 될수록 많이 사용한 1차 사업 3단계와 비슷한 성격의 2차 사업의 항공기 순수 단가(Fly-Away Cost)는 3110만 달러로 당초의 3515만 달러보다 400만 달러 이상 줄어들었다. 9년 동안 자재, 인건비 상승에도 비용감축을 이뤄낸 것이다. 또 70여 개 부품을 추가로 국산화하는 성과도 있었다. 무엇보다 중요한 점은 항공산업의 지속적 운영이 가능해져 고등훈련기 사업으로 이어지는 교량 역할을 충실하게 수행했다는 사실이다. 물론 공군의 전력 증강에도 기여했다.[26] 한 방향으로 정열을 다한 결과 라고 할 수 있다. 간과할 수 없는 또 하나의 사실은 외형상으로는 민간기업인 KAI에 사실상의 정부 예산지원이 직간접적으로 이뤄진 덕분에 최소한의 규모의 경제를 이루고 성장해왔다는 점이다.

5. 수없이 많은 고비를 넘은 수리온 헬기 개발

우리나라에 처음 도입된 헬리콥터는 미 시코르스키사의 H-19 치카소(Chickasaw) 헬기다. 1949년 개발돼 한국전쟁에서도 인원·화물 수송, 구조 임무를 맡았다. 우리 공군에는 1958년 7월 16일 들어왔다.[27] 육군에서 처음 들여온 헬기는 1967년 미군이 넘겨준 미국 힐러사의 OH-23 레이븐(Raven) 3대였다. 지휘통신·관측 임무를 수행하는 OH-23은 한국전에서 우리 하늘을 숱하게 누빈 기종이다. 1957년 창설 이래 고정익 항공기만 교육하던 육군항공학교는 OH-23을 받고는 회전익학과를 개설, 4명의 회전익 조종사 1기생을 배출했다.

공군사관학교에 전시된 H-19와 육군 항공작전사령부에 전시된 OH-23 헬기. 육군은 이 헬기들을 80년대까지 운용했다.

처음으로 헬기를 보유한 직후부터 육군은 헬기의 가능성에 주목했다. 베트남전쟁을 통해 보병이 하늘을 날아 이동하는 장면을 목도한 육군은 헬기 전력 확충을 서둘렀다. 마침 미군이 주월 한국군에게는 장비를 쉽게 공여하던 시절이어서 주월 항공사령부는 제11 항공중대를 창설하고, 미군에서 대여한 UH-1 등의 헬기로 병력 및 보급수송과 지휘 통제 등에 활용했다. 곧이어 터진 1968년 울진·삼척 무장공비 침투사건을 통해 헬기의 유용성을 확인한 육군은 헬기 전력 확보에 나섰다. 박정희 대통령 시절 방위산업 육성책의 연장선으로 강력하게 국내 생산이 추진된 F-5 제공호보다 앞서 국내에서 생산된 항공기가 500MD였다.

육군은 서울올림픽을 전후해 UH-1 헬기와 부품 공유도가 높은 공격형 헬기 AH-1S 코브라(Cobra)를 도입하고 중형 기동헬기인 시코르스키(Sikorsky)사의 UH-60 블랙호크(Black Hawk)까지 직구매와 기술도입을 통해 들여왔다. 하지만 세계 7위 수준에 이를 정도로 헬기의 대규모 운용은 두 가지 문제를 야기했다. 첫째, 노후화가 한꺼번에 찾아왔다. 둘째, 유지도 힘들었다. 단종된 기종은 멀쩡한 기체의 부품을 꺼내서 사용하는 동류 전환에 의존하다 보니 헬기 전력의 약화가 눈앞에 다가왔다.

완성품을 직구매로 도입한 기체는 말할 것도 없고, 기술도입을 위해 면허생산으로 도입한 기종 역시 대부분 부품을 수입해 조립하는 상황이라 부품 수급이 될 때까지 가동할 수 없는 상황이 반복됐다. 단종 기미가 보이면 비싼 값을 치르고라도 부품을 미리 사들여야 했다. 이런 상황에서 국산 헬기 개발이 필요하다는 논의가 시작됐다. 한국은 세계 8위 헬기 보유국인 일본을 포함해 자국 고유의 헬기를 갖지 못한 유일한 나라이기도 했다.

도입한 지 얼마 안 된 코브라 공격헬기 외에도 추가적인 헬기가 필요했다. 공격용 헬기를 위한 정찰

헬기(scout) 소요가 제기됐다. '한국형 경헬기' 사업이 이렇게 시작했다. 대우중공업은 독일 MBB사의 BO-105 헬기를 기술도입해 국내 생산할 생각을 품었다. 일각에서는 기존 보유 기종(500MD)을 추가로 면허생산 하자는 의견을 내놓았다. 하지만 500MD를 다시 생산하려면 이미 정리된 생산라인을 살리는 데 막대한 재원이 들었다.

논란 끝에 ADD가 새로운 방향을 제시했다. 경헬기는 생존성이 떨어진다는 보고서에 새로운 논란이 일고 KLH 사업은 9년간 표류하기에 이른다. 그러나 이 과정에서 독자적인 국산 헬기가 필요하다는 논의가 고개를 들었다. 더욱이 공공기관과 기업 등 민간의 보유도 많아지는 상황이었다. 1994년 국내 민수용 회전익 항공기 보유 대수는 84대에 이르렀다.

새로 항공산업에 뛰어든 항공기 제작사들은 신속하게 움직였다. 현대우주항공은 독일 MBB사와 일본 가와사키중공업이 합작 개발한 BK-117 헬기를 면허생산하고, 대우중공업은 절충교역으로 진행된 군용 헬기 생산 외에 통산자원부 사업으로 러시아 카모프(Kamov)사와 다목적 무인헬기 ARCH-50를 개발하는 등 새로운 시장을 노린 투자를 계속했다.

1) '수리온' 개발 및 양산, 세계 11번째 헬기 생산국 대열 합류

'수리온(KUH-1)'은 대한민국 최초의 국산 헬기로, 냉전 시기에 도입돼 오랜 시간 운용돼 온 UH-1H 헬기의 노후화 문제를 해결하고, 자주국방 역량을 강화하기 위해 2006년부터 개발이 시작됐다. 한국항공우주산업KAI과 국방과학연구소(ADD), 한국항공우주연구원(KARI)이 공동 주관했으며, 프랑스 유로콥터사(현 에어버스 헬리콥터)와 기술을 협력하되 독자적인 개량을 통해 한국 작전 환경에 맞는 기체로 설계됐다.[28]

2010년 3월 10일, 눈 내린 사천비행장에서 초도비행 중인 KUH-1 시제기. /사진=KAI

2010년 초도비행에 성공한 '수리온'은 2012년부터 육군에 본격적으로 실전 배치돼 입체작전의 핵심 자산으로 운용 중이다. 이후 다목적 플랫폼으로 진화하며 해경, 소방, 경찰, 산림청 등 민간 공공 분야에도 공급됐다. 전체 부품 중 약 60% 이상이 국내에서 제작돼 높은 국산화율을 달성했고, 이에 따라 운용 유지비 절감과 기술 자립 기반 강화에도 기여했다.

기술이전 불가 판정을 받은 품목은 자체 개발해서 달았다. 대표 사례가 적외선 감쇄기(IRSS)다. 적군의

주요 특징	·내추락성 기체구조, 복합재 로터 블레이드 ·상태감시장치(HUMS), 엔진 FADEC 적용 ·통합 디지털 조종실(Glass Cockpit) ·4축 자동비행 조종장치(AFCS) ·1800+ 마력급 쌍발 터보샤프트 엔진 ·자체 밀폐 (Self-sealing) 연료탱크 ·통합 생존장비(RWR/MWR/LWR/Chaff/Flare)	최대 이륙중량	8,709㎏ (19,200lbs) *외부화물 기준 8,936㎏ (19,700lbs)
		전 장	19.0m (62.4ft)
		전 고	5.0m (16.4ft)
		전 폭	3.0m (9.8ft)

추적을 피하고 격추 확률을 낮추기 위해 배기가스가 나오는 엔진 주변[29]에 적외선 감쇄기를 장착하려고 설계했지만 수출 제한에 걸려 EC로부터 기술지원을 받을 수가 없었다. 결국 KAI는 ADD의 협력을 통해 국내에서 개발하는 방법을 택했다. 제품 개발에 성공한 뒤 우리 군이 운용 중인 UH-60에 장착한 외국산 IRSS와 성능을 비교한 결과 성능이 더 뛰어나다는 평가를 받았다.

개발과 생산은 난관의 연속이었으나 KAI는 수리온 헬기 프로젝트를 진행하며 단순한 기술도입이나 면허생산에서는 파악하기 어려운 기술들을 습득할 수 있었다. 총조립 과정에서 계속 발생하는 오차에 고민하던 중 사정을 파악한 EC 담당자는 시제품 제작에서는 흔하게 발생하는 일이라며 너트를 추가해서 문제를 해결하라고 귀띔했다. KAI는 수많은 스프링 구조와 관절형 연결로 이뤄진 헬기의 조립과정에서 의외로 오차가 많고 기체마다 수치가 다르게 나온다는 사실을 이때 처음 알았다.[30]

2009년 7월, 조립이 모두 끝난 시제 1호기는 출고를 앞두고 마지막 단계인 도장塗裝 작업에 들어갔다. 부품 가공을 시작한 지 20개월 만이었다. 이 무렵 최초의 국산 헬기 KUH는 대국민 공모를 통해 '수리온'이라는 명칭을 얻었다. 하늘의 제왕인 독수리의 용맹함과 빠른 기동성을 의미하는 '수리', 그리고 한글로는 숫자 100을 뜻해 국산화 100% 및 완벽함을 추구한다는 뜻을 가졌다. 영어로는 항상 안전하기를 기원하는 뜻을 담은 'on'을 합해 지은 이름인 '수리온(Surion)'은 용맹함과 날렵함으로 완벽하고 안전한 임무 수행을 통해 대한민국을 지키고 21세기 항공산업이 발전하기를 바라는 기원을 담았다.

육군 특공연대 장병들이 수리온 헬기에서 로프를 이용해 급속 하강하는 강습 작전을 펼치고 있다./사진=국방일보

2009년 7월 31일 경남 사천의 KAI 본사에서 열린 출고식에는 이명박 대통령을 비롯해 국내외 귀빈들이 참석해 출고를 축하했다. 첫 비행을 앞두고 개발팀은 'KUH와 비슷한 헬기'를 한 대 만들었다. 비행전 수락시험(PFAT, Pre-Flight Approval Test)을 위해서다. 비행 중 하중을 받게 되는 구성품의 안전성을 사전에 지상에서 확인, 비행시험 중에 발생할 수 있는 위험을 줄이는 절차다. 특히 KUH는 기본 플랫폼이 된 쿠거 헬기의 프랑스산 엔진이 아닌 미국산 GE사의 엔진을 장착해 구동계통이 제대로 작동하는지 확인할 필요가 있었다.

사업단은 이에 따라 KUH와 같은 구동계통을 사용하는 플랫폼인 쿠거 헬기에 엔진을 비롯한 동적 구성품을 장착한 동적 구성품 선행입증용 시험기(DTV, Dynamic Test Vehicle)를 미리 만들었다. 2009년 2월 말 조립을 마친 DTV는 같은 해 7월 지상시험에 들어갔다. 아무 문제가 없는 것을 확인한 후에 9월 시험비행에 돌입, 무사히 비행에 성공했다. 엔진 런 당일, 준비를 마친 1호기의 조종석에 앉은 조종사가 시동을 걸고 조심스럽게 엔진 출력을 올리자 하얀 배기가스가 뭉실뭉실 나오기 시작했다. 연기가 나오자 모두가 놀랐으나 엔진 보관을 위해 칠해 놓은 오일이 타면서 생긴 현상이었다. 연기는 바로 없어졌다. 안정적인 리듬을 타기 시작한 엔진음을 듣던 조종사는 한 차례 시동을 끈 후 재차 시동에 들어갔다. 엔진은 힘차게 돌았다.

이어서 수행된 지상시험에서 모든 장비가 정상적으로 작동하는 것이 확인되면서 설계자들의 걱정도 하나씩 줄어들기 시작했다. 수리온의 엔진 출력이 높다 보니 때로는 지상시험 중에 기체가 조금씩 뜨는 상황도 벌어졌다.[31] 하지만 정식 비행 허가가 나오지 않은 상태였기 때문에 안전을 최우선으로 확보하기 위해 계획에 없는 비행을 하지 않도록 만전을 기해야 했다. 초도비행을 경험 많은 외국인 조종사에게 맡기자는 의견이 나왔지만 사업단은 최초의 국산 헬기인 만큼 초도비행은 우리 군 조종사가 맡는 것이 옳다는 결정을 내렸다. 초도비행은 윤병기 소령과 이영훈 준위가 맡았다.

초도비행은 2010년 3월 10일로 잡혔다. 기상 여건을 심사숙고했지만 전날인 9일 새벽에 눈이 온다는 예보가 나왔다. 일년에 한두 번 눈이 올까말까 한 사천 지역에서 3월의 강설은 흔한 일이 아니어서 밤새 걱정했지만 눈은 밤에 내리고 아침엔 활짝 갰다. 긴장 속에 진행된 첫 비행이 시작돼 수리온 헬기가 이륙하고 약속된 고도에 이르러 제자리 비행(호버링)하자 감격의 탄성이 터져 나왔다. 비공개로 진행됐으나 공식적인 첫 비행에 성공한 자리에서 엔지니어들은 서로 얼싸안고 기쁨을 눈물을 흘렸다.

초도비행을 마친 시제 1호기 주변으로 사람

초도비행을 마친 후 시제 1호기 앞에 모인 개발진과 시험비행 조종팀이 눈 내린 사천의 KAI 격납고 앞에서 기쁨을 나누고 있다./사진=KAI

들이 몰려들었다. 임무를 마친 조종사 중 한 명인 이영훈 준위의 군복 목깃에는 여러 개의 군번줄과 목걸이가 걸려 있었다. 첫 비행에 함께 고생한 동료와 KAI 직원들의 군번줄 인식표와 사원증을 걸고 비행한 것이다. 초도비행은 비공개로 진행됐으나 정보를 입수한 한 언론사 기자가 KAI 공장건물과 활주로 사이 공용도로에서 초도비행 장면을 몰래 촬영해 특종을 터뜨리면서 방위사업청은 초도비행 성공 사실을 공식적으로 밝혔다.

초도비행에 성공했어도 언론에 미리 알려졌다는 점에 사업단은 더욱 조심스럽게 사업 마무리에 들어갔다. 더욱이 '수리온' 초도비행으로부터 9일이 지난 뒤인 3월 19일, 아구스타웨스트랜드사와 TAI(튀르키예 항공우주산업)사가 튀르키예 육군용으로 개발 중이던 T-129 공격용 헬기가 시험비행 중 1만 5000피트 상공에서 호버링을 하다가 꼬리날개가 떨어져 나가며 추락, 대파되는 사고가 벌어졌다. T-129는 '수리온'과 비슷한 2013년 전력화를 목표로 개발되고 있었기에 개발팀은 긴장의 고삐를 더욱 당겼다.

수리온은 최대 이륙중량 약 8.7톤, 최대속도 $270km/h$, 항속거리 약 $480km$의 성능을 보유하며, 조종사 2명 외 최대 11명의 병력을 수송할 수 있다. 고고도 및 혹한 작전 환경에서도 안정적인 운용이 가능하도록 2기의 터보샤프트 엔진을 장착하고, 고성능 로터 시스템과 전천후 항전 장비를 통합했다.[32]

국내 개발진이 자체 개발한 복합재 메인 로터 블레이드를 비롯해 충격 흡수형 착륙장치, 고효율 방진 동력전달계, 유압 계통 통합 기술 등 다양한 첨단기술이 적용됐다. 또한 기체 내구성 강화를 위한 피로도 해석, 정비 편의성을 고려한 모듈형 구조설계, 방음·방열 성능 개선, 전자파 차폐 설계 등은 운용 유지 단계에서의 효율성을 높이는 핵심 요소를 함께 개발하거나 성능 개량하며 회전익 기술을 한 차원 끌어올렸다.[33] 특히, 엔진 공기 흡입구의 이물질 제거장치IBF, 착륙 충격을 흡수하는 고내구성 스트럿, 소음 저감을 위한 테일 로터 형상 최적화 등은 수리온이 고성능 범용 플랫폼으로 발전하는 데 중요한 역할을 했다.

2) '수리온'의 또 다른 변신, 파생형 헬기

'수리온'은 다양한 파생형을 낳았다. 수리온의 첫 번째 파생형은 경찰청 헬기인 KUH-1P('참수리'). 2011년 조달청과 2대의 헬기에 대한 납품 계약을 하면서 시작됐다. 2013년 12월 처음으로 인도된 경찰청 헬기는 기존 모델에서 군용 장비가 제거되고 탑승석을 민간용으로 교체하는 등 민수 헬기로 구조가 변경됐고, 적외선 카메라로 촬영된 영상을 지상으로 실시간 전송하는 장비와 추가 임무 시간을 위한 보조 연료탱크를 달았다.

특히 경북경찰청에 2015년 12월 인도된 참수리 헬기는 불과 5년 3개월 만인 2021년 3월 19일, 독도 100회 왕복 비행 기록을 세웠다. 이전까지 외국산 헬리콥터로는 불가능했던 임무를 완벽하게 수행해낸 것이다. 경북경찰청 '참수리' 조종사들은 "참수리의 기본형인 수리온 헬기의 자동 조종장치 등 첨단 비행 기능이 난이도 높은 독도 왕복 비행을 성공하게 만들었다"며 성능에 만족감을 표시했다. 경찰청 헬기는

'수리온'의 다양한 파생형이 KAI 격납고 앞에서 출고를 기다리고 있다. 좌로부터 기본형인 '수리온'(육군형)과 '마린온'(해병대용), 육군 의무후송용, '참수리'(경찰용), 산림청용과 해양경찰용 수리온 헬기./사진=KAI

2024년까지 모두 12대가 납품됐다.

2018년 5월 19일 산림청에 납품된 수리온은 서울산림항공관리소에 배치돼 전국의 산불 지역에 소방수로 투입되고 있다. 산불 진화용 소화수를 담을 수 있는 2000리터 이상의 배면 물탱크와 인명구조용 호이스트, 해상 임무 수행을 위한 비상 부유장치 등이 추가됐다. 지난 2020년 4월 26일 국내 유일하게 야간 진화 임무가 가능한 진화 헬기 수리온이 안동 산불 진화 임무에 투입돼 첫 실전 진화 임무로 야간 비행하며 한 번에 2톤씩 모두 4번, 8톤의 물을 뿌려 성공적으로 불길을 잡았다.

2014년 8월에는 의무후송 헬기('메디온') 계약을 체결하고 2016년 12월 개발을 마무리했다. 육군은 2015년 5월 1일 의무후송항공대 '메디온 부대'를 창설하고 2020년 의무후송 헬기 8대를 모두 인도, 실전 배치했다. 의무후송 헬기 생산 배치와 메디온 부대 창설로 우리 군의 응급 수송능력이 비약적으로 향상됐다.

소방헬기는 2015년 12월 30일 제주특별자치도 소방안전본부와 계약을 맺고 2018년 5월 1호기가 납품됐다. 수색과 구조, 응급환자 이송 등의 임무 수행이 가능하도록 각종 첨단장비를 비롯해 화재진압장치와 제주의 특수한 환경에 적합한 파생형 헬기로 개조한 게 특징이다. 제주소방본부는 이 헬기에 '한라매'라는 이름을 붙였다.

2020년 6월 21일에는 경남소방본부의 '다목적 소방헬기 구매사업'에 선정됐다. 2022년 9월 2일 수리온 소방헬기를 인도받은 경남소방본부는 '지리산 새매'라고 명명하고, 9월 3일부터 임무에 투입했다. 2020년 10월 22일 중앙 119 구조본부에서 수리온 소방헬기 2대를 계약해 2024년 호남 119 특수구조대에 배치했다.

소방헬기 표준형에는 최신 통합형 항전 장비가 장착되고 4축 자동비행 조종장치, 기상레이다, 철탑·고압선 정보가 제공되는 한국형 3차원 전자지도, 해상비행을 위한 비상 부유장치, 산소공급 장치, 심실제세동기 등이 포함된 응급의료장비EMS Kit를 비롯해 신속한 인명구조를 위한 외장형 호이스트, 비상 신호 위치 정보를 제공하는 탐색구조 방향 탐지기SAR DF와 화재진압을 위해 배면 물탱크도 장착된다.

해양경찰용 수리온 헬기는 2016년 6월 22일 인천에서 개막된 제3회 국제 해양·안전장비 박람회에서 해경용 모형이 처음 공개되고 동년 12월 16일 2대 도입 계약이 체결됐다. 해경은 모두 8대를 운용할 계획이다. 해병대 상륙공격 헬기인 '마린온'을 기반으로 군용 장비 빼고 긴급 후송, 응급환자 처치 키트 등이 추가된 해양경찰용은 2019년 '흰수리'로 명명됐다.

특히 제주해양경찰청 소속 '흰수리'는 2021년 2월 1일 악천후를 뚫고 성산 일출봉 동쪽 해안의 절벽으로 최대한 접근해 갯바위에 피신해 있던 난파한 어선의 선원 5명을 모두 구조해내 국민들에게 감동을 안겨줬다. '흰수리'는 고도를 20~30m까지 낮추고 사선으로 구명줄을 던져 갯바위에 고립돼 겨울 바다의 파도에 떨던 선원들을 20분여에 걸친 구조작전 끝에 모두 구해냈다. 거센 강풍과 파도 때문에 해경정으로 접근이 불가능한 지역에서의 구조 성공은 해경 조종사와 항공구조사들의 목숨을 건 구조작업 덕분이었지만 '수리온'이 악천후에서도 성능을 발휘할 수 있다는 점이 다시금 입증됐다.

2013년 7월 해병대 상륙기동 헬기 마린온 2대를 개발해 납품한 이래 2023년 6월 30대 전 기체에 대한 납품을 완료했다. 이로써 해병대는 초수평 상륙작전은 물론 국가 기동전력으로서 위기 시 어디에든 신속하게 전개할 수 있는 능력을 확보했다. 육군형 '수리온'을 개량한 '마린온'의 가장 큰 특징은 실내 보조 연료 탑재를 통한 항속거리 연장이다. 독도 왕복 비행에 성공한 '마린온'은 기체 내부에 총 6개의 연료탱크를 장착해 항속거리를 늘렸으며 탈·부착이 가능한 실내 연료탱크 한 개를 추가로 장착해 최대 항속거리는 729km에 달한다. 또 독도함과 마라도함 등 해군 함정에서의 함상 운용 편의성을 위해 메인 로터 접이 방식이 개선됐다. 해수로 인한 염분 부식에 대비해 해수 방염처리를 하고 비상 착수 시 승무원 생존을 위한 비상 부주장치가 설치된 것도 특징이다.

해병대는 '마린온'의 공격형 모델인 상륙공격 헬기도 오는 2031년까지 24대를 도입할 예정이다. 2021년 4월 26일 국방부 장관 주관으로 개최된 방위사업추진위원회는 '마린온' 무장형의 개발을 공식 결정했다. 2031년까지 총 1조 6000억 원의 사업비를 투입해 24기를 도입할 예정이다. 해병대 상륙기동 헬기 마린온을 기반으로 개발될 상륙공격 헬기는 미국의 헬파이어급인 천검 미사일과 로켓탄, 자위용 공대공 미사일, 기관포 등의 무장을 탑재하도록 기본설계를 마친 상태다. 특히 무인기를 운용하는 유무인 복합 체계를 갖춰 생존성과 공격력을 끌어올릴 예정이다.

3) MGB 국산화로 제2 도약 기대

최초의 국산 헬기 수리온은 다시 한번 도약의 기회를 찾고 있다. 수입에 의존해온 메인 기어박스MGB를 국산화, 수리온의 성능을 끌어올릴 계획이다. 정부도 이를 지원하고 있다. 2020년 12월 15일 열린 제132회 방위사업추진위원회는 KUH-1 수리온 기동헬기의 '기어박스'를 국산화하는 수리온 개량사업을 결정했다. KAI는 ADD, 한국기계연구원 등과 2027년까지 MGB를 국산화할 계획이다. MGB 국산화에

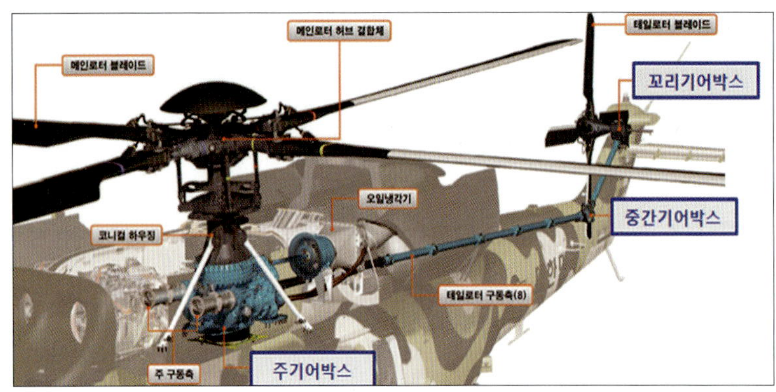

수리온 메인기어박스
국산화 개념도/이미지=KAI

성공하면 수리온에 장착한 엔진(GE사 T-700)을 교체하지 않고도 최대 이륙중량이 1만 9200파운드에서 2만 200~2만 2000파운드 수준으로 올라갈 수 있다.

현재 수리온을 비롯해 헬기에 사용되는 기어박스는 모두 수입산인 실정이다. 기어박스 제조회사들은 창정비 과정에서도 내부를 들여다보지 못하도록 금지하고 있다. 헬기와 항공기에 사용되는 기어박스는 빠른 회전을 견디면서 가벼워야 하고 공간도 적게 차지해야 하는, 조건이 까다로운 고난도 기술로 서방 진영에서는 미국과 유럽만 보유하고 있다. KAI는 이를 국산화하고 진동 능동 제어장치, 신형 항전 장비, 내부 연료탱크를 개발해 '수리온'의 성능을 개량할 예정이다.

2021년 3월부터 '수리온'을 위한 MGB 업그레이드 작업에 들어간 KAI는 이탈리아에 본사를 두고 있으나 미국 GE가 소유하고 있는 메인 기어박스 전문기업 아비오 에어로(Avio Aero)와 협력을 진행하고 있다. 신형 MGB를 적용하면 수리온은 UH-60P와 동일한 최대 이륙중량을 지니게 된다. 기체는 작고 힘이 동일하면 '수리온'의 비행 성능은 UH-60을 넘을 것으로 기대된다. 일각에서는 노후한 코브라 공격헬기를 대체할 신형 공격헬기로도 활용이 가능할 것으로 보고 있다.[34]

KAI는 MGB 개발에 성공하면 다가오는 수리온 헬기 창정비에 활용해 기존의 군 헬기 전력을 끌어올리는 효과를 거두는 한편 미국에서 시험 중인 차세대 고기동 헬기 개발로 들어갈 계획이다. 차세대 고기동 헬기는 현재 운용되는 UH-60급의 헬기보다 두 배 빠르고 두 배 이상의 항속거리를 갖는 헬기를 개발한다는 것으로 미 육

함상에서 운용되는 해병대 상륙기동 헬기 마린온 MUH-1.

군이 추진하고 있다. KAI가 미국도 이제 시작한 차세대 고기동 헬기 개발에 성공하면 선진국과의 격차를 크게 줄일 수 있을 것으로 보인다.

수출에도 기여하기 시작했다. 2024년 이라크 내무부에 특수 소방용 2대를 판매하며 국산 회전익 항공기의 최초 수출이라는 성과를 달성했으며, 국산 회전익기의 해외시장 진입 교두보를 마련했다는 점에서 상징성이 크다. '수리온'의 본격적인 수출 확대를 위해서는 몇 가지 추가 과제가 선결되어야 한다. 국제 인증기준 충족, 가격 경쟁력 확보, 운용국 맞춤형 개조 등이 수리온이 세계시장에 진출하는 데 있어 핵심적인 요소다. 이를 위해 KAI는 글로벌 파트너십 확대, 수출형 기체 개량, 고객 맞춤형 항전 장비 통합 역량 강화 등을 추진하고 있다.

'수리온' 개발은 국내 회전익 항공산업 생태계 기반을 확대하는 데 크게 기여했다. 총 200여 개 협력사가 참여하였으며, 기체 설계, 전기계통, 항공전자, 기어박스, 로터 블레이드 등 회전익 핵심기술의 자립 기반을 확보했다. 특히 국내 기업이 제작한 로터 허브 및 블레이드는 고속 회전계 부품 국산화의 상징으로 여겨진다. 회전날개 진동 해석, 복합 소재 적용 동체 설계, 고출력 엔진 연계 냉각 계통 설계 등 다양한 기술이 모이고 섞였다. 기술 융합은 이후 소형 무장헬기LAH와 민수용 헬기 플랫폼 개발의 기반으로 작용했다.

수리온 플랫폼은 향후 유무인 복합 운용체계MUM-T 연동, 무인 정찰 헬기 파생형 개발, AI 기반 임무 관리 시스템 통합 등의 방향으로 발전할 가능성이 크다. 또한 전기 추진 기술, 저소음 메인 로터 설계, 고속회전익기 개념도 검토되고 있다.

✥ 수리온 기반 관용 헬기 비교

Police (경찰 헬기, 참수리)	Coast Guard (해경 헬기, 흰수리)	Search & Rescue (소방 헬기)	Forest Rescue (산림 헬기)
·주요 임무 : 공중추적, 　대테러, 교통관리 등 ·주요 임무 장비 - EO/IR카메라 - 항공영상무선전송장치 - 지상충돌경보장치 - 탐조등/확성기 - 비상부유장치 - VIP좌석	·주요 임무 : 해양감시, 　수색구조 등 ·주요 임무 장비 - EO/IR카메라 - 탐조등/확성기 - 비상부유장치 - 탐색레이다 - 자동위치식별장(AIS) - 구조용 호이스트	·주요 임무 : 인명수색 　구조, 응급환자이송등 ·주요 임무 장비 - 구조용 호이스트 - 탐조등/확성기 - 응급의료장비(EMSKit) - 기상레이다 - 공중충돌경보장치 - 무선 ICS	·주요 임무 : 산불 진화, 　산림항공방제, 인명구조 ·주요 임무 장비 - 배면물탱크 - 방제시스템 - 대지방송장비 - 비상부유장치 - 구조용호이스트 - 지상충돌경보장치

6. 작지만 강한 소형 무장헬기, LAH '미르온'

LAH(Light Armed Helicopter)는 노후화된 500MD 및 AH-1S 헬기를 대체하고 근접항공지원CAS, 무장정찰, 대전차 전투 임무를 수행할 수 있도록 한국형 소형 무장헬기로 개발됐다. 2015년부터 체계 개발이 본격화됐으며, 한국항공우주산업KAI이 주관하고 국방과학연구소ADD, 한화에어로스페이스, LIG 넥스원 등 많은 국내 방산업체들이 참여했다.[35]

LAH 개발은 단순한 기체 생산이 아니라 국산 무장, 항전 장비, 생존성 기술을 통합하는 플랫폼 개발로서, 기계공학적 정밀성과 항공전자 기술력이 동시에 요구됐다. LAH는 유로콥터(에어버스 헬리콥터) EC155B1을 기반으로 하되, 기체구조, 항전 장비, 무장 시스템 등 핵심 구성 요소는 국내 실정에 맞춰 대폭 개량됐으며, 전체 부품의 60% 이상이 국산품으로 이뤄졌다. 2019년 시제기 초도비행에 성공한 이후 2022년 개발시험평가를 통과했고, 2024년부터 양산이 시작돼 육군 및 항공작전사령부에 배치되고 있다. 2024년 '미르온'이라고 명칭을 부여받았다.

2019년 7월 4일 소형무장헬기(LAH)가 각종 계측 장비를 부착한 채 초도비행하고 있다. '미르온'이라는 이름을 부여받은 2024년부터 양산이 시작됐다. 육군의 노후 코브라 공격헬기와 500MD 헬기 대체용으로 개발됐지만 미르온은 차세대 유무인 전투체계의 운용도 가능하다./사진=KAI

내부 기체구조와 무장 플랫폼은 KAI가 독자적으로 설계했다. 최대 이륙중량 4.9t, 최고속도 260km/h, 작전 반경 약 400km 수준이며, 조종사 2명 외에 임무 장비를 탑재할 수 있다. 테일 로터는 펜에스트론(덕트형 테일 팬)을 채택하여 저소음·안정성·유지 보수성 측면에서 크게 개선했다.[36]

기술적 측면에서는 고내구성 복합재 블레이드, 방탄 설계 조종석, 고강성 기체 프레임, 동력전달계의 경량화 및 진동 저감 기술이 반영됐다. 또한 열발산 저감 배기 시스템, 착륙 충격 흡수용 복합 스트럿, 피

✣ LAH 특징 및 제원

주요 특징	최대 이륙중량	4,920kg(10,846lbs)
·내추락성 기체구조 ·복합재 로터 블레이드 ·상태감시장치(HUMS) ·덕트형 테일로터(Fenestron) ·통합 디지털 조종실(Glass Cockpit) ·4축 자동비행 조종장(AFCS) ·1000 + 마력급 쌍발 터보샤프트 엔진 ·엔진 FADEC 적용	전 장	14.3m(46.9ft)
	전 고	4.3m(14.1ft)
	전 폭	3.9m(12.8ft)

아식별기IFF 내장 구조설
계 등은 고위험 작전 환경에
서의 생존성과 신뢰성을 크
게 높였다.[37]

항전 장비로는 전방감시
적외선 장비FLIR, 조준경시
스템TADS, 항법레이다, 링
크-K 기반 전술 데이터 전
송 장비가 탑재되며 정밀 통
합 설계가 요구됐다.

LAH는 20mm 기관포(회

2022년 겨울 캐나다 옐로우 나이프 지역에서 2개월에 걸친 국외 저온 비행시험./사진=KAI

전포탑 탑재형), 70mm 유도·비유도 로켓, 단거리 대전차 미사일(국산 '천검')을 탑재하며, 향후 유도 로켓과
장거리 미사일 연동도 계획돼 있다. 특히 천검 미사일은 고정밀 시커와 능동 유도방식을 채택해 8km 이상
의 사거리와 고기동 표적 대응 능력을 제공한다.[38] 기체 생존성을 위해 자체 밀폐 및 내충격 기능을 갖춘
연료탱크, 엔진 및 미션기어 박스 방호판, 이중 유압계통, IR 방사 저감 장치, 통합경고시스템(RWR, LWR,
MWS)이 적용됐으며 유사 시 비상 강하와 비상 동력 분산 운용도 가능하도록 설계됐다.

LAH는 약 200대 규모로 양산될 예정이며, 육군 항공대는 기존 500MD와 AH-1S를 LAH로 단계적
으로 교체하고 있다. 기체는 분산 운용형 편제와 연계돼 고속 기동부대 지원, 정찰부대 보조, 특수전부대
항공 지원 임무에 중점 배치되고 있다. KAI는 아시아, 중동, 중남미 국가를 중심으로 수출을 추진하고 있
으며 유럽 인증(EASA) 기준을 기반으로 민수형 파생 헬기LCH와의 부품 호환성과 정비체계 통합을 수출
포인트로 내세우고 있다. 향후 유엔 평화유지군 작전용, 경호·수색용 등 다양한 파생형으로 확장 가능하
도록 설계됐으며, 맞춤형 장비 통합과 MRO 연계 서비스도 함께 제공한다는 전략이다.

또한 LAH는 유무인 복합 운용MUM-T 연동, 드론군 제어 플랫폼 통합, AI 기반 임무 분산 시스템 적
용 등으로 확장될 예정이다. 장기적으로는 적외선 위장 도료, 능동 방어시스템(APS), 음향 감지 회피기술
등도 통합 가능성이 검토되고 있다.

7. 세계 4번째 스텔스 형상 전투기, KF-21 '보라매'

KF-21 '보라매'는 대한민국이 독자적으로 개발 중인 최신예 4.5세대 전투기로, F-4, F-5 계열 노후
전투기의 대체와 더불어 항공산업의 기술 자립 및 방산 수출 확대를 목표로 시작됐다. 2001년 '한국형

전투기사업(KF-X)'이라는 명칭으로 시작됐으나 7차례나 사업 타당성 검토를 받는 우여곡절을 겪으며 장기간 표류하다 2015년에 이르러서야 KAI가 주관업체로 선정되며 체계 개발이 시작됐다.[39]

인도네시아가 개발비의 일부를 분담하고 시제기 개발에 참여하고 있으며 향후 인도네시아 공군의 도입을 염두에 두고 있다. 2021년 4월 시제기가 최초 공개됐으며, 2022년 7월 초도비행에 성공했다.

경남 사천에서 2022년 7월 19일 KF-21 전투기가 이륙하고 있다. 이날 초도비행부터 KF-21 전투기는 높은 상승각으로 엔진 출력을 과시했다.

2025년 6월 기준, 계획된 약 2000회 시험비행 중 1300여 회 소티를 원활하게 달성하며 초음속 비행, 무장 장착 시험, AESA 레이다 작동 시험 등을 진행하고 있다. 2024년 양산 1호기 조립에 착수했으며 2026년부터 2032년까지 약 120대 규모가 공군에 배치될 예정이다.

KF-21은 길이 약 16.9m, 날개폭 11.2m, 최대 이륙중량 25.6t의 중형 전투기다. 미국 GE의 F414 터보팬 엔진을 2기 장착하여 마하 1.8의 속도와 2900km 이상 항속거리를 구현하며 외부 연료탱크 없이도 작전 반경을 1000km 이상 확보할 수 있다.[40]

공중급유 기능도 갖추고 있어 1회 공중급유로 작전 반경을 50% 이상 늘릴 수 있다. 기체는 스텔스 설계 요소가 일부 반영된 저피탐 형상으로 내부 무장창은 없으나 향후 개발될 Block-II, III 단계에서 이를 포함할 수 있도록 설계됐다.[41]

❖ KF-21 특징 및 제원

주요 특징		최대 이륙중량	44,000lbs (2 × F414-GE-400K)
	·최신 항전 장비	항속거리	2,900km(1,550㎚)
	·AESA 레이다 및 최신 센서	최대속도	2,200km/h(Mach 1.81)
	·최신 정밀 유도무기	최대 탑재량	7,700kg(17,000lbs)
	·향상된 생존성	최대 이륙중량	25,600kg(56,400lbs)
	·고기동 성능		

항공전자 측면에서는 국내 개발 AESA(Active Electronically Scanned Array) 레이다가 핵심이다. 이 레이다는 표적 동시 추적, 공중 및 지상 표적 식별, ECM/ESM(Electronic Counter Measures/Electronic Support Measures) 대응 기능을 갖추고 있으며, 국방과학연구소와 한화시스템이 공동개발

했다. 또한 전자광학 표적추적장치(EO) TGP, 적외선 탐지 및 추적(IRST), 전자전 장비(EW Suite), 데이터 링크 등도 국내 개발돼 높은 기술 자립을 실현했다.[42]

복합재료의 적용 확대, 저피탐 및 고기동성 형상 설계, 고신뢰성 착륙장치, 기체 통합 열관리 기술 등이 적용된 것이 특징이다. 특히 항공기 전체 하중을 분산하는 중앙구조부, 무장장착을 고려한 날개 강성 해석, 엔진 고온 배기 계통의 절연 설계 등은 고급 기계설계 역량을 바탕으로 이뤄졌다.

공중급유 시험 중인 KF-21 보라매 전투기./사진=KAI

KF-21은 단계적 개발을 통해 성능을 고도화하는 블록 개념을 채택했다. Block-I은 공대공 작전 능력 중심의 버전으로, AIM-120 AMRAAM, IRIS-T 등 단거리 및 중거리 미사일이 통합된다. Block-II 부터는 공대지 작전 능력이 강화되며, 정밀 유도무기, 내부 무장창, 스텔스 기능 확대 등이 포함된다. 향후 Block-III에서는 AI 기반 조종 지원, 무인기 통합 운용(MUM-T, Manned-Unmanned Teaming), 전자전 능력 강화를 목표로 한다.[43]

❖ KF-21 개발단계 Block별 비교

구분	Block1	Block2	Block3
개발 계획	2015-2025	2028년 이후	2030년대 초 이후
주요 임무	공대공 전투	공대공+공대지	다목적 스텔스 전투기
스텔스성능	제한적 (RCS 저감 설계)	스텔스 요소 유지·개선	스텔스기 (내부 무장창 등)
레이다	국산 AESA	성능개선형	고성능형, 전자전 통합 가능성
전자전/ESM/ECM	일부 국산 탑재	성능 향상	전자전 플랫폼 포함 가능
데이터 링크	Link-16 중심	Link-K, 국산 통신체계 포함	AI 기반 센서 융합, 통제기능 탑재 가능성
무인기 연동	없음	제한적 연동 가능성	MUM-T 연동 계획
국산화율	약 65%	75% 목표	90% 이상 (엔진 외)

개발 시험은 6대의 시제기를 통해 수행 중이며 2023년에는 초음속 비행 성공, 2024년에는 무장 운용 시험이 집중적으로 이뤄졌다. Block-I 전투기의 공군 인도는 2026년, Block-II는 2030년경 전력화를 계획하고 있으며, 총 120대가 생산될 예정이다. KF-21은 한국의 압축성장 가도를 질주해온 한국의 성장

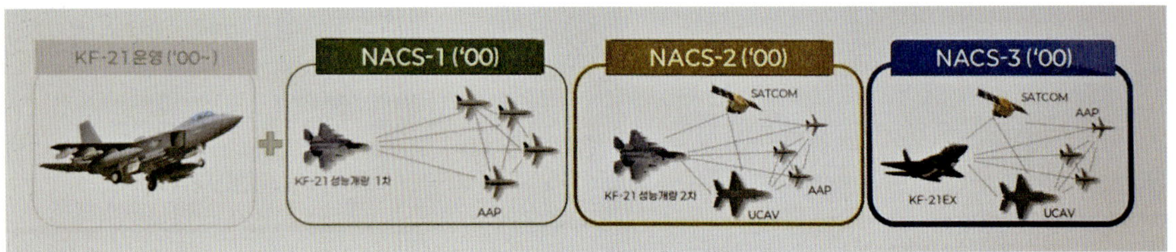

차세대 전투기 전투시스템(Next-generation Aerial Combat System) 발전 개념./이미지=KAI

을 상징하는 전투기다. 제2차 세계대전 이후 독립한 국가 가운데 초음속 전투기를 국내 개발해 수출한 나라는 한국과(T-50) 이스라엘(크피르) 두 나라뿐이다. 지구상의 모든 나라 가운데 스텔스 형상을 지닌 4.5세대급 전투기를 제작해 양산한 나라는 미국과 러시아, 중국뿐으로 KF-21 보라매 전투기가 실전 배치되면 대한민국은 스텔스 전투기로 진화할 수 있는 항공기를 개발한 세계 4번째 나라의 대열에 오르게 된다.

KF-21은 기본형 외에도 함재기형(KF-21N), 무인기 제어형 플랫폼으로의 확장 가능성이 있다. 한국형 항공모함 도입이 병행될 경우 KF-21N의 수직이착륙V/STOL 기술도입도 검토되고 있다. 또한 공군기 외에 정찰기, 전자전기(KF-21EX)로의 파생형도 가능성이 열려 있다.[44]

수출 측면에서는 동남아시아, 중동, 남미, 유럽 제3국 등을 주요 시장으로 설정하고 있으며, FA-50과의 플랫폼 연계성을 활용해 고객 맞춤형 전투기 체계를 구축할 계획이다. KF-21은 항공전자, 무장체계, 정비·교육·MRO(Maintenance, Repair and Overhaul) 등을 포함한 통합 솔루션 형태로 수출이 가능하다.

KF-21 사업은 국내 항공산업 생태계에 매우 큰 영향을 미쳤다. 약 700여 개의 부품업체와 대학, 연구소가 개발에 참여하였으며 국내 기술 자립률이 65% 이상에 달하고 있다. 항공기 구조설계, 시스템 통합, 품질보증 등 전 분야에 걸쳐 인프라가 구축됐으며, 이는 무인 전투기 및 미래 항공기 플랫폼 등 후속 개발 사업의 기반이 되고 있다.[45]

또한 KF-21 개발에 활용된 항공기용 고신뢰성 소재 연구, 정비 용이성을 고려한 모듈형 설계, 전장 환경 내 진동 저감 기술, 복합 소재의 손상 감지 시스템 등 첨단기술은 다양한 산업에 파급될 수 있는 기반 기술로서 국내 산업 전반의 기술적 수준을 끌어올리는 동력이 됐으며 대한민국 항공우주산업의 성장과 브랜드 가치를 한 단계 도약시켰다는 평가다.

시험비행 중인 KF-21 시제 복좌기./사진=KAI

8. 한국산 군용기의 미래 발전 방향

군용기 개발은 단순한 국방력 강화를 넘어, 국가의 과학기술력과 산업 기반, 전략적 자율성을 총체적으로 보여주는 상징적 지표다. 전투기, 훈련기, 회전익기 등 각 플랫폼의 국산화는 국내 방위산업 발전을 견인하는 동시에 국제무대에서 협상력과 기술 주권을 확보하는 데 핵심적 역할을 수행한다. 한국은 지난 30여 년간 KT-1, T-50/FA-50, KF-21 등 군용기의 자체 개발을 통해 기술 역량을 체계적으로 축적해왔다. KT-1과 T-50·FA-50은 각각 훈련기 및 다목적 전투기로서 글로벌 시장에서 경쟁력을 입증했다. KF-21은 한국이 항공산업 선진국으로 도약하는 본격적인 전환점으로 기대받고 있다. KAI가 통합법인으로 출범한 이래 고속 질주해왔다고 평가할 수 있다. KAI는 최근 동급 최고 성능과 확장성을 보유한 차세대 수송기MC-X 개발을 검토하고 있다. 개발 초기부터 확장성을 고려해 설계함으로써 다목적 수송기, 공중급유기, 해상초계기, 공중발사체, 소방형, 무인기 운영형 등 다양한 파생형 개발·운용을 통해 경제성과 효율성을 극대화할 계획이다.

✢ 차세대 수송기MC-X 특징 및 제원

주요 특징		엔진 추력	140kN 이상 터보팬 엔진 × 2
	· 항속거리 7,000㎞ 이상 · 단거리 이착륙 (1,000m 이내) · 화물탑재 자동화 시스템 · 자체 방호장비 · 대화면 조종실, 공중급유 · 소방형MAFFS 개조 개발	순항속도	Mach 0.75
		최대 탑재 중량	30,000㎏
		전장 × 전고 × 전폭	40m × 13.5m × 41m
		탑재실 사이즈	3.5m × 3.4m × 17m

KAI의 다목적 임무 수행 수송기 개발 계획.

KAI는 회전익 분야에서도 수리온과 LAH를 통해 다양한 임무 플랫폼을 확보하며 회전익기 기술 자립의 기반을 마련했다. 현재는 저진동 고성능 주 기어박스, 고성능 자동 비행조종장치(AFCS) 등의 차세대 헬기 개발을 위한 핵심 요소 기술들이 개발되고 있으며 고속중형기동헬기 개발도 추진되고 있다.

고속중형기동헬기의 현재 목표로 구상 중인 성능은 시속 $463km$, 항속거리 $500km$로, 한 번 급유로 독

민군 겸용 미래 비행체 개발 계획.

KAI의 고속 중형기동헬기 개발 계획.

도를 포함한 한반도를 왕복할 수 있고, 전기신호로 기체를 조종하는 플라이-바이-와이어FBW, 자동비행 제어시스템(AFCS), 하이브리드 추진시스템, 그리고 경량복합재를 적용한다는 구상이다.

계획대로라면 2030년부터 2032년까지 개념 연구 격인 탐색 개발을 진행하고, 이를 기반으로 2033년부터 2038년까지 실제 체계 개발에 착수해 2040년부터 차세대 고속중형기동헬기를 양산한다는 일정이다. 현재 로터 형태는 결정되지 않은 상태다.

이 밖에 항공기산업의 기술 분야와 모빌리티 산업의 제조·생산 분야가 결합된 미래 항공모빌리티 AAM(Advanced Air Mobility) 개발도 진행 중이다. 민군 겸용 표준 플랫폼 개발을 통해 도심 항공택시,

KAI가 서울 ADEX 2025에서 선보인 차세대공중 전투체계 상상도. 항공과 AI기술을 접목해 유인기 와 무인기를 복합 운용하는 게 골자다.
/이미지=KAI

미래 다영역 작전 개념도. 군사용 인공위성과 무인정찰기, KF-21 전투기가 획득한 정보를 실시간으로 유무인 공중전력뿐 아니라 육군과 해군을 포함한 모든 아군 전력 중에 최적의 수단을 최단 시간에 투입, 적을 초기에 궤멸할 수 있다./이미지=KAI

물류 수송, 관광형, 응급 후송 등 민수 분야는 물론 군수 분야(공중기동체계, 유무인 복합전투체계)에서도 다목적 활용이 가능하도록 추진되고 있다.

그러나 여전히 고성능 엔진, 능동 스텔스 기술, 항공전자 통합, 우주·위성 통신 연동체계 등 일부 핵심 분야는 해외 의존도가 높은 상황이다. 세계 최고 수준의 항공기들과의 기술 격차도 존재한다. 국산 플랫폼의 해외 인증, 운영국 간 정비 및 MRO 협력 체계, 사용자 인터페이스 다변화 등 수출 경쟁력을 높이기 위한 과제들도 남아 있다.

향후 국산 군용기 발전 방향은 △무인화 및 인공지능 기반 통합, △항공전자 독립화, △국산 엔진 개발, △스텔스 및 저피탐 기술 등을 중심으로 설정할 수 있다.

무인화 및 인공지능 기반 통합: 유무인 복합체계MUM-T, 자율비행 제어, AI 기반 전술 결정 지원체계는 차세대 플랫폼의 중심이 될 것이다.

항공전자 독립화: 능동형위상배열AESA 레이다, 적외선 탐색추적장비(IRST), 전자전 장비, 임무 컴퓨터 등 핵심 항전 장비의 성능 고도화와 소프트웨어 내재화가 필수적이다.

국산 엔진 개발: 현재 대부분의 항공기 엔진은 해외 수입에 의존하고 있어, 고출력 고신뢰성 터보팬 및 터보샤프트 엔진의 독자개발이 주요 과제다.

스텔스 및 저피탐 기술: 미래 항공 전력의 핵심인 스텔스 형상 설계, 레이다 흡수재(RAM), 배기 적외선 억제 기술 등의 발전이 요구된다.

KT-1에서 KF-21로, 수리온에서 LAH로 이어지는 국산 군용기 개발사는 단순한 기술 진보의 연대기가 아니라, 국가 전략기술 자립을 향한 여정이라 할 수 있다. 앞으로 글로벌 항공우주시장에서 대한민국이 지속적으로 경쟁력을 유지하기 위해서는 기술 축적과 수출 전략, 그리고 항공·기계공학을 중심으로 한 산·학·연의 협력이 더욱 긴밀히 이뤄져야 할 필요가 있다.

9. 민수용 항공기 개발 노력과 전망

정부의 항공산업 육성 방향이 방위산업을 중심으로 발전한 민간 항공산업체 위주로 확대됨에 따라, 한국항공우주연구원을 중심으로 국내 산업체가 필요로 하거나 직접 수행하기 어려운 핵심기술개발을 통해 정부의 항공산업 육성정책에 기여하는 한편, 소형기와 무인기 중심의 민수용 항공기 개발을 추진해 왔다. 50~100인승급 중형항공기의 국제 공동개발도 두 차례 추진되었고 개발 착수단계까지 이르렀으나 아쉽게도 국제 협력선과의 최종 합의 불발로 본개발 직전에 무산된 바 있다.

1) 선미익 소형 항공기 '반디호'

한국항공우주연구원은 순수 국내 기술로 개발한 4인승 소형 선미익 항공기 '반디호'를 개발했고 제작은 신영중공업이 맡았다. 주익 실속/스핀방지(Stall)/spin-Proof형 특성의 선미익 소형 항공기 개발은 1997년 1월부터 2002년 12월까지 제1 단계 연구용 개발과 2002년 12월부터 2006년 12월까지 제2 단계 실용화 개발로 나뉘어 진행했으며, 개발된 기체에 '반디호'라는 이름을 붙였다. 2001년 9월 21일 초도비행에 성공했다.

선미익 항공기 반디호.

'반디호'는 수평꼬리날개가 동체 앞에 위치한 선미익(또는 커나드) 항공기로 실속과 스핀이 원천적으로 방지돼 저속에서 안전성이 우수하고, 전체 구조물이 복합재료로 제작된 설계부터 제작에 이르기까지 국내 순수 기술로 개발한 4인승 소형 항공기다. '반디호'는 2002년 8월 미국 오시코시(Oshkosh) 에어쇼에 출품해 호평을 받았으며, 4호기가 2006년 4월 미국으로 이송돼 구매자의 요구에 따른 보완 작업과 비행시험을 완료한 후 최종 인도됐다.

한편 2004년 1월에는 미국인 탐험조종사 거스 맥크라우드(Gus McLeod)가 반디 1호기를 이용한 남극 비행에 도전했다. 3차례의 도전 모두 비행 도중 기상 악화로 성공하지 못했지만 당시 '반디호'가 남극 대륙 위로 날아간 비행경로는 지구 한 바퀴에 달하는 44000km의 거리였다. 키트 형태로 제작이 가능하게 개발되어 국내 양산이 추진되었으나, 제작을 맡은 기업의 경영난으로 인해 양산 판매는 중단됐다. 미

국내 양산을 위한 협의도 진행됐으나 결실을 거두지 못하고 미완의 성공에 그쳤다.

2) 틸트 로터형 스마트 무인기

스마트 무인기 개발사업은 과학기술부의 뉴프론티어사업으로 선정되고 항우연이 주관해 한국항공우주산업㈜, LIG 넥스원, 퍼스텍 등 10개 기업과 19개 대학 등 총 36개 기관이 참여, 2002년에서 2012년까지 10년간 약 970억 원의 예산을 투

틸트 로터 방식 스마트 무인기의 헬리콥터 모드(왼쪽), 고정익 모드(오른쪽).

입해 기술개발을 완료했다. 이른바 똑똑한 무인 항공기 시스템인 스마트 무인기는 비행체로 틸트 로터tilt rotor 항공기를 채택했다. 틸트 로터 항공기는 이륙할 때 로터가 위로 향해 헬리콥터처럼 수직으로 이륙할 수 있을 뿐 아니라 속도 증가 시 로터가 앞으로 기울어 고정익 항공기로 변신할 수 있다. 헬리콥터에 비해 속도와 고도 모두 2배의 성능으로, 활주로가 없는 좁은 공간에서의 이착륙과 저속과 고속의 넓은 속도 영역의 비행이 가능하다.

틸트 로터 항공기는 미국에서 유인 항공기로 1950년대부터 3종의 시범용 항공기 개발을 시작으로 꾸준히 기술적 난관을 극복하며 2005년에야 양산에 착수한 고난도의 항공기다. 우리나라에서도 비행시험 중 수차례 추락을 겪었으나, 비행 제어 소프트웨어 검증을 위한 축소형 무인기 비행으로 인명 피해가 없었고 경제적인 손실도 최소화할 수 있었다. 2011년 헬리콥터 모드에서 비행기 모드로 변신하는 천이 비행에 성공해 마침내 스마트 무인기 개발을 입증하며 세계에서 두 번째로 틸트로터 항공기 기술을 획득하게 됐다.

기술 시연기로 개발한 스마트 무인기(TR-100)의 대표적 성능은 최대속도 $500km/h$, 임무반경 $200km$, 최대 체공시간 5시간, 유상하중 $90kg$이다. 엔진은 550마력의 터보샤프트를 사용했다. 이후 2008년부터 2011년까지 비행체 총중량 $200kg$급으로 체공시간 5시간, 최고속도 $250km/h$, 임무반경 $60km$, 유상하중 $20kg$의 성능을 목표로 고성능·저중량·저비용의 실용 틸트 로터 무인기 TR-60 시연기를 개발했다. 스마트 무인기는 지금까지 기술 시연 항공기로만 개발돼 실용화 단계에 이르지 못했다. 그러나 틸트 로터 기술을 습득해 UAM/AAM이 도래하는 시대를 맞이하여 OPPAV(Optionally Piloted Personal Air Viechle)를 비롯한 다양한 틸트 로터형 유무인 항공기 개발의 초석이 됐다.

3) 고고도 장기 체공 태양광 무인기

고고도 장기체공 태양광 무인기 개발사업은 고도 18 *km* 이상의 성층권에서 수주일 체공하는 전기 무인기에 대한 국제적 관심이 높아지면서 개발에 착수한 사업이다. 친환경 전기추진 동력시스템 기술과 고고도 장기체공(HALE, High Altitude Long Endurance) 기술을 접목한 항공기 체계 개발 기반 기술 확보를 위해 2010년부터 6년간 추진했다. 고도 $18km$의 성층권은 대기압이 지상의 1/20에 불과하고 온도가 섭씨 영하 70도까지 내

고고도 태양광 무인기 EAV-3.

려간다. 하지만 비관제 영역으로 풍속이 낮고 구름이 없어 지상관측, 기상관측 및 통신 중계 등의 임무를 수행하기에 알맞다.

개발 초기에는 연료전지 시스템을 적용한 스팬 2.6m급의 EAV-1을 개발해 비행시험을 수행함으로써 경량의 연료전지 시스템의 무인기 적용 가능성을 검토했다. 또한 태양전지, 배터리 및 연료전지를 동력원으로 사용하는 스팬 6m급의 하이브리드 무인기 EAV-2를 개발해 각 동력원의 장단점과 향후 활용 가능성을 점검했다. 이후 태양전지와 배터리를 적용해 동력 시스템을 단순화시켜 고고도용 비행체 개발에 들어갔다.

개발 과정에서 T-800급 국산 복합섬유를 처음으로 무인기에 적용하고 저온 특성과 인장 능력이 우수한 마일러 소재를 적용해 초경량 기체구조를 실현했다. 또한 영하 70도의 환경에서 작동하는 저속 고토크 BLDC모터와 모터 제어기를 개발했다. 모터 특성과 밀도가 1/14까지 감소하는 성층권 대기를 고려해 저레이놀즈 수 영역에 적합한 고효율 프로펠러를 설계한 점도 성과로 손꼽힌다. EAV-2의 고고도 장기체공 확장형인 EAV-2H는 2013년 10월 국내 최장 기록인 25시간 40분 연속 비행 기록을 세웠다. 2014년 9월에는 고도 $10km$까지 상승함으로써 국내 무인기 비행고도 기록까지 갈아치웠다. 고고도 태양광 장기 체공 실제 크기인 EAV-3는 단결정 태양전지와 리튬 이온 배터리를 동력원으로 이용해 2015년 8월 고도 $14.2km$, 2016년 8월 비관제 공역인 고도 $18.5km$에서 90분간 비행해 성층권 태양광 무인기의 활용 가능성을 확인했으며, 2020년 8월 고도 $22km$ 성층권 영역에서 53시간 비행에 성공하는 성과를 거뒀다.

EAV-3의 개발 성공에 대한 자신감은, 성층권에서 $20kg$ 이상의 임무 장비를 탑재하고 30일 이상 장기 체공이 가능한 EVA-4를 개발 사업으로 이어졌다. 2022년 착수돼 기상관측, EO/IR 장비 등 $20kg$의 임무 장비를 탑재하고, 최대 이륙중량은 $150kg$이며 날개 크기는 30m에 달하는 기체로 운용 거리 $500km$를 목표로 개발 진행 중이다. 2025년 4월 저고도 비행시험에 성공함으로써 최종 목표 달성은 물론이고, 향후 다양한 분야의 공공 임무를 위한 실증 사업으로의 확대를 기대하고 있다.

4) 미래형 유무인 겸용 항공기 OPPAV 개발

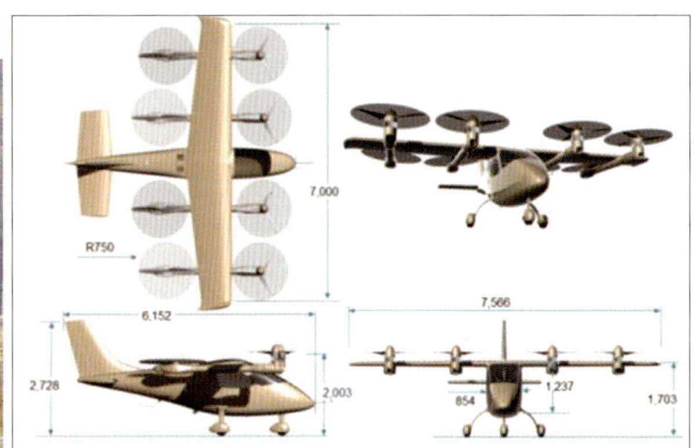

OPPAV 비행체 형상과 크기(단위:㎝)

1인승급 전기 분산 추진 방식의 수직 이착륙 항공기(eVTOL)인 OPPAV(Optionally Piloted Personal Air Vehicle) 개발은 산업통상자원부와 국토교통부의 부처 연계형 연구과제로 수행됐다. 항우연이 주관 기관으로 8개의 국내 기업이 분야별로 참여해 2019년 4월부터 2023년 12월까지 과제를 완수했다.

OPPAV는 4개의 틸트 프롭과 4개의 리프트 프롭 시스템을 사용한다. 틸트 프롭은 수직 이착륙 기능을 제공하면서, 고정익 모드로 비행 시에는 수평 추진력을 제공한다. 리프트 프롭은 추가적인 양력을 제공하여 이착륙 시 안정성을 높이는 역할을 한다. 이러한 구조는 항공의 균형과 추진력을 최적화하고, 안정적인 수직 이착륙 성능과 효율성을 보장하는 특성을 갖는다. OPPAV의 틸트 로터 기술을 통해 좁은 도심 공간에서도 이착륙이 가능하며, 이륙 후 프로펠러가 기울어지면서 고정익 항공기 모드로 전환돼 최대 $205km/h$의 속도로 고속 비행할 수 있다. 고속 비행 시 후방에 위치한 리프트 프롭은 정지하여 성능 효율성을 증대시킨다. 이 같은 특성은 도심 항공 모빌리티UAM 시장에서 중요한 특징으로, 헬리콥터와 고정익 항공기의 장점을 결합한 형태다.

2023년 12월 17일 전남 고흥 항공안전기술원(KIAST) 국가 종합비행성능시험장에서 열린 공개 시험비행을 통해 유무인겸용개인항공기 OPPAV가 틸트로터 프로펠러를 각도를 조정해가며 수평 고속비행(왼쪽)과 수직 착륙(오른쪽)을 시연하고 있다./사진=항우연TV 화면 캡처

특히 OPPAV는 배터리 동력의 분산 전기추진(DEP, Distributed Electric Propulsion) 방식을 채택하여, 여러 개의 전기 모터가 항공기 곳곳에 배치돼 추진력을 제공한다. 이 방식은 에너지 효율을 극대화하며, 여러 모터가 독립적으로 작동하여 한 개의 모터가 고장 나더라도 비행 안전을 유지할 수 있는 장점이 있다. OPPAV는 3중화 비행제어 시스템을 통해 중대한 결함이 발생하더라도 여분의 시스템이 작동하여 비행을 지속할 수 있다.

OPPAV 비행시험은 2023년 1월 19일 전남 고흥에서 비행체 1호기 초도비행으로 시작됐으며 1호기는 총 85회, 2호기는 총 131회의 비행시험을 거쳤다. 전방 프롭의 틸트에 따른 천이(Transition)시험, 비상 상황 대응을 위한 OEI(one engine inoperation) 시험, 내풍성 시험, 최대속도 비행, 최대 항속거리 시험, 조종사 탑승 시험, 피루엣(Pirouette) 기동 시험을 2023년 12월까지 마쳤다. 2024년 1~4월에는 K-UAM 그랜드 챌린지(Grand Challenge)에 참가, 실제 비행을 통해 UAM 실증 시나리오 검증 및 개선안 도출에 기여했다. 2024년 7월에는 인도네시아의 민간 공항에서 안정적인 비행 실증 시연을 통해, 국내 UAM 기술을 선보임으로써 우리나라의 위상을 드높였다.

5) 민수 항공산업의 전망과 과제

민수용 항공기 개발 전망은 기술적·정책적·산업적 요인에 따라 긍정적 요소와 도전 과제가 공존하는 상황이다. 대내적으로 정부는 2045년까지 항공우주산업을 국가 전략산업으로 육성하겠다는 목표 아래 민수용 항공기 개발을 목표로 삼고 있다. K-UAM 로드맵 및 UAM 팀코리아 출범 등 도심항공교통UAM을 중심으로 소형 민간항공기, 전기수직이착륙기(eVTOL) 등의 기술개발도 촉진 중이다. 또한 항우연 중심으로 개발된 소형, 유무인기 기술은 물론, KAI, 한화에어로스페이스, 대한항공 항공기 구조개발 부문 등 국내 항공기 제작사들이 군용기(KF-21, KT-1, T-50 등) 개발 경험을 통해 고정익 항공기 설계, 복합재 구조, 항공 전자기술 등의 기술을 확보해 군용기에서 민간항공기로의 기술 스핀오프가 기대되고 있다. 대외적으로는 아시아-태평양 지역을 중심으로 소형 및 중형 민항기 수요 급증이 예상되며, 국내외 지역 항공사 확대, UAM 상용화, 친환경 항공기 수요 증가로 특히 50인승 이하 단거리 노선용 항공기에 대한 틈새시장 진입을 노려볼 수 있다.

다만 보잉, 에어버스 등 글로벌 OEM 대비 경쟁력이 낮으며, FAA, EASA 등 국제 항공기 인증 취득의 절차와 비용 부담이 큰 상황이다. 또한 국내 민항기 시장은 제한적이며, 독자개발 항공기의 내수 기반이 부족하고 핵심 부품(엔진, 항공전자 등)의 높은 외국산 의존도가 단점으로 꼽힌다. 반면 한국의 민수용 항공기 개발은 정책적 의지, 군용기 개발 노하우, 성장 시장 수요라는 기회 요소도 동시에 갖고 있다. 기술과 인증, 시장성 확보라는 과제를 극복한다면 틈새 중심의 글로벌 경쟁력 확보가 가능하므로, 단기간 내에 보잉·에어버스와 경쟁하긴 어렵지만, 소형 민항기, 친환경·스마트 항공기 분야에서는 가능성이 엿보인다고 할 수 있다.

10. '90년 만의 꿈' 이룰 첨단 항공엔진 개발

오는 2037년 국산 첨단항공엔진이 완성된다. 방위사업청은 2023년 12월 27일 주최한 '첨단 항공엔진 개념연구 계획 발표 및 항공엔진 관련 기업 간담회'에서 1만 5000 파운드급 첨단 항공엔진을 2037년까지 완성하겠다는 계획을 기업들에게 자세하게 설명했다. 첨단 항공엔진의 1차 용도는 KF-21 보라매 전투기. 2030년대 중반 이후 국산 전투기 엔진 개발이 완료되면 KF-21 블록 3의 심장으로 탑재될 수 있다. 창정비 수요가 생기거나 수리 요인이 발생하는 KF-21 전투기에 달린 GE사의 F414 엔진 대신 국산 엔진으로의 교체 장착도 가능하다.

이미지=한화에어로스페이스

항공엔진 개발은 어려운 과제지만 분명한 당위성을 갖고 있다. 국가가 제시한 목표연도가 분명하고 'KF-21 전투기에 탑재한다'는 용도가 뚜렷하기 때문이다. 예산 총액도 확정했다. 방위사업청이 엔진 체계개발에 3조 3000억 원, 산업통상부가 핵심 소재 등의 개발에 1조 1000억원의 예산을 투입할 계획

한회에어로스페이스가 생산한 1만 번째 엔진. 한국 공군의 TA-50 훈련기에 장착될 F404 엔진을 2024년 4월 15일 출하하며 45년 만에 누적 생산 1만대를 기록했지만 독자 엔진 개발은 미답의 영역이었다. 한국이 계획대로 오는 2037년 독자 엔진 개발에 성공하면 항공산업도 도약의 전기를 맞이할 것으로 기대된다./사진=한화에어로스페이스

두산에너빌리티의 가스터빈 제작 현장. 2022년 3월 세계에서 다섯 번째로 가스터빈 독자 설계, 제작에 성공했다. 초고온에도 견디고 작동하는 소재 기술을 보유한 두산에너빌리티는 국산첨단엔진 개발에서 주요 역할을 맡을 것으로 보인다./사진=두산에너빌리티

이다.[46] 불확실성과 예측 불가능한 변수가 많은 항공산업에서 시기와 용도, 예산까지 확정된 사업은 흔하지 않다. 정부는 오랜 준비를 거쳐 첨단엔진 개발 일정을 마련했다.

전투기용 국산엔진이 필요하다는 논의가 학계에서는 없지 않았지만 정부 차원의 언급이 처음 나온 시기는 지난 2022년초. '항공우주인 신년인사회'에서 문승욱 산업통상자원부(현 산업통산부) 장관은 "제트기급 첨단 엔진 개발을 관계부처와 함께 적극 검토하고 있다"고 운을 뗀 뒤 "오랜 시간과 많은 예산을 들여야 하는 사업이지만 항공 분야를 넘어 기계산업 전 분야로 이어지는 파급효과가 크다"고 부연 설명했다.[47]

시간이 흐르면서 문 장관의 발언은 정부 부처 또는 출연기관에 의해 점점 구체화했다. 국방기술진흥연구소는 같은 해 5월 '첨단 항공엔진 국내개발을 위한 제언'을 통해 "개발 후 20년 동안(2037~2057년) 거둘 수 있는 부가가치가 최소 9조4000억 원에 이를 것"이라고 추정했다.[48] 방위사업청은 2023년 2월 부산에서 열린 '드론쇼 코리아 2023 컨퍼런스'를 통해 "미래 도전 국방 기술의 하나로 개발 규격과 기본 구성을 설계하고, 2027년부터 본격적인 터보팬 실물 엔진을 제작에 들어가 2037년에 인증시험까지 완료한다"는 일정을 밝혔다.[49]

2023년 말 방위사업청의 기업설명회는 이런 과정을 통해 나왔다. 방사청은 이 자리에서 국가적 사업인 첨단엔진 개발을 위해 부처 간 협의체를 구성한다며 기업들도 경쟁하는게 아니라 장점을 살려 협력하고 상생해야 한다고 강조했다. 기업들도 이 사업에 주도적으로 참여하겠다는 의사를 밝혔다. 지난 1982년부터 전투기와 헬기용 엔진을 조립생산해온 한화에어로스페이스는 물론 가스터빈 제작사인 두산에너빌리티도 출사표를 던졌다.

1) 업체 자체 투자, 파급 효과 막대

정부의 예산 투입 외에도 기업들은 자비를 들여 투자에 나설 방침이다. 한화에어로스페이스의 최근 10년간 투자액만 약 1조 8000억원에 달한다.[50] 기업 입장에서도 막대한 자금과 오랜 시일을 요구하는 항공엔진 개발에 적극 나서는 이유는 크게 네 가지 이유 때문으로 풀이된다. 첫째 기업의 자체 투자도 필연적으로 수반되지만 영업 수지 전망이 나쁘지 않다. 방사청에 따르면 한국 공군의 수요만 최소한 1000~2000대에 이를 전망이다.[51] 두 번째, 신규 판매 이상으로 장기간 매출이 발생하는 정비 및 유지보수(MRO) 물량 수주 경쟁에서 유리한 입장에 설 수 있다. 세 번째 '정밀기계공업의 꽃'이라는 엔진 제작에 성공하면 핵심 인력 확보와 양성, 고난도 산업기술 습득을 기대할 수 있다. 넷째, 다른 유망산업으로의 진출이 용이하다. 엔진을 개발하면 습득한 정밀주조와 소재기술은 미래첨단모빌리티나 우주선개발에도 적용될 수 있다. 생산 유발효과가 최대 60조원에 이르고 다양해질 군사용 드론 엔진제작기술을 미리 확보할 수 있다.

국가적으로도 수입 엔진의 국산 대체로 인한 수입 대체 효과를 비롯해 독자적인 성능 개량권 확보[52], 엔진 기술 원천 제공국에 의한 수출 거부 회피 등이 가능해진다. 일단 국산 엔진 개발이 완료되면 수많은 개량을 통해 고속 고성능 무인기용, 차후 개발 예정인 수송기용까지 국산 엔진의 적용 범위를 넓힐 수 있다. 정부와 방산업계는 이미 이런 방향으로 개발 일정을 잡았다. 방위사업청과 국방과학연구소, 한화에어

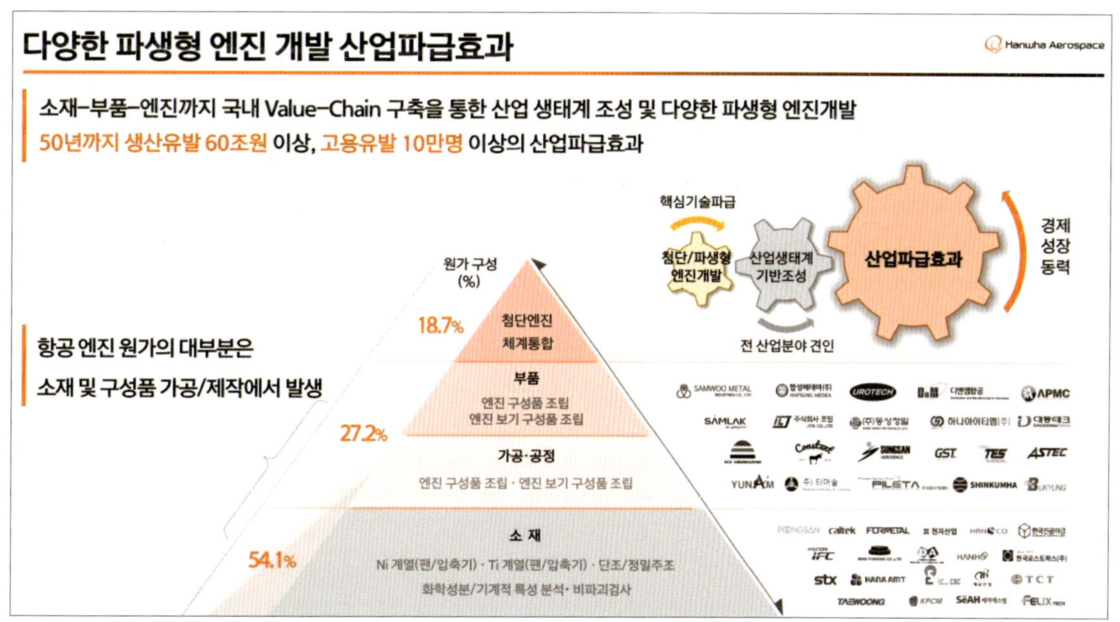

국산 첨단엔진과 파생형엔진 개발에 성공할 경우, 파급 효과를 나타낸 이미지. 경제 전반에 성장 동력으로 작용하는 가운데, 소재 및 구성품 가공·제작 분야가 발달해 다른 연관 산업의 기술 향상에도 기여할 것으로 기대된다./이미지=한화에어로스페이스

로스페이스는 2025년 말 중고도 무인정찰기나 무인편대기에 장착 가능한 5500파운드급 터보팬 엔진 시제품 제작을 마쳤다. 1만 파운드급 엔진도 곧 나올 예정이다. 최종 목표가 바로 KF-21 전투기용 엔진으로 초기에는 1만 5000파운드급이라고 발표됐으나 최근에는 1만 6000파운드급 이상으로 알려졌다.

2) 어렵고 먼 전투기 엔진 개발

그러나 첨단엔진 개발 과정은 험난할 것으로 보인다. 전투기 개발보다 어렵다. 독자적으로 항공기 엔진을 개발한 나라는 영국과 미국, 러시아, 우크라이나(소련 시절 시작), 프랑스, 중국, 일본 정도(개발 순)다. 제트기를 생산한 경험이 있는 25개국보다 훨씬 적다.[53] 제트기 개발이 범용기술이라면 엔진은 초고난도 기술이라고 할 수 있다. 엔진 개발에 접근하기 힘든 이유는 첨단 과학기술과 소재기술의 결정체이기 때문이다. 엔진 내부 터빈 블레이드는 섭씨 1600도를 넘어 때로는 2000도에 육박하는 불지옥이다. 용암보다 뜨거운 가스 속에서 엔진 중심축은 1분에 2000회 이상 회전한다. 자연 상태의 어떤 금속도 이런 환경을 견딜 수 없기에 니켈 기반의 특수 초합금이 필요하다. 약 50개의 소재 기술을 확보해야 엔진 독자 개발이 가능한데, 한국은 아직 소재 기술을 확보하는 과정을 밟고 있다.

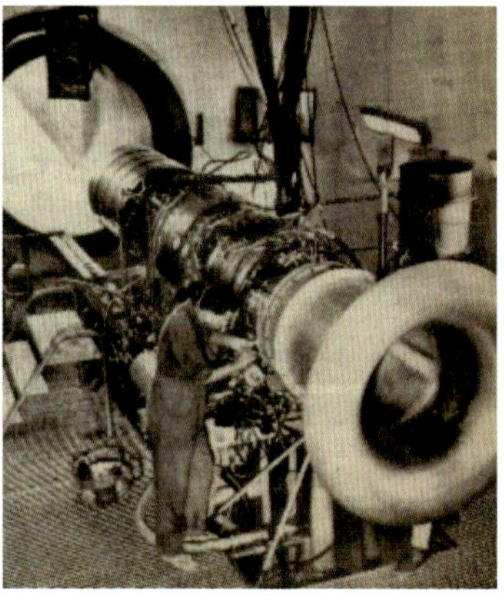

이집트는 1960년대 중반 옛 독일의 과학자들을 초빙해 의욕적으로 마하 2급 전투기 개발에 나섰으나 시제기 3대 제작 상태에서 접고 말았다. 독자 개발하려던 국산엔진 '브란트너 E-300 엔진의 들쭉날쭉한 성능으로 신뢰성을 확보할 수 없어서다. 인도 공군도 1961년에 첫 비행한 자국산 전투기 힌두스탄 HF-24 마루트 전투기에 장착하기 위해 브란트너 E-300에 투지했으나 결국 채용하지 못했다. 2개 국가의 전투기 개발 프로그램을 무산시킬 정도로 엔진이 미치는 영향은 막대하다.[54]/사진=위키피디아

인도는 아직도 엔진으로 고통받고 있다. 인도는 카베리(Kaveri) 엔진 개발에 20년 넘게 매달리다 지쳐 프랑스와 미국의 기술이전을 받아 반쪽 국산화로 사업을 접을 요량이다. '개발 완료' 발표 직후 실제 테스트에서 터빈 블레이드가 고장 난 적도 있다. 문제가 거듭되자 외국기업의 도움으로 수습하는 과정을 되풀이하다 결국은 프랑스가 설계한 엔진을 개발하되 미국의 기술 이전을 받는 국산화 계획을 진행 중이다.[55]

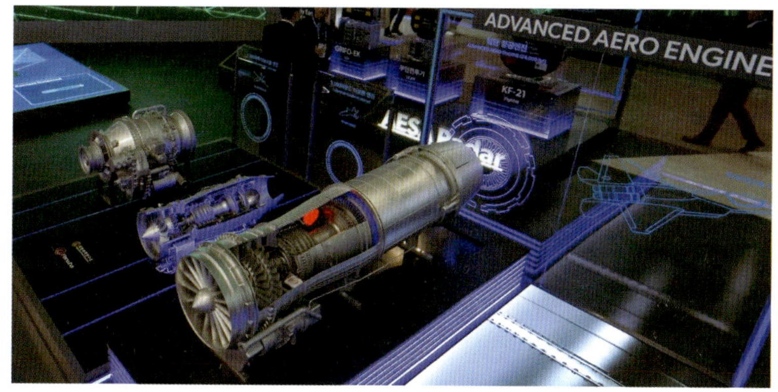

고양시의 킨텍스 제2실내전시관에서 열린 2025 서울 ADEX 한화에어로스페이스관에 전시된 3종의 첨단항공엔진. 오른쪽에 1만 6000파운드급 엔진과 가운데 5500파운드급, 가장 왼쪽에 1만 파운드급 엔진이 보인다. 2037년 완성될 1만 6000파운드급 엔진은 KF-21 전투기에 장착되고 나머지 2개 엔진은 무인기용으로 활용될 예정이다./한국우주항공산업협회

엔진 개발이 서류나 육상의 실험시설에서는 완료됐더라도 실제 비행에서 성능이 완전히 검증되기까지는 시간이 필요하다. 또한 시간은 곧 돈(예산)이다.

다행스럽게도 우리 정부는 단계적으로 사업을 진행하고 있다. 엔진 소프트웨어와 초 고내열 및 정밀주조 소재 등의 핵심 부품 개발과 병행해 엔진을 개발하되 낮은 출력에서 시작해 고출력 엔진으로 진화한다는 계획이다. 무인기 등에 장착될 5500파운드급 엔진은 이미 2025년말 시제품 개발을 마치고 시험 비행과 정밀 성능 검사가 진행 중이다.

3) KF-21 플랫폼으로 엔진 개발 탄력

정부는 단계적인 개발과 국가적 차원에서 각 참여기업들의 장점을 극대화하는 개발 전략을 택할 예정이지만 원초적인 난제는 여전히 남아 있다. 정부가 책정한 예산 4조 4000억원이 그대로 집행되어도 얼마나 모자랄지 장담하기 어렵다. 중국은 무한 투자로 유명하다. 21세기 들어 군용 개발 엔진 개발에 투입한 예산이 9000억 위안.[56] 우

우리나라가 생산해온 전투기용 엔진. 주요 항공기의 엔진을 생산해왔으나 기술도입의 한계가 분명했다. 한국 고유의 엔진 개발은 항공산업의 수준을 한단계 끌어올릴 것으로 기대된다. /이미지=한화에어로스페이스

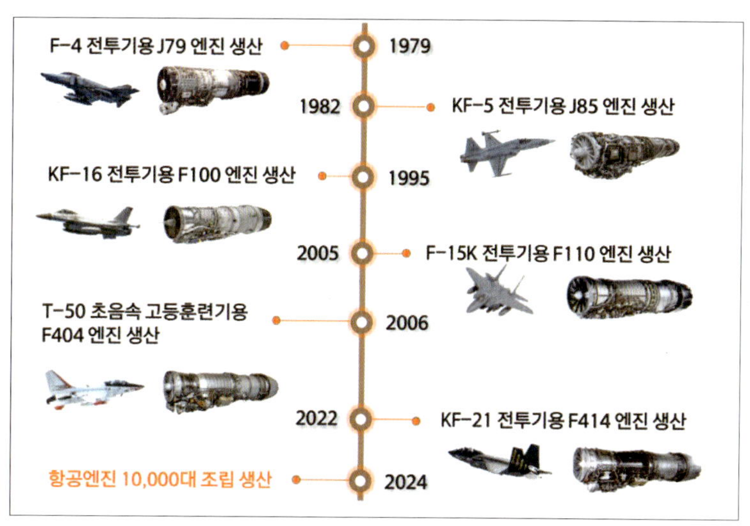

리 돈으로 190조 6380억 원에 해당한다. 이 뿐 아니다. 1950년대부터 구소련의 미그 계열 전투기를 생산해온 중국이 2만대 이상 엔진을 신규 제작하며 설계 및 생산 기술 극대화에 국가 역량을 총동원했다는 점은 엔진 기술 습득에 얼마나 많은 시간과 돈이 필요한지를 대신 말해준다. 젊은 설계 인력이 넘치는 중국과 달리 엔진 개발에 투입될 인력이 부족하다는 점 역시 쉽게 풀지 못할 과제다. 대한민국의 항공 엔진 연구 인력은 국책 연구기관과 민간 기업을 합쳐도 불과 200명에 불과하다.

그럼에도 불구하고 물이 들어오고 있는 것만은 분명하다. 일본 사례를 보면 한국이 기회를 맞이하고 있다는 사실이 보다 명료해진다. 일본은 고성능 엔진을 개발해냈다. 방위성 기술연구본부(현재 방위장비청)와 IHI사가 차세대 전투기 개발 계획将来戦闘機開発計画의 일환으로 2010년 개발에 착수, 2018년 8월 시험에 들어간 'XF9-1 엔진'은 애프터 버너 점화 없이도 추력 2만4000파운드를 자랑한다. 3만 3000급 개발도 가시권이다. 한국이 목표한 첨단엔진보다 훨씬 강한 엔진을 개발했음에도 일본은 양산에 들어가지 못한다. 기체(Platform)가 없는 탓이다. 반면 우리는 KF-21 보라매라는 기체 플랫폼이 있다. 엔진 개발에 성공하면 KF-21 개발의 시너지 효과가 따라 붙는 것이다. 기회가 아닐 수 없다.

4) 90년 만에 꿈은 이루어진다

한국이 그동안 독자 엔진 개발에 쉽게 나서지 못한 이유도 같은 맥락이다. 개량이나 무장 장착 등을 마음대로 결정할 수 있는 독자 개발 항공기가 없어 엔진 개발을 절실하게 느끼지 못했던 것이다. 한국이 항공 엔진 생산에 처음으로 눈 돌린 시기는 지난 1970년 중후반. 항공산업에 참여하겠다는 대기업이 없는

이미지=한화에어로스페이스

가운데 1977년 여름 청와대의 조정으로 삼성에 엔진 분야를 맡겼다.[57] 항공기 엔진 조립을 권력의 강권으로 맡았으나 삼성정밀(현 한화에어로스페이스)은 최선을 다했다. 1979년말 창정비로 F-4 팬텀전투기용 J-79엔진을 수리하고 1982년 6월 15일, 국산부품이 들어간 제공호용 J-85 엔진 시제품 제작을 마쳤다.[58]

국산 첨단엔진 개발이 2037년 완료된다면 항공산업을 처음 구상하고 삼성그룹에 항공 엔진을 맡긴 1977년으로부터 60년 만이다. 역사적으로 한국의 항공엔진을 추려보면 기억해야할 엔진이 하나 더 있다. 미 군정에 유사군사단체로 몰린 항공단체들이 해산 당하는 와중에도 활발한 활동을 펼쳤던 조선학생항공연맹(학항)이 '아리랑 로터리 엔진'을 발표한 시기가 1947년 9월이다.[59] 10대 후반에서 20대 초반 학생들이 제작해 시연까지 보였다는 로터리 엔진은 형상은 물론 도면조차 남지 않았지만 스스로 항공기와 엔진을 제작하겠다는 꿈은 결코 죽지 않았다. '첨단엔진 2037년 완성'은 해방 직후 젊은이들의 갈구했던 국산엔진의 꿈이 90년 만에 현실화하는 것이다. '국산 엔진의 꿈'이 90년 만에 이뤄질지 주목된다.

1) KT-1 웅비의 부품 수 대비 국산화율은 80%에 이른다(한국항공우주산업진흥협회, 『항공우주분야 주요 체계사업 현황』, 2022, 49쪽). 어떤 기종보다 높다. 설령 일제강점기에 한반도에서 생산된 3종류의 항공기를 국산의 범주에 포함시켜도 결과는 마찬가지다. 1944~1945년 중 평양과 부산, 안양(차례순) 제작된 항공기는 부품의 대부분을 일본과 만주에서 들여왔다. 1950년대 등장한 '부활호'나 '제해호'도 미국산 항공기의 부품을 모으거나 주워서 만들었다.

2) 안동만, 「우리나라의 항공우주산업 발전과 KT-1 개발의 의의」, 『항공우주학회 2023 춘계학술발표 논문집』, 498쪽.

3-1) 『월간 항공』 기획출판팀, 'KT-1 프로젝트', 47~49쪽, ㈜와스코, 2003년 4월 12일.

3-2) '훈련기 국산화 착수, 국방과학연·업계 공동', 『매일경제신문』 1988년 12월 2일자 8면.

4) 공군은 T-37 훈련기를 2004년 퇴역시켰다. 미국 세스나사가 제작한 제트훈련기인 T-37은 1973년에 처음 도입된 이래 도입 대수를 늘려 많을 때는 65대를 운용했다. 공군은 브라질에서 중고기 39대를 수입해 기관총과 로켓을 장착한 무장형으로 개조, 대지 공격용 기체로 활용했었다. 한국 공군의 퇴역 기체는 파키스탄으로 팔려나갔다.

5) 상반각(dihedral angle)은 동체에 부착된 날개와 비행기의 가로축 사이의 각도를 뜻한다. 상반각이 주어지면 비행기를 앞쪽에서 봤을 때 날개가 V자 모양으로 보인다. 날개 양 끝을 들어 올린 모양과 비슷해진다.

6) 항공업계에서 '스컹크'라는 별칭은 재능을 표현할 때 사용되는 경우가 많다. 록히드 마틴사의 '스컹크 웍스(Skunk Works)'만큼이나 뛰어나다는 의미를 내포한다. 록히드 마틴에서 U-2·SR-71 정찰기와 걸작 전투기 F-22와 F-35를 개발한 고등개발 프로그램 부서의 별칭이 '스컹크 웍스'다.

7) 국과연은 자체 개발한 무기에 붙이는 이름을 공모를 통해 정해온 것처럼 KTX-1도 첫 비행 이후 공모 절차를 밟았다. 1992년 공모를 통해 처음 KTX-1에 붙여진 이름은 '여명(黎明)'이었다. 새벽을 여는 여명처럼 항공산업의 불씨를 살려내주길 희망하며 ADD 소속의 심재권 씨가 지은 이름이었다. 얼마 뒤 공군이 장병들을 대상으로 공모한 이름에서도 '여명'이 당선작으로 뽑혔다. 3년 후, 시제 3호기가 출고될 때 KTX-1은 군 통수권자인 김영삼 대통령이 지어준 '웅비(雄飛)'라는 새 이름을 갖게 됐다. '미래를 향해 힘차게 날아 오르라'는 뜻으로 군용기로서의 용맹성과 진취성을 담았다.

8) 1호기의 추락 사고는 대외적으로 극비 처리돼 명명식에 참석한 사람들은 소수를 제외하고는 사고가 있었다는 사실도 모르고 행사를 관람했다.

9) 미국은 한국이 일본보다 늦게 차기 전투기사업을 시작했다는 명분을 들어 한국의 사업명이 바뀌기를 원했다. 다만 이는 미국이 한국보다 일본을 먼저 생각하는 반증이라는 시각도 있다.

10) 초도기(KFP 1호기·미국 직도입분) 출하는 1994년 11월 29일, 최종분 납품일은 2004년 4월 19. 다만 1차 KFP사업(120대) 완료(2000년 4월 10일) 후 2차 KFP사업(20대 추가 생산)의 초도기 생산 착수(2001년 1월 22일)까지의 공백 9개월을 빼면 전체 사업은 약 20년 동안 진행됐다.

11) 공군은 계획보다 훨씬 더 오랫동안 노후 전투기를 운용했다. 예산 부족에 따른 신예기 도입 지연과 국산 전투기 생산 프로그램 순연, 대북 타격력 유지 등의 이유로 F-4D 전투기는 2010년, F-4E 전투기는 2024년에야 퇴역하며 임무에서 벗어났다. 정비사들의 철저한 예방정비로 공군이 예상했던 퇴역 시기보다 훨씬 늦게까지 운용할 수 있었다.

12) 삼성정밀이 KFP 사업의 주계약자로 선정됐다는 사실은 이듬해 상반기까지 보도가 나오지 않았다. 삼성항공으로의 사명 변경(1987년 2월 14일)을 전후해 회사를 소개하는 기획기사는 물론 "항공기 제작 3사가 열띤 경쟁을 펼치고 있다"는 기사에서도 KFP의 주계약자 선정 관련된 소식은 전혀 없었다.

다만 석간신문 한 곳의 비슷한 보도가 한 건 있었다. 모 신문은 1987년 2월 20일 2면에 '삼성항공 발진 채비 완료'라는 제하의 기사에서 "작년 중 우리나라의 항공기산업 종합수행업체(시스템 인터그레이터) 지정 경쟁에서 업체 간 치열한 경합 끝에 작년 말 정부로부터 종합수행업체 지정을 받은 삼성그룹은 최근 삼성항공산업주식회사를 새로 설립하고 본격적인 발진 채비를 완료"라는 내용을 실었다. 배경 지식을 갖고 자세히 읽지 않으면 'KFP 주계약자 선정' 얘기라고 생각할 수 없는 보도였다. 이는 정부와 업체들이 보안에 만전을 기했다는 사실을 말해주는 것이다.

13) KFP 사업의 기종으로 F-16을 팔려는 GD와 F-18을 내세운 MD 간 경쟁은 훗날 '7년 전쟁'이라 불릴 만큼 오랫동안 이어졌다. 공군이 "국산 항공기를 개발하라"는 대통령 지시에 따라 이들 2개사와 노스롭, BA(영국 항공사, BAe의 전신)에 정식 공문 발송(1983년 8월 12일)부터 한국 정부가 1차 결정 번복을 거쳐 최종 결정을 내린 1991년 3월 28일까지 7년 7개월 동안 치열한 수주 경쟁을 펼쳤다. 국방부와 ADD, 삼성항공은 이 기간 동안 기대하지 않았던 소득을 올렸다. 방대한 자료 수집과 함께 각 항공기의 성능과 안정성, 군수지원의 효율성, 작전 운영의 융통성, 신무기체계의 수용성 등을 검토하며 최신 전투기의 제작과 후속 군수지원이란 무엇인지 어렴풋이나마 알게 되었다.

14) 1980년대 말과 1990년대 초반은 일본 경제의 급성장으로 미국의 일본에 대한 경계감이 최고조에 달하던 시기였다. 일본의 차기 전투기(FSX)의 독자개발을 막은 미국은 공동개발을 제안하며 약속했던 기술을 이전하지 않은 채 일본 경계론만 부각시켰다. 자동차, 조선 등에서 일본이 걸었던 길을 추종해온 한국이 전투기에서도 미국과 경쟁할 수 있는 제2의 일본이 될 수 있는 길을 아예 차단해야 한다는 논의가 미국에서 제기됐다('미 의회 대한(對韓) FX 계획 제동', 『경향신문』 1989년 6월 2일 자 5면)

15) 항공기 유지 보수, 후속 군수지원의 편의성까지 고려하면 국산화의 이점은 더욱 커진다. 다만 독자개발을 완료하고도 후속 군수지원 체계를 갖추지 못하면 국산 제품이 설 자리는 없어지게 된다. 이는 수출에서도 마찬가지다.

16) '2000년까지 전투기 독자 설계, 항공산업육성 3단계 전략 수립', 『매일경제신문』 1987년 10월 1일자, 1면.

17) 전영훈, 『T-50 끝없는 도전』, 도서출판 행복한 마음, 2011, 51쪽.

18) 정부가 공고를 내서 회사 자금으로 개발한 전투기가 선정 과정에서 떨어져도 개발 비용은 보상받았다.

19) 노스롭사가 F-5E/F의 엔진과 항전 장비를 일신한 개량형 F-5G(F-20 타이거 샤크)가 대표적인 사례다. 노스롭사는 미 공군(주 방위군)이 최종적으로 채택하지 않자 해외의 모든 거래선으로부터 선주문을 취소당했고 6년간 투자액 12억 달러를 날렸다.

20) 대우중공업은 과감한 투자로 항공산업에 들어왔다. 미국은 한국이 F-16C/D기 블록 32형 36대를 구매(Peace Bridge Ⅰ 사업)해준 대가로 800만 달러에 상당하는 기체 일부를 납품할 한국 업체를 찾았으나 대한항공이나 삼성정밀은 수주의 선결 조건인 설비투자를 꺼린 반면 대우중공업은 2000만 달러를 투자해 물량 수주에 성공했다(최동환, '우리나라 항공산업 육성을 위한 제언', 『항공산업연구』 54권, 세종대학교 항공산업연구소, 2000, 28쪽). 당초 36대였던 Peace Bridge Ⅰ 사업의 도입 규모는 36대였지만 환율변동에 따라 4대를 더 받아 총 40대로 늘어났다.

21) 정부는 주계약자로 선정된 삼성정밀에 탈락한 업체들과 물량을 나누라고 종용해 F-16 국산화에는 3사가 모두 참여했지만 오히려 비용 증가와 일정 지연 요소로 작용한 측면도 있다.

22) '항공기 제조 기술의 개발, 현황과 과제-연구개발 조정기구 설치 시급', 『매일경제신문』 1986년 9월 11일 자, 7면.

23) 1996년 말 우리 경제는 위기 상황이 전혀 없던 시기다. 국제수지 누적적자가 날로 쌓여가고 전체적인 경기 부진에 시달렸으나 외환위기의 징후는 없었다. 항공산업 통합 논의가 외환위기 1년 전부터 시작되고 첫 회의에서 원론적인 합의에 이르렀다는 사실은 항공업체들이 느끼는 경영난이 심했다는 점을 대신 말해준다.

24) 항공산업체의 일감 확보와 설비 유휴화 방지를 위한 국가 예산 투입은 일본에서 두드러지게 나타났다. 일본 정부는 F-104J 전투기를 1961년부터 1964년까지 180대 면허생산할 예정이었으나 항공업체의 일감 부족 사태에 직면하자 1965년부터 30대를 추가로 발주, 생산 공백을 메웠다. F-15J 면허생산에서도 1980년 수립된 최초 계획에서는 100대 도입 예정이었지만 후속 사업인 F-2 전투기사업이 지연되자 3차례에서 걸쳐 113대를 추가로 발주했다. 추가생산이 결정될 때마다 일본 정부는 '국가의 계획 합리성에 의한 지속적 수요 창출'이라는 명분을 내걸었다. 김경민, '일본 차세대 전투기 사업의 교훈', 『군사교리연구』 45호, 공군전투발전단, 2001, 58쪽.

25) ‘[KF16 전투기 도입] 20대 추가생산키로’, 『한국일보』 1999년 5월 13일 자.

26) 한국보다 앞서 F-16 면허생산을 시작했던 튀르키예는 5차례나 사업을 연장하며 총 308대를 면허생산했다. 2024년 6월 말 현재 모두 4599대가 생산된 F-16 전투기 가운데 미국 생산분이 3641대이며 나머지 958대가 벨기에와 네덜란드, 튀르키예, 한국(생산 시기 순)에서 만들어졌다. 해외생산 4개국의 국가별 생산량을 보면 튀르키예가 308대로 가장 많고 네덜란드 300대, 벨기에 222대, 한국 128대 순이다. 한국 생산물량이 140대가 아니라 128대로 계상된 것은 직도입 물량 12대는 미국 내 생산으로 잡혔기 때문이다. KFP로 생산된 140대를 기준으로 삼아도 F-16 전투기 생산 5개국 가운데 한국의 생산량이 가장 적다. F-16 생산국은 하나 더 늘어날 가능성도 있다. 인도가 록히드사의 설비를 통째로 이전받는 논의가 진행되고 있다.

27) ‘[시리즈, 국군 무기 백과] H-19 치카소’, 『국방일보』 2024년 4월 23일 자. 한국 공군의 항공기 종류와 수가 많아지면서 독자적인 구조작전 필요성이 높아졌다고 인정한 미국이 군사원조로 2대를 도입하며 제33 구조비행대대를 창설했다. 한국 공군은 이후 총 9대를 도입해 탐색구조, 병력 및 보급물자 공수 임무를 수행했다. 1962년 11월부터 1968년 1월까지는 귀빈용으로도 운용했다. 특히 1968년 1월 21일 청와대 침투를 목표로 한 무장공비 소탕작전 당시에는 탄약 공수 및 조명탄 항공지원 등의 임무를 수행했다. H-19D는 UH-1B/N의 도입에 따라 1977년 7월 14일 퇴역했다.

28) 국회입법조사처방위산업 주요사업 평가, 2015.

29) 항공기는 배기가스가 나오는 엔진 주변 부분의 온도가 올라가기 마련이어서 적이 열추적 미사일을 쏘면 피격당하기 쉽다.

30) 이전에 국내에서 헬기를 면허생산할 때는 이미 치구가 있는 상태에서 붕어빵 만들듯이 찍어냈기에 이런 과정을 알 길이 없었다. KUH를 개발하며 KAI는 면허생산에서는 습득할 수 없는 기술을 축적할 수 있었다.

31) 신형 항공기의 지상 활주나 엔진 가동시험이 실제 비행으로 이어지는 경우는 가끔 발생한다. 세계적인 베스트셀러 전투기인 F-16의 첫 비행이 대표적인 사례다. YF-16(앞의 ‘Y’는 정식 채용이 안 된 시험기라는 의미)의 공식 초도비행은 1974년 2월 2일이지만 실제 비행은 같은 해 1월 20일 이뤄졌다. 지상 활주 시험 중에 테스트 파일럿은 기수가 들리면서 날개가 땅에 긁히며 불꽃이 튀는 현상을 발견했다. 지상 활주를 계속해 멈추기보다 이륙이 안전하다고 판단한 테스트 파일럿은 6분간 비행하고 무사히 내려앉았다. 조사 결과 조종시스템이 너무 민감하다는 결과가 나왔고 제너럴 다이내믹스사는 이를 수정, 20여 일 뒤 공식적인 첫 비행을 실시했다. 테스트 파일럿은 이처럼 항공기의 부족한 부분까지 알려주는 중대한 역할을 담당한다.

32) 방위사업청, 『DAPA TMI』 vol. 45, 2017.

33) 국무조정실, 「정부연구개발사업 산업기여도 분석보고서」, 2020.

34) ‘한국형 미디엄 공격헬기 코브라 대체한다… ‘기어박스’ 국산화[정충신의 밀리터리 카페]’, 『문화일보』 2023년 7월 2일 자.

35) 국회입법조사처, 「중소형 무장헬기 개발 현황과 과제」, 2018.

36) KAI, LAH 초도비행 성공 보도자료｣, 2019.

37) 한국기계연구원, 「회전익용 복합구조 설계기술 보고서」, 2020.

38) 한화에어로스페이스, 「천검 대전차 미사일 무기체계 설명자료」, 2023.

39) 국회입법조사처, 「한국형 전투기 개발 계획: KF-X사업」, 2015.

40) 방위사업청, KF-21 공중급유 시험 성공 보도자료, 2024.

41) 국회입법조사처, 「한국형 전투기 개발 계획: KF-X사업」, 2015.

42) 한화시스템, 「AESA 레이다 개발 홍보자료」, 2023.

43) KAI, 「KF-21 Block 단계별 개발전략 자료」, 2023.

44) 방위사업청, 『DAPA TMI』 vol.120, 2022.

45) 국방부, 「자체평가 결과보고서」, 2021.

46) 실제로 투입될 총 비용은 이보다 늘어날 것으로 보인다. 국제 원자재 가격과 연구 기자재 및 설비 확보난을 감안할 때 관련 예산이 증액될 가능성이 있다. 국회나 예산당국의 심의 과정에서 예산이 삭감될 수도 있으나 국산 첨단엔진에 대한 국

민의 관심도를 감안하면 가능성은 크지 않다. 한화에어로스페이스와 두산에너빌리티 등 기업들도 자체 R&D 투자를 늘
릴 계획이다.

47) 한겨레신문, "항공엔진 독립 '미션 임파서블' 일까?", 2022년 1월 29일

48) 국방기술진흥연구소, 'KARIT 이슈 리포트' 13~14쪽, 2022년 5월 18일

49) 비즈한국, '국산항공기용 제트엔진 개발의 의미와 과제…1만 5000 추력 터보팬 2037년 개발완료 목표, 5조 원대 예산
확보가 숙제', 2023년 3월 7일

50) 한화에어로스페이스, '항공·방위산업 선진국 도약을 위한 첨단 항공엔진 독자개발' 17쪽, 2025년 4월 30일, 한국우주
항공협회 월례조찬세미나(한국 프레스센터) 발표 자료

51) 방위사업청, '항공엔진 개발 기본계획', 2025년 4월 25일, 대한금속·재료학회 춘계 학술대회 '첨단 항공엔진 소재부품
개발 심포지엄(제주컨벤션센터)' 발표 자료

52) 전투기의 엔진을 교체하거나 변형해 성능을 끌어올린 사례는 무수히 많다. 제2차 세계대전에서 크게 활약한 미국의
P-51 무스탕 전투기도 처음에는 고고도에서의 출력 부족으로 2선급 전투기로 취급됐으나 영국제 롤스로이스 엔진으로
교체한 뒤부터 최고 전투기로 거듭났다. 이스라엘이 프랑스 미라쥬 전투기를 불법 복제한 크피르 전투기도 엔진을 미국
제 팬텀 전투기용 J-79 엔진으로 교체한 뒤 더 뛰어난 성능을 발휘했다. 국산 엔진이 개발되면 창정비시 기존의 전투기
에 교체 장착해 성능 향상을 기대할 수 있다.

53) 시제기를 포함해 제트기를 생산한 국가는 제2차 세계대전 중 독일과 영국, 미국, 일본 등 4개국에 제2차 세계대전 이후
에 소련과 프랑스, 스웨덴, 이탈리아, 스페인, 독일, 체코슬로바키아, 폴란드, 루마니아, 튀르키예와 캐나다, 아르헨티나,
브라질, 이집트, 이스라엘, 이란, 인도, 파키스탄, 중국, 대만 그리고 한국 등 25개국이다.

54) 권홍우, '항공산업의 역사로 살펴보는 KF-21 보라매의 미래/수포로 돌아간 이집트의 전투기 개발', Fly Together
2021년 12월호 24쪽, 한국항공우주산업㈜

55) 비즈한국, '국산항공기용 제트엔진 개발의 의미와 과제…1만 5000 추력 터보팬 2037년 개발완료 목표, 5조원대 예산
확보가 숙제', 2023년 3월 7일

56) Janes.com, 'Chinese WS-15 engine prepared for mass production', 7 April 2023

57) 오원철, '한국형 경제건설 ⑤ 엔지니어링 어프로치' 481~483쪽, 삼성의 방위산업 참여, 1996년, 한국형경제정책연구소

58) '항공기 엔진 생산 성공', '삼성정밀 국산화 개가…수출 추진', 『조선일보』 1982년 7월 3일자 1면

59) 김진원, '항공발달사', 한국항공우주학회지 제 20권 3호 134쪽, 1992.9

제10장

뒤늦은 출발, 압축성장과 도전의 우주개발

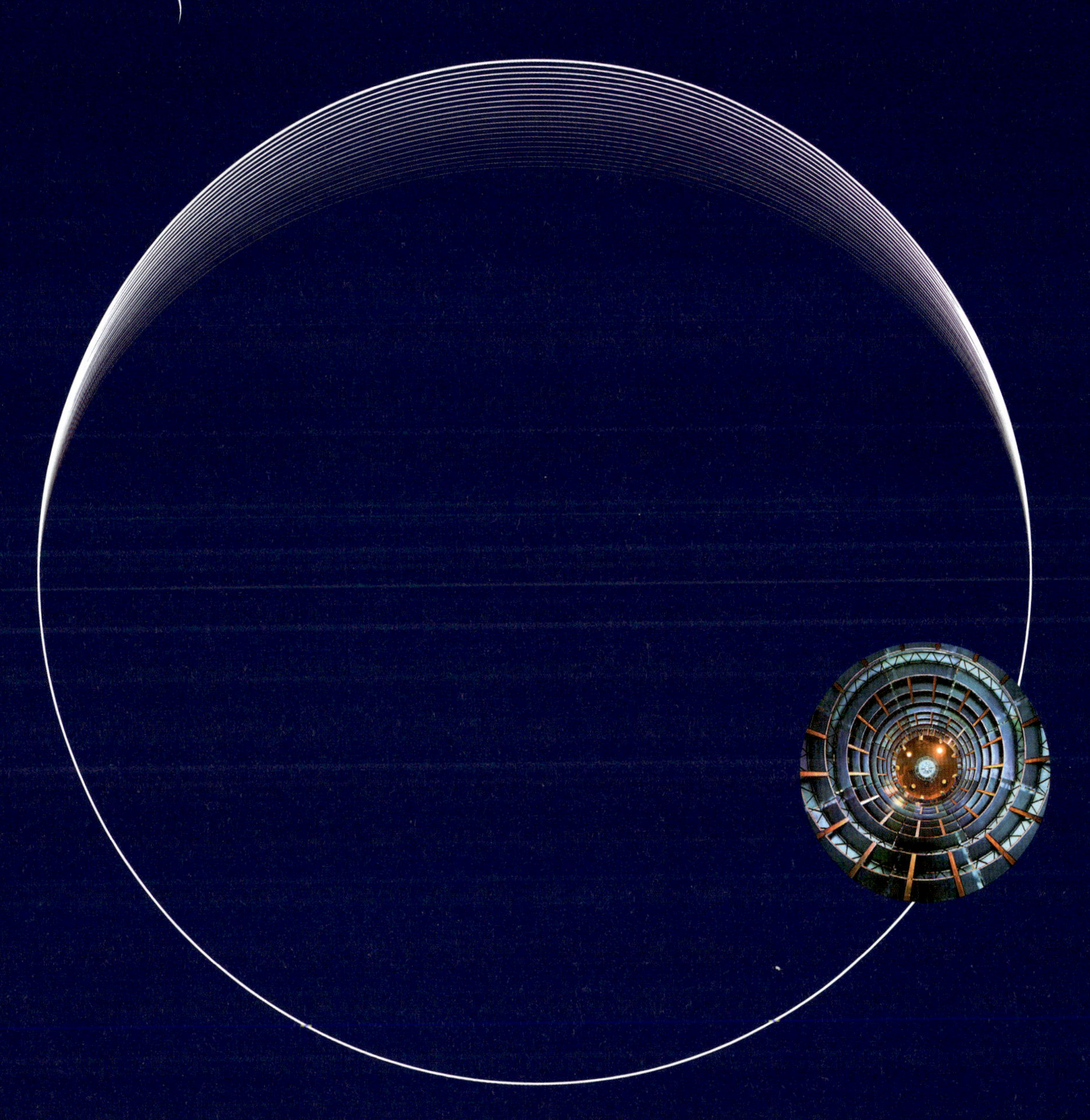

1. 늦었다는 항공산업보다도 뒤늦게 출발한 우주산업

대한민국의 우주개발은 다른 나라는 물론 국내 주요 산업보다도 늦었다. '항공우주산업'이라는 같은
분류(카테고리)에 속한 항공산업에 대한 조직적 육성책이 1970년대 초중반부터 모색된 반면 우주에 대해
서는 1980년대 중반까지 거의 손을 놓고 있었던 게 사실이다. 물론 앞장에서 살펴봤듯이 1950년대 말부
터 1960년대 초반까지 국방부와 인하대학교가 로켓을 발사하기도 했으나 연구는 이어지지 못했다. 공군
사관학교가 간신히 명맥을 유지했을 뿐이다.[1] 이보다 앞서 1950년대에 몇몇 젊은이들이 수제 로켓을 제
작하고 실험까지 마쳤어도 동호인 수준에 머물렀다.

국방과학연구소ADD가 1978년 국산 중거리 지대지 미사일을 제작하는 과정에서 단숨에 추진체 제작
과 비행 제어, 항법 유도 등의 기술을 세계 수준에 근접시켰으나 군수용 미사일 제작에 국한되고 민간 분
야에 공유되지도 않았다. 한국 우주개발의 대부분을 맡아온 한국항공우주연구원의 설립마저 1989년 10
월[2]로, 정부가 국책사업을 추진하기 위해 출연한 주요 연구기관 중에서 가장 늦다. 그만큼 관심도, 투자할
돈도 없었다. 심우주深宇宙 탐사와 천문 관측을 담당하는 한국천문연구원의 공식 출범도 늦었다. 1974년
9월 국립천문대로 시작해 1986년 전자통신연구소ETRI 부설 천문우주과학연구소를 거쳐 1999년에야
한국천문연구원으로 독립했다.

한국항공우주연구원의 오늘날은 출범 당시와 비교할 바가
아니다. 과학기술처 산하의 연구기관[3] 중에서도 늦게 출범했지
만 예산 지원이 가장 많다. 상대적으로 짧은 기간에 항우연이
괄목한 성장을 이어왔다는 사실은 그만큼 국가적으로 중대한

1978년 발행된 소백산 천체 관측소 준공 기념 우표. 선진 각국
이 19세기 말부터 건립하던 국가 천문대를 근 1세기 늦게 건
설할 만큼 한국의 우주 탐사는 한참 뒤늦었다. 기념 우표 도안
에서 확인할 수 있듯이 소백산 천문대는 세계에서 가장 오래된
천문관측 시설로 평가되는 경주 첨성대를 기반으로 설계됐다.
한국인은 오래된 천문 관측 역사를 갖고 있다는 자부심을 건축
물로 형상화한 것이다.

사업을 수행한다는 점을 대신 말해주는 대목이다. 늦었고 예산이 많이 들어가는 데도 지나칠 수 없었던 이유는 우주기술이 날로 중요해지고 있기 때문이다.

2. 신성장 동력이자 국가 전략자산인 우주기술

우주기술은 신성장 동력이자 국가전략 기술이다. 국가안보와 재난 감시, 방송 통신, 기상예측과 같은 공공 목적은 물론 산업 측면에서 정밀기계·자동차·철도·부품 소재 등과 결합해 고부가가치를 창출하는 원천이다. 고신뢰도, 고효율을 요구하는 최첨단 시스템 기술이며, 각 분야에서 다양하게 활용되는 핵심기술이기도 하다. 이런 이유로 진입 장벽도 높다. 천문학적인 자금을 투자해도 수십 년을 기다려야 한다. 반복되는 실패를 성공의 밑거름으로 삼아야 하는 점도 특징이다. 정부의 적극적이고 지속적인 지원 없이는 성장을 기대하기도 힘들다. 우리나라의 우주 분야 진출이 늦어진 것도 이러한 특성 때문이다.

항공우주산업에 대한 우리나라의 관심은 1985년 12월 항공우주산업 정책위원회의 발족을 계기로 구체화됐다. 1970년대와 1980년대의 급격한 경제 성장에 힘입은 정부가 항공우주산업 분야를 미래 경쟁력의 토대로 인식하게 됐고, 항공우주산업 정책위원회를 통해 항공우주 핵심기술의 확보 방안을 모색하기 시작한 것이다. 1987년에는 '항공우주산업개발 촉진법'을 제정함으로써 항공우주산업 발전을 도모하기 위한 기틀을 마련했다. 이듬해인 1988년에는 관계 장관회의에서 과학기술처 산하에 항공우주연구소를 설립하자는 구체적인 의견이 제기됐다.

그러나 정부 부처 내에서 의견이 엇갈렸다. 과학기술처는 국방과학연구소의 항공 관련 조직과 기계연구원, 천문우주과학연구소를 대통합하는 설립안을 제안했고, 국방부는 국방과학연구소의 항공우주 관련 조직은 그대로 유지하고 기계연구소와 천문우주과학연구소의 항공우주 관련 연구조직만을 통합하는 설립안을 제시했다. 이후 실무협의를 거쳐 국방부 안을 기본으로 과학기술처 산하 정부 출연기관의 항공우주 개발 연구조직과 장비만을 통합하는 형태의 항공우주연구소 설립 방안이 추진됐다. 항공우주연구소와 국방과학연구소는 서로 중복되는 기능을 분담하는 등 상호협력 방안도 함께 모색했다.

1989년 10월, 이런 노력의 결과로 '한국기계연구소 항공우주연구센터'를 모체로 하는 한국기계연구소 부설 항공우주연구소가 설립됐다. 이어 1990년 1월 1일, 한국전자통신연구원 부설 천문우주과학연구소 우주공학 연구실을 통합해 항공과 우주 분야의 연구개발을 전담하는 전문연구기관이 모습을 드러냈다.

1990년대를 앞두고 처음 항공우주 분야를 전담하는 전문 연구기관을 설립한 우리나라와 달리 주요 선진국들은 선진기술을 선점하기 위해 치열한 경쟁을 펼치고 있었다. 미국, 러시아를 필두로 유럽 국가들과 일본은 대규모 국가 연구소와 민간이 주도하는 생산체제를 바탕으로 최신 첨단기술을 적용한 특수목

적 항공기의 개발을 추진했다. 이들 국가보다 상대적으로 출발이 늦었던 대만, 중국, 스페인 등도 국가 주
도하에 항공기 개발을 목표로 공격적인 투자를 펼쳐나갔다.

선진국들의 경쟁은 우주 분야에서 더욱 치열하게 펼쳐졌다. 미국은 천문학적인 예산이 투입되는 우주
개발 비용을 보다 효율적으로 활용하기 위한 방안으로 우주왕복선을 계획했으며, 러시아는 우주개발 경
쟁에서 우위를 점하기 위해 미르 우주정거장 개발에 박차를 가했다. 유럽, 일본, 중국도 자체 로켓과 인공
위성 개발에 그 속도를 더해 가고 있었다.

뒤늦게나마 한국 정부가 항우연 설립을 추진한 것은 선진국들에 비해 상대적으로 취약한 항공우주 분
야의 기술 발전을 도모하고, 내일의 주력산업으로 발전시키기 위한 장기적인 포석이었다. 설립 당시 항우
연의 기본 목표는 항공우주 분야 응용기술의 국가적인 확산과 보급을 담당하는 전문 연구기관으로서 21
세기 항공우주 선진국 진입을 위한 견인차 역할을 수행하는 것이었다. 항우연은 이를 연구개발, 산업체
지원, 정부 지원 사업 등 분야별 연구 및 발전 계획을 세웠다.

항공우주 후발국인 우리나라는 선진국들의 최신기술 동향을 파악함으로써 우리가 추진해야 할 연구
방향을 정확히 설정해야 했다. 경험이 없는 우리나라가 가장 신속히 최신 세계 동향을 파악할 수 있는 길
은 국제 활동의 참석이었다. 이에 1992년 9월에 국제우주기구(IAF)에 가입했으며, 1994년 1월에는 아
태 우주기술협력회의에 참석했다. 같은 해 6월에 UN 산하 우주공간 평화이용위원회(COPUOS)에 회원
으로 가입하는 등 국제무대에서 한국의 존재를 알리려는 노력을 펼쳐나갔다.

한국인에 내재된 로켓 개발 유전인자

비록 늦게 출발했어도 외형적으로 한국만큼 빠르게 우
주개발을 진행해온 나라도 흔치 않다. 우주개발을 이끌
어나갈 항공우주연구소가 1989년에야 설립되고 첫 인
공위성인 우리별 1호가 발사된 시기가 1992년 8월. 영
국 서레이대학이 제작한 무게 48.6㎏짜리 소형위성 우
리별 1호는 프랑스령 기아나 우주센터에서 아리안 4호
로켓의 귀퉁이에 실려 성공적으로 궤도에 안착, 대한민
국 1호 인공위성이라는 타이틀을 남겼다. 뒤늦게 출발
했음에도 한국은 2023년 5월 누리호 발사에 성공, 세
계에서 11번째로 '스페이스 클럽(자체 개발한 우주로켓 발
사국)'[4]에 합류했으며 1t 이상의 탑재체를 쏘아 궤도에
안착시킬 수 있는 7개국[5] 반열에 올랐다.

'병기도설' 등 옛 문헌을 바탕으로 재현한 신기전. 화차(火
車) 주화(走火)라고도 불리며 임진왜란에서 널리 쓰였다.
세계 최초의 다연장로켓인 화차는 고려말에도 왜구 격퇴에
크게 기여했다. 우리 민족의 화약과 로켓무기 사용 역사는
700여년 전으로 거슬러 올라간다./사진=우리역사넷

타국의 발사체에 타국의 기술이 들어간 인공위성으로 시작한 한국의 우주개발이 30년 만에 세계 7위를 넘보는 수준까지 올랐으니 시작은 늦었어도 급성장했다는 평가가 따를 만하다. 그러나 자세히 살펴보면 한국의 우주개발은 단기간의 성과물 이상의 의미를 갖고 있다. 우주개발의 역사는 30년이 아니라 적어도 44년, 의지와 염원을 기점으로 삼으면 64년을 거슬러 올라간다. 선조들은 이미 1377년경 로켓을 무기로 제작해 나라를 지켰다. 오늘날 늦은 출발에도 빠르게 우주 탐사를 위한 로켓 개발에 성공한 이유도 같은 맥락이다. 잊고 있었지만 한국인에게 내재된 로켓 개발의 유전인자(DNA)가 세월을 넘어 작동한 셈이다.

『고려사』와 『조선왕조실록 태종실록』에 따르면 최무선은 고려 우왕 3년(1377) 10월 화통도감(火筒都監)을 설치해 화약과 각종 화포를 만들어냈다. 화약을 원료로 삼는 로켓 무기는 여말선초(麗末鮮初) 해안 지역을 노략질하는 왜구 격퇴에 크게 이바지했다. 『조선왕조실록』에 35번이나 등장하는 신기전(神機箭)은 세계 최초의 다연장 로켓 무기로 인정받는다.

한국전쟁의 상흔이 남아 있던 1958년부터 한국은 로켓 제작과 시험발사에 나섰다. 1954년 설립된 국방부 과학연구소는 1956년부터 전담과를 신설, 1958년 10월 인천 고잔동에서 김정렬 국방 장관 등 군 수뇌부가 참석한 가운데 자체 개발한 로켓 7발을 쐈다. 길이 170㎝, 무게 48㎏, 사거리 8㎞인 초보적인 로켓이었지만, 의욕만큼은 넘쳤다고 한다.

구소련이 1957년 10월 초 발사한 스푸트니크 1호와 미국이 1958년 1월 말 쏘아 올린 익스플로러 1호에 자극받은 국방부 과학연구소는 이듬해인 1959년 7월 이승만 대통령과 모든 국무위원, 유엔군 사령관 맥그루더 대장을 위시한 미군 장성까지 참관한 가운데 고잔동에서 공개 시험발사를 했다. 2단 로켓과 3단 로켓까지 선보인 시사회를 구경하기 위해 이른 새벽부터 운집한 시민 2만 명은 발사 순간에 환호성을 질렀다. 그러나 의욕적으로 연구하던 국방부 과학연구소가 예산상의 이유로 1961년 문을 닫으면서 정부 차원의 로켓 연구는 맥이 끊겼다. 일본의 우주개발이 1955년 길이 23㎝, 지름 1.3㎝에 불과한 초소형 '로켓 펜슬'에서 시작됐다는 점에서 국내 연구개발의 중단은 아쉬운 대목이 아닐 수 없다. 중단된 연구는 당시에는 공립대학이던 인하대학교의 병기공학부 로켓반에서 명맥을 이어갔지만 이마저 1960년대 중반 이후에는 끊어지고 말았다. 공군사관학교에서 소규모 발사 실험만 있었을 뿐이다.

한국형 발사체는 시대의 염원이자 현대사를 일관하는 가치

하지만 1972년부터 최고 지도자의 강력한 의지와 지원 아래 로켓 개발의 불이 다시 지펴졌다. 방위산업 육성을 전담했던 고 오원철 전 청와대 제2 경제수석의 회고록 『한국형 경제 건설』에 따르면 박정희 대통령의 특별지시로 1972년부터 ADD는 국산 지대지 유도탄 개발에 온 힘을 쏟았다. 1978년 9월 충남 안흥시험장에서는 2단 백곰 지대지 미사일 공개 시험발사에 성공, 주변국을 놀라게 만들었다. 성능을 반신반의하던 미국마저 경악했다고 전해진다. 미국제 나이키 허큘리스 지대공 미사일과 외형은 같아도 독자 개발한 백곰 미사일 발사 44년이 지난 오늘날 한국의 지대지 미사일 개발 능력은 세계 최고 수준을 자랑한다. 사거리 제한까지 풀려 더 발전할 가능성도 크다. 누리호에 탑재되는 핵심 전자제어 시스템은 백곰 미사일 개발의 주역인 이경서 박사가 설립한 단암시스템즈가 만들었다. 비단 개발 시대뿐 아니다. 우주개발에는 노태우, 김대중, 노무현, 이명박, 박근혜, 문재인 등 역대 대통령들의 관심과 지원이 녹아 있다. 북방외교를 표방하며 러시아에 대규모 경제협력 차관을 제공한 노태우 대통령은 차관 상환용으로 러시아 선진 기술을 국내에 도입하는 데 큰 영향을 미쳤다. 한국의 우주발사체는 물론 장거리 탄도미사일은 미국의 공식적인 기술지원과 미국산 로켓과 군 장비를 모방 설계하고 생산하면서 터득한 국내 기술, 러시아 기술이 혼합돼 있다.

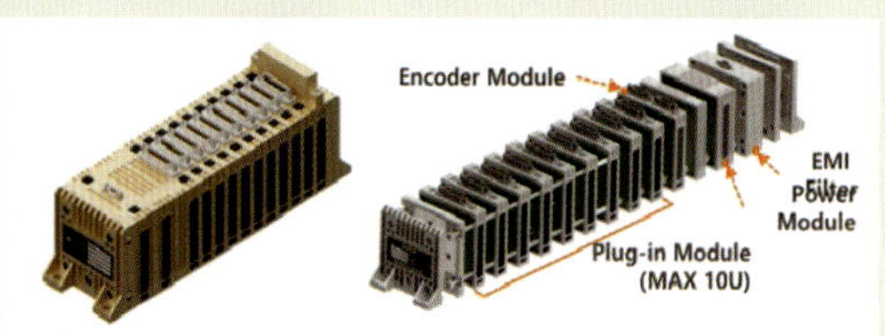

대한민국 최초의 유도무기 '백곰' 개발 주역인 이경서 박사가 설립한 단암시스템즈㈜의 소형발사체용 항전장비. 보안상 사진을 게재할 수 없으나 누리호에도 이 회사가 제작한 유사한 장비와 전자제어 부품들이 들어간다(사진 단암시스템즈 제공). 한국형 발사체 누리호 자체가 백곰의 직계 후손 격이다.

한국은 서방 자유 진영의 일원이면서도 초대형 엔진과 발사체, 탄도미사일, 장거리 지대공 미사일 분야에서는 러시아의 영향을 강하게 받은 특이 케이스로 꼽힌다. 동서 진영을 가리지 않고 해외에서 기술을 이전받거나 어깨너머로 배워왔다는 점, 정치 진영을 떠나 역대 대통령들이 지대한 관심을 표명해온 결과물이 바로 '누리호'다. '누리호'야말로 보수와 진보라는 진영 논리를 떠나 우리가 지나온 시대의 염원이자 현대사를 일관하는 가치라고 말할 수 있다. '누리호'뿐 아니다. 한국이 개발해온 우리별과 천리안, 아리랑 등 인공위성 시리즈에는 한결같은 공통점이 있다. 1호기는 배우면서 만들었다. 해외 유명대학이나 고도의 기술을 갖춘 인공위성 제작사에서 연수로 시작해 1호기는 공동 설계, 제작 과정을 거쳤다. 다음 2호기부터는 국내 연구팀이 설계하고 주요 부품을 수입해 썼다. 다음 3호기부터는 부품까지 국산화했다. 서울올림픽을 치른 직후인 1989년에야 영국의 한 대학에 교수진과 대학원생, 젊은 엔지니어를 파견해 인공위성의 작동원리와 개념부터 교육받았던 한국은 36년이 흐른 오늘날 세계 수준의 턱밑까지 올라왔다. 열정과 의지의 소산이 아닐 수 없다.

3. 1989년 가을, 항공우주연구소 설립, 시작은 미미했으나…

1989년 10월 10일 한국기계연구소 부설기관으로 출범한 항공우주연구소의 시작은 미미했다. 이튿날인 10월 11일 대덕연구단지에서 열린 현판식도 해사기술연구소와 공동으로 치렀다. 인력도 기계연구소의 항공 분야 인력과 천문우주과학연구소의 우주 관련 인력 30여 명에 그쳤다. 항공우주연구소는 시설도 인력도 미미했지만 정부나 출연연구기관이 수행하던 대부분의 연구 과제를 인계받았다. 출범과 동시에 적은 인력으로 항공기 종합설계기술개발, 가스터빈 엔진 시스템 설계 기술개발, 아음속 풍동 개발, 과학연구용 로켓 개발을 위한 필수기술 연구, 위성지상국 시스템 기초연구, 통신위성 사업을 통한 국가적 항공우주 기술개발 전략 연구, 우주개발을 위한 핵심기술 연구 및 계획 수립 등 굵직굵직한 과제를 이어

나갔다. 자체 연구로 유망 중소기업 기술지도 사업과 항공기 동체 생산증명을 위한 기술개발 연구[6]도 진행했다.

이듬해인 1990년에는 소형항공기인 '창공 91'과 과학로켓 개발에 착수하는 등 본격적인 항공우주개발 기반구축에 들어갔다. 이와 함께 국책연구로 과학로켓 설계 및 개발연구 과학로켓 추진제 개발연구, 항공기 시스템 설계기술, 감항성 분석 및 증명절차 연구, 항공기 날개의 공력설

1989년 10월 11일, 대덕 연구단지에서 거행된 항공우주연구소 현판식.

계 해석 기술개발, 경항공기용 엔진 성능시험 기술개발, 비행 제어시스템 개발 등의 연구 과제를 수행했다. 첨단 연구를 추진하기 위해 연구용 비행 시뮬레이션(flight simulation) 개발, 인공위성 개발을 위한 필수기술 연구, 가스터빈 엔진시스템 개발연구, 아음속 풍동 개발연구 등을 추진했다. 이 밖에 9개의 기본연구, 2개의 수탁 연구, 2개의 유망 중소기업 기술지원 과제 등을 수행하면서 항공우주 분야에 대한 경험을 축적해 나갔다.

압축성장 밑바탕…우주공학연구실의 선행연구

잘 알려지지 않았지만 항우연 설립 이전부터 추진해 성과를 낸 과제도 적지 않다. 한국천문연구원의 전신으로 1987년 신설된 우주공학연구실에서는 선행기초연구로 '과학연구용 로켓 개발을 위한 필수 기술'을 수행했다. 관련 기술을 배우거나 경험 있는 연구원이 없어 미국 회사에 파견 나가 교육받은 게 실질적인 로켓 연구의 출발점이었다. 그러나 막상 기술을 전수받기란 하늘의 별 따기였다. 마침 미사일 기술 통제 체제 MTCR(Missile Technology Control Regime)이 본격 가동되던 시기여서 소형로켓엔진 견학조차 미 보안당국의 승인이 필요할 정도였다.

로켓 기술의 불모지인 한국의 연구원들은 특유의 성실함과 배우려는 열망으로 강사들을 감복시켰고 원격측정 지상국 설치로 이어졌다. 당시 경험은 1990년부터 개발이 시작돼 1993년 6월 4일과 9월 1일 발사에 성공한 KSR-I(Korean Sounding Rocket·한국형 과학로켓) 연구와 발사에 소중한 자산으로 쓰였다. 무엇보다 큰 소득은 짧은 해외연수를 통해 필수적으로 갖춰야 할 조립·시험 시설이 무엇인지를 확인할 수 있었다는 점이다. 연구 개발한 제품이나 장비가 진동과 충격, 소음과 온도 등 극한의 상황에서 안정적으로 작동하는지 확인하려면 몇몇 실험 설비가 절대적으로 필요했다.

마침 우주항공연구소 출범과 맞물리고 1980년대 중후반의 무역수지 흑자로 외국산 장비나 설비 도입이 상

4. 로켓 개발 유전인자 깨운 과학로켓(KSR) 시리즈

한국의 본격적인 로켓 개발은 천문연구원 우주공학연구실의 제안으로 1987년 시작됐다. 구속력과 실행력 없는 제안에 불과하던 로켓 개발안은 1989년 항공우주연구소가 우주공학연구실을 흡수하면서 탄력이 붙었다. '한국형 과학로켓(KSR, Korea Sounding Rocket)'[9]으로 이름 붙여진 이 로켓은 말 그대로 관측용 1단 로켓이다.[10] KSR-I은 총길이 6.7m, 직경 0.42m, 중량은 1.3t으로 구성된 1단형 무유도 로켓. 150kg의 탑재물을 싣고 고도 35~75km 대기층을 탐사할 수 있는 고체 무유도 과학 관측 로켓을 개발해 한반도 상공의 오존층 관측을 목표로 삼았다.

KSR-I 연구개발은 1990년 7월부터 1993년 10월까지 총 3년 3개월에 걸쳐 진행했으며, 예산은 28억 5000만 원이 투입됐다.

1993년 9월 1일 국방과학연구소 시설인 서해안 안흥종합시험장에서 자체 개발·제작한 이동식 발사대에서 발사된 KSR-I 2호.
/사진=항우연

KSR-I 1호는 1993년 6월 4일 오전 9시 58분 국방과학연구소 시설인 서해안 안흥종합시험장에서 자체 개발·제작한 이동식 발사대로 발사됐다.[11] 연소시간은 18초, 발사 96.3초 후 최대고도인 39km에 이르렀다. 이후 188초 동안 77.1km를 비행했다. 비행 중 한반도 상공 대기 상태, 오존 농도, 로켓 자체 온도, 응력, 추진기관 내부압력 등 로켓 자체의 성능을 측정해 지상으로 보냈다.[12] 측정된 각종 자료는 원격 송·수신 장비에 의해 수신돼 지상에서 추적한 레이다 자료, EOTS(Electro-Optical Targeting System · 전자-광학 추적 시스템) 자료, 고속카메라 자료 등과 함께 로켓에 대한 성능 분석 작업에 활용됐다. KSR-I 1호 비행을 통해 확보한 분석 결과를 토대로 과학로켓의 성능 예측을 보완해 1993년 9월 1일 10시 34분 KSR-I 2호를 동일한 발사장에서 발사했다. KSR-I 2호는 고도 $49km$, 낙하 거리 $101km$를 비행하며 오존 측정 및 로켓 성능 측정 작업을 진행했다.

KSR-Ⅱ 개발은 이전과 차원부터 달랐다. 1단 로켓이던 KSR-Ⅰ과 달리 2단 로켓이었으며 발사 초기에 자세를 제어할 수 있었다. 덩치도 커졌다. KSR-Ⅱ는 1단 3.6m, 2단 7.5m 등 총길이 11.1m에 직경 0.42m, 발사시 2.1t의 무게로 이뤄졌다. KSR-I과 비교했을 때 추가된 부분은 1/2단 분리, 노즈페어링 시스템 개발, 카나드 핀을 이용한 초기 자세제어 시스템, 관성항법장치 운용 등이 있다. 개발 기간은 1993년 11월부터 1998년 6월까지 총 4년 8개월이 소요됐으며, 예산은 52억 원이 투입됐다.

KSR-Ⅱ의 1차 비행시험은 1997년 7월 9일에 진행됐다. 이때 1/2단 분리, 2단 점화, S-19 조종날개

1997년 7월 9일 발사됐으나 20.8초 만에 통신이 두절된 KSR-Ⅱ 1호기의 발사 직전 모습(왼쪽)과 1998년 6월 11일 2호기의 발사 장면./사진=항우연

(카나드 핀)의 디커플 등은 정상 작동했지만 20.85초경에 탑재부 주전원 이상으로 원격측정과 레이다 추적에 실패했다. 비록 통신 두절로 데이터를 취득하지 못했지만 비행은 정상적으로 이뤄졌다. 보완 작업을 거쳐 1997년 10월 2차 시험발사를 추진했으나 기상조건 등으로 연기했다. 2차 시험발사는 1998년 6월 11일에 서해안 시험장에서 진행했다. 발사 후 186.2초에 최고고도 137.21km에 도달했으며, 365.4초 만에 비행거리 123.9km에 도달했다. 최고속도는 1542.6m/s였으며 비행시간은 364초를 기록했다. 이로써 150kg의 과학탑재물을 싣고 고도 150km 한반도 상공의 이온층 환경과 오존층 분포 등 대기층을 탐사하는 과학 관측 로켓의 국산화 개발에 성공했다.

KSR-Ⅱ 개발을 통해 항우연은 구동장치, 제어장치, 유도 알고리즘, 관성항법장치 설계 및 운용 등의 우주발사체 필수기술을 확보했다. 전자탑재시스템의 핵심부를 독자 기술로 설계·제작해 국내 과학로켓 탑재 기술을 한 단계 끌어올렸다. 단 분리·페어링 장치 및 원격 송·수신을 위한 전자 탑재부를 개발하고, 로켓 개발 및 전체 시스템 설계, 운용, 성능·공력해석 등의 설계기술과 전반적인 로켓 발사 운용 기술 등을 확보할 수 있었다. 외환위기의 여진으로 연구 개발 관련 예산마저 절감해야 한다는 여론이 고개를 드는 가운데 KSR-Ⅱ의 개발 성공은 로켓 개발 당위론에 힘을 보탰다. 발사 성공으로부터 81일이 지나 예상하지 못한 초대형 변수가 터졌다. 북한이 대포동 1호를 발사한 것이다.

항공우주연구소가 1997년 12월 24일 연구에 착수한 KSR-Ⅲ는 이전에 수행한 프로젝트와는 사뭇 달랐다. 로켓의 크기와 성능이 크게 개선되고 개발 기간과 예산도 훨씬 늘어났다. 예산 규모는 이전보다 비교할 수 없을만큼 증액됐다. 관측용 과학로켓이었지만 우주발사체 개발의 전 단계 로켓을 개발하고 실험하겠다는 의지가 담겨 있어 예산이 대폭 늘어나고 고난도의 기술도 대거 새로 개발했다.

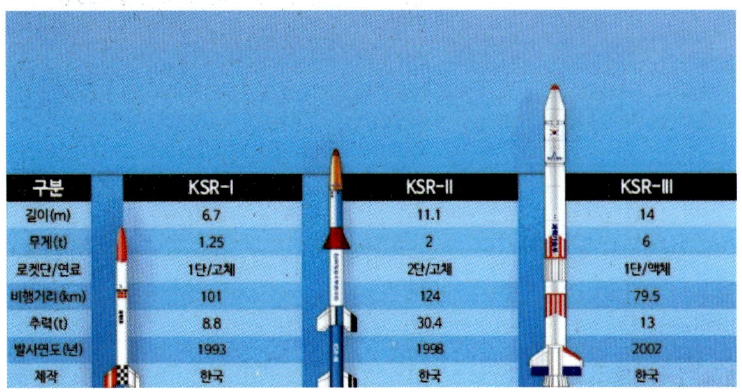

구분	KSR-I	KSR-II	KSR-III
길이(m)	6.7	11.1	14
무게(t)	1.25	2	6
로켓단/연료	1단/고체	2단/고체	1단/액체
비행거리(km)	101	124	79.5
추력(t)	8.8	30.4	13
발사연도(년)	1993	1998	2002
제작	한국	한국	한국

로켓 개발에 박차를 가하게 된 계기, 북한 대포동 1호

1998년 8월 31일 정오 무렵, 북한이 함경북도 무수단기지에서 동쪽으로 발사한 2단식 탄도미사일이 일본 열도 동북부를 지나 태평양 공해상에 떨어졌다.[14] 발사 직후, 정부 기관으로부터 분석을 의뢰받은 항공우주연구소의 로켓 개발팀은 "인공위성을 우주로 쏘아 올리기 위한 로켓 추진체를 발사한 것으로 보인다. 그리고 위성은 궤도에 진입하지 못했다"는 보고서를 올렸다. 인공위성 발사는 맞는 것 같지만 궤도 진입에는 실패했다는 보고서는 미국 정보 당국이 내린 결론과 같았다. 국내 연구진의 계산과 분석 능력이 입증된 셈이다. 북한의 대포동 1호는 위성 발사용 로켓이었지만 언제든지 군사용 중장거리 탄도미사일로 전용될 수 있다는 점에서 국내외의 비상한 관심을 끌었다. 지금도 우주 궤도를 돌고 있는 일본의 고성능 지구 관측 위성 시스템도 대포동 1호 발사에 자극받아 서둘러 구축한 것이다.

국내에도 파문을 던졌다. 연구소 독립 이후 10년 내내 우주개발을 위한 로켓 연구가 시급하다고 설득해도 미동도 하지 않던 정치권과 예산 당국이 마침내 움직였다. 1997년부터 시작한 3단형 KSR-Ⅲ 개발을 1년 앞당겨 2002년에 끝내고, 2010년경 장기계획으로 잡혀 있던 자체 로켓 발사 계획도 2005년으로 앞당겨졌다.[15]

북한의 대포동 1호 발사 모습. 사상 처음으로 자국의 상공으로 미사일이 통과했다는 사실에 경악한 일본을 비롯해 국제 사회에 충격을 안겼다. 국내에서는 우리도 로켓 개발을 서둘러야 한다는 공감대가 형성되는 계기로 작용했다.

과학로켓은 대부분 무유도 방식이며 유도하는 경우에도 간단한 장치를 사용하지만 KSR-Ⅲ는 복잡한 관성항법장치와 추력 벡터 제어시스템, 추력기 자세제어 시스템 등을 달았다. 특히 고체연료를 사용하던 이전과 달리 액체 추진제(연료는 케로신, 산화제는 액체 산소)[16]를 채택하며 액체연료 혼합 및 분사 제어 기

연속 촬영된 KSR-Ⅲ 발사 장면. KSR-Ⅲ은 KSR 시리즈의 종착지인 동시에 한국형 발사체 개발을 향한 시발점이었다.
/사진=항우연

술, 복합재 탱크 등의 경량화 구조 기술, 탑재 전자장치를 모두 국내에서 개발해야만 했다. 기술뿐 아니라 관련 부품의 국산화도 필요했다. KSR-Ⅰ·Ⅱ를 개발할 때에는 부품을 팔았던 해외 기업들은 KSR-Ⅲ 개발에서는 부품 판매를 거부했다.

특히 미국은 KSR-Ⅲ에 들어갈 모든 부품의 수출을 거부했다.[17] 핵심 부품의 해외 수입을 전제로 개발 계획을 짰던 개발팀은 부품 국산화에 도전할 수밖에 없었다. 추진 공급계 및 지상 지원 설비에 대한 기반 기술과 액체로켓 발사 운용 기술 등도 전 세계를 뒤져 찾아내거나 스스로 알아내야만 했다. 난관 속에 개발된 KSR-Ⅲ은 2002년 11월 28일 오후 2시 52분 안홍종합시험장에서 발사돼 낙하까지 231초 비행하며 예정된 목표 상공에 도달하는 성공을 거뒀다.[18]

처음 개발하는 케로신(Kerosene) 연료 로켓을 공개 시험발사에서 성공하기까지는 고난의 행군이 있었다. KSR-Ⅲ 개발을 위해 처음 소집된 1997년 크리스마스 전일의 회의는 무겁게 가라앉은 분위기에서 시작됐다. 나라 전체가 외환위기의 소용돌이로 빠져들어 가는 가운데 마침 KSR-Ⅱ 1차 발사에 실패한 직후여서 모두가 침울했다. 그러나 경과와 결과는 시작과 달랐다. 처음 경험하는 고위험 액체연료 분사시험을 45번이나 진행하고 핵심 부품을 국산화하면서 마침내 성공해냈다.

발사 직전에는 갑자기 한 척의 외국 선박이 해양경찰의 통제에 따르지 않고 예상 낙하지점 부근을 막무가내로 항해하는 통에 발사통제가 비상에 들어가는 촌극[19]도 벌어졌다. 한국은 KSR-Ⅲ의 성공으로 발사체와 관련된 설계·제작·발사 및 분석 등의 핵심기술을 확보했다는 사실을 확인했다. 연구진은 더 나갈 수 있다는 자신감을 얻었다.

5. 두 개의 축, 독자 발사체 개발과 우주발사기지 확보

발사체과 함께 인공위성을 배우고 개발하면서 한국은 독자적인 발사기지의 필요를 절실하게 느꼈다. 불편과 제약, 심지어 정보 유출까지 우려됐기 때문이다. 당장 KSR시리즈 로켓 발사를 국방과학연구소 안흥종합시험장에서 치렀으나 군사용 시설이어서 각종 제약을 받았다. 평화 목적의 중소형 관측 로켓을 개발하면서도 군 시설을 활용했기에 국제사회는 군용 미사일로 전용하려는 의도가 담긴 것 아니냐는 의혹의 눈초리를 보냈다. 독자적인 위성을 개발하고도 발사체가 없어 해외 발사장을 빌려 위성을 발사하려면 건당 수십억~수백억 원의 비용이 들었다. 뿐만 아니다. 우리가 개발한 위성의 정보와 제원이 고스란히 노출되고[20] 심지어 우리가 제작한 위성이 로켓에 제대로 탑재됐는지조차 확인하기 어려웠다. 아리랑 위성을 개발해 해외 발사장에 발사를 의뢰했던 한 관계자는 해외 발사기지에서의 경험을 "포로수용소에서 생활하는 것 같았다"고 토로할 정도였다.[21]

해결책은 두 가지로 귀착됐다. 독자적인 발사체를 개발해 국내 우주기지에서 쏘아야 한다는 것이다. 한국이 우주기지 건설을 위한 기초 연구에 착수한 시점이 1991년. 연구비 1200만 원이 책정됐다.[22] 선진국들은 자국은 물론 발사각 확보에 이상적인 아프리카 각지에 발사기지를 운영하던 무렵이다. 한국이 발사기지 건설을 위한 기초 연구에 착수한 1991년에는 인도네시아(1965년 가동), 이스라엘(1987), 이란(1991년, 후에 2곳 추가 건설), 이라크(1990), 파키스탄(1960년대 추정)이 전용 발사기지를 한 곳씩 운용했다. 인도는 3곳, 중국은 4곳(2개 추가 건설), 일본은 5곳(관측 로켓 전용 발사기지 포함, 이후 대형 발사장 2개 추가 건설)을 운용하고 있었다.[23]

전용발사기지 확보에서도 뒤진 한국이 공식적으로 기지 건설을 밝힌 시기는 1995년. 과학기술처는 9월 19일 우주항공연구소가 주최한 공청회에서 '국가 우주개발 중장기계획'을 발표하면서 2000년까지 과학로켓 전용발사장을, 2009년까지 위성 발사체 발사장을 건설한다고 밝혔다.[24] 연구진은 계획이 발표되기 이전부터 발사장 후보지를 물색하려 전국 각지에 발품을 팔았다. 공식적으로 '우주센

2009년 준공식에서 제시된 완공된 이후의 나로우주센터 조감도.

나로우주센터 야경. 밤하늘의
별과 은하수, 불 켜진 연구시설,
검은 바다가 대조적이다.
/사진=항우연

터 건립 계획'이 시작된 연말에 추린 후보지는 모두 11곳이었다.

경남 통영의 사랑도와 남해군 상주면 양아리, 경북 포항시 장기면, 울산광역시 강동·주전 지역, 전남 진도군 임회면, 여수시 삼산면 초도, 여수시 화양면, 여수시 남면 금오도, 해남군 송지면 어란리, 고흥군 봉래면 외나로도, 제주 남제주군 대정읍(모슬포) 중에서 실무진은 가장 후자인 모슬포를 제1의 후보지로 손꼽았다. 부지 선정의 3대 조건인 방위각, 안전성, 확장성을 모두 충족했기 때문이다. 특히 가장 중요한 발사가 가능한 방위각이 30도로 가장 컸다. 대정읍에 우주센터를 두고 $10.5km$ 남방 마라도에 발사대를 설치하는 방안이 최선으로 떠올랐으나 지역 주민 반대로 무산되고 말았다.

대안으로 경남 남해군 상주면 양아리와 전남 고흥군 봉래면 외나로도 두 곳이 제시되고 정부는 2001년 1월 30일 후자를 우주센터부지로 최종 확정했다. 외나로도의 방위각은 15도인 반면 양아리에서는 발사 가능 방위각이 2도밖에 안나왔다. 이주 주민 수도 외나로도가 적었다. 우주센터 개발사업은 1단계와 2단계로 추진됐다. 한국형 발사체인 나로호의 발사 운용을 위한 1단계 사업은 2000년 12월부터 2010년 6월까지 진행해 우주센터 구축과 운용기술을 확보했다. 2007년에는 발사통제동을 비롯한 조립 시험 시설과 제주추적소, 우주과학관 등 나로우주센터의 주요 시설 공사를 마무리, 설비 운용을 시작하고 계측 장비들을 들인 후 성능검증도 마쳤다. 모든 시설과 장비를 구축한 뒤 정부는 2009년 6월 11일 우리나라 최초 인공위성 발사장인 나로우주센터의 준공식 행사를 열었다.

2009년 1월부터는 우주센터 2단계 사업을 시작했다. 2단계 건설사업은 한국형 발사체 개발과 연계해 독자 기술로 75t급, 7t급 엔진을 개발하기 위한 추진기관시험시설 7종 건설을 2016년 마쳤다. 한국형 발사체 조립을 위한 발사체 종합조립동 확장, 위성 시험동 확장, 연구동 신축 등 인프라 건물과 제2 발사대도 들어섰다. 발사대를 비롯해 발사통제동, 발사체 종합조립동, 위성시험동, 고체 모터동, 추적 레이다동, 광학장비동, 제주추적소, 우주과학관 등도 속속 자리 잡았다. 나로우주센터의 각 시설들은 목적과 우주센터 부지의 지형, 안전성과 환경적인 측면 등을 고려해 최대한 기존 지형에 순응하도록 건설한 것이 특징이다.

6. 소형위성 발사체 나로호(KSLV-I, Korea Space Launch Vehicle-I) 개발

KSR-Ⅲ 개발로 확보한 액체추진기관 기술로 과연 독자적인 위성 발사체 개발이 가능할지 여부에 대한 검토와 기획연구가 2001년부터 시작됐다. 연구 결과 두 가지 방안이 대안으로 떠올랐다. 터보 펌프 엔진을 채용한 국제협력 개발 '기본안'과 KSR-Ⅲ의 가압식 엔진 개량을 통한 국내개발 '예비안'이 그것이다. 검토 결과 터보 펌프 엔진을 채용한 국제협력 개발안을 우선 추진하되 국제협력이 여의찮을 경우를 대비한 국내개발 방안도 예비안으로 올랐다. 미국은 물론 프랑스도 한국과 협력을 꺼리는 가운데 유일한 대안은 러시아밖에 없었다. 발사체 체계 업체인 후루니체프(Khrunichev)사와의 협의를 진행, 2004년 10월 26일 한러 우주발사체 공동개발 계약을 정식으로 맺었다.

나로호(KSLV-I) 개발은 국내 위성 발사체 개발의 첫 단계로 100kg급 인공위성을 지구 저궤도에 진입시키는 것을 목표로 삼았다. 1단에 액체엔진, 상단에 고체 킥모터로 구성되는 2단형 발사체로 1단은 러시아가, 상단은 국내 기술진이 개발을 맡았다. 추진제를 포함한 총중량은 최대 140톤으로 길이 33m, 직경 3m, 1단 추력 170t급, 300~1500km 타원궤도를 돌도록 설계됐다. 1단에 액체 추진제 엔진 1기를 사용하며, 연료는 케로신, 산화제는 액체산소(LOX), 추진제는 터보 펌프로 연소기에 공급했다. 러시아는 1단 엔진 제작에 성의를 보였다.[25] 러시아 차세대 발사체인 앙가라(Angara) 로켓을 위해 개발하던 RD-151 엔진을 기반으로 나로호 엔진을 설계한 것이다. 국내에서 독자개발 하는 2단은 고체 추진제(HTPB, Hydroxyl Terminated Poly Butadiene) 킥모터로 구성했다.

나로호는 2009년 8월 25일 오후 5시 전남 고흥군 외나로도의 나로우주센터에서 과학기술위

최종 조립을 마치고 무진동 운반용 특수차량에 실려 발사장으로 이동하는 나로호./사진=항우연

성 2호를 싣고 1차 비행시험을 수행했다. 정상적으로 이륙한 발사체는 1단 추진 비행을 성공적으로 완수했으나 성공 기대감은 바로 불안감으로 바뀌었다. 비행 도중 상단 페어링 분리 과정에서 한쪽 페어링만 분리되고 나머지 한쪽은 분리되지 않았기 때문이다. 그래도 1단과 2단 분리, 2단 킥모터 연소, 위성 분리 역시 비행 계획에 따라 정상적으로 이뤄졌다. 그러나 분리되지 않은 한쪽 페어링에서 끝내 문제가 불거졌다. 2단 구간에서 정상적인 속도를 얻지 못해 2단과 위성 모두 목표궤도 진입에 실패했다. 적정 속도를 얻지 못한 2단과 위성은 대기권으로 돌입하며 불타 소멸한 것으로 추정된다.[26]

2차 발사는 성공 시 경제효과가 최대 2조 4000억 원에 이를 것이라는 기대[27]를 모으며 2010년 6월 10일 오후 5시 1분 진행됐으나 1차 발사보다 더 큰 사고가 터졌다. 이륙 후 1단 비행 구간인 약 136.4초경 1단과 상단 연결부에서 폭발이 일어났다. 이 순간까지 나로호는 정상 비행 상태를 유지하고 있었지만 폭발을 감지한 1단 제어시스템은 1단 엔진의 연소를 강제로 멈췄다. 결국 추력을 잃은 나로호는 정상궤도를 벗어나 자유낙하에 의해 발사장으로부터 남쪽으로 약 $412km$ 떨어진 공해상에 추락한 것으로 추정됐다.

나로호는 이후 2차례의 발사 연기를 거쳐 2013년 1월 30일 3차 발사를 진행했다. 완벽한 성공이었다. 오후 4시, 발사 후 정상 궤적 및 약속된 시간 일정에 따라 비행해 215초에 페어링 분리, 231.3초에 1단/2단 분리, 395초에 예정 고도인 $303km$에서 킥모터 점화 및 이후 60초간 연소 후 종료, 마지막으로 540초에 위성을 성공적으로 분리했다. 분리된 위성은 2단 연소 종료 시점의 관성항법 데이터를 기준으로 계산된 궤도 파라미터로 근지점 고도 $297.6km$, 원지점 고도 $1504.6km$, 궤도 경사각 80.3도로 임무 요구 정밀도 이내로 목표 궤도에 들어갔다. 발사 1시간 30분 후, 노르웨이에 위치한 지상국에서 나로과학위성의 비콘 신호를 확인했다. 발사 11시간 32분이 경과한 1월 31일 오전 3시 28분 대전 한국과학기술원(KAIST) 지상국에서도 위성과의 교신에 성공했다. 나로호의 임무 성공을 최종 확인한 순간이었다.

2013년 1월 30일 오후 4시, 외나로도의 나로우주센터에서 발사되는 나로호(KSLV-I)의 3차 발사 장면. 두 차례 실패 끝에 거둔 완벽한 성공이어서 기쁨이 더욱 컸다./사진=항우연.

7. 발사체 기술의 완전 독립, 한국형 발사체 누리호(KSLV-II)

　나로호가 실패를 반복하던 순간에도 한국은 앞으로 나아갔다. 개발 중인 나로호 기술과 경험을 바탕으로 2010년 1.5t급 저궤도 실용위성 발사체 개발을 위한 한국형 발사체(누리호) 개발사업에 착수한 것이다. 러시아와 기술협력을 통한 나로호와 달리, 누리호는 국내 주도로 제작하고 발사 과정을 진행하고 독자적인 우주 수송 능력, 즉 인공위성 탑재와 발사, 우주궤도 전개 능력 확보를 목표로 삼았다. 누리호 개발은 총 3단계로 진행됐다. 1단계 목표는 추진기관 시험설비 구축과 7톤 액체엔진 연소시험이며, 2단계 목표는 75t급 액체엔진 1기를 활용한 시험발사체 발사. 마지막 3단계 사업에서 75t급 엔진 클러스터링 기술개발 및 시험발사를 통한 성능검증을 목표로 잡았다.

　설계부터 제작, 시험, 발사 운용까지 모든 과정을 독자적으로 수행하는 첫 번째 우주발사체 개발사업인 누리호 개발에서도 핵심은 두 가지였다. 추력 75t급 액체엔진과 누리호 전체 부피의 70~80%를 차지하는 연료 및 산화제를 담는 추진제 탱크 개발이 가장 어렵고 까다로웠다. 75t급의 중대형 액체엔진은 나로호 개발 당시 선행연구로 진행한 30t급 액체엔진 기술을 바탕으로 개발을 진행해, 연소 불안정 현상의 기술적 한계를 극복하고 지상 연소시험과 시험발사체 발사를 통한 비행 성능시험을 거쳐 중대형 액체엔진 개발에 성공했다.

　지름이 3.5m에 달하지만, 두께는 2~3mm 정도에 불과해 설계와 제작에서 많은 기술적 어려움이 있었던 대형 추진제 탱크도 국내 기술로 개발해냈다. 특히 나로호 개발 당시 엔진 핵심 구성품에 대한 성능을 시험할 수 있는 시험설비가 없어 해외에 의존했던 이전과 달리 나로우주센터 내에 엔진 핵심 구성품, 엔진시스템, 추진기관 시스템의 성능과 신뢰성을 검증할 수 있는 추진기관 시험설비까지 갖췄다. 그 과정은 쉽지 않았다.

　당시에는 엔진을 개발해도 외국에 의존하지 않을 길이 없어 시험설비 구축부터 손댔다. 2012년부터 나로우주센터 시험설비 구축에 들어가 2014년 연소기 연소시험 설비, 터보 펌프 실매질 시험설비 등과 같은 구성품 시험설비를 갖췄다. 2015년에는 3단 엔진 연소시험설비, 엔진 지상/고공 연소시험설비까지 확보하고 2017년에는 발사체 전체의 성능을 시험할 수 있는 추진기관 시스템 시험설비까지 마련했다. 한국도 비로소 우리 손으로 개발한 발사체의 성능 전반을 국내에서 우리 손으로 진행하는 시대를 열었다. 잘 보이지도 화려하지도 않지만 크나큰 진전이었다.

　연구진은 2014년부터 시험설비 구축과 엔진 구성품 시험을 동시에 진행했다. 조선소를 건설하며 선박을 건조하는 것과 같은 방식이다. 액체로켓 엔진시험은 위험도가 대단히 높았다. 엔진 내부에서 맹렬한 화학반응이 일어나지만 무게를 낮춰 최대한 추력을 내기 위해 최소한의 무게와 두께로 제작되기에 수많은 위험이 도사렸다. 액체엔진 자체가 극한 기술의 결정체로, 개발 과정부터 기술적 난제가 따르기 마련이다. 무엇보다 극한의 온도와 높은 압력, 폭발성 높은 유체를 안정적으로 제어해야 한다. 누리호 액체로

장소	시험설비 명	용도
나로우주센터	터보 펌프 실매질 시험설비	실매질을 이용한 7톤/75t급 터보펌프 시험
	연소기 연소 시험설비	연소기/가스발생기 연소시험
	3단 엔진 연소 시험설비	7톤 엔진 지상/고공조건 연소시험
	엔진 지상연소 시험설비	액체엔진 지상조건 연소시험
	엔진 고공연소 시험설비	액체엔진 고공조건 연소시험
	추진기관시스템 시험설비	1/2/3단 추진기관 개발/인증 시험 수행
	터보 펌프 대형상사 시험설비	상사매질을 이용한 75t급 터보펌프 시험
항우연 등	터보 펌프 소형상사 시험설비 확장	상사매질을 이용한 7톤 터보펌프 시험
	추진공급계 시험설비	기체/엔진 공급계 개발/인증 시험
	엔진조립/기능 시험설비	엔진 시스템 총조립 및 기능시험

켓 엔진은 등유(케로신)와 영하 183℃의 액체산소가 반응해 연소하며 추진력을 낸다. 연소가 시작되면 엔진 연소실 내부는 3000℃까지 치솟는다. 무게를 줄이려 얇은 금속으로 제작된 엔진이라는 한정된 공간 안에 영하 183도에서 3000℃의 극한 온도 차의 유체들이 안정적인 연소과정을 거쳐 한 방향으로 추력을 집중하려면 고난도의 기술이 필요했다. 액체엔진의 구조 역시 복잡하기 짝이 없었다.

액체엔진은 시동부터 어렵다. 1초가 안 되는 짧은 순간에 연료와 산화제를 공급하는 여러 밸브와 부품들이 정해진 순서대로 정확히 작동해야만 시동이 걸린다. 초당 $255kg$의 연료와 산화제를 연소하는 누리호의 75t급 엔진은 시동 순서가 조금만 어긋나도 폭발로 이어질 수 있다. 더욱이 엔진도 해외에서 검증된 게 아니라 한국이 독자적으로 새로 제작했기에 위험은 더욱 컸다. 반복적인 시험으로 경험을 쌓고 신뢰도를 확보하는 수밖에 없었다.

우려대로 2014년 10월 첫 시험에서 75t급 액체엔진에서 연소 불안정 현상이 나타났다. 해결책은 하나였다. '설계 변경 → 제작 → 시험 → 결과 해석'의 경로를 밟고 그래도 이상하면 정상적으로 가동될 때까지 이 과정을 무한 반복하는 게 대안이었다. 문제는 연소기 제작에만 수개월이 걸린다는 점. 문제를 해결하려 연구진은 특단의 조치를 꺼내 들었다. '설계 변경 → 제작 → 시험 → 결과 해석'의 과정을 준수하되, 복수의 설계 변경안을 준비해 연소기를 제작하는 방법을 택했다. '결과 해석'이 나오는 대로 바로 준비해둔 설계 변경안을 적용해 시간을 아꼈다. 최대한 빨리 시험결과를 축적하는 방식은 연구진과 개발팀 모두를 녹초로 만들었지만 효과가 있었다. 문제가 점차 개선돼 2016년 2월 연소기 설계를 최종 확정하고 연소 불안정 문제 해소를 공식 선언했다.[28] 2018년 시험발사를 통해 비행 과정에서의 연소 성능을 확인했다.

엔진 개발과 시험도 쉽지 않았다. 누리호 1단용 75t급 엔진은 123초 동안 연소가 지속돼야 하고, 2단

75t급 고공용 엔진은 142초 동안 연소가 지속돼야 한다. 75t급 엔진은 2016년 4월 초도기 시험을 시작으로 2020년 11월까지 모두 25기 엔진을 조립해 시험을 거쳤다. 1호기와 2호기는 각 구성품의 작동성과 성능, 구동 순서를 결정하기 위해 제작됐다. 이후 3호기부터는 실제 비행모델과 유사한 형상을 갖추게 됐다. 75t급 엔진은 184회의 테스트와 1만 8290초라는 누적 연소시간 기록을 세웠다.

7t급 엔진은 2015년 4월부터 파워팩 시험을 통해 사전 문제점을 파악해 초도품을 설계했다. 연소기를 포함한 엔진 총 조립 후 2016년 7월 첫 연소시험을 성공적으로 마쳤다. 7t급 엔진은 안정적인 제작과 시험 과정을 거쳐 3단 인증모델에 이어 비행모델 조립에 들어갔다. 1단, 2단 엔진의 가동과 비행 시 작동하지 않지만 진동에 노출되는 3단 액체엔진도 구조적인 안정성과 연소 시 작동성을 검증하기 위한 각종 시험을 거쳤다. 7t급 엔진은 103회 시험을 실시했으며 누적 연소시간은 2만 70.7초를 기록했다.

누리호에 5개가 장착되는 75t급 엔진의 연소 시험(위). 거대한 연소 가스를 배출하며 수락 시험 중인 누리호 75t급 엔진(아래)./사진=항우연

8. 발사체 서브 시스템 개발

발사체 서브 시스템 제작 이후에도 본격적인 제작과 시험 과정이 진행됐다. 모든 구성품을 단별로 조립하여 시험하는 과정을 위해 엔지니어링 모델EM, 인증모델QM, 비행모델FM 순으로 총 3기를 제작, 각각 용도에 따라 시험 과정을 거쳤다. 엔지니어링 모델은 발사체를 구성하는 추진제 탱크, 배관, 밸브 등의 성능을 검증하는 과정으로 추진제를 주입, 배출하는 수류시험을 수행한다. 누리호 추진제는 액체 산소와 등유 계열의 연료가 한꺼번에 대량으로 사용돼 폭발의 위험성이 높기에 초기 모델의 시험은 연소하지 않고 각 부분 및 전체 시스템의 연계 성능을 시험하는 것이다.

인증모델부터는 엔진을 부착해 연소시험까지 수행한다. 연소시험 결과에 따라 지상에서의 개발절차가 완료된다는 의미로 인증모델이라 부른다. 비행모델은 성능검증을 마친 인증모델과 동일하게 제작되며 실제 비행에 사용되는 모델이다. 위와 같은 절차로 누리호의 2단부 검증이 가장 먼저 완료됐다. 누리호 2단부가 바로 2018년 발사에 성공한 시험발사체이다. 시험발사체는 75t급 액체엔진의 성능검증을 위해 제작된 것으로 엔진 성능 외에도 발사체 서브 시스템 성능검증, 추적시스템 검증 등을 성공적으로 완료함으로써 누리호 개발의 성공 가능성을 높이는 계기가 됐

한국형발사체 누리호 1단 산화제 탱크./사진=항우연

다. 이후 2020년에는 3단 인증 완료, 2021년 3월에 누리호 1단 인증까지 마쳤다.

누리호 1단은 75t급 액체엔진 4기가 묶여서(clustering) 300t급의 추력을 발생한다. 단순히 묶는 게 아니라 엔진 4기가 하나의 엔진처럼 작동해야 하는 고난도 기술이다. 문제는 구조적으로 안정성을 유지하면서 강력한 힘을 발휘하기 어렵다는 점이다. 클러스터링 방식은 1기의 엔진에 비해 제어가 어렵다. 결합하는 엔진 수가 많아지고 추력이 높아질수록 제어의 난도는 더 올라간다. 여러 개 엔진이 단일 엔진처럼 동일한 추력을 내려면 액체연료와 산화제를 4개 엔진에 동일한 온도, 압력, 유량으로 공급하는 필수 전제조건이다. 4기 엔진 추력이 정상인지, 추력 오차가 없는지, 동시에 점화해 화염을 내뿜은 엔진들이 서로 간섭하지는 않는지를 점검하고 개발진은 시험발사체 발사 준비에 들어갔다. 2018년 10월 25일로 예정된 시험발사체 발사는 산화제 탱크 내부에서 이상이 발견돼 11월 28일에야 실행됐다.

한국형발사체 누리호 1단 산화제 탱크 내부./사진=항우연

누리호의 주 엔진이며 1단과 2단에 적용되는 75t급 액체엔진의 성능을 실제 비행을 통해 확인하기 위해 1단형 발사체를 쏘는 시험은 기대 이상의 성과를 보였다. 고흥군 나로우주센터에서 발사된 시험발사체는 목표 시간 140초를 넘어 151초 동안 연소하면서 최대고도 $209km$에 도달한 후 남측 공해상에 낙하했다. 국내 기술로 개발한 액체엔진을 비롯한 발사체를 구성하

누리호 엔진의 성능 등을 확인하기 위한 1단형 발사체인 시험발사체의 발사 장면.
/사진=항우연

는 서브 시스템인 구조체, 전자, 제어, 열/공력 및 발사대, 추적시스템 등과 같은 지상 시스템 성능이 정상이라는 사실을 시험발사체를 통해 확인할 수 있었다. 이제 발사대 구축과 실제 발사만 남았다.

발사대는 단순한 수직 구조물로 보이지만 실제로는 복잡한 구조를 갖고 있다. 발사체 발사 운용을 위한 건물에서 발사체와 연결되는 부분까지 다양한 장치들로 구성된다. 건물 및 전기·소방·공조·기계 등 기반 시설, 발사대 기계설비, 추진제 공급설비, 발사 관제 설비 등이 있다. 나로호 발사대 건설과 구축 경험을 토대로 나로우주센터에 발사시설을 건설하며 시험발사체 발사 운용과 누리호 발사를 위한 2종의 발사시설을 구축했다.

시험발사에 사용하는 발사시설은 나로호 발사대를 개조·개선한 제1 발사대와 발사관제소를 이전 설치해 제1 발사관제소를 구축했다. 누리호 실제 발사에 사용할 제2 발사대와 제2 발사관제소도 함께 갖췄다. 나로호 개발에서 액체로켓을 발사할 수 있는 시설과 기술력을 확보한데 이어 누리호에서는 순수 국내 기술로 실용위성급 발사체를 발사, 운용할 수 있는 시설을 갖췄다. 실제 발사용인 제2 발사대는 설계부터 제작, 조립까지 모든 과정을 국산화했고 기존 나로호 발사대(제1 발사대)와는 달리, 지상에 엄빌리칼 타워(높이 45m)를 설치하여 케로신, 산화제 등을 공급하게 되므로 발사체를 통한 인증 시험이 필수적이었다. 연구진은 누리호 인증모델을 3단형 발사체로 조립해 발사대로 이송, 기립, 장착, 산화제 충전 및 배출 등과 같은 발사 운용의 전 과정을 미리 시험하고 운용 노하우를 익혔다.

2019년 누리호 1차 발사를 앞두고 나로우주센터에 구축 중인 발사대./사진=항우연

9. 삼수 끝에 거둔 완벽한 성공…누리호 비행시험

2021년 10월 21일, 11년 7개월간 1조 9000억 원을 투입한 대형 프로젝트인 누리호의 1차 비행시험이 수행됐다. 나로호 3차 발사(2013년 1월 30일) 이후 8년 9개월여 만의 우주발사체 공개 비행시험은 국민적 관심을 끌었다. 오후 4시 발사 예정이었던 누리호는 지상 시스템 오류 조치로 1시간 늦어진 오후 5시에 굉음과 함께 하늘로 치솟았다. 처음에는 바로 성공하는 것 같았다. 엔진 점화와 이륙, 1단 분리, 2단 점화, 페어링 분리, 2단 분리, 3단 점화, 위성 모사체 분리까지 모든 과정이 순조로웠다. 그러나 3단 엔진의 조기 연소로 인해 위성 모사체(실물 크기 모형·mockup)를 목표 궤도에 투입하기 위한 속도인 $7.5km/s$에 못 미치고 궤도 안착에도 성공하지 못했다. 한 언론은 이를 '통한의 3단 엔진'이라는 제목으로 보도했다.[29] 아쉬움이 컸지만 실패였음에도 언론은 비판을 넘어 비난까지 퍼부었던 나로호 2차 시험 실패와 달리 한결같이 호의적인 보도 성향을 보였다. "$700km$까지 보낸 것도 대단한 성과"라는 문재인 대통령의 평가도 많은 매체에서 다뤘다.[30] 아래는 발사 이튿날 아침 중앙 매체들의 제목과 해설의 제목이다.

✣ 2021년 10월 22일 자 중앙 언론의 누리호 1차 발사 보도 현황[31]

매체	1면 머리기사 및 해설 기사 제목
경향신문	잘 날았다 누리호, 내년엔 '우주의 문' 열자 "위성 모사체 분리 확인" 멘트에 환호성…코앞 좌절 아쉬움
국민일보	누리호 발사 '미완의 성공'…우주 독립 첫발 통한의 3단 엔진, 46초 먼저 꺼졌다…밸브 오작동 가능성도
동아일보	'우주독립' 문 연 누리호, 한걸음 모자랐다 엔진 연소 마지막 46초 모자라…목표 속도 못미쳐 궤도 진입 못해
서울신문	우주독립 꿈 날았다, 누리호 미완의 성공 문 대통령 "우주로 다가갔다" 시민들 "K로켓 감동적"
세계일보	아? 46초…우주로 난 누리호 미완의 성공 발사체 핵심 '단 분리 기술력 입증…"마지막 한걸음 남았다"
조선일보	우주로 간 누리호…46초가 모자랐다 전문가들 "누리호 발사로 ICBM 기술까지 확보"
중앙일보	100% 우리 힘으로 누리호, 우주에 첫발 180㎏→13t→30t→75t 액체로켓 개발 '30년 축적의 시간'
한겨레	우주를 날았다, 이제 한뼘 남았다 1차는 리허설…아직 5발 남았다
한국일보	아깝다! 46초…성공 문턱서 멈춘 '우주 독립' 2030년 달착륙 꿈…내년 5월 2차 발사가 또 다른 시험대
매일경제	'우리 힘으로' 우주 강국 첫발 뗐다 막판 연소 부족에 궤도 진입 못했지만…발사 핵심기술 확보 '쾌거'
서울경제	대한민국의 기술로 '우주 강국의 꿈' 쏘아올렸다 심장(액체로켓엔진)에서 발사대까지…민관 뚝심이 만든 '우주독립'
한국경제	누리호, K우주시대 희망을 쐈다 궤도 안착 못했지만…국내 기술 집약체 '절반의 성공'

구분	KSR-Ⅰ	KSR-Ⅱ	KSR-Ⅲ	나로호(KSLV-Ⅰ)	한국형발사체 (KSLV-Ⅱ)	차세대발사체 (KSLV-Ⅲ)
이미지						
목적	1단형 무유도 과학 관측로켓 국산화 개발 및 한반도 오존층 탐사	초기자세제어 기능을 갖춘 2단형 고체추진 과학관측 로켓의 국산화 개발	액체추진로켓 독자 개발 및 소형위성 발사체 개발을 위한 기반기술 확보	100kg급 인공위성을 지구궤도에 진입시킬 수 있는 발사체 개발 및 독자개발을 위한 기술과 경험 확보	1.5톤급 실용위성을 지구저궤도에 투입시킬 수 있는 발사체 개발 및 우주발사체 기술 확보	위성발사, 우주탐사 등 국가 우주개발 수요대응 및 자주적 우주탐사 역량 확보를 위한 차세대발사체 개발
개발기간	1990.7 ~ 1993.10	1993.11 ~ 1998.06	1997.12 ~ 2003.02	2002.08 ~ 2013.04	2010.03 ~ 2023.06	2023.07 ~ 2032.12
개발비(억원)	28.5	52	780	5,025	19,572	20,132

왼쪽부터 KSR-Ⅰ, KSR-Ⅱ, KSR-Ⅲ, 나로호(KSLV-Ⅰ), 한국형발사체(KSLV-Ⅱ), 차세대발사체(KSLV-Ⅲ) 크기 차이가 확연하다. 1993년 6월 4일 길이라야 6.7m에 불과한 KSR-Ⅰ로 우주발사체용 로켓 개발을 시작한 한국은 2022년 6월 22일 누리호 2차 발사에 성공, 29년 만에 독자적으로 우주개발에 나설 수 있는 국가로 발돋움했다./이미지=항우연

누리호 2차 발사 예정일은 언론이 예상했던 2022년 5월이 아니라 6월 15일로 선정됐다. 그러나 계획대로 진행되지 않았다. 6월 14일 기상 분석 결과 강풍으로 인한 작업 안전사고 발생의 우려로 발사 일정이 하루 늦춰졌다. 6월 16일 발사를 위해 하루 전인 15일 발사체를 발사대로 이송하여 점검하던 중 추진제 레벨 측정 시스템의 오류가 발견돼 즉시 중지하고 조립동으로 회수, 긴급 점검을 실시했다. 점검 결과 발사 예비 기간이었던 6월 23일 이내에 발사가 가능하다는 판단 아래 기상 여건 등을 감안해 발사일을 6월 21일로 바꿨다. 발사 당일 오후 4시 발사된 누리호는 모든 과정을 정상적으로 거치고 오후 4시 14분 35초, 성능검증 위성을 성공적으로 분리, 목표 궤도인 고도 $700km$에 안착시켰다. 위성 교신까지 성공적으로 진행됐다. 마침내 한국은 우주발사체 기술 확보는 물론 우주개발의 부푼 꿈에 더욱 다가갔다.

누리호 개발을 통해 한국은 우주발사체 개발을 위한 핵심기술을 확보하며 '스페이스 클럽'에 해당하는 국가로 올라섰다. 독자개발한 실용위성을 국산 위성 발사체로 국내 발사장에서 발사하는 기반을 마련한 한국은 누리호 고도화 사업을 펼치고 있다. 점차 늘어나는 국내

새로 개발한 우주발사체의 연속 발사 신기록을 세운 2023년 5월 25일의 누리호 3차 발사 장면. 누리호는 4차 발사에도 성공하며 신기록을 경신했다./사진=항우연

위성 발사 수요에 따른 지속적인 누리호 발사로 실적을 쌓고 신뢰성을 확보하는 동시에 관련 기술을 민간에 이전하는 게 목표다. 오는 2027년까지 6874억 원의 예산을 투입, 한국형 발사체 누리호를 고도화하며 산업생태계를 강화하기 위해 누리호를 반복 발사하는 사업이다.

누리호는 2023년 5월 25일 6시 24분 3차 발사에서도 2차 발사에 이어 성공하며 새로운 기록을 세웠다. 로켓을 처음 개발한 후 연속 발사 성공은 미국과 러시아, 중국에서도 달성하지 못한 진기록이다.[32] 특히 3차 발사에서는 고도 550km 지점에서 주탑재 위성인 차세대 소형위성 2호를 분리한 이후 20초 간격으로 부탑재 위성인 큐브위성을 차례로 우주에 내보냈다. 다만 7기의 도요샛 큐브위성[33] 중 하나인 다솔호가 제대로 사출되지 않았다. 3차 실용발사 성공으로 누리호는 실용위성을 목표 궤도 올린 최초의 한국 발사체라는 기록도 보유하게 됐다.

누리호는 오는 2027년까지 매년 1회씩 발사될 예정이다. 2025년 차세대 중형위성 3호에 이어, 2026년에는 초소형위성 2~6호, 2027년에는 초소형위성 7~11호가 주탑재체로 예정돼 있다. 부탑재 위성으로는 국내 산업체 부품의 우주 검증을 위한 큐브위성이 선정과 탑재를 기다리고 있다. 4차 발사부터는 2022년 말 항우연과 누리호 고도화사업 본계약을 체결한 한화에어로스페이스가 발사체 총괄 주관 제작

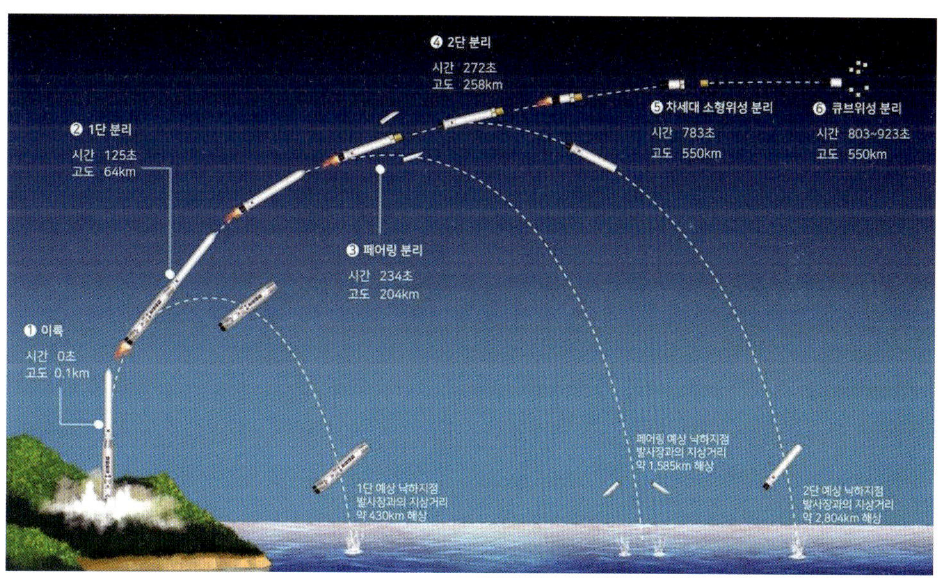

누리호 3차 발사 과정./이미지=항우연

✣ 국내 민간기업의 발사체 개발 현황

구분	내용
이노스페이스	15t급 하이브리드 엔진의 기술 실증을 위한 한빛 TLV 발사 성공
페이지에어로스페이스	액체 메탄을 추진제로 사용하는 발사체 개발 계획
우나스텔라	준궤도 우주여행 서비스 제공을 위한 발사체 개발 계획

을 맡아 진행되고 있어 항우연 등이 보유한 국가 우주기술의 민간 이전에도 속도가 붙을 전망이다. 한편, 민간기업에서도 소형우주발사체 개발 및 발사 시도 등이 진행되고 있다. 2023년 3월 이노스페이스는 국내 민간기업 중 발사체 발사(준궤도 진입)에 처음으로 성공하는 등 국내 우주발사체 관련 생태계가 조성되기 시작해 이들이 미국과 유럽의 신생 우주기업처럼 성장할 수 있을지가 주목된다.

10. 우리별 1호가 쏘아 올린 위성개발 신호탄

우주개발의 가시적인 첫 성과는 로켓이 아니라 인공위성 부문에서 나왔다. 발사체보다 상대적으로 예산과 개발 기간이 덜 소요될 것이라는 판단 아래 한국과학기술원 인공위성센터의 연구진과 학생들이 1989년부터 3년 동안 영국 서레이대학교(University of Surrey)에 파견돼 기술을 배우고 발사 노하우를 익혔다. 여기에서도 숱한 난관에 봉착했다. 발사체 부문보다는 선진기술과 격차가 적을 것이라고 여겼지만 개발 조건이 까다롭기는 마찬가지였다. 모든 과정이 극한 조건이라는 점부터 한국 연구진에게는 생소했다.

인공위성은 지상에서 쏘아 올린 발사체로부터 분리될 때까지 발사체와 위성체의 접합부 및 위성체 표면을 통해 진동, 소음, 충격 등과 같은 다양한 발사 환경에 견딜 수 있어야 했다. 분리 이후에도 궤도, 고도, 계절, 시간, 태양의 흑점주기 등에 따라 고진공, 무중력, 복사, 온도 변화 등과 같은 극한 조건에서 신뢰도를 갖고 작동하는 인공위성을 배우면서 개발하는 과정은 고난의 연속이었다. 위성 본체의 궤도 및 자세 제어, 추진, 기계적 지지, 전력공급과 지상국과의 통신 및 정보 교환 등도 처음부터 배워나갔다.

연구진의 노력 결과 1992년 8월 11일에 프랑스령 기아나 우주센터에서 대한민국 최초의 인공위성인 우리별 1호(KITSAT-1)를 쏘아올렸다.

우리별 1호는 무게라야 48.5㎏, 크기 35.2×35.6×67㎝의 초소형 과학위성, 그것도 영국 서레이대학의 도움으로 제작됐지만 성공적 궤도 진입으로 대한민국은 세계에서 위성을 보유한 22번째 나라가 됐다. 국민들이 우리나라의 항공우주산업에 관심을 갖기 시작한 계기로도 작용했다.

우리별 1호에서 주목할 점은 학습 효과에 있다. 한국은 소형위성 우리별 1호를 외국 대학과 공동 설

우리별 위성 시리즈./이미지=KTV

계, 제작한 이래 모든 위성을 독자적으로 설계, 제작, 운영하는 성과를 올렸다. 불과 3년 만의 해외연수를 통해 위성제작과 통제, 운영 기술의 국산화 기반을 다졌다는 것이다. 당시 연구진은 1993년 9월 26일, 우리별 2호(KITSAT-2)를 쏘아 올렸다. 임무 궤도가 $800km$ 태양 동기 궤도이며, 지구표면 촬영, 소형위성용 차세대 컴퓨터, 고속 변복조 실험장치, 통신장치, 저에너지 입자 검출기, 적외선 검출기를 탑재한 우리별 2호는 최초의 국내제작 위성으로 위성의 임무 분석과 설계, 제작, 시험까지 모든 과정을 독자적으로 했다는 데 의의가 있다. 이를 통해 위성시스템 개선 및 독자개발 능력 확보, 국산 부품 이용, 국내개발 실험장치 시험 등의 부수성과도 거뒀다. 한국은 1999년 5월 26일 인도에서 PSLV-C2 로켓을 활용, 우리별 3호(KITSAT-3)를 발사했다. 1992년 우리별 1호를 해외기술에 의존해 발사했던 한국은 불과 30년 만에 달 궤도를 도는 위성을 독자개발해 발사할 만큼 위성 개발과 제작 능력에서 비약적인 성과를 거뒀다. 우리별 시리즈로 자신을 얻은 한국은 곧바로 다목적 실용위성 개발에 나섰다. '아리랑위성' 시리즈가 시작된 것이다.

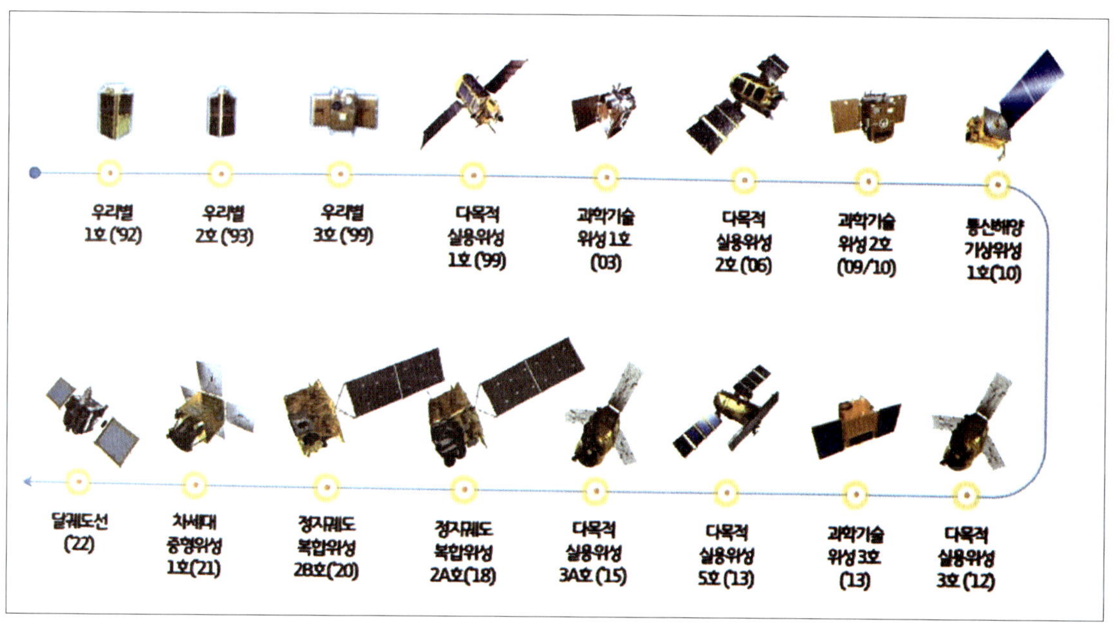

한국이 개발한 공공 목적 저궤도/정지궤도 위성.

11. 다목적 실용위성 아리랑 시리즈

우리별 시리즈로 위성개발 가능성을 타진하던 한국은 우리별 1, 2호의 성공에 힘입어 실험 수준에서 벗어나 정부 각 부처가 필요로 하는 정보를 우주에서 확보하기 위해 다목적 실용위성 개발에 들어갔다.

다목적 실용위성 개발은 정부가 1994년 종합과학기술심의회에서 국가적으로 위성영상에 대한 공공수요를 충족시키기 위해 개발사업을 의결하면서 시작됐다. 한국항공우주연구원 및 대한항공과 두원중공업, 대우중공업, 한화, 현대우주항공, 삼성항공 등 민간기업의 연구진으로 구성된 실용급 위성 개발팀이 미국의 인공위성 제작회사인 TRW에 파견돼 공동개발을 수행했다.[35] 실용급 위성의 개발 및 운영에 대한 전 분야에서 기술이전을 받았으며, 국내 산업체는 위성 본체 및 탑재체 분야에서 각 담당 분야별 국산화 부품개발을 맡았다.

아리랑위성(KOMPSAT, KOrea Multi-Purpose SATellite) 시리즈는 영상카메라 및 레이다를 사용해 지상을 촬영하는 국가급 지구 관측 위성이다. 아리랑위성 1호는 중량 470㎏, 해상도 6.6m의 광학 영상 촬영 성능으로 1999년 12월 21일에 발사됐다. 아리랑위성 1호의 성공적인 발사는 위성뿐 아니라 우주 개발 전 분야에 활력을 가져왔다. 아리랑위성 1호의 성공에 힘입어 우주센터 건설사업을 추진하기 위한 초기 건설예산 2500억 원도 확보할 수 있었다. 최소한의 예산이 확보되며 우주개발 중장기 기본계획의 확대 수정 작업도 진행할 수 있었다. 원론 수준에 머물던 국가 항공우주산업개발 기본계획이 2000년 8월 세부 시행계획으로 발전한 것도 이 같은 흐름 속에서 이뤄졌다.[36]

아리랑 2호부터는 항우연을 중심으로 실용급 전자광학 위성이 국내 주도개발로 수행됐고, 아리랑 3호부터는 국내 독자개발로 서브 미터급 해상도의 고성능 인공위성을 개발할 수 있는 역량을 갖췄다. 특히 아리랑 2호는 국내외에서 높은 평가를 받았다. 위성개발에 본격 착수한 지 10여 년 만에 시스템 및 본체 설계, 조립·시험, 제품 보증 및 부품개발까지 국산화율 약 80%를 실현했기 때문이다. 아리랑 2호는 국산화율 말고도 자랑거리가 더 있었다. 고해상도 카메라(MSC, Multi-Spectral Camera)가 장착돼 흑백 1m,

❖ 다목적 실용위성(아리랑위성) 시리즈

구분	다목적 실용위성(아리랑위성)							
	1호	2호	3호	3A호	5호	6호	7호	7A호
위성 형상								
개발 목적	지구관측 (광학)	지구 정밀관측 (광학)	지구 정밀관측 (광학)	지구 정밀관측 (광학+적외선)	전천후 관측 (영상레이다)	전천후 관측 (영상레이다)	지구 정밀관측 (광학+적외선)	지구 정밀관측 (광학+적외선)
중량	470kg	800kg	980kg	1,100kg	약1,400kg	약1,750kg	약1,850kg	–
임무 수명	3년	3년	4년	4년	5년	5년	5년	5년
주요 성능 (해상도)	흑백 6.6m	흑백 1m 칼라 4m	흑백 0.7m 칼라 2.8m	흑백 0.55m 칼라 2.2m	레이다 영상 1m/3m /20m	레이다 영상 50cm	흑백 0.3m 칼라 1.2m	흑백 0.2m 칼라 1.1m
발사체	Taurus(미)	Rockot(러)	H2-A(일)	Dnepr(러)	Dnepr(러)	Vega-C(프)	Vega-C(프)	–
발사장	반덴버그 (미)	Plesetsk (러)	다네가시마 (일)	Yasny (러)	Yasny (러)	기아나 (프랑스령)	기아나 (프랑스령)	–
발사일	'99.12.21	'06.7.28	'12.5.18	'15.3.26	'13.8.22	'26년 하반기	'25.12.2	예정
운용 현황	임무 종료 (07.12) 운용 종료 ('08.2)	임무 종료 ('15.10)	임무 수행 중	임무 수행 중	임무 수행 중	개발 완료 발사준비	임무 수행 중	개발 중

컬러 4m의 해상도로 건물은 물론 자동차까지도 식별이 가능했다.[37] 아리랑 1호와 비교한다면 약 40배 이상의 정밀영상을 확보할 수 있게 됐다. 우리나라는 아리랑 2호 발사로 세계 7위권의 고정밀 위성 보유국으로 올라섰다. 당시까지 상업용 고해상도 카메라를 탑재한 위성은 미국, 러시아, 프랑스, 이스라엘, 일본에 국한됐었다.[38] 항우연은 아리랑 2호 개발 과정에서 확보한 극저온환경 형상기억합금 용접기술 등을 특허 출원한 뒤 위성에 협력했던 산업체에 기술을 이전함으로써 관련 기술 상용화 효과까지 낳았다. 다목적 실용위성 시리즈(1호~7A호) 개발사업은 현재도 진행 중이다.[39]

12. 최초의 국산 발사체와 국산 인공위성 조합, 과학기술위성

정부는 국가급 실용위성인 아리랑위성 시리즈를 개발하면서 우리별 시리즈의 연구진(KAIST 인공위성

연구센터)에게도 과학기술위성 시리즈 개발 과제를 맡겼다. 이미 더 무겁고 성능이 뛰어난 아리랑위성 개발이 진행되고 있음에도 $100kg$ 안팎의 소형위성 개발에 나선 이유는 크게 세 가지 이유에서다. 첫째 수요가 있었다. 2003년 9월 27일 러시아 코스모스호를 빌려 발사된 과학기술위성 1호의 주 임무는 자외선 영상분광기를 활용한 우주 과학 탐사. 한국 최초의 천문우주 관측 위성이었다.

두 번째는 인력 양성. 우리별 위성 시리즈를 개발했던 연구인력을 모태 삼아 참여 연구인력을 국내 대학과 연구기관, 기업으로 확대해 가능한 한 많은 인적 자원을 배양하려 애썼다. 학생 신분으로 우리별 인공위성 시리즈를 배우는 동시에 개발했던 인력들이 강사 요원으로 새로운 인력에 대한 교육 임무를 맡았다. 이런 이유로 과학기술위성 1호는 우리별 4호 위성으로 불리기도 한다. 세 번째 이유에 가려 잘 안 보이지만 인적 자원 확대는 소형위성 연구에 예산을 투입한 가장 큰 이유다.

세 번째로 보다 현실적인 당면 과제가 있었다. 국산 발사체가 없어 애써 개발한 인공위성 발사를 다른 나라에 맡겨 왔지만 한국형 발사체 나로호(KSLV-1) 개발이 목전에 다다르자 발사체와 위성 모두 국내 기술로 개발하자는 목표가 생겼다. 하지만 국산 발사체와 국산 위성의 조합은 초반 실패를 겪었다. 2009년 8월 25일 과학위성 2호가 나로호 발사 실패와 함께 유실되고 말았다. 2010년 6월 20일 나로호 2차 발사에서 개발팀은 과학위성-2B호[40]를 탑재했으나 나로호 발사 자체가 다시금 실패했다. 두 번의 좌절을 겪은 뒤 2013년 1월 30일 나로호에 탑재한 나로과학위성은 보란 듯이 성공했다. 한국은 이로써 자국의 발사체에 자국의 위성을 탑재해 발사할 수 있는 국가 대열에 합류했다.

✣ 과학기술위성 시리즈

위성 명	과학기술위성 1호	과학기술위성 2호	나로과학위성	과학기술위성 3호
위성 형상				
발사일	2003년 9월 27일	2009년 및 2010년 발사 실패	2013년 1월 30일	2013년 11월 21일
발사체	러시아 KOSMOS-3M	나로호 (KSLV-1, 한국 최초 발사체)	나로호	러시아 Dnepr
중량	약 106kg	약 100kg	약 100kg	약 150kg
궤도	고도 680km, 태양동기궤도	약 302km, 태양동기궤도	약 302km, 태양동기궤도	약 700km, 태양동기궤도
주요임무 (탑재체)	자외선 영상분광기 활용 우주과학 탐사	우주환경 관측(LEMI)	우주환경 관측 국산 기술 검증	지구 관측(MIRIS) 및 기술 실증

13. 기상·해양·환경 관측 및 감시용 정지궤도 위성 '천리안' 시리즈

우리나라는 통신 강국으로 자타가 공인하지만 정작 방송·통신 서비스에 필요한 정지궤도 인공위성은 민간 차원의 해외 계약을 통해 사용해왔다. 무궁화위성[41] 시리즈, 한별위성 등은 모두 한국 통신사들의 의뢰를 받아 해외 기업이 제작한 정지궤도 인공위성이다. 정부가 예산을 들여 국내에서 개발한 정지궤도용 인공위성이 천리안위성 시리즈다. 천리안위성 시리즈 역시 한국 특유의 개발 과정을 밟았다. 2020년 6월 27일 발사된 천리안 1호 위성 본체는 유럽 EADS 아

국내 두 번째 정지궤도 위성이자 첫 독자개발 정지궤도 위성인 천리안 2A호 위성. 지구와 우주의 기상을 연구하는 임무를 수행중이다./이미지=항우연

✣ 정지궤도 천리안위성 시리즈

구분	공공 정지궤도위성			
	천리안 1호	천리안 2A호	천리안 2B호	천리안 3호
형상				
임무 (탑재체)	기상 탑재체, 해양 탑재체, Ka대역 통신 탑재체	기상 탑재체(AMI) 우주기상 탑재체 (KSEM)	해양 탑재체(GOCI-2) 환경 탑재체(GEMS)	공공 위성통신 서비스 제공
성능	기상: 1km(VIS) 4km(IR) (지역 관측, 전구 관측) 해양: 500m(지역 관측)	500m(0.6μm), 1km(VIS), br2km(IR) (지역 관측, 전구 관측)	해양: 250m(지역관측) 환경: 7×8km^2 (서울 기준)	공공 위성통신 서비스 제공
발사일	2010년 6월 27일	2018년 12월 5일	2020년 2월 19일	–
중량/크기	2,460kg 5.3×8.7×3.3 m	3,507kg 3.8×8.9×4.6m	3,386kg 2.9×8.8×3.8m	약 3,500kg
수명	7년	10년	10년	15년
채널 수	기상: 5채널 (가시 1, 적외 4) 해양: 8채널(가시 8)	16채널 (가시 4, 적외/근적외 12)	해양: 13채널 (별 촬영밴드 포함) 환경: 1000채널 (자외-가시광, 0.6nm 간격)	–
운용 현황	기상 관측 임무 종료('20.4.1)	임무 수행 중	임무 수행 중	2027년 발사 예정

스트리움의 유로스타-3000S 위성을 기반으로 항우연이 공동개발했으나 기술 내재화에 성공한 이후부터는 모두 국내에서 개발되고 있다.

공동개발이지만 우리나라는 천리안위성 1호의 성공적인 궤도 안착으로 미국, 유럽, 일본, 중국, 인도, 러시아에 이어 세계 7번째 기상관측 위성 보유국이 됐다. 천리안 1호는 세계 최초로 정지궤도에서 해양을 관측하는 위성으로 한반도 주변 해역의 해양 환경을 실시간으로 모니터링해 왔다. 한국은 천리안 1호 위성 공동개발을 통해 저궤도 아리랑위성 기술과 비교해 미흡했던 정지궤도 위성 개발 기술을 확보하고 후속 위성인 천리안 2A호(2018년 발사)와 2B호(2020년 발사)를 독자적으로 설계 개발했다. 2025년 말 현재 재난 재해 상황에 긴급 대응을 위한 위성통신 탑재체, 위성항법 보정 탑재체, 정보수집 탑재체 등을 탑재한 천리안 3호(2027년 발사 예정 정지궤도 공공 복합 통신위성)를 국내 독자개발 중이다. 2025~2031년 동안 6008억 원의 사업비가 투입될 천리안 5호 위성은 LIG 넥스원이 개발 주관으로 선정됐다. 우주항공청도 천리안 2호를 대체할 천리안 6호 개발에 들어갔다.[42]

14. 정부에서 민간 주도로 변화···차세대 고성능 중형위성

차세대 중형위성은 다목적 실용(아리랑)위성 개발사업을 통해 확보한 고성능 위성개발 기술을 개량하면서 개발 비용 및 중량 등을 절반으로 줄여 상용 위성 양산체제 확보와 수출 전략상품화를 겨냥하고 추진된 사업이다. 우선 다양한 탑재체를 탑재할 수 있는 500㎏급 중형위성 표준 플랫폼(본체)을 1호 개발사업에서 확보하고, 표준 플랫폼을 활용해 1호 및 2호(50㎝급 고해상도의 정밀영상 확보 및 국가 공간정보 활용 서비스), 3호(우주기술 검증 및 우주과학), 4호(농·산림 관측, 중저해상도 광역 관측), 5호(수자원 감시, 영상레이다)를 개발할 예정이다.

특히 차세대 중형위성 사업은 정부(출연연구소)가 주도해온 국가 위성개발 방식을 국내 산업체 주도 개발 체계로 전환한(2호부터는 국내 산업체가 주관하여 개발) 위성 개발사업이다. 중형위성뿐 아니라 우주개발을 국제적인 추세인 '뉴스페이스(New Space, 민간기업이 창의력을 바탕으로 주도하는 우주개발)에 부응하기 위해 우주개발 전 분야의 문호를 개방한다는 첫 시도여서 관심을 모았다.

경과도 좋다. 차세대 중형위성 1호는 항우연이 2015년 개발에 착수, 2021년 3월 22일에 발사해 성공적으로 운영하고 있다. 문제는 예기치 않은 해외 요인으로 발사 일정에 차질이 발생하고 있다는 점이다. 2호부터 5호까지 체계 종합을 맡은 한국항공우주산업KAI은 진작에 2호와 4호의 제작을 마쳤으나 러시아-우크라이나 전쟁의 여파로 발사체를 못 찾아왔다. 물색 끝에 2호는 2026년 2~3월 중에, 4호기는 2026년 하반기에 스페이스X사의 로켓에 실려 발사될 예정이다. 3호기는 이보다 앞서 2025년 11월 27일 새벽, 4차 발사되는 누리호에 실려 우주 공간의 예정 궤도에 안착했다.[43]

규모가 당초 계획대로 진행될지 여부도 관심거리다. 정부는 지난 2013년 "모두 8436억 원을 투입, 2015년까지 12기의 차세대 중형위성을 개발하겠다"고 밝혔다. 시기도 늦춰졌을 뿐 아니라 규모도 줄어들었다. 개발 시기가 지연되면서 목표 달성을 위한 예산 증액 역시 부담이다. 차세대 중형위성이 악재를 딛고 과연 공장에서 대량생산하는 공산품처럼 수출 효자 품목이 될 수 있을지 주목된다. 차세대 중형위성이 국제적인 경쟁력을 갖출 만큼 상업성을 확보하느냐도 관건이다.

❖ 차세대 중형위성 시리즈

구분	형상	주요 임무(탑재체)	개발 주관	발사
1호		국토·자원 관리 (정밀 전자광학카메라)	한국항공우주 연구원	2021년 3월 22일
2호		국토·자원 관리 (정밀 전자광학카메라)	한국항공우주산업 KAI	'26.2~3월 발사 예정
3호		우주기술 검증 및 우주과학	한국항공우주산업 KAI	2025년 11월 27일
4호		농·산림 관측 (중저해상도 광역관측 카메라)	국내 산업체	'26.하반기 발사 예정
5호		수자원 감시 (C-밴드 영상레이다)	국내 산업체	발사 예정

15. 2035년 한국형 위성항법 시스템(KPS) 구축

우리나라는 초정밀 위치·항법·시각 서비스에 필요한 한국형 위성항법 시스템(KPS, Korea Positioning System)을 구축, 교통·통신 등 인프라 안정성 확보 및 신산업 창출을 위해 2022년부터 위성항법 시스템 개발에 들어갔다. 당장 한국에서도 활용할 수 있는 위성항법 시스템은 미국의 GPS, 러시아 글로나스, 유럽 갈릴레오, 중국 베이더우北斗, 일본 QZSS 등 5개나 존재하지만 유사 시 활용할 수 있을지는 미지수여서 안보 목적에서도 KPS가 추진되고 있다. 사업은 선행연구를 거쳐 3단계로 진행되며, 현재 다소 지연되는 가운데 2단계 과정이 추진 중이다. 사업 마지막 단계에서는 정지궤도에 3기, 경사 지구 동기 궤도에 5기 등 총 8기의 KPS 전용 항법위성을 개발, 2034년부터 시범서비스를 시작할 예정이다. 다만 수없이 많이 깔리는 저궤도 통신 위성망과 겹쳐 중복 투자가 될 수 있다는 점이 변수로 꼽힌다.

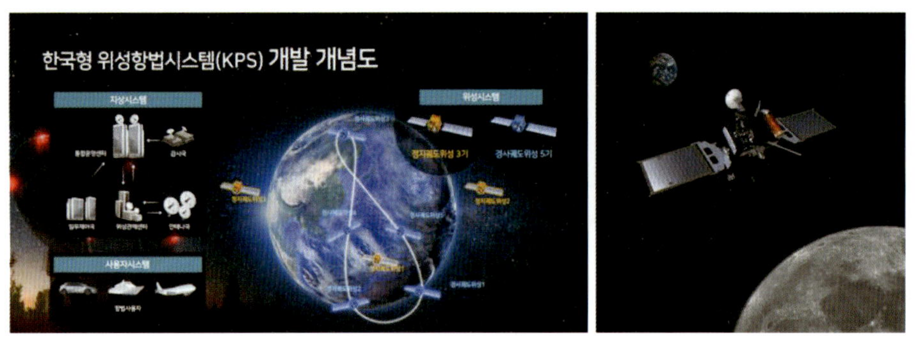

한국형 위성항법시스템(KPS) 개발 개념도(왼쪽·이미지=LIG넥스원)와 달탐사선 다누리호의 예상도/이미지=항우연

16. 한국도 스스로 힘으로 달나라에 간다…다누리호

한국은 우주기술 선진국의 전유물로 여겨지던 탐사 부분에서도 실적을 거뒀다. 그동안 확보한 우주 기술 역량을 바탕으로 국내 독자개발 한 달 탐사선 다누리(KPLO, Korea Pathfinder Lunar Orbiter)를 2022년 8월 5일 발사했다. 다누리호는 저에너지 탄도형 전이(Ballistic Lunar Transfer) 궤적을 따라 약 4.5개월 동안 비행하여 12월 26일 달 임무 궤도(달 상공 $100km$ 원궤도) 진입에 성공했다. 다누리는 임무 궤도 안착 후 6종의 과학 장비를 통해 달 표면 전체 편광 지도 제작, 달-지구 간 우주 인터넷 통신 시험 등 세계 최초로 시도되는 임무를 비롯해 향후 달 착륙 후보지 탐색, 자기장 측정, 달 자원 조사 등 여러 과학 임무를 수행했다. 또한 다누리는 2025년 2월 19일에 달 고도 $60km$의 달 저궤도에 진입하여, 달 표면을 더 가까이에서 관측하는 임무를 수행 중이다. 다누리는 우수한 관측 결과와 연료량의 여유를 고려해 임무 운영 기간을 당초 2023년 말에서 2027년 말까지로 4년 연장했다.

한국은 우주 경제영토 확장을 위한 탐사 분야 확대를 제4차 우주개발진흥 기본계획에 포함시켰다. 누리호 후속 차세대 발사체를 개발해 2032년까지 달 착륙선을 실어 보낼 계획이다. 2035년에는 화성탐사선, 2045년에는 화성 착륙선을 개발하도록 일정이 잡혔다. 달과 화성 탐사의 독자적 기술 역량 확보와 동시에 국제협력을 통한 유인 정거장 및 탐사기지 등의 전략적 추진 등을 설정하고, 우주자원 탐사 및 활용에 대한 핵심기술개발도 동시에 진행될 예정이다.

다누리호의 달 전이 궤적.
/이미지=항우연

❖ 다누리호 탑재체

탑재체	제원	임무
고해상도 카메라	- 해상도 : 2.5m - 관측폭 : 약 10㎞	- 달 표면 관측 영상 산출 - 달 착륙선 착륙 후보지 탐색
광시야편광카메라	- 지상표본거리 : 100m - 관측폭 약 25㎞	- 달 전력에 대한 다파장 편광영상 및 티타늄 지도 작성
자기장측정기	- 해상도 : 0.2nT 　(10Hz sampling rate)	- 달 우주공간 자기장 측정 - 달 진화 및 우주환경 연구를 위한 달 자기장 세기 측정
감마선 분광기	- 범위 : 30keVto 12MeV - 해상도 : 5% @662keV	- 감마선 측정자료 수집 및 달 원소지도 5종 이상 제작 - 달 표면의 자원탐사를 위해 감마선 분광 측정
우주인터넷	- 프로세서 : 32bit LEON3 - OS : RTEMS	- 지구와 달 궤도선 간 우주인터넷 통신기술을 이용하여 메세지, 　파일전송, 실시간 동영상 전송 - 심우주 탐사용 우주 인터넷(DTN) 시험
섀도우캠	- 측정파장 : 가시광선 - 해상도 : 약 1.7m	- 달 영구 음영지역 관측영상 산출 및 지형도 작성 - 차세대 유인탐사(아르테미스) 지원을 위한 기본자료 확보

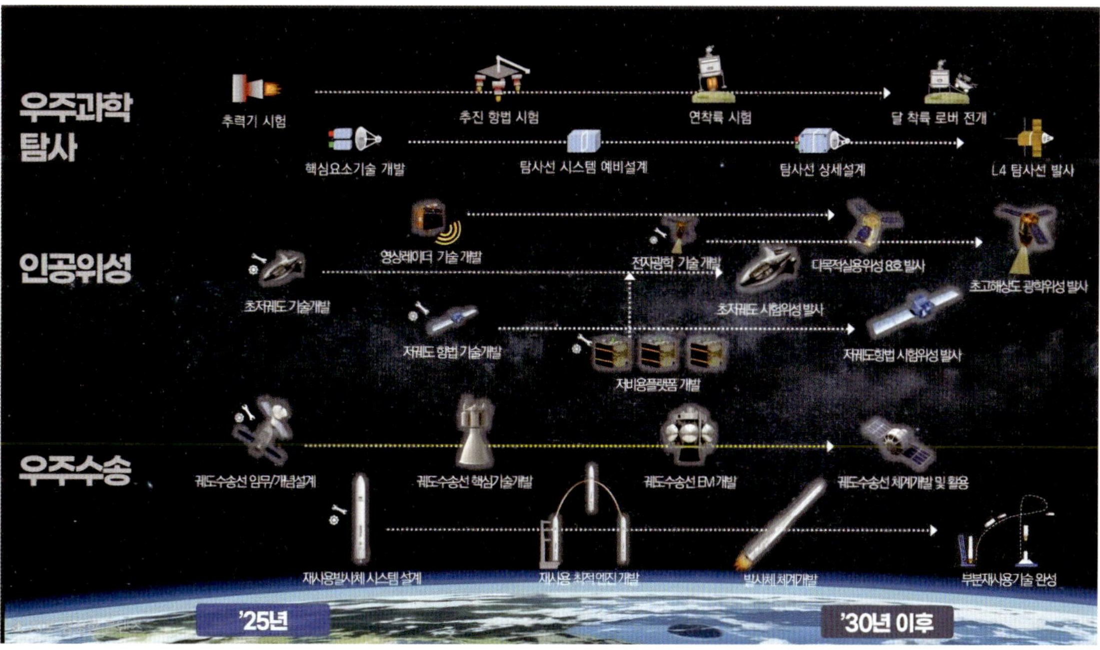

제4차 우주개발진흥 기본계획에서 제시된 우주탐사 추진 로드맵./이미지=항우연

1) 1969년부터 공군사관학교의 박귀용·조옥찬(趙玉燦) 교수 등이 기초 연구자료, 각종 실험기구를 확보, 추진제 기초실험 등을 수행했다. 1970년부터는 ARX-55 로켓(직경 55㎜, 길이 92㎝, 무게 4㎏, 비행거리 3㎞) 개발에 착수, 수차례 성공적인 발사시험을 치렀다. 1972년 12월 연구진은 지름 300㎜, 길이 4m AXR-300 로켓을 개발하는 성과를 거뒀다.

2) 처음에는 독립된 연구원이 아니라 한국기계연구원의 부속 연구소 형태로 출발했다.

3) 우주항공청 출범으로 항공우주연구원과 천문연구원은 우주항공청의 직속 연구기관으로 바뀌었다.

4) 스페이스 클럽은 영어로 'Elite Global Space Club'으로 통칭되지만 실존하는 국제기구나 정부 간 협의체는 아니며 관용적으로 쓰이는 표현이다. 국내 일부 언론은 2013년 나로호 3차 발사 성공 직후 '이제 세계 11번째로 스페이스 클럽에 가입하게 됐다'고 보도했으나 1단 엔진이 러시아제여서 스페이스 클럽의 요건에 해당되지 않았다. '자국 제작, 자국 발사' 요건을 충족하지 못했기 때문이다.

5) 한국에 앞서 탑재체(payload) 중량 1톤 이상을 쏘아 올린 나라는 미국과 러시아, 중국, 일본, EU(프랑스), 인도다.

6) 당시 수행했던 항공기 동체 생산 증명과 관련한 연구는 2011년 7월 20일 사천비행장에서 첫 비행에 성공한 4인승 KC-100 나라온 경비행기 개발로 이어졌다. 공군의 기초훈련기 KT-100은 나라온의 발전형이다.

7) 조광래·고정환, 『우리는 로켓맨』, 김영사, 2022, 19~25쪽.

8) 항우연 설립 직전까지 국내에 항공공학과가 설치된 대학은 서울대와 인하대, 항공대 3개뿐이었다. '우주' 전공을 표방하는 대학은 아예 없었다. 1985년에서야 조선대가 '우주항공공학과'를 개설, '우주'라는 단어가 한국 대학의 학과 이름으로 처음 쓰였을 정도였다('주 70시간 일한 열정과 사명감이 누리호·다누리 성공 원동력이에요', 『신동아』 2023년 3월호, 54·55쪽; '한국 우주개발 1세대' 이상률 한국항공우주연구원 원장 인터뷰, 동아일보사).

9) '과학로켓'이라고 명명했으나 영어 표기를 옮기면 '관측 로켓'이라는 번역이 보다 타당해 보인다. 옥스퍼드 영영사전(https://premium.oxforddictionaries.com/sounding/)에 따르면 sounding은 수면 아래를 뜻하는 고대 프랑스어 sonder에서 유래됐다. 항해 영어에서는 밧줄을 던쳐 수심을 재는 행위가 사운딩이다. 사운딩 로켓은 우주로 밧줄을 던져 관측하는 도구라고 할 수 있다.

10) 미 항공우주국(https://www.nasa.gov/soundingrockets/overview)에 따르면 관측 로켓(sounding rocket)이란 '포물선 궤도를 따라 우주를 관측하는 로켓'으로, 비행시간이 5~20분으로 짧고 관측 목적을 위해 속도 역시 상대적으로 느리다. 낮은 비용으로 우주를 관측할 수 있어 선진 각국에서도 유용한 로켓으로 활용되고 있다.

11) 조선일보, '첫 과학관측 로켓 발사 성공', 1993년 6월 5일자 22면

12) 항공우주연구소는 처음 로켓을 개발하면서 신중에 신중을 거듭했다. 경향신문 보도('과학 로킷 국내개발', 1990년 7월 31일자 7면)에 따르면 연구소는 1989년 7월 대우중공업에 설계도를 넘기며 제작을 의뢰했고 대우중공업은 이를 1년 만에 완성해 납품했다는 것이다. 당시에 이미 'KSR-1'로 명명돼 대우중공업이 납품한 로켓을 연구소는 3여년 동안 가다듬어 1차 발사를 진행했다.

13) '과학계 샛별(9), 발사 순간 생각만 해도 짜릿-항공우주연 선임연구원 조광래 박사', 『동아일보』 1995년 5월 16일 자, 17면.

14) '북, 탄도미사일 발사, 대포동 1호 시험한 듯', 『조선일보』 1998년 9월 1일 자, 1면.

15) '위성 자력 발사 5년 앞당긴다', 『한겨레신문』 1998년 9월 24일 자, 2면.

16) 액체연료를 사용한 이유는 효율적인 데다 미국을 비롯한 국제사회의 의심과 감시를 덜 받을 수 있었기 때문이다. 고체연료는 군사용 발사체(각종 탄도미사일)의 연료로 사용되기에 추진력이 큰 대형 고체연료 추진 로켓을 개발하려면 제약과 압력이 따른다.

17) 미국은 한국의 로켓 개발 자체를 못마땅하게 여겼다. KSR-Ⅰ·Ⅱ에 쓰일 부품을 판매할 때에도 현장 사찰을 조건으로 수출을 허가하고 수시로 현장 사찰을 요구했다. 항우연만 1992년부터 2001년까지 여섯 차례 미국의 현장 사찰을 받았다(조광래·고정환, 『우리는 로켓맨』, 40쪽).

18) 경향신문, '액체추진로켓 KSR Ⅲ 발사 첫 성공', 2002년 11월 29일자 1면

19) 해당 선박은 다행히 발사 시점에 낙하지점 부근을 벗어났다.

20) 민군 겸용이나 군사용 위성의 경우 정보 유출을 막기 위해 자국 발사체로 자국 기지에서 발사는 필수 조건이다.

21) '늦출 수 없는 위성 발사장 건설', 『경향신문』 1999년 12월 23일 자, 7면.

22) 조광래·고정환, 앞의 책, 43쪽.

23) https://en.wikipedia.org/wiki/List_of_rocket_launch_sites

24) '국가 우주개발 중장기계획-2천년대 우주기술 선진 진입 포석', 『매일경제』 1995년 9월 20일 자, 1·15면.

25) 기술력이 낮은 국가와 공동개발 형식으로 협력사업을 진행하는 경우 어느 나라든 한물 지난 구식 기술을 공여하거나 최신 기술이라도 다운그레이드하는 게 국제적이 관례였으나 러시아는 한국과 협력에서 최신 기술을 제공했다.

26) '나로호 실패 위성 덮개 분리 이상 탓', 『문화일보』 2009년 8월 26일 자, 1면.

27) '나로호 성공 경제효과 1.8조~2.4조 KIET 분석', 『연합뉴스』 2009년 6월 9일.

28) 조광래·고정환, 앞의 책, 179·180쪽

29) '통한의 3단 엔진, 46초 먼저 꺼졌다…밸브 오작동 가능성도', 『국민일보』 2021년 10월 22일 자, 3면.

30) 언론이 약속이나 한 듯이 긍정적인 보도로 일관한 것은 이례적이지만 성공을 바라는 국민 여론을 반영한 것으로 풀이된다. 일부 매체는 발사를 참관한 문 대통령이 기념사진을 찍으며 연구원들을 병풍처럼 둘러 세웠다고 꼬집었다.

31) 누리호 관련 소식을 1면 머리기사에 올린 조간신문의 제목만 가나다 순으로 정리 .

32) '실용위성 발사 성공…우주 G7 진입', 『한국경제신문』 2023년 5월 26일 자, 1면.

33) 한국천문연구원 주관으로 연세대학교 등이 협력해 제작한 중량 10㎏, 크기 26.7㎝ 미만의 초소형위성으로 편대비행으로 우주 기상 변화를 관측하는 기능을 갖고 있다. 누리호 3차 발사에서는 도요샛 3호인 다솔호가 사출되지 않은 것으로 분석됐다.

34) 우리별 1호를 제작하고 발사, 운영해온 KAIST는 '지구 귀환 프로젝트'를 구상 중이다. 위성을 지상까지 온전히 가져오는 게 아니라 우리별 1호를 고궤도에서 포집해 저궤도로 이동시키고 대기권에 진입해 자연 소각한다는 계획이다. 이를 통해 천이 궤도 랑데부, 도킹, 대기권 재진입, 우주 쓰레기 수거 기술이 확보될 것으로 보인다('우주에서의 30년 우리별 1호, 지구 품에서 잠들까', 『매일경제』 2021년 5월 9일 자).

35) 아리랑위성 시리즈에서도 한국의 기술 습득은 우리별위성 시리즈와 비슷한 경로를 밟았다. 아리랑 1호 위성은 미국 TRW사와 공동개발하고, 아리랑 2호 위성은 국내에서 설계, 주요 부품은 외국산을 사용했으나 아리랑 3호부터는 주요 부품도 국산화했다. 아리랑 3호는 일본 다네가시마 우주센터에서 발사됐다. 일본이 개발한 로켓 발사체 H-IIA는 21번째 발사에서 처음으로 탑재한 외국 위성이 아리랑 3호였다('아리랑 3호는 어떤 위성? 기상·지도제작 등 다목적실용 위성, 순수 국내 기술로 제작한 국산', 『한겨레신문』 2012년 5월 17일).

36) '인공위성 활용예산 늘려 과거에 없던 신산업 기회 열어야', 디지털 타임즈, 2017년 8월 22일

37) 흑백 1m의 해상도는 한강 다리를 지나는 자동차 대수와 종류까지 식별이 가능하다.

38) 아리랑2호 발사, 세계 7위권 고해상도 인공위성 보유국 진입 ', 뉴시스, 2006년 7월 28일

39) 당초 예정대로라면 계획된 모든 위성이 발사됐어야 하지만 러시아-우크라이나 전쟁으로 발사를 담당할 러시아에서 발사할 여건이 안 돼 순연됐으며 순서도 엉켰다.

40) 대부분의 국가가 새로운 위성을 개발할 때는 동일한 제원과 성능을 갖는 두 대를 제작하는 게 보통이다. 제조와 발사 과

정에서 결함에 대비하기 위해서다. 처음 발사에 성공하면 나머지 하나는 연이어 발사하거나 실물모형으로 보관한다. 과학위성-2호도 두 대가 제작됐으며 두 번째 발사한 위성을 구분하기 위해 과학위성-2B라는 명칭을 붙였다. 실패한 과학위성-2호에도 과학위성-2A라는 명칭이 사후에 붙었다.

41) 한국통신의 발주로 미국 록히드마틴사가 제작, 중량 1464㎏로 3만 5786㎞의 정지궤도를 도는 무궁화 1호의 제작과 발사(1995년 8월 5일, 미국 케이프커내버럴 우주기지)에는 2억 달러가 들어갔으나 연료 계통의 고장으로 10년 예정이던 수명이 4년 4개월로 단축되고 무궁화 2호(1996년 1월 14일 발사)와 무궁화 3호(199년 9월 4일 발사) 도입으로 이어졌다. 미국 록히드마틴사가 제작한 무궁화 1·2·3호 위성과 달리 프랑스 알레니아 스페이스가 제작해 2006년 8월 22일 발사된 무궁화 5호는 한국 최초의 민군 겸용 대형 통신위성으로 수명주기 15년을 넘겼으나 여전히 가동 중이다.

42) '천리안위성 6호 개발 추진…우주청, 9월 예타 신청 예정', 『헬로디디』 2025년 7월 21일.

43) 누리호 4차 발사는 민간기업(한화에어로스페이스)이 처음으로 발사체 제작에서 발사까지 총괄한 게 특징이다. 주탑재 위성으로 차세대중형위성 3호와 부탑재 위성으로 산·학·연에서 개발한 큐브위성 12기 사출에 성공했다. 누리호가 500㎏ 이상 중형위성을 탑재, 사출한 것도 처음이다.

제11장
항공우주산업의 미래와 과제

항공과 우주가 더 가까이 다가온다. 먼저 우주도 인간의 생활권으로 들어오고 있다. 공상과학SF 소설의 영역으로 여겼던 하늘을 나는 택시, 달과 화성 이주가 머지않았다. 항공은 마치 승용차를 운행하듯 생활 깊숙이 자리 잡고, 인간은 달과 화성 자체를 생존 가능한 행성으로 변화시키려는 테라포밍(Terraforming, 행성 개조 지구화)[1]도 계획하고 있다. 물론 회의적인 시각도 분명히 존재한다. 지구라는 단일 행성에 머무는 단행성 종족(single-planet species)이던 인간이 달과 화성에서도 문명을 유지하며 살아가는 다행성 종족(multi-planetary species)으로 변모하는 시대가 과연 도래할 것인가.

누구도 속단할 수 없지만 분명한 사실은 하나 있다. 인정하든 안하든 변화가 이미 시작됐다는 것이다. 변화에 적응하지 못해 경쟁에서 밀려나면 만회할 기회를 찾지 못할지도 모른다. 세계 각국이 앞다퉈 내놓는 미래첨단 모빌리티AAM(Advanced Air Mobility) 개발이 긍정적인 시나리오대로 진행될 경우 자동차산업에 버금가는 새로운 산업이 탄생한다. 남아프리카공화국 출신의 미국 이민자인 일론 머스크(Elon Reeve Musk, 1971~)가 주도하는 뉴 스페이스는 '대우주시대(Big Universe Era)'를 예고하고 있다. 머스크의 예상이 현실화하는 시기와 관계없이 우주는 이미 광물 채취와 신약 개발, 통신과 정보 저장 분야에서 새로운 영역으로 다가왔다. '대항해시대(Age of Exploration)'에 동양이 시대의 흐름을 타지 못했듯이 대우주시대는 인식과 사고, 의사결정의 변화와 정책의 전환을 강요하고 있다.

1. 생활 속으로 파고든 항공…미래첨단 모빌리티 산업

하늘을 나는 개인 교통수단은 오랜 꿈이었다. 자동차 보급이 확산되고 공기보다 무거운 동력 비행기가 발명된 20세기 초부터 발명가들은 자동차와 항공기를 합친 '하늘을 나는 자동차(Flying Car)' 제작 경쟁을 펼쳤다. 항공기 설계사로 이름 높은 글랜 커티스(Glenn Curtis, 1878~1930)도 이 대열에 끼어들어 1917년 시제품을 선보였다. 고정익 항공기로는 처음으로 도로와 하늘을 날았던 애로우바일도 1937년 등장해 5대 제작 기록을 남겼다. 법과 제도는 물론 기술적으로도 문제가 적지 않았다. 난제가 많아 영화「제5원소」에서는 오는 23세기에나 등장할 것이라고 설정했던 개인용 항공 교통 수단(Personal Air Vehicle)의 개발과 보급이 21세기가 열리며 탄력을 받고 있다.

하늘을 나는 개인 교통수단은 자동차 대중화 시기부터 태동한 인간의 오랜 소망이다. 왼편 그림은 글랜 커티스가 1917년 전미 항공박람회에 출품한 Autoplane,[2] 가운데 사진은 1937년 2월 21일 첫 비행에 성공한 애로우바일Arrowbile,[3] 오른쪽은 1997년 개봉된 영화 「제5원소The Fifth Element」에서 23세기의 뉴욕 상공을 경찰 에어택시가 검문하는 장면. 과거와 미래의 꿈이 담긴 개인용 항공수단이 바짝 다가왔다./사진=위키피디아·영화 〈제5원소〉

미래첨단 모빌리티를 향한 여정의 시동은 미국 우버(Uber)사가 걸었다. 2016년 10월 우버는 'Elevate White Paper'를 통해 전기 수직이착륙기(eVTOL, electric Vertical Take-Off and Landing aircraft)를 기반으로 한 도심 항공교통 즉 UAM(Urban Air Mobility) 개념을 제시했다. 우버 백서라고 불리는 이 제안과 개념은 급속하게 퍼졌다. 대도시의 인구 집중, 교통 혼잡, 탄소 배출과 환경오염이라는 문제를 해결하기 위한 해법으로 주목받은 것이다.

이동과 운송의 범위도 넓어졌다. 단순히 도심 안에서만 운행하는 게 아니라 도심과 교외를 연결하는 RAM(Regional Air Mobility) 및 화물 운송 등을 포함하는 포괄적인 차세대 항공교통체계인 Advanced Air Mobility(AAM)로 개념이 확장됐다. 2차원적인 도로 위가 아닌 하늘길을 활용하는 AAM은 교통혼잡 해소뿐 아니라 탄소 저감, 시간 절약, 새로운 이동 경험이라는 측면에서 주요 국가들이 국책 과제로 추진하거나 민간기업에 대한 지원을 늘리고 있다.

세계 최대 투자은행 모건 스탠리(Morgan Stanley)는 AAM의 세계시장 규모를 2040년 1조 5000억 달러(약 2000조 원)으로 예상한 바 있으며,[4] 국토교통부도 세계 AAM시장은 2040년 731조 원(6090억 달러) 규모에 이르고 국내 UAM 시장도 해마다 평균 24% 이상 고성장하며 2040년에는 109억 달러 수준에 이를 것으로 내다봤다.[5] 아직까지 기술적·법적으로 미리 정비해야 할 요소가 많다는 신중론도 있지만 항공 제조업보다 크고 자동차 시장에 버금가는 새로운 산업의 태동 가능성에 주요국가들은 감항 인증체제를 정비하고 기업들은 가성비 좋은 제품 개발 경쟁을 펼치고 있다.

AAM 기술의 선도국인 미국은 FAA(연방

항우연이 개발해 시범 비행까지 마친 미래형 유무인 겸용 개인 항공기(OPPAV, Optionally Piloted Personal Air Vehicle). 220여 차례 시험비행을 마친 1, 2호기에 이어 후속 모델이 개발되고 있다./사진=항우연.

항공청)로부터 인증 절차 마련 막바지 단계를 밟고 있다. Joby와 Archer 등 전문업체 외에 보잉사와 주요 항공운항사들도 경쟁에 뛰어들거나 투자를 늘리는 추세다. 유럽도 EASA(유럽항공안전청)의 엄격한 기준 아래 인증 절차와 기체 개발이 병행되고 있다. 유럽에서는 외국자본, 특히 중국을 경계하는 분위기다. 중국의 공격적인 기업 인수 전략으로 2인승 VoloCity를 2024 파리올림픽에 선보이려던 계획이 무산된 독일 Volocopter사를 중국 자본인 다이아몬드Diamond사가 인수했다. 중국은 국내 규제를 거의 없애가며 EHang을 중심으로 독자적인 실증과 상용화를 진행 중이다. 브라질(Eve Air Mobility), 일본(SkyDrive) 등도 상용화 시기를 2025~2026년으로 설정하고 있다. 2025년 하반기 기준으로 전 세계에서 약 200여 개 수직·단거리 이착륙 항공기(eVTOL) 항공기 모델이 개발 중인 것으로 파악된다.

한국에서는 한화시스템이 미국 UAM 항공기 제작사(오버에어사)와 공동으로 Butterfly를 개발 진행한 바 있으며 현대자동차는 Supernal 미국 현지법인을 설립하고 CES 2024에서 Supernal SA-2 기체를 공개했다.[6] SKT, 카카오모빌리티, 한국공항공사 등이 서비스, 인프라 구축 사업에 참여하고 있다. 항우연도 전기모터로 가동되는 미래형 유무인 겸용 개인 항공기(OPPAV)를 2023년 개발한 데 이어, 성능을 향상시킬 계획이다.

우리나라 국토교통부는 2020년 '한국형 도심항공교통(K-UAM) 로드맵'을 발표하며 정부 차원의 발전 전략을 본격 추진하기 시작했다. K-UAM 로드맵은 크게 △ 준비기('20~'24), △ 초기('25~'29), △ 성장기('30~'35), △ 성숙기('35~)의 단계별 목표 아래 항공기, 공역·회랑, 교통관제, 버티포트 인프라, 사업자 역할까지 생태계를 총망라한 전략을 제시하고 있다. 정부는 기술·제도·인프라 연계에 따른 단계적인 상용화를 실현해나갈 계획이다.

한국은 2021년 K-UAM 로드맵을 실현하기 위한 민관 협의체인 UAM 팀코리아를 발족했다. 팀코리아는 국토교통부를 중심으로 항공안전기술원과 한국항공우주연구원이 간사로 지정되고 현대차, 한화, 한국항공우주산업KAI, SKT, 카카오모빌리티, 대한항공, 인천 국제공항공사 등 산·학·연·관 대표기관으로 구성하여 민관 협력을 이끌고 있다. UAM 팀코리아는 2025년 기준 224개(핵심 기관: 60개, 일반/초청 기관: 164개)로 확대되어 우리나라의 UAM 분야 핵심적인 추진조직으로 자리 잡고 있다.

UAM 산업을 육성하기 위해 2022년 12대 국가전략기술와 50대 세부 중점기술로 UAM을 지정하고 2024년부터 국가전략기술 연구개발과제인 'K-UAM 안전운용체계 핵심기술개발 사업(2024~2026)'을 ① 항행·교통관리기술, ② 버티포트 운용·지원기술, ③ 안전인증기술의 총 7개 연구과제로 구성하여 진행하고 있다.

한국은 관련 산업을 중점사업으로 육성하되 최우선 목표를 안전에 두고 정책을 수행할 계획이다. 실제 운용에는 안전이 가장 중요하다는 미국과 유럽 각국의 정책 기조와 맥락이 같다. 유럽항공청(EASA)이 2021년 관내 6개국 시민 3690명을 대상으로 실시한 미래첨단 모빌리티에 대한 설문조사 결과에 따르면 AAM에 대한 주요 우려는 안전(44%), 보안(39%), 환경(35%), 소음(28%) 순으로 나타났다. AAM 시

❖ AAM용 eVTOL 항공기 개발 현황

	2025~26년 TC		2027년이후 TC	
	Joby Aviation	**Archer**	**Supernal**	**Skydrive**
모델	**Joby S4**	**Archer Midnight**	**SA-1**	**SKYDRIVE**
당국	FAA	FAA	FAA	일본 JCAB
제원	• 최대이륙중량 : 2,177 kg • 순항속도 : 322 km/h • 좌석: 5석(조종사+승객)	• 최대이륙중량 : 3,175 kg • 순항속도 : 241 km/h • 좌석: 5석(조종사+승객)	• 최대이륙중량 : 미확인 • 순항속도 : 290 km/h • 좌석: 5석(조종사+승객)	• 최대이륙중량 : 1,400kg • 순항속도 : 100 km/h, • 항속거리 : 15~40 km • 좌석: 3석(조종사+승객)
인증 계획	• 인증신청 : 2018.11월 • Concurrent TCV: 일본, 영국	• 인증신청 : 2022.3월	• 인증신청 : 2024년말 • 인증완료 : 2028년(목표)	• 인증신청 : 2021년 • FAA Concurrent TCV 신청
비고	• '24 K-Grand Challenge 1 참여 • '25 오사카 엑스포 시연 예정 • '25.5 유인전환 비행 성공 • AOC 획득	• '25 오사카 엑스포 시연 철회 • '25.6 유인비행 완료 • AOC 획득	• 현대자동차의 자본으로 설립 • '25초 기술실증기 비행 수행 • '24 FAA 인증 신청	• 25년 오사카 엑스포 시연

	2027년~ TC	2025~26년 TC	2027년~ TC	
	Eve Air Mobility(브)	**Volocopter (독)**	**Vertical Aerospace (영)**	**Aerofugia (중)**
모델	**EVE-100**	**VoloCity (VS 2-1)**	**VX4**	**AE200**
당국	브 ANAC	EASA	UK CAA	CAA China
제원	• 최대이륙중량 : 2,800kg • 순항속도 : 210km/h • 항속거리 : 100 km • 좌석: 5석 (조1 + 승객 4)	• 최대이륙중량 : 900kg • 순항속도 : 100 km/h • 좌석: 2석 (조1 + 승객 1)	• 최대이륙중량 : 미확인 • 순항속도 : 320 km/h • 좌석: 5석 (조1 + 승객 4)	• 최대이륙중량 : 2,500kg • 순항속도 : 248 km/h • 항속거리 : 200km • 좌석: 5석 (조1 + 승객 4)
인증 계획	• 인증신청: 2022년 • Concurrent TCV : 미국 추진	• DOA: 2019년, POA: 2021년 • Concurrent TCV: 일본, 싱가포르, 미국 추진	• DOA: 2023년 • Concurrent TCV: 일본, 브라질, 미국 추진	• DOA: 2023년 • 25년 중 유인 비행 시험 예정
최근 활동	• '24 KAI와 Pylon 공급 계약 체결 (1.26조원 규모) • 타우바테 양산 공장 마련	• '24 파리올림픽기간 시연비행 • 브르흐잘 양산 공장 마련	• '25.3 원본 비행시험 수행 • '25 하반기 전환 비행 예정	• 24.11월 AE200 양산 모델 공개 • 24.6월 첫 공개 틸트 전환 비행 시험 성공

(자료; 국토교통부)

장이 활성화하려면 기존 항공기 수준의 안전성 확보가 필수 요건이라는 것이다. 한국은 이에 따라 한국형 도심 항공모빌리티 실증사업(K-UAM Grand Challenge) 상용화에 대비해, 국내 여건에 맞는 UAM의 운용 개념 및 기술기준을 마련, 참여기업에 UAM 분야 기술, 성능 운용체계 및 안전성 등 검증 기회 제공 등을 위해 추진하고 있다. 특징은 개발지에서 도심지로 단계적 접근을 방법으로 하고 있다는 점이다.

사업 추진체계는 국토부가 실증사업 전반에 대한 관리·감독을 수행하고 항우연이 실증사업에 관한 조정·지원 등 운영 총괄하며 항우연과 민간기업의 컨소시엄이 기체·통합운영 시스템 준비 및 구축, 시나리오별 통합 운용 실증을 직접 수행하는 구조다. 2024년 말까지 고흥 국가종합비행성능시험장에서 1단계 실증사업으로 기체 안전성, 시나리오별 통합운용 실증, 비행 단계별 소음측정을 수행한 데 이어 2025년까지 공항 등 준 도심과 도심을 연결하는 실증 회랑(아라뱃길, 한강, 탄천 노선)에서 통합운용 실험을 수행

항목	초기(2025년~)	성장기(2030년~)	성숙기(2035년~)
기장 운용	On Board	Remote 도입	Autonomous 도입
교통관리체계	UAM 교통관리서비스 제공자 역할 단계적 확대, 항공교통관제사 참여 단계적 축소		
교통관리 자동화 수준	자동화 도입	자동화 주도 및 인적 감시	완전자동화 주도
회랑운영방식	고정형 회랑 (Fixed Corridor)	고정형 회랑망 (Fixed Corridor Network)	동적 회랑망 (Dynamic Corridor Network)
항공통신망	상용이동통신(4G·5G), 항공음성통신	상용이동통신(5G·6G), 저궤도위성통신, C2 LINK 등	
항법시스템	정밀위성항법	정밀위성항법+ 영상기반 상대항법	복합상대항법
버티포트 입지 및 형태	수도권 중심 버티포트	수도권 및 광역권 중심 버티포트	전국 확대

국토교통부의 K-UAM 단계별 발전전략

❖ UAM Team Korea 참여기관 및 구성도

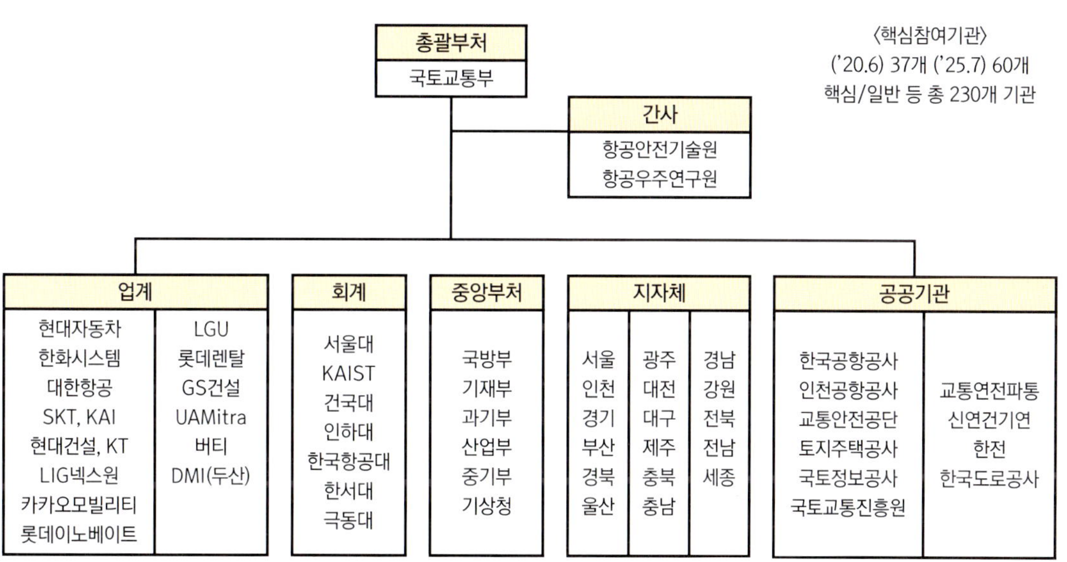

K-UAM 로드맵을 실현하기 위해 지난 2001년 발족한 민관협의체 UAM 팀코리아 구성도./국토교통부

하고 있다.

한국형 도심 항공교통 실증사업을 통해 AAM이라는 새로운 개념의 항공기가 실제로 활용 가능하다는 것을 확인했다. 이러한 성과를 발판 삼아 AAM의 성장기 및 성숙기를 대비한 기술 혁신과 안전성 강화를 위한 차세대 핵심기술개발이 필요하다. 또한 사회적 수용성을 높여 AAM이 실질적으로 도심 내에서 상용화될 수 있는 기반을 마련한다면 미래의 항공 모빌리티 솔루션으로서 자리매김할 수 있을 것으로 기대된다.

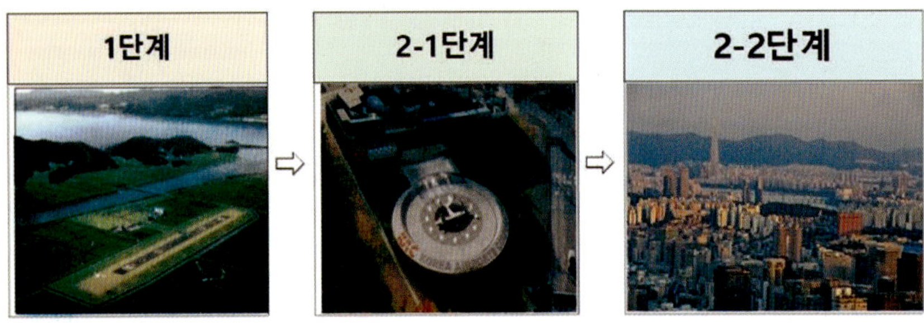

비도심지역인 전남 고흥 국가종합비행성능시험장을 시작으로 도심 지역과 도심과 도심 연결 등 단계로 진
행 중인 K-UAM 그랜드 챌린지.

　새로운 형태의 미래 모빌리티의 등장은 산업지도의 변혁까지 예고하는 것이다. 지난 2019년 10월 정
의선 현대차그룹 총괄 수석부회장(당시)은 "앞으로 전통적 자동차 생산의 비중은 50% 수준으로 줄어들
고 플라잉카와 로봇이 각각 30%, 20%의 비중을 차지할 것"이라고 강조했었다. 자동차 생산기술의 혁신
을 추구하는 동시에 새로운 분야에 적극 참여하겠다는 의지로 아직까지 그대로 이어지고 있다. 한국을 대
표하는 산업의 하나인 자동차산업에서 30%만 AAM 산업으로 전환해도 새로운 산업생태계가 하나 탄생
하게 된다. 강력하고 경쟁력 있는 AAM 산업생태계를 다른 나라보다 먼저 구축할 경우, 한국은 새로운 성
장동력을 얻게 될 것으로 기대된다.

2. 민간 주도의 뉴 스페이스와 차세대 발사체 개발

　누리호는 나로호 대비 향상된 성능으로 개발되었으나, 국가 우주개발 계획을 차질 없이 수행하기에는
성능에서 한계가 있다. 누리호의 수송 능력은 1.5톤 정도의 위성을 지구 저궤도에 보낼 수 있지만 그 이상
은 무리다. 차세대 발사체 개발은 두 가지 측면에서 추진되고 있다. 첫째는 지금보다 대형 위성을 발사하
고 심우주를 탐사하려면 더욱 강력한 발사체가 필요하다는 논리로 나로호를 개발하던 시절부터 제기됐던
최종 목표다. 두 번째 일론 머스크의 스페이스 X가 던진 충격이 컸다. 한번 발사하면 회수가 불가능한 지
금까지의 발사체와 달리 머스크는 재사용 발사체 실용화를 통해 비용을 낮추고 발사 횟수를 크게 늘렸다.
　정부는 이에 따라 2021년 사전기획연구, 2022년 의견수렴을 위한 공청회, 예비타당성 조사 등을 거
쳐 차세대 발사체 개발사업을 2023년 7월부터 착수했다. 사업 예산은 2조 132.4억 원, 사업 기간은
2023년 7월부터 2032년 12월까지 3회 발사한다는 게 기본 얼개다. 차세대　발사체는 2030년 달 궤도
투입 성능검증선, 2031년 달 연착륙 검증선, 2032년 달 착륙선 최종 모델을 발사할 계획이다. 특히 민간
우주기업의 발사체 전주기 기술개발 역량 향상과 민간 주도의 우주산업 생태계 기반 마련을 위해 체계종

합기업으로 지난 2024년 한화에어로스페이스를 선정, 기술이전과 공동개발 계약을 맺었다.

재사용 발사체 개발도 논의되고 있다. 2024년 5월 우주 강국으로의 도약이라는 기치를 내걸고 출범한 우주항공청은 2030년대 중반까지 발사 비용을 획기적으로 절감할 수 있는 재사용 발사체 확보를 정책 목표의 하나로 삼았다. 우주항공청은 2025년 2월 25일 열린 제3회 국가우주위원회에서는 '우주항공 5대 강국 입

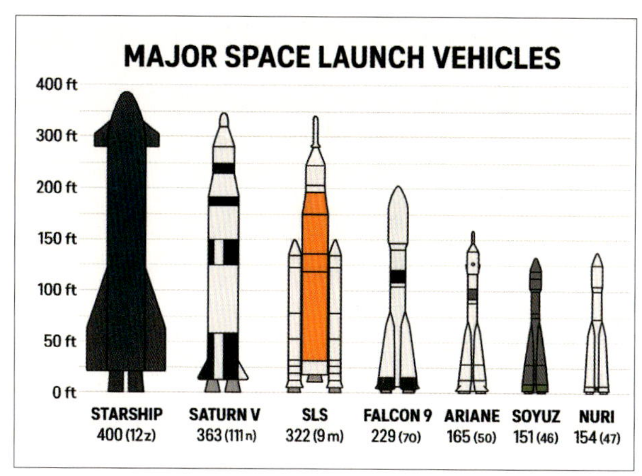

주요 우주 발사체 크기 비교

국을 위한 대한민국 우주수송 추진 전략'을 발표하며 국가 주력 발사체의 재사용화 방침을 확인했다.

재사용 발사체로 패러다임 전환이 발생함에 따라 재점화 용이성이나 발사체 귀환 이후의 유지보수, 정비 용이성 등의 측면을 고려한 재사용 중심의 추진제 전환도 과제로 떠올랐다. 이에 따라 차사대 발사체 개발은 사업변경 절차를 진행하고 있다. 사업변경의 주요 내용은 달착륙선 1.8톤 투입 임무를 목표를 유지하고, "현행 방식(소모성 발사체)대로 개발하되 재사용 발사체로의 전환을 고려해 설계한다"는 원칙을

재활용 발사체 개발, 아직 늦지 않았다

스페이스X와 블루 오리진 등 민간 우주기업의 약진과 상대적으로 세계 각국의 정부나 출연연구소가 상대적으로나 절대적으로나 부진을 면치 못하는 공통점이 바로 발사체에 있다. 우주개발의 대명사이며 성공의 보증수표로 통했던 미 항공우주국NASA은 심우주 탐사용으로 2010년부터 개발한 차세대 우주 발사 시스템 SLS(Space Launch System)와 우주선 오리온 개발에 900억 달러를 투입하고 발사 실적은 단 한 차례에 그쳤다. 유럽우주청(ESA)도 새로 개발한 로켓, 아리안 6로 골머리를 앓고 있다. 재사용할 수 없는 일회용 로켓인데도 개발이 지연돼 3회 발사에(2회 성공) 그쳐 유럽 각국은 자체 위성과 우주탐사선을 미국 스페이스X 로켓에 의존하는 형편이다. 일본도 차세대 초대형 로켓인 H3 로켓을 일회용 로켓으로 개발해 5기(4회 성공, 1회 실패) 발사했지만 가격 대비 성능과 신뢰성이 낮아 고심 중이다. 러시아는 발사 횟수에서 이전보다 크게 줄어들었다. 중국이 빠른 속도로 일회용 발사체의 발사를 늘리고 있으나 재사용 발사체에서는 기술 격차가 크다. 항우연 원장을 지낸 김승조 서울대 명예교수는 역설적으로 이를 기회로 삼아야 한다고 강조한다. 우리보다 한참 앞서간 유럽과 러시아, 중국도 재사용 발사체 기술을 완전하게 확보하지 못했다는 점은 한국이 따라잡을 가능성이 크다는 사실을 의미한다는 것이다.[7]

"차세대 발사체는 재사용 발사체로 설계한다"로 바꾼다는 것이다. 시간이 많이 남지 않은 가운데 한국의 재사용 발사체 개발 여부와 방향이 주목된다.

3. 첨단 항공, 뉴 스페이스 시대 개막과 한국의 과제

우주개발은 막대한 예산이 필요하고, 실패 위험도가 높기 때문에 민간 주도가 힘든 분야다. 선진 항공 우주국가들도 정부가 주도하고 관련 기업들이 참여하는 형태로 시작하고 진행해왔다. 우리나라도 정부와 출연연구기관인 한국항공우주연구원 주도 아래 위성 및 발사체 분야 개발에 착수해 오늘날에 이르렀다. 그러나 최근 거센 변화 바람이 일고 있다. 우주 분야에 민간 참여가 확대되고 기업들이 우주개발을 주도하는 분위기다. 미국에서는 순수 민간기업인 스페이스X가 주도하는 파괴적 혁신이 한창이다. 우주 분야 창업도 크게 늘었다. 국내에서도 발사체 분야 및 소형위성 분야의 중심을 창업 및 민간기업들이 주도하는 우주산업 생태계가 구축되고 있다.

시대는 이미 정부 주도의 우주산업(Old Space)에서 민간 중심의 우주산업(New Space)으로 바뀌었다. 민간기업들은 비용 절감 및 우주 분야 활용 서비스의 확대, 적극적이고 유연한 조직 대응, 지속적 혁신을 통해 뉴 스페이스 시대를 주도하고 있다. 우리나라도 뉴 스페이스 시대에 맞는 정부 지원의 선택과 집중, 민간기업의 투자 확대, 경제성을 극대화하기 위한 비즈니스 모델 구축, 융합을 통한 기술개발 혁신 등이

⁜ 뉴 스페이스 시대와 우리나라 우주항공산업의 좌표

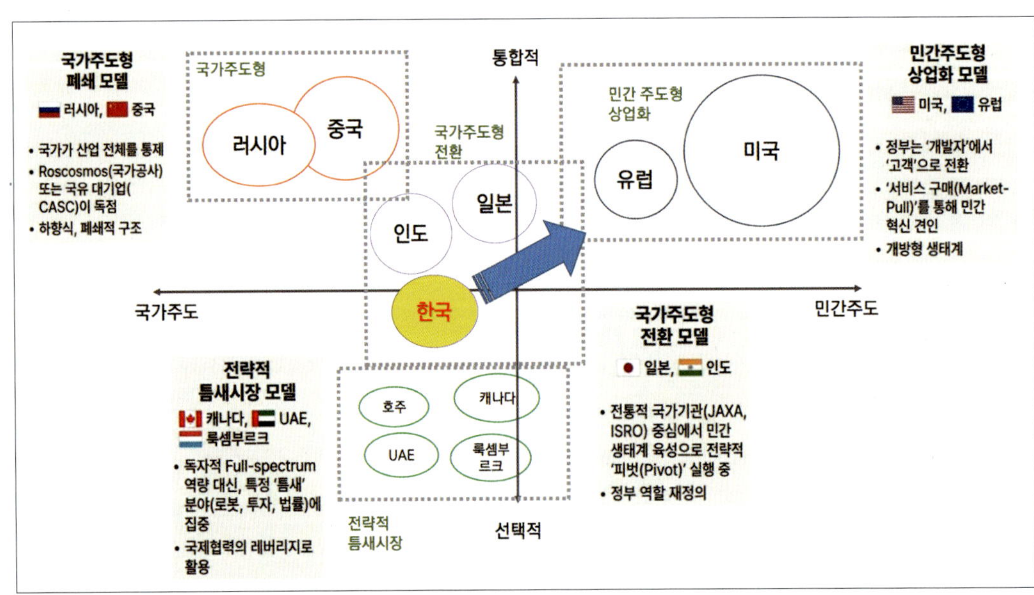

자료: 안형준 박사(과학기술정책연구원 우주공공팀장) 제공

필요하다.

우리나라의 항공우주산업은 다른 산업보다 출발이 늦었다. 관심이 크고 열정도 있었지만, 국가 차원에서 정책적인 지원체계를 갖추기 시작한 시기는 최대한 앞당겨도 500MD 헬리콥터의 조립생산에 나섰던 1970년대 후반 이후부터다. 그나마 우주산업은 1990년대 들어서야 가시적인 투자와 성과를 내기 시작했다. 1992년 8월 영국 서레이대학교의 기술 협조로 발사된 우리별 1호가 시발점이다. 다른 나라는 물론 국내에서도 철강과 조선, 자동차, 반도체 등 여타 주력산업보다 출발이 훨씬 늦다. 국제적으로도 민간이 주도하는 우주산업 생태계의 태동 시기가 20세기 말과 21세기 초반이지만 우주 연구 및 개발에 늦었다는 점은 주지의 사실이다.

뒤늦은 출발에도 한국의 항공산업은 지난 40여 년 동안 꾸준한 성장 가도를 달려왔다. 한국우주항공산업협회가 설립돼 신뢰성 있는 항공 관련 통계가 작성되기 시작한 1992년 5억 8600만 달러였던 항공제조산업의 국내 생산은 2023년 57억 8400만 달러로 9.87배 늘어났다. 이는 같은 기간 동안 국내총생산GDP 증가율 8.65%(277조 5408억 원→2401조 1094억 원)를 소폭이나마 상회하는 것이다. 그러나 우리나라의 주력업종들이 시작과 태동기에 폭발적 성장을 거듭하며 국민경제의 성장을 견인해왔다는 점에서 항공산업의 상대적 저성장을 말해주는 지표이기도 하다.

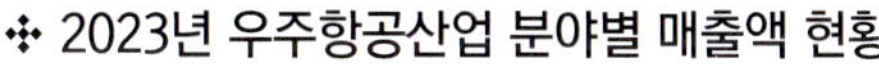

✣ 2023년 우주항공산업 분야별 매출액 현황　　　　　　　　[단위: 백만 원]

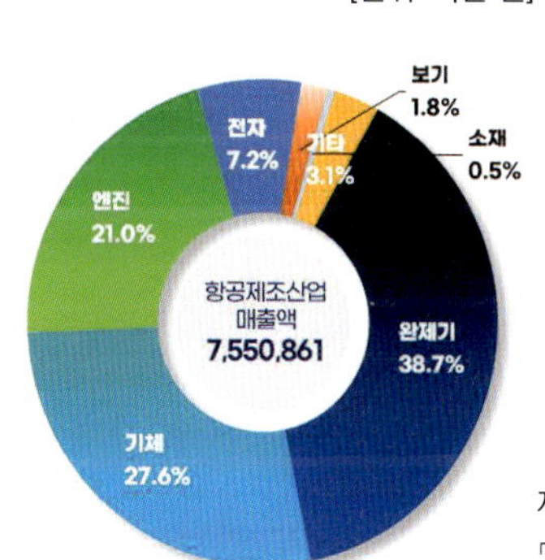

자료: 한국우주항공산업협회,
「2024년 항공우주산업 실태조사」

특히 지난 2016년 49억 7500만 달러로 집계됐던 항공 부문의 국내 생산은 2023년에 이르러서야 57억 874만 달러를 기록하며 2016년 실적을 7년 만에 넘어섰다. 이는 신규 수주 부진과 코로나바이러스로 인한 수요 위축에 따른 것으로 간신히 회복한 성장세를 어떻게 유지하느냐가 관건이다. 우주산업의 성장은 더욱 더딘 편이다. 성장세 자체가 정부와 출연연구기관의 예산 집행에 따라 좌우되는 구조적 한계를 안고 있다.

항공우주산업은 한국이 선진국으로서 지위를 확고하게 다질 수 있느냐 여부를 가늠할 바로미터다. 한국우주항공산업협회가 집계한 '항공우주산업 통계 2024'에 따르면 우리나라의 2022년 항공우주산업

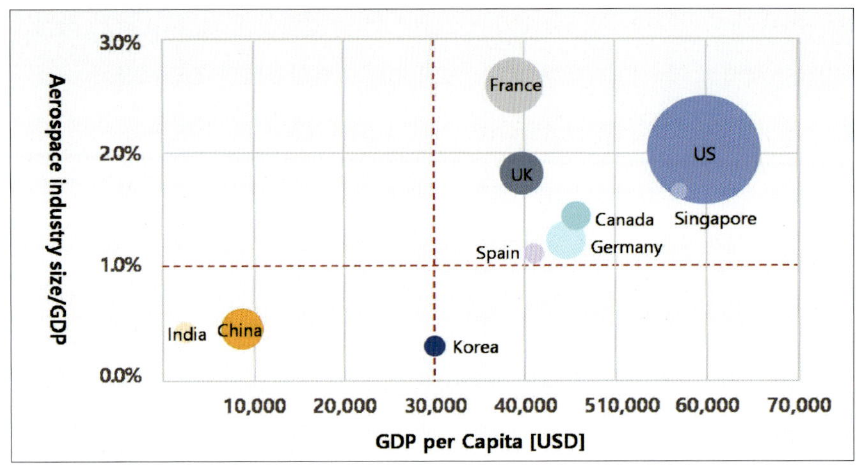

IMF report, Teal Group 2017/ 원의 크기는 각국 항공우주산업 매출액

매출 총액이 GDP에서 차지하는 비중은 0.36%에 불과한 실정이다. 이는 항공우주산업 선진국으로 분류되는 프랑스 2.37%, 캐나다 1.09%, 독일 1.00%, 영국 0.92%, 미국 0.91%에 비해 현저히 낮은 수준이다.

우리나라 항공우주산업의 비중이 크게 떨어진다는 점은 두 가지 상반된 의미를 동시에 내포한다. 한국의 항공우주산업이 절대적으로나 상대적으로나 크게 뒤떨어져 있으며, 큰 간극을 메울 수 있을 때 새로운 성장동력을 확보할 수 있다는 것이다. 조선이나 자동차, 반도체, 휴대폰, 철강, 섬유 등 주력업종만큼 위상이 높지 않은 항공우주산업을 일으킬 수 있을 때 산업 자체는 물론 연관 산업의 전반적인 수준도 올라가 국민경제 전체의 발전이 기대된다. 우주산업 실태조사에서 우주기업으로 분류되는 428개 기업의 생산은 지난 2023년 3조 2230억 원으로 전년보다 9.2% 성장했으나 여전히 코로나 사태 이전 수준을 회복하지 못하는 상황이다. 우주산업도 주요국가들이 연평균 3.1%라는 견실한 성장을 이어가는 반면 한국은 답보 수준에 머무는 형편이다. 항공산업에 비해서도 규모의 영세성이 두드러진다. 항공우주산업의 전체 시장 규모(2023년) 10조 7739억 원 가운데 우주산업의 비중은 29.9%에 불과한 실정이다. 항공산업도 최근 7개년간 수출 실적이 6053억 원~1조 8163억 원 수준을 오르내리는 형편이다. 팬데믹 상황 등에 기인, 민수 품목의 수출이 급감한 영향이 매우 컸으나, 향후 세계 항공산업의 주요 분야인 민수 분야에 우리나라의 공동개발 확대 등이 실현된다면 안정적인 수출산업으로서의 역할을 기대할 수 있을 것으로 전망된다.

정부는 2024년 5월 오랜 논의 끝에 우주항공청을 개청하고 오는 2045년까지 우주항공 분야에서 세계 5대 강국에 진입한다는 새로운 목표를 제시했다. 구체적으로 2027년까지 항공우주 관련 예산을 1조 5000억 원으로 증액하기 시작해 2045년까지 100조 원의 국가 투자를 실행한다는 계획도 밝혔다. 이를 통해 1% 미만인 세계시장 점유율을 10%(420조 원 이상)로 끌어올리고 700개인 관련 기업을 2000여 개로 확충하는 한편 2만 명 수준인 일자리도 50만 명으로 늘리겠다는 청사진이다.

우주항공청은 국방 안보 분야를 포함한 범부처 통합 정책 수립을 위한 기본 규범 마련이 필요하다는

✤ 최근 7년간 우주항공산업 분야별 매출액 현황

(단위: 백만원, %)

분야	2017년	2018년	2019년	2020년	2021년	2022년	2023년	CAGR(%)
우주산업	3,393,099	3,290,795	3,260,974	2,781,758	2,569,713	2,951,886	3,223,012	-0.9%
위성체 제작	108,446	144,359	324,864	381,085	341,243	408,011	554,997	31.3%
발사체 제작	122,738	122,395	191,256	221,533	200,418	103,699	156,626	4.1%
지상장비	123,235	102,968	108,110	139,944	104,907	115,733	160,850	4.5%
우주보험	25,452	21,247	16,731	32,225	11,100	8,224	12,527	-11.1%
위성활용 서비스	3,005,462	2,897,593	2,618,482	2,004,823	1,907,948	2,310,648	2,327,810	-4.2%
과학연구	3,414	1,759	1,306	2,018	3,712	5,154	9,819	19.3%
우주탐사	4,353	474	225	130	385	417	383	-33.3%
기타	–	–	–	–	–	–	–	–
항공제조산업	4,317,068	4,984,555	5,799,643	4,785,868	4,737,473	6,341,004	7,550,861	9.8%
완제기	1,034,821	1,845,983	2,026,227	2,154,074	1,931,472	1,916,393	2,920,930	18.9%
기체	2,265,734	2,059,531	2,391,306	1,495,552	1,235,251	1,876,229	2,084,600	-1.4%
엔진	654,702	703,089	852,869	655,452	933,780	1,489,454	1,588,596	15.9%
전자	188,700	222,498	249,217	314,924	489,599	629,663	545,050	19.3%
보기	150,669	130,523	182,983	105,683	99,501	72,963	138,875	-1.3%
소재	4,722	3,705	3,954	4,552	2,341	36,632	38,082	41.6%
기타	17,719	19,226	93,087	55,630	45,529	319,669	234,728	53.8%
합계	7,710,167	8,275,350	9,060,617	7,567,626	7,307,186	9,292,890	10,773,873	5.7%

자료: 한국우주항공산업협회, 「2024년 항공우주산업 실태조사」

2025년 5월 27일 경남 사천시의 임시사옥에서 개청한 우주항공청. 오는 2045년까지 100조 원을 투입, 세계 5대 우주강국으로 발돋움한다는 목표를 제시했다.

판단 아래 「우주항공기본법」 제정, 국가우주항공위원회 설치 등을 추진하고 있다. 항공우주정책의 개편 방향은 새로운 법률 제정과 범부처 통합을 중심으로 진행될 전망이다.

4. 정체와 도약의 분기점에 서 있는 한국의 항공우주산업

이상에서 살펴본 대로 한국의 항공우주산업은 선진국 수준의 문턱에 이르렀다. 스텔스 형상의 4.5세대 급 이상의 전투기를 독자 설계, 양산할 수 있는 국가는 아직 미국과 중국, 러시아뿐이다. 우리나라의 KF-21 보라매 전투기는 이들을 바짝 뒤쫓고 있다. 두 번째 시도 만에 성공한 누리호는 한국을 세계 7번째 우주국 반열에 올려놓았다. 독자 기술로 1t급 이상을 우주로 쏘아 올릴 수 있는 나라는 여전히 극소수다. 세계적으로도 한국의 업적과 비견할 나라가 많지 않다. 영국 서레이대학교의 도움을 받아 인공위성을 처음 발사한 시기가 1992년이라는 점을 감안하면 더욱 그렇다. 한국은 우주를 본격적으로 배우기 시작한 지 불과 30년 만에 실용위성 발사국의 위치에 올라섰다. 자부심을 갖기에 충분한 성과다.

항공 부문도 마찬가지다. 실질적으로 독자 항공기 개발의 시발점인 KT-1 웅비 기본훈련기의 양산이 시작된 2000년 8월 이래 4반세기가 지난 시점에서 KF-21 보라매 전투기의 양산이 눈앞에 왔다. 세계 어떤 나라의 군용기 개발사를 견주어도 이토록 빠르게 첨단기술을 내재화한 사례는 찾기 어렵다. 한국이 짧은 시간에 압축적으로 성장할 수 있었던 비결은 오랜 염원과 엔지니어들의 각고의 노력, 국민적 지지 덕분이다. 해방 직후 이공계 박사학위 소지자가 손으로 꼽을 상황에서 사람을 키우고 과학기술을 중시한 사회적 풍토가 한국의 항공우주산업이 이만큼 성장하는 원동력으로 작용해왔다. '부활호'에서 '제공호' 에 이르기까지 개발 역량이 이어지지 못하고 단절을 거듭해온 악순환에서 벗어난 힘도 세계 수준을 따라 잡아야 한다는 사회적 합의와 항공우주 부문의 성과에 열광하는 국민적 관심에서 나왔다.

문제는 지금부터다. 한국의 항공우주산업은 도약이냐 정체냐의 갈림길에 서 있다. 지금까지 눈부시게 성장했지만, 세계 수준과의 격차는 여전히 분명하다. 한국은 조선과 자동차, 전자, 반도체, 철강에서도 무에서 유의 창출을 넘어 세계적인 생산단지로 거듭났다. 하나같이 과학도와 엔지니어, 근로자들이 정부의 적극적인 육성책 아래 합심하며 땀 흘린 결과다. 항공우주 부문이 세계 수준에 도달해야 하는 당위가 바로 여기에 있다. 항공우주산업이 한국의 새로운 주력업종으로 자리를 잡을 때 국민경제도 안정적이고 지속적인 성장이 가능하다.

세계는 지금 라이트 형제의 동력 비행 이후 최대의 변화를 맞이하고 있다. 서구 문물이 인류를 대표하는 문명으로 자리를 잡게 한 15세기 이래 대항해 시대에 빗대어 인류 전체에게 새로운 기회가 열린다는 대우주항해 시대에 들어섰다. 변화에 어떻게 적응하고 최적의 대응책을 가다듬을 수 있느냐에 우리의 미래가 달렸다. 미래항공 모빌리티(AAM)도 인류에게 3차원 공간의 개인화를 선사하며 생활 습속과 소비

형태, 산업 구조를 뒤흔들 전망이다. 미국과 유럽, 중국의 AAM 개발에 맞설 수 있도록 만반의 준비를 갖춰야 할 때다.

항공우주산업은 인근 산업과 관련 학문과의 융복합을 통해 지금까지와는 다른 발전 모델을 모색 중이다. 가령 우주개발에도 로켓 분야뿐 아니라 건설, 각종 수송기기 제조, 채광, 의약, 농업, 핵발전에 이르기까지 광범위한 분야가 연구와 도전의 대상이다. 이미 몇몇 국책연구기관과 기업은 세계 수준의 연구개발 능력을 축적하는 단계에 이르렀다. 정부 정책과 학계, 민간기업의 역량을 한데 묶어 앞으로 나아가야 할 때다. 김승조 서울대 명예교수의 진단대로 유럽과 러시아, 중국이 우주개발 경쟁의 새로운 여건 아래 주춤거리고 이제 막 미래첨단 모빌리티 산업이 태동하는 단계라면 우리의 선택과 노력에 따라 항공우주산업이 대한민국의 성장을 이끄는 신동력으로 작용할 수 있다. 대한민국 항공우주산업사의 새로운 시대가 열리고 있다. 정부가 5대 우주강국의 실현 목표로 삼은 2045년까지 불과 20년도 채 남지 않았다. 인간이 달과 화성으로 영역을 넓히고 우주 환경과 광물자원, 태양 에너지를 성장을 위한 재료로 활용할 날도 머지않았다. 새로운 우주가 현실로 다가올 미래에 대한민국 항공우주산업의 좌표가 어디에 있을지는 오롯이 현재를 살아가는 우리들에게 달렸다.

1) 테라포밍은 20세기 중반에 등장한 신조 합성어다. 땅 또는 지구를 의미하는 라틴어 'Terra'와 '형성하다, 만들다'라는 뜻의 영어 'forming'이 합쳐졌다. 미국 소설가 잭 윌리엄슨(Jack Williamson, 1908~2006)이 1942년 발간한 SF소설 『충돌궤도(Collision Orbit)』에서 처음 사용했다. 그는 '유전공학genetic engineering'이라는 용어를 처음 사용한 인물이기도 하다. 테라포밍 개념을 널리 유포시킨 장본인은 『코스모스(Cosmos)』의 저자로 유명한 미국의 천문학자 칼 세이건(Carl Segan, 1934~1996)으로 1961년 한 논문에서 금성에 이끼류를 뿌리면 이산화탄소가 산소로 변화해 인간이 거주할 환경으로 테라포밍된다는 주장을 펼쳤다(김준래, '화성을 지구처럼 바꿀 수 있을까?', 『사이언스온』 2018년 8월 22일).

2) T형 포드차의 앞부분과 커티스 자신이 개발한 연습기의 후부를 붙인 오토플레인은 전시회에서 주행 기능만 선보였다(en.wikipedia.org/wiki/Flying_car).

3) '권홍우의 오늘의 경제 소사, 하늘을 나는 자동차', 『서울경제』 2007년 2월 21일 자, 2면.

4) 시애틀 지역의 IT, 신기술 관련 언론사인 Geekwire는 2018년 12월 7일 'Morgan Stanley says market for selfflyinf cars could rise to $ 1.5 trillion'이라는 제목 아래 모건 스탠리가 금융회사들에게 84쪽에 달하는 보고서를 통해 UAM 시장을 밝게 보고 있다는 기사를 보도했다. 열흘 뒤에는 경제전문 통신사인 Bloomberg가 'Morgan Stanley's Numbers on Flying Cars: $2.9Trillion, 20Years'라고 보도해 기대감은 더욱 커졌다. 모건 스탠리는 이후 UAM 시장 규모 전망치를 줄이는 등 신중하게 예측하고 있다.

5) '교통 체증 없는 도심 하늘길 열린다', 국토교통부 2020년 6월 4일 자 보도자료.

6) '[CES 2024] 시속 200㎞ 비행, 소음은 식기 세척기 수준인 '에어 택시', 현대차 美 자회사 슈퍼널, 기체 공개', 『조선비즈』 2024년 1월 10일.

7) '〈김승조의 혁신의 우주경제〉 우주항공청의 도전적 리더십을 기대하면서', 『중앙일보』 2025년 9월 8일 자, 26면.

제2부
항공사의
뒤안길 풍경

1. "남은 비행기, 우리는 '구루마'…" 조선 지식인들의 한탄

'조선 잡지계의 패왕'으로 불릴 만큼 인기를 끌었던 잡지 『개벽』의 창간호[1]에는 당대의 지식인들이 필진으로 대거 참여한 가운데 조선인의 자아 확립을 촉구하는 두 개의 기사가 눈에 띈다. 먼저 '개벽'이라는 제호를 정했던 박달성朴達成[2]은 '시급히 해결할 조선의 2대 문제'라는 제하의 기사를 아래와 같이 시작한다.(원뜻을 살리되 현대 어법으로 고침)

> "남은 기차를 타고 천리千里에 달아나는데 우리는 지게를 지고 십리十里에서 타박거립니다. 남은 윤선輪船(외륜 증기선)에 누어 대양을 횡행하는데 우리는 편주片舟를 저어 협강狹江에서 상하上下(오르내림)합니다. 남은 비행기에 앉아 공중에 오르는데 우리는 구루마를 끌며 가로에서 헐떡거립니다. 만전萬般이 남에게 승勝함이 없고 천사千事가 남에게 선先(앞섬)함이 없는 우리에게 무엇이 시급한 문제가 아니며 무엇이 선결과제가 아니겠습니까? 우리도 남과 같이 살고 남과 같이 행복하려면 우리도 남과 같이 모든 방면을 향해서 급급汲汲(빠르게) 활동해야겠으며 자꾸자꾸 진취에 진취를 가加하여야겠습니다."

국어학자이며 역사학자인 권덕규權悳奎는 같은 호 『개벽』에서 '자아를 개벽하라'는 글을 통해 아예 조선인을 과거와 현재로 나누며 '역사 속의 조선인'을 모범으로 제시하며 동포들이 자존심을 회복하도록 각성을 촉구했다.(현대 어법에 맞게 수정)

잡지 『개벽』 창간호 기사, 1920. 6./한국사 데이터베이스

　　“조선인은 두 가지로 볼 수 있으니, 곧 역사의 조선인과 현대의 조선인 두 종류가 있다 하겠다. 역사 속의 조선인은 어떠하였는가. 스스로 천제자天帝子(하늘의 아들)라 하고 남들은 천족天族(하늘이 내린 민족)이라 하였다. 오직 나밖에는 없고 나 아닌 남은 눈꼬리에 보이지도 않았다고 하니 역사 속 조선인들의 정신을 잠깐 말하면 내 쓴 것이 남의 단 것보다 낫다고 했다. 자세히 말하면 남의 작록爵祿(벼슬)이 자기의 초달楚撻(회초리)만 못하다 하였다. 요즘 사람같이 오직 남의 꽁무니만 쫓지 않았다(자긍심과 자존감이 드높았다는 뜻)……”

　　나라를 빼앗긴 망국의 시대를 살면서 ‘역사 속 조선인’과 ‘현실의 조선인’을 비교한 이유는 자명하다. 역사에 빛나는 조상을 소환해 현시대의 조선인들을 일깨우려던 것이다. 당시 대표적인 독립운동가이자 사학계의 큰 별인 단재 신채호와 백암 박은식이 역사소설과 위인전을 집중적으로 집필했던 이유도 맥락이 비슷하다. 민족의 생존을 위해 이바지했던 전쟁 영웅들을 불러내 현세를 살아가는 조선인들에게 교훈을 제시한 것이다. 신채호의 『을지문덕』, 『이순신전』, 『최도통전』과 박은식의 『천개소문(연개소문)전』, 『명림답부전』, 『몽배금태조』 등이 이런 애국계몽의 차원에서 집필됐다.[3]

　　책의 서두에 소개한 대로 1914년에 발간된 잡지 『청춘』 4호의 책머리에 ‘비행기의 창작자는 조선인이라’는 기사가 오른 이유도 일본 제국주의가 소개한 항공기라는 신문물의 우수성에 놀라면서도 ‘민족 계몽을 통한 자기 정체성 찾기’의 일환으로 풀이된다. 비차를 세계 최초의 비행기라고 강조하며 민족 자부심을 드높이려 애쓴 것이다.

주

1) 잡지 『개벽』은 1920년 6월 창간해 통권 72권까지 발행하며 1926년 8월 폐간된 월간 종합잡지다. 천도교에서 발행을 주도했으며 계몽운동에 앞장섰다. 3·1운동 이후 일제가 ‘문화통치’로 정책 기조를 바꾸며 조선인의 신문 및 잡지 발행이 가능해지면서 개벽사에 의해 창간되었으나 민족주의적인 색채가 강해 72호가 발행되는 동안 판매금지 34회, 정간 1회, 벌금 1회를 맞은 끝에 결국 1926년에 폐간됐다.

2) 평북 태천 출생인 春坡 朴達成(1895. 4. 5~1934. 5. 9)은 천도교의 대표적인 지식인으로 보성전문과 일본 동양대학(중퇴)에서 공부한 뒤, 계몽과 신문화 보급에 짧은 생(39세)을 바쳤다. 『개벽』에 가장 많은 글을 쓴 기고자이며 조선 청년에게 학문을 권장하고 지식인의 허영과 사치를 경계하며 모든 계층이 힘을 합치는 상호협동 공동체를 꿈꿨다.(조규태, 「1920년대 천도교인 朴達成의 사회·종교관과 문화운동」, 『동학학보』 22권, 2011. 8.

3) 송명진, 「구성된 민족 개념과 역사·전기소설의 전개 – 신채호와 박은식의 민족 개념을 중심으로 – 」, 『현대 문학의 연구』 46, 한국문학연구회, 2012. 2, 205~231쪽.

2. 파란 눈의 '파락만 씨'가 심은 '하늘을 나는 꿈'

경술국치 직전 YMCA 강연회서 항공 특강

1910년 일본으로 국권이 넘어가기 직전, YMCA의 공동총무를 맡아 조선 청년들의 근대화와 계몽에 앞장섰던 브로크만 선교사는 당시 서양에서 활기를 띠던 항공기의 최신 동향을 소개한 인물이다.

주로 중국에서 활동하며 조선을 오가던 형 브로크만 목사의 권유로 1905년 조선에 발을 디딘 그는 무엇보다 청년 교육에 매달렸다. 황성기독교청년회가 그의 주요 활동 무대였다. 당시 YMCA의 교육 프로그램은 인기가 높았다. YMCA 강연회와 토론회 분위기에 대하여 질레트(P. L. Gillett) 총무는 "YMCA의 강연회와 토론회는 다른 데서는 찾아볼 수 없다. 미국에서도 그 실례를 찾아볼 수 없다. 37회의 토론회와 38회의 강연회에는 300명 내지 400명의 청중이 모여들어 강당은 언제나 꽉 찼다"라고 보고했다.[1]

한국인 총무를 맡은 월남 이상재, 우남 이승만을 도와 청년 교육, 한글 보급에 힘쓰며 한국의 YMCA는 독특한 성격을 갖게 됐다. 동양 3국의 YMCA는 미국에서 파송된 선교사들이 이끌었다는 점에서 동일하지만 나라별로 다른 성격으로 진화했다. 같은 YMCA라도 중국은 운동 클럽 방식, 일본은 교회 스타일, 한국은 학교와 비슷한 분위기를 갖게 됐다.[2]

서양에서 속속 나오는 비행기에 대한 소개와 강연을 들은 당시 반식민지 대한제국의 청년들이 구체적으로 어떤 영향을 받았는지에 대해서는 아직까지 발견된 기록이 없다. 다만 그의 후반부 삶에 비춰볼 때, 특히 그의 마지막 순간에 대한 언론 보도를 살펴볼 때, 그의 강연은 청년들에게 큰 관심과 반향을 낳았다고 추론할 수 있

조선 청년 계몽에 앞장섰던 브로크만 선교사.

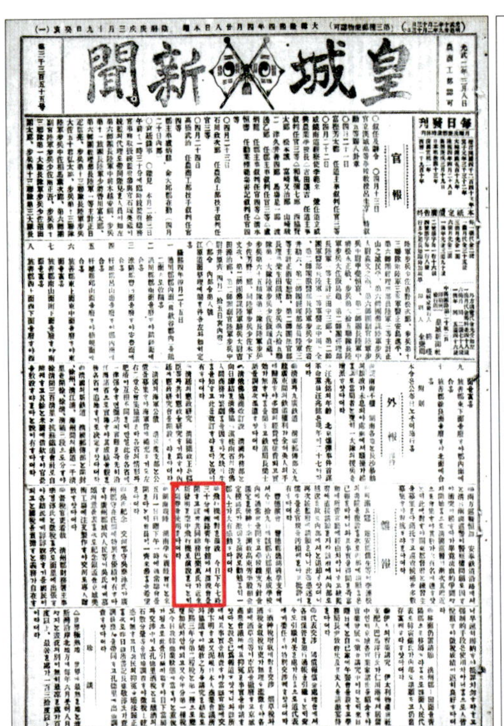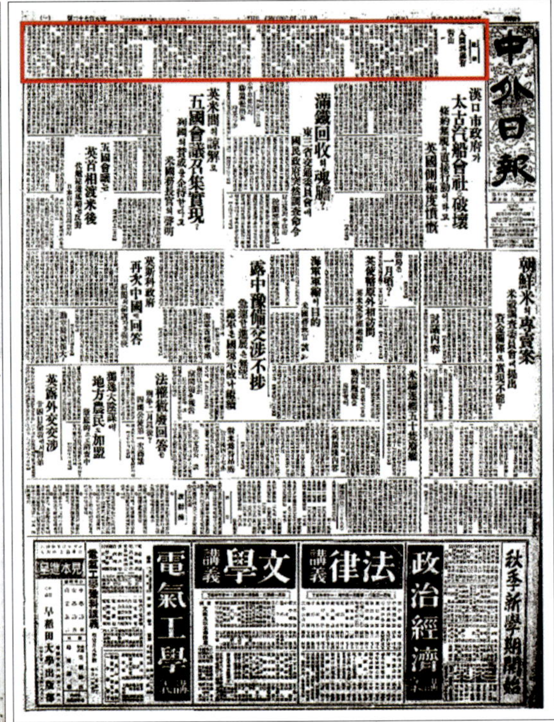

1910년 4월 28일 오후 7시 30분 경성 종로청년회관(서울 YMCA회관)에서 '근래 신발명품인 공중비행기에 대한 강연회' 개최를 알리는 『황성신문』 1면 기사(왼쪽). 한반도 최초의 항공 관련 대중 교육의 주인공인 브로크만 선교사는 우남 이승만, 월남 이상재와 함께 YMCA 공동총무직을 맡아 활발한 하계활동과 강연회로 계몽운동에 앞장섰다. 조선을 사랑했던 그는 신병 치료차 일시 귀국했던 미국에서 사망했으나 유언에 따라 시신이 태평양을 건너며 운구돼 조선 땅에 묻혔다. 그의 부음에 조선 지식인 사회가 슬픔에 잠겼으며 종로 YMCA회관에서 양화진까지 장례 행렬이 꼬리를 물었다. 서울 양화진 외국인 선교사 묘역에서 그는 어머니, 딸과 함께 영면하고 있다. 브로크만의 장례식을 1면 머리의 사설로 보도한 『중외일보』 기사(오른쪽). 『동아일보』도 그의 장례식을 1면 머리 사설로 다뤘다.

다. 과로로 병을 얻은 그가 미국으로 돌아간 후 다시 일어나지 못하고 1929년 56세 나이로 세상을 등졌을 때 언론은 이례적으로 그의 부음 소식을 다뤘다.

『동아일보』의 '조선의 친구 파락만 씨 뉴욕시에서 별세, 시체는 조선에 묻으라 유언'(1929년 6월 12일 자, 7면) 보도를 시작으로 3개 매체에서 10건의 부음 기사를 쏟아냈다. 특히 『동아일보』는 종로 YMCA

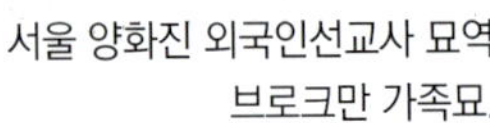

서울 양화진 외국인선교사 묘역
브로크만 가족묘.

회관에서 치러진 장례식과 관련한 사설을 1면 머리기사로 내보내고 사회면에는 장례식 현장 사진까지 실었다.

『동아일보』와 『조선일보』에 이어 3대 민족신문으로 자리 잡아 가던 『중외일보』 역시 장례식 관련 사설에 '인간도처유청산人間到處有靑山('사람이 머물 곳은 도처에 있다'는 의미의 소동파 시구)'라는 제목을 붙여 1929년 9월 16일 자 1면 통단을 할애하며 애도했다(『중외일보』는 1930년 대홍수에서 김동업 비행사가 조종하는 비행기를 활용해 독자에게 신문을 배달한 언론사다. 이런 신문배달 방식은 『한국일보』와 『서울경제신문』을 창간한 백상 장기영이 최초로 알려져 있으나 처음은 『중외일보』의 몫이다). 장례식에 모인 수많은 청년의 애도를 받으며 영면에 들어간 그는 유언대로 조선 땅에 묻혔다. 양화진 외국인 묘지에는 조선에서 먼저 숨진 어머니와 어린 나이에 요절한 장녀, 파락만 자신 등 3대가 나란히 잠들어 있다.

주

1) 대한 YMCA연맹 엮음. 『한국YMCA 운동사: 1895~1985』, 서울 路出社, 1986, 86쪽.
2) 전택부, 『한국기독청년회 운동사』, 1978, 110쪽.

3. 이탈리아가 개척한 '대비행시대'와 조선의 하늘

1920년 5월 말~6월 초 조선 전역 환영 물결

1920년 2월 14일 로마 남서부 센토셀 공항. 폭격기 4대와 안살도 SVA(스파) 훈련기 겸 정찰기 7대가 차례로 솟아올랐다. 군중들은 환호성을 질렀다. 비행기의 가능성을 시험하는 모험이었기 때문이다. 최종 목적지는 1만 7700㎞ 떨어진 일본의 도쿄. 제1차 세계대전에서 신무기로 맹활약한 항공기의 원거리 운항 가능성을 알리고 기록에 도전하기 위해 도착지를 극동으로 잡았다. 이탈리아와 일본 언론들은 1만 1000마일(1만 7700㎞)의 대모험이라는 기사를 연일 쏟아냈다.

행사의 기획자는 시인 겸 극작가이자 이탈리아의 제1차 세계대전 참전을 주장해 조종사로 종군했던 가브리엘레 단눈치오(Gabriele D'Annunzio, 당시 43세)와 일본인 유학생. 제1차 세계대전에서 연합국 편에 섰던 이탈리아와 일본 두 나라가 우호를 다진다는 명분으로 기획한 모험 행사였다. 모험이 분명했다. 신형기라고 하지만 SVA-9 항속거리가 500~600㎞에 불과해 끊임없이 급조된 중간 지상기지에 내려앉아 연료를 보급받아야 했다.

여정은 갈수록 험난해졌다. 동일 기종이라도 비행기마다 항속거리가 다른 데다 상승한계 고도 역시

1920년 2월 대여정을 앞두고 준비 중인 이탈리아 비행대. 이들은 가는 곳마다 대환영을 받으며 전 세계 국가들의 항공에 관한 관심을 끌어올렸다. 이탈리아 비행대의 모험은 아시아와 북미 항로를 개척했던 15세기 말의 '대항해'와 견주어 '대비행'이라는 찬사를 얻었다.

4000m 안팎이어서 높은 산을 만나면 비행 성능이 급속히 떨어졌다. 기대를 받으며 대장정에 오른 11대 중에는 이탈리아를 벗어나기도 전에 추락한 기체도 있다. 악천후와 기체 고장이 다반사로 일어나고 일부 조종사가 병이나 추락으로 사망하는 사고가 끊이지 않았다.[1]

악전고투 속에서도 페라린과 마시에로 두 중위는 그리스 테살로니키, 이라크 바스라, 인도 콜카타, 태국 방콕, 베트남 하노이와 중국의 광둥, 푸저우, 상하이, 칭다오를 거쳐 5월 17일 베이징에 도착했다. 중국에 들어올 때부터 식민지 조선의 신생 민족지들은 이들의 소식을 자세하게 실었다. 이탈리아 비행대가 중국 광둥에 도착한 이후에는 거의 매일 지면을 할애해 여정과 뒷얘기를 전했다. 특히 『동아일보』가 상대적으로 많은 지면을 할애했다.

신생 민족언론, 호외 발행, 항공 열기 이끌어

"5월 21일 오후 4시, '이태리 비행긔'가 광둥에 착륙했다"는 소식[2]을 『동아일보』가 보도한 1920년 5월 25일 자의 지령紙齡이 '23호'. 갓 태어난 신문이었다.[3] 신생지 입장에서 독자들의 흥미를 끌어내고 신

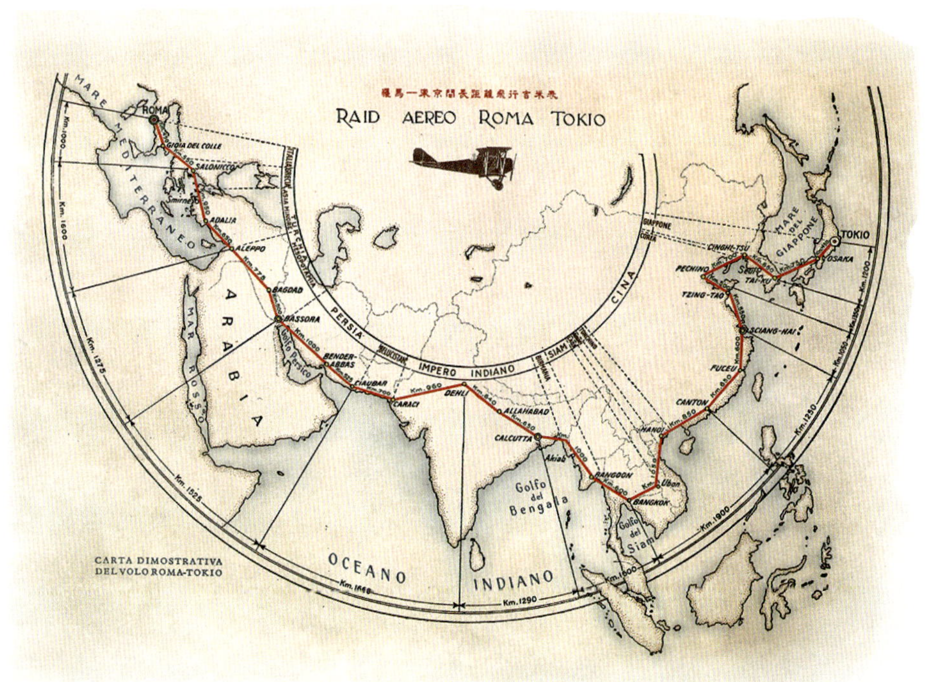

이탈리아 공군의 전신인 왕립 육군항공대가 기획한 비행 경로. 당시 1만 8000여 ㎞의 장거리 비행(106일·실제 비행은 116시간)은 큰 모험이었다. 비행경로를 보면 바다를 피해 상대적으로 안전한 해안가를 택했다는 점이 확연하다. 그러나 캐노피의 보호나 무전기도 없이 개방된 조종석에서 오로지 나침반과 관측에 의존한 비행으로 지구의 반을 비행한다는 사실 하나만으로도 기착지마다 열광적인 환영을 받았다.

문물을 소개하는 데 이보다 더한 좋은 재료도 없었다. 특히 망국과 일제의 폭압에 신음하던 조선 민중에게 용기와 희망을 불어넣어 줄 수 있는 기회였다. 『동아일보』는 5월 23일 자 3면의 대부분을 관련 소식으로 채우고 호외까지 발행하며 페라린의 기체가 신의주에 도착한 사실을 알렸다.

경성의 '여의도 착륙장' 도착(25일)을 전하는 26일 자 3면은 거의 '이태리 비행긔' 소식으로 채웠다.[4] 『동아일보』는 '來! 來! 萬歲!'라는 부제목을 달았다. '온다! 온다! 만세!'라는 부제목은 오후 1시 40분 도착할 때의 현장 반응을 그대로 전한 것이었다. 10만 군중이 이태리 비행기를 기다리며 하늘을 쳐다보다가 지른 "만세!" 함성은 얼마나 컸는지 "한강물이 울리는 것" 같았다. 16분 뒤, 또 한 대가 왔다(又一機!). 당시 경성 인구가 25만여 명이었으니, 이른 새벽부터 모인 군중이 10만 명이었다면 네 명 중 한 사람은 여의도는 물론 노량진과 마포 일대까지 몰려들었다는 얘기다. 망국의 백성들이 한꺼번에 만세 소리를 마음껏 지르며 어떤 감정을 느꼈는지는 짐작하기 어렵지 않다.

이탈리아 비행기의 경성 도착 장면을 조선일보는 운문韻文처럼 다뤘다.

"멀리 동북편 하늘 구름으로부터 아물아물하는 검은 한 점이 홀연히 솔개와 같이 영자英姿(매우 늠름한 모습)를 드러내며 남산이 허리를 스치고 경성시가를 둘러서 다시 용산을 돌아 여의에 이르러 착륙장 주변 수만 군중의 머리 위로 야실야실 스칠 듯이 한 바퀴를 돌아 1시 5분 가만히 육지에 내렸는데 이때 군중은 다시 박수하여 여의도 모래가 손바닥 바람에 날리게 되었더라."[5]

독립운동에 헌신한 조선인 비행사들

이탈리아 비행대의 모험을 집중보도한 『동아일보』는 1922년 12월 안창남의 고국 방문 비행을 주최하며 또 한 번 시선을 끌었다. 이탈리아 비행대의 모험과 안창남의 고국 방문 비행은 단순한 흥밋거리로 끝나지 않고 씨앗을 뿌렸다. 안창남과 서왈보, 권기옥 등의 비행사들은 연예인 아이돌 못지않은 인기를 누릴 수 있었던 조선 땅에서의 비행 대신 중국에서 형극의 길(독립운동)을 택했다. 서왈보 비행사는 생전에 "중국에 있는 조선인 비행사들이 후배들을 교육시켜 더 많은 조종사를 배출할 수 있고 이들이 한꺼번 조선에 출격하면 어디든 쑥대밭으로 만들 수 있다"고 강조했다. 중국 상공에서 30세 나이에 산화한 안창남도 스무 살이던 1920년 1월 일기에 이렇게 적었다. "비행기를 사용하여 국내 민심을 격발하고 장래 국내의 대폭발을 일으키기 위함이라." 이탈리아 비행대는 조선의 군중들에게는 나라 잃은 설움을 달래주고 희망을 주는 한편으로 하늘을 꿈꾸던 예비 항공인들에게는 웅지를 더욱 깊게 심어줬다.

이탈리아 비행대를 환영하는 소식은 총독부 기관지인 『매일신보』도 크게 다뤘다. 1920년 5월 26일 자 3면은 지면 3분의 2가 경성 도착 소식으로 채워졌다./대한민국 신문 아카이브

조선에서의 환대를 뒤로하고 최종 목적지인 도쿄에 안착한 기체는 2대. 엄밀하게 따지면 이탈리아 육군 페라린과 마세로 중위가 조종하는 SVA-9 단 1대만 모든 비행 목표를 성공적으로 완수했다. 가파니니와 마레트가 조종하는 또 다른 SVA-9기는 마카오에서 비행이 불가능할 정도로 파손돼 두 조종사는 서편으로 베이징까지 이동해 새로운 비행기를 타고 나머지 여정을 마쳤다. 전 과정을 비행하지 않았기에 온전하게 비행에 성공한 기체는 단 1대로 보는 것이다. 그래서 더 평가받는다.

로마를 출범한 이탈리아 비행단은 106일 만에 목적지에 도착했으나, 실제 비행 일은 23일, 비행 기준으로 보면 190시간을 날았다. 연료 공급에 그만큼 많은 시간이 걸렸다. 바그다드에서는 축구시합에 참가하기 위해 일정이 지연됐다. 환영 행사나 기후 불순으로 비행이 1주일씩 미루어진 적도 많다. 인도와 동남아 지역 이전까지는 주로 날씨가 나빠서, 중국에서는 환영하는 인파와 면담 희망자가 많아 일정이 늘어졌다. 중국에서는 항공기 구매 희망자마다 조종사들을 초빙해 피로연을 여는 통에 일정이 늦춰졌다.

이탈리아 비행단의 장거리 비행은 고난 끝에 가까스로 성공했으나 강렬한 파장을 남겼다. 구미 각국은 저마다 모험에 뛰어들었다. 영국-호주 구간 대서양·태평양 무착륙 비행 등이 시도되며 항공기 제작 기술도 크게 발전했다. 이탈리아 비행단의 모험은 1920년부터 1933년까지 이어진 장거리 항공 시대의 개막을 알리는 신호탄이었다. 15세기 말 에스파냐 왕실에 고용된 이탈리아인 콜럼버스가 '대항해 시대'를 활짝 열었듯이 20세기 초 '대비행 시대'도 이탈리아인이 개막한 셈이다.

성황리에 종료된 '로마-도쿄 대비행(Rome-Tokyo Raid)'은 모든 게 좋지는 않았는지 『조선일보』에는

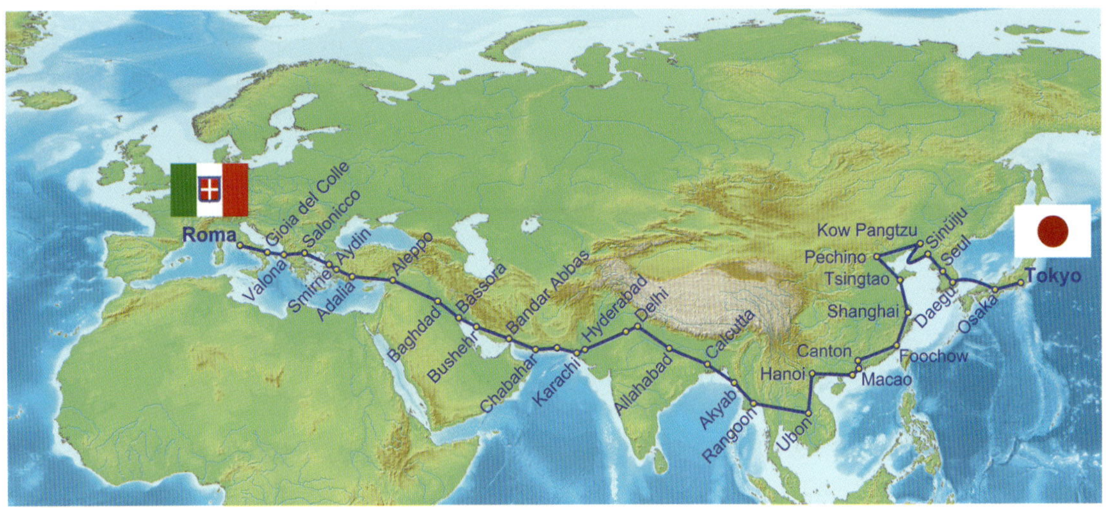

이탈리아 비행대의 로마-도쿄 장거리 비행 경로./이미지=위키피디아

아래와 같은 기사가 실렸다.[6] "이전에 조선에 왔던 이탈리아 비행장교 후레라링 중위 외에 6명은 지난 26일 정오에 일본 고베에서 떠나며 자기 나라로 돌아가는 길에 그 중위가 분노를 띠고 말하기를 '일본 국민들은 열심히 환영하였으나, 그러나 일부 관헌의 대접에 대해서는 대단히 재미없는 감정을 가졌노라. 얼마나 서운하던지 귀국한 뒤 신문사에 공포하야 흑백을 밝히려 하고 있노라며 분한 마음을 품었더라."

주

1) '[동아 플래시 100] 로마에서 왔다고? 10만 군중 여의도로 몰려가 「만세!」', 『동아일보』 2020년 4월 10일 자.

2) '伊飛機廣東着(이탈리아 비행기 광둥 도착)', 『동아일보』 1920년 5월 25일 자.

3) 1919년 3·1운동을 경험한 일제는 조선에 대한 무단통치를 접고 문화정치로 방향을 틀었다. 조선 민족의 민족신문도 이때 창간했다. 『조선일보』는 1920년 3월 5일, 『동아일보』가 4월 1일 각각 창간호를 냈다.

4) '雄飛한 天空 三萬三千里, 釋誕의 漢陽에 伊機倒着: 웅비한 천공, 3만 3천 리, 석탄의 한양에 이기 도착(3만 3천 리 하늘길의 위대한 비행, 부처님 오신 날 한양에 이탈리아 비행기 도착)', 『동아일보』, 1920년 5월 26일 자, 3면.

5) '五萬里長空을 翔破하야 東國風光을 賞흠, 5만리장공을 상파하야 동국풍광을 상함(5만리 높고 먼 하늘을 날아 조선의 풍광을 찬양함), 『조선일보』 1920년 5월 26일 자, 3면(지령 22호), 창간일이 빠른 『조선일보』가 『동아일보』보다 지령이 늦은 이유는 창간 초기 발행이 불규칙했기 때문이다.

6) '伊太利飛行中尉, 日本에 對ᄒ야 感情이 낫다(이탈리아 비행중위, 일본에 대해 분개)', 『조선일보』 1920년 7월 29일 자, 3면.

4. 1924년 '한반도에서의 첫 비행기 제작' 보도

"부산의 조선선거공업에서 비행기 제작 추진"

한반도에서 처음으로 비행기 제작이 시도된다는 소식은 부산의 일본계 언론에 의해 알려졌다. 최초 보도는 부산지역의 일본어판 『조선시보』. 1924년 5월 18일 자에 '목지도의 선거공업회사, 일약 국가적 회사로 부상, 새로운 중역으로 유명인사 영입, 군용자동차와 비행기 제작'이라는 소식을 내보냈다.[1]

내용은 대장성 주계국장(오늘날 한국의 예산실장에 해당) 출신의 귀족원 의원과 예비역 해군 중장, 예비역 육군 소장을 중역으로 영입하고 자본금을 640만 엔(이전 40만 엔)으로 늘려, 즉각적인 군용자동차 공장 건설과 토지 확보 후 비행기공장 건립에 나선다는 것이었다. 내용은 이상할 게 전혀 없었다. 선거공업船渠工業이란 조선造船의 근대 초기식 표현. 조선소의 자동차나 항공기 제작 겸업은 구미

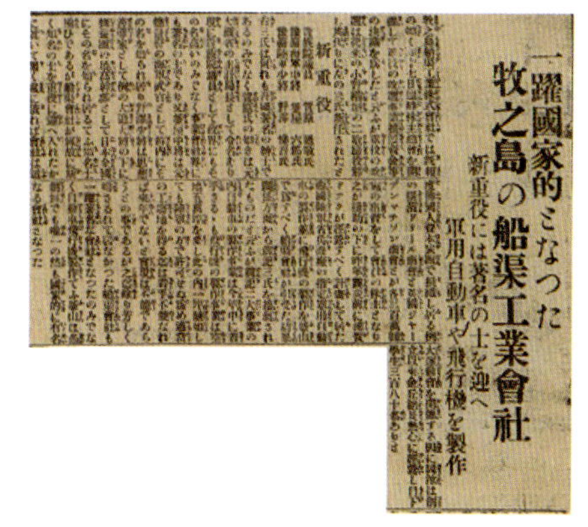

한반도에서의 비행기 제작을 처음 보도한 『조선시보』 1924년 5월 18일 자 3면 머리기사. 이 보도 이후 비슷한 기사가 꼬리를 물었으나 정작 항공기 제작은 20년이 지난 1944년에서야 본격화했다. 그나마 이 땅에는 설비는 물론 기술도 남지 않고 모두 포말처럼 사라졌다./대한민국 신문 아카이브

에서도 흔한 일이었다. 조선시보사가 기사 말미에 "기업으로서도 영광이지만 조선 전체로도 처음"이라는 의미를 갖다 붙였기 때문인지 이후 비슷한 기사가 줄이었다.

'목지도 조신소에서 제작한 비행기, 미국 비행 계획'(『조선시보』 5월 27일 자 2면), '조선선거 증자 완료'(『매일신보』 5월 29일 자 2면), '부산에서 비행기를 제작하고 경성에는 비행사 양성소 설립, 당국은 항공위원회 조직'(『경성신문』 7월 4일 자 2면), 『동아일보』(7월 4일 자, 『경성신문』과 거의 같은 내용, 조선선거공업을 부산선거공업이라 표기한 점만 차이)에 이어 『매일신보』도 7월 5일 자에 『경성신문』과 같은 내용의 기사를 보도했다.

일본인 오이케, '비행기 제작' 내세웠으나 결국은 땅 투자

갑작스레 이어졌던 보도는 이후 거의 없다가 1년여 지난 시점인 1925년 7월 말부터 8월 중순까지 관련 기사가 연이어 나왔다. 다만 방향이 틀어졌다. 자동차나 비행기 생산보다 부산진의 해면 매립이 주요 관심사였다. 매립이 완성되면 공장을 짓겠다는 것보다 누가 주도하고 조선총독부가 어떤 결정을 내릴까에 이목이 쏠렸다. 공교롭게도 매립자금은 600만 엔으로 조선선거공업이 증자한 금액과 일치한다.[2]

증자 이전에도 자본금과 불입 자본금이 40만 엔으로 '큰 회사'에 속했던[3] 조선선거공업(언론에서는 '부산선거공업' 또는 '목지도의 선거공업'으로 혼용)은 막상 본업인 조선업에서는 흡수 합병에 이르게 된다. 한국 조선공학의 개척자인 고 김재근 서울대 교수의 학술논문 「일정시대의 조선업체」에 따르면 조선선거공업은 1928년 1월 23일 사이조 토시와치西條利八의 사이조 철공소로 팔려 회사 이름도 사이조 조선철공소로 바뀌었다.[4]

오이케 츄스케.

일제강점기 최대 조선사였던 조선중공업이 사이조 조선철공소를 바탕으로 설립(1937년 7월 10일)된 회사다. 해방 후 조선중공업은 대한조선공사로의 사명 변경과 한진중공업 인수(1989)를 거쳐 오늘날 HJ중공업(2021년 사명 변경)에 이르고 있다. 조선선거공업 → 사이조 조선철공소 → 조선중공업 → 대한조선공사 → 한진중공업 → HJ 중공업으로 내려져 온 셈이다.

조선선거공업의 설립자인 오이케 츄스케大池忠助(1856~1930)는 대마도(쓰시마) 출생으로 강화도조약 이전인 1875년(당시 20세) 부산에 거의 맨손으로 들어온 후 밀무역과 고리대금, 땅 투기와 여관업, 군수물자 조달로 부산 3대 거부로 떵떵거리며 도처에 이름을 남겼다. 부산상업회의소, 도평의회

조선선거공업이 증자와 비행기제조업에 나선다는 기사가 보도되기 11개월여 전인 1923년 6월 7일 발행된 『조선시보』 기사. 오이케 관련 기사가 1면의 절반 이상을 차지하고 있다. 국장(國葬)에 버금가는 상황도 아니고 살아있는 민간 기업가에게 이만한 지면 할애는 극히 이례적이다. 부산 지역에서 오이케의 영향력을 말해주는 편집이다./대한민국 신문 아카이브

등 지역사회 민간단체의 회장직은 물론 제국의회 의원(쓰시마 지역구)으로도 뽑혀 '부산의 오이케'를 넘어 '조선의 오이케'로 통했다.[5] 조선에서 성공한 일본인의 상징이라는 의미다.

연재물로 마련된 '朝鮮の代表的事業と人物(조선의 대표적 사업과 인물)'이라는 기획시리즈에서 『조선시보』는 어떤 인물에게도 오이케 만한 지면을 내주지 않았다. 지면에 소개된 그의 업종은 쌀 매매와 정미, 무역, 육상 및 해상운수, 석탄업, 제염업, 주택임대업, 창고업, 보험대리점, 여관업(호텔사업)을 망라한다.

부산과 경남지역 거의 모든 은행에도 지분을 깔았다. 특히 강화도조약에 따른 부산의 정식 개항 1년 뒤인 1877년 그가 지은 대지여관은 부산 최초의 일본식 건물로 증축을 거듭하며 시설이 좋고 깨끗하다는 입소문을 탔다. 부산항에 처음 내린 일본군 고급장교 사이에서는 '양산박'으로 불리며 인기를 끌었다.[6] 군인 우월사회인 일본에 살다 조선에 발을 디딘 고관과 기업인들은 군부와 인맥을 형성하려 대지여관에 모여들었다. 오이케는 곳곳에 손을 뻗었다. 사업도 나날이 늘어났다.

오이케 츄스케가 동래 온천 지역에 건립한 대지여관(오이케 료칸). 일본식 건물 옆에 서양식 건물을 증축한 대지여관은 조선 땅에 첫발을 딛는 일본 군인과 세도가들이 숙박과 온천욕을 즐기는 명소로 자리잡았다. 중요한 인물들이 모인다는 의미에서 '양산박'이라고도 불릴만큼 인기를 끌었다는 대지여관을 통해 오이케는 인맥을 넓혔다./사진=한국향토문화전자대전

처세에 얼마나 능했는지 재정이 파탄 난 대한제국의 정책자금마저 매년 3만 엔씩 3년간 끌어 썼다.[7] 오이케에 지원된 정책자금 규모는 한성부(오늘날 서울시에 해당)의 살림살이와 비교하면 가늠하기 용이하다. 한성부의 세출예산은 1907년 8669원, 1908년 1만 4869원을 기록했다. 오이케에게 연간 3만원이라는 지원 규모는 크게 확장된 한성부의 1909년 세출예산 2만 5989원보다도 많았다.[8] 나라 곳간이 비어 관리들의 녹봉 지급도 어려운 처지에 일본인 사업가에게 거액의 융자를 결정한 이유는 재정 집행의 결정권을 일본이 행사한 닷이다.[9] 그는 1910년 조선 선역에서 50만엔 이상의 자산가 1018명에 끼었다(이 중 조선인은 32명에 그쳤다).[10] 1926년부터 시작된 부산진 매축(매립)에도 이름을 올렸지만, 완공(1932년)을 못 보고 객지에서 1930년 죽었다.

1980년 폐관한 부산 중앙극장도 그가 지은 것이다. 부산지역에 '대지'라는 명칭은 그로 비롯된 게 많다. 조선을 오가는 일본 권력자들이 주로 투숙했던 대지여관이 있던 광복동 입구에는 오늘날 금융회사 지

조선의 자산가

『시사신보』*가 조사발표한 10만엔 이상의 자산가는 전국에 1018명인데, 그중의 조선인은 32명이라. 내지인(일본인)은 부산의 大池忠助, 保家貞八, 迫間房太郞, 경성의 中村再造, 인천의 秋田穀, 평양의 齊藤久太郞 六氏(6인)오. 조선의 귀족은 이희, 이강 양공, 박영효, 이완용, 이재완, 송병준, 민영휘, 민영달 八氏(8인)이오. 기타 경성의 이동구, 이근배, 용산의 고윤묵, 김진섭, 김돈희, 최사영, 개성은 김려황, 청주의 편연진, 전주의 백남신, 부안군의 김기중, 김광O, 경주의 최현식, 인동의 장길상, 원산의 김병언, 성진의 오중묵, 허태화, 진남포의 감유승 十八氏(18인)이라더라.(10만엔 이상 자산가 중 일본인은 936명으로 6명 실명 소개, 조선인 32명 가운데 26명 실명 게재) *『시사신보』는 도쿄에서 창간된 일간지.

점이 위치하고 있다. 그의 별장이던 능풍장陵風莊 주변은 아직도 능풍장 마을, 능풍장 길로 불린다. 악습을 이 땅에 옮겼다는 의심도 받는다.『경향신문』1974년 9월 20~21일 자 5면 '근세풍물야화' 19~20화, '기생' 편에 따르면 지금의 부산 광복동에 집을 처음 지은 사람도 오이케 츄스케, 엄격하게 금지된 외국인 대상 매춘 행위를 개항 이전부터 몰래 시작한 장본인도 오이케 츄스케라고 한다. 조선에 발을 붙이자마자 그는 조선 여성들을 왜관 안으로 끌어들여 노골적으로 성매매 사업을 펼쳐 이전까지 조선에 없던 저급한 매매춘이 퍼지게 만든 시발점이라는 것이다.

『황성신문』1908년 2월 20일 자 2면에 게재된 '일인(日人)회사에 한(韓) 보조금' 기사. 전문을 요즘 어법에 맞게 옮기면 다음과 같다. '일본인 오이케 츄스케씨 등이 남한연해기선회사를 설립하고 보조금을 내각에 신청 중이라는 소식이 들리더니 이틀 전 참여관회의에 1년에 3만원씩 3년간 9만원을 농상공부 소관 산업장려비로 지원하기로 결정하였다더라'

1) ‘一躍國家的となつた牧之島の船渠工業會社, 新重役には著名の士を迎へ, 軍用自動車や飛行機を製作’, 『朝鮮時報』.

2) ‘釜山鎭の海面を立埋つ, 總工費六百萬圓埋立面積四十六萬坪, 埋立地には造船所や飛行機製作所, 總督府の諒解成’, 『朝鮮時報』 1925년 8월 9일 자, 3면.

3) 박영구, 「외부 충격과 지역경제: 부산 제조업회사, 1908~1936」, 『한국경제학보』 15권 2호, 2008년 여름호, 314쪽.

4) 김재근, 「일정시대의 조선업체」, 『대한조선학회지』 15권 4호, 대한조선협회, 1978년 12월, 10~11쪽.

5) 전성현, 「식민자와 조선 – 일제시기 大池忠助의 지역성과 식민자로서 위상」, 『한국민족문화』 49, 2013. 11, 271~272쪽.

6) 전성현, 앞의 논문, 288쪽.

7) ‘日人 회사에 韓 보조금’, 『황성신문』 1908년 2월 20일 자, 2면.

8) 김태웅, ‘조선말·대한제국기 한성부 재정구조의 변화와 세출입의 추이’ 103쪽 〈표17〉 1905~1910년 한성부 세출예산’, 鄕土 서울 제87호, 서울특별시 시사편찬위원회, 2014년 6월

9) 러일전쟁 승리 후 더욱 기세등등해진 일본은 대한제국을 다그쳐 1904년 10월 16일 ‘외국인 고문 초빙에 대한 협정’을 맺었다. 협약에 따라 일본 대장성 주세국장(국세청장에 해당) 출신인 메가타 다네타로(目賀田種太郎)가 탁지부(재무부) 고문으로 일하기 시작했다. 문제는 협약의 조건이 고약했다는 점이다. ‘한국 정부는 재정에 관한 일체의 사무를 메가타의 동의와 가인(加印·결재)을 거칠 것…(중략)…계약은 해지할 수 없음’이 협약의 골자였다. 메가타는 한국의 재정을 더욱 파탄으로 몰아넣었다. 고문 임기가 만료된 1907년부터는 일본인인 대한제국 정부 각 부처의 차관을 맡는 ‘차관 정치’가 시작돼 대놓고 결정권을 행사했다.(권홍우, 서울경제신문 2007년 10월 16일자 2면 ‘일본인 재정고문 메가타’) 오에케에 대한 정책자금 지원은 이런 구도 속에서 진행된 것으로 보인다. 구한말 일본인들에 대한 정책 자금 지원의 규모에 대해서는 보다 깊은 연구가 필요하다.

10) ‘조선의 자산가’, 『매일신보』 1911년 7월 28일 자, 2면.

5. 중국 공군, 1937년 일본 본토 처음 '공습'과 둘리틀 공격대

'목표는 일본 동경(도쿄)이다. 독립전쟁이 일어나면 일본으로 날아가 도쿄를 쑥대밭이 되도록 폭격해야 한다.' 계원 노백린 장군이 1920년 미국 윌로스 한인비행학교에서 제시한 목표다. 대한제국 육군 무관학교 교장을 지내고 1916년 해외독립군 양성을 위해 미국에 망명한 노백린은 '하늘을 지배하는 자가 전쟁에서 승리할 수 있다'고 확신하며 미국 캘리포니아주 윌로스에 대한민국 임시정부 비행학교를 세웠다.[1] 당시는 제1차 세계대전이 끝난 직후로 미국 정부가 군용으로 사용하던 항공기를 대거 민간에 싼값으로 불하해 비행 클럽과 비행학교 설립 붐이 일던 시기였다.

그러나 윌로스 비행학교는 단순한 동호인 모임이 아니었다. 지난 2010년 8월 13일, 광복절 특집으로 방영된 '도쿄 공습 프로젝트, 윌로우스 비행학교'에 따르면 한인 학생들은 설립 초기 약 5개월 동안 비행기와 교관이 없어 제식과 집총 군사교육을 받았다. 노백린 장군이 이들을 주도적으로 모으고 지도했지만 혼자 힘으로 설립한 것도 아니었다. 도산 안창호[2]를 비롯한 미주 동포들의 성금과 지지로 설립, 운영됐다.

설립 초기 기초 군사훈련을 받고 있는 윌로스 한인비행학교 학생들./사진=국립항공박물관

구체적인 목표는 '일본 천황궁 폭격'. 비록 뜻은 못 이뤘으나 독립을 위한 공군력 건설의 열망은 살아남아 1943년 대한민국 임시정부의 '공군설계위원회 조례' 발표로 이어졌다.[3]

주지하듯이 임시정부의 공군 창설 노력은 서류상의 계획에 머물렀다. 1920년 한인비행학교의 동경 폭격 열망도 현실로 나타나지 않았지만 중일전쟁과 태평양전쟁에서 두 나라가 대신했다. 전쟁에서 일본은 패배했고 한국은 비로소 식민지에서 벗어났다. 결과적으로 중국과 미국에 의한 일본 폭격은 타자의 힘을 빌린 독립운동이었던 셈이다. 일본 폭격에 나섰던 미국과 중국은 일본을 패망시키는 게 가장 크게 기여한 두 나라이자[4] 오늘날 세계 1, 2위 국가다. 흔히 1942년 미국의 둘리틀 공습을 사상 최초의 일본 본토 폭격으로 생각하지만 가장 먼저 일본 공습을 시도한 나라는 중국이다.

식민지 조선의 경성에서 글라이더 보급이 본격 시작되고 평양에서 발동기(엔진)를 장착

UNITED PRESS DISPATCHES

WILLOWS DAILY JOURNAL

KOREANS TO HAVE AVIATION FIELD

AM. RED CROSS TO INTRODUCE NEW ACTIVITIES HERE

CHANCE TO ENJOY AN EVENING WITH J. WHITCOMB RILEY

TRAVELING MEN PLAN NEW HOTEL FOR WILLOWS

INDICATIONS THAT DREADED DROUTH IS OVER: STORM COMING

SEND your orders by PHONE 72

Friday & Saturday Specials

Chamberlain's

Fordson Tractor
IMMEDIATE DELIVERIES
THE ONLY TRACTOR
O. A. KLEMMER
Dealer

E. W. WRIGHT

FORD
"THE UNIVERSAL CAR"
Place Your Orders at Once
Repairing and Accessories
O. A. KLEMMER
Dealer

MARCH 22

Dance
SATURDAY
Ev'g FEB. 21

O. A. KLEMMER

RIALTO THEATRE
TONIGHT AND FRIDAY
DOUGLAS FAIRBANKS
"WHEN THE CLOUDS ROLL BY"

Vote For Glenn-Colusa Irrigation District Saturday, Feb. 21, and For Charles S. Jurges FOR DIRECTOR OF SECOND DISTRICT

'한국인들이 비행장을 갖는다(KOREANS TO HAVE AVIATION FIELD)'는 제목 아래 한인비행학교 설립 소식을 보도한 지역 일간지 『윌로우즈 데일리 저널』 1면 머리기사. 쌀농사로 부를 축적한 김종림과 임시정부 군무부장 노백린 장군의 추진력이 합쳐진 결과였다./이미지=국립항공박물관

한 금속제 항공기 생산이 모색될 무렵,[5] 일본은 역사상 최초로 폭격기 2대에 의한 공격을 당했다. 장제스가 이끄는 국민당군의 중국 공군기가 일본 영공을 침범한 것이다. 다만 폭탄은 떨구지 않고 전단지를 뿌렸다.

이마저 제대로 인식하는 일본인은 많지 않다. 일반적으로 일본 본토 최초의 피폭被爆은 1942년 4월 미국 '둘리틀 특공대(Doolittle Raid)'를 일컫는다.[6] 물론 일본 본토가 처음으로 폭탄 세례를 맞은 것은 1942년 4월 18일 미 육군항공대의 기습에 의해서다. 지미 둘리틀 중령이 지휘하는 B-25 미첼 폭격기 16대가 도쿄와 요코하마, 요코스카, 가와사키, 나고야, 고베, 욧카이치, 와카야마, 오사카 등 주요 도시를 폭격한 것이다.

사상자 363명, 군 시설과 공장 350동이 파손된 둘리틀 공습은 피해가 크지 않았지만, "황국의 하늘은 절대 뚫리지 않는다"고 자만하던 일본 군부에 충격을 안겨주었다. 반대로 상징적이나마 진주만 피습(1941. 12. 8)에 대한 보복에 성공한 미국인들의 사기는 크게 올라갔다. 루스벨트 대통령이 얼마나 기뻐했는지, 지휘관 둘리틀 중령은 2계급 특진의 포상을 받아 대령을 건너뛰고 별을 달았다.

'둘리틀 공습'보다 4년여 빨라, 일본은 "쉬쉬"

정작 일본 본토를 처음 공습한 나라는 미국이 아니라 중국이다. 1938년 5월 19일 우한을 이륙한 중국 공군 소속 미국제 마틴 B-10 폭격기 두 대는 한 차례 지상 급유를 받은 후 20일 새벽 나가사키와 후쿠오카 상공에서 폭탄창을 열었다. 두 기체는 손상도 입지 않은 해 무사히 돌아왔다. 귀환 도중 서해에서 초계 중이던 일본 해군 순양함으로부터 약간의 대공사격을 받았지만 피해는 없었다.

주목할 대목은 중국 공군이 일본에 폭탄을 투하한 게 아니라 전단지를 뿌렸다는 점이다. 일본이 중일 전쟁에서 저지른 만행을 반성하고 전쟁을 끝내기를 촉구하는 반전 삐라였다. 하지만 일본 국민에 대한 호소력은 거의 없었다. 전단지 살포 지역도 민간인이 거의 없는 산간지역이었다. 중국 국민당군은 이전에도 소련이 공여한 폭격기를 동원해 일본 육군의 폭격기 기지가 밀집된 대만 폭격을 계획한 적도 있었지만, 무리이며 실력이 부족하다는 판단으로 접었으나 일본 본토에 대한 뜻밖의 전과에 고무됐다.

항속거리 부족, 폭탄 대신 반전 전단지 살포

중일전쟁 내내 일본에 밀리던 장제스 등 국민당 지도부는 일본 본토에 폭격기를 보냈다는 사실에 환호 작약했다. 일본은 전략 목표였던 충칭에 대한 무차별 폭격[7]이라는 보복에 나섰다. 당시 폭탄을 투하했어 야 한다는 지적에 장제스 총통은 "일본은 중국인을 학살했으나 중국은 그렇지 않다"며 일본공습 작전에 '인도주의 폭격'이라는 의미를 붙였다. 실제로는 하지 않은 게 아니라 못한 것이었다. 폭탄을 투하하고 싶 어도 항속거리가 짧아 불가능했다. 폭탄창에 상대적으로 가벼운 전단지를 실었기에 일본까지 날아가 임 무를 완수하고 돌아올 수 있었다.[8]

일본은 전쟁 중인 적국의 폭격기가 본토까지 들어와 본토를 휘젓고 빠져나갔어도 크게 신경쓰지 않았 다. 그리고 애써 외면하고 무시한 대가를 톡톡히 치렀다. 중국 폭격기에 뚫린 방공체계를 그대로 놔둬 둘 리틀 폭격으로 허를 찔린 것이다. 일본은 이후에도 본토 방공망을 구축하지 못해 1944년 중반 이후부터 종전까지 미 육군항공대의 중폭격기에 의해 주요 도시와 군수공장이 두들겨 맞았다. 전시 생산능력도 급 격하게 떨어졌다.

일본이 1942년부터 조선에도 글라이더와 항공기 제작공장을 건설하려던 이유도 일본 본토 피폭과 무 관하지 않다. 미군의 폭격이 날로 거세지자 주식 투자자가 달걀을 한 바구니에 담지 않듯이 마침 비철금 속과 전력 생산량이 급증한 조선으로 생산시설을 분산 및 소개疏開하려던 일제는 항공기 제작공장 건설을 1차 마무리한 가운데 패전을 맞았다. 일본에 처음으로 폭탄을 떨군 둘리틀의 이야기는 알려진 것보다 더 극적이다.

중국 공군이 일본 공습에 동원한 미국제 마틴 B-10 폭격기와 귀환 후 환호에 화답하는
작전대장 쉬후안성徐煥升 대위(당시 27세). 의대생에서 조종사로 진로를 바꾼 그는
훗날 대만 공군 참모차장까지 올랐다.

일본 본토 폭격의 영웅, 작은 거인 둘리틀

　1942년 4월 18일 정오 무렵 일본 도쿄, 미 육군 B-25 미첼 폭격기 편대[1]가 상공에서 폭탄을 투하했
다. 수도인 도쿄뿐 아니라 요코하마와 요코스카, 나고야, 고베, 오사카 등 도시가 미군의 폭격을 받았다.
피해는 경미했으나 일본 유사 이래 최초의 피폭이었다. 해군의 항공모함에서 무겁고 큰 육군의 폭격기를
발진한다는 발상을 실행한 미국은 진주만 기습을 당한 지 4개월 10일 만에 일본에 상징적이나마 앙갚음
할 수 있었다.

미 해군 항공모함 호넷의 비행갑판을 가득 메운 채 출격 대기 중인 B-25 미첼 폭격기 편대(왼쪽)와 이함 순간(오른쪽). 무게를 크게 줄였으나 일부 폭격기는 항모를 떠난 후 해수면에 살짝 스친 후 상승했을 정도로 항모에서의 폭격기 운용은 그 자체가 모험이었다./사진=위키피디아

호위전투기 전술 개발, 유럽전선서 용명 떨쳐

일본 폭격의 영웅 둘리틀은 작전 성공 이틀 후 명예훈장 수훈과 함께 계급이 2계단을 뛰어 장군 반열에 올랐다. 이후에도 승승장구하며 유럽 전선의 승리를 이끌었다. 맥아더 장군 덕분에[10] 태평양 전선에서 벗어나 북아프리카 지역 사령관으로 근무하던 1942년 11월에는 소장으로 진급했다. 특히 미군과 영국군의 통합 8공군 사령관 재임 시(1944. 1~종전)에 용명을 크게 떨쳤다. 비결은 호위전투기 전술(Escort fighter tactics). 폭격기와 항상 같이 움직이는 호위전투기를 전진 배치해 미군과 영국군 폭격기를 기다리는 독일 전투기와 먼저 싸우도록 전술을 바꾼 뒤부터 폭격기의 생존율이 높아졌다.

무스탕 전투기가 미리 청소한 공역에서 전략폭격기들이 안심하고 주요 공장과 도로, 도시를 때리

둘리틀의 '호위전투기 전술'의 핵심인 P-51 무스탕 전투기. 당초 영국 공군의 2선급 전투기 생산 의뢰를 받은 노스아메리칸사가 설계 착수 3개월만인 1940년 10월 26일 처녀비행에 성공하고 납품됐으나 고공에서 성능이 저하되는 문제가 있었다. 그러나 영국제 엔진을 탑재한 이후 성능이 크게 올라 2년이 채 안 되는 기간 동안 약 9000여 대의 독일전투기를 격추시키거나 지상 계류 중에 파괴했다. 한국 공군도 6·25 전쟁기에 133대를 받아 1960년대 초까지 운용했다.[11]/사진=위키피디아

면서 독일의 전쟁 수행 능력이 급속도로 떨어졌다. 둘리틀은 속도와 화력이 개선되고 항속거리가 늘어난 P-47 선더볼트, P-51 무스탕 전투기가 독일 전투기를 먼저 사냥하는 방식으로 승전을 이끌어냈다. 당시 계급은 중장이었다.[12]

기록적인 초고속 승진 끝에 89세에 대장

둘리틀의 군 경력과 승진은 극적이다. 군문에 들어선 시기는 제1차 세계대전이 한창이던 1917년 10월. 미 육군 통신대의 예비 장교로 임관되기 위한 항공장교 후보생으로 군적에 올랐다. 5개월 뒤에는 소위로 임관했으나 예비역이었다. 정규군 임관 시기는 1920년 7월. 전쟁이 끝난 후였다. 중위로 10년을 지낸 그는 1930년 현역을 떠나며 특수 예비군단의 소령 계급을 받았다. 다시 10년 뒤인 1940년 전운이 짙어지자 그는 미 육군항공대 소속 예비군 소령으로 이름을 올렸다. 미 육군항공대(정규군)에서 중령 계급장을 단 시기가 1942년 1월 2일. 진주만 피격으로 미국이 군을 대거 확장하던 시기였다.

이때부터 그의 진급 레이스가 숨 가쁘게 펼쳐졌다. 둘리틀 공습 직후 준장으로 진급하고 1942년 11월에는 소장 자리에 올랐다. 1942년 1월 1일까지 예비군 소령 신분에서 11개월 사이에 정규군 소장이 된 것이다. 종전 당시 그의 계급은 미 육군항공대(공군의 전신, 정규군) 중장이었다. 정규군이 아니라 주 방위군 개념의 예비군으로 시작한 장교 출신으로 중장까지 진급한 경우는 그가 유일했다. 종전과 함께 군이 축소되던 1946년 1월에는 소속이 예비군으로 바뀌며 계급은 그대로 유지됐다.

1985년 레이건 대통령과 공군 출신이자 1964년 공화당 대선 후보였던 배리 골드워터 상원 국방위원장에게 대장 계급장을 받는 둘리틀./사진=위키피디아

이후는 더 극적이다. 1946년 5월 1일 미 육군항공대의 현역 준장으로 복귀[13]하고 같은 달 10일에는 다시 중장 계급을 회복했다. 1947년 미 공군이 육군에서 떨어져나와 독립하면서 공군 예비군 사령관으로 한걸음 물러났다. 63세였던 1959년에는 예비군이 아니라 예비역으로 군적이 바뀌며 군에서 나왔다. 석유회사 사장을 지내던 그는 1985년 별을 하나 더 달았다. 레이건 대통령은 그를 진정한 영웅이라며 대장으로 승진시켰다. 89세 나이에 진급한 그는 미 공군 예비역 중에서는 최초로 4성 장군 반열에 올랐다.[14]

계기비행에 처음 성공…최초의 항공공학 박사

둘리틀은 항공의 역사와 항공산업에도 적지 않은 영향을 미쳤다. 육안에 의존하던 비행에 머물던 시대

에 조종석을 캔버스로 둘러싸 바깥을 향한 시야를 차단한 채 계기판을 보면서 이륙과 비행, 착륙까지 마치는 계기비행(instrument flight)을 처음 성공(1929년 9월 24일)한 주인공이다.

둘리틀의 계기비행 성공 이후 항공기는 보다 정교하게 발전했다. 둘리틀이 탔던 NY-2 실험기에 탑재된 방향계와 상승률 측정계, 소형화한 고도계와 자이로, 송수신 장치 등 새로운 기기 12개가 모든 항공기에 기본으로 깔렸다. 야간비행도 모험의 영역에서 벗어났다. 둘리틀을 무인 비행의 시발점으로 보는 시각도 있다.

비행술에도 뛰어났던 그는 공중 연속회전 기록으로도 유명했다. 항공공학으로 박사학위를 받은 최초 인물이라는 타이틀도 갖고 있다. 조종을 제대로 하려면 기체와 항공역학에 대한 지식이 있어야 한다고 생각한 그는 20대 후반 조종과 대학원 공부를 병행하며 항공지식과 이론을 익히고 개척해나갔다. 융복합과 통합을 일찍이 실천했던 셈이다. 비교적 작은 신장의 그는 항공사의 거인으로 평가받는다.

한국과 인연도 있다. 현역에서 물러나 예비군 신분 당시 미 공군참모본부의 컨설턴트(자문

두꺼운 천으로 감싼 후방 조종석에서 둘리틀은 계기만 보면서 깜깜이 비행에 처음으로 성공했다. 만약을 위해 탑승했던 전방석 조종사는 비행 내내 아무런 동작도 하지 않았다고 한다.[15]

역) 자격으로 수차례 한국을 방문하고 전쟁에서 미 공군 전략 수립을 도왔다. 두 아들 둘리틀 주니어와 존 둘리틀도 제2차 세계대전에서 미 육군항공대에서 폭격기 조종사로 근무하다 소령과 대령으로 퇴역했다. 손자인 둘리틀 3세는 미국 캘리포니아주 에드워드 공군기지 미 공군 시험비행센터의 부소장을 지냈다.[16]

미국과 중국은 일본을 폭격한 수훈 군인들에게 합당한 예우를 안겨줬다. 1937년 일본을 폭격한 중국 공군의 작전대장 쉬후안셩徐煥升 대위는 훗날 대만 공군의 참모차장 자리까지 올랐다. 사관학교나 유명대학을 졸업하지 않아 엘리트 군인으로 평가받지 못했던 둘리틀은 현역 시절 고속 승진과 함께 89세에 대장 승진이라는 기록까지 세웠다. 반면 한국의 독립을 갈망했던 1920년 미주 한인 조종사들의 후일담은 제대로 알려진게 많지 않은 실정이다.

<hr>

주

1) "독립전쟁 일어나는 날, 도쿄의 하늘로 날아가리라", 『동아일보』 2020년 1월 11일자 A10면.
2) 도산 안창호는 일찌감치 항공기의 유용성을 직시하고 독립의 중요한 수단으로 여겼다. 도산일기 1920년 2월 17일자에는 이런 대목이 나온다. '비행기를 이용하며 국내 인심을 격발케하고 또한 장래 국내 대폭발을 촉기하려 함이다'.

3) 홍선표, '대한민국 임시정부의 공군 건설 계획과 추진', 군사(軍史) 제 97호(2015.12) 197~200쪽, 군사편찬위원회

4) 미국은 전쟁 기간 내내 중국은 물론 연합국의 거대한 병참기지였다. 특히 태평양전쟁에 병력 360만 명을 투입해 16만 명이 전사하거나 실종되고 25만 명이 부상하는 인명 손실을 입었다. 인적 피해는 중국이 훨씬 심했다. 중국은 1000만 이상(팔로군 포함) 병력 가운데 전사와 실종만 215만 명에 달했다. 중국 민간인 희생도 1200만~2000만명으로 추산된다. 중국은 중일전쟁 내내 고전하면서도 끝까지 항거해 일본군 200만 명의 발목을 묶었다.

5) 제2장 7·8절, 24~27쪽 참고.

6) 일본어 위키피디아도 중국 폭격기의 전단지 살포는 '침입(侵入)'으로 규정한다.

7) 1938년 2월 18일부터 1943년 8월 23일까지 5년 6개월 동안 일본의 충칭에 대한 무차별 폭격. 역사상 최장기간 전략 폭격으로 손꼽힌다. 4만여 사상자가 발생하고 3만여 채의 가옥과 건물, 시가지 대부분이 파괴됐다. 무차별 폭격의 참상을 목도한 미국은 일본에 대한 항공기 부품의 수출을 막았다. 미국의 대일 봉쇄는 석유 등 전략물자로 확대되고 끝내 태평양전쟁으로 이어졌다(Herbert Bix, 'Hirohito and the Making of Modern Japan', Harper Perennial, 2001, 364쪽).

8) 권성욱, 『중일전쟁』, 미지북스, 2019, 518쪽.

9) 미국 노스아메리칸사가 1940년 개발한 쌍발 중형폭격기. 종전까지 9816대가 생산돼 미군은 물론 우방국에서 최일선 폭격기로 활약했다. 영국이 900대, 소련이 870대를 공여받았고 일본과 싸우던 중국도 232대를 받았다. 종전 후에는 세계 20여 국가가 사용했다. 이승만 대통령은 정부 수립 직후 미국에 보낸 원조 요청 목록에 B-25 폭격기 37대를 포함했으나 전혀 받아들여지지 않았다.

10) 맥아더 남서 태평양 지역 연합군 최고사령관이 예하의 신생 항공군 사령관으로 둘리틀 준장 선임에 반대해 북아프리카 전선으로 떠날 수밖에 없었다. 창의적인 부하보다 순종형 참모를 선호했던 맥아더는 예비군으로 군 복무를 시작한 둘리틀을 신뢰하지 않았다(Wolk, Herman S. 'Fulcrum of Power: Essays on the United States Air Force and National Security', pp. 19~22, Washington, D.C.: Air Force History and Museums Program. November, 2011).

11) '[권홍우의 오늘의 경제소사] 무스탕 전투기의 경제학', 『서울경제신문』 2016년 10월 26일 자.

12) 1944년 3월 13일 중장으로 진급한 제임스 두리틀은 미 육군 항공대의 전략 폭격을 군수산업 시설과 합성석유 공장, 주요 도로와 교량 파괴에 집중했다. 이때부터 독일의 생산과 보급, 운영 등 전쟁 수행 능력이 급격하게 떨어졌다.

13) 중장에서 준장으로 별 두 개가 깎인 셈이지만 전쟁이 잦은 미군에서는 이러한 경우가 많다. 아이젠하워도 제1차 세계대전 시에는 대령까지 올랐다가 종전과 함께 군대가 대거 축소되며 대위 계급으로 돌아왔다. 계급이 3단계 떨어진 아이젠하워 대위는 1919년 특별한 임무를 수행했다. 동부 워싱턴에서 서부 시애틀까지 5231㎞를 군용 차량 81대로 횡단하라는 명령이었다. 아이젠하워 대위는 62일 동안 달리고 달려 미 육군의 장거리 수송 실험을 성공적으로 마쳤다. '아이크 캐러밴(Ike Caravan)'이라는 애칭이 붙은 임무를 종료한 아이젠하워 대위는 '우려했던 차량의 품질에는 문제가 없었다. 가장 큰 장애는 엉망인 도로였다'는 보고서를 올렸다. 초기의 군용트럭이 꾸불꾸불한 오지를 달린 지 34년 후, 미국 대통령에 당선된 아이젠하워는 '유사시 폭탄 한 방으로 기능을 상실하는 철도와 달리 도로는 소련의 폭격에도 기능을 유지할 있다'며 전국에 고속도로를 깔았다. 미국 경제의 중추 신경이자 유사시 항공기의 이착륙이 가능한 주간(州間) 고속도로(Interstate Highway)망이 이렇게 탄생했다.(다니얼 예기 지음, 김태유 옮김, '항금의 샘 Ⅰ' 255쪽·350~351쪽, 1993년, 고려원)

14) 'Jimmy Doolittle Given Fourth Star by Reagan', L.A.Times, June 14, 1985.

15) '[오늘의 경제소사] 1929년 최초의 계기비행-항공기 야간운행 시대 개막', 『서울경제신문』 2020년 9월 24일 자, 31면.

16) 둘리틀 2세는 1958년 38세에 자살로 생을 마감했으며 둘리틀 3세는 둘리틀 대장의 둘째 아들인 존의 아들로 할아버지의 이름을 물려받았다. 간혹 한국전쟁에서 미 공군 123전투기 대대의 지휘관이자 훗날 3성 장군에 오르는 고든 루이스 둘리틀 장군을 둘리틀의 아들로 소개하는 자료가 있으나 두 둘리틀은 인척 관계가 아니다.

6. 만주국의 항공기 생산이 5400대?

중국 군벌의 시설 물려받아 최신 설비 갖춰

일제강점기에 조선에서 비행기가 생산됐으며 핵심부품 조달선이 만주였다는 점을 의아하게 여기는 경우가 많지만 둘 다 사실이다. 먼저 만주는 일제가 계획경제 아래 '제국의 중심 공장 지대'로 건설하려던 지역이다. 동양 최대의 수력발전소인 압록강의 수풍댐도 한반도보다 만주 공업단지에 전력을 공급하기 위해 조선총독부와 만주국이 공동 건설한 산업 인프라다.[1]

일본의 점령과 괴뢰 만주국 설립(1932년) 이전부터 지역을 지배하던 장쭤린張作霖 군벌의 동북공군은 수입한 각종 항공기 300여 대에 독자적인 항공기 조립공장까지 보유했다(百度百科, '東北 空軍'). 만주국의 항공기 제작회사인 만주비행기제조㈜도 동북 군벌이 남긴 '적산敵産'을 계승한 것이다.[2]

✥ 만주비행기기제조㈜ 생산 항공기 목록

생산구분		기종(괄호 안은 특징 또는 생산대수)
위탁 생산	카와사키	Ki-10·Ki-32·Ki-45(쌍발) 전투기/ Ki-32 경폭격기/88식 경폭격기 겸 정찰기
	미쓰비시	Ki-15·Ki-46(쌍발) 정찰기/ Ki-30 경폭격기
	나카지마	Ki-27 경전투기(1379대)/ Ki-43 하야부사·Ki-44 쇼키·91식 전투기/ Ki-84 하야테(94대)·Ki-116 고등전투기/ Ki-34 수송기
	타치카와	Ki-9 기초훈련기, Ki-54·Ki-55 고등훈련기
면허 생산	포커	만슈 슈퍼 유니버설 여객기(네덜란드 포커사 슈퍼 유니버설 여객기의 면허생산형)
독자 설계		만슈 하야부사 Ⅰ·Ⅱ·Ⅲ형(나카지마 Ki-43 하야부사의 독자 발전형: 생산량 30대)/만슈 Ki-79(나카지마 Ki-27 경전투기의 훈련기 개량형·생산량 1315대·박흥식이 설립한 조선비행기공업 안양 공장에서도 생산 시도)/ 만슈 Ki-71 급강하폭격기/ 만슈 Ki-98(쌍동형 고도도 요격기, 시제기 1대 제작 상태에서 종전)/ Ki-65 요격전투기(개발 계획 단계에서 중단)/MT-1 6인승 여객기(35대 생산)·MT-2 4인승 목제여객기(개발 중단)

영어·일본어 위키피디아를 근간으로 재구성

만주비행기제조주식회사 로고. 한자 '날 비 (飛)' 자와 항공기를 형상화했다. 만비는 일제 의 항공기 생산에서 중요한 역할을 맡았다./이 미지=위키피디아

만주비행기제조는 1931년 일본 관동군 군용 정기항공사무 소와 1932년 9월 국제운항 항공사인 만주항공의 정비보수사 업부를 거쳐 1938년 만주국의 개별산업 입법의 일환인 「항공 기제조사업법」에 의거, 독립한 항공기 제작회사다. 설립후 패 전까지 7년이라는 길지 않은 시간 동안 면허 및 위탁생산 19 종, 독자 설계 7종(3종은 개발이 취소되거나 종전으로 개발 중단, 주 력 생산품은 일본 육군의 Ki-27 전투기를 고등훈련기로 개조한 Ki- 98) 등 모두 26종의 항공기를 설계하거나 만들었다. 생산기종 은 전투기와 폭격기, 훈련기, 수송기, 정찰기와 여객기를 망라 했다.

만주비행기제조의 항공기 생산능력은 숫자가 말해준다. 제2 차 세계대전(1939~1945)에서 주요국이 생산한 군용기는 약 81만 대. 미국이 32만 4750대로 가장 많고 소련(15만 7261대), 영국(13만 1549대), 독일(11만 9371대), 일본(7만 6320대), 이탈리아(1만 1122대), 프 랑스(5276대·피점령 이전인 1941년까지의 생산분) 순이다.[3] 일본이 제작한 군용기 가운데 5380대가 만주 생산분이다. 일본의 국책 항공운항사인 만주항공의 제작부가 독립한 만주비행기제조주식회사는 훈련기 와 정찰기, 전투기를 생산, 일본 전체 양산분의 7% 이상을 맡았다. 당시 최고 수준의 전투기인 Ki-98과 Ki-116 전투기를 자체 설계, 양산하려던 시점에서 종전을 맞아 문을 닫았다.

일제강점기 말 한반도에 건설된 3개의 항공기 공장 중에서 가장 늦게 출발했으나 규모는 제일 컸던 박흥식 의 조선비행기공업㈜이 양산하려던 Ki-97 훈련기 겸 전투기는 만주비행기제조㈜의 설계, 양산형이다. 크게 세 가지 형식이 있던 Ki-97의 만주비행기제조㈜ 생산 분이 1315대에 이른다. 조선비행기공업은 일본 미쓰비

만주비행기제조㈜가 독자 개발한 Ki-98 전투기. 1942 년 만비가 육군 항공대의 신형기로 제안하면서 개발이 시삭됐나. 낭초 소련군의 기갑부대들 의식해 37㎜ 기관 포 1문과 20㎜ 기관포 2문을 장착한 지상공격기로 설계 했다. 연합국의 공습이 거세지면서 1944년 고고도 요격 기로 설계를 변경하라는 지시에 따라 엔진 출력을 키우 고 프로펠러를 확대했으나 패전할 때까지 조립을 끝내 지 못했다. 첫째 시제기 제작단계에서 소련군 침공을 시 작되자 일제는 모든 문서와 기술 자료를 파괴해, 관련 자 료가 거의 전해지지 않는다.

시와도 기술을 제휴했지만 갈수록 만주비행기제조에 대한 의존이 커졌다. 미군기의 폭격에서 상대적으로 안전한 육로를 통해 부품을 받을 수 있었기 때문이다. 조선비행기공업의 직원들이 주로 교육받은 곳도 만주비행기제조다.[4]

일본 패망 후 만주에 진주한 소련군은 봉천(선양) 만주비행기제조의 주요 설비를 임의로 뜯어내 국제적 논란을 일으켰다. 마오쩌둥의 팔로군은 소련의 만주비행기제조 봉천 공장과 하얼빈 분공장 설비 무단 반출에 항의는커녕 신경 쓸 틈조차 없었다. 국공내전이 한창이었기 때문이다. 중국 공산당이 국공내전에서 승리하고 만주에 대한 지배권을 완전히 회복했을 때(1948년) 만주비행기제조의 공장 설비는 거의 사라졌다. 팔로군은 그나마 남은 최소한의 설비로 본공장(펑텐=선양)을 재정비했다. 만주비행기제조에서 일한 경험이 있는 기술 인력의 일부는 쓰촨성 청두(成都)로 보냈다. 오늘날 선양과 청두에는 중국의 2대 군용기 메이커가 각종 첨단항공기를 토해낸다. 헬리콥터와 수송기, 중소형 여객기를 생산하는 하얼빈항공기산업그룹도 만주비행기제조가 연합국의 폭격을 피하려 공장을 분산했던 분공장에서 유래했다. 중국은 20세기 초부터 '항공 구국航空 救國'의 기치 아래 군용기 개발에 힘을 쏟아왔지만, 현대 중국의 항공산업에는 일제가 건설한 만주비행기제조의 유전인자(DNA)도 일부 남아 있는 셈이다.

만주는 수풍댐 등 일제의 최우선 투자 지역

조선과 달리 만주에서 항공기 생산이 활발하게 진행된 이유는 일본이 사회주의식 계획경제 아래 만주를 거대한 중화학공업단지로 건설했기 때문이다. 일본은 만주 지역에 질과 규모에서 본토의 여느 공장과 비교해도 뒤지지 않는 최신 설비의 공장을 깔았다. 일본 외무성 조사에 따르면 1945년 8월 5일 현재 일본의 재외자산 총액 가운데 극동아시아는 조선 702억 5600만 엔, 대만 425억 4200만 엔, 중국 2386억 8700만 엔으로 중국 소재 재외자산이 단연 많았다. 중국의 일본 자산 중에서 만주 지역의 자산이 1465억 3200만 엔으로 절반이 넘었다. 그만큼 만주는 일본이 심혈을 기울여 키운 중화학공업 기지였다.[5]

일본이 만주국에 중화학공업을 이식한 이유는 두 가지 목적에서다. 하나는 대륙 침략 가속화를 위한 병참 및 군수 기지화. 두 번째는 세계적인 대공황을 극복하는 방편으로 소련식 계획경제를 만주에 이식하려고 시도했다. "미국을 비롯한 유럽 각국이 세계 대공황의 여파로 신음하고 있을 때 소련이 5개년계획(1928~1933)을 통해 거둔 대성공[6]은 세계적인 관심을 끌었고 일본도 예외가 아니었다." 일본 관동군과 경제관료들은 정치권과 재벌의 간섭과 존재로부터 자유로운 만주를 '계획경제'의 실험 대상으로 삼았다.[7]

강력한 중앙정부가[8] 업종별 발전법을 제정해 대규모 투자를 단행하는 선택과 집중으로 만주는 고성장을 구가했다. 일본이 대공황에서 가장 먼저 탈출하는 데도 공헌했다. 그러나 만주의 계획경제는 처음부터

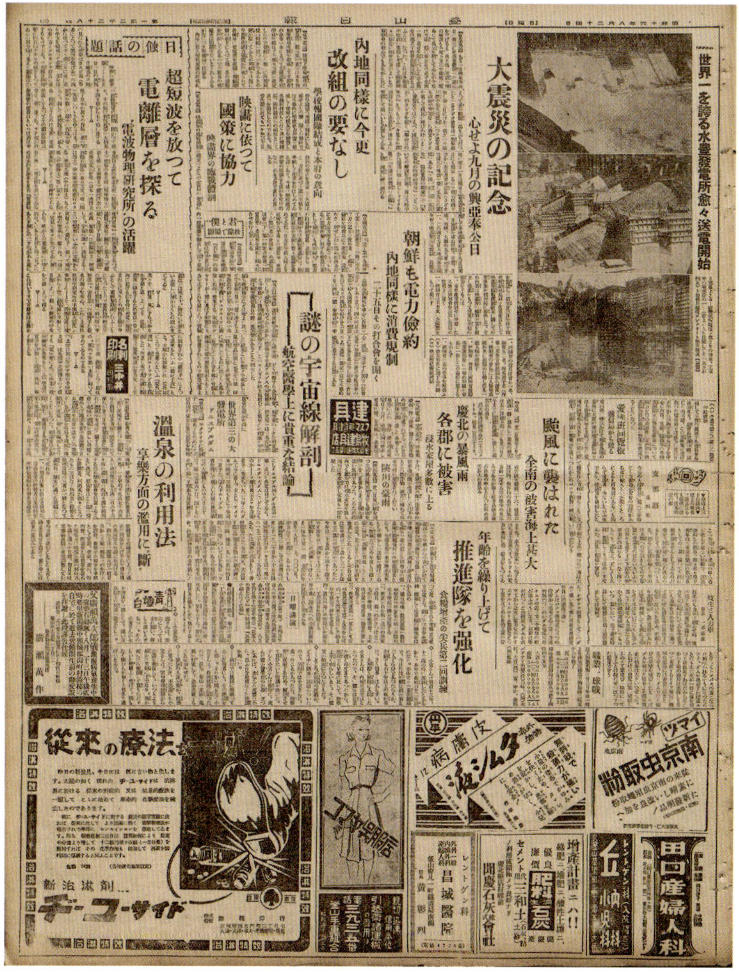

釜山日報　（日曜日）　昭和十六年八月二十四日

世界一を誇る水豊發電所愈々送電開始

大震災の記念
心せよ九月の興亞奉公日

内地同樣に今更
改組の要なし
興夜國隊結成と本府の意向

朝鮮も電力儉約
内地同樣に消費規制
二十五日その打合會を開く

映畫に依つて
國策に協力

超短波を放つて
電離層を探る
電波物理研究所の活躍

謎の宇宙線解剖
航空醫學上に貴重な結論

溫泉の利用法
享樂方面の濫用に斷

颱風に襲はれた
全南の被害海上甚大

慶北の暴風雨
各郡に被害
浸水家屋多數に上る

年齡を繰り上げて
推進隊を強化

수풍댐 완공 직후 수문을 개방하면서 수력 발전을 시작하는 장면. 압록강을 막아 7개의 호수와 댐을 건설하며 일제는 친일 신문을 동원, 대대적인 홍보에 나섰다. 동양 최대를 자랑하는 수풍댐은 산업시설이 집중된 조선 북부와 남만주부터 전기를 공급했다. 일제가 한반도에서 항공기 생산을 추진한 이유 중의 하나 수풍댐의 발전량이 풍부하다는 점이었다./일본 뉴스 제67호(1941년 9월 16일) 화면 캡처

전쟁 수행 능력의 극대화가 목적이었고 일본은 송진까지 빼내는 총력전에도 압도적인 생산력 격차를 보유한 미국에 패했다. 만주의 공업시설을 전승국들은 전리품으로 여겼다. 중국의 명분이 가장 강했다. 8년

이 넘는 일본과 전쟁(1937년 7월 7일~1945년 9월 2일)으로 어떤 나라보다 많은 인적·물적 피해를 입었기 때문이다.[9] 미국도 여기에 동의했다.

하지만 소련이 선수를 쳤다. 소련은 중국의 동북 군벌과 일제의 괴뢰국인 만주국이 건설한 제철소의 고로 13기 중 8기를 뜯어갔다. 수력 및 화력 발전소 설비도 이듬해 5월까지 전리품으로 챙겼다. 만주비행기제조 봉천 본 공장과 공주령과 하얼빈의 2개 분공장 등 3개 공장의 매월 고급훈련기 100대, 고급전투기 10대, 엔진 300대 분량의 설비도 대부분 소련으로 옮겨졌다.[10]

중국 국민당은 "동북(만주)지역의 재산은 중국에 대한 일본의 배상 중 일부"라며 소련에 항의했으나 소련은 "(소련군의 상대인) 관동군을 위해 복무한 일본 자본 기업은 모두 소련의 전리품"이라며 양보하지 않았다. 소련이 뜯어간 만주의 공업시설은 소련이 전쟁 직후 중화학공업에서 두 배 가까운 성장을 달성하는 데 크게 기여한 것으로 보인다.[11]

만비 시설 소련과 중국행, 항공산업에 도움

만주국이 남긴 막대한 공업 유산은 전리품의 이름으로 소련에, 그리고 전쟁 배상의 이름이나 적산敵産 몰수 형태로 중국 국민당 정부를 거쳐 중화인민공화국으로 넘어가며 두 나라의 초기 공업 발전에 자양분으로 작용했다. 특히 소련은 동북 지역 산업 자산의 50~70%를 가져갔다. 만약 중국이 연합국의 처음 구상대로 만주의 공업시설을 그대로 인수했다면 전후 중국의 발전은 훨씬 빨랐을 수도 있었지만[12] 중국은

증기기관차로는 이례적으로 유선형인 만주철도 소속 특급열차 아시아 호와 내부. 일본은 아시아 호 시절 쌓았던 기술과 F-86F 세이버 전투기를 면허생산하면서 획득한 기술을 합쳐 1964년 도쿄올림픽 직전부터 신칸센新幹線을 운영했다. 최고시속 137㎞였다는 아시아 호 특급열차는 수풍 수력발전소와 더불어 일본이 만주에 얼마나 공을 들였는지를 말해주는 상징이다./사진=위키피디아

다른 자원을 붙잡았다. 그것은 인적 자원이다. 국공내전에서 국민당을 대만으로 내몰고 대륙을 석권한 신중국은 잔류한 일본과 국민당계 기술자를 우대해 산업재건에 활용했다. 소련의 파괴적인 설비 철거에도 중국은 이념을 초월해 일본인 잔류기술자와 중국인 노동자의 노동 의욕을 북돋는 실용적 접근으로 손실을 최소화했다.[13]

소형 볼베어링 세계 60% 장악, 日 미네베아에도 만비의 유전인자

일본에도 만주비행기제조의 숨결이 살아 있다. 미네베아 미츠미(ミネベアミツミ 株式会社: 미네베아라는 사명은 니폰 미니어처 베어링의 머리글자의 조합)는 1951년 7월 만주비행기제조에서 근무했던 기술 인력들이 설립한 회사다.[14] 정밀기계에 들어가는 소형 볼베어링 부문의 세계시장 점유율 60%를 차지하며 그룹 산하 147개사에서 8만 3256명의 임직원이 근무하고 있다. 2024년 연결 매출액 1조 5227억엔(한화 14조 3725억원·매매기준율 1엔=9.23원 적용)을 기록했다.[15] 소형 볼베어링과 모터, 정밀 센서 등이 주력 제품군인 미네베아는 권총과 기관권총도 자위대에 납품한다.[16]

한국과 인연도 있다. 세계 11개국에 설치한 현지법인이 한국에는 없어도 2개 코스닥 상장사의 최대주주가 미네베아다. 한국의 독점규제법을 위반한 불공정거래와 가격 담합 혐의로 도마에 오른 적도 있다. 공정거래위원회는 지난 2003년 6월부터 2011년 7월까지 미네베아가 일본의 동종업체와 짜고 삼성전자와 LG전자 등에 초소형 베어링 납품 가격을 담합했다는 혐의로 과징금 778억 원(뒤에 43억 원으로 하향 조정)을 2014년 부과했다. 검찰은 이런 혐의로 기소했다. 세계시장 점유율 1,2위인 일본 업체들이 카르텔을 형성하고 불공정행위를 저질렀다는 것이다.[17] 9년 여 걸친 이들의 불공정거래 혐의는 가장 장기간의 담합이라는 기록도 남겼다.

만주비행기제조는 소련과 중국의 산업 구조와 일본의 기업에 영향을 끼쳤다. 한국의 산업계에서는 만주비행기제조의 그림자조차 보이지 않는다. 그러나 국가 전체적으로는 어떤 나라보다 깊고 광범위한 흔적을 남겼다. 일본의 1960년대도 비슷하다. 만주 인맥에 의해서다.

계획경제 경험, 전후 한국과 일본에도 영향

만주의 설비와 자재를 전혀 받지 못했어도 한국과 일본 역시 중장기적으로는 중국과 소련 이상으로 영향을 받았다. 만주국을 설계한 일본 관료[18]들은 전쟁 막바지 일본에 귀국해 전시통제 경제를 이끌었다. "정치는 군림하고 관료는 지배한다"는 말도 이때 생겼다. 일본 관료들은 패전 후 연합국에 의해 공직 임용이 금지됐으나 1950년대 중반부터 복권돼 일본의 전후 부흥을 이끌었다. 위성국가 만주국을 운영했던 일본 관료들은 종전 후 새로운 일본의 고위 경제관료나 정치인으로 복귀했다. 이들은 1950년대 후반부터 1960년대까지 고도성장기의 주역이었다.[19] 한국에서도 20, 30대에 만주에서 공부하거나 군 복무를 박정희, 최규하 전 대통령과 정일권 국무총리 등 만주 인맥이 행정과 군의 핵심 상층부를 구성하고 60, 70년대 고도성장기를 이끌었다.[20]

1) 일제가 세운 괴뢰 국가 '만주국'은 1936년 '만주 산업 개발 5개년 계획'을 실시하기로 결정했고, 이를 위해 막대한 전력이 필요했다. 조선총독부는 한반도에서 대규모의 발전 가능성을 발견하고, 1920년대 후반부터 조선에서의 전력 개발사업을 추진하고 있었다. 양자 간의 이해관계가 맞아떨어진 결과로 수풍댐이 건설됐다(우리 역사넷).

2) 정안기, 「1930년대 만주국 공업화와 특수회사 연구」, 『동북아역사논총』 56호, 203쪽.

3) https://en.wikipedia.org/wiki/World War II aircraft production

4) 서울경제신문, 『재계 회고 ② 원로기업인 편, 박흥식』, 한국일보 출판국, 1981년 10월, 222쪽.

5) 「전후보상문제-총론」, 『조사와 정보』 제238호, 일본의회도서관 외교방위과, 1945, 7쪽.

6) 대공황과 대규모 실직 사태에 빠진 미국과 수교(1933)하면서 소련은 "미국인 실업자 10만 명을 취업시켜주겠다"라고 호언장담할 정도로 초기 계획경제에서 큰 성공을 거뒀다. 독일과 일본이 반공에 연합하면서 소련식 계획경제를 연구하고 제2차 세계대전 직후 대부분의 신생국이 계획경제에 관심을 가졌던 것도 이런 이유에서다. 하지만 소련식 계획경제는 초기에만 반짝했을 뿐 갈수록 모순을 드러내며 결국 소련연방 붕괴(1991)과 소멸(1994)로 이어졌다.

7) 박성진, 「일본의 총력전 체제와 경제참모본부」, 『아태연구』 제21권 4호, 경희대 아태지역연구원, 2014, 52쪽.

8) 만주국은 각 부서의 부장(장관)은 만주 국적의 현지인을 임용하되 차관은 일본인 관료에게 맡겼다. 일제가 조선 침략기에 활용했던 차관정치와 비슷한 통치 제도를 만주에서도 써먹은 셈으로 일본인 차관을 비롯한 공무원들은 만주국을 철저한 계획경제로 통제하고 산업별 발전 전략을 짰다.

9) 전쟁에서 1700만~2200만명의 중국 민간인(군인 사상자 327만 명 별도)이 전쟁으로 죽거나 다쳤다.(https://en.wikipedia.org/wiki/Second_Sino-Japanese_War, https://zh.wikipedia.org/wiki/中国抗日战争)

10) 강진아, 「중국과 소련의 사회주의 공업화와 만주의 유산」, 『현대중국연구』 제8집 1호, 현대중국학회, 2006, 52쪽.

11) 강정아, 앞의 논문, 56 · 58쪽.

12) 강정아, 앞의 논문, 48~49쪽.

13) 강정아, 앞의 논문, 67쪽.

14) 미네베아 미츠미사 홈페이지, '終戰後, 満州から帰国した 旧· 満州飛行機製造の技術者 が航空機産業の発展に夢と情熱を託して立ち上げた会社 でした(종전 후 만주서 귀국한 만주비행기제조의 기술자들이 항공기 산업 발전에 꿈과 정열을 걸고 시작한 회사다).'

15) 한국 최대방산기업의 2024년 매출이 11조 2462억원으로 10조원 대를 처음 넘었다는 점에서 미네베아의 기업 규모를 짐작할 수 있다. 미네베아도 방산 완제품과 부품을 생산하지만 주력사업은 아니다.

16) 미네베아는 외경 1.5㎜ 볼베어링으로 '양산 가능한 세계 최소형 볼 베어링' 기네스 기록을 갖고 있는 등 정밀 가공과 계측기기 분야는 강하지만 방산 완성품은 그렇지 않다. 9㎜ PM9 기관권총은 심한 반동으로 명중률이 최악인데도 최고가로 악명 높다.

17) '국내시장 장악 국제 카르텔 첫 기소, 日 베어링업체 가격 담합 혐의', 『서울신문』 2015년 9월 13일 자.

18) 전후 상공대신과 총리대신, 국회의원을 역임한 기시 노부스케(岸 信介)가 일본 만주 인맥의 대표적인 인물이다. 농상무성 관료 출신인 그는 1936년 만주국 산업부 차장(차관)으로 근무하며 계획경제의 구도 아래 선택과 집중에 의한 주요 중공업 발전 전략을 짰다. 만주의 산업개발 5개년계획, 북변진흥 3개년계획과 업종별 육성법안이 기시 노부스케 차장 재임 시절 나왔다. 1941년 본국으로 돌아와 상공대신을 맡아 전시 통제경제와 군수물자 집중 생산을 주도했다.

19) Charmers Johnson, MITI and the Japenese Miracle, The Growth of the Industrial Policy, 1925–1975, Stanford University Press, 1982, pp. 125~128.

20) 한홍구, 「대한민국에 미친 만주국의 유산」, 『중국사연구』 제16집, 중국사학회, 2001. 12.

7. '0.01% 금수저' 경기여고생이 항공창에 가다

재벌·고위공무원 등 상류층 딸, 해군항공창에서 여공 생활

총독부가 발행하는 『매일신보』는 1944년 3월 8일 자 3면에 '경기고녀 졸업생 4명이 해군 비행기 공장 여공에 지원했다'는 기사를 실었다.[1] 경기고녀의 정식 명칭은 경기고등여학교로 1974년 고교입시제가 폐지되기 전까지 최고 명문 여고였던 경기여고의 일제강점기 시절 교명이다. 경기고녀 역시 경기여고처럼 입학과 졸업이 어려운 학교였다.

여성의 대학 또는 전문대 진학이 거의 없던 시절이어서 경기고녀는 조선인 여학생 최고학부나 마찬가지였다. 조선총독부는 조선인 학생들에는 원칙적으로 입학이 허용되지 않는 경성 제1고녀, 제2고녀, 제3고녀[2]의 위상을 의도적으로 앞에 뒀지만 공부와 스포츠 등 모든 면에서 경기고녀가 뛰어났다.

조선 최고 여학교 졸업생들의 공장행을 『매일신보』는 비중 있게 다뤘다. 기사 제목과 본문에서 보안 문제로 '비행기공장', '○○기지'라고 표기한 곳은 진해의 일본 해군 제51 항공창. 항공기 수리를 주 업무로 부품 등도 일부 생산했다.

『매일신보』는 "결혼이나 사무직 취업을 마다한 채 ○○기지 (진해)에 있는 해군 비행기공장으로 달려가 여직공의 작업복을 입기로 결정했다"며 "비행기공장에 직공으로 입사하는 반도인 여학교 출신은 처음"이라고 강조했다. 보도와 달리 비행기공장에 지원한 조선인 여학생이 처음은 아니었다. 일본어로 발행되는 『부산일보』 1944년 1월 8일 자(4면)에 따르면 이미 지방 명문 여고 4학년 5명이 항공창에 지원한 사례가 있다.

경기고녀 졸업생 4명의 해군항공창 지원을 보도한 『매일신보』 1944년 3월 8일 자 기사. /대한민국 신문 아카이브

『매일신보』의 '반도인 여학생 출신은 처음'이라는 보도는 다른 추론도 낳는다. 경기고녀 졸업생 이전에 진해 항공창에 자원한 일본인 여학생이 있었다는 뉘앙스가 담겨 있다. 과연 일본인 고등여학생 출신이 있었는지 당시 국어, 일본어 신문을 살펴봤다. 그러나 개항~해방 직후까지 신문 매체의 기사를 디지털 자료로 모아둔 국립중앙도서관의 '대한민국 신문 아카이브'에서는 그와 같은 기사가 검색되지 않는다. 조선에 거류하는 일본인의 움직임을 소상하게 보도하던 『매일신

출근길에 경례하며 발맞춰 항공창으로 들어오는 여공들. 경기고녀 졸업생 한 명이 『매일신보』와 인터뷰에서 "지금 해군 생활에 젖어 있다"고 말한 것처럼 군대식 분위기를 말해준다.

보』와 『경성일보』 등 총독부 기관지와 『부산일보』와 『조선신보』 등 일본계 신문 어디에도 경성 제1고녀나 제2고녀, 제3고녀 졸업생이 한꺼번에 여공 생활을 택했다는 기사는 없다.

일본인 여학생들이 다니는 이들 학교가 등장하는 대목도 없지는 않다. 1944년 4월 8일 진해 항공창에서 진행된 여공원 입창식入廠式 행사 때 경성 제1고녀 출신 우메키 카요코梅木香代子가 여공원 대표로 "여성의 덕을 연마하겠다"는 입창 선서 정도가 발견될 뿐이다.[3] 대신 일본계 공립 여학교(경성 1·2·3고녀) 졸업생들은 전화국 요원으로 근무하거나, 혈서로 수건을 만들어 일본 군인에 보냈다거나 전쟁 수행에 도움이 될 만한 식물을 교내에서 재배했다는 정도다. 과연 일제가 일본인 여학생에게는 쉽고 상징적인 일만 시키고 조선인 명문고 졸업 여학생들에게만 사실상의 징용을 강요했는지는 추후 연구가 필요한 대목이다.

『매일신보』는 진해 항공창에서 여공으로 일하게 된 여학생들이 어떻게 지내는지 한 달 후 후속 보도를 내보냈다. 1944년 5월 14일 자 3면 '감격, 증산 일념뿐, 여학생 공원 입창 한 달, 승리의 기록'이라는 제목 아래 3명의 인터뷰가 실렸다. 하나같이 처음에는 힘들고 가족 생각이 들었지만, 지금은 박약한 스스로를 극복해가는 과정이라는 내용이었다.[4]

기숙사로부터 진해 제51 해군항공공장에 출근하는 여자정신대원들(寮から鎮海第五十一海軍航空廠へ出勤する女子挺身隊員). 『아사히신문』이 1945년 6월 촬영한 이 사진에서 버스로 출근하는 모습과 달리 긴 거리를 걸어서 출퇴근했다는 인터뷰 기사도 있다.

군대식 문화, 15리 길 출퇴근, "잘 때가 가장 행복"

인터뷰에는 은연중 고생을 알리는 대목도 있다. 카나모토 히데코金本秀子[5]는 "사흘만큼 15리 길을 걷는 통근거리도 처음에는 몹시 지루하더니……아침 다섯 시 기상해서 밤 아홉 시반 소등할 때가 가장 행복하다"고 말했다. "지금 해군 생활에 젖어 있다"는 대목에서는 군대식 생활이 이어졌음을 엿볼 수 있다.

경기고녀 출신 여공원들에서는 또 하나의 특징이 눈에 띈다. 상대적으로 편한 직장이나 결혼 대신 여공원의 진로를 택한 이들은 모두 유명한 집안 출신이었다. 당시 조선 최대 기업으로 중일전쟁의 특수를 누리며 중국에도 지점을 운영했던 경성방직 김연수 사장의 첫째 딸 김성경을 비롯해 매일신보사 전무, 북지北地 시멘트회사, 수원세무서장의 딸들이 비행기 증산을 위해 생산 현장의 여공을 선택했다. 부모의 배경까지 갖춘 명문 여고의 졸업생들이 비행기공장에서, 그것도 엄정한 규율 속에 '한 대라도 더 증산'하려는 해군 항공창에서 일하게 된 이유는 무엇일까.

전황이 더욱 불리해지자 총력 동원에 나설 수밖에 없던 일제는 사회적 영향력이 큰 집안에서 태어나 명문 학교까지 나온 '0.1% 금수저'를 내세워 전시 동원을 극대화하려던 것으로 풀이된다. 여성들의 생산 현장 투입을 독려하던 조선총독부 판 '노블리스 오블리주(Noblesse Oblige)'였던 셈이다. 강대국 반열에 오른 국가 중에서 사회지도층이나 특권층이 군 복무와 조세를 회피하는 나라는 하나도 없다.[6]

국력에서 미국의 상대가 안 되는 일본이 태평양전쟁을 3년 9개월 동안 이어 나갈 수 있었던 배경에는 '가진 자일수록 의무를 다한다'는 풍토가 깔려 있다. 진주만 기습으로 태평양전쟁이 터진 1941년 미국의 국내총생산(GDP)은 1조 1180억 달러, 일본은 2590억 달러로 미국이 4.3배 이상 많았다. 격차는 점점 벌어져 종전을 맞이한 1945년 두 나라의 국력은 10배 이상 차이가 났다.[7]

진해 일본 해군항공창에서 엔진의 부품을 가공하는 조선인 소녀공. 영문 위키피디아에 실린 이 사진에는 'Korean Women's Volunteer Corps working at xx air arsenal(Chinkai 51st Naval Air Arsenal)'라는 설명이 붙어 있다. '진해 제51 해군항공창에서 조선인 여성 자원봉사자들이 일하고 있다'는 뜻이다. 당초 이 사진을 촬영한 일본 아사히신문사에서 붙인 '朝鮮女子勤労挺身隊の ○○航空廠(鎮海第51海軍航空廠)での作業'이라는 제목을 그대로 영역했기에 '자원봉사자'로 설명했으나 자원봉사였는지 가문 또는 사회적 강요였는지는 사안별로 검증이 필요하다. 이 사진은 아사히신문사가 1945년 6월에 촬영한 '戦ふ朝鮮 : 写真報道(전쟁 중의 조선: 사진 보도)'의 일부다./사진=위키피디아

4명의 경기고녀 졸업 여공 중에서 『매일신보』에 인터뷰가 실리지 않은 사람은 창씨개명을 하지 않고 우리 이름을 유지했던 경성방직 집안의 장녀인 김성경뿐이다. 어떤 이유에서 인터뷰를 안 했는지, 했는데 실리지 않았는지 알 수는 없으나 김성경은 여공을 택한 다른 경기고녀 동기생들과 달리 추후 행적이 일부나마 확인되는 유일한 사람이기도 하다. 해방 후 김성경은 북한에서 탈출한 공학도 고 조경철(1929. 4. 4.~2010. 3. 6)과 결혼해 미국에서 2남을 얻었지만 이혼하고 혼자 살았다. 그의 전 남편이자 '아폴로 박사'로 유명한 조경철은 1971년 여배우 전계현과 염문 속에 결혼해 화제를 뿌렸다.

'명문 경기고녀'를 졸업한 명문가 규수들을 내세웠던 일제는 어린 소녀를 집중적으로 끌어당겼다. '순종적'이라는 이유에서다. 일본 여성 근로정신대는 나이 18세 이상이 대부분인 반면 조선여자근로정신대의 특징은 나이가 어렸다는 점이다. 1944년 6월 15일 나고야에 도착한 전라남도대 150명과 20일 뒤 도착한 충청남도대 150명은 국민학교 6학년이거나 막 졸업한 소녀가 많았다. 일제는 지역 학교 교장들에게 인원을 할당하며 '가능한 체격이 크고, 가난한 집안의 아이できるだけ体格がよく、家の貧しい者'를 모집하라고 권고했다.[8]

어린 소녀들을 선호한 또 다른 이유는 경기고녀 졸업생처럼 나이가 찬 근로정신대원은 일본군의 성 노리개인 위안부로 바뀔 수 있다는 의심으로 인원 모집이 극도로 어려워졌기 때문이다. 박광준 일본 붓쿄대학 교수에 따르면 만 12세에서 10대 전반의 소녀로 구성된 반도半島 여자근로정신대는 2500명~4000여 명으로 추정된다.[9] [10] 일본이 태평양전쟁 말기 군수공장에 '체격 좋은 어린 소녀'들을 모집하려 애썼다는 정황은 역으로 경기고녀 졸업생을 내세운 총동원 정책이 효과를 거두지 못했다는 반증이기도 하다.

조선인 소녀 300여 명이 '여자항공정신대' 깃발 아래 1944년 나고야 '아츠타(熱田) 신궁'을 참배하고 줄지어 나오는 장면. 일본 3대 신궁 중 하나라는 아츠타 신궁에서 조선 소녀들은 '일본은 신들의 나라, 아름다운 나라, 천황의 나라…저희는 일본제국의 승리를 위해 봉공하겠습니다'라고 맹세하도록 강요받았다.[11] '일본에 가면 일해서 돈 벌고 학교에도 갈 수 있다'는 감언이설에 속아 충청도와 전라도에서 모인 12~16세 소녀 300명은 미쓰비시 중공업 나고야 항공기 제작소(三菱名航)에서 중노동에 시달렸다. 패전한 일제는 어린 소녀들을 돈 한 푼 주지 않고 내쫓았다. 미쓰비시 한국인 노동자에 대한 일부 배상 판결이 2025년 2월 한국법원에서 나왔지만 '여자항공근로정신대'에 대한 보상은 이뤄지지 않은 채 피해자들은 생을 마감하고 있다./사진=나고야·미쓰비시 조선 여자근로정신대 소송 지원회

1) '飛行機工場 支援 京畿高女 卒業의 네 處女: 비행기공장 지원 경기고녀 졸업의 네 처녀'

2) 해방 후 경성 제1고녀(개교 1908)는 경기여고에 흡수되고 제2고녀(개교 1922)는 수도여고, 제3고녀(개교 1941)는 창덕여고로 교명을 바꿨다.

3) '生産戰에 挺身盟誓, 海軍工員志願한 愛國處女入廠式(생산전에 정신 맹세, 해군공원 지원한 애국처녀 입창식), 『매일신보』 1944년 4월 10일 자, 2면. 입창 선서(입사식) 시기는 경기여고 졸업생 4명과 같은 것으로 보인다. 일본계 학교인 경성 제1고녀 출신이 적은데도 대표 선서를 맡은 이유는 차별의 구조화로 간주할 수 있다. 고등여학교 출신 여공원의 전체 숫자와 조선인과 일본인 비율부터 진해 항공창의 규모와 생산품 등에 대한 추가 연구가 필요하다.

4) 서울경제신문 특별취재팀, 『재벌과 가벌家閥』, 지식산업사, 1991, 244쪽.

5) 金本秀子는 『매일신보』의 전무이며 발행인 겸 편집인이던 친일 언론인 김동진(金本東進, 1902~?·해방 후에는 좌익운동을 펼치다 납북)의 딸이다.

6) 일본에서 군신(軍神)으로 추앙받는 노기 마레스케乃木希典 대장은 러일전쟁 승전 뒤 일본 국왕 메이지에게 "황군 6만 명의 목숨을 잃게 했으니 자결을 허락해 달라"고 청원했다. 전사자 가운데는 노기의 두 아들도 있었다. 메이지로부터 "짐이 죽기 전에는 안 된다"는 말을 듣고는 황족과 귀족 학교인 학습원장으로 재직하다 왕이 죽은 뒤 부인과 함께 자결했다. 노기 이후 일본의 군 장성은 아들을 최전방에 보내는 게 의무이자 명예로 자리 잡았다. 노기는 태평양전쟁 이전은 물론 최근 일본 교과서에도 남아 있다.(조혜숙, 「근대기 전쟁영웅 연구-일본교과서를 통해서 본 노기장군」, 『日本思想』 24권, 한국일본사상사학회, 2013, 204~212쪽.

7) "Comparison of GDP adjusted for actual yearly shared contribution to war efforts after Zuljan, Ralph, Allied and Axis GDP", Articles On War, OnWar.com, 2003. 2025년 4월 20일 확인. 동서고금을 떠나 경제력의 차이는 전쟁의 결과로 직결된다. 2400년 전 투키디데스는 『펠로폰네소스 전쟁사』에서 페리클레스의 연설 형식을 빌려 이런 말을 남겼다. "전쟁을 지탱하는 것은 약탈이 아니라 축적된 자본의 힘이다."(투키디데스, 『펠레폰네소스 전쟁사(상)』, 종합출판 범우, 2011, 27·153쪽).

8) 高岐宗司(다카사키 소지·일본 쓰다주쿠대학 국제관계학과 교수), '「宗慰司安婦」問題調査報告·1999' 56쪽, 1999, 女性のためのアジア平和国民基金 「慰安婦」関係資料委員会

9) 박광준 일본붓쿄대 교수, '여자정신대(挺身隊)의 기억과 진실[I]', MBC 경제매거진 M이코노미 뉴스 2021년 2월 16일

10) 물론 자의든 타의든 일본으로 간 전체 조선 여성 노동자는 이보다 훨씬 많다. 40만 명 이상이라는 추정도 있다.

11) KBS, "[특파원리포트] 나고야 신궁 집단 참배한 '한국 소녀 300명'…그리고 일본의 양심", 2019년 2월 4일

8. 해방 당시 일제가 떠나면서 남긴 항공기는 739대

본토 결전 대비, 중국 산재 항공기 조선에 이동

일제가 어쩔 수 없이 한반도에 남겨둘 수밖에 없었던 군용기의 수량이 얼마나 되는지를 두고 의견
이 엇갈린다. 항공산업의 역사를 다룬 책자에서 "적지 않은 수가 있었다"는 기술도 있고 온라인상에서
는 '100~수백 대'라는 논란이 펼쳐진다. 한 가지 분명한 점은 잔류 비행기가 있었다는 사실이다. 아래는
1945년 9월 4일 군산비행장 상공을 비행하는 미 해군 SB-2C 정찰기를 동료 비행기가 촬영한 사진이

일본 군용기가 주기된 군산비행장 상공을 비행하는 미 해군 제10항모 비행전대 소속 SB-2C 정찰기.[1]/사진=국
사편찬위원회. 원소장자: 미 국립문서기록관리청(National Archives and Records Administration).

다. 미 24군단 선발대가 인천에 진주한 9월 8일에 앞서 일본군 항공 세력이 건재한 위험지역을 위력 정찰한 것이다. 같은 날 인천 상공에서 촬영된 다른 사진에서는 3대와 사진 촬영기 1대 등 최소한 4대로 구성된 미 해군 함재기 편대가 한반도의 일본군 동태를 파악한 것으로 보인다.

그렇다면 어떤 비행장에 얼마나 많은 군용기가 남아 있었을까. 사진에서는 활주로에 주기駐機된 항공기만 44대가 보인다. 실제로는 격납고와 활주로 내 다른 주기 장소에 있어 사진에 담기지 못했지만 모두 71대(대형기 9대, 소형기 62대)가 있었다.[2] 군산비행장에 전개된 비행기 규모는 일본 육군이 남한 지역에서 군용기를 배치한 15개 비행장 가운데 3번째로 많았다.

군산비행장은 1920년대 건설 논의가 시작돼 1937년부터 공사에 들어갔으나 더디게 진행되다 1944년부터 속도를 냈다.[3] 중국에 항공 전력을 투사할 수 있는 비행장으로 주목받다가 패색이 확연해지며 연합국의 상륙작전이 진행될 수 있는 지역이라 판단해 공사를 서둘렀다. 애초에는 인접한 장항 지역에 비행학교 건설도 병행할 예정이었지만 군산비행장 안에 소규모 육군 비행교육대를 운영하는 것으로 가닥을 잡았다. 군산비행장에 많은 항공기가 있었던 이유는 교육생을 위한 항공기가 상시 배치된 데다 연합국 상륙에 대비해 평소보다 배치를 늘렸기 때문이다.

대전·수원·군산비행장 확장, 집중 배치

가장 많은 항공기가 있던 지역은 대전비행장. 163대가 배치됐고 수원비행장에도 100대가 있었다. 대전에 항공 전력이 집중된 이유는 일제가 연합국의 상륙에 대비하는 '본토 결전'을 준비하며 조선군 병력을 크게 늘려 제17 방면군으로 편성하고 사령부를 대전에 설치하는 계획을 세웠기 때문이다.[4]

한반도의 항공 전력이 이만큼 남아 있던 이유는 본토 결전을 위해 관동군 산하의 제5 항공군을 비롯한 항공기 세력을 중국에서 이동시켰기 때문. 중국 전선에 널리 분산 배치됐던 제5항공군의 전투기 120대

일본 해군이 건설한 평택비행장에 남겨진 미쓰비시 99식 공격기(Ki-51). 해방 직후여서 상태가 상대적으로 양호해 보인다. 일본 육군과 해군은 패색이 짙어지자 중국 대륙에 산재한 비행장에서 군용기를 조선 내 항공기지에 옮겨와 최후의 일전을 벼르다 패전을 맞았다.

❖ 재남선(在南鮮) 일본군 비행기 현황(1945년 8월 15일, 제5 항공군 사령부)

품목	비행기				예비발동기			예비 프로펠러		
	활동기	불(不)활동기	군사용중	계	완품	손품	계	완품	손품	계
합계	483	138	74	695	184	127	311	147	22	169

※조건 동국대 교수, 『일제 말기 조선군의 전시동원과 식민지배』, 274쪽에서 재구성.

를 미군의 본격 공습에 대응하기 위해 한반도로 이동 배치했다. 일제는 한반도의 항공 전력을 늘리고 육군 병력도 27만 명으로 늘렸다.[5] 조건 동국대 교수가 『일제 말기 조선군의 전시 동원과 식민지배』 책자에서 집계한 해방 이후 남한 지역에 남은 일본군 항공기는 1945년 8월 말 현재 모두 695대[6]에 달한다.

일제가 남긴 항공 전력에 대한 다른 자료 중에서는 박린과 이동건의 연구가 눈에 띈다. 박린은 "태평양 전쟁 발발 전까지 한반도의 비행장들은 비행 요원의 훈련장이나 일본 본토와 중국대륙을 연결하는 중간 기착지 정도로 이용됐을 뿐 작전비행장으로써 준비는 부족했다"며 전황 악화에 따라, 특히 1944년 사이판에서의 완패 이후 한반도 주둔 항공부대는 후방의 병참기지가 아니라 미국 상륙 이후 결전에 대비한 일선 작전부대로 변화했다고 봤다.[7] 구체적으로 한반도에는 육군이 관리하는 비행장만 28개(해군용은 9개)가 있었고 비행장마다 최소 50대씩 특공기(카미카제)를 배치할 계획이었다는 것이다.

항공역사연구소 이동건 객원연구원은 여러 자료를 비교 분석해 군용기뿐 아니라 민간 비행기까지 합쳐 해방 직후에 남한 지역에서만 739대의 일본 항공기가 남아 있었다고 계산했다.[8] 공군역사기록관리단이 펴낸 『최초의 국산 경비행기 부활호』의 저자인 이동건에 따르면 일본 육군의 하야부사 부대(제5항공군)와 해군 진해경비부에 속한 여러 항공부대가 배치되어 있었으며 민간항공사가 운영하는 민항기들도 소량 남아 있었다. 아래 표는 대한민국 국가기록원과 일본 국립 공문서관이 소장한 당시 문서, 즉 일본 육

❖ 해방 직후 남한 지역의 일본군 및 민항계 잔여 항공기[10]

기종	상태별 수량			합계
	가동	불가동	불명	
연습기	260	85	–	345
전투기	138	52	–	190
정찰기	112	16	–	128
폭격기 및 공격기	40	10	–	50
수송기 및 민항기	14	1	11	26
합계	564	164	11	739
비고	·가동: 일본 육군 자료의 '가동기' + '군사용중' 및 해군 자료의 '양호' ·불가동: 일본 육군 자료의 '불가동' 및 일본 해군 자료의 '손상' ·불명: 조선총독부 자료에서 정비상태를 별도로 명시하지 않은 것			

군 제5 항공군 기록과 해군 진해경비부 자료, 조선총독부가 집계한 민간항공기 자료를 합친 것이다.

군별로는 육군 695대, 해군 26대, 민간 18대를 합치면 739대다. 용도별로는 절반 가까운 항공기가 연습기(345대, 6.7%)였으며 전투기(190대, 35.7%), 정찰기(128대, 17.3%), 폭격기 및 공격기(50대, 6.8%), 수송기 및 민항기(26대, 3.5%) 등이 있었다.[9] 앞쪽의 아래 표는 이동건 연구원의 집계를 그대로 준용한 것이다. 북한에도 상당수 남아 있었을 것으로 추산되나 이렇다 할 사료는 발견되지 않았다. 확실한 점이 있다면 북한은 해방 직후부터 신의주 항공대(북한 공군의 전 단계) 등에서 일제가 남긴 항공기를 최소한 훈련기 용도로 활용했다는 사실이다.

주

1) 둔중해서 구형으로 보이지만 1943년 말부터 배치된 신형이다. 당초 미 해군 항모부대의 급강하 폭격기로 설계됐으나 일본의 항공 전력 약화가 뚜렷해진 1944년 중반 이후에는 장거리 정찰용으로 주로 쓰였다.

2) 조건, 『일제 말기 조선군의 전시 동원과 식민지배』, 도서출판 역사공간, 2021, 178.

3) 박진홍, 「일제시대 군산 지역사회의 비행장 건설 여론 형성 과정」, 『전북학연구』 1집, 2019, 264쪽.

4) 조건, 「일제 말기 조선 주둔 일본군의 대전 주둔과 군사령부 이전 계획」.

5) 박린, 「일제의 조선 항공정책과 항공기지 건설」, 연세대 사학과 석사학위 논문, 2022, 59~61쪽.

6) 조건 교수가 밝힌 잔류 항공기 규모는 일본 방위성 방위연구소가 소장한 「在南鮮 日本軍 部隊 槪況報告(남한 지역의 일본군 부대 간략한 현황 보고)」에 따른 것이다. 일본군이 미군에 보고하기 위해 작성한 이 보고서를 통해 항공 전력뿐 아니라 남한 안의 모든 일본군 25만 명에 대한 개요 파악이 가능하다.

7) 박린, 앞의 논문, 53~63쪽

8) 이동건, 『최초의 국산경비행기 부활호』, 공군역사기록관리단, 2021, 32쪽.

9) 이동건, 앞의 책, 33쪽.

10) 이동건, 앞의 책, 32쪽. (아래는 1차 사료 목록)

　　第五航空軍司令部, 準部隊 兵器槪數 一覽表, '在南朝鮮日本軍部隊槪況報告', 1945, 일본 국립공문서관 아시아역사자료센터 참조코드 C13070041100, 일본 방위성 방위연구소 청구번호 滿洲-朝鮮-44, 525쪽, 534~535쪽.

　　鎭海警備府司令長官, '鎭海航空基地', '濟州島航空基地', '釜山航空基地', '光州航空基地', '迎日航空基地', '麗水航空基地', '平澤航空基地', '甕津航空基地', '鎭海警備府 引渡目錄 3/3', 일본 국립공문서관 아시아역사자료센터 참조코드 C08010529000, 일본 방위성 방위연구소 청구번호 ①中央-引渡目錄-4, 137~263쪽.

　　일본 외무성 외무사료관, '민간항공기 현재 수', '포츠담선언 수락관계-선후조치 및 각지상황관계(조선)', 1945, 국가기록원 관리번호 CTA0003387, 195~196쪽.

9. '잔류 비행기'를 부숴 양은 냄비로 팔아먹었다? 누가, 왜?

　남한에만 739대에 이르렀다던 항공기가 파괴되고 말았다는 사실은 아쉬움이 남는 대목이다. 일본이 남긴 전투기 일부만이라도 신생 대한민국 공군에 편입됐다면 한국전쟁 개전 초기 일방적인 패배는 면했을지 모른다.

　기체를 정비하고 자체적인 부품 수급을 모색했다면 독자적인 정비 능력의 체계화가 가능하고 이런 경험이 쌓여 항공제조업 발전으로 이어졌을 가능성도 없지 않다. 해방 직후 항공인들이 잔류 항공기에 그토록 관심을 가졌던 이유도 해방된 조국에서 새로운 하늘을 개척하는 최대 기반이라고 여겼기 때문이다.

태극기가 그려진 일본군 융구만 연습기.[1] 해방 직후 여의도 비행장의 조선항공사 정비사들이 일본군 연습기를 정비하고 대형 태극기를 그려 넣은 후 기뻐하고 있다. 항공인들은 일제가 남긴 모든 항공기를 인수해 새로운 나라의 항공을 일으키는 기반으로 삼겠다는 희망을 품었지만 끝내 무산되고 말았다.

하루아침에 파괴된 잠재 항공 자산

그러나 소망은 실현되지 못하고 「항공금지령」에 의해 해방된 한국에 남았던 일본 항공기들은 파괴되고 말았다. 항공계는 이 과정에서 일본의 잔류 항공 자산 파괴보다 더 큰 내상을 입었다. 항공인끼리 반목이 구조화한 것이다. 미군이 항공기를 파괴한 이유에 대해서도 항공인 다수는 「항공금지령」의 엄격한 시행보다 특정인의 농간 탓이라고 의심했다. 의심은 반목과 질시를 낳았다. 이른바 '신용욱과 항공협회의 격돌'은 1961년까지 대립으로 이어졌다. 아직도 당시 상황에 대한 엇갈리는 진술과 해석이 상존한다.

일본 사세보 항구 인근 기지에서 불태워지기 직전의 일본군 전투기들. 미군은 점령하자마자 일본군 항공기의 불용화와 폐기에 전력을 기울였다. 남한 안에 있었던 일본 군용기들도 이와 같은 폐기 절차를 밟았는지 확인되지 않지만 99% 이상이 파괴돼 폐기된 것만큼은 분명하다./사진=미 국립문서기록관리청(NARA) (왼쪽).
여의도 비행장에서 소각되는 일본 군용기들. 송석우의 회고록 『노고지리의 증언』, 158쪽에 수록된 이 사진은 해상도가 낮지만 다른 곳에서는 구하기 어려운 희귀한 사료다. 촬영 시기는 1945년 9월(오른쪽).

해방 직후 항공사 최대 미스터리

일제강점기에 활공 동양 신기록을 세운 김광한 비행사의 『창공만리』(일조각, 1986)에는 해방 직후 신용욱 비행사와 조선항공협회와의 관계, 항공기가 파괴되는 과정이 소상하게 나온다. 신용욱 비행사가 개인의 욕심을 위해 신생 한국이 도약할 기회를 가로챘다는 게 핵심 내용이다. 반대로 항공기관사(정비사) 출신인 송석우의 『노고지리의 증언』(항공대학교 출판부, 1999)에서는 다른 해석을 내놓는다. 신 비행사가 그토록 아끼던 자신의 비행기까지 파괴해가며 다른 항공인들의 꿈을 짓밟지 않았다는 강한 추정을 책에 담았다. 상반된 두 책의 관련 부문을 소개한다.

● 『창공만리』(208~218쪽 부분 발췌)

조선항공협회의 트럭은 매일 아침 군정청에 들러 휘발유를 가득 채우고 드럼통에까지 넣었다. 트럭으로 후생 사업을 벌여 생긴 수입은 협회의 운영비로 쓰였고 기금 조달에도 보탬이 되었다. 그렇지만 회원들은 보수를 받은 일 없이 여전히 봉사활동을 했고 국가 항공의 기초를 닦는다는 벅찬 희망으로 열심히 일했다.……서홍성 회장과 김석환 간사는 군정청에 드나들면서 국가 장래를 위해 항공사업의 중요성을 역설한 끝에 전국 각지에 산재해 있는 수백 대의 비행기들을 접수하는 데 성공했다. 일본군이 쓰던 쌍발폭격기 및 각종 전투기와 연습기, 그리고 KNA가 쓰던 여객기, 총독부가 쓰던 연습기, 경찰항공대에서 쓰던 연락기 등이 수두룩했다. 미군이 쓰던 대형 폭격기인 B-25 같은 것도 김포비행장에 그대로 있었고, 미군의 신예 전투기도 여러 대 있었다. 미군이 쓰던 비행기는 나중에 그대로 두고 간다는 이야기였다.

협회에서 이런 것들을 정리하여 쓸 수 있는 것과 쓸 수 없는 것, 또 수리해야 할 것 등을 가려내는 데에도 많은 시간과 인력이 필요했다. 그러나 어렵더라도 이런 일은 우리가 하지 않고 누가 할 것인가. 이러한 비행기들은 항공협회가 소유해서 정리하라는 군정청의 재가로 무상 불하증을 받았는데 우리는 배가 고파도 이 일을 해내려는 열의에 찼었다. 여의도 비행장에 매일 아침 트럭으로 정비사들을 싣고 갔다.

우선 기체를 하나하나 점검해서 시동을 걸어 보고 쓰지 못할 비행기는 그 연료를 쓸 만한 비행기로 옮겨 놓았다. 경비원들도 어려움이 많았다. 큰 비행기 속에 몰래 들어가 값비싼 계기들을 뜯어가는 좀도둑들이 있기 때문이다. 귀중한 나라의 재산을 망쳐놓는 무리들을 몇 사람의 힘만으로는 도저히 막을 수 없는 일이었다. 회장이나 부회장 또는 회원들이 주머니를 털어가며 운영하는 협회에서는 경비를 강화할 만한 재력도 없었다.……

대한항공협회의 얽힌 이야기

군정하의 국내 정세는 차차 정치 파벌의 소용돌이 속에서 혼란을 이루기 시작했다. 지도자들은 각각의 주의 주장에 따라 민중을 선동했는데 우리 협회는 그 어느 편에도 들지 말고 불편 부당의 자세를 지키기로 결의했다. 다만 기술단체로 존속할 뿐 앞으로 새 정부가 들어설 때까지 비행기를 수리하고 보관하는 일에만 충실하자고 뜻을 모았다. 그러기 위해서는 항공인 전체의 단합이 필요함을 절실히 깨닫고 비록 과거에는 서로의 의견이 달랐을지라도 현재의 시점에서는 서로 화합하고 뜻을 뭉치자는 것이었다. 그래서 K.N.A. 항공사의 신용욱 사장을 영입기로 했는데 일부에서는 지난날의 행적으로 보아 믿을 수 있겠느냐는 반대 의견도 있었다.

그러나 어쨌든 한번은 아량을 보이자는 다수의 의견으로 안동석, 서철권 그리고 내가 신 사장의 자택을 방문했다. 우리를 맞이한 신 사장은 몹시 반가워했다. 새 나라 건설을 위해 사업에 조예가 깊은 선배를 협회로 모시겠다고 하였더니, 그도 감격해했다. "좋은 말씀이오. 나 역시 똑같은 생각을 하고 있었지요. 내가 갖고 있는 비행기 기재와 장비들을 다 이용하시오. 나는 신병을 치료 중이니 건강이 회복되는 대로 함께 일하도록 하겠소." 우리가 하직하고 나올 때 신 사장 부부는 문밖에까지 나와서 전송해 주었다. 이렇게 한 사람의 동지라도 더 끌어들여 조국 건설에 힘쓰려고 하는 때 천만뜻밖의 날벼락이 떨어졌다.

어느 아침에 미군 헌병 두 명이 나이가 지긋한 두 한국인 통역과 함께 협회에 들이닥친 것이다. 미군 헌병은 다짜고짜 권총부터 꺼내 들고 사무실 내 금고 문을 열라고 위협했다. 영문을 알 수 없는 일이라 회계를 맡은 김현기 과장이 금고 문을 막아서며 거부했다. 그랬더니, 그들은 김 과장의 가슴에 총부리를 대고 다시 재촉했다. 이 과정을 보고 있던 나는 분통을 참을 수 없었다. 통역자 한 사람의 멱살을 잡고 "여보시오. 같은 민족끼리 이럴 수 있소"라고 으르댔다. "아, 난 통역만 할 뿐이지 이 사람들이 하는 일을 몰라요." 겁에 질린 표정으로 통역은 몸을 떨기까지 한다. 그러자 또 한 사람의 헌병이 내 가슴에 권총을 겨누며 험악한 얼굴을 했다. 나는 할 수 없이 멱살을 잡은 손을 놓아주었다. 정세가 불리함을 깨닫고 서 회장이 금고 문을 열어주라고 지시하자 헌병들은 그 속에 들어있는 서류 일체를 들고 밖으로 나가는 것이었다. 통역들도 그 뒤를 따랐다. 금고는 사람의 키만큼 한 대형이었는데 그 속에는 여러 가지 중요 서류와 미 8군이 발행한 비행기 불하증도 들어있다.

그러한 서류들을 내주면 우리는 어떠한 활동도 할 수 없게 된다. 미군 헌병들의 행위는 갱이나 다름없는 것이었다. 우리는 분을 참을 수 없어 밖으로 뒤쫓아 나갔다. 헌병들은 서류를 한아름씩 안은 채 동쪽으로 300미터쯤 걸어가더니, 신용욱 사장이 타고 있는 콘티넨털 승용차 앞에 멈춰서서 운전석 창문으로 넘겨주는 것이 보였다. 신 사장은 그것들을 받아서 차 안에 들여놓는다. "저런 죽일 놈 봤나. 아직도 고약한 버릇을 버리지 못하고 있군." 누군가가 이런 소리를 하며 침을 뱉는다. 모두 침통한 얼굴을 하고 있었다.

차는 떠나고 미군 헌병의 백차도 두 통역을 태우고 부르릉 떠나버렸다. 나중에 안 일이지만 이 날 두 사람의 통역은 이승만 박사의 측근으로 알려진 Y모와 H모라고 했다. 결국 우리의 서류는 어떤 권력의 손에 탈취된 것이다.……신 사장이 어떤 수를 써서 우리의 서류를 빼앗아 갔는지 몰라도 아무튼 이런 일을 당해서 나는 협회 동지들을 대할 면목이 없게 되었다.

이 땅에 정의가 살아있는가?

협회에서는 많은 일들을 계획 중에 있었다. 그 하나는 영등포에 있는 글라이더 공장 자리를 항공전시관 겸 유원지로 꾸미면서 후세들에게 항공 교육을 고취하려는 것이다. 그 부지는 적산이어서 불하받기가 쉬웠으며 그곳에서 각종 비행기와 글라이더를 조립 전시할 참이었다. 또 하나는 쓸 수 있는 비행기는 잘 보관해 두고 못 쓰게 된 것은 분해하여 부속품을 이용하며 아주 쓸모없는 것은 보관했다가 정부 수립 후에 그 자재를 활용하자는 것이었다.

이러한 협회의 사업계획들도 모두 서류 강탈 사건으로 말미암아 수포로 돌아가게 되었으니 모두가 실의에 빠질 수밖에 없었다. 그러나 그렇다고 그냥 주저앉을 수 없다 하여 협회에서는 총회를 열고 또한 긴급 대책회의라는 것을 열어 의논들을 했지만, 뾰족한 수가 없었다. 우선 무엇보다도 비행기 불하증을 다시 내고 비행장 출입증도 경신해야 하는데 어찌 된 셈인지 군정청의 항공 담당관은 시일만 끌다가 점점 냉담한 태도를 보이는 것이다. 자기네들이 인가해 준 단체를 푸대접하다니 도저히 모를 일이었다. 그러나 얼마 후 항공에 관한 모든 불하권이 신용욱 개인에게 넘어간 것을 알자 우리는 모두 가슴을 쳤다. 이젠 어쩔 도리가 없는 것이다.---배신자 아니 나라의 도둑이다.

소문을 들은 이야기로는 그가 장안의 유명한 기생을 제공하여 항공 담당관을 매수해서 이권을 얻은 것이라 했다. 그의 이러한 소행은 과거 일본인 관리에 대해서도 써먹던 수법이었는데, 그러한 것을 알면서도 이번에야 설마 했던 우리가 뒤통수를 맞은 것이다. 선배 되는 회장단들이 종래의 번번이 신 씨와 다투어 화합을 이루지 못했던 까닭이 이번에야 더욱 실증된 것이다. 그런데 그 후의 사정이 더 한심했다. 각 도시와 농촌에까지 양은 냄비 홍수가 쏟아진 것이다. 말할 것도 없이 비행기에서 뜯어낸 재료에서 만들어진 것이다.

불하증을 빼앗아 간 모리배의 도끼에 비행기 몸뎅어리가 처참하게 찍혔을 것을 생각하니 나 자신의 **뼈**가 떨어져 나가는 듯한 아픔을 느꼈다. 사랑하는 비행기는 이렇게 모습들을 감추었다.……협회는 그 기능이 점점 약화되었고 회장들이 사무실에 나와 앉아 있는 시간도 차차 줄어들었다. 무보수로 일하는 직원들도 활기를 띨 수가 없었다. 오로지 항공에의 열의로만 배고픔을 참아가며 오늘날까지 끌어왔던 협회의 운명이 앞으로 어떻게 될지 불안했다.

해방은 되었어도 항공의 의욕은 무력과 모략과 표방으로 맥을 잃고 우리는 이렇게 배고팠다 누구는 견디다 못해 대서방 서기로 들어갔다. 항공협회는 1~2명의 직원만 드나들며 일지를 적는 일에서 그쳤고 원로 격 인사들도 발을 끊고 겨우 협회 이름만 유지하고 있을 뿐이었다. 이럴 즈음에 협회는 또 한 차례 서리를 맞게 되었다. 세든 건물과 소유하고 있던 트럭이 군정청 재산이라는 이유로 몰수당한 것이다. 이제 우리가 설 땅은 전혀 없게 되었다. 그것이 누구의 소행이었는가는 말하지 않아도 알 일이었다.

● 『노고지리의 증언』(152~168쪽 부분 발췌)

군정 치하의 민간 항공

세계 국제 정세(미소 냉전체제)와 국내의 무질서 혼돈 속에서 군정이라는 통치체계하에 들어갔으니 민간 항공이 움트고 발전할 수 있는 여건은 거의 없었다. 더욱이 항공에 관한 한 연합군의 일본 점령정책이 그대로 한반도에도 적용이 되었으니 민간 항공의 활동은 연목구어 격이라 할 수밖에 없었다. 그 내용을 알아보자. 우선 미국의 일본 점령정책을 알아보는 것이 순서일 것이다. 왜냐하면, 적어도 항공에 관한 한 일본에 부과된 연합국의 점령정책이 해방된 남한 지역에도 그대로 적용된 흔적이 있기 때문이다.

그 기본이 되는 것은 미국이 일본의 항복에 대비해서 마련해 놓았던 '항복 후 일본에 관한 미군의 최후 정책(일본 관리정책)'인 것이다. 이것은 미 국무성·육군성·해군성이 공동으로 결정하고 대통령의 재가를 얻어놓은 미국의 최고 정책으로서 1945년 9월 22일 미 국무성에 의해 발표된 것이었다. 그 내용 중 항공에 관련된 부분 가운데 '무장해제 및 군국주의 말살'에 중차대한 사안이 담겨 있다.…… 일본은 육·해군의 비밀경찰 조직 내지는 여하한 민간 항공도 보유할 수 없다.……육·해군의 자재 선박 재시설 및 육·해군과 민간에 모든 항공기는 인도될 것이며 최고사령관이 요구하는 바에 따라 처분된다. 〈요지〉 군관민의 모든 항공 보유 금지 및 항공기 폐기처분.

이에 앞서 맥아더 연합군 사령관은 8월 21일 그를 마닐라로 급거 방문한 일본 대표단에 연합군이 진주하기 전까지 일본이 이행해야 할 사항의 지시각서를 수교하였다. 그 내용의 일부에 '일본 국적의 모든 항공기 군관민의 운행은 1945년 8월 24일 18시를 기해 금한다. 이 시각 이후에 운행하는 항공기는 격추한다'라는 비행금지령이 포함되어 있었다.

또 연합국 사령부는 9월 2일 미주리 함상에서의 항복 서명식 직후 소위 연합군 최고사령부 지시각서 SCAPIN 1호를 시달했다. 이는 비행장을 포함한 모든 항행 보안 보조시설을 양호한 상태에서 보존 유지할 것이라는 내용이었으며 연합군 항공기의 일본 역내 항행에 지장을 주지 않게 하기 위한 조치였다.

그 후 1945년 11월 18일에는 SCAPIN 301호를 발령, '민간 항공 폐지에 관한 지시각서'를 시달하였다. 이 것은 일본의 항공을 그 뿌리까지 제거하는 지령이었으며 요약하면 다음과 같다.

〈SCAPIN 301호 민간 항공 폐지에 관한 건〉
1. 모든 민간 항공 관련 활동은 1945년 12월 31일부로 폐지할 것
2. 항공 수송 사업 항공기 설계 제작 항공기 승원 양성 실험 연구 등 일체의 조직 단체는 1945년 12월 31 일부로 해체할 것
3. 해체되는 조직과 단체의 간부 전문인력 항공기 승원의 명단을 1945년 12월 31일까지 보고할 것
4. 글라이더 기구를 포함한 모든 항공기 발동기를 포함한 모든 항공기 부품 부속품 연구 실험실 등은 일본 정부나 단체 협회 또는 일본인 개인이 소유할 수 없다.
5. 항공 관련 연구나 교육을 할 수 없다.
– GHQ 항공 참모 F. G. 아렌 대령

이상 일련의 항공 관련 지시각서를 요약하면 다음과 같다.

① 일본 국적의 모든 항공기는 1945년 8월 25일부터 비행 금지
② 모든 항공 보조시설의 계속 유지 보수
③ 항공국을 위시한 모든 민항공 조직이나 단체를 1945년 12월 31일부로 해체한다.
④ 모든 항공기는 사령관이 지시하는 대로 폐기 처분한다.

지시각서는 말하자면, 항공에 관한 한 민간 항공도 뿌리째 제거한다는 정책이었다.

이 지령은 일본 통치하에 있던 조선에도 시달되었다. 즉 일본이 진주한 38선 이남 지역에는 이러한 지령이 외무성을 통해 조선총독부에 시달되었으며 교통국 항공과가 그 뒤처리를 담당하였다. 무조건 항복한 일본은 SCAPIN 301호 지시에도 불구하고, GHQ 허가를 받아 종전 사무처리 연락 항공(녹십자 비행)이라는 항공운송 업무를 항공국 주도로 1945년 9월 14일부터 1945년 10월 10일까지 운영했지만, 해방되었다는 한국에서 는 총독부 경무국 소관 국경수비대 소속 경비행기(비치크라프트 C-172 FOKKERSUPER UNIVERSAL 등)를 가지고 남한 각 도청 소재지 간의 연락 비행을 근근이 지속하다 이 역시 10월 11일을 기해 중지되었다.

교통국 항공과 소관인 쌍발 여객기 MC-20은 해방 직전에 시험비행 중 추락 사고로 마지막 운송업무에도 사 용치 못했었다. 이렇게 해서 일본 본토나 38선 이남의 한반도에서는 1945년 10월 11일을 기해 특별 항공 수 송 업무도 끝이 나고 모든 항공기(군용기, 민간기, 국유 또는 사유)는 파괴되거나 소각되어 폐기처분 되고 말았다.

이보다 앞서 49년 9월 하순 어느 날, 여의도 비행장에서 한 가지 해프닝이 벌어졌다. 해방된 기쁨도 크고 할

일이 없어 무료하던 조선항공사업사 정비사들은 격납고에 있는 융구만 연습기를 끌어내어 엔진 정비를 하는 한편, 대형 태극마크를 동체 옆에 그려 붙였다. 이 비행기는 해방을 경축하는 뜻에서 전명섭(全命燮)의 조종으로 영등포 상공을 일주하고 여의도 비행장에 착륙했다. 8월 25일 기해 비행금지령이 내린 것을 모르고 비행한 것이다.

사이렌 소리도 요란하게 미군 MP가 나타나 허가 없이 비행한 것을 몹시 꾸짖고 비행기는 압수당하고 말았다. 항공사 직원들은 쓸쓸한 가슴을 쓰다듬으며 진주군 MP의 지시대로 따를 수밖에 없었다. 이와 비슷한 일은 같은 시기에 대구 동춘비행장에서도 벌어졌다 일제 말기부터 경영하던 김영수 비행사의 조선항공연구소 소속 95식 연습기가 대구 상공을 일주하고 내렸다(조종사는 일본 육군 출신 이근석, 김영환)²¹ 주기장에 정리하기 전에 이미 미군 MP가 나타났다. MP들의 호된 꾸지람을 받은 것은 물론이고, 비행기는 분해되어 창고에 처박혔다. 그들 역시 해방의 기쁨에 들떠 있기만 했지 비행 금지 명령을 모르고 있었던 것이다.

이렇게 해서 해방된 한국에서 민간 항공은 완전히 사라졌다. 한국은 교전국이 아니기에 이 강토의 남은 일본의 항공기(군용기 포함)나 조선항공사업사 또는 경무국 소관 민항공기들을 잘 보관 유지해서 대한민국의 항공 재건에 활용할 수 있을 것으로 기대한 항공 당사자들(항공협회)의 꿈은 어이없이 깨지고 말았다. GHQ(연합군 최고사령부)의 지령각서 SCAPIN 301호는 총독 통치를 받았다는 이유로 해방된 이 강토에도 고스란히 적용된 것이었다.……

한편 조선 항공의 재건은 물론, 군 항공의 창설, 운송사업체의 조직, 항공 기술자 양성까지 목표로 삼던 조선항공협회가 펴낸 『항공조선』창간호 14쪽의 原子(원자)단(이상묵의 가명)의 글 '조선항공협회 설립까지'와 제2호 24쪽의 銀天狼(은천랑·후에 KAL 기장 김00의 가명)의 '젊은 항공인의 말' 두 가지 기고문의 내용을 요약하면 다음과 같다.

 (가) 협회는 장차 민항공사, 군 항공, 항공기 제작 등 모든 항공 부문 기술 분야를 감당할 것이다.
 (나) 그러나 친일파 선배 항공인들의 반동적·매국적 행위로 재건에 지장이 있으니 이들 반역자를 항공계에서 몰아내야 한다.
 (다) 일정 때 희생이 된 항공인 해남도 격추 사고의 배상은 제국주의 주구배(신용욱을 지칭)가 책임져야 한다.
 (라) 조선의 전 항공인들은 그와 같은 친일파를 제거하고 항공 건설에 매진해야 한다.

대략 이상과 같은 소위 '반 신용욱', '배척 신용욱' 논조를 기조로 한 것인데 이를 더 구체적으로 제시한 것이 항공협회 창설의 주 멤버의 한 사람인 김광한 조종사다. 그는 자서전 『창공만리』(209~218쪽)에 다음과 같이 기술하고 있다.(이하 생략, 내용은 윗글 김광한 편 참조)

이상 몇 가지 기록에서 추측할 수 있는 것은 1945~1946년 사이의 격동기였던 초창기에 항공협회를 구심점으로 한 항공인들이 선배 항공인 신용욱을 어떻게 인식하고 평가하고 있었나를 짐작케 하는 것이다.……항공협회를 중심으로 해서 비행기도 준비하고 기술자도 확보해서 항공 재건을 도모코자 하는 판에 신용욱 같은 친일파 반역자가 있어 방해가 되니 항공인 모두가 이를 분쇄하고 신용욱을 항공계에서 말소시키자는 것이 그들의 주장인 듯싶다. 여의도 출입증 재발급과 비행기 재불하를 받는 것도 그의 방해로 인하여 이루어지지 못하고 있으니 신용욱의 타도가 항공 재건의 제일 과제라는 것이다. 필자는 1945년에서 1946년 5월까지 자바[3]의 수도 자카르타에 머물고 있었으니 해방된 한국 땅에서 한국인들이 어떻게 활동하고 있는지는 그 실상을 알 길이 없다. 그러나 여러 가지 기록을 살펴보고 전후 사정을 고려할 때 다음과 같은 추측을 할 수 있다.

(가) 조선항공사업사 신용욱 사장은 친일파에 속했을 것이다. 친일파 행세를 하지 않고는 식민지 민족으로서 항공사업에 성공할 수도 없고 그 힘든 항공 보조금이나 장려금을 지급받을 수도 없었을 것이다. 또 일본 군부가 군수업체로 지정하거나 항공 수송 관련 용역업체로 지정해 주지도 않았을 것이다. 특히 항공사업 같은 국책사업에 성공했다면, 그 이면에는 총독부 관리들과의 밀착, 다시 말해 친일적 처세를 하지 않을 수 없었을 것이다.

(나) 조선항공협회가 일본과 미국의 각종 비행기를 불하받아 그 불하증을 소지하고 있었다는 점 또 여의도 비행장 출입증을 허가받았다는 점은 그러한 사실이 있었다 치더라도 그는 이를 담당하던 군정청 관리가 연합국의 일본 점령정책을 잘못 이해하고 있었거나 아니면 고의로 눈감은 것이 아닐까? 이미 언급한 일본의 전용정책이나 민간 항공 전면 금지를 지시하는 SCAPIN 301호를 한국의 점령정책으로 준용한 이상 모든 항공 활동은 금지되었을 것이기 때문이다. 따라서 미국 MP가 항공협회에 나타나 비행기 불하증을 회수해 갔다면 이는 미 군정의 당연한 사법적 시정조치였을 것이다.

뿐만 아니라 그 불하권을 다시 신용욱에게 주었다는 것은 있을 수 없고 비행기를 보물로 삼고 항공을 천직으로 생각하던 신 비행사가 자기의 개인 비행기들을 포함한 항공기들을 파괴하고 심지어는 팔아먹었다는 것은 전후 사정이나 그가 비행사였다는 점에서 수긍이 가지 않는 대목이다. 여의도의 격납고에 있던 김우석, 서성진 등 조선항공 정비사들은 똑같이 신용욱이 비행기를 부숴 냄비를 만들었다는 것은 어불성설이라고 강력히 부인하고 있다.……

이상과 같이 연합국의 일본점령정책 및 민간 항공 파기에 관한 SCAPIN 301호를 잘 이해 못하고 한국에서는 군정 초기 1~2년 동안 각종 시행착오가 있었다.……항공협회의 창립이념에 따라 SCAPIN 301호 같은 대일본 점령정책을 이 땅에서는 제외시키는 활동에 총력을 기울였어야 했다고 본다.

'친일 협잡꾼' vs '시기심의 발로' 대립, 갈등

　상반되는 두 책에서 어느 쪽이 진실에 가까운지는 단정하기 어렵다. 다만 두 저자 모두 말하고 싶은 대목을 강조했다는 공통점이 보인다. 김광한은 『창공만리』(1986)에서 자신의 동양 신기록겸 일본 신기록(1941년 1월 26일, 11시간 40분) 수립을 많은 지면에 걸쳐 소개하지만 불과 보름 뒤 일본인 활공사 카와베 타타오가 13시간 40분을 활공하며 김광한 자신의 동양 신기록을 2시간 연장했다는 점은 일절 언급하지 않았다. 송석우도 『노고지리의 증언』(1999)에서 '불하권 회수' 대목에서는 유독 추정과 속단에 의한 논리를 전개한다. 여의도 격납고에 있던 정비사들이 훗날 신용욱의 회사에 근무했다는 사실도 비켜 간다. 송석우 자신도 교통부 항공과장을 지낸 후 신용욱의 회사에서 정비기술부장으로 근무한 이력이 있다. 정리하면 두 저자 모두 '보고 싶은 것', '말하고 싶은 것'에만 집중했다는 지적이 뒤따를 수 있다.[4]

당시 언론 보도를 살펴보면 1946년 들어 양자 간 갈등의 골은 더욱 깊어졌다. 서로 극과 극을 오갔다. 먼저 신용욱이 일제강점기부터 노력해온 항공회사가 가시권에 들어왔다.『조선일보』1946년 2월 12일 자 2면 기사에는 이런 내용이 담겼다. "민간회사로 '국립조선항공회사'가 조직됐다. 군정청 운수국장 '코넬손 중좌'가 발표한 바에 따르면 사장 윤치영, 부사장 겸 상무 신용욱으로 결정된 항공운항사가 미국제 비행기로 여객과 화물을 운송할 예정이다. 준비만 되면 두 달 안에 업무를 시작할 것이며 미국 항공회사에서 많은 경험을 갖고 있는 '코넬손 중좌'와 '콱스 대위'는 이 회사를 미국 항공회사들과 같은 수준에 올리겠다고 자신 있게 말하고 있다. 처음에는 서울과 대전, 대구, 부산 간, 서울과 강릉, 서울과 대전, 군산, 광주, 제주도 간 3선을 개척하고 추후 동경과 마닐라, 상하이 등 국제항공과도 연결할 계획이다."[5]

반면 조선항공협회는 해산되고 말았다.『대한민국 항공사』에 따르면 "1946년 새해부터 항공인들은 군정청 관계자들을 찾아가 신생 조국의 항공 발전을 위한 항공협회의 역할과 존재 이유를 끈질기게 설득하였다. 2월 상순 조선항공협회는 군정청 항공과의 허락을 받아 협회 허가신청서를 제출하고 항공과장이 서명한 고문 승낙서까지 받았다. 그러나 지연·학연 출신에 따라 군소 항공단체가 난립하면서 이권 쟁탈전을 벌이자 군정청은 2월 19일 모든 항공단체에 해산 명령을 내렸다."[6]

대립하던 양 당사자인 조선항공협회의 해산 명령과, 신용욱에 대한 '국립조선항공사' 설립이 거의 같은 시기에 일어난 것이다. 대립과 갈등은 더욱 심해졌다. 조선항공협회의 고발로 검찰은 신용욱의 폭리혐의 조사에 들어가고 언론을 통한 논란이 펼쳐졌다. 조선항공협회는 3월 말 군정청에 장문의 진정서까지 제출했다. 아래는 이를 가장 자세하게 다룬『서울신문』1946년 4월 3일 자 2면 기사다.

조선항공협회, 해산 명령에 진정서 제출

해방 후 방금 검사국에서 취조중인 愼鏞頊을 제외한 약 1천여 명의 항공 관계자가 중심이 되어 설립된 朝鮮航空協會는 그간 조선의 새로운 항공 건설을 위하여 온갖 고난과 장애를 박차고 노력하여 오던 중 돌연 군정청으로부터 이유 모를 해산 명령이 내려 중대한 기로에서 방황 중이던 바 동 협회에서는 해산 명령이 내리게 까지 된 이면에 숨은 암약의 진상을 사회에 폭로하는 동시에 냉철한 판단과 선처를 요망한다는 다음과 같은 진정서를 1일 러취 군정장관과 뉴맨 공보부장에게 제출하였는데 이에 대한 앞으로이 추이가 극히 주목된다.

◇ 陳情書

航空의 사명은 근대국가 건설에 있어서 불가결한 중대한 과제임을 인식하고 朝鮮의 항공인 대부분을 망라하여 약 1천여 명의 航空關係者가 중심이 되어 작년 10월 6일에 朝鮮航空協會를 설립하고 조선의 새로운 航空建設을 도모함으로써 본 협회는 장래에 완전 독립될 朝鮮國家에 이바지하려고 하였던 것이다. 본래 본

협회가 설립되기 전에 본 협회의 趣旨書 及 飛行學校 설립신청서를 軍政廳 航空課長에게 제출하고 상담한 결과 同課長은 본 취지에 대하여 찬의를 표하는 동시에 朝鮮 航空을 위하여 많은 원조를 하겠다는 반가운 말까지 들려주었다.

그리고 한편 10월 초순에 본회의의 張德昌氏는 日本航空株式會社를 인계하려는 신청서를 제출하였던 바 역시 同課長은 이에 대하여 호의를 표하였다. 10월 12일에는 우선 敎育과 輸送에 장차 필요할 기재를 선택하여 정비하려고 汝矣島 飛行場 출입을 허락하며 또한 우리 항공인에게 유익한 훈화와 친절한 지도를 하여 주었던 것이다. 이리하여 우리는 충천한 희망과 구상을 가지고 朝鮮航空建設을 위하여 헌신하려 하였던 것이나 돌연 航空課長으로부터 우리 航空協會에 대하여 이유가 불명한 해산 명령이 내려 우리들 천여 명의 航空人은 어찌할 바를 몰라 玆에 閣下의 냉철한 판단과 선처를 바라고 진정하는 바이다.

外國을 살펴보건대 文化團體며 公益團體인 항공 민간단체로써 항공협회가 존립하여 있으며 어느 나라에서나 항공관계 官衙에서 협회를 지도 장려함은 悉知한 사실이온데 가장 민주적이며 또 朝鮮의 복리를 위하여 노력하여 주시는 聯合軍 美軍政航空課로서 본 처단은 우리로서는 이해키 어려우며 재고컨대 이것은 美軍政廳의 본의가 아니라고 생각한다. 이 배후에는 朝鮮同胞를 희생시키며 ○○○○을 만족시키려고 자기의 사악한 흉계의 지장이 되는 본 협회를 소멸시키려는 음모의 일단으로 추측되는 명확한 근거가 있으므로 상고하는 바이다.

本 協會를 해산시키려고 음모하는 魁首는 民族反逆者이며 소위 大東亞戰爭時의 朝鮮人으로서 倭政府에 충성을 다하여 인명을 제공하며 최대 최고도로 전쟁에 협력한 개인 욕망만 만족시키는 비인간인 愼鏞頊君이다. 그의 협력자는 愼君에게 買收되어 走狗가 되고 愼君에게 새 가면을 씌우고 사회에는 代表者로 되어 蠢動하는 (略) 尹致暎君이다. 本協會에서는 愼君과 尹君을 인신공격하고 중상하려는 것이 목적이 아니며 양인의 행동과 준동이 장래 朝鮮航空建設을 왜곡시키며 또 朝鮮航空人의 중의로 된 협회를 ○○하고 간악한 愼君과 尹君의 간계만을 승인함은 民福을 위하여 시정하옵는 軍政廳의 위신과 명예와 신뢰를 손상시키어 민중의 기대에 어그러질까 두려워서 이 경위를 軍政長官 閣下께 진정하는 바이다. 愼君에게 民族反逆者, 최대의 戰爭協力者라 함은 다만 수식하는 형용사가 아니고 이를 증명할 만한 충분한 사실이 있다.

民族反逆者로써의 愼君 行蹟

1930년 이래 愼君은 倭賊 航空課長과 동과원을 買收하고 賄賂와 妓生을 제공하여 간계를 씨워 政府補助金을 독점하여 조선항공사업사를 경영하여 왔었다. 同社內에 同胞와 倭人과는 막대한 차별대우를 하고 同胞에게 최소의 급료를 지출한 후 대부분의 보조금은 사복을 채웠습니다. 그리고 倭 海軍에게 징용을 자원하여 전선에서 희생된 同胞遺家族에게 보낼 弔慰金조차 충분히 지불치 안했다.

또 倭人에게는 朝鮮人은 倭帝國에 대한 국가관념이 적으니 皇民敎育을 철저히 해야겠다는 言辭를 1943년 9월 18일 每日新聞紙上에 발표하였으며 전쟁 중에 同胞 基督敎人은 전부 親美英靈이며 敵의 간첩이라고 倭人에게 선전하여 많은 박해를 하였다. 1944년 京城에서 MC형 여객기가 추락하였으며 倭人 조난자에게는 慰□을 좀더 賻儀金을 보내고 同胞 조난자에게는 후배인데도 위문치 않았다. 同胞의 航空計劃이 있으면 반드시 방해하고 간계를 꾸며 파괴시켰으며 많은 同志와 後輩를 謀反蹂躪하였다.

最大戰爭協力者로서의 愼君의 行蹟

所謂 大東亞戰爭이 일어나자 愼君은 왜적의 의욕을 동포에게 선전하며 사원들의 반대도 불구하고 倭海軍省에 가서 徵用을 자원하였으며 聯合軍 潛水艦을 哨戒코자 濟州道 海南島에 倭海軍 哨戒飛行을 실시하고 愼君은 倭海軍 佐官待遇로 있으며 倭 海軍機 □□를 받아 京城-福岡間의 軍□□□□□ 담당하였다. 1944년에는 朝鮮航空工業株式會社를 설립하여 倭海軍省에서 10만 원의 정비비를 받고 神風特攻機 海軍機 等을 제작하여 동포를 驅使하였다.

1945년 2월 20일 동 회사에서 제작한 海軍機 제1, 제3호기의 進攻式에서 우리는 飛行機生産을 하여 전쟁을 이겨야 한다하며 감격의 눈물을 흘리며 연설하였으며 倭將 古賀司令長官이 전사하였던 때 1944년 5월 5일 新聞紙上에 우리들은 반드시 敵 美英을 격멸시켜야 한다라는 의지를 발표하였다.

1944년 10월 28일 臺灣 沖繩에 聯合軍機動部隊가 출동하였을 때 倭人들은 격멸하였다고 보도하였다. 이에 대하여 愼君은 "B29나 B32 같은 것은 우리 新銳機 앞에서는 문제가 아니란 말이다. (略) 帝國海軍을 신뢰하고 폭약증산에 총분기하지 않으면 안된다. (略) 저기에 滅敵 神機가 있고 神風은 장엄히 일어나올 것이다" 하고 新聞紙上에 발표하였습니다. 이를 미루어 보면 愼君은 의식적으로나 무의식적으로 同胞를 提供한 親日派 戰爭協力者의 魁首임이 확연한 것이다.이러한 죄악을 범한데도 불구하고 해방후 愼君은 근신치 아니하고 다시 흉계를 꾸며 가면을 쓰고 나와서 航空界의 혼란을 일으키게 된 것이다.

8·15 이후에 愼君과 尹君의 非行

愼君은 해방 직후 일시 도망하여 잠재하였다가 聯合軍이 서울에 진주하는 9월 상순경에 이면 공작을 시작하고 英語가 능하고 政治背景을 가진 尹致暎君을 매수하여 大韓國際航空社에 대표 명의를 세우고 某 革命家의 令息을 總務部長 지위에 이용하여 愼君은 航空部長이라는 새 가면을 쓰고 과거 倭政時에 쓰던 간계와 야욕책을 반복하기 시작하였다. 大韓國際航空社는 其時 실질에 있어 人材도 機材도 없었으며 다만 朝鮮航空建設에 진력하겠다는 의지는 추호도 없었던 것이다. 과거 愼會社에서 근무하던 2, 30명의 종업원은 해방 후 전부 朝鮮航空協會에서 활동하고 있다. 其後 愼君은 종업원을 매수하려 부하를 시키어 동분서주하고 있었다. 1945년 10월 10일경에 航空課長代理와 協會側 수명과 愼君과 汝矣島飛行場 기재를 시찰하러 갔을 때 정비하면 사용 가능한 기재인데도 불구하고 協會側의 整備使用主張에 대하여 愼君은 "노굳, 노굳"이라는 한마디의 英語로 파괴를 주장하였다.

그러나 이에는 흉계가 있었던 것이다. 곧 정비하려면 愼君에게는 人材가 없는 관계상 착수치 못하여 허위가 폭로됨을 두려워한 것이며 한편 破鐵로 만들어 폭리를 남기려는 心底이었다. 이러는 이면에는 愼君은 과거 全朝鮮航空은 자기가 경영하였다고 과장하고 사망자를 열거한 허위의 인명부와 航空輸送計劃書를 航空課長에게 제출하고 일방 美人航空課長에게 모든 간책과 비합리적 수단을 써서 本協을 방해하기 시작하였다. 이 의지를 전달하고 옹호하고 선전하여 동포를 중상시킨 책임자는 통역인 李承晩博士의 秘書인 尹致暎君이다. 尹君은 李博士의 명예와 尹君 자신이 民主議院의 秘書長인 명예를 생각하여도 신중한 태도를 취함이 당연할 것인데 경거망동하고 다니는 것은 참으로 本協會에서 유감으로 생각하고 있는 바이다.

참으로 유감하다고 말하고 있다. 本協에서 同航空課長의 허가로 비행장에 출입하는 것도 이유 없이 정지당한 후 本協에서 출입치 못하는 사이에 愼君은 수명의 사원을 데리고 汝矣島 飛行場을 정비한다고 하고 飛行機를 파괴하고 알루미늄 뭉치와 破鐵을 불하 맡아서 商人들에게 막대한 폭리로써 매각하는 등 建國途上

에서 용서할 수 없는 이상과 같은 그 間의 동정을 本協에서 주목하고 있었든 것이다.

尹致暎君의 非人道的 破廉恥行爲

1946년 2월 6일 尹君과 愼君은 이유 없이 本協會分館을 尹君 자신이 수색하였으며 翌 2월 7일에는 本協會의 중요간부이며 우리 항공계의 선배인 張德昌氏가 8·15 이전부터 거주하시던 주택임에도 불구하고 역시 尹君 자신으로 가택수사를 하며 심지어 張氏 夫人의 핸드백까지 탐색하고 尹君이 張氏 가족을 右住宅으로부터 嚴冬雪寒에 축출케 하여 路上에 방황하게 한 비인도적 행위를 감행하였다. 1946년 2월 상순에는 航空課에서 本協會 인가신청서를 제출하라 하여 本協會長이 출두하여 서류를 제출하였음에도 불구하고 동년 2월 16일경 航空課에서는 아무 이유 없이 本協會가 종래부터 사용하던 사무소와 기재를 압수하며 금년 2월 19일엔 航空課長으로부터 本協을 해산하라는 도저히 民主主義國家에서 이해가 곤란한 명령이 내렸다.

本協會와 尹·愼兩君과의 關係

本協에서 이상과 같은 사실에 비추어 愼君의 改悛을 누차 권유하였으나 갈수록 그의 사악한 행위는 가중하여 갈 뿐 아니라 朝鮮의 건실한 航空界의 장래 발전을 壞損하고 있으므로 그의 反省改悛이 있을 때까지 本協에서 제명을 하였으며 또 尹君은 航空과는 아무 관계없는 사람일 뿐더러 불순한 利慾을 가지고 무뢰한적 존재인 愼君과 협력하고 있으므로 이도 또한 純正한 航空人과의 협력을 거절하였던 것이다. 이상과 같은 제반 경위를 명철하시고 공평하신 각하께옵서는 냉철히 판단하시와 善爲善處하여 주시옵기 바라며 玆에 진정하는 바이다. 1946년 3월 7일 朝鮮航空協會

당시 신용욱은 폭리 혐의로 경찰과 검찰의 조사를 받은 직후였다.[7] 『서울신문』에 진정서가 거의 그대로 실리자 신용욱은 『조선일보』 1946년 4월 6일 자 2면에 실린 '폭리 운운은 부당' 제하의 인터뷰에서 이렇게 말했다. "대한국제항공사는 내가 20년이나 개인으로 경영해오던 조선항공사업사를 이번에 명칭을 고치고 윤치영 씨를 사장에 내세워 모든 힘을 조선의 항공사업에 바치려고 한 것인데 협회의 태도는 나를 중상하며 사업을 방해하고 있다. 그리고 파괴한 비행기의 알미늄을 파철로 폭리를 취했다 하나 이도 부당한 말이다. 광공국에서는 1돈에 6천 원을 말했으나 나는 그것을 3천 원에 팔았을 뿐이다."

당시 당국자의 반응이 흥미롭다. 군정청 항공과 조상만 씨는 항공협회의 진정서 제출에 대해 아래와 같이 말했다. "금번 항공협회에 대한 해산 명령은 조선항공 건설의 장래를 위해서 매우 유감한 일이다. 외국의 예를 보더라도 항공 사상의 보급과 향상을 도모하여 문화단체이면서 공익단체인 민간 항공단체를 두고 이를 국가에서 지도 장려하고 있으며 우리 조선에 있어서도 앞으로 항공사업의 건전한 발전과 향상을 위해서는 이러한 항공단체가 필요하다. 따라서 항공인이 이에 분격함도 무리는 아니다."[8] 조상만 씨가 미 군정을 대표할 수 있었는지 불명확하지만 군정의 실무자 차원에서는 협회의 진정서를 완전히 무시하지는 않았다고 보인다.

금지령과 사리사욕, 항공 자산 파괴의 원인은?

같은 신문의 인터뷰에서 조선항공협회 간사를 담당하던 김석환(훗날 항공대 학장 역임)은 끝까지 불의에 맞서겠다고 전의를 불태웠다. 그는 "신군은 해방 전 자기가 범한 잘못을 깊이 반성하고 해방 후에는 응당 전비前非를 후회하고 근신하는 바 있어야 할 터인데 정계의 유력자를 앞잡이로 하여 야욕을 채우기에 급급한 나머지 순정한 항공인 단체인 우리 항공협회의 사업을 갖은 모략과 간책을 써서 방해하고 중상하여서 급기야는 해산까지 당하게 하고 말았으나 우리로서는 새 조선의 항공사업의 사명과 임무가 중대한 것을 철저히 느끼니만큼 목적이 달성될 때까지는 어디까지든지 싸우겠다"고 말했다.

김석환 항공협회 간사의 '끝까지 싸우겠다'는 의지는 성과를 내지 못했다. 일본이 남긴 항공기를 처리한 게 미 군정의 확고한 방침이었는지, 아니면 미군이 처음에는 조선항공협회를 우호적으로 대하다 신용욱의 사주를 받은 특정인의 영향으로 항공기를 파괴하고 협회를 해산했는지 여부는 끝내 미스터리로 남았다.

반면 신용욱은 위기를 겪는가 싶더니 잘나갔다. 1949년 2월 반민족행위 특별조사위원회에 체포되어 4개월여 옥고를 치르면서도 무혐의로 풀려나 건재를 과시했다. 1950년 5월 30일 치러진 제2대 국회의원 선거에서 무소속으로 입후보, 국회에 입성한 그는 1954년 자유당 공천으로 재선 고지에 올랐다. 재선 의원으로 국회 체신교통위원장까지 맡았다.

자연스레 일본군이 남긴 항공기 처분에 대한 논란도 의혹만 남긴 채 점점 사그라들었다. 항공인들의 꿈이 이뤄졌다면 한국의 항공산업은 나름대로 기반 위에서 시작할 수 있었다는 아쉬움을 떨치기 어렵다. 송석우가 『노고지리의 증언』에서 강조한 대로 항공인들과 신용욱이 힘을 합쳐 항공협회의 창립이념에 따라 SCAPIN 301호 같은 대일본 점령정책을 이 땅에서는 제외시키는 활동에 총력을 기울였다면 항공산업 발전은 물론 한국전쟁 초기의 패배를 피할 수 있었을 것이라는 미련이 남는다.

반면 해방 직후 38선 이북에서의 항공력 구축은 남한과 비교할 때 상대적으로 수월하게 진행된 것으로 보인다. 미 군정에 의한 일본 항공력(잔류 군용기) 소실과 달리 북한은 해방 이후 남겨진 일본의 항공력을 조종사 양성 및 항공인 교육에 적극적으로 활용했다.[9] 1945년 10월부터 북한은 신의주와 평양, 정주, 진남포, 청진비행장을 정비하고 다양한 분야의 기술자를 모집했다. 특히 신의주항공대가 항공력 결집의 중추적 역할을 맡았다. 신의주항공대는 민간단체로 출발했다. 1945년 10월 25일 일본비행학교 출신 20명과 중국비행학교 출신 10명, 만주 출신과 일본의 여러 공장에서 기술자로 일했던 정비 인력이 모여 민간단체를 결성한 게 첫걸음이다.[10]

인도네시아 공군박물관 소장 97식 전투기. 동체에 인도네시아 국기가 그려져 있다. '2식 고등훈련기 Ki-79'로도 불리는 이 전투기는 1937년부터 3386대 생산됐다. 식민지 조선에 설립된 3개 완성기 제작사 중에서 규모가 가장 컸던 박흥식의 조선비행기주식회사에서 생산(1945년 5월)한 기종이기도 하다. 운용국가로는 일본과 그 괴뢰국인 만주국 이외에도 태평양전쟁에서 일본 편에 섰던 태국이 있다. 주목할 대목은 종전 후 운용 상황이다. 일본과 전쟁에서 이긴 후 중국은 국민당군, 홍군을 가리지 않고 운용했다. 네덜란드와 독립전쟁을 치르던 인도네시아도 9기를 손봐서 써먹었다. 북한도 원산비행장에서만 27대를 훈련용으로 활용했다. 만주비행기제조㈜의 생산물량이 많아 남한에도 많은 수의 97식 전투기가 남아 있었지만 모두 폐기되고 말았다. 사진의 기체도 만주 생산분이다. 전후 일본이 남긴 항공 자산을 제대로 활용할 수 없었던 유일한 곳이 미 군정의 항공금지령이 유독 엄격하게 적용된 남한이었다./사진=위키미디어 커먼스

같은 이름, 다른 길의 남북 '조선항공협회'

해방 후 북한에서 결성된 신의주항공대는 방기된 일본제 95식 고급연습기를 수리해 신의주와 평양, 정주, 진남포를 운행했다. 신의주항공대는 보다 확대되어 '조선항공협회'[11]를 만들고 김일성을 회장으로 추대해 적극적인 관계를 맺었다. 김일성은 북한지역의 개별 항공협회 조직을 하나로 통합해 향후 북한군의 항공대로 신속하게 전환했다. 각 도시의 항공 조직을 조선항공협회로 통합하고 각 지역은 항공협회의 통일적인 지도 밑에 움직일 수 있는 구조를 만들었다.[12]

신의주항공대를 주축으로 하는 조선항공협회는 소련 점령군으로부터 아무런 제재를 받지 않았다. 오히려 소련 고문관인 마이오리 소좌의 지도를 받아 인민군의 항공대로 커나갔다. 교육 기간 3개월의 교육생 1, 2기를 모집해 400여 명의 인적 자원을 확보하고 1946년 5월에는 평양 근처의 용강비행장으로 이전해 '평양정치학원'으로 간판을 바꿔 달았다. 신의주항공대는 국내 교육을 마친 교육생들을 소련에 3년 8개월간 유학 보내 6·25 직전에 귀국시켰다. 국내에서의 교육은 주로 일본군 출신 조종 교관들이 맡았다.

북한에서는 친일파 청산이 철저하게 이뤄졌다고 알려졌으나 적어도 공군의 경우는 다르다. 해방 직후 처음 창설된 신의주항공대에는 일본군 출신이 대거 참여했다. 물론 학생들은 사상 검증을 받은 청소년들로 구성됐지만, 평양학원 항공과로 개편된 이후에도 인적·물적·운용적 측면에서 식민지 유산이 지속되었다. 북한 공군이 소련군 식으로 편성이 완료된 이후에도 일본군 출신은 여전히 조종사와 상급 군관으로 근무했다. 일본군 출신들은 개전 당시에도 전투기 조종사와 지휘관으로 직접 참전했다.[13] 일본군 출신이 정리, 숙청된 것은 한국전쟁이 끝나고 북한 내 권력투쟁에서 김일성의 권력이 확립된 이후로 알려졌다. 이름은 같았지만 다른 길을 걷게 된 남북의 '조선항공협회'의 행적 차이는 한국전쟁 개전 초기 절대적인 열세로 뼈아프게 나타났다.

북한의 조선항공협회(북조선인민항공협회로 개칭)가 펴낸 월간지 '인민항공' 1949년 7월호(이미지 왼쪽)와 소책자 '모형항공기 공작법'의 표지(오른쪽). '인민항공' 지는 1948년 창간 이래 지속적으로 발행됐다. 창간호와 2호 발간을 끝으로 종적을 감춘 남한 조선항공협회(대한항공협회로 개칭)의 기관지 '항공 조선'의 운명과 대조적이다. '모형항공기 공작법' 역시 112쪽 분량의 소책자지만 남한에서는 펴내지 못했던 책이다. 해방 직후 항공에 대한 남북한의 인식 차이는 이토록 컸다. 같은 이름(조선항공협회)이었지만 남한의 협회는 미군정의 견제와 압박에 눌린 반면 북한의 협회는 권력의 지원 아래 적극적인 활동을 펼쳤다. 북한의 항공협회와 항공에 대한 인식에 대해서는 보다 전문적인 연구가 필요하다./이미지=국립중앙도서관

주

1) 송석우, 『노고지리의 증언』, 157쪽에 수록된 이 사진은 다른 자료에서는 찾을 수 없는 희귀사료다.

2) 이근석, 김영환 두 조종사는 '공군 창설 7인' 멤버로 이근석은 무스탕 전투기를 인수한 뒤 첫 지상 공격 임무에서 전사해 준장으로 추서됐다. 김영환은 공비 토벌을 위해 해인사를 폭격하라는 명령을 거부해 팔만대장경을 지켜낸 주인공이다.

3) 인도네시아를 지칭.

4) 신용욱에 대한 평가는 이처럼 극과 극으로 엇갈린다. 공적과 과오가 그처럼 교차하는 인물도 흔치 않다.

5) '국립항공회사 발족', 『조선일보』 1946년 2월 12일 자. 2면.

6) 『대한민국 항공사 1913~1945』, 대한민국항공회, 2015, 287쪽.

7) '신용욱을 취조', 『동아일보』 1946년 3월 17일 자 2면. "조선항공공업회사 사장 신용욱은 폭리 혐의로 수일 전부터 본정서에서 불구속으로 취조 중이었는데 다시 서울검사국에 소환되어 방금 취조를 받는 중이다."

8) '분격도 무리는 아니다', 『조선일보』 1946년 4월 6일 자, 2면.

9) 김정렬 공군 초대 참모총장이 육군 항공사관학교(공군사관학교 전신) 교장으로 재임하던 1949년 4월, 북한의 기습적 남침을 예상하고 자비로 발행한 소책자 『항공의 경종』 제2장 '북선北鮮의 항공 세력'에서는 "북한 공군이 원산에서 일본제 97식 전투기 27기로 전투 훈련을 하고 있다"는 대목이 나온다.

10) 김경록, 「해방 이후 남북한의 공군력 인식과 한국전쟁 준비 과정」, 『軍史』 67호, 2008년 6월, 189쪽.

11) 남북한에서 통합된 민간 항공단체의 이름은 똑같이 '조선항공협회'였다. 그러나 남한의 조선항공협회가 견제받고 해체된 데 비해 북한의 조선항공협회는 군사조직으로 확대 발전을 거듭했다.

12) 김경록, 앞의 논문, 190쪽.

13) 김선호, 「북한 공군 창설 과정을 통해 본 식민지 유산의 연속과 단절」, 『현대북한연구』 15권 2호, 북한대학원대학교 북한미시연구소, 2012, 249쪽.

10. 미 군정의 민간단체 '조선항공협회' 해산 이유

　미 군정이 조선항공협회에 해산 명령을 발동한 이유는 명분과 실리 두 가지 차원으로 해석된다. 먼저 사회를 혼란 상태로 판단하고 법률에 따랐다. 법이라는 명분에 근거해 해산 명령을 내린 것이다. 「군정법령」 제28조에는 "여하한 자者와 단체라도 여하한 종류의 경찰 육·해군 군사 활동의 소집훈련 조직 준비 또는 경무 군무국의 관할에 속하는 행동을 행사치 못한다. 국방 사령관 혹은 국방 사령관이 인정한 그 권리부여 대행 기관의 서면 인가를 득할 시에는 제외한다"고 규정돼 있다. 1945년 9월 8일 38도선 이남에 진주한 미군은 8월 15일 이후 한반도의 정세가 무질서 상태라고 평가했다. 주한미군 참모회의에 따르면 경찰은 활동 중지 상태이며, 치안대 요원들이 공장을 강탈하고

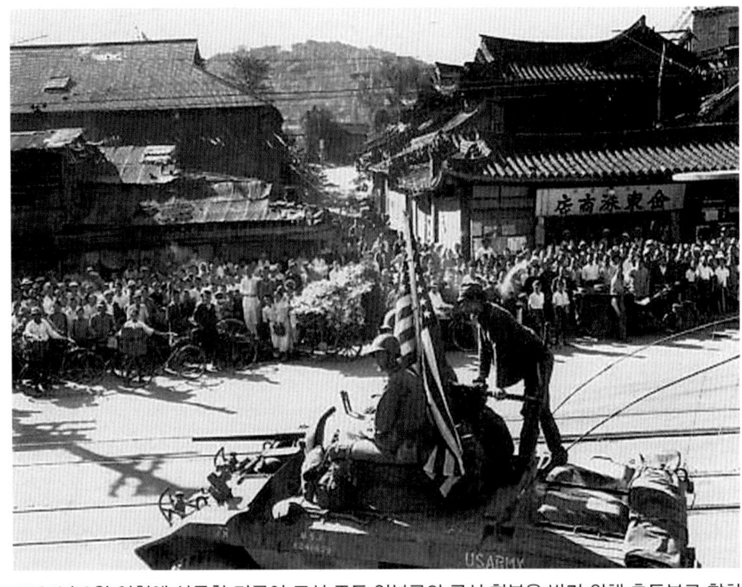

1945년 9월 인천에 상륙한 미군이 조선 주둔 일본군의 공식 항복을 받기 위해 총독부로 향하는 장면. 미 국립기록물 관리청이 보관 중인 이 사진을 자세히 보면 당시 상황이 엿보인다. 미군 병사 두 명이 주행 중인 M-8 그레이하운드 차륜형 장갑차 위에서 시내를 구경하고, 뒤에서 다른 군복과 군모를 착용한 군인이 안내하고 있다. 군모 형태와 장화, 허리에 찬 칼과 머리 길이에 미뤄 장교인 듯한 일본군의 모습에서 항복하는 군대의 장교로서 긴장을 찾기 어렵다. 한 손은 장갑차의 부무장인 M-1919 기관총의 총신을 잡고 다른 손은 포탑에 기대어 비스듬히 구부린 자세가 항복하는 군인으로 보이지 않는다. 눈여겨볼 대목은 거리의 사람들이다. 군중 사이에 하복에 소총을 소지한 일본 군인들이 보인다. 조선 민중들의 반응은 덤덤할 뿐이다. 환영하는 기운이 느껴지지 않는다. 여기에는 이유가 있다. 미군 진주 직전인 9월 5일 조선총독부는 담화를 통해 "미국은 민중 환영 등 의례적인 행사를 희망하지 않는다"고 발표했다. 미 제7보병사단이 인천에 내린 9월 8일 인천경찰서는 미군의 지시라며 통행금지령을 내렸다. 미군 일부가 환영 군중에게 적대적인 반응을 보였다는 소식이 전해지고 서울 거리의 군중들은 애써 무표정으로 미군을 바라봤다./사진=미 정부문서관리보관소.[2]

있다고 했다.[1]

갑자기 찾아온 해방이 반가웠지만 만세 소리는커녕 환영 의사를 나타내기도 어려웠고, 왜 그러면 안 되는지도 제대로 파악하지 못했던 일반 시민처럼 항공인들도 미 군정의 정확한 의도를 읽지 못한 것으로 보인다. 항공인들은 구 일본군의 항공기 인수를 갈망했지만, 미군이 원하는 것은 '안정적인 치안 확보를 위한 현 상태 유지'였다. 미군은 또 조선을 점령지로 인식했고 일본 패전에 조선인들이 기여한 것은 거의 없다고 인식했다. 일본의 전쟁 수행을 도운 일본의 일부로만 여겼을 뿐이다.

최대 목표는 치안 확보, 유사 군사단체 불인정

미 7사단장 아놀드 소장은 9월 10일 "조선인 일본인 기타 누구를 불문하고 무기를 가지고 소동을 일으키는 것은 절대로 불가하니 무기를 가진 단체 혹은 개인은 속히 미군 당국에 수납하라"고 말했다.[3] 공보 담당 헤이워드 중령은 "당분간 경찰 조직을 그대로 이용하며, 현재 귀향 군인 또는 귀환 학도들이 치안대라 하여 경찰의 임무를 하고 있는데 앞으로는 이러한 일은 금지할 방침"이라고 강조했다.

진주하자마자 사설 군사단체를 주의 깊게 관찰한 미 군정은 9월 23일 「군정법령」 제3호를 공포해 일반인의 무장해제와 무기, 탄약 또는 폭발물의 불법 소유를 금지하고,[4] 9월 29일에도 「군정법령」 제5호를 공포하여 일반인의 무장에 대한 처벌을 강조하며 사설 군사단체를 압박했다.[5] 미 군정은 마지막 단계로 「군정법령」 제28호에 의거, 주한 미 군정의 해산 명령을 거부하고 활동을 계속하던 사설 군사단체를 1946년 초 군정 경찰을 동원해 해산시켰다.

미군은 이 시기를 속아내고 미래를 준비하는 과정으로 삼았다. 남한 주둔 2년 차에 들어선 1946년은 군정청이 여러 차례 강조한 대로 범죄가 절반으로 감소하는 등 치안이 나아지는 상황이었다. 단 하나, 1945년 말부터 시작된 신탁통치 반대 운동은 날이 갈수록 거세졌다. 미군은 이런 여건에서 군대 창설 계획인 '뱀부 (Bamboo) 계획'을 수립하고 사전 단계로 유사 군대와 사설 군사단체를 정리했다.[6]

해방 직후 최대 군사단체였던 국군준비대의 1945년 12월 26일 전국지도자대회. 서울 중앙학교에서 열린 이 대회에서는 광복군을 비롯한 모든 군사단체와 통합 추진을 의결했으나 1946년 1월 미군정의 유사군사단체 해산령에 따라 흩어졌다. 조선항공협회도 이때 유사군사단체로 지목돼 해산령이 적용됐다.

예비 조선국군 준비대 관련 기사 『자유신문』 1945년 11월 14일자 2면(왼쪽)
예비 국군준비대 특집 기사 『자유일보』 1946년 1월 1일자 5면(오른쪽)

구 일본군 항공기 파괴 이후 자체 동력 실종

미 군정의 큰 그림 아래 유사 군사단체로 간주된 조선항공협회는 설립 당시의 희망과 달리 해체의 길을 걸었다. 군정청은 처음부터 항공인들과 생각이 크게 달랐다. 조선항공협회를 중심으로 하는 항공인들의 의구심처럼 일부 불순한 의도를 가진 사람들이 미군을 현혹했을 가능성도 있지만 미군은 애초부터 신생 한국의 비중을 크게 생각하지도, 공군이 필요하다는 판단도 하지 않았다. 한국 군대 창설의 밑그림을 그릴 때도 항공 전력에 대해서는 전혀 고려가 없었다.

항공인들의 꿈은 대한민국 정부 수립(1948년 8월 15일)을 앞두고야 비로소 작게나마 현실로 다가오기 시작했다. 또 애초에 꿈꿨던 '강력한 항공 전력 구축' 역시 소망으로만 남았다. 일본이 남긴 항공기를 성장의 자양분으로 활용할 기회가 원천적으로 막힌 이후 자체적인 역량이 거의 없었다. 원조를 바라볼 수 있던 유일한 대상인 미국은 신생 한국의 공군력을 확충할 필요를 전혀 느끼지 않았다.

대한민국은 항공 전력 확충과 항공산업 배양이라는 항공인들의 두 가지 꿈이 뭉개진 대가를 톡톡히 치렀다. 북한의 기습으로 시작된 한국전쟁 초기 국군은 육군 제6사단의 춘천 지역 전투를 빼고는 처절하게 밀렸다.

1) C. L. 호그, 신복용·김원덕 옮김, 『한국분단보고서 (상)』, 풀빛, 1992, 183쪽.

2) 몇몇 사료에서는 이 사진에 "조선총독부 건물로 가기 위해 종로의 김동수 상점 앞을 지나가는 미군 장갑차와 환영하기 위해 나온 시민들"이라는 설명을 달았지만 사실과 다르다. 인천에 상륙한 미군이 총독부 건물로 가려면 종로를 지날 필요가 없다. 결정적으로 사진 속 김동수 상점은 종로가 아니라 남대문에 있었다. 김동수는 1930년대부터 포목점을 운영했다. 사진에 보이는 뒷산은 지금은 도서관이 자리 잡은 남산 자락으로 보인다.

3) '자주독립까지 과도기 단축을 기대', 『매일신보』 1945년 9월 11일 자, 1면. 진주군인 미 제7사단 MG 아치볼드 5세 아놀드 소장은 10일 조선호텔로 한국인 유지 50명을 초빙한 간담회에서 "빠른 자주독립을 기대한다"고 운을 뗐지만 "주둔군에 절대복종, 경솔한 행동 자제, 치안 유지를 위한 무력 행사 불사" 등을 더욱 강조했다.

4) 한국법제연구회 편, 『미 군정법령 총람』, 123쪽.

5) 한국법제연구회 편, 앞의 책, 125쪽.

6) 노영기, 「주한미군의 對韓 정세 인식과 창군 계획 – 사설 군사단체에 대한 대응과 뱀부 계획의 입안 과정을 중심으로–」, 『한국민족운동사 연구』 45, 2005, 161~174쪽.

11. "무스탕 전투기 20대만 있었더라면……"

6·25전쟁 직전 남북한 전력 비교표. 심각한 열세인 가운데 공군력과 기갑전력의 차이가 가장 크게 벌어진 상태에서 전쟁을 치렀다. /국방TV 화면 캡처.

불과 20여 대의 정찰기로 전쟁을 맞다

한국군은 소련의 막대한 원조 아래 군비를 갖춰 나간 북한에 비해 현격한 열세로 전쟁을 시작했다. 장비 보유는 물론 병력에서도 뒤졌다. 더욱이 조선인민군에는 전투 경험자가 많았다. 국공내전에 참여했던, 조선인 청년으로 구성된 홍군(팔로군) 소속 3개 사단이 장비를 갖고 군복만 갈아입은 채 조선인민군으로 편입됐다.[1] 특히 기갑전력과 공군력 격차가 가장 심했다. 연락기만 보유하던 한국 공군은 국민의 헌금으로 사들인 T-6 훈련기를 도입했으나 교육도 마치지 못한 상태였다.

탱크를 앞세운 인민군은 파죽지세로 서울을 점령했다. 초대 공군 총모총장(당시 명칭은 총참모장)을 맡은 김정렬 장군은 개전 직후 "무스탕 전투기가 20대만 있었다면 육군으로 하여금 전차 공포증에 걸리지 않도록 하고, 아군의 사기를 올려 그 같은 치욕적인 참패를 하지 않았을 것"이라고 말했다.[2]

한국의 항공기 지원 요청을 공격용이라 우려해 거부

그렇다면 '왜 한국 공군은 그토록 약한 상태에서 개전을 맞이할 수밖에 없었나'라는 의문이 남는다. 실은 대통령부터 끊임없이 노력했다. 그러나 성과는 없었다. 신생 한국이 자체적으로 공군을 육성할 경제력이 사실상 전혀 없는 상황에서 이승만 대통령은 미국에 전투기 공급을 끈질기게 요청했다. 다만 방법이 서툴렀다. 미국은 한국의 진정성을 의심했다. 항공기를 제공하면 북한을 치기 위해 먼저 전쟁을 일으킬 것이라고 우려했다.

애초에 미국은 한국에 공군력을 운영할 생각이 없었다. 해방 직후 항공단체들의 활발한 활동과 청원에도 아

1950년 7월 3일, 처음으로 출격해 임무 완료 후 착륙 중인 한국 공군 소속 F-51. 첫 출격에서 무스탕은 노량진에서 적 전차 2대와 차량 3대를 격파하는 전과를 올렸다. 그러나 베테랑 조종사이며 공군 창설 7인의 한 사람인 이근석 대령(순국 후 준장 추서)이 첫 출격에서 전사했다./사진=공군

랑곳없이 미 군정은 공군 창설에 반대 입장을 보였다. 1945년 11월 13일 통위부(국방부의 전신)를 설치하면서 국방경비대에는 공군이 필요하지 않다며 조선경비대(육군)와 해안경비대(해군) 설치만 인가했다.[3] 통위부와 조선경비대 예하 항공부대, 항공기지부대로 개칭하며 수령한 비행기가 연락기에 그쳤던 것도 이런 연유에서다.

미국의 안일한 판단과 달리 국내외 정세는 숨가쁘게 돌아갔다. 마오쩌둥의 홍군이 국민당군과 국공내전에서 승리하며 중국대륙이 붉게 물들었다. 군사고문단도 철수할 움직임을 보였다. 정부 수립 직후부터 이승만 대통령은 미국에 군사원조를 줄기차게 요구했다. 그러나 미국은 이를 터무니없는 요구로 여겼다. 물량이 예상보다 컸기 때문이다. 한국 정부가 1948년 11월 전달한 항공기 원조 요청 규모(아래 표)는[4] 훈

❖ 한국 정부의 항공기 원조 요구 목록(1948. 11. 25)

1949년 3월 말까지 인도		1949년 말까지 인도	
기종	대수	기종	대수
T-6	25	PT-17	30
AT-10 or C-45	5	T-6	50
P-51	55	AT-10 or C-45	20
B-25	12	P-51	120
C-47	3	B-25	25
-	-	C-47	5
총계	100	총계	250

*출처: NARA RG 338, Box 105, Records of the United States Army Force in Korea Lt. Gen john R. Hodge Official File. 1944~48. "Recommendation for Proposed Organization of Regular and Reserve Army for South Korea"(1948. 11. 27.)

련기와 전투기, 수송기, 폭격기 250대에 이르렀다.

미국은 한국이 요구하는 항공기의 용도를 공격용이라고 여겼다. B-25는 미국이 태평양전쟁에서 일본 본토를 최초로 공습한 '둘리틀 작전'의 주역으로 북한 전역을 선제공격할 수 있는 기종이었다. B-25 폭격기를 37대나 보유하겠다는 요청에 미국은 진의를 의심했다.

제주도와 여수 순천에서 좌익의 준동과 반란을 토벌한 직후 "북한으로 밀고 올라가 공산당을 토벌하고 한만 국경으로 몰아넣어 굶겨 죽여야 한다"는 이승만 대통령의 발언을 익히 알고 있던 미국은 이승만 정부가 군사원조로 공군력을 키워 북진통일에 활용하면 지역 안보에 해가 될 새로운 긴장이 조성될 것이라고 우려했다.

조종사·정비사도 없이 과다 요구한 면도

한국 공군 내부의 여건을 감안할 때 원조 요청 수량이 과도한 측면은 있었다. 연락기 16대만 운용하던 항공기지사령부(당시는 육군 소속)가 두 차례에 걸쳐 폭격기와 전투기, 수송기 250대를 원조받을 경우 연료비 부담과 정비 소요를 감당할 수 있느냐는 문제가 있었다. 무엇보다 조종사와 정비사도 부족했다. 원조를 요청하며 한국은 80명의 숙련 조종사와 예비 조종사 150명이 있다고 주장했지만, 미 공군은 한국의 조종사는 30여 명에 불과한 것으로 파악하고 있었다.

물론 미국 정부 안에서도 한국 공군 창설을 위해 최소한의 원조가 필요하다는 인식은 있었다. 무쵸 주한 미 대사는 제한적 원조가 필요하다는 공문을 1949년 5월 3일 국무부에 보냈다. 요지는 "한국이 공군

한국이 정부 수립 직후 미국에 전달한 원조 요청 목록에 포함된 B-25 미첼 쌍발 중형폭격기. 제2차 세계대전 동안 1만여 대가 생산돼 인도네시아에서는 1979년까지 쓰였다. 한국은 재고 물량이 많은 이 기체를 37대 원조해 달라고 요청했으나 받아들여지지 않았다./사진=위키피디아

을 운용할 능력이 없지만 기회를 박탈해서는 안 되며, 연락용 항공기 20대와 단발 엔진 트레이너(AT-6 ·
한국이 국민 모금으로 도입한 '건국호'와 같은 기종) 15대, 수송기(C-47) 5대는 원조할 필요가 있다"는 것이었
다. 무쵸 대사는 "이런 정도의 원조가 제공될 때, 앞으로 한국의 과도한 항공기 원조 요구를 미연에 방지
할 수 있고, 이 대통령과 향후 미군 철수에 대해서도 쉽게 협상할 수 있을 것"이라는 부연 설명도 달았다.[5]

무쵸 대사의 요청에 대해 미국 정부는 즉각 답신을 보냈다. 불가능하다는 것이다. 같은 해 5월 30일 자
로 발신된 '주한미군 철수와 관련, 애치슨 국무장관이 무쵸 대사에게 보낸 전문'을 통해 애치슨 국무장관
은 "한국에 추가 함정이나 항공기 제공은 전혀 불가능하다"는 입장을 재확인했다. 1급 비밀(330호)로 지
정된 전문에서 애치슨은 "군사적 지원을 요구하는 한국이 처한 위험한 상황의 본질을 충분히 인정하지
만, 한국을 돕는 것을 주저해서 그런 것이 아니라 미국에 집중되는 전 세계적인 군사적 지원 요구가 감당
하기 어려울 정도로 많다는 단순한 사실 때문"이라고 설명했다. 애치슨은 "한국이 요구하는 군사원조는
2억 달러가 넘지만 배정된 금액은 1100만 달러"라는 점을 상기시켰다.[6] 애치슨 장관은 "한국은 원조 우
선순위가 아니다"라는 점을 에둘러 말하며 한국에 배정된 원조 금액(1100만 달러)은 '극비'라고 강조, 사
실상 무쵸 대사의 입을 막았다.

한국군 수뇌부에서도 엇박자가 났다. 육군 총참모장대리 채병덕은 제헌국회 본회의에서 「국군조직법」
초안과 관련한 질의응답에서 "왜 공군 창설이 빠졌느냐"는 질문에 "항공기를 탈 줄 아는 조종사가 10명
밖에 안 돼서 그렇다"고 답변한 적도 있다.[7] 결국 한국의 원조 요청은 받아들여지지 않았다. 원조요청서
를 통해 한국이 항공기만 부족한 게 아니라 조종사 수급과 운영은 물론 항공력에 대한 기본적인 이해조차
부족하다는 인상을 남겼다. 폭격기 등 사실상 운영이 어려운 항공기까지 무작정 많이 달라고 요청하는 통
에 최소한의 전투기 물량까지 고려 대상에서 아예 빠진 셈이다.

한국 공군의 항공기 확보가 답보 상태였던 반면 북한의 항공 전력은 나날이 증강됐다. 소련의 군사원
조로 북의 공군력이 심상치 않다는 정황 보고는 미국에도 올라갔다. 1949년 말 이승만 대통령은 다시금
미국에 도움을 구했다. 이번에는 요청 목록의 내용이 전혀 달랐다. 무엇보다 요구하는 수량이 이전보다
크게 줄었다. 미국의 반응 역시 이전과는 달랐다. 조력자도 많았다. 무쵸 대사는 "장거리 정찰기 6대는 불
필요하며 수송기는 3대면 충분하다는 점만 빼고는 이승만 대통령의 요구는 적절한 것이라고 생각된다"
며 "주한 미 군사고문단장, 공군 무관의 견해도 마찬가지"라는 의견서를 붙여 국무부에 보고했다.

그러나 주한 미국대사와 군사고문단의 생각과 달리 워싱턴 정가는 한국의 공군력 건설 자체를 여전
히 부정적으로 여겼다. 김정렬 공군 초대 총참모장의 회고에 따르면 우리 군의 창군 시기에 미국은 전투
기 공급 여력이 충분했다. 제2차 세계대전이 막 끝난 시점이었기에 미국 입장에서 전투기는 공급 과잉 상
태였다. 미국은 이때 아르헨티나에 전투기를 단돈 1달러씩에 넘긴 적도 있다. 하지만 우리는 미국의 그런
호의를 기대할 형편이 아니었다. 원조가 불가능하다면 직구매로 전투기를 확보하겠다며 미국의 항공기
제작회사와 교섭했지만, 부정적인 반응이 돌아왔다. 어쩔 수 없이 한국은 미국 이외의 나라로 눈을 돌릴

❖ **한국 정부의 항공기 원조 요구 목록(1949. 12. 2.)**

유 형		보유 (예정)량	총요구량	1950.4	1950.7	1950.10	1950.12	총계
정찰기	L-4	8	0	0	0	0	0	8
	L-5	6	15	0	5	5	5	21
훈련기 AT-6		10	20	0	5	5	10	30
수송기 C-47/C-46		0	9	0	3	3	3	9
장거리 정찰기		0	6	0	2	2	2	6
F-47/F-51 전투기		0	25	6	19	0	0	25
총 계		24	75	6	33	15	20	99

＊출처: RG 330, Box 68, 330.6 Records of the Office of the Assistant Secretary of Defense(1944~67), 330.6.2 Records of the Office of Military Assistance. Entry 18, "Proposed United States Assistance Program for The Korean Air Force"(1949. 12. 2).

수밖에 없었다. 당시에도 2선급 훈련기인 AT-6 고등훈련기를 캐나다에서 들여온 이유도 이 같은 한국의 공군력 증강에 대한 미국의 부정적 인식이 컸던 탓이다.[8]

미국으로부터 공군기 도입 길이 막힌 이승만 대통령의 선택은 제3국에서의 구매. 한국전쟁 발발 1년 전인 1949년 6월, 미국 정부의 입장 변화만을 기다릴 수 없다는 판단 아래 김정렬 육군 항공사관학교장과 이근석 비행부대장을 일본에 파견, 주일 대표부를 통해 미국에서 항공기를 구매하는 방안을 소리 없이 추진했다. 그러나 이들의 일본 출국 직전 비밀이 누설돼 이마저 좌절되고 말았다. 이 대통령은 마지막으로 국민 모금 방안을 꺼냈다. 마침 해군 장병들의 성금으로 함정을 구입한 모금 운동[9]의 영향으로 1949년 9월 15일 정부 수립 후 최초의 항공기념일을 맞아 국민이 돈을 모아 애국기를 헌납하자는 논의가 일었다.[10] 정부는 같은 달 21일 열린 제84회 국무회의에서 '국방 항공기 기금 모집에 관한 건'을 의결했다.[11]

재소자까지 참여한 '애국기' 헌납운동

국민은 항공기 헌납 운동에 열화와 같은 성원을 보냈다. 불과 4개월 만에 목표액을 넘는 3억 5000만 원이 모였다. 모든 공무원과 군인들이 월급의 10%를 공제한 2000만 원이 마중물이었다. 어린 학생들은 물론 교도소의 재소자들까지 돈을 보탰다. 한때 좌익이었던 인천 소년형무소 재소자 480명은 국방부 장관에게 "비록 영어의 몸이나마 우리도 대한의 아들임에 틀림없습니다"라는 내용의 편지와 함께 10만 8000원을 보냈다.[12] 정부는 국민 성금으로 미국과 신형 항공기를 구입하기 위한 교섭을 벌였다. 그러나 미 행정부는 한국에 대한 항공기 판매정책이 없다면서 거절했다. 결국 캐나다가 면허생산한 T-6G 10대

6.25 전쟁기 한국 공군 T-6 건국호. 기체에 무장이 전혀 없어 비행 교육 중인 것으로 보인다. 수직 꼬리날개의 기체 식별 번호 '107'로 미군 원조품이 아니라 국민의 성금으로 캐나다에서 도입한 기체가 확실하다. 다만 동체 중앙에 그려진 한국 공군 마크는 6.25 전쟁 도중에 기체를 새로 도장하면서 그려 넣은 것으로 보인다(건국호 명명식에서는 둥근 태극 문양만 그렸다). 한국이 구입한 건국호는 캐나다의 Canadian Car & Foundry가 면허 생산한 T-6 Harvard Ⅳ기종으로 흔히 알려진 것과 달리 중고가 아니라 신품을 들여왔다. Canadian Car & Foundry사는 제2차 세계대전이 끝난 뒤인 1946년부터 1955년까지 동종의 기체를 555대 면허생산했다(캐나다 Noorduyn사는 1942년부터 종전까지 T-6 Harvard II.B라는 형식명으로 2557대를 면허생산, 영연방국가들에 공급한 실적이 있다. T-6 시리즈의 총생산량은 1만 5495대에 달한다). 1935년 초도비행 당시부터 훈련기 용도로 설계된 기체가 1955년까지 생산됐다는 점은 T-6기의 신뢰도가 높았다는 방증의 하나. 신생 한국 공군은 국민 성금으로 사들인 건국호를 막 전력화하는 시점에서 6.25 전쟁을 맞았다./사진=공군

를 신품으로 들여왔다.[13]

　　주목할 대목은 캐나다와의 교섭과 계약도 한국 정부 대신 개인 명의로 진행됐다는 기록이 있다는 점이다. 비행사 출신으로 일제강점기에 항공기 제작회사(조선항공기공업)를 운영했던 신용욱 대한국민항공사KNA 사장이 개인 명의로 일본에 주재하던 에어 캐리어AIR CARRIER사 극동대리점과 30만 달러(당시 원화 1억 9000만 원)에 계약했다는 것이다.[14] 당시 신용욱은 반민족행위처벌 특별위원회에 친일 혐의로 기소, 구속됐다가 1949년 3월 무혐의로 풀려난 후 항공사 경영에 전념하던 시절이다. 신용욱이 '건국호' 도입을 맡았다는 기록은 다른 곳에는 없지만, 『공군사』 자체가 정부 기관이 공식 간행하는 공간사公刊史인 데다 신 씨 개인의 일본 인맥을 고려하면 신빙성이 적지 않다.[15]

　　일선 전력으로 간주할 수 없는 훈련기 T-6기를 어렵사리 도입한 뒤에도 한국 정부는 미국을 의식하며 안심시키려 노력했다. 이승만 대통령은 1950년 5월 14일 '건국호' 명명식 및 축하 비행에 보내는 축사를 통해 "우리 공군이 지금 시작이니만치 계속 확장해서 곧 열 갑절로 늘릴 것"이라면서도 "모든 우방에게 고하노니 이 비행기 열 대를 장만한 것은 남의 나라나 강토를 침범하려는 것이 아니며 지금의 10배를 도입하더라도 오직 국방을 준비하는 데만 쓰겠으니 우리에게 우려할 것이 조금도 없다는 것을 보장한다"

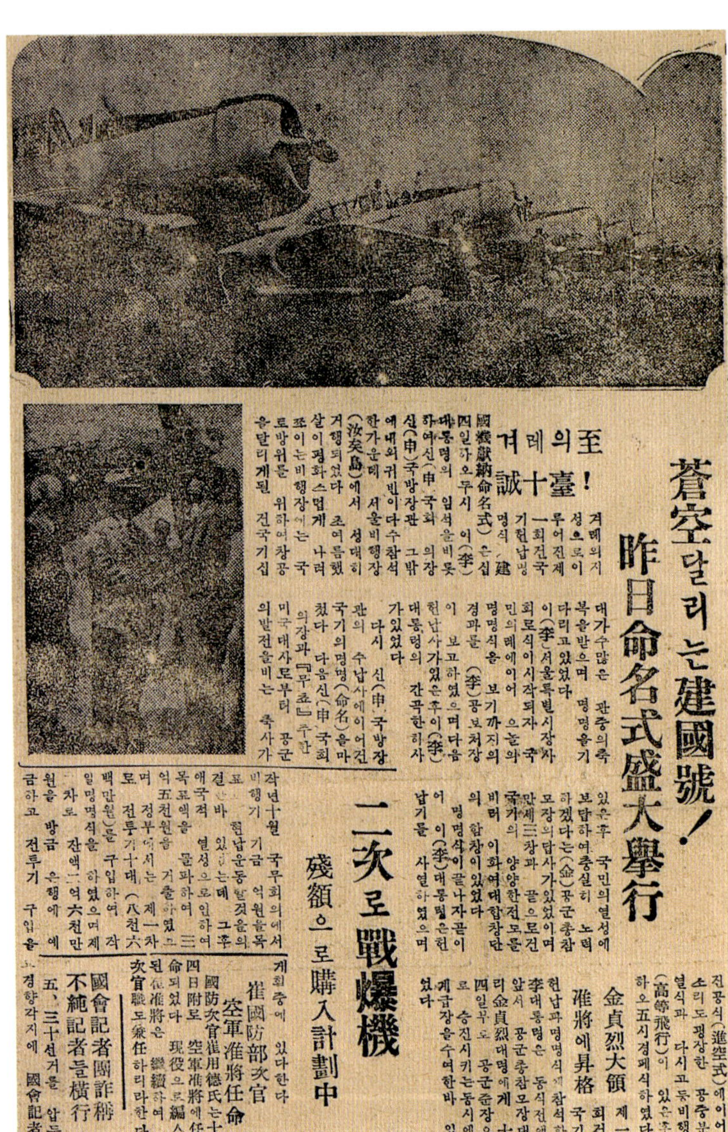

건국호 명명식을 보도한 『자유신문』 1950년 5월 16일 자 2면 기사. 이승만 대통령은 '국민들이 정성을 모은 헌금의 일부만 사용한 만큼 남은 모금액으로 전폭기를 구매하겠다' 라고 밝혔다./대한민국 신문 아카이브

고 말했다.

이 대통령은 특히 "피 흘리지 않고 평화적인 통일을 추구하며 아직도 우리에게 무기를 준다면 전쟁을 시작할 위험이 있을 줄로 생각하고 무기를 줘서는 안 된다는 사람이 있다면 이는 공산당과 쏘련을 지지하는 의도로 볼 수밖에 없다"고 강조했다.[16] 10분 분량이 안 되는 축사의 절반가량을 들여 "전쟁할 생각이 없다"고 거듭 밝힌 이유는 한국의 북진통일을 의심하는 미국을 안심시키려는 의도로 풀이된다.

미국이 한국에 대한 군사원조, 특히 군용기 지원을 꺼렸던 현실적인 이유가 하나 더 있다. 잇따른 월북 사건으로 미국이 한국군을 신뢰하기 어려웠기 때문이다. 1948년 11월 18일 오전 항공기지사령부 비행부대 소속 백흠룡 일등중사가 L-4 정찰기를 몰래 타고 북한으로 도망쳤다. 일본 육군소년비행병 학교 15

기(乙) 출신인 백흠룡의 월북 후 조사에서 남로당 핵심당원이었다는 사실이 밝혀졌다. 염원하던 대한민국 정부 수립과 항공기 인수, 서울 상공 시범비행 직후여서 충격이 더욱 컸다. 두 번째 월북 사건은 공군 독립 직후인 1949년 11월 23일 터졌다. 정비장교 이명호 소위가 L-5 조종사를 권총으로 위협해 기수를 북으로 돌린 것이다.[17] 미군은 월북이 빈발하는 한국군에 최신예기는커녕 구형 비행기조차 원조를 꺼렸다.[18]

당시 한국 공군이 좌익사상에 물든 조종사나 정비사에 의한 월북을 극도로 경계했다는 사실은 '건국기'의 운영에서 엿볼 수 있다. 공군은 '건국기' 10대를 금지옥엽처럼 다뤘다. 국민 성금으로 도입된 한국 공군의 최상위 기종인 데다 기종 전환 교육을 통한 기체 적응이 완전하지 않다는 점도 작용했지만, 혹여 T-6 건국기가 월북하는 사태를 방지하려고 접근 자체를 막았다. 30여 명의 조종사 가운데 선임 장교 10명만 한정된 훈련을 하고 후배 조종사는 근처에만 가도 얼차려를 받았다.[19]

훈련 비행을 마친 T-6 건국기는 격납고에 들어가면 자물쇠를 채웠다. 활주로에 주기할 때는 주변에 철조망을 치고 경비견을 대동한 보초를 세웠다. 비행 후에는 항공유를 완전히 제거하고 캐노피와 연료탱크의 주유구 덮개에 봉인 표지를 붙였다. 하나같이 월북 방지용이었다. 전쟁 발발 당일인 1950년 6월 25일 오후 4시경 북한 공군의 야크기가 여의도 기지를 내습, 기총소사를 퍼부었을 때에도 1대만 파손되고 나머지 9대는 무사했던 이유도 항공유를 빼내 유폭이 일어나지 않았던 덕분이다.[20]

한국이 '건국호'를 어렵게 확보하는 동안 미국에서도 약간의 변화 조짐이 나타났다. "한반도는 미국의 방어선에서 제외된다"는 애치슨 선언 이후 한국의 불안감이 커지고 귀순한 북한 공군 조종사에 의해 소련의 군사원조가 예상보다 훨씬 크다는 점이 알려지면서 한국에도 항공기를 원조해야 한다는 주장이 나타나기 시작했다.[21] 한국에는 공군이 필요 없으며 자칫 공격용으로 활용될 것이라는 워싱턴 정책 결정 부서에서도 한국 공군에 대한 원조를 기정사실화 하는 분위기가 형성된 것이다. 문제는 원조의 실행 시기가 1950년도 하반기로 잡혔다는 점. 워싱턴의 국무부와 국방부, 미 공군에서 한국에 무스탕 전투기 40대 포함한 항공기를 원조해야 한다는 공감대가 형성되고 막 실행되려는 때 6·25 전쟁의 포성이 터졌다.

주

1) 허동찬, '조선인민군의 건설(1945~1950)', 북한 1989년 7월호, 통권 211호, 99쪽.

1949년 7월 하순 만주 일대에서 중국 내전에 참가한 방호산(方虎山)의 제166사단 약 1만 명이 신의주 건너와 조선인민군 제6사단으로 재편성됐다. 8월 23에는 중공군 제164사단 약 1만 명이 김창덕(金昌德)의 지휘 아래 두만강을 넘어 나남에 진주, 조선인민군 제5사단으로 바뀌었다. 1950년 4월에는 중공 중남군구 직속 제15독립사 출신 조선인 부대 약 1만명이 전우(全宇)의 지휘 아래 원산에 도착해 조선인민군 제12사단으로 재편됐다.

중공군 출신들은 다른 사단에서도 골간을 이뤘다. 각 사단에는 약 1개 대대씩 중공군 출신 부대를 운영했다. 새로운 사단이 창설될 때는 중공군 출신들이 핵심이 되었다. 만주의 철도연대도 그대로 조선인민군에 편입됐다.

2) 김정렬, 『김정렬 회고록』, 을유문화사, 1993, 466쪽.

3) 『공군사(개편) 제1집』, 공군본부, 2011, 23쪽.

4) NARA(미 국립기록물관리청) 소관 자료. 이지원, 「이승만 정부의 항공력 건설 노력(1948~1950)」, 『軍史』 통권 121호, 2021. 12, 45쪽에서 재인용.

5) 한국 정부의 공군 창설 요구에 대해 무쵸 주한 미 대사가 국무장관에게 보낸 전문(2급 비밀 438호), 미국외교기밀문서(FRUS, Foreign Relations of the United States), 1949, 1005~1006쪽.

6) 미국외교기밀문서FRUS, 1949, 1014~1016쪽. 애치슨 장관은 이 공문에서 한국에 배정된 군사원조 금액(1100만 달러)은 '극비 사항'이라고 강조했다.

7) 이지원, 앞의 논문, 10쪽.

8) 김정렬, 『항공의 경종』, 도서출판 대희, 2010, 119쪽.

9) 초대 해군 총참모장 손원일 제독은 "함정도 없는 해군을 외국 사람이 비웃는다"며 1949년 6월 '함정건조기금 갹출위원회'를 구성, 모금 운동에 나섰다. 장교는 봉급의 10%, 병조장은 7%, 하사관과 수병은 5%를 매월 군함 건조 기금으로 냈다. 해군부인회에서도 삯바느질로 전투함 구매 자금을 보탰다. 이렇게 모금한 1만 5000달러에 정부 예산 4만 5000달러를 더해 해군은 '백두산함' 등 전투함을 구매했다('연평해전 살린 '해군 부녀회', 66년 전엔 군함을…', 『뉴데일리』 2017월 7월 28일 자).

10) '항공기 구입 기금의 헌납', 『경향신문』 1949년 9월 29일 자, 1면 사설.

11) 김덕수, 『항공 징비록(김두만 공군 대장 회고록)』, 21세기 북스, 2017, 106쪽.

12) '항공기 헌납열 전국 각지에 팽배, 전향 수감자도 한몫', 『경향신문』 1949년 11월 2일 자, 2면.

13) '건국호' 구입과 국민 공개 행사에 대해서는 제3장 69~71쪽 참고.

14) 『공군사 제3집』, 공군본부, 1968, 156쪽.

15) 신용욱이 건국호 도입에 개인 인맥을 보탰다면 공군력 강화에 기여했다고 볼 수 있다. 신용욱은 1950년 5월 치러진 제2대 민의원 선거에서 고창(을) 선거구에 무소속으로 출마, 차점자인 백관수 전 『동아일보』 사장을 압도적인 표 차로 제치고 당선됐다. 1952년 자유당으로 당적을 옮긴 이래 국회 교통체신위원장을 맡는 등 승승장구했으나 1958년 여객기 '창랑호' 납북사건 이후 사업이 기울고 선거에서도 잇따라 고배를 마신 끝에 1961년 비극적인 자살로 생을 마쳤다.

16) '공군을 계속 확장-명명식에 이 대통령 축사', 『동아일보』 1950년 5월 16일 자, 2면.

17) 김덕수, 『항공 징비록(김두만 장군 일대기)』, 도서출판 북이십일, 2017, 85쪽.

18) 휴전협정 체결 후인 1953년 10월 19일 김성배 대위가 처음 타본 F-51기를 몰고 월북했다. 공교롭게도 월북 항공기 3대 중 2대의 조종사가 일본 육군 소년비행병학교 15기 출신이었다. 조종사 대량 양성을 위해 1933년 개교한 육군비행학교(1940년 소년비행병학교로 개칭)가 가장 많은 8307명을 모집한 기수가 소비(少飛) 15기을(乙)이었다. 인원이 많아 사고와 공훈을 도맡는 경우가 많았다. 고위장성도 다수 배출했다. 한국 공군의 김두만, 주영복(대장), 윤응렬(중장) 장군 등도 소비 15기을 출신이다.

19) 이강화 지음. 이윤식 정리, 『대한민국 공군의 이름으로』, 도서출판 플래닛 미디어, 2014, 93쪽. 전투조종사 출신인 저자 고 이강화 예비역 공군 준장은 '종군기자'라고 불릴 정도로 카메라 촬영에 열정을 가져 현존하는 공군 초기 사진의 대부분을 남겼다.

20) 김덕수, 앞의 책, 109쪽.

21) 이지원, 앞의 논문, 26쪽.

12. 동북아 '항공 삼국지'의 과거와 현재, 그리고 미래

종전 후 중국, 북한도 활용한 일제 항공기

신생 한국은 일본이 남긴 군용기를 활용한 항공산업 진입 기회를 놓쳤다. 전범인 일본제국의 일부로 취급받은 탓이다. 점령 초기 연합국사령부GHQ의 엄격한 통제로 일본은 항공기 개발의 날개가 완전히 꺾였다. 반면 주변국은 항공 입국을 향해 힘차게 나아갔다. 중국은 전승국 자격으로 일본이 남긴 적산敵産에 대한 권리를 제한적으로나마 누렸다. 중공과 자유중국(당시 표기 사용) 모두 조금씩이라도 일본이 남긴 항공 자산의 일부를 습득했다. 중국대륙에서 국공내전이 재발하지 않고 전체 중국을 대표하는 정권이 있었다면 일본 본토에 산재한 비행기공장의 설비를 뜯어서 가져갈 수도 있었을 것이다. 미국은 일찌감치 관심이 없다고 밝혀 일본의 항공 설비는 주로 중국으로 넘어갈 판이었다.[1]

맥아더 장군이 이끄는 연합국최고사령부는 침략전쟁의 장본인인 일본에 대한 엄격한 규제를 가할 요량이었다. 일본이 보유한 거대 항공산업 설비를 섬유산업으로 전환한다는 보도까지 나왔다.[2] 이에 앞서

중국이 노획한 일본 제로센 전투기. 국민당군의 마크가 선명하게 부착됐다. 중일전쟁과 태평양전쟁에서 일본이 세력권이던 나라들은 대부분 현지에 남은 일본 군용기를 적절하게 활용했다. 북한마저 신의주와 원산 비행장에서 신참 비행사 교육용으로 활용했으나 한국만 예외였다. 일본이 남기고 떠난 수많은 항공기가 눈앞에서 파괴돼 양은 냄비를 만드는 재료로 쓰였다./사진=위키피디아

일본 측의 선박 65척, 11900t에 이르는 중소형 선박 신규 건조 요청도 세계적으로 선박 잉여 상태에서 적당하지 않다며 잘랐다.[3] 연합국최고사령부는 패전국 일본의 함정이나 공장시설들을 승전국에 배분할 조직을 만들고 배상물자 목록에 440개 비행기 완성기 및 부품 공장, 91개소의 육해군 병기공창 61개소의 연구소를 포함시켰다.[4] 일본이 보유한 항공기용 재료도 사용을 금지했다.

연합국 중에서 미국은 배상에 큰 관심이 없었다. 일본의 공업 수준이 미국보다 떨어져 극히 일부를 제외하고는 가져갈 게 없다는 판단에서다. 승전국 중에 소련이 가장 먼저 권리를 내세웠다. 도쿄의 연합군사령부와 논의도 없이 만주비행기제조(잘 알려지지 않았지만 일제가 봉천에 세운 이 회사는 완전한 설비를 갖춘 대형 공장에서 전쟁 기간 중 일본 전체 생산량의 7%에 해당하는 5400여 대의 각종 항공기를 토해냈다)의 설비를 임의대로 뜯어갔다.[5]

중국 항공산업에 일본의 유전자가 남아 있나

소련군이 훑어간 나머지 만비의 남은 시설과 공장은 고스란히 중국(처음에는 국부군, 나중에는 국공내전에서 승리한 공산군) 손에 들어갔다. 중국은 일본이 만주를 점령하며 명명했던 봉천을 원래대로 선양이라고 되돌렸다. 오늘날 중국의 2대 군용기 제작사의 하나인 센양항공기그룹이 시작한 터가 바로 만주비행기제조의 주 공장이다. 전후 중국이 처음 제작한 항공기도 이 공장에서 생산된 기체다. 일본 쪽에서는 자신들이 중국 항공산업의 디딤돌이 되었다는 자료도 있다. 중국은 이를 간단하게 되받아친다. 일본이 남겼다는 만비의 공장은 전리품이 아니라 빼앗긴 공장을 되찾은 것이라는 주장이다. 만주비행기제조의 설비는 일본이 깔았지만, 제조공장 자체는 동북 군벌 장쭤린이 세웠기 때문이다. 중국의 항공산업이 일본의 유전인자를 일부 받았느냐 아니냐의 관점은 눈여겨볼 필요가 있다. 항공산업에 대한 인식의 출발점이기 때문이다.

1909년 동양 최초 비행, 펑루 기점이면 117년 역사

중일전쟁에서 일본의 항공력에 크게 당했지만, 중국의 항공에 대한 자부심은 뿌리 깊다. 기울어가고 있었지만 청나라가 건재하던 1887년 개교 2년을 맞는 서양식 군사학교 천진 무비학당에서 지름 1.7m인 근대적 열기구 제작에 성공했다. 1908년 2월 후베이성에 주둔하는 청나라의 신식 육군 8진(1개 진陣은 장교 748명, 병사 436명, 노역부 1,328명 등으로 구성된 사단급 부대)은 일본제 열기구로 항공부대를 편성, 중국 공군의 시발점이라는 기록을 남겼다. 비슷한 시기인 1909년 9월 21일 광동성 출신 미국 화교인 펑루(馮如)가 자작 비행기 '펑루 1호'를 타고 오클랜드 상공을 날았다. 일본보다 25개월 빨랐다. 비행거리는 라이트 형제보다 3배 길었다. 1903년 라이트 형제의 플라이어 1호가 인류 최초의 동력 비행에 성공하자 샌프란시스코에 거주하며 기계 공장에 다니던 중국인 펑루(당시 19세)는 오클랜드 비행기 제조공장에 입사해 제조 기술을 익혔다. 자작기인 '펑루 1호'가 시험비행에 성공하자 미국 신문에 '동방의 라이트 하늘을 날다'라는 기사가 실렸다.[6]
중국혁명의 아버지 쑨원(孫文)의 지원과 화교들의 모금으로 재정을 확보한 펑루가 1911년 2월 선보인 펑루
2호는 최대 비행속도 105㎞, 고도 200m, 비행거리 35㎞를 기록하며 우수성을 인정받았다. 펑루는 비행기

제작기술을 중국혁명에 써
달라는 쑨원의 요청을 받
은 즉시, 거액을 제시했던
미국 기업들의 초빙을 마
다한 채 공작기계와 인력
을 데리고 중국에 돌아왔
다. 광저우에 비행기회사
를 설립하고 쑨원에 의해
광동혁명군 비행대장에 임
명된 그는 1912년 자작한
복엽비행기 시범 비행 중
목숨을 잃었다.

펑루는 '동양의 라이트'라는 명성을 뒤로 하고 중국에 귀국, 중국제 항공기 개발에 애썼다.
광동혁명군 비행대장으로 복무하며 1912년 자작 복엽기 시험비행에서 추락사해 28세 생애
를 마쳤다./사진=維基百科

전쟁기간 중에도 650여 대 국내 면허생산

펑루가 뿌린 씨앗은 4개의 항공대학과 3개의 항공기 제
작사로 결실을 맺어 중일전쟁이 끝날 때까지 중국은 650
여 대의 항공기를 국내에서 생산해냈다. 물론 자국 설계
는 극소수지만 미국과 독일, 이탈리아와 면허생산을 통
해 국내에서 전투기와 수송기를 조달했다. 펑루를 기원
으로 본다면 중국 항공산업의 역사는 115년에 이른다.
미국 보잉사가[7] 개발한 두 번째 항공기도 중국인 엔지니
어의 손을 거쳤다. 1893년 베이징에서 태어난 왕쯔(王
助)는 청나라 해군사관학교를 마치고 영국과 미국에 연
달아 유학하며 항공공학을 공부했다. 1916년에는 "MIT
박사학위 과정의 최우수 졸업생을 보잉사에 입사시킨

1917년 미 해군에 50대 납품 계약으로 신생 보잉사에
도약의 날개를 달아준 Boeing Model II 수상기. 중국
인 왕쯔가 개발했다./사진=위키피디아

다"는 계약에 따라 보잉사에 발을 들였다. 보잉의 최초 항공 엔지니어인 그가 설계한 'Boeing Model II'는
1917년 미 해군에 50대 납품되며 신생 보잉사도 자금난에서 벗어났다. 보잉의 약진이 이때부터 시작됐다.[8]
성공 직후 귀국한 왕쯔는 1965년 대만 타이난에서 71세로 사망할 때까지 20여 종의 항공기를 설계했다.[9]

1919년 8월 초도비행에 나선 갑종 1호 수상기(A1 Water Plane). 중국 최초의 수상기로 왕쯔와 영국 해군사관학교에 유학한 몽골 출신 바위자오(巴玉藻), 영국에 유학하고 미국 기업에 근무했던 쩡이징(曾詒經) 등 젊은 엔지니어들이 개발을 주도했다. 펑루부터 왕쯔, 바위자오, 쩡이징 등은 한결같이 미국과 유럽에서 파격적인 대우를 마다하고 중국에 돌아와 항공산업을 일으키려 노력했다는 공통점을 갖고 있다.

중국의 공군과 항공산업의 시발점이 언제인가 보다 더 주목할 대목이 따로 있다. 중국은 군벌전쟁(1895~1930)과 중일전쟁(1931~1945)을 치르던 시기는 물론 오늘날에 이르기까지 항공산업에 대한 관심이 지대했다는 점이다. 서로 적대시하며 갈라선 중국 본토든 대만이든 항공을 중시하기는 마찬가지다. 여기에는 중국과 대만에서 똑같이 '국부(國父)'로 존경받는 쑨원이 절대적인 영향을 끼쳤다. 급속하게 발전하는 중국의 항공우주산업에는 그가 1923년에 쓴 '항공구국(航空救國, 항공이 나라를 구한다)'이라는 휘호에 담긴 정신이 여전히 살아있다.

중국이 비행기 개발에 열중할 무렵, 일본도 거국적으로 선진기술 습득에 나섰다. 외국제 항공기를 수입해 분해하는 방식으로 기술을 익힌 결과 1911년 10월, 프랑스제 엔진을 탑재한 회식 1호기가 하늘을 날았다. 1911년 5월 국산 비행기가 제작됐다는 기록도 있으나 공식적인 최초의 국산 비행기로 인정받은 것은 회식 1호기다. 이마저 프랑스제 비행기를 무단 복제하는 수준이었지만 항공기 개발에 역량을 집중한 일본은 청도전투와 시베리아 출병에서는 정찰용 기구와 초기 군용기를 띄우는 수준으로 발전했다. 발전 속도가 그만큼 빨랐다.

쑨원의 '항공구국' 휘호.

태국도 1915년부터 프랑스제 비행기 면허생산

항공산업의 초기 시대, 아시아의 항공기 생산에서 빼놓을 수 없는 동남아시아 국가가 하나 있다. 바로 태국이다. 시암(1939년부터 'Thailand'를 국호로 사용) 공군은 1915년 5월 24일 국내에서 면허 생산된 '브레게 3형(Breguet Type III)'을 날렸다.[10]

프랑스제 브라게 3형뿐 아니라 브라게 14형 등을 면허 생산하며 주요 부품을 수입하던 시암은 프랑

태국 왕립 공군박물관에 전시 중인 브레게 14형 복엽기(복원품). 엔진 등은 수입했지만 동체와 날개를 시암에서 제작한 기체다.

스가 엔진 등의 가격을 크게 인상하자 아예 독자적으로 설계하고 제작하는 고유모델 항공기 개발에 나섰다. 그 결과물이 1927년 6월 23일 시험비행을 시작한 '보리파트라(Boripatra, 해군 총사령관을 지낸 왕자의 이름을 따서 명명)' 경폭격기다. 아시아에서 처음으로 공군을 창설(1913년 11월 2일)[11]한 태국은 제1차 세계대전 중에는 프랑스에 공군과 전투기를 파견한 적도 있다.[12] 1940년 인도차이나 프랑스령 일부의 지배권을 놓고 격돌한 태국-프랑스 전쟁에서 태국은 공군력의 우세를 바탕으로 프랑스의 양보를 이끌어냈다.[13]

중국과 일본의 항공역사를 자주 거론하고 태국의 항공산업까지 살펴보는 이유는 한국의 좌표가 어디에 있는지를 보다 정확하게 파악하기 위함이다. 주변국의 항공산업이 지나온 길을 더듬으면 한국의 항공산업을 예측하고 목표를 설정하는 데 도움이 될 수 있다. 중국과 일본보다 크게 늦고 심지어 1927년에 이미 독자적으로 경폭격기를 설계, 제조했던 태국보다도 한참 뒤에 시작했지만 오늘날 한국의 항공산업은 앞선 나라들과 격차를 크게 줄여놓았다. 다만 앞으로 격차를 더 줄이기 위해서는 냉엄한 현실 인식이 필요하다.

시암이 1927년 스스로 설계하고 12대를 제작한 고유모델 경폭격기 보리파트라. 사진은 태국 왕립 공군박물관에 전시 중인 복원품이다./사진=위키피디아

더욱이 중국의 항공우주산업의 발전 속도는 더욱 빨라지고 있다. 제2차 세계대전 이전의 항공기 생산량은 일본 7만여 대, 중국 650대, 한국(식민지 조선) 7~9대로 일본이 압도적으로 많지만, 전후라면 얘기가 완전히 달라진다. 중국이 4만 3000여 대로 가장 많고 일본 1200대, 한국 560대 순이다. 격차를 줄이기 위해서는 비교 대상을 막연하고 근거 없는 선입견으로 바라볼 게 아니라 제대로 파악할 필요가 있다. 철학자 플라톤은 현상에 대한 정확한 인식에서 참 명제가 성립한다고 설파했다. 『손자병법』에서도 지피지기면 백전백승을 강조한다.

전승국 중국, 패전 일본마저 '훨훨'

중국은 승전 직후 만주비행기제조㈜의 설비뿐 아니라 일본이 남긴 대부분의 시설을 접수했다. 본토뿐 아니라 대만도 마찬가지다. 일본 해군의 제71 해군항공창 등의 설비는 대만으로 쫓겨난 국부군에 귀속됐다. 1947년부터는 1회 배상으로 일본 본토의 군 직영 설비까지 중국에 보내졌다.[14]

주목할 대목은 태평양전쟁 승리의 주역으로 일본의 전후 재산처리에 가장 큰 지분이 있었던 미국은 배상에 크게 관심을 보이지 않았다는 점이다. 아예 배상물자나 설비에 관심이 없었다. 몇몇 전략물자나 기술 이외에는 전반적으로 수준이 떨어지는 일본의 생산설비를 다른 연합국에 넘기려던 미국은 1948년 중반 이후 입장 변화 조짐을 보였다. 주요 시설을 일본 국내에 그대로 존치하는 방향으로 정책 기조가 바뀌었다.[15] 소련과 냉전 조짐이 뚜렷해지고 국공내전에서 장개석의 국민당군 패배에 따라 전략물자의 공산권 유출 방지가 시급해졌기 때문으로 풀이된다.

결국 일본은 별다른 피해 없이 산업시설을 유지했다. 비약 기회도 곧 찾아왔다. 한국전쟁으로 일본 열도는 미군의 거대한 병참기지 역할을 떠맡았다. 한국이 전쟁의 고통을 겪는 동안 일본의 경제 전체가 되살아나고 1952년부터는 동남아에 군사물자를 팔았다. 「항공금지령」도 풀렸다. 제트 엔진 제작은 물론 1954년부터는 미국산 제트전투기의 면허생산 준비에 들어갔다.[16]

일본이 미국 노스 아메리칸사에게 면허생산권을 획득해 국내에서 라이센스 생산한 뒤 1956년 8월 9일 초도시험 비행에 성공한 F-86F 세이버 전투기. 일본은 애초에는 50대를 할당받았지만 세 차례에 거쳐 모두 300대를 가와사키중공업과 신 미쓰비시 중공업에서 생산했다. 일본은 세이버 전투기를 면허생산하면서 익힌 기술을 응용해 초고속열차 신칸센(新幹線)을 개발했다.

발 묶인 한국, 전쟁 피해까지 독박

정리하면 태평양전쟁과 해방의 소용돌이 속에서 피해를 강요받은 것은 오로지 한국뿐이라는 결론에 도달한다. 해방 직후 사람과 기술, 시설을 갖췄으니 바로 기반을 닦을 수 있다던 항공인들의 희망이 사라지는 동안 자유중국과 중공(당시 지칭대로 표기)은 항공산업을 키워나갈 수 있는 역량을 얻었다. 전범 국가인 일본마저 오히려 침략전쟁 이전보다 높은 수준의 항공 기술을 배우고 산업재건의 꿈을 키웠다. 한국의 항공산업은 실기失機와 시행착오를 겪으면서도 KF-21 전투기를 개발할 만큼 성장했지만, 해방 직후부터 60~70년대 중반까지는 여전히 걸음마 단계에 머물러야 했다. 반면 동북아의 다른 나라, 중국과 일본은 빠르게 항공산업을 키워나갔다.

주

1) '일본 배상물자 처분, 미군 사령부 구성', 『자유신문』 1946년 1월 18일 자, 1면.
2) '纖維工業へ, 我航空機産業の轉換(우리 항공기산업, 섬유공업으로 전환)', 『경성일보』 1946년 9월 16일 자, 1면.
3) '일본 조선 계획, 맥아더 사령부 불허', 『자유신문』 1946년 1월 18일 자, 1면.
4) '4백 전비기창(비행기공장), 일 배상 대상물', 『수산경제신문』 1946년 6월 19일 자, 1면.
5) '소련군의 만주 시설 문제', 『조선일보』 1946년 2월 28일 자, 2면; '소련군의 시설 반출', 『동아일보』 1946년 8월 27일 자, 1면.
6) 권성욱, 『중국 군벌전쟁』, 이지북스, 2020, 1049~1051쪽.
7) 보잉사의 출발에 대해서는 이 책 '17. 나무 비행기의 꿈' 편 53쪽을 참고.
8) 김동현, 『플레인 센스-지식의 경계를 누비는 경이로운 비행 인문학』, 웨일북, 2020, 245~247쪽.
9) 维基百科 , 自由的百科全书-王助.
10) https://www.aeroflight.co.uk/waf/aa-eastasia/thailand/thai-manu-history1.htm
11) 태국 공군은 1915년 2월 5일 창설된 멕시코 공군에 이은 세계 두 번째 공군이기도 하다.
12) 개전 초 중립을 표방했던 시암은 1917년 7월 연합국의 일원으로 참전을 선언하고 1918년 6월, 조종사 370명을 포함한 1200여 명의 유럽 원정군을 파리에 파견할 만큼 건실한 공군 조직과 항공기를 보유하고 있었다(https://en.wikipedia.org/wiki/Royal Thai Air Force).
13) 독일에 점령당한 프랑스의 힘이 약해진 상태였지만 인도차이나 프랑스를 상대로 태국이 거둔 승리는 아시아 국가가 유럽 국가에게 이긴 극소수 사례로 손꼽힌다. 이 전쟁을 전후해 태국은 "아시아인의 힘으로 영국과 미국을 몰아내자"며 대동아공영권을 주창한 일본과 더욱 가까워졌다. 프랑스와 전쟁 당시에도 태국 공군의 주력은 일본제 전투기와 경폭격기였다.
14) '중, 일 배상물자 운송 개시, 제1회분 해군 공창 등 ', 『공업신문』 1947년 11월 16일 자, 1면.
15) '일본 비행기공장 등, 스트라이크 위원회 존치 권고', 『민주중보』 1948년 3월 25일 자, 1면.
16) '일본 동남아의 병기창, 폭탄, 야포 등 생산', 『조선일보』 1952년 2월 1일 자, 1면; '일, 제트 엔진 제작 개시', 『경향신문』 1952년 7월 29일 자, 1면; '일, 군용기 대량생산 계획', 『조선일보』 5월 19일 자, 1면.

13. 공군 최초의 군용기 L-4 연락기는 미국의 숨은 자산

미군 조종사 30만 명 기초 비행 교육 담당

공군의 전신인 육군 항공기지사령부가 1948년 9월 13일 인수한 L-4는 한국이 보유한 최초의 군용기다. 1947년 단종될 때까지 미군은 L-4를 제대로 써먹었다. 제2차 세계대전 당시 미군 조종사 가운데 최소 30만 명이 이 기체로 기초 비행교육을 받았다.[1] '메뚜기(Grasshopper)'라는 별칭에 어울리지 않게 전선에서도 맹활약했다. 진주만 피습(1941. 12. 8) 전까지 미국은 직접 참전 대신 연합국의 병기창고 역할에 머물면서도 전쟁을 준비하고 있었다. 가장 큰 고민은 '사람'에 있었다. 마음만 먹으면 대량 생산할 수 있는 무기와 달리 사람을 훈련시키는 데 많은 시간과 돈이 들었다. 특히 조종 인력의 단기간 양성이 어려웠다.

1939년 초 미 육군항공대의 조종사는 예비역 2187명과 주 방위군을 합쳐도 4502명에 머물렀다. 반면 미국의 가상 적국이던 독일과 이탈리아, 일본 등 추축국은 상대적으로 많은 항공 자원을 갖고 있었다. 활공 등을 통한 청소년 항공 교육을 일찌감치 시작한 나치 독일은 6만 5000명의 조종 가능 인력이 있었다. 무솔리니의 파시즘에 젖은 이탈리아도 정부가 비행교육 보조금을 지원하는 항공협회에 소속된 회원이 12만 명에 달했다. 일본도 독일을 쫓아 중등학교까지 활공 교육을 의무화하고 있었다.

미국은 조종사 수급에서 적국을 바로 따라

메릴랜드주 록빌 공항에서 진행 중인 민간조종사 훈련프로그램. 잔디가 깔린 주기장의 항공기 2대 모두 파이퍼 J-3 기종이다./사진=위키피디아

잡았을 뿐 아니라 격차를 벌렸다. 육군의 교육 시설이 부족한 데도 1939년 982명, 1940년 8000명, 1941년 2만 7000여 명으로 조종사가 쏟아져 나왔다. 비결은 민간조종사 훈련 프로그램(Civilian Pliot Training Program)에 있었다. 미 육군항공대는 1132개 대학과 계약을 맺고 조종사 기초교육을 맡겼다. CPTP를 통해 배출한 예비 조종사는 1939년부터 1944년 중반까지 43만 5165명에 달했다.[2] CPTP 수료생들은 군에서 추가 훈련을 받고 전장으로 나갔다.

아프리카계 미국인(흑인)으로 구성된 비행대대의 활약상을 그려낸 2012년 개봉작 〈레드 테일스(Red Tails)〉도 앨라배마의 터스케기대학(Tuskegee Institute) CPTP 수료생들의 실화를 바탕으로 제작됐다. 참전은 무산됐으나 4개 여자대학에서도 2500명이 비행 훈련을 받았다. CPTP 교육생들은 대부분 L-4의 민간기 형식인 파이퍼(Piper) J-3 Cub으로 비행을 배웠다. 정확하게는 파이퍼 J-3가 군용기 L-4의 민간형이 아니라 그 반대다. 민수용으로 개발한 J-3가 별다른 개수 없이 군용기로 채택되며 L-4라는 제식명이 붙었다.

예비 조종사 교육뿐 아니라 군복을 걸친 J-3인 L-4도 전선에서 맹활약했다. 하늘에서 전장을 파악해 아군 포병에게 적의 좌표를 불러주는 L-4가 뜨면 어김없이 '강철의 비'(포탄)가 쏟아졌다. 독일 공군은 작고 느려도 성가신 메뚜기 떼 같은 L-4 같은 정찰기 격추에 가장 큰 포상을 내걸었다고 한다.[3]

독일군 기갑부대를 공격해 전과를 올린 적도 있다. 1944년 9월 20일 프랑스 로렌 지역에서 벌어진 아라쿠르 전투에서 패튼 장군 휘하의 제4기갑사단 지원부대들이 독일군에 포위되거나 고립된 상황에서 미군 L-4 정찰기가 적 탱크를 연이어 격파하는 사건이 일어났다. 육군 관측 조종사 찰스 카펜터(Charles

L-4 정찰기 양쪽 날개에 바주카포를 3문씩 장착하고 세 차례 출격, 독일 전차를 파괴한 찰스 카펜터 소령. 그의 활약 덕분에 포위됐던 미군 보급부대가 전멸 위기에서 벗어났다. 한국전쟁에서도 한국 공군 정찰기들이 비슷한 전과를 올렸다는 증언이 있지만 확인되지 않았다./사진=위키피디아

제2차 세계대전 유럽 전선에서 아프리카계 미국인 조종사들이 차별을 받으면서도 무훈을 쌓아가는 활약상을 그린 영화 '레드 테일스'의 포스터. 영화는 실화를 바탕으로 제작됐으며 아프리카계 조종사들도 앨라배마주의 터스케기 대학에서 정부와 군이 지원한 민간조종사 훈련 프로그램을 이수했다. 교육생들이 훈련받은 기종이 바로 한국군 최초의 군용기 L-4(민간형은 J-3)였다.

Carpenter, 당시 32세)가 바주카포 6문을 날개에 장착한 L-4기(미 육군항공대 42-30426)로 세 차례 출격하며 바주카포를 발사해 '티거 I 중전차' 2대를 포함해 전차 6량을 파괴하는 전과를 거둔 것이다. 고립됐던 미군 보급부대는 포위망에서 벗어났다.[4] 카펜터 소령은 이후 '바주카포 찰리(Bazooka Charlie)'라는 별명을 얻으며 영웅으로 떠올랐다(훗날 이 공로로 은성무공훈장을 받았다).

한국전쟁 초기 정찰기에서 손으로 폭탄 투하하며 맞서

한국군도 한국전쟁 초기 L-4 정찰기로 적과 맞섰다. 속절없이 밀리던 6월 26, 27일 공군은 L-4와 L-5 정찰기로 의정부와 미아리로 남하하는 적 전차부대와 지상 병력을 향해 폭탄을 던졌다. 무장도 없고 폭탄 장착대도 없는 L형 정찰기의 후방석에 폭탄 2발씩을 안고 탑승한 정비사나 훈련 중이던 조종 학생들이 육안으로 적을 관측해 맨손으로 폭탄을 던지며 남하하는 적과 맞선 것이다.[5] 그나마 수제 폭탄도 곧 바닥난 상황에서 L-4 정찰기로 6월 30일 점령된 서울 지역의 적황을 저고도로 정찰 비행하던 조명석 중위가 양화도 상공에서 적 대공포의 집중 공격을 받아 전사했다.

L-4 정찰기의 민간형인 '파이퍼 J-3'(분류와 도색만 다를 뿐 두 비행기는 같은 기체다)는 많은 기록을 갖고

개전 초기, 전투기는 물론 대지공격 능력을 갖춘 항공기가 없어 L-4 정찰기 겸 연락기에서 수제 폭탄을 손으로 던져 적의 남하를 저지하던 공군의 활약상을 그린 전쟁 기록화.

있다. 태평양전쟁에서 최초로 격추된 미국 항공기가 바로 파이퍼 J-3 Cub이다. 하와이의 비행기 대여회사인 KT Flying Service에서 J-3 Cub을 빌려 비행을 즐기던 Marcus F. Poston(당시 24세·해군 병장)은 진주만을 기습하려는 일본 해군 1차 공격대에 발견돼 제로 전투기 3대의 기총소사를 맞았다. 피격 후 떨어지는 비행기에서 탈출, 낙하산을 펼친 그는 무사히 땅에 내렸다. 그러나 J-3 Cub은 바로 떨어져 일본군에 의한 미국 항공기 격추 1호 기록을 남겼다.[6]

파이퍼사의 L-4와 J-3 Cub은 모두 2만 191대가 생산돼 역사상 최다 생산 항공기 8위 기록을 갖고 있다.[7] 군용으로는 5431대 이상이 납품됐으며, 캐나다에서도 150대가 생산됐다. 특이하게도 'TG-8 글라이더'도 Piper J-3 Cub의 생산분에 포함된다. 전쟁 중에 미군의 요청으로 글라이더로 생산했다가 전후 엔진 등 장비를 넣고 비행기로 전환한 기체가 많기 때문으로 풀이된다. 거의 같은 기체로 글라이더와 항공기를 오갔다는 점은 기체 특성이 활공에도 적합했다는 반증이다.

단종 77년이 지났지만 아직도 날아다니는 기체가 많다. 3893대의 Piper J-3 Cub이 미국 연방항공청 FAA에 등록돼 있다.[8] 한국 최초의 군용기 L-4는 한국의 항공기 제작에도 영향을 미친 것으로 보인다. 파이퍼 J-3의 수많은 기술적 요소들이 '대한민국이 최초로 제작한 경비행기 부활호' 설계에 영향을 줬다는 것이다.[9]

파이퍼 J-3(L-4 민간형)의 파생형인 TG-8 글라이더. 엔진을 장착하고 기수 부분의 디자인을 조금 바꾸면 J-3로 개조도 가능했다. 글라이더로 쓰일만큼 활공 성능이 좋았던 것으로 평가된다./사진=위키피디아

1) Guillemette, Roger. 'The Piper Cub'. 미국 비행 위원회 100주년 기념(2010. 11. 21) https://web.archive.org/web/20101121082920/http://centennialofflight.gov/essay/GENERAL_AVIATION/piper/GA6.htm(2024년 11월 28일 확인)

2) 국립 미 공군박물관, 민간조종사 양성 프로그램(National Museum of the United States Air Force, Civilian Pilot Training Program(2024년 11월 28일 검색).
https://www.nationalmuseum.af.mil/Visit/Museum-Exhibits/Fact-Sheets/Display/Arti

3) 이동건, 『최초의 국산 경비행기 부활호』, 공군역사기록관리단, 2015, 76쪽.

4) 'Charlie Fights Nazi Tanks in Cub Armed With Bazookas(찰리, 바주카포로 무장한 L-4로 나치 탱크와 싸우다)', The New York Sun, 1944년 10월 2일 자 기사.

5) 한국 육군은 개전 이전부터 구형 바주카포를 보유했으나 정찰기에 장착한 기록은 없다. 북한군이 수많은 전차를 보유하고 있다는 확실한 정보와 제2차 세계대전 중 미군 정찰기가 바주카포로 당대 최강으로 평가받던 독일 티거 I 중전차까지 파괴했다는 전투 상보를 알고 있었다면 미리 대비할 수 있었을지도 모른다. 결정을 내릴 수 있는 고급지휘관일수록 정확한 정보와 전사戰史에 대한 연구, 타군 무기체계와의 연계 노력이 중요하다.

6) 'Piper J-3 Cub', 영문 위키피디아.

7) 'List of Most-produced aircraft', 영문 위키피디아에 따르면 1위는 미국의 세스나 172(4만 4000대 이상), 2위 소련 지상 공격기 일루신 IL-2(3만 6183대), 3위 독일 전투기 메사슈미트 109(3만 4852대), 4위 파이퍼 PA-28시리즈(3만 2778대 이상), 5위 세스나 150/152(3만 1471대), 6위 세스나 182(2만 3237대 이상), 7위 영국 스핏화이어 전투기(2만 2685대, 해군형 시화이어 포함) 순이다. 다만 파이퍼 J-3 Cub의 실제 생산량이 2만 6000대 이상이라는 추정도 있어 실제 순위가 8위보다 높을 수도 있다.

8) 2023년 1월 31일 현재, 미 연방항공청 홈페이지 2024년 11월28일 검색

9) 이동건, '최초의 국산 경비행기 부활호' 77쪽, 2021, 공군역사기록관리단

14. 불발로 끝난 일제의 '나무 비행기' 꿈

태평양전쟁 초반의 공세에서 수세로 바뀐 것이 확연해진 1943년 말, 일제는 나무 비행기를 제작하기 위한 자재를 마련하자는 국민운동을 벌이기 시작했다.[1] 식민지 조선에는 더욱 많은 공출 요구가 이어졌다. 조선인을 대표로 부산에 설립된 항공기 제작회사도 처음에는 목재로 비행기를 만들 요량이었다.

목제 비행기용 자재 공출을 위한 국민운동 관련 기사.

보잉사의 뿌리도 목제 비행기

나무로 항공기를 제작한다는 발상 자체는 새로운 게 전혀 아니었다. 라이트 형제가 최초로 동력 비행에 성공한 플라이어2호 이래 제1차 세계대전까지 비행기의 기골은 나무로 제작됐다. 독일의 휴고 융커스(Hugo Junkers, 1859~19[35])가 1915년 최초의 전 금속제 항공기 Junkers J-1을 날렸지만 대다수 항공기는 목재를 기본으로 몇몇 금속제 이음새에 두꺼운 천(캔버스)으로 감쌌다.

세계 최대 항공기 제작사로 군림하던 보잉사도 목재 사업과 관련이 깊다. 창립자 윌리엄 보잉(William E. Boeing, 1881~1956)도 부친이 일군 목재 사업을 기반으로 항공산업에 뛰어들었다.[2] 독일의 군인 출신으로 22살에 미국에 이민, 자수성가한 돈으로 삼림자원에 투자했던 부친 빌헬름 보잉(Wilhelm Böing, 1846~1890)의 유산을 활용, 워싱턴주 일대의 산을 사들인 게 사업가 보잉의 출발점이다.

파나마 운하 건설에 목재를 공급하고 조선소도 세우는 등 잘 나가던 청년사업가 보잉의 인생을 바꾼 계기는 1910년 초 열린 로스앤젤레스 국제 에어쇼. 비행기에 매료된 그는 조종사들을 찾고 조선소를 격납고로 고쳐, 수상비행기 제작에 들어갔다. 목재를 벌목하고 가공하는 경험이 많았던 그는 나무마다 밀도와 강도, 탄력성이 다르다는 사실을 비행기 제작에 적용했다. 프로펠러와 동체, 날개 등 비행기의 각 부분에 최적의 목재를 활용해 3년 만에 완성한 수상비행기(보잉 B&W)는 성능이 뛰어났다. 자신을 갖게 된 그는 한 달 후인 1916년 7월 '태평양 항공기 제작사(Pacific Aero Product Company, 1916)'를 설립했다.[3]

초기 항공산업 생태계도 자연스레 목재 조달과 가공업의 소재지에서 형성됐고 목재가 크게 중요하지 않게 된 1967년에 준공된 보잉사 시애틀 공장[4]의 소재지도 산림이 울창한 워싱턴주에 있다. 이미 형성된 항공산업 생태계가 여전히 천연림 부근에 있었기 때문이다.

제1차 세계대전과 전후인 1920년대에도 대부분 비행기는 주로 목재와 직물 구조였다. 점차 강철이나 알루미늄 등의 기골 구조가 등장하고 1930년대 초반 세계 주요국의 설계와 제작기술은 전 금속 비행기(All-Metal Airplane)를 대량 생산할 수 있는 수준으로 올라갔다.[5] 전 금속제 항공기 시대에도 세계 각국은 항공기 소재로 목재를 포기하기 어려웠다. 알루미늄이나 알루미늄과 구리 합금인 두랄루민, 강철보다 구하기 쉽고 가격이 낮았기 때문이다.

보잉의 창립자 윌리엄 보잉이 해군 중위 콘래드 웨스트벨트와 1916년 공동 제작한 Boeing Model 1 B&W 수상비행기. 미군에 납품되지는 못했지만 목재의 특성을 감안해 각 부분을 제작한 비행기다./사진=보잉사 홈페이지

영국, 목제 비행기 걸작 '모스키토' 폭격기 개발

영국이 목제 비행기에서 가장 뛰어난 성과를 거뒀다. 개발 단계에서 속도와 기체 중량, 항속거리를 위해 목재-금속재 혼합 항공기에서 목재의 비중을 높이는 항공기를 성공적으로 개발하고 활용해 제2차 세계대전 내내 적국의 부러움을 받을 만큼 잘 써먹었다. 이 비행기가 바로 7781대가 생산[6]된 '모스키토'다. 엔진과 착륙장치, 프로펠러, 폭탄투하기구, 기관총 등 금속이 필요한 부분을 제외하고는 영국과 캐나다산 가문비나무와 자작나무, 에콰도르산 발사나무를 합성해 제작된 모스키토기는 가장 성공한 목제 항공기

영국 드 하빌랜드사가 폭격기 용도로 개발했으나 속도와 항속거리 등 성능이 뛰어나 50여 종의 파생형을 낳았던 모스키토기. 웬만한 전투기보다 속도가 빨라 '기적의 나무(Wooden Wonder)'로도 불렸다. 사진은 1944년 9월 30일 촬영된 영국 공군 571폭격기 대대 소속 모스키토기./사진=위키피디아

복원 작업 중인 모스키토(드 하빌랜드 DH 98 모스키토)기의 전방 동체 제작 과정. 목재 구조를 보여주는 사진이다.

로 손꼽힌다.

독·소, 목제 제트 엔진 전투기 개발

모스키토기에 자극받은 독일은 목재를 항공기 소재로 쓰려고 애썼지만 처음에는 목제 프로펠러를 생산하는 수준에 그쳤다. 전쟁 말기에 제트 엔진을 장착한 목제 전투기를 실전배치했지만 너무 늦었다. 1944년 말 긴급 전투기 프로그램으로 개발된 단발 제트 엔진 전투기 하인켈 He 162를 1945년 4월부터 일선 부대에 배치했다.

금속 자재 공급난으로 주로 나무로 제작됐다. 독일이 전쟁 말기 선보인 제트전투기의 염가판이었던 He 162 전투기는 시속 840km로 미군의 P-51D 무스탕(710km/h)을 웃돌았으나 급하게 개발돼 신뢰성을 결여한 데다 불과 120대만 제작되고 종전 한 달 전에야 배치돼 전황에 영향을 미치지 못했다.

소련도 목제 전투기를 대량 운용했다. 1941년부터 운용된 LaGG-3전투기는 얇은

독일의 목제 제트 엔진 전투기 하인켈 He 162(위). 소련의 목제 전투기 LaGG-3(아래)./사진=위키피디아

(0.35~0.55mm) 자작나무 또는 소나무 판에 페놀-포름알데히드 수지를 섞어 고온 고압에서 구워내 항공기 소재로 활용했다. 소련 금속 자재 절약을 위해 개발한 합성 나무 소재는 알루미늄 합금과 비슷한 강도를 보였지만 불에 타지도 썩지도 않는 강점이 있었다.

그러나 나무가 주 재료인 데다 무거워 조종사들에게 인기가 없었다. 최고속도 역시 589km/h로 독일 공군의 주력기 Bf 109의 642km/h보다 느렸다.[7] 중량도 무거웠지만 1944년까지 전시 노천공장에서 6528대가 생산돼 독일과 전쟁에 공헌했다.

일제, 한반도에서도 목제 비행기 제작 독려

물자가 어떤 나라보다 부족했던 일본 역시 나무 비행기에 관심을 가졌다. 영국제 모스키토기의 활약과 1942년 가족에 대한 사상 통제에 불만을 품은 소련군 조종사가 목제 LaGG-3 전투기를 몰고 만주국에 귀순한 사건 이후, 더욱 목제 항공기 연구에 나섰다. 전 금속제 항공기 제작에도 목재는 여전히 필요했다. 일본은 1942년 나무로 전투기를 제작한다는 목표 아래 전국과학자연맹의 주도로 기후현 히다시의 히다 목공飛騨木工㈱에 목재 강화 기술 연구를 맡겼다.[8]

일본은 신형 전투기의 목제화를 목표로 세웠다. 1943년 2월 첫 비행(생산 개시는 1944년 6월)한 육군 4식전투기 '하야테疾風(Ki-84)' 전투기를 나무로 만들 생각이었다. 1944년 5월에는 연구에 참여한 5개사를 합쳐 다카야마高山 항공회사를 설립하고 나무 전투기 생산을 전담시켰다. 1944년 9월에는 후지富士 비행기회사의 설계 과장 스가와라 키이치菅原喜一(당시 42세)가 목재로 항공기 구조물을 제작하는 '외각판첩착外殼板粘' 또는 '진공식 접착법'이라는 특허를 냈다. 일본은 이를 "영국의 모스키토기를 능가하는 항공기를 제작할 수 있다"고 호언했다.[9]

일제는 식민지 조선에도 목제 비행기 제작을 독려했다. 1944년 2월 12일 부산에서 시업식始業式이 열린 '조선항공공업소'의 목표가 목제 비행기 생산이었다. 조선인이 대주주로 설립된 최초의 항공기 제작사인 조선항공공업소의 신바라眞源(조선 이름 신용욱) 소장은 선서문에서 "조선에 풍부한 자원을 가지고 있는 목제 비행기 제작에 전력을 바치려 한다"며 "필요한 모든 자재를 자급자족하려 한다"고 밝혔다.[10] 조선항공공업소에서 생산한 기종은 일본 해군이 1934년부터 1945년까지 5773대를 생산한 '93식 육상 중간연습기(K5Y1)'[11]로 일부 기체의 골격이 목재였다.[12]

일본이 본격적인 나무 비행기로 심혈을 기울였던 기종은 따로 있었다. 4식 전투기(Ki-84) '하야테'를 나무로 만든 'Ki-106'으로 1944년 말 완성된 시제 1호기를 도쿄로 운반해 시험비행을 치렀

조선항공기공업주식회사 시업식에서 '조선의 산림자원에서 나오는 나무 재료(木材) 목제(木製) 항공기를 제작하겠다'는 신용욱 사장의 다짐(선서문)이 게재된 『매일신보』 1944년 2월 15일자 3면 기사. 선서문과 달리 나무로 만든 목제 비행기도, 주요 부품에 나무를 활용한 목재 비행기도 생산하지 못했다./대한민국 신문 아카이브

다.[13] 결과는 좋지 않았다. 시간도 촉박해 일본의 나무 전투기는 12대 분량의 기체와 주날개만 생산된 채 패전을 맞았다.[14]

베니어합판으로 제작한 특공기 Ki-115 츠루劍기는 105대를 제작해 쓰지도 못했다. 고정식 랜딩 기어를 이륙 후 떨어뜨려 무게를 줄이는 비인간적 항공기였다.[15] 사정이 이런 데도 일제는 영국 '모스키토'와 소련의 '라보츠킨 LaGG-3' 전투기를 능가하는 우수한 목제 전투기를 월 00대씩 생산해 본토 결전의 필승 카드로 쓰겠다고 호언장담했다. 이런 보도가 나온 시점이 1945년 8월 4일.[16] 히로시마에 원자폭탄이 투하되기 이틀 전이었다.

항공기 연료로 쓸 송탄유 짜내기에도 혈안

일제는 목제 전투기 생산을 위해 조선에서의 목재 생산을 독려하는 한편 송탄유松炭油 짜내기에도 매진해 조선의 산림을 더욱 황폐하게 만들었다. 시도별로 목표를 정해 순위를 발표하고 어린 학생들까지 동원해 송진을 캐냈다.[17] 조선에 8개 송탄유 공장을 건설하고[18] 패전이 임박한 마지막 순간에도 '송탄유는 항공기의 생명'이라며 증산을 독려했다.[19] 정작 송탄유는 이론적으로만 항공연료로 사용이 가능했을 뿐, 일제는 항공연료 실험에 연이어 실패[20]하면서도 조선의 송진을 짜냈다. 일제 패망 당시 조선에는 전국의 소나무를 죽여가며 짜낸 송탄유 재고가 20만t이 남아 있었다.[21] 최근 일각에서 일제의 송탄유 채취가 과장됐다는 의견이 나오지만 1937년부터 패망까지 조선총독부의 기관지『경성일보』와『매일신보』의 송탄유 증산 독려 기사는 201건에 이른다. 해방 후에도 송진을 채취했지만[22] 그 수량에서는 전국에서 조직적으로 총력을 다한 일제강점기와는 비교조차 불가능하다.

해방과 정부 수립 직후 대한민국에서도 목제 항공기 제작을 꿈꿨다(제1부 제4장 108~109쪽 참고). 미국에서 완제기 한 대를 수입하려면 350만 원이 필요한데 국내에서 목재를 활용하면 150만 원에 제작할 수 있다는 요지였다.[23]

일제가 부여신궁 건축 자재로 쟁여놓은 '히노끼檜 홍송紅松'을 활용해 기체의 소재를 만들겠다는 계획은 서울대 공과대학에서 추진했으나 이후에 님겨진 자료가 전혀 없다. 자재와 기술이 한국전쟁 통에 사라지지 않았다면 소년항공단이 1954~1956년에 제작한 'K2, K5 글라이더'와 대구의 '대한활공기제작연구소'가 1959년에 국내 기술로 제작해

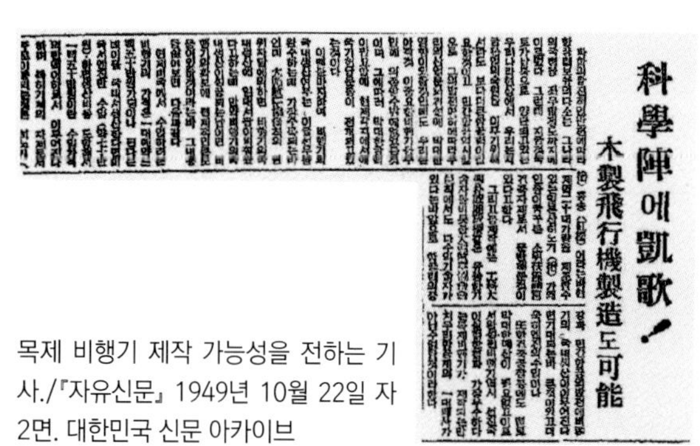

목제 비행기 제작 가능성을 전하는 기사./『자유신문』 1949년 10월 22일 자 2면. 대한민국 신문 아카이브

월배의 한국항공학교에서 날렸다는 글라이더의 소재로 활용됐을 가능성이 없지 않다. 이 역시 추가 연구가 필요한 대목이다.

목재의 새로운 가능성, '친환경 인공위성'

신생 대한민국에서 '목제 항공기'를 개발하겠다는 꿈은 흔적도 남지 않았지만 우주산업에서 나무 소재의 활용 가능성이 다시금 관심을 끌고 있다. 우주비행사 출신인 일본 도이 다카오 교토대 교수는 지난 2024년 11월 부품의 일부를 나무로 제작한 초소형 인공위성 '리그노샛(LignoSat)'을 미국 플로리다에 있는 미국 항공우주국(NASA) 케네디우주센터에서 스페이스X 로켓에 실어 발사했다. 정육면체 모양의 큐브샛(CubeSat)인 리그노샛은 나무를 의미하는 라틴어 '리그넘(lignum)'에서 이름을 따왔으며 한 변의 길이가 약 $10cm$, 무게 $1kg$인 초소형 위성이다.[24]

지구 상공 약 $400km$ 궤도에서 나무 인공위성이 우주의 극한 환경을 버틸 수 있는지와 변형 여부 등에 대한 데이터를 연구할 리그노샛은 친환경 소재 위성으로도 기대받는다. 수명을 다한 뒤 지구 대기권으로 진입하며 폐기될 때 완전 연소해 인공위성의 폐기 과정에서 발생하는 금속 입자 등 우주쓰레기 문제를 해결할 방안으로 주목받고 있는 것이다. 나무 소재가 우주에서 견딜 수 있는 정도에 따라 우주 정착지 건설에서 나무 소재의 가능성도 재조명받을 것으로 보인다.

주

1) '木製飛行機資材(목제비행기 자재), 供出國民運動(공출 국민운동)을 展開(전개)', 『매일신보』 1943년 11월 26일 자, 2면.
2) 전성원, '윌리엄 보잉: 전쟁과 평화, 두 얼굴을 가진 하늘의 거인', 『인물과 사상』 140호, 인물과 사상 , 2009년 12월, 101~102쪽,
3) 김동현, 『플레인 센스(Plane Sense)』, 웨일북, 2020, 240~243쪽.
4) 보잉사의 에버렛 공장은 내부면적 기준으로 세계 최대의 공장으로 기네스에 등재돼 있다. https://www.guinnessworldrecords.com/world-records/100889-largest-factory-by-volume
5) 미 공군박물관, Advent of the All-Metal Airplane(https://www.nationalmuseum.af.mil/Visit/Museum-Exhibits/Fact-Sheets/Display/Article/196940/advent-of-the-all-metal-airplane/(2024년 12월 21일 확인).

6) 독일 공군의 영국 내 산업시설에 대한 폭격이 심해지자 영국은 항공기 제조 설비를 캐나다와 호주로 옮겨 모스키토기도 캐나다에서 1076대, 호주에서 212대가 생산됐다. 캐나다 전쟁기념관에 따르면 제2차 세계대전 기간 중 캐나다 항공산업은 3만여 여성노동자를 포함해 11만 6000명의 인력이 1만 6418대의 각종 군용기를 생산, 영연방 전체(13만 1549대) 생산량의 12.5%를 차지했다. 캐나다의 항공기 생산은 추축국인 이탈리아의 1만 1122대를 웃돌며 국가별로 미국과 소련, 영국, 독일, 일본에 이어 세계 6위를 기록했다(https://en.wikipedia.org/wiki/World_War_II_aircraft_production). 호주 역시 2195대의 각종 항공기(미국제 무스탕 전투기 면허생산 포함)를 자국 내 시설에서 만들었다(호주 공군, 항공우주력센터). 같은 영연방국가인 인도와 남아공에서도 같은 기간 중 항공기가 생산됐으나 미미한 수준이다.

7) 제2차 세계대전 초기에 이 정도의 속도는 느린 편이 아니었다. 소련제 LaGG-3 전투기의 속도는 기동성이 좋다고 알려진 일본 제로센 전투기의 최고속도(564㎞/h)보다 빨랐다. 영국의 나무 비행기 드 하빌랜드 모스키토는 폭격기로 설계됐음에도 최고속도 668㎞/h로 전쟁 초기에는 전투기보다 빨랐다.

8) 岐阜女子大 デジタルアカイブ究所(기후여자대학 디지털 아카이브 연구소) 홈페이지.

9) ‘木製飛行機完成에 凱歌(목제비행기 완성에 개가)- 英 모스키드를)凌駕-菅原氏 以下 靑年技術者의 苦心 結實(영 모스키드를 능가-스기하라씨 이하 청년 기술자의 고심 결실)’, 『매일신보』 1944년 월 15일 자, 2면.

10) ‘木製飛行機生産戰에 一役(목제 비행기 생산전에 일역-民間 最初인 朝鮮航空工業所 始業式(민간 최초인 조선항공공업소 시업식)’, 『매일신보』 1944년 2월 15일 자, 3면.

11) 이동건, 『최초의 국산 경비행기 부활호』, 공군역사관리단, 2021, 28쪽.

12) https://ja.wikipedia.org/wiki/九三式中間練習機

13) 시험비행 결과 “비행은 가능하지만 고도를 올리기 어렵고 선회 능력이 떨어지며 민첩성이 떨어진다”는 평가가 나왔다. https://digitalarchiveproject.jp/information/飛の木製飛行機/

14) 당시의 평가와 달리 지난 2008년에는 『幻の木製機キ106(환상의 목제 전투기 Ki-106)』이라는 책자도 발간됐다. 안전성을 도외시하고 극단적으로 경량화를 추구한 제로 전투기를 ‘환상의 전투기’라고 자화자찬하는 것과 비슷한 맥락이다.

15) ‘베니어판으로 만든 일본 특공기 劍’, 『신아일보』 1973년 8월 15일 자, 5면.

16) ‘나온다 木製飛行機(목제 전투기)-英, 蘇를)凌駕할 優秀品生産에 着手(영국, 소련을 능가할 우수품 생산에 착수)’, 『매일신보』 1945년 8월 4일 자, 2면.

17) ‘松炭油製造에 小學生들 總力’, 『매일신보』 1943년 7월 13일 자, 4면.

18) ‘威力鮮産松炭油 航空燃料全鮮に八工場(위력의 조선산 송탄유, 조선 전역에 항공연료공장 8곳 건설)’, 『釜山日報』 1944년 3월 24일 자 2면.

19) ‘松炭油는 航空機의 生命 劃期的增産을 林鑛工部長이 强調’, 『매일신보』 1945년 6월 6일 자, 2면.

20) ‘일제강점기 송진 채취해 만든 송탄유…어디에 썼나’, 『연합뉴스』 2017년 3월 1일.

21) ‘다나카 발언에 새삼 경각심이’, 『동아일보』 1974년 2월 8일 자, 5면.

22) ‘경상칼럼; 송진은 일제 말기에만 채취했다?’, 『경상매일신문』 2016년 2월 16일 자.

23) ‘과학진의 개가, 목제 비행기 제품도 가능’, 『자유신문』 1949년 11월 22일 자, 2면.

24) ‘세계 최초 목재로 만든 인공위성 우주로’, 『동아사이언스』 2024년 11월 6일 자.

15. 공군 특수부대 미그기 확보 작전과 한국해군 함대공 전투

적진 한복판 미그기 엔진에 수류탄 던져 조각 수거… 재질 소재 분석

1951년 4월. UN군 수뇌부에 근심거리가 생겼다. 전황은 나쁘지 않았다. 중공군의 동계공세에 밀려 1·4후퇴로 서울을 내줬으나 대대적인 반격으로 서울을 재수복하고 38선 이북으로 적을 몰아내고 있었다. 유일한 걱정은 적 신예 전투기. 1950년 11월부터 등장한 미그15 제트 전투기는 UN의 전투기보다 빨랐다. 우려는 1951년 4월 12일 현실로 나타났다. 병력 증원과 보급물자를 차단하려 압록강 철교 상공으로 향하던 미 공군의 B-29 폭격기 48대 가운데 3대 추락, 7대 파손이라는 손실을 입었다. 신의주 상공에서 B-29 폭격기 12대가 미그15기의 공격을 받아 일본에 2대, 여의도 기지에 1대만 돌아왔을 뿐 나머

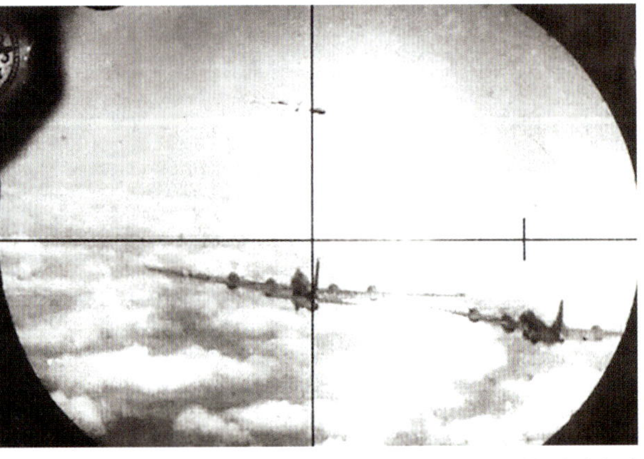

UN군은 제공권과 제해권을 완전 장악했지만 빠르고 강력한 화력의 미그-15 전투기에는 극도의 경계심을 가졌다. UN군의 거센 반격이 주춤거리는 동안 전선이 고착돼 일진일퇴를 거듭한 끝에 38선 대신 휴전선이 생겼다./사진=한만 국경 일대의 미그 엘리·이미지=위키피디아

지 9대는 격추되거나 해상에 비상 착륙했다는 증언도 있다.[1]

내용은 더욱 나빴다. 무려 96대의 F-80, F-84 제트 전투기가 호위하는데도 미그15 전투기 30대는 손실도 없이 미 공군의 폭격기와 호위전투기를 두들겨 팼다.[2] 미군 조종사들은 이날을 '검은 목요일(Black Thursday)'이라 부르고 미 극동공군 사령부는 3개월 동안 한만 국경 부근의 '미그기 출몰 지역(Mig Alley)'을 비행 금지 지역으로 묶었다. '미그 회랑'에 대한 비행 금지령은 보다 강력한 F-86F 세이버 전투기가 한국 전선에 배치되고서야 풀렸다.[3]

미군은 피격당한 채 돌아온 B-29 기체를 분석한 결과 미그15 전투기가 대구경 기관포를 탑재한 것 같다는 추정 아래 실물 기체 확보 명령을 내렸다. 마침 크게 파손되지 않은 채 북한 평남 바닷가에 불시착한 미그-15기 항공정찰 사진에 찍혔다. '미군 장교' 도널드 니콜스(Donald Nichols)가 사실상 지휘권을 장악한 한·미합동 첩보부대(6006부대)[4]는 미 공군 C-119 수송기를 타고 낙하산으로 4월 17일 적진에 뛰어내렸다.

전투기 80여대가 호위하는 수송기에 니콜스를 남긴 채 낙하한 윤일균 공군 소령(준장 예편·중앙정보부 차장·국제공항관리공단·대한항공협회 회장 역임, 2017년 작고) 등 한국 공군 첩보부대원들은 바로 임무에 들어갔다. 미그-15기의 엔진과 배기구, 통신기 등 조종석의 주요 장비를 해체하고 무장 등 주요 부위를 촬영하는 동안 북한군이 개미 떼처럼 몰려왔다. 아군 전투기의 엄호 사격을 받으며 부대원들은 두 시간 동안 핵심 부품을 떼어내 H-19 헬리콥터에 싣고 적진을 빠져나왔다.[5]

H-19 헬기는 귀환 도중 적 대공포에 회전 날개(헬기의 회전날개) 하나가 피탄됐으나 서해안의 섬에 불시착한 뒤, 영국 군함 편으로 돌아왔다. 특히 '소재를 파악하기 위해 제트엔진 내부의 날개를 떼어오라'는

미 공군소속 H-19 헬기가 해상에서 조종사를 구조하는 장면. 한국전쟁은 헬리콥터가 대량으로 사용된 첫 전쟁이다./사진=위키피디아

지시를 받은 대원들은 시간이 쫓기자 수류탄을 엔진에 넣어 폭발시켜서 그 조각을 가져오기도 했다.[6] 니콜스는 한국에서 무수한 전공을 쌓았다. 적이 점령한 경북 경산면 하양면에 침투해 T-34 전차의 안팎 구조, 통신 제원 등을 파악해 '네이팜탄 공격이 가장 효과적'이라는 대응 방법을 찾아낸 공로로 미 공군 은성훈장도 받았다. 이승만 대통령과 깊은 친교를 맺고 한국 공군 창군에 기여했다는 연구 논문도 있다.[7]

　다만 원성도 적지 않게 들었다.[8] '미국 공군 첩보의 역사에서도 수수께끼의 인물로 이름났고'[9], 미군은 물론 일부 한국군과 서해 도서 지역의 유격군을 지휘했음에도 그의 정확한 계급을 아는 사람은 거의 없었다. 1946년 육군 수송대 상사로 한국에 온 이래 1956년 미국에 소환된 그의 최종계급이 소령으로 알려졌을 뿐, 현역 신분을 언제까지 유지했는지도 명확하지 않다. 1954년 한국 정부가 그에게 명예 공군 대령 계급을 부여했을 때 신분이 문관이었다는 기사도 남아 있다.[10]

해군도 서해 작전과 미그기 확보에 공훈…첫 함대공 전투 '완승'

　'압록함(PF-62)'은 6·25전쟁에서 한국해군의 최대 함정[11]이며 최고 수훈함으로 손꼽힌다. 인수한 시기는 1950년 10월 13일. 전쟁 발발 100여 일 후에 요코스카항에서 정박 중이던 함정을 임대 조건으로 '두만함'과 함께 들여왔다. '압록'이라는 함명과 함번 'PF-62'를 부여받고 승조원 훈련까지 마친 1951년 4월의 어느 날 출동 명령이 떨어졌다. 미 해군 함재기에 의해 평안남도 신미도 앞 접도蝶島[12]에 불시착한 미그15기의 기체를 인양하고 조종사를 생포해오라는 명령이었다. 제해권과 제공권을 UN(국제연합)군이 장악하고 있었지만, 북한에서 두 번째로 큰 섬인 신미도까지 들어가는 작전이어서 위험이 컸다. 무엇보다 기뢰가 많았다.

　압록함은 4월 17일 JMS-308(토성), 309(대동강)함과 YMS-512(구월산), 515(경산)함 등 소해정을 이끌고 작전 해역 일대를 수색하던 중 북한공군 야크-9기 1개 편대(4대)의 공격을 받았다.[13] '1번기를 집중 사격하라'는 함장 이재송 중령의 명령에 따라 3인치 함포 3문과 40mm 2연장 기관포 2문, 20mm 기관포까지 화력을 집중한 결과 피탄된 1번기는 바다로 떨어졌다. 적 편대는 잠시 멈칫하다 다시 공격해 들어왔다. 압록함이 다시금 화망을 집중하고 두 번째 적기 꼬리에서 화염이 일자 나머지 두 대는 도망갔다.

　오전 7시 58분부터 13분간 이어진 전투에서 적기 1대 격추, 1대 대파라는 전과를 올리며 적을 패퇴시켰

두만급 호위함 3인치 주포의 대공사격 훈련. 압록함은 동일한 함포로 적 전투기 1대 격추, 1대 대파라는 공훈을 세웠다./사진=해군

으나 치열한 전투로 8명의 중경상자가 발생했다. 야크 전투기가 떨어트린 폭탄이 바닷속에서 터지는 통에 밑창에도 구멍이 났다. 미그기 수거 임무를 동급인 두만함에 인계한 압록함은 수병들의 결사적인 방수작업으로 항해를 계속해 무사히 돌아왔다. 압록함은 그해 9월 24일 북한 고성군 고지면 앞바다에서 전개된 적 육상 기지에 대한 포격전에서 적의 반격으로 함수 오른쪽에 큰 구멍이 생겼다. 침몰 위기를 극복하려는 필살의 노력과 미 해군 구조 공작함 ATF-105 목토비(Moctobi)함의 응급 처치와 예인으로 부산항까지 귀항하는 기적적인 생환 기록도 세웠다.[14] 연속된 무훈으로 압록함 장병들은 대통령 표창을 받았다.

미군도 놀랐다. 처음에는 신미도 작전의 결과를 믿지 못했다. 그러나 미그 전투기를 획득하는 모든 과정을 지켜본 미군 장교들의 증언이 한국해군의 전투 보고와 같았다. 미군으로서는 충분히 의심할만 했다. 태평양전쟁에서 항공모함과 전함, 순양함, 구축함으로 구성된 항모전단의 막강한 대공 화망으로도 일본군 카미카제 공격에 일부 뚫렸던 경험에서 압록함이 거둔 전공을 믿기 어려웠던 것이다. 항모전단에 아예 끼지도 못하는 '작은 호위함' 압록함의 용투에 감탄한 미국은 추가로 같은 급(Tacoma Class) 함정 3척을 한국에 넘겨줬다.[15]

두 번째 인수에서는 타코마 클래스급의 네임 쉽도 들어와 한국 해군의 대동함(PF-63)으로 재취역했다. 한국해군은 두만급으로 명명한 이 함정들을 1973년까지 운용했다. 1969년에는 일본 해상자위대가

미해군 구축함 핸손(USS Hanson·DD-832)과 압록함. 한국 해군 소속으로서 압록함의 함번과 측면 전체가 나온 유일한 사진이다./사진=미 해군 기록물 보관소

사용하던 함정(JDS Kashi·PF-296)을 부품용으로 들여온 적도 있다.[16] 다만 압록함은 1952년 5월 미국에 돌려줬다. 작전 중 충돌 사고로 함의 기능을 상실한 탓이다. 압록함은 미 해군의 탄약운반선 마운드 베이커함(ARE-4)을 호위하던 중 통신 오류로 충돌, 25명이 사망하고 21명이 중경상을 당하는 피해를 입었다. 만재배수량 1만 3855t의 탄약운반선에 들이받혀 반파된 압록함은 겨우 부산항으로 귀항했으나 복구 불가능 판정을 받았다. 미 해군에게 돌려준 압록함은 함정 목록에서 제외되고 1953년 9월 표적함으로 처리됐다.

건조한지 불과 10년 만에 표적함으로 사라졌지만 압록함은 굵은 함생을 살았다. 1943년 9월 27일 캘리포니아 LA에서 타코마급 48번함으로 진수돼 록포드(PF-48)라는 함명으로 미 해안경비대에 배치된 후 1944년 7월 폭뢰로 일본 잠수함을 공격해 파손하는 전공을 세웠다. 특히 1944년 11월 13일에는 하와이와 캘리포니아 중간 해역에서 일본 잠수함 I-12를 침몰시켰다. 일본 해군 I-12 잠수함은 2주일 전 미 해군 수송함을 격침한 뒤 생존자들의 구명보트를 들이받아 기총소사로 70명을 사살하는 전쟁범죄를 저질러 미 해군이 벼르던 표적이었다. 전공을 인정받은 록포드함은 두 개의 전투 성장(Service star)을 받았다.

록포드함은 옷을 소련 해군복으로 갈아 입은 적도 있다. 미국의 우방국에 대한 군사원조 프로그램인 〈무기대여법(Lend and Lease Act)〉에 따라 1945년 8월 소련 해군에 임대되어 호위함 'EK-18'로 취역, 극동 해역 순찰을 담당했다. 소련이 1949년 11월 요코스카 항에서 반환한 이 함정을 미국은 내내 보관하다 6·25전쟁이 터지자 한국에 빌려줬다. 한국해군에서 이 함정의 함명이 바로 압록함이다.[17]

전쟁의 승패를 가른 미국의 전시생산 능력

미국은 척당 건조비가 230만 달러에 이르는 압록함(록포드함)과 동급인 타코마급 호위함을 1943년부터 1945년까지 96척을 건조했다. 미국은 타코마급을 해안경비대에서 운용하는 한편 영국에 21척, 소련에 28척을 빌려줬다(소련에 공여된 척수가 더 많지만 영국은 1943년부터 신조함을 빌려준 반면 소련에 대한 공여는 전쟁의 승패가 가려진 1945년 이후에 진행됐다). 압록함의 함적(艦籍)이 미 해안경비대, 소련 해군, 한국 해군을 거친 것도 무기대여법과 군사원조 시스템에 따른 것이다.

전쟁 후에는 새로운 우방국에게 팔거나 공여했다. 일본 해상자위대가 17척을 도입했고 한국은 두 번째로 많은 5척을 들여왔다. 용도와 행선지로 본다면 타코마급을 가장 많이 받은 곳은 일본이 아니라 폐기장이다. 태평양전쟁 후 3년 안에 무려 41척의 타코마급 호위함이 분해돼 고철로 팔렸다.

막대한 물량이 건조됐지만 타코마급은 미 해군의 우선 건조 함정이 아니었다. 미국은 수송함과 구축함, 항공모함 건조를 우선했다. 만재배수량 1만톤이 훨씬 넘는 리버티함을 하루 평균 3.5척씩 3801척(파생형 포함)을 건조해냈다. 기록 수립을 의식해 이 배를 단 4일 15시간 29분 만에 건조한 적도 있다. 타코마

미국 보잉사의 캔자스주 위치타의 스피릿 공장[18]에서 B-29 중폭격기들이 최종 점검을 받고 있다. 2차 세계대전 최대 폭격기인 B-29 중폭격기 수십대가 길게 늘어서 출고를 기다리는 모습이 인상적이다. 미국의 전시 생산 능력[19]을 웅변하는 이미지의 하나로 손꼽힌다./사진=위키피디아

급보다 훨씬 강력한 전투함인 구축함에서도 미국의 생산력은 압도적이다. 미국은 2차 세계대전 중 플레처급 구축함을 175척이나 뽑아냈다. 성능개량형인 앨런 섬너급과 기어링급까지 합치면 대형 구축함 건조량은 331척에 이른다. 일본이 같은 기간 건조한 갑형(대형) 구축함은 30척에 불과하다.

항공사를 기술하며 함정과 미국의 생산력을 길게 예시한 것은 두 가지 이유에서다. 첫째, 해방 직후 우리의 여건을 보다 정확하게 파악할 필요가 있다. 김정렬 장군의 회고록『항공의 경종』에 따르면 남한에 진주한 미군은 일본군이 남긴 항공기를 파괴하면서 미군이 가져온 B-26 폭격기도 파기해 고철로 처리했다. 물자가 차고 넘치는 시대의 미군은 등급이 낮은 무기라면 더 쉽게 폐기 처분해버렸다(이 책 제1부 131·156쪽에 '미군이 보급품을 달라는 대로 다 준다'던 대목과도 일맥상통한다). 대량 생산된 군수물자가 쌓여 재고도 넘치는 상황에서 조금이라도 고장 난 항공기를 애써 수거해 고칠 필요가 미군에는 없었다. 군용차에 이상이 발견되면 한국군은 부품을 하나 하나 분해하지만 미군은 엔진을 통째로 교환하듯이 항공기도 그랬다. 전쟁이 끝난 직후 우리 공군과 해군이 '국산 항공기'를 만들어낼 수 있었던 배경에는 무한대 군수

보급이라는 당시의 특수 상황이 작동한 것은 아닌지 좀 더 연구할 필요가 있다.

두 번째 이유는 함대공 전투의 산업적 배경을 강조하기 위해서다. 압록함처럼 수동식 포신 조정과 조준으로 대공 전투를 치르는 시대는 오래전에 지났다. 미군은 태평양전쟁에서 이미 40*mm* 대공 포탄에 근접 신관을 욱여넣었다. 오늘날의 함대공 전투는 항공산업의 뒷받침이 없이는 불가능하다. 함대공 미사일 자체가 항공산업의 생산품이다. 선진 각국에서 고도의 함정용 레이다와 전투시스템을 개발, 생산하는 곳은 메이저 항공산업체들인 경우가 많다. 압록함과 같은 공훈을 세우려면 각 산업 간의 유기적 결합도 필연적이다. 한국의 항공우주산업계가 세계적 흐름을 인식하고 대비하고 있는지 자문하고 점검할 때다.

함정·항공기 가격 가파른 상승, 주목되는 '어거스틴의 법칙'

생각할 게 하나 더 남았다. 함정이든 항공기든 오늘날의 수급 여건은 완전히 다르다. 어떤 나라도 2차 세계대전에서의 미국처럼 무한정 생산이 불가능하기 때문이다. 전투기의 가격도 많이 올라 선진 각국에서도 대파된 전투기를 버리기보다는 고쳐서 쓴다. 1974년 1월 첫 비행을 기록했던 F-16 전투기가 50년이 지난 지금까지도 일선을 지키고 신규 생산까지 되는 이유도 고가의 전투기를 새로 개발하기보다 기존 전투기를 끊임없이 개량한 덕분이다. 전투기를 소모품처럼 운용하던 시기와 전혀 다른 시대에 각국은 날이 갈수록 오르는 전투기 개발 비용에 골머리를 앓고 있다.

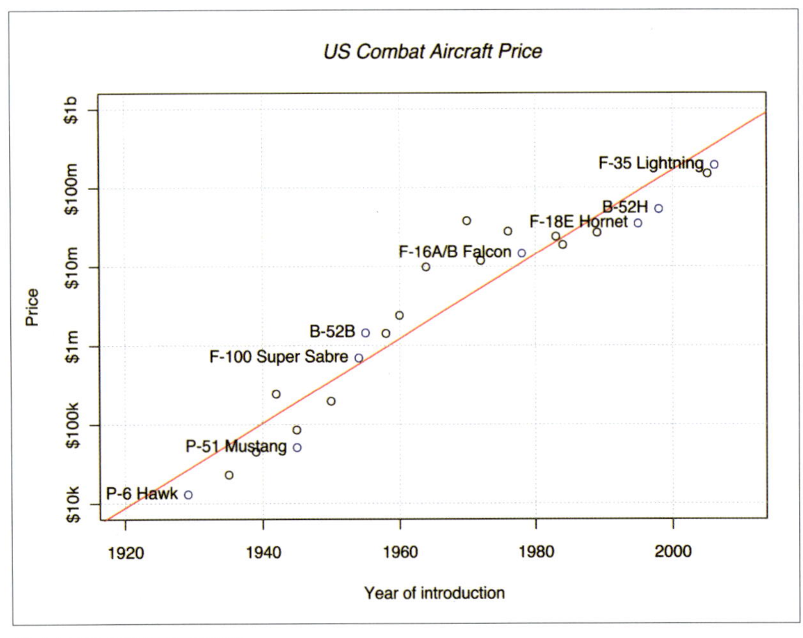

어거스틴의 법칙(위키피디어)

미국 록히드마틴사의 최고경영자를 지낸 노먼 어거스틴이 1984년 제시한 어거스틴의 법칙(Augustine's Laws) 중에서 16번째 법칙은 이렇게 말한다. '매년 전투기 가격이 상승해 2054년에는 전체 국방 예산은 단 한 대의 항공기만 구매가 가능해 오전은 공군, 오후에는 해군이 사용하게 될 것이다.'

주

1) 중앙일보, '남기고 싶은 이야기들(225), 한·미 합동 첩보 비화 6006부대 ④ 미그-15의 정체', 1971년 8월 6일 자 5면

2) Smithsonian Magazine, 'The Day Soviet Aircraft Attacked American Pilots', 2021년 4월 9일

3) https://en.wikipedia.org/wiki/MiG_Alley

4) 니콜스의 이름을 따서 '네코(NECHO) 부대'로도 불렸다.

5) 윤일균, '한·미 합동 첩보 비화 – 6006부대-', 23~25쪽, 2003년 11월, 한국학술정보

6) 중앙일보, '다시 쓰는 한국현대사 28, 한국전의 비밀첩보부대장 니컬스 회고록〈하〉', 1995년 6월 21일 자 10면

7) 양정심, '한국전쟁기 미 공군의 대북첩보활동 – 도널드 니컬스를 중심으로-', 사림 제46호 437쪽, 2013년, 고려대 한국사연구소

8) 기자 겸 작가인 블레인 하든(Blaine Harden)이 쓴 'King of Spies(스파이 왕, 2017)'에는 충격적인 내용도 적지 않게 나온다. 탈북인권운동가 신동혁 씨를 소재로 삼은 'Escape from Camp 14(14호 수용소 탈출, 2015)', 1953년 9월 21일 미그-15기를 몰고 북한을 탈출한 노금석 대위의 일대기인 'The Great Leader and the Fighter Pliot(위대한 수령 동지와 전투기 조종사, 2015)'를 저술한 블레인은 '니콜슨이 미국 정부에 한국 첩보원들에 대한 대우를 요청하다 받아들여지지 않을 때면 북한으로 보내 소모했다'고 평가한다.

9) 윤일균, 앞의 책 11쪽

10) 조선일보, '니콜스 문관에게 공군 대령 명예 계급 수여', 1954년 4월 15일 자 2면. 1987년 3월 한국 지인들의 초청으로 방한해 프란체스카 여사와 해후할 때도 한국군 대령 계급장을 부착한 정복을 입었다.

11) 압록함의 만재배수량은 2454t으로 한국전쟁 이전까지 최대 전투함이던 백두산함(PC-701·450t)보다 훨씬 탑재 무장도 많았다.

12) 신미도와 접도는 행정구역상 평안남도에 속했으나 신의주와도 가까웠다. 중국의 명청(明清) 교체기에 조선의 해악이며 골칫거리였던 명나라 장수 모문룡(毛文龍) 군대의 주둔지가 신미도와 접한 가도(椵島)였다. 모문룡은 일개 장수가 조선 조정에 조공을 요구하고 평남지방을 약탈하는 것도 모자라 후금(청)의 1차 조선 침공인 정묘호란의 원인까지 제공한 인물이다. 가도에 머물렀던 까닭은 신의주, 단동과 가까운 해상교통의 요지였기 때문이다. 6.25 전쟁 와중에 우리 해군함정이 한만 국경선 바로 밑에서 작전을 펼칠 수 있었던 이유는 제공권과 제해권을 장악하고 있던 덕분이다.

13) 배경석, '신미도(身彌島) 전투', 한국민족문화대백과사전

14) 정원모, '9월의 기억' 187~191쪽, 2015년 12월, 한국문인

15) 안기순, '해군 수병은 일생의 길잡이' 259쪽, 2014년 3월, 지성과감성

16) 한국해군이 1969년 부품 수급용으로 도입한 이 함정도 여러 나라를 거쳤다. 1943년 7월 7일 건조가 시작돼 불과 40일 만인 8월 17일 진수해(태평양전쟁 당시 미국은 경이적인 선박 건조 속도를 자랑했다. 만재배수량 1만 4245t인 리버티급 수송함의 평균 건조기간이 45일이었다) 시험운항을 거쳐 1944년 4월 15일 함번 PF-6, 함명 Pasco로 취역했다. 종전까지 알래스카 해안 순찰에 투입되던 파스코함은 1945년 8월 16일 소련에 공여돼 EK-12 초계함으로 극동지역에서 초계 임무를 맡았다. 1949년 10월 16일 소련의 반환으로 PF-6 파스코라는 함명을 되찾았다. 예비함대에 소속이던 파스코함은 1953년 일본 해상자위대로 공여되며 또 한번 국기를 바꿔 달았다. 최종적으로는 1969년 한국 해군에 부품용으로 공여되며 '미국-소련-미국-일본-한국'을 거치는 함적 변경의 종지부를 찍었다.(https://en.wikipedia.org/wiki/USS_Pasco)

17) https://en.wikipedia.org/wiki/USS_Rockford

18) 1927년 준공된 위치타 공장에는 미국 항공산업의 발전과 위기의 순간들이 담겨 있다. 1934년 보잉사에 인수된 이래 B-29 폭격기를 생산하고 전후에는 B-52 전략폭격기의 주생산공장인 동시에 아폴로 우주선의 동체도 제작했다. 그러나 이 공장은 경영합리화를 이유로 2005년 독립한 이래 품질 저하 논쟁에 시달렸다. 추락과 기체 결함 논란으로 보잉사를 위기로 몰아넣은 B 737 맥스 여객기의 생산이 바로 위치타 공장에서 이뤄졌다. 결국 보잉은 철저한 품질 관리를 위해 2025년 위치타 공장을 다시 매입해 직영 공장으로 삼았다.

19) 미국의 항공기 생산은 유럽에 대한 병참기지 역할을 시작하던 1940년 3월 월 100대 수준에 머물렀으나 진주만 피습 이후 전시생산체제로 변환하면서 급증, 생산수율이 최고조에 올랐던 1944년 말에는 월 5252대에 이르렀다. 미국은 2차 세계대전 기간중 약 30만대의 항공기를 생산하며 연합국의 승리를 이끌었다.

16. 한국 상공을 둘러싼 F-5A vs F-104G의 '암투'

냉전 시절 서독 공군 소속 F-104G 전투기. 속도가 빠르고 공대공 전투에서 위력적이었지만 지상 공격 임무 등에서는 사고가 잦아 '과부 제조기'로도 불렸다. 한국 공군도 1963년에 도입할 계획을 세웠던 전투기다./사진=위키피디아

공군이 원했던 F-104G, 중앙정보부가 밀었던 F-5A

1960년대 초반 한국 공군은 F-104 전투기 도입을 기정사실로 여겼다. 제트전투기라야 아음속인 F-86F 세이버 전투기가 주력이던 시절, 공군이 F-104G 전투기 도입을 검토하고 진행한 이유는 두 가지에서다. 첫째, 북한 공군력에 비해 질과 양에서 날로 격차가 벌어졌다. 둘째, 주요 서방국가들의 주력 전투기로 F-104G 전투기가 자리 잡았기 때문이다. 여기에 군수 보급의 문제도 있었다. 주력 전투기인 F-8F 세이버 전투기가 북한이 보유한 전투기보다 성능도 떨어지지만 난종으로 원활한 부품 공급 길이 막혔다. 제작사인 노스 아메리칸(North American)사는 1949년부터 9850대를 뽑아낸 이 전투기의 생산을 1956년 멈췄다.

미 공군이 이미 1958년 퇴역시킨 상태에서 부품 생산능력이 없는 한국 입장에서는 '동류 전환(cannibalization)'밖에 답이 없었다. 다른 전투기의 부품을 뜯어내서 충당하는 동류 전환에 의존할수록 가뜩이나 부족한 전투기가 갈수록 빨리 고갈되는 상황. 공군은 신예 전투기를 애타게 찾았다. 당시까지 아음속에 머물렀던 공군은 실전배치된 초음속 전투기 중에서 속도가 가장 **빠른** F-104G 전투기를 일찌감치 점찍었다.[1]

미 공군도 한국 공군과 같은 의견을 갖고 있었다. 북한의 공군력이 예상보다 빠르게 증강되는 데[2] 놀란 미 공군이 오히려 먼저 제의해왔다. 주한 미 합동군사고문단은 1960년 3월 작성한 군사원조 계획서에 F-104G 전투기 지원을 포함시켰다. 미군은 1965년으로 잡았던 도입계획을 1963년까지로 앞당기는 친절까지 베풀었다.

1963년에 18대가 도입될 것이라고 확신한 공군은 사전 대비를 서둘렀다. 교육을 위해 미국에 파견할 조종사와 정비사를 선발하고 F-104G 전투기를 운용할 전투비행대대 창설 계획까지 짰다.[3]

공군은 당시 장성환 참모총장의 지원 아래 미국의 일급 우방국들이 채택한 '세계 최고 속도의 전투기 F-104G'를 차기 전투기로 확정하고 작전국장과 군수국장 중심으로 도입 계획을 추진했다. 미 공군과 미 군사고문단도 적극적으로 도왔다.[4] 아래 표에서 보듯이 미국은 유럽과 일본, 대만[5] 등 핵심 우방국에 1960년대 초반 이 전투기를 공급했다.

한국 공군이 '마하 2급의 전투기 보유'라는 꿈에 젖어 운용 계획을 수립할 무렵, 워싱턴에서 예상하지

❖ F-104G 전투기 운용국가[6]

국가	운용기간	보유대수(대)	손실(대)	비고
벨기에	1963~1983	113	41	SABCA사 188대 면허생산
캐나다	1962-1986	238	110	Canadair사 340대 면허생산
덴마크	1964~1986	51	13	
독일	1960~1987	916	292	메사슈미츠사 260대 면허생산
그리스	1964~1993	150	36	신품 49, 중고 104
튀르키예	1963~1993	434	123	신품 94, 나머지 중고기체
이탈리아	1962~2004	360	137	에레탈리아사 445대 국내 생산
일본	1962~1986	210	36	미쓰비시 207대 면허생산
요르단	1967~1983	35	4	1967년 '6일 전쟁' 때 튀르키예로 이동시켜 미국이 보관
네덜란드	1962~1984	138	43	포커사 350대 면허생산
노르웨이	1963~1982	44	13	
파키스탄	1961~1971	14	5	최초의 비非 나토국가 인수 12년간 1만 1690시간 운용기록
대만	1963~1997	282	110	
스페인	1965~1972	21	0	무사고, 1972년 F-4로 대체
NASA	1956~1999	12+21	2	연구용
미국	1958~1969	268	126	

못한 반전이 일어났다. 당대 최고 실세이며 권력 2인자로 불렸던 김종필 중앙정보부장이 미국 출장 중 F-104G 보다 F-5A가 한국에 적합하다는 의견을 보낸 것이다. 공군 지휘부는 워싱턴 주재 무관부에서 진행되는 이런 상황을 전혀 몰랐다.

결국 F-5A로 낙점, 50년 넘게 한국 영공 방위

중앙정보부는 미 국무부의 대외군사원조 정책도 이런 방향으로 바뀌었다는 보고서를 냈다. 어두우면 비행에 제약이 많은 주간晝間 전투기인 F-5A보다 전천후 F-104G를 원했던 공군은 관계 요로에 원안 고수 방침을 전달했다. 돌아온 답은 F-5A였다. 미 국무부의 방침이 그랬다. 한국 공군의 F-104G 전투기 보유를 적극 도와주던 미 군사고문단도 F-5A로 돌아섰다.[7]

왜 바뀌었는지를 말해주는 다른 정황도 있다. 미국을 방문 중이던 김종필 중앙정보부장에게 F-5A를 추천한 인물은 워싱턴의 주미 한국대사관에 나가 있던 중앙정보부 출신 김동환 공사였다. 공군작전사령관, 국방과학연구소(ADD) 초대 부소장을 맡아 무기체계에 관심이 많았던 고 윤응렬 장군(2022년 작고)은 저서『상처 투성이의 영광』에서 당시 정황을 아래와 같이 소상하게 소개했다. "김 공사는 당시 주미대사관의 무관으로 근무하던 김두만 대령에게 F-5A가 F-104G보다 월등하게 앞선다고 들었다. 그러자 F-104를 밀던 미 공군은 당혹스러워하며 장성환 공군참모총장에게 진의를 물어왔다. 당혹스럽기는 우리 공군도 마찬가지였다. 당시 노스롭사는 F-5A판매에 사운을 걸고 전력을 다할 때였다. 그 결과 1963년에는 장 총장과 한국 공군이 적극 추천했던 F-104는 탈락하고 그 대신 F-5A가 차세대 전투기로 결정됐다. 이후 노스롭사는 미국 굴지의 항공 군수업체로 올라섰다."[8]

1959년 7월 30일 첫 비행시험에서의 F-5A 전투기. 1965년 F-5A와 인연을 맺은 한국은 F-5A/B와 개량형 F-5E/F, 그리고 정찰형인 RF-5와 훈련기형 파생형 T-38 전투기까지 노스롭사 F-5 전투기 시리즈의 모든 기종을 운용한 국가다./사진=위키피디아

이어지는 윤응렬의 회고. "그때 파다했던 소문으로는, 장성환 총장이 F-5A를 완강하게 반대하자 워싱턴 주재 중앙정보부 김동환 공사가 최고 실세였던 김종필 중앙정보부장으로 하여금 비밀리에 노스롭사를 방문케 하여 일사천리로 밀어붙였다는 것이었다. 공군의 누구도 김종필 중앙정보부장을 거역할 사람이 없었기에 그 소문은 상당한 설득력을 가지고 있었다. 내가 이 소문을 확인하게 된 것은 20여 년이나 지난 1990년대에 우연히 JP(김종필)로부터 경위를 듣게 되면서였다. 그의 처남이 우리 딸과 결혼함으로써 사돈지간이 되면서 그의 과거담을 듣게 된 것이다.

F-5A 전투기의 선정은 그것의 우월성과 타당성을 역설하는 김두만 공군 무관에게 감동된 워싱턴 주재 중정 요원 김동환 공사가 자기를 적극적으로 설득하면서 시작되었다는 것이었다. 서울로 날아온 김동환 공사는 김종필 부장을 특별기에 태워 LA 근교 노스롭사로 안내했다. 물론 극비리에 진행된 일이었다. 노스롭사에서는 존스Thomas V. Jones 회장이 직접 김종필 부장을 안내했다. 존스 회장은 김종필 부장을 F-5A 좌석에 태우고는 쇠망치로 날개를 세게 내리쳐보라고 권했다. 김종필 부장은 주저 없이 날개를 내리쳤다. '쨍'하고 고막이 깨질듯한 요란한 쇳소리를 냈지만 날개는 상처 하나 없었다고 한다. F-5A의 당위성을 좀 과장해서 재미있게 회상한 말일 것이다.

그 후 김종필 부장은 노스롭사 방문 결과를 박정희 최고회의 의장에게 보고하고 F-5A가 경이로운 새 기술로 만들어진, 한국 공군 최적의 전투기라고 보고했다. 이것이 당시 나는 새도 떨어트린다는 실세 김종필 중앙정보부장이 들려준 결정 과정의 전말이었다. 그렇게 해서 공군의 숙원이었던 F-104 전투기 도입계획은 물거품이 된 것이다."[9]

당시 결정 과정에서 가장 설득력이 먹힌 것은 경제성 논리였다. 가격과 운영 유지비가 싸고 조작이 간편하다는 논리가 통했고 공군의 실제 운영을 통해 이런 논리가 어느 정도는 사실로 판명됐다. 당시 '과부 제조기'로 불릴 만큼 주요 국가에서 F-104G의 비전투 손실이 많았다는 점도 결정의 요인으로 작용했다. 다만 애초의 설계 의도대로 공대공 요격 임무만 수행했던 스페인 공군과 일본 항공자위대 소속 F-104G는 524쪽의 표에서 보듯이 손실률이 낮았다.[10]

1965년 4월 30일 낮 2시 공군 제10전투비행단에서 열린 F-5A/B OO대 인수식. 상대적으로 성능이 낮아 미국의 2선급 동맹국이나 후진국에게 저가로 판매하거나 공여하는 기체였지만 초음속 전투기를 처음 갖게 된 한국 공군은 뒤늦게나마 '마하 시대'로 진입했다./사진=공군

70년대 중후반에도 뒤집기 재연 'F-16 대신 제공호'

전투기 판매를 둘러싼 로비 의혹도 두고두고 논란거리로 남았다. 노스롭사의 로비설도 나왔지만 F-104G를 판매한 록히드사의 국제 로비 스캔들도 만만치 않았다. 일본에서는 록히드의 뇌물 수수 의혹을 받던 총리대신이 사퇴하기도 했다. 한국에 대한 전투기 판매전에서 록히드사에게 승리를 거둔 노스롭사는 15년 후인 1977~1978년과 20년 뒤인 1982~1983년 한국의 차기 전투기 자리를 놓고 다른 전투기 메이커와 두 번 더 자웅을 겨뤘다. 두 번 다 상대는 제너럴 다이내믹스(GD)사의 F-16 전투기였다.

GD사가 록히드사에 인수됐다는 점을 감안하면 노스롭과 록히드는 한국의 차기 전투기를 놓고 3번 경합한 셈이다. 노스롭은 2번 이기고 한번은 졌다. 또 미국의 두 거대 기업 간 경합은 한국 항공산업에도 지대한 영향을 미쳤다. 아직도 영공을 지키고 있는 노익장 F-5E/F 제공호와 현재 우리 공군의 주력 전투기이면서 업그레이드를 실시해 2030년대에도 활약할 KF-16 전투기가 두 회사 간 경합의 산물이다. 이에 대해서는 633~635쪽에서 다뤘다.[11]

주

1) 『공군사 4집(1963~1967)』, 공군본부 작전참모부, 1977, 50쪽.
2) 정보 당국은 1963~65년 북한 공군이 미그17 390여 대에, 최신 기종인 미그21 전투기까지 14대를 보유한 것으로 파악하고 있었다(『1963~1965년 북괴 현황』, 공군본부 정보부, 1971).
3) 앞의 책, 51쪽.
4) 윤응렬, 『상처 투성이의 영광』, 도서출판 황금알, 2010, 280쪽.
5) 당시의 대만은 최신 무기를 우선 공급받는 국가였다. 대만 공군은 미국 외 국가로는 유일하게 고고도 정찰기 U-2를 공급받아 운용했다.
6) 영문 위키피디아를 근간으로 작성. 국가별 생산은 록히드사 737대를 비롯, 캐나다 340대, 독일 283대, 네덜란드 354대, 벨기에 198대, 이탈리아 417대, 일본 207대로 유럽 각국과 일본은 이 전투기를 면허생산하면서 항공산업 수준을 끌어올리기도 했다.
7) 『공군사 4집(1963~1967)』, 공군본부 작전참모부, 1977, 51쪽.
8) 윤응렬, 앞의 책, 281쪽.
9) 윤응렬, 앞의 책, 281·282쪽
10) 한국 공군에 F-104G가 도입됐다면 공대공 요격 업무보다는 서독이나 캐나다와 비슷한 결과가 나왔을 가능성이 크다. 한국 공군은 한 기종에 여러 임무를 부여할 수밖에 없는 고질적인 전투기 부족 현상을 겪고 있었기 때문이다. F-5 시리즈도 설계 의도와 달리 한국에서는 간첩과 무장공비 색출 대지상 임무와 대간첩선 작전 등 해상 임무에 투입되는 경우가 많았다.
11) 미국의 두 거대 기업은 비단 한국 시장뿐 아니라 전 세계 전투기 시장을 놓고 오랜 기간 격렬하게 자웅을 겨뤘다. 후술할 'F-16과 F-18의 반백 년 전쟁'에서는 F-18 전투기의 원형인 YF-17이 F-5를 근간으로 최첨단 기종으로 개량 발전했다는 점을 다뤘다. 국제 메이저 항공기 제작사들의 전투기 개량과 수주 전쟁은 아직도 여전히 진행 중이다. KF-21 보라매의 양산과 실전배치를 앞둔 한국도 치열한 국제 전투기 시장에 진입하고 있다.

17. 사라진 '실미도 부대' 침투용 글라이더

'반짝' 하고 사라진 '항공 교육' 열기

1960년대 초반 약 2년간 '반짝'하고 사라진 '항공 현상'이 하나 있다. 활공이다. 문교부가 1962년 6월 전국 40개 4년제 주간 대학에 '학생 특수체육 활동계획'을 내려보내면서 이런 현상이 나타나기 시작했다. 대학별로 알맞은 종목을 선택해 8월 중에는 대학 대항 경기를 갖자는 내용이었다. 문교부가 제시한 종목은 ① 활공기(글라이더) ② 낙하산 ③ 모터보트 ④ 카타(소형 전동차) ⑤ 일반 보트 ⑥ 승마 ⑦수영 ⑧ 등산 등 8개였다.

『경향신문』1962년 6월 7일 자 보도에 따르면 이 계획은 "청소년 학도들에게 특수분야의 체육활동을 국가적으로 권장 보급시킴으로써 그들의 체력과 정신을 건전하게 발산시키고 국방 사상을 고취해 군사훈련에 적응시키기 위해" 마련됐다. 대학생을 주로하고 고교생 및 일반 청년 순으로 참가 범위를 넓히도록 했다. 종목만 다양했을 뿐 누가 봐도 일제강점기의 항공 교육과 판박이였다. 목적과 대상이 같았다.

군정 치하의 정부는 일사불란하게 움직였다. 특수체육을 정규교과과정에 편입하고 현역 군인을 지도원(교관)으로 파견해 교육하며 여름방학을 이용한 하계대회를 개최한다는 보도도 나왔다.[1] 문교부는 '학

1963년 8월 경기도 수색 한국항공대학 활주로에서 열린 학생특수체육 활공기 명명식에 도열한 활공기 대열. 가장 앞에 보이는 '승공 2호'는 영국에서 도입한 기종으로 유선형 기체와 캐노피를 장착한 고급기종이었다(사진 왼쪽). 가운데 사진은 일본학생활공협회가 기증한 '희망 2호'의 이륙 장면으로 캐노피는 물론 보호헬멧도 없이 머리카락을 휘날리며 비행하는 게 인상적이다. 높이 떠 있는 것으로 보이는 세 번째 사진은 막 이륙한 '희망 2호'의 연속 사진으로 견인차가 끄는 견인 밧줄을 풀기 직전이다./사진= 대한뉴스 433호(1963년 9월 7일 제작) 화면 캡처

도특수체육위원회'를 소집해 경기대회의 날짜까지 결정했다.[2] 문교부와 학도특수체육위원회는 대회 개최를 9월 초로 결정하고 전국의 대학에 글라이더부 등을 신설하라는 공문을 보냈다.[3]

가장 먼저 낙하산 훈련이 실시됐다. 1962년 9월 첫 훈련생이 입소해 1기에 100명씩 육군부대에 입소, 1개월간 합숙 훈련을 받았다. 1기에는 10명의 여자대학생도 있었다. 이들은 공군에서 지원한 C-46 수송기로 낙하 훈련을 받았다. 훈련 기간에 모두 5회 낙하를 했다.[4]

여의도비행장에서는 공군이 설치한 중앙활공장에서 1962년 11월 26일 1기생이 입소, 15일간 훈련받았다. 1962년도에는 98명이 수료했고 1963년도에는 8월 말까지 360명이 수료했다. 여의도훈련소에는 활공기 10대와 윈치차 1대 그리고 끌기용 차량 2대와 경비행기 1대 등 중요 현대식 훈련 장비와 160평의 격납고를 갖췄다.

전국의 초등학교와 중학교 교사 3300명에 대해서는 모형항공기 제작 강습을 실시했다. 강습을 마친 이들은 소속 학교로 돌아가 항공소년단을 지도했다. 정부는 모형항공기의 재료로 1962년, 1963년에 6만 대 분을 무상으로 각급 학교에 분배한다는 계획을 세웠다.[5] 활공과 낙하, 모형비행기 제작뿐 아니라 경마와 등산, 조정, 수영, 모터보트 등의 합숙 훈련도 진행됐다. 문교부 주관하에 육해공군의 적극적인 지원으로 실시되는 각종 훈련에 언론은 호의적인 반응을 보였다. 특히 독자들에게 청량감을 줄 수

학생특수체육은 활공과 조정뿐 아니라 낙하와 승마, 미니자동차 등 8개 종목이 정부 주도로 진행됐으나 관련 민간단체 간 주도권 다툼과 대학생들의 반발로 흐지부지되고 말았다. 특히 기존의 총학생회 외에 특수학생회를 신설한다는 정부 방침이 알려지며 특수체육을 대학가 장악의 도구로 활용한다는 의구심이 확산되며 초기의 동력을 상실했다. 이에 따라 활공 대중화를 통한 항공 저변 확대의 희망도 사라졌다. 사진은 여의도에 마련된 학생특수체육 중앙훈련단의 점프 타워(Mock Tower)에서의 지상공수훈련(사진 아래)과 실제 낙하 훈련 장면(위)/사진=대한뉴스 1963년도 문화영화 화면캡처

있는 '사진'을 신문과 화면으로 전달할 수 있는 활공이나 조정 경기가 주로 소개됐다.

1962년 여름부터 시작돼 1964년까지 활발하게 진행된 학생 특수체육은 1965년부터 열기가 식어갔다. 언론의 관심권에서 벗어났는지 보도 역시 적게 나왔다. 당시 언론 보도를 종합하면 몇 가지 요인이 복합 작용한 것으로 보인다. 첫째 특수체육이 활발해지고 정부의 지원을 받아 특수체육회가 결성되면서 기존 스포츠단체들과 주도권 싸움이 일어났다. 협회 명칭이나 조정용 보트 같은 고가의 운동기구의 소유권 다툼도 일었다. 둘째, 특수체육회 회장이 공금 유용 혐의로 수사를 받으며 신뢰에 금이 갔다. 정부도 1965년도부터는 학생 특수체육에 너무 많은 예산이 지출된다며 지원 규모를 줄였다.

당시의 시대 상황도 학생 특수체육에 좋지 않은 영향을 미쳤다. 일본과 국교를 정상화하겠다는 정부 방침에 반대하는 대학생들의 반대 데모가 극렬해지면서 특수체육에 참여하려는 학생들이 줄어들었다. 정부가 추진한 「학원안정화법」의 내용 중 하나였던 학생회를 '학생회와 특수학생회'로 나누겠다는 정부 여당의 계획도 결과적으로 자충수였다. 대부분 학생이 이 법안 자체를 학생운동 지도부 분열책, 대학에 대한 간섭 강화 등 부정적으로 바라봐 특수체육을 즐기는 학생들의 입지가 좁아졌다. 사실상의 군사훈련 강요라는 불만과 함께 승마나 조정, 모터보트, 카타 등은 비용이 많이 들어 극히 일부 상류층의 취미 활동에 국고가 샌다는 지적이 나오며 특수체육은 점차 설 자리를 잃었다. 활공이 특수체육에 묶여 한꺼번에 시들해지는 통에 한국은 항공 의식을 고취하고 저변을 넓힐 기회를 또 한 번 놓쳤다.

산업화 기회 놓친 국산 글라이더 제작

반짝했다 시들해진 활공 교육에서 기억할 만한 기체가 있다. 1963년 8월 28일 경기도 수색의 항공대학 비행장에서 열린 명명식을 통해 이종우 문교부 장관은 10대의 활공기에 하나씩 이름을 붙여줬다. 일본 학생항공연맹에서 기증한 2대는 '희망 1·2호', 일본과 영국에서 도입한 5대는 '재건 1·2·3', '승리' 1·2호로 각각 명명됐다.

이날 이름을 얻은 활공기 10대 가운데 외국산 8대를 제외한 2대는 국산이었다. 공군 제81 수리창에서 제작한 2대의 국산 활공기는 '약진 1·2호'라는 이름을 받았다. '약진 1·2호'기를 제작한 주역은 공군 제81 수리창장 이원복 대령과 문종수 소령. 이들은 서울대 조선항공과 선후배이자 해방 직후 조선학생연공연맹 시절부터 함께 일했던 사이여서 호흡이 잘 맞았다.

활공에 대해서도 생각이 같았다. 체육활동과 기초적인 비행 조종 훈련을 하는 데는 글라이더가 적격이라는 것이다. 일제가 항공예비병력을 양성할 목적으로 중학교 이상 학교에 의무화했기에 10대에 글라이더 교육을 받았다는 공통점도 있었다. 5·16군사정변 후에는 대학생에 대한 특수체육훈련의 일환으로 실시되는 글라이더 훈련이 외제 수입품에 의존한다는 현실을 두 사람은 안타깝게 여겼다.

결국 제81 수리창장 이원복 대령은 외화 절감을 명분으로 직접 제작에 나섰다. 그 결과물이 훈련용 중급형 복좌 글라이더 '약진 1·2호기'다. 설계는 이원복 창장과 문종수 대위가 담당하고, 재료는 직접 조달하되 국내에서 입수가 어려운 참나무 목재와 항공기용 합판 및 크롬, 몰리브덴 강판 등을 일본에서 들여왔다. 작업은 어렵지 않았다. 목재 골격 날개와 강판 용접 동체에 외피를 천으로 감싸고 마무리했다.

약진 1·2호기는 활공비가 15대 1 이상인 데다 착륙거리 단축을 위한 에어 브레이크까지 장착된 최신형 중급 글라이더였다. 시험비행을 성공리에 마친 후 1대는 구조실험용으로 사용하기로 하고 1대는 특수체육위원회에 납품했다. 시작기 제작을 위해 구입한 다목적 목공기계와 두랄루민 판재 가공기계 등도 모두 특수체육위원회에 넘기고 공군은 기술 지도만 할 요량이었다.

하지만 얼마 안 지나 학생 특수체육훈련이 사실상 중단되는 바람에 양산작업은 이루어지지 못하고 말았다. 그래도 이 글라이더는 완전히 죽지는 않았다. 중급 글라이더의 설계를 맡았던 문종수 소령은 예편 후 다시 한번 글라이더를 만들었다. 군의 특수목적으로 사용될 대형 수송용 목제글라이더를 설계 제작해 1968년 7월 시험비행에 성공했다.

'실미도 부대'용 침투 글라이더 M-73

군이 개발했던 국산 고성능 대형 글라이더는 전혀 알려지지 않았다. 군 내부에서도 그 존재 자체를 몰랐던 '실미도 부대'가 사용할 용도로 제작됐기 때문이다. 2007년 국방부 과거사진상규명위원회가 작성한 실미도 사건 관련 보고서에는 이런 내용이 담겼다. "1968년에 있었던 1·21사태[6] 직후 중앙정보부는

군사용 글라이더는 제2차 세계대전 초반 독일군 공수부대가 벨기에 신시 후방 공중강습에 성공한 이래 세계 각국으로 퍼졌다. 사진 왼쪽부터 이탈리아 시칠리아 침공을 준비 중인 영국군이 예인기에 69m 길이의 견인줄로 AS 51 호르사 글라이더(무장병력 28명 탑승·3799대 생산)를 연결하고 있다. 대부분의 군용 글라이더는 예인기에 이끌려 이륙하고 비행하다가 일정 고도에 이르면 견인줄을 풀고 날개의 항력으로 활공하며 적진에 침투한다. 연합국의 침공으로 위기에 몰린 이탈리아 독재자 뭇솔리니 구출 작전에 앞서 독일 공군 DFS 230 글라이더(병력 9명 탑승·1600대 생산) 조종병들이 기체를 점검 중이다(가운데). 노르망디 상륙작전과 동시에 펼쳐진 공수작전에 대거 투입된 미군의 CG-4A 글라이더(병력 13명 또는 병력 4명 탑승+지프차 1대 적재·1만 3309대 생산)의 예인 비행 훈련(오른쪽). 공군이 제작했던 M-73 특수작전용 글라이더는 대형인 영국제와 미국제보다 독일제 DFS 230 글라이더와 비슷한 형태였을 것으로 추정된다./사진=위키피디아

보복을 꾀했다. 김형욱 중정부장은 육·해·공 참모총장 및 해병대 사령관을 한데 모아 1·21사태에 대한 보복은 비행기로 야간에 고공 침투하여 폭탄으로 파괴하는 것밖에 없다"고 목소리를 높였다.

'야간 공중침투'를 중시한 중정의 기본 방향에 따라 임무는 공군에 할당됐다. 특수부대 창설과 훈련, 관리를 맡게 된 공군은 제2325부대 휘하에 '제209 파견대'를 창설했다. 이 부대는 실미도 부대 교육을 목적으로 만들어졌다. 1968년 3월 7일 중정은 공군에 대북 특수공작을 준비하라는 공문을 보냈다. 공문에는 8인승 활공기를 개발, 제작하라는 내용이 포함되어 있었다.

공군이 1968년 12월 24일 중앙정보부에 제출한 문건에는 김일성 거처, 원산 원유저장소, 송림제철소 폭파를 위해 침투용 활공기가 제작 중이며 활공사 4명도 양성 중이라는 내용이 실려 있었다. 실미도 부대원들은 기구와 낙하산 훈련도 받았다.[7] 특수임무용 활공기의 생산 또는 해외구매에 대한 검토를 의뢰받은 곳이 바로 공군 제81 수리창이었다.

제81 수리창은 국내 개발과 제작이 가능하다고 판단, 1968년 4월부터 제작에 들어갔다. 이런 과정을 통해 제작된 활공기는 M-73이라는 이름이 붙었다. M-73의 설계와 제작감리는 제81 항공수리창의 생산기술실 문관으로 근무 중이던 문종수 예비역 소령이 맡았다. 일제강점기에 항공기 공장에서 일한 경험이 풍부한 사람들도 제작 요원으로 보강됐다.

작업은 속도가 빨랐다. 1개월 만에 성능 계산, 기초 설계, 부품 설계, 자재 준비를 마치고 1969년 8월 초 기초 조립을 마쳤다. 8월 9일 지상 활주시험을 거쳐 10일에는 C-46 수송기에 매달아 예항시험을 치렀다. 첫 시험비행에서 조종은 일제강점기 때 '가고형' 고급활공기 활공사로 유명했던 서철권 활공사가 맡았으나 선회 도중 추락하는 사고를 겪었다. 보강을 거친 후 실시된 두 차례 시험비행에서는 성공을 거뒀다. 레이다에 걸리지 않는다는 점까지 확인되며 개발을 성공적으로 마쳤다.[8]

그러나 지금 M-73을 기억하는 사람은 거의 없다. 개발 자체부터 비밀인 M-73 활공기는 1971년 실미도 부대원들이 비극적인 종말을 맞으면서 잊혔다. 세월이 흘러 2005년에는 한 언론이 실미도 부대원들의 훈련에 사용된 기구는 공군에서 특수제작한 것이라고 보도했을 뿐이다.[9]

M-73을 설계하고 개발한 문종수 당시 문관은 조선항공학생연맹의 회원으로 문화부장[10]을 맡았으며 이원복 소령의 '부활호' 개발에 참여했던 인물이다. 1960년대 초반에는 항공수리청장으로 근무하던 이원복 중령과 함께 학생용 글라이더 설계에도 참여했다. 한국에서 몇 안 되는 항공기 설계자였던 문종수 문관이 제작한 M-73 글라이더의 행방도 민간의 자작 비행기와 다를 바 없다. 기술이 보전되거나 전수되기는커녕 글라이더 실물도 어디 있는지조차 묘연하다.

한국제 글라이더의 행방은?

'기록도 빈약한데 실물은 물론 사진조차 없는 국산 항공기.' 국산 글라이더의 명맥이 완전히 끊겼다. 일제강점기에 제작했다는 약 100여 대의 글라이더도, 해방 이후 대한민국의 깃발 아래 제작된 기체도 실물로 남은 것은 전혀 없다. 사진 기록조차 희귀하다. 일제강점기에 제작된 조선제 글라이더 사진은 이용삼 1급 활공사 겸 2등 비행사가 장충단 공원 부근의 공장에서 일본인 장인의 도움으로 만들었다는 '갈메기형 고급활공기' 사진 등 몇 장뿐이다. 그나마 이용삼 활공사가 해방 후 일본에 귀화해 진위 여부도 불확실하다.

해방 후에는 제작 대수 자체가 확 줄었다. 대한소년항공단이 1954년과 1956년에 '글라이더를 자체 제작해 교육용으로 사용할 계획'이라는 기사만 있을 뿐, 실제 어떻게 활용됐는지에 대해서는 기록이 아예 없다. 실물도 물론 안 남았다. 1959년에는 '대구의 대한활공기제작연구소에서 두 사람이 초급 글라이더를 제작해 대구의 한국항공학교에서 시험비행에 성공했다'는 보도가 나왔지만 이후 소식이 끊겼다. 보도만 기준 삼는다면 해방 후 1960년대 이전까지 한국에서 제작된 글라이더는 3대 또는 5대(대한항공소년단이 1954년과 1956년에 제작했다는 기체가 다른 것이라고 가정할 때 5대, 같은 기체라면 3대)에 불과하다.

1960년대 이후 지금까지 제작된 기체 역시 기록상으로는 3대다. 모두 고 이원복 선생이 제작에 관여했다. 공군 제 81항공수리창장으로 근무하던 이원복 대령은 1963년 초 글라이더 국내 제작 방안을 건의했다. 마침 학생특수체육에 필요한 활공기를 수입하는데 귀중한 외화 지출을 근심하던 공군 학생체육위원회는 이를 반겼다. 결과물이 1963년 10월께 완성된 복좌형 글라이더 2대. 한 대는 학생특수체육위원회에 넘기고 한 대는 구조 강도 시험용으로 썼다. 당시 이 청장은 글라이더를 계속 제작할 수 있도록 각종 부품 설비와 특수공작기계 확보 예산까지 반영했으나 흐지부지되고 말았다. 학생특수체육 자체가 중단되며 생산 설비에 대한 수요가 없어졌기 때문이다.[11] 생산 설비는 물론 글라이더 실물도 사라졌다. 사진조차 안 남았다. 고 이원복 선생의 고희 기념문집에 3장만 남았을 뿐이다.

학생특수체육에 활용할 복좌 글라이더의 골조를 마친 이원복 제81항공수리청장(맨 왼쪽 사진). 공군이 1963년 완성한 복좌형 글라이더(가운데). 학생특수체육위원회에 기증돼 '희망 1호'라는 이름을 부여받았다. 시험비행 직후 조종사와 제작에 관여한 공군 장교단의 기념 촬영(오른쪽). 많은 기술장교들이 제작에 참여하고 별도 예산을 들여 설비를 확충할 만큼 이 글라이더에 대한 기대가 컸지만, 곧 잊혀지고 말았다. 해방 후 국산 글라이더에 대한 사진은 여기에 실린 3장이 전부다. 그나마 이 지면에서 처음 공개되는 것이다./사진=문창 이원복 선생 고희기념 문집

특수작전용으로 활용하려던 대형 M-73 글라이더도 마찬가지다. 파편으로 흩어지고 기억 속의 구술만 남았을 뿐 공식적인 자료나 사진이 하나도 없다. 군사기밀이어서 더욱더 흔적을 찾기 힘들겠지만 글라이더의 역

사가 이대로 사라진다는 게 과연 온당할지 생각할 필요가 있다. 일본항공연맹 누리집에 따르면 일본은 전국 16개 활공 비행장에서 2925명이 활공을 즐긴다. 산악지형이 한국보다 많고 도시 지역의 인구밀집도가 높은 일본에서 활공이 여전히 성행한다는 점은 시사하는 바가 적지 않다. 일본이 전후 생산했거나 생산 중인 글라이더도 33종에 이른다. 중국도 16종의 글라이더를 생산한 가운데 활공 인구가 일본보다 두 배에 이를 것으로 추산된다.

한국에서 활공의 설자리는 갈수록 작아질 것으로 보인다. 모형항공기대회에 참가하는 청소년들이 줄어드는 것과 같은 맥락이다. 그러나 안보 측면에서도 활공에 대한 이해와 대비는 긴요한 사안이 아닐 수 없다. 대형 활공기를 활용한 북한 특수부대의 은밀한 대남 침투 가능성이 얼마든지 열려 있다. 평원이 많은 구공산권 유럽 국가들이 대부분 글라이더 제작의 강소국이었으며, 북한이 과거는 물론 현재에도 수입할 수 있는 통로 역시 상존한다는 점에서 가능성은 더욱 커진다. 최소한 글라이더 제작과 운용 특성에 관한 연구가 필요해 보인다. 그러나 자산은 거의 없는 실정이다. 광복 후 사진 기록이라고는 개인이 소장한 3점뿐이라는 사실은 한국의 글라이더 수준을 말해주는 바로미터다. '부활호'를 찾아내 복원했듯이 희망 1,2호와 M-73 글라이더를 복원하는 방법도 모색할 필요가 있다.

주

1) '특수체육 교과과정에 편입, 군에서 지도원, 하기 대회도', 『동아일보』 1962년 6월 12일 자, 3면.

2) '경기대회 날짜 결정, 학도특수체육위 첫 모임', 『동아일보』 1962년 6월 12일 자, 3면.

3) '글라이더부 등 신설토록 전국대학에 특수체육계획 시달', 『조선일보』 1962년 9월 7일 자 3면.

4) '5·16 2주년 기념 영상', 「대한뉴스」 제417호, 제작 1963년 5월 18일.

5) '교재용 모형 항공기 3만 대분 무상 분배', 『경향신문』 1962년 10월 16일 자, 7면.

6) 김신조 등 북한군 124부대 소속 31명의 특수부대원들이 청와대를 습격하려다 군경과 총격전 끝에 1명(김신조)만 남기고 사살된 사건. 우리 군경도 23명 전사, 민간인 7명 사망에 부상자 53명이라는 인명피해를 입었다. 북한의 특수부대원들이 국가원수를 암살하려 청와대 인근까지 접근했던 이 사건은 한국 사회에 큰 변혁을 불렀다. 주민등록증 제도 도입이 앞당겨지고 향토예비군이 창설됐으며 30개월이던 병사들의 복무기간이 36개월로 늘어났다. 신병뿐 아니라 복무 중인 병사들에게도 일괄 적용돼 당시 말년 병장들도 6개월 더 복무하고 일반하사로 전역했다.

7) 국방부 과거사진상규명위원회, 「8개 사건 조사결과 보고서 (상)」, 국방부 과거사진상규명위원회.

8) 김기석, 「우리나라 조병기술 발전사(2) 휴전 이후~ADD 창설 이전」, 『국방과 기술』 1990년 3월호 31, 32쪽,

9) '실미도부대 임무엔 북한 부전강댐 폭파도 있었다', 『한겨레신문』 2005년 8월 23일 자.

10) 문종수의 서울대학교 항공조선학과 졸업년도가 1955년도인 점에 미뤄 1940년대 말 조선항공학생연맹 회원으로 활동한 것으로 추정된다.

11) '꿈과 현실과 소망' 131쪽, 이원복 장로 고희기념 문집, 1996년(비매품)

18. '여의도의 전투기를 성남으로 옮겨라'

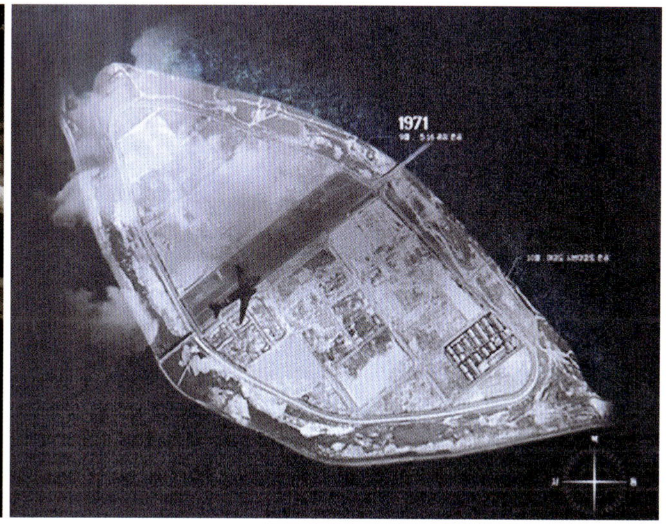

광복 직후인 1945년 9월 9일 미군이 한반도 진주에 앞서 촬영한 여의도 비행장(왼쪽)과 1970년대 초반 여의도를 그래픽으로 구현한 이미지. 그래픽에서 시멘트로 뒤덮인 부분과 수직으로 여의도 동쪽에서 서쪽으로 공군의 활주로와 주기장이 있었다./사진=미정부 문서기록 보관소, 이미지=서울역사박물관

여의도비행장을 빼놓고는 우리나라 항공사와 공군사를 설명하기 어렵다. 우리나라 항공방위산업 전시회의 대명사인 서울 ADEX가 격년제로 성남 서울공항에서 열리는 연유도 여의도 역사와 관련이 깊다. 한국 민항의 발상지이며 창설 초기 공군의 보금자리이자 지금은 시들해진 활공 교육의 주 무대였다. 1971년까지는 공군기지로 쓰였다. 성남시 소재 서울공항으로의 기지 이전 전까지 여의도는 공군의 최전방 기지이며 국빈들의 공항으로 활용됐다.

1971년까지 기지로 쓰인 '공군의 요람'

고 김석환 항공대 학장의 회고[1]에 따르면 여의도는 원래 영등포에서 돌출된 삼각주三角洲였으나 1913

년 홍수 조절을 위해 샛강을 만들어 섬으로 바뀌었다. 1916년 미국인 곡예비행사 아트 스미스가 신출귀몰한 비행을 선보여 의기소침하던 식민지 청소년들에게 항공에 대한 희망과 동경을 심은 곳도 여의도다. 1920년 장거리 비행에 나섰던 이탈리아 비행대와, 조선인들의 긍지를 한껏 드높여준 안창남의 고국 방문 비행에서 금강호가 이착륙한 곳도 여의도다. 땅만 편평할 뿐 풀이 무성하던 여의도비행장이 포장된 시기는 1929년 9월. 개장 닷새 후부터는 한일 민간항로가 열렸다.

해방 후 1948년 5월 5일 육군 항공부대 창설과 함께 '비행기 없는 비행대'로 훈련이 시작된 곳도, 미군으로부터 시설을 완전히 인수해 공군 최초의 비행 훈련이 실시된 곳도, 1949년 1회 항공기념일(9월 15일)이 열린 장소도, 공군병원과 공군대학이 설립(1955년)된 곳도 바로 여의도. 민군 겸용 비행장으로 쓰이다 1960년부터 김포는 민간 국제공항, 여의도는 공군기지로 굳어졌다. 다만 여름철 홍수로 인한 범람 위기에는 공군기지를 김포에 옮겼다. 공군의 뿌리 격인 여의도 기지는 1971년 1월 4일부로 폐쇄되고 수도권에 새로운 기지가 생겼다. 당시의 이름은 신촌리新村里기지. 요즘 이름은 서울공항이다.

1967년 박 대통령이 기지 이전 지시

『공군사 제6집(1973~1977)』에 따르면 기지 이전 공사가 논의된 시기는 1967년 가을로 거슬러 올라간다. 태릉골프장으로 장지량 공군참모총장(당시)을 부른 박정희 대통령은 "여의도 비행장을 서울시에 넘겨주라"고 운을 뗐다. 장 총장이 "그렇지 않아도 비행장이 부족한 마당에 여의도비행장은 수백만 서울시민의 생명줄"이라고 펄쩍 뛰자 배석한 김현옥 서울시장이 "더 좋은 비행장을 만들어주겠다"고 확약하며 일이 시작됐다.

공군은 내부 토의에서 매년 홍수마다 기지 기능을 상실하고 짧은 활주로를 더 늘릴 방법도 없는 여의도를 내주자는 결론에 이르렀다. 여의도 기지가 미국의 군사원조 대상에서 제외됐다는 점도 이전 결심의 배경으로 작용했다. 무엇보다 여의도 광장 전체를 포장해 유사시 기지로 활용한다는 계획에 일부 반대론자들도 찬성으로 돌아섰다.

박정희 대통령과 장지량 공군참모총장, 김현옥 서울시장의 1967년 태릉골프장 회동은 여의도 개발의 출발점이기도 했다. 이전까지 여의도에는 군용 비행장만 덩그러니 있을 뿐이었다. 파월 장병의 임시 면회소가 생길 때라야 일반인들이 접근할 수 있었다. 비행장 외의 빈 땅에는 누구도 관심을 갖지 않았다. 토양이 기름기 하나 없이 메말라 어떤 농사도 되지 않는다고 해서 '너나 가져라'는 뜻에서 여의도가 되었다는[21] 섬에 골프장 회동 직후부터 개발의 망치 소리가 울렸다.

1999년 여의도 광장 포장, '유사시 활주로' 없어져

여의도를 둘러쌀 거대한 축대를 쌓는 윤중제 공사에 들어갈 석재를 조달하기 위해 밤섬이 폭파되고 1970년에는 마포대교(공사 당시 이름은 제4 한강교, 준공 이후 1984년까지 다리 이름은 서울대교)가 들어섰다.[3] 마포대교 준공 직후에 분양된 여의도 시범아파트는 고층 아파트 붐의 시작이었다.[4] 1975년에는 국회의 사당이 준공되고 비행장 활주로는 5·16광장(여의도 광장으로 개칭)이 들어서 종교단체나 대권 후보들의 대규모 집회 장소로 쓰였다. 각종 고층 건물이 들어선 여의도와 공군의 인연은 1999년 끝났다. 여의도 광장의 아스팔트를 걷어내고 공원을 조성하는 여의도 공원화 사업으로 '유사시 활주로'가 없어졌기 때문이다.

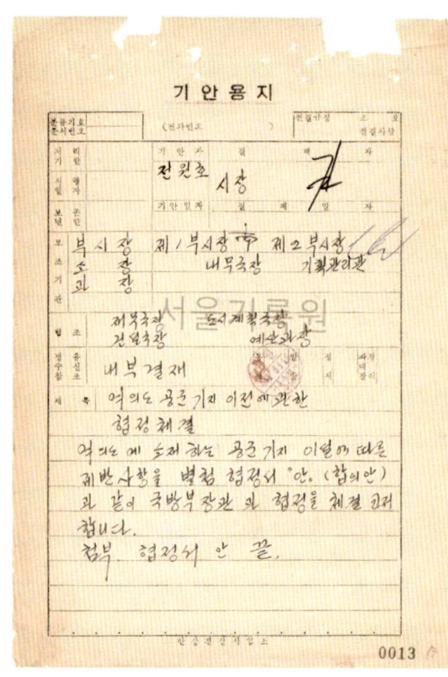

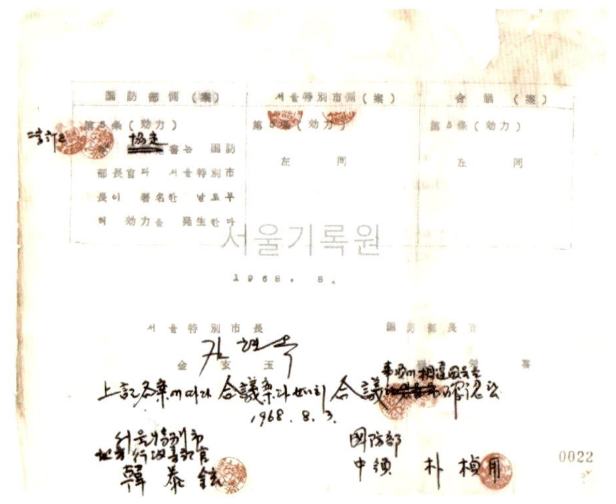

서울시가 기안한 '여의도 공군기지 이전에 관한 협정' 초안(왼쪽)과 1968년 8월 3일자로 교환된 국방부-서울시 간 이전 협정 체결서(오른쪽). 공군 기지와 파월 국군 장병 면회 장소로 활용되던 여의도가 이때부터 본격적으로 개발되기 시작했다./이미지=서울 기록원

주

1) '우리 항공의 안마당, 여의도', 『월간 항공』 1985년 5월호.

2) "여의노의 원뜻은 '너나 가져라'", 『조선일보』 2012년 4월 15일 자.

3) '街路(가로) 2백49개·漢江橋(한강교) 16개 이름 확정, 서울市(시)', 『조선일보』 1984년 9월 13일 자 11면.

4) 김대중(투자전문가), 『대한민국 재테크사』, 원앤원북스, 2005, 160~161쪽. 여의도 시범아파트가 관심을 끌게 된 결정적인 계기는 '여의도 특수학군제' 시행이었다. 12층 30개 동으로 구성된 여의도 시범아파트의 분양가는 48평형이 571만 원, 36평형이 422만 원, 18평형이 212만 원으로, 사립대 등록금이 6만~7만 5000원이던 당시에는 고가 논란을 낳았지만 분양 후 가격이 오르면서 전국적인 고층 아파트 투기 붐으로 이어졌다.

19. 공군의 미사일 개조생산과 방위산업 육성

'율곡사업' 계기로 공대공 미사일 개조 나서

공군은 '율곡사업' 착수를 계기로 보유 전력 현대화 차원에서 공대공 미사일 개조에 나섰다. 1차 '번개사업'[1]의 성공에 고무된 정부가 방산 확대를 의욕적으로 추진하던 1972년 3월 무렵 공군은 구형 AIM-9B 공대공 미사일을 AIM-9E형으로 개조한다는 공대공 미사일 개조 및 창정비능력 개발 계획을 올렸다.[2] 국방부를 거쳐 계획을 보고받은 청와대는 "현재 보유 중인 공대공 방공 유도탄 AIM-9B는 성능이 제한되어 폭격기에 대한 요격 능력밖에 없기에 AIM-9E로 개조할 필요가 있다"는 공군의 소요 제기를 받아들였다.

청와대 비서실은 박정희 대통령에게 사업 인가의 당위성을 보고하면서 "공대공 유도탄의 연구 개발 및 국내 생산을 위한 기반을 조성"하는 차원에서 "기존의 공대공 유도탄 개조뿐 아니라 국방과학연구소에서 추진 중인 항공육성 계획과 병행해 최신 사양의 공대공 유도탄을 미국과 공동생산하는 방안까지 모색할 필요가 있다"는 건의를 첨부했다.[3]

공군이 보유 중이던 AIM-9B 공대공 미사일은 1956년부터 생산돼 1958년 자유중국(대만)과 중공 간의

AIM-9B 사이드와인더 미사일을 동체 밑에 무장한 자유중국 공군의 F-86F 세이버 전투기. 1958년 9월 24일부터 벌어진 금문도 공중전에서 자유중국 공군은 사이드와인더 미사일을 처음 사용하며 100여 대의 중공 미그기를 격퇴시켰다. 중공기 31대를 격추하는 동안 자유중국 공군은 불과 2대만 상실했을 뿐이다. 격추비율은 2대 31로 압도적이었다. 이후 한동안 '미사일 만능론'이 일며 세계 각국은 공대공 미사일 개발을 서둘렀다.

금문도 공중전에 등장한 이래 서방 진영의 대표적인 공대공 미사일로 자리 잡으며 8만 900발이나 생산됐으나 성능이 떨어진다는 지적을 받아왔다. 이에 따라 미국은 AIM-9B를 고성능으로 개조, 'AIM-9E'라는 제식 명칭을 부여했다. AIM-9B 미사일을 무려 1만 5000발가량[4] 보유했던 서독은 자체적인 개량을 실시했다. AIM-9E의 신규생산은 없고 대량생산으로 재고가 많은 AIM-9B를 개조해 AIM-9E로 만들었다. 청와대에서 파악한 AIM-9B와 AIM-9E의 성능 차이는 아래와 같다.

✤ AIM-9B와 AIM-9E의 성능 차이

제원	AIM-9B	AIM-9E
발사 후 장전시간	0.6초 후 가능(항공기로부터 2300피트 거리에서)	0.3초 후 가능(항공기로부터 800피트 거리에서)
속도(항공기속도 음속시)	음속 2.5배	음속 2.5배
추적 거리	7700피트	10,700피트
추적 각도	50도	80도
기동성 (발사 시 항공기의 기동 한계)	중력 2배 (적기의 4.5G까지 추적)	중력 6배 (적기의 7.2G까지 추적)
중량	160파운드	169파운드
길이	8피트 4인치	9피트10인치

1973년 사업추진단 구성, 기술 및 장비 도입

박 대통령의 재가를 받은 공군은 발 빠르게 움직였다. 1973년 5월 AIM-9 개발사업추진단을 구성하고 7월 미국과 개조사업에 필요한 장비 도입계약을 맺었다. 이듬해 3월 장비 도입을 완료하고 5월 10월 제85 무장전자장비창을 신설했다. 제85 무장창은 1974년 7월부터 9월까지 3개월간 개조 시험을 하고, 10월부터는 본격적인 개조 작업에 들어갔다. 이듬해인 1975년 11월까지 구형 AIM-9B ○○○발을 모두 AIM-9E로 업그레이드하는 작업을 마쳤다.

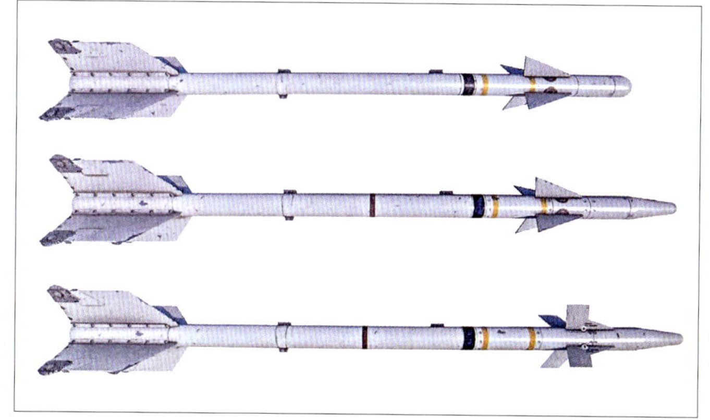

1973년부터 시작된 구형 사이드와인더 공대공 미사일 개조사업의 대상 미사일. 맨 위부터 AIM-9B, AIM-9E, AIM-9J형 미사일. 한국은 미사일 개조사업을 순차적으로 진행하며 최소한의 기술을 습득, 창정비와 개조능력을 확보했다.

1976년부터는 개조작업으로 완성한 AIM-9E 미사일을 다시금 AIM-9J형으로 업그레이드하는 사업을 펼쳐 1977년까지 ○○○발에 대한 개조를 끝냈다. 항공산업사의 관점에서 주목할 대목은 공대공 미사일을 개조하던 공군이 보다 신형인 AIM-9P 미사일을 1978년 ○○○발 도입할 때 일부는 국내에서 조립 생산했다는 점이다. 신형 AIM-9P 미사일을 조립 생산할 수 있는 인력과 시설을 갖추고 있던 공군 제85 무장창은 정부의 방위산업 육성책을 뒷받침하기 위해 공대공 미사일을 생산할 수 있는 장비와 기술자료를 1978년 2월 28일 자로 금성정밀공업에 넘겼다. 금성정밀이 1980년대 후반까지 개량하거나 신규 조립한 AIM-9 시리즈 공대공 미사일은 모두 '○○○○'발(기밀 사항)에 이른다.

구형 공대공 미사일 개량뿐 아니라 전자병기의 수요가 더 있었다. 지대지 로켓과 신형 공대공 미사일의 운용과 보수 유지(정비), 개량 사업을 위해서도 공군의 자체 역량 강화는 물론 전자공업의 기초를 갖춘 방산업체가 필요했다. 마침 미국 정부가 주한미군 철수에 대한 보완책으로 추진한 한국군 현대화 계획에 따라 우리 군이 관리해야 할 미사일이 늘어났다. 한국에서 떠난 주한 미군 7사단이 관리하던 어네스트 존 지대지 로켓과 나이키 허큘리스 지대공 미사일, 미국이 새롭게 공여할 신형 사인드 와인더 공대공 미사일 등 각종 전자병기의 창정비 및 개량사업을 추진할 방산업체가 필요했다. 공군기지와 수리창이 가까운 구미 전자단지의 금성정밀이 제격이었다. 우리나라의 전자병기 개발이 이렇게 시작됐다.[5]

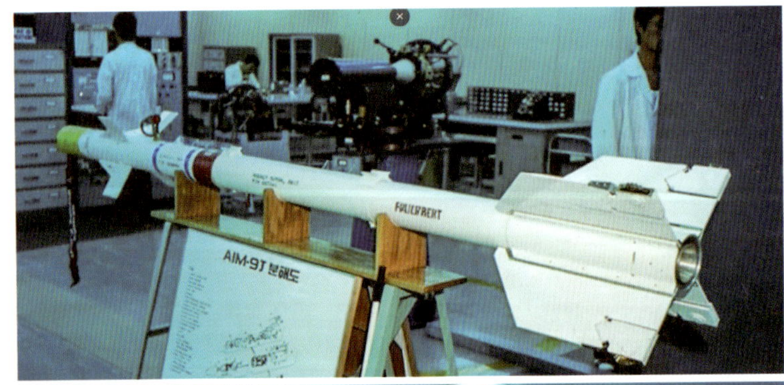

1978년 9월 금성정밀 구미공장에서 최종 개량을 마친 AIM-9J 사이드 와인더 공대공 미사일(사진 위). 개조 키트를 들여와 조립하는 수준이었지만 고도 정밀전자기기를 다루면서 민수용품의 정밀도까지 높아지는 효과가 나타났다. 생산 현장을 방문한 박정희 대통령이 개량한 공대공미사일의 특징에 대한 설명을 듣고 있다./미공개 대한뉴스 화면 캡처

'미사일 명가' LIG Next1 출범 계기

금성정밀공업(LIG Next1 전신)은 이에 따라 신형 공대공 미사일 도입량의 41.6%에 해당하는 ○○○발을 1981년부터 1982년까지 국내에서 조립 생산했다. 박정희 대통령은 1978년 9월 금성정밀 금오공장을 방문한 자리에서 관련 업무보고를 받고, AIM-9 작업장과 발칸 창정비 작업장, 자재창고 등 금오공장 곳곳을 둘러보면서 공대공 유도무기에 깊은 관심을 보였다. 공군의 공대공 미사일 개조사업은 군의 보안과 비밀 엄수로 제대로 알려지지 않았지만 정밀 유도무기도 생산할 수 있다는 자신감을 얻을 수 있었다. 이 같은 자신감은 단기적으로 백곰 미사일 개발로 이어졌다. 중장기적으로 현무 미사일 시리즈는 물론 천궁, 천무 등 K-방산의 기반으로 작용했다.

백곰유도탄과 호환이 가능한 나이키 허큘리스 미사일 탄두 부분(맨 위). 금성정밀은 국방과학연구소의 기술 지도로 중거리 지대공 미사일의 탄두를 개조해 지대지 미사일로 바꾸는 작업을 수행했다. 뒤쪽에서 본 탄두, 하나는 유도장치 등이 내장됐고 다른 하나는 장착 전 상태다(가운데). 박 대통령이 미사일의 특징과 생산의 애로사항을 청취하고 있다(아래)./대한뉴스 미공개분 화면 캡처

주

1) 1971년 말 청와대의 "소총과 박격포, 로켓포, 수류탄, 지뢰 등 7개 무기를 40일 안에 시제품을 만들라"는 청와대 지시를 ADD가 수행했던 사업. 설계도면을 연구원들에게 나눠주기 위한 고성능 복사기조차 없어 빌려 쓰면서 "번갯불에 콩 구워 먹는다"는 한탄이 나오기도 했다. 1972년에는 105㎜ 곡사포 등의 시제품을 3개월 안에 제작하는 2차 번개사업이 진행됐다. 공군이 자체적으로 AIM-9B 공대공 유도탄의 개조사업을 추진한 시기가 2차 번개사업 무렵이었다.

2) 『공군사 제8집』, 공군본부 작전참모부, 1994, 120쪽.

3) '방공 유도탄 개소사업 계획', 「청와대 제2경제비서실 보고서」, 1973년 2월 15일, 문서관리번호 AR10860047.

4) 서독이 엄청난 수량의 공대공 미사일을 보유한 이유는 북대서양조약기구(NATO)의 최전방이었기 때문이다. 반면 극동 지역에서 범서방 진영의 최전방이던 한국 공군에 공급된 AIM-9B는 1100발을 조금 상회하는 수준이었다. 공군은 여기서 기 사용분과 극소수의 예비물량을 제외한 OOO발 전량을 두 차례에 걸쳐 개조했다. 또한 이 사업을 통해 민간 유도무기 전문생산업체 금성정밀이 성장하는 기반을 제공했다.

5) 오원철, 『한국형 경제 건설 ⑤ 엔지니어링 어프로치』, 기아경제연구소, 1996, 480쪽.

20. 팬텀기 대신 F-102가 도입될 뻔 했다?

F-4D 팬텀 전투기는 각각의 시대를 기준으로 한다면 공군이 보유했던 어떤 기종보다 '최신예 전투기'로 손꼽힌다. 전투기 소요량의 전부를 미국의 군사원조에 크게 의존하던 한국 공군은 늘 최신형의 제1선급 전투기를 희망했지만 실현된 적은 없었다. 한국전쟁에서 주요 참전국 조종사들은 제트전투기를 모는 데 비해 한국 공군은 F-51D 무스탕 전투기를 탔다.

전쟁 후에도 사정은 변하지 않았다. 1953년 11월 미국을 방문한 최용덕 공군참모총장이 줄기차게 "무스탕 전투기로는 적의 미그 전투기를 막을 수 없다"며 '제트기를 원조해달라'고 요청[1]해(사진) 1955년에야 F-86F 세이버 전투기가 들어왔다.

다른 국가들은 이미 초음속 전투기를 운용하던 상황에서 아음속 제트기를 겨우 확보한 공군의 새로운 꿈은 '마하 공군'이 되는 것이었다. 염원은 10년 뒤에야 이뤄졌다. 1965년 F-5A 프리덤 파이터(자유의 투사) 전투기가 도입된 이후에야 공군은 비로소 초음속 전투기를 갖췄다.

그런데 F-4D 팬텀 전투기의 경우 도입 시기가 이례적으로 빨랐다. 태국과 필리핀 공군보다도 늦게 제트기를 원조받았던 한국 공군에게 팬텀 전투기가 도입된 시기는 1969년, 한여름인 8월 29일, 대구기지에 도착했다. 주한 미공군에도 1967년에서야 실전배치된 팬텀을 한국은 영국과 이란[2] 다음으로 받았다.

제트기를 달라고 읍소하던 한국

'제트 전투기를 달라!' 『자유신보』 1953년 11월 23일 자 1면./대한민국 신문 아카이브

이 먼저 도입한 팬텀을 일본은 2년 후에야 구매할 수 있었다. 여기에는 두 가지 요인이 깔려 있다. 첫째는 익히 알려진 대로 한국의 월남전 참전에 대한 미국의 보답 성격이 강했다는 것이다. 국내에서 반전 여론과 젊은이들의 전쟁 혐오가 높아지는 상황에서 한국의 전투병 파병은 미국에겐 고마운 결정이었다.

1969년 대구기지에 도착한 F-4D 팬텀 전투기./사진=공군

두 번째로 파병과는 다른 이유로 미국은 한국의 눈치를 살폈다. 1968년은 신년 벽두부터 한반도가 긴장 속으로 빨려들어 가던 시기였다. 먼저 북한 특수부대가 청와대를 기습해 박정희 대통령을 암살하려던 1·21사태가 터졌다. 불과 이틀 뒤인 1월 23일에는 미 해군 정보수집함 '푸에블로'호가 북한 해군에 납치되는 사건까지 일어났다. 북의 도발에 분노한 박정희 대통령은 북한의 연이은 도발에도 미온적 태도로 일관하는 미국에 불만을 표시하며 한국군 단독으로라도 보복하겠다는 의지를 밝혔다.

가뜩이나 월남전이 생각대로 풀려나가지 않는 상황에서 한반도에 전운이 감돌자 2월 8일 미국 존슨 대통령이 나섰다. 한국군에 1억 달러 규모의 추가 군사원조 제공을 약속한 데 이어 11일에는 사이러스 밴스 특사를 보내 한국을 달랬다. 한국 정부는 밴스 특사에게 처음으로 미군의 현역 전투기 중에서 가장 우수한 팬텀기 도입 문제를 공식적으로 꺼냈다. 한미 양국은 4월과 5월 연이어 열린 정상회담과 국방장관 회담을 통해 F-4D 팬텀 전폭기의 인도를 확정했다.[3] 한국 공군은 최상위급 전투기의 기체 성능만으로는 극동 최강으로 떠올랐다. 놀란 일본은 형평성을 들어 미국으로부터 면허생산권을 따냈다.[4]

'잭나이프'를 든 한국과 '권총'을 지닌 북한

다만 한국의 조기 도입이 성사되기까지 과정은 순탄치 않았다. 먼저 F-4 팬텀 전투기의 성능을 알아본 공군 내부에서 분위기 조성에 나섰다. 1966년 수립한 '공군력 증강 5개년 계획'에 도입이 필요하다는 의지를 포함시켰다. 장지량 참모총장은 박정희 대통령에게 기회가 닿을 때마다 도입해야 한다는 보고서를 올렸다. 장 총장은 '권총과 잭나이프'의 비유를 들어 대통령을 설득했다. "북괴 공군은 IL-28 폭격기에 미그21 전투기를 F-5A 전투기의 행동반경 바깥인 신의주 비행장에 배치하고 남침 기회를 노리고 있습니다. 김일성은 권총을 갖고 있는 데 각하는 잭나이프를 들고 있는 격입니다"라는 요지였다.

장 총장은 여기서 일각에서 거론되던 F-104G 전투기 얘기도 꺼냈다. "F-104G 전투기도 좋지만 현재 서독에서 문제가 생겨 곤란하므로 이왕이면 각하도 F-4 팬텀 전폭기를 가지셔야 합니다."[5] 그러나 이 시기에 미국은 F-4 전투기를 한국에 공여하거나 판매할 생각이 전혀 없었다. F-5A가 방어용인 반면 F-4 팬텀 전폭기는 공격무기로 활용할 수 있다고 생각했기 때문이다. 한국 공군이 공격무기를 손에 쥐면 통제하기 어렵다는 고식적인 생각이 깔려 있었다. 팬텀을 줄 수 없다는 미국의 입장은 앞서 살펴본 대로 1968년 초의 위기와 미국의 한국 설득 과정에서 변경됐으나 난제가 하나 더 남았다. 육군과 해군은 공군에 대한 예산 집중을 못마땅하게 여겼다.

마침 미국의 한국에 대한 원조 증액분을 어디에 투자할 것인지를 놓고 3군 총장과 해병대 사령관이 한자리에서 토론을 펼쳤다. 육군과 해병대는 전차와 포를 원했다. 해군은 구축함 증강을 주장했다. 공군의 팬텀기 1개 대대 도입안에 대해서는 "그걸로 뭘 하냐"는 타군의 비아냥까지 나왔지만 공군은 다른 무기는 미국이 공여해왔지만 '팬텀은 안 주려는 무기'라는 논리로 맞섰다. 결국 최종결정권자인 박 대통령은 공군의 손을 들어줬다.

미국의 제안은 F-102가 아니라 F-104

장지량 전 공군참모총장의 회고에 따르면 또 다른 기종 하나가 거론된 것으로 보인다. 『국방일보』 2005년 10월 10일 자 5면 기사에는 이런 대목이 나온다. 1967년 7월경 박 대통령이 장 총장을 급히 불러 이렇게 말했다. "장 총장, 전투기 구입은 F-102가 좋다는데?" 의아해하는 장 총장을 보며 대통령이 말을 이었다. "실은 주한 미 대사와 UN군 사령관이 찾아와서 F-102를 사라고 강권하는 거야. 그래야 군사원조도 더 해줄 수 있다고 말이야."

장 총장은 곤란하다고 생각했다. 록히드사 제품인 F-102는 독일·일본이 구입해 쓰고 있으나 연료 소비가 많고 엔진 고장도 잦으며 가격도 비싼 데다 곧 단종될 비행기였기 때문이다. 반면 팬텀기는 "미국과 영국, 이스라엘만이 쓰는 우수한 기종이며 값도 상대적으로 낮으며 이란이 1개 대대를 주문해놓고 다른 나라들도 구입에 혈안"이라고 보고했다.

박 대통령이 유엔군 사령관과 미국대사가 "팬텀기는 조종이 까다롭고 어렵다"고 말했다고 전하자 장 총장은 "바로 전 미국 출장에서 직접 시승해 봤는데 전혀 어렵지 않았다"고 답했다. 이어서 "실은 저한테도 미 태평양 사령관과 유엔군 사령관이 찾아와서 F-102 구매를 요청하며 산다면 비행기를 몇 대 더 얹어주겠다고까지 말했다"고 보고했다. 장 총장의 이어지는 보고가 대통령의 마음을 움직였다. "단종되는 기종을 살 필요가 없어 저는 거절했습니다." 박 대통령은 이 말에 놀라며 "알았다"는 말을 남겼다. 장 총장은 이때 자신이 출장으로 자리를 비운 사이에 록히드 측이 집요하게 로비전을 펼쳤다고 생각했다.

"팬텀 안 주겠다면 회담 깨라" 배수진 성공

얼마 뒤인 1967년 10월 사이러스 밴스 미 국무장관이 한국을 방문했을 때 현안이 두 가지 있었다. 미국은 추가 원조 1억 달러를 제시한 반면 우리는 3억 달러를 요구했다. 다른 하나는 팬텀기였다. 박 대통령은 우리 측 협상 대표인 최규하 외무장관을 불러 "미국이 팬텀기를 못 주겠다고 하면 회담을 깨고 나오라"는 지시를 내렸다. 박 대통령은 팬텀기를 못 받는다면 우리가 스스로 돈을 들여서라도 100대를 구매할 생각까지 품었다.[6]

장 전 총장의 기억에는 사실과 맞지 않는 부분이 네 군데 보인다. 결론부터 꺼내자면 F-104와 F-102를 혼동한 것으로 해석된다. 그렇지 않고는 모든 게 엉킨다. 첫째, F-102의 제작사를 록히드사라고 했지만 그렇지 않다. 이 비행기의 명칭은 'Convair F-102 Delta Dagger'. 콘베어사의 제품이다. 두 번째로 F-102는 독일과 일본이 운용 중이라고 했지만 두 나라는 이 기종을 구매한 적이 없다.

1000여 대가 생산된[7] F-102는 미국만 사용하다 그리스와 튀르키예에 중고 기체를 원조했을 뿐이다. "운용국 독일과 일본에서 고장이 잦고 단종될 비행기"라는 조건까지 대입하면 딱 F-104G에 부합한다. F-102나 F-104 같은 센추리 시리즈 전투기는 처음부터 염가형 전투기로 설계된 기종들이다. 세 번째, 팬텀기의 값이 싸다고 했지만 그 반대다. 1965년 기준 F-102와 F-104G는 85만~100만 달러, F-4D는 190만 달러선에 거래됐다. 네 번째, 미국과 영국, 이스라엘이 운용 중이라고 했지만 이스라엘이 F-4를 인수한 시기는 1969년 9

약 1000여 대가 생산된 콘베어사의 F-102 델타 대거 전투기. 미국 전투기 최초로 삼각익 설계를 채용해 눈길을 끌었던 고고도 요격용 전투기다. 구매 희망국이 없어 해외운용국은 중고품을 공여받은 튀르키예와 그리스뿐이다. 두 나라는 사이프러스 전쟁 시 동일한 F-102 전투기로 공중전을 펼쳤다.

월이다.[8] 우리보다 조금 늦다. 이란이 1개 대대를 주문 중이라는 사실은 맞지만 두 번째 주문이다. 이란은 이미 1968년 9월 8일 팬텀 1차분 15대를 받았다.

F-102와 F-104를 혼동한 것으로 추정되는 또 다른 이유가 있다. 당시 한국 공군은 속도를 전투기 최고의 가치로 삼고 있던 시절이다. F-102 전투기의 최고속도는 음속의 1.25배다. 한국 공군이 운용하면서 속도(음속 1.4배)가 낮아 불만이었던 F-5A보다도 느렸다. 박 대통령도 항공기의 속도를 중시했던 것으로 보인다.[9]

방위산업과 중화학공업을 총괄하는 제2 경제수석으로 박 대통령을 보좌한 오원철의 저서에는 1970

년대 후반 A-10기가 공격기 후보로 거론됐지만 속도가 너무 느리다는 평가로 인해 일찌감치 탈락했다는 이야기가 있다.[10] 몇 가지 의문점에도 불구하고 장지량 전 총장의 저서는 F-102를 F-104로 바꿔서 읽으면 사료로서 가치가 있다.[11]

한국 공군에 대한 수출 경쟁에서 패했던 회사가 다시 로비전을 펼치는 와중에 한국 정부와 공군은 최선의 선택을 내렸다. 1억 달러라는 군사 원조 금액의 용도에 대한 '선택과 집중'이나 "팬텀기를 끝내 못주겠다면 회담을 깨고 나오라"라는 지침은 오늘날에도 울림을 준다. 1969년 도입 이후 55년 동안 영공을 지킨 F-4 팬텀 전투기는 이런 곡절을 거쳐 우리에게 들어왔다.

1960년대 초중반에 이어 두 번째로 한국 공군 차기 전투기 선정 로비전에 뛰어든 F-104G 전투기. 극단적으로 작은 주날개를 확인할 수 있는 사진이다. 빠르고 날개가 작으며 조종이 쉽지 않아 작은 날개 달린 미사일이라는 별칭으로도 불렸다. 사진은 사고율이 높았던 서독 공군 소속의 F-104G. 서독 공군은 900대가 넘는 F-104G 전투기를 운용했다./사진=위키피디아

지난 2024년 5월 9일 고별 비행 중인 F-4 팬텀 전투기 편대(왼쪽), 얼룩무늬 위장으로 도색된 팬텀기는 국민들이 돈을 모아 구입한 '방위성금 헌납기'다. 오른쪽 사진에서 팬텀 전투기의 동체에 '국민의 손길에서, 국민의 마음으로 1969-2024'라는 문구가 적혀 있다./사진=공군

1) 『자유신보』 1953년 11월 23일 자 1면 기사. 미국을 방문한 최용덕 공군 총참모장의 읍소형 설득에 미국은 동의하고 1955년에 한국에서 인수식을 가졌다. 이미 F-86F를 운용 중이던 일본은 미쓰비시 중공업에서 1956년부터 300대분의 면허생산에 들어갔다.

2) 팔레비 국왕이 통치하던 당시 이란은 1979년 회교 원리주의를 주창하는 호메이니 혁명이 터지기 전까지 중동의 대표적인 친미 국가였다. 미국은 '페르시아만의 헌병' 역할을 자임하는 이란에게 최신 무기를 넘겨줬다. 미국은 해군 항공모함 기동부대의 주력 전투기였던 F-14 톰캣 전투기를 유일하게 수출했을 정도로 이란은 미국과 가까웠다.

3) 『공군사 5집(1968~1972)』, 공군본부 작전참모부, 1984, 46쪽.

4) 일본은 모두 154대의 F-4D 형을 F-4J라는 이름으로 도입하며 2대는 직수입, 12대는 모든 부품을 수입해 일본 미쓰비시 중공업이 단순 조립(knock down)하고 나머지는 면허생산했다. 모두 5195대가 생산된 F-4 팬텀 시리즈를 운용한 국가는 미국을 제외하고 11개국으로 해외 생산을 허가받은 나라는 일본뿐이다.

5) 『공군사 5집(1968~1972)』, 공군본부 작전참모부, 1984, 47쪽.

6) '그때 그 사람 〈339〉 제3화 '빨간 마후라89- 팬텀기 구입 내막', 『국방일보』, 2005년 10월 10일 자, 5면.

7) https://en.wikipedia.org/wiki/Convair_F-102_Delta_Dagger

8) the first F-4Es were delivered to Israel in September of 1969. The first IDF/AF Phantoms were accepted on September 5, 1969 in a formal ceremony presided over by Prime Minister Golda Meier and Minister of Defense Moshe Dayan.(https://www.joebaugher.com/usaf_fighters/f4_41.html) 이스라엘은 한국보다 조금 늦게 F-4 팬텀 전투기를 인도받았으나 성능이 D형보다 뛰어난 E형이었다.

9) 오원철 제2 경제수석의 회고에 따르면 미국은 한때 한국에서 A-10 공격기를 판매할 생각이었으나 실제 비행과 기동을 지켜본 뒤 박 대통령은 "속도가 너무 느려 쓸모가 없을 것"이라는 반응을 보였다. 90쪽 참고.

10) 오원철, 『한국형 경제건설 ⑤, 엔지니어링 어프로치』, 기아경제연구소, 1996년 9월, 534쪽.

11) 그래도 장 전 총장의 저서에서 가격에 대한 혼동 또는 착시는 설명할 길이 없다. 가격은 구매 결정의 가장 중요한 요소다. 한국형 전투기(KFP) 사업에서 최초의 우선협상 대상자였던 F-18기가 탈락하고 F-16기가 최종 선정된 이유도 가격 문제에 있었다.

21. 국내 최초의 초음속 전투기 F-5 제공호의 명암

최신예기도, 아시아 3번째도 아니었던 제공호

1982년 9월 9일, 김해 비행장에서 F-5E 전투기의 공개 시험비행 행사를 치른 뒤 언론은 "아시아에서 3번째로 최신예 초음속 전투기를 생산하는 쾌거를 이뤘다"는 기사를 쏟아냈다. 정부의 보도자료와 설명을 그대로 소개했지만[1] 사실은 아시아 세 번째 초음속 전투기 생산국이 아니라 중공(당시 호칭 기준)과 인도, 일본, 자유중국에 이어 5번째 생산국이었다.

아시아 최초의 초음속 전투기 생산국은 중공이다. 공산권 최초 초음속 전투기인[2] 소련제 미그19 전투기를 선양항공기공업瀋陽飛機廠(당시 명칭은 國營松陵機械廠)이 면허생산하면서 1959년 9월 23일 첫 시험비행을 했다. 중국은 J(殲擊)-6이라는 이름으로 이 전투기를 1959년부터 1986년까지 4500대 이상 양산해 미 정보 당국으로부터 "품질이 조악한 것 같지만 과자 찍어내듯 항공기를 만든다"는 평가를 받았다. 선양항공기공업은 중일전쟁에서 패전한 일본이 만주에 남기고 떠난 만주비행기제조㈜의 설비를 1951년 소련 기술로 재건한 항공기공장(國營112廠)이 시발점이다.

아시아권에서 두 번째 초음속 전투기는 인도가 1961년 6월 17일 첫 비행을 실시한 'HAL HF-24 마루트(Marut, 힌두어로 '폭풍의 정령')' 전투기다. 1967년부터 147대를 양산해 1990년까지 운용했다. 설계와 달리 실제 비행에서 초음속 기능을 제대로 발휘하지 못했으나 '아시아 최초의 고유모델 초음속기'라는 타이틀은 인도의 몫이다.

자유중국(대만)은 F-5E/F를 1974년부터

1982년 공개 시험비행으로 국산화 사실이 공표된 F-5F 제공호. 정부는 '아시아 3번째 최신예 초음속 전투기 개발'이라고 홍보했으나 최신예기도, 아시아 3번째 개발도 아니었다.

인도가 1961년 개발한 마루트 전투기와 일본이 1971년 시험비행을 실시한 초음속(마하 1.6) 훈련기 미쓰비시 T-2. 1971년부터 1988년까지 96대를 생산해 지난 2006년 퇴역시켰다. 일본이 생산한 최초의 초음속 전투기는 1965년부터 제작하기 시작한 F-104GJ로 210대를 면허생산했으나 어떤 기준으로든 인도보다 늦다./사진=위키피디아

1983년까지 308대나 면허생산했다. 마침 1980년대 초중반은 원제작사인 미국 노스롭사가 신규 생산 물량을 크게 줄여가는 단계여서 한국에서 제공호를 공동생산할 때 대만제 부품을 상당수 사용할 수밖에 없었다. 대만은 F-5E/F를 대량 생산하며 쌓은 기술을 바탕으로 AIDC AT-3 Tzu Chung(자강自强·첫 비행 1980년 9월 16일)을 개발, 1984년부터 1989년까지 86대를 생산했다. 연습기 설계 제작을 거친 뒤에는 미국 제너럴 다이내믹스와의 기술협력을 통해 F-16의 다운그레이드 형이지만 일선급 전투기인 AIDC F-CK-1 Ching-Kuo(經國號戰機)를 개발(첫 비행 1989년 5월 28일), 1990년부터 2000년까지 137대를 생산해 아직까지 일선 전투기로 활용하고 있다.

❖ 대만의 F-5E/F 면허생산

프로그램명	F-5E	F-5F	누계
Peace Tiger 1	100	0	100
Peace Tiger 2	47	0	147
Peace Tiger 3	20	3	170
Peace Tiger 4	15	15	200
Peace Tiger 5	30	18	248
Peace Tiger 6	30	30	308
총계	240	76	308

부품 국산화율 10%대……국내 기술 축적 효과 '미미'

한국이 1982년부터 양산을 시작한 제공호는 대만보다 8년여 늦고 생산량도 적을 뿐 아니라 국산화율도 낮았다. 처음에는 완제품을 들여와 분해 조립하거나 100% 수입 부품을 조립했다. 나머지 38대만 국산 부품을 사용했는데 국산화율은 22%를 넘지 못했다. 단순 산술평균으로 따지면 제공호 68대의 평균 국산화율은 10%대에 머물렀다.

후속 사업도 이어지지 못했다. 정부와 업체가 애써 구축한 생산라인과 치공구, 생산 기술을 익힌 숙련 인력들이 할 일을 찾지 못해 최소한의 생산 노하우마저 축적되지 않았다. 항공산업사의 관점에서 제공호 생산의 가장 아쉬운 대목이 바로 여기에 있다. 정권의 치적을 홍보하는 이벤트로는 부풀려 활용하면서 정작 미래를 위한 투자나 정책적 고민은 거의 없다시피 했다. 오히려 정부의 정책적 판단 착오나 실기失機가 과당경쟁을 낳고 항공산업의 순조로운 발전을 막았다.[3]

성능도 정부의 과대 포장과 달랐다. 정부는 모든 임무에 적합한 최신예라고 강조했지만 이미 1978년도에 이집트 안와르 사다트 대통령이 "10등급 전투기"라고 혹평한 적이 있다. 이스라엘과 평화협상을 주선한 미국이 캠프 데이비드협정 체결을 앞두고 이집트에 선물로 F-5E/F 전투기 60대를 판매하겠다고 제의하자 사다트로부터 "10등급의 하급 전투기"라는 답이 나왔다.[4]

물론 사다트의 이 같은 혹평은 이스라엘에는 고성능 F-15 전투기, 이집트에는 F-5를 팔겠다는 데 대한 불만의 표출이었다. 결국 사다트는 미국의 제안을 받아들이기로 하고 8대를 들여왔다. 그러나 도중에 가격 문제 등으로 협상이 결렬돼 도입했던 F-5E 전투기 8대를 예멘으로 넘기고 말았다.

아직도 우리 공군이 노후화한 기체를 운용 중인 제공호에 대해서는 한 번의 언급이 더 남았다. 553~557쪽에서 우리 공군의 차기 전투기로 F-104와 F-5 전투기가 경합했던 1960년대 중반 상황을 살펴본 적이 있다. 다음 장에서는 1982년에 어떤 연유로 제공호를 선택했는지를 알아볼 것이다. 1970년대 말 애초에 거론됐던 전투기는 제공호가 아니라 F-16이었다. F-16 전투기를 최대 300대 면허생산하고 A-7 공격기의 미국 내 생산라인을 아예 한국에 옮기자는 제안도 있었다. 당시 한국 정부는 대미 협상력을 높이기 위해 유럽제 전투기 미라주 2000과 영국과 독일, 이탈리아가 공동개발한 토네이도, 스웨덴제 비겐 전투기를 후보군에 포함시키기도 했다.

1) 당시 모든 신문은 조석간 구분 없이 이를 1면 머리기사로 보도했다. 한국 최초의 초음속 전투기 생산에 대한 국민적 기대가 그만큼 높았다.

2) 통상 최초의 초음속 전투기는 미국 노스 아메리칸사가 제작한 F-100 슈퍼 세이버로 꼽힌다. 1953년 5월 25일 첫 비행한 F-100 전투기는 음속의 1.4배를 낼 수 있었다. 제원상으로 세계 최초의 초음속 비행기는 1952년 5월 24일 첫 시험비행을 치른 미그19 전투기다. 다만 최고속도가 음속 1.19(수평비행 시)로 알려졌으나 실제 비행에서는 음속의 벽을 뚫기 어려운 천음속(遷音速, transonic) 전투기로 알려졌다. 천음속이란 물체가 음속에 가까운 속도로 움직이면서 아음속 흐름과 초음속 흐름이 공존하는 상태로 음속 0.8~1.2 사이를 천음속으로 간주한다.

3) 동일한 노동조직에 의한 동일한 작업의 반복에 따른 기술 축적 효과는 외환위기 직후 구조조정(빅딜)의 일환으로 진행된 항공 3사(삼성항공·대우중공업·현대우주항공) 통합으로 1999년 10월 탄생한 한국항공우주산업㈜ 출범 이후부터야 비로소 가능해졌다.

4) '미, 중동에 전투기 200대 판매', 『동아일보』 1978년 2월 15일 자, 8면.

22. 1979년, F-16에서 F-5로 바뀐 차기전투기

1974년 여름, 한국 정부의 당면 안보문제는 공군력 강화였다. 1973년 말부터 서해에서 전투기를 동원한 북한의 도발이 늘어나 골머리를 앓던 정부는 공군력 증강을 서둘렀다. 분위기는 나쁘지 않았다. 원조를 꺼리던 미국조차 한국 공군력의 대북 열세를 걱정할 정도였다. 1974년 9월 24일 하와이에서 열린 한미안보협의회 정례회의에서 미 국방장관은 "한국 공군의 전력 증강이 미흡하니 한국군 현대화 계획을 2년 늘려 7년으로 바꿀 필요가 있다"고 말했다.[1] 반면 북한의 전력은 날로 증강됐다. 최신형인 미그21 전투기 세력도 크게 늘렸다.[2]

청와대, '신예 전투기 도입 6대 원칙' 수립

<table>
<tr><td>

① 북한 미그21 전투기에 대적하기 위해 음속 2배 이상

② 미 공군 채택 기종(미 공군과 합동훈련 및 유사시 지원 용이)

③ 생산 종료가 임박해 곧 도태되지 않을 기종

④ 지상 공격기 도입도 추진

⑤ 전자장비 및 미사일 개발 능력 확보

⑥ 항공 공업 육성과 연계[3]

</td></tr>
</table>

정부는 근본적인 대책으로 6가지 원칙 아래 신예 전투기 도입을 추진했다. 기종 선정 원칙도 세웠다. 공군이 운용 중인 F-5 전투기는 아예 검토 대상에서 뺐다. ①, ②번 요건부터 기준 미달이었다. F-5A의 최고속도가 음속의 1.4배, 개량형인 F-5E의 속도 역시 음속의 1.6배에 그친 데다 전투반경이 짧았기 때문이다. 오원철 경제 2수석은 F-5A가 속도에서는 북한이 운용하는 구식 미그19보다도 못하고 개량형인 F-5E/F도 미 공군은 사용하지 않을 뿐 아니라 입김이 센 나라에는 팔 수 없는 전투기라고 여겼다.

이스라엘은 F-5 시리즈를 단호하게 거절하고 프랑스에서 미라주 전투기를 구입해 미국은 어쩔 수 없이 F-4 팬텀 전투기를 판매할 수밖에 없었으며, 일본은 미국의 월남전 수요 때문에 수출할 F-4 팬텀 전투기가 부족하다면

자체 생산하겠다고 나서 면허생산 형식으로 제조했다는 것이다.[4] 검토가 한창 진행되던 무렵, 오원철 경제 2수석은 옥만호 공군참모총장에게 이런 요지의 얘기도 들었다.

"1973년 말부터 북한의 미그21기는 백령도를 중심으로 서해 도서 상공을 마치 자기들의 영공인 양 수시로 침범해 왔다. 그래서 수원기지에서 비상 대기 중인 F-5기를 즉각 긴급출동시켰으나 미그21을 따라잡을 수 없었으며 특히 고공에서는 문제가 심각했다. 그들은 F-5의 성능을 파악하고부터는 F-5기가 출격해도 개의치 않았다. 그래서 대구기지의 F-4 팬텀기 2개 편대(8대)를 수원기지로 긴급 전진 배치해서 이에 대응케 하였다. F-4기가 출현하자 미그21은 허겁지겁 도피하기 시작했다. 그리고 또 한 가지 유의할 점은 F-5기는 전천후 전투기가 아니라는 점이다. 야간이나 구름이 많이 낀 악조건에서는 작전이 불가능하다. 다시 말하면 북한의 주력기인 미그21에 대응하려면 F-5기는 부적합하며 F-4 팬텀기라야 대적할 수 있는 것이다."[5]

제작사인 미국의 맥도널 더글러스사는 한국이 돈만 지불할 수 있다면 "F-4 팬텀기 판매에 아무런 문제가 없다"며 호의적 반응을 보였다. 하지만 한국 정부의 생각은 달랐다. 팬텀 전투기가 이상적이라도 생산 종료 시점이 머지않아 부품 수급은 물론 미 공군과의 공동 작전도 차질을 빚을 수 있다는 판단에서였다. 한국의 우려대로 MD사는 1979년 팬텀 전투기를 단종했다. 아래 사진이 미국에서 생산된 최종 기체(5057호)다.[6] 1979년 10월 25일 정오경 마지막 출고식 행사를 위해 미 공군의 마크를 칠한 이 전투기는 행사가 끝나자마자 구매 국가인 한국으로 떠났다. 동시에 MD사 세인트루이스 공장의 F-4 생산라인도 문을 닫았다.[7] 강력한 성능을 자랑하는 F-4 전투기도 차기 전투기로 적합하지 않다는 의견이 나오는 마당에 F-5 전투기의 입지는 더욱 좁아졌다.

공군 작전사령관 출신인 윤응열 예비역 소장도 F-5에 대해서는 비판적인 견해를 보였다. 전역 후 활발한 대외활동을 펼치던 그는 정부가 1974년 외국 항공기회사들과 협상을 위해 정부 부처와 연구원, 대한항공 등의 실무책임자들로 구성된 실무대책반에 민간전문가 자격으로 참여해 차기 전투기 사업과 관련한 목소리를 낼 기회가 많았다. 작전사령관 시절 서해의 PY도(백령도-연평도) 상공에서 상황이 벌어질 때마다 출동한 F-5A는 항속거리와 체공 시간이 짧아 20분이 지나면 다른 편대로 교체시켜만 했다. 흑산도에 출몰한 간첩선을 침몰시키는 데 F-5A를 76대나 출동시킨 적도 있다는 경험도 털어놓았다.[8]

1979년 단종된 MD사의 팬텀 전투기 최종 기체.

미 공군의 차기 경량전투기 선정 경쟁을 앞두고 사막을 저공으로 시험비행 중인 노스롭 YF-17 코브라 전투기. YF-16에 패했지만 쌍발 엔진을 선호하는 미 해군의 주목을 받아 FA-18 전투기로 거듭났다. 초기형 FA-18 A/B 호넷의 확대개량형인 FA-18 E/F 슈퍼 호넷 전투기는 미 해군 항공대의 주력으로 여전히 일선에서 활약 중이다./사진=위키피디아

바로 이 무렵인 1975년 1월 미 공군은 차기 전투기 경쟁을 펼치던 YF-16와 YF-17 중에 전자를 골랐다. 한국도 여기에 관심이 컸다. 제작사인 제너럴 다이내믹스사도 맞장구쳤다. 제너럴 다이내믹스사뿐 아니라 미국과 유럽의 거대 항공기 메이커들은 한국의 움직임을 예의 주시하고 있었다.

자주국방 의지를 천명한 한국 정부가 미 공군의 차기 전투기 경합을 벌이던 YF-16과 YF-17은 물론 F-4E, 고성능이지만 가격이 너무 비쌌던 F-15에 공격기인 A-7과 A-10 등의 가격과 성능이 포함된 다양한 정보를 미국에 정식 요청[*]했다는 사실을 알게 된 거대 메이커들은 한국을 잡으려는 경쟁을 펼쳤다. 제너럴 다이내믹스사는 공동생산까지 모색하는 한국의 견해를 받아들여 현지 생산능력 조사단을 파견하기도 했다. 수차례 사전 협상이 오간 뒤 GD는 다음과 같은 편지까지 보내왔다.

1974년 2월 2일 시험비행중인 제너럴 다이내믹스 YF-16 파이팅 팰콘 전투기 시제 1호기. 미국의 차기 경량전투기 개발과 선정 과정부터 이 전투기를 눈여겨본 한국은 1970년대 중후반 국내 생산을 포함한 도입 가능성을 타진하고 긍정적 답변까지 받았으나 끝내 무산되고 말았다./사진=미 공군

GD사 부사장이 1975년 5월 16일 자로 오원철 청와대 경제 2수석에게 보낸 편지[10]의 핵심은 붉은 선으로 밑줄 친 부분이다. "일단 1979년 1월부터 매월 1대씩 생산해 점점 생산량을 늘려 매월 3대 생산에 도달하고 1980년 말이면 모두 60대의 F-16 전투기를 한국에 인도할 수 있다"는 내용이다. 한국은 기뻤지만 전제가 하나 붙었다. 파란색으로 밑줄 친 부분, 즉 "미국 정부의 승인이 있다면"이라는 조건이 끝내 GD사의 F-16 전투기 한국 조기 인도와 공동생산을 막았다.

'F-16 300대 생산, A-7 설비 완전 이관' 계획

우리 정부는 F-16 전투기를 1단계로 100여 대 생산해 한국 공군에 배치할 요량이었다. 이후에 기존에 보유한 F-5, F-4의 노후화에 따른 퇴역을 합작 형식으로 국내생산된 F-16으로 대신할 경우 최대 300대까지 생산하겠다는 야심찬 계획까지 세웠다. 생산 개시 후 매년 30대씩 10년간 작업량을 확보한다면 한국의 항공산업도 날개를 펼 수 있다는 기대가 퍼졌다.[11]

청와대 경제 2비서실은 이를 실행하기 위한 추후 계획을 수립하는 단계까지 나갔다. 1975년 6월 초 박정희 대통령은 "GD사가 미 국방성의 승인을 얻는다면 F-16 신형 전투기를 1979년 1월부터 1980년 12월까지 2년간 60대 공급할 수 있다고 확인"했으며, "미 공군이 650대, 벨지움, 네덜란드, 노르웨이, 덴마크 등이 350대, 이외 국가들이 500대의 공급 계획을 추진 중인만큼 약 3년간의 준비 기간이 필요하다"는 보고서를 받았다.

LTV사의 파격 제의 "A-7 생산라인 그대로 가져가라"

한국이 F-16 전투기를 미국과 공동생산하겠다는 꿈을 키우고 있을 무렵, 뜻밖의 제안이 하나 들어왔다. 1974년 초부터 한국을 찾아 합작을 모색하던(193쪽 참고) 미국 LTV(Ling-Temco-Vought)사가 "A-7 공격기의 생산라인을 모두 한국으로 가져가라"고 제안한 것이다. "A-7기가 곧 단종될 예정(실제는 83년 생산 중단)

미 해군이 함재기로 운용한 A-7 공격기. 사진에서 보는 것처럼 폭장량이 큰 데다 초정밀 폭격장치를 갖고 있어 한국이 대북 보복 수단 확보 차원에서 도입을 희망했던 기종이다.

이고, 한국이 항공산업을 육성한다고 하니 협력하겠다"는 의사를 밝혀왔다. 지그(Jig, 조립 장비)나 조립 공구 등을 포함해 설계도와 생산 기술도 헐값에 넘기겠다는 제안이었다. 조건도 좋았다. 설비를 넘겨받은 한국에서 A-7기를 20~30대를 생산하고 면허생산비만 내라고 했다.

막대한 시설투자 없이도 생산 기술까지 얻을 수 있다면 항공산업을 출발시키려는 입장에서는 더할 나위 없는 제안이었다. 확인차 방문한 LTV 본사에서 "미국 정부의 승인이 가능하냐"고 물어보니 "이미 생산 중단이 결정난 기종인데 문제가 없을 것이다. 미국 정부에 대한 교섭은 LTV사가 할 테니 한국 정부만 승인하면 된다"는 답이 돌아왔다. 주한 미국 대사관에서도 "미국 정부로서는 한국에서의 A-7 생산에 이의가 없다"는 명확한 답변을 내놓았다. 한국의 A-7 생산에 대한 주한 미 대사관의 답변을 들은 청와대 제2 경제비서실은 항공기 생산 방안 보고서를 올렸다.[12]

먼저 모든 설비를 확실하게 받을 수 있는 A-7 생산에 착수한다. LTV사와 면허생산 계약을 체결하고 생산시설과 공구는 물론 현장 노하우까지 헐값에 얻을 수 있으니 경제적이고 시간상으로 가장 빨랐다. 생산 기술과 경험을 동시에 얻을 수 있는 기회로 여겼다. 초기 생산량은 30대로 잡고 수요가 생기면 추가 생산할 요량이었다. 2단계가 F-16 생산. 최대 300대까지 생산하면서 부품 국산화율을 높이고 최종단계에서는 독자 설계기술까지 확보한다는 원대한 계획이었다.

미국 국방부도 한국의 F-16 구매를 거들었다. 1977년 7월 한미 안보협의회SCM에서 브라운 미 국방장관은 F-16 한국 판매 가능성을 내비쳤다.[13] 그는 F-16의 기술자료를 한국에 제공하고 판매에도 원칙적으로 승인한다는 입장까지 밝혔다.[14] 브라운 장관은 F-16의 조기 공급을 거듭 요청하는 한국 정부에

미국과 협상 중에 보도된 한국에 대한 대규모 군사원조 계획. F-16 전투기 90대, A-10 공격기 45대, F-5 전투기 77대, F-4 팬텀기 18대, CH-47 치누크 헬기 36대, AH-1 코브라 공격헬기 32대에 전차 개량 및 신형 구입, 구축함 6척 등이 필요하다는 '미 국방성 연구 보고서'를 인용했기에 확정된 정책인 것처럼 알려졌으나 실제 상황은 전혀 달랐다. 미국 정부는 한국의 국방력 강화에 소극적으로 대응하면서 최신 고성능 무기 판매를 막았다.[16] 머리기사 바로 옆에 '중공의 덩샤오핑이 복권됐다'는 뉴스가 눈에 띈다. 중국의 개혁 개방이 이때부터 시작됐다.

1978년 초 의회에 송부될 것이라고 확답했다. 제작사인 GD는 1982년부터 공급이 시작될 예정이지만 일정 단축도 가능하다는 의견을 보내왔다.

정부는 GD에 한국 입장에서는 F-16의 구매도 중요하지만 항공 공업 육성을 똑같은 비중으로 중시하고 있다는 뜻을 분명히 밝혔다. F-16을 구매하되 공동생산 형식으로 한국 내에서 생산이 이뤄지지 않으면 안 된다는 의지를 담은 것이다. 정부는 미국 휴즈사와 제휴했던 500MD 헬기 면허생산을 예시로 들며 초기에는 조립 생산하며 일부 부품을 국산화하고 정비 능력을 보유하겠다는 뜻을 밝혔다. 동시에 유럽의 항공기 제작사들도 공동생산을 제안해왔다는 점도 설명했다.[15] 유럽산 항공기도 검토 대상이라는 점을 밝혀 미국과 협상에서 우위에 서겠다는 발상이 깔려 있었다. 사실 유럽산은 부품 조달과 후속 군수지원 문제로 일찌감치 후보 기종에서 배제된 상태였다.

항공공업진흥법 마련

대외 협상과 함께 정부는 법 제도 마련에 눈을 돌렸다. 정부는 1978년 8월 26일 열린 제3차 방위산업 진흥 확대회의에서 상공부가 마련한 항공공업 육성계획을 보고받고 토의를 거쳐 「항공공업진흥법」을 제정하기로 의견을 모았다. 항공공업진흥법의 골자는 이름 그대로 우리나라의 항공공업 육성에 정부가 발벗고 나서겠다는 것이다.

항공공업 진흥을 위한 기본계획의 최대 특징은 '선택과 집중'에 있었다. 항공공업이 정착될 때까지는 이유 여하를 막론하고 항공기 조립업체와 엔진과 기체 등 항공기용 기기 제조업체를 각기 한 업체씩만 지정해서 육성하겠다 것이다. 적어도 기초 체력을 기를 때까지는 독점도 용인한다는 뜻이다. 지정업체에는 장기저리 자금을 우선 지원하며 기술개발비는 정부가 보조한다는 조항도 넣었다. 정부가 이때 마련한 항공기 생산계획은 아래와 같다.[17]

1. 1980년 중반까지 해외업체와 계약을 끝내고 81년 말까지 공장을 건설해 시설 확보를 마친다. 공사와 동시에 기술 훈련을 병행한다.
2. 항공기 조립은 1982년부터 개시하며 헬기 엔진은 1981년, 전투기 엔진은 1982년부터 생산한다.
3. 항공기 부품 국산화 계획은 아래 표와 같다.
4. 엔진공장에서는 항공기 엔진 생산과 동시에 민수 발전용 및 해군 함정용 가스터빈 엔진을 생산한다.

회의가 끝난 뒤 박정희 대통령은 예정에 없던 다과회를 열고 참석자들의 노고를 치하했다. 그날 일기에

구분	단 계	국산화 내용
기체	1단계(82. 1~83. 6)	엔진 및 강착장치 도어, 수평미익. 조종석, 연료탱크, 합성수지 제품, 외피성형
	2단계(83. 7~85. 6)	중앙 및 후방 동체, 수직 미익, 기골 및 외피 소재
	3단계(85. 7~86. 12)	전방 동체, 주날개, 강착장치
엔진	1단계(82. 1~83. 6)	압축부, 터빈부, 연료부 등의 기계가공, 기어 박스, 제네레이터, 스타터 등의 전장품
	2단계(83. 7~85. 6)	연료 및 윤활유 펌프 베어링, 노즐 등의 일부 기계 요소
보기 補器	1. 국내 생산이 용이한 품목부터 착수, 각종 케이블, 서보모터 등 전기 계통 　　연료, 유압, 윤활, 공기정화 계통, 무선통신기, 항법 장치, 화력관제 　　전자계산 계통 2. 관련 업체로 하여금 기술도입 생산	

는 이렇게 적었다. "제3차 방위산업 확대회의를 청와대에서 개최하다. 일취월장 우리의 방위산업은 매우 빠른 속도로 발전하고 있다. 특히 오늘 항공공업 육성계획 보고는 매우 고무적이며 자신을 가일층 높게 가질 수 있었다. 1980년대 중반에 우리나라에서도 전투기를 충분히 만들 수 있다는 자신감이 생겼다."[18]

항공공업진흥법은 1978년 11월 14일 국회를 통과해 12월 5일 법률 3124호로 공포됐다. 모든 게 순조로워 보였다. F-16 제작사인 GD의 페이스(Stanley C. Pace) 회장은 박 대통령을 예방한 자리에서 "GD는 F-16 한국 내 생산을 전폭적으로 지원을 하겠다"고 약속했다. 이로써 우리나라는 항공공업에 본격적으로 뛰어들 수 있는 모든 준비가 끝났다. 이때부터 미국이 한국에 F-16 전투기 60대를 판매할 것이라는 기사가 나오기 시작했다.[19]

미국이 한국에 F-16 전투기 60대를 판매할 예정이라는 소식을 담은 1978년 11월 8일자 『중앙일보』 1면 머리기사. '미군의 팬텀기 대구기지 추가 배치'와 '한국 정부의 미국에 대한 철군 재고 요청' 등 당시 한반도 상황을 반영한 듯 나머지 지면도 안보 관련기사로 채워졌다.

용두사미 된 신형 전투기 공동생산, 'F-5 조립'으로 귀결

이때까지만 해도 1979년부터는 항공산업의 비약적 발전이라는 꿈이 다가온다는 기대가 넘쳤다. 그동안의 진행 상황을 종합하면 '① LTV사의 설비, 기술자료, 현장 생산기술 100% 이전, A-7 콜세어Ⅱ 공격기 30대 면허생산 후 추후 증산 여부 결정 ② GD사와 합작으로 F-16 전투기 국내 생산, 물량은 60~100대로 시작하되 향후 10년간 연간 30대씩 총 300대 생산, 한국 공군기 완전 현대화'라는 희망이 눈앞에 다가왔다.

그러나 조금씩 상황이 바뀌기 시작했다. 크게 두 개의 국내외 요인이 작동했다. 첫째, 미국의 태도가 바뀌고 한미관계가 틀어졌다. 둘째, 국내에서도 특정 기종을 선호하는 전직 장성들이 주도한 변수가 생기고 흐름이 달라졌다. 미국의 정책 결정이 어떻게 변했는지부터 살펴보자. 1979년 들어 한미 갈등의 골은 더욱 깊어졌다. 주한미군 철수와 박동선 게이트, 미국의 청와대 도청 의혹으로 국민감정도 나빠져 사회단체와 대학가, 심지어 고등학생들도 미국의 청와대 도청에 항의하는 성명을 내고 교문 밖으로 나가 데모를 벌였다.[20] 관제 데모 성격이 없지 않았지만 미국과 관계가 그만큼 나빴다는 반증의 하나다.

카터 미 대통령이 한국을 방문한 1979년 6월 29일 이후 양국 관계는 더 이상 나빠질 수 없는 상황으로 치달았다. 카터 방한 직전에 양국은 정상회담 의제를 조정하면서 "주한미군 철수문제는 기정사실이니 거론하지 말자"고 주문했는데 박 대통령은 주한미군 철수는 잘못된 정책이라고 설파하는 데 45분을 썼다. 회담을 마치고 나온 카터는 화가 잔뜩 나 차 안에서 참모들에게 분노를 감추지 않았다.[21]

양국 정상의 갈등은 봉합되는 것 같았지만 카터가 한국을 떠난 후 얼마 안지나 항공공업 육성계획에 이상 기류가 나타났다. 글라이스틴 미국대사는 오원철 제2경제수석에게 "A-7 생산계획을 중지해라, 정말로 공격기가 필요하다면 A-10을 사라"고 말했다. 오 수석은 "이미 합의한 것 아니냐?"고 따졌지만 "지금 발언이 미국의 입장"이라는 답만 돌아왔다. 오 수석이 "우라늄탄도 같이 공급하느냐"고 묻자 "평시에는 안 되고 전쟁이 나면 공급하겠다"고 답했다. "탄환도 없는 항공기는 살 필요가 있는가. A-7 생산에 대해서는 이미 박 대통령의 재가까지 났는데 변경할 수 없지 않느냐?"고 재차 물었지만 대답이 없었다. 그리

미 공군의 A-10 선더볼트Ⅱ 공격기. 직선형 주날개가 특징이며 근접지원만을 위해 설계됐다. 최대이륙중량 23t으로 미 해군의 F/A-18 호넷 전투기와 비슷하고 F-16(19t)보다는 많은 무장을 탑재할 수 있다. 초저공으로 비행하며 전차 등 기계화부대를 공격하는 데 특화한 기종이다. 1, 2차 걸프전에서도 맹위를 떨쳐 애호가들이 지금도 많지만 박정희 대통령은 1978년 미국의 구매 제안에 대해 '속도가 느리다'며 부정적인 반응을 보였다고 한다. A-10기 구매 제안을 일축한 한국은 방공망이 밀집한 도시 지역에 대한 주야간 정밀폭격이 가능한 A-7 콜세어Ⅱ 공격기를 원했으나 이마저 무산됐다./사진=위키피디아

고는 "다시 말한다(I repeat again). A-7은 안 된다"고 강조했다.[22]

이어지는 오원철 수석의 회고. "A-10은 1968년 6월 23일[23] 우리 국산 병기의 화력 시범행사 때 특별 참가를 했다. 그런데 덩치만 큰 반면 속도가 느리고 기민하지 못했다(최고속도 시속 700㎞). 박 대통령이 저 것이 A-10기인가? 저렇게 둔하게 비행하다간 적 대공포탄에 모두 격추되겠다. 별 쓸모가 없겠군"이라고 불만을 표시했던 항공기였다.

반면 A-7E 공격기는 박 대통령이 선호하는 공격기였다. 고성능 항법장비를 장착해 공격할 목표지점 과 비행 항로 및 고도 등을 컴퓨터에 입력하면, 밤이든 안개 속이든 자동으로 목표지점에 도착, 적에게 정 확한 폭격을 가했다. 해상이나 산악지대도 초저공으로 자동 비행하며 레이다에 탐지되지 않아 기습 침투 공격이 가능했다. 항속거리도 4600㎞여서 이륙 후 저공으로 서해를 돌아 북상한 다음 바다 쪽에서 평양 등 주요 목표를 타격할 수 있는 기종이라는 점에 점수를 줬다.[24] A-10기가 근접항공지원이라면 A-7기 는 전략폭격기처럼 운용 가능하다는 장점이 있었다. 더욱이 모든 설비를 저가에 넘겨주겠다는 약속을 믿 고 항공산업 육성계획을 어렵게 수립했는데 상황이 뒤틀어졌다.

국내 상황도 변화가 있었다. 신예 전투기를 공동생산해 항공산업을 키운다는 의욕과 정반대의 방향이 었다. 1975년 초 국방부 초도순시에서의 보고 이후 3년간 구형(F-5A/B) 16대를 포함해 모두 127대의 F-5기를 도입한 데 이어 해외 메이커와 공동생산할 기종도 F-5기로 결정하자는 주장이 1978년에도 다 시금 고개 들었다.

공동개발 기종이 F-5로 회귀하려는 움직임은 박정희 대통령이 미국 카터 대통령과의 정상회담 직전 부터 현실로 나타났다. 미국이 박 대통령에게 불만을 품고 F-16 전투기와 A-7 공격기 판매 약속을 뒤집

❖ **1975년 초 보고된 연도별 공군 전술기 증강 계획 (*F-X는 신규 도입기)**

연도 구분	75 보유	76 도입	76 보유	77 도입	77 보유	78 도입	78 보유	79 도입	79 보유	80 도입	80 보유
F-5E/F	29	43	72	30	102	38	140	–	140	–	140
F-5A/B	89	16	105	–	105	–	105	3	108	3	111
소계	118	59	177	30	207	38	245	3	248	3	251
F-4D	34	–	34	–	34	–	34	–	34	–	34
RF-5A	8	–	8	–	8	–	8	–	8	–	8
F-4E				19	19	–	19	–	19	–	19
F-X*								20	20	20	40
F-86	89	-7	82	-8	74	–	74	-8	66	-16	50
OV-10				12	12	12	24	–	24	–	24
소계	131	-7	124	23	147	12	159	12	171	4	175
총계	249	52	301	53	354	50	404	15	419	7	426

기 전부터 국내에서 기종 변경이 추진되고 있었다는 얘기다. 오원철 제2 경제수석은 1979년 5월 박 대통령으로부터 두터운 백색 봉투를 전달받았다.

친필로 '參考(참고)'라고 쓰여진 봉투 안에는 퇴역한 두 전직 공군총장[25]이 보낸 편지가 들어있었다. 두루마리 한지에 큰 먹글씨로 쓴 조선시대 상소문처럼 보이는 편지였다. 편지에는 박 대통령의 치적과 자신들 두 사람이 공군의 발전을 위해 기울인 노력, "우리 공군에 가장 적합한 항공기 기종은 F-5"라는 내용이 담겼다. 박 대통령은 중요한 안건의 봉투에 '檢討後 報告(검토후 보고)'라고 가필했었는데, 이 보고서의 봉투에는 '참고'라고만 쓰여있었다.

미국 대사로부터 "A-7 공격기는 안 된다"는 통고를 받은 뒤 얼마 안 지나 청와대에서 항공기 기종 결정회의가 열렸다. 무기 선정을 담당하는 합참은 대통령과 총리, 관련 장관들 앞에서 차세대 전투기는 F-16, 공격기는 A-7이라는 기존 계획을 그대로 보고했다. 미국의 입장이 완강해도 카터의 임기가 끝날

❖ 전투기 공동생산사업 추진 경위[30]

년도	날짜	진행 내용
1979	5.15~7.19	미국 항공회사와 기종 선정을 위한 사전 협상
	7.20	F-5E/F 전투기 기종 선정 및 국내 조립생산 대통령 재가
	8.2	F-5E/F 전투기 공동 조립생산 미 정부 승인 및 오퍼 요청
	12.14	미 의회 승인
1980	6.4	한·미 정부간 양해각서 교환
	11.10	1차 사업집행계획서 대통령 재가
	11.14	노스롭 및 G.E
	12.30	국방부 조달본부, 대한항공(기체) 및 삼성정밀(엔진)과 구매계약
1981	6.5	E형과 F기종 생산량 최종 확정(F-5F 20대 우선 생산, 교육용 활용)
	11.23	대한항공, F-5F 전투기 1호기 생산 착수
	11.26	삼성정밀, 제 1호기 엔진생산 착수
	12.12	대한항공과 삼성항공 항공기 생산협정 체결
1982	9.9	1호기(F-5F) 출고 기념행사 거행(김해기지), '제공호'로 명명
	9.16	제공 1호기 공군인수(수원기지 배치)
1983	7.22	항공기 엔진부품 국산화 확대계획 승인
	8.18	F-5E/F 공동생산 절충교역 계획 수립
	11.16	3차 사업집행계획서 대통령 재가
	8.22	제공 16호기(F-5E 1호기) 공군 인수
	11.21	4차 사업집행계획서 대통령 승인
	9.1~10.31	특검단/감사원 합동감사 실시
	10.14	5차 사업집행계획서 대통령 승인
1986	10.28	제공 68호기 공군 인수로 사업 종료

때까지 일 년을 기다린 후 다시 추진한다는 복안도 있었다. 이는 공군과 협의를 거쳐 국방부 장관 결재까지 난 사안이었다.

그런데 예상하지 못한 일이 벌어졌다. "공군의 의견은 어떤가?"라는 박 대통령의 질문에 당시 공군참모총장은 합참과의 협의와는 정반대 의견을 내놨다. "공군은 F-5를 원합니다". 박 대통령은 오 수석을 바라보며 "이번에는 양보하세"라고 말했다.[26] 결국 차기 전투기는 먼 길을 돌아 다시금 F-5기로 결정됐다. 언론에는 1979년 8월 초부터 이 같은 사실이 보도되기 시작했다.[27] 일부 사설에는 한국의 F-16 생산을 카터 행정부가 꺼린다는 내용까지 실렸다.[28] 기대와 달리 최신예 F-16 전투기 공동생산을 통한 항공산업 육성계획은 물 건너가고 1979년 7월 20일 F-5E/F 전투기 공동생산에 대한 대통령 최종 재가까지 났다.[29]

'국내에서 처음 생산한 전투기'라는 타이틀 역시 F-5A/B의 개량형인 F-5E/F 전투기(제공호)가 차지했다. F-5는 애초 검토 대상에 올랐던 전투기 중에 가장 성능이 낮았지만 가격이 상대적으로 낮고 운용유지가 쉬우며 긴급발진(스크램블) 시간이 짧다는 게 장점으로 부각됐다. 이렇게 면허생산된 제공호는 영공을 42년 이상 지켜왔다. F-5 전투기는 역설적으로 공군이 고가의 전투기 라인을 구축하는 데도 간접적이나마 기여했다.

한정된 예산으로 만능 KF-16 전투기를 비롯해 폭장량, 항속거리 기준으로는 아직도 최강인 F-15K 전폭기, 최첨단 스텔스 F-35 전투기를 잇달아 도입, 운용하고 공중급유기와 조기경보기까지 갖추게 된 배경에 F-5 전투기의 낮은 도입가 및 운용유지비가 깔려 있다. 최소한의 투자로 만성적인 전투기 부족을 극복한 방편으로 볼 수 있다는 얘기다. 그러나 1970년대 말의 처음 구상대로 F-16 전투기를 대량 공동생산했다면 항공산업의 수준이 달라졌을지도 모른다. F-5 전투기는 KF-21 보라매 전투기의 비행단 완편(2029년 예정) 이후에야 날개를 접을 수 있을 전망이다.

비운의 F-5G(F-20), 한국시장서 좌절

노스롭사는 이후에도 한국 시장의 문을 계속 두드렸다. 노스롭사 입장에서는 충분히 그럴만했다. 한국은 대만과 더불어 F-5를 구매해준 최대 고객이었기 때문이다. 모두 3772대가 생산된 F-5 시리즈 중에서 미군이 훈련기로 채용한 T-38 1189대를 제외한 2593대는 모두 수출했는데 대만과 한국이 가장 큰 고객이었다. 하지만 당시의 대만은 미국이 협력을 꺼리는 대상국가였다. 국교 정상화를 전후해 미국은 중국의 심기를 건드릴 수 있는 사안은 최대한 피하는 분위기였다. 노스롭사는 F-5 시리즈 도입량이 300대 이상인 한국 공략 외에 추가 판매를 위한 선택지가 없었다.

1970년대 말에 이어 1980년대 초중반에도 한국 공군의 차기 전투기 선정에 도전장을 내민 노스롭은 F-5를 개조해 F-5G라는 이름의 새 전투기를 내세웠다. "F-5라는 제식명을 유지할 경우 구식이라는 인

식에서 벗어나기 어렵다"는 지적이 일자 미
공군을 설득해 이름을 아예 바꿨다. 새로운
제식명은 F-20. 'Tigershark(뱀상어)'이라
는 별칭도 붙었다. 노스롭의 설명대로 외관
이 비슷하지만 F-20은 "시대의 추세에 동떨
어진 F-5의 단순 개량형"이 아니라 성능이
뛰어났다. F-16에는 아직 장착되지 않았던
중거리 공대공 미사일도 달았다. 적어도 시
계視界거리 밖 공중전에서는 장점이 있었다.
속도 역시 음속 2배 이상을 냈다.

F-20이라는 제식명을 받고 해외판매에 나선 T-50 타이거샤크. 강렬한
인상을 주기 위해 짙은 색으로 도색하고 해외 세일즈에 나섰으나 불운
의 사고로 시제기 3대 제작에 그쳤다.

첫 번째 해외 세일즈 비행으로 한국을 택
한 노스롭은 1984년 10월 10일 전두환 대통령이 지켜보는 가운데 수원 상공에서 시험비행 도중 추락하
는 사고를 겪었다.[31] 사고 조사 결과 기기 결함이 아닌 것으로 판명났다. 오히려 기체의 운동성능이 뛰어
났기 때문에 일어난 사고로 볼 수도 있었다. 베테랑 시험비행 조종사들이 정신을 잃을 정도로 F-20G 전
투기의 순간 선회 능력이 탁월하다는 평가와 함께 중거리 공대공 미사일을 활용한 가시거리 밖 공중전은
물론 근접 공중전투에 우수한 성능을 보여줄 것이라는 전망이 나왔다.

그러나 악재가 겹쳤다. 수원 추락 사고 7개월여 후인 1985년 5월 14일 캐나다에서 파리에어쇼 참가
연습 비행을 하던 시험조종사가 같은 원인으로 떨어졌다. 노스롭사는 이후에도 해외 수출을 포기하지 않
았지만 F-20기 수출은 추진 동력을 잃었다. 이미 신뢰를 잃은 F-20은 4번째 시제기 제작 도중에 날개가
꺾였다. 남은 완제 시제기 1대는 과학전시관의 전시품으로만 남았다. F-20은 1988년에도 다시금 입에
오르내렸다. 한국의 유력인사에 F-20을 팔기 위해 거액의 뇌물을 전한 추문에 노스롭사는 휘청거렸다.[32]
세상은 로비 대상과 규모에 놀랐다.

캘리포니아 과학관에 전시된 F-20
3호기와 미 공군이 사용하던 T-38
훈련기. 동일한 기체 설계에서 갈
라져 나와 외형이 비슷해 보인다.
사진 출처: 위키피디아.

1) '한국군 현대화, 2년 연장', 『조선일보』 1974년 9월 25일 자, 1면.

2) 『동아일보』 1974년 6월 9일 자 1면은 당시 한국이 처한 상황을 압축적으로 보여준다. 북한의 위협과 일본의 독도 영유권 주장, 미국의 대한 군사원조 축소와 중단에 대한 헨리 키신저의 우려 등을 지면에 실었다.

3) 오원철, 『한국형 경제건설 ⑤: 엔지니어링 어프로치』, 기아경제연구소, 1996, 507~509쪽.

4) 오원철, '6공 최대 이권, 율곡사업 흑막…10년 허송세월, '퇴역 예정 'F-16 선택했다', 『신동아』 1995년 12월호, 동아일보사, 153쪽.

5) 오원철, 앞의 책, 510쪽.

6) 유일하게 F-4E 팬텀 전투기의 면허생산권을 사들인 일본의 생산량 138대를 포함하면 F-4 시리즈의 총생산량은 5195대에 이른다. 2대를 직도입하고 미쓰비시 중공업을 통해 11대를 조립생산, 127대를 면허생산한 일본은 1981년 최종 생산까지 국산화율을 90% 수준으로 끌어올렸다. 일본은 직도입가보다 2배 이상의 예산을 투입해가며 국내 생산을 고집했다.

7) 미국 내 마지막 생산기체가 한국으로 떠난 다음 날인 1979년 10월 26일 한국에서는 대통령 시해 사건이 발생했다. 한국은 청주기지에서 운용하던 팬텀기 마지막 생산분을 사고로 손실했다(이원익, 『영원의 날개, 대한민국 공군 F-4 팬텀』, 79쪽, 와스코, 2024년 10월).

8) 윤응렬, 『상처투성이의 영광』, 도서출판 황금알, 2010, 282·376쪽.

9) 엄정식, 「박정희 정부의 차기 전투기(F-X) 사업과 카터 행정부의 무기 이전 정책」, 『국제정치논총』 제56집 1호, 한국국제정치학회, 2016, 118쪽.

10) 교섭 당시 통역을 맡았던 공군 예비역 장교가 보관해온 복사본. 미국이 1975년부터 한국에 F-16 생산권을 줄 수 있다는 의향을 밝힌 문서는 이 책자를 통해 처음 공개되는 것이다.

11) 오원철, 앞의 책, 527쪽.

12) 오원철, 앞의 책, 526쪽.

13) The White House, 'Security Consultative Meeting in Korea', Memorandum of Conversations(top Secret), Declassified Documents Reference System(July 14, 1977).

14) 엄정식, 앞의 논문, 120쪽.

15) 'F16 신형 전투기 확보', 1977년 12월 12일, 청와대 경제 1비서실 보고서, 기록물관리번호 AR19870043, 국가기록원. F-16 전투기를 확보할 수 있다고 확신한 한국이 MD사에 유럽제 항공기를 언급한 데에는 대미 협상력을 높이려는 의도가 있었다. 다만 전혀 없는 얘기는 아니었다. 상공부에서 청와대로 파견된 비서진 일부는 스웨덴제 비겐 전투기를 제1순위로 꼽기도 했다('토르의 망치, 비겐 전투기', 『서울경제신문』 2016년 4월 3일 자).

16) 미국은 중요한 동맹국이지만 이런 규모의 원조나 판매는 단 한 번도 없었다. 1977년 한국의 국방비가 9254억 원으로 1조 원에 못 미치던 시절, 수출고가 처음으로 100억 달러를 돌파한 1977년에 80억 달러의 무기 판매는 한국의 경제력으로는 감당할 수 없는 규모였다. 그럼에도 이런 '국방성의 연구보고서'가 나온 이유는 미 국방부 내에 주한미군 철수에 따른 전력 공백을 메워야 한다는 공감대가 있었기 때문으로 풀이된다. 미 국방부는 F-16 전투기 판매에 대해서도 처음에는 한국의 입장을 존중하는 경향을 보였다(『경향신문』 1977년 7월 20일 자, 1면).

17) 오원철, 앞의 책, 528쪽.

18) 정재경, 『박정희 실록』, 집문당, 1994, 609쪽.

19) '미, F-16 전투기 60대 대한對韓 판매/카터 내년에 의회에 승인 요청', 『조선일보』 1978년 11월 9일 자, 1면.

20) '청와대 도청 성토대회 6개고…주부들도 시위', 『동아일보』 1978년 4월 10일 자, 7면.

21) 회담 분위기가 얼마나 냉랭했는지 카터 전 대통령은 2018년 3월 펴낸 회고록 『지미 카터』에서 박 전 대통령과의 당시 회담에 대해 "그동안 내가 우리 동맹국 지도자들과 가진 토론 가운데 아마도 가장 불쾌한 토론이었을 것"이라고 회고했다('주한미군 철수 문제로 박정희 정부와 갈등', 『매일신문』 2024년 12월 30일 자).

22) 오원철, 앞의 책, 534쪽. 미국이 수차례 확언했던 한국에 대한 A-7기 판매를 뒤집은 이유는 오원철 전 제2 경제수석의
    회고대로 카터 대통령의 박정희 대통령에 대한 불쾌감도 있었지만 당시 미국은 한국의 핵무장 저지를 위해 핵폭탄 운반
    과 투발이 가능한 A-7의 한국 판매정책을 뒤집은 것으로 보인다. A-7 대신 추천된 A-10은 핵무기 운용 기능 없이 근접
    지원 용도에 한정된 공격기다.

23) 이 대목에서는 오원철 수석이 1977년을 1968년으로 혼동한 것으로 보인다. 1977년 6월23일 건군 이래 최대규모 화력
    시범이 있었고 주한미공군은 1977년 6월초 오산기지에 도착한 A-10기를 이 행사에 참가시켰다. 미국 페이차일드사가
    개발한 A-10기의 최초 시험비행일도 1972년 5월 10일이다.

24) 당시 정부는 북한의 비행장을 20개소로 파악하고 하루에 몇 번이고 출격할 수 있는 A-7 공격기가 유사시 초기 작전에
    크게 기여할 것이라고 판단했다.(오원철, 앞의 책 525쪽)

25) 두 총장 중의 한 분은 워싱턴 주재 한국대사관 무관 근무 시절 F-104 대신 F-5가 필요하다고 주장해 관철시켰다. 다른
    한 분은 공군참모총장 재임 시 F-5 전투기 146대를 발주했다.

26) 오원철 수석은 이를 충격으로 받아들였다. "박정희 대통령을 18년 동안 모셨는데 이런 일을 당한 건 처음이었다. 이미 결
    정한 일을 이유도 설명도 없이 완전히 변경하는 것은 경험한 적이 없었다. 무슨 말 못할 사연이 있을 것이리라 생각했지
    만 몹시 당황했다"(오원철, '6공 최대 이권, 율곡사업 흑막', 『신동아』 1995년 12월호, 동아일보사, 157쪽).

27) '한국에 F5E기 조립공장, 한·미 협의 진행 중…F86기 대체', 『동아일보』 1979년 8월 4일 자, 1면;
    '한국에 F5E기 조립공장, 『조선일보』 1979년 8월 5일 자, 1면.

28) 『동아일보』는 1979년 8월 6일 자 4면에 실린 '전투기의 생산계획'이라는 제하의 사설을 통해 "F-16은 카터 대통령이
    난색을 표명했고 F-4D 또는 F-4E에 대해서는 제작회사 측에서 합동 조립 제의를 철회하여 결국 F-5E 및 F-5F로 가는
    모양"이라고 보도했다.

29) 오원철 경제수석은 회고록과 기고를 통해 자신은 F-5 공동생산에 조금도 관여하지 않았다는 점을 반복해서 피력한 바
    있다.

30) 제1부 5장 207쪽에도 같은 표 수록.

31) '판촉 비행 미 F 20기 저공 시범 중에 추락', 『경향신문』 1984년 10월 11일 자, 11면.

32) "로비 자금이 발각되면서 프랑스 파리에 본부를 둔 국제 중재재판소에서는 한국에 건네준 625만 달러는 불법 기도하에
    F-20을 판매키 위한 로비자금이라고 판시했다"(오원철, '6공 최대 이권, 율곡사업 흑막', 『신동아』 1995년 12월호, 동
    아일보사, 159쪽).

23. RPV과 무인기 솔개를 계속 개발했다면……

국산 무기를 반드시 만들겠다는 의기와 열정이 충만한 시대였지만 안타깝게 놓친 게 있다. 무인기 체계 연구를 일찌감치 시작하고 성과를 거뒀어도 끝내 사장된 것이다. 먼저 시작은 대한항공이 맡았다. 청와대에서 내려온 지시여서 500MD 생산과 출고에 여념이 없으면서도 연구에 매달렸다. 담당자는 이원복 전무. 부활호와 중급 활공기를 개발했던 그는 기업 소속이었지만 해외 항공기 제작업체와 협상을 지원하는 정부 실무지원반의 일

대한항공이 1970년대 중후반 국산화를 추진했던 프랑스제 아음속 무인기 CT-20./사진=위키피디아[4]

원이기도 했다. 설계와 제작, 정비 전문가로 손꼽히던 그에게 청와대가 RPV(무인 조종 비행장치) 제작을 검토해달라고 요청해온 것이다.[1]

청와대가 RPV에 관심을 가진 이유는 선진국들이 그 당시부터 드론과 무인 조종에 대한 연구를 진행하고 있었기 때문이다. 외신을 인용한 국내 언론의 보도에도 "노련한 F-4 팬텀기의 조종사가 원격 조종되는 무인기에게 패했다"는 기사가 소개되기도 했다. '파일럿 없는 전폭기RPV 연구개발 붐'[2], '공중전도 수행할 무인 첩보기RPV'[3] 등의 해외 소식에 방위산업 육성과 효과적인 무기 개발에 전력을 다하던 정부는 높은 관심을 보였다.

대한항공, 1970년대 후반 프랑스제 무인기 국내 생산 추진

마침 항공산업에 막 진출했던 대한항공은 미국 노스롭사와 라이언사가 제작하는 RPV의 국내 생산 방

안을 타진했다. 그러나 미국은 공격무기로 활용될 가능성과 기술 유출을 우려해 허가하지 않았다. 대한항공은 대안으로 프랑스 Aerospatiale사가 제작하던 'CT-20형 아음속 RPV'를 국산화하는 방안으로 방향을 돌렸다. 정부도 이에 관심을 보였다.

대한항공은 1977년 여름, 김해공장을 방문한 박정희 대통령 앞에서 두 가지 비밀 행사를 치렀다. 하나는 MD-500 헬기와 북한이 대량 보유한 AN-2의 모의 공중전.[5] 다른 하나가 'CT-20 무인기 수입 및 국산화 방안'이었다. 40대를 들여와 1년 안에 휴전선 155마일에 30대를 배치하고 10대의 예비기를 확보한다는 계획이었다. 프랑스 측에 대당 40만 달러씩 40대를 구매하되 핵심부품만 수입하고 나머지는 국내에서 연차적으로 국산화하는 방안을 건의하니 즉석에서 대통령 재가가 떨어졌다.[6] 국방부는 1400만 달러 규모의 예산안을 짰다. 그러나 사업은 바로 시작되지 않고 시간이 흐르며 흐지부지되고 말았다. 대신 국방과학연구소가 개발하는 것으로 계획이 바뀌었다.

ADD, 1982년 무인 항공기 '솔개' 개발 성공

정부는 무인기 개발을 위해 대한항공뿐 아니라 다양한 방안을 모색했다. 1977년 봄 공군사관학교 졸업식에 참석한 박정희 대통령은 비밀리에 공군 수뇌부에 무인기 개발을 지시했다. 공군은 국방부와 협의해 개발을 ADD에 맡겼다. ADD는 표적기와 무인기 등의 개발 가능성을 검토한 후 기만용 무인 항공기 개발로 방향을 잡았다. 공군도 여기에 동의했다. '백곰' 개발이 끝난 1978년 말부터 ADD는 본격적으로 개발에 나섰다.

ADD는 우리나라 최초의 무인기를 '솔개'라고 이름 붙였다. 수적이나 질적으로 북한에 비해 크게 열세인 공군력을 보강하기 위한 기만 목적의 제트 추진 소형 무인기 개발에는 대학을 졸업하고 ADD에 입사해 자체 인력 양성 프로그램에 따라 해외에서 학위를 취득한 연구원들과 사관학교 출신으로 해외에서 학위를 취득한 영관급 연구원들이 많이 투입됐다.

개발은 순조롭게 진행됐다. 백곰 미사일을 개발하며 외국업체와 수없이 많은 협상과 계약을 진행했던 이경서 박사는 1979년 관성항법장치기술 도입을 위해 영국에 갔을 때 부수적으로 영국 크랜필드대학(Cranfield University)과 설계기술 전수 협약을 맺었다. 추력 100파운드급 소형 소모성 제트 엔진(ADD-100)을 개발할 때도 영국 엔지니어들에게 소형 제트

1983년 안흥시험장에서 발사되는 기만용 무인 항공기 솔개. 보조 로켓으로 발사된 솔개는 소형 제트 엔진의 힘으로 비행하며 적의 레이다에는 F-5로 인식되는 기만형 무기였으나 수차례 시험비행에 성공한 상태에서 개발이 중단됐다.

엔진 국산화 기술을 전수받았다. 작지만 고속을 내는 무인기는 큰 전투기 수준의 레이다 반사 면적(RCS, Radar Cross Section Area)을 갖도록 전파 증폭 전자장치(luneberg lens)를 탑재했다. 발사 전 입력한 대로 정해진 궤적을 따라 적 진영에 침투하여 적의 대공망을 교란시킬 목적이었다.

비행 원리는 독일이 제2차 세계대전에서 선보인 V-1 순항 미사일과 비슷했다. 군과 ADD는 우선은 적을 기만하고 교란하는 데 투입하고, 추후에 탄두를 장착해 직접 타격에 활용하는 개량형까지 개발할 계획을 세웠다. 계획 물량도 많았다. 유사시를 대비해 수백 대를 생산할 요량이었다. '솔개'를 활용하는 다양한 전술 시나리오 중에서 압권은 적의 대규모 침공에 대한 대응. 북한의 전술기가 우리보다 2.5배를 넘는 상황에서 대규모 교전이 발발하면 공군의 최상위 전력인 F-4 팬텀기가 전략급 목표물을 타격하고 그 호위는 F-5 시리즈 중에서 신형인 F-5E/F(제공호)가 담당하되 무인기 솔개는 휴전선 부근에 전진 배치된 적의 요격기를 맡았다. 전파증폭 장치로 적의 레이다에는 F-5급 전투기로 식별되는 수십 대의 '솔개' 편대가 F-5의 순항속도(음속의 0.8배)대로 DMZ 일대를 비행하며 북한 요격기를 유인한다는 것이다. 말 그대로 기만용이었다.[7]

1981년부터 조립 및 비행시험을 시작한 '솔개' 개발은 기체, 엔진, 비행 조종 등의 핵심기술 개발을 완료하고 첫 비행을 시도했지만 발사장 바로 앞 해변에 떨어졌다. 설계를 보완하고 1982년 가을에 실시한 시험비행에서 정해진 궤도를 약 $40km$ 비행한 후 낙하산으로 목표 해상에 성공적으로 착수했다. 참가 연구원들은 눈시울을 적셨고 관계기관도 칭찬을 아끼지 않았다. 1983년에 6차례 비행시험도 성공적으로 마쳤다.

정부 개발 포기, '무인기 강국' 기회 놓쳐

그러나 실전배치만 남은 상황에서 신군부는 백곰-2(NHK-2)와 함께 이 사업도 끝내 개발을 중단시켰다. 당시 ADD에 근무했던 연구인력들은 ADD의 대대적 축소를 위한 작업의 일환으로 파악하고 있다. 이제는 고령이 된 당시 연구원들은 만약 이 사업이 계속됐다면 지금쯤 우리나라 무인기의 실력은 세계 최고 수준에 올랐을 것이라고 아쉬워하고 있다. 다만 이때 확보한 기술은 1990년대에 개발한 육군용 군단급 무인기 『송골매』 개발에 활용됐다.[8] 2000년대 초 휴대용 대공 미사일 신궁 개발에서도 당시에 도입됐던 장비들이 활용됐다.

문제는 과거가 아니라 현재에도 비슷한 일이 반복되고 있다는 점이다. 성능이 뛰어난 무인기를 개발하고도 개발에서 실전배치까지 소요되는 시간이 너무 길어 개발 주기가 날로 단축되며 성능이 발전하는 세계 무인기 개발 경쟁에서 뒤처진다는 것이다. 한국은 중고도 무인기(MUAV) 개발에만 무려 16년이 걸렸다. 군의 요구조건이 처음부터 까다로워 수시로 변경되는 데다 감사와 감독이 개발을 마냥 늘어지게 만들

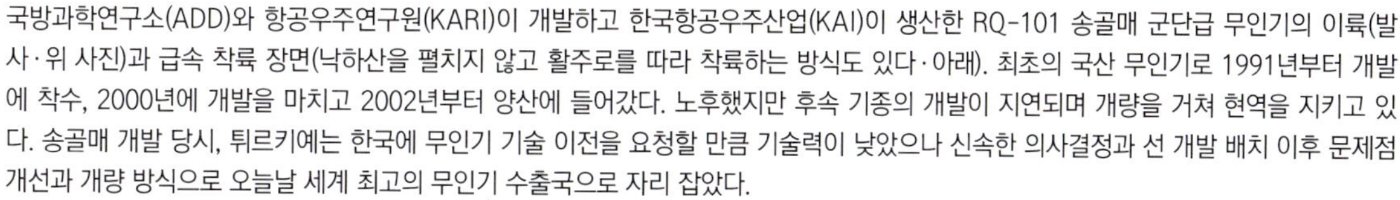

국방과학연구소(ADD)와 항공우주연구원(KARI)이 개발하고 한국항공우주산업(KAI)이 생산한 RQ-101 송골매 군단급 무인기의 이륙(발사·위 사진)과 급속 착륙 장면(낙하산을 펼치지 않고 활주로를 따라 착륙하는 방식도 있다·아래). 최초의 국산 무인기로 1991년부터 개발에 착수, 2000년에 개발을 마치고 2002년부터 양산에 들어갔다. 노후했지만 후속 기종의 개발이 지연되며 개량을 거쳐 현역을 지키고 있다. 송골매 개발 당시, 튀르키예는 한국에 무인기 기술 이전을 요청할 만큼 기술력이 낮았으나 신속한 의사결정과 선 개발 배치 이후 문제점 개선과 개량 방식으로 오늘날 세계 최고의 무인기 수출국으로 자리 잡았다.

고 있다. 세계적인 베스트셀러 무인기로 떠오른 튀르키예의 바이락타르 TB2 무인기의 경우 초도비행 성공 3개월 만에 실전배치 돼 전력화에 들어갔다. 튀르키예는 군의 작전요구 성능은 최소화하고 전력화 이후 진화적 개발을 통해 개량하는 방법으로 무인기 개발의 추세를 선도하고 있다.[9]

튀르키예는 30여 년 전 무인기 독자 개발이 어려워 한국에 군단급 무인기 송골매에 대한 기술 이전을 요청했던 나라다. 한국보다 최소한 10년 이상 뒤졌던 튀르키예는 오늘날 중대형 무인기 글로벌 시장의 모든 영역을 초월해 1위를 차지하고 있다. 저가 공세를 펼치는 중국과 고성능·고가격의 미국, 중간~고성능에 중간대 가격인 이스라엘제 무인기를 모두 제치고 탑의 자리를 굳혔다. 크게 욕심부리지 않고 '전투에서 소모돼도 무방하되 쓸만한(attritable) 무인기 개발을 목표로 삼은 덕분이다. 한국의 처지는 튀르키예와 반대로 바뀌었다. 한국의 최근 무인기 기술은 튀르키예보다 10년 이상 뒤처졌다는 평가가 나온다.[10]

튀르키예 바이카르사 바이락타르 TB2 무인기의 2014년 초도 시험비행 장면(왼쪽 사진=위키피디아). 튀르키예군 납품이 2015년 이뤄졌다. 공대지 미사일 발사시험도 튀르키예군 납품 이후에 진행됐을만큼 개발과 배치, 개량작업이 신속하게 처리된 결과, 누적 생산량 600대 이상을 기록하며 세계 중대형 무인기 시장에서 압도적 1위 자리를 굳혔다. 바이락타르 TB1 무인기를 합치면 바이락타르 무인기 시리즈의 누적 생산량은 1700대가 넘는다. 오른쪽 사진은 국방과학연구소(ADD)와 대한항공이 개발한 국산 KUS-FS 중고도 무인기(사진=대한항공). 바이락타르 TB2보다 2년 앞선 2012년 초도비행을 실시했지만 초기 전력화는 2026년 말에야 가능할 전망이다. 중고도무인기는 바이락타르 TB2를 훨씬 웃도는 고성능을 지녔음에도 군의 잦은 요구성능 변경과 수락 지연으로 초도 비행 후 무려 13년 경과 시점에서야 실전배치될 예정이다.

주

1) '생산 단계의 무인 전폭기', 『조선일보』 1972년 2월 25일 자, 4면.

2) 『경향신문』 1974년 5월 23일 자, 3면.

3) 『동아일보』 1975년 11월 20일 자, 3면.

4) 1958년 처음 등장한 이 무인기는 시속 900㎞의 아음속으로 비행하는 표적기로 개발된 이후 끊임없이 개량돼 정찰기기 등을 장착한 무인기 형식도 개발됐다.

5) 모의 공중전의 배경과 결과, 조종사들의 평가에 대해서는 이 책 198~199쪽 참고.

6) 이원복, '한국항공기산업 발달사(3)', 『항공우주』 통권 37호, 1996년 3월, 한국항공우주산업진흥협회, 27쪽.

7) 안동만 전 ADD소장 전화인터뷰, 2025년 2월 21일.

8) 안동만·김병교·조태환, 『백곰, 도전과 승리의 기록』, 플래닛 미디어, 2016, 342~344쪽.

9) '[김대영의 방산 인사이드] 국산 무인기, K방산의 아픈 손가락 된 이유', 『주간한국』 2024년 8월 9일 자.

10) 장원준, '한국 군용무인기 산업, 튀르키예보다 10년 이상 뒤처진 이유', 『뉴스투데이』 2023년 3월 13일 '장원준 칼럼'

24. 가짜 유도탄 누명과 ADD 숙청

국산 중거리 유도탄을 위시해 수많은 한국군 현용 무기의 국산화에 성공한 박정희 대통령이 1979년 10월 26일 중앙정보부장 김형욱에 의해 시해당하고 신군부가 정권을 잡았다. 미국은 신군부의 12·12 쿠데타에 항의 의사를 밝혔다.[1] 한국군에 대한 작전권을 갖고 있는 한미연합군사령부에 알리지 않고 병력을 동원했다는 점을 문제 삼았다. 군사 정변을 통해 권력을 장악한 신군부와 5공 정권은 미국의 인정을 받기 위해 요구에 쉽게 따랐다. 미국은 군사 정변보다는 미군의 작전권이 지켜지지 않았다는 점을 탐탁지 않게 여기면서도 신군부의 약점을 미국 영향력 강화의 지렛대로 삼았다.[2] 미국 대통령을 앞에 두고서도 할말을 다했던 전임 정권과는 확연하게 다른 모습이었다.

12·12 군사반란 직후 경복궁 내 중앙청에 진주한 쿠데타군 전차와 장갑차. 신군부가 세운 5공 정권은 박정희 대통령의 자주국방 의지와 달리, 미국이 의심의 눈초리로 바라보던 ADD의 기능을 약화시켰다.

유도탄 개발 중단, 인력 정리

먼저 정책 기조가 변했다. 박 대통령 시해 직후인 1980년 경제 상황이 악화하자 바로 중화학 과잉투자론이 일었다.[3] 박정희 대통령의 잘못된 결정으로 과잉투자가 일어났다면서 슬그머니 격하 운동까지 벌였다.[4] 중화학공업과 방위산업 육성을 주도하던 오원철 제2 경제수석이 해임되고 제2 경제수석실이라는 조직도 없어졌다. 대신 새로 임명된 국방부 장관이 율곡 계획 추진의 총책임자가 됐다. "무기 구매에 있어서 오퍼상을 통하면 안 된다는 조항과 교섭 전에 커미션이 없다는 각서를 서로 교환해야 한다"는 조건도 없애버렸다.[5]

ADD와 백곰 미사일까지 신군부의 칼날을 맞았다. "전두환 대통령은 보안사령관 시절부터 '백곰은 국산 미사일이 아니라 미국제 나이키 허큘리스에 페인트만 칠해서 위장한 것'이며 'ADD의 연구원들이 만들지도 못할 유도탄을 개발한다고 하면서 수천억 원의 예산을 낭비했을 뿐 아니라 대통령까지 기만했다'라고 말하고 다녔다"는 증언이 있다.[6]

반대로 전두환 대통령이 백곰 미사일이야말로 각고의 노력으로 이뤄졌다는 사실을 인지하고 있었다는 견해가 공존한다. 백곰 미사일 개발 책임자였던 이경서 박사(당시 대전기계청장)의 증언. "(전두환 장군은) 보안사령관에 취임(1979년 3월)하자마자 유도탄 개발을 하고 있던 대전기계창에 내려와 아침 9시부터 저녁까지 연구소 전체를 살펴보며 국산화 부품의 실물을 보고는 '자주국방 의지와 기술에 감탄했다'면서 '기회가 있을 때마다 자주 와서 배우겠다'고 까지 말했다. 또 ADD에 보안사 요원 10여 명을 파견 형식으로 상주시키며 일일보고를 받았다. 그러니 전두환 보안사령관은 ADD나 유도탄 개발에 대해서는 누구보다 속속들이 알고 있었다고 봐야 한다"는 것이다.[7]

증언은 상반되지만 5공 정권이 ADD에 취한 방향은 한 가지다. 12·12 쿠데타, 5·18 민주화운동 유혈 진압과 체육관 선거로 집권해 권력의 정통성에 콤플렉스가 있었던 신군부는 미국이 못마땅하게 여겼던 ADD[8]부터 손봤다. 1980년 7월 '가짜 소동'이 일어나면서 심문택 ADD소장이 퇴장하고 서정욱 소장이 취임했다. 신임 서 소장은 인원을 대폭 감축하라는 신군부의 압박에 버티다 물러나고 이경서 박사를 비롯한 백곰 미사일 개발의 주역들도 군 출신을 제외하고는 대부분 옷을 벗었다. 백곰이 나이키 허큘리스에 페인트만 칠한 것이라는 결론에 끼어맞추는 조사가 진행되고 미사일 개발팀의 연구원들이 반강제로 ADD를 떠났다. 이른바 'ADD 1차 숙청'이 일어난 것이다.

신군부의 압박에 분위기가 침체된 가운데서도 ADD는 백곰(NHK-1)[9]의 발전형인 NHK-2 지대지 탄도미사일 개발을 계속해 시험 발사까지 성공했다. 박정희 대통령의 유지를 지키겠다는 연구원들의 의지가 그만큼 강했다. 박 대통령은 1979년부터 1984년까지 약 140기의 백곰 미사일을 고정 발사대에 배치할 계획이었다. 특히 사거리를 200~250㎞까지 연장하고 차량에서 발사할 수 있는 이동식 NHK-2 미사일을 개발해 북한의 60개 전략목표뿐 아니라 평양을 공격할 수 있는 능력을 갖추고자 했다.[10] 군도 개량형 미사일에 주목했다. 시험 발사(1982년 10월 30일) 현장을 방문한 K 합참의장은 미사일 성능에 감탄하고 연구원들에게 훈장을 줘야 한다며 돌아갔다. ADD도 이날 시험 발사에는 신경을 곤두세우고 있었다. 합참의장이 참관해서가 아니라 미국의 감시를 피해 영국에서 어렵게 전수받은 관성항법장치INS를 장착한 최초의 시험 발사였기 때문이다. 발사 후 일체의 지상 유도 없이 완전한 자율 비행으로 목표물을 정확하게 타격했기에 이날 시험 발사 성공은 한국의 무기 개발 수준을 일거에 몇 단계 끌어올린 것이었다.[11]

5공 신군부, '백곰'이 '진짜'인 줄 알면서도 가짜로 규정

그러나 내려온 것은 정반대였다. 훈장은커녕 가짜 소동이 다시금 일고 급기야 숙청의 칼바람으로 이어졌다. 서울로 돌아간 K 합참의장은 이런 요지로 말했다고 전해진다. "ADD가 사정거리 200㎞ 유도탄을 개발했다고 자랑하기에 대덕에서 200㎞ 떨어진 해안까지 쏘아서 목표물을 맞출 수 있는가를 알아볼 테니 준비하라는 지시를 내렸다. 한 달 후 ADD에 가서 약속된 대로 쏘라고 하니까 한미 간 협조가 안 돼서 쏠 수 없다는 소리였다. 무슨 말이냐고 호통쳤더니 그제야 자신이 없다고 실토하는 것이었다. 당장 서울로 올라와 전두환 대통령에게 보고했다. 전 대통령은 '그러지 않아도…나도 의심을 하고 있었는데 합참의장 보고가 맞구만. 실력도 없는 사기꾼들이야. 당장 그 팀을 해산시키라'고 지시했다."[12]

백곰(NHK-1) 미사일(왼쪽)과 백곰 개량형 NHK-2를 바탕으로 개발된 현무1 미사일(오른쪽). 외관상으로 백곰은 미국제 나이키 허큘리스와 비슷하게 4개 로켓 부스터를 하나로 묶은 데 비해 현무1은 단일 부스터를 사용했다. 두 미사일은 자동항법장치와 정확도, 발사대의 이동성 여부 등에서 차이가 있다. 백곰 미사일보다 훨씬 개량된 NHK-2 미사일의 시험 발사가 성공을 거뒀음에도 신군부는 ADD에 대한 대규모 숙청을 진행, 한국의 첨단무기 개발 능력을 크게 위축시켰다./사진=방위사업청

백곰 개발진 책임자급 이상 전원 정리

ADD의 연구원들에게도 이런 분위기가 전해졌다. 그러나 분개할 틈도 없이 조직 전체가 새로운 폭풍 속으로 빨려들어 갔다. NHK-2 미사일 시험 발사와 성능 진위 논란 직후인 1982년 말 전두환 대통령의 육사 동기(11기)인 김성진 소장이 취임했다. 그리고 대대적인 숙청 바람이 불었다. 전 직원에게 사표를 내라는 지시가 떨어졌다. 처음에는 3분의 2를 정리하겠다는 김 소장을 부소장급 연구원들이 설득해 3분의 1 수준에서 막았다. 특히 해외에서 유치한 연구원들의 퇴직이 많았다.[13] 정확하게 2598명인 ADD 정원이 1759명으로 줄었다. 전체 인원의 32.3%(839명)가 해직된 가운데에서도 백곰 미사일 개발 관련 인력의 피해가 가장 컸다. 일부 연구원은 호봉 강등을 감수하고 연구소에 남았지만 백곰 미사일의 개량을 추진하던 유도탄 개발 조직은 핵심 간부 전원이 해직당하며 해체돼 버렸다. 직원들 간 갈등도 고개 들었다. 10여 년간 생사고락을 같이하며 키워온 팀워크와 상호 신뢰도 무너져갔다.[14]

신군부는 이런 와중에 한국형 유도탄의 사거리는 180㎞를 넘지 못한다는 각서를 다시 썼다. 서명 주체도 연구소(ADD)에서 정부로 바뀌었다. 각서가 아니라 협정에 묶인 것이다. ADD 스스로도 1980년대 초

를 '시련기'라고 평가한다. 창립 10주년을 맞아 지난 2010년 펴낸 공간사公刊史(Official History)는 이렇게 서술했다. "박정희 대통령 서거 이후 연구소는 커다란 시련을 겪게 되었다. 연구소를 이끌던 주요 인사들이 강제 퇴직되었고, 1982년 말 지대지 유도탄 개발 등 주요사업이 중단되었으며,……연구소가 평생 직장이라는 이미지가 훼손되고 근무 분위기도 침체되었으며 우수 인력이 대거 이탈했다.[15] 정리하면 10·26사태를 수습하며 등장한 전두환 정부는 박정희 대통령이 야심차게 추진한 지대지 탄도미사일 개발을 완전히 중단했을 뿐 아니라 심지어 미사일 개발 계획 자체를 폐기했다."[16]

ADD의 비밀 프로젝트 무산…20년 늦춰진 우주개발 시계

'소형 인공위성을 궤도에 올릴 수 있는 고체 추진 발사체'. ADD가 1978년 9월 26일 백곰 미사일 공개 시험발사 성공 직후부터 비밀리에 추진하던 프로젝트다. 혼신의 힘을 쏟아 백곰 미사일 개발에 성공하자마자 새롭게 장대한 목표를 세운 이유는 한계에서 벗어나기 위해서였다. 미국과 합의한 사거리 180㎞로는 김포에서 평양까지 겨우 도달할 수 있는 수준이라는 점이 걸렸다. 김포라면 북한 야포의 사정권이어서 한국군에서는 전략무기라고 할 수 있는 백곰 미사일의 배치장소로 적당하지도 않았다. ADD는 백곰의 개량형인 NHK-2 미사일의 사정거리를 200~250㎞급으로 상정하고 있었지만 미국이 동의하지 않을 게 불 보듯 뻔했다.[17]
미국의 간섭을 피하면서도 미사일 분야의 발전을 계속할 수 있는 방안으로 찾은 게 '평화 목적의 발사체'였다. 우주를 향해 수직상승하는 발사체를 유도탄으로 전용하면 한미 미사일지침의 제한 180㎞를 훨씬 초월하는 사거리를 확보할 수 있다는 계산이었다.[18] 마침 미국과 일본이 소형 인공위성에 대한 연구를 막 시작할 무렵이어서 명분도 있었다.
ADD는 우주발사체로 포장된 장거리 유도탄 본체 개발 방안에 대한 보고서를 서종철 국방장관에 올렸다. 서 국방장관이 "이제 겨우 한 단계(백곰 미사일 개발 성공) 올랐으니 좀 더 검토한 후에 추진해보자"며 보류한 상태에서 내부 연구만 진행되던 중 10·26사태가 일어났다.[19] 백곰 미사일까지 막은 5공 정권하에서 이 계획은 무산됐다. 우리나라 최초의 우주발사체 '(KSR, Korea Sounding Rocket:한국형 과학관측 로켓)-I'는 이 시기로부터 20년이 지난 1993년 6월 대전 엑스포 개최를 앞두고 선보였다. 만약 ADD의 미사일 개발 기능과 우주발사체 개발 계획이 실현됐다면 한국의 우주개발도 훨씬 앞당겨졌지도 모른다.

미사일 개발뿐 아니라 원자력 분야도 타격받았다. "5공화국이 들어서면서 원자력과 관련된 과학계가 된서리를 맞았다. 원자력연구소와 핵개발공단은 에너지연구소로, 과학원과 과학기술연구소는 과학기술연구원으로 각각 통폐합되는 등 대대적인 기구 개편이 뒤따랐다. 한 원로과학자는 당시의 과학기관 통폐합으로 전혀 기능이 다른 연구기관과 교육기관이 합쳐졌다며 이는 우리나라의 과학 수준을 10여년쯤 후퇴시킨 망국적 개악이었다고 주장했다."[20] 전두환 정권 출범 초기에는 미국의 지지를 얻기 위해 그나마 자라는 싹마저 잘라 버렸다. 핵공단이 원자력연구소로 통합됐고, 에너지연구소로 명칭마저 바뀌었다. 핵

개발 포기를 약속하는 의미에서 연구소의 이름마저도 '원자력'이라는 말을 떼어 버린 것이다.[21]

1983년 아웅산 사건으로 국산 미사일 개발 정책 변화

하지만 반전이 일어났다. 대한민국의 미사일 개발은 죽음 직전의 혼수상태에서 가까스로 회생했다. ADD 2차 숙청 다음 해인 1983년 10월 9일, 아웅산 사건이 발생하자 전 대통령은 미국 측이 양해한 제한조건을 준수하면서 NHK-2 미사일을 기반으로 현무 미사일을 개발하라고 지시했다. 그러나 ADD의 위상이 떨어지고 개발진의 사기는 크게 꺾인 상태였다. 미사일 개발 자체가 1983년 1월 1일부로 연구사업으로 지정돼 사실상 없어진 상황에서도 정부는 2년 안에 새로운 미사일을 완성하라고 다그쳤다. 국방부가 빠르게 업무를 진행해 1983년 11월 29일 신형 미사일 개발에 대한 승인이 떨어졌어도 새로운 난관에 봉착했다. 시제품 개발을 의뢰받은 방산업체들은 정부와 ADD의 미사일 개발 의지를 확신하고 선투자했는데 NHK-2 사업 중단으로 적지 않은 손실을 봤다며 사업 참여를 꺼렸다.[22]

국방부의 사업승인이 날 무렵, 새로운 유도탄의 이름은 공모를 통해 '현무玄武(북방을 지키는 신이라는 의미)'라고 정했다. 백곰 개발 당시와는 비교할 수 없을 만큼 사기가 떨어져 있었지만 얼마 남지 않은 연구원들은 1985년 9월 27일 오후 2시, 전두환 대통령이 참석한 가운데 치러진 현무 미사일 비공개 시험 발사를 성공리에 마쳤다. 군 수뇌부 앞에서 실시한 이어진 시험 발사에서도 현무 미사일은 잇따라 성공을 거뒀다.[23] 5공 정권의 미사일 정책이 극과 극을 오가는 갈 지之 자 행보 속에서 이뤄낸 성과다.

ADD의 연구진은 적은 인원과 방산업계의 미온적인 협조 속에서도 미사일 연구팀 공식 해체 10개월 만에 내려진 신형 미사일 개발 지시를 불과 22개월 만에 성공적으로 수행해냈다. 백곰 미사일(NHK-1)과 개량형(NHK-2)의 개발 경험이 있었기에, 특히 NHK-2 개발을

1995년 9월 27일 안흥종합시험장에서 현무 미사일 비공개 시험발사를 참관하는 전두환 대통령. 공교롭게도 이날은 박정희 대통령의 개발을 밀어붙인 백곰 미사일 첫 공개 발사로부터 7년 하루째였다. 백곰 미사일의 발전형인 현무 미사일은 '백곰은 가짜'라며 ADD를 숙청했던 5공 정권 아래 개발이 지연됐지만, 가까스로 되살아났다./사진=국방과학연구소

위해 미리 확보한 관성항법장치(INS) 등 핵심기술과 부품이 남아 있었기에 단기간에 현무 미사일 개발 성공이라는 성과를 낼 수 있었다.[24] ADD에서 강제 해직당한 연구원들은 누구보다도 현무 미사일의 성공을 반기며 위안으로 삼았다. '현무'의 성공만큼 백곰 미사일이 가짜가 아니었다는 확실한 증거도 없었기 때문이다.

하지만 현무의 성공에도 연관 분야인 전자 및 정밀 첨단병기에 대한 개발은 여전히 빛을 보지 못했다. 미사일 개발이 재개됐어도 군은 이전처럼 국내 개발을 중시하지 않았다. 군은 1980년대 말 미국이 개발하던 에이태킴스(ATACMS)와 유사한 성능의 지대지 탄도미사일의 필요성을 제기하고 ADD에 개발을 요구했다. ADD는 이에 따라 1991년부터 2년 동안 탐색개발 계획을 확정하고 개발을 진행했다. ADD가 시제품 제작을 위해 방산업체들과 계약을 맺고 본격 개발에 들어간 지 7개월 만에 해외구매 방안을 계획하고 있으니 국내 연구개발을 중지하라는 지시가 내려왔다. 마침 미국이 에이태킴스의 주한미군 배치를 마치고 한국에 대한 판매 로비를 시작한 시기와 겹쳤다.[25] 합동참모본부는 얼마 뒤 미국의 에이태킴스 도입계획을 밝혔다. 한국이 지대지 미사일을 수입한 것은 이때가 처음이다.[26] 박정희 대통령 시절에는 생각조차 품을 수 없었던 일이 아무렇지 않게 일어났다.

각광받는 K-미사일의 숨은 공신들

백곰 미사일 개발이 성공했던 순간은 자주국방 의지의 정점이었다. 강제 해직과 국산 개발 프로젝트 취소가 잇따르며 ADD에서도 박정희 대통령 시절과 같은 사명감이 엷어졌다. 유도탄용으로 개발한 INS(관성항법장치)를 항공기용 INS로 국산화해 전투기에 탑재하려던 계획도, 위성 발사 로켓을 자체 기술로 완성하겠다던 원대한 계획도 물거품이 됐다. 미사일은 물론 위성 발사체에서 기회를 놓친 셈이다. ADD의 젊은 연구원들이 1970년대 말 박정희 대통령과 함께 꿈꿨던 대형 로켓 발사는 2009년 나로호 1차 발사에서야 이뤄졌다.

신군부에 의한 ADD 미사일 개발 능력이 크게 타격받고 기반이 흔들렸어도 백곰 미사일 개발로 시작된 한국의 미사일은 세계시장에서 각광받고 있다. '천궁' 미사일 시리즈는 선진국의 대공방어 시스템과 겨뤄 연달아 수주를 따냈다. 다연장 로켓 분야에서도 한국의 '천무' 시스템[27]은 중동을 넘어 유럽까지 진출했다. 그러나 최근 들어 ADD는 이전에 없던 압박 요인에 시달리고 있다. "남북한 간 엔지니어들이 보다 강력한 미사일을 개발하려고 경쟁하는 와중에 ADD가 직면한 현안은 미사일 개발이 아니라 감사원 감사와 조사, 검찰의 수사다. ADD의 전임 소장 한 사람은 산업안전보건법으로, 또 다른 전임 소장은 중대재해 처벌법으로 변호사 비용을 부담하며 재판받고 있다."[28]

세월이 흘러도 규명 필요한 '누가, 왜 ADD의 목을 졸랐나?'

ADD의 대량 해직 사태는 역설적으로 한국 사회의 발전을 앞당겼는지도 모른다. 우수한 인재들의 집합소였던 ADD에서도 가장 활발하게 움직이던 항공사업본부(미사일 개발)의 인력들이 대학과 방산산업체, 중소기업으로 흩어지면서 각 부분에서 긍정적인 파급 효과가 연쇄적으로 일어났다는 것이다. 백곰 미사일 개발 책임자였던 이경서 박사의 회고. "그나마 위안이 되는 것은 자의 반 타의 반으로 사표를 냈거나 쫓겨난 연구원, 기술자들 거의 모두 대학의 교수, 또는 민간기업의 연구소장이나 임원으로 우리나라에 남아 있어 국가 발전에 이바지하고 있다는 점이다. 무기 개발 측면에서 보면 10년 이상 뒤처지게 됐지만 나라 발전에는 도움이 되었으니 그나마 다행이라고 하겠다."[29]

그래도 의문은 남는다. 늦었어도 규명이 필요하다. 교훈을 남겨 똑같은 잘못을 되풀이하지 않기 위해서다. 물론 통치권 차원의 결심과 한국의 자주국방력 강화를 원하지 않는 미국의 셈법에 대해서는 추론 외에는 확인할 길이 없다. 하지만 누가 거짓을 말했나에 대해서는 어렵지 않게 확인이 가능하다. 먼저 K-2 미사일의 시험 발사 성공을 눈으로 확인했으면서도 정반대로 보고했다는 K 합참의장이 정말로 말을 바꿨는지, 그렇다면 이유는 무엇이었는지에 대해서는 여전히 규명되지 않은 채 논란과 의혹만 남아 있다.

시간이 흐른 뒤 그는 한 월간잡지를 통해(『월간조선』 1993년 7월호 '율곡사업을 고발한다') 자신은 "K-2 발사시험에 간 적도 없다"고 밝혔다. K 의장이 K-2 유도탄 참관 사실도 부인하자 당시 "훈장감"이라는 칭찬을 들었던 당사자인 최호현 박사는 "K 의장은 수행원 2명을 대동하고 왔는데 ADD의 방명록 명단에도 명백히 기록돼 있다. 당시 수행한 장교들도 방문 사실을 기억하고 있다. 더욱이 그날(8월 30일 K-2 유도탄 시험 발사) 오전 10시 30분에 발사 기록이 모두 보관돼 있다"며 "K 의장이 끝까지 부인하면 고발도 불사하겠다"고 받아쳤다.[30] 여기에 반응하지 않은 K 의장은 지난 2013년 작고했다.

가장 먼저 ADD에서 강제 해직된 이경서 박사가 저서 『박정희의 자주국방-박정희 대통령의 마지막 10년, 그리고 4대 핵공장과 백곰 유도탄: 전쟁을 하지 않고 이겨라』에서 의혹의 중심으로 지목한 김성진 박사[31]는 ADD 소장을 역임한 후 육사 동기생인 두 대통령으로부터 체신부 장관, 과학기술처 장관에 임명돼 "세계에서 가장 빠른 한국의 인터넷망"을 구축하는 공로를 세운 것으로 평가받는다. 퇴직 후에도 한국전산원 초대원장을 맡아 초고속 전산망 구축에 힘을 쏟았다.

"말년의 김성진 소장(1931~2005)은 재임 중에 숙청당한 사람들로부터 심한 고통을 받았다. 이들은 집까지 찾아와서 데모를 했는데 결국 김 소장은 병에 걸려 눕게 됐고, 집으로 찾아온 과거 ADD 동료에게 '크게 뉘우친다'고 말했다고 한다. 숙청당한 사람들은 정부를 상대로 부당해고에 대한 소송을 제기했다. 재판에는 승소했고 정부로부터는 보상금이 지급됐다."[32]

ADD 숙청으로 자주국방 능력을 퇴보시킨 이유를 제대로 규명하기란 쉽지 않다. 의혹을 사는 당사자들도 이미 고인이 됐다. 그럼에도 원인 규명이 필요하다는 논리는 여전히 설득력을 갖는다. 이경서 박사는 앞의 책에서 ADD 숙청과 미사일 개발의 중단 이유를 한국의 미사일 개발을 미국이 못마땅하게 보는 가운데 전두환 정권이 미리 미국에 머리를 숙인 게 사실이라면 비열함은 더욱 가중되는 것이라고 일침을 놓았다. "정권 창출과 유지를 위해 10여 년의 국가적 노력을 물거품으로 만들고 자주국방의 기틀을 무너뜨리고, 거짓 선전과 선

주

1) 글라이스턴 주한 미국대사는 12월 19일 박동진 외무장관에게 미국의 승인 없이 신군부가 대병력을 움직인 데 대해 강한 불만을 표시했다. ‘미국, 12·12쿠데타에 불만 표명, 외교문서 공개’, SBS 뉴스, 2010년 2월 23일.

2) 신현익, 「전두환 군부정권 성립과정에서의 미국의 역할」, 고려대학교 대학원 정치외교학과 박사학위 논문, 2006, 98~103쪽.

3) ‘난맥의 소모전 진압, 중화학 재기의 대수술’, 『조선일보』 1980년 8월 21일 자 3면. 박정희 대통령이 심혈을 기울여 육성한 철강과 자동차, 조선, 석유화학, 전자산업은 한국의 간판 업종으로 경제성장을 견인해온 일등공신이지만 1980년에는 경제난의 주범으로 지목받았다.

4) “야인 박근혜, 시련의 계절. 18년을 영애와 퍼스트레이디로 지내다 청와대 밖으로 나오자 시련의 계절이 기다렸다. 1980년 영남대 이사장을 맡았지만 학생들의 반발로 7개월 만에 물러났다. 제5공화국이 들어서고 정통성이 취약했던 전두환 대통령이 박정희 격하를 시도하면서 ‘폐족’으로 전락했다.” 『헤럴드경제』 2017년 3월 10일 자 8면 ‘숫자 ‘18’ 묘한 인연…박근혜 ‘대통령의 역사’ 끝나다’ 에서 발췌.

5) 오원철, ‘6공 최대 이권, 율곡사업 흑막’, 『신동아』 1995년 12월호, 동아일보사, 157쪽.

6) 구상회, ‘무기 개발과 더불어 30년(10)’, 『국방과 기술』 1998년 8월호, 한국방위산업진흥회, 90쪽.

7) 이경서, 『박정희의 자주국방-박정희 대통령의 마지막 10년, 그리고 4대 핵공장과 백곰 유도탄』, 도서출판 이른아침, 2023, 261~262쪽.

8) 미국은 ADD에 CIA(중앙정보국) 요원의 상주를 주장하고 한국 정부가 비행 금지구역으로 설정한 대전기계창에 매일같이 정찰기를 띄우며 불편하다는 뜻을 노골적으로 표시했다.

9) NHK는 Nike Hercules Korea의 머릿자를 딴 약자로 나이키 허큘리스 미사일의 한국판이라는 뜻이 담겨 있다. 한국의 독자적인 미사일 개발이 아니라는 점을 나타내기 위한 약칭이었으나, “백곰 미사일은 미국제 나이키 허큘리스에 페인트만 덧칠한 가짜”라는 오해의 단초가 되기도 했다.

10) 엄정식, 「카터 행정부 시기 대한 무기 이전 정책의 변용: 백곰 미사일의 개발과 F-5E/F 공동생산의 함의」, 서울대학교 박사학위 논문, 2012, 159쪽.

11) 안동만·김병교·조태환, 『백곰, 도전과 승리의 기록』, 플래닛 미디어, 335쪽.

12) 오원철, ‘유도탄 개발, 전두환과 미국이 막았다’, 『신동아』 1996년 1월호, 동아일보사, 391쪽.

13) 구상회, ‘무기체계 연구개발과 더불어 30년(10)’, 『국방과 기술』 1998년 8월호, 한국방위산업진흥회, 91쪽.

14) 박준복, 『한국 미사일 40년의 신화』, 일조각, 2011, 64~66쪽.

15) 국방과학연구소, 『국방의 초석 40년』, 2010, 214쪽.

16) 장철운, ‘한국의 지대지 미사일 개발: 역사와 현황’, 『군사논단』 92호, 한국국방연구원, 2017년 겨울, 246쪽.

17) 미국은 ADD가 K-2 미사일에 장착될 관성항법장치 관련 기술을 영국에서 은밀하게 전수받았다는 점을 알게 된 이후, 첨단무기 개발에 들어가는 모든 부품의 대한(對韓) 수출을 봉쇄할 만큼 한국의 미사일 개발에 신경을 곤두세웠다.

18) 모든 나라의 우주 로켓 개발이 이런 목적으로 진행돼왔다. 미국과 소련의 초기 우주개발 경쟁도 대륙간탄도미사일ICBM 개발과 병행됐다. 발사체의 최상부에는 인공위성을 탑재하면 우주발사체가 되고, 핵탄두(재래식 탄두도 가능)를 실으면 대륙간탄도미사일이 되기 때문이다. 북한도 국제사회가 ICBM이라고 평가한 ‘화성-14’를 2017년 7월 4일 발사한 직후, 인공위성을 탑재한 우주발사체라고 우겼다. 일본이 ‘평화 목적’으로 개발했다는 H-2 로켓도 유사시 ICBM으로 전용될 수 있다.

19) 안동만·김병교·조태환, 앞의 책, 319쪽.

20) 박종렬, ‘이것이 박 대통령 핵무기 개발의 진상이다’, 『신동아』 1989년 4월호, 291쪽.

21) 오동룡, ‘특종/박정희 원자폭탄 비밀 개발 계획 원문 발굴’, 『월간조선』 2003년 8월호, 조선일보사, 197쪽.

22) 구상회, ‘무기체계 연구개발과 더불어 30년(11)’, 『국방과 기술』 1998년 10월호, 한국방위산업진흥회, 53쪽,

23) 구상회, ‘무기체계 연구개발과 더불어 30년…(12)’, 『국방과 기술』 1998년 11월호, 한국방위산업진흥회, 52~53쪽.

24) 이경서, 앞의 책, 255쪽.

25) 박준복, 『한국 미사일 40년의 신화』, 123~127쪽.

26) ‘육군, 미 최신 미사일 도입’, 『조선일보』 1995년 9월 14일 자, 3면.

27) 천무 시스템은 1978년 9월 백곰 미사일 시험 발사와 함께 선보였던 구룡 로켓의 직계 후손이다.

28) 양상훈, ‘韓, 괴물 미사일 아버지의 건배사’, 『조선일보』 2024년 10월 24일 자.

29) 이경서, 앞의 책, 267쪽.

30) 오원철, 『한국형 경제건설 ⑤…엔지니어링 어프로치』 기아경제연구소, 1996, 546쪽.

31) 전두환 대통령과 육사 11기 동기생인 김성진 박사는 공부의 신으로 유명했다. 인천중(6년제) 수석 졸업과 육사 수석 입학, 수석 졸업은 물론 어떤 시험에서도 1등을 놓치지 않은 수재였다. 장교 임관 후 위탁교육으로 서울대학교 문리과대학 사학과를 졸업한 뒤에는 육사 교관으로 재직하다 전공을 바꿔 미국 일리노이주립대에서 물리학 석사학위를 받았다. 중령 시절에는 플로리다대에서 기계공학 박사학위를 땄다. 귀국 후 ADD 책임연구원으로 부임해 부소장까지 올라 누구보다 연구소 사정에 밝았다. 1980년 5월 준장으로 예편하고 국가안전기획부 기획실장, 제 1, 2차장을 거쳐 1982년 ADD소장에 올랐다. 1983년 체신부 장관, 1985년 과학기술처 장관에 임명되며 승승장구했다. 장관 시절 그는 국가전산망 확충에 공을 들였다(인천in, ‘인중·제고 사람들⑨, 체신부 장관을 역임한 김성진-80년대 한국 정보통신망의 기초를 쌓은 동량지재(棟梁之材)’, 2023년 10월 30일).

32) 오원철, ‘유도탄 개발, 전두환과 미국이 막았다’, 『신동아』 1996년 1월호, 동아일보사, 394쪽.

33) 이경서, 앞의 책, 257쪽.

34) 이경서, 앞의 책, 269쪽.

25. KT-1 프로젝트와 항공산업을 구한 '위대한 비행'

    1996년 10월 20일, 국가적으로 중요한 행사가 성남 서울공항에서 열렸다. 제1회 서울 국제 에어쇼(Seoul Airshow '96)가 개최된 것이다. 예전에도 군수산업 전시회나 항공전시회를 통해 우리 공군이 보유한 항공기 일부와 항공 관련 무기 및 제품이 전시될 기회가 있기는 했지만, 산업전람회와 비행장 상공에서 펼쳐지는 시범비행(demo flight)이 결합된 본격적인 에어쇼는 처음이었다.

    특히 볼거리가 많았다. 세계 각국의 첨단 전투기들이 서울공항에 제 발로 찾아왔다. 마침 공군의 차기 전투기 도입사업인 F-X 사업이 한창 진행되던 시점이라 해외 메이저 항공기 제작사들은 저마다 세계 최고라고 자랑하던 전투기를 서울공항에 전시하거나 시범비행까지 선보였다. 미국의 F-15, 프랑스의 라팔, 러시아의 Su-37이 한자리에 모였다. 특히 프랑스와 러시아는 최고 수준의 시험비행 조종사를 데려

'96 서울에어쇼 행사 다섯째 날 야외 전시된 KTX-1 웅비(시제 3호기) 앞에 몰린 인파. 국산 항공기에 대한 국민의 관심이 그만큼 높았다./KBS 다큐 신화창조의 비밀 '설계에서 비행까지 우리 기술로'(2005년 2월 18일 방송)에서 화면 캡처

시험비행 중인 KTX-1 웅비 훈련기. 최초의 국내 고유 개발 항공기인 웅비 개발에는 수많은 엔지니어의 땀은 물론 양산 이전에 미비점을 찾아내려는 시험비행 조종사들의 노력과 헌신이 담겨 있다. 시험비행은 항공기 개발에서 가장 중요한 인프라로 선진국들은 신형 항공기를 개발할 때마다 시험비행에 막대한 자금과 시간을 투입하고 있다./사진=한국항공우주산업

와 화려한 공중 기동을 뽐냈다. 구소련 붕괴와 경제난으로 전투기 신규 수출에 온 힘을 짜내던 러시아는 Su-30·Su-37 전투기 외에도 단엽 프로펠라 곡예 비행기인 Su-29KC까지 보냈다. '96 서울에어쇼에서 3종의 러시아 항공기는 100분(누적) 동안 서울 동남부와 경기 서남부 일대의 상공을 날았다.

KTX-1 개발진은 서울공항에서 비행하고 싶은 생각이 굴뚝같았지만 불가능했다. 아직 감항 인증(airworthiness certification)을 받지 못했기 때문이다. 11개월 전 임시 감항 인증을 받았던 시제 1호기 추락 사고의 여파로 감항 인증은 더욱 늦어졌다. 사업단은 아쉽기는 했지만, 대신 서울공항 전시장에서 시제 3호기 전시와 공개행사를 통해 KTX-1 개발사업의 성과에 대한 활발한 홍보 행사를 펼쳤다. 서울에어쇼 개막 당일인 10월 21일. 사천에서 대한민국 시험비행의 역사에 오래도록 기억될 위대한 비행이 이진호 중령의 손에 의해 펼쳐졌다.[1]

시험비행 도중 캐노피 이탈 사고, 40여 분 혈투

오전 10시. 이진호 중령은 시제 4호기 시험비행을 위해 사천비행장에서 이륙했다. 이 소령은 고도 만 피트(약 3000m) 상공에서 동정압動靜壓(항공기의 비행에 따른 기내 압력의 변화) 보정시험을 위해 속도를 점차 높여갔다. 이륙 20분이 지난 10시 20분경 시속 220노트(약 407.4㎞/h)에 도달하던 순간 갑자기 '뻥!' 하는 폭발음과 함께 얼굴에 충격이 덮쳤다. 눈조차 뜰 수가 없었다. 엄청난 풍압으로 고개가 뒤로 꺾일 것 같

서울에어쇼에 참가해 국민에게 KTX-1의 비행 장면을 보여주지 못한다는 아쉬움을 접고 이진호 중령이 이륙하는 장면./KBS 다큐 신화창조의 비밀 '설계에서 비행까지 우리 기술로'(2005년 2월 18일 방송)에서 화면 캡처

았다. 한 번도 경험하지 못한 강한 바람이 얼굴을 후려쳐 숨조차 쉬기 어려웠다. 이 중령은 정신없이 흔들리는 몸을 가누려 애썼다. 비행안경(고글) 틈 사이로 들어오는 세찬 바람에 눈을 뜰 수 없는 상황에서 직감적으로 캐노피가 날아갔다고 느꼈다.

'잘못될 수도 있다'는 두려움이 엄습한 그 짧은 순간에 이 중령의 뇌리에 두 가지 생각이 연속적으로 스쳤다. 먼저 KTX-1 추락과 함께 자신의 사망 소식을 듣고 오열하는 아내의 모습이 떠올랐다. 가톨릭 신자인 그는 매년 초 유서를 작성해 작은 상자에 담고 연말이면 꺼내 감사해왔다. 가족들에게는 "내가 죽기 전에는 상자를 열지 말라"고 강조했기에 상자 안에 뭐가 있는 줄도 모르는 아내가 유서를 보고 눈물 흘리는 모습이 영화의 한 장면처럼 선명하게 보였다.[2]

아내를 위해 어떻게든 살아야겠다는 생각이 들면서 두어 번 사출 끈을 만지작거렸다. 정신이 혼미한 상황에서도 이 중령은 다리 사이의 사출 끈을 당길 수 없었다. 영국에서 시험비행 조종사 훈련을 받을 때 수없이 사출(射出)을 연습했지만 시제 1호기가 떠올랐다. 처음 개발한 KTX-1 시제 1호기를 가장 처음 비행한 조종사가 자신이었다. 그토록 애착이 가던 시제 1호기가 탈출 좌석의 비정상 작동으로 서울 기지에서 추락한 지 1년도 안 지났다는 생각이 들며 이 중령은 마음을 다잡았다. '비행기도 살린다.'

비행기를 지키기로 결심한 이 중령은 엔진 출력을 최소한으로 줄였다. 조금이라도 바람이 약해지기를 바라는 마음에서였다. 몸을 최대한 숙인 후 손가락으로 더듬어 사출좌석 높이 조절 스위치를 찾아 좌석 높이도 낮췄다. 바람을 덜 받을 수 있으면 눈이라도 뜰 수 있을 것 같아 정신을 차리려 애쓰며 감각을 모았다. 비행기는 조금 전 폭발음 이후 40~50도의 각도로 급강하하는 것 같았다. 조심스럽게 조종간을 잡고 조금씩 당겼다. 눈을 뜨지 못해 항공기 자세를 확인할 수 없는 상태였으나 어림짐작으로 조종간을 움직였더니 비행 속도가 확 줄면서 맞바람도 한결 약해졌다. 가까스로 실눈을 뜨니 캐노피가 남아 있지 않았다. 삐죽삐죽 휘어진 프레임은 바로 얼굴을 덮칠 것 같았다. 가장 큰 프레임 조각은 눈앞에 불쑥 솟아 있었다. 사출 손잡이를 당겼다면 긁혀서 치명상을 입을 수도 있었다.

계기판을 보니 1만 피트 상공에서 서서히 강하하고 있었다. 속도가 120노트로 떨어지자 그는 교신을 시도했다. 통제실 장교는 조종사로부터 교신이 오자 마이크 앞으로 다가앉았다. 조종사의 목소리는 마치 멀리서 들리는 것처럼 작고 희미했다.

"MIC control, zero four(04)."

"Go ahead(말씀하십시오)."

"Emergency, Emergency(비상, 비상)!"

"Say again(다시 말해주세요)."

"Emergency! 캐노피가 날아갔다."

무전을 받는 통제실에서는 교신내용을 제대로 확인할 수 없었다. 바람 때문에 조종사의 헬멧에 장착된 마이크의 잡음이 심한 데다가 다급한 말투 때문에 정확한 발음을 파악할 수가 없었기 때문이었다. 조종

젊은 조종사의 마지막 한마디 "비행기를 어떻게 버려요?"

이진호 중령이 마음에 간직한 동기생이 있다. 사관학교에서 초등·중등 비행훈련까지 같이했던 동기생 김동녕과는 기종이 갈린 고등비행훈련부터 따로 받았다. F-86 세이버 전투기를 조종하기 위해 전환 및 작전 가능 훈련CRT(Combat Readiness Training)을 받던 김동녕 소위가 1980년 초겨울, 대지상 사격훈련을 하던 도중 후방에서 비행하던 교관이 무전기를 통해 다급하게 외쳤다. "Fire! Fire! Ejection, Ejection!!!(엔진에 불이 붙었다. 탈출! 탈출하라!!)".

고 김동녕 중위.

김 소위는 기지 인근 산자락의 8부 능선에 불시착을 시도했으나 F-86 전투기는 대파되고 말았다. 기적적으로 목숨이 붙어 있는 김 소위를 구조한 공군은 수도통합병원으로 옮기려 헬기를 띄웠다. 선배들은 김 소위가 정신을 놓을 것 같아 자꾸 말을 붙였다. "빨리 탈출하지 그랬어. 탈출 명령 못 들었나?!" 생명이 꺼져가던 김 소위는 "들었다"고 대답했다. "왜 탈출하지 않았느냐"는 물음에 이렇게 답하고 깨어나지 못했다. "비행기를 어떻게 버려요?"

외아들에 말수도 적고 훈련을 마치면 내무반에서 그림 그리기를 좋아하던 김동녕 중위(순국 후 일 계급 추서)는 그렇게 숨을 마쳤다. 동기생들은 "먼저 간 친구의 짧은 생을 '빨간 마후라' 같은 영화로 만들자"는 얘기를 나누며 김 중위를 가슴에 영원토록 담았다. 영국에서 모든 과정을 이수한 한국공군 최초의 시험비행 조종사인 이진호도 언제 어디서나 그를 가슴에 품고 다녔다. 『대한민국 항공우주산업사』에 '위대한 비행'을 소개하기 위한 인터뷰에서 "캐노피가 날아간 사실을 알았을 때 비상 탈출을 생각하지 않았느냐"는 질문에 그는 이렇게 답했다. "정신이 혼미한 상태에서 왜 그런 생각이 안 났겠어요. 두어 번 탈출 끈을 만졌죠. 그런데 탈출 생각은 곧 지웠어요, 조종사는 비행기 못 버려요."

생전의 김동녕 소위(사진 두 번째 줄 맨 왼쪽). 중등비행훈련과정(80-4반차) 수료식 직후 장면이다. 이진호 중령(사진 촬영 당시 소위·사진 맨 앞줄 손 흔드는 사람)이 김 소위 앞에 보인다(두 분을 제외한 다른 분들은 초상권 보호를 위해 흐리게 처리). 훈련비행 중 비행기를 살리려다 끝내 순직한 고 김동녕 중위(추서 계급)가 동기생들과 찍은 마지막 사진이다. 고 김 중위는 서울 현충원에서 영면 중이다./이진호 예비역 공군 대령 제공

사의 호흡도 비정상적으로 들렸다. '훅훅'하는 숨 가쁜 소리가 통제실을 가득 메웠다. 바로 겨우 알아들을 수 있는 소리가 잡혔다. "Echo, Mike, Echo… Echo, Mike, Echo…"

조종사가 겨우 불러주는 알파벳을 받아적던 통제실은 'Emergency(비상)' 상황임을 알아차렸다. 몇

캐노피가 날아간 KTX-1 시제 4호기를 살리려는 이진호 중령에게 가해지는 고통을 형상화한 이미지. 그림과 달리 조종 헬멧과 산소마스크를 착용했어도 호흡조차 힘들었다. 보통의 전투기들과 달리 KTX-1은 캐노피와 조종석 사이의 바람 차단막(wind screen)이 없어 바람이 산소마스크를 파고들고, 풍압으로 가슴이 짓눌렸기 때문이다.[3]/이미지=국방TV, [첨단국가의 초석, 방위산업] 198회, 'KT-1 위기와 극복의 순간들(1부·삽화 고영일 작가 제공)

번이고 '내용이 뭡니까?'라고 물은 끝에 간신히 "…Loss of canopy(캐노피 손실)"라는 응답을 붙잡아냈다. 상황을 파악한 통제실 요원들은 경악했다. 200노트로 비행 중에 캐노피가 없다니! 상황은 바로 전파됐다. 관제탑은 모든 비행 일정을 취소시키는 한편 상공을 비행 중이던 T-37 훈련기까지 긴급히 착륙시켰다. 활주로를 비워놓기 위해서다. 부대에는 비상이 걸렸다. 소방차와 구급차는 대기 상태에 들어갔다.

사천비행장을 관장하는 제○ 훈련비행단장 유병구 장군도 통제실로 달려왔다. 항공기의 모든 실시간 비행 데이터가 입력되는 통제실에서는 이 중령이 조종하는 시제 4호기의 속도와 고도, 비행상태를 한눈에 파악할 수 있었다. 하지만 아무것도 할 수 없었다. 단지 지켜볼 뿐, 모든 것은 이 중령의 감각과 판단에 달렸다.

사고 발생 10분간, 기체를 살리려는 혈투는 계속 이어졌다. 통제실은 한시라도 빨리 착륙시키고 싶었다. "속도를 조금만 올릴 수 없습니까?", "안 된다. 숨을 쉴 수가 없다." 이 중령도 빨리 내리고 싶었지만, 속도를 높이면 맞바람이 다시 강해져 숨을 쉴 수 없게 되니 실속 속도에 가까운 가장 느린 속도로 비행하는 수밖에 없었다.

잔뜩 긴장한 채 비행한 이 중령 자신은 몰랐지만 실은 사경을 헤매고 있었다. 피가 통하지 않아 흙빛이 된 그의 얼굴은 퉁퉁 부었다. 눈은 붉게 충혈되고 입은 얼어붙었다. 생애에서 가장 길었던 몇 분이 흐른 후 비행장에 가까워질 즈음, 이 중령은 착륙장치를 내린 뒤 안전하게 내릴 수 있는지 여부를 점검했다. 불안정하기는 했지만 큰 무리가 없었다. '착륙 접근(landing approach)'에 들어갈 즈음에는 뾰족하게 솟아올라 이 중령의 생명을 위협했던 캐노피 조각은 바람을 조금 약화시켜 착륙을 도왔다. 그 짧은 순간 이 중령의 머리속에는 '캐노피가 뾰족 튀어나온 상태에서 탈출을 시도했다면 긁혀서 죽을 수 있었겠구나. 비행 내내 나를 노리던 캐노피 조각이 이제는 도움이 되다니……'라는 생각이 스쳤다.

활주로가 눈앞에 들어오자 그는 이미 얼어붙어 감각조차 없어진 손으로 천천히 조종간을 밀었다. 고도

500피트, 200피트, 접지……. "끼이이익". 마침내 착륙에 성공했다. 캐노피 이탈 직후부터 착륙까지 길지 않았던 시간 동안 죽음과 삶의 순간을 수없이 오가며 그는 자신의 생명과 비행기를 지켜냈다. 자신을 무사하게 착륙시킨 비행기에게 혼자 말했다. '고맙다.' 똑같은 말을 유병구 제○ 훈련비행단장이 되풀이했다. 4호기에서 내리는 이 중령을 끌어안고 눈물 젖은 목소리로 말했다. "고맙다. 정말 고마워. 살아줘서 고맙다."

1호기 추락 1년 만의 위기, 초인적 의지로 극복

비행 중 캐노피가 날아간 상태에서 만약 이 중령이 한참 만지작거렸던 사출 레버를 당겨 비상 탈출을 시도했다면 어떤 결과로 이어졌을까. 사출 과정 직전 깨어진 캐노피 프레임으로 이 중령이 상해를 입었을 수도 있었다. 그런 경우라면 공군과 제작업체, 설계와 개발을 맡은 ADD에 쏟아질 비난과 거센 귀책 사유 규명 압박에 봉착했을 뻔했다. KT-1 프로젝트의 운명 자체가 크게 흔들릴

양산 라인에서 수출용 KT-1이 제작되는 장면. 양산에 들어가며 개발을 의미하는 X자를 떼어냈다. 캐노피가 날아간 시제 4호기를 이진호 중령이 안전하게 착륙시키지 못했다면 '웅비'는 빛을 못보거나 더 지연될 수도 있었다. 우리나라 항공산업의 지속적인 발전이 KT-1 프로젝트부터 시작했다는 점을 감안하면 이진호 중령의 시험비행은 한국의 항공산업 전체에 영향을 끼쳤다고 할 수 있다.

항공기 개발의 최대 난관, 시험비행

시험비행의 실패가 곧 개발 중단으로 이어진 사례는 무수히 많다. 가장 최근 사례로 '보라호' 추락과 개발 중단 사례가 있다. 세계시장을 겨냥해 항공우주연구원 주도로 개발된 소형 비행기 '보라호'는 2004년 8월 27일 낮 12시 20분경 수색의 한국항공대 활주로를 이륙했으나 이륙 15분 뒤부터 관제소와의 무선교신이 끊어졌다. 추후 수색 결과 경기도 고양시 일산구 장항동 자유로 장항IC 부근 도로에서 100여m 떨어진 둔치 숲속에서 추락한 채 발견됐다.

이 사고로 성능시험을 위해 4차 시험비행을 맡았던 항공대 항공우주공학과 황명신(당세 52세) 교수와 항공운항학과 은희봉(47세) 교수가 목숨을 잃었다. 국내 항공기 개발이 극히 드물어 시험비행 자체가 생소했던 시기에 발생한 사망 사고여서 파장이 컸다. 1999년 1월부터 시작돼 시제기를 4차례 시험비행한 단계에서 보라호의 연구개발은 중단되고 말았다.

우리나라에 F-5 전투기 시리즈를 대량 공급[7]했던 미 노스롭사가 야심작으로 개발한 F-20 타이거샤크 전투기도 시험비행의 벽을 넘지 못한 대표적인 사례다. 노스롭사는 F-5 시리즈의 설계를 근간으로 삼되, 엔진 출력과 항전 장비 무장을 일신해 초기형 F-16 전투기보다 무장 운용능력이 우월하다는 평가를 받던 F-20 전투기의 한국 판매에 전력을 기울였다.

그러나 1984년 10월 10일 전두환 대통령이 참관한 가운데 수원기지에서 열린 시범비행에서 추락 사고가 발생, 기체와 노스롭사의 수석 시험조종사 대럴 코널의 목숨을 함께 잃었다. 한국의 차기 전투기 선정 경쟁에서 밀리는 결정타도 맞았다. 국군 통수권자 눈앞에서 F-20이 추락한 이후 "F-5의 개량형에 불과하다"던 비판론이 힘을 얻어 종국에는 선정 경쟁에서 떨어졌다.

노스롭사는 포기하지 않고 해외시장 마케팅을 이어 나갔지만 이듬해 5월 캐나다에서 시험비행 중에 또 다른 F-20이 추락하는 사고를 겪었다. 주목할 대목은 두 번의 추락 사고 원인은 설계나 제작상의 결함이 아니었다는 점이다. 조종사의 과욕에 의한 실속 또는 G-LOC[8] 때문으로 알려졌다. 사고는 오히려 기체의 운동 성능이 뛰어났다는 반증이기도 했다. 조종사가 정신을 잃을 만큼 과도한 기동을 견뎌낼 수 있는 기체였다는 것이다. 그러나 '시험비행 중 연이은 추락'이라는 악재는 결국 F-20 프로젝트 자체를 추락시키고 말았다.

첨단 전투기 개발의 방향을 틀어버린 시험비행 추락 사고도 있다. 노스롭사가 미 육군항공대(1947년 독립한 미 공군의 전신)와 계약 아래 1943년 초부터 개발에 들어간 XP-79[9]는 여러 측면에서 주목받던 전투기였다. 프로펠러 전투기가 한창 사용되던 시기에 제트 엔진과 로켓엔진을 병행 사용하는 전투기로 개발됐다. 모양도 독특했다.

미 노스롭사가 개발하려던 XP-79 전투기의 시제기(위). XP-79 기체의 항공 공력 테스트용으로 제작된 무동력 글라이더 MX-334. 미국의 스텔스 폭격기와 모양이 비슷하다(아래)./사진=위키피디아

동체와 날개의 일체형으로 동체도 중앙동체 하나로 전방 동체와 후방 동체가 없는 전익全翼 항공기였다. 꼬리날개를 없애버린 글라이더 형식의 테스트용 기체 MX-324와 MX-334는 오늘날 미 공군이 운용 중인 B-2 및 B-21 스텔스 전략폭격기와 매우 닮았다. B-2과 B-21 폭격기의 제작사는 모두 노스롭이다.[10]

XP-79 개발에서는 파격적인 공격 방법도 모색됐다. 날개 앞부분에 19㎜ 두께 마그네슘 합금을 달았는데 용도는 적 항공기와의 직접 접촉을 통한 파괴용이었다. 로켓엔진의 힘으로 빠르게 비행해 적 항공기의 날개를 찢어낸다는 구상이 위험하고 현실성도 없다는 비판이 따랐다. 그래도 연구 당시에는 제트기 시대에 대한 준비나 교리, 대응 방안이 전무한 상태에서 수많은 방안이 떠오르던 시절이어서 특별한 반대는 없었다.

문제는 시험비행에서 드러났다. 무엇보다 조종성이 불안정하다는 우려가 나왔다. 미국은 미래형 전투기에 대한 미련을 떨치지 못하고 글라이더형 파생기에 로켓 모터와 제트 엔진을 장착하는 시험비행을 이어나갔다. 1945년 시험비행에 나선 XP-79는 기대와 달리 이륙 15분 만에 조종 불능에 빠졌다. 결국 지면에 수직 추락하고 비상 탈출을 시도한 시험조종사도 잃었다. 결국 이 사업은 중단되고 제2차 세계대전 이후 각국이 전익기 같은 새로운 형태의 기체보다 전통적인 설계에 치중하는 데 영향을 끼쳤다.

수도 있었다. 특히 KT-1 시제 1호기가 '웅비' 명명식을 이틀 앞두고 1995년 11월 25일, 성남 서울비행장 상공에서 시범비행을 연습하던 도중, 추락한 전례[6]가 있었기에 시제 4호기마저 추락했다면 최초의 국내 개발 양산 성공기이자 최초의 수출 항공기였던 KT-1 웅비는 탄생하지 못했을지도 모른다.

이상의 사례에서 살펴본 대로 시험비행에서 결함이 발견되면 특히 추락 사고가 발생하면 항공기 개발 프로젝트는 치명상을 입게 마련이다. 일 년 전 시제 1호기가 추락했던 상황에서 KT-1

이진호 중령의 목숨을 건 착륙 직후 캐노피 상태. 캐노피 프레임 좌측 돌출 부분이 보인다. 만약 비상 탈출을 시도했다면 날카로운 돌출 부위에 몸이 긁혀 오히려 더 위험해질 수도 있는 상황이었다(맨 위). ADD와 대우중공업의 개발진이 3일 동안 수색 끝에 하동 부근의 황천 개울가의 마른 계곡에서 찾아낸 유실 캐노피 프레임(가운데). 캐노피 이탈 사고 직후 공장에 입고된 KTX-1 시제 4호기의 측면 모습. 캐노피 옆과 뒷부분이 없어졌다(아래). 튕겨 나간 캐노피가 수직 꼬리날개를 긁은 흔적도 보인다./국방TV·KBS 화면 캡처

개발자들에게 시험비행과 안전성 확인은 더욱 절박한 과제였다. 더욱이 사상 처음으로 수많은 외국 귀빈과 바이어들을 초청해 항공산업의 약진을 알리려는 서울에어쇼가 진행되는 와중에 그런 사고가 났다면 대한민국의 항공산업과 공군이 감당해야 할 물질적·정신적 피해는 말로 다할 수 없었을 것이다. 설계 결함으로 인해 발생한 사고에 뒤따를 더 큰 2차 피해와 파장을 이진호 중령은 결단과 용기, 투철한 사명감과 뛰어난 조종 기량으로 막아냈다.

이 소령도 죽음 직전에서 살아 돌아왔지만 4호기도 그랬다. 긴급히 달려온 정비 요원들은 입을 다물지 못했다. 캐노피가 다 떨어지고 캐노피 조각들이 기체를 치고 간 탓인지 수직꼬리날개며 도살 핀(dorsal fin, 비행 안정성 강화를 위해 꼬리날개가 수평으로 연장된 부분)이 엉망으로 긁히고 부서져 있었다. 원래 후방석에 타기로 예정돼 있었으나 단독비행으로 바뀌어 탑승하지 않았던 온용섭 대위는 더욱 놀랐다. 후방석 역시 사람이 탔다면 사망에 이를 정도로 훼손돼 있었다. ADD와 대우중공업의 개발진은 손상된 4호기를 한 달이 안 걸려 말끔하게 수리해냈다.

사고 소식을 접하고 급하게 현장으로 달려온 KTX-1 개발진도 항공기 상태에 경악했다. 조종사가 사출했더라면 목숨을 잃었을 사고였기 때문이다. 개발진은 이 소령의 손을 붙잡으며 "제작진이 잘못했다"며 울먹였다. 이 소령은 연구팀의 솔직한 사과에 오히려 웃으며 "괜찮습니다. 비행 전에 캐노피를 확인했던 것 같기는 합니다만 사고원인이 밝혀져서 문제가 해결되었으면 좋겠습니다"라고 답했다.

ADD 구조실構造室 엔지니어들은 사고 직후, 문제를 일으킨 캐노피 프레임 지상 수색에서 파편을 찾으려 낫을 들고 수풀을 헤쳤다. 개발진 전원이 3일 밤낮을 수색한 결과 하동 부근의 개울가(횡천)에서 캐노피 프레임을 찾았다. 구조팀은 캐노피의 도어 잠금장치에 문제가 있었음을 인정했다. 설계 미숙과 오류에서 빚어진 결함이 사고원인이었다. 이후 캐노피 도어 잠금장치는 설계 자체를 전면 수정하고 제작 공차를 엄격하게 적용시켰다. 캐노피를 닫은 후에도 조종사가 이중으로 잠금 상태를 확인할 수 있도록 보완대책을 세웠다.

첫 고유모델 KTX-1 무산 또는 지연됐을 수도

자신이 죽을 뻔했으면서도 이 중령은 시험조종사로서 보람을 느꼈다. 만약 설계결함을 시험비행 과정에서 발견하지 못한 상태로 양산이 됐다면 학생조종사들에게 똑같은 사고가 일어날 수도 있었을 텐데 자신이 사전에 막은 것이다. 공군 제2사관학교[11](3기)를 나온 이 중령은 우리나라 최초로 정식 교육을 받은 시험조종사 출신이었다. 이진호 중령은 대위 시절 영국에서 한국군 최초로 시험비행조종사 훈련을 받았다. 공군본부 소속으로 국방과학연구소(ADD)에 파견나왔던 시절, ADD의 예산지원으로 영국에서 시험비행조종사 과정을 수료하며 수많은 기종을 조종하는 경험을 쌓았다.[12] 이후부터는 한국 공군 조종사들의 해외 시험비행 교육의 길이 보다 넓어졌다. 영국 BAe사의 호크(Hawk) 고등훈련기를 구매할 때 절충교역 조건의 하나였던 시험비행 조종사 양성 프로그램에 따라 한국공군 조종사들이 영국에서 관련 과정을 이수했다.

영국에서는 시험비행 조종사 교육에서 "테스트 비행에서는 기체에 치명적인 손실이 없는 한 결함을 많이 발견하면 할수록 좋다. 그러나 무엇보다 중요한 것은 조종사의 생명이다. 시험비행 조종사가 생명을 잃으면 그 항공기도 생명을 잃는 것이나 다름없다"고 가르친다. 이 중령은 불굴의 의지로 극한 상황을 극복해내며 시험비행 조종사의 사명을 다해낸 것이다.

시험비행의 의미와 1소티 진행 과정

조종사에게 시험비행이란 기계가 인간을 만나 항공기로 변신해가는 과정이다. 아무리 설계가 잘됐어도 시제기는 성능이 검증되지 않은 기계에 불과하다. 미완성 기계는 시험비행조종사에게 숨을 부여받고 개발 엔지니어의 땀에 의해 항공기로 거듭난다. KTX-1 개발 당시 수석시험비행사였던 기예호 예비역 공군 대령은 '설계대로 (성능이) 나오는 시제기는 단 한 대도 없다'고 단언한다. 뛰어난 엔지니어일수록 시험비행조종사의 견해를 경청하고, 수많은 평가와 수정을 거쳐야만 시제기가 양산 단계로 발전할 수 있다.

시험비행은 엄격한 과정을 거친다. 먼저 군이 요구운영능력서를 준비한다. 필요성과 운영 개념, 기본 성능과 전력화 지원 등을 기술한 문서다. 개발진은 군의 요구운영능력서를 기반으로 체계개발 계획서를 제출한다. 시험비행조종사는 위의 두 기본 문서를 바탕으로 마련한 시험평가 기본계획서 아래 모든 과정을 진행한다. 구체적으로 시험요구검토회의(TRR), 시험계획실무회의(TPWG), 시험준비검토회의(TRB), 시험안전검토회의(SRB)를 거친 뒤 시험비행 하루 전, 조종사에게 '테스트 카드'가 내려온다.

시험비행조종사는 바로 시뮬레이터((simulator)로 가상 시험비행에 들어간다. 시험 순서대로 예상 경로를 가상 비행하며 연료 소모량과 시간 소요시간을 사전 점검하기 위해서다. 시험 당일 이륙 5시간 전에는 관련요원이 한데 모이고 이륙 2시간부터 시험비행에 대한 세부 브리핑이 시작돼 비행 전 40분 전에 종료된다. 시험비행조종사가 비행 장구를 갖추고 시제기로 향하는 순간, 주기장에 'Pilot Station'(해군에서의 '함장님 승선했습니다'라는 말과 비슷하다)이라는 알림 음이 울린다. 조종사가 이를 듣고 비행기를 바라보는 순간부터 공식적인 비행이 시작된다.

이륙 20분 전 시동이 걸리고, 5분 전에는 활주로에서 최종적으로 기계를 점검한 뒤 이륙한다. 시험비행 소요시간은 약 1시간에서 1시간 20분. 최고속도로 기동할 때는 비행시간이 짧고, 체공 능력을 테스트하는 경우에는 시간이 늘어나지만 1시간을 약간 웃도는 게 대부분이다. 비행 도중에도 평가는 계속된다. 상황실은 원격 계측(telemetry)을 활용해 비행 상태를 지속직으로 확인하고 조종사는 특이사항을 지속석으로 보고한다. 착륙 즉시 조종사는 상황실에서 구두로 디브리핑(debriefing)한 이후, '비행후 보고서'를 작성한다. 시험비행조종팀은 시험비행조종사 뿐 아니라 시험비행기술사, 본부 운용요원 등 4명. 한번 시험비행하려면 이틀이 소요되고 당일 7~8시간은 고도의 집중력이 필요하다. KT-1 웅비는 이 같은 시험비행을 1300회(소티) 이상 진행하고 양산기라는 생명을 얻었다.

KTX-1은 개발과정에서 01호기 추락과 04호기 캐노피 이탈 같은 대형 사고를 거듭 겪었지만, 다행히 사업은 큰 지장 없이 진행됐다. 사고의 규모를 줄여준 시험비행 조종사들의 역량과 진실하고 사명감 있는 증언, 재빨리 사고원인을 밝혀낸 개발팀의 정확한 초동 조사가 맞물려졌기에 가능한 결과였다. 04호기 사고로 의도치 않게 얻은 것도 있다. 공군의 성능 요구서ROC 중에는 "캐노피가 이탈되는 경우라도 비행이 가능해야 한다"는 조항이 있었는데, 사실상 입증이 불가능한 요구였다. 요구도 충족을 위해 일부러 비행 중에 캐노피를 떼어내는 위험을 감수할 수는 없었기 때문이다. 이 소령의 비행으로 KTX-1이 공군이 제시한 까다로운 요구조건마저 충족한다는 사실이 입증됐다.

공군과 ADD는 얼마 뒤 이 중령의 판단과 대처, 용기와 안전 착륙에 이런 이름을 붙였다.

'위대한 비행'.

1) '항공산업을 구한 위대한 비행' 편은 『월간 항공』 기획출판팀이 2003년 4월 발행한 책자 『KT-1 프로젝트』의 202~213쪽 '위대한 비행'을 주로 참고하고 한국시험비행협회 감사로 활동 중인 이진호 시험조종사와 전화 및 대면 인터뷰에 의존해 작성됐다.

2) '목숨 건 '위대한 비행' 항공산업 살렸다', 『시사저널』 1999년 3월 25일 자.

3) 이스라엘 F-15, 영국 공군의 타이푼, 인도 공군의 미그29 전투기가 캐노피가 의도하지 않게 날아가는 사고에도 무사 착륙한 이유도 캐노피와 조종석 사이의 바람 차단막 덕분이다. 앞창이 있는 오픈카와 달리 앞 유리창이 없어 바람을 그대로 맞아야 하는 오픈카처럼 이진호 중령도 풍압에 눌렸으나 기적적으로 기체와 함께 생환했다.

4) 사고 7시간이 지나도록 얼굴색이 시커멀 정도로 사선을 넘나들었던 이진호 중령은 다음 달 2일 또 다시 KTX-1의 조종간을 잡았다. 성남공항에서 치러진 '서울에어쇼 '96' 행사에 야외 전시됐던 KTX-1 시제 3호기를 사천으로 가져오는 임무를 맡았기 때문이다. 이후에도 이 중령은 평소처럼 시험비행 업무를 수행했다.

5) 국방TV, 2018년 8월 28일 방영 [첨단국가의 초석, 방위산업] 198회, 'KT-1 위기와 극복의 순간들(1부)' 패널 대담 발언 정리

6) 사고에서 조종사 과실은 전혀 없었다. 세계 굴지의 사출좌석 제작회사로 이름난 영국 마틴 베이커사가 납품한 사출좌석이 조종사들의 기기 조작과 관계없이 기체 위치 변화로 갑자기 튀어 나가는 통에 발생한 사고였다. 공군의 적절한 사후 조치로 KT-1 개발 프로젝트는 크게 영향받지 않았다. 한국의 사고조사 능력과 법적 대응 수준을 얕잡아보고 책임을 회피하려던 납품사에서 보상을 받아낸 과정도 외국과 협상의 모범사례로 남아 있다(323쪽 참고). 한국은 납품사에 정확한 자료를 내밀어 기록적인 보상을 받아냈다.

7) 한국 공군이 미 노스롭사에서 들여온 F-5계열 기종은 모두 340대에 이른다. 한국 공군이 운용한 군용기 가운데 단일 계열 전투기로는 가장 많은 수량이다. 기종과 도입 연도별로는 1965년부터 받은 F-5A/B 128대, 1974년부터 수입한 F-5E/F 146대, 1982년부터 1986년까지 대한항공이 국내에서 면허생산한 KF-5E/F(제공호) 68대 등이다.

8) G-LOC(G-Induced Loss of Consciousness)은 '중력가속도에 의한 의식상실'의 약자다. 인체가 견딜 수 있는 중력 상한을 초과하는 과도한 공중기동 시 자주 발생한다.

9) XP-79라는 명칭은 실험(eXperiment) 전투기(Pursuit)의 줄임말이다. 미 공군은 육군항공대에서 독립한 직후인 1948년부터 전투기의 명칭을 Fighter로 바꿨다. 제2차 세계대전과 한국전쟁에서 활약한 무스탕 전투기의 제식명이 P-51과 F-51로 혼용되는 것도 이런 연유에서다.

10) 노스롭사의 XP-79 프로젝트는 설령 채택되지 않더라도 신형 항공기 설계와 개발이 지속되어야 하는 이유를 대신 말해준다. XP-79 프로젝트와 B-2, B-21 폭격기는 개발연도의 시차가 크고 공유하는 기술도 많지 않지만 외형이 비슷하다. 항공기 제작사가 축적한 설계기술은 당장 활용할 수는 없어도 언젠가는 활용할 수 있는 지적 자산이다. XP-79 프로젝트는 노스롭사 전익 항공기의 모태 격이다.

11) 1975~1984년에 존속한 공군의 2년제 단기사관학교. 1기부터 7기까지 졸업생 1026명을 배출해 2명이 별을 달았다. 해군도 1975년부터 1983년까지 제2사관학교를 운영했다. 해군 제2사관학교는 해군과 해병대 장성 7명을 배출했다. 육군도 1969년 제2·3사관학교를 개교한 이래 1972년 교육환경이 열악한 전남 광주의 제2사관학교를 경북 영천 소재 제3사관학교에 통합해 오늘에 이른다.

12) ADD가 시험비행조종사 1명 위탁교육비로 영국에 지불한 금액이 42만 파운드. 박사급 교육비 30명에 해당하는 거액으로 ADD는 항공기 개발을 위해 어떠한 고가의 계측 장비보다 숙련된 시험비행조종사가 절실하다는 판단에 따라 과감한 투자를 결정했다.

26. 항공산업 최대 고비, KF-16 추락 사고

대한민국이 경제 침체 속에 위기로 빨려 들어가던 1997년 여름, KFP 사업 최대의 위기, 아니 항공산업의 최대 위기가 터졌다. 그것도 일과성이 아니라 가을까지 이어졌다. 삼성항공 사천공장에서 KFP 사업 제50호기 제작이 완료되고 생산수율, 즉 효율이 최고조에 올라가려던 시기였다. 생산성 제고를 위해 가장 중요한 시기에 공군에 납품한 KF-16 전투기가 추락한 것이다.

삼성항공 사천공장에서 도색 작업 직전 무장(더미)까지 장착한 KF-16 전투기. 생산수율이 최고조로 올라갈 즈음 추락 사고가 발생해 삼성항공에는 초비상이 걸렸다./사진=삼성항공 20년사

국내 조립 2호, 16호기 53일새 연속 추락

1997년 8월 6일 오후 1시 56분경 경기도 여주 상공에서 지상 사격훈련 중이던 KF-16C 전투기 한 대가 고장으로 추락, 조종사는 탈출하고 기체는 여주전문대 뒤 논바닥으로 떨어졌다. 생산 현장에서 전투기 추락 소식을 들은 엔지니어들은 '제발 우리가 만든 KF-16이 아니길' 빌었다. 그러나 삼성항공의 책임

경기도 여주의 논에 추락한 KF-16 전투기 잔해. 국내에서 삼성항공이 생산한 16번째 기체로, 엔진 누적작동 250시간도 안된 신예 기체였다. 불의의 사고 42일 만에 또 다시 KF-16 전투기가 충남 서산 상공에서 추락하자 제조사 책임론이 불거졌다. 국회에서 '삼성항공이 설계도면을 제대로 읽고 만든 것이냐'는 질문까지 나올 정도로 '국산전투기'에 대한 불신감이 크게 높아졌으나, 조사 결과 미국회사가 공급한 엔진 부품의 결함 탓으로 밝혀졌다.

아래 조립된 국산 전투기였다. 최초의 KF-16 추락 사고였어도 당시 언론에는 거의 보도되지 않았다. 더 큰 항공사고가 터져 KF-16 추락 사고가 조명되지 않은 것이다.

대한항공 801편 여객기가 괌 공항 부근에 추락, 229명이 사망한 대참사에 가렸다. 대부분의 언론사가 거의 전 지면을 할애하고 방송국마다 긴급편성한 대참사에 사회의 이목이 쏠렸다. 그러나 공군과 삼성항공의 속은 타들어 갔다. 사고기는 1996년 6월 11일 생산된 KPF 16호기로 총비행시간이 주기검사 기준 200시간의 절반도 안 되는 새 전투기였다. 공군은 바로 모든 KF-16의 비행 금지 조치를 내렸다.[1]

즉각 사고조사위원회가 구성됐으나 원인이 쉽게 규명되지 않았다. 전투기 추락 현장이 제대로 보존되지 않아 원인을 밝히기 어려웠던 탓이다.[2] 공군은 메인 연료공급 장치나 주 연료펌프 이상으로 추정하며 최종 결론은 엔진 제작사인 P&W의 원인분석 결과를 보고받은 뒤에 내리기로 했다. 하지만 P&W사의 분석 결과 제출은 계속 지연됐다. 사고 한 달을 넘겨 9월 8일 발표된 P&W사의 1차 결함분석 보고서는 연료도관의 누설을 주요 원인으로 지목했다.[3]

해외 엔진 제작사는 한국 조립사 책임 시사

P&W사의 보고서는 특히 연료계통의 조립과정에서 오류가 있을 가능성을 강하게 내비쳤다. 삼성항공 기술진과 조사팀은 P&W사의 사고원인 추정에 근거가 희박하다는 반론을 제기했고 P&W는 이틀 뒤 정

정보고서를 냈다. "사고원인으로 추정되는 연료도관의 증거물이 완전히 수거되지 않아 연료누설이 발생한 구체적인 원인을 밝힐 수 없다"는 요지였다. 공군은 내키지 않지만 안보 공백 우려에 따라 9월 12일 비행 재개 결정을 내렸다.

하지만 어렵게 결정한 비행 재개로부터 불과 엿새 뒤인 1997년 9월 18일, 추석 연휴에 충남 서산에서 요격 훈련 중이던 KF-16C 한 대가 또 떨어졌다. 다행히 이번에도 조종사는 탈출에 성공했다. 기체는 1995년 7월 6일 제작된 KFP 사업의 14호기이며 삼성항공이 조립한 2호기였다. 엔진은 삼성 조립 20호기가 달려 있었다. 더욱이 주기검사를 받은 지 4달밖에 안된 기체가 또 떨어지자 언론과 국회가 들고 일어났다.

국산 항공기의 위험에 대한 기사가 연일 쏟아졌다. 정기국회 회기 중인 국회에서도 의원들의 질의와 질책이 빗발쳤다. 비행시간도 얼마 되지 않은 쌩쌩한 새 항공기가 한 달 사이에 연속해서 추락하니 대부분은 '국내에서 조립한 항공기'의 결함으로 여기는 분위기였다.[5] 사고 현장의 초기 검사와 생존한 조종사의 진술에서 두 번의 추락 원인이 같다는 분석이 나왔다. 갑자기 엔진이 정지했다는 것이다.

사고 전투기	29호기(국내 조립 16호기)	14호기(국내 조립 2호기)
사고 일시 및 장소	1997.8.6. 경기도 여주	1997.9.18. 충남 서산
사고 당시 임무	대지상 사격 훈련	요격 및 장주 비행4)
엔진 누적 작동 시간	249시간 24분	173시간 36분
피해	전파(조종사 생환)	전파(조종사 생환)
사고 원인	엔진 연료 공급 장치 결함	엔진 연료 호스 파열

마침 대선 열기가 고조되던 시점이어서 대권 주자들도 KF-16 추락을 언급할 만큼 사회적 이슈로 부각됐다. 유력한 대선주자였던 이회창 신한국당 대통령 후보는 MBC의 대선후보 초청 토론회에 참석해 사회자로부터 "국군 전력 현대화 사업으로 도입된 KF-16 전투기 2대가 엔진 결함으로 추락했는데, 미국 회사와 도입계약을 파기하고 기종을 변경할 용의는 없냐"는 요지의 질문을 받았다. 대선주자에게 계약 파기 의사를 질문할 정도로 연이은 추락 사고의 파장은 컸다.[6]

두 번째 사고를 당해서인지 이번에는 추락 현장과 잔해가 제대로 보존됐다. 공군 사고조사위원회는 국제 공동사고조사위원회를 꾸렸다. 원제작사인 록히드, 엔진 원제작사인 P&W, 공군사고조사위원회, 삼성항공 조사팀으로 구성된 공동사고조사위원회는 매일 오후 합동회의을 열고 원인 규명에 나섰다. 연료 도관 문제로 의견이 모아지던 중 원인을 제대로 밝혀낼 수 있는 사고가 하나 터졌다. 삼성항공 2공장에서 연료도관이 파열되는 사고가 발생한 것이다. 현장에서는 이상 발생 즉시 엔진을 정지시켰지만, 연료펌프 회전에 따라 연료는 계속 밖으로 분출됐다. 추정했던 사고 경위와 똑같았다. 사고조사는 급물살을 타기 시작했고 곧 실체가 드러났다.

국제 공동조사위원회가 미 제작사 책임 밝혀

모든 전투기의 연료도관을 비파괴검사로 조사한 결과 비슷한 현상이 나타났다. 사고 항공기의 경우 연료도관 내부 철심의 절반 정도가 부식돼 사고 이전에 이미 손상되어 있었다는 사실이 확인됐다. 사고원인 규명 작업이 하나하나 진행되는 와중에서도 KFP 사업은 소용돌이 한가운데를 오갔다. 국회에서는 설전이 펼쳐지고 "과부제조기가 등장했다"는 말까지 나왔다. 공군 조종사, 특히 가속늘은 불안감에 떨었나. 언론은 기종 선정 과정의 로비 의혹을 제기하며 KFP 사업 백지화까지 거론했다.[7] 사태가 이 지경에 이르자 국방부는 특별조사단을 구성, 항공기 부품 도입 과정부터 생산 공정 및 납품에 이르기까지 모든 과정을 기술적·법률적으로 조사한다고 밝혔다.

위기를 맞은 삼성항공은 모든 과정을 있는 그대로 보여준다는 원칙을 정했다. 그룹 차원에서 "하나도

숨김없이 조사에 최대한 협조하고 도우라”며 “조사 결과 책임질 것이 있으면 책임지고, 고칠 게 있으면 고치라”는 지시도 내려왔다. 두 번째 사고로부터 96일 지난 시점에서 국방부는 조사 결과를 발표했다. 요지는 “미국 제작사 측에 책임이 있다”는 것이었다.[8] 삼성항공은 책임 소재에서 벗어났으나 적지 않은 타격을 입었다. 그래도 철저한 조사를 받은 덕분에 의외의 소득도 얻었다. 안전관리 절차와 규정 준수가 강조되고 회사의 주요 의사결정과 업무 진행 관련 시스템이 보다 투명해졌다.

KF-16의 생산관리 수준 높이는 계기 삼아

조사가 진행되며 사고원인 규명과 함께 KFP 사업의 문제점이 낱낱이 드러났다. 사천공장의 품질관리 현황과 시정조치 이행 여부, 항공기 운영 중 발생한 사용자 불만족 처리 실태, 관급자재의 수령검사와 하자 처리 등 KF-16 항공기의 품질에 대한 전반적인 점검이 이뤄졌다. 두 번에 걸친 충격적인 추락 사고의 원인을 조사하며 품질관리와 고객 불편 사항 해소까지 KFP사업이 내실을 다지는 기회를 맞은 것이다. 결국 공군의 KF-16 비행은 1998년 1월 재개됐다. 생산 재개와 시험비행도 뒤따랐다.

KF-16의 연이은 사고와 원인 규명은 세계적인 관심사였다. 다양한 사양의 F-16 시리즈를 운용하는 각국 공군은 신경을 곤두세웠다. 불량으로 밝혀진 연료도관을 교체하고 개선된 신제품을 확보하려는 경쟁이 일어났다. 대형 사고에 놀란 한국 공군은 신규 제작된 모든 연료도관에 대한 내시경 검사와 X-Ray 검사를 의무화했다. P&W의 품질검사를 거쳐 국내에 수입된 제품도 세밀한 중복검사가 이뤄졌다. F-16 전투기를 주력으로 삼는 서방 진영에서는 새 연료도관 확보 경쟁이 발생했다.

만약 사고원인이 제대로 규명되지 않았거나 시간이 걸렸다면 어떤 결과로 이어졌을까. 사고 초기 엔진 원제작사인 P&W사의 보고서에서 강하게 암시한 “최종 조립업체인 삼성의 제작 공정상 과실”로 의심받는 분위기가 굳어졌다면 KFP 사업 자체가 흔들렸을 수도 있다. 자칫 한국의 항공산업이 일어서기 어려운 상처를 받았을지도 모를 일이다. 전투기 연속 추락 사고로 한국의 항공산업은 존폐 직전까지 갔다 왔다. 위기에서 벗어난 삼성항공은 품질 향상에 각고의 노력을 더했지만 작은 사고는 연달아 발생했다.

KF-16 전투기 연속 추락의 책임은 미국 엔진 제작사에 있다는 국제 공동조사위원회의 최종 결론을 보도한 『조선일보』 1997년 12월 23일자 2면 기사. 귀책 사유가 분명하게 밝혀졌음에도 연속 추락으로 인해 조성된 국산 KF-16 전투기에 대한 불신은 세상에 퍼졌고, 정치권이나 언론이 근거 없이 공격하는 사례도 잇따랐다.

연속 추락의 원인이 규명되면서 공군이 KF-16 전투기의 비행을 재개하고 삼성항공 고정익공장 생산라인도 정상 가동으로 돌아갔다. 사진 왼쪽부터 오른쪽으로 제작 공정의 마지막 3단계인 도색과 연료 계통 정밀 점검, 엔진 테스트.

외부로 제대로 알려지지 않았지만 제작공정에서 일어난 사고도 있었다. 89호기 사고가 대표적인 사례다. 1998년 8월 말 완성된 89호기(삼성 조립 55호기)가 우측으로 기울어져 날개가 지면에 스치는 손상이 발생했다. 오른쪽 주 강착장치에 안전핀이 장착되지 않은 상태에서 주 강착장치를 접음으로써 발생한 사고였다. 삼성항공은 공군과 원제작사인 LM사와 협의, 육안 검사, 치수 검사 및 비파괴 검사를 실시한 데 이어 주익까지 분리해 이상 유무를 확인했다.

입체적인 검사 결과 제품에 어떤 하자도 없고, 지면에 날개가 닿았어도 기체 손실이 없는 것으로 판명났지만 검사에 50일이 걸렸다. 삼성항공은 안전핀 하나가 제거된 사실을 확인하지 않은 작업자의 사소한 실수 하나가 많은 돈과 노력, 시간을 낭비하게 만들 수 있다는 교훈을 얻었다. 1998년 초, KF-16의 비행이 재개된 지 얼마 안 지난 시점에 납품된 항공기에서 핀이나 나사 등이 발견되는 사례도 있었다. 생산 초기의 크고 작은 사고와 고객 불만은 역으로 KF-16의 생산관리 수준을 끌어올리는 데 기여했다. 항공기 개발 초기에 사고는 극복할 수 있다는 전제 아래, 오히려 많이 발견되는 게 나을 수도 있다. 결함을 모른 채 양산에 들어갔다가 더 큰 비용 추가는 물론, 추락 사고와 인명 피해까지 발생하기 때문이다.

주
___

1) 'KF-16 35대 비행 중단', 『경향신문』 1997년 8월 14일 자, 23면.

2) '국산 전투기 추락'을 처음 경험한 일선 부대의 조사관계자들은 추락 현장에 도착하자마자 현장 보존 대신 여기저기에 흩어진 잔해를 한곳에 모았다.

3) '지난달 추락 KF-16 전투기 엔진 결함이 원인', 『조선일보』 1997년 9월 13일 자, 1면.

4) 장주 비행이란 항공기가 비행장에 이·착륙할 때 충돌 등 사고를 피하기 위해 일정한 경로와 고도를 따라 비행하는 것을 말한다. 통상적으로 미리 정해진 사각형의 경로를 따라 비행한다. 특히 착륙에 앞서 거쳐야 하는 비행 절차다.

5) '한국형 전투기사업 차질 불가피, 추락 원인과 파장', 『매일경제』 1997년 9월 19일 자, 39면.

6) 이회창 후보는 이 질문에 대해 "아직 미국을 비롯해 많은 나라에서 F-16을 주력기로 사용하고 있다. 두 번의 사고로 KF-16 자체를 문제삼을 수는 없다"라고 대답했다(『한겨레신문』 1997년 9월 26일 자 5면).

7) '한국형 전투기 사업 여야 재검토 촉구', 『한겨레신문』 1997년 9월 21일 자, 5면.

8) 'KF-16 전투기 추락, 미 제작사 책임 최종결론', 『조선일보』 1997년 12월 23일 자, 2면.

27. 사람부터 키운다. 교육의 힘

1991년 영국으로 첫 항공 엔지니어 파견 교육

항공산업 육성, 특히 국산 항공기 제작을 위해 정부가 최우선적으로 예산을 지출한 항목은 교육비다. 정부가 체계적으로 항공 엔지니어 교육을 실시한 시기는 1991년으로 거슬러 올라간다. 영국 BAe사가 제작하는 호크(Hawk) 67형 20대를 구입하는 조건으로 엔지니어 24명을 영국으로 보낸 게 시초다. 당시 BAe사는 20대를 팔면서 한국 측이 요구한 △고등훈련기급 제트항공기를 개발할 수 있는 설계기술 이전 △고등훈련기급 시뮬레이터 개발 기술 전수 △시험비행 조종사 3개 팀(조종사, 조작사) 양성 △항공 인력 교육과 양성 등의 조건을 받아들였다. 한국에 대단히 유리한 절충교역 조건이었다.[1]

BAe사가 파격적으로 한국에 기술이전을 약속한 이유는 두 가지 때문이다. 첫째 단기적으로 한국 공군의 차기 훈련기 선정 경쟁이 걸려 있었다. 경쟁 대상은 스페인 CASA-101, 이탈리아 MB-339였다. 한국 공군은 영국과 이탈리아가 만든 훈련기를 놓고 저울질하는 상황이었다. 공군 내에서도 선호가 갈렸다. 경쟁이 치열하다 보니 영국 BAe사는 한국이 요구하는 조건을 받아들였다.

두 번째 이유는 추가 주문을 기대해서다. 한국 공군이 필요한 고등훈련기 물량은 100대에 가까웠다. 처음에 20대를 팔고 점점 판매량을 늘려가면서 한국을 일본과 대만, 동남아국가까지 진출할 수 있는 교두보로 여겼다. 처음부터 한국 공군은 우선 급한 대로 20대를 직도입하고 나머지 물량은 자체 연구개발로 국산화한다는 방침이었다. BAe사는 한국의 이런 생각을 읽었지만 개의치 않았다. 한국의 실력으로는 고등훈련기 제작이 어려워 결국은 자신들에게 추가 주문할 것이라고 여겼다.[2]

절충교역권 이용, '황매팀' 89명 록히드사서 기술 연수

한국의 항공기 설계기술에 대한 집념과 지원은 일회성으로 그치지 않았다. 제너럴 다이내믹스(현 록히드 마틴)의 F-16 전투기가 KFP(차기 전투기)로 최종 선정되는 과정에서 국방부(방위사업청이 없던 당시에는 국방부 조달본부가 획득 업무를 담당)와 공군은 또다시 전가의 보도를 꺼냈다. F-16 전투기를 기술도입 생산하는 조건으로 절충교역권을 사용하며 설계기술 이전을 요구한 것이다. 이번에는 인원이 많아지고 목표가 보다 분명해졌다. '황매Golden Eagle팀'이라는 이름 아래 89명의 엔지니어가 록히드 마틴사에 파견돼 설계기술을 익히고 우리 손으로 차기 고등훈련기(KTX-2)의 도면을 작성하기 시작했다. 풍동시험 등 설계에 필수적인 기술도 익혔다.

비록 록히드 마틴사의 기술 지원을 받았으나 우리 손으로 설계해 우리 손으로 만든 최초의 초음속 고등훈련기 T-50이 이런 과정을 통해 탄생할 수 있었다. T-50 개발의 기획에서 계획 수립, 개발에 이르는 전 과정에 참여했던 전영훈 박사(전 KAI 수석 엔지니어)의 저서 『T-50, 끝없는 도전』에 따르면 T-50 개발 본격 착수 시점에 국내 민간기업의 설계 엔지니어는 다 합쳐야 31명에 불과했다. 그나마 석·박사 과정을 막 이수한 젊은이가 대부분이었다.

다시 처음으로 돌아가 BAe사에서 교육받기로 한 30대 초반의 젊은 엔지니어 중에는 민간기업의 기술진도 포함돼 있었다. 예산으로 외국산 무기를 들여오며 절충교역으로 공공부문(ADD)뿐 아니라 민간기업 기술진까지 교육시킨다는 정부 방침으로 BAe에서 설계기술을 배운 인원은 모두 24명에 이른다. 대한민국은 아음속이긴 하지만 전투기로도 전용할 수 있는 고등훈련기 설계기술을 이렇게 배웠다. 북청 물장수가 물지게로 자식을 대학 보내듯이 어떻게든 인재부터 양성한다는 한국인 특유의 DNA가 살아서 항공 분야에서도 씨앗을 잉태한 것이다. 기술을 습득하기 위해 혼신의 힘을 짜냈던 해외연수 사례가 또 하나 있다. 대우중공업의 '항공결사대'가 보여준 일에 대한 마음가짐과 태도는 항공산업 초기의 분위기를 대신 말해준다.

'연수 중 사생활 포기' 각서도 쓴 대우중공업 '항공결사대'

대우중공업은 대한항공의 F-5 생산과 납품이 한창이던 1984년 봄, 대형 계약을 발표하며 항공산업에 뛰어들었다. 미국 제너럴 다이내믹스사에 F-16 전투기 중앙동체와 전방 동체 주요부, 보조날개 등 100대분을 생산해 전량 미국에 수출하고 GD사는 초정밀 기술 및 주요 기자재를 대우에 제공한다는 소식이 지면을 탔다.[3] 대우중공업은 창원공장에 200억 원을 투입해 1만분의 1㎜ 단위의 정밀도를 갖는 제품을 개발한다고 밝혔다.

당시 대우는 재벌 그룹 중에서도 가장 공격적으로 사업을 확장해나가고 있었다. 종합기계 부문에서 확보한 기반을 바탕으로 사업 다각화를 추진하던 중 항공 부문에 눈을 돌렸다. 1980년대 초중반까지는 아직 국내기업들이 항공산업에 관심을 갖기 전이어서 대우는 김우중 회장 특유의 해외 세일즈와 절충교역을 혼합해 GD와 계약을 맺었다. 항공사업본부를 꾸렸지만 항공산업에 대한 기반 지식이 거의 없는 대우중공업은 제휴선인 GD의 공장시설부터 둘러봤다.

미국 텍사스주 포츠워스의 GD 공장을 방문한 담당 임원은 충격에 빠졌다. GD사 공장에는 당시 우리나라에서는 구경도 못 했던 5축 가공 공작기계, 첨단 열처리 시설 등이 갖춰져 있었기 때문이다. 대우중공업이 따낼 물량은 840만 달러 상당이었지만 이를 위해서는 시설투자에만 2000만 달러 이상이 필요할 것 같았다. 사업 포기까지 고민하던 대우중공업은 일단 사람을 보내 배우기로 결정했다.

담당 임원은 해외연수에서 기술을 이전받아 항공사업의 물꼬를 트려는 엔지니어들을 모집하고 '항공 결사대'라는 이름을 붙였다. 단단히 마음먹고 지원한 엔지니어들은 다시금 놀랐다. 항공결사대용 '서약서'에는 사생활을 포기한다는 내용이 가득했다. 항공사업을 위해 개인 생활까지 회사에 맡기라는 것이었다. 대우중공업 항공결사대의 서약서 내용은 아래와 같다.

> 본인은 항공사업의 최초 연수요원으로서 아래 준수사항을 철저히 수행할 것을 서약합니다.
> 1. 84년 5월의 사전 트레이닝 기간과 제너럴 다이내믹스 연수 기간에는 최대한으로 사생활을 억제하며 인생의 장(場)에서 없는 것으로 간주한다.
> 2. 위의 교육, 연수 기간에는 생명에 지장을 초래하지 않는 한 상부의 지시에 철저히 복종한다.
> 3. 위의 연수 기간은 정신과 육체의 동시 교육이므로 지금까지의 이완된 인생을 다시 한번 조임으로써, 앞으로의 삶에 새로운 활력소 역할을 하도록 최대한 노력한다.
> 4. 위의 교육을 같이 수행하는 동료와는 단체생활과 특수교육을 통해 단합과 친목, 상호이해를 도모하며 항공사업의 창립 요원으로서, 4천만 국민의 대표로서 손색이 없도록 최대한 노력한다.

이렇게 구성된 항공결사대 15명은 한 달간의 국내 연수를 마친 후, 1984년 6월 미국 텍사스주 포트워스에 위치한 GD사로 6개월간의 연수를 떠났다. 한국에서 온 연수단을 맞이하는 GD사의 담당자는 호기심 어린 표정으로 물었다.

"제너럴 다이내믹스에 오신 걸 환영합니다. 어떤 기술을 배우기 원하십니까?"

대답을 할 수 없었다. 뭘 알아야 질문이 가능한데 항공에 대한 지식은 백지상태였다. 처음부터 벽에 부딪친 심정이었다. GD사는 교육생이 무엇을 보고 배워야 할지를 결정하도록 했다. 대우중공업에서 해외연수 요원으로 선발된 이들은 국내에서는 최고 수준의 엔지니어들이었지만 항공산업은 처음인 데다 최첨단 기술과 못 보던 장비와 시설이 깔려 있어 뭘 해야 할지 막막할 뿐이었다. 결국 이들은 궁여지책에 가까운 아이디어를 내놓았다.

F-16 한 대에 리벳이 몇 개나 들어가는지부터 세어본 것이다. 연구용으로 제공된 F-16 한 대를 놓고 구석구석 박힌 리벳 수를 헤아리는 한국 기술자들을 본 GD사 교육담당자는 어이가 없었다. 수십만 개의 리벳을 위치 표시까지 해가며 하나하나 셈하는 모습에 과연 기술을 배울 생각이 있는 것인가라는 의문까지 품었다.

대우중공업의 항공결사대는 며칠 후 GD를 놀라게 만들었다. 며칠이 걸려 알아낸 총 리벳 수와 하나의 리벳 작업에 걸리는 시간을 곱해서 항공기 한 대 조립에 필요한 총 리벳 작업시간과 소요되는 리벳의 총중량을 정확하게 추정해냈다. 항공결사대에게 이는 시작이었다. 사명감과 의지로 똘똘 뭉쳐 많은 지식을 습득했고 항공사업본부의 핵심요원으로 성장했다.

기술 유출 막으려 출퇴근 때 소지품 검사도 받아

한국의 기술진은 1991년 11월 26일, 영국 동부의 소도시 브러(Brough), 호크기 제조공장의 설계사무실에 처음 발을 들였다. 국방과학연구소ADD 소속 연구진 4명과 민간기업에서 선정된 엔지니어 4명 등 모두 8명 교육생 중의 한 사람이었던 김형준 경상대 우주항공방산과학기술원 원장(당시 삼성항공 대리, 한국항공우주산업 부사장 역임)은 "1991년 11월 17일 영국에 도착해 1992년 12월 4일 돌아왔다"며 "언어 장벽보다 가장 신경이 쓰였던 것은 감시였다"고 기억한다.

첨단 설계기술을 익히겠다는 포부로 영국 BAe사, 미국 제너럴 다이내믹스(현 록히드 마틴)사에 도착한 기술진이 맞닥뜨린 첫째 관문은 언어도 기후도 아닌 "바늘 하나 들어갈 틈조차 없을 것 같이 철저한 감시"였다. 한정된 장소에서 한정된 기술지원(TA, Technical Assistance)을 넘어서는 어떤 것도 허용되지 않았다. 출퇴근 때마다 어김없이 가방과 소지품 검사도 받았다.

과로사 무릅쓴 강행군 끝에 '국산 항공기' 개가

그러나 시간이 지나며 소득이 생기기 시작했다. 하나라도 더 알아내려는 한국 엔지니어들의 열의에 감동 받은 외국 기술진이 더 많이 알려주는 경우가 점차 늘어났다. 가끔은 주요 서류를 책상에 두고 사무실을 비우는 경우도 생겼다. 한국에 돌아와서는 더 열심히 도면을 그리고 현장을 점검했다. 엔지니어 2명이 과로사하는 강행군 끝에 T-50은 대지를 박차고 하늘로 솟았다.

T-50을 비롯한 기술 개발 성공 사례에는 하나같이 선 교육, 인력 양성 정책이 깔려 있다. 한국 정부는 비슷한 사례를 찾기 어려울 만큼 정교하고 끈질기게 기술이전과 인력 양성부터 요구했다. 항공기를 수입하는 나라의 태반이 커미션을 요구하는 경우와 달랐다. 절충교역으로 당장의 수출액을 늘릴 수도 있었지

만 정부가 인력 양성에 방점을 찍고 지원해준 덕분에 한국의 항공 기술은 오늘날에 이르렀다.

주

1) 전영훈, 『T-50 끝없는 도전』, 도서출판 행복한 마음, 2011, 51쪽.
2) 하지만 정부는 "한국 스스로는 항공기 개발이 불가능하다"며 "차라리 호크 훈련기를 기반으로 KTX-2를 공동 개발하자"
   는 영국 BAe의 제의를 마다하고 미국 록히드마틴사와 사업을 진행해 호크기보다 월등한 성능의 T-50을 만들어냈다.
   1992년 9월 한국 공군에 도입된 호크기는 당초 적은 연료비로 운용비가 적게 들어갈 것으로 기대됐다. 그러나 극동지역
   에서 유일한 호크 구매국인 한국에 운용 부품을 보내는 데 시간이 오래 걸려 오히려 전체 운용 유지비가 비싸다는 불평이
   일었다. 결국 도입 11년 만인 2013년 전량 조기 퇴역하고 일부가 미국 군사기업에 팔렸다. 호크의 빈자리는 국산 초음속
   고등훈련기 T-50이 맡았다.
3) '대우중공업 F-16 동체 국내 생산', 『매일경제』 1984년 4월 7일 자, 7면.

28. GD와 MD의 '7년 전쟁'과 '반백년 전쟁'의 과거와 현재, 그리고 미래

1991년 국방부가 한국 공군 차기 전투기KFP 사업의 기종을 최종 발표했을 때 한 평론가는 "7년 전쟁
[1]이 끝났다"고 표현했다. 정부가 1984년 사업 시작을 발표한 이래 낙점을 받기 위해 제너럴 미국 다이내
믹스(GD)사와 맥도널 더글러스MD사가 한국 시장에서 7년 동안 격돌했다는 의미에서 '7년 전쟁'이라
부른 것이다. 한국의 항공산업은 GD와 MD 간 '7년 전쟁'의 직접적인 영향을 많이 받았다.

항공 후발주자인 대우중공업이 1984년 F-16 전투기 중앙동체를 미국에 수출할 수 있었던 이유 중의
하나가 KFP 사업이 공식 출범하기 전에 한국의 기업과 관계를 맺으려는 GD의 사전 포석 덕분이었다. 삼
성정밀은 1986년 KFP 사업의 주계약업체로 지정되며 선두주자였던 대한항공과 대우중공업을 누르고 1
위 업체로 올라섰다(사명을 삼성항공으로 변경한 것도 주계약업체로 선정된 직후다). 초음속 고등훈련기 T-50
골든 이글의 설계와 제작에도 KF-16을 GD와 공동개발하는 반대급부로 받은 기술이 쓰였다. KF-21 보
라매 전투기 설계도 영향받았다. '7년 전쟁'의 여운이 강하게 남은 셈이다.

1970년대 YF-16과 YF-17 경합, F-16 승리

흥미로운 대목은 F-16과 F/A-18의 경쟁이 7년뿐 아니라 앞뒤로 훨씬 길었다는 점이다. 두 기종의
족보를 캐면 경쟁의 역사는 더욱 길어진다. 최초 대결의 결과는 1975년 나왔다. F-16의 승리였다. 경쟁
은 1960년대 후반 미국 국방부가 요구한 경량 전투기 사업(LWF, Light weight Fighter program)[2]을 둘
러싸고 펼쳐졌다. 미국 내 4개사가 맞붙어 최종적으로 YF-16과 YF-17 두 개 기종만 남았다. YF-16은
GD(현 록히드마틴)가 개발했고 YF-17의 개발사는 노스롭이었다.

두 회사는 어느 때보다 치열하게 경쟁했다. 승자가 미 공군뿐 아니라 북대서양조약기구(NATO) 4개
회원국의 차기 전투기로도 채용될 예정이었기 때문이다. 프랑스 다쏘사의 미라주 F1 전투기도 NATO
공동전투기 사업에 끼어들었으나 YF-16과 YF-17에 밀려 일찌감치 탈락했다. 마지막 순간에 미 공군

은 YF-16을 택했다. YF-16은 실험기를 의미하는 'Y'자를 떼어내고 당당하게 F-16이라는 제식명을 얻었다.

F-16은 성능은 물론 상업적으로도 대성공을 거뒀다. 제작사가 GD에서 록히드 마틴으로 바뀌었을 뿐, 여전히 현역의 자리를 지키고 있다. 끊임없는 성능개량 덕분에 최신 개량형인 F-16V는 앞으로도 20년 이상 더 운용될 것으로 보인다. 1970년대 이후 등장한 전투기로는 베스트셀러라는 기록도 깨지지 않을 전망이다.

미 공군의 낙점을 받기 위해 경쟁하던 1974년, 낮게 깔린 구름 위를 나란히 비행하는 YF-16과 YF-17. 승자는 YF-16이었지만 탈락한 YF-17도 기체를 확대해 F/A-18이라는 새 이름으로 살아남았다.

탈락 YF-17도 F/A-18로 부활, 해군에 납품

최종 경쟁에서 패배한 YF-17도 사라지지 않았다. 단발 엔진을 달았던 F-16 전투기가 못마땅했던 미국 해군이 눈여겨본 덕분이다. 해군용 항공기를 제작한 경험이 없던 노스롭은 함재기 생산 경험이 풍부한 맥도널 더글러스사와 손잡고 F/A-18을 개발해냈다. YF-17을 기반으로 개발된 YF-18의 성능에 만족한 미 해군은 항공모함의 함재기로 채용했다. 비운의 YF-17이 진화한 F-18도 많이 팔렸다. 미 해군과

경쟁에서 패배한 노스롭사의 YF-17을 기반으로 제작된 FA-18A 호넷과 최종 개량형인 F/A-18E 슈퍼호넷. 갈수록 기체 크기가 커졌다.

F-5 전투기(왼쪽). 이란이 제작한 사에케 전투기. F-5의 동체에 F/A-18의 꼬리날개를 붙인 것 같은 외형을 갖고 있다. 약 30대 가량 실전배치한 것으로 알려졌다(오른쪽).

해병대·스페인·호주가 1480대를 사들였다. CF-18이라는 제식명으로 138대 생산된 캐나다형과 500여 대가 제작된 F/A-18 슈퍼 호넷까지 합치면 F-18 시리즈 판매량은 2000대가 넘는다.

F-18의 항전 장비를 일신해 지상 공격용으로도 쓰이는 F/A-18이 한국 시장을 놓고 F-16과 7년 전쟁을 펼쳤던 바로 그 기종이다. 한국 공군용으로 스텔스 F/A-18이 거론된 적도 있다. 한국형 차기 전투기의 개발 방식이 확정되지 않았을 때 F/A-18을 스텔스 전투기로 재설계하는 방안이 잠시 고개 들었던 것이다. 만약 그랬다면 한국은 1965년 F-5 도입부터 시작된 노스롭사와의 오랜 인연을 더 이어갈 뻔했다. F/A-18의 원형인 YF-17은 F-5 전투기를 기본으로 개발된 전투기다. F/A-18과 F-5 전투기와의 연관성을 보여주는 실제 작전기가 있다.

이란이 생산한 사에케(Saeqeh, 페르시아어로 벼락) 전투기는 두 전투기를 섞은 듯한 외형을 갖고 있다. 호메이니 회교 혁명(1980) 이후 미국으로부터 부품 공급이 끊긴 이란은 F-5를 분해, 역설계로 제작했다.

미 공군의 차기 고등훈련기로 선정됐으나 비행시 기수가 들릴 경우 기체 축을 중심으로 흔들리는 윙락 현상과 사출좌석의 신뢰도 문제로 납품이 지연되고 있는 T-7A 고등훈련기.

YF-17, F/A-18, 샤에케 전투기와 꼬리날개, 공기 흡입구, 엔진 배기구가 비슷한 훈련기도 있다. 미 공군 차기 고등훈련기 사업에서 KAI와 록히드 마틴이 출품한 T-50을 제친 T-7A 훈련기는 모양새가 비슷해 '베이비 호넷'이라고도 불린다. 미국 보잉사와 스웨덴 사브 컨소시엄이 개발했다.

T-7A와 YF-17, F/A-18, 샤에케 전투기와 닮아 보이는 이유는 간단하다. 유전인자 때문이다. 노스롭, 맥도널 더글러스, 보잉사로 회사는 바뀌었지만 기본 설계가 유사해 비슷한 외형이 나왔다. 보잉-사브 컨소시엄은 윙락 현상 등을 극복하고 오는 2026년이면 납품이 가능할 것으로 기대하고 있으나 성능을 둘러싼 논란은 여전하다.

F-16 전투기와의 큰 호환성이 T-50 강점

미 공군 차기 훈련기 사업에서 T-7A에게 고배를 든 T-50도 다른 전투기와 외형이 유사하다는 점에서는 마찬가지다. T-50을 공동개발한 록히드 마틴사의 F-16 전투기와 닮은 꼴이다. 공유하는 부품도 적지 않다. F-16 전투기를 운용하는 국가에 T-50 수출을 추진할 때마다 강조하는 대목이 바로 F-16과의 호환성이다. T-50 고등훈련기가 F-16 전투기에서 갈라져 나왔기에 조종사·정비사의 기종 전환과 부품 수급까지 유리한 점이 많다는 것이다.[3]

F-16과 F/A-18의 경쟁은 '7년 전쟁'에서 그친 게 아니라 아직도 진행 중이다. 미 공군 차기 훈련기 사업에서 보잉-사브 컨소시엄의 예상을 깨는 덤핑 공세에 눌렸던 KAI-록히드 마틴 컨소시엄은 2026년으로 예정된 미 해군 차기 고등훈련기 수주 경쟁에서 다시 맞붙을 것으로 보인다. 두 기종 간의 경쟁을 YF-16과 YF-17이 겨뤘던 1974년까지 거슬러 올라가면 52년째 전쟁을 치르고 있는 셈이다.

F-16 전투기와 일본 미쓰비시 F-2, 대만 IDF 경국, KAI T-50의 실루엣 비교도. 모두 록히드 마틴과 공동사업이나 기술제휴로 설계, 제작돼 닮은 꼴이다.

눈길 끄는 이스라엘과 중국의 전투기

'반백 년 전쟁'의 끝이 어디로 이어질지 주목되는 가운데 F-16의 족보와 그 미래에 대해 살펴봐야 할 사안이 하나 더 남았다. F-16 전투기의 유사점이 일본의 F-2, 대만의 IDF 경국, 한국의 T-50만큼 드러나지는 않지만 영향을 받은 전투기가 또 있기 때문이다. 이스라엘이 완성 직전에 양산 계획을 접은 라비(LAVI, 히브리어로 젊은 사자) 전투기[4]는 공식적으로 미국과 기술제휴가 없었지만 외형상 비슷해 보이는 부분이 없지 않았다. 특히 공기 흡입부는 많이 닮았다.

라비와 비교할 만한 전투기가 하나 더 있다. 중국 쳉두항공공업사가 개발, 1998년 시험비행을 실시하고 2008년부터 배치된 J-10 전투기는 미국제 F-16 전투기와 이스라엘이 개발을 포기한 라비와 여러 면에서 유사점이 있다. 우선 J-10은 최대이륙중량(19t), 추력(2만 파운드), 단일엔진이라는 점에서 F-16과 동일하거나 비슷하다. 델타익(삼각날개) 주익에 카나드가 있고, 최대 이륙중량, 엔진 추력과 개수는 IAI 라비와 같다. 외형은 더욱 닮았다.

이스라엘 국영항공사(IAI)가 1987년 개발한 라비 전투기(왼쪽)와 미국 제너럴 다이내믹스 F-16 전투기(오른쪽). 옆에서 본 외형은 비슷하지만 위에서 보면 차이가 있다. 라비는 델타익 항공기다. 하지만 두 전투기의 엔진부 공기흡입구와 캐노피, 수직 꼬리날개 등 전체적인 실루엣은 매우 닮았다./사진=위키피디아 커먼스 · 미공군

중국이 개발한 J-10 전투기(왼쪽). 이스라엘의 라비 전투기(오른쪽).

외형이 비슷할 뿐 아니라 실제로 이스라엘이 개발을 도왔다는 주장이 나왔다. 『제인연감』을 발행하는 제인스는 J-10이 실전배치된 직후 "Chinese J-10 'benefited from the Lavi project'"라는 기사를 실었다.[5] 제인스는 러시아 엔지니어들을 인용해 이스라엘 기술자들이 광범위한 설계 및 성능 모델링, 풍동 테스트를 지도했으며 심지어 중국 현지에서 라비의 시제기 한 대를 봤다는 증언까지 소개했다. 중국과 이스라엘은 즉각 부인했으나 미국은 중국의 공대공 미사일 등 유도무기 개발에도 이스라엘이 도와준 것

이스라엘이 시제기 제작 상태에서 개발을 중단한 라비 전투기와 중국이 600대 이상을 생산한 J-10 전투기. 다윗의 별 항공표식이 라비 전투기다. 삼각형 주날개와 카나드, 공기 흡입구가 유사하다. 정면에서 볼 때 구분점은 라비의 엔진 공기 흡입구는 F-16처럼 타원형인 반면 J-10은 직사각형(개량형) 형상이다. 물론 반론도 있다. '수렴 진화' 현상으로 비슷하게 보일 뿐 완전히 다른 비행기라는 것이다. 이미지에서 보듯이 크기부터 확연하게 다르다. 쳉두 J-10의 전장(길이)은 15.49m로 라비(14.51m)는 물론 F-16이나 라팔 전투기보다 길다. 전고(높이), 날개길이와 면적도 마찬가지다. 최대속도 역시 음속의 2.2배인 J-10이 라비(1.6배)보다 빠르다./이미지 REDDIT WARPLANPORN

으로 파악하고 있다는 보도가 줄이어 나왔다.

'J-10은 중국 전투기 오랜 진화의 산물'

1964년 시작, 1980년 취소 J-9 개발이 남긴 유산
J-10, J-20은 '잿더미에서 다시 살아난 불사조(凤凰涅槃)'
'성실 실패' 자산 삼아 과거-현재-미래 연결

J-10 전투기가 이스라엘 기술을 접목했다는 의혹과 달리 50년 이상 걸린 중국 전투기 진화 과정의 결과물이라는 주장도 있다. 우선 국내 신문의 기사를 보자. 경향신문 1974년 8월 3일자 3면 '뉴스의 안팎' 란에 '중공, 3각 신예기 개발 골몰'이라는 제목으로 아래와 같은 요지의 기사가 실렸다. '셴양의 항공기·미사일 개발센터가 소련제를 모방해온 이전과 달리 음속의 2.5배에 달하는 삼각익 전투기를 1976년, 늦어도 1977년까지는 개발할 계획이다.'

중국은 이런 계획을 1974년이 아니라 1964년부터 구상했다. 소련제 미그-21 전투기의 중국 생산형인 쳉두 J-7 전투기가 고고도에서 가상 적국의 전략폭격기를 요격하기에는 성능이 부족하다는 판단 아래 셴양의 601 연구소(1970년 쳉두로 이전하며 611연구소로 개편)는 두 가지 개발 제안을 내놓았다. 하나는 J-7 전투기의 크기를 키우고 엔진을 단발에서 쌍발로 키운 J-8[6], 다른 하나가 한국 신문에 '3각 신예기'로 보도된 J-9 전투기였다.[7]

중국이 소수만 운용하는 J-8II 전투기. 소련제 미그-21 전투기를 독자 기술로 확대 개량한 J-8A의 개량형으로 원형인 미그-21은 물론 J-8A의 흔적을 전혀 찾아볼 수 없다(왼쪽). J-8과 경쟁했으나 무리한 요구 성능과 과도한 예산으로 개발을 포기한 J-9 전투기의 시제 모델의 하나였던 J-9B-VI 전투기의 상상도(오른쪽). 비록 빛을 못봤어도 쳉두 J-10 전투기 개발의 기술적 토대가 됐다는 주장이 중국에서 나온다./사진=위키피디아

J-9의 목표 성능은 당대 최고였다. 비행고도 2만 8000m에 음속 2.8배였다.[8] 과도하다는 의견에 따라 2만 6000m, 음속 2.6배로 하향조정됐어도 무리한 목표였다. 개발도 지연됐다. 성능이 보다 낮은 J-8 개발이 상대적으로 순조롭게 진행된 반면 J-9은 그렇지 못했다. 다만 1980년 프로젝트가 취소될 때까지 일반적인 델타익, F-4 팬텀이나 F-5 전투기처럼 옆에서 F-16 전투기와 같이 동체 밑으로 변형한 형상, 카나드(기체 앞쪽

의 작은 날개)와 델타익을 결합한 형상 등 7가지 설계안을 꾸준히 만들었다.[9]

16년에 걸친 J-9 전투기 개발의 후기를 맡았던 왕난쇼우 수석설계사(王南壽總師)는 'J-9 프로젝트는 다섯 차례 대폭 수정과 세 번의 재개 끝에 결국 포기됐으나, J-10 개발을 위한 예비기술을 연구하는 역할을 했다'며 '궁극적으로 J-10의 성공을 위한 기술적 토대를 마련했다'고 평가한다. J-10이 J-9 몰락 이후 '잿더미에서 다시 살아난 불사조(凤凰涅磐)'라는 것이다. 사실이라면 '실패는 성공의 어머니'라는 격언에도 들어맞는다. 이스라엘 기술을 채용했다는 시각에 대해서도 왕 수석은 '과거와 미래의 연결이 J-9와 J-10의 본질적인 관계'라며 'J-10 개발이 이스라엘 라비 전투기보다 앞섰기에 J-10 전투기가 이스라엘에서 유래했다는 주장은 부당하고 부정확하다'고 말했다. 설계 유사성은 양국 항공산업 발전과정에서 나타난 단순한 우연의 일치뿐일 뿐이라는 것이다.[10]

하나 더 남았다. J-9 프로젝트가 J-10 전투기 개발뿐 아니라 J-20의 디자인에도 영향을 미쳤을 가능성이다.(사진) 아래의 J-20 전투기는 실물이고 위의 J-9은 가상 이미지로 서로 다르지만, 디자인의 유사점이 없지 않다. 주목할 대목은 둘의 인과 관계보다 연속성에 있다. 중국 전문가들의 주장대로 1964년부터 1980년까지 진행했던 J-9 프로젝트가 J-10에도 영향을 남겼다면 항공기술 개발의 연속성이 살아있다는 얘기가 된다. 더욱이 최근 알려진 대로 J-35 스텔스 전투기 개발의 주역이 젊은 엔지니어들이었다면 앞으로도 30년간 동일한 인재 집단(pool)이 기술 개발 최전선에서 활동할 게 확실하다. 항공기를 개발할 때마다 기술자료조차 제대로 남지 않는 한국적 현실에서 중국 사례는 주목할 필요가 있다. 격차가 더더욱 벌어질 수 있기 때문이다.

중국에 전투기와 기술을 판매하려던 미국과 유럽

중국 전투기 개발사에서 눈여겨봐야 할 대목이 있다. 덩샤오핑의 실용주의 노선 이후 경제 개발과 대외 개방에 나선 중국은 서방 진영의 항공 기술을 습득하는데 전력을 다했다. 미국과 유럽도 두 가지 이유에서 중국에 손을 내밀었다. 중국의 거대한 수요를 선점하고 소련을 견제하기 위해서다. 미라주 전투기(Dassault Mirage 2000)를 판매하려는 프랑스가 먼저 움직였다. 처지가 다급했던[11] 프랑스는 온 힘을 쏟았다. 기종 전환 훈련용으로 개발한 미라주 2000B의 1호기에 중국 조종사를 태웠다. 시험비행한 중국

중국 조종사들이 1982년 6월 프랑스 남부 마르세이유 부근 아포스티유 기지에서 7차례 시험비행했던 기체인 다쏘 미라주 2000B-01 전투기(위). 아래 사진은 1985년 미국 그루만사 칼버튼 공장을 방문한 중국 군수산업 중역들과 엔지니어들이 그루만사 임원들과 F-14A 전투기 앞에서 협력을 다짐하는 장면. 이란 회교 혁명 등으로 판로가 좁아진 그루만사는 대중국 판매를 희망했으나 무산되고, 중국은 독자 개발의 길을 걸었다.

조종사들은 성능에 놀라움을 표시했지만 구매로 이어지지 않았다. 프랑스는 신기술 이전과 외상 거래를 원하는 중국에 손들고 거래를 포기했다.

1980년대 중반에는 미국 그루만사가 중국 시장에 지극한 관심을 쏟았다. 미 해군이 항모전단 방공용으로 활용하던 F-14A 톰캣 전투기를 판매하고 기술도 넘기겠다며 중국 대표단을 본사 공장으로 불러들였다. 그루만 역시 힘든 시절을 보내고 있었다. 공급 예측이 빗나간 탓이다.[12] 그루만사는 중국 대표단에게 공장 구석구석을 보여주는 등 정성을 다했다. '앞으로 편성될 중국인민해방군 F-14 전투기 대대'의 패치(어깨 바로 아래 소매에 부착하는 비행대 마크)까지 만들어 선물했다.[13]

그러나 이 역시 성사되지 않았다. 다급한 그루만사와 달리 미 정부가 주요 기술에 대한 수출 통제에 나서고 의회에서도 벼르고 있었기 때문이다. 실무

1989년 1월 20일 중국 센양항공기공업(瀋陽飛機工業公司·SAC) 비행장에 착륙한 미 공군의 전략수송기 C-5A 갤럭시가 기수를 들고 날개가 분리된 상태인 J-8 II 전투기 시제기를 적재하고 있다. 당시 세계최대의 수송기였던 C-5A는 J-8 II 시제기 두 대와 지상시험용 정적시제기 1대를 미국 뉴욕의 그루만 공장에 내려놓았다. 약 20여명의 중국 엔지니어들이 미국 현지에서 개량 작업을 돕고 배웠다.

선에서도 도입 규모를 놓고 셈법이 달랐다. 그루만사는 F-14A 전투기를 최소한 24대를 판매할 생각이었던 반면 중국은 소량만 구매하겠다며 기술이전까지 요구했다. 미국 정부는 '소량 구매'에 담긴 중국의 생각을 읽었다. 'F-14A 전투기를 연구용으로 뜯어 보겠다'는 의도로 파악했고 F-14 전투기의 중국 판매는 언제나 원점으로 돌아왔다.

미국 정부와 그루만은 1989년에도 중국과 협력을 이어나갔다. 중국 전투기 개량 프로그램인 '피스 펄 프로젝트(Peace Pearl Program·PPP)[14]에 합의한 것이다. 중국에서 '八二工程(82공정)'이라고 부른 이 사업의 골자는 중국이 독자 개량한 신형 전투기와 서방 기술의 융합.

미국제 최신형 레이다와 F-16 전투기용 헤드업 디스플레이(HUD), 데이터 버스, 새로운 사격 통제 컴퓨터, 관성 항법 시스템 등이 개량 항목에 들어갔다. 영국제 마틴-베이커 사출좌석과 중거리 AIM-7M 스패로우 공대공 미사일을 장착하고 엔진도 미국제 엔진으로 교체할 계획이었다.

모두 55대의 J-8 Ⅱ 전투기를 중국내 공장에서 개조(단 개조 방법 연구는 미국 그루만 본사에서 수행)해 1991년부터 1995년까지 납품하도록 기일까지 잡았던 '평화의 진주(Peace Pearl)' 사업은 순조로웠다. 그러나 개량한 비행기의 시험비행을 앞두고 변수가 생겼다. 1989년 6월 중국에서 천안문 사태가 발생하고 미국이 제재를 가하며 군사 협력 중단까지 거론하자 중국은 발을 빼버렸다. 개량사업 중단으로 미국의 기술이 중국제 전투기에 녹아들 기회도 없어졌으나 현지에 파견된 중국 엔지니어들은 세계 굴지의 항공기 제작사에서 눈과 몸으로 현장을 익혔다. 프랑스와 미국과의 제휴가 연달아 무산된 후 중국은 관계가 개선된 러시아와 협력으로 눈을 돌렸다. 서방 진영과 기술협력보다 훨씬 낮은 가격으로 러시아 기술을 습득하면서도 중국은 기술협력선(러시아)의 동의를 구하지 않고 개량하거나 무단 복제해 마찰을 빚었다.

인도와 이집트, 상반된 선택할까…J-10의 부상 F-16과 경쟁 가능성

F-16과 라비, J-10이 첫 비행한 시기는 각각 1974년, 1986년, 1998년이다. 세 전투기 중에서 라비는 양산단계에 이르지 못했고 F-16과 J-10의 첫 비행은 24년 차이가 있다. J-10이 나중에 나왔다. 중국은 신형인 J-10이 훨씬 우수하다고 주장한다. 하지만 F-16은 끊임없는 개량으로 최첨단 항전 장비를 장착하고 실전에서 신뢰성이 검증된 각종 공대공·공대지 미사일과 정밀 폭탄으로 무장하고 있다. 최신형인 F-16V 형은 스텔스 전투기를 제외하고는 가장 강력하고 경제적인 전투기로 손꼽힌다. 록히드 마틴사의 F-16V 전투기 신규생산이 주문을 소화하지 못할 정도다.

인도는 아예 F-16 전투기 생산 설비를 한꺼번에 인수하겠다는 의사까지 밝혔다. 협상이 진행 중이고 인도의 정책도 변할 때가 많지만 설비가 한꺼번에 이동할 경우 인도의 항공산업은 도약의 계기를 맞을 수 있을 것으로 보인다. 록히드 마틴은 급할 게 없다는 입장이다. F-16V의 신규 주문은 개조 주문까지 대기가 밀린 상황이어서 당장은 아쉬울 게 없다. 하지만 중장기적 관점에서 보면 셈이 달라진다. 설비를 넘기면 단순한 이전에 그치는 게 아니라 막대한 후속 물량을 기대할 수 있기 때문이다. 인도에 대해서는 특별한 F-16을 제공하겠다는 제안도 내놨다. F-22와 F-35에만 들어가는 최신 장비를 탑재해 제식명까지 아예 F-21로 바꾼 고성능 F-16을 제공하겠다는 것이다. 인도는 제안을 거절한 상태지만 협상은 언제든지 재개될 수 있다. 기종이나 조건이 바뀔 가능성도 상존한다. 미국으로서는 이미 인구에서 중국을 추월하고 2027년이면 경제 규모도 세계 3위에 오를 것으로 전망되는 인도의 전략적 중요도가 더없이 크기 때문이다. 인도 역시 중국과 경쟁하고 국경을 맞댄 파키스탄을 견제하려면 현재보다 높은 수준의 국제협력이 필요하다. 이해가 맞아떨어질 가능성이 늘 열려 있다.[15]

이집트는 인도와는 다른 방향을 선택한 것으로 보인다. 미국산 F-16을 대체하기 위해 중국산 J-10 최신형을 도입하겠다는 것이다.[16] 이집트는 220여 대의 F-16 전투기를 공군의 주력으로 운용하고 있지만 대부분 블록 30, 32형으로 낡은 기체들이다. 더욱이 개량 작업을 진행하지 않아 이집트 공군의 F-16은 세계에서 가장 전력이 약한 F-16이라는 평가를 받아 왔다. 이집트는 기존의 F-16에 대한 성능 개량을 진행할 수도 있지만 예산은 물론 대기 시간도 길어, 미국산 전투기를 개조하는 돈으로 중국제 신형 전투기를 구매하겠다는 방침을 발표했다.

이집트는 공군이 운용 중인 F-16 전투기의 대부분이 탐지 레이다의 한계와 구형 미사일만으로 무장해 가시거리 밖 공중전을 치를 수 없는 반면 중국산 전투기의 성능은 미국제 F-16V에 필적하거나 능가한다는 판단 아래 이런 결정을 내렸다. 다만 이집트의 이 같은 발표가 특유의 협상용일 가능성도 있다. 이스라엘의 팔레스타인과 레바논 지역 폭격에 대한 미국을 비롯한 서방 측에게 경고를 보내는 동시에 중국과의 무기 구매 협상에서 우위를 차지하겠다는 포석일 수도 있다는 것이다. 그러나 미국과 동맹국이 아니더라도 "미국제 무기의 성능과 개선에 의심을 품고 중국제 무기로 교체를 검토한다"는 점 자체가 부동의 세계 1위 무기 수출국 미국으로서는 부담이 될 수 있다.

한국의 T-50 수출에도 영향

우리에게 불똥이 튈 수도 있다. 이집트가 중국산 전투기 J-10으로 무장한다면 그동안 공들여 온 T-50 수출에도 영향이 미칠 수 있기 때문이다. 이집트는 119대를 대량 운용 중인 중국산 K-8 초등 제트훈련기의 낮은 성능과 잦은 고장에 염증을 내고 전량 훈련기 겸 경공격기 T-50으로 교체하는 방안을 검토 중인 것으로 알려졌다.

수출이 성사될 경우 물량이 역대 최대급이 될 수 있다는 점에서 정부와 한국항공우주산업(KAI)은 현지 공장 건설과 기술이전 등을 약속하며 적극적인 마케팅을 펼쳐왔다. 이집트는 한국산 K-9 자주포에 대한 시험평가에서 성능에 만족하며[17] 2022년 역대 최대규모의 도입계약을 체결할 만큼[18] 한국산 무기에 대한 신뢰도가 높아진 나라로 손꼽혔다. KAI는 이런 분위기에 힘입어 T-50의 이집트 대규모 수출이 금명간 성사될 것으로 기대하며 이집트 현지 생산공장 건설을 지원해 중동과 아프리카권 수출의 핵심거점으로 삼겠다는 계획을 추진해왔다.

그러나 이집트가 중국산 J-10 전투기를 실제로 도입하는 경우 KAI의 수출 계획도 뒤틀릴 수 있다. 후속 군수지원과 조종사·정비사의 기종 전환의 용이성을 의식해 새로 도입할 훈련기로 중국산 L-15를 선택할 가능성이 커질 수 있기 때문이다. 2023년 2월 아랍에미리트 고등훈련기 사업에서도 T-50 선정이 유력했으나 막판 저가 공세를 펼친 중국제 L-15 초음속 고등훈련기가 최종 선정되는 아픔이 재연될 수도 있다는 것이다.

인도와 파키스탄으로 튄 불통…그 여파와 한국에 미칠 영향

인도 공군용 라팔 첫 기체가 2020년 6월 23일 암팔라 공군기지에 착륙하고 있다(사진 오른쪽). 파키스탄이 인도의 공군력 증강에 대응해 중국에 주문한 J-10CE 전투기가 2022년 3월 11일 실전배치 행사를 위해 민하스 공군기지에 착륙하는 장면(왼쪽). 중국은 계약 체결 8개월 만에 전투기를 파키스탄에 인도했다./사진=위키커먼스·파키스탄 공군

2025년 5월 8일 파키스탄 정부의 공식 발표가 서방 진영에 충격을 안겼다. 하와지 무함마드 아시프 국방장관은 이날 'J-10 전투기가 라팔 전투기 3대를 포함해 모두 5대의 인도 전투기를 격추했다'고 밝혔다. J-10 전투기는 중국 청두항공기공업에서 개발, 생산하는 신형 전투기. 파키스탄은 36대를 보유하고 있다. 인도는 공군이 프랑스 다쏘사가 제작한 라팔을 36대 도입하고 해군도 26대 도입사업을 진행 중이다. 라팔은 인도와 UAE, 카타르, 그리스, 인도네시아, 세르비아(도입계약 체결) 등에 수출되며 '프랑스 항공산업의 간판 기종'으로 통했다.

파키스탄의 발표가 사실이라면 중국산 전투기로서는 처음으로 서방제 전투기를 격추하는 기록도 세우게 됐다. 인도와 다쏘사는 이에 대해 입장을 밝히지 않았지만, 곧 라팔의 잔해가 발견되고, 미국에서도 '최소한 1대는 격추된 것 같다'는 보도가 이어졌다. 파키스탄 정부 발표가 약간의 과장이 있더라도 '프랑스제 전투기가 중국제 전투기에 격추 당했다'는 사실은 정설로 굳어지고 있다. 서방 진영을 더 놀라게 만든 것은 파키스탄이 최장거리 요격 기록도 세웠다는 점이다. J-10 전투기에 탑재된 PL-15 공대공 미사일의 사거리가 알려진 대로 $150km$가 아니라 $200km$ 이상일 수도 있다는 것이다.

시간이 흐르며 인도가 상실한 전투기는 수호이 2대와 라팔 1대라는 보도가 나왔다. 로이터 통신 보도에 따르면 파키스탄은 전자전 공격을 펼치며 중국제 감시 시스템과 스웨덴제 조기경보기를 십분 활용했다. 적의 군사 동향을 낱낱이 파악한 반면 자신들의 전투기는 레이다를 끈 상태에서 인도 공군을 요격할 수 있는 지점에 매복할 수 있었다. 중국과 파키스탄은 부인했지만, 중국의 레이다와 인공위성 정보가 파키스탄에 실시간 제공됐다는 의문도 제기됐다.[19]

인도와 파키스탄 분쟁은 극초음속 탄도미사일을 동원한 인도의 반격으로 곧 휴전 상태에 들어갔지만, 라팔의 격추 소식의 파장은 이어지고 있다. '서방에 전투기보다 가격이 낮은데도 성능은 좋고 계약 후 인수까지 빠르다'라는 점이 드러나며 중국산 전투기에 대한 수요가 증가할 요인이 생긴 것이다. 당장 인도네시아가 관심을 보였다. 중국산 J-10 전투기 42대 구매를 검토한다는 보도가 나왔다.[20] 한국과 KF-21 전투기 공동개발국이면서도 분담금을 제대로 내지 않는 인도네시아가 중국제 무기를 선호하기 시작했다면 한국과 군사 협력이 영향받을 가능성이 커진다. 다른 동남아국가들도 중국산 무기에 보다 호의적으로 바뀌고 결국 한국 방위산업 수출 역시 영향권에 들어갈 수 있다.

인도와 파키스탄은 모두 F-16과 관계가 있는 나라다. 앞서 살펴본 대로 인도는 록히드마틴과 F-16 최신형 생산공장과 설비 이전을 논의한 적이 있다. 결국 계약은 성사되지 않았어도 기술이전 조건과 기종 선택 여부에 따라 소생할 수 있는 사안이다. 파키스탄은 F-16 전투기를 가장 먼저 받은 나라 중의 하나다. 모두 85대를 도입한 파키스탄은 1983년부터 운용한 경험이 있다.

아프가니스탄을 침공한 소련을 견제하기 위해 파키스탄을 활용할 필요가 있었던 미국이 1983년과 2003년 두 차례에 걸쳐 판매한 F-16은 모두 85대. 지금은 70대 안팎을 운용하는 것으로 추산된다. 중국과 급격하게 밀착한 이후, 추가 구매 의사를 완전히 접었다. 파키스탄 사례가 이슬람권을 비롯한 다른 국가들에게 어떤 영향을 미칠지 주목된다. 중국 역시 기회를 살리려 수출 확대를 위해 파격적인 조건을 제시할 가능성이 없지 않다. 우리의 KF-21 양산 시기와 맞물릴 경우, 부정적 변수로 작용할 우려가 제기된다.

인도는 라팔 전투기 격추에도 불구하고, 대규모 추가 구매를 추진 중이다. 인도 국방부가 라팔 전투기를 인도 국내에서 생산하는 조건으로 114대를 추가로 도입한다는 것이다. 실행될 경우 인도 공군이 보유한 라팔 전투기 수는 176대로 늘어나고 인도 해군도 36대를 추가 도입할 예정[21]이어서 인도 전체의 라팔 보유대수는 230대를 웃돌 전망이다. 이는 프랑스 공군과 해군의 보유수량보다 많은 것이다. 대량 구매는 기술 이전을 수반한다고 볼 때 라팔의 추가 구매가 성사되면 주춤거렸던 인도의 자체 항공기 개발에도 도움이 될 것으로 보인다.

영원한 친구도 적도 없는 국제 전투기 시장

'7년 전쟁'과 '반백년 전쟁'으로 이어져 온 미국 GD사와 MD사의 수주 경쟁이 막을 내리며 새로운 선수들에 의해 경쟁 구도가 펼쳐지는 형국이다. 주목할만한 대목은 반백년 전쟁의 후반부가 변화무쌍했다는 사실이다. 몇 가지 현상을 나열해보자.

△ 1982년 중국이 만지작거리던 미라주2000 전투기는 결국 중국인들에게 팔렸다. 다만 국가가 달랐다. 대륙이 아니라 대만이 사들였다. 중국 시험비행조종사들이 프랑스 남부 아스포티유에서 7차례 시험비행한 지 10년이 지난 1992년 대만은 다쏘사와 미라주 2000전투기 60대와 항공무장 구매계약을 맺었다.

△ 대만 공군은 미라주 2000 전투기를 2선급으로 돌리고 미국 록히드마틴 최신형 F-16V 전투기를 신규로 구입, 최일선에 배치했다. 중국의 J-10과 조우한다면 그 결과가 주목된다.

△ 대만에 앞서 미라주 2000 전투기를 도입한 나라는 인도다. 파키스탄이 미국에 아프가니스탄 반군(소련군 침공에 대항하는 반군)을 지원하는 데 간접적으로 도움을 주고 F-16 전투기를 획득한데 놀란 인도는 서둘러 미라주 2000 전투기를 사들였다. 인도와 파키스탄 양국이 노후한 미라주 2000과 F-16의 뒤를 이을 전투기로 도입한 인도 라팔과 파키스탄 J-10 전투기는 위에서 살펴본 대로 세계를 놀라게 만든 전적을 기록했다. 과연 이런 추세가 이어질지가 관건이다.

△ 미국이 이스라엘의 격렬한 반대에도 이란 판매를 강행했던 F-14 톰캣 전투기의 제작사인 그루만사는 판로 확보를 위해 중국과 접촉했으나 끝내 무산됐다. F-14 톰캣을 소량 구입해 연구용으로 쓰려던 중국이 개발한 J-10 전투기가 이란에 수출될지 주목된다. 이란은 노후한 F-14 대체용으로 중국산 J-10 도입을 검토하고 있다.

△ 이란은 지난 2007년에도 J-10 전투기 24대 도입을 추진한 적이 있다. 다만 이번에는 규모가 훨씬 클 것으로 예상된다. 흥미로운 대목은 일각에서 이스라엘 기술이 들어갔다고 추정하는 중국산 J-10 전투기가 이스라엘의 잠재 적국인 이란을 무장시킬 가능성이 커졌다는 점이다.[22]

이상의 현상을 종합하면 미국과 프랑스, 인도와 파키스탄, 이스라엘과 이란, 그리고 중국 간에 전투기 거래의 방향성은 찾을 수 없다. 원칙도 없고 어제의 친구가 적이 되고 이해관계가 완전히 뒤집힌 경우가 허다하다. 국제 전투기 거래와 기술 교류의 현상에서 일관성을 찾는다면 딱 하나의 명제가 들어맞을 뿐이다. '영원한 친구도 적도 없다. 다만 영원한 이해관계가 있을 뿐이다'.

반백년 이상의 세월 동안 뚜렷한 일관성이 보이는 나라도 있다. 바로 중국이다. 기술을 독자적으로 개발했든, 다른 나라 기술을 훔쳤든 문화혁명 이후 자신의 기술 수준을 세계와 어깨를 맞추려는 노력을 체계적으로 지속해왔다. 제너럴 다이내믹스의 YF-16과 YF-17로부터 촉발된 반백년 이상 전쟁의 후반부가 변화무쌍해진 이유도 중국의 급성장이라는 변수 때문이다. 급변하는 시장 판도 속에서 각국이 펼치는 새로운 경쟁은 얼마나 더 지속될지, 어떤 파장을 낳을지, 한국에도 영향을 끼칠지 주목된다.

주

1) '7년 전쟁'은 통상 1756~1763년 동안 오스트리아 왕위계승 전쟁으로 시작돼 영국과 프랑스가 북미와 인도, 아프리카, 필리핀에서 각축을 벌인 여러 전쟁을 일컫는 말이다. 영국은 이 전쟁으로 프랑스를 북미에서 몰아내고 인도의 지배권을 확립했으나 장기간의 전쟁으로 나빠진 재정은 북미 식민지 상실(미국 독립)로 이어졌다. 경제사학자 찰스 킨들버거는 영국과 프랑스뿐 아니라 유럽국가들이 대부분 참전한 이 전쟁을 '최초의 세계대전'으로 간주한다(킨들버거, 주경철 옮김, 『경제강대국 흥망사 1500~1999』, 까치글방, 2004, 83쪽).

2) 미 공군은 고성능 전투기 F-15를 차기 주력으로 선정했지만 너무 고가여서 충분한 수량을 보유하기 어려워 보조 전력으로 운용할 생각에서 차기 경량전투기 사업을 시작했지만 이 사업의 결과물인 F-16은 꾸준한 개량으로 기대 이상의 성능을 발휘하며 여전히 현역 주력기로 운용되고 있다.

3) 'T-50과 F-16은 80%가량의 부품이 호환된다. 후속 군수지원의 효율성이 높고, F-16 정비사와 T-50 계열 정비사 간의 전환 교육 역시 용이하다. 적은 비용으로 전투력이 높아지는 결과가 나오는 셈이다('[박수찬의 軍] '전투기 만들어 팔자'…'공격 본능' KF-21, 첫 수출 성공할까', 『세계일보』 2023년 5월 27일 자).

4) 이스라엘은 1976년부터 생산한 자국산 크피르Kfir전투기와 미제 구형 A-4 스카이호크를 대체할 목적으로 1980년 공식적으로 라비 개발에 나서, 미국 기업들과 분야별 기술제휴를 통해 가볍고 기동성이 좋은 전투기를 개발, 1986년 12월 31일 첫 비행을 실시했다. 라비의 성능이 뛰어나다는 데 놀란 미국의 거대 항공기 제작사들은 이스라엘의 라비가 수출시장에서 강력한 경쟁자로 등장할 수 있다는 우려를 나타냈다. 결국 얼마 안 지나 미국의 개발 중단 압력과 당근이 동시에 들어와 이스라엘은 1987년 8월 30일 시제기 4대 완성 1대 제작 상태에서 사업을 중단했다. 이스라엘은 완성 기체 생산은 포기했지만 라비 개발과정에서 레이다 등 항전 장비와 공대공, 공대지 미사일 개발을 병행, 미국과 더불어 세계 최고 수준의 기술력을 자랑한다. 이스라엘의 방위산업이 탄탄한 기술력을 보유하는 이유는 국내 엔지니어들의 수준이 뛰어난 데다 세계적인 유대인 네트워크로 최고급 기술에 대한 접근이 상대적으로 용이하며 미국산 장비에 대한 개조 정비권(소스 코드)을 갖고 자유롭게 연구하고 개량할 수 있는 토양을 갖췄기 때문이다.

5) Robert Hewson, 'J-10은 이스라엘의 도움을 받았다', 2008년 5월 19일 자. 2024년 12월 24일 확인. https://web.archive.org/web/20080526183625/http://www.janes.com/news/defence/jdw/jdw080519_2_n.shtml

6) 션양 J-8 전투기는 1966년 초도비행 이래 408대 이상 생산됐다. 주목할 점은 파생형이 16종에 이른다는 점. 초기형인 J-8A(J-8 I)와 전혀 다른 전투기로 보이는 J-8B(J-8 II : 초도비행 1984년) 기체 2대가 1989년 대대적인 개량을 위해 미국 그루만사에 보내진 적도 있다. 미국과 중국의 사이가 좋을 때 소련 견제를 위해 55대의 J-8B 전투기를 현대화하는 '피스 펄 프로그램'(중국명 82공정)은 사업 초기 천안문 사태로 중단됐다(미국 캔자스주 전투·항공박물관에는 중단된 '피스 펄' 프로그램의 유품인 J-8 II 의 기수 부분이 전시되고 있다). 협력사업이 깨졌어도 중국은 이 과정에서 적지 않은 기술을 얻었다.

7) Yefim Gordon·Dmitriy Komissarov, 'Chinese Aircraft: China's Aviation Industry Since 1951' 90~92쪽. December 2008, Manchester Hikoki Publications

8) 중국이 요구성능을 이토록 높게 잡은 이유는 가상적국인 미국과 소련의 전략 폭격을 두려워했기 때문이다.

9) https://zh.wikipedia.org/zh-tw/殲-9

10) http://www.airforceworld.com/pla/j-10-F-10-fighter-china-2.htm, 'J-9 수석 디자이너에게 듣는 J-10 전투기 개발(歼九总师谈歼-10 – 再访王南寿总师),

11) 프랑스는 1960년대부터 1970년대 초반까지 미라주 Ⅲ(누적 생산 1442대)·미라주 Ⅴ(582대) 전투기 수출 흥행에 성공하며 전투기 강국으로 올라섰다. 그러나 1974년 미라지 F1 전투기가 유럽 국가들의 공동구매 프로그램(Multinational Fighter Program Group·MFPG) 경쟁에서 탈락하면서 위기의식이 높아졌다. 프랑스는 새로 개발한 미라주 2000 전투기를 중국에 수출하려 총력을 기울였다. 유럽공동 전투기 선정에서 밀렸던 미라주 F1도 762대가 팔렸지만, 이전 세대의 미라주 전투기의 수출 실적에는 못 미쳤다. 유럽 MFPG 경쟁의 최종 승리를 차지한 F-16 전투기는 이후 승승장구하면서 4700대 이상 생산됐으며 아직도 주문 잔량이 남아 있다.

12) 1970년대 중반 그루만은 F-104 전투기 손실 과다로 골머리를 앓는 독일과 캐나다가 F-14A를 구매할 것으로 기대했으나 두 나라는 기존 보유 전투기를 개량하며 도입 결정을 미뤘다. 전력투구한 일본의 차기 전투기 시장도 F-15를 내세운 맥도널 더글러스에 넘어갔다. 오일 달러로 막대한 부를 쌓아가던 이란에서도 수급 전망이 어긋났다. F-14A 80대를 주문한 이란은 79대를 받은 상태에서 호메이니 회교혁명이 발생하고 미 대사관 인질 사태가 터졌다. 그루만은 이란의 2차 발주가 60대선에 이를 것이라 예상하고 있었다. 그러나 역대 미국 정부가 '페르시아만의 경찰 역할을 맡기던 1급 우방국'에서 적대국으로 바뀐 이란에서 더 이상 주문을 기대할 수 없었고 결국 그루만은 중국을 대체 시장으로 바라봤다.

13) 일각에서는 그루만사가 F-14A 전투기를 중국 인민해방군 공군기처럼 도색하고 기체 번호(72063)까지 그려넣고는 중국 대표단 앞에서 1985년 8월 시험비행까지 실시했다는 게 정설처럼 퍼지고 있다. 화질이 선명한 사진도 돌아다니지만 근거가 희박하다. 문제의 사진에 등장하는 기체는 1995년에야 등장한 F-14B이기 때문이다. 중국 인민해방군 기체처럼 칠한 F-14A의 이륙 직전 사진에 대해서는 진위 논란이 있다.

14) 미국은 정부가 지급을 보증하는 대외군사판매(FMS) 형식으로 전투기를 수출할 경우 'Peace(평화)'로 시작되는 사업명칭을 붙이는 게 일반적이다. 중국의 J-8Ⅱ 개량사업은 Peace Pearl (Program), 대만과의 F-5E/F 전투기 면허생산 사업은 Peace Tiger, 한국에 대한 F-4 팬텀기 판매는 Peace Pheasant Ⅰ, Peace Pheasant Ⅱ 사업이라고 불렀다. 한국의 세 차례에 거친 F-16 도입 사업에도 각각 Peace Bridge Ⅰ·Ⅱ·Ⅲ라는 사업 명칭이 붙었다.

15) '인도 공군 F-21 전투기 도입할까?', 『디펜스 투데이』 2021년 7월 21일 자.

16) The Defense Post, 'Egypt to Replace US F-16s With China's J-10C Fighter Jets', 2024.9.10

17) '10여 년 협상… K-9 자주포, 2조 원대 이집트 수출 성사', 『세계일보』 2022년 2월 2일 자.

18) "이집트 해군은 적 수상함에 대한 접근거부access denial 임무 수행을 위한 해안 방호용 화력체계로 K9 자주포 도입을 추진해 왔다. 지난 2017년 시험평가 과정에서 K9 자주포가 표적함을 명중시키는 등 기대 이상의 성능을 입증했다." 『아주경제』 2022년 2월 21일 자.

19) Reuters, 'How Pakistan shot down India's cutting-edge fighter using Chinese gear', 2025년 8월 2일.

20) '라팔 잡은 J-10 사자', 인도네시아, 중 전투기 구매 검토, KBS, 2025년 6월 5일.

21) Moneycontrol News, "'Defence Ministry starts discussions on IAF's 114 'Made in India' Rafale fighter jets plan", 2025년 9월 12일.

22) '이란, 이스라엘 원천기술 中 전투기 24대 구매', 연합뉴스, 2007년 10월 24일.

29. 일본의 MRJ 개발 실패와 재도전 의지

 '만능공업국' 일본이 심혈을 기울이고도 끝내 포기한 프로젝트가 있다. 중형여객기 개발 사업이 바로 그것이다.

 일본 정부가 2003년 공식 발표한 타당성 검토부터 20년이라는 시간과 11조 원의 자금을 투입하고 캐나다 봄바디어사의 정비 조직 인수를 통해 서비스 보급망까지 미리 구축했으나, 시제기 4대를 제작한 상태에서 2023년 2월 사업을 중단했다. 미쓰비시 스페이스젯(구 MRJ)의 실패는 항공기 개발의 어려움을 말해주는 대표

사업 중단 발표 후 미국 노스웨스트주 모세 호수 인근 그랜트 카운티 국제공항에서 해체되고 있는 1호기의 모습(사진=에어데이터뉴스)은 항공기 개발이 얼마나 어려운지를 단적으로 설명해준다.[1]

적인 사례다. 일본은 잦은 설계 변경과 의사결정 지연, 납기 연기 등을 겪으면서도 사업을 힘겹게 이끌어왔다. 그러나 시장 전망이 불투명하고 미국의 형식 승인을 받으려면 막대한 자금이 추가로 필요하다는 이유로 끝내 사업을 접었다.

20년간 총 11조 원 들여 여객기 개발 시도

 일본은 이미 1910년대부터 항공기를 생산해온 국가다. 일본이 개발했거나 면허생산으로 제작한 항공기 종류는 112종에 이른다. 태평양전쟁 이후 개발한 민수용 또는 민수/군용 겸용 고정익기도 6개 기종이나 개발한 경험이 있다.[2] 1960년대부터는 국제공동개발사업에 뛰어들었다. 1965년부터는 YS-11(64인승) 여객기를 개발해 모두 182대를 생산한 실적이 있다. 롤스로이스 엔진을 제외하고는 일본제 부품을 사용한 YS-11은 182대를 생산해 한국 등에 수출할 만큼 성능을 인정받았으나 손익분기점 300대에 훨

썬 못 미쳤다. 결국 미쓰비시, 히타치 등의 컨소시엄인 일본항공기제조㈜는 1973년 누적적자 360억 엔을 안은 채 생산을 중단했다.[3]

외국 선주문 받아놓고도 감항 인증 벽에 무릎

시일이 한참 지난 2002년 8월, 일본은 '환경 적응형 고성능 소형항공기 연구개발에 착수해 2008년 MRJ(Mitsubishi Regional Jet) 사업을 본격적으로 펼쳤다. MRJ프로젝트는 미쓰비시 중공업 등이 주도해 미쓰비시 항공기주식회사(MiTAC·Mitsubishi Aircraft Corporation)라는 별도 사업법인으로 추진했다. 일본의 MRJ 프로젝트는 한참 전에 주문을 받아놓고 사업을 벌였다. 개발 개시 전후로 자국 수요 및 해외 시장을 통틀어 총 223대의 수주 잔고를 갖고 시작, 한때는 417대까지 주문이 밀려있었다. 자국 수요보다 해외시장 주문(78.3%)이 훨씬 많았다.

MRJ 프로젝트는 바로 일정 지연 문제에 맞닥뜨렸다. 2008년도 사업 착수 당시에는 2011년 초도비행, 2013년 납품을 목표로 삼았으나 2015년에야 초도비행이 실시됐다.[4] 일본 열도는 'YS-11 이후 53년 만에 국산 여객기가 다시 살아났다'며 반겼다. 그러나 납품은 5차례 지연돼 결국 인도되지 못했다. 사업명이 '스페이스 제트'로 바뀐 기체의 초도비행은 2020년에야 치러졌다.

MRJ는 항공기의 안정성 검증 및 기술적인 제약, 하청사의 부품 문제로 납품이 지연되며 개발비도 크게 올랐다. 프로젝트 지연으로 1500억 엔으로 책정했던 개발비가 1조 1000억 엔으로 치솟았다. 개발 일정 지연과 개발비 상승은 자연스레 가격 인상을 낳고 이는 인도 계획, 즉 주문 취소로 이어졌다. 2016년 인도 예정이었던 홍콩의 항공기 리스회사인 ANI그룹이 2013년 항공기 인수에 대한 MOU를 취소한 이래 주문 취소가 줄이었다.

2035년 목표 사업 재추진 계획

브라질의 엠브라에르나 캐나다의 봄바르디 같은 경쟁사들도 일본 정부가 미쓰비시에 보조금을 주고 있다며 WTO에 제소하고 나섰다. 결국 악재가 겹치고, 미국 시장 진출을 위한 감항인증에 막대한 자금이 필요하다는 추가 악재가 예상되자 미쓰비시는 사업을 접었다. 일부 기체는 미국에서 해체되기도 했다. 주목할 대목은 일본의 포기는 결코 포기가 아니라는 점이다. 수많은 난관에도 일본은 최근 여객기 개발사업을 포기하지 않고 재도전 의지를 불태우고 있다. 일본은 오는 2035년을 목표로 사업을 재추진하겠다는 의지를 밝혔다.[5] 44조 원을 더 투자해 10년 안에 양산하겠다는 것이다.

'국산 여객기 개발 재추진'의 숨은 뜻은 분명해 보인다. 첫째, 항공기 제작 기술을 어떻게든 유지, 발전시키겠다는 의도가 깔렸다. 누에로 비단을 만드는 생사生絲 산업부터 초정밀기계, 우주발사체까지 독자 기술로 만들어내는 만능공업국 일본은 태평양전쟁 패전 이후 일종의 강박관념을 갖고 있다. 새로운 서양 문물을 접할 때마다 '모방 → 기술 내재화 → 수출 → 세계시장 점유율 확대'라는 경로를 밟아왔으나 항공 부문은 그렇지 못하다는 기본 인식이 깔려 있다. 중국의 중대형 여객기 개발이 속속 성공했다는 점도 자극 요인이다.

둘째, 여객기 개발은 대형 군용 항공기 제작 기술에 직결된다는 점이다. 일본은 방위성 기술연구본부(한국의 ADD에 해당)와 가와사키중공업이 터보제트 엔진 4발을 장착한 해상초계기 'P-1'(사진 위·35기 배치)과 중형 수송기 'C-2'(사진 아래·총 22기 생산)을 공동 개발한 경험이 있다. 생산단가를 낮추기 위해 일부 부품을 공유해 두 기종의 성능을 유지하려면 기술이 필요하고 대형여객기 개발이 가장 빠른 수단이다. 일본 회계검사원이 P-1 초계기에 대한 감사 결과, '기기 결함, 엔진 신뢰도 저하 등의 문제를 개선할 필요가 있다'[6]고 지적하는 등 국산 군용기 성능에 대한 의문도 첨단 항공기술 유지 발전이 시급하다는 판단의 배경으로 보인다. 무기 수출 금지의 빗장을 스스로 풀어버린 일본은 군용 항공기 수출을 위해서도 기술 확보에 사활을 걸고 있다.

주

1) 안호성, 「Anti-Fragile 위험관리 관점의 일본 MRJ 실패사례 분석: 중소규모 국가의 A&D 산업전략 한계와 딜레마 중심」, 『항공우주산업기술동향』 21권 1호, 한국항공우주연구원, 2023, 3~19쪽.
2) Military Factory Japan, Aircraft List (Current and Former Types), https://www.militaryfactory.com/aircraft/by-country.php?Nation=Japan 2024년 12월 15일 확인
3) '권홍우의 오늘의 경제소사, YS-11', 『서울경제신문』 2007년 8월 30일 자, 2면.
4) 이채욱·정현진·유장경, 「아시아 중형항공기 개발 교훈」, 『한국항공우주학회 2019년 추계학술대회 발표논문집』, 206쪽.
5) '日, 국산 여객기 개발 재추진…44조 원 투자해 2035년 양산', 『연합뉴스』 2024년 3월 27일.
6) KBS 뉴스, '일본 개발 초계기, 가동 저조…결함·부품 부족 탓', 2025년 6월 28일.

30. KF-21 보라매 전투기, 항공무장 새로운 출발점

대한민국은 군 장비 자급도가 매우 높은 국가다. 전투복에서 최첨단 전투기와 이지스 구축함, 정밀타격이 가능한 탄도미사일까지 국내 조달이 가능하다. 육군은 일부 탐지 장비를 제외한 모든 장비를 국내 개발품으로 갖췄다. 전차와 자주포, 다연장 로켓은 세계시장에서도 통한다. 해군이 운용하는 함정의 99%는 국내에서 건조했다.[1] 함정을 국내에서만 건조하는 나라는 미국과 중국 정도다.[2]

공군도 최상위(high-end) 기종인 F-35A, F-15K 전투기를 해외 구매했으나 전투조종사의 훈련과 전기 연마에 필요한 나머지 기종은 국내에서 생산했다. 연습기(KT-100 나라온)에서 기본훈련기(KT-1 웅비), 고등훈련기(T-50), 전술입문기(TA-50), 경전투기(FA-50)와 최일선 전투기(KF-16 · 면허생산)까지 국산이다. 여기에 4.5세대급 이상인 KF-21 보라매 전투기의 양산과 실전배치를 앞두고 있다. 모든 게 1970년대 중반부터 박정희 대통령이 주창하고 국민이 전폭 지지한 자주국방의 결과물이다. 최근 들어 무기체계의 국내 개발에 대한 열정이 예전만 못하지만 지난 50년간 자주국방에 심혈을 기울였기에 이만한 성과를 이뤄냈다.

전량 수입 의존,
미사일 체계 완전 국산화 목표

그러나 국산 무기체계 불모지대도 여전히 남아 있다. 전투기에 장착하는 항공무장 중에서 유도 미사일은 전량 해외 수입에 의존하는 형편이다. 수출시장에서 호평받는[3] 한국형 GPS 유도폭탄(KGGB)만 국내 개발일 뿐, 공군 전투기에 달리는

플레어를 터트리며 급격하게 회피기동 중인 KF-16 편조. 기체는 국내에서 면허생산했지만 날개의 하드포인트에 장착된 미사일(AIM-120 암람/AIM-9 사이드와인더)은 모두 수입품이다./사진=공군

모든 종류의 미사일은 수입품이다. 미국과 영국, 프랑스, 독일, 일본 등 항공 선진국 뿐 아니라 브라질과 아르헨티나, 남아프리카공화국과 인도, 파키스탄, 대만과 튀르키예까지 일찌감치 자국산 항공 유도무기 개발에 착수, 성과를 내고 있다는 점에서 한국은 '항공무기에 관한 한 후진국' 범주를 벗어나지 못한다. 이재명 대통령도 2025년 12월 국방부와 방위사업청의 업무보고 자리에서 이에 대해 언급했다. '전투기를 개발하면서 왜 미사일은 함께 개발하지 않았느냐'는 질문에 누구도 자신 있게 답변하지 못했다.[4] 최고통수권자

북한 조선중앙통신이 2025년 5월 공개한 미그-29 전투기의 중거리 공대공미사일 실사격 장면. 발사된 미사일이 무인기로 추정되는 목표물을 명중하는 장면까지 공개됐다. 북한 매체들의 보도를 종합하면 공대공미사일 2종, 공대지미사일 2종, 공대지 순항미사일 1종 등 최소한 5종을 보유한 것으로 보인다. 항공 무장은 한국도 겨우 개발단계를 밟고 있다. 북한이 체계통합을 넘어 시험 발사 장면까지 공개했다는 점은 재래식 무기 현대화가 빠르게 진행되고 있음을 시사하는 것이다. 북한은 확보한 미사일 기술을 바탕으로 함대공, 공대함 등 다양한 파생형을 개발할 것으로 전망된다.

의 관심에 따라 국산 항공무장 개발은 빠르게 진행될 것으로 보이지만 이미 북한에게도 선수를 빼앗겼다. 북한마저 지난 2021년과 2023년 무장장비전시회에서 중국제를 모방한 듯한 2종의 공대공 미사일을 선보였다. 2025년 5월에는 Mig-29 전투기에서 자체 개발한 중거리 공대공 미사일을 발사, 순항미사일과 가오리형상의 무인기를 격추하는 훈련 장면이 담긴 동영상을 공개했다.[5]

단·중장거리 공대공, 공대함 등 7종 미사일 개발

특히 대만의 경우를 눈여겨볼 필요가 있다. 미국과 중공(당시 명칭)의 수교로 고립되고 안보 위협을 느낀 대만은 1970년대 중반부터 F-16 전투기나 F-5의 최종발전형인 F-20 타이거 샤크 전투기 도입을 추진했으나 대륙의 심기를 살피는 미국 정부와 의회의 반대에 막혔다. 결국 1982년 항공공업발전중심(현 AIDC)은 독자적인 전투기 개발 프로그램인 잉양鷹揚(용맹한 매)계획에 들어갔다. 대만은 잉양계획을 네 가지 프로젝트로 나눴다. 기체 개발은 프로젝트 명을 그대로 사용해 '잉양', 전투기의 심장인 터보팬 엔진 개발은 '윈한雲漢 계획'이라고 이름 붙였다. 레이다를 비롯한 항전장비 개발은 '톈레이天雷', 전부기에 장착할 미사일 개발은 '톈샹天翔' 계획[6]이라 불렀다.

대만은 전투기 제작의 4대 부분, 즉 기체와 엔진, 항전장비와 무장을 독자적으로 개발한다면서도 미국의 도움을 받았다. 기체는 제너럴 다이내믹스 항공기사업부(현 록히드마틴)가[7], 항공전자방비는 웨스팅하우스(현 노스롭), 엔진은 가렛사(현 하니웰), 무장은 레이시온과 록히드가 관여했다. 1979년 벽두 중국과

수교하며 대만과의 외교관계를 공식적으로 단절하면서도 미국은 최소한의 관계 유지를 위해 마련한 '대만관계법'에 의거해 대만을 도우면서도 명백한 선을 그었다. 항속거리, 탐지범위, 최대 추력, 폭장량 등에서 대만과 주변 도서 방위에 국한되도록 성능을 묶었다.[8]

　간과해서 안될 점은 아무리 미국이 도왔다고 하나 대만의 의지가 없었다면 불가능한 프로젝트였다는 사실이다. 결국 개발에 성공한 대만은 최초의 자국산 전투기 시제기를 1988년 12월 10일 선보였다. 대만은 장징궈 전 총통을 기려 'IDF(Indigenous Defense Fighter) 징궈(經國)'로 명명했다(제식명은 F-CK-1 징궈). 대만이 자국산 전투기 개발에 성공한 요인은 강력한 의지와 함께 기반이 있었기 때문이다. 이미 1960년대 말부터 제트훈련기를 독자개발하고 한국보다 7년 앞서 F-5E/F전투기를 면허생산(총 308대, 한국은 68대)하며 습득한 생산기술이 개발 성공의 원동력으로 작용했다. 징궈 이후 항공기 개발의 명맥은 끊겼어도 항공무기는 끊임없이 발전해 공대공 미사일 5종에 극초음속 미사일 개발도 완성 단계다.

대만이 1992년부터 131대를 양산한 징궈 전투기. 윤곽이 F-16과 닮은 기체를 비롯해 항공전자장비, 엔진, 항공무장까지 모두 국산화했다. 최근 AESA 레이다를 장착하는 성능 개량을 진행중이다./사진=대만 공군

　21세기 초반 한국의 항공무장은 20세기 후반 대만과 대조적이다. 전술 용도의 지대지 탄도미사일에서는 세계적인 기술을 보유하고 있으면서도 유독 항공무장에서는 뒤처졌다. 의욕적으로 개발 중인 KF-21 전투기에 장착할 미사일이 부족해 무용지물이 될 수 있다는 우려의 목소리도 나오는 실정이다.[9] 당장 유럽산 미사일 수입을 늘리거나 KF-21의 본격 양산 이후 미국산 무장과 통합이 실현되면 풀릴 수 있는 문제지만 근원적인 대안은 따로 있다. 자체 항공무장 개발과 충분한 수량 확보가 해결책이다.

항공무장 후진국에서 일약 선두권 '퀀텀 점프'

　다행스럽게도 대한민국은 2030년대 중반 이후에는 전투기 4대 분야를 모두 국산화할 수 있을 전망이다. 기체와 항공전자장비는 이미 국산화의 수준을 고도화하는 단계다. 남은 두 가지, 엔진과 항공무장도 진척되고 있다. 지난 1979년 공군의 F-4 팬텀 전투기용 J-79 엔진을 창정비(모든 부품을 분해, 검사한 후 신제품과 동일한 성능으로 재조립), 재생산한 이래 2024년 4월 15일 누적 생산 1만대 실적을 쌓은 한화에어

미사일 개발·생산업체인 LIG넥스원이 2025년 10월 개최된 2025 서울 ADEX에서 선보인 첨단 전시관. 모두 4종의 항공 무장을 2028년부터 2034년까지 순차적으로 개발하겠다는 의욕적인 목표를 제시했다. LIG넥스원은 자체적으로 2종의 항공 무장에 관한 개념연구와 개발도 진행 중이다. 서울 ADEX에서는 한화에어로스페이스와 한국항공우주산업(KAI), 현대로템(극초음속 추진 엔진 개발) 등 대표적인 방산기업들도 항공 무장 개발 경쟁에 뛰어들어 귀추가 주목된다. 더욱이 이재명 대통령이 이례적으로 구체적이고 적극적인 관심을 표명함에 따라 정부 지원이 늘어나고 개발 일정도 단축될 가능성이 있다./한국우주항공산업협회

로스페이스는 2030년대 중반까지 전투기용 엔진을 독자 개발할 계획이다.[10] 두산에너빌리티도 전투기용 국산 엔진 개발에 출사표를 던져 양사가 경쟁하는 모양새다.[11]

항공무장 개발도 빡빡한 일정표가 짜여졌다. 주요 방산업체들은 2025년 10월 고양시 킨텍스에서 열린 서울 ADEX 2025를 통해 7종의 항공유도무기를 전시했다. 국방과학연구소(ADD)의 기술지원 아래 2030년대 중반까지 공대공, 공대함미사일에 극초음속 미사일까지 개발을 마칠 계획이다. LIG 넥스원은 2028년까지 장거리 공대지 미사일(장공지)을 개발해 KF-21 블록2에 장착하고 2032년에는 미국산 AIM-9X 사이더와인더에 필적하는 성능의 단거리 공대공 미사일(단공공)을 개발하며 2033년까지 유럽산 미티어와 비슷하거나 능가하는 장거리 공대공 미사일(장공공)을 개발한다는 목표를 제시했다. 2034년까지는 초음속 공대함 미사일도 개발될 예정이다. LIG 넥스원은 정부 과제와 별도로 모듈 형식의 공중발사용 모듈형 스마트 순항미사일과 공대지·공대함 순항미사일 개발도 개념연구에 들어갔다. 한국항공우주산업은 한화에어로스페이스와 공동으로 극초음속 공중발사 탄도미사일(K-ALBM) 모형을 공개했다. 극초음속으로 비행해 기존 방공망으로는 요격이 어려운 공중발사 탄도미사일은 미국과 러시아, 중국, 이스라엘 등 4개국만 기술을 갖고 있다.[12] 현대로템도 장거리 공대공 미사일과 극초음속 비행체에 필수적인 덕티드 램제트 엔진과 이중 램제트 엔진 개발에 나섰다. 한국을 대표하는 방산기업들이 한꺼번에 항공무장 개발에 발벗고 나선 모양새다.

한국의 항공무장에 대한 관심과 투자는 이례적이다. 한꺼번에 이토록 많은 항공무장 개발에 나선 나라는 냉전기 미국과 소련 외에는 유례를 찾기 어렵다. 한국은 2030년대 중반으로 잡고 있는 개발 일정을 맞출 경우, 일약 세계 최고 수준의 항공무기 기술 보유국으로 올라갈 수 있다. 안보 기반이 보다 든든하게 구축되고 막대한 경제적 효과까지 기대된다. 프린터 제조회사보다 잉크 회사가 꾸준하게 수익을 창출하듯이 소모품인 항공무기의 수요는 장기간 이어질 수 있기 때문이다. 자체 항공무장을 기체와 함께 묶어서 판매할 수 있기에 수출도 유리해진다. 다만 국가간 경쟁도 그만큼 치열해 한국이 과연 어느 수준의 항공

국방과학연구소 주관 아래 개발 중인 한국형 순항미사일 (KALCM). 2025년 6월 23일 한국 공군의 FA-50 전투기 가 한국형 순항미사일 천룡 미사일 시험발사를 위해 이륙 을 준비 중이다. 2027년부터 시험발사는 KF-21 보라매 전투기로 진행할 예정이다. 개발 완료 목표 시점은 2028 년. 개발 초기에는 '한국형 타우러스'로 불렸다.[13] 약 600발 이상 생산될 계획이나 KF-21 수출이 탄력받을 경 우, 패키지 수출 가능성도 열려 있다(맨 위 사진, 방위사업 청 제공).

바로 아래 사진은 2032년까지 개발 완료 일정이 잡혀 있 는 단거리공대공 미사일(줄여서 단공공·SRAAM) 모형 으로 ADD는 미국 AIM-9X 사이드와인더와 비슷한 성능 을 목표로 삼고 있다. 다만 외형은 유럽산 IRIS-T AIM-2000과 국산 함대공 유도탄 '해궁'을 조금씩 닮은 형상 이다.

이어서 서울 ADEX 2025 실내전시장에 한화에어로스페 이스가 출품한 장거리 공대공 미사일(장공공·LRAAM)과 극초음속 대함미사일(SASM) 모형. 사진으로는 위의 '단 공공'이 길어 보이지만 실제로는 한국형 '미티어 미사일' 격인 LRAAM이 70㎝ 가량 더 길다. 2033년까지 개발될 '국산 장공공'은 추적 방식과 사거리, 속도 등에서 세계 최고 수준으로 알려졌다.

맨 아래는 LIG넥스원이 같은 전시회장에서 선보인 극초 음속 대함미사일 모형. 2034년까지 극초음속 대함미사일 개발을 마칠 계획인 ADD와 협력해 개발과 생산을 맡은 업체는 아직 확정되지 않아 경쟁이 펼쳐지고 있다. 극초음 속을 낼 수 있는 엔진 개발 부문은 현대로템이 출사표를 던졌다./사진=김민석 에비에이션위크 한국특파원 제공

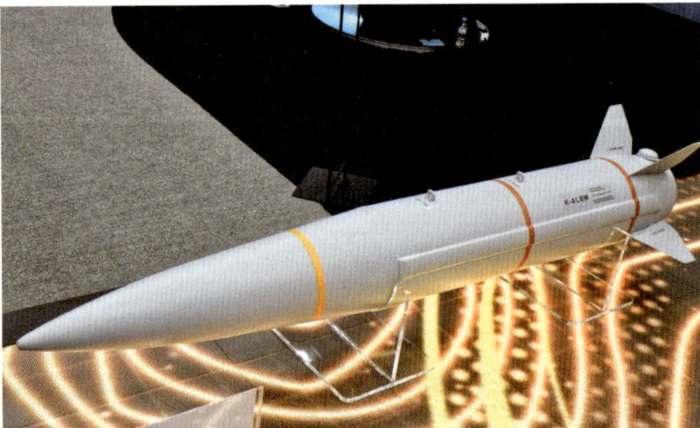

무장을 개발할 수 있을지가 관건이다.

새로운 차원의 항공 무장 – 무인기
21세기의 항공탄약, 유무인 복합도 과제

각종 공대지, 공대공, 공대함 미사일 개발을 서두르는 한국에 새로운 기회와 위험이 동시에 찾아오고 있다. 무인기를 어떻게 개발하고 활용하는가에 따라 세계 흐름을 선도할 수도, 또다시 뒤처질 수도 있는 상황과 맞닥뜨렸다. 무인기의 쓰임새를 내다보려면 항공기가 지난날 전장에서 어떤 역할을 맡아왔는지 생각해볼 필요가 있다. 항공기가 전쟁에 본격적으로 투입한 시기는 제1차 세계대전. 처음에는 정찰 용도로만 쓰였다.

1914년 군용 항공기라야 자동차와 비슷한 속도였지만 기존의 기구를 통한 공중 정찰보다 효과가 뛰어났다. 적군 비행기와 마주치면 서로 경례하고 지나가는 경우도 많았다. 그러나 전쟁이 치열해지고 적대

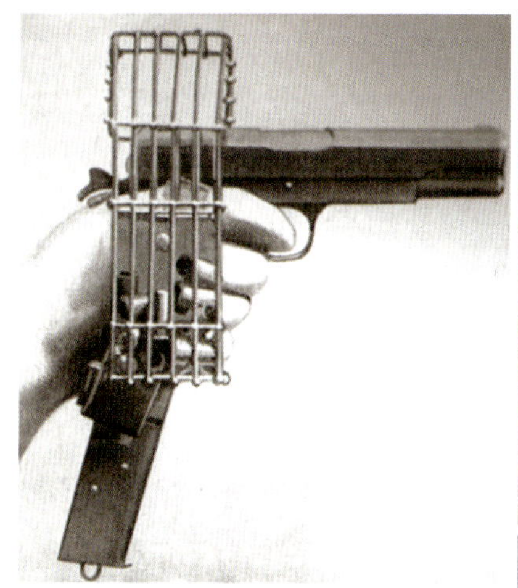

1차대전 참전을 저울질하던 미국에서 나온 항공용 권총 아이디어. 탄알집을 연장해 장탄 수를 늘리고 탄피가 항공기의 주요 부문으로 튀지 않도록 철망을 씌웠다(위·왼쪽). 독일군의 후방석 탑승자가 총열을 연장하고 개머리판까지 부착한 루거 권총으로 지상에서 사격 연습하고 있다(위·오른쪽). 라이플 거치대를 부착해 소총의 흔들림을 최소화한 영국군 항공기의 후방석 조종사(아래·오른쪽)./위키커먼스

감이 높아지면서 공중에서 만나면 욕을 하다가 권총으로 싸웠다.[14] 라이플을 거쳐 후방석에 기관총좌가 설치되고, 회전하는 프로펠러 사이로 기관총을 쏘는 동기화 기어(Synchronization gear) 발명 이후에는 공중에서도 목숨을 건 혈투가 펼쳐졌다.

항공 전력이 가장 우수했던 프랑스는 개전 직전 보유 항공기가 400여 대로 가장 많았으나 크게 기대하지 않았다. 프랑스군과 연합군을 이끈 페르디낭 포슈 대원수는 전쟁 초기 '비행은 스포츠로서 훌륭하다. 하지만 전쟁 무기로는 가치가 없다'라고까지 말했다. 그러나 종전 당시 프랑스가 보유한 항공기는 1만 3000여 대로 늘어났다. 임무도 확대됐다. 정찰과 감시에 국한됐던 초기와 달리 공중전과 지상의 병력, 주요시설 파괴와 폭격으로 넓어졌다.[15]

1950년대 말부터는 '미사일 만능론'이 퍼졌다. 1958년 9월 24일 금문도 상공에서 자유중국(대만) F-86F 전투기 32대가 중공(중국)의 미그15, 미그17 전투기 100여 대와의 공중전에서 한 대의 손실도 없이 적 전투기 32대를 격추했다. 10월에도 공중전이 벌어져 중국 전투기 31대와 대만 전투기 2대가 떨어졌다.[16] AIM-9 사이드와인더 공대공 미사일의 위력을 확인한 미국은 F-4 전투기 등 주요 전투기의 설계 단계부터 아예 기관포는 빼버릴 정도로 미사일 만능주의에 빠졌다. 미국은 월남전에서 월맹군 구식 전투기의 기관포에 의해 최신예기가 격추당하는 경험 이후부터 기관포를 다시 기본무장으로 돌렸다. 그러나 금문도 공중전 이후 미사일이 지금까지 공중전의 주류로 군림해온 것만큼은 사실이다. 한국이 항공무

2025 서울 ADEX 실내전시관에서 등장한 각종 무인기. 대한항공은 저피탐 무인편대기(LOWUS·위쪽 사진 가운데)를 중심으로 소형 협동 무인기(KUS-FX) 목업을 전시했다. 대한항공이 처음 공개한 저피탐 무인편대기는 2025년 2월 출고한 시제 1호기로 2026년 상반기부터 시험비행에 들어간다는 일정을 밝혀 눈길을 끌었다. 2027년 국방과학연구소와 공동으로 KF-21 전투기와 유무인 복합 비행 시연을 계획하고 있다(사진 위). 한국항공우주산업(KAI)은 KF-21 전투기 지휘 아래 중형 협동무인전투기(MUCCA·최대 이륙중량 5.4t)와 소형무인기(SUCA·220㎏)로 구성된 편대가 지능형 네트워크로 연결되는 '차세대 항공전투시스템(NACS)'을 선보였다. 유인 전투기가 빠질 경우 AI 파일럿이 무인기만의 편대를 구성할 수도 있다(아래)

장 개발에 박차를 가하는 것도 당연한 선택이다.

다만 1차대전에서 항공기의 무장화, 1958년 공대공 미사일 등장에 버금갈 변화가 시작되고 있다는 점도 부인할 수 없다. 이미 우크라이나-러시아 전쟁 등에서 저속, 저사양의 드론(무인기)이 전투의 승패를 가름하고 있다. 주목할 대목은 터보팬(제트) 엔진을 장착하고 고속으로 비행하는 무인기가 항공전에서도 미사일 이상의 역할을 수행하게 된다는 점이다. 정찰과 수색, 탐지에서 위험 목표 제거는 물론 아군의 전투기와 음속에 가까운 속도로 비행하며 지상 통제사의 명령이나 혹은 자체 인공지능(AI)의 판단에 따라 적 전투기와 공중전까지 맡은 시대가 왔다.

국내 연구기관들과 방산기업들도 미래전을 대비해 무인기를 개발하고 활용 전술과 전략을 연구하고 있다. 2025년 10월 일산 킨텍스에서 열린 서울 ADEX 행사장에 수많은 용도의 다양한 무인기가 대거 등장한 것도 같은 맥락이다. KAI와 대한항공의 무인기는 모두 KF-21 보라매 전투기와 호흡을 함께 하며 유무인 복합으로 운영될 예정이다. 보다 소형이거나 초소형인 협동무인기는 정찰과 고위험 목표에 대한 자폭 임무에 활용한다는 구상이다.

한국산 무인기가 미사일에 버금가는 항공무장으로 자리를 잡기 위해서는 절대 전제가 요구된다. 무인기를 소모품으로 인식해야 세계적인 흐름에 따라갈 수 있다는 점을 명심할 필요가 있다. 한국이 일찌감치 고성능의 무인기 개발에 착수하고도 잦은 작전 요구 성능 변경과 감사 등으로 10여 년 가까운 세월을 예산만 반복 투자하며 보낸 전력이 있다. 반면 튀르키예는 무인기를 소모품으로 인식해 개발 주기를 최대한 단축해 세계 중형 무인기 시장에서 1위 자리에 올라섰다. 적어도 소형 협동무인기만이라도 소모품으로 분류한뒤 일단 개발하고 수시로 개량하는 방안이 요구된다.

항공무장 자체가 소모품이다. 그리고 끊임없는 개량을 거친 제품만 명맥과 이름을 유지하고 있다. 미국의 단거리 공대공 미사일인 AIM-9 시리즈가 대표적인 사례. 1946년 개발을 시작해 1956년 실전 배치되던 당시에도 개량을 거듭했다. 1958년 금문도 상공 첫 실전에서 사이드와인더의 형식은 AIM-9B였다. 오늘날 이 미사일은 AIM-9X으로 발전했으며 각 형식에도 수많은 개량 단계를 거쳤다. AIM-9L형은 5단계의 발전형으로 나눠지고 같은 AIM-9M형이라도 11개의 별도 명칭을 갖고 있다. 그만큼 개량 단계를 많이 거쳤다는 의미다. 최신형인 AIM-9X도 2003년 처음 배치된 이래 블록 Ⅰ·Ⅱ·Ⅲ 형식으로 발전해왔다.[17]

앞서거니 뒷서거니, 한국과 대만 항공기술의 현주소는
또 하나의 변수, 주목해야 할 중국의 기술 발전 동향

한국이 T-50 개발 과정에서 어렵게 자문을 구할 정도로 징궈 전투기 개발 직후 대만의 항공기술은 뛰어났다고 한다.[18] 한국은 그들에게 배우고 싶었지만 성사되지 못한 가운데 반대 흐름이 펼쳐질 가능성이 높아지고 있다. 대만의 중국어판 온라인 군사전문매체 '에어 디펜스 뉴스' 보도(2025년 10월 29일)에 따르면 대만은 2025년 10월 징궈 전투기 개량형인 '슈퍼 징궈' 2대에 AESA 레이다를 장착하는 시험을 성공리에 마친 것으로 알려졌다.[19] 대만은 특히 자체개발한 초음속 훈련기 융잉勇鷹을 대상으로 한국이 T-50에 AESA 레이다를 장착한 사례와 비슷한 개량 시험을 진행 중이다. 예산과 기술 부족으로 스텔스 전투기 독자 개발도 일단 접은 상태지만 언제든 재점화할 수 있는 사안이다.

문제는 기술 기반이 취약해졌다는 점이다. 징궈호 개발 이후 30년 가까이 이렇다할 항공기 개발 프로젝트가 없어 나이가 든 엔지니어들이 자연도태한 공백을 메우기 어려운 처지다. 의욕적으로 개발한 융잉 고등훈련기도 추락사고를 겪었다. 항공관련 기술을 하루바삐 키우려는 대만은 예전에는 한 수 아래로 여겼던 한국이 걸어온 길을 주시하고 있다. 훈련기를 경공격기로 개량하는 사업이 대표적인 사례다. 지난 30년간 지속적으로 성장한 한국과 정체를 겪은 대만의 기술 수준에는 차이가 분명하다. 대만은 잠수함을 독자 기술로 건조하겠다고 천명했으나 한국의 기술 유출 논란이 빚어진 적도 있다.[20]

30년 세월이 흐르면서 한국과 대만의 뒤바뀐 처지는 기술 유출 가능성에 직결된다. 잠수함 기술 유출 사건에서 보듯이 한국의 핵심기술이 역으로 새어 나갈 가능성이 있다. 한국과 직접적인 군사동맹은 아니지만 혈맹(미국)의 동맹인 대만과의 군사기술 교류 자체는 비공식적이고 제한적이라는 전제 아래 한사코 마다할 사안은 아니다. 그러나 설령 기술 교류가 제한적으로 이뤄져도 조심할 필요가 있다. 같은 언어를 사용하는 중국으로 관련 기술이 넘어가는 지름길이 될 우려도 없지 않다.

한국과 대만 그리고 중국 관계에서 가장 두려운 시나리오는 따로 있다. 중국의 기술력이 한국과 대만 정도는 신경 쓰지 않을 정도로 높아질 수 있다는 점이다. 김대영 군사평론가는 "지난 2025년 9월 중국이 전승절 행사에서 공개한 스텔스 전투기들의 엔진은 러시아 수준을 넘어 서방 수준에 근접하고 있다"며 "더욱이 놀라운 점은 디지털로 FC-31 전투기를 설계한 주력이 20~30대라는 점"이라고 말했다. 이미 20대, 30대에 성과를 이룬 엔지니어들은 앞으로도 20~30년은 일선에서 일할 수 있다는 점에서 엔진과 무장은 물론 중국 전체 항공기술의 발달 속도가 가속될 가능성도 커졌다고 가늠할 수 있다. 우리의 걸음 속도를 다시금 생각하게 만드는 대목이 아닐 수 없다.

1) 99%인 이유는 장보고-Ⅰ급 잠수함의 1번함이자 네임 쉽(name ship)인 장보고함이 1992년 11월 독일 키일의 HDW 조선소에서 건조됐기 때문이다. 독일 U-109급을 기반으로 하는 장보고-Ⅰ급 잠수함의 나머지 8척은 모두 국내에서 건조됐다.

2) 함정 건조 기술을 갖춘 영국과 러시아도 예산 문제 등으로 상륙함과 군수지원함 등을 해외에서 조달하고 대부분의 국가는 건조 능력이 없어 해군 함정을 수입에 의존하고 있다.

3) 캄보디아 일간지 크메르타임스와 국내 언론 보도에 따르면 캄보디아와 국경 분쟁을 겪던 태국은 전면전 양상으로 확산되자 2025년 7월 24일과 25일, 경공격기로 정글 속에 은폐한 캄보디아군 지휘부를 폭격, 성과를 거뒀다. 보도가 사실이라면 한국산 KGGB는 첫 실전 투입에서 성능을 발휘한 셈이다.

4) 김민석, 비즈한국 "[밀덕텔링] '왜 미사일은 안 만들었나' 대통령이 지적한 K-방산의 뼈아픈 실책", 2025년 12월 19일

5) 동아일보, '北, 韓도 개발 못한 '공대공 미사일' 실사격 훈련 첫 공개', 2025년 5월19일자 A8면

6) 개발이 본격화하며 프로젝트명을 톈젠(天劍)이라고 바꿨다. 오늘날 5종으로 늘어난 대만의 공대공 미사일은 공통적으로 톈젠이라는 이름이 들어간다.

7) 제너럴 다이내믹스는 기체 형상에 F-16 설계도를 차용해 형상이 닮은 점이 있다. 이점은 한국의 T-50도 마찬가지로 일부 부품은 F-16과 호환이 가능하다.

8) 김대영, "[비전 항공산업] 한중일 전투기 삼국지⑨ 대만의 운명을 걸고 만든 전투기 'F-CK-1 징궈하오(經國號)'", 한국항공우주항공산업 사보 Fly Together 2020년 10월호

9) MBC, [단독] "미사일 없는 차세대 전투기?… 'KF-21'에 무슨 일이?", 2025년 10월 13일 9시 뉴스

10) 동아일보, '1만대 엔진 생산 한화에어로, 독자 전투기 엔진 개발 박차', 2024년 4월 16일자 A8면

11) 조신비즈, '국가전략기술된 항공 엔지…한화·두산 국산화 경쟁', 2025년 5월 22일자

12) https://en.wikipedia.org/wiki/Air-launched_ballistic_missile

13) 한국은 독일 타우러스사로부터 원거리 정밀 타격 유도탄을 두 차례에 걸쳐 수입하며 절충교역으로 관련기술을 습득, 자체 제작에 나섰다. 장거리공대지 유도탄(줄여서 '장공지') 천룡의 외양이 타우러스와 비슷한 이유도 관련 기술 도입선인데다 현대무기의 수렴 진화 현상 때문이다. 국방과학연구소(ADD)는 지난 2021년 8월과 9월 F-4E 팬텀 전투기로 진동과 분리시험에 성공한 바 있다. 세번째 시험발사는 동년 9월 15일 공개적으로 치러졌으며 목표에 정확하게 명중했다. 정부는 외국업체의 집요한 직도입, 면허생산 로비를 마다하고 2022년말 국내 체계개발 원칙을 확정했다. 2025년에도 ADD는 FA-50 전투기에서의 시험발사에 성공하는 등 개발이 순조롭게 진행되고 있다. KF-21 보라매 전투기 블록 20형부터 주력 대지상 무장으로 장착될 예정이다.

14) 중앙일보, "우크라 매빅, 러 내리쳤다… '사상 첫 드론 공중전' 승리의 이유", 이철재 군사전문기자, 2022년 10월 17일

15) 국방일보 [강왕구 병영칼럼], '제1차 세계대전과 공중전쟁의 탄생, 그리고 우주군', 강왕구 한국항공우주연구원 무인이동체 사업단장, 2020년 11월 18일

16) 국방TV, 1958년 9월 24일, '본게임(89회), 적기를 쫓는 공중의 불화살, 공대공 미사일'

17) https://en.wikipedia.org/wiki/AIM-9_Sidewinder

18) 삼성항공을 거쳐 한국항공우주산업에 재직했던 한 엔지니어는 2024년 10월 대면 인터뷰에서 "당시 대만 엔지니어들의 수준이 높아 크게 놀랐다"며 "회사에 대만 엔지니어들의 사무실을 따로 내주고 기술을 배우자고 건의했지만 이런 움지임을 알게 된 미국 측 합작선의 항의로 무산된 적이 있다"고 밝혔다.

19) 「超級經國號」 F-CK-1C搭配空用AESA雷達試飛成功

20) 한국경제, '[단독] 대만 '1호 잠수함' 개발 뒤엔 K방산 베테랑 유출 있었다', 한국경제 2024년 11월 19일자 1면

- 1232년

4월 8일부터 이듬해(1233) 5월 29일까지 치러진 개봉 전투에서 금나라는 송나라에서 배운 로켓과 화약을 사용해
몽골군을 일시 격퇴. 로켓 무기의 시발점.

- 1496년

1월 3일 이탈리아 레오나르도 다 빈치, 피렌체 부근 페페니산에서 새의 비행 원리를 분석, 적용한 글라이더 '우첼
로Uccello(거대한 새)' 비행 시험. 실패했으나 이후에도 과학적으로 분석한 오니숍터(Ornithopter)와
나사 원리를 이용한 헬리콥터 모형 개발.

- 1593년

7월 조선 별군관 정평구, 최초의 비행기 비거 발명, 제2차 진주성 전투에서 비행 성공.

- 1783년

6월 5일 프랑스 조셉·자크 몽골피에 형제 최초 열기구(hot air balloon) 실험 비행 성공, 고도 2000m까지 상승
약 30분간 비행.
9월 19일 몽골피에 형제, 열기구로 동물 탑승 실험 비행 성공.
11월 21일 프랑스 드 로지에·달랑 후작, 몽골피에 열기구로 950m까지 상승, 약 25분 동안 8㎞ 비행, 인류 최초
유인 비행 성공.
12월 1일 프랑스 샤를. 최초 수소 기구 샤를리에Chaliere 개발. 샤르루와 로벨 탑승, 2시간 동안 42.5㎞ 비행.

- 1785년

1월 7일 프링스인 장 피에르 블랑샤르, 미국인 제프리스 박사와 최초로 블랑샤르식 수소기구로 영불해역 횡단비행
성공.
여름 일본인 표구상 우키타 코키치(浮田幸吉), 대나무 골조에 종이를 붙인 자작 글라이더로 유인 시험비행 성공.

- 1849년

영국 조지 케일리 남작, 글라이더 유인 활공 실험 성공.

● 1852년

9월 24일 프랑스 앙리 지파르, 증기기관 비행선 개발, 파리-트라프 간 27㎞를 시속 6.8㎞로 비행.

● 1890년

9월 23일 보불전쟁에서 프러시아군에 포위된 파리에서 4개월 동안 기구 65개로 사람 109명 탈출 및 우편물 250
만 통 운반.

● 1884년

2월 8일 최초의 근대적 신문 『한성순보』 6면과 7면에 '비거측천(飛車測天)' 제하로 몽골피에 형제 이후 기구 발
달과 전망 기사 수록. 한국 최초의 서구 근대 항공 소개.
8월 9일 프랑스 크렙스와 르나르, 최초로 조종 가능한 8마력 전기모터 이용해 연식비행선 라 프랑스(La France)
개발.

● 1886년

8월 8일 『한성주보』 15면에 '비주기제(飛舟奇製: 신기한 비행문물)' 기사 게재. 동력 비행선 소개. 한국 최초의 동
력 비행 관련 기록.

● 1890년

10월 9일 클레망 아데르, 증기기관 단엽기Eole 개발, 지상 활주 시험 중 점프 비행.

● 1891년

봄 독일 오토 릴리엔탈, 베를린 근교에서 글라이더 첫 활공 시험. 약 2000회 활공. '공기보다 무거운 비행기
(heavier than air aircraft)' 개념 확산. 동력 비행기 개발에 영향.

● 1896년

6월 22일 미국 옥타브 샤누트, 글라이더 제작, 시카고 근처에서 700회 이상 활공 실험.
8월 9일 독일 오토 릴리엔탈, 활공 시험에서 강한 바람에 추락, 이튿날 사망.

● 1897년

10월 14일 프랑스 클레망 아데르, 증기기관 비행기 아비용(Avion) 개발, 지상 활주 시험 중 점프 비행. 최초의 동
력 비행 성공 주장.

● 1900년

7월 2일 독일 페르디난드 폰 제펠린, 경식비행선 LZ 1호 비행 성공. 1938년까지 119대 건조.

11월 9일 『황성신문』 1면에 '공중비행선 성공' 기사 수록. 제펠린 비행선 관련 기사.

● 1901년

10월 19일 프랑스 파리에서 브라질인 산토스 뒤몽, 가솔린 엔진 비행선 14대 건조. 제6호 비행선으로 에펠탑 일주
　　　　 비행 성공.

● 1903년

12월 8일 미국 랭글리, 동력 비행기 에어로드롬(Aerodrom) 개발, 워싱턴 포토맥강 배 위에서 사출기(캐터펄트)
　　　　 로 발진 시도했으나 실패.

12월 17일 미국 윌버·오빌 라이트 형제, 동력 비행기 플라이어로 노스케롤라이나주 키트호크 언덕에서 인류 최초
　　　　 의 동력 비행 성공. 59초 동안 260m 비행.

● 1905년

10월 14일 파리에서 국제비행연맹(FAI, Federation Aeronautique Internationale) 창설.

11월 17일 을사늑약 강제 조인.

● 1906년

2월 1일 조선통감부 설치

9월 13일 프랑스에서 브라질인 산토스 뒤몽, 상자 모양의 꼬리날개를 가진 '14-bisⅡ'동력 비행기로 7초간
　　　　 60m 비행 성공(유럽 최초 동력 비행).

● 1907년

5월 30일 『황성신문』 1면에 '공중항행술의 발달' 기사 게재.

● 1908년

10월 14일 프랑스 앙리 파르만, 동력 비행기 최초 크로스컨트리 비행. 부이에서 랭스까지 27㎞를 20분간 비행.

● 1909년

6월 24일 『황성신문』 2면 머릿기사로 '세계 장래와 공중 생활과 공중 전쟁' 사설 게재.

7월 25일 프랑스 볼레리오, 블레리오XI형 단엽기로 영불해역 횡단비행 성공.

7월 10일 '프랑크푸르트 항공전시회' 개막. 10월 17일까지 100일간 비행선 중심으로 개최.

8월 22일 프랑스 파리 북쪽 랭스(Reims) 외곽 베테니 평원 임시활주로에서 에어쇼 개막(세계 최초 에어쇼인 파리 에어쇼의 시작). 29일 폐막까지 일주일 동안 관객 50만 명 참가, 흥행 성공.

9월 21일 중국인 펑루, 미국에서 펑루 1호 시험비행 성공.

10월 18일 영국, 랭커셔에서 블랙풀 에어쇼 개최.

● 1910년

1월 7일 프랑스 위베르 라타므, 비행기 최초로 고도 1100m 상공 도달 기록.

2월 육당 최남선, 잡지 『소년』 2월호에 '공중비행과 태서(서양) 열국의 비행기 발달사' 기사 수록.

2월 19일 일본 도쿠가와 대위와 히노 대위, 일본인 첫 비행 성공.

3월 28일 프랑스 앙리 파브르. 최초의 수상기 개발. 비행 성공.

4월 28일 경성 YMCA 공동총무 프랭크 M. 브로크만(파락만巴樂萬) 선교사, 공중비행기 강연회(한국 최초의 항공 관련 대중 교육).

8월 25일 한일 병탄

● 1911년

1월 26일 미국 글렌 커티스, 복엽수상기 개발.

● 1912년

1월 10일 미국 커티스, 최초의 비행정 플라잉 보드 개발 첫 비행 성공.

4월 13일 영국 국왕 조지 5세, 로열 플라잉 캅스(Royal Flying Corps) 설립 윤허.

6월 2일 미국에서 세계 최초로 기관총을 비행기에 탑재, 공중 사격 실험 진행.

● 1913년

4월 3일 용산 연병장에서 나라하라 산지의 오오토리호 한반도 상공 첫 비행. 조종사는 시라토 에이노스케.

5월 13일 러시아 이고르 시코르스키, 최초의 쌍발 엔진 대형기 그랜드Le Grand 시험비행 성공. 이륙중량 4.5톤. 제1차 세계대전 중 폭격기로 사용.

9월 27일 미국에서 발행되던 교포신문 『국민보』 4면에 '하와이 교민 김광명 씨가 작은 비행기를 제작해 날렸다' 는 기사 게재. 미주 교포들이 발행하던 다른 신문인 『신한민보』 10월 17일 자 3면에도 비슷한 기사 수록.

● 1914년

8월 18일 용산 연병장에서 일본의 민간 비행사 다카소우 다카유키 시범 비행.

8월 30일 제1차 세계대전에서 독일, 타우베Taube 단엽기로 파리 첫 폭격.

● 1915년

1월 육당 최남선, 1월 발간된 『청춘』 4호 책머리에 '비행기의 창작자는 조선인이라' 장문 기사 게재. 비거飛車를
　　　　최초 비행기로 간주, 민족 자존심 고취 노력.

1월 19일 3척의 독일 제펠린 비행선 LZ-3·LZ-4·LZ-6가 처음으로 영국 본토 폭격.

7월 1일 프로펠러 동조 기관총 발사장치(synchronization gear) 장착한 포커사 아인데커 단좌 전투기 공중전
　　　　첫 투입, 적기 격추.

10월 1일~17일 일본 민간 비행사 오자키 유키데루, 경복궁 상공 비행.

12월 12일 독일 최초 금속제 비행기 융커스 J-1 비행 성공.

● 1916년

3월 여의도(경기도 고양군 용강면 여울리)에 한반도 최초 간이 비행장 건설.

● 1917년

김경규·이시은·임흥호·박중근 등이 일본 오사카 제국의용비행학교에서 비행술 연마

8월 17일 얀 스뮈츠, 2차 스뮈츠 보고서(Smuts Report) 초안 제출. 20쪽 짧은 보고서였지만 영국 왕립공군 별도
　　　　군종 독립(1918. 4. 1)에 기여.

9월 15일 미국 곡예비행사 아트 스미스, 여의도 비행장에서 비행 공연. 이어 평양에서도 공연.

● 1918년

재미동포 노종민, 미 해군 비행사로 입대.

6월 재미동포 조지 리(이응호), 뉴욕 롱 아일랜드의 미첼필드 비행학교 졸업 후 프랑스로 파견. 독일 프랑스 국경지
　　　대에서 비행선 타고 참전.

7월 10일~8월 25일 일본 도쿄 우에노공원에서 '공중 문명 박람회' 개최.

● 1919년

11월 5일 대한민국 임시정부 임시관제 군사편 '육·해군 비행대' 편성 기획. 임시정부 독립군 비행학교 설립 추진.

6월 14일 영국 존 알콕과 아서 브라운, 비커스 비미(Vickers Vimy)를 타고 미국 뉴펀들랜드-아일랜드 글리프덴
　　　　간 3040㎞를 16시간 27분 비행. 최초 북대서양 무착륙 횡단비행.

6월 14일 독일 최초의 금속제 여객기 융커스 F-13(4~5인승) 첫 비행 성공.

- 1920년

3월 2일 대한민국 임시정부, 시정방침 군사편 '비행기대' 편성 기획.

3월 12일 일본 육군 3명(고세키·아나카·와다), 일본(도코로자와)-서울(여의도) 간 왕복 비행. 최초의 대한해협 횡
　　　　단비행.

7월 5일 노백린 장군, 미국 윌로우즈에 대한민국 임시정부 한인 조종사 양성소 개소.

10월 3일 조선총독부 기관지 『매일신보』 3면에 "상해 임시정부가 미국에서 구입한 비행기를 간도 지방에 보내 독
　　　　립 선전문건을 배포하고 폭탄을 투하할 계획"이라고 보도.

10월 20일 프랑스 뉴폴 드라쥬, 복엽기 최초로 시속 300㎞ 돌파.

10~11월 일본, 함경북도 회령에 항공기지 건설.

- 1921년

4월 대한민국 임시정부, 한인 조종사양성소 폐교(대홍수로 비행 훈련 불가능), 한장호·이용근·장병훈 폐교 전 졸
　　업

7월 18일 대한민국 임시정부, 박희성·이용근을 항행병航行兵 참위參尉, 즉 항공 소위에 임명.

7월 20~21일 미 육군, 함정 폭격 실험(Anti-ship bombing demonstration) 실시. 공군력 강화를 선구적으로
　　　　주창한 윌리엄 미첼(당시 미 육군항공대 소속) 준장의 제안으로 항공기에 의한 군함 폭격 실험 진행. 마틴
　　　　MB-2기 7대, 900㎏ 폭탄을 정박 중인 실험함(구 독일제국 전함 오스트 프리슬란트함)에 투하, 공격 후
　　　　21분 만에 침몰.

- 1922년

4월 7일 프랑스 사상 최초 상용 항공기 공중 충돌 사건 발생. 탑승 7명 전원 사망.

12월 10일 안창남, 모국 방문비행. 여의도에서 공개 비행 실시. 한국인 최초로 경성을 15분간 비행하며 '과학 발
　　　　달에 힘쓰자'는 내용의 5색 전단지 1만 장 공중 살포.

- 1923년

1월 평양 착륙장에 일본 육군 비행대 상설 배치.

6월 3일 프랑스 드와지, 세계 일주 비행 중에 평양 기착.

9월 스페인 셰르바, 오토자이로(Autogiro) 첫 비행 성공.

11월 2일 미 해군 커티스 R2C-1, 시속 417㎞로 세계기록 수립.

12월 19일 이기연 비행사, 장백호로 여의도 상공에서 고국 방문 기념 비행.

● 1924년

5월 2일 한반도 유일한 정규 대학인 경성제국대학 개교.

5월 18일 경남지역에서 발간되던 일본어 신문 『조선시보』 3면에 '항공기와 군용차량 제작회사 부산에 설립' 내용
의 기사 게재. 이어 『매일신보』, 『경성일보』와 『동아일보』도 같은 내용 기사 수록

● 1925년

2월 11일 권기옥, 윈난 항공학교 제1기생으로 졸업, 한국인 최초 여류비행사.

3월 1일 일본인 니시오 사부로, 경성에서 조선항공연구소 발족.

5월 2일 미국 더글러스 C-1 복엽기, 캘리포니아 산타모니카에서 초도비행 성공.

6월 12일 장덕창 비행사, 일본 『아사히신문』 후원으로 고국 방문 비행. 오후 2차 비행에서 한강 인도교 부근 백사
장에 충돌 사고 발생.

● 1926년

1월 이기연 비행사, 경성항공사업사 설립.

3월 16일 미국인 로버트 고다드, 최초의 액체 연료 로켓 발사.

5월 6일 한국인 최초 비행사 서왈보, 중국 펑위샹(馮玉祥) 군벌의 비행대장(대령) 복무 중 새로 수입한 이탈리아제
언살도 전투기 시험비행 중 추락 사고로 사망(향년 40세).

5월 9일 포코C Ⅱ형 항공기, 노르웨이 스피츠베르겐 출발 최초의 북극 상공 비행.

5월 11일 노르웨이 로알드 아문센, 비행선 노르웨이호로 스피츠베르겐 출발 12일 북극 상공 통과. 4000㎞를 63
시간 비행 후 알래스카 도착.

9월 26일 여류비행사 이정희, 대구 상공에서 모험 비행대회 개최.

● 1927년

2월 8일 미국 찰스 린드버그, 라이언 단엽기(Ryan Monoplane)로 뉴욕-파리 간 최초의 대서양 단독 무착륙 비행
성공. 33시간 30분 기록.

5월 8일 서웅성, 제국항공협회 주최 제2회 일본 비행대회에서 우승.

6월 1일 이기연, 네 번째 고국 방문 기념 비행 도중 경북 점촌 상공에서 추락 사망. 한반도에서 한국인 최초의 추락
사망 사고.

6월 1일 일본 항공법을 준용한 조선항공법 시행.

6월 23일 태국 SWDC(과학·무기체계 개발센터), 프랑스 경폭격기 '브레게 14'를 참고해 국산 경폭격기 보리파
트라(Boripatra) 완성, 초도비행 실시. 모두 12대 제작(아시아권 두 번째 양산 기종).

12월 9일 재일 한국인 비행사들, 도쿄에서 조선비행가협회 결성(회장 신용욱).

- 1928년

3월 30일 최초로 시속 500㎞ 돌파. 이탈리아 마키 MC 52 수상기 시속 512㎞ 세계기록 수립.

4월 15일 신용욱, 자가용기 타고 고창 전주 정읍 등지에서 향토 방문 기념 비행.

4월 18일 한국인 비행사 강세기, 일본 지바현 도미오카촌 상공 비행 중 추락사.

5월 5일 1등 비행사 신용욱, 조선비행학교 설립.

5월 31일 사상 최초로 태평양 횡단비행 성공. 영국군 조종사 찰스 스미스와 승무원들이 포커 F-Ⅶ B/3M으로 오
클랜드-호주 브리즈먼 간 1만 1890㎞ 83시간 38분 동안 횡단.

6월 10일 한국인 조종 연습생 최병문, 일본 지바현 쓰다노마 상공에서 추락 사망.

10월 24일 조선비행학교 설립 인가(설립자 신용욱), 여의도에 교사 및 격납고 신축 공사 착수.

12월 2일 울산비행장 임시 개장.

- 1929년

4월 21일 독일 휴고 에케너, LZ127 제펠린 백작호로 세계일주. 미국 레이크 허스트 출발 프리드리히샤펜, 도쿄,
로스앤젤레스 경유 8월 29일 귀환, 3만 1500㎞ 21일 7시간 34분 소요.

9월 24일 여의도비행장, 울산비행장 정식 개장.

- 1930년

3월 1일 신용욱, 베이징 친선 비행 방문.

4월 8일 안창남, 중국 산시성 타이위안에서 비행기 추락 사고로 사망.

9월 조선비행학교, 유료 관광비행 개시, 서울 상공 및 서울-인천 왕복 비행.

- 1931년

5월 27일 스위스 물리학자·발명가인 오귀스트 피가르, 파울 카이퍼와 함께 기구를 타고 인류 최초로 성층권까지
상승.

6월 31일 일본 학생 항공연맹 소속 청년 일본호, 도쿄-로마 간 비행 도중 울산 경유 서울 기착.

9월 29일 최초로 시속 600㎞ 돌파. 영국 슈퍼마린 S6B 수상기, 시속 655㎞ 세계기록 수립.

- 1932년

5월 16~18일 일본 호세이대학 재학생 윤창현, 대학생으로는 처음으로 향토방문 비행. '학생 항공의 날'의 기원.

8월 3일 영국 여류비행사 에이미 존슨, 영국-일본 비행 도중 서울 기착.

● 1933년

8월 8일 여류비행사 박경원, 모국방문 비행을 위해 일본 하네다 비행장 이륙후 하코네산에 충돌, 사망. 2005년 개
봉 영화 〈청연〉의 소재.

● 1934년

9월 29일 조선총독부, 항공계 신설.

10월 23일 시속 700㎞ 돌파. 이탈리아 마키 MC 72 수상기로 시속 709㎞ 세계기록 수립.

● 1935년

4월 15일 프랑스 여류비행사 마리 즈이르즈, 오전 6시 45분 상하이를 출발 1100㎞ 비행 끝에 오후 6시 2분 경성
비행장 착륙.

5월 29일 독일 메서슈미트 Bf-109 초도비행. 1937년 2월부터 생산 시작, 제2차 세계대전 후에도 스페인, 체코
등지에서 1958년까지 모두 3만 4852대 생산. 역대 최다생산 항공기 3위, 최다생산 군용기 2위 기록.

10월 조선총독부 체신국 항공과 직원들이 중심이 된 한국 최초의 활공 모임 '경성 글라이더 클럽' 발족.

11월 6일 영국 브룩랜드에서 호커 허리케인 전투기 시제기(K 5083) 첫 비행.

● 1936년

3월 5일 영국 스핏파이어 전투기 첫 비행.

3월 8일 여의도 경성비행장 대화재. 330평 대격납고 있던 영국제 슈퍼 유니버설 1대, 엔보이 1대, 일본 해군기 9
대 소실 피해액 백 수십만 엔 추정.

7월 12일 경성 글라이더 클럽 주최로 경기도 부평에서 최초의 글라이더 강습회 개최.

● 1937년

5월 6일 LZ129 힌덴부르크호, 대서양을 횡단 레이크허스트 착륙 중 공중폭발, 승객 승무원 97명 중 35명과 지상
요원 1명 사망.

7월 7일 노구교 사건 발생, 중일 전면전 비화. 중일전쟁으로 일제, 조선 내 비행장 건설 박차.

11월 3일 경성비행장에서 조선 최초의 글라이더 대회 개최. 우승 경성치의전.

● 1938년

3월 16일 경성 글라이더 클럽 해체, 조선항공연맹 결성. 글라이더 훈련 본격화.

7월 14일 하워드 휴즈, 동료들과 함께 세계 일주 비행. 특별 개량된 '록히드 14 슈퍼 엘렉트라' 쌍발 수송기로
1933년 윌리 포스트가 세웠던 기록을 절반으로 줄인 91시간 17분에 일주 성공.

8월 21일 한국인 중국 공군 소령 전상구, 양쯔강 전투에서 일본 전투기와 공중전 도중 피격 사망.

9월 23일 항공기 소재 생산 조선이연금속주식회사 설립.

● 1939년

4월 1일 일본 장거리 전투기 미쓰비시 A6M 제로 초도비행. 1945년 패망까지 1만 939대 생산. 전쟁 중 일본 군용기 중 최다생산 기록.

4월 24일 김영수, 경북 영동의 오십천 상공에서 향토 방문 비행 실시.

8월 24일 최초의 터보 제트기 독일 하인켈 He178 첫 비행 성공

10월 2일 소련 일류신 설계국 IL-2 대지 공격기 초도비행, 1941년부터 제2차 세계대전 종료까지 3만 6183대 생산. 최다생산 항공기 2위, 군용기로는 1위.

11월 김영수 비행사, 조선항공연구소 설립.

12월 일본, 제2차 세계대전 발발과 함께 모든 항공기 군용화. 항공시설 군사 시설로 전용.

12월 29일 4발 엔진 장착 중(重)폭격기 B-24 리버레이터 초도비행, 누적 생산 1만 8482대로 역사상 가장 많이 생산된 폭격기 기록.

● 1940년

4월 조선총독부, 활공 훈련을 중학교 정식 교과 과목 채택, 강제교육.

5월 13일 헬리콥터의 원조 스코르스키 VS300 첫 비행 성공.

7월 2일 최초의 여압실 갖춘 여객기 보잉 B-307형 취항.

8월 27일 1급 항공사 이용삼, 제3회 전 만주 활공대회에서 체공 시간 4시간 42분 30초로 만주 신기록 수립.

● 1941년

1월 26일 1급 활공사 김광환, 이코마산 상공에서 11시간 40분 글라이더 체공으로 일본 신기록이자 동양 신기록 수립.

3월 16일 조선총독부, 조선항공연맹 등 각종 항공단체 통합해 국방항공단 창설.

4월 1일 경성제국대학, 이공학부 개설.

4월 5일 최초의 제트전투기 하인켈 He280V 첫 비행 성공.

9월 1일 최초의 로켓 전투기 메서슈미트 Me163B 실험기 163 V-1 비행 성공. 시속 1003.77㎞ 세계 신기록 수립.

9월 이용삼, 도미나가 경비행기 제작소(글라이더 생산) 설립.

- 1942년

3월 29일 진(眞)항공, 조선 최초로 초급 글라이더 본격 양산 준비.

4월 1일 나가사키 21해군항공창의 지창(支廠)이던 진해 항공창, 제51 해군 항공창으로 독립,
　　　　부품 생산 창정비 업무.

5월 5일 서빙고에 모형항공기와 글라이더 제작 전문 유한회사 '경성글라이더공업사' 설립.

7월 미쓰이광산주식회사, 평양 미림리에 조선비행기제작소 설립.

7월 18일 최초의 실용 제트기 메서슈미트 Me 262 첫 비행 성공.

9월 12일 최초의 여압실 갖춘 고고도 폭격기 보잉 B-29 첫 비행 성공(1944년 6월 5일 실전 투입).

10월 김포비행장 개장

10월 3일 독일 베르너 폰 브라운과 발터 도른베르거, 세계 최초 탄도 미사일인 V2 로켓 시험 발사. 비행고도 84.5
　　　　㎞ 도달.

- 1943년

1월 4일 2급 활공사 한상구, 중급 활공기 마에다식 205로 9시간 체공 기록 수립.

3월 5일 영국 제트전투기 글로스터 미티어(Gloster Meteor) 첫 비행 성공.

3월 30일 대한민국 임시정부, '정부조직에 관한 조례' 공포, 공군 설치 명시.

8월 19일 대한민국 임시정부, '공군설계위원회 조례' 공포.

- 1944년

2월 20일 신용욱, 일본 해군과 손잡고 부산에 조선항공기공업주식회사 설립.

6월 12일 영국, 독일의 V1 비행폭탄에 첫 피폭.

10월 2일 화신 재벌 박흥식, 경성(본사)에 조선비행기공업주식회사 설립. 공장은 안양.

10월 10일 평양 미림비행기제작소(미쓰이), 한반도 최초 제작 1호기 진공식(공개 시험비행).

- 1945년

1월 15일 항공기 부품 생산 송도항공기주식회사 창립총회.

2월 20일 부산의 조선항공기공업(사장 신용욱)이 제작한 1호기와 3호기 진공식(공개 시험비행).

6월 말 안양의 조선비행기공업(사장 박흥식) 제작 1호기 완성.

7월 28일 B-25 폭격기 엠파이어 스테이트 빌딩에 충돌.

8월 6일 미 육군항공대 B-29 에놀라 게이호가 원자폭탄 '리틀 보이'를 히로시마에 투하.

8월 7일 일본 첫 제트전투기 나카지마 킷카(中島 橘花) 초도비행.

8월 9일 미 육군항공대 B-29 박스카호가 원자폭탄 '팻맨'을 나가사키에 투하.

8월 15일 일본 무조건 항복, 제2차 세계대전 종결.

8월 20일 조선항공대 결성.

9월 16일 조선항공대 등 항공단체, ‘조선항공협회’로 통폐합 시작.

9월 26일 미국 제트 추진 연구소JPL, 최초 고층대기 관측 로켓 WAC 커퍼럴 발사.

10월 10일 미군정 일본과 한국의 38선 이남 지역 항공기 생산 및 수송 업무 금지(항공금지령).

12월 12일 6인승 단발 엔진 경비행기 비치크래프트 보난자Bonanza 첫 비행, 현재까지 판매 중(역사상 최장기간 생산 항공기).

● 1946년

2월 11일 군정청, 국립 조선항공회사 설립 발표.

2월 19일 군정청, 조선항공협회 해산 명령.

3월 5일 중앙활공연구소 설립.

3월 30일 조선학생항공연맹(학항) 결성.

5월 18일 학항, 제1회 학생항공의 날 제정 및 기념행사

7월 17일 재경 항공인들이 재중국 항공인 환국 환영대회 개최.

7월 20일 학항, 제1회 종합항공훈련(하계 활공기 훈련 실시).

8월 10일 조선항공건설협회 창립(위원장 최용덕).

8월 25일 전국 항공단체 통합대회 개최(대회장 최용덕).

10월 14일 사상 최대 비행정 휴즈 H-4 허큘리스 첫 비행.

10월 25일 조선항공건설협회, 건국박람회장에 항공관 개설.

11월 군정청 비행운수국장에 강형섭 박사 취임.

12월 25일 학항, 제2회 종합항공훈련(동계).

● 1947년

2월 18일 항공건설협회, 한국 항공용어 제정 시안 발표.

5월 13~21일 학항, 제2회 학생 항공의 날 기념행사(학생 항공과학전람회 개최).

6월 3일 운수부를 교통부로 개칭.

6월 17일 록히드 P-80R 제트기, 시속 1348㎞ 세계 신기록 수립.

7월 21일~8월 10일 학항, 제3회 종합항공훈련(활공 및 통신 훈련, 후원 문교부 교화국).

8월 9일 아르헨티나 항공기술연구소, 국산 제트전투기 FMA I.Ae 27 풀퀴(Pulqui) I 첫 비행, 시제기 1대만 제작.

9월 15일 학항 연구부, 신형 항공발동기 ‘아리랑 터빈’ 연구 개발 및 발표.

10월 1일 벨 X1 로켓기, 수평비행으로 처음 음속 돌파.

10월 15일 서울대학교 공과대학, 조선항공학과 설치.

10월 17일 보잉 B-47 스트라토제트 후퇴각 폭격기 첫 비행.

11월 21~30일 학항, 문교부 주최 신교육건설전람회 과학관 항공계 담당. 한국 최초의 무선조종기 축소모형(5분의
　　　　　1 크기) 전시.

12월 25일 학항, 제4회 종합항공훈련.

12월 30일 소련 미코얀 그래비치 설계국 미그15 전투기 첫 비행, 누적생산량 1만 8000대 이상 추정. 역대 최다생
　　　　　산 제트기 기록.

● 1948년

3월 군정청, 조선경비대 경항공기부대 창설 승인.

3월 22일 록히드 TF-80C(T-33) 아음속 제트훈련기 초도비행.

4월 1일 육군항공대 창설 7인, 보병학교 입교.

5월 5일 조선경비대 예하에 '항공부대' 창설.

5월 14일 창설 요원 7인, 보병학교 수료. 육군 항공 소위 임관.

5월 15일 통위부 직할 항공부대 창설(수색).

5월 18일 학항, 제3회 학생 항공의 날 행사(항공음악제, 항공영화제 개최).

5월 23일 항공부대 예속 변경(통위부에서 국방경비대로).

5월 23일 학항, 제1회 모형항공기 경기대회 개최.

7월 27일 항공부대, 항공기지사령부로 개칭하고 수색에서 김포로 이전.

8월 15일 대한민국 정부 수립.

8월 16일 공군 대위 최용덕, 국방부 차관에 보임.

9월 4일 항공기지사령부를 육군 항공사령부로 개칭하고 산하 비행부대 창설.

9월 13일, 육군 항공사령부, 미군으로부터 L-4 연락기 10대 인수, 여의도 기지에서 비행연습 시작.

9월 15일 태극 표식 항공기 첫 편대비행, 항공부대 L-4 10대 서울 상공 시범 비행.

10월 1일 조선항공건설협회, 대한항공건설협회로 개칭.

10월 1일 신용욱, 대한국민항공사 설립.

10월 9일 학항, 제2회 모형항공기 경기대회 개최.

11월 2일 미군으로부터 여의도비행장 인수.

12월 15일 육군, 병기공창 창설.

12월 21일 학항, 제5회 종합항공훈련.

12월 23일 육군 항공사령부, L-5 연락기 10대 인수.

● 1949년

1월 14일 육군 항공사관학교 개교(김포), 같은 해 10월 1일 공군 창군과 함께 공군사관학교로 교명 변경.

2월 15일 여자항공교육대 창설(교육대장 중위 이정희).

5월 22일 학항, 제4회 학생 항공의 날 행사(제3회 모형항공기 경기대회 개최).

6월 10일 육군 항공사관학교 제1기 사관생도 97명 입학.

6월 28일 국방부, 항공국 설치(초대 국장 중령 박범집).

7월 27일 최초의 제트여객기 영국 데 하빌랜드 코메트 1형 첫 비행 성공.

9월 25일 항공기 헌납 국민운동 시작.

10월 1일 공군 독립.

10월 20일~11월 3일 학항, 문교부 주최 대한민국 수립 1주년 기념 과학전람회 항공항해관 담당(중앙청 미술관).

11월 26일 학항, 교통부 주최 모형항공기 경기대회 주관.

12월 15일 국방부, 병기행정본부 신설.

● 1950년

4월 28일 북한군 중위 이건순, IL-10 몰고 귀순.

5월 14일 국민 성금으로 캐나다에서 T-6 건국기 10대 구입, 명명식.

6월 15일 국방부 병기행정본부, 과학기술연구소 창설.

6월 25일 북한, 불법 기습 남침. 한국전쟁 발발.

6월 26일 북한기 2기, 김포비행장·여의도비행장 폭격. 서울 상공서 미 공군 F-51D 전투기와 북한 야크기 공중전.

6월 27일 아르헨티나 독자개발 두 번째 제트기 FMA I.Ae.33 풀키 II 전투기 초도비행. 성능 뛰어났지만 미국
         F-86의 저가 공세로 시제기 4대 제작 단계에서 개발 중단.

6월 28일 미 공군 B-26 북한 폭격.

7월 2일 미군으로부터 F-51 전투기 10대 인수.

7월 3일 공군, 대구기지에서 F-51D 전투기 출격 개시.

7월 4일 비행단장(대령 이근석), 안양 상공에서 적 전차부대 공격 중 전사.

10월 1일 육군본부 작전교육국에 항공과 개설.

11월 8일 신의주 인근 상공서 미 공군 F-80 4대, 중공 공군 미그15 6대와 사상 첫 제트전투기끼리 교전.

● 1951년

3월 23일 해군, 과학연구소 창설.

4월 1일 진해 해군공창에 항공반 조직(반장 조경연 중위) ‘해취호’ 제작 착수.

6월 30일 공군 모든 전투부대 사천기지 결집, 재교육 돌입.

8월 1일 공군비행단을 제1전투비행단으로 개편.

8월 5일 공군사관학교 제1기 사관생도 졸업.

8월 13일 인도 힌두스탄항공(HAL), 최초의 국산 항공기 HT-2 공식 초도비행, 모두 156대 생산돼 1989년까지 34년간 초등훈련기로 사용.

8월 25일 해군, 방치된 미 공군 T-6 항공기에 수상용 부주(float) 부착한 항공기 개발 완료, 시험비행. '해취(海鷲, 바다독수리)호' 명명.

10월 6일 미국 더글러스사, 일본의 항공기 생산 설비 능력을 파악하기 위한 조사단 파견.

11월 15일 공군 보급창 해체, 제80항공창 창설로 확대 개편.

11월 22일 해군 해취호, 진해항 착수 중 장애물 피하려다 실속으로 추락. 조종사 박기수 대위, 정비장교 조용익 소령 순직.

● 1952년

1월 11일 한국 공군 최초 100회 출격(김두만 소령, 11대 공군참모총장).

1월 15일 공군, 승호리 철교 차단 작전 감행.

1월 23일 육군 포병학교에 항공학과 발족.

1월 30일 제80항공창, 대구에서 사천으로 이동.

2월 공군기술학교 교관 이원복 소령, 경항공기 설계 착수.

3월 1일 공군 확장 3개년 계획안 작성.

3월 14일 연합국최고사령부(GHQ), 일본의 지상무기·항공기·함정의 생산 금지 해제.

4월 9일 GHQ, 일본 항공산업 재개 허가.

4월 15일 미 공군 전략폭격기 후보기 XB-52 초도비행.

4월 26일 미군, 314개 항공기 관련 공장, 25개 항공무기 연구소 등 850개 군수공장 일본에 반환.

5월 프랑스, 노획한 독일 V2 로켓을 기반으로 개발한 액체 연료식 관측 로켓 베로니크(Veronique) 시험 발사 실패.

6월 16일 부산 교통고등학교에 3개 특설항공과(조종·기관·통신) 설치(항공대학 전신).

9월 1일 공군사관학교, 항공기계학과 과목 개설.

9월 4일 F-86 전투기와 미그15 전투기 간 최대 규모 공중전 전개(미그기 13대 격추).

9월 17일 일본, 전후 첫 국산 항공기 다치카와(立川) R-53 초도비행.

10월 1일 사천기지 인근에서 이승만 대통령 임석하 최초의 에어쇼, 화력 시범.

10월 28일 한국 공군 단독으로 지상군 지원 작전 개시.

11월 15일 비행기 헌납기금 모금액 발표, 2년간 4억 2천만 원.

11월 26일 호주 공군, 한국 공군에 F-51D 무스탕 전투기 2대 기증.

- 1953년

2월 1일 제80항공본창 마산 이동, 제81항공수리창으로 개편.

2월 15일 제10전투비행단 창설.

2월 16일 부산 교통고등학교 특설항공과, 수업연한 3년제로 개편, 국립항공학교로 독립, 부산시 범일동 가교사
　　　　이전.

5월 30일 유치곤 대위, 한국 공군 최초로 200회 출격 기록 달성.

6월 말 공군기술학교 국산 항공기 자체 제작 착수.

7월 27일 휴전 성립. 한국 공군 F-51D 전투기 이 날 60소티 출격.

8월 15일 광복절 기념행사에서 공군 F-51D 무스탕 60대 서울 상공에서 공중 분열식 거행.

9월 1일 제81항공수리창 단조공장 및 열처리공장 조업 개시.

9월 21일 북한군 대위 노금석, 미그15기 몰고 귀순, 미국이 내건 상금 10만 달러 수령.

10월 10일 공군기술학교, 첫 국산 경비행기(훗날 '부활호'로 명명) 제작 완료.

10월 11일 공군기술학교 이원복(설계 및 제작)·민영락(조종) 소령, 사천기지에서 국산 경비행기 첫 시험비행.

10월 15일 한국항공학교, 서울특별시 용산구 한강로 3가 65번지에 기숙사 준공과 함께 이전.

11월 14일 한국항공학교, 4년제 국립항공대학으로 개편.

10월 24일 록히드 XF-102 델타 대거 초음속 전투기 시제기 초도비행.

11월 27일 육군 제6수송비행기정비대대 창설.

12월 12일 벨 X-1A 로켓기, 시속 2650㎞(음속 2.5배) 세계기록 수립.

- 1954년

1월 13일 여의도비행장 항공기상대 설치.

3월 4일 록히드 XF-104 스타파이터 초음속 전투기 시제기 초도비행.

4월 3일 국산 정찰기 '부활호' 명명식(김해).

5월 10일 공군사관학교, 4년제 교과과정 시행.

5월 25일 해군, 독자 제작 제2호 항공기 SX-1 제작 완료.

6월 3일 해군, SX-1 진해-부산 왕복 2시간 시험비행 성공.

6월 14일 해군, 진해에서 이승만 대통령 임석한 가운데 SX-1 '서해(誓海)호' 명명식

6월 15일 해군, 함대사령부 건공반 창설.

7월 3일 중국, 소련제 Yak-18 훈련기 모방 생산형 난창 CJ-5 훈련기 초도비행. 1958년까지 378대 생산.

7월 14일 국방부 병기행정본부 과학기술연구소를 국방부 과학기술연구소로 격상.

7월 26일 중국, 센양 JJ-1 제트 기본훈련기 초도비행, 중국 최초 독자개발 제트기.

8월 3일 국립항공대학, 항공기 격납고 준공(고양군 신도면 화전리 200-1).

8월 20일 공군, 주일 미 공군기지에서 제트기 정비 교육 시작.

10월 12일 쌍발 아음속 제트훈련기 세스나 T-37 초도비행.

12월 9일 공군, 오산 미 공군기지에서 제트기 조종 훈련 시작.

● 1955년

2월 1일 육군 항공과, 항공감실로 승격.

4월 20일 제81항공수리창을 제81항공창으로 개편.

4월 28일 제81항공창, 진해 공군기지로 이동.

4월 29일 C-46D 수송기 6대 1차 도입.

6월 12일 세스나 172기 초도비행. 1956년부터 현재까지 4만 4000대 이상 생산. 역대 최다생산 항공기 1위.

6월 18일 국립항공대학, 훈련비행장 준공 및 제1기 기관과 졸업생들이 조립한 훈련기 처녀비행.

6월 20일 공군, F-86F 항공기 5대 최초 인수, 제트 시대 개막.

6월 21일 북한 공군 대위 이운용, 소위 이은승 야크기 몰고 여의도비행장으로 귀순.

8월 1일 록히드 XU-2 드레곤 레이디 정찰기 초도비행.

8월 17일 T-33 항공기 10대 인수.

11월 1일 공군, 대구비행장에서 제5혼성비행단 창설 및 제1훈련단 개편.

● 1956년

1월 26일 해군과학연구소 제1연구부 항공과 설치, 초대 항공과장 조경연 소령.

3월 12일 제81항공창, L-19기 2대 재생.

3월 31일 국립항공대학 제1회 졸업식. 졸업생 46명.

5월 4일 제81항공창, 육군 소속 L-19기 6대 정비.

5월 24일 여의도 국제공항 여객청사 준공(370평 규모).

7월 7일 공군대학 개교.

7월 19일 중국, 소련제 미그17 면허생산형 센양 J-5 전투기 초도비행. 1820대 이상 생산.

8월 1일 공군, 기술교육단 창설.

9월 10일 사단법인 대한항공학회 발족(초대 회장 김일환).

9월 20일 일본 항공자위대, 미쓰비시중공업 면허생산 F-86F 전투기 첫 인수.

9월 25일 일본 국산 제트 엔진 J3 초호기 납품.

11월 7일 공군 F-51D 무스탕 전투기 2대, 서해 상공에서 훈련 중 북한 전투기의 불법 사격으로 추락. 국방부 전 장병 휴가 중지 명령.

11월 11일 최초 마하 2급 초음속 전략폭격기 콘베어 XB-58 허슬러 첫 비행. 1961년 실전배치.

● 1957년

1월 1일 해군 함대사령부 작전참모실에 항공과 신설(초대 과장 조경연 소령).

1월 17일 공군, 중앙항로 교통통제소ARTCC 미국으로부터 인수.

3월 30일 해군, 독자 제작 제3호(SX-3) 항공기 쌍발기 제작, 시험비행 완료.

4월 10일 해군사관학교 11기 졸업식에서 이승만 대통령, SX-3 항공기를 '제해(制海)호'로 명명.

5월 27일 미 공군, 신형 F-100 전투기 75대 오산비행장에 배치 발표.

7월 1일 공군 제81항공창을 제81항공수리창으로 명칭 변경.

7월 7일 대한국민항공사 DC-3 쌍발기, 악천후에서 수영비행장 착륙 도중 기체 대파.

7월 15일 해군, 함대항공대 창설. 초대 항공대장 조경연 중령 보임.

8월 1일 공군, 제33구조비행단 창설(김포).

8월 21일 소련, 최초의 대륙간탄도미사일ICBM R-7(8K71) 발사 시험.

9월 10일 일본 국방회의, 록히드사 해상초계기 P2V-7(넵튠) 42대 국내생산 결정(총생산 200여 대).

9월 19일 김포국제공항 운영 개시.

10월 4일 소련, 세계 최초 인공위성 스푸트니크 1호 발사.

11월 3일 소련, 스푸트니크 2호 발사(유기견 라이카 탑승).

12월 7일 중국, 센양 Y-5(소련제 An-2 복엽기 면허생산) 초도비행. 948대 생산.

● 1958년

1월 27일 여의도 국제공항을 김포공항으로 이전. 여의도는 군 전용으로 운용.

1월 31일 미국, 최초 인공위성인 익스플로러 1호(13.7㎏)를 주피터 C로켓에 올려 발사.

2월 공군 제81항공수리창, F-86F 전투기 판금 작업 개시.

2월 16일 KNA 소속 DC-3(창랑호) 납북.

3월 1일 해병대 항공관측대 창설.

3월 6일 휴전선 비무장지대 상공에서 북한 대공포로 미 제트기 1대 추락(조종사 생환).

3월 15일 항공본창 확장(제40보급창 및 제81항공수리창 병합).

4월 10일 공군 C-46 수송기 납북 기도 미수 사건 발생.

4월 13일 공군, RF-86F 최초 10대 인수.

5월 27일 맥도널 더글러스 YF-4H-1 팬텀 초음속 전투폭격기 시제기 초도비행.

6월 초순 이전 충북 영동 김기룡(19세), 혼자 힘으로 3차례 로켓 발사.

7월 16일 공군, H-19D 헬리콥터 1대 최초 인수.

7월 20일 충북 증평 25세 청년 조중석, 4단 로켓 자가제작 발사.

8월 1일 공군 제11비행단 창설.

8월 9일 용산고 원자물리반, 경기도 소사(현 부천)에서 로켓 시험 발사 시작.

10월 10일 국방부 과학연구소, 인천 근교 해변에서 로켓 발사 시험 성공.

10월 18일 해군 자체 개발 제4호 항공기 '통해(統海)호' 1호기 제작 완료.

12월 12일 공군사관학교, 진해에서 서울로 이전.

12월 18일 미국, ICBM 아틀라스 B 발사.

12월 12일 해군 공창, 고장난 L-19 항공기에 부주를 장착한 수상기 '통해호' 4대 제작.

12월 14일 중국, 소련제 Mi-4 헬기 면허생산형 하얼빈 Z-5 초도비행. 558대 생산.

● 1959년

1월 2일 소련, 루나 1호 발사. 달 근처 통과한 첫 인공위성.

1월 7일 공군, 기술양성소령 공포.

2월 14일 대한우주항행협회, 제1회 학술강연회 개최, '우주항행의 전망'과 '달 로켓트와 우주항행' 강연.

3월 3일 미국, 주노 II형 로켓으로 달 탐사선 익스플로러 4호 발사. 미국 최초 달 탐사 성공.

6월 1일 일본항공기제조㈜ 설립(1983년 3월 해산까지 YS-11기 182대 생산).

6월 17일 유럽 최초의 초음속 제트폭격기 다쏘 미라주-Ⅳ 초도비행.

7월 15일 한국 공군, 미 5공군이 관장해 오던 한국 공역 대공 관제 경보시스템 완전 인수.

7월 27일 국방부 과학연구소, 제2차 로켓 시험 발사(이승만 대통령 임석).

7월 30일 노스롭 F-5A 초음속 전투기 초도비행.

8월 14일 공군 제81항공수리창, 미 공군이 대파(재생 불가능) 판정한 제트기(F-86D) 완전 수리.

9월 12일 소련, 루나 2호 발사. 달 표면 도달.

9월 27일 중국, 소련제 Tu-16 쌍발 폭격기 면허생산형 시안 H-6 폭격기 초도비행.

9월 30일 중국, 소련제 미그19 전투기 면허생산형 센양 J-6 초도비행. 4500대 이상 생산.

10월 4일 소련, 루나 3호 발사. 최초로 달의 뒷면 사진 촬영.

11월 22일 제25사단 소속 문영석 중위, 내연의 처 한영숙 동반해 L-19기로 월북.

● 1960년

1월 25일 한국학생우주과학연구회(1959년 창설), 월간 『우주과학회보』 창간.

2월 10일 F-86D 전천후 요격기 최초 인수.

3월 20일 월간 『우주과학회보』, 『우주과학월보』로 명칭 변경, 제2호 발간.

4월 1일 미국, 첫 기상위성 타이로스 1호 발사.

4월 13일 미국, 첫 항해위성 트랜싯 1B호 발사.

5월 17일 일본, 국산 제트엔진 J3엔진을 장착한 제트훈련기 T1F1(T1B) 초도비행.

6월 9일 수도권 OO 전투비행단, 1958년 말 대파돼 현역에서 제적됐던 T-33 639호를 2개월 정비작업으로 재생.

7월 6일 미쓰비시중공업, 미국 록히드사와 F-104 면허생산 계약.

8월 6일 한진상사, 부정기 항공 운송 사업면허 취득.

8월 12일 미국, 델타 로켓으로 통신위성 에코 1호 발사 성공.

8월 19일 소련, 스푸트니크 5호에 개 2마리를 태워 발사 후 회수 성공.

8월 19일 공군 제81항공수리창, F-86F 창정비 첫 시도에서 성공.

11월 19일 인하공대 병기공학부, 자체 제작 IITO-2A와 IA 로켓 시험발사 성공.

11월 29일 한국항공 에어코리아 창립 대표이사 사장 조중훈 취임.

12월 6일 공군, T-28 항공기 최초 도입.

● 1961년

1월 4일 부산항공대 신중학, 동아대 이용은 연습기로 월북하려다 체포.

1월 24일 공군 제81항공수리창, 미8군과 L-19 창정비 계약(5월 5일 정비 완료 후 인계). 항공정비 부문 최초 외화
　　　　　획득.

2월 12일 소련, 베네라 1호 발사 금성 근처 통과.

2월 23일 해군, 함대항공대 보유 항공기(5대) 내무부 치안국 경찰항공대 이관.

4월 1일 도쿄대, 일본 최초 3단 로켓 카파 9형 로켓(K-9L-1) 발사.

4월 12일 소련, 최초의 유인 우주선 보스토크 1호 발사. 최초 우주인(유리 가가린) 탄생.

5월 24일 공군, GAR-8(AIM-9B) 공대공 미사일 최초 도입, 8월 21일 시범 사격 실시.

6월 17일 인도, 국산 전투기 HAL HF-24 마루트(Marut) 첫 비행. 147대 제작.

8월 6일 국방부 과학기술연구소, 육군기술연구소로 흡수됨.

8월 25일 한국 민간항공의 개척자 신용욱 씨 사망.

10월 17일 육군 항공감실, 육군본부 작전참모부 항공처로 개편.

11월 22일 맥도널 더글러스 F-4 팬텀 전투기 시속 2585㎞ 기록 수립.

● 1962년

1월 8일 항공기 제조사업법 시행령 공포.

3월 8일 일본, 국산 F-104J 전투기 초도비행.

4월 13일 T-28 항공기 최초로 백령도 착륙.

5월 29일 동양 최대규모 공군 항공본창 준공.

7월 10일 미국, 첫 능동형 통신위성 텔스타 1호 발사.

8월 2일 국립항공대, 서울시 용산구 한강로 40번지(구 교통부 시설국 청사)로 교사 이전.

8월 30일 일본, 전후 최초 국산 여객기 YS-11 첫 비행.

9월 29일 캐나다, 미국 도움으로 알루엣 1호 발사.

10월 13일 인하공대 우주과학연구회, 고공 관측용 로켓 SSR-2 발사 성공.

10월 16일 문교부, 특수체육 활동계획에 따라 전국 초등학교와 중학교에 모형항공기 3만 대 배부.

10월 31일 미국, 첫 측지위성 안나 1호 발사.

11월 1일 소련, 마르스 1호 발사, 1963년 6월 19일께 화성 근방 통과.

11월 6일 공군, 학생 특수체육 활성화의 일환으로 중앙활공훈련소 개소.

12월 1일 T-6 건국기 퇴역식.

12월 13일 미국, 릴레이 1호 발사, 이듬해 미국-일본 간 첫 TV 중계.

● 1963년

1월 7일 공군, F-86F 전투기 국내 창정비 체계화 성공.

3월 1일 한국 해군 함대항공대 해체.

4월 1일 공군기술연구소 해체, 제81항공수리창으로 흡수.

5월 31일 F-86D 주야간 전천후 전투기 국내 창정비 성공.

6월 16일 소련, 보스토크 6호 발사, 첫 여성 우주 비행사 발렌티나 테레시코바 탑승.

9월 10일 공군, 제1훈련비행단을 제1전투훈련비행단으로 개편.

10월 23일 국립항공대학을 교육법에 의한 국립항공학교(대학 3·4학년 과정 2년제·입학 자격 일반 이공계 대학
　　　　 2년 수료자 또는 초급대학 졸업자)로 개편.

11월 22일 국립항공학교, 구 교통부 시설국 청사에서 신축교사(현 경기도 고양시 덕양구 화전동 200-1)를 준공,
　　　　 이전.

11월 23일 미국 통신위성 릴레이 1호에 의한 미국-유럽-일본 간 TV 중계.

● 1964년

1월 14일 공군 F-86D 1대 판문점 북방에서 북한의 대공포화로 피격 격추(훈련 중 무전기 고장으로 군사분계선
　　　　 월선).

2월 10일 공군, 항공본창을 항공창사령부로 명칭 변경.

2월 24일 장성환 공군 참모총장, "1965년까지 한국 공군 F-5A 전투기로 현대화" 발표.

3월 2일 해경에 이관된 제해호(해군 자체 개발), 제주도 근해에 불시착 후 침몰.

3월 7일 이집트 자체 개발 Helwan HA-300 초음속 전투기 첫 비행. 오스트리아 기술을 수입해 자국에서 생산한
　　　　 엔진의 신뢰도 부족으로 양산하지 못하고 시제기 3대 제작 상태에서 개발 중단.

3월 7일 영국 수직이착륙 해리어 전투기의 원형, 케스트렐 첫 비행.

3월 31일 문교부 고시 제191호에 의거, 국립항공학교 졸업자에게 이공계 4년제 대학 졸업자와 동등 학력 인정

4월 1일 한국군 최초 호크 방공유도탄부대(제111호크방공포대대) 창설.

5월 6일 F-5 조종사 3명 도미 교육 실시.

6월 1일 공군, 제1전투훈련비행단을 제1전투비행단으로 개편.

7월 28일 미국, 레인저 7호 발사. 달의 근접 사진 촬영.

10월 10일 미국, 인공위성으로 도쿄 올림픽 영상 중계.

10월 12일 소련, 보스호트 1호 발사. 우주 비행사 3명 탑승.

12월 11일 미국 록히드 SR-71 블랙 버드 첫 비행.

12월 21일 미국 제너럴 다이내믹스, F-111 전투폭격기 첫 비행.

● 1965년

1월 19일 국립항공학교 학제를 4년제 대학 편제로 개편.

3월 18일 소련, 보스호트 2호 발사, 알렉세이 레오노프 첫 우주 유영.

4월 3일 한국 공군, 초음속 제트전투기 F-5A 최초 도입, 4월 말까지 F-5A(단좌) 16대 F-5B(복좌) 4대 인수.

4월 6일 미국, 첫 상업통신 위성인 얼리버드(인텔세트 1호) 발사.

4월 23일 소련, 몰니야 1호 발사. TV 중계 시작.

6월 1일 한국군 최초 나이키 허큘리스 유도탄 부대(제222나이키 방공포대대) 창설.

6월 3일 미국, 제미니 4호 발사. 에드 화이트 우주 유영.

7월 4일 중국, 센양 J-6(미그19)전투기를 개량한 공격기 Q-5 초도비행.

11월 26일 프랑스, 독자적으로 디아만 A1호 발사. 프랑스 최초의 인공위성.

12월 4일 미국, 제미니 6호·7호 발사, 우주 랑데뷰.

● 1966년

1월 4일 과학기술연구소 발족(소장 최형섭).

1월 17일 중국, 소련제 미그21 전투기 모방생산형 쳉두 J-7 초도비행. 1,940대 생산.

1월 31일 소련, 루나 9호 발사. 월면 연착륙 성공.

2월 3일 미국, 기상위성 에사 1호 발사.

3월 16일 미국, 제미니 8호 발사, 아제나 표적기와 도킹.

3월 31일 소련, 루나 10호 발사, 월주기 궤도에 투입 성공.

5월 30일 미국, 서베이어 1호 발사, 월면 연착륙 성공.

7월 1일 육군, 제333호크대대(1967년 12월 15일 233대대로 개칭) 창설.

7월 12일 공군, 항공창사령부 해편, 군수사령부 창설.

7월 15일 공군, 제5공수비행전대를 제5공수비행단으로 증편.

8월 10일 미국, 루너 오비터 1호 발사.

9월 25일 중국, 소련제 IL-28 경폭격기 면허생산형 하얼빈 H-5 초도비행.

● 1967년

1월 27일 미국, 아폴로 1호 지상시험 중 화재 사고. 우주비행사 3명 사망.

4월 3일 주월 한국군, 십자성 제11항공중대 창설.

4월 15일 대한항공협회, 『항공지』 제1호 발행.

4월 16일 미국, 서베이어 3호 발사 월면 컬러 사진 촬영.

4월 24일 소련, 소유즈 1호 회수 실패. 우주비행사 1명 사망.

5월 25일 전남 광주 공군기지 준공.

6월 12일 소련, 베네라 4호 발사 금성에 연착륙 대기 기상을 측정.

10월 한국항공우주학회 창립(초대 회장 위상규).

10월 3일 미국 벨 X-15, 시속 7296㎞(음속 6.75배) 비행. 세계 신기록 수립.

10월 13일 공군, UH-1H 헬기 도입.

10월 30일 소련 코스모스 186호와 188호 최초의 무인 도킹.

● 1968년

1월 21일 북한 특수부대 청와대 습격 목적 서울 시내 침투. 군경과 총격전 벌여 공비 31명 중 29명 사살, 1명 생
         포, 1명 미확인.

1월 23일 미 해군 정보수집함 푸에블로호 납북.

1월 28일 미 공군, 전천후 요격기 F-102A 12대 김포 긴급 전개.

2월 10일 미국 보잉사 B-737 여객기 초도비행, 현재까지 1만 2295대 이상 생산 중. 최장기간 생산 제트여객기 1
         위, 최다 판매 제트여객기 2위 기록.

3월 1일 서울대학교 공과대학, 조선항공공학과를 조선공학과와 항공공학과로 분리.

4월 1일 250만 향토예비군 창설.

9월 15일 소련, 존드 5호로 최초 달 왕복.

10월 1일 육군, 제21기동항공중대 창설, 헬기 운용 준비.

10월 11일 미국, 아폴로 7호 발사. 지구 궤도 선회.

10월 30일~11월 2일 북한 특수부대 124군 부대 120명, 울진·삼척 지구 침투 사건 발생.

12월 12일 육군, 미군으로부터 UH-1D 헬기 6대 인수, 제21기동항공중대 배치.

12월 21일 미국, 아폴로 8호 발사. 첫 유인 달 궤도 비행.

12월 30일 국립항공학교를 한국항공대학으로 개편하고 관할을 교통부에서 문교부로 이관. 부속기관으로 정비공장, 무선실험국, 항공문제연구소, 부설기관으로 항공기술요원양성소 설치.

12월 31일 소련, 초음속 여객기 TU-144 첫 비행.

● 1969년

1월 1일 공군참모총장을 대장으로, 참모차장을 중장으로 승진 발령.

1월 14일 소련 소유즈 4호·5호, 유인 우주선끼리 첫 도킹.

1월 15일 소련 소유즈 5호의 우주 비행사 3명 중 2명이 소유즈 4호로 이승.

2월 2일 미국 보잉사 B-747 점보제트기 첫 비행 성공.

3월 1일 한진상사, 대한항공공사 운영권 인수, 대한항공 창립.

3월 2일 영국·프랑스 공동개발 초음속 여객기 콩코드 첫 비행 성공.

3월 5일 박정희 대통령, 한국과학원KAIS 설립 지시.

3월 7일 김성룡 공군참모총장, T-33 훈련기에 무장 장착 검토 지시, 비전술기의 전술화사업 시작

4월 15일 미 해군 정찰기 EC-121기, 공해상에서 북한에 피격, 추락(승무원 31명 전원 사망).

5월 10일 공군, 제3훈련비행단 창설.

7월 16일 미국, 아폴로 11호 발사.

7월 20일 미국, 아폴로 11호 유인착륙선 '이글호' 첫 달 착륙, 닐 알스트롱 월면에 첫발.

7월 25일 닉슨 미국 대통령, 괌에서 "아시아의 방위는 아시아가 책임져야 한다"는 닉슨 독트린 발표.

8월 29일 F-4D 팬텀 전투기 6대 대구기지 도착.

9월 10일 국민 성금으로 UH-1H 헬기 5대 구입.

9월 23일 공군, 제151전투비행대대(F-4D 팬텀 전투기) 창설.

10월 제81항공수리창, M-73 활공기 시험비행 성공.

11월 27일 공군, U-10B 항공기 도입. 모두 12대 단기 운용 후 1972년 8월 퇴역.

12월 11일 강릉발 서울행 대한항공 국내선 여객기 YS-11 납북.

12월 15일 중국, 하얼빈 Z-6 헬기 초도비행.

● 1970년

2월 11일 일본, 도쿄대 우주연구소 L-4 S-5호기로 일본 최초 인공위성 '오오스미' 발사.

4월 24일 중국, 장정 로켓에서 첫 인공위성 '동방홍' 사출.

5월 17일 공군, C-118A 항공기 도입.

6월 한국항공대학 항공문제연구소, 육상 2인용 경비행기 개발 계획(XL-70 프로젝트) 관계 당국에 제출.

6월 27일 청와대 회의에서 '국방과학기술연구소' 설립 결정.

7월 7일 경부고속도로 비상활주로 준공.

7월 30일 한국과학원법 공포(법률 제2220호).

8월 6일 '국방과학연구소 직제령' 공포, 국립 국방과학연구소 창설.

9월 12일 소련, 루나 16호 발사. 월면 연착륙 후 첫 무인 샘플 획득해 귀환.

9월 16일 공군, S-2A 항공기 도입.

10월 20일 공군, T-33 항공기 전술화(무장 장착).

11월 10일 소련, 루나 17호 발사. 월면차 루나호트 1호에서 월면 탐사.

12월 한국항공우주학회, 『항공우주학개론』 초판 발간(편집위원장 조옥찬).

12월 3일 북한 공군 소령 박순국, 미그15기로 간성 해변에 착륙 귀순.

12월 12일 미국, 최초의 X선 천문위성 우후루(Uhuru) 발사.

12월 23일 북한 간첩, 속초에서 서울로 향하던 대한항공 국내선 여객기 납북 미수(조종사 1명 사망).

12월 31일 국방과학연구소법 제정 공포.

● 1971년

1월 31일 여의도비행장, 간이비행장으로 개장 이래 54년 만에 폐쇄.

2월 15일 해군, 함대사령부 직할항공대 창설.

2월 16일 한국과학원 개교.

4월 2일 한국에서 철수한 미 제7보병사단, 워싱턴주 포트레이스에서 부대 해체(1974년 10월 재소집).

4월 14일 국방과학연구소, 서울 홍릉연구소 기공식(완공 1973년 3월).

4월 19일 소련, 살루트 1호 발사. 첫 우주정거장에서 소유즈 11호와 도킹

6월 14일 제155호크유도탄대대 창설.

7월 1일 해병대사령부 직할 항공대 창설.

6월 30일 소련, 소유즈 11호 귀환 시 사고로 우주비행사 3명 사망.

8월 23일 공군 특수부대 실미도 사건 발생.

9월 28일 일본, 도쿄대 우주연구소가 일본 최초 과학위성 '신세이' 발사.

10월 4일 소련, 루나 17호에서 발사한 무인차 루노호트 1호로 달 지표면 조사.

10월 28일 영국, 블랙 애로우에서 프로스페로 발사, 영국 최초의 인공위성.

11월 이스라엘 국영 항공사(IAI). 프랑스 미라주 전투기 설계도를 불법 복제한 네셔(Nesher) 전투기 첫 비행. 61 대 양산. 네셔 전투기 개량형 크피르 전투기는 220대 양산. 남아프리카공화국이 크피르 전투기를 개량한 아틀라스 치타는 76대 생산. 칠레는 구형 미라주 전투기를 수입해 남아공과 이스라엘 기술로 판테라 전투 기로 재설계(15대).

10월 15일 대통령 비서실 제2 경제수석에 상공부 오원철 차관보 임명. 방위산업·중화학공업 육성책 본격 시행.

12월 26일 박정희 대통령, 미사일 개발 비밀 프로젝트 추진 지시.

● 1972년
2월 21일 공군, 제106지원단 해체, 제106전투지원단으로 개편.
3월 1일 인하대학교, 항공기계학과 개설.
3월 1일 비전술기의 전술화사업으로 제189특수전투비행대대 창설(AT-33A).
3월 7일 해군본부 작전참모부 항공처 신편, 함대항공대 잠정 창설.
3월 27일 공군, 세스나 T-41 훈련기 도입.
4월 12일 국방부, 조병창 설립(실질적인 우리나라 무기 생산공장의 효시).
4월 14일 국방부, '항공공업 육성계획(유도탄 개발 계획)' 국방과학연구소에 하달.
4월 28일 다락대 화력시험장 개장.
4월 29일 일본 미쓰비시중공업 면허생산 F-4E J 초도비행.
5월 1일 국방과학연구소에 '항공공업개발계획단' 설치.
5월 10일 미 공군 근접지원 및 지상공격용 항공기 XA-10 초도비행.
5월 13일 공군, O-1G 항공기 도입.
6월 13일 공군, RF-5A 항공기 도입
7월 7일 공군, T-41B 항공기 조립능력 개발.
7월 27일 미 공군 차기 전투기 XF-15 이글 초도비행.
7월 28일 공군, PL-2 경비행기('새매호') 제작 성공.
8월 12일 노스롭, F-5E 전투기 초도비행.
8월 공군 제81항공수리창 해체, 국방과학연구소로 흡수.
9월 1일 국과연, 국방부에 '항공공업 육성(유도탄 개발의 암호명) 계획안' 제출.
12월 26일 한국항공우주학회, 『항공우주학 개론』 초판 발간.
12월 30일 공군사관학교, 자체 개발 AXR-300 로켓(성무호) 1차 비행시험.

● 1973년
1월 3일 육군, 항공병과 창설.
3월 국방부, 항공공업 사업기획 결정.
4월 5일 미국, 익스플로러 11호 발사. 1974년 12월 목성, 1979년 9월 토성에 근접 촬영.
5월 1일 공군에서 인수한 O-1 항공기 13대로 해군 함대항공대 재창설, 10년 2개월 만의 부활.
5월 14일 유도탄 개발 계획에 대한 대통령 재가.
5월 14일 미국, 스카이랩 발사. 미국 최초 우주정거장.

6월 7일 공군, T-37C 훈련기 도입.

8월 한국항공우주학회지 창간호 발간.

8월 3일 공군, C-123K 항공기 도입.

9월 1일 육군, 제1항공단 창설.

9월 17일 동양권 최초 이공계 특수대학원 한국과학원 첫 개강.

11월 3일 미국, 매리너 10호 발사. 세계 최초의 수성·금성 탐사기.

12월 14일 일본 가와사키중공업, 국산 수송기 C-1 선행생산형 초호기 납품.

12월 18일 국방부, 공군 제85무장전자정비창 창설 인가.

● 1974년

2월 2일 미 공군 차기 경량전투기 후보 YF-16 공식 초도비행.

3월 안흥에 유도무기 전용 시험사격 장소 확보.

3월 29일 전남 학생 방위성금 1억 2천만 원으로 구입한 OH-58 헬기 2대 해군 헌납식.

5월 10일 공군, 군수사령부 예하 제85무장전자정비창 창설. 1975년 11월까지 AIM-9B 유도탄 800발을
　　　　　AIM-9E로 개조 완료. 개조된 AIM-9E 미사일은 1977년까지 전량 AIM-9J 미사일로 재개조.

5월 10일 한진그룹 조중훈 회장, 수상비행기(세스나-158E) 해군에 기증, U-17 항공기로 명명해 1983년 3월까지
　　　　　운용.

6월 9일 미 공군, 차기 경량전투기 후보 YF-17 초도비행.

8월 15일 공군, O-2A 항공기 도입.

8월 27일 공군, F-5E 전투기 도입.

11월 21일 소련, 통신위성 몰니야 3형 1호기 발사.

12월 23일 미 공군, 차기 전략폭격기 XB-1 초도비행.

12월 26일 국방부, 국내 유도탄 종합 창정비 담당회사로 금성사 지정.

● 1975년

3월 26일 미쓰비시중공업, 국산 훈련기 T-2 양산 초호기 납품.

4월 19일 인도, 소련 로켓에 실어 '아리아바타(Aryabhata)' 발사(인도 최초 인공위성).

5월 1일 공군, 제15전투비행단 창설.

6월 28일 공군, 최초의 전자전기 EC-47Q 도입.

7월 15일 미국 아폴로 18호와 소련 소유즈 19호 도킹.

8월 15일 국과연, 미국 MD사와 기술 이전 계약금 지급.

8월 20일 미국, 바이킹 1호 발사.

9월 금성사, 미국 헌츠빌 MMCA 기술 연수(민간 방위산업 최초 해외 기술연수) 실시.

9월 9일 미국, 바이킹 2호 발사.

9월 9일 일본, 우주개발 사업단 NI 로켓 1호기 발사.

12월 1일 공군, 제2사관학교 개교. 1984년 4월 30일 폐교까지 7개 기수 1,026명 장교 배출.

12월 2일 국방과학연구소, 대전기계창 준공.

12월 12일 방위성금으로 구입한 팬텀기 5대(필승편대) 헌납식.

● 1976년

1월 7일 공군, S-2A 항공기 해군에 인도.

2월 23일 금성사 창정비 사업부문, 금성정밀공업㈜으로 독립. 초대 대표이사 박승찬 취임.

2월 25일 국방부, 미 휴즈사와 500MD 공동생산 결정.

3월 5일 한국군수산업진흥회(1979년 3월 5일 한국방위산업진흥회로 개칭) 발족.

4월 대한항공, 미국 휴즈사와 500MD 헬기 기술도입 100대 생산 계약(5월부터 조립 시작, 9월 말 4대 납품).

5월 10일 금성정밀, 금오공장 기공식.

6월 7일 금성정밀 군수업체 지정.

7월 20일 미국, 바이킹 1호의 착륙선 화성 연착륙.

9월 3일 미국, 바이킹 2호의 착륙선 화성 연착륙.

10월 6일 공군, A-37B 항공기 도입.

12월 3일 국과연, 대전기계창(국과연 본부의 위장명) 준공.

● 1977년

1월 금성정밀, 국방부와 발칸포 레이다 조립생산 계약 체결.

1월 24일 한국 해군 함대항공단 창설.

2월 3일 해군, 대잠수함 헬기 ALT-Ⅲ 2대 최초 도입. 4대 추가 도입(6월 9일).

3월 금성정밀, 사이드와인더 공대공 유도무기 창정비 업무 개시.

4월 4일 공군, C-123J 수송기 도입.

5월 30일 대한항공, 항공기 제조사업 허가 취득.

6월 10일 공군, F-5F 복좌 전투기 도입.

6월 17일 박정희 대통령, 첫 방위산업진흥 확대회의에서 "80년대 말로 책정했던 항공기와 고도 전자무기의 국산
화 시기를 80년대 중반으로 앞당기겠다"고 선언.

6월 23일 창군 이래 최대규모 화력 시범행사에서 국산화 500MD 헬기 첫 공개.

7월 1일 금성정밀공업, 금오(구미)공장 현판식 및 군용레이다 생산 개시.

7월 1일 미국 본토와 스위스에서 전담하던 호크·나이키 지대공 유도무기, 발칸·에리콘 대공화기의 기지 정비를
　　　금성정밀에서 수행.
7월 12일 공군, UH-1B 헬기 도입.
8월 1일 삼성정밀 설립(삼성항공 거쳐 한국항공우주산업, 한화에어로스페이스 등으로 순차적 분사).
8월 20일 미국, 보이저 2호 발사. 목성·토성·천왕성·해왕성 탐사 계획.
9월 5일 미국, 보이저 1호 발사. 목성·토성 탐사 계획.
9월 20일 공군, F-4E 팬텀 전폭기 도입.
9월 26일 미쓰비시 중공업, F-1 초호기 방위청에 납품.
9월 30일 국방과학연구소, 무인항공기 개발 착수.
10월 12일 국방부, 육군 경비행기 1대가 항로 착오로 월북했다고 발표.
11월 14일 삼성정밀, 미사일 추진기관 시제품 제작.

● 1978년
1월 20일 소련, 무인보급선 프로그레스 1호 발사. 살루트 6호와 도킹.
1월 24일 원자로 탑재 소련 인공위성 코스모스 954호, 캐나다 북부에 낙하, 지구촌 공포.
2월 28일 공군, 방산 육성을 위한 유도무기 민영화 계획에 의거해 제85무장전자창의 유도무기 정비부를 해체,
　　　금성정밀에 이양.
4월 11일 '백곰' 미사일 시제품 완성.
4월 29일 '백곰' 미사일 시제품 1차 발사시험 실패(9월 26일 공개 행사 이전까지 모두 8차례 시험 발사.
　　　4번 성공, 4번 실패).
4월 21일 파리발 서울행 대한항공 여객기, 소련 전투기 총격 받고 무르만스크 강제 착륙.
5월 1일 대한항공, '한국항공기술연구소' 설립.
5월 2일, 상공부, 삼성정밀 방위산업체 지정.
5월 19일 삼성정밀, 삼성중공업으로부터 항공사업 인수.
5월 20일 미국, 파이오니아 비너스 1호 발사. 금성 지표를 레이다로 관측.
6월 1일 육군, 제1항공여단 창설.
8월 8일 미국, 파이오니아 비너스 2호 발사. 금성 대기 관측.
9월 26일 국산 1호 미사일, 한국형 지대지 유도탄(백곰) 공개 시험 발사 성공.
9월 29일 국립 소백산 천체관측소 준공.
10월 25일 삼성정밀, 미국 GE사와 항공기 기관 창정비 및 제조에 관한 합의각서 교환.
11월 18일 미 해군 차기 함재기 F/A-18 호넷 초도비행.
11월 24일 국회 본회의 항공공업진흥법 통과. 정부가 주요사업에 민간사업자를 지정해 일감을 몰아주고

공장 건설과 운영자금까지 지원하는 제도 마련.

● 1979년

1월 1일 국립 한국항공대학, 학교법인 정석학원에 인수됨.

4월 9일 삼성정밀, 항공엔진 창정비 및 조립생산 담당할 창원 제2공장 기공식.

5월 2일 금성정밀, 구미 임수공장 준공식.

5월 15일~7월 19일 정부, 미국 항공기 제작사와 공동생산 전투기 기종 선정을 위한 사전 협상.

7월 18일 삼성정밀, 항공기 기관 정비기술 도입 정부 승인 획득.

7월 20일 정부, 공동생산 전투기로 F-5E/F 선정 및 국내 조립생산 대통령 재가.

8월 2일 정부, F-5E/F 전투기 한미 공동 조립생산에 대한 미 정부 승인 및 오퍼 요청.

10월 1일 대한항공, 미 공군 F-4 팬텀 전투기 창정비 최초 수주.

이후 미 해군 팬텀 전투기 창정비 물량까지 수주 확대.

10월 7일 대방동 공군사관학교에서 제1회 공군참모총장배 모형항공기대회 개최.

2008년부터 '스페이스 챌린지'로 대회 명칭 변경.

12월 14일 미 의회, F-5E/F 전투기 한국 내 생산 승인.

12월 24일 ESA 아리안 1형 로켓 발사 성공.

● 1980년

1월 1일 육군본부 작전참모부 항공처, 항공감실로 개편.

2월 26일 한국항공우주학회, 『항공우주학 개론』 제2개정판 발간.

4월 한국항공우주학회, 제1회 춘계학술발표회 개최(서울대학교).

4월 22일 금성정밀, 금오공장 내 중앙연구소 개소.

4월 25일 공군, T-37 항공기용 국산 타이어 개발.

6월 4일 한·미 정부 간 F-5E/F 전투기 공동생산 양해각서 교환.

6월 24일 삼성정밀, 항공기 엔진 시운전실 가동식.

7월 1일 심문택 국방과학연구소장 퇴임, 서정욱 소장 부임.

7월 31일 삼성정밀, 항공기 엔진 첫 정비 출하.

9월 금성정밀, 최초의 어선용 항해 레이다 GS-751 독자 모델 개발.

9월 2일 국방과학연구소 조직 개편(1차 숙청).

9월 12일 삼성정밀, F-5 전투기 엔진(J-85) 첫 출하.

9월 29일 공군, T-28·T-41 항공기용 국산 타이어 개발.

10월 31일 삼성정밀, F-4 전투기 엔진(J-79) 첫 출하.

11월 10일 F-5E/F 전투기 1차 사업집행 계획서 대통령 재가.

11월 14일 노스롭 및 G.E사와 F-5E/F 전투기 한국 내 생산 사업 계약.

12월 27일 국방부 조달본부, 대한항공과 항공기 납품 계약.

12월 30일 국방과학연구소, 지대지 유도무기(NHK-1) 개발.

12월 30일 국방부 조달본부, F-5E/F 전투기 국내 생산 위해 대한항공(기체)·삼성정밀(엔진)과 구매 계약.

● 1981년

1월 5일 한국과학원(KAIS)와 한국과학기술연구원(KIST) 통합, 한국과학기술원(KAIST) 탄생.

2월 11일 일본, N-II 로켓 제1호기 발사 성공.

4월 12일 미국, 스페이스 셔틀(우주왕복선) 콜롬비아호 첫 비행.

6월 5일 국방부·공군, F-5E/F 전투기 E형과 F형 생산량·순서 확정(교육용 활용 위해 복좌형 F-5F 20대 우선
생산).

7월 1일 '국방품질검사소' 창설(초대 소장: 육군소장 이병간). 국과연 품질보증단과 국방부 조달본부 품질보증국
을 통합, 국과연 부설기관으로 신설.

8월 금성정밀, 영국 PMR사와 선박용 레이다 OEM 수출계약 체결.

9월 1일 공군, F-5E/F 공동생산의 효과적 수행을 위해 방위산업 관련 기구를 증편 보강.

9월 25일~10월 4일 한국 최초의 방산전시회인 방위산업물자전시회(KODEX 80) 개최(방산진흥회 주최).

11월 23일 대한항공, F-5E/F 전투기 생산 착수.

11월 26일 삼성정밀, F-5E/F 전투기용 엔진 생산 착수.

12월 3일 금성정밀, 공대공 유도무기 AIM-9 신품 국내 조립 시작.

12월 15일 해군, 회전익 항공기로 구성된 제1비행전대(예하 3개 비행대대) 창설.

12월 16일 한미 양국 피스 브릿지(Peace Bridge, F-16 전투기 36대 도입, 뒤에 원화 강세로 4대 추가, 총 40대
도입) 계약 체결.

12월 31일 중국, 유로콥터 돌핀 면허생산형 하얼빈 Z-9 헬기 초도비행.

● 1982년

2월 국방부 조달본부, 제너럴 다이내믹스사와 F-16 36대 도입에 따른 절충교역 협의 시작.

3월 3일 삼성정밀, 국내 조립 제공호 J 85 엔진 첫 출하.

5월 3일 삼성정밀, 2공장 엔진 생산 100대 도달.

5월 21일 조중훈 한진그룹 회장 프랑스 레지옹 도뇌르 훈장 수훈.

5월 29일 육군 항공병과, 전투병과로 법제화(대통령령 제10831호).

6월 29일 한국중공업, 창원종합기계공장 준공.

9월 9일 대한항공, 국산 초음속 전투기 F-5F 출고, '제공호' 명명.

9월 16일 제공호 1호기, 공군 인수.

9월 30일 국과연, 기만용 무인항공기(솔개) 개발.

10월 19일 중국군 조종사 오영근 미그19기로 귀순, 31일 본인 의사에 따라 자유중국으로 인도.

10월 20일 상공부, 조선용 기자재 선박용 레이다 전문공장으로 금성정밀 지정.

10월 30일 국과연, 지대지 유도무기(NHK-Ⅱ) 시험 발사 성공(합참의장 김윤호 대장 참관).

11월 6일 삼성정밀, 엔진 생산 200대 돌파.

11월 20일 김성진 국방과학연구소장 취임.

12월 29일 국방과학연구소 조직 개편(2차 숙청), 인력 · 조직 3분의 1 규모 감축.

12월 31일 국방과학연구소, 지대지 유도무기(NHK-Ⅱ) 개발 중단.

● 1983년

2월 25일 북한 공군 이웅평 대위, 미그19기 몰고 귀순.

3월 1일 금성정밀공업㈜, 금성정밀㈜로 사명 변경.

4월 국과연, 국산 초등 훈련기 개발에 필요한 소요 기술 분석, 해외 유사기종 자료 수집. 1984년부터 형상 설계, 초기 설정 목표 최대 속도 시속 약 360㎞, 출력 420마력. 1985년, 시속 463㎞, 출력 550마력 상향 조정, 1986년 4인승 연락기도 설계.

4월 17일 중국, 최초의 국산 쌍발 여객기 52인승 시안 Y-7 중형 여객기 초도비행 성공.

5월 5일 중공 민항기 납치 사건, 춘천기지 불시착.

6월 10일 삼성정밀, 제트엔진 국산 시제품(J85-21) 생산.

6월 15일 삼성정밀, 제공호용 J 85 엔진 국산화부품 시제 완료.

7월 22일 국방부 조달본부, 항공기 엔진 부품 국산화 확대 계획 승인.

8월 7일 중국군 조종사 손천근, J-7(중국제 미그21)기 몰고 귀순.

8월 12일 전두환 대통령, 국내 항공산업 발전 계획 수립 지시.

8월 12일 공군, 외국 항공기 제작사(GD: F-16, MD: F-18, 노스롭: F-20, BAe: 호크)에 F-X 공동생산을 위한 자료 제시 요청.

8월 18일 F-5E/F 전투기 공동생산 절충교역 계획 수립.

8월 29일 여수비행장에서 과학기술원 주관 경비행기 시험비행.

9월 1일 소련 전투기, 사할린 부근 상공에서 대한항공 여객기 격추, 탑승자 269명 전원 사망.

9월 3일 국과연, 무인항공기 '솔개' 시험비행 성공.

9월 26일 금성정밀, 레이다 수출 1,000대 돌파.

10월 9일 버마(미얀마) 수도 양곤에서 아웅산 테러 발생. 한국 각료 등 17명 사망, 10명 부상.

10월 국방부 장관·합참의장, 국방과학연구소에 유도무기 재개발 지시.

11월 10일 국방품질검사소, 조달본부(서울 용산)에서 서울 홍릉으로 이전.

12월 24일 여수비행장에서 과학기술원 개발 경비행기 시험비행, 착륙 시 경미한 사고 발생.

● 1984년

1월 15일 삼성정밀, 항공기 기체 및 엔진 부품 첫 수출

2월 20일 중국, 52석급 여객기 겸 군 수송기 Y-7 초도비행.

3월 13일 금성정밀, 해양 레이다 GS-710 개발.

4월 6일 대우중공업, 미국 제너럴 다이내믹스사와 F-16 전투기 동체 국내 생산 계약.

4월 30일 제2 공군사관학교 해편.

5월 1일 공군, 항공산업 육성계획 대통령 보고.

5월 대우중공업, 항공사업본부 신설.

6월 대우중공업 연구팀 15명, 미국 GD사 포츠워스 공장에서 6개월 연수.

7월 15일 공군본부, 전력 증강과 항공산업 발전 뒷받침하기 위해 항공사업부 설치.

9월 5일 삼성정밀, 항공기 엔진 정비기술 인도네시아에 전수.

11월 1일 대한항공, 미 휴즈사에 720대분 1.2억 달러 규모 헬기 수출 계약.

11월 1일 공군, 국내업체에 F-X 사업 참여 요청.

11월 8일 국방품질검사소, 최초 국제 품질보증 협정 체결(한·캐나다).

12월 3일 금성정밀, 장거리 항법장비 LORAN-C 및 측심기 출시.

12월 한국과학기술원, 항공우주공학전공 개설.

● 1985년

1월 8일 일본 우주과학연구소, 태양계 탐사선 '사키가케' 발사.

1월 22일 금성정밀, 12인치 25㎞급 대형 레이다 국내 최초 생산 및 형식 검정 합격.

3월 1일 조선대학교 우주항공공학과 개설.

6월 21일 정부 항공산업육성위원회 구성(위원장 경제부총리, 위원 경제부처 장관, 국방부 장관), 경제기획원 차관
        이 위원장인 실무추진위원회도 구성, 항공산업 적극 육성 의지 천명.

6월 30일 윤성민 국방부 장관, '북한이 미국제 헬기 87대를 서독을 통해 수입, 실전배치' 발표.

7월 2일 유럽우주기구(ESA), 헬리혜성 탐사선 지오트 발사.

8월 15일 공군, B-737 대통령 전용기 도입.

8월 19일 일본 우주과학연구소, 헬리 혜성 탐사선 '수이세이' 발사. 이듬해 3월 혜성에 가장 가깝게 근접해 '사키
        가케'와 함께 관측 성공.

9월 21일 국과연, 지대지 유도무기 현무(NHK-Ⅱ의 새 이름) 공개 시험 발사(전두환 대통령 참관).

9월 30일 삼성정밀, 인도네시아 육군 항공기 엔진 창정비 계약 체결.

12월 9일 금성정밀, 일본 히타치사와 오실로스코프 기술도입 계약 체결.

12월 21일 공군사관학교, 서울 대방동에서 충북 청원으로 이전.

● 1986년

1월 28일 미국 스페이스 셔틀 챌린저호 발사 73초 후 폭발. 우주비행사 7명 사망.

2월 4일 해군, 함대 항공단을 제6항공전단으로 확대 개편.

2월 19일 소련, 우주정거장 미르 발사.

2월 21일 중국군 조종사 진보충, 미그19기로 심양기지 이륙 후, 서해 영공 통해 한국에 착륙, 제3국 망명 요청,
　　　　 정부 3월 6일 망명 허용

4월 12~27일 공군 신예 전투기 F-16, 군산/대구기지 도착.

4월 17일 삼성정밀, '제공호' 탑재용 J85 엔진 생산 종료.

6월 9일 F-X 사업 실사평가단, 주계약자 대상 평가 보고. 대통령의 복수 추천 지시.

7월 한국항공우주학회, 학회회관 매입(서울시 서초구 방배동 984-1, 머리재빌딩 404호).

8월 13일 일본, H-1 로켓 시험기 1호기(2단식) 발사 성공. 복수 위성 동시 사출, 일본 최초의 아마추어 위성 후지
　　　　 1호 궤도 투입.

8월 15일 한국 정부, 특별 전용기로 보잉 737기 도입.

9월 10일 항공 3사, F-X 사업 참여계획서 제출.

10월 14일 금성정밀, 레이다 생산 1만 대 돌파.

10월 24일 중국군 조종사 정채전(26세), 미그19기 몰고 귀순 망명.

10월 24일 상공부, F-X 엔진부품 협상업체로 삼성정밀, 항공전자 협상업체로 금성정밀 선정.

10월 24일 대한항공, 경비행기 '창공 2호' 시험비행 성공.

10월 28일 '제공호' 68호기 공군 인수로 한국 최초 전투기 공동개발 사업 종료.

10월 30일 미국-중국, 미그21 전투기의 중국 독자 확대개량형인 J-8 전투기 현대화 프로그램(PPP, Peace Pearl
　　　　 Program) 계약 체결. 미국이 5억 2천만 달러에 J-8 전투기 55대의 레이다와 항전장비를 개량하고 사출
　　　　 좌석을 교체해주기로 합의하고, 실행되던 중 중국 천안문 사태로 계약 파기.

10월 31일 국방부, F-X 사업 주계약업체로 삼성정밀 선정.

12월 31일 국과연, 단거리 함대함 유도무기('해룡'), 다연장로켓 개량형('구룡-Ⅱ') 개발.

● 1987년

2월 2일 삼성정밀, 미 공군으로부터 J-79 엔진 103대 창정비 물량 수주.

2월 14일 삼성정밀, 삼성항공으로 사명 변경.

2월 22일 에어버스 320 여객기 초도비행, 현재까지 생산 중으로 누적 생산량 1만 2321대. 최다 판매 제트여객기
　　　　1위 기록.

5월 8일 이기백 국방부 장관, "미국에서 F-16 전투기 36대를 도입 중이며, 공동생산 방안도 추진 중"이라고 공개.

5월 18일 삼성항공, 엔진 생산 1000대 돌파.

5월 20일 과학기술처 1996년까지 실험용 위성 발사를 주 내용으로 하는 우주개발계획안 발표.

7월 14일 중국, 17석급 소형 여객기 하얼빈 Y-12 초도비행. 누적 102대 생산.

10월 한국항공우주학회, 창립 20주년 기념 『한국항공우주과학기술사』 발간.

10월 30일 항공우주산업개발촉진법 국회 통과.

11월 29일 대한항공 보잉 707 여객기, 바그다드 출발 서울로 오던 중 버마(미얀마) 근처 안다만 바다 상공에서 폭
　　　　발, 탑승자 115명 전원 사망.

11월 30일 한·미 양국 정부 간 F-X사업 추진방식 합의, 120대(1단계 12, 2단계 36, 3단계 72) 단계적 면허생산
　　　　추진.

● 1988년

1월 5일 국과연, 추진제 공장 한국화약㈜에 매각.

1월 9일 공군, C-130H 수송기 도입.

2월 7일 F-X사업 관련 미 공군 MOU 초안 접수.

2월 국방부·공군, 기본훈련기 개발사업 승인. ADD 탐색 개발 시작. 개발 기간 4년, 시제기 2대 생산 목표.

3월 16일 한국항공우주산업협회 발기인 총회.

4월 1일, 한국 공군, F-X사업 평가팀 구성(9월부터 국외 출장, 성능평가 작업 수행).

5월 한국항공우주학회, 한·불 항공우주과학발전 심포지엄 개최.

6월 15일 ESA, 아리안 4형 1호기 발사 성공.

7월 1일 금성정밀, 항공사업 조직 출범.

7월 8일 정부, 중공을 중국으로 공식 호칭하기로 결정.

7월 16일~9월 16일 공군, F-X 후보기종 성능시험 평가작업.

8월 공군, 국산 기본훈련기 ROC 1차 제시.

8월 2일 국과연, 노태우 대통령에게 고등훈련기 개발 계획 보고.

8월 18일 금성정밀, 영국 페란티 디펜스시스템사와 헬기 레이다 공동사업 협정 체결.

8월 26일 금성정밀, 네덜란드 시그널사와 헬기 소나 공동사업 협정 체결.

9월 12일 대한항공 여객기, 소련 영공 첫 통과(88 서울올림픽 참가 동구권 선수단 수송 편의 목적).

9월 19일 이스라엘, 최초의 인공위성 오페크 1 발사 성공.

11월 15일 소련, 셔틀형 우주선 부란Buran 시제기 무인 비행.

12월 5일 항공우주산업 개발 촉진법 시행.

12월 14일 중국, 전투기 겸 경공격기 시안 JH-7 초도비행.

● 1989년

1월 1일 전 국민 해외여행 자유화.

1월 21일 F-16 항공기 도입(2대) 환영 행사(대구기지).

2월 14일 미국, 델타 II형 1호기 발사 성공.

2월 25일 삼성항공, F-X 기술도입 생산계획서(기종 결정용) 제출.

3월 1일 부산대학교 항공우주공학과 개설.

4월 25일 공군 T-28 훈련기 퇴역.

5월 10일 금성정밀, 레이시온 캐나다와 공항 관제 레이다 계약 체결.

5월 28일 대만, AIDC F-CK-1 Ching-Kuo(經國號戰機) 첫 비행. 137대 양산.

6월 1일 한국항공대, 부설 항공산업정책연구소 설치.

6월 7일 금성정밀, 저고도 탐지 레이다 GLAS-30A 개발.

6월 19일 금성정밀, 미국 밴딕스사와 대잠 헬기 탑재 소나 'D-Sonar' 생산계약 체결.

7월 1일 육군 항공사령부 창설.

7월 1일 한국과학기술연구소(KIST), KAIST 분리.

7월 17일 미 공군, 차기 전략폭격기 B-2 스피릿 초도비행.

9월 8일 국방부 무기획득심의위원회, F-X 기종 심의.

9월 18일 국방부, 차기 전술통제기 겸 훈련기 획득 방안 결정(20대 직구매, 72대 기술도입 생산).

9월 12일 일본 방위백서, '소련이 북한에 미그29 전투기 공급' 공개.

9월 23일 한국항공우주소년단 창설.

9월 30일 미 공군, 멀티롤 전투기 F-15E 스트라이크 이글 초도비행.

10월 1일 국방품질검사소, 업무 확대로 '국방품질관리소'로 개칭.

10월 10일 한국기계연구소 부설 항공우주연구소 설립.

10월 13일 국방부, 대통령에게 F-X 기종으로 F/A-18 선정 보고.

11월 16일 국방부, 대통령에게 2차 보고(F/A-18 건의).

11월 20일 공군 본부, C-130 수송기 도입 환영식.

11월 21일, 국방부·공군, 차기 고등훈련기 단기 소요분은 영국제 호크기로 결정.

11월 30일 국방부 무기획득심의위원회, 고등훈련기 획득 방안 결정. 중기 소요 20대는 해외 구매, 1996년 이후
　　　　　소유분은 연구 개발.

12월 국산 기본훈련기에 관한 군 요구 조건 확정. 1996년까지 개발 완료, 2001년까지 훈련기 85대, 2003년까지
　　　무장형 공중통제기 20대 인도 조건.
12월 20일 이상훈 국방부 장관, FX(차세대 전투기) 기종 FA-18기 확정 발표.
12월 23일 국방부, 1990년도 고등훈련기 기초 연구과제 승인.

● 1990년
2월 16일 한국 공군, F-X 사업을 위한 MOU 초안 작성.
3월 1일 건국대학교, 항공우주공학전공 개설.
4월 5일 미국 NASA, 오비탈 사이언스사의 로켓 페가수스 발사. 공중발사형 로켓 가능성 입증.
5월 25일 영국 BAe사와 차기 고등훈련기(TX) 사업 기술 이전에 대한 MOU 체결.
7월 11일 이상훈 국방부 장관, 한미 간 KFP(한국형 차기 전투기 사업) 협상 타결됐다고 발표.
7월 18일 국방부, UH-60 헬기 16대 구매 사업 심의 의결.
7월 국산 기본훈련기 주 생산업체 대우중공업 선정.
7월 26일 국방부, 고등훈련기(KTX-2) 탐색 개발 준비 지시. 상공부, 주 생산업체로 삼성항공 지정.
8월 31일 KAIST, 인공위성 연구센터 개소.
9월 한국항공우주학회, 국제항공과학학술회(ICAS) 정회원단체 가입.
9월 7일 미 의회, 국방부의 K-X 사업 MOU 인준.
9월 14일 공군, RF-4C 정찰기 18대 도입 완료(화성 계획).
9월 20일 삼성항공, F/A-18 기술 도입 생산계획서 제출.
10월 26일 이종구 국방부 방관, 대통령에게 F-X사업 연내 계약 체결 불가 보고, 대통령 사업 전반 재검토 지시.
11월 1일 이종구 국방부 장관 미국 맥도널 더글러스사의 가격 인상 요구에 따라 차세대 전투기 사업 전면 재검토
　　　방침 발표.
11월 6일 삼성항공, 대형 헬기 CH-47 시누크 동체 부품 수출 개시.
11월 21일 중국, 파키스탄과 공동개발한 기본 제트훈련기 홍두 JL-8 초도비행 약 500대 생산.
11월 28일 국방부·합동참모본부·해군, 차기 해상초계기로 P-3C 결정.
12월 11일 대한항공, HX(차기 헬기) 중형 헬기 생산사업의 일환으로 UH-60 블랙호크 1호기 인도.
12월 19일 F-86F 전투기 명예 퇴역식(한국 공군 총 175대 도입 운용).
12월 20일 공군, 전투발전단 및 항공사업단 창설.
12월 26일 한국항공우주연구소 건설 기공

● 1991년
1월 10일 삼성항공, 기본훈련기 KTX-1 전방 동체 및 추진기관 Mock-up 제작.

3월 28일 국방부, 차세대 전투기로 F-16 채택, 총 120대 완제기 및 국내 조립, 면허생산 방식으로 도입 발표.

4월 한국항공우주학회, 『항공우주용어집』 발간.

5월 3일 국방부, F-X 사업 기체 물량 배분 확정.

6월 27일 해군, 링스Lynx 대잠 헬기 4대 도입.

7월 국방부, 국산 기본훈련기 총 조립업체로 대우중공업 선정.

8월 25일 국방부, 미GD사와 절충교역 MOU 서명.

8월 26일 한국 공군, KF-16 적용 엔진 최종 결정, P&W사 F100-PW-229.

8월 30일 한미 양국 정부 간 F-X 양해각서 서명.

9월 4일 국방부, 사업명칭 F-X에서 KFP(한국전투기사업)으로 변경.

9월 27일 국과연, KT-X 첫 번째 시제기 총 조립 완료, 해외전문가 초청 점검 실시.

10월 10일 전력증강위원회, KFP사업 심의.

10월 16일 KFP사업 대통령 재가.

10월 24일 한국 정부, KFP사업 FMS/LOA 계약 체결.

10월 25일 삼성항공-GD 간 KFP 기술도입계약 체결.

11월 5일 KFP 기술도입 계약에 대한 미국 정부 수출 승인.

11월 25일 국방부 조달본부·삼성항공, 한국형전투기사업 계약 체결.

11월 29일 금성정밀, 미국 GEC사와 HUD(전방시현장치) 기술도입 계약 체결로 KFP 사업 참여.

12월 울산대학교, 항공우주 전공 개설.

12월 10일 국산 기본훈련기, 고속 활주 시험에서 3~4m 비행, 비공식 첫 비행.

12월 12일 기본훈련기(KTX-1) 시제 1호기 33분간 초도비행 성공(조종사 이진호 소령).

12월 27일 KFP 협력업체 간 상호지원 협정서 체결(삼성항공·대우중공업·대한항공).

12월 31일 HH-47D 헬기 도입.

● 1992년

2월 26일~3월 5일 KFP 1차 한미 PMR(사업관리자 회의), 미국 포트워스.

2월 전북대학교, 항공우주공학 전공 개설.

3월 충남대학교, 항공우주공학과 개설.

3월 30일 삼성항공, KFP 기술용역계약 이행계획서 정부 제출.

3월 31일 C-54D 수송기 퇴역.

5월 21일 삼성항공, 사천 항공기 생산공장 기공식.

4월 6~10일 KFP 2차 한미 PMR, 한국 국방부.

6월 2일 공군, 고등훈련기 겸 경공격기(KTX-2) 소요 대수 제기.

6월 29일 공군 군수사령부 예하 제85 무장전자정비창을 제85 정밀표준정비창으로 부대 명칭 변경.

7월 10일 GD사, KTX-2 개발 기술 전수 TAA 서명.

7월 30일 삼성 – P&W, KFP 엔진 명칭변경 합의: F100-SSA-229.

8월 11일 KAIST, 최초 국적위성 우리별 1호 남아메리카 프랑스령 기아나의 쿠루 우주센터에서 아리안 4호에
실려 발사.

8월 25일 45개 항공 관련 업체, 신라호텔서 한국항공우주산업진흥협회 창립총회
(초대 회장 이대원 삼성항공 사장).

9월 KTX-1의 엔진 출력을 550마력에서 1000마력급으로 상향 결정.

9월 18일 공군, 영국 BAe사 호크 MK-67 항공기 최초 도입.

9월 21~25일 KFP 3차 한미 PMR, 미국 볼티모어 웨스팅 하우스.

10월 한국항공우주학회, 한·러 과학기술의 효율적 교류방안 심포지엄 개최.

10월 20일 한국항공우주연구소 준공.

11월 10일 미국 정부, KTX-2 TAA 승인.

11월 13일 KFP사업 해외 기술연수, GD 노조 반발로 현장 실습 장소 변경(제너럴 다이내믹스사 포트워스 공장에
서 튀르키예 TAI사로 변경해 188 Man-Week, 국내 OJT 443 Man-Week 실시).

12월 KTX-1 선행 개발 시작, 엔진 출력 950마력 시제 3, 4호기 제작 결정.

12월 31일 국방부–삼성항공, F-4E 전투기 성능개량 주계약업체 우선협상 계약 체결.

● 1993년

2월 4일 제1회 한국항공우주산업진흥협회 정기총회.

2월 5일 KTX-1 시제 2호기 첫 시험비행 성공.

2월 15일 스페인 CASA, 70인승 중형여객기 공동개발 제안.

4월 2일 항우연, 실험용 경비행기 '까치호' 개발.

4월 29일 삼성항공 항공우주연구소, 신기전 복원 및 발사 행사.

3월 12일 김영삼 대통령, 삼성항공 제2공장(창원) 방문, 항공산업 발전 비전 제시.

4월 19~28일 KFP 한미 4차 PMR, 국방부, JUSMAC-K.

5월 13일 대한항공 F-5기 개조사업 위해 브리스톨사와 계약 체결.

6월 4일 항우연, 과학로켓(KSR-1) 1호 발사.

7월 15일 삼성항공, KFP 사업본부 사천공장 이전.

8월 11일 KFP 2차(C-2) 계약 체결(국방부 조달본부–삼성항공).

9월 1일 항우연, 과학로켓(KSR-1) 2호 발사.

8월 20일 국과연, 대공 유도무기(천마) 종합 유도비행 및 사격 시험 성공.

9월 15~16일 '93 국내사업관리자 회의(삼성항공 사천공장).

9월 16일 항우연, EXPO 지상관측용 무인비행선 개발.

9월 26일 KAIST, 최초 국내 제작 위성 우리별 2호 발사.

10월 1일 계룡대 국군의 날 행사에서 KTX-1 시제 1호기 실물 첫 공개.

10월 18~30일 KFP 한미 5차 PMR, 미국 플로리다 P&W사.

10월 21일 삼성항공 사천 항공기 공장 1차 준공.

● 1994년

1월 12일 공군, CN-235 수송기 도입.

1월 26일 KFP FMS Kit 1차분 도착, 국방부·삼성·대우 수량 확인 및 회의.

2월 4일 일본, H-II 로켓 시험기 1호기 발사 성공.

2월 5일 항우연, 우주시험동 건설 기공.

3월 9일 국방부, 감사원의 율곡비리 감사와 자체 특별감사 결과에 근거해 KPU(팬텀기 업그레이드 사업) 백지화
　　　　발표.

3월 10~11일 KFP '94 국내 사업관리자회의.

3월 28일, 100인승 중형항공기 한·중 공동개발에 대한 기본 합의.

5월 9일 KFP 한미 6차 PMR, 용산 미8군 회의실.

6월 2~11일 국방부 KFP사업 국내업체 생산현황 점검 실사.

6월 20일 삼성항공 사천공장, KFP 생산 착수.

8월 17일 항공 3사, 삼성항공이 중형항공기사업조합(KCDC) 주관회사 맡되, 부품 공동생산에 원칙적 합의.

8월 19일 삼성항공, KFP 엔진 조립생산 착수.

10월 30일 한중 100인승 중형항공기 공동개발 양해각서 체결.

11월 3~5일 KFP 조립생산(Knock-Down) Kit 도착(10월 21일)에 따른 국방부의 국내업체 현장 실사.

11월 4일 KFP 엔진 국산 조립 1호기 출하(삼성항공 창원공장).

11월 10일 삼성항공, 미국 노스롭 그루만사와 F-5 전투기 국제 공동개조사업 계약 체결.

11월 29일 KFP 한미 7차 PMR, 미국 포트워스 록히드사.

● 1995년

1월 10일 금성정밀, LG정밀로 사명 변경.

1월 18일 중형항공기조합(KCDC) 계약 체결 및 조합 결성.

1월 25일 대우중공업 창원공장, KFP 중앙동체 국내 초도 출하.

3월 8~9일 '95-1차 KFP 국내 사업관리자 회의(삼성항공 사천공장).

3월 28일 대한항공, UH-60 블랙호크 국산화 1단계 사업 완료.

4월 4일 삼성항공, KFP 국내 조립 1호기 엔진 가동 시험.

4월 20일 국내 생산(조립) 1호기(KFP 13호기) 초도비행.

5월 8~10일 KFP 한미 8차 PMR, JUSMIC-K.

5월 31일 KFP 국내 조립 1호기(KFP 13호기) 공군 인도.

6월 1일 삼성항공, UH-60 엔진(T-700) 면허생산 착수.

7월 13일 삼성항공, T-700 엔진 국산화 기념행사.

7월 28일 대우중공업, KTX-1 시제 3호기 출고식.

8월 한국항공우주학회, 사무국 이전(서울시 강남구 역삼동 635-4, 한국과학기술회관 신관 810호).

8월 10일 국과연·대우중공업, KTX-1 시제 3호기 첫 비행(조종사 기예호 중령). 수차례 시험비행 후 안정성 문제
    제기, 성능 개선을 위한 스컹크 웍스팀 구성.

9월 KTX-1 시제 3호기 개조 100일 작전 시작, 설계와 개조 동시 수행.

9월 30일 국방부 전투기사업단 임무 종결, KFP 사업관리 공군 항공기사업단으로 인계.

10월 7일 미쓰비시 중공업의 XF-2(F-2) 첫 비행.

10월 19~20일 KFP '95-2차 국내 사업관리자회의.

10월 25일 대한항공, 창공 91 시뮬레이터 시제기 완성.

11월 7일 KFP 전투기 국내 생산 기념식(국방부 장관 참석, 삼성항공 사천공장).

11월 25일 개조 100일 작전 진행 중 KTX-1 시제 1호기 사출 핀 불량으로 추락(조종사 탈출).

11월 28일 김영삼 대통령 임석, KTX-1 '웅비' 명명식.

11월 29일 미 해군, 함재기용 개량형 호넷 F/A-18E/F 슈퍼호넷 초도비행.

12월 11~16일 KFP 한미 9차 PMR, 미국.

12월 21일 항우연 항공기 시험동 준공

● 1996년

1월 4일 서울에어쇼 민군 합동 공동운영본부 구성, 한국항공우주산업진흥협회 주관.

1월 7일 항우연, 무궁화 2호 위성 발사.

2월 13일 현대우주항공, 한라중공업 MD-95 사업 인수, 주날개 사업 진출. '1997년 하반기부터 본격 생산 계획'
    발표. 서산공장 부지 조성 및 공장 건설 착수.

3월 1일 경상대학교, 항공기계학과 개설.

3월 2일, 국과연·대우중공업, 항공용 복합제 연료탱크 개발.

3월 18일 무궁화 1호 위성, 용인 위성관제소에서 상용서비스 개시.

4월 30일 정부, 우주개발 중장기계획 발표. '2015년까지 총 19기 발사, 저궤도위성 독자개발 능력 확보, 발사체

개발'.

4월 30일 금호타이어, B-747-400용 타이어 개발, 품질인증 획득.

5월 9일 KTX-1 4호기 시험비행 실시. 9월까지 155개 항목 시험 평가.

5월 30일 대한항공, 태평양 주둔 미 공군의 F-16 전투기 성능개량 사업권 취득.

6월 18일 한·중 중형항공기 공동개발사업 협상 완전 결렬.

6월 25~26일 KFP '96-1차 국내사업관리자회의, 국내 면허생산 1호기(KFP 49호기) 생산현황 점검.

8월 22일 삼성항공, 산업용 가스터빈 엔진 독자개발 성공.

9월 11일 삼성항공, 네덜란드 포커사와 LOI(협력의향서) 교환, 120석급 개발사업 계획 수립.

9월 23일 삼성항공, KFP(한국 차기 전투기) 국산 1호기 최종조립 시작.

10월 1일 국방품질관리소, '국방품질연구소'로 개칭.

10월 17일 대한항공, UH-60 100호기 출하.

10월 20~27일 서울에어쇼 개막. 21개국 214업체 참가, 관람 인원 56만 명.

10월 21일 삼성항공·GE, LM2500 엔진 공동생산 합의서 체결.

10월 21일 사천에서 시험비행 중이던 KTX-1 시제 4호기 캐노피 이탈 사고, 시험비행 조종사 이진호 중령 사투 끝
에 무사 착륙.

10월 22~26일 항공우주학회·항공우주산업진흥협회, 제1회 국제항공우주 테크노마트 공동주최.

10월 23일 대한항공, 보잉과 747X 개발 합의각서 체결.

11월 4일 KFP 한미 10차 PMR, 미국 볼티모어.

11월 7일 대우중공업, KTX-1 조립 공장 건설 착수. 700억 원 투입.

11월 12일 미 정부, KTX-2(T-50) 방산물자 및 기술 수출 계약 수출 승인.

11월 15일 재단법인 한국항공우주연구소 독립법인화.

11월 15일 삼성항공, 포커사 인수 확정 발표.

11월 22일 항우연, 아음속풍동 건립 착수. 39억 원 투입 32m × 11m 크기.

12월 5일 무궁화 3호 위성 제작, 록히드마틴사 주계약업체로 최종 선정.

12월 11~12일 KFP '96-2차 국내 사업관리자회의.

12월 17일 한라중공업, 액체연료 로켓엔진을 자체 설계, 연소 시험에 성공.

12월 27일 삼성항공, 포커사 인수 포기 표명.

● 1997년

1월 24일 한국항공우주학회, 『항공우주학 개론』 제3 개정판 발간.

1월 KTX-1 시제기, 강원도 횡성에서 1개월간 결빙 시험.

2월 7일 상공부, '하반기부터 중형항공기 개발사업에 본격 착수, 1998년 개발 완료, 시험비행 돌입' 발표.

3월 16일 국과연-삼성항공, KTX-2 연구개발사업 계약 체결.

3월 19일 경남 사천에 '항공우주소재부품 공동 연구센터' 설립.

3월 28일 대한항공, 김해공장에서 MD-95 기수동체 1호기 완성.

3월 29일 항우연-삼성항공, 8인승 쌍발기 공동개발, 사천비행장에서 시험비행.

3월 31일 삼성항공, KFP 엔진 국산화 1호기 출하.

4월 1일 공군, 제86 항공전자정비창 창설.

4월 10일 삼성항공, AI(R)사와 70인승 중형항공기 공동개발 양해각서 체결.

4월 21일 LG정밀, 항공기용 전자전 장비 'ABEK' 비행인증 시험결과 KF-16 전투기 장착 가능성성 입증.

4월 26일 항우연, 건설교통부 항공법에 의한 항공기 형식증명 전문검사기관 지정.

4월 30일 건국대학교 항공우주공학과, 초경량 항공기 개발.

5월 8일 삼성항공, 사천 부품공장 준공.

5월 20일 KFP, 국내 면허생산 1호기(KFP 49호기) 출하.

6월 3일 KTX-1 누적 시험비행 1,000시간 돌파.

6월 30일 삼성항공, 국산화 KF-16 전투기 1호기(49호기) 출고.

7월 3일 국무총리 주재 제1차 항공우주산업개발정책 심의회, KTX-2 국책사업화 결정.

7월 9일 항우연, 2단형 과학로켓(KSR-II) 1차 발사.

7월 17일 삼성항공-록히드마틴, KTX-2 공동개발 및 생산협정 체결.

8월 6일 대한항공 B747 여객기 괌 아가나 공항 인근 산 중턱에 추락 참사. 탑승 254명 중 229명 사망, 25명 중상.

8월 6일 KFP 항공기(국내 조립생산 17호기) 추락 사고. 공군, KF-16 전투기 비행 중단.

9월 3일 삼성항공-록히드 간 TAA, TAS, WSS 계약 서명.

9월 4일 KFP 한미 11차 PMR, 미국 뉴저지주 ITT.

9월 7일 미 공군, 차기 주력전투기 F-22A 전투기 초도비행.

9월 8일 P&W사 KF-16 추락원인 규명을 위한 1차 사고분석 보고서에서 '조립 과정의 오류 암시'. 삼성항공 반발
　　　에 따라 이틀 후 정정보고서에서 '연료 계통 문제' 적시.

9월 12일 공군, KF-16 전투기 비행 재개 결정.

9월 18일 KTX-1 시제 1호기 추락사고 원인 제공한 영국 마틴 베이커사와 배상협상 타결.

9월 18일 KFP 항공기(국내 조립생산 2호기) 추락 사고. 공군, KF-16 전투기 비행 중단.

9월 23일 현대우주항공, B717-200 초도기 주익 생산 착수.

9월 26일 김영삼 대통령, KTX-2 체계 개발사업 재가.

10월 6~11일 국방부 KF-16 사고 원인조사 및 사업추진 실태 특별 점검.

10월 24일 공군-삼성항공, KTX-2 개발사업 계약 체결(업체 개발비 분담 및 환급에 관한 합의서 교환).

10월 30일 ESA, 아리안 5형 로켓 발사 첫 성공.

11월 세종대학교 공과대학, 항공우주공학부 개설.

11월 한국항공우주학회, 창립 30주년 기념행사 및 학술대회(항공우주기술 및 산업정책 포럼, 항공우주 국책사업
　　　　보고회, 항공우주 사진전, 해외 전문가 초청강연회 및 학술발표회).

11월 17일 국과연, 안흥 탄도시험장 준공.

11월 20일 KTX-2 엔진 결정(미국 GE사의 F404-GE-402/SEF 엔진).

11월 21일 한국 정부, 국제통화기금(IMF)에 구제금융 신청.

12월 16일 대우중공업, B777과 A321 기체구조물 수주.

12월 22일 국방부 사고특별조사단, "KF-16 전투기 연속 추락의 원인은 미국 P&W사가 공급하는 연료도관의 부
　　　　식과 파열에 따라 연료공급이 중단됐기 때문"이라고 최종 결론.

● 1998년

1월 14일 한승항공, 국내 최초 사설 비행학교 설립, 전북 고창비행장 이용 연간 240명 자가용 조종사 양성 목표.

1월 15일 대한항공과 현대우주항공, B717(MD-95)-200(100인승급) 제작에 공동참여(기수 동체 및 날개부품
　　　　담당).

3월 16일 KTX-1 실용 시제기인 시제 5호기 비행 성공.

3월 23일 중국, 독자설계 4세대급 전투기 쳉두 J-10 전투기 초도비행. 602대 이상 생산 중.

3월 26일 삼성항공, B767 날개 구조물 공급계약 체결.

4월 20일 KFP 한미 12차 PMR, 미국 노스롭그루만.

4월 22일 옥만호 전 공군참모총장, 전남 무안에 항공우주전시관 개관.

5월 4일 KTX-1에 대한 종합군수지원 평가 시작.

5월 18일 항우연, 우주시험동 및 아리랑위성 비행모델 조립/시험 가동.

5월 28일 현대우주항공, 서산공장 준공. B717-200 국산 주익 1호기 출고식.

6월 9~10일 KFP '98-1차 국내사업관리자회의.

6월 11일 항우연, 2단형 중형과학로켓 2호 안흥시험장에서 발사.

7월 24일 중형항공기조합-이스라엘 IAI사 협력 추진 MOU 체결.

7월 26일 정부-재계 간담회에서 항공 분야 빅딜 필요성 제시.

8월 31일 북한, 무수단 기지에서 2단식 로켓 추진체 발사. 국내 로켓 연구개발 자극제로 작용.

9월 1일 삼성항공, 대우중공업 항공우주부문, 현대우주항공 등 항공 3사, 항공사업 부문 통합을 위한 양해각서
　　　　체결.

10월 한서대학교, 항공기계학과 개설.

10월 1일 국방품질연구소, '국방품질관리소'로 개칭.

10월 14일 한국항공대학교, 실험용 초경량항공기 시험비행 성공.

10월 22일 대한항공, 주한 미 공군의 F-16 전투기 성능개량작업 추가 수주 계약.

10월 23일 항공 3사 통합법인 한국항공우주산업 사장으로 임인택 전 건설교통부 장관 내정.

10월 26일 제2회 서울에어쇼, 서울공항에서 개막.

11월 1일 삼성항공-록히드 간 KTX-2 공동 마케팅 계약 서명.

11월 5일 합동참모본부, KTX-1 기술시험평가/운용시험평가. 1,500여 시간 시험비행 뒤 '전투용 사용 가' 판정.

11월 20일 러시아, 최초의 모듈식 국제우주정거장 '자랴' 발사.

12월 1일 공군 제82 창공정비창 창설.

12월 1~2일 KFP '98-2차 국내사업관리자회의.

12월 16일 중국, 러시아제 Su-27 전투기 모방생산 J-11 초도비행. 무단복제분 포함 442대 생산.

12월 18일 국방부 표준화 심의위원회, KTX-1에 대한 국방 규격 제정 승인. 개발사업 종료.

12월 20일 삼성항공, SB427 헬기 1대 중국 수출 계약 체결.

● 1999년

1월 16일 LG정밀, 항공기 관제장비 미 록웰 콜린스와 기술협약 체결.

1월 20일 산업자원부, KF-16 전투기 추가생산 필요성 제기.

1월 30일 국방부, 공군에 항공기 운용계획 및 소요 검토 보고 지시.

3월 15일 공군, 중장기 전투기 확보 계획 국방부와 합참에 보고.

4월 1일 공군, 제239 특수비행대(Black Eagles) 창설.

4월 10일 국방품질관리소, 국방품질시스템 인증업무 시행.

4월 14~15일 KFP '99-1차 국내사업관리자회의. 생산 종료 직전까지 집중 관리 협의.

4월 15일 국방부, 공군에 KF-16 추가생산 관련 방침 및 일정 계획 하달.

4월 16일 항우연, 아음속 풍동 및 엔진 시험동 준공.

4월 17일 대우중공업, KT-1 전용생산 사천공장 준공(통합 후 KAI 사천 2공장).

4월 20일 육군, 항공작전사령부를 항공사령부로 명칭 변경.

4월 22일 국무총리 주재 제2차 항공우주산업개발 정책심의회. KF-16 추가 생산 결정.

5월 3일 공군, 국방부에 KFP 적정 물량 및 예산 검토 결과 보고. 적정 소요물량 20대(복좌 5, 단좌 15. 단 공군 예산 외 별도 예산 집행 건의).

5월 16일 KAIST, 최초 독자 위성 우리별 3호 인도 PSLV-C2 로켓에 실어 발사.

5월 24~26일 KFP 한미 13차 PMR, 미국 포트워스 록히드사.

6월 21일 정부 사업구조조정위원회, 항공통합법인 신설 승인.

6월 24일 합동참모본부, KF-16 추가 소요 결정.

7월 12~16일 KTX-2 전 기체 기본설계(PDR) 검토회의.

7월 28일 항공통합법인 설립을 위한 3사 합작 계약 체결.

8월 31일 KTX-2 외형 형상 확정(형상 CD-506).

9월 1일 한국항공우주산업주식회사 설립(등기 12월 14일).

9월 22일 삼성항공 임시주총에서 항공기사업 영업 양도 승인.

10월 1일 한국항공우주산업㈜ 설립 발기인 총회.

10월 28일 삼성항공, KFP 국산화엔진 최종호기 생산.

11월 1일 LG정밀, 단거리 지대공 유도장비 '천마' 본격 생산.

12월 7~8일 KFP '99-2차 국내사업관리자회의.

12월 1일 공군, 제52 시험평가전대 창설.

12월 9일 항우연·KAI, 다목적 실용위성 2호 개발 착수.

12월 21일 아리랑위성 1호 발사.

● 2000년

1월 15일 KT-1의 무장형인 XKO-1 시제기 개발 시작.

2월 8일 KTX-2 명칭을 T-50으로 변경(별칭은 Golden Eagle로 결정).

2월 15일 한국항공우주산업주식회사, 방산특별조치법에 의한 전문화업체로 지정.

2월 25일 중국, 60석급 터보프롭 여객기 시안 MA-60 초도비행.

3월 4일 건국대학교 항공우주학과 바차연구팀(팀장 윤광준 교수), 옛 제조기술 활용 비차 복원 및 비행시험. 고도
     20m에서 11초 동안 74m 활공.

3월 16일 KFP, 항공기 최종분 120호기 최종 시험비행 완료.

4월 19일 국산 전투기 KF-16 120호기 납품.

4월 26일 국내 항공 3사 통합법인(KAI) 출발에 따라 T-50 사업 양수도 계약 체결.

4월 30일 KT-1 양산 초호기인 001호 최종 조립 완료.

5월 한국항공우주학회, 『KSAS International Journal』 창간호 발간.

5월 1일 LG정밀, LG이노텍으로 사명 변경.

5월 2일 한국항공우주기술연구조합 창립(초대 이사장 임인택 KAI 사장).

5월 19일 KAI, KF-16 추가생산 최종 기술도입 생산계획서 제출.

6월 27일 LG이노텍, 중어뢰 '백상어' 최초 생산품 출하.

7월 3일 한국항공우주산업주식회사, 해외채권(500만 달러) 발행.

7월 7일 KF-16 추가생산 계약 체결.

7월 11일 KT-1 양산 1호기 초도비행 성공.

7월 12일 러시아, 국제우주정거장의 거주 모듈, '즈베즈다' 궤도 안착 성공. 같은 해 11월부터 우주비행사 거주

시작.

7월 27일 KFP-Ⅱ 사업, 한미 정부 간 계약.

8월 19일 국내 생산 1호 Bo-105 정찰 헬기 첫 비행.

8월 30일 KT-1 양산 1호기 공군에 인도. 제3훈련비행단에 실전배치.

8월 29일 군단급 무인기 송골매, 국방규격 제정 승인 획득.

8월 31일 국과연, 군단급 정찰용 무인기 '비조') 개발.

11월 3일 국산 훈련기 KT-1 웅비호 양산 1호기 출하 기념식(김대중 대통령 임석).

11월 12일 SB427기 중국 비마飛馬 항공사와 수출 계약 체결.

11월 17일 한국항공우주산업, 록히드마틴사와 고등훈련기 T-50 수출을 위한 공동마케팅사(TFI) 설립.

11월 23일 KAI, 서산공장 현대자동차에 매각.

12월 1일 공군, 제42 보급창 창설.

12월 4일 김대중 대통령, 'IMF의 모든 차관 상환' 한국 외환위기 극복 선언.

12월 26일 천마 지대공 유도탄 양산 개시.

12월 29일 정찰 헬기 Bo-105 최종호(12호기) 납품.

● 2001년

1월 1일 한국항공우주연구소, 한국항공우주연구원으로 명칭 변경.

1월 4일 인도 독자개발 전투기 HAL Tejas 첫 비행. 양산 38대(시제기 17대 포함).

1월 15일 T-50 비행 시제기 최종조립 착수.

1월 22일 KAI 창원공장, KFP-Ⅱ 생산 착수.

1월 31일 나로우주센터 부지 선정.

2월 21일 기본훈련기(KT-1) 7대 인도네시아 수출 계약 체결.

3월 20일 김대중 대통령, 공군사관학교 졸업식에서 '2015년까지 국산 전투기 개발' 선언.

3월 23일 러시아 우주정거장 미르, 태평양 상공 대기권에 돌입, 연소 후 폐기.

6월 29일 항우연, 아리랑위성 2호 개발 관련, ASTRIUM사와 우주기술협력 체결.

8월 9일 KTX-1 무장 개량형 XKO-1 초도비행 성공.

8월 26일 일본, H-IIA 로켓 시험 1호기 발사 성공.

8월 30일 미국 벤처자본가 일런 머스크, 화성협회에서 "인간이 화성에 거주하며 다행성 종족으로 발전해야 한다"
	고 언급.

9월 21일 항우연, 선미익 항공기 개발.

9월 24일 KT-1에 탑재되는 PT6A-62 엔진 국산화 모델 출고.

9월 29일 삼성테크윈, KT-1 국산화엔진 1호기 생산.

10월~2002년 2월 머스크, 우주 진출 위해 러시아 발사체 구입 협상했으나 실패.

10월 31일 T-50 비행 시제기 1호 출고식(김대중 대통령 임석),

11월 1일 XKO-1(KT-1 무장형) 시제기 초도비행.

12월 26일 LG정밀, 천마 유도탄 양산 1차 년도 출하.

12월 31일 T-50 지상시험 1단계 종료.

● 2002년

2월 26일 한국 공군 KT-1, 싱가포르 에어쇼에서 배면 비행, 이중 루프 턴 등 시범비행.

3월 14일 머스크, 발사체 독자 개발 위한 스페이스X사 설립.

4월 17일 항우연, 공공원격탐사센터 개소.

5월 22일 국과연, 혜미 항공시험장 준공.

7월 15일 KAI, KFP-Ⅱ 초호기(KFP 121호기) 최종 조립 착수.

7월 23일 KAI, F-15K 날개 및 동체 미 보잉사에 수출 계약.

7월 29일 군단급 무인기 초도 1식 출하.

8월 20일 국산 초음속 고등훈련기 T-50 초도 시험비행 성공(비공개).

8월 28일 사천 항공우주박물관 개관식.

9월 한국항공우주학회, 제1회 한국 로봇항공기 경연대회. 항공우주산업진흥협회와 공동 개최(한국항공대학교).

10월 15일 XKO-1(KT-1 무장형) 저속통제기 2.75인치 로켓 발사시험.

10월 31일 국방부 장관 참석 T-50 초도비행 성공 기념행사.

11월 제197차 합동참모회의, 한국형 전투기(KF-X) 장기 신규 소요로 결정.

11월 8일 T-50 시제 2호기 초도비행.

11월 20일 미국, 델타 Ⅳ형 로켓 1호기 발사 성공.

11월 28일 항우연, 액체추진과학로켓(KSR-Ⅲ) 발사.

12월 16일 항우연, 스마트무인기기술개발사업단 발족.

12월 17일 인도네시아 수출형 KT-1B 1호기 초도비행.

12월 27일 산업자원부 기술표준원, 'T-50 초음속 항공기 체계개발기술' 2002년 대한민국 10대 신기술 선정.

● 2003년

2월 1일 미국 우주왕복선 콜롬비아호, 공중 폭발 사고. 7명 사망.

2월 12일 KAI, AH-64D 아파치 공격헬기 동체 수출 계약.

2월 18일 T-50, 고도 4만 피트 상공 시험비행서 초음속 돌파(비공개).

2월 19일 T-50, 초음속 돌파 비행(언론 공개).

3월 한국항공우주학회, 일본 항공우주학회와 MOU 체결.

3월 11일 머스크의 스페이스X사 개발 멀린 엔진 최초 점화 시험 성공.

3~11월 한국국방연구원(KIDA), KF-X 사업 타당성 연구 용역 수행, 타당성 부족 결론(기술/비용/수출 미흡, 국제 공동개발 대안 필요).

4월 29일 중국, 공격용 헬기 창헤 Z-10 초도비행.

4월 30일 국과연, 전술통제기 KO-1 개발.

5월 9일 항우연, 항공기 체계종합/성능시험센터 기공.

5월 9일 일본, 소행성 탐사선 야부사 발사. 이온엔진에 의한 소행성까지 왕복 비행 후 2010년 6월 지구 귀환.

6월 2일 ESA, 화성 탐사선 '마즈 익스프레스' 발사 성공. 같은 해 12월 화성 궤도진입에 성공하지만 화성 연착륙 은 실패.

6월 25일 KAI, KFP-Ⅱ 초호기(KFP 121호) 공군 인도.

7월 1일 육군, 제1·2항공여단 임무형 항공여단으로 개편.

7월 11일 국방부, KT-1의 무장형인 XKO-1 '전투용 사용 가' 판정.

7월 15일 KAI, 인도네시아에 KT-1B 1, 2호기 인도.

8월 6일 국과연, 헬기 탑재용 '전방 관측 적외선 장비' 개발.

8월 8일 나로우주센터 기공.

8월 21일 LG이노텍, 대함미사일 '해성' 개발, 시험발사 성공.

8월 22일 항우연, 우주시험동 증축 및 음향 챔버 준공.

8월 25일 중국-파키스탄 공동개발 FC-1(JF-17) 전투기 초도비행.

8월 29일 T-50 시제 3호기 초도비행.

9월 3일 T-50 잠정 '전투용 적합' 판정.

9월 4일 T-50 시제 4호기 초도비행.

9월 5일 국방품질관리소, 서울 국방벤처센터 개소.

9월 19일 KMH(한국형 다목적 헬기) 개발사업 국책사업으로 결정.

9월 27일 KAIST, 국내 최초 천문관측위성 과학기술위성 1호 발사 성공.

10월 15일 중국, 유인 우주선 선저우(神舟) 5호 발사.

10월 17일 LG이노텍, 미 록히드 마틴사와 유도탄 수직발사대 장비 공급계약 체결.

10월 24일 LG이노텍, 휴대용 지대공 미사일 신궁 시험발사 성공.

10월 29일 함대함 유도무기(해성-Ⅰ) 전투용 사용가 획득.

11월 한국항공우주학회, 국제학술대회(KSAS 1st International Sessions) 개최, 호텔 경주교육문화회관.

11월 6일 항우연, 세계 최대 무인 비행선 개발 및 초도비행.

12월 8일 머스크의 스페이스X, 워싱턴DC 내셔널 몰에서 팰컨 모형 첫 공개.

12월 13일 중국, 훈련기 겸 경공격기 JL-9 초도비행. 80대 이상 생산.

12월 19일 KAI, T-50 양산 계약 체결.

● 2004년

1월 13일 국산 1호 경비행기 부활호. 실종 50년 만에 경상공고 창고에서 발견.

1월 13일 항우연, 터보 펌프 시험동 개관.

2월 28일 T-37C 훈련기 퇴역.

3월 27일 미 항공우주국(NASA)의 소형 무인실험기 X-43, 공기 흡입식 엔진의 세계기록 갱신. 약 7700㎞/h(음
　　　속의 7배) 기록.

4월 2일 KAI, KO-1 최종조립 착수.

4월 14일 KAI, AH-64D 동체 1호기 출하.

6월 16일 항공대학교, 항공우주센터 준공/항공우주박물관 건립.

6월 19일 공군, HH-32(Ka-32) 헬기 도입.

6월 23일 KT-1 최종호기 출하.

6월 30일 국과연, 휴대용 대공 유도무기(신궁) 개발.

7월 1일 LG이노텍 방위사업 부문, 넥스원퓨처㈜로 새 출범.

7월 1일 육군, 제1·2항공여단 기능형 항공여단으로 개편.

7월 5일 공군사관학교, T-103 훈련기 도입.

7월 28일 해군, 환태평양훈련(RIMPAC)에서 함대공 유도무기 SM-2 발사 성공.

7월 이란이 미국산 F-5E/F 전투기의 설계와 남은 부품을 활용해 독자 생산한 HESA Saeqeh 첫 비행.

8월 18일 한국항공우주학회·한국항공우주산업진흥협회, ‘한국형 다목적헬기(KMH) 사업 발전전략 세미나’ 공동
　　　주최(전경련회관 20층).

8월 20일 KAI, KFP-Ⅱ 최종호(KFP 140호기) 공군 인도, 사업 종료.

8월 27일 4인승 경비행기 보라호 시험비행 도중 추락, 항공대 은희봉·황명신 교수 순직.

9월 23일 국과연·LG정밀, 경어뢰 ‘청상어’ 마지막 8차 시험발사 성공.

10월 22일 공군, 국산 1호 항공기 부활호 복원.

10월 26일 한국-러시아, 우주발사체 공동개발 계약 체결.

11월 한국항공우주학회, 한·일 공동 항공우주심포지움 개최(호텔 서울교육문화회관).

11월 4일 국과연·LG정밀, 수상함용 기만기 발사시험 성공.

11월 11~12일 KFP-Ⅱ 사업 마무리를 위한 최종 사업관리자회의.

11월 16일 NASA의 X-43, 시속 12144㎞(마하 9.8)로 공기흡입식 엔진 세계기록 갱신.

11월 25일 항우연, 수형 무인항공기 ‘두루미’ 기상관측 비행 성공 발표.

12월 1일 국과연·LG정밀, 항공기용 전자전 장비 'ALQ-X' 전투사용 가 판정 획득.

12월 2일 천문연구원, 연세대·울산대·제주 탐라대 연결 한국우주전파관측망 건설 기공식.

12월 16일 T-50 시제 1호기, 5000피트 상공 초음속 시험비행.

12월 28일 국방부-LG정밀, 함대함 유도무기 '해성' 양산 계약 체결, 휴대용 지대공 유도무기 신궁 개발.

● 2005년

1월 15일 항우연, 남극 소형관제소 설치.

1월 15일 이한호 공군참모총장, T-50 탑승 시험비행.

1월 20일 한국항공우주학회, 『항공우주학개론』 제4 개정판(4도색) 발간.

3월 8일 LG정밀, 함대함 유도무기 작업장 준공.

3월 23일 삼성테크윈, F 404 엔진 생산 개시.

3월 23일 방위사업청, 한국형 헬기(KHP) 운용성능(ROC) .

4월 12일 KO-1 양산 1호기 초도비행.

4월 21일 방사청, 국내외업체 대상 KHP 사업설명회 개최.

4월 27일 에어버스 A380 첫 비행. 이륙중량 421톤. 2007년 10월 싱가포르 항공 운용 개시.

5월 25일 KAI, 인도네시아와 KT-1B 5대 추가 수출 계약.

7월 8일 총리 주관 항공우주산업개발정책심의회, 한국형 헬기(KHP) 개발 기본계획 심의 의결.

7월 13일 한국항공소년단 창립총회(총재 정해주 KAI 사장).

7월 21일 경어뢰 '청상어', 휴대용 지대공 유도무기 '신궁' 생산 대통령 재가.

7월 27일 KO-1 양산 1호기 출고식, 9월 1일부터 공군에 인도.

8월 12일 벤처기업 세트렉아이, 국내기업 최초로 '말레이시아에 인공위성' 수출 발표.

8월 24일 KHP 사업 국내 협력업체 확정.

8월 30일 사천에서 T-50 양산 1호기 출고식(노무현 대통령 임석).

9월 15일 T-50 시제 4호기, 야간 시험비행 실시.

9월 21일 KO-1 양산 1호기, 공군에 인도.

9월 28일 T-50 양산 1호기 초도비행.

10월 18~23일 T-50, 서울 ADEX 참가.

10월 21일 한국항공소년단 창단 발대식.

11월 3일 A-50 경공격기에서 공대공미사일(AIM-9L) 발사시험 성공.

11월 10일 김성은 공군참모총장, T-50 조종, 지휘 비행 실시.

11월 20일 T-50, 두바이 에어쇼에서 해외 첫 비행.

12월 12일 F-15K(Slam Eagle) 도입 및 명명식.

12월 12일 KHP사업, 국외 체계/협력업체로 유로콥터(EC)사 확정.

12월 13일 넥스원퓨처, 한국형 헬기사업(KHP) 국내 협력업체로 확정.

12월 13일 LG정밀, 한국형 헬기사업(KHP) 국내 협력업체 지정.

12월 20일 해군, 함대함 유도무기 해성 발사시험 성공.

12월 29일 T-50 양산 1, 2호기 출하.

● 2006년

1월 2일 방위사업청 한국형 헬기(KHP) 개발사업단 발족.

1월 24일 T-50 체계개발 최종비행시험 수행.

1월 24일 A-50 경공격기, 실무장 공대지 미사일 AGM-65G 발사시험 성공.

1월 31일 T-50 체계개발사업 완료.

2월 2일 국방품질관리소, 방위사업법 제32조에 의거 법적 기구인 '국방기술품질원'으로 확대 개편(국방품질관리소 기능 승계 및 국방과학기술기획과 기술정보관리 기능 추가).

3월 1일 국립 순천대학교, 우주항공공학과 개설.

3월 1일 국립 한국교통대학교, 항공 · 기계설계 전공 개설.

3월 13일 중국, 제트 고등훈련기 홍두 JL-10 초도비행.

3월 21일 KAI, 미군 중고 P3-B 중고항공기 인수. 최신형 P-3CK로 개조 작업 시작(2010년까지 8대 성능 개량, 해군 인도).

3월 24일 스페이스X, 마샬제도 콰잘레인 환초의 오멜렉 발사장에서 팰컨 1 로켓 발사 실패.

5월 1일 방사청 KHP 사업단, 통합시험팀 조종사 교육 착수. 미국 시험비행학교(NTPS) 파견 교육.

5월 한국항공우주학회, 영국 항공학회와 MOU 체결.

6월 7일 방사청-KAI, KHP 체계개발 계약 및 협약 체결.

6월 26일 공군기술고등학교를 공군 항공과학고등학교로 교명 변경.

7월 28일 KHP 체계개발 착수.

7월 28일 아리랑 2호 위성, 러시아 플레세츠크 기지에서 발사 성공.

7월 KIDA 한국형 전투기(KF-X) 사업 타당성 연구 용역 수행(2005년 12월~2006년 7월). 타당성 미흡(국제공동 개발 및 국책사업화 필요).

9월 26일 KHP 체계 요구도 검토 회의(SRR).

10월 22일 국과연, 무궁화 5호 위성 발사.

10월 31일 국내 민수 분야 항공기 '반디호' 첫 수출.

11월 8일 공군사관학교 실습과정 T-41B 훈련기 퇴역.

11월 29일 항우연, 대형 열진공 챔버 준공.

12월 13~15일 KHP 체계설계 검토 회의(SDR).

12월 15일 F-35 라이트닝 II 전투기 초도비행.

12월 20일 KAI, KO-1 최종 양산분(20호기) 출고.

12월 25일 한국 최초 우주인 후보 2명 선발.

12월 27일 공군 O-2A 항공기 퇴역.

12월 28일 천문연구소, '지름 600㎜ 천체망원경 국산화 성공' 발표.

● 2007년

2월 14일 KAI, 미 공군 F-16 개조사업 초호기 납품.

3월 9일 국과연-KAI, 중고도 무인기 개념 연구 계약 체결.

3월 14일 항우연, 국내 최초 항공기 인증 교육 개최.

3월 21일 스페이스X, 오멜렉 발사장에서 팰컨 1 로켓 두 번째 발사, 고도 289㎞ 도달 후 엔진 정지로 궤도진입 실패.

3월 28~29일 KHP 체계설계 검토회의(SSR).

4월 한국항공우주학회, 독일 항공우주학회와 MOU 체결.

4월 1일 넥스원퓨처, LIG넥스원으로 사명 변경 및 새 CI 발표.

4월 10일 천문연, 섬진강천문대 개관 발표.

6월 20일 튀르기예, 공군 기본훈련기로 KT-1 선정.

6월 25~28일 KHP 기본설계 검토회의(PDR).

7월 한국항공우주학회, 『KSAS 매거진』 창간호 발간(편집주간: 김승조, 편집이사: 탁민제, 최종수).

8월 1일 항우연, 항공낙하시험동 가동.

8월 4일 KAI, 튀르키예와 KT-1T(KT-1의 튀르키예 수출형) 55대 수출 계약.

10월 한국항공우주학회, 창립 40주년 기념 초청강연회 및 정책포럼 개최(잠실 롯데호텔).

10월 1일 공군, KO-1의 공격 임무를 강조하기 위해 KA-1으로 명칭 변경.

10월 27일 국과연, 안흥시험장에서 '조선 시대 장거리 로켓, 대신기전' 복원 시험발사.

11월 한국항공우주학회, 미국 항공우주학회와 MOU 체결.

11월 5일 KHP 1호기 부품 가공 시작.

11월 29일 항우연, 전남 고흥군 항공센터에서 스마트 무인 틸트로터 수직이착륙 무인기 축소모형 첫 시험비행.

12월 10일 KAI, 보잉사와 미 공군 A-10 공격기 날개 구조물 수출 계약.

12월 한국개발연구원(KDI) 한국형 전투기(KF-X) 사업 타당성 연구 용역 수행(2006년 12월~2007년 12월). 타당성 부족(경제성/직구매 대비 비용 과다).

● 2008년

1월 9일 LIG넥스원, 방공장비(PCP) 첫 출하.

2월 10일 KAI, F-15SG(싱가포르 공군용 F-15E) 주익, 전방 동체 초호기 납품.

2월 4일 국방기술품질원, 국방과학기술정보통합시스템 구축.

3월 10일 한국 첫 우주인 고산, 러시아 보안규정 위반 논란. 이소연으로 교체.

3월 17일 KAI, 블랙이글스용 T-50B 계약 체결.

3월 25일 T-50 초도양산 최종호기 납품.

4월 8일 한국 최초 우주인 탑승 러시아 소유즈 TMA-12호기 발사.

5월 5일 항공우주박물관, 국산 1호 경비행기 '부활'호 복원 전시.

5월 15일 항우연, 위성시험 확장동 준공.

8월 3일 스페이스X, 팰컨 1 로켓 세 번째 발사 실패.

8월 19일 항공안전기술개발사업단 발족.

9월 28일 스페이스X, 팰컨 1 로켓 네 번째 시도에서 발사 성공(탑재 더미 중량 165㎏), 민간자본으로 조달된 액체
　　　　　연료 로켓이 궤도진입에 성공한 최초 사례.

10월 14일 사단급 무인기 시범기(D-UAV) 초도비행 성공.

10월 10일 중국, 60석급 터보프롭 여객기 시안 MA-600 여객기 초도비행.

10월 15일 한국항공소년단, 국제항공소년단(ACEA) 회원국 가입.

10월 15~24일 KHP 부체계 상세설계 검토회의(CDR).

11월 28일 한국항공우주학회·한국항공우주산업진흥협회, '국제 무인시스템 심포지엄' 공동 개최(63시티, 코스
　　　　　모스홀).

11월 28일 중국 COMAC사, 70~90석 중형여객기 C909(이전 명칭 ARJ21) 초도비행.

12월 2일~5일 KHP-1 체계 상세설계 검토회의(CDR).

12월 3일 LIG넥스원, 검독수리-A급 탐색 레이다 초도생산 완료.

12월 26일 KAI, FA-50 경전투기/TA-50 전술입문기 개조개발 계약 체결.

● 2009년

2월 2일 이란, 자체개발 발사체 사피르Safir에서 최초의 인공위성 오미드(Omid) 사출 성공.

2월 7일 천문연, 미국·호주와 지름 25m 거대 마젤란 망원경(GMT) 공동개발을 위한 협약 체결.

3월 6일 한국-인도네시아, 전투기 공동개발 의향서 교환.

6월 10일 세트렉아이, UAE에 인공위성 두바이셋 수출.

6월 11일 나로우주센터 준공.

6월 15일 KHP 동적구성품 선행입증용 시험기(DTV) 출고식.

6월 19일 LIG넥스원, '신궁'에 사용될 피아식별기(IFF) 국내 개발.

6월 24일 국방부·방위사업청, KUH-1 명칭 '수리온'으로 확정.

6월 30일 국과연, 장거리 대잠 유도무기('홍상어') 개발.

7월 10일 KHP-1 DTV 시험비행.

7월 14일 스페이스X, 팰컨 1 로켓 5번째 발사 성공(팰컨 1 로켓의 마지막 발사이자 유일한 상업 발사).

7월 15일 세트렉아이 제작 말레이시아 인공위성 라작셋 발사 및 궤도진입 성공.

7월 30일 KUH-1 비행시제 1호기 출고식(이명박 대통령 임석) 및 '수리온' 명명식.

8월 25일 KAIST, 최초 국내 발사위성 과학기술위성 2A호 발사. 궤도진입 실패, 대기권에서 소멸.

8월 25일 한국 최초 우주발사체 나로호(KSLV-1) 1차 발사, 페어링 분리 안 돼 실패.

9월 3일 LIG넥스원, 이스라엘 엘타사와 기계식 레이다 공동개발 협약.

9월 9일 KUH-1 수리온 비행시제 1호기 지상시험 시작.

9월 11일 일본, H-IIB 로켓 시험기 1호기, HTV 초호기 발사 성공.

9월 30일 KC-100 국내 형식 증명·제작 증명 신청.

10월 1일 국산 1호 항공기 '부활호' 등록문화재 제411호 지정.

10월 12~16일 항우연 주관 대전 국제우주대회(IAC) 2009 성료.

10월 13일 건국대 한국형 전투기(KF-X) 사업 타당성 연구 용역(2009년 4월~10월). 타당성 있음(직구매 대비 국
        내 개발 유리).

10월 17일 항우연, 국제우주대회 기념 복원 신기전 발사 시험.

10월 19일 LIG넥스원, 개함 방공용 RAM 초도생산 및 국산화 기념식.

11월 18~23일 T-50 최대속도 마하 1.5 돌파 비행 성공.

11월 19일 KT-1 기총 장착 초도비행 성공.

11월 23~27일 KUH-1 수리온 FFRR(First Flight Review Board: 초도비행 전 안전점검위원회) 개최.

● 2010년

1월 21일 제6차 항공우주산업개발 정책심의회, 항공산업 세계 7위권 목표 제시. 한국형 전투기(KF-X) 탐색 개발
        착수 승인/민수 헬기와 공격헬기 탐색 개발 착수 결정.

3월 10일 KUH-1 수리온 비행시제 1호기 초도비행 성공.

4월 6일 제41회 방위사업추진위원회, 한국형 전투기(KF-X) 사업추진 기본전략 심의 및 의결.

4월 10일 한국-페루, 방산협력 MOU 체결. KT-1P 수출 논의 시작.

4월 22일 KAI 전자동 공정 채택한 A350 공장 준공.

4월 28일 KUH-1 비행시제 2호기 초도비행.

5월 4일 FA-50 개조개발사업 1차 초도비행 성공.

5월 13일 T-50 고등훈련기 전력화 행사(50대 납품 완료).

5월 21일 일본, 금성 탐사선 아카츠키와 소형 태양 전력 세일(돛) 실증기 이카로스 발사.

5월 27일 KT-1 기총 장착 성능 개량형 실전배치 시작.

6월 4일 LIG넥스원, 대포병 레이다 2차 사업 수주.

6월 4일 스페이스X, 팰컨 9 로켓 발사 성공. 이후 팰컨 9 계열 로켓은 570회 발사돼 567회 완전 임무 성공, 발사
　　　　중 2회 실패, 발사 전 1회 실패를 기록(2025년 11월 6일 현재). 재사용 로켓 시대 개막.

6월 10일 우주발사체 나로호 2차 발사 실패. 탑재된 과학기술위성 2호도 궤도진입 실패.

6월 15일 F-4D 전투기 퇴역.

6월 17일 KUH-1 비행시제 3호기 초도비행.

6월 22일 국방부　지식경제부, KUH-1 초도비행 성공 기념행사.

6월 25일 한국 공군 최초 항공기 L-4 연락기, 등록문화재 제462호 지정.

6월 27일 항우연, 유럽 EADS와 기술 제휴로 국내 첫 정지궤도 위성인 천리안 1호(통신해양기상위성) 위성 프랑
　　　　스령 기아나 쿠르 우주기지에서 발사 성공.

7월 15일 한국-인도네시아 차기 전투기 공동개발 양해각서 체결.

7월 29일 국방기술품질원, 강원도 인제군 서화 ASRP 시험장 준공.

9월 15일 극동대학교, 항공정비학과(모집정원 25명) 신설.

9월 28일 T-50B 블랙 이글 국내 첫 비행.

10월 한국항공우주학회, 저가실용형 무인기기술 개발 시연회 개최.

10월 28일 KUH-1 비행시제 4호기 초도비행.

11월 10일 KUH-1 잠정 전투용 적합 판정.

11월 한국항공우주학회, 중국 항공학회와 MOU 체결.

12월 1일 한국항공우주학회, 『항공우주학 개론』 제5 개정판 출간.

12월 9일 스페이스X, 팰컨 9호로 우주선 드래곤 발사. 궤도진입 및 회수 성공.

12월 21일 LIG넥스원, '홍상어' 초도품 출고.

12월 23일 제87회 사업관리분과위원회, 한국형 전투기(KF-X) 탐색개발 기본계획서 승인.

12월 24일 제47회 방위사업추진위원회, 소형 무장헬기(LAH) 추진 기본전략안 승인.

● 2011년

1월 18일 항우연, 고흥 항공센터에서 스마트 무인기 실물기 시험비행 성공.

2월 11일 KC-100 비행시제 1호기 출고.

3월 11~21일 KUH-1 국내 저온시험 수행(국과연 혜미 시험장).

3월 18일 항공학부 개설한 초당대학교, 산업대학교에서 일반대학교로 전환 인가.

3월 23일 T-50 무사고 시험비행 3000회 돌파.

3월 26일 한국항공우주산업진흥협회, 한국항공대에서 제10회 로봇항공기경연대회 개최.

4월 11일 제93회 사업관리분과위원회, KF-X 사업준비 탐색개발 시제업체로 KAI 선정.

4월 20일 한국-인도네시아, 전투기 공동 탐색개발 계약 체결.

5월 4일 FA-50 초도비행 성공.

5월 12일 페루, 한국산 기본훈련기 도입 확약.

5월 25일 T-50 인도네시아 수출 계약(16대, 4억 달러).

6월 13일 KF-X 탐색개발 착수.

6월 15일 KC-100 비행시제 1호기 초도비행.

6월 16일 천문연, 몽골-미크로네시아에 해외 첫 GPS 기준국 설립 계획 발표.

6월 30일 방사청-LIG넥스원, SAAM(Surface-to-Air Anti-Missile) 체계 개발사업 계약.

7월 1일 LIG넥스원, 장거리 레이다 체계 개발사업 계약/차기 국지 방공레이다 체계 개발사업 계약.

7월 7일 방사청, LAH 한국형 공격 헬기사업 탐색개발 시제업체 우선협상자로 KAI 선정.

7월 14일 경상남도 주관 '부활호' 개량복원 기념식.

7월 26일 LIG넥스원, KFX 항공전투체계 탐색 개발사업 계약 체결.

7월 28일 LIG넥스원, 차기 위성 탐색 개발사업 계약 체결.

9월 16일 FA-50 잠정 전투용 적합 판정.

9월 21일 공중조기경보통제기 E-737(Peace Eye) 1호기 도입.

10월 ADD 주관 소형 무장헬기(LAH) 탐색 개발 시작, 2012년 12월까지 수행.

10월 28일 KAI, KHP-1 수리온 헬기 서울 ADEX 행사장에서 일반에 공개.

11월 12일 LIG넥스원, 차기 탐지레이다 체계 개발사업 계약 체결.

12월 12일 TA-50 레이다 장착 기종 잠정 전투용 적합 판정.

12월 23일 조달청, 경찰청용 수리온 헬리콥터 3대 계약.

● 2012년

1월 20일 KAI, 에어버스와 A320 날개 구조물 독점 공급 계약 협약.

1월 31일 KHP-1 혹한기 운용성 시험(양구비행장).

2월 1일 국방기술품질원, DQ마크 인증기관 지정.

2월 7일 FA-50 고받음각 비행시험 완료.

3월 1일 경운대학교, 산업대학에서 일반대학으로 전환하며 항공대학(항공전자공학과·항공정보통신공학과·항공
운항학과·항공관광학부) 설치.

3월 30일 KHP-1 후속 군 운용 적합성 시험 완료(포천 일대).

5월 18일 세 번째 다목적 실용위성 아리랑 3호, 일본 다네가섬 우주센터에서 발사 성공.

6월 8일 FA-50 개조개발사업 시험평가 완료.

6월 26일 KAI, TA-50 전술입문기 최종호기 납품.

6월 18일 KUH-1 감항 형식인증 획득.

6월 28일 KUH-1 전투용 적합 판정 획득.

6월 30일 KUH-1 체계개발 사업 종료.

7월 7일 공군 블랙이글스, 영국 리아트 에어쇼에서 최우수상 수상.

8월 25일 KC-100 초도 인증 비행시험 착수.

9월 26일 국제항공공학협회(ICAS) 2012년 총회(호주 브리스번), '2016년 총회 한국 개최안' 만장일치 통과.

10월 한국항공우주학회, 저가형 실용 무인기 기술개발 시연회 개최.

10월 30일 KAI, 차기 군단 정찰용 무인기 체계개발 우선협상업체 선정.

10월 31일 FA-50 개조개발사업 종료 및 FA-50 항공기 형식인증 취득.

11월 7일 KAI, 페루와 KT-1 10대, KA-1 10대 2억 달러 규모 수출 계약 체결.

12월 한국-인도네시아 차기 전투기 공동 탐색개발(2011. 6~2012. 12) 종료. 한국 440억 원 인도네시아 110억 원 등 550억 원 소요.

12월 24일 KUH-1, 미국 알래스카에서 국외 저온비행 시험 시작.

● 2013년

1월 6일 중국, 4발 대형수송기 시안 Y-20 초도비행. 95대 이상 생산 배치 중.

1월 10일 재단법인 항공안전기술센터 설립(초대 원장 이경태).

1월 14일 LIG넥스원, '중거리 GPS유도 키트' 국내 첫 개발 참여.

1월 30일 우주발사체 나로호 3차 발사 성공. 탑재된 나로과학위성도 사출 및 궤도진입 성공.

2월 7일 KUH-1 수리온 헬기, 미국 알래스카에서 국외 저온비행 시험 종료.

2월 21일 방위사업청, KUH-11 영하 40도 저온시험 성공 공식 발표.

2월 27일 KT-1T(KT-1의 튀르키예 수출형) 40대 납품 완료.

3월 2일 청주대학교, 항공기계학과 개설.

3월 28일 KC-100 소형 민항기 형식증명 획득.

3월 29일 방위사업청, KUH-1 수리온 개발 완료 선언.

4월 17일 KAI, MUH-1(KUH-1의 해병대용 상륙 기동헬기) 사업 우선협상 대상 업체 선정.

4월 19일 항공안전기술센터 공식 출범.

5월 22일 KUH-1 수리온 전력화 기념행사(육군항공학교, 박근혜 대통령 임석).

6월 27일 국방기술품질원, 국방품질연구회(DQS) 창립.

6월 28일 '중거리 GPS유도 키트' 성능 향상을 위한 야전 품평회 개최.

7월 1일 수리온 기반 상륙 기동헬기 개발 시작.

7월 22일 LIG넥스원, 유도무기 기술연구소 설립.

8월 중원대학교, 항공학부(항공운항학과·항공정비학과) 신설.

8월 21일 공군, FA-50 1호기 인수.

8월 22일 다목적 실용위성 아리랑 5호, 러시아 야스니 우주기지에서 발사 성공.

8월 23일 세트렉아이, 스페인에 소형위성 데이모스 2호 수출 성공.

9월 9일 LIG넥스원, 함대공 유도무기 '해궁' 체계조립 및 추진기관 김천 공장 준공.

10월 17일 대한항공-항우연, 수직이착륙 무인항공기 KUS-TR 시험비행 성공.

10월 20일 KUH-1 수리온 플레어 투하 훈련 공개.

11월 18일 제8차 항공우주산업개발 정책심의회, LAH/LCH 연계개발 국책사업 추진 결정.

11월 21일 KAIST, 과학기술위성 3호 러시아 야스니 우주기지에서 발사.

11월 21일 한국과학기술기획평가원(KISTEP), "현시점에서는 한국형 전투기(KF-X) 타당성 미흡"

11월 22일 제281차 합동참모회의, 한국형 전투기(KF-X) 중기 전환 소요 결정.

11월 27일 LIG넥스원, 국내 첫 저고도 레이다 개발.

12월 12일 KAI, 이라크에 T-50IQ(T-50의 이라크 수출형) 24대 수출 계약. 21억 달러 규모.

12월 18일 공군-KAI, FA-50 창정비 계약 체결.

12월 23일 중국, 하얼빈 Z-20 헬기 초도비행.

12월 26일 KAI, 경찰청에 수리온 기반 '참수리' 헬기 납품.

12월 27일 방위사업청, 복합대공화기 '비호' 개발사업 완료.

● 2014년

1월 20일 미래창조과학부, 한국형 발사체 체계종합업체로 KAI 선정.

1월 24일 항공안전기술센터, 기타 공공기관 지정.

2월 13일 인도네시아 자카르타에서 T-50I 전력화 기념행사.

2월 21일 KAI, 미국 보잉사와 주익 기체구조물 7,300억 원 규모 생산계약 체결.

2월 28일 제75회 방위사업추진위원회, LAH 체계개발 기본계획 승인.

2월 28일 RF-4C 정찰기 퇴역.

3월 24일 KAI, C-130H 성능개량사업 초호기 개량 완료.

3월 28일 정부 간 교역(G2G) 방식으로 필리핀에 FA-50 12대 수출 계약. 4억 2000만 달러.

3월 LAH/LCH 체계개발업체 입찰 공고.

4월 24일 제주 항공우주박물관 개관.

5월 21일 국방기술품질원, 본원 경남 진주혁신도시 이전.

5월 21일 항공안전기술원법 공포(시행 14년 11월 22일).

5월 30일 공군, 마지막 나이키 허큘리스 대대 해편식.

6월 17일 국방기술품질원, 진주 신청사 준공식.

7월 14일 항공안전기술센터, 항행안전시설 성능 적합증명 검사기관 지정.

7월 18일 제290차 합동참모회의, 한국형 전투기(KF-X) 작전 요구성능 수정(엔진 형태 쌍발로 확정).

7월 22일 제81회 방위사업추진위원회, LAH/LCH 체계개발업체 선정.

9월 24일 제83회 방위사업추진위원회, 한국형 전투기(KF-X) 체계개발 기본계약안 의결.

9월 24일 KAI, 항공기통합개발센터 착공.

9월 25일 F-X 사업 절충교역(KF-X 기술이전) MOA 체결.

10월 6일 한국-인도네시아 차기 전투기 공동체계개발 기본합의서(PA) 체결.

10월 30일 FA-50 전력화 기념행사(제8전투비행단, 박근혜 대통령 임석).

11월 5일 RQ-101 군단급 무인기 감항 확인서 획득.

11월 19일 항공안전기술원법 시행령 제정.

11월 24일 항공안전기술원 공식 출범.

11월 26일 삼성그룹, 방산·석유화학 부문 4개 계열사 한화그룹에 매각 공식 발표.

12월 KF-X 체계개발 총사업비 확정(8조 8,406억 원, 체계개발 8조 1,532억 원, 추가 무장사업 6,874억 원)

12월 9일 LIG넥스원, 휴대용 지대공 유도무기 '신궁'의 한국형 탐색기 국산화 개발 완료.

12월 19일 방위사업청, KF-X 체계개발 입찰 공고.

12월 26일 KUH-1 2차 양산 25호기 납품.

● 2015년

1월 19일 MUH-1 초도비행.

1월 22일 다목적 실용위성 3A호 개발 종료.

2월 4일 KAI, AH-64D 헬기 동체 300호 납품.

2월 16일 방사청, LAH/LCH 국외체계업체(Airbus Helicopters) 계약 체결.

3월 10일 MUH-1 비상 부주시스템 시험비행.

3월 30일 제87회 방위사업추진위원회, 한국형 전투기(KF-X) 협상대상업체 우선순위 결정.

3월 26일 다목적 실용위성 3A호 러시아 야스니 기지에서 발사.

4월 10일 항우연, 전남 고흥 항공센터에서 고속 수직이착륙 무인기 상용화 모델 TR-60 공개.

4월 15일 항공안전기술원, 항공기 인증 전문검사기관으로 지정.

4월 22일 KT-1P 페루 현지 조립생산 1호기 출고.

5월 1일 육군, 수리온 기반의 의무후송 전용헬기(KUH-1M) 메디온(MEDEON) 보급에 따라 의무후송항공대 창설.

5월 19일 해군, 함대함 유도무기 해성 실사격 훈련, 100㎞ 밖 표적 명중.

6월 1일 LIG넥스원, 호크 주장비, 현무탄 사업 종료.

6월 17일 육군 제2작전사령부 제21 항공단 예하 207 항공대대, 야전항공대 최초로 수리온 전력화.

7월 7일 KAI, 차세대중형위성 1단계 사업 우선협상 대상자 선정.

7월 8일 공군, 충남 계룡대 공군연구단에 '우주정보상황실' 개소.

7월 8일 국방기술품질원, 강원도 인제군 다릿골 전천후 시험장 개장.

7월 14일 LCH 사업 착수 회의.

7월 16일 LAH 사업 착수 회의.

7월 23일 차기 군단급 정찰용 무인기 비행체 1호기 출고.

7월 30일 국과연·LIG넥스원, 적 항공기/유도탄 격추용 지대공 유도무기 '천궁' 시험사격 성공.

8월 4일 LIG넥스원, 보병용 중거리 유도무기 현궁 '전투적합 가' 판정 획득.

8월 4일 합참, 보병용 중거리 유도무기 현궁 '전투사용 가' 판정.

8월 5일 항우연, 태양광 성층권 무인기 EAV-3, 고도 14.12㎞ 도달 후 무사 귀환.

9월 7일 항우연-KAI, 차세대 중형위성 개발 계약 체결.

9월 8일 국방기술품질원, ISO 9001 인증기관 지정.

9월 17일 KAI, 태국에 T-50TH(T-50의 태국 수출형) 4대 수출 계약. 1억 1,000만 달러.

10월 14일 LIG넥스원, 지대공 유도탄 '천궁' 시스템 초도 양산 개시.

11월 25일 MUH-1 개발시험평가 결과 '기준 충족' 획득.

12월 16일 제92회 방위사업추진위원회, KF-X 체계개발 기본계획 수정(AESA 레이다 주관기관 업체에서 ADD로
　　　　변경).

12월 17일 T-50A 미국 수출형 훈련기(T-X) 공개 행사(박근혜 대통령 임석).

12월 21일 제191회 사업관리분과위원회 KF-X 체계개발 실행계획서 승인.

12월 22~23일 LAH 체계요구조건 검토(SRR)/체계기능 검토(SFR) 회의 수행.

12월 24일 LIG넥스원, 1,514억 원 규모 휴대용 지대공 유도무기 '신궁' 양산사업 수주.

12월 28일 방사청, ADD, KAI, 한국형 전투기(KF-X) 체계개발사업 계약.

12월 28일 KAI, 항공기 통합개발센터 준공.

● 2016년

1월 7일 한국-인도네시아, KF-X/IF-X 공동개발 참여 계약 체결.

1월 21일 KF-X 체계개발 착수 회의 개최.

1월 25일 한화테크윈, 항우연과 한국형 발사체(KSLV-Ⅱ) 로켓엔진 제작 계약 체결.

3월 29일 미래창조과학부, 달 탐사 협력 방안 담은 '한·미 우주협력협정' 체결 발표.

3월 30일 한국형 전투기(KF-X) 체계요구조건 검토(SRR) 회의, 31일까지 속행.

4월 19일 공군, KC-100 항공기 1, 2호기 인수.

5월 11일 공군사관학교, 국산 KT-100 훈련기 전력화.

5월 29일 국방기술품질원, 국산 적외선탐색기 장착 '신궁' 3발 시험발사 성공.

6월 2일 T-50A 미국 수출형 고등훈련기 초도비행.

6월 8일 항우연, 전남 고흥 나로우주센터에서 한국형 발사체용 75t급 로켓엔진 연소시험 성공.

6월 22일 KF-X 기체 저속 풍동시험 실시.

7월 11일 대한항공, 해상초계기 P-3C 성능개량 1호기 출고식.

7월 15일 KAI, KT-1 4대 세네갈 수출 계약.

7월 20일 국방기술품질원, 무기체계 선행연구 기관으로 지정.

8월 9일 KAI, FA-50 최종호기 출고 행사.

8월 12일 항우연 제작 성층권 태양광 무인기, 고도 18.5㎞ 상공에서 90분간 비행.

8월 23~26일 LAH 기본설계검토(PDR) 회의 수행.

9월 23일 항우연-KAI, 차세대 중형위성 기술이전 계약.

9월 25~30일 한국항공우주학회, 국제항공공학협회(ICAS) 2016년 총회 대전 컨벤션 센터에서 개최(논문 600편
　　　　　발표).

10월 20일 국가등록문화재로 한국 공군 최초 전투기 F-51D 무스탕(666호), 국민 성금으로 구입한 T-6(667호)
　　　　　지정.

10월 21일 공군 FA-50 최종호기 인수.

11월 23일 KAIST 인공위성연구센터, 인공위성연구소로 승격.

11월 28일 T-50 무사고 시험비행 5000회 돌파.

12월 2일 방사청-LIG넥스원, '현궁' 초도양산 계약 체결.

12월 15일 공군, F-16PBU 전력화.

12월 22일 장거리 공대지 유도무기 '타우러스' 전력화.

12월 한국형 전투기(KF-X) 체계기능검토(SFR) 회의 시작.

● 2017년

4월 7일 KT-1P 최종호기 납품식(페루 라스팔마스 공군기지, 페드로 파블로 쿠친스키 페루 대통령 주관).

5월 5일 무궁화위성 7호기, 남미 프랑스령 기아나 쿠루 우주기지에서 발사 성공.

5월 5일 중국 COMAC사, 쌍발 168~190석 C919 여객기 초도비행.

5월 12일 한화테크윈, LM2500 LPT 모듈 1000호기 생산.

6월 20일 건국대 스포츠급 경항공기 개발 연구단(단장 이재우 교수), 국산 경비행기 KLA-100 전남 고흥 항공센
터에서 초도비행 성공.

6월 21일 LIG넥스원, 전투기 탑재 훈련시스템 구축 위해 네덜란드 NLR사와 MOU 체결.

7월 10일 항우연 개발 틸트로터 무인기 TR-60, 해양경비안전본부 훈련함 '바다로' 호 함상에서 10차례 수직이착
륙 시험비행 성공.

7월 4일 FA-50PH 필리핀 납품 완료(12대).

7월 17일 항공안전기술원, 항공안전자료 분석 및 국제표준연구 위탁.

7월 29일 KAI, 태국과 T-50TH 8대 추가수출 계약, 2억 6000만 달러.

8월 2일 LIG넥스원, 북 장사정포 탐지 가능한 대포병 탐지레이다-II 연구개발 성공 발표.

9월 12일 공군, '타우러스' 실사격 성공.

10월 24일 국방기술품질원, 방탄방호 성능시험 KOLAS 인증 획득.

11월 2일 한화테크윈, LM6000 LPT 모듈 1호기 생산 출하.

11월 2일 공군, 방공유도탄 사격대회에서 '천궁' 최초 실사격 훈련, 표적 명중.

11월 3일 항공안전기술원, 경량·초경량 비행장치 안전성 인증 기능 이관(교통안전공단).

11월 한국항공우주학회, 추계학술대회 및 창립 50주년 기념 심포지엄 개최(라마다 프라자 제주호텔).

11월 7일 항공안전기술원, 무인비행 장치 특별비행 적합성 안전기준 검사 위탁.

11월 10일 항공안전기술원, 무인항공산업 안전증진 및 활성화 업무 수탁.

11월 28일~12월 1일 LAH 상세설계검토(CDR) 회의 수행.

12월 1일 육군, 특수작전항공단 창설.

12월 4일 KUH-1, 미 미시건주 마르켓에서 체계 결빙 후속 비행시험 착수(2018년 3월까지).

12월 6일 항우연, 전남 고흥 나로우주센터에서 75t급 우주발사체 엔진 연소 실험 성공.

12월 13일 항공안전기술원, 드론 전용 비행시험장 3개소(영월·보은·고성) 구축 개시.

12월 14일 중국, 대형수상기 CAIGA AG600 초도비행.

12월 15일 KAI, AH-64D 동체 500호기 적기 납품.

● 2018년

1월 1일 항공안전기술원, 드론기업 지원허브(판교) 위탁운영 개시.

1월 1일 육군, 항공정비여단 창설.

1월 10 MUH-1 해병대 인수식.

2월 6일 스페이스X 팰컨 헤비(팰컨 9 1단 부스터 3개로 구성된 중량물 운반 발사체로 역사상 가장 강력한 발사체)
발사 성공. 초중량 발사체도 재사용 본격화.

3월 12일~4월 8일 해병대, MUH-1 야전운용시험.

3월 19일 한화테크윈, LAH 엔진 시제 1·2호기 출하.

4월 1일 한화테크윈, 한화에어로스페이스로 사명 변경.

4월 2일 항공안전기술원, 경량항공기 안전성 인증검사소 이전(공주 신풍→인천 청라).

4월 18일 공군사관학교 T-103 훈련기 퇴역.

5월 17일 KAI, CH-47D 헬기 성능개량사업 MOU 체결.

6월 1일 방위사업청 주관 제41회 감항 인증 심의위원회, KUH-1 수리온의 체계 결빙 운용능력에 대한 감항성 인증.

6월 한국형 전투기(KF-X) 기본설계 검토(PDR) 회의 시작.

7월 13일 KAI, 시험용 달궤도선 SDM 구조계 개발, 항우연에 납품 완료.

7월 17일 수리온의 해병대형인 MIH-1 마린온 추락 사고. 승무원 5명 순직.

8월 17일 항공안전기술원, 국토교통부 항공안전관리 수탁 계약.

9월 7일 방위사업청-LIG넥스원, 4390억 원 규모 '철매-Ⅱ 성능 개량' 양산 계약.

9월 10일 한국항공서비스주식회사(KAEMS) 법인 설립 현판식.

10월 22일 한화에어로스페이스, ㈜한화 항공사업 및 공작기계사업 인수. 한화지상방산, 한화디펜스 흡수 합병.

10월 24일 항공보안장비 성능인증 제도 시행(항공보안법 개정 발효).

10월 28일 KAIST 인공위성연구소, 연구용 과학로켓 '우리새-2호' 전북 새만금에서 발사.

11월 11일 미국·뉴질랜드 합작기업 로켓랩, 소형 로켓의 첫 상업 발사 성공.

11월 12일 공군, 공중급유기(KC-330 시그너스) 1호기 도입.

11월 28일 항우연, 누리호 주 엔진 성능 검증용 시험발사체 발사 성공.

12월 5일 국내기술 개발 첫 정지궤도 위성 '천리안 2A호' 남미 프랑스령 기아나에서 발사.

12월 13일 국방기술품질원, 유도무기·탄약류 지상연소시험장(강원도 인제군) 준공.

12월 18일 LAH 시제 1호기 출고.

12월 21일 KUH-1 3차 양산 100호기 납품.

12월 20일 방위사업청-LIG넥스원, 국산화 국지 방공레이다 양산 계약.

12월 24일 국과연, 함정방어 대공 유도무기 '해궁' 개발 완료.

● 2019년

1월 3일 중국 무인 달 탐사선 '창어' 4호, 최초로 달 뒷면 착륙.

1월 30일 공군, 공중급유기(KC-330 시그너스) 전력화.

3월 29일 공군, F-35A 최초 도입.

4월 18일 F-35A 국내 첫 비행.

5월 7일 천문연구원, '미 항공우주국(NASA)과 달탐사장비 공동개발 합의' 발표.

5월 15일 KAI, 미 보잉사에 AH-64D 공격헬기 동체 600호기 적기 납품.

6월 4일 KAI, 이스라엘 IAI사와 G280 날개 공급 계약 체결.

6월 12~14일 LAH 1호기 초도비행 준비검토(FFRR) 회의.

6월 19일 대한항공, 에어버스사와 여객기용 차세대 날개 공동개발 프로젝트 'Wing of Tomorrow' 협약 서명.

7월 4일 LAH 1호기 초도비행.

8월 1일 LAH 2, 3호기 초도비행.

8월 1일 대한항공, 500MD 무인헬기 초도비행 성공.

9월 한국형 전투기(KF-X) 상세설계 검토(CDR) 회의 시작.

9월 30일 한화에어로스페이스, 항공엔진 부품 미국 전문업체 '이닥(EDAC)' 지분 100% 인수 완료.

10월 15일 대한항공, 미 레이시온사와 ISTAR(지상 이동표적 감시 및 조기 경보) 도입 사업 기술협력을 위한 합의
　　　　서(MOA) 교환.

10월 30일 LIG넥스원, 해양 감시레이다-Ⅱ 국내 기술로 개발 성공 발표.

11월 6일 한화에어로스페이스, 영국 롤스로이스사와 1조 2000억 원 규모 항공엔진 부품 납품 계약.

11월 18일 한화에어로스페이스, 미국 제너럴일렉트릭(GE)사에 3500억 원 규모 항공엔진 부품 납품 계약.

12월 12일 대한항공, A-10 공격기 10년간 창정비 물량 수주.

12월 17일 F-35A 전력화.

12월 20일 항공안전기술원, 국내 최초 항공기용 복합재료 국산 소재 인증 착수.

12월 23일 고고도 무인정찰기(RQ-4 글로벌호크) 1호기 인도.

● 2020년

1월 2일 LAH 혹한기 군 운용 적합성 시험.

1월 21일 항공안전기술원, 국가종합비행성능시험 인프라(고흥) 비행시험통제센터 준공·시범운영 개시.

2월 18일 항우연, 미세먼지 관측 가능한 국산 정지궤도 위성 '천리안 2B' 발사 성공.

3월 2일 한국항공우주학회, 『항공우주학 개론』 제6 개정판 발간.

3월 20일 대한항공, 에어버스 A320 시리즈 항공기용 샤크렛(주날개 끝 부품) 인도 3000대 돌파.

4월 26일 수리온 헬기 산불 야간 진화에 투입, 한 번에 2t씩 8t 담수를 살수하며 야간 진화.

5월 4일 항공안전기술원, 국산 드론 정보 제공 헬프 데스크 운영 시작.

6월 24일 도심항공교통 민관협의체, UAM Team Korea 발족.

6월 29일 LIG넥스원, 30㎜ 골키퍼 근접방어 무기체계 국내 초도 정비품에 대한 공장수락검사(FAT·Factory
　　　　Acceptance Test) 완료.

7월 5일 국립항공박물관 개관.

7월 27일 LAH 혹서기 군 운용 적합성 시험.

8월 26일 항우연, '고고도 태양광 무인기 EAV-3 53시간 연속비행' 발표.

8월 30일 항우연-LG화학, 고고도 태양광 무인기에 리튬황 배터리 장착 13시간 비행시험.

9월 25일 LIG넥스원, 130㎜ 유도로켓 '비룡' 초도 납품 완료.

11월 한국항공우주학회, 한국우주기술진흥협회, 공군 전투발전단과의 MOU 체결.

11월 26일 대한항공, 주한 미군 및 주일 미군 F-16 전투기 수명 연장 및 창정비 사업 수주.

11월 26일 대공 유도무기 '천궁 Ⅱ' 체계 출하 및 배치.

11월 30일 대한항공, 미 해군/해병대 H-53E 대형 헬기 창정비 사업 수주.

12월 6일 일본 소행성 탐사선 하야부사 2호, 소행성 류구에서 채집한 흙을 담은 캡슐을 지구로 발사해 호주 남부
　　　에 안착. 인류 최초로 소행성 지표면 아래 물질 확보.

12월 6일 중국 창어 5호 달 궤도에서 궤도선-귀환선 도킹 성공.

12월 15일 제132회 방위사업추진위원회, 수리온 헬기 기어박스 국산화 등 성능개량 사업 의결.

12월 LAH 잠정 전투용 적합 판정.

● 2021년

1월 1일 국방기술품질원 부설 방위산업기술진흥연구소 신설.

1월 1일 드론비행시험센터 3개소(영월·보은·고성) 운영 개시.

1월 13일 한화에어로스페이스, '인공위성 전문업체 세트렉아이 지분 인수' 공시.

1월 17일 영국 버진 그룹의 보잉 747기 개조 항공기가 10.5㎞ 상공에서 로켓 론처원을 공중 발사하고 로켓 론처
　　　원은 500㎞ 고도까지 상승해 NASA의 교육용 소형위성 10기를 사출.

1월 28일 항우연, 전남 고흥 나로우주센터에서 한국형발사체(KSLV-Ⅱ) 1단부에 들어갈 75t 로켓엔진 클러스터
　　　링(4기 묶음) 연소시험.

2월 1일 제주해양경찰 소속 '흰수리' 헬기, 악천후 속에서 성산 일출봉 동쪽 해안에 피신 중이던 어선 선원 5명 모
　　　두 구조.

2월 2일 미 공군, F-15EX 이글Ⅱ 전투기 초도비행.

2월 10일 아랍에미리트(UAE) 우주탐사선 '아말(희망)' 화성 궤도진입 성공.

3월 19일 경북경찰청 소속 '참수리' 헬기, 운용 5년 3개월 만에 독도 왕복비행 100회 기록.

3월 22일 차세대 중형위성 1호, 카자흐스탄 바이코누르 우주센터에서 러시아 소유즈 발사체로 발사, 정상 분리.

4월 9일 한국형 전투기(KF-X) 시제 1호기 출고식. KF-21 '보라매' 전투기 명명.

4월 26일 제135회 방위사업추진위원회, 해병대 상륙 공격헬기로 '마린온' 무장형 공식 결정.

5월 17일 한국과학기술원(KAIST)-한화그룹 '스페이스 허브', 우주연구센터 공동 설립.

5월 21일 문재인 대통령, 바이든 미국 대통령과 한미정상회담에서 한국의 미사일 개발과 항공우주산업의 족쇄로
　　　평가받던 한미 미사일지침 폐지 합의. 한국 42년 만에 미사일 주권 회복.

5월 27일 항공안전기술원 항공안전데이터분석센터 개소.

6월 25일 LIG넥스원, L-SAM 체계 조립/점검장 준공.

7월 5일 호크 지대공 미사일 자동화 사격통제장치 임무 종료. 호크 미사일 완전 퇴역(LIG넥스원의 호크 미사일 창
　　　정비도 종료).

7월 20일 KAI, 인도네시아와 T-50i(T-50의 인도네시아 수출형) 6기 추가수출 계약.

7월 20일 서울대·대한항공, 공군 항공우주전투발전단 우주처 발주 '국내 대형 민간항공기 활용 공중발사 가능성
　　　분석 연구' 과제 연구 착수. 보잉 747-400에서 공중발사체 개발 연구.

7월 30일 KAI, 태국과 T-50TH 2대 추가수출 계약.

9월 16일 국방기술진흥연구소, '광대역 저피탐 무인기(UAV) 기체구조 기술 연구' 과제 우선협상 대상자로 대한
　　　항공 선정.

9월 23일 중국 70~80석 터보프롭 여객기 시안 MA700 초도비행.

10월 21일 한국형 발사체 누리호(KSLV-Ⅱ) 전남 고흥 나로우주센터에서 발사, 위성 안착은 실패.

11월 한국항공우주학회, 전라남도와 초강력 레이저 연구시설 구축을 위한 MOU 체결.

11월 26일 현대자동차·현대건설·대한항공·인천국제공항공사·KT, 한국형도심항공교통 K-UAM(Urban Air
　　　Mobility) 공동업무협약(MOU) 체결.

12월 1일 육군, 항공사령부 창설.

12월 1일 해병대, 항공단 창설.

12월 16일 대한항공, 세계최초 '군집 드론을 활용한 항공기 기체 검사 솔루션' 기술 공개.

12월 29일 페리지에어로스페이스, 제주도에서 소형발사체 블루웨일 0.1 시험 발사.

● 2022년

1월 한국형 전투기(KF-21) 양산사업계획 기준안 통보.

1월 10일 국방기술품질원, 첨단무기체계 품질관리 전담 조직(첨단미래기술센터) 신설.

1월 16일 LIG넥스원, UAE와 중거리 지대공 유도무기 천궁Ⅱ 공급 계약.

1월 19일 공군박물관, '국산 항공기 가상현실(VR) 특별 전시 코너' 운영 발표.

2월 LAH 국외 저온 시험(캐나다 옐로나이프 지역).

2월 23일 항공안전기술원, 화성 드론비행시험센터 운영 개시.

3월 국방기술품질원, 중어뢰-Ⅱ 범상어 품질인증 사격 성공.

3월 24일 페리지에어로스페이스, 제주도에서 자체 개발 블루웨일 로켓 3차 시험발사 성공.

5월 2일 한화에어로스페이스, 창원사업장에서 누리호 1·2단용 75t급 엔진 출하식.

5월 25일 대한항공, 공군 F-4 전투기 창정비 최종호기 출고.

6월 한국형 전투기(KF-21) 최초비행 준비 검토회의.

6월 13일 대한항공 항공기술연구원, '차세대 스텔스 무인기 개발센터' 현판식.

6월 21일 한국형 발사체 누리호(KSLV-Ⅱ) 전남 고흥 나로우주센터에서 발사 성공.

7월 4일 항공안전기술원, 인천 드론비행시험센터 운영 개시.

7월 15일 해군, 항공사령부 창설.

7월 19일 KF-21 시제 1호기 최초 비행.

7월 27일 KAI, 폴란드에 FA-50 48대 수출 계약, 방산 역대 최대규모 수출 .

7월 29일 한화그룹, 방산 계열사 통합 발표. 한화디펜스·㈜한화 방산 부문을 한화에어로스페이스에 통합.

8월 6일 한국 최초 달 탐사선 다누리호, 미국 케이프커내버럴 우주군 기지에서 스페이스X 발사체 팰컨 9에 실려
　　　　발사 후 분리 성공.

8월 23일 한화에어로스페이스, 영국 버티컬에어로스페이스사에 1억 6500만 달러 규모 UAM 구동장치 장기 개발
　　　　및 공급 계약.

9월 3일 한국항공우주산업진흥협회, 청주 공군사관학교에서 제20회 로봇항공기경연대회 개최(우승 한서대
　　　　HACUS팀).

9월 26일 한화그룹, 대우조선해양과 2조 원 규모 유상증자를 통한 조건부 투자합의서(MOU) 체결.

10월 7일 과학기술정보통신부 우주발사체사업 추진위원회, 누리호 고도화사업 기술이전 우선협상 대상자 선정.

10월 27일 항공안전기술원, 국가종합비행성능시험장(비행장) 준공.

11월 LAH 형식인증 획득.

11월 16일 국과연, 장사정포 요격체계 탐색 개발 착수.

11월 24일 한화에어로스페이스, KF-21 엔진 1호기 출하.

11월 28일 윤석열 대통령, 미래 우주경제 로드맵 발표. '5년 내 달 탐사 가능 발사체 엔진 개발, 2032년 달 착륙
　　　　및 자원 채굴, 2045년 화성 무인탐사선 착륙'.

12월 LAH 전투용 적합 판정, 국방규격 제정 심의.

12월 22일 LAH 최초 양산계약 체결.

12월 27일 한국 최초 달 탐사선 다누리호 시속 7500㎞ 속도로 730만㎞ 비행 뒤 달 궤도 진입.

● 2023년

1월 19일 항우연, 1인승급 전기 분산 추진 방식 수직이착륙 항공기(OPPAV) 전남 고흥에서 초도비행.

3월 20일 이노스페이스, 자체 개발한 엔진 검증용 시험 발사체 '한빛-TLV' 브라질 공군 산하 알칸타라 우주센터
　　　　(CLA)에서 발사 성공.

4월 22일 달 탐사선 다누리호, 달 뒷면 고해상도 사진 촬영 후 전송.

4월 20일 스페이스X, 스타십 1차 발사 실패.

5월 2일 LIG넥스원, FA-50 탑재용 AESA 레이다 시제품 공개.

5월 15일 한국형 전투기(KF-21) 전투용 적합 잠정 판정.

5월 23일 대우조선해양, 임시주총서 '한화오션'으로 사명 변경 결의.

5월 23일 KAI, 말레이시아와 T-50M(T-50의 말레이시아 수출형) 18대 수출계약 체결.

5월 25일 누리호 3차 발사 성공, 탑재 실용위성 8기중 7기 궤도 안착.

6월 26일 대한항공, 보잉社에 AH-6 헬기 사업 초도 생산품 납품 완료.

10월 19일 항공안전기술원, 항공교통데이터시스템 운영 업무 위탁.

10월 19일 항공안전기술원, 국가항행계획의 수립·시행 관련 자료 조사·분석 및 검토업무 수탁.

10월 30일 한국형 전투기(KF-21) 임시 국방규격 제정.

10월 30일 KIDA(한국국방연구원), '사업 성공가능성에 대한 불확실성을 이유로 KF-21 초도 물량 감축(40대
　　　　 →20대)' 의견 제기.

11월 18일 스페이스X, 스타십 2차 발사 실패. 고도 149㎞ 도달.

11월 29일 국과연, 제주도 중문 앞바다 바지선에서 민간 상용위성 탑재한 고체연료 추진 우주발사체 3차 발사 성
　　　　 공(최초 해상 발사 시험. 1, 2차 발사는 안흥종합시험장에서 실시).

12월 4일~9일 국제우주탐사조정그룹(ISECG) 26개국 우주기관 대표자 회의 서울서 개최.

12월 9일 방위사업청, '한화에어로스페이스-호주획득관리단 간 레드백 장갑차 129대 수출계약 체결' 발표.

12월 27일 LAH 2차 양산계약 체결.

12월 30일 KAI, 폴란드 수출 FA-50 1차분 12대 인도 완료.

● 2024년

1월 9일 우주항공청 설치에 관한 특별법 국회 본회의 통과.

2월 제98회 사업분과위, 한국형 전투기(KF-21) 생산확인 계획안 승인.

2월 6일 페리지에어로스페이스, 제주도에서 소형 로켓(55㎏) 수직이착륙 시험 성공.

2월 18일 대한항공, 저피탐 무인편대기 비행 시제 1호기 출고.

2월 24일 튀르키예 TAI TF Kaan 첫 비행. 5세대 전투기를 목표로 개발 중.

3월 1일 국립경상대학교, 우주항공대학 출범.

3월 1일 경북대학교, 우주공학부 신설.

3월 14일 스페이스X, 스타십 3차 발사, 발사 및 분리 성공, 착륙은 실패(462m 상공 폭발).

3월 20일 한화에어로스페이스, '차세대 발사체 개발사업 발사체 총괄 주관 제작' 사업 협상 대상자 선정 발표.

3월 22일 제160회 방위사업추진위원회, 한국형 전투기(KF-21) 최초 양산사업 계획안 심의 의결.

3월 22일 미국 민간 우주기업 인튜이티브 머신스의 무인 달 탐사선 '오디세우스' 달 착륙.

4월 한국항공우주학회, 과기부(우주항공청) '국가 우주항공 비전 및 핵심 임무발굴/기획' 과제 주관기관 협약.

4월 15일 항공안전기술원, 고흥 국가종합 비행성능시험장 비행시험 안전지원 업무 개시.

4월 16일 한화에어로스페이스, 엔진 생산 1만 대 돌파.

4월 24일 국내 최초 초소형 양산형 위성 '초소형 군집위성 네온셋 1호', 뉴질랜드 마히야 발사장에서 로켓 랩의 '일렉트론 로켓'에 실려 발사, 궤도 안착.

5월 22일 대한항공, 공군 KC-330 공중급유기 '시그너스' 첫 창정비.

5월 27일 우주항공청, 경남 사천에서 개청.

6월 6일 스페이스X, 스타십 4차 발사 전 과정, 착륙까지 성공.

6월 7일 공군, F-4E 팬텀 전투기 퇴역 행사.

6월 24일 방위사업청, '한국형 기동헬기 수리온(KUH-1) 200여 대 생산, 부대 배치 완료' 발표.

6월 25일 중국 달 탐사선 창허 6호, 인류 최초 달 뒷면 토양 채취해 내몽골 지역으로 귀환.

6월 25일 방위사업청-KAI, 한국형 전투기(KF-21) 최초 양산 우선 물량(20대) 계약.

7월 한국형 전투기(KF-21) 양산 1호기 부품 가공 시작.

7월 4일 해군, P-8A 포세이돈 해상초계기(6대) 인수식.

7월 9일 한화시스템-LIG넥스원, 다기능 레이다 양산 계약.

7월 12일 2.75인치 유도 로켓 '비궁', 미국 하와이 해역에서 미국 국방부가 실시한 해외비교시험(FCT·Foreign Comparative Testing)에서 6발 모두 표적 명중. 한국산 무기 최초로 FCT 평가 최종 통과.

7월 17일 항공안전기술원, 경량·초경량 시험비행 등 허가 업무 수탁.

9월 13일 국립순천대학교, 고흥캠퍼스 개교.

9월 20일 LIG넥스원, 이라크와 중거리 유도무기 천궁Ⅱ 공급 계약.

10월 13일 스페이스X 스타십 5차 발사 성공. 스타십 하단 대형 발사체 슈퍼 헤비 발사 후 7분 만에 발사대 상공으로 돌아와 역추진하며 발사대 로봇팔(메카질라)에 붙잡히며 안전 착륙.

11월 2일 항공안전기술원, 인천 드론인증센터 운영 개시.

11월 19일 스페이스X 스타십 6차 발사, 성공. 부스터 역점화로 착륙.

12월 24일 대한항공, 미 공군 F-15 전투기 창정비 사업 최종호기 출고.

● 2025년

1월 16일 블루 오리진의 궤도 발사체 뉴 글렌 로켓 발사, 발사 및 궤도 진입 성공, 착륙(재사용)은 실패.

1월 16일 스페이스X 스타십 7차 발사, 부분 성공.

2월 13일 항우연, 연료 없이 장시간 우주항행 가능한 우주범선용 태양 돛 국내 시연 성공.

2월 25일 제3회 국가우주위원회, '2032년 달 탐사선을 탑재한 차세대 발사체는 재사용 발사로 개발하도록 사업 변경 추진' 결의.

2월 27일 대한항공, 저피탐 무인편대기 비행시제 1호기 출고.

3월 2일 미국 파이어플라이사의 무인 달 탐사선 블루코스트 미션 1호 달 착륙 성공. 민간자본 최초 달착륙 성공.

3월 6일 스페이스X 스타십 8차 발사, 부분 성공.

4월 1일 한국항공우주산업진흥협회, 한국우주항공산업협회로 명칭 변경.

4월 2일 한화에어로스페이스, '미국 무인기 전문기업 GA-ASI와 단거리 이착륙 그레이이글(GE-STOL) 공동개발' 발표.

4월 23일 대한항공·LIG넥스원·콜린스에어로스페이스 콘소시엄, '블랙호크' UH-60 헬기 성능개량 우선협상 대상자 선정.

5월 28일 스타트업 '우나스텔라', 독자 개발한 전남 고흥군 자체발사장에서 발사시험 성공.

5월 한국형 전투기(KF-21) 양산 1호기 최종 조립 착수.

6월 26일 한화에어로스페이스, 방사청과 6232억원 규모 KF-21 전투기용 엔진 추가 공급계약.

7월 25일 항우연-한화에어로스페이스, '누리호 전주기' 개발 기술 민간 이전계약 체결.

8월 5일 우주항공청, '달 탐사 궤도선 다누리호가 세계 4번째로 달 지도 완성' 발표.

9월 18일 한화에어로스페이스, 노르웨이에 K9 자주포 24문 추가 수출 계약(수출 총량 52문)

9월 22일 LIG넥스원·대한항공 컨소시엄, 1조 9206억 원 규모 전자전기 개발사업 우선협상 대상자 선정

10월 13일 스페이스X 스타십 11차 시험발사 부분 성공. 11차례 시험발사에서 6번 성공, 5번 실패 기록.

11월 27일 한화에어로스페이스, 방위사업청과 7054억원 규모 장거리 지대공 유도무기(L-SAM) 양산 계약 체결.

11월 27일 한국형 발사체 누리호 4차 발사 성공. 연속 3회 발사 성공 기록.

12월 2일 독자개발 0.3m급 초고해상도 정밀 광학위성 아리랑 7호 목표궤도 안착.

12월 22일 한화에어로스페이스, 에스토니아와 4400억 원 규모의 천무 수출 계약 체결.

12월 24일 한화에어로스페이스, 항우연과 1033억원 규모 '달 착륙선 추진시스템 구성품 개발 및 조립/시험' 계약 체결.

12월 29일 한화에어로스페이스, 폴란드 군비청과 사거리 80㎞급 천무 유도미사일(CGR-080) 공급 3차 실행계약 (5조 6000억원 규모) 체결.

12월 30일 LIG넥스원, HD현대중공업과 2157억원 규모 '장보고-II 성능개량 체계개발 사업' 수주. 한화에어로스페이스와 1131억원 규모 '소형무장헬기 공대지유도탄 2차 양산 물품구매' 계약 체결.

695, 708, 711, 723, 725, 729
공군설계위원회 조례 473, 672
공군역사기록관리단 69, 95, 96, 97, 136~140, 174~176, 495, 496, 536
'공기보다 무거운 비행기' 441, 663
공대공 미사일 14, 27, 34, 190, 192, 222, 251, 261, 325, 354, 355, 373, 568~571, 593, 638, 642, 645, 653~656, 658, 659, 661, 681, 712
공동조사위원회 15, 625, 626
공동출자 299, 361, 362
공선택 164, 165
공중 통제기 312, 698
공중관병식 108
공중급유 378, 379, 381, 398, 592, 725, 731
공중발사형 로켓 698
공중비행선 28, 29, 30, 34
공중항행술 29, 654
과부제조기 553, 536, 625
과잉투자론 248, 601
과학기술연구소 169, 233, 604, 675, 677, 681, 683, 686, 697
과학기술연구원 194, 220, 265, 604, 692
과학기술위성 13, 429, 430, 710, 716, 717, 720
과학기술장교 237, 254
과학기술처 171, 194, 205, 217, 219, 284, 288, 403, 404, 414, 607, 609, 696
과학위성-2B호 430, 438
과학위성2호 430, 438
과학전람회 85, 169, 673, 675
곽병구 270
관성유도기술 14, 247, 248
관성항법장치 254, 410, 411, 412, 597, 602, 606, 609
관측 로켓 7, 409, 411, 414, 436, 604, 676
광복군 78, 82, 136, 513,
교통학교 147
구룡 다연장 로켓 230
구본영 295
구상회 233, 234, 253, 254, 608, 609
구제금융 300, 359, 360, 705
구조해석 215, 230
국가 부도 346, 359
국가우주항공위원회 452
국가총동원법 54
국공내전 482, 485, 516, 517, 525,

526, 530
국내총생산GDP 23, 277, 492, 517, 594
국립조선항공회사 505, 673
국립항공대학 12, 147, 148, 677, 678, 682, 685
국립항공박물관 43, 44, 66, 68, 472, 473, 727
국립해양대학교(인천 상선학교·진해고 등해원양성소·진해고등상선학교) 127, 139, 146, 174
국무조정실 398
국민당 82, 86, 473, 474, 484, 485, 510, 517, 525, 530
국민보 40, 665
국방경비대 89, 101, 517, 674
국방규격 324, 706, 708, 729, 730
국방과학연구소ADD 15, 26, 66, 171, 184, 187,188, 194, 195, 222, 229, 231~242, 247~255, 265, 310~314, 317, 318, 320, 321, 323, 326, 330, 338~344, 348, 349, 354, 368, 369, 373, 376, 397, 403, 406
국방기술품질원 713, 715, 717, 718, 720 ~728
국방부 과학연구소 145, 163, 166~170, 406, 680
국방연구원KIDA 265, 333, 344, 366, 609, 710, 730
국방위원회 201, 224
국방항공단 51, 53, 78, 95, 671
국사편찬위원회 58, 70, 96, 493
국산경비행기 KLA-100 220, 724
국산전차 M48A5K 224
국산화율 15, 189, 201, 206, 223, 224, 266, 282, 303, 309, 368, 379, 396, 428, 579, 580, 594
국제 공동개발 23, 33, 268, 273, 284~286, 289, 292, 337, 341, 384, 649, 712, 713
국제비행연맹 664
국제우주기구IAF 405
국제우주정거장 428, 706, 708
국제항공과학학술회ICAS 698, 719, 723
국토교통부 387, 442~446, 454, 725
국회입법조사처 398
군기시 66
군사고문단 105, 113, 121, 130, 132, 159, 517, 519, 554, 555
군사영어학교 97, 101, 102, 103

군사차관 192, 222
군산비행장 14, 493, 494
군수공업동원법 54
군수지원 24, 115, 116, 160, 192, 330, 355, 397, 587, 644, 647, 681, 705
군수회사법 55
군정청 79, 82, 97, 102, 499, 500, 501, 505, 513, 514, 673, 674
권기옥 44, 47, 67, 82, 464, 668
권덕규 457
권성욱 479, 531
권영근 175
권정식 104
권총과 잭나이프 573
권태용 47, 68
권학준 3
권희주 68
귀도 페소티 318
그리스 304, 554, 575, 644
극초음속 공중발사 탄도미사일K-ALBM 655
근세풍물야화 470
근접항공지원 376, 590
글라이스틴 주한 미국대사 248, 589
글렌 커티스 665
글로나스(러시아 항법 시스템) 433
글로스터 미티어Glosster Meteor 672
금강항공기 58, 59, 70
금강호 566
금성전기 222, 260, 268
금성정밀 34, 192, 222, 259, 261, 267, 268, 290, 330, 336, 370, 371, 689~697, 699, 701
금속제 항공기 25, 33, 90, 155, 156, 176, 181, 187, 188, 219, 221, 473, 537, 538, 540
금속활자 41
금오공장 222, 571, 689, 691
금호 290, 703
기룡호(로켓) 165
기본설계 검토회의 349, 714, 723, 725
기술 축적 9, 15, 26, 122, 139, 175, 201, 219, 266, 309, 326, 356, 358, 384, 579, 581
기술개발부 204
기술교육단 678
기술이전 193, 222, 238, 239, 248, 254, 280, 282, 296, 326, 330, 332, 333, 336, 339, 340, 347, 368, 392, 428, 447, 599, 600, 628, 629, 631,

686
미라주2000 전투기 329, 580, 640,
641, 644, 646, 648
미라주 F1 전투기 633, 648
미래첨단모빌리티AAM 7, 9, 62, 270,
382, 385, 391, 441, 442, 443, 445,
446, 452, 453
미래성장산업 264
미사일기술통제체제MTCR 408
미쓰비시 A6M 제로 671
미쓰비시 스페이스 제트 33, 649, 650
미쓰이(평양비행기제작소) 54, 55, 64,
65, 69, 86, 672,
미야시 슈체프 285
미에호 47
미터법 110
미티어 655, 656
미 항공우주국NASA 436, 447, 542,
554, 698, 711, 712, 726, 727
민간조종사 훈련 프로그램 532, 533
민수용 항공기 155, 209, 384, 388
민수용 헬기 198, 375
민영락 121, 139, 677
민영화 139, 147, 191, 192, 204, 222,
274, 690

〈ㅂ〉
바우트원Bout 1부대 115
바이락타르 TB2 무인기 600
바이마르 공화국 50
바주카포 107, 137, 232, 253, 536
바주카포 찰리Bazooka Charlie 533,
534, 536
박경원 67, 670
박귀용 171, 233, 234, 436
박근혜 대통령 190, 407, 608, 720,
721, 722
박기수 127, 676
박달성 457, 458
박동선 게이트 589
박두선 104
박린 495, 496,
박만식 213
박범집 89, 90, 103, 104, 675
박상하 97
박세환 224
박성룡 109, 118
박성진 487
박승 213
박영구 471
박영환 225

박옥규 127, 128, 139, 140, 174
박원석 104
박원순 117
박은식 458
박재윤 294
박정희 대통령 33, 61, 136, 138, 157,
159, 176, 182, 184, 188, 190, 192,
195, 196, 202, 213, 221, 222, 224,
229, 230, 231, 232, 233, 239, 240,
243, 245, 248, 249, 252~255, 260,
266, 302, 338, 356, 367, 406, 486,
556, 566, 568, 570, 571, 573, 585,
587, 589, 590, 594, 595, 597, 601,
602, 604~609, 652, 685, 687, 689,
박제형 104
박종권 176
박종렬 609
박준복 253, 609
박중근 666
박진홍 496
박충훈 117
박흥식 56~59, 64, 65, 70, 70, 86, 97,
480, 481, 487, 510, 672,
박희동 104, 136
박희성 667
반도체 6, 21, 22, 302, 360, 449, 450,
452
반디호 384, 713
반민족행위특별조사위원회 58, 59, 69,
96, 97, 509
발동기(엔진) 31, 55, 58, 64, 81, 84,
473, 495, 502, 673
발사각 244, 414
발사기지 414
발사체 서브 시스템 420, 421
발사통제 413, 415
방수일 140, 174
방위산업 육성정책 136, 181, 184,
192, 195, 203, 361
방위산업진흥 확대회의 202, 229, 587,
689
방위성금 230, 576, 688, 689
방위세 230
방응모 55
방정환 59
배덕찬 113, 128, 138, 146, 147, 156,
175
배면 비행 319, 322, 323, 326, 709
배터리 6, 328, 386, 388, 727
백곰 미사일 5, 26, 195, 227, 229,
230, 231, 236, 237, 238, 239, 243,

244, 245, 248, 249, 250, 251, 252,
253, 254, 255, 311, 406, 407, 571,
597, 598, 600, 602, 603, 604, 605,
606, 607, 608, 609, 690
백곰 시험포대 244, 245
백령도 583, 681
백인엽 소령 104
백흠룡 522, 523
뱀부Bamboo 계획 515
버티포트 443
번개 사업 185, 186, 193, 194, 197,
231, 254, 568, 571
베르너 폰 브라운 169, 672
베르사유 조약 49
베이더우 433
베이징 항공학교 44
베트남 26, 27, 33, 184, 197, 367, 463
벤젠 무인저속 미니RPV 217
벨214ST 269
벨기에 398, 554, 557, 561, 585
변이중 43
보급창 95, 115, 157, 160, 676, 679,
708
보기補器 156, 157, 158, 187, 451
보라호 616, 711
보리파트라Boripatra 경폭격기 529,
668
보성전문 59, 458
보잉사 22, 259, 260, 267, 285, 286,
291, 292, 296, 298, 299, 302, 351,
353, 443, 527, 531, 537, 538, 542,
549, 552, 636, 684, 685, 709, 714,
720, 726
복합재 216, 217, 220, 327, 369, 371,
376, 379, 382, 384, 388, 413, 726
본토 결전 493, 494, 541
볼레리오 664
봉오동전투 46
부산항 제3기 매립 49
부스터 모터 242
부품 국산화 23, 157, 201, 207, 215,
336, 375, 413, 579, 586, 587, 588,
591, 693
부품사업 260, 262, 303, 363
부품산업 62, 71, 209, 259
부활호 4, 9, 10, 25, 24, 33, 69, 72,
83, 85, 90, 95, 96, 97, 118, 119, 120,
121, 122, 123, 124, 125, 126, 128,
130, 131, 132, 133, 139, 140, 147,
153, 172, 174, 175, 176, 186, 188,
213, 220, 223, 225, 309, 335, 396,

452, 495, 496, 535, 536, 543, 562,
564, 596, 677, 711, 716, 718
북진통일 518, 522
북한 공군 34, 56, 114, 139, 155, 176,
183, 196, 510, 511, 523, 546, 553,
557, 678, 686, 693
북한 대포동1호 412
분쇄기 238, 239
불사조Phynix 중형여객기 284,
불하증 79, 499, 500, 501, 504
브라게14형 529
브라질 192, 273, 276, 310, 312, 318,
328, 396, 399, 443, 650, 653, 664,
729
브라질 엠브라에르 310, 650
브라켓 320
브랜치 152, 160, 335
브레게14 529, 668
브로크만Brokeman·파락만 32, 35,
459, 460, 461, 665
파락만 32, 459, 460, 461, 665
브리스톨사 278, 700
블루 오리진 447, 731
비거 24, 33, 34, 41, 42, 43, 67, 662,
666
비거변증설 41
비전술 항공기의 전술화 161, 162,163
비전투 손실 556
비즈니스 에이비에이션사 288
비치크래프트 312, 673
비커스 비미Vickers Vimy 666
비행 금지 포고령 80
비행 시뮬레이션Flight Ssimulation
408
비행 풍선 34
'비행기의 창작자는 조선인이라' 42,
458, 666
비행모델 420, 705
비행사 양성소 49, 467
비행선 28, 29, 30, 31, 34, 68, 663,
664, 665, 666, 668, 701, 711
비행안경goggles 612
비행전 수락시험 370
빅딜 359, 360, 361, 362, 363, 364,
365, 581, 705,
빨간 고추잠자리 56

〈ㅅ〉
사브사 287, 294, 636
사업구조조정위원회 362, 364, 706
사에케 전투기(이란) 635

사이러스 밴스 182, 185, 573, 575
사이조 철공소 468
사출좌석 321, 22, 23, 24, 612, 621,
635, 642, 695
사키가케 태양계 탐사선 694, 695
사회비교이론 33
산림청 368, 372
산업구조조정 359
산업생태계 9, 21, 115, 156, 266, 270,
356, 365, 375, 380, 425, 446, 448,
449, 538
산업연구원KIET 265, 273, 303, 344
산업통상부(상공부·상공자원부) 8, 88,
97, 184, 185, 190, 194, 202, 205,
216, 221, 269, 271, 273, 274, 283,
284, 287, 288, 289, 290, 292, 303,
305, 332, 338, 389, 587, 594, 687,
690
산토스 뒤몽 664
삼미특수강 271
삼선공업 218, 219, 220
삼성유나이티드 항공 268
삼성정밀 200, 206, 208, 209, 212,
260, 262, 265, 266, 267, 271, 329,
330, 331, 332, 356, 395, 396, 397,
591, 633, 690, 691, 692, 693, 694,
695, 696
삼성테크윈 326, 709, 712
삼성항공 117, 138, 160, 207~271,
273, 275~278, 280, 282~287,
289~294, 297, 299, 303~306,
311, 326, 331, 334, 336, 337, 338,
342, 343, 345, 346, 347, 349, 348,
350~354, 361, 362, 365, 396, 397,
428, 581, 591, 622~627, 631, 633,
661, 690, 696~707
삼척·울진지역 무장공비 침투사건 181,
183, 223, 367, 398, 557
삼천리 52, 68, 69
상륙공격 헬기 373, 727
상반각 318, 319, 320, 321, 396
상세 설계 238, 291, 348, 349, 352,
355, 715, 724, 726
상태 분석 검사 191, 204
상해임시정부 43, 44, 45, 68, 136,
472, 473, 479, 666, 667, 672
새매호 PL-2 25, 33, 90, 172, 181,
186, 187, 188, 189, 190, 209, 219,
687
새미스SAMIS 331
샌양 297, 482, 526, 639, 641, 647,

677, 678, 679, 680, 683, 695
생산 공백 9, 209, 298, 301, 365, 397
생산수율 552, 622
생산유발계수 266
샤를리에 662
서류 강탈사건 500
서무갑 104
서민호 170
서별관 회의 344
서성진 504
서왈보 44, 464, 668
서울 ADEX(서울 에어쇼) 155, 270,
289, 325, 610, 611, 615, 618, 621,
702, 703, 706
서울 상공 시범 비행 104, 106, 523,
674, 677
서울공과대학 51, 83, 84, 96, 108,
123, 138, 170, 171, 684
서울공항 321, 322, 323, 325, 365,
565, 566, 610, 611, 615, 706
서울대 조선항공과 116, 560
서울시청 본청 청사 66
서웅성 78, 80, 96, 668
서정민 303
서정욱 234, 602, 691
서철권 81, 499, 562
서한호 104
서해誓海호 9, 72, 126, 128, 129, 133,
140, 172, 186
서현규 104
서홍성 499
석지훈 67
선미익항공기 384, 708
선반 132, 230
선장갑 41, 67
선진국 따라잡기catch up 24
선택과 집중 6, 448, 482, 487, 576,
587
선행 개발 317, 318, 615, 700
성능 요구서 312, 620
성능개량 271, 272, 275, 276, 277,
278, 279, 280, 281, 282, 303, 305,
355, 356, 371, 391, 549, 634, 643,
654, 700, 703, 706, 713, 717, 720,
723, 725, 727, 732
성능검증 415, 418, 420, 421, 424,
446, 725
성덕용 314
성우엔지니어링 320
성층권 386, 669, 722, 723
세계 장래와 공중생활과 공중전쟁(황성

245, 246, 247, 252, 403, 406, 570, 571, 602, 604, 606, 609, 654, 690, 692, 693, 695
지리산 공비 토벌작전 107, 131, 151
지리산 새매 372
지상 관제소 236
지속성 118, 133, 145, 172, 189, 356
지속적인 발전 25, 192, 320, 404, 452, 615
지체상금 347
직도입 196, 201, 208, 264, 265, 316, 317, 318, 332, 338, 339, 396, 398, 594, 628, 661
진공식 53, 56, 69, 672
진주만 기습 475, 490
진항공 52, 69
진해 기계창 254
진해 조함창 127
질레트 선교사 459

〈ㅊ〉
차세대 발사체 416, 424, 434, 446, 448, 730, 731
차세대 중형위성 425, 432, 433, 438, 722, 723, 727
차세대 고기동 헬기 374, 375
차현진 95
착륙장치Landing Gear 290, 315, 348, 371, 379, 538, 541, 614
찰스 린드버그 668
찰스 카펜터 533, 534
찰스 킨들버거 647
창공91 218, 219, 269, 285, 408, 702
창공1·창공2·창공3 218
창공구락부 150
창공만리 96, 140, 174, 498, 503, 504
창랑호 납북사건 524, 679
창정비廠整備overhaul 116, 145, 155, 156, 158, 159, 161, 190, 191, 192, 202, 203, 204, 222, 277, 304, 374, 389, 395, 399, 568, 569, 570, 571, 654, 672, 681, 682, 688, 689, 690, 691, 695, 696, 720, 726, 727, 728, 729, 731,
채병덕 519
천검 미사일 373, 377, 398
천궁 미사일 222, 571, 606, 722, 724, 727, 728, 731
천도교 458
천리안 407, 431, 432
천리안 1호 431, 432, 717

천리안 2A호 431, 432, 725
천리안 2B호 431, 432, 726
천리안 3호 431, 432
천리안 5호 432
천리안 6호 432, 438
천리호 83
천무 시스템 244, 251, 571, 606, 609, 732
천문 관측 403, 710
천봉식 121
청국의 비행선 구입淸國의飛行船購入 30
청나라 30, 35, 526, 527
청도전투 528
청와대 도청 의혹 589, 594
청춘(잡지) 31, 33, 42, 67, 458, 666
체계종합 9, 264, 286, 326, 432, 710, 720
체계종합능력SI 286
체신교통위원장 509
초경량 비행기 139, 213, 214, 217, 218, 220, 269, 386, 704, 706, 724, 731
초도비행 56, 65, 129, 285, 291, 292, 294, 314, 315, 316, 319, 329, 330, 332,
353, 354, 355, 368, 370, 371, 376, 378, 384, 388, 398, 521, 528, 600, 647, 650, 668, 670, 671, 672, 674~681, 683, 684, 685, 687, 688, 691, 692, 693, 694, 696, 697, 698, 699, 702, 704~724, 726~729
초등훈련기 26, 34, 122, 132, 271, 280, 281, 285, 676, 693
초소형군집위성 네온샛1호 731
초음속 공대함 미사일 655
최 휘 104, 136
최규하 대통령 486, 575
최남선 31, 33, 41, 42, 67, 665, 666
최동환 265, 305, 397
최병윤 136
최상식 146
최상위 기종 105, 110, 113, 161, 523
최석·오경륜 71
최용덕 44, 82, 89, 90, 92, 101~104, 106, 118, 119, 221, 138, 572, 577, 673, 674
최원문 175
최형섭 117, 683
최호현 233, 234, 607
최홍기 81

추진제 67, 170, 171, 230, 235, 238, 239, 241, 243, 247, 254, 408, 412, 416, 418, 420, 422, 424, 425, 436, 447, 696
추진체 169, 171, 195, 243, 244, 246, 330, 403, 412, 705
충돌궤도 454
충무무공훈장 114, 128
치공구 202, 205, 209, 297, 296, 336, 352, 580
치구 187, 312, 398
침투용 M73 글라이더 25, 90, 558, 561, 562, 564, 685

〈ㅋ〉
카나드 핀 410, 411
카나드형 220, 341
카나모토 히데코 490
카모프Kamov사 368
카미카제 56, 495, 547
카와베 타타오가 504
카자흐스탄 바이코누르 우주기지 428, 727
카카오모빌리티 443, 445
카타(소형전동차) 558, 560
지미 카터 246, 247, 589, 590, 591, 592, 594, 608
카티아CATIA 5, 349, 350, 351, 352
칼 세이건 454
칼 오스카 우르시누스 50
캐나다 봄바디어사 649, 650
캔버스 123, 155, 188, 197, 478, 537
캠프 데이비드 협정 580
커넥터 핀 251
커티스 R2C-1 667
케로신 412, 413, 416, 419, 422
코넬손 중좌 505
코로나 바이러스 449, 450
코메트 132, 138, 140, 175, 675
코브라 헬기 198, 223, 275, 282, 367, 374, 376, 398, 586
코스모스(책) 454
콘베어사 575, 678
골럼비아호 259
퀵키III 2인승 경비행기 216, 217
큐브샛 542
크라이슬러 252
크랜필드대학 597
크레타 공수작전 50
크로아티아 311
크피르 전투기 8, 23, 380, 399, 647,

〈N〉
NASA 436, 447, 542, 554, 698, 711, 712, 726, 727
New space 432, 448
NHK-1 247, 248, 602, 603, 605, 692
NHK-2 12, 247~251, 598, 602~605
NY-2 실험기 478

〈O〉
O-1A 관측/정찰기 168, 169, 187, 188
OH-23 레이븐(Raven) 367
OH-6 198
Old space 448
OPPAV 385, 387, 388, 443, 729
OV-10 191, 590

〈P〉
P&W 262, 316, 623, 625, 626, 699, 700, 701, 704, 705
P-47 선더볼트 476
PC-7/9 pc 311, 312
Peace Bridge II 356, 648
PL-1 34
PL-10 34
PL-2 12, 25, 27, 33, 34, 90, 172, 181, 186, 187, 188, 189, 190, 219, 222, 687
PMR 692, 699~706
PSLV-C2 로켓 427, 706
PT6A-62 316, 318, 709

〈Q〉
QZSS(일본 위성항법 시스템) 433

〈R〉
RAM 383, 442, 716
RD-151 엔진 416
ROC 312, 620, 696, 712
RPV 15, 172, 217, 596, 597
RRG Fafnir 2 50
RSP 33

〈S〉
S.S.Chin 253
SB-2C 정찰기 493
SCAPIN 1호 502
SCAPIN 301호 502, 503, 504, 509
SF-600 269
Short-Tucano 311

SKT 443, 445
SkyDrive 443
SLEP(System Life Extension Program) 279, 304, 305
SLS 447
SMF(Software Maintennance Facility) 330
SNPE사238, 239
Supernal 443
Supernal SA-2 443
SX-2 129
SX-3 129, 679

〈T〉
T-129 공격용헬기 371
T-34C 터보멘터 312
T-37 162, 192, 316, 318, 339, 396, 614, 678, 688, 691, 711
T-50 골든이글 5, 8, 13, 15, 272, 279, 301, 302, 303, 331, 336, 337, 338, 339, 341, 344~355, 365, 380, 381, 388, 397, 593, 629~644, 647, 652, 659, 660, 661, 703, 707~718, 720, 722, 723, 724, 728, 730
T-6 72, 97, 110, 111, 113, 114, 119, 122, 127, 139, 149, 154, 155, 516, 517, 519, 520, 521, 523, 675, 676, 682, 723
T-700 374, 702
T-7A 635, 636
Tacoma Class 547
TAI TF Kaan 730
TDP(Technical Data Package) 336
TRW 428, 437
TX-Low 316, 317, 318, 327

〈U〉
UAM 팀코리아 385, 387, 388, 442~446, 454, 726, 728, 729
UH-1H 헬기 196, 196, 197, 199, 271, 272, 275, 303, 355, 356, 367, 368, 684, 685
UH-60 헬기 197, 223, 224, 269, 270, 271, 272, 275, 282, 298, 303, 355, 367, 369, 374, 698, 702, 703, 732
UN(국제연합) 112, 149, 168, 175, 405, 544, 546, 574

〈V〉
V2 로켓 164, 165, 167, 672, 676
VoloCity 443

Volocopter사 443

〈X〉
XL-70 12, 172, 685
XP-79 616, 617, 621,
YB-49 93

〈Y〉
YMCA 13, 32, 35, 82, 459, 460, 461, 665
YS 12, 272, 273, 304
YS-11 649, 650, 651, 685

〈아라비아 숫자〉
1·21 사태 136, 161, 181, 182, 185
100 베셀 220
100인승급 중형항공기 290, 291, 384
100일 작전 314, 317, 319, 321
124군부대 136, 182, 183, 185
1인승 자이로콥터 217
2식 고등연습기겸전투기 58
30인승급 경수송기 310
4차 산업혁명 6
500E 262
500MD 5, 12, 25, 139, 191~204, 209, 212, 213, 223, 224, 299, 230, 252, 259, 262, 263, 282, 283, 298, 330, 338, 367, 368, 376, 377, 449
50인승 중형항공기 284
530P 262
7년 전쟁 15, 332, 397
7대 군용기사업 12, 271, 275, 277, 281, 282, 303, 355, 356
7대 주력산업 360
86아시안게임 250
88서울올림픽 250
93식 육상중간연습기 56, 64, 65
95식 수상정찰기 56
95식 연습기 147, 148

대한민국 항공우주산업사 —
애국선열과 조종사, 엔지니어 그리고 미래 세대를 위한 헌정사

2022년 7월 19일의 기억이 생생하다. 오후 3시 40분께 이륙한 KF-21 보라매 전투기의 상승 각이 가팔랐다. '초도 비행에서 상승 각도가 저렇게 크다니, 추력이 예상보다 좋을 수도 있겠다'라고 생각했다. '진짜 국산 최신예기'라는 확신이 들었다. KF-21보다 40년 전에 공개된 '대한민국 최초의 국산 전투기 제공호'를 당시 정부는 '최신예 전투기'라고 자화자찬했으나 실상과 달랐다. 신형도 아니고 국산화율 역시 극히 낮았다.

시제 1호기의 국산화율이 63%인 KF-21 전투기의 성능은 2023년 10월 서울 ADEX에서 수 차례 확인할 수 있었다. 수직 상승 능력과 고난도 시범 비행의 감흥을 수첩에 옮길 때 김민석 한국우주항공산업협회 부회장이 "저런 전투기를 개발해낸 항공산업의 역사에 관련한 책을 써보자. 제조업의 관점에서 기술된 항공산업사는 못본 것 같다"고 말했다. 김 부회장의 말씀을 듣는 순간 전율이 일었다. 『대한민국 항공우주산업사』는 이렇게 시작됐다.

처음에는 단시일 안에 마칠 수 있다고 자신했으나 착각과 오만이었다. 항공과 우주 제조업을 포괄하는 데 처음 의도했던 기간보다 오랜 시일이 걸렸다. 200자 원고지 4000매 분량의 원고는 2025년 말 일단 마쳤지만, 검증과 보완에 최종 탈고가 점차 밀렸다. 이제야 출간하지만 부족함을 숨기기 어렵다. 이 책자에 과오가 있다면 오롯이 편집 총괄의 능력 부족 탓이다. 그럼에도 불구하고 활자화를 감행한 이유는 새로운 시작이 될 수 있다고 믿기 때문이다. 아무쪼록 이 책이 나라를 위해 항공 입국을 꿈꿨던 선각자들을 기억하고 젊은 세대가 꿈과 소망을 키우는 데 조그만 보탬이 되기를 소망한다.

『대한민국 항공우주산업사』는 아쉬운 기억을 반면교사 삼아 디딤돌로 변환시키기 위한 기록장치물이다. 우리는 이미 좌절과 약진의 경험을 갖고 있다. 항공우주산업은 크게 7차례 전진의 기회를 잃었다. 시대 순으로 ① 해방 직후, 일제가 남긴 잔류항공기를 활용해 항공산업을 일으키려던 항공인들의 의지 ② 이원복·조경연 선생이 주도한 공군과 해군의 자체 항공기 개발 노력 ③ 공군 80정비창이 전시 징발한 직할공장의 항공 생태산업화 시도 ④ 학생특수체육 활성화를 통한 활공기 제작 보급 기획 ⑤ M-73 군용대형활공기, PL-2 경비행기 제작, 500MD 헬기와 F-5E/F 제공호 양산 기술의 확대 발전 실패 ⑥ 한국과학기술원 장극 박사팀의 민수용 경비행기 개발 사업화 실패 ⑦ 국내업체 간 과당경쟁과 중형여객기 사업 무산 등이다. 그래도 KT-1 웅비 기본훈련기 개발 이후는 쾌속 순항 중이다. 한국의 항공산업은 7전8기七顚八起 끝에 오늘날에 이르렀다.

『대한민국 항공우주산업사』는 우리가 이만큼 올 수 있도록 정신적 자양분을 주고 열정과 노력을 쏟아 부은 선배들을 위한 헌사다. 가장 먼저 이 책을 거대한 외세의 힘에 눌려 상실한 국권을 항공의 힘으로 되찾으려 애썼던 노백린 장군과 안창남 비행사, 서왈보 비행사께 바친다. 한국 공군을 키운 선열도 이 책의 헌정 대상이다. 1948년 L-4 연락기 편대의 광화문 상공 시위 비행을 바라보며 "평생 조국 독립을 위해 남의 나라를 떠돌다 우리나라 군복을 입고 우리나라 상관에게 경례하며 우리나라 부하에게 경례 받는 게 소원이었는데 이제 눈을 감아도 여한이 없다"며 "남은 소원은 우리나라 비행기로 우리 하늘을 지키는 것"이라던 최용덕 장군과 '한국인은 항공인이 되자'라고 설파했던 김정렬 초대 공군 참모총장의 영전에 이 책의 출간을 신고 드린다.

국산 항공기 개발과 제작에 평생을 다한 이원복, 조경연 선생도 헌사 받아 마땅하다. 자본과 기술이 태부족한 불모의 땅에서 혼신의 노력으로 백곰 유도탄을 개발하고 고령에도 항공우주산업 발전에 열정을 쏟는 이경서, 안동만 박사께도 부족한 이 책을 헌정한다. 비행기를 목숨처럼 아끼고 사랑하며 국산 항공기 개발의 공헌한 시험비행 조종사들께도 이 책을 바친다. 1996년 10월 캐노피가 갑자기 날아간 긴급 상황에서도 죽음을 불사하고 KTX-1 시제 4호기를 살려낸 이진호 중령이 없었다면 항공산업 자체가 크게 흔들렸을지도 모른다. 이진호 중령이 보여준 '위대한 비행'의 가치가 시대를 넘어 공유되기 바란다.

마지막으로 누구보다 이 책을 드리고 싶은 분이 있다. 연구실에서, 산업현장에서 묵묵히 일하는 연구원들과 엔지니어, 항공우주의 꿈을 키워가는 학생들이야말로 이 책의 주인이다. 지금 여기의 우리와 미래 세대의 노력이 합쳐져 대한민국 항공우주산업 발전을 가속하는 거대한 추동력이 되기를 소망하며 원고지의 마침표를 찍는다.

어려운 출판 상황에도 기꺼이 출간을 맡아준 인물과사상 강준우 대표와 연속되는 수정 요청을 받아준 이태준 부장께 특별한 감사를 드린다.

2026년 2월

한국우주항공산업협회 고문 권홍우